解析几何
经典题探秘

主　编　罗文军　梁昌金　朱章根

副主编　龙　宇　范广哲　杨丙振

中国科学技术大学出版社

内 容 简 介

本书依据《普通高中数学课程标准》(2017年版,2020年修订)和《中国高考评价体系》编写,共3章、26小节,基本涵盖了高考中有关解析几何的所有重要问题和热点问题,而且针对每个问题列举了一些经典的高考真题和模拟题作为例题,展现出了解析几何的技巧.此外,每节配套了相应的习题(大部分是高考试题或模拟试题)及其参考答案,习题中设置有单选题、多选题、填空题(部分填空题中有开放题)和解答题(部分解答题中有结构不良题),与新高考在题型设置上保持了吻合.希望通过这些经典例题和习题,能够提升学生的学习兴趣和解题能力,开阔学生的学习视野,培养学生思维的灵活性和广阔性,以及探究精神和创新意识.本书针对性强,简捷实用,是一本全面学习高中解析几何的辅导书,也可为教师研究解析几何考题和撰写解析几何解题论文提供范例.

图书在版编目(CIP)数据

解析几何经典题探秘/罗文军,梁昌金,朱章根主编.—合肥:中国科学技术大学出版社,2024.4

ISBN 978-7-312-05908-7

Ⅰ. 解… Ⅱ. ①罗…②梁…③朱… Ⅲ. 解析几何课—高中—升学参考资料 Ⅳ. G634.633

中国国家版本馆 CIP 数据核字(2024)第 053458 号

解析几何经典题探秘

JIEXI JIHE JINGDIAN TI TANMI

出版	中国科学技术大学出版社
	安徽省合肥市金寨路 96 号,230026
	http://press.ustc.edu.cn
	https://zgkxjsdxcbs.tmall.com
印刷	安徽省瑞隆印务有限公司
发行	中国科学技术大学出版社
开本	787 mm×1092 mm 1/16
印张	37.25
字数	856 千
版次	2024 年 4 月第 1 版
印次	2024 年 4 月第 1 次印刷
定价	98.00 元

编　委　会

序 1

我非常欣赏罗文军老师十多年来对于数学教研的热情和耐力,他 25 岁发表处女作《"亚黄金椭圆"的若干性质》,至今仍勤于笔耕、乐此不疲.五年前我曾向同行称赞罗文军是"我国西北一颗冉冉升起的中数教研写作明星".近来,我浏览了他于 2021—2022 年发表的多篇文章,知悉他把早先单纯的数学解题研究延伸到了数学高考研究和数学文化研究.当前 37 岁的罗文军老师在省级和国家级期刊上发表了 100 多篇文章,专业写作视野更开阔、数学教研功底更扎实.

由罗文军领衔主编的新书《解析几何经典题探秘》充分展示了十多年来罗文军等老师关于解析几何的研究成果,譬如阐述合理设参、巧妙消元、伸缩变换、绕过求交点、面积法、轨迹法、极坐标、焦点三角形等解题奥秘,并揭示了阿波罗尼斯圆、黄金椭圆、黄金双曲线、蒙日圆、阿基米德三角形、卡西尼卵形线等数学史材料的命题背景.同时,罗文军老师邀请的几位作者都各有专长,譬如梁昌金老师的非对称性问题研究、朱章根老师的极点极线研究、龙宇老师的曲线系研究等,恰如锦上添花、众星捧月,使得《解析几何经典题探秘》更充实.

《解析几何经典题探秘》共有 26 节,每节按"知识梳理→经典题探秘(每节分 3～5 类,每类大致包括例题、解析、点评、题根探秘等环节)→习题→习题参考答案"的顺序编写.例题选自经典高考题或经典热点题,对例题的解析别具匠心,对不少例题提供了多种有趣的解法,探秘题根演变,以达到"解透一题就会解一串题"的激活效应,嵌入作者的独到见解而恰当阐释一些"二级结论",充分体现了作者对每节专题内容的深入研究.习题的搭配尽量考虑到盲点针对性、知识系统性、考点覆盖性,大部分习题的答案详细,便于学生在独立训练后及时订正;全书配图规范,有利于彰显解析几何单元特点,从而培养学生的直觉思维.由罗文军老师领衔的作者们把各自对于解析几何的研究成果和解题经验无私地奉献给读者,我认为是可赞可贺的!

《解析几何经典题探秘》落实课程标准、紧抓高考考点,以解析几何单元为知识载体,着力培养学生的数学核心素养.由中国科学技术大学出版社出版的这本书校对细致、编排优美,最终把该书打造成既是学生提高解析几何解题能力的一本高效自学书,又是教师研究圆锥曲线教法学法的一本优质参考书.

甘大旺

2023 年 11 月

序　　2

解析几何是历年高考的重要内容,也是难点部分.解析几何考题一般是"两小一大",考查曲线的方程和方程的曲线,把几何情景通过坐标代数化.其中,简化代数运算,寻求简明、合理的解题思路,成为教与学的追求.

在"抽象、推理、模型"观点的引领下,形成"建(坐标系)、设(点、方程)、列(关系式)、解(转化、化简关系式)、验(验证取舍结论)"的思维链条.如何实现方程与曲线的化归转换,以及文字语言、几何语言和符号语言之间的互译,应当成为学生在学习过程中着力深思的问题.

你可能常抱怨解析几何试题中的代数运算太复杂.其实,悟透解析几何试题的本质,善于"设参、用参、消参",便能化解思维的障碍点.优化解题过程重在:设而不求、联系曲线定义、运用平面几何知识、由动态观点发现"隐圆"、平移变换出齐次方程等.在分析问题、解决问题的过程中,需要不断思考:这个问题的条件是什么? 为什么要这样变式? 不这样行吗? 还有其他更简明的途径吗? 且学且思,不断积累解题经验.

对于直线、圆锥曲线、参数方程、极坐标和曲线系,要熟悉知识之间的内在联系,紧扣知识的生长点.比如:从点坐标、直线倾斜角和直线斜率,生成直线的点斜式方程、截距式方程和一般式方程.把知识"编码"变成有序的逻辑推理,让知识体系生长出来,像水一样流淌.

解析几何既是代数的,又是几何的.善于画草图,便能使解题思路可视化.通过"画图、识图、用图",运用直观图形获得解题思路.

我们要知道,题目本身就是"解答题目"的信息源.题目中的信息往往是通过语言文字、公式符号、数学图形以及它们之间的关系间接地告诉我们的.所以,读题、审题一定要逐字逐句看清楚、搞明白,力求从语法结构、逻辑关系和数学含义等方面真正理解题目的本意.

弄清条件是什么(告诉解题者从何入手),结论是什么(告诉解题者向何方向前进),它们分别和哪些知识有联系,从自己掌握的知识模块中提取与之相适应的解答方法,通过已建立的思维链,把知识方法存入大脑,并在大脑里进行整合,找到解题途径,并注意容易出现错误的地方.只有细致地审题,才能从题目本身获得尽可能多的有用信息.这些都是解题思维训练的必经之路,也是提高解题效率的好办法,理应成为我们学习数学知识、学会解决数学问题的良好习惯.

本书主编及其他作者勤于思考,善于写作,功力深厚,已在国内重要中学数学期刊上发表研究高中数学命题、高考数学解题与教学的论文数百篇.相信该书的出版定会为读者提供有益的课程资源,助力解析几何课程学得轻松、考得愉快.

安振平

2023 年 11 月 16 日于咸阳渭城

前　言

解析几何是高中数学主干知识,从表1中可以看出近4年新高考卷中解析几何试题分值分布,合计为22分或27分,因此,解析几何也是新高考数学考查的重点内容.解析几何试题很好地考查了学生的方程思想、化归与转化思想和数形结合思想,也考查了学生的数学运算、直观想象和逻辑推理的核心素养,尤其是解析几何的解答题普遍具有很好的区分度,落实了《中国高考评价体系》中要求的"高考服务选才"的核心功能;解析几何与函数等其他高中数学主干知识交叉在一起进行考查,落实了《中国高考评价体系》中"四翼"要求的"综合性"考查;开放性题和结构不良题落实了《中国高考评价体系》中"四翼"要求的"创新性"考查.

表1

年　份	卷别	题 型 设 置	分值合计
2020 年	新高考Ⅰ卷	多选题、填空题、解答题	22 分
	新高考Ⅱ卷	多选题、填空题、解答题	22 分
2021 年	新高考Ⅰ卷	单选题、多选题、填空题、解答题	27 分
	新高考Ⅱ卷	单选题、多选题、填空题、解答题	27 分
2022 年	新高考Ⅰ卷	多选题、填空题、解答题	22 分
	新高考Ⅱ卷	多选题、填空题、解答题	22 分
2023 年	新高考Ⅰ卷	单选题、填空题、解答题	22 分
	新高考Ⅱ卷	单选题、多选题、填空题、解答题	27 分

笔者自从教以来,在教学之余,经常选取一些经典的解析几何高考题或模考试题进行探究,并结合教学心得整理成文,相继发表在《数学通讯》《数学教学》《中学数学》《中学数学杂志》等国家级和省级期刊,这些论文有的是对某道解析几何试题的多解探究,有的是通过类比和联想对某道高考题的拓展探究,有的是对某类解析几何问题的探究,还有的是对解析几何数学文化试题的统计与分析,它们为笔者构思和策划编写本书提供了丰富的素材.笔者与梁昌金、朱章根和龙宇老师相识于网络,我们一起构思和策划了本书,带领众编委一起参与本书的编写.

本书与同类书相比较,具有以下特点:第一,"题型展望"模块(3.7~3.10,3.12,3.15~3.20)对本节内容在近几年高考中考查的难度、题型、分值分布、方法和核心素养进行了总结,这为一线教师备战高考提供了很好的参考;第二,对选取的经典试题进行了多解探究,可以开阔学生的学习视野,帮助学生提升数学思维能力;第三,对经典试题的变式进行了探究,以期达到举一反三和触类旁通的效果;第四,对经典试题进行了拓展探究而得到题根,以期帮助学生学会解一题而破多题,为教师命制解析几何试题提供丰富的素材;第五,题型力争与新高考的题型对接,有单选题、多选题、填空题(部分章节填空题中有开放题)和解答题(含结构不良题);第六,本书中的阿波罗尼斯圆、蒙日圆、黄金椭圆和黄金双曲线、阿基米德三角形及卡西卵形线是解析几何中的经典数学文化知识,可以为培养学生的数学文化意识和创新意识提供很好的素材.

"世有伯乐,然后有千里马.千里马常有,而伯乐不常有."非常感谢我们的伯乐中国科学技术大学出版社为本书的出版提供的服务.

罗文军

2023 年 12 月

目　　录

第1章 预备知识

1.1 圆与圆锥曲线的参数方程

知识梳理

1. 圆 $(x-a)^2+(y-b)^2=r^2(r>0)$ 的参数方程为 $\begin{cases} x=a+r\cos\theta \\ y=b+r\sin\theta \end{cases}(\theta\in[0,2\pi))$.

2. 椭圆 $\dfrac{x^2}{a^2}+\dfrac{y^2}{b^2}=1(a>b>0)$ 的参数方程为 $\begin{cases} x=a\cos\theta \\ y=b\sin\theta \end{cases}(\theta\in[0,2\pi))$，椭圆 $\dfrac{y^2}{a^2}+\dfrac{x^2}{b^2}=1$ $(a>b>0)$ 的参数方程为 $\begin{cases} x=b\cos\theta \\ y=a\sin\theta \end{cases}(\theta\in[0,2\pi))$.

3. 双曲线 $\dfrac{x^2}{a^2}-\dfrac{y^2}{b^2}=1(a>0,b>0)$ 的参数方程为 $\begin{cases} x=a\sec\theta \\ y=b\tan\theta \end{cases}\Big(\theta\in[0,2\pi)$，且 $\theta\neq\dfrac{\pi}{2},\theta\neq\dfrac{3\pi}{2}\Big)$.

4. 抛物线 $y^2=2px(p>0)$ 的参数方程为 $\begin{cases} x=2pt^2 \\ y=2pt \end{cases}(t$ 为参数$)$.

5. 过定点 $P_0(x_0,y_0)$ 且倾斜角为 α 的直线的参数方程为 $\begin{cases} x=x_0+t\cos\alpha \\ y=y_0+t\sin\alpha \end{cases}(t$ 为参数$)$，其中 $0\leqslant\alpha\leqslant\pi$，参数 t 的几何意义为有向线段 P_0P 的长度.

经典题探秘

1. 圆的参数方程的应用

例1 (2022届成都摸底考) 已知 M 为圆 $(x-1)^2+y^2=2$ 上一动点，则点 M 到直线 $x-y+3=0$ 的距离的最大值是( ).

A. $\sqrt{2}$ B. $2\sqrt{2}$ C. $3\sqrt{2}$ D. $4\sqrt{2}$

【解析】 圆 $(x-1)^2+y^2=2$ 的参数方程为 $\begin{cases} x=1+\sqrt{2}\cos\theta \\ y=\sqrt{2}\sin\theta \end{cases}$ (θ 为参数),设点 M 的坐标

为 $(1+\sqrt{2}\cos\theta,\sqrt{2}\sin\theta)$,则点 M 到直线 $x-y+3=0$ 的距离为

$$d=\frac{|\sqrt{2}\cos\theta-\sqrt{2}\sin\theta+4|}{\sqrt{2}}=\frac{\left|2\cos\left(\theta+\frac{\pi}{4}\right)+4\right|}{\sqrt{2}},$$

当 $\cos\left(\theta+\frac{\pi}{4}\right)=1$ 时,$d_{\max}=3\sqrt{2}$.故选 C.

例2 已知点 $M(m,n)$ 为圆 $C:x^2+y^2-4x-14y+45=0$ 上任意一点.

(1) 求 $m+2n$ 的最大值;

(2) 求 $\dfrac{n-3}{m+2}$ 的最大值和最小值.

【解析】 圆 $C:x^2+y^2-4x-14y+45=0$ 的参数方程为 $\begin{cases} x=2+2\sqrt{2}\cos\theta \\ y=7+2\sqrt{2}\sin\theta \end{cases}$ (θ 为参数).

(1) 设 $M(2+2\sqrt{2}\cos\theta,7+2\sqrt{2}\sin\theta)$,则

$$m+2n=2+2\sqrt{2}\cos\theta+2(7+2\sqrt{2}\sin\theta)=4\sqrt{2}\sin\theta+2\sqrt{2}\cos\theta+16$$
$$=2\sqrt{10}\sin(\theta+\varphi)+16,$$

其中 $\tan\varphi=\dfrac{1}{2}$,当 $\sin(\theta+\varphi)=1$ 时,$m+2n$ 取得最大值 $16+2\sqrt{10}$.

(2) 令 $\dfrac{n-3}{m+2}=\dfrac{4+2\sqrt{2}\sin\theta}{4+2\sqrt{2}\cos\theta}=t$,则

$$\sin\theta-t\cos\theta=\sqrt{2}(t-1),\qquad \sqrt{1+t^2}\sin(\theta-\varphi)=\sqrt{2}(t-1).$$

其中 $\tan\varphi=t$,所以 $\sqrt{1+t^2}\geqslant\sqrt{2}(t-1)$,整理得 $t^2-4t+1\leqslant0$,解得 $2-\sqrt{3}\leqslant t\leqslant2+\sqrt{3}$.

故 $\dfrac{n-3}{m+2}$ 的最大值为 $2+\sqrt{3}$,最小值为 $2-\sqrt{3}$.

例3 已知圆 $x^2+y^2=4$ 上一定点 $A(2,0)$,P 为圆上的动点.求线段 AP 的中点 M 的轨迹方程.

【解析】 圆 $x^2+y^2=4$ 的参数方程为 $\begin{cases} x=2\cos\alpha \\ y=2\sin\alpha \end{cases}$ (α 为参数),设点 $P(2\cos\alpha,2\sin\alpha)$,

点 $M(x,y)$,则由中点坐标公式可得 $\begin{cases} x=\cos\alpha+1 \\ y=\sin\alpha \end{cases}$,消去参数 α,可得线段 AP 的中点 M 的

轨迹方程为 $(x-1)^2+y^2=1$.

2．椭圆参数方程的应用

例4 已知椭圆 $\dfrac{x^2}{25} + \dfrac{y^2}{9} = 1$，直线 $l：4x - 5y + 40 = 0$．椭圆上是否存在一点，它到直线 l 的距离最小？最小距离是多少？

【解析】 因为椭圆的参数方程为 $\begin{cases} x = 5\cos\varphi \\ y = 3\sin\varphi \end{cases}$（$\varphi$ 为参数），所以可假设椭圆上存在点 M 的坐标为 $(5\cos\varphi, 3\sin\varphi)$．则由点到直线的距离公式，得到点 M 到直线 l 的距离为

$$d = \frac{|20\cos\varphi - 15\sin\varphi + 40|}{\sqrt{41}} = \frac{\left| 25\left(\cos\varphi \cdot \dfrac{4}{5} - \sin\varphi \cdot \dfrac{3}{5}\right) + 40 \right|}{\sqrt{41}}$$

$$= \frac{|25\cos(\varphi + \varphi_0) + 40|}{\sqrt{41}},$$

其中，φ_0 满足 $\cos\varphi_0 = \dfrac{4}{5}$，$\sin\varphi_0 = \dfrac{3}{5}$．由三角函数性质知，当 $\varphi + \varphi_0 = \pi$ 时，d 取最小值 $\dfrac{15}{41}\sqrt{41}$．此时

$$5\cos\varphi = 5\cos(\pi - \varphi_0) = -5\cos\varphi_0 = -4,$$

$$3\sin\varphi = 3\sin(\pi - \varphi_0) = 3\sin\varphi_0 = \frac{9}{5},$$

所以，椭圆上存在点 $M\left(-4, \dfrac{9}{5}\right)$ 到直线 l 的距离最小，且最小距离为 $\dfrac{15}{41}\sqrt{41}$．

例5 （2007年四川卷/理20） 设 F_1，F_2 分别是椭圆 $\dfrac{x^2}{4} + y^2 = 1$ 的左、右焦点．若 P 是该椭圆上的一个动点，求 $\overrightarrow{PF_1} \cdot \overrightarrow{PF_2}$ 的最大值和最小值．

【解析】 由题设可得 $F_1(-\sqrt{3}, 0)$，$F_2(\sqrt{3}, 0)$．因为 $\dfrac{x^2}{4} + y^2 = 1$ 的参数方程为 $\begin{cases} x = 2\cos\alpha \\ y = \sin\alpha \end{cases}$（$\alpha$ 为参数且 $\alpha \in [0, 2\pi)$），可设 $P(2\cos\alpha, \sin\alpha)$，则

$$\overrightarrow{PF_1} \cdot \overrightarrow{PF_2} = (-\sqrt{3} - 2\cos\alpha, -\sin\alpha) \cdot (\sqrt{3} - 2\cos\alpha, -\sin\alpha)$$

$$= -(\sqrt{3} + 2\cos\alpha)(\sqrt{3} - 2\cos\alpha) + \sin^2\alpha = 3\cos^2\alpha - 2.$$

所以当 $\cos^2\alpha = 1$ 时，$\overrightarrow{PF_1} \cdot \overrightarrow{PF_2}$ 取得最大值 1；当 $\cos^2\alpha = 0$ 时，$\overrightarrow{PF_1} \cdot \overrightarrow{PF_2}$ 取得最小值 -2．

例6 （2022年甘肃兰州高三联考题改编） 已知 A,B,C 为椭圆 $M：\dfrac{x^2}{10} + \dfrac{y^2}{6} = 1$ 上的不同三点，坐标原点 O 为 $\triangle ABC$ 的重心，求证：$\triangle ABC$ 的面积为定值．

【解析】 （椭圆参数方程法）设 $A(\sqrt{10}\cos\alpha, \sqrt{6}\sin\alpha)$，$B(\sqrt{10}\cos\theta, \sqrt{6}\sin\theta)$，$C(\sqrt{10}\cos\varphi, \sqrt{6}\sin\varphi)$，因为 O 为 $\triangle ABC$ 的重心，所以

$$\begin{cases} \sqrt{10}\cos\alpha + \sqrt{10}\cos\theta + \sqrt{10}\cos\varphi = 0 \\ \sqrt{6}\sin\alpha + \sqrt{6}\sin\theta + \sqrt{6}\sin\varphi = 0 \end{cases},$$

故

$$(\cos\alpha + \cos\theta)^2 + (\sin\alpha + \sin\theta)^2 = (-\cos\varphi)^2 + (-\sin\varphi)^2 = 1,$$

化简得 $2 + 2(\cos\alpha\cos\theta + \sin\alpha\sin\theta) = 1$，即 $\cos(\alpha-\theta) = -\dfrac{1}{2}$，所以 $\sin(\alpha-\theta) = \pm\dfrac{\sqrt{3}}{2}$.

又因为

$$S_{\triangle AOB} = \frac{1}{2}\,|\,2\sqrt{15}\cos\alpha\sin\theta - 2\sqrt{15}\cos\theta\sin\alpha\,| = \sqrt{15}\,|\sin(\alpha-\theta)| = \frac{3\sqrt{5}}{2},$$

故由三角形重心的性质知 $S_{\triangle ABC} = 3S_{\triangle AOB} = \dfrac{9\sqrt{5}}{2}$. 所以 $\triangle ABC$ 的面积为定值 $\dfrac{9\sqrt{5}}{2}$.

点评 本解法先利用椭圆的参数方程分别设出点 A，B，C 的坐标，运用重心坐标公式列出等式，再运用同角三角函数的平方关系式和两角差的余弦公式进行化简，最后运用三角形面积公式和两角差的正弦公式，得出结果.

3. 双曲线参数方程的应用

例7 （2001 年上海卷/3） 设 P 为双曲线 $\dfrac{x^2}{4} - y^2 = 1$ 上一动点，O 为坐标原点，M 为线段 OP 的中点，则点 M 的轨迹方程是_____.

【解析】 因为双曲线 $\dfrac{x^2}{4} - y^2 = 1$ 的参数方程为 $\begin{cases} x = 2\sec\theta \\ y = \tan\theta \end{cases}$（$\theta$ 为参数），所以可设 $P(2\sec\theta, \tan\theta)$. 记 $M(x,y)$，则由中点坐标公式可得 $\begin{cases} x = \sec\theta \\ y = \dfrac{\tan\theta}{2} \end{cases}$，消去参数，可得点 M 的轨迹方程是 $x^2 - 4y^2 = 1$.

4. 抛物线参数方程的应用

例8 （2001 年广东卷/理 10） 对于抛物线 $y^2 = 4x$ 上任意一点 Q，点 $P(a,0)$ 都满足 $|PQ| \geqslant |a|$，则 a 的取值范围是（　　）.

A. $(-\infty, 0)$　　　　B. $(-\infty, 2]$　　　　C. $[0, 2]$　　　　D. $(0, 2)$

【解析】 抛物线 $y^2 = 4x$ 的参数方程为 $\begin{cases} x = 4t^2 \\ y = 4t \end{cases}$（$t$ 为参数），设点 $Q(4t^2, 4t)$，则 $|PQ| = \sqrt{(a-4t^2)^2 + (4t)^2} \geqslant |a|$，整理得 $at^2 \leqslant 2t^4 + 2t^2$，当 $t \neq 0$ 时，$a \leqslant 2t^2 + 2$，所以 $a \leqslant 2$；当 $t = 0$ 时，$|PQ| = |a|$. 故选 B.

5. 直线参数方程的应用

例9 （2004 年天津卷/理 7） 若 $P(2,-1)$ 为圆 $(x-1)^2 + y^2 = 25$ 的弦 AB 的中点，

则直线 AB 的方程是( ).

A. $x - y - 3 = 0$ B. $2x + y - 3 = 0$

C. $x + y - 1 = 0$ D. $2x - y - 5 = 0$

【解析】 设直线 AB 的参数方程为 $\begin{cases} x = 2 + t\cos\alpha \\ y = -1 + t\sin\alpha \end{cases}$ (t 为参数),代入 $(x-1)^2 + y^2 = 25$,整理可得 $t^2 + (2\cos\alpha - 2\sin\alpha)t - 23 = 0$.设 A,B 对应的参数分别为 t_1, t_2,则由根与系数关系(韦达定理)可得 $t_1 + t_2 = 2(\sin\alpha - \cos\alpha)$,由参数方程的几何意义可得 $\dfrac{t_1 + t_2}{2} = \sin\alpha - \cos\alpha = 0$,所以 $\sin\alpha = \cos\alpha$,因此 $k = \tan\alpha = \tan\dfrac{\pi}{4} = 1$.故直线 AB 的方程为 $x - y - 3 = 0$.

例10 (2005年全国Ⅰ卷/理4) 已知直线 l 过点 $(-2, 0)$,当直线 l 与圆 $x^2 + y^2 = 2x$ 有两个交点时,其斜率 k 的取值范围是( ).

A. $(-2\sqrt{2}, 2\sqrt{2})$ B. $(-\sqrt{2}, \sqrt{2})$ C. $\left(-\dfrac{\sqrt{2}}{4}, \dfrac{\sqrt{2}}{4}\right)$ D. $\left(-\dfrac{1}{8}, \dfrac{1}{8}\right)$

【解析】 设直线 l 的参数方程为 $\begin{cases} x = -2 + t\cos\alpha \\ y = t\sin\alpha \end{cases}$ (t 为参数),代入 $x^2 + y^2 = 2x$,整理可得 $t^2 - 6t\cos\alpha + 8 = 0$,则 $\Delta = 36\cos^2\alpha - 32 > 0$,即 $\cos^2\alpha > \dfrac{8}{9}$,亦即 $\dfrac{1}{1 + \tan^2\alpha} > \dfrac{8}{9}$,所以 $1 + k^2 < \dfrac{9}{8}$,解得 $-\dfrac{\sqrt{2}}{4} < k < \dfrac{\sqrt{2}}{4}$.故选答案 C.

与椭圆有关的三角形面积的最值或定值是各类考试中考查圆锥曲线的热点问题之一,这类问题往往综合性强,常规解法是直角坐标法,即先运用椭圆的弦长公式求得三角形的底边长,借助点到直线的距离公式求得三角形的高线长;再运用三角形面积公式求得面积,这种解法运算量和推理量很大,容易出错.下面将尝试运用直线参数方程法和椭圆参数方程法破解几道与椭圆有关的面积问题.

例11 (2022年江苏省高三模考题改编) 已知过点 $(2, 0)$ 且斜率不为 0 的直线与椭圆 $C: \dfrac{x^2}{8} + \dfrac{y^2}{6} = 1$ 交于 M, N 两点. O 为坐标原点, A 为椭圆 C 的右顶点,求四边形 $OMAN$ 面积的最大值.

【解析】 (解法1:直线参数方程法)分析:设出直线 MN 的参数方程,运用直线参数方程法,把四边形面积化归为由对角线分割而成的两个三角形面积之和.记 $P(2,0)$,设直线 MN 的参数方程为 $\begin{cases} x = 2 + t\cos\alpha \\ y = t\sin\alpha \end{cases}$ (t 为参数),其中 $0 < \alpha < \pi$,代入椭圆方程 $\dfrac{x^2}{8} + \dfrac{y^2}{6} = 1$,整

理可得

$$(3\cos^2\alpha + 4\sin^2\alpha)t^2 + 12\cos\alpha \cdot t - 12 = 0.$$

由 t 的几何意义可知 $|MP| = |t_1|$，$|NP| = |t_2|$．又因为点 P 在椭圆内，这个方程必有两个实根，所以由韦达定理得

$$t_1 + t_2 = -\frac{12\cos\alpha}{3\cos^2\alpha + 4\sin^2\alpha}, \quad t_1 t_2 = -\frac{12}{3\cos^2\alpha + 4\sin^2\alpha}.$$

则由参数 t 的几何意义可得

$$|MN| = |t_1 - t_2| = \sqrt{(t_1 + t_2)^2 - 4t_1 t_2}$$

$$= \sqrt{\frac{12^2\cos^2\alpha}{(3\cos^2\alpha + 4\sin^2\alpha)^2} + \frac{48}{3\cos^2\alpha + 4\sin^2\alpha}}$$

$$= \frac{4\sqrt{18\cos^2\alpha + 12\sin^2\alpha}}{3\cos^2\alpha + 4\sin^2\alpha},$$

$$h_1 + h_2 = |OP|\sin\alpha + |PA|\sin\alpha = |OA|\sin\alpha = 2\sqrt{2}\sin\alpha,$$

故四边形 $OMAN$ 的面积为

$$S_{四边形 OMAN} = \frac{1}{2} \cdot 2\sqrt{2}\sin\alpha \cdot \frac{4\sqrt{18\cos^2\alpha + 12\sin^2\alpha}}{3\cos^2\alpha + 4\sin^2\alpha} = \frac{8\sin\alpha \cdot \sqrt{9\cos^2\alpha + 6\sin^2\alpha}}{3\cos^2\alpha + 4\sin^2\alpha}$$

$$= \frac{\frac{4\sqrt{6}}{3}\sqrt{(9 - 3\sin^2\alpha) \cdot 6\sin^2\alpha}}{3 + \sin^2\alpha},$$

则由基本不等式和不等式性质可得

$$S_{四边形 OMAN} \leqslant \frac{\frac{4\sqrt{6}}{3} \cdot \frac{9 - 3\sin^2\alpha + 6\sin^2\alpha}{2}}{3 + \sin^2\alpha} = 2\sqrt{6},$$

当且仅当 $9 - 3\sin^2\alpha = 6\sin^2\alpha$，即 $\sin\alpha = 1$，亦即 $\alpha = \frac{\pi}{2}$ 时，四边形 $OMAN$ 的面积取最大值 $2\sqrt{6}$．

点评 本解法是直线参数方程法，即先将直线参数方程代入椭圆方程，由根与系数的关系表示出 $t_1 + t_2$ 和 $t_1 t_2$，由参数 t 的几何意义表示出弦长 $|MN|$，再结合图形表示出 $\triangle OMN$ 和 $\triangle AMN$ 底边 MN 上的高的和，然后将四边形 $OMAN$ 的面积用含 $\sin\alpha$ 的式子表示，最后运用基本不等式可以计算出四边形 $OMAN$ 的最大面积．

（解法 2：椭圆参数方程法）记 $P(2,0)$，设 $M(2\sqrt{2}\cos\alpha, \sqrt{6}\sin\alpha)$，$N(2\sqrt{2}\cos\beta, \sqrt{6}\sin\beta)$，则

$$S_{\triangle OMN} = \frac{1}{2}|2\sqrt{2}\cos\alpha \cdot \sqrt{6}\sin\beta - 2\sqrt{2}\cos\beta \cdot \sqrt{6}\sin\alpha| = 2\sqrt{3}|\sin(\alpha - \beta)|.$$

因为 $\overrightarrow{AM} = (2\sqrt{2}\cos\alpha - 2\sqrt{2}, \sqrt{6}\sin\alpha)$，$\overrightarrow{AN} = (2\sqrt{2}\cos\beta - 2\sqrt{2}, \sqrt{6}\sin\beta)$，所以

$$S_{\triangle AMN} = \frac{1}{2}|(2\sqrt{2}\cos\alpha - 2\sqrt{2}) \cdot \sqrt{6}\sin\beta - (2\sqrt{2}\cos\beta - 2\sqrt{2}) \cdot \sqrt{6}\sin\alpha|$$

$$= \frac{1}{2} \mid 4\sqrt{3}\sin(\beta - \alpha) + 4\sqrt{3}(\sin\alpha - \sin\beta) \mid . \qquad ①$$

又因为 $\overrightarrow{PM} = (2\sqrt{2}\cos\alpha - 2, \sqrt{6}\sin\alpha)$, $\overrightarrow{PN} = (2\sqrt{2}\cos\beta - 2, \sqrt{6}\sin\beta)$, 且 M, P, N 三点共线, 所以

$$(2\sqrt{2}\cos\alpha - 2) \cdot \sqrt{6}\sin\beta - (2\sqrt{2}\cos\beta - 2) \cdot \sqrt{6}\sin\alpha = 0,$$

整理得

$$2\sqrt{6}(\sin\alpha - \sin\beta) = 4\sqrt{3}\sin(\alpha - \beta). \qquad ②$$

将②式代入①式, 可得

$$S_{\triangle AMN} = \frac{1}{2} \mid -4\sqrt{3}\sin(\alpha - \beta) + 4\sqrt{6}\sin(\alpha - \beta) \mid = (2\sqrt{6} - 2\sqrt{3}) \mid \sin(\alpha - \beta) \mid ,$$

故

$$S_{\text{四边形}OMAN} = S_{\triangle OMN} + S_{\triangle AMN} = 2\sqrt{6} \mid \sin(\alpha - \beta) \mid ,$$

当 $\mid \sin(\alpha - \beta) \mid = 1$ 时, 四边形 $OMAN$ 的面积取得最大值 $2\sqrt{6}$.

点评　本解法中设点 M 和点 N 的坐标时, 实际上运用了椭圆的参数方程, $\triangle OMN$ 和 $\triangle AMN$ 面积的表示运用到了三角形面积公式的结论: 在 $\triangle ABC$ 中, $\overrightarrow{CB} = (x_1, y_1)$, $\overrightarrow{CA} = (x_2, y_2)$, 则 $S_{\triangle ABC} = \frac{1}{2} \mid x_1 y_2 - x_2 y_1 \mid$. 另外, 还运用了向量共线的坐标表示以及三角恒等变换, 表示出四边形 $OMAN$ 的面积, 最后运用三角函数有界性得出四边形 $OMAN$ 的面积最大值. 与解法1相比, 本解法也运用到了三角函数知识.

例12　设过点 $(0,3)$ 的直线 l 与椭圆 $C: \frac{y^2}{8} + \frac{x^2}{4} = 1$ 交于不同的两点 A, B, 且 A, B 与坐标原点 O 构成三角形, 求 $\triangle AOB$ 面积的最大值.

【解析】　设直线 l 的参数方程为 $\begin{cases} x = t\cos\alpha \\ y = 3 + t\sin\alpha \end{cases}$ (t 为参数), 代入椭圆 C 的方程, 整理可得

$$(2\cos^2\alpha + \sin^2\alpha)t^2 + 6t\sin\alpha + 1 = 0,$$

即得 $\Delta = 36\sin^2\alpha - 4(2\cos^2\alpha + \sin^2\alpha) > 0$, 整理得 $\cos^2\alpha < \frac{4}{5}$. 则由根与系数的关系可得 $t_1 + t_2 = -\frac{6\sin\alpha}{2\cos^2\alpha + \sin^2\alpha}$, $t_1 t_2 = \frac{1}{2\cos^2\alpha + \sin^2\alpha}$. 所以由参数方程的几何意义可得

$$\mid AB \mid = \mid t_1 - t_2 \mid = \sqrt{(t_1 + t_2)^2 - 4t_1 t_2}$$

$$= \sqrt{\frac{36\sin^2\alpha}{(2\cos^2\alpha + \sin^2\alpha)^2} - \frac{4(2\cos^2\alpha + \sin^2\alpha)}{(2\cos^2\alpha + \sin^2\alpha)^2}} = \frac{\sqrt{32 - 40\cos^2\alpha}}{\cos^2\alpha + 1}.$$

因为坐标原点 O 到直线 AB 的距离为 $d = 3 \mid \cos\alpha \mid$, 所以 $\triangle AOB$ 的面积为

$$S_{\triangle AOB} = \frac{1}{2}|AB| \cdot d = \frac{1}{2} \cdot \frac{2\sqrt{2}\sqrt{(4 - 5\cos^2\alpha) \cdot 9\cos^2\alpha}}{\cos^2\alpha + 1},$$

故由基本不等式和不等式性质可得

$$S_{\triangle AOB} \leqslant \sqrt{2} \cdot \frac{\dfrac{(4 - 5\cos^2\alpha) + 9\cos^2\alpha}{2}}{\cos^2\alpha + 1} = 2\sqrt{2},$$

当且仅当 $4 - 5\cos^2\alpha = 9\cos^2\alpha$,即 $\cos^2\alpha = \dfrac{2}{7}$ 时,$\triangle AOB$ 面积取得最大值 $2\sqrt{2}$.

点评 首先设出直线 l 的参数方程,用参数方程几何意义表示弦长 $|AB|$,然后表示出 $\triangle AOB$ 的面积,最后运用基本不等式求解即可.

例 13 (江西科技学院附属中学 2021—2022 学年高二联考题) 设椭圆 $E: \dfrac{x^2}{a^2} + \dfrac{y^2}{b^2} = 1(a > b > 0)$ 过抛物线 $y^2 = 8x$ 的焦点,且与双曲线 $2x^2 - 2y^2 = 1$ 有相同的焦点.

(1) 求椭圆 E 的方程;

(2) 不过原点 O 的直线 $l: y = \dfrac{3}{2}x + m$ 与椭圆 E 交于 A,B 两点,求 $\triangle OAB$ 面积的最大值.

【解析】(1) 椭圆 E 的方程为 $\dfrac{x^2}{4} + \dfrac{y^2}{3} = 1$(过程略).

(2) 由题设可得直线 l 的斜率为 $k = \dfrac{3}{2}$.设其倾斜角为 α,则 $\sin\alpha = \dfrac{3\sqrt{13}}{13}$,$\cos\alpha = \dfrac{2\sqrt{13}}{13}$;设直线 l 的参数方程为 $\begin{cases} x = \dfrac{2\sqrt{13}}{13}t \\ y = m + \dfrac{3\sqrt{13}}{13}t \end{cases}$(由题设 $m \neq 0$),代入 $\dfrac{x^2}{4} + \dfrac{y^2}{3} = 1$,整理可得

$$12t^2 + 6\sqrt{13}mt + 13(m^2 - 3) = 0.$$

所以 $\Delta = (6\sqrt{13}m)^2 - 4 \times 12 \times 13(m^2 - 3) > 0$,解得 $0 < m^2 < 12$,且由根与系数的关系可得 $t_1 + t_2 = -\dfrac{\sqrt{13}}{2}m$,$t_1 t_2 = \dfrac{13(m^2 - 3)}{12}$,故由参数方程的几何意义可得

$$|AB| = |t_1 - t_2| = \sqrt{(t_1 + t_2)^2 - 4t_1 t_2} = \sqrt{\frac{13}{4}m^2 - \frac{13(m^2 - 3)}{3}} = \sqrt{13 - \frac{13}{12}m^2}.$$

又因为坐标原点 O 到直线 AB 的距离为 $d = \dfrac{|2m|}{\sqrt{13}}$,所以 $\triangle OAB$ 的面积为

$$S_{\triangle OAB} = \frac{1}{2}|AB| \cdot d = \frac{1}{2} \cdot \sqrt{13 - \frac{13}{12}m^2} \cdot \frac{|2m|}{\sqrt{13}} = \frac{1}{2\sqrt{3}}\sqrt{12m^2 - m^4}$$

$$= \frac{1}{2\sqrt{3}} \times \sqrt{-(m^2 - 6)^2 + 36},$$

当且仅当 $m = \pm\sqrt{6}$(满足 $0 < m^2 < 12$)时,$\triangle OAB$ 的面积取得最大值 $\sqrt{3}$.

点评 本题第(2)问先用直线参数方程几何意义下的弦长公式表示 $\triangle OAB$ 的底边长 $|AB|$,再运用三角形面积公式表示 $\triangle OAB$ 的面积,最后借助二次函数和根式函数的性质可以求出 $\triangle OAB$ 面积的最大值.

例14 (河北省"五岳联盟"部分重点学校2021—2022学年高三联考题) 已知点 F_1,F_2 分别是椭圆 $C:\dfrac{x^2}{a^2} + \dfrac{y^2}{b^2} = 1(a > b > 0)$ 的左、右焦点,点 P 在椭圆上,当 $\angle PF_1F_2 = \dfrac{\pi}{3}$ 时,$\triangle PF_1F_2$ 面积达到最大,且最大值为 $\sqrt{3}$.

(1) 求椭圆 C 的标准方程.

(2) 过 F_2 的直线与椭圆 C 交于 A,B 两点,且两点与左、右顶点不重合.若 $\overrightarrow{F_1M} = \overrightarrow{F_1A} + \overrightarrow{F_1B}$,求四边形 $AMBF_1$ 面积的取值范围.

【解析】 (1) 椭圆 C 的标准方程为 $\dfrac{x^2}{4} + \dfrac{y^2}{3} = 1$(过程略).

(2) 因为 $\overrightarrow{F_1M} = \overrightarrow{F_1A} + \overrightarrow{F_1B}$,所以四边形 $AMBF_1$ 是平行四边形,故 $S_{\text{四边形}AMBF_1} = 2S_{\triangle ABF_1}$.设直线 AB 的参数方程为 $\begin{cases} x = 1 + t\cos\alpha \\ y = t\sin\alpha \end{cases}$($t$ 为参数),代入 $\dfrac{x^2}{4} + \dfrac{y^2}{3} = 1$,整理可得

$$(3\cos^2\alpha + 4\sin^2\alpha)t^2 + 6t\cos\alpha - 9 = 0,$$

则由根与系数的关系可得 $t_1 + t_2 = \dfrac{-6\cos\alpha}{3\cos^2\alpha + 4\sin^2\alpha}$,$t_1t_2 = \dfrac{-9}{3\cos^2\alpha + 4\sin^2\alpha}$.所以由参数方程的几何意义可得

$$|AB| = |t_1 - t_2| = \sqrt{(t_1 + t_2)^2 - 4t_1t_2}$$

$$= \sqrt{\dfrac{36\cos^2\alpha}{(3\cos^2\alpha + 4\sin^2\alpha)^2} + \dfrac{36}{3\cos^2\alpha + 4\sin^2\alpha}} = \dfrac{12}{3\cos^2\alpha + 4\sin^2\alpha}.$$

因为点 F_1 到直线 AB 的距离为 $d = |F_1F_2|\sin\alpha = 2\sin\alpha$,所以

$$S_{\text{四边形}AMBF_1} = 2S_{\triangle ABF_1} = 2 \times \dfrac{1}{2} \times |AB| \cdot d = \dfrac{24\sin\alpha}{3\cos^2\alpha + 4\sin^2\alpha}$$

$$= \dfrac{24\sin\alpha}{\sin^2\alpha + 3} = \dfrac{24}{\sin\alpha + \dfrac{3}{\sin\alpha}}.$$

又因为 $0 < \sin\alpha \leqslant 1$,所以当 $\sin\alpha = 1$ 时,四边形 $AMBF_1$ 面积取得最大值6.故四边形 $AMBF_1$ 面积的取值范围为 $(0, 6]$.

点评 本题第(2)问先根据向量加法的平行四边形法则得出四边形 $AMBF_1$ 为平行四边形,再把其面积化归为 $\triangle ABF_1$ 面积的两倍,最后利用对勾函数的性质得出面积的最大值.本题设直线 AB 的参数方程可以避免对直线的斜率是否存在进行讨论,比直角坐标法简单.

例15 (2021年皖南八校高三第二次联考题) 已知椭圆 $\dfrac{x^2}{a^2} + \dfrac{y^2}{b^2} = 1(a > b > 0)$ 的离心率为 $\dfrac{1}{2}$,长轴长为4,过椭圆左焦点 F_1 的直线 l 与椭圆交于 P,Q 两点,且 P,Q 异于顶点.

(1) 求椭圆的方程;

(2) 设 $N(-4,0)$,证明: $\angle PNF_1 = \angle QNF_1$.

【解析】 (1) 椭圆的方程为 $\dfrac{x^2}{4} + \dfrac{y^2}{3} = 1$(过程略).

(2) 设直线 l 的方程为 $\begin{cases} x = -1 + t\cos\alpha \\ y = t\sin\alpha \end{cases}$ (t 为参数),代入 $\dfrac{x^2}{4} + \dfrac{y^2}{3} = 1$,整理可得

$$(3\cos^2\alpha + 4\sin^2\alpha)t^2 - 6t\cos\alpha - 9 = 0,$$

则由根与系数的关系可得 $t_1 + t_2 = \dfrac{6\cos\alpha}{3\cos^2\alpha + 4\sin^2\alpha}$, $t_1 t_2 = \dfrac{-9}{3\cos^2\alpha + 4\sin^2\alpha}$. 又因为点 $P(-1 + t_1\cos\alpha, t_1\sin\alpha)$, $Q(-1 + t_2\cos\alpha, t_2\sin\alpha)$,所以

$$
\begin{aligned}
k_{PN} + k_{QN} &= \frac{t_1\sin\alpha}{-1 + t_1\cos\alpha + 4} + \frac{t_2\sin\alpha}{-1 + t_2\cos\alpha + 4} = \frac{t_1\sin\alpha}{t_1\cos\alpha + 3} + \frac{t_2\sin\alpha}{t_2\cos\alpha + 3} \\
&= \frac{t_1\sin\alpha(t_2\cos\alpha + 3) + t_2\sin\alpha(t_1\cos\alpha + 3)}{(t_1\cos\alpha + 3)(t_2\cos\alpha + 3)} \\
&= \frac{2t_1 t_2\sin\alpha\cos\alpha + (t_1 + t_2)\cdot 3\sin\alpha}{(t_1\cos\alpha + 3)(t_2\cos\alpha + 3)} \\
&= \frac{-\dfrac{18\sin\alpha\cos\alpha}{3\cos^2\alpha + 4\sin^2\alpha} + \dfrac{18\sin\alpha\cos\alpha}{3\cos^2\alpha + 4\sin^2\alpha}}{(t_1\cos\alpha + 3)(t_2\cos\alpha + 3)} = 0,
\end{aligned}
$$

因此直线 PN 与直线 QN 的倾斜角互补,故 $\angle PNF_1 = \angle QNF_1$.

点评 本题第(2)问是与角有关的定值问题,要证明的是两个角相等,这两个角是由过定点 F_1 的直线 l 与已知椭圆相交的两个交点 P,Q 以及定点 N,F_1 这四个点组成的,通过分析把证明角相等的几何问题解析化,化归为证明直线 PN 与直线 QN 的斜率之和为0.设出直线 l 的参数方程,表示出点 P,Q 的坐标,再根据斜率表示出直线 PN,QN 的斜率之和,在化简过程中整体代换即可.

例16 (2007年重庆卷/理16) 过双曲线 $x^2 - y^2 = 4$ 的右焦点 F 作倾斜角为 $105°$ 的直线,交双曲线于 P,Q 两点,则 $|FP|\cdot|FQ|$ 的值为_____.

【解析】 由题意知,双曲线 $x^2 - y^2 = 4$ 的右焦点 $F(2\sqrt{2},0)$,设直线 PQ 的参数方程为 $\begin{cases} x = 2\sqrt{2} + t\cos 105° \\ y = t\sin 105° \end{cases}$ (t 为参数),代入 $x^2 - y^2 = 4$,整理可得

$$t^2(\cos^2 105° - \sin^2 105°) + 4\sqrt{2}\,t\cos 105° + 4 = 0.$$

设 P,Q 两点对应的参数分别为 t_1,t_2,则由根与系数的关系可得 $t_1t_2 = \dfrac{4}{\cos^2 105° - \sin^2 105°}$

$= \dfrac{4}{\cos 210°}$,所以

$$|\overrightarrow{FP} \cdot \overrightarrow{FQ}| = |t_1 \cdot t_2| = |t_1 t_2| = \left| \dfrac{4}{\cos(180° + 30°)} \right| = \dfrac{8\sqrt{3}}{3}.$$

【方法梳理】 (1) 运用直线参数方程解弦长或中点弦问题

若直线 l 与二次曲线 $f(x,y) = 0$ 相交于 M_1,M_2 两点,利用直线参数方程求弦长 $|M_1M_2|$ 时,通常要将直线 l 的标准参数方程 $\begin{cases} x = x_0 + t\cos\alpha \\ y = y_0 + t\sin\alpha \end{cases}$ (t 为参数)代入二次曲线 $f(x,y) = 0$.设点 M_1,M_2 对应的参数分别为 t_1,t_2,则先由根与系数的关系表示出 $t_1 + t_2$ 和 t_1t_2,再由直线参数方程意义下的弦长公式 $|M_1M_2| = |t_1 - t_2| = \sqrt{(t_1 + t_2)^2 - 4t_1t_2}$ 求出弦长;若点 $M(x_0,y_0)$ 恰好为线段 M_1M_2 的中点,则点 M 对应的参数 $t = \dfrac{t_1 + t_2}{2} = 0$.根据这个结论可以解中点弦问题.

(2) 运用直线参数方程解面积问题

在利用直线参数方程求与圆锥曲线有关的三角形面积问题时,底边长通常运用直线参数方程意义下的弦长公式计算,高线通常要结合图形解直角三角形来表示.若要计算面积的最大值,通常还要运用到基本不等式或对勾函数的单调性;若要计算四边形面积问题,则要将四边形面积化归为其对角线分割成的两个三角形面积后再求解.

(3) 运用直线参数方程解与角有关的定值问题

在利用直线参数方程证明与角有关的定值问题时,通常要把角相等化归为两条直线的斜率之和为 0.

(4) 运用椭圆参数方程解面积问题

从以上可以看出,在坐标系与参数方程思想视角下,破解与椭圆有关的三角形面积问题通常把在椭圆上的三角形的顶点坐标利用椭圆参数方程表示,再利用三角形面积公式的结论 $\left(\text{在}\triangle ABC \text{中},\overrightarrow{CB} = (x_1,y_1),\overrightarrow{CA} = (x_2,y_2),\text{则} S_{\triangle ABC} = \dfrac{1}{2}|x_1y_2 - x_2y_1|\right)$ 表示出三角形的面积,通常化简时要运用三角函数知识.

6. 三角换元法

类比圆或椭圆的参数方程,我们可以对一些非解析几何问题进行三角换元.

例 17 (2010 年陕西高考模拟题) 求函数 $f(x) = \sqrt{x - 6} + \sqrt{12 - x}$ 的最大值.

【解析】 形如 $y = \sqrt{ax + b} + \sqrt{cx + d}$ ($ac < 0$)的无理函数的最值通常用柯西不等式求解.下面用三角换元法,解题过程更简捷.

令 $\sqrt{x-6}=s,\sqrt{12-x}=t$，则 $s^2+t^2=6(s\geqslant0,t\geqslant0)$. 可设 $s=\sqrt{6}\cos\theta$，$t=\sqrt{6}\sin\theta$ $\left(\theta\in\left[0,\dfrac{\pi}{2}\right]\right)$，则

$$f(\theta)=s+t=\sqrt{6}\cos\theta+\sqrt{6}\sin\theta=2\sqrt{3}\sin\left(\theta+\dfrac{\pi}{4}\right).$$

由 $\theta\in\left[0,\dfrac{\pi}{2}\right]$，得 $\theta+\dfrac{\pi}{4}\in\left[\dfrac{\pi}{4},\dfrac{3\pi}{4}\right]$. 所以当 $\theta+\dfrac{\pi}{4}=\dfrac{\pi}{2}$ 时，$f(\theta)$ 取得最大值 $2\sqrt{3}$.

故当 $x=6\cos^2\theta+6=6\times\dfrac{1}{2}+6=9$ 时，$f(x)$ 取得最大值 $2\sqrt{3}$.

例18 (2013年重庆卷/理3) $\sqrt{(3-a)(a+6)}(-6\leqslant a\leqslant3)$ 的最大值为( ).

A. 9   B. $\dfrac{9}{2}$ C. 3   D. $\dfrac{3\sqrt{2}}{2}$

【解析】 设 $3-a=9\cos^2\theta$，$a+6=9\sin^2\theta\left(\theta\in\left[0,\dfrac{\pi}{2}\right]\right)$，则

$$\sqrt{(3-a)(a+6)}=\sqrt{9\cos^2\theta\cdot9\sin^2\theta}=9\sin\theta\cos\theta=\dfrac{9}{2}\sin2\theta \quad(2\theta\in[0,\pi]).$$

所以当 $\theta=\dfrac{\pi}{4}$ 即 $a=-\dfrac{3}{2}$ 时，$\sqrt{(3-a)(a+6)}$ 取得最大值 $\dfrac{9}{2}$. 故选 B.

点评 本题通常用配方法或基本不等式求解，这里用三角换元法，令人耳目一新. 本题运用三角换元法求解，思维独特，具有创新性，可以激发学生的学习热情.

例19 (2011年浙江卷/文16) 若实数 x,y 满足 $x^2+y^2+xy=1$，则 $x+y$ 的最大值是_____.

【解析】 由题意得 $\left(x+\dfrac{y}{2}\right)^2+\dfrac{3}{4}y^2=1$. 令 $x+\dfrac{y}{2}=\cos\theta$，$\dfrac{\sqrt{3}}{2}y=\sin\theta$，则 $y=\dfrac{2}{\sqrt{3}}\sin\theta$，$x=\cos\theta-\dfrac{y}{2}=\cos\theta-\dfrac{1}{\sqrt{3}}\sin\theta$，从而可得

$$x+y=\cos\theta-\dfrac{1}{\sqrt{3}}\sin\theta+\dfrac{2}{\sqrt{3}}\sin\theta=\dfrac{1}{\sqrt{3}}\sin\theta+\cos\theta=\dfrac{2}{\sqrt{3}}\sin(\theta+\varphi).$$

其中设 $\varphi\in\left(0,\dfrac{\pi}{2}\right)$，且 $\sin\varphi=\dfrac{\sqrt{3}}{2}$，$\cos\varphi=\dfrac{1}{2}$，则当 $\sin(\theta+\varphi)=1$，即 $\sin\theta=\cos\varphi=\dfrac{1}{2}$，$\cos\theta=\sin\varphi=\dfrac{\sqrt{3}}{2}$，亦即 $x=\dfrac{\sqrt{3}}{2}-\dfrac{1}{\sqrt{3}}\times\dfrac{1}{2}=\dfrac{\sqrt{3}}{3}$，$y=\dfrac{\sqrt{3}}{3}$ 时，$x+y$ 取得最大值. 故 $x+y$ 的最大值为 $\dfrac{2\sqrt{3}}{3}$.

点评 通过将题设变形后借助三角换元法求解.

例20 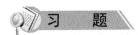 (2017年江苏卷/理21) 已知 a,b,c,d 为实数,且 $a^2+b^2=4$,$c^2+d^2=16$,证明:$ac+bd\leqslant 8$.

【解析】 由题设中的两个式子,联想到三角函数的平方关系 $\cos^2\theta+\sin^2\theta=1$,再运用三角换元法,借助三角函数的性质,证明不等式.

令 $a=2\cos\theta$,$b=2\sin\theta$,$c=4\cos\varphi$,$d=4\sin\varphi$,则

$$ac+bd=8\cos\theta\cos\varphi+8\sin\theta\sin\varphi=8\cos(\theta-\varphi).$$

又由三角函数的性质知 $\cos(\theta-\varphi)\leqslant 1$,所以 $8\cos(\theta-\varphi)\leqslant 8$,故 $ac+bd\leqslant 8$.

习题

单选题

1. (2004年全国Ⅰ卷/理8)设抛物线 $y^2=8x$ 的准线与 x 轴交于点 Q.若过点 Q 的直线 l 与抛物线有公共点,则直线 l 的斜率的取值范围是(   ).

A. $\left[-\dfrac{1}{2},\dfrac{1}{2}\right]$ B. $[-2,2]$ C. $[-1,1]$ D. $[-4,4]$

2. (2005年福建卷/理11)设 $a,b\in\mathbf{R}$,$a^2+2b^2=6$,则 $a+b$ 的最小值是(   ).

A. $-2\sqrt{2}$ B. $-\dfrac{5\sqrt{3}}{3}$ C. -3 D. $-\dfrac{7}{2}$

3. (2021年11月清华大学中学生标准能力测试)已知点 A,B 在双曲线 $x^2-y^2=4$ 上,线段 AB 的中点为 $M(3,1)$,则 $|AB|=$(   ).

A. $\sqrt{2}$ B. $2\sqrt{2}$ C. $\sqrt{5}$ D. $2\sqrt{5}$

填空题

4. (2021—2022四川省成都市一诊文科测试)已知斜率为 $-\dfrac{1}{3}$ 且不经过坐标原点 O 的直线与椭圆 $\dfrac{x^2}{9}+\dfrac{y^2}{7}=1$ 相交于 A,B 两点,M 为线段 AB 的中点,则直线 OM 的斜率为_____.

5. 若 $P(x,y)$ 是双曲线 $\dfrac{x^2}{8}-\dfrac{y^2}{4}=1$ 上的点,则 $|x-y|$ 的最小值为_____.

6. (2006年安徽省高中数学竞赛初赛)设 x,y 是实数,且满足 $x^2+xy+y^2=3$,则 x^2-xy+y^2 的最大值与最小值分别是_____.

7. 设 $a,b,m,n\in\mathbf{R}$,且 $a^2+b^2=5$,$ma+nb=5$,则 $\sqrt{m^2+n^2}$ 的最小值为_____.

8. (2014年辽宁卷/理16)对于 $c>0$,当非零实数 a,b 满足 $4a^2-2ab+4b^2-c=0$,且使 $|2a+b|$ 最大时,$\dfrac{3}{a}-\dfrac{4}{b}+\dfrac{5}{c}$ 的最小值为_____.

9. 已知函数 $y = \sqrt{1-x} + \sqrt{x+3}$ 的最大值为 M,最小值为 m,则 $\dfrac{m}{M}$ 的值为_____.

解答题

10. 已知椭圆 $\dfrac{x^2}{a^2} + \dfrac{y^2}{b^2} = 1 (a > b > 0)$ 的左、右焦点分别为 F_1,F_2,离心率为 $\dfrac{1}{2}$,过点 F_1 作 x 轴的垂线交椭圆于 A,B 两点,$|AB| = 3$,O 为坐标原点.

(1) 求椭圆的方程.

(2) 设直线 $l:y = \sqrt{3}(x-1)$ 与椭圆相交于 C,D 两点,点 E,F 为椭圆上的两点.若四边形 $CEDF$ 的对角线 $CD \perp EF$,求四边形 $CEDF$ 面积的最大值.

11. (河北省石家庄市 2021—2022 学年高三上学期 10 月联考数学)已知抛物线 $C:y^2 = 2px$ 的焦点为 F,点 $Q\left(\dfrac{1}{2}, \sqrt{m}\right)$ 在抛物线 C 上,且 $|QF| = \dfrac{3}{2}$.

(1) 求抛物线 C 的方程及 m 的值;

(2) 设 O 为坐标原点,过点 $M(0,m)$ 的直线 l 与 C 相交于 A,B 两点,N 为 AB 的中点,且 $S_{\triangle AOB} = \sqrt{3} S_{\triangle MON}$,求直线 l 的方程.

12. (湖南省郴州市 2022 届高三上学期月考)已知椭圆 $C:\dfrac{x^2}{a^2} + \dfrac{y^2}{b^2} = 1 (a > b > 0)$ 的左、右焦点分别为 F_1,F_2,点 P,Q,R 分别是椭圆 C 的上、右、左顶点,且 $\overrightarrow{PQ} \cdot \overrightarrow{PR} = -3$,点 S 是 PF_2 的中点,且 $|OS| = 1$.

(1) 求椭圆 C 的标准方程.

(2) 过点 $T(-1,0)$ 的直线与椭圆 C 相交于点 M,N.若 $\triangle QMN$ 的面积是 $\dfrac{12}{5}$,求直线 MN 的方程.

13. 已知点 $P(x,y)$ 是圆 $(x+2)^2 + y^2 = 1$ 上任意一点.求:
(1) $x - 2y$ 的最大值和最小值;
(2) $\dfrac{y-2}{x-1}$ 的最大值和最小值;
(3) $x^2 + y^2$ 的最大值和最小值.

习题参考答案

1. C. 解析:由题意知,抛物线 $y^2 = 8x$ 的准线为 $x = -2$. 设 $Q(-2,0)$,直线 l 的参数方程为 $\begin{cases} x = -2 + t\cos\alpha \\ y = t\sin\alpha \end{cases}$ (t 为参数),代入 $y^2 = 8x$,整理可得 $t^2\sin^2\alpha - 8t\cos\alpha + 16 = 0$,所以 $\Delta = 64\cos^2\alpha - 4 \times 16\sin^2\alpha \geqslant 0$,解得 $\sin^2\alpha \leqslant \cos^2\alpha$. 当 $\alpha \neq \dfrac{\pi}{2}$ 时,$\tan^2\alpha \leqslant 1$,所以 $-1 \leqslant \tan\alpha \leqslant 1$,即

$-1 \leqslant k \leqslant 1$，故选 C.

2. C. 解析：$a^2 + 2b^2 = 6$ 可以化为 $\dfrac{a^2}{6} + \dfrac{b^2}{3} = 1$，其参数方程为 $\begin{cases} a = \sqrt{6}\cos\theta \\ b = \sqrt{3}\sin\theta \end{cases}$（$\theta$ 为参数），

所以 $a + b = \sqrt{6}\cos\theta + \sqrt{3}\sin\theta = 3\sin(\theta + \varphi)$，其中 $\tan\varphi = \sqrt{2}$，所以当 $\sin(\theta + \varphi) = -1$ 时，$a + b$ 取得最小值 -3. 故选 C.

3. D. 解析：设直线 AB 的参数方程为 $\begin{cases} x = 3 + t\cos\alpha \\ y = 1 + t\sin\alpha \end{cases}$（$t$ 为参数），代入 $x^2 - y^2 = 4$，整理可得 $(\cos^2\alpha - \sin^2\alpha)t^2 + (6\cos\alpha - 2\sin\alpha)t + 4 = 0$，则 $\cos^2\alpha \neq \sin^2\alpha$，且

$$\Delta = (6\cos\alpha - 2\sin\alpha)^2 - 4 \times 4(\cos^2\alpha - \sin^2\alpha) > 0,$$

所以由根与系数的关系可得

$$t_1 + t_2 = -\frac{6\cos\alpha - 2\sin\alpha}{\cos^2\alpha - \sin^2\alpha}, \quad t_1 t_2 = \frac{4}{\cos^2\alpha - \sin^2\alpha},$$

故由参数方程的几何意义可得 $\dfrac{t_1 + t_2}{2} = -\dfrac{3\cos\alpha - \sin\alpha}{\cos^2\alpha - \sin^2\alpha} = 0$，所以 $\sin\alpha = 3\cos\alpha$. 联立 $\sin^2\alpha + \cos^2\alpha = 1$，解得 $\sin^2\alpha = \dfrac{9}{10}$，$\cos^2\alpha = \dfrac{1}{10}$，$\sin\alpha\cos\alpha = \dfrac{3}{10}$. 由弦长公式可得

$$|AB| = |t_1 - t_2| = \sqrt{(t_1 + t_2)^2 - 4t_1 t_2} = \sqrt{\frac{4(3\cos\alpha - \sin\alpha)^2}{(\cos^2\alpha - \sin^2\alpha)^2} - \frac{16}{\cos^2\alpha - \sin^2\alpha}}$$

$$= \sqrt{\frac{20 - 24\sin\alpha\cos\alpha}{(\cos^2\alpha - \sin^2\alpha)^2}} = \sqrt{\frac{20 - 24 \times \dfrac{3}{10}}{\left(\dfrac{1}{10} - \dfrac{9}{10}\right)^2}} = 2\sqrt{5},$$

故选 D.

4. $\dfrac{7}{3}$. 解析：设直线 AB 的倾斜角为 α，则 $\tan\alpha = -\dfrac{1}{3}$. 设直线 AB 的参数方程为

$\begin{cases} x = -\dfrac{3\sqrt{10}}{10}t \\ y = m + \dfrac{\sqrt{10}}{10}t \end{cases}$（$t$ 为参数），由已知 $m \neq 0$，代入 $\dfrac{x^2}{9} + \dfrac{y^2}{7} = 1$，整理可得 $4t^2 + \sqrt{10}mt + 5(m^2$

$-7) = 0$，则由根与系数的关系知 $t_1 + t_2 = -\dfrac{\sqrt{10}}{4}m$，所以点 M 对应的参数 $t = \dfrac{t_1 + t_2}{2} = $

$-\dfrac{\sqrt{10}}{8}m$，因此点 M 的横坐标为 $x = -\dfrac{3\sqrt{10}}{10} \times \left(-\dfrac{\sqrt{10}}{8}m\right) = \dfrac{3}{8}m$，点 M 的纵坐标为 $y = $

$m + \dfrac{\sqrt{10}}{10} \times \left(-\dfrac{\sqrt{10}}{8}m\right) = \dfrac{7m}{8}$，故点 M 的坐标为 $\left(\dfrac{3}{8}m, \dfrac{7m}{8}\right)$，所以直线 OM 的斜率为

$k_{OM} = \dfrac{\dfrac{7}{8}m}{\dfrac{3}{8}m} = \dfrac{7}{3}$.

5. -2. 解析:运用双曲线的参数方程三角换元后求解. 设 $x = 2\sqrt{2}\sec\theta, y = 2\tan\theta$,则

$$|x - y| = |2\sqrt{2}\sec\theta - 2\tan\theta| = \left|\frac{2\sqrt{2}}{\cos\theta} - \frac{2\sin\theta}{\cos\theta}\right| = \left|\frac{2\sqrt{2} - 2\sin\theta}{\cos\theta}\right|,$$

其中 $\cos\theta \neq 0$. 令 $t = \dfrac{2\sqrt{2} - 2\sin\theta}{\cos\theta}$,则 $2\sin\theta + t\cos\theta = 2\sqrt{2}$,由辅助角公式可得

$\sqrt{t^2 + 4}\sin(\theta + \varphi) = 2\sqrt{2}$,所以 $\sqrt{t^2 + 4} \geq 2\sqrt{2}$,即 $t^2 \geq 4$,故 $t \leq -2$ 或 $t \geq 2$. 又因为 $|x - y| = |t| \geq 2$,所以 $|x - y|$ 的最小值为 2.

6. $9,1$. 解析:由题意可得 $\left(x + \dfrac{y}{2}\right)^2 + \dfrac{3}{4}y^2 = 3$. 令 $x + \dfrac{y}{2} = \sqrt{3}\cos\theta, \dfrac{\sqrt{3}}{2}y = \sqrt{3}\sin\theta$,则

$x = \sqrt{3}\cos\theta - \sin\theta, y = 2\sin\theta$,所以

$$x^2 - xy + y^2 = (\sqrt{3}\cos\theta - \sin\theta)^2 - 2\sin\theta(\sqrt{3}\cos\theta - \sin\theta) + 4\sin^2\theta$$
$$= 3 - 4\sqrt{3}\sin\theta\cos\theta + 4\sin^2\theta = 5 - (2\sqrt{3}\sin 2\theta + 2\cos 2\theta)$$
$$= 5 - 4\sin\left(2\theta + \frac{\pi}{6}\right).$$

故当 $\sin\left(2\theta + \dfrac{\pi}{6}\right) = 1$ 时,$x^2 - xy + y^2$ 取最小值 1;当 $\sin\left(2\theta + \dfrac{\pi}{6}\right) = -1$ 时,$x^2 - xy + y^2$ 取最大值 9.

7. $\sqrt{5}$. 解析:设 $a = \sqrt{5}\cos\theta, b = \sqrt{5}\sin\theta$,代入 $ma + nb = 5$,得 $\sqrt{5}m\cos\theta + \sqrt{5}n\sin\theta = 5$,所以 $m\cos\theta + n\sin\theta = \sqrt{5}$. 由辅助角公式可得 $\sqrt{m^2 + n^2}\sin(\theta + \varphi) = \sqrt{5}$,又因为 $\sin(\theta + \varphi) \leq 1$,所以 $\sqrt{m^2 + n^2} \geq \sqrt{5}$. 故 $\sqrt{m^2 + n^2}$ 的最小值为 $\sqrt{5}$.

8. -2. 解析:将已知式子配方后三角换元,得出 $|2a + b|$ 取最大值时 a, b, c 的关系式,再将 $\dfrac{3}{a} - \dfrac{4}{b} + \dfrac{5}{c}$ 减元配方后,运用二次函数的性质求出最小值.

等式 $4a^2 - 2ab + 4b^2 - c = 0$ 可化为 $\left(2a - \dfrac{b}{2}\right)^2 + \dfrac{15}{4}b^2 = c$. 设 $2a - \dfrac{b}{2} = \sqrt{c}\cos\theta$, $\dfrac{\sqrt{15}}{2}b = \sqrt{c}\sin\theta$,则

$$|2a + b| = \left|\sqrt{c} \cdot \left(\frac{3}{\sqrt{15}}\sin\theta + \cos\theta\right)\right| = \left|\sqrt{\frac{8c}{5}}\sin(\theta + \varphi)\right| \leq \sqrt{\frac{8c}{5}},$$

其中 $\tan\varphi = \dfrac{\sqrt{15}}{3}$. 当 $\dfrac{\sin\theta}{\cos\theta} = \dfrac{3}{\sqrt{15}}$,即 $a = \dfrac{3}{2}b$ 时取等号,此时 $c = \dfrac{5}{8} \cdot (2a + b)^2 = \dfrac{5}{8}$
$(3b + b)^2 = 10b^2$,所以

$$\frac{3}{a} - \frac{4}{b} + \frac{5}{c} = \frac{3}{\frac{3}{2}b} - \frac{4}{b} + \frac{5}{10b^2} = \frac{1}{2b^2} - \frac{2}{b} = \frac{1}{2}\left(\frac{1}{b} - 2\right)^2 - 2 \geq -2,$$

当 $\dfrac{1}{b} = 2$, 即 $a = \dfrac{3}{4}$, $b = \dfrac{1}{2}$, $c = \dfrac{5}{2}$ 时, 上式取等号. 故所求的最小值为 -2.

9. $\dfrac{\sqrt{2}}{2}$. 解析: 令 $\sqrt{1-x} = 2\cos\theta$, $\sqrt{x+3} = 2\sin\theta$, 其中 $\theta \in \left[0, \dfrac{\pi}{2}\right]$, 则

$$y = 2\cos\theta + 2\sin\theta = 2\sqrt{2}\sin\left(\theta + \dfrac{\pi}{4}\right) \quad \left(\theta + \dfrac{\pi}{4} \in \left[\dfrac{\pi}{4}, \dfrac{3\pi}{4}\right]\right).$$

当 $\theta = \dfrac{\pi}{4}$ 时, y 取得最大值 $M = 2\sqrt{2}$; 当 $\theta = 0$ 或 $\theta = \dfrac{\pi}{2}$ 时, y 取得最小值 $m = 2$. 所以 $\dfrac{m}{M} = \dfrac{\sqrt{2}}{2}$.

10. (1) 椭圆的标准方程为 $\dfrac{x^2}{4} + \dfrac{y^2}{3} = 1$ (过程略).

(2) 由题设可得直线 l 的倾斜角为 $\alpha = \dfrac{\pi}{3}$, 设直线 l 的参数方程为 $\begin{cases} x = \dfrac{1}{2}t \\ y = -\sqrt{3} + \dfrac{\sqrt{3}}{2}t \end{cases}$ (t 为参数), 代入 $\dfrac{x^2}{4} + \dfrac{y^2}{3} = 1$, 整理可得 $5t^2 - 16t = 0$, 解得 $t_1 = 0$, $t_2 = \dfrac{16}{5}$, 所以 $|CD| = |t_1 - t_2| = \dfrac{16}{5}$.

又由题设可得直线 EF 的倾斜角 $\beta = \alpha + \dfrac{\pi}{2} = \dfrac{\pi}{3} + \dfrac{\pi}{2} = \dfrac{5\pi}{6}$. 设直线 EF 的参数方程为

$\begin{cases} x = -\dfrac{\sqrt{3}}{2}t \\ y = m + \dfrac{1}{2}t \end{cases}$ (t 为参数), 代入 $3x^2 + 4y^2 = 12$, 整理可得 $13t^2 + 16mt + 16(m^2 - 3) = 0$, 所以

$\Delta = (16m)^2 - 4 \times 13 \times 16(m^2 - 3) > 0$, 解得 $0 \leqslant m^2 < \dfrac{13}{3}$. 又由根与系数的关系可得 $t_3 + t_4$

$= -\dfrac{16m}{13}$, $t_3 t_4 = \dfrac{16(m^2 - 3)}{13}$, 所以由参数方程的几何意义可得

$$|EF| = |t_3 - t_4| = \sqrt{(t_3 + t_4)^2 - 4t_3 t_4} = \sqrt{\dfrac{16^2 m^2}{13^2} - \dfrac{64(m^2 - 3)}{13}} = \dfrac{8}{13}\sqrt{39 - 9m^2},$$

所以四边形 $CEDF$ 的面积为

$$S_{\text{四边形}CEDF} = \dfrac{1}{2}|CD| \cdot |EF| = \dfrac{1}{2} \times \dfrac{16}{5} \times \dfrac{8}{13}\sqrt{39 - 9m^2} = \dfrac{64}{65}\sqrt{39 - 9m^2},$$

当 $m^2 = 0$ 时, 四边形 $CEDF$ 面积取得最大值 $\dfrac{64}{65}\sqrt{39}$.

11. (1) 抛物线 C 的方程为 $y^2 = 4x$, $m = 2$ (过程略).

(2) 设直线 l 的参数方程为 $\begin{cases} x = t\cos\alpha \\ y = 2 + t\sin\alpha \end{cases}$ (t 为参数), 代入 $y^2 = 4x$, 整理可得 $t^2\sin^2\alpha + (4\sin\alpha - 4\cos\alpha)t + 4 = 0$, 则 $\Delta = 16(\sin\alpha - \cos\alpha)^2 - 4 \times 4\sin^2\alpha > 0$, 故 $\cos\alpha(2\sin\alpha - \cos\alpha) < 0$,

故 $\tan\alpha < \dfrac{1}{2}$ 且 $\tan\alpha \neq 0$. 又由根与系数的关系可得

$$t_1 + t_2 = -\frac{4(\sin\alpha - \cos\alpha)}{\sin^2\alpha}, \quad t_1 t_2 = \frac{4}{\sin^2\alpha},$$

且由 $S_{\triangle AOB} = \sqrt{3}S_{\triangle MON}$，可得 $|AB| = \sqrt{3}|MN|$，所以 $|t_1 - t_2| = \sqrt{3}\left|\frac{t_1 + t_2}{2}\right|$，即

$$\sqrt{\frac{16(\sin\alpha - \cos\alpha)^2}{\sin^4\alpha} - \frac{16}{\sin^2\alpha}} = \sqrt{3}\left|-\frac{2(\sin\alpha - \cos\alpha)}{\sin^2\alpha}\right|,$$

整理可得 $3\sin^2\alpha + 2\sin\alpha\cos\alpha - \cos^2\alpha = 0$，所以

$$(3\sin\alpha - \cos\alpha)(\sin\alpha + \cos\alpha) = 0,$$

解得 $\tan\alpha = \frac{1}{3}$ 或 $\tan\alpha = -1$. 故直线 l 的方程为 $y = \frac{1}{3}x + 2$ 或 $y = -x + 2$.

12. (1) $\frac{x^2}{4} + y^2 = 1$（过程略）.

(2) 设直线 MN 的参数方程为 $\begin{cases} x = -1 + t\cos\alpha \\ y = t\sin\alpha \end{cases}$（$t$ 为参数），代入 $\frac{x^2}{4} + y^2 = 1$，整理可得

$(\cos^2\alpha + 4\sin^2\alpha)t^2 - 2t\cos\alpha - 3 = 0$，则由根与系数的关系可得

$$t_1 + t_2 = \frac{2\cos\alpha}{\cos^2\alpha + 4\sin^2\alpha}, \quad t_1 t_2 = \frac{-3}{\cos^2\alpha + 4\sin^2\alpha}.$$

所以由参数方程的几何意义可得

$$|MN| = |t_1 - t_2| = \sqrt{(t_1 + t_2)^2 - 4t_1 t_2} = \sqrt{\frac{4\cos^2\alpha}{(\cos^2\alpha + 4\sin^2\alpha)^2} + \frac{12}{\cos^2\alpha + 4\sin^2\alpha}}$$

$$= \sqrt{\frac{16\cos^2\alpha + 48\sin^2\alpha}{(\cos^2\alpha + 4\sin^2\alpha)^2}}.$$

又因为点 Q 到直线 MN 的距离为 $d = |TQ|\sin\alpha = 3\sin\alpha$，所以

$$S_{\triangle QMN} = \frac{1}{2}|MN| \cdot d = \frac{1}{2} \times \sqrt{\frac{16\cos^2\alpha + 48\sin^2\alpha}{(\cos^2\alpha + 4\sin^2\alpha)^2}} \times 3\sin\alpha = \frac{12}{5},$$

即 $\frac{(1 + 2\sin^2\alpha)\sin^2\alpha}{(1 + 3\sin^2\alpha)^2} = \frac{4}{25}$，整理得 $14\sin^4\alpha + \sin^2\alpha - 4 = 0$，所以 $(2\sin^2\alpha - 1)(7\sin^2\alpha + 4) = 0$，

即 $\sin\alpha = \frac{\sqrt{2}}{2}$，解得 $\alpha = \frac{\pi}{4}$ 或 $\alpha = \frac{3\pi}{4}$. 因此，直线 MN 的参数方程为

$$\begin{cases} x = -1 + \frac{\sqrt{2}}{2}t \\ y = \frac{\sqrt{2}}{2}t \end{cases} \quad 或 \quad \begin{cases} x = -1 - \frac{\sqrt{2}}{2}t \\ y = \frac{\sqrt{2}}{2}t \end{cases} \quad (t \text{ 为参数}).$$

故直线 MN 的方程为 $y = x + 1$ 或 $y = -x - 1$.

13. 令 $x + 2 = \cos\theta, y = \sin\theta$，则 $x = \cos\theta - 2$.

(1) 记 $t = x - 2y$，则 $t = \cos\theta - 2 - 2\sin\theta$，由辅助角公式可得

$$t = \sqrt{1^2 + 2^2}\cos(\theta + \varphi) - 2 = \sqrt{5}\cos(\theta + \varphi) - 2,$$

其中 $\tan\varphi=2$，所以 $t_{max}=\sqrt{5}-2$，$t_{min}=-\sqrt{5}-2$.

故 $x-2y$ 的最大值为 $\sqrt{5}-2$，最小值为 $-\sqrt{5}-2$.

(2) $\dfrac{y-2}{x-1}=\dfrac{\sin\theta-2}{\cos\theta-3}$. 令 $k=\dfrac{\sin\theta-2}{\cos\theta-3}$，则 $k\cos\theta-\sin\theta=3k-2$，由辅助角公式可得

$$\sqrt{k^2+1}\cos(\theta+\varphi)=3k-2,$$

所以 $\sqrt{k^2+1}\geqslant 3k-2$，解得 $\dfrac{3-\sqrt{3}}{4}\leqslant k\leqslant\dfrac{3+\sqrt{3}}{4}$，因此 $k_{max}=\dfrac{3+\sqrt{3}}{4}$，$k_{min}=\dfrac{3-\sqrt{3}}{4}$.

故 $\dfrac{y-2}{x-1}$ 的最大值为 $\dfrac{3+\sqrt{3}}{4}$，最小值为 $\dfrac{3-\sqrt{3}}{4}$.

(3) 记 $d=x^2+y^2$，则 $d=(\cos\theta-2)^2+\sin^2\theta=5-4\cos\theta$，所以 $d_{max}=9$，$d_{min}=1$. 故 x^2+y^2 的最大值为 9，最小值为 1.

1.2　圆锥曲线的极坐标方程

知识梳理

如图 1.1 所示，以圆锥曲线的焦点 F 为极点，过焦点 F 作对应准线 l 的垂线，垂足为 K，以线段 KF 的延长线为极轴，建立极坐标系. 过圆锥曲线上的点 M 作 $MH\perp l$ 于点 H，设 $M(\rho,\theta)$，并设该圆锥曲线的焦点到对应准线的距离为 d，则 $|KF|=d$；记该圆锥曲线的离心率为 e，则由圆锥曲线的第二定义可得 $\dfrac{|MF|}{|MH|}=e$，$|MF|=\rho$，$\angle MFx=\theta$. 结合图形，可得 $|MH|=|KF|+|MF|\cos\theta$，所以 $|MH|=d+\rho\cos\theta$，$|MF|=e|MH|=e(d+\rho\cos\theta)$，故 $\rho=e(d+\rho\cos\theta)$，即

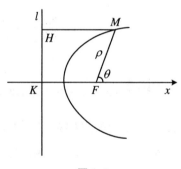

图 1.1

$$\rho=\frac{ed}{1-e\cos\theta}. \tag{①}$$

(1) 当 $0<e<1$ 时，①式是椭圆的极坐标方程，焦点 F 是它的左焦点，准线 l 是它的左准线，其中 $d=\dfrac{b^2}{c}$.

(2) 当 $e>1$ 时，①式是双曲线的极坐标方程，焦点 F 是它的右焦点，准线 l 是它的右准线，其中 $d=\dfrac{b^2}{c}$.

（3）当 $e=1$ 时，①式是开口向右的抛物线的极坐标方程，其中 $d=p$.

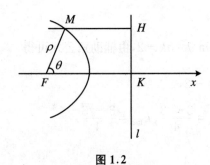

图 1.2

如图 1.2 所示，同理可以推导出

$$\rho = \frac{ed}{1+e\cos\theta}. \qquad ②$$

（4）当 $0<e<1$ 时，②式是椭圆的极坐标方程，焦点 F 是它的右焦点，准线 l 是它的右准线，其中 $d=\dfrac{b^2}{c}$.

（5）当 $e>1$ 时，②式是双曲线的极坐标方程，焦点 F 是它的左焦点，准线 l 是它的左准线，其中 $d=\dfrac{b^2}{c}$.

（6）当 $e=1$ 时，②式是开口向左的抛物线的极坐标方程，其中 $d=p$.

经典题探秘

例 1 （2008 年全国 II 卷／理 15） 已知 F 为抛物线 $C:y^2=4x$ 的焦点，过 F 且斜率为 1 的直线交 C 于 A,B 两点，设 $|FA|>|FB|$，则 $|FA|$ 与 $|FB|$ 的比值等于 _____.

【解析】 以焦点 F 为极点，Fx 为极轴建立极坐标系，则抛物线 $C:y^2=4x$ 的极坐标方程为 $\rho=\dfrac{2}{1-\cos\theta}$. 根据已知，设 $A(\rho_1,45°),B(\rho_2,180°+45°)$，则

$$\frac{|FA|}{|FB|} = \frac{\rho_1}{\rho_2} = \frac{\dfrac{2}{1-\cos 45°}}{\dfrac{2}{1-\cos(180°+45°)}} = 3+2\sqrt{2}.$$

例 2 （2010 全国 II 卷／理 12） 已知椭圆 $C:\dfrac{x^2}{a^2}+\dfrac{y^2}{b^2}=1(a>b>0)$ 的离心率为 $\dfrac{\sqrt{3}}{2}$，过右焦点 F 且斜率为 $k(k>0)$ 的直线与 C 相交于 A,B 两点．若 $\overrightarrow{AF}=3\overrightarrow{FB}$，则 $k=($　　$)$.

A. 1　　　　　B. $\sqrt{2}$　　　　　C. $\sqrt{3}$　　　　　D. 2

【解析】 以右焦点 F 为极点，Fx 为极轴建立极坐标系，则椭圆 C 的极坐标方程为 $\rho=\dfrac{\dfrac{\sqrt{3}}{2}d}{1+\dfrac{\sqrt{3}}{2}\cos\theta}$. 根据已知，设 $A(\rho_1,180°+\theta),B(\rho_2,\theta)$，因为 $\overrightarrow{AF}=3\overrightarrow{FB}$，所以 $\rho_1=3\rho_2$，即

$$\frac{\dfrac{\sqrt{3}}{2}d}{1+\dfrac{\sqrt{3}}{2}\cos(180°+\theta)} = \frac{3\times\dfrac{\sqrt{3}}{2}d}{1+\dfrac{\sqrt{3}}{2}\cos\theta},$$

解得 $\cos\theta=\dfrac{\sqrt{3}}{3}$，所以

$$\sin \theta = \sqrt{1 - \cos^2 \theta} = \sqrt{1 - \left(\frac{\sqrt{3}}{3}\right)^2} = \frac{\sqrt{6}}{3},$$

因此 $k = \tan \theta = \dfrac{\sin \theta}{\cos \theta} = \sqrt{2}$. 故选 B.

单选题

1. (2009 年全国 II 卷/理 11) 已知双曲线 $C: \dfrac{x^2}{a^2} - \dfrac{y^2}{b^2} = 1 (a > 0, b > 0)$ 的右焦点为 F, 过 F 且斜率为 $\sqrt{3}$ 的直线交 C 于 A, B 两点. 若 $\overrightarrow{AF} = 4\overrightarrow{FB}$, 则 C 的离心率为(   ).

A. $\dfrac{6}{5}$ B. $\dfrac{7}{5}$ C. $\dfrac{8}{5}$ D. $\dfrac{9}{5}$

填空题

2. (2009 年福建卷/理 13) 过抛物线 $C: y^2 = 2px (p > 0)$ 的焦点 F 作倾斜角为 $45°$ 的直线交抛物线于 A, B 两点. 若线段 AB 的长为 8, 则 $p = $ _____.

习题参考答案

1. A. 解析: 由题设可得直线 AB 的倾斜角 $\alpha = 60°$, 以右焦点 F 为极点, Fx 为极轴建立极坐标系, 则双曲线 C 的极坐标方程为 $\rho = \dfrac{ed}{1 - e\cos\theta}$. 根据已知, 设 $A(\rho_1, 60°)$, $B(\rho_2, 180° + 60°)$, 因为 $\overrightarrow{AF} = 4\overrightarrow{FB}$, 所以 $\rho_1 = 4\rho_2$, 故

$$\frac{ed}{1 - e\cos 60°} = \frac{4ed}{1 + e\cos(180° + 60°)},$$

即 $\dfrac{ed}{1 - \frac{1}{2}e} = \dfrac{4ed}{1 + \frac{1}{2}e}$, 解得 $e = \dfrac{6}{5}$. 故选 A.

2. 2. 解析: 以焦点 F 为极点, Fx 为极轴建立极坐标系, 则抛物线 $C: y^2 = 2px$ 的极坐标方程为 $\rho = \dfrac{p}{1 - \cos\theta}$. 根据已知, 设 $A(\rho_1, 45°)$, $B(\rho_2, 180° + 45°)$, 则

$$|AB| = \rho_1 + \rho_2 = \frac{p}{1 - \cos 45°} + \frac{p}{1 - \cos(180° + 45°)} = 8,$$

解得 $p = 2$.

1.3　伸缩变换法

知识梳理

2007 年人教版高中数学选修 4-4(A 版)第 7 页给出了平面直角坐标系中坐标伸缩变换的定义:设点 $P(x,y)$ 是平面直角坐标系中的任意一点,在变换 $\varphi:\begin{cases} x' = \lambda \cdot x(\lambda > 0) \\ y' = \mu \cdot y(\mu > 0) \end{cases}$ 的作用下,点 $P(x,y)$ 对应点 $P'(x',y')$,称 φ 为平面直角坐标系中的坐标伸缩变换,简称伸缩变换.

以下,先给出一些伸缩变换的性质,再运用伸缩变换的性质求解一些与椭圆有关的圆锥曲线试题,以期对中学生学习伸缩变换起到抛砖引玉的作用.

上述伸缩变换 φ 具有以下性质:

性质 1　在变换 φ 下,点与点的相对位置关系不变,点与曲线的相对位置关系不变,直线与曲线的相交、相切、相离的相对位置关系不变.

性质 2　若直线 l 变成直线 l',记直线 l 和 l' 的斜率分别为 k,k',则 $k' = \dfrac{\mu}{\lambda}k$(当 k 不存在时,k' 也不存在).

性质 3　若直线 l 上的两条线段成比例,则它变成直线 l' 上的对应线段仍成比例.

性质 4　在变化 φ 下,n 边形 $A_1A_2A_3\cdots A_n(n \geqslant 3$ 且 $n \in \mathbf{N}^*)$ 变为 n 边形 $A_1'A_2'A_3'\cdots A_n'$ $(n \geqslant 3$ 且 $n \in \mathbf{N}^*)$,原图形的重心 G 变换后对应的 G' 为 n 边形 $A_1'A_2'\cdots A_n'(n \geqslant 3$ 且 $n \in \mathbf{N}^*)$ 的重心,原图形的对称中心 O 变换后对应的 O' 为 n 边形 $A_1'A_2'\cdots A_n'(n \geqslant 3$ 且 $n \in$ $\mathbf{N}^*)$ 的对称中心,变换前、后图形的面积之比为 $\dfrac{S_{n\text{边形}A_1A_2A_3\cdots A_n}}{S_{n\text{边形}A_1'A_2'A_3'\cdots A_n'}} = \dfrac{1}{\lambda\mu}$.

特别地,椭圆 $C:\dfrac{x^2}{a^2} + \dfrac{y^2}{b^2} = 1(a > 0, b > 0, a \neq b)$ 经过标准伸缩变换 $\varphi:\begin{cases} x' = \dfrac{x}{a} \\ y' = \dfrac{y}{b} \end{cases}$ 后变为

单位圆 $O':x'^2 + y'^2 = 1$,由高等数学知识可知椭圆 $C:\dfrac{x^2}{a^2} + \dfrac{y^2}{b^2} = 1$ 的面积为 $S = \pi ab$,单位圆 $O':x'^2 + y'^2 = 1$ 的面积为 $S' = \pi$,则 $S' = \dfrac{1}{ab}S$.所以经标准伸缩变换,对应图形的面积变为原来的 $\dfrac{1}{ab}$;设直线 l 的斜率为 k,l 上有不同两点 $A(x_1,y_1)$,$B(x_2,y_2)$,经标准伸缩变换

后,对应的直线 l' 的斜率为 k',对应 l' 上有不同两点 $A'\left(\dfrac{x_1}{a},\dfrac{y_1}{b}\right)$,$B'\left(\dfrac{x_2}{a},\dfrac{y_2}{b}\right)$.因为 $k=$

$\dfrac{y_2-y_1}{x_2-x_1}$,$k'=\dfrac{\dfrac{y_2}{b}-\dfrac{y_1}{b}}{\dfrac{x_2}{a}-\dfrac{x_1}{a}}=\dfrac{a}{b}\cdot\dfrac{y_1-y_2}{x_1-x_2}=\dfrac{a}{b}k$,所以经标准伸缩变换,对应直线的斜率变为原来

的 $\dfrac{a}{b}$.

◆ 经典题探秘

1. 距离问题

例1 (人教版高中数学选修 4-4(A 版)教材第 28 页例 1) 在椭圆 $\dfrac{x^2}{9}+\dfrac{y^2}{4}=1$ 上求一点 M,使点 M 到直线 $x+2y-10=0$ 的距离最小,并求出最小距离.

【解析】 经过伸缩变换 $\varphi:\begin{cases}x'=\dfrac{x}{3}\\[2mm]y'=\dfrac{y}{2}\end{cases}$,椭圆 $\dfrac{x^2}{9}+\dfrac{y^2}{4}=1$ 变为单位圆 $x'^2+y'^2=1$,直线 $l:$

$x+2y-10=0$ 变为直线 $l':3x'+4y'-10=0$,从而所求问题变为:在圆 $x'^2+y'^2=1$ 上求一点 M',使 M' 到直线 $l':3x'+4y'-10=0$ 的距离最小,并求出最小距离.

由平面几何知识可知,过圆 $x'^2+y'^2=1$ 的圆心坐标原点作直线 l' 的垂线段,交该圆于第一象限点 $M'(x',y')$,则点 M' 到垂足的距离最小.由直线 l' 的垂线 $OM':y'=\dfrac{4}{3}x'(x'\geqslant$

$0)$ 和 $x'^2+y'^2=1$ 相交,解方程组 $\begin{cases}x'^2+y'^2=1\\[2mm]y'=\dfrac{4}{3}x'\end{cases}$,可得点 $M'\left(\dfrac{3}{5},\dfrac{4}{5}\right)$,则对应椭圆上所求的

点 M 的坐标为 $\left(\dfrac{9}{5},\dfrac{8}{5}\right)$,故所求最小距离为 $d=\dfrac{\left|\dfrac{9}{5}+\dfrac{16}{5}-10\right|}{\sqrt{1^2+2^2}}=\sqrt{5}$.

点评 教材中提供的解法是先利用椭圆参数方程,再运用三角函数求解.本解法通过伸缩变换,将问题化归为我们熟悉的求圆上的点到直线的最小距离问题,令人耳目一新.

2. 定点问题

例2 (2018 年全国高中数学联赛甘肃预赛) 已知点 P 为直线 $x+2y=4$ 上一动点,过点 P 作椭圆 $x^2+4y^2=4$ 的两条切线,切点分别为 A,B,当点 P 运动时,直线 AB 过定点的坐标是_____.

【解析】 在伸缩变换 $\varphi:\begin{cases} x'=\dfrac{x}{2} \\ y'=y \end{cases}$ 下,椭圆 $x^2+4y^2=4$ 变为 $x'^2+y'^2=1$,直线 $x+2y=4$

变为 $x'+y'-2=0$,点 $P(x_0,y_0)$ 变为点 $P'(x_0',y_0')$,所以 $x_0'+y_0'-2=0$,即 $y_0'=-x_0'+2$.

点 A,B 分别变为点 A',B',圆 $x'^2+y'^2=2$ 的切点弦 $A'B'$ 的方程为 $x_0'x'+y_0'y'=1$,所以 $x_0'x'+(-x_0'+2)y'=1$,即 $(x'-y')x_0'+(2y'-1)=0$,故 $x'-y'=0$ 且 $2y'-1=0$,解得 $x'=\dfrac{1}{2}$,$y'=\dfrac{1}{2}$,即直线 $A'B'$ 过定点 $\left(\dfrac{1}{2},\dfrac{1}{2}\right)$,所以直线 AB 过定点 $\left(1,\dfrac{1}{2}\right)$.

点评 本题运用伸缩变换,将椭圆的切点弦过定点问题化归为单位圆的切点弦过定点问题,从而得出直线 AB 所过的定点坐标.

3. 面积问题

例3 (2018年2月中学生标准学术能力诊断测试/理20) 已知椭圆 $M:\dfrac{x^2}{a^2}+\dfrac{y^2}{b^2}=1$

$(a>b>0)$,右焦点为 F,与直线 $y=\dfrac{3\sqrt{7}}{7}$ 相交于 P,Q 两点,椭圆 M 经过点 $(0,\sqrt{3})$,且 $PF\perp QF$.

(1) 求椭圆 M 的方程;

(2) O 为坐标原点,A,B,C 是椭圆 M 上不同的三点,并且 O 为 $\triangle ABC$ 的重心,试求 $\triangle ABC$ 的面积.

【解析】 (1) 椭圆 M 的方程为 $\dfrac{x^2}{4}+\dfrac{y^2}{3}=1$(过程略).

(2) 在伸缩变换 $\begin{cases} x'=\dfrac{x}{2} \\ y'=\dfrac{y}{\sqrt{3}} \end{cases}$ 下,椭圆 $M:\dfrac{x^2}{4}+\dfrac{y^2}{3}=1$ 变为单位圆 $M':x'^2+y'^2=1$,椭圆 M

的内接 $\triangle ABC$ 与重心 O 分别对应圆 M' 的内接 $\triangle A'B'C'$ 与重心.由于椭圆 M 的内接 $\triangle ABC$ 的重心与椭圆的中心坐标原点重合,因此圆 M' 的内接 $\triangle A'B'C'$ 的重心与圆 M' 的圆心坐标原点重合,所以 $\triangle A'B'C'$ 是正三角形.设 $\triangle A'B'C'$ 的边长为 $m(m>0)$,则由正弦定理可得 $m=2R\sin 60°=2\times 1\times\dfrac{\sqrt{3}}{2}=\sqrt{3}$.由三角形面积公式可得 $S_{\triangle A'B'C'}=\dfrac{1}{2}m^2\sin 60°=\dfrac{1}{2}\times 3\times\dfrac{\sqrt{3}}{2}$ $=\dfrac{3\sqrt{3}}{4}$,因此由伸缩变换性质可得 $\dfrac{S_{\triangle ABC}}{S_{\triangle A'B'C'}}=2\sqrt{3}$,故 $S_{\triangle ABC}=2\sqrt{3}S_{\triangle A'B'C'}=\dfrac{9}{2}$.

点评 本题第(2)问运用伸缩变换法求解,主要运用了伸缩变换的性质4,将椭圆的中心与内接三角形的重心重合时求内接三角形的面积问题,化归为单位圆的内接正三角形面积问题,运算量小,思路新颖.

例4 (2017年全国高中数学联赛一试) 在平面直角坐标系 xOy 中,椭圆 C 的方程

为 $\dfrac{x^2}{9} + \dfrac{y^2}{10} = 1$，$F$ 为 C 的上焦点，A 为 C 的右顶点，P 是 C 上位于第一象限内的动点，则四边形 $OAPF$ 的面积的最大值为_____.

【解析】 在伸缩变换 $\varphi: \begin{cases} x' = \dfrac{x}{3} \\ y' = \dfrac{y}{\sqrt{10}} \end{cases}$ 下，椭圆 $C: \dfrac{x^2}{9} + \dfrac{y^2}{10} = 1$ 变为单位圆：$x'^2 + y'^2 = 1$，

点 $F(0,1)$，$A(3,0)$，P 在单位圆上分别对应点 $F'\left(0, \dfrac{1}{\sqrt{10}}\right)$，$A'(1,0)$，$P'$，且点 P' 是单位圆 $x'^2 + y'^2 = 1$ 上位于第一象限内的动点. 由平面几何的知识，当 $OP' \perp A'F'$ 时，四边形 $OA'P'F'$ 的面积最大，最大值为 $S' = \dfrac{1}{2} |A'F'| \cdot |OP'| = \dfrac{1}{2} \times \sqrt{1 + \dfrac{1}{10}} \times 1 = \dfrac{\sqrt{110}}{20}$，则由伸缩变换的性质可得四边形 $OAPF$ 的面积的最大值为 $S = \lambda\mu S' = 3\sqrt{10} \times \dfrac{\sqrt{110}}{20} = \dfrac{3\sqrt{11}}{2}$.

点评 本题先运用伸缩变换，将椭圆转化为单位圆，再求出四边形 $OA'P'F'$ 的最大面积，最后由伸缩变换的性质求出四边形 $OAPF$ 的最大面积.

4. 斜率问题

例5 在平面直角坐标系 xOy 中，已知点 P 是椭圆 $E: \dfrac{x^2}{4} + y^2 = 1$ 上的动点，不经过点 P 的直线 l 交椭圆 E 于 A，B 两点. 若直线 l 经过坐标原点，证明：直线 PA 与直线 PB 的斜率之积为定值.

【证明】 在伸缩变换 $\varphi: \begin{cases} x' = \dfrac{x}{2} \\ y' = y \end{cases}$ 下，椭圆 $E: \dfrac{x^2}{4} + y^2 = 1$ 变为单位圆 $O': x'^2 + y'^2 = 1$，

椭圆 E 上的点 P，A，B 分别对应圆 O' 上的点 P'，A'，B'，直线 l 变换后对应直线 l'，所以直线 l' 经过坐标原点，因此线段 $A'B'$ 为圆 $O': x'^2 + y'^2 = 1$ 的直径，即 $\angle A'P'B' = 90°$，故 $k_{P'A'} \cdot k_{P'B'} = -1$. 又由伸缩变换的性质可得 $k_{P'A'} = \dfrac{a}{b} k_{PA} = 2k_{PA}$，$k_{P'B'} = \dfrac{a}{b} k_{PB} = 2k_{PB}$，所以 $k_{P'A'} \cdot k_{P'B'} = 4k_{PA} \cdot k_{PB} = -1$，即 $k_{PA} \cdot k_{PB} = -\dfrac{1}{4}$. 故直线 PA 与直线 PB 的斜率之积为定值 $-\dfrac{1}{4}$.

点评 本题另辟蹊径，运用伸缩变换的定义和性质，以及化归与转化的思想，破解了一些与椭圆有关的试题，令人耳目一新，有助于打破思维定式和机械的思维模式，开阔学生的学习视野，提高学生思维的灵活性、综合思维能力和解题能力，也有利于提升学生的数学核心素养.

习 题

填空题

1. 若点 P 是椭圆 $E: \dfrac{x^2}{4} + y^2 = 1$ 上的动点,则点 P 到直线 $l: x - y - 3\sqrt{5} = 0$ 距离的最小值是_____.

2. (2019 年重庆市高中数学联赛预赛试题)已知 $\triangle ABC$ 为椭圆 $\dfrac{x^2}{9} + \dfrac{y^2}{4} = 1$ 的内接三角形,且 AB 过点 $P(1,0)$,则 $\triangle ABC$ 的面积的最大值为_____.

解答题

3. (2019 年烟台二模理科)已知椭圆 $\dfrac{x^2}{a^2} + \dfrac{y^2}{b^2} = 1(a > b > 0)$ 的四个顶点围成的菱形的面积为 $4\sqrt{3}$,椭圆的一个焦点为圆 $x^2 + y^2 - 2x = 0$ 的圆心.

(1) 求椭圆的方程.

(2) 若 M,N 为椭圆上的两个动点,直线 OM,ON 的斜率分别为 k_1,k_2,当 $k_1 k_2 = -\dfrac{3}{4}$ 时,$\triangle MON$ 的面积是否为定值? 若为定值,求出此定值;若不为定值,请说明理由.

4. 已知椭圆 $C: \dfrac{x^2}{a^2} + \dfrac{y^2}{b^2} = 1(a > b > 0)$ 的离心率为 $\dfrac{\sqrt{3}}{2}$,短轴长为 4.

(1) 求椭圆的标准方程;

(2) 过点 $P(2,1)$ 作弦且弦被点 P 平分,求此弦所在的直线方程.

5. 若点 $P(x,y)$ 在椭圆 $C: x^2 + \dfrac{y^2}{4} = 1$ 上,求 $\dfrac{y}{x-2}$ 的最小值.

习题参考答案

1. $\sqrt{10}$. 解析:经过伸缩变换 $\varphi: \begin{cases} x' = \dfrac{x}{2}, \\ y' = y \end{cases}$,椭圆 $E: \dfrac{x^2}{4} + y^2 = 1$ 变为单位圆 $O': x'^2 + y'^2 = 1$,

椭圆 E 上的动点 $P(x_0, y_0)$ 对应圆 O' 上的动点 $P'(x_0', y_0')$,直线 $l: x - y - 3\sqrt{5} = 0$ 对应直线 $l': 2x' - y' - 3\sqrt{5} = 0$. 过圆 $x'^2 + y'^2 = 1$ 的圆心坐标原点作直线 l' 的垂线段,交该圆于点 P'

(x', y'),点 P' 到垂足的距离最小,由直线 l' 的垂线 $OP': y' = -\dfrac{1}{2} x' (x' \geqslant 0)$ 和 $x'^2 + y'^2 = 1$

相交,解方程组 $\begin{cases} x'^2 + y'^2 = 1 \\ y' = \dfrac{1}{2} x' \end{cases}$ 可得 $P'\left(\dfrac{2\sqrt{5}}{5}, -\dfrac{\sqrt{5}}{5}\right)$,则对应的椭圆上所求的点 P 的坐标为

$\left(\dfrac{4\sqrt{5}}{5},-\dfrac{\sqrt{5}}{5}\right)$，故所求最小距离为 $d=\dfrac{\left|\dfrac{4\sqrt{5}}{5}+\dfrac{\sqrt{5}}{5}-3\sqrt{5}\right|}{\sqrt{1^2+(-1)^2}}=\sqrt{10}.$

2. $\dfrac{16\sqrt{2}}{3}$．解析：经过伸缩变换 $\begin{cases}x'=\dfrac{x}{3}\\[2mm]y'=\dfrac{y}{2}\end{cases}$，得 $\triangle A'B'C'$ 内接于单位圆 $x'^2+y'^2=1$，$A'B'$ 过

点 $P'\left(\dfrac{1}{3},0\right)$，$S_{\triangle ABC}=6S_{\triangle A'B'C'}$，设坐标原点 $O'(0,0)$ 到 $A'B'$ 的距离为 t，则 $0\leqslant t\leqslant\dfrac{1}{3}$，$|A'B'|$

$=2\sqrt{1-t^2}$，所以 $S_{\triangle A'B'C'}\leqslant\sqrt{1-t^2}\cdot(1+t)$．令 $f(t)=\sqrt{1-t^2}\cdot(1+t)\left(t\in\left[0,\dfrac{1}{3}\right]\right)$，则

$f'(t)=\dfrac{1-t-2t^2}{\sqrt{1-t^2}}$．当 $t\in\left[0,\dfrac{1}{3}\right]$时，$f(t)>0$ 恒成立，所以 $f(t)$ 在区间 $\left[0,\dfrac{1}{3}\right]$ 内单调递增，

即 $f(t)\leqslant f\left(\dfrac{1}{3}\right)=\dfrac{8\sqrt{2}}{9}$．可知当 $t=\dfrac{1}{3}$时，$S_{\triangle A'B'C'}$ 有最大值 $\dfrac{8\sqrt{2}}{9}$．故 $S_{\triangle ABC}$ 的最大值为 $\dfrac{16\sqrt{2}}{3}$.

3.（1）椭圆的方程为 $\dfrac{x^2}{4}+\dfrac{y^2}{3}=1$（过程略）.

（2）在伸缩变换 $\varphi:\begin{cases}x'=\dfrac{x}{2}\\[2mm]y'=\dfrac{y}{\sqrt{3}}\end{cases}$ 下，椭圆 $\dfrac{x^2}{4}+\dfrac{y^2}{3}=1$ 变为单位圆 $x'^2+y'^2=1$，椭圆上的动

点 M,N 在单位圆上对应点 M',N'，直线 OM',ON' 的斜率分别为 k'_1,k'_2，则由伸缩变换的

性质可得 $k'_1=\dfrac{2}{\sqrt{3}}k_1$，$k'_2=\dfrac{2}{\sqrt{3}}k_2$，所以 $k'_1k'_2=\dfrac{4}{3}k_1k_2=-1$，因此 $OM'\perp ON'$，故 $S_{\triangle OM'N'}=$

$\dfrac{1}{2}|OM'|\cdot|ON'|=\dfrac{1}{2}\times1^2=\dfrac{1}{2}$．又因为 $S_{OMN}=2\sqrt{3}S_{\triangle OM'N'}=\sqrt{3}$，所以 $\triangle MON$ 的面积为定

值 $\sqrt{3}$.

4.（1）椭圆的标准方程为 $\dfrac{x^2}{16}+\dfrac{y^2}{4}=1$（过程略）.

（2）在伸缩变换 $\varphi:\begin{cases}x'=\dfrac{x}{4}\\[2mm]y'=\dfrac{y}{2}\end{cases}$ 下，椭圆 $C:\dfrac{x^2}{16}+\dfrac{y^2}{4}=1$ 对应变为圆 $O':x'^2+y'^2=1$，点

$P(2,1)$ 变换后对应点 $P'\left(\dfrac{1}{2},\dfrac{1}{2}\right)$．先求变换后过点 $P'\left(\dfrac{1}{2},\dfrac{1}{2}\right)$ 且被点 P' 平分的弦所在的直

线方程，因为 $k_{O'P'}=\dfrac{\dfrac{1}{2}}{\dfrac{1}{2}}=1$，所以弦所在的直线方程为 $y'-\dfrac{1}{2}=-\left(x'-\dfrac{1}{2}\right)$，即 $x'+y'-1=0.$

因此 $\dfrac{x}{4} + \dfrac{y}{2} - 1 = 0$，故过点 $P(2,1)$ 且被 P 平分的弦所在的直线方程为 $x + 2y - 4 = 0$.

5. 在伸缩变换 $\varphi : \begin{cases} x' = x \\ y' = \dfrac{y}{2} \end{cases}$ 下，椭圆 $C : x^2 + \dfrac{y^2}{4} = 1$ 变为圆 $O : x'^2 + y'^2 = 1$，点 $P(x,y)$ 变

换后对应点 $P'(x',y')$，则 $\dfrac{y}{x-2} = \dfrac{2y'}{x'-2}$. 记 $k = \dfrac{y'}{x'-2}$，则 $y' = k(x'-2)$，所以当直线 $y' =$

$k(x'-2)$ 与圆 $O : x'^2 + y'^2 = 1$ 相切时，$d = \dfrac{|-2k|}{\sqrt{k^2+1}} = 1$，解得 $k = \pm \dfrac{\sqrt{3}}{3}$. 故 $\dfrac{y}{x-2}$ 的最小值为

$-\dfrac{2\sqrt{3}}{3}$.

1.4　三角形面积公式

知识梳理

2007 年人教版高中数学选修 1-2（A 版）的 2.2.1 节"综合法和分析法"的例 2：在 $\triangle ABC$

中，设 $\overrightarrow{CB} = \boldsymbol{a}$，$\overrightarrow{CA} = \boldsymbol{b}$，求证：$S_{\triangle ABC} = \dfrac{1}{2} \sqrt{|\boldsymbol{a}|^2 |\boldsymbol{b}|^2 - (\boldsymbol{a} \cdot \boldsymbol{b})^2}$.

证明：因为 $S_{\triangle ABC} = \dfrac{1}{2} |\boldsymbol{a}| |\boldsymbol{b}| \sin C$，$\cos C = \dfrac{\boldsymbol{a} \cdot \boldsymbol{b}}{|\boldsymbol{a}| |\boldsymbol{b}|}$，所以

$$S_{\triangle ABC}^2 = \dfrac{1}{4} |\boldsymbol{a}|^2 |\boldsymbol{b}|^2 \sin^2 C = \dfrac{1}{4} |\boldsymbol{a}|^2 |\boldsymbol{b}|^2 (1 - \cos^2 C)$$

$$= \dfrac{1}{4} |\boldsymbol{a}|^2 |\boldsymbol{b}|^2 \left[1 - \left(\dfrac{\boldsymbol{a} \cdot \boldsymbol{b}}{|\boldsymbol{a}| |\boldsymbol{b}|} \right)^2 \right] = \dfrac{1}{4} [|\boldsymbol{a}|^2 |\boldsymbol{b}|^2 - (\boldsymbol{a} \cdot \boldsymbol{b})^2],$$

于是 $S_{\triangle ABC} = \dfrac{1}{2} \sqrt{|\boldsymbol{a}|^2 |\boldsymbol{b}|^2 - (\boldsymbol{a} \cdot \boldsymbol{b})^2}$.

从上面的例题中可以得出三角形的面积公式为

$$S_{\triangle ABC} = \dfrac{1}{2} \sqrt{|\overrightarrow{CA}|^2 \cdot |\overrightarrow{CB}|^2 - (\overrightarrow{CA} \cdot \overrightarrow{CB})^2}.$$

如果设 $\overrightarrow{CA} = (x_1, y_1)$，$\overrightarrow{CB} = (x_2, y_2)$，则

$$S_{\triangle ABC} = \dfrac{1}{2} \sqrt{|\overrightarrow{CA}|^2 \cdot |\overrightarrow{CB}|^2 - (\overrightarrow{CA} \cdot \overrightarrow{CB})^2}$$

$$= \dfrac{1}{2} \sqrt{(x_1^2 + y_1^2)(x_2^2 + y_2^2) - (x_1 x_2 + y_1 y_2)^2} = \dfrac{1}{2} |x_1 y_2 - x_2 y_1|.$$

下面来看这个面积公式的具体应用.

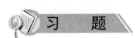 经典题探秘

例1 已知点 $A(1,3)$，$B(3,1)$，$C(-1,0)$，求 $\triangle ABC$ 的面积.

【解析】 由题意知 $\overrightarrow{AB}=(2,-2)$，$\overrightarrow{AC}=(-2,-3)$，则由三角形的面积公式可得

$$S_{\triangle ABC}=\frac{1}{2}\mid x_1y_2-x_2y_1\mid=\frac{1}{2}\times\mid 2\times(-3)-(-2)\times(-2)\mid=5.$$

例2 （2005 年江西卷/理 11） 在 $\triangle OAB$ 中，O 为坐标原点，$A(1,\cos\theta)$，$B(\sin\theta,1)$ $\left(\theta\in\left(0,\dfrac{\pi}{2}\right]\right)$，则当 $\triangle OAB$ 的面积达到最大值时，$\theta=$（　　）.

A. $\dfrac{\pi}{6}$　　　　B. $\dfrac{\pi}{4}$　　　　C. $\dfrac{\pi}{3}$　　　　D. $\dfrac{\pi}{2}$

【解析】 由三角形的面积公式可得 $S_{\triangle OAB}=\dfrac{1}{2}\mid 1-\sin\theta\cos\theta\mid=\dfrac{1}{2}\left|1-\dfrac{1}{2}\sin 2\theta\right|$. 因为 $2\theta\in(0,\pi]$，当 $2\theta=\pi$ 时，$\sin 2\theta=0$，此时 $\triangle OAB$ 的面积达到最大值 $\dfrac{1}{2}$，所以 $\theta=\dfrac{\pi}{2}$. 故选 D.

例3 （2014 年全国新课标 Ⅱ卷/理 10） 设 F 为抛物线 $C:y^2=3x$ 的焦点，过点 F 且倾斜角为 $30°$ 的直线交 C 于 A，B 两点，O 为坐标原点，则 $\triangle OAB$ 的面积为（　　）.

A. $\dfrac{3\sqrt{3}}{4}$　　　　B. $\dfrac{9\sqrt{3}}{8}$　　　　C. $\dfrac{63}{32}$　　　　D. $\dfrac{9}{4}$

【解析】 设点 $A(x_1,y_1)$，$B(x_2,y_2)$，因为 A，B 两点在抛物线 $C:y^2=3x$ 上，所以 $y_1^2=3x_1$，$y_2^2=3x_2$. 又因为抛物线 $C:y^2=3x$ 的焦点坐标为 $F\left(\dfrac{3}{4},0\right)$，所以直线 AB 的方程为 $y=\dfrac{\sqrt{3}}{3}\left(x-\dfrac{3}{4}\right)$，故联立 $y=\dfrac{\sqrt{3}}{3}\left(x-\dfrac{3}{4}\right)$ 和 $y^2=3x$，消去 x 并整理，得 $4y^2-12\sqrt{3}y-9=0$，则由韦达定理得 $y_1+y_2=3\sqrt{3}$，$y_1y_2=-\dfrac{9}{4}$. 又因为 $\overrightarrow{OA}=(x_1,y_1)$，$\overrightarrow{OB}=(x_2,y_2)$，所以

$$S_{\triangle OAB}=\frac{1}{2}\mid x_1y_2-x_2y_1\mid=\frac{1}{6}\mid y_1^2y_2-y_2^2y_1\mid$$

$$=\frac{1}{6}\mid y_1y_2\mid\sqrt{(y_1+y_2)^2-4y_1y_2}=\frac{1}{6}\times\frac{9}{4}\times 6=\frac{9}{4},$$

故选 D.

习　题

单选题

1.（2014 年四川卷/理 10）已知 F 为抛物线 $y^2=x$ 的焦点，点 A，B 在该抛物线上且位

于 x 轴的两侧，$\overrightarrow{OA} \cdot \overrightarrow{OB} = 2$（其中 O 为坐标原点），则 $\triangle ABO$ 与 $\triangle AFO$ 面积之和的最小值是（   ）.

A. 2 　　　　B. 3 　　　　C. $\dfrac{17\sqrt{2}}{8}$ 　　　　D. $\sqrt{10}$

2. （2014 年微山一中高考模拟题）在 $\triangle ABC$ 所在的平面内有一点 P. 如果 $2\overrightarrow{PA} + \overrightarrow{PC} = \overrightarrow{AB} - \overrightarrow{PB}$，那么 $\triangle PBC$ 的面积与 $\triangle ABC$ 的面积之比是（   ）.

A. $\dfrac{3}{4}$ 　　　　B. $\dfrac{1}{2}$ 　　　　C. $\dfrac{1}{3}$ 　　　　D. $\dfrac{2}{3}$

填空题

3. （2014 年山东卷/理12）在 $\triangle ABC$ 中，已知 $\overrightarrow{AB} \cdot \overrightarrow{AC} = \tan A$，当 $A = \dfrac{\pi}{6}$ 时，$\triangle ABC$ 的面积为 _____.

习题参考答案

1. B. 解析：因为点 A，B 在抛物线 $y^2 = x$ 上且位于 x 轴的两侧，不妨设 $A(x_1, y_1)$（$y_1 > 0$），$B(x_2, y_2)$（$y_2 < 0$），所以 $y_1^2 = x_1$，$y_2^2 = x_2$，故由 $\overrightarrow{OA} \cdot \overrightarrow{OB} = 2$，得 $x_1 x_2 + y_1 y_2 = 2$，即 $(y_1 y_2)^2 + y_1 y_2 - 2 = 0$，解得 $y_1 y_2 = -2$，即 $y_2 = \dfrac{-2}{y_1}$. 则由三角形的面积公式可得

$$
\begin{aligned}
S_{\triangle ABO} + S_{\triangle AFO} &= \frac{1}{2}\left| x_1 y_2 - x_2 y_1 \right| + \frac{1}{2}\left| x_1 \cdot 0 - \frac{1}{4} y_1 \right| \\
&= \frac{1}{2}\left| y_1 y_2 \right|\left| y_1 - y_2 \right| + \frac{1}{8}\left| y_1 \right| \\
&= -\frac{1}{2} y_1 y_2 (y_1 - y_2) + \frac{1}{8} y_1 = y_1 - y_2 + \frac{1}{8} y_1 \\
&= \frac{9}{8} y_1 + \frac{2}{y_1} \geqslant 2\sqrt{\frac{9}{8} y_1 \cdot \frac{2}{y_1}} = 3,
\end{aligned}
$$

当且仅当 $y_1 = \dfrac{4}{3}$ 时等号成立. 故选 B.

2. A. 解析：因为 $2\overrightarrow{PA} + \overrightarrow{PC} = \overrightarrow{AB} - \overrightarrow{PB}$，所以 $2(\overrightarrow{PB} + \overrightarrow{BA}) + (\overrightarrow{PB} + \overrightarrow{BC}) = \overrightarrow{AB} - \overrightarrow{PB}$，因此 $\overrightarrow{BP} = \dfrac{3}{4}\overrightarrow{BA} + \dfrac{1}{4}\overrightarrow{BC}$. 设 $\overrightarrow{BC} = (x_1, y_1)$，$\overrightarrow{BA} = (x_2, y_2)$，则 $\overrightarrow{BP} = \left(\dfrac{3}{4} x_2 + \dfrac{1}{4} x_1, \dfrac{3}{4} y_2 + \dfrac{1}{4} y_1 \right)$，故

$$
S_{\triangle ABC} = \frac{1}{2}\left| x_1 y_2 - x_2 y_1 \right|,
$$

$$
S_{\triangle PBC} = \frac{1}{2}\left| \left(\frac{3}{4} x_2 + \frac{1}{4} x_1 \right) y_1 - \left(\frac{3}{4} y_2 + \frac{1}{4} y_1 \right) x_1 \right| = \frac{3}{8}\left| x_1 y_2 - x_2 y_1 \right|,
$$

所以

$$\frac{S_{\triangle PBC}}{S_{\triangle ABC}} = \frac{\dfrac{3}{8} \mid x_1 y_2 - x_2 y_1 \mid}{\dfrac{1}{2} \mid x_1 y_2 - x_2 y_1 \mid} = \frac{3}{4}.$$

即△PBC 的面积与△ABC 的面积之比为$\dfrac{3}{4}$. 故选 A.

3. $\dfrac{1}{6}$. 解析: 由题意可知

$$(\overrightarrow{AB} \cdot \overrightarrow{AC})^2 = (\tan A)^2 = \left(\tan \frac{\pi}{6}\right)^2 = \left(\frac{\sqrt{3}}{3}\right)^2 = \frac{1}{3},$$

$$\mid \overrightarrow{AB} \mid \cdot \mid \overrightarrow{AC} \mid = \frac{\sin A}{\cos^2 A} = \frac{2}{3},$$

所以

$$S_{\triangle ABC} = \frac{1}{2} \sqrt{\mid \overrightarrow{AB} \mid^2 \cdot \mid \overrightarrow{AC} \mid^2 - (\overrightarrow{AB} \cdot \overrightarrow{AC})^2} = \frac{1}{2} \sqrt{\left(\frac{2}{3}\right)^2 - \frac{1}{3}} = \frac{1}{6}.$$

第 2 章　圆

2.1　圆 系 方 程

知识梳理

我们知道当已知圆的圆心和圆的半径时,即可确定圆的方程.同时根据不共线的三点也可确定圆的方程,或以某一个线段为直径也可确定圆的方程.当确定一个圆的条件不足时,即可获得一系列的圆.例如:当确定圆心、不确定圆的半径时,即可获得一系列同心圆,等等.当一系列圆都满足某种特征时,如果能用一个方程表示这一系列圆,则称该方程为圆系方程.

常见的圆系方程有:

(1) 同心圆的圆系方程为

$$(x - a)^2 + (y - b)^2 = \lambda^2 (\lambda > 0) \quad \text{或} \quad x^2 + y^2 + Dx + Ey + \lambda = 0.$$

(2) 设直线 l 与圆 C 相交,则过直线 $l : Ax + By + C = 0$ 与圆 $C : x^2 + y^2 + Dx + Ey + F = 0$ 交点的圆系方程为 $C + \lambda l = 0$,即

$$x^2 + y^2 + Dx + Ey + F + \lambda(Ax + By + C) = 0.$$

特别地,当 l 与 C 相切时,上述方程依然成立.

(3) 与直线 $l : Ax + By + C = 0$ 上一点 $P(x_0, y_0)$ 相切的圆系方程为

$$(x - x_0)^2 + (y - y_0)^2 + \lambda(Ax + By + C) = 0.$$

(4) 设圆 C_1 与圆 C_2 相交,则过圆 $C_1 : x^2 + y^2 + D_1 x + E_1 y + F_1 = 0$ 与圆 $C_2 : x^2 + y^2 + D_2 x + E_2 y + F_2 = 0$ 交点的圆系方程为 $C_1 + \lambda C_2 = 0$,即

$$x^2 + y^2 + D_1 x + E_1 y + F_1 + \lambda(x^2 + y^2 + D_2 x + E_2 y + F_2) = 0.$$

特别地,当 $\lambda = -1$ 时,上述方程退化为过圆 C_1 与圆 C_2 交点的直线方程.上述方程无法表示圆 C_2,可利用交点直线改进:

$$x^2 + y^2 + D_1 x + E_1 y + F_1 + \lambda[(D_1 - D_2)x + (E_1 - E_2)y + (F_1 - F_2)] = 0.$$

经典题探秘

1. 利用圆系方程求解圆的方程

例1 (人教版高中数学选修1(A版)第98页第7题) 求经过点 $M(2,-2)$ 以及圆 $C_1: x^2+y^2-6x=0$ 与圆 $C_2: x^2+y^2-4=0$ 交点的圆的方程.

【解析】 设过圆 $C_1: x^2+y^2-6x=0$ 与圆 $C_2: x^2+y^2-4=0$ 交点的圆的方程为 $x^2+y^2-6x+\lambda(x^2+y^2-4)=0$,把点 M 的坐标 $(2,-2)$ 代入上式,得 $\lambda=1$;把 $\lambda=1$ 代入上式并化简得 $x^2+y^2-3x-2=0$.所以所求圆的方程为 $x^2+y^2-3x-2=0$.

点评 本题的本质在于计算经过三个点的圆的方程,若先计算出三点再计算圆的方程,则运算量较大.所以本题采用构建圆系方程的方式进行求解,其解题思路是先根据两个圆的方程,写出经过两个圆交点的圆系方程;再令其经过定点求得圆系方程中的参数,从而确定圆的方程.该解法的本质在于先通过部分条件获得相关的圆系方程,再利用剩余的条件确定圆系方程里的参数,从而确定圆的方程.

变式1 (人教社高中数学选修1(A版)第98页第8题) 求圆心在直线 $x-y-4=0$ 上,并且经过圆 $x^2+y^2+6x-4=0$ 与圆 $x^2+y^2+6y-28=0$ 的交点的圆的方程.

【解析】 设经过两圆交点的圆的方程为 $x^2+y^2+6x-4+\lambda(x^2+y^2+6y-28)=0$,即 $(1+\lambda)x^2+(1+\lambda)y^2+6x+6\lambda y-28\lambda-4=0$,可得圆心坐标为 $\left(\dfrac{-3}{1+\lambda},\dfrac{-3\lambda}{1+\lambda}\right)$,将其代入直线方程 $x-y-4=0$,解得 $\lambda=-7$.所以所求圆的方程为 $x^2+y^2-x+7y-32=0$.

变式2 (人教版高中数学选修1(A版)第98页第9题) 求圆 $x^2+y^2-4=0$ 与圆 $x^2+y^2-4x+4y-12=0$ 的公共弦的长.

【解析】 方程 $x^2+y^2-4=0$ 与 $x^2+y^2-4x+4y-12=0$ 相减,得 $4x-4y+8=0$,即公共弦方程为 $x-y+2=0$.又因为圆 $x^2+y^2-4=0$ 的圆心坐标为 $(0,0)$,半径 $r=2$,所以圆心到公共弦的距离 $d=\dfrac{|0-0+2|}{\sqrt{1^2+(-1)^2}}=\sqrt{2}$,故公共弦的长 $l=2\sqrt{2^2-(\sqrt{2})^2}=2\sqrt{2}$.

经过两点的圆系方程的注意事项:在上述问题中均是构造经过两圆交点的圆系方程,其过程可简述如下:已知圆 C_1 与圆 C_2,则经过两圆交点的圆系方程为 $C_1+\lambda C_2=0$.特别地,当 $\lambda=-1$ 时,该方程退化为经过两圆交点的直线(该圆系方程即为"知识梳理"第(4)类构造的圆系方程).此原理即为上述变式2的解法原理.注意,当两圆相交时,$C_1-C_2=0$ 为经过两圆交点的直线;当两圆相离时,$C_1-C_2=0$ 为两圆的"根轴"."根轴"的几何意义是:过根轴上的点作两圆的切线,切线长相等.

2. 利用圆系方程求解切点弦直线

此问题可通过"极点、极线"的相关知识进行求解,本书通过构造圆系的方法求解.

例2 已知圆 $C:x^2 + y^2 - 2x - 4y = 0$,过点 $P(3,5)$ 作圆 C 的切线,设切点为 A, B,求直线 AB 的方程.

【解析】 根据圆的切线性质,可得 $AC \perp PA$,$BC \perp PB$,从而可得点 P,A,B,C 四点共圆,且该圆以 PC 为直径.根据题意可知点 $C(1,2)$,从而可得以 PC 为直径的圆 M 的方程为

$$(x-1)(x-3) + (y-2)(y-5) = 0 \Leftrightarrow x^2 + y^2 - 4x - 7y + 13 = 0.$$

此时点 A,B 为圆 C 与圆 M 的交点.根据上述构造圆系方程的方法,可知直线 AB 的方程为 $M - C = 0$,即 $2x + 3y - 13 = 0$.

点评 在上述求解过程中,首先构造了一个辅助圆,再通过两个圆构造圆系方程,利用圆系方程计算两圆的"根轴",即为所求的直线.

【题根探秘】 通过对例2的探究,可以得到以下结论(命题1):

命题1 已知圆 $C:x^2 + y^2 + Dx + Ey + F = 0$,过圆外一点 $P(a,b)$ 作圆 C 的切线,设切点为 A,B,则直线 AB 的方程为 $\left(a + \dfrac{D}{2}\right)x + \left(b + \dfrac{E}{2}\right)y + \dfrac{aD + bE}{2} + F = 0.$

证明:以 PC 为直径的圆 M 的方程为 $(x-a)\left(x + \dfrac{D}{2}\right) + (y-b)\left(y + \dfrac{E}{2}\right) = 0$,即

$$x^2 + y^2 + \left(\dfrac{D}{2} - a\right)x + \left(\dfrac{E}{2} - b\right)y - \dfrac{aD + bE}{2} = 0.$$

根据圆 C 与圆 M 构造圆系方程,可知直线 AB 的方程为 $M - C = 0$,即

$$\left(a + \dfrac{D}{2}\right)x + \left(b + \dfrac{E}{2}\right)y + \dfrac{aD + bE}{2} + F = 0.$$

上述方程也可改写为 $ax + by + D \cdot \dfrac{a+x}{2} + E \cdot \dfrac{b+y}{2} + F = 0.$ 该方程即为利用"极点、极线"结论所得的直线方程.

【小题妙解】 **练习1** 已知圆 $C:x^2 + y^2 - 2x - 4y = 0$,过直线 $l:2x + y + 2 = 0$ 上一点 P 作圆 C 的切线,切点分别为点 A,B,则弦长 AB 的可能取值为( ).

A. 1   B. 2   C. 3   D. 4

【解析】 由题意知 $C(1,2)$.设点 P 的坐标为 $(m,-2m-2)$,则可知直线 AB 的方程为

$$(m-1)x + (-2m-4)y + 3m + 4 = 0 \Leftrightarrow m(x - 2y + 3) - x - 4y + 4 = 0,$$

由此可知该直线过定点 $\left(-\dfrac{2}{3}, \dfrac{7}{6}\right)$.问题转换为过一个定点直线截圆的弦长的范围问题,此时弦长 AB 的取值范围是 $\left[\dfrac{\sqrt{55}}{3}, 2\sqrt{5}\right]$.故答案为 CD.

3. 与其他圆锥曲线相关的问题

在"四点共圆"(第3.11节)内容中将详细探讨相关问题,这里仅列举相关例题来展现如何通过圆系方程解决问题.

例3 (2017 年新课标 Ⅲ 卷/文 20)　在直角坐标系 xOy 中,曲线 $y = x^2 + mx - 2$ 与 x 轴交于 A,B 两点,点 C 的坐标为 $(0,1)$.当 m 变化时,解答下列问题:

(1) 能否出现 $AC \perp BC$ 的情况? 说明理由.

(2) 证明过 A,B,C 三点的圆在 y 轴上截得的弦长为定值.

【解析】　(1) 设点 A,B 的坐标分别为 $(x_1,0),(x_2,0)$.根据韦达定理有 $x_1 + x_2 = -m,x_1 x_2 = -2$;以 AB 为直径的圆为 $C_1:(x - x_1)(x - x_2) + y^2 = 0$.若 $AC \perp BC$ 成立,则有点 $C \in$ 圆 C_1,即 $x_1 x_2 = -1$,与 $x_1 x_2 = -2$ 矛盾,所以该情况不会出现.

(2) 设圆 M 为过点 A,B 的所有圆.点 A,B 所在的直线方程为 $y = 0$,结合(1)中以 AB 为直径的圆的方程,可得圆 M 的表达式为 $(x - x_1)(x - x_2) + y^2 + \lambda y = 0$;再令 M 过点 C,即有 $x_1 x_2 + 1 + \lambda = 0$,则由(1)中 $x_1 x_2 = -2$ 可得 $\lambda = 1$.故可知过点 A,B,C 的圆的方程为 $(x - x_1) \cdot (x - x_2) + y^2 + y = 0$.令 $x = 0$,即可求得该圆与 y 轴的两个交点坐标分别为 $C(0,1),D(0,-2)$.由此可知过 A,B,C 三点的圆在 y 轴上截得的弦长为定值,该定值为 3.

点评　上述解法可分解为如下几个步骤:① 写出以 AB 为直径的圆的方程;② 因为点 A,B 所在的直线方程为 $y = 0$,所以结合圆与直线的方程可求得经过点 A,B 的所有圆的方程;③ 计算该圆系方程与 y 轴的交点;④ 根据两个交点计算弦长,也可利用韦达定理进行求解.

【题根探秘】　通过对例 3 的探究,可以得到以下结论(命题 2 和命题 3):

命题 2　在直角坐标系 xOy 中,曲线 $y = ax^2 + bx + c (a \neq 0)$ 与 x 轴交于 A,B 两点,点 C 的坐标为 $(0,1)$.则过 A,B,C 三点的圆 M 在 y 轴上截得的弦长为 $\left| \dfrac{c - a}{a} \right|$.

证明:设点 A,B 的坐标分别为 $(x_1,0),(x_2,0)$,根据韦达定理有 $x_1 + x_2 = -\dfrac{b}{a},x_1 x_2 = \dfrac{c}{a}$;以 AB 为直径的圆为 $C_1:(x - x_1)(x - x_2) + y^2 = 0$.设圆 M 为过点 A,B 的所有圆,点 A,B 所在的直线方程为 $y = 0$,结合以 AB 为直径的圆的方程,可得圆 M 的表达式为 $(x - x_1)(x - x_2) + y^2 + \lambda y = 0$;再令 M 过点 C,即有 $x_1 x_2 + 1 + \lambda = 0$,则结合韦达定理可得 $\lambda = -\dfrac{a + c}{a}$.故可知过点 A,B,C 的圆为 $(x - x_1)(x - x_2) + y^2 - \dfrac{a + c}{a} y = 0$.令 $x = 0$,即可得方程 $y^2 - \dfrac{a + c}{a} y + \dfrac{c}{a} = 0$.该圆与 y 轴的两个交点坐标分别为 $C(0,1),D\left(0,\dfrac{c}{a}\right)$.由此可知,过 A,B,C 三点的圆在 y 轴上截得的弦长为定值,该定值为 $\left| \dfrac{c - a}{a} \right|$.

命题 3　在直角坐标系 xOy 中,曲线 $y = ax^2 + bx + c (a \neq 0)$ 与 x 轴交于 A,B 两点,点 C 的坐标为 $(0,t)$.则过 A,B,C 三点的圆 M 在 y 轴上截得的弦长为 $\left| \dfrac{c}{at} - t \right|$.

证明:设点 A,B 的坐标分别为 $(x_1,0),(x_2,0)$.根据韦达定理有 $x_1+x_2=-\dfrac{b}{a}$,$x_1x_2=$ $\dfrac{c}{a}$;以 AB 为直径的圆 C_1 为 $(x-x_1)(x-x_2)+y^2=0$.设圆 M 为过点 A,B 的所有圆,点 A,B 所在的直线方程为 $y=0$,结合以 AB 为直径的圆的方程,可得圆 M 的表达式为 $(x-x_1)(x-x_2)+y^2+\lambda y=0$;再令 M 过点 C,即有 $x_1x_2+t^2+\lambda t=0$,则结合韦达定理可得 $\lambda=-t-\dfrac{c}{at}$.故可知过 A,B,C 三点的圆为 $(x-x_1)(x-x_2)+y^2-\left(t+\dfrac{c}{at}\right)y=0$.令 $x=0$,即可得方程 $y^2-\left(t+\dfrac{c}{at}\right)y+\dfrac{c}{a}=0$.该圆与 y 轴的两个交点坐标分别为 $C(0,t)$,$D\left(0,\dfrac{c}{at}\right)$.由此可知,过 A,B,C 三点的圆在 y 轴上截得的弦长为定值,该定值为 $\left|\dfrac{c}{at}-t\right|$.

【小题妙解】 **练习2** 已知抛物线 $y=2x^2+x+m$ 与 x 轴相交于 A,B 两点,设点 C 的坐标为 $(0,2)$,经过 A,B,C 三点的圆为 M,当圆 M 在 y 轴上的截距取到最小值时,m 的值为 _____.

【解析】 根据上文中的命题3可得圆 M 在 y 轴上的截距为 $\left|\dfrac{m}{4}-2\right|$,当圆 M 在 y 轴相切时,该截距取到最小值,此时 $\left|\dfrac{m}{4}-2\right|=0$,从而可得 m 的值为8.

习 题

选择题

1. 和 x 轴相切于点 $A(1,0)$ 的所有圆组成一个圆系,圆系中的每个圆的圆心都在第一象限,过点 $P(0,1)$ 作每个圆的切线,则通过每个圆上两切点的直线( ).

A. 平行   B. 共一个定点

C. 平行或共一个定点   D. 相交成无穷个点

多选题

2. 已知点 P 为抛物线 $C:y^2=4x$ 上的动点,点 F 为抛物线的焦点.已知点 $A(3,2)$,设点 Q 为以点 P 为圆心,$|PF|$ 为半径的圆上的动点,$|QA|$ 的最大值为 d_Q,当点 P 在抛物线上运动时,d_Q 的可能取值为( ).

A. $2\sqrt{2}$ B. $\sqrt{13}$ C. 4   D. 5

3. 在平面直角坐标系中,已知圆 $K:(x-k)^2+(y-k)^2=\dfrac{k^2}{2}$,其中 $k\neq0$,则( ).

A. 圆 K 过定点   B. 圆 K 的圆心在定直线上

C. 圆 K 与定直线相切   D. 圆 K 与定圆相切

4. 如图2.1所示,已知集合 $P=\{(x,y)\mid(x-\cos\theta)^2+(y-\sin\theta)^2=4(0\leqslant\theta\leqslant\pi)\}$.由

集合 P 中所有点组成的图形如图中阴影部分所示,中间白色部分形如美丽的"水滴".则下列说法正确的是( ).

  A. "水滴"图形与 y 轴相交,最高点记为 A,则点 A 的坐标为 $(0,1)$

  B. 在集合 P 中任取一点 M,则 M 到原点的距离的最大值为 3

  C. 阴影部分与 y 轴相交,最高点和最低点分别记为 C,D,则 $|CD|=3+\sqrt{3}$

  D. 白色"水滴"图形的面积是 $\dfrac{11}{6}\pi-\sqrt{3}$

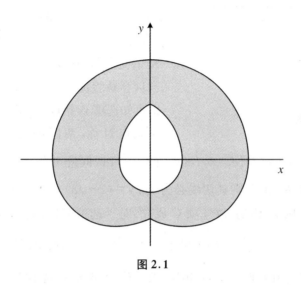

图 2.1

填空题

5. 过圆 $C_1:x^2+y^2-2x-4y=0$ 和圆 $C_2:x^2+y^2-2y-4=0$ 的两个交点,且圆心在直线 $2x+4y-1=0$ 上的圆的方程是_____.

解答题

6. 求过直线 $l:2x+y+4=0$ 与圆 $C:x^2+y^2+2x-4y+1=0$ 的交点,且有最小面积的圆的方程.

7. (结构不良题)已知圆 C 与直线 $l:x+3y-26=0$ 相切于点 $A(8,6)$,请在下列条件中选择一个补充至题干,并求出圆 C 的方程:(1) 圆 C 经过点 $B(-2,-4)$;(2) 圆心 $C\in$ 直线 $l_0:x-y=0$.

习题参考答案

1. B. 解析:根据题意可知圆系的圆心为 $(1,r)(r>0)$,则对应的圆系方程为 $x^2+y^2-2x-2ry+1=0$.过点 $P(0,1)$ 作该圆的切线,对应的切点弦所在的直线为 $x+(r-1)y+r-1=0$,易知该直线恒过定点 $(0,-1)$.故选 B.

2. CD. 解析: 如图 2.2 所示, 设圆 P 的半径为 r, 则 QA 的最大值 $d_Q = |PA| + r = |PA| + |PF|$. 设点 P 到准线的距离为 d_P, 点 A 到准线的距离为 d_A, 则根据抛物线的定义可得 $d_Q = |PA| + d_P \geq d_A = 4$, 故选 CD.

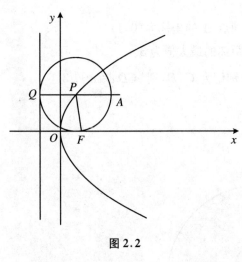

图 2.2

3. BC. 解析: 根据题意, 可知圆 K 的圆心为 (k, k), 半径 $r = \dfrac{\sqrt{2}k}{2}$. 显然圆 K 的圆心在直线 $l_0: y = x$ 上, 即可得选项 B 成立. 对于选项 A, 假设圆 K 过定点, 当 k 取不同值时, 对应的圆 K 的交点即为所求的定点. 分别令 $k = 1$ 和 $k = -1$, 容易验证所对应的两个圆 K_1, K_{-1} 相离, 即可知选项 A 错误. 对于选项 C, 圆 K_1, K_{-1} 关于原点对称, 两圆的公切线分别为 $l_1: y = x + 1, l_2: y = x - 1, l_3: y = (2+\sqrt{3})x, l_4: y = (2-\sqrt{3})x$. 同理可令 $k = 2$ 和 $k = -2$, 验证可知若存在定直线与圆 K 相切, 则其切线必为 $l_3: y = (2+\sqrt{3})x$ 与 $l_4: y = (2-\sqrt{3})x$. 经验证可得这两条直线均与圆 K 相切, 故选项 C 成立. 对于选项 D, 与圆 K_1, K_{-1} 都相切的圆为 $O_1: x^2 + y^2 = \dfrac{1}{2}; O_2: x^2 + y^2 = \dfrac{9}{2}$. 同理可令 $k = 2$ 和 $k = -2$, 所得圆为 $O_3: x^2 + y^2 = 2; O_4: x^2 + y^2 = 9$, 即可得不存在定圆与圆 K 相切, 故选项 D 错误. 故选 BC.

4. BCD.

5. $x^2 + y^2 + x - y - 6 = 0$. 解析: 设经过圆 $C_1: x^2 + y^2 - 2x - 4y = 0$ 与圆 $C_2: x^2 + y^2 - 2y - 4 = 0$ 的两个交点的圆系方程为 $x^2 + y^2 - 2x - 4y + \lambda(x^2 + y^2 - 2y - 4) = 0$. 上述方程的圆心坐标为 $\left(\dfrac{1}{1+\lambda}, \dfrac{2+\lambda}{1+\lambda}\right)$, 且该点在直线 $2x + 4y - 1 = 0$ 上, 可得 $\lambda = -3$. 由此可得对应的圆的方程为 $x^2 + y^2 + x - y - 6 = 0$.

6. 设经过直线 l 与圆 C 的交点为 A, B, 则可得经过点 A, B 的圆系方程为 $x^2 + y^2 + 2x - 4y + 1 + \lambda(2x + y + 4) = 0$. 易知当 AB 为圆的直径时, 对应圆的面积取到最小值. 故可得上述方程的圆心在直线 $l: 2x + y + 4 = 0$ 上. 又圆系方程的圆心为 $\left(-1-\lambda, 2-\dfrac{\lambda}{2}\right)$, 代入直线方程可得 $\lambda = \dfrac{8}{5}$, 故可得对应的方程为 $x^2 + y^2 + \dfrac{26}{5}x - \dfrac{12}{5}y + \dfrac{37}{5} = 0$.

7. 若选择条件(1): 首先构造一个以点 $A(8, 6)$ 为圆心、半径为 0 的圆, 即 $(x-8)^2 + (y-6)^2 = 0$, 根据该圆与直线 l 构建圆系方程, 可得 $(x-8)^2 + (y-6)^2 + \lambda(x + 3y - 26) = 0$. 又因为该圆经过点 $B(-2, -4)$, 将其代入上式可得 $\lambda = 5$, 从而可得圆 C 的方程为 $x^2 + y^2 - 11x + 3y - 30 = 0$.

若选择条件(2):在上述解题过程中,根据圆系方程求得圆心 C 的坐标为 $\left(8-\dfrac{\lambda}{2},6-\dfrac{3\lambda}{2}\right)$.

若圆心 $C\in$ 直线 $l_0:x-y=0$,则可得 $\lambda=-2$,从而可得圆 C 的方程为 $x^2+y^2-18x-18y+152=0$.

总结:与直线 $l:Ax+By+C=0$ 相切于点 $A(a,b)$ 的圆系方程为 $(x-a)^2+(y-b)^2+\lambda(Ax+By+C)=0$.

2.2　阿波罗尼斯圆问题

知识梳理

平面内到两定点的距离之比为常数 $\lambda(\lambda>0$ 且 $\lambda\neq1)$ 的点的轨迹是圆,这个圆就是阿波罗尼斯圆.阿波罗尼斯是古希腊数学家,与阿基米德、欧几里得齐名,他们被称为亚历山大时期数学三巨匠.阿波罗尼斯对圆锥曲线有深刻而系统的研究,他的代表作有《圆锥曲线》一书,其研究成果之一为阿波罗尼斯圆.在近 10 年的高考中,以阿波罗尼斯圆为背景的高考数学试题多达 13 道,有选择题、填空题和解答题,小题分值为 5 分,大题分值为 12 分,主要考查曲线的轨迹方程、直线与圆的位置关系、圆与圆的位置关系,以及考生的运算求解和推理论证能力,同时也考查了考生的数学运算、逻辑推理和直观想象的核心素养.

阿波罗尼斯圆探秘:在教材中也有以阿波罗尼斯圆为背景的习题,如 2019 年新课标人教版高中数学选修 1(A 版)习题 4.1 B 组第 3 题:已知点 $M(x,y)$ 与两个定点 $O(0,0)$,$A(3,0)$ 的距离之比为 $\dfrac{1}{2}$,求点 M 的轨迹方程.

下面先来探究阿波罗尼斯圆的方程:已知点 $M(x,y)$ 与两个定点 A,B 的距离比是一个常数 $\lambda(\lambda>0$ 且 $\lambda\neq1)$,求点 M 的轨迹方程,并说明轨迹是什么图形.

求解过程如下:设 AB 的长为 $2a(a>0)$,以线段 AB 所在直线为 x 轴,线段 AB 的垂直平分线为 y 轴建立平面直角坐标系.则 $A(-a,0)$,$B(a,0)$,由 $\dfrac{|MA|}{|MB|}=\lambda$,得

$\dfrac{\sqrt{(x+a)^2+y^2}}{\sqrt{(x-a)^2+y^2}}=\lambda$,整理得

$$(1-\lambda^2)x^2+(1-\lambda^2)y^2+2a(1+\lambda^2)x+a^2(1-\lambda^2)=0,$$

当 $\lambda>0$ 且 $\lambda\neq1$ 时,配方并整理得

$$\left[x-\dfrac{a(\lambda^2+1)}{\lambda^2-1}\right]^2+y^2=\left(\dfrac{2a\lambda}{\lambda^2-1}\right)^2,$$

此时动点 M 的轨迹是圆,它的圆心为 $\left(\dfrac{a(\lambda^2+1)}{\lambda^2-1},0\right)$,半径为 $r=\dfrac{2a\lambda}{|\lambda^2-1|}$.

经典题探秘

例1 (2014年湖北卷/文17) 已知圆 $O:x^2+y^2=1$ 和点 $A(-2,0)$,若定点 $B(b,0)$ $(b\neq-2)$ 和常数 λ 满足:对圆 O 上任意一点 M,都有 $|MB|=\lambda|MA|$,则(1) $b=$ _____;(2) $\lambda=$ _____.

【解析】 设点 $M(x,y)$,则由 $|MB|=\lambda|MA|$,得 $\sqrt{(x-b)^2+y^2}=\lambda\sqrt{(x+2)^2+y^2}$,整理得

$$(\lambda^2-1)x^2+(\lambda^2-1)y^2+(4\lambda^2+2b)x-b^2+4\lambda^2=0,$$

因为对圆 O 上任意一点 M,都有 $|MB|=\lambda|MA|$,所以 $\begin{cases}4\lambda^2+2b=0\\\dfrac{4\lambda^2-b^2}{\lambda^2-1}=-1\end{cases}$,解得 $b=-\dfrac{1}{2}$,$\lambda=\dfrac{1}{2}$.

点评 本题以阿波罗尼斯圆为背景,考查了求解曲线轨迹方程的方法.

例2 (2013年江苏卷/文17) 如图 2.3 所示,在平面直角坐标系 xOy 中,点 $A(0,3)$,直线 $l:y=2x-4$.设圆 C 的半径为 1,圆心在 l 上.

(1) 若圆心 C 也在直线 $y=x-1$ 上,过点 A 作圆 C 的切线,求切线的方程;

(2) 若圆 C 上存在点 M,使 $MA=2MO$,求圆心 C 的横坐标 a 的取值范围.

【解析】 (1) 由题设,圆心 C 是直线 $y=2x-4$ 和 $y=x-1$ 的交点,解得点 $C(3,2)$,于是切线的斜率必存在.设过点 $A(0,3)$ 的圆 C 的切线方程为 $y=kx+3$.则由题意得 $\dfrac{|3k+1|}{\sqrt{k^2+1}}=1$,解得 $k=0$ 或 $k=-\dfrac{3}{4}$,故所求切线方程为

$$y=3 \text{ 或 } 3x+4y-12=0.$$

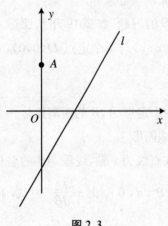

图 2.3

(2) 因为圆心在直线 $y=2x-4$ 上,所以圆 C 的方程为 $(x-a)^2+[y-2(a-2)]^2=1$.设点 $M(x,y)$,因为 $MA=2MO$,所以 $\sqrt{x^2+(y-3)^2}=2\sqrt{x^2+y^2}$,化简得 $x^2+(y+1)^2=4$,因此点 M 在以 $D(0,-1)$ 为圆心、2 为半径的圆上.由题意,点 $M(x,y)$ 在圆 C 上,所以圆 C 与圆 D 有公共点,则 $|2-1|\leqslant CD\leqslant 2+1$,即 $1\leqslant\sqrt{a^2+(2a-3)^2}\leqslant 3$,整理得 $-8\leqslant 5a^2-12a\leqslant 0$,又由 $5a^2-12a$

$+8\geqslant0$, 得 $a\in\mathbf{R}$; 由 $5a^2-12a\leqslant0$, 得 $0\leqslant a\leqslant\dfrac{12}{5}$. 所以点 C 的横坐标 a 的取值范围为 $\left[0,\dfrac{12}{5}\right]$.

点评 本题第(2)问以阿波罗尼斯圆为背景, 考查了圆与圆的位置关系, 也考查了考生的等价转化能力.

习 题

单选题

1. (2008年四川卷/理12)设抛物线 $C:y^2=8x$ 的焦点为 F, 准线与 x 轴相交于点 K, 点 A 在 C 上且 $|AK|=\sqrt{2}|AF|$, 则 $\triangle AFK$ 的面积为(   ).

A. 4   B. 8   C. 16   D. 32

2. (2000年四川卷/理6)已知两定点 $A(-2,0)$, $B(1,0)$. 如果动点 P 满足条件 $|PA|=2|PB|$, 则点 P 的轨迹所包围的图形的面积等于(   ).

A. π B. 4π C. 8π D. 9π

3. (山西九师联盟2022届高三联考)阿波罗尼斯是古希腊著名数学家, 与欧几里得、阿基米德并称为亚历山大时期数学三巨匠, 他研究发现: 如果一个动点 M 与两个定点的距离之比为常数 $\lambda(\lambda>0,\lambda\neq1)$, 那么点 M 的轨迹为圆(人们称之为阿波罗尼斯圆). 在 $\triangle ABC$ 中, $B(-1,0)$, $C(1,0)$, D 为 AB 的中点, 且 $|CD|=\dfrac{\sqrt{3}}{2}|AB|$, 则 $\triangle ABC$ 面积的最大值为(   ).

A. $\sqrt{3}$ B. 2   C. $2\sqrt{2}$ D. $2\sqrt{3}$

多选题

4. (潍坊市2021届高三一模考试)古希腊著名数学家阿波罗尼斯发现: 平面内到两个定点 A,B 的距离之比为定值 $\lambda(\lambda>0$ 且 $\lambda\neq1)$ 的点的轨迹是圆, 此圆被称为阿波罗尼斯圆. 在平面直角坐标系 xOy 中, 已知 $A(-4,2)$, $B(2,2)$, 点 P 满足 $\dfrac{|PA|}{|PB|}=2$, 设点 P 的轨迹为圆 C, 则下列结论正确的是(   ).

A. 圆 C 的方程是 $(x-4)^2+(y-2)^2=16$

B. 过点 A 向圆 C 引切线, 两条切线的夹角为 $\dfrac{\pi}{3}$

C. 过点 A 作直线 l. 若圆 C 上恰有三个点到直线 l 的距离为 2, 则直线斜率为 $\pm\dfrac{\sqrt{15}}{5}$

D. 在直线 $y=2$ 上存在异于 A,B 的两点 D,E, 使得 $\dfrac{|PD|}{|PE|}=2$

5. 古希腊著名数学家阿波罗尼斯与欧几里得、阿基米德齐名, 他发现: 平面内到两个定

点 A,B 的距离之比为定值 $\lambda(\lambda>0$ 且 $\lambda\neq1)$ 的点的轨迹是圆.后来人们将这个圆以他的名字命名,称为阿波罗尼斯圆,简称阿氏圆.在平面直角坐标系 xOy 中,$A(1,0)$,$B(3,0)$,点 P 满足 $\dfrac{|PA|}{|PB|}=\sqrt{2}$,点 P 的轨迹为曲线 C,则下列结论正确的是(   ).

    A. 曲线 C 的方程为 $x^2+y^2-10x+17=0$

    B. 直线 $3x+4y=0$ 与曲线 C 有公共点

    C. 曲线 C 被 x 轴截得的弦长为 $4\sqrt{2}$

    D. $\triangle ABP$ 面积的最大值为 $2\sqrt{2}$

6. 古希腊著名数学家阿波罗尼斯与欧几里得、阿基米德齐名,他发现:平面内到两个定点 A,B 的距离之比为定值 $\lambda(\lambda>0$ 且 $\lambda\neq1)$ 的点所形成的图形是圆.后来,人们将这个圆以他的名字命名,称为阿波罗尼斯圆,简称阿氏圆.已知在平面直角坐标系 xOy 中,$A(-2,0)$,$B(4,0)$,点 P 满足 $\dfrac{|PA|}{|PB|}=\dfrac{1}{2}$,设点 P 所构成的曲线为 C,则下列结论正确的是(   ).

    A. C 的方程为 $(x+4)^2+y^2=16$

    B. 在 C 上存在点 D,使得 D 到点 $(1,1)$ 的距离为 5

    C. 在 C 上存在点 M,使得 $|MO|=2|MA|$

    D. C 上的点到直线 $3x-4y-13=0$ 的最大距离为 9

填空题

7. 已知点 $O(0,0)$,$M(1,0)$,且圆 $C:(x-5)^2+(y-4)^2=r^2(r>0)$ 上至少存在一点 P,使得 $|PO|=\sqrt{2}|PM|$,则 r 的最小值是_____.

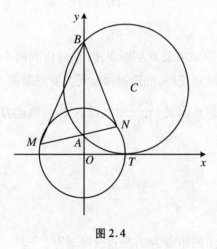

图 2.4

8. (2015年湖北卷/理14)如图 2.4 所示,圆 C 与 x 轴相切于点 $T(1,0)$,与 y 轴正半轴交于两点 A,B(B 在 A 的上方),且 $|AB|=2$.

(1) 圆 C 的标准方程为_____;

(2) 过点 A 任作一条直线与圆 $O:x^2+y^2=1$ 相交于 M,N 两点,下列三个结论:① $\dfrac{|NA|}{|NB|}=\dfrac{|MA|}{|MB|}$;② $\dfrac{|NB|}{|NA|}-\dfrac{|MA|}{|MB|}=2$;③ $\dfrac{|NB|}{|NA|}+\dfrac{|MA|}{|MB|}=2\sqrt{2}$.其中正确结论的序号是_____(写出所有正确结论的序号).

9. (2008年江苏卷/13)满足条件 $|AB|=2$,$|AC|=\sqrt{2}BC$ 的 $\triangle ABC$ 的面积的最大值为_____.

10. 古希腊著名数学家阿波罗尼斯发现:平面内到两个定点的距离之比为定值 $\lambda(\lambda>0$ 且 $\lambda\neq1)$ 的点的轨迹是圆,此圆被称为阿波罗尼斯圆.在平面直角坐标系 xOy 中,已知点 A

$(0,3)$,圆 C:$(x-a)^2+(y-2a+4)^2=1$.若圆 C 上存在点 M,使 $|MA|=2|MO|$,则实数 a 的取值范围是_____.

解答题

11.(2005 年江苏卷/19)如图 2.5 所示,圆 O_1 与圆 O_2 的半径都等于 1,$O_1O_2=4$,过动点 P 分别作圆 O_1、圆 O_2 的切线 PM,PN(M,N 为切点),使得 $PM=\sqrt{2}PN$.试建立平面直角坐标系,并求动点 P 的轨迹方程.

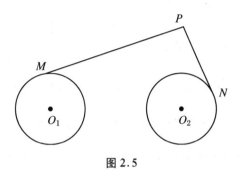

图 2.5

12. 古希腊著名数学家阿波罗尼斯与欧几里得、阿基米德齐名,他发现:平面内到两个定点 A,B 的距离之比为定值 λ($\lambda>0$ 且 $\lambda\neq1$)的点所形成的图形是圆.后来,人们将这个圆以他的名字命名,称为阿波罗尼斯圆,简称阿氏圆.已知在平面直角坐标系 xOy 中,$A(-2,0)$,$B(1,0)$,点 P 满足 $\dfrac{|PA|}{|PB|}=\lambda$.给出两个条件:① $\lambda=2$;② $\lambda=\sqrt{3}$.在这两个条件中任选一个填入下面的横线中,并求解问题:求满足条件_____时的阿氏圆的标准方程.

习题参考答案

1. B.解析:根据题意作图,如图 2.6 所示,则 $y^2=8x$ 的焦点 $F(2,0)$,准线 $x=-2$,$K(-2,0)$.设 $A(x,y)$,则由 $|AK|=\sqrt{2}|AF|$,得 $\sqrt{(x+2)^2+y^2}=\sqrt{2}\sqrt{(x-2)^2+y^2}$,即 $(x+2)^2+y^2=2[(x-2)^2+y^2]$.化简得 $y^2=-x^2+12x-4$,与 $y^2=8x$ 联立,解得 $x=2$,$y=\pm4$.所以 $S_{\triangle AFK}=\dfrac{1}{2}\cdot|FK|\cdot|y_A|=\dfrac{1}{2}\times4\times4=8$,故选 B.

2. B. 解析:设 $P(x,y)$,由已知可得 $\sqrt{(x+2)^2+y^2}=2\sqrt{(x-1)^2+y^2}$,整理得 $(x-2)^2+y^2=4$,所以点 P 的轨迹所包围的图形的面积等于

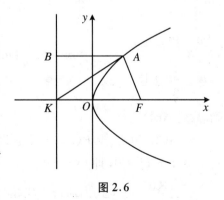

图 2.6

4π. 故选 B.

3. D. 解析:(解法1)因为 D 为 AB 的中点,且 $|CD|=\dfrac{\sqrt{3}}{2}|AB|$,所以 $\dfrac{|CD|}{|DB|}=\sqrt{3}$,设点 D $(x,y)(y\neq 0)$,则 $\dfrac{\sqrt{(x-1)^2+y^2}}{\sqrt{(x+1)^2+y^2}}=\sqrt{3}(y\neq 0)$,化简得 $(x+2)^2+y^2=3(y\neq 0)$,其圆心为 $(-2,0)$,则圆上点到 BC 的最大距离为 $\sqrt{3}$,所以点 A 到 BC 的最大距离为 $2\sqrt{3}$,则 $\triangle ABC$ 的最大面积 $S=\dfrac{1}{2}\times 2\times 2\sqrt{3}=2\sqrt{3}$.故选 D.

(解法2)设 $A(x,y)(y\neq 0)$,则 $D\left(\dfrac{x-1}{2},\dfrac{y}{2}\right)$,由 $|CD|=\dfrac{\sqrt{3}}{2}|AB|$,得 $\left(\dfrac{x-1}{2}-1\right)^2+\left(\dfrac{y}{2}\right)^2=\dfrac{3}{4}[(x+1)^2+y^2]$,化简得 $(x+3)^2+y^2=(2\sqrt{3})^2(y\neq 0)$,点 A 的轨迹为圆(与 x 轴的交点除外),其圆心为 $(-3,0)$,则圆上的点到 BC 的最大距离为 $2\sqrt{3}$,即点 A 到 BC 的最大距离为 $2\sqrt{3}$,所以 $\triangle ABC$ 的最大面积 $S=\dfrac{1}{2}\times 2\times 2\sqrt{3}=2\sqrt{3}$.故选 D.

4. ABD. 解析:因为 $A(-4,2)$,$B(2,2)$,点 P 满足 $\dfrac{|PA|}{|PB|}=2$,设点 $P(x,y)$,则 $\dfrac{\sqrt{(x+4)^2+(y-2)^2}}{\sqrt{(x-2)^2+(y-2)^2}}=2$,化简得 $x^2+y^2-8x-4y+4=0$,即 $(x-4)^2+(y-2)^2=16$,故 A 正确;因为 $AC=8$,圆 C 的半径 $R=4$,所以 $\sin\dfrac{\alpha}{2}=\dfrac{R}{AC}=\dfrac{1}{2}$,则 $\dfrac{\alpha}{2}=\dfrac{\pi}{6}$,解得 $\alpha=\dfrac{\pi}{3}$,故 B 正确;易知直线的斜率存在,设直线 $l:kx-y+4k+2=0$,因为圆 C 上恰有三个点到直线的距离为 2,则圆心 $C(4,2)$ 到直线的距离为 $d=\dfrac{|8k|}{\sqrt{k^2+1}}=2$,解得 $k=\pm\dfrac{\sqrt{15}}{15}$,故 C 错误;假设存在异于 A,B 的两点 $D(m,2)$,$E(n,2)$,则 $\dfrac{\sqrt{(x-m)^2+(y-2)^2}}{\sqrt{(x-n)^2+(y-2)^2}}=2$,化简得 $x^2+y^2+\dfrac{2m-8n}{3}x-4y+\dfrac{4n^2-m^2+12}{3}=0$,因为点 P 的轨迹方程为 $x^2+y^2-8x-4y+4=0$,所以 $\begin{cases}\dfrac{2m-8n}{3}=-8\\ \dfrac{4n^2-m^2+12}{3}=4\end{cases}$,解得 $\begin{cases}m=12\\ n=6\end{cases}$ 或 $\begin{cases}m=-4\\ n=2\end{cases}$(舍去),因此存在 $D(12,2)$,$E(6,2)$,故 D 正确.故选 ABD.

5. ACD. 解析:设 $P(x,y)$,由题设可得 $(x-1)^2+y^2=2[(x-3)^2+y^2]$,整理可得 $x^2+y^2-10x+17=0$,即 $(x-5)^2+y^2=8$,因为点 $(5,0)$ 到直线 $3x+4y=0$ 的距离为 $\dfrac{|3\times 5+4\times 0|}{\sqrt{3^2+4^2}}=3>2\sqrt{2}$,所以直线 $3x+4y=0$ 与曲线 C 没有公共点;又因为曲线 C 的圆心

在 x 轴上,半径为 $2\sqrt{2}$,所以曲线 C 被 x 轴截得的弦长为 $4\sqrt{2}$,故 $\triangle ABP$ 面积的最大值为 $\dfrac{1}{2}\times 2\times 2\sqrt{2}=2\sqrt{2}$.故选 ACD.

6. ABD.解析:由题意可设 $P(x,y)$,由 $\dfrac{|PA|}{|PB|}=\dfrac{1}{2}$,可得 $\dfrac{\sqrt{(x+2)^2+y^2}}{\sqrt{(x-4)^2+y^2}}=\dfrac{1}{2}$,整理可得 $x^2+y^2+8x=0$,即 $(x+4)^2+y^2=16$,故选项 A 正确;对于选项 B,曲线 C 的方程表示圆心为 $(-4,0)$、半径为 4 的圆,点 $(1,1)$ 与圆心的距离为 $\sqrt{(-4-1)^2+1}=\sqrt{26}$,与圆上的点的距离的最小值为 $\sqrt{26}-4$,最大值为 $\sqrt{26}+4$,而 $5\in[\sqrt{26}-4,\sqrt{26}+4]$,所以选项 B 正确;对于选项 C,设 $M(x_0,y_0)$,由 $|MO|=2|MA|$,得 $\sqrt{x_0^2+y_0^2}=2\sqrt{(x_0+2)^2+y_0^2}$,又因为 $(x_0+4)^2+y_0^2=16$,联立方程消去 y_0,得 $x_0=2$,y_0 无解,所以选项 C 错误;对于选项 D,C 的圆心为 $(-4,0)$,到直线 $3x-4y-13=0$ 的距离为 $d=\dfrac{|3\times(-4)-13|}{5}=5$,且曲线 C 的半径为 4,则 C 上的点到直线 $3x-4y-13=0$ 的最大距离为 $d+r=5+4=9$,故选项 D 正确.故选 ABD.

7. $5-\sqrt{2}$.解析:设点 $P(x,y)$,由 $|PO|=\sqrt{2}|PM|$,得 $\sqrt{x^2+y^2}=\sqrt{2}\sqrt{(x-1)^2+y^2}$,整理得 $(x-2)^2+y^2=2$,所以点 P 是以点 $D(2,0)$ 为圆心、$\sqrt{2}$ 为半径的圆.由题设得圆 C 与圆 D 有公共点,则圆心距 $|CD|=\sqrt{(5-2)^2+4^2}=5$,所以 $|r-\sqrt{2}|\leqslant|CD|\leqslant r+\sqrt{2}$,即 $|r-\sqrt{2}|\leqslant 5\leqslant r+\sqrt{2}$,解得 $5-\sqrt{2}\leqslant r\leqslant 5+\sqrt{2}$,所以 r 的最小值是 $5-\sqrt{2}$.

8. (1) $(x-1)^2+(y-\sqrt{2})^2=2$;(2) ①②③.解析:设点 M 的坐标为 (x,y),则 $x^2+y^2=1$.在圆 C 的标准方程 $(x-1)^2+(y-\sqrt{2})^2=2$ 中令 $x=0$,可得 $A(0,\sqrt{2}-1)$,$B(0,\sqrt{2}+1)$,故

$$\dfrac{|MA|}{|MB|}=\dfrac{\sqrt{x^2+(y-(\sqrt{2}-1))^2}}{\sqrt{x^2+(y-(\sqrt{2}+1))^2}}=\dfrac{\sqrt{4-2\sqrt{2}-2(\sqrt{2}-1)y}}{\sqrt{4+2\sqrt{2}-2(\sqrt{2}+1)y}}$$

$$=\dfrac{\sqrt{2(\sqrt{2}-1)(\sqrt{2}-y)}}{\sqrt{2(\sqrt{2}+1)(\sqrt{2}-y)}}=\sqrt{\dfrac{\sqrt{2}-1}{\sqrt{2}+1}}=\sqrt{2}-1 \quad (\text{定值}),$$

所以可知对圆 O 上任意一点 P,都有 $\dfrac{|PA|}{|PB|}=\sqrt{2}-1$,从而可知 $\dfrac{|NA|}{|NB|}=\dfrac{|MA|}{|MB|}=\sqrt{2}-1$,因此 $\dfrac{|NB|}{|NA|}-\dfrac{|MA|}{|MB|}=\sqrt{2}+1-(\sqrt{2}-1)=2$,故②成立;$\dfrac{|NB|}{|NA|}+\dfrac{|MA|}{|MB|}=\sqrt{2}+1+(\sqrt{2}-1)=2\sqrt{2}$,故③成立.

9. $2\sqrt{2}$.解析:因为 $AB=2$(定长),以 AB 所在直线为 x 轴,线段 AB 的垂直平分线为 y 轴建立直角坐标系,则 $A(-1,0)$,$B(1,0)$.设 $C(x,y)$,则由 $|AC|=\sqrt{2}|BC|$,可得 $\sqrt{(x+1)^2+y^2}=\sqrt{2}\sqrt{(x-1)^2+y^2}$,化简得 $(x-3)^2+y^2=8$,即 C 在以 $(3,0)$ 为圆心、$2\sqrt{2}$

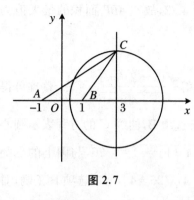

图 2.7

为半径的圆上运动,如图 2.7 所示,所以 $S_{\triangle ABC} = \frac{1}{2} \cdot |AB| \cdot |y_C| = |y_C| \leqslant 2\sqrt{2}$. 故 $S_{\triangle ABC}$ 的最大值为 $2\sqrt{2}$.

10. $0 \leqslant a \leqslant \frac{12}{5}$. 解析:设点 $M(x, y)$,则由题设 $|MA| = 2|MO|$,可得 $\sqrt{x^2 + (y - 3)^2} = 2\sqrt{x^2 + y^2}$,整理可得 $x^2 + (y + 1)^2 = 4$,所以圆 $C:(x - a)^2 + (y - 2a + 4)^2 = 1$ 与圆 $x^2 + (y + 1)^2 = 4$ 有公共点,因此 $1 \leqslant \sqrt{a^2 + (2a - 3)^2} \leqslant 3$,解得 $0 \leqslant a \leqslant \frac{12}{5}$. 故实数 a 的取值范围为 $0 \leqslant a \leqslant \frac{12}{5}$.

11. 以 O_1O_2 的中点 O 为原点,O_1O_2 所在直线为 x 轴,线段 O_1O_2 的垂直平分线为 y 轴,建立如图 2.8 所示的平面直角坐标系,则 $O_1(-2, 0)$,$O_2(2, 0)$. 由已知 $PM = \sqrt{2}PN$,得 $PM^2 = 2PN^2$,因为两圆的半径均为 1,所以 $PO_1^2 - 1 = 2(PO_2^2 - 1)$. 设点 $P(x, y)$,则 $(x + 2)^2 + y^2 - 1 = 2[(x - 2)^2 + y^2 - 1]$,即 $(x - 6)^2 + y^2 = 33$,所以所求轨迹方程为 $(x - 6)^2 + y^2 = 33$(或 $x^2 + y^2 - 12x + 3 = 0$).

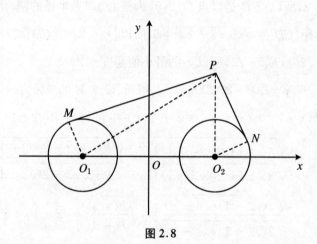

图 2.8

12. 若选择条件①,设 $P(x, y)$,则 $\dfrac{|PA|}{|PB|} = \lambda = 2$,即 $\dfrac{\sqrt{(x - 1)^2 + y^2}}{\sqrt{(x + 2)^2 + y^2}} = 2$,整理可得 $(x + 3)^2 + y^2 = 4$.

若选择条件②,则 $\dfrac{|PA|}{|PB|} = \lambda = \sqrt{3}$,即 $\dfrac{\sqrt{(x - 1)^2 + y^2}}{\sqrt{(x + 2)^2 + y^2}} = \sqrt{3}$,整理可得 $\left(x + \dfrac{7}{2}\right)^2 + y^2 = \dfrac{27}{4}$.

第3章 圆 锥 曲 线

3.1 曲线的轨迹方程问题

从近几年的高考试题来看,以平面几何知识、直线与圆以及圆与圆的位置关系、圆锥曲线的相关内容为载体考查求动点的轨迹方程是热点问题,主要以解答题的形式呈现,分值为12分.从难度来看,以中难度题为主,通常考查方程思想、数形结合思想和化归与转化思想,考查考生的运算求解能力、逻辑思维能力和创新能力等关键能力,同时也考查考生的数学运算、直观想象和逻辑推理素养.本节中交轨法的运用是难点.

经典题探秘

1. 直接法求曲线的轨迹方程

例 1 (2019 年新课标 Ⅱ 卷/理 21 节选) 已知点 $A(-2,0)$,$B(2,0)$,动点 $M(x,y)$ 满足直线 AM 与 BM 的斜率之积为 $-\dfrac{1}{2}$.记 M 的轨迹为曲线 C.

(1) 求 C 的方程,并说明 C 是什么曲线.

【解析】 因为 $k_{AM}=\dfrac{y}{x+2}$,$k_{BM}=\dfrac{y}{x-2}$,其中 $x\neq\pm 2$,所以由题设可得 $k_{AM}\cdot k_{BM}=$ $\dfrac{y}{x+2}\cdot\dfrac{y}{x-2}=\dfrac{y^2}{x^2-4}=-\dfrac{1}{2}$,整理可得曲线 C 的方程为 $\dfrac{x^2}{4}+\dfrac{y^2}{2}=1(x\neq\pm 2)$.故曲线 C 是中心在坐标原点、焦点在 x 轴上的不含左、右顶点的椭圆.

点评 根据题设条件和斜率公式,列式后化简即可得方程,要注意题设中隐含的限制条件,运用的是直接法求曲线轨迹方程.

【方法点睛】 运用直接法求曲线轨迹方程的总结:① 设点,选恰当的坐标系,设曲线上的动点为 $P(x,y)$;② 列式,根据题设给定的轨迹条件,列出满足动点条件的等式;③ 代换,以解析几何的关系式代换②中得出的等式,得到关于 x,y 的方程式;④ 化简,整理化简后得到所求的轨迹方程.

根据从特殊到一般的思想方法,可以很自然地提出:

问题 1 设点 A, B 的坐标分别为 $(-m, 0)$, $(m, 0)$ ($m > 0$). 直线 AM, BM 相交于点 M, 且它们的斜率之积是 λ ($\lambda \neq 0$), 求点 M 的轨迹方程, 并说明是什么曲线.

【解析】 设点 M 的坐标为 (x, y), 因为点 A 的坐标是 $(-m, 0)$, 所以直线 AM 的斜率 $k_{AM} = \dfrac{y}{x+m}$ ($x \neq -m$), 同理可得直线 BM 的斜率 $k_{BM} = \dfrac{y}{x-m}$ ($x \neq m$), 又由已知有

$\dfrac{y}{x+m} \cdot \dfrac{y}{x-m} = \lambda$ ($x \neq \pm m$), 整理得

$$x^2 - \frac{y^2}{\lambda} = m^2 \quad (x \neq \pm m).$$

(1) 当 $\lambda = -1$ 时, 点 M 的轨迹方程为 $x^2 + y^2 = m^2$ ($x \neq \pm m$), 点 M 的轨迹是以原点为圆心、半径为 m 的圆上去掉两点 $(-m, 0)$ 和 $(m, 0)$.

(2) 当 $-1 < \lambda < 0$ 时, 点 M 的轨迹方程为 $\dfrac{x^2}{m^2} + \dfrac{y^2}{(-\lambda)m^2} = 1$ ($x \neq \pm m$), 点 M 的轨迹是焦点在 x 轴上, 长轴、短轴长分别为 $2m$、$2\sqrt{-\lambda}\, m$ 的椭圆上去掉两点 $(-m, 0)$ 和 $(m, 0)$.

(3) 当 $\lambda > 0$ 时, 点 M 的轨迹方程为 $\dfrac{x^2}{m^2} - \dfrac{y^2}{\lambda m^2} = 1$ ($x \neq \pm m$), 点 M 的轨迹是中心在坐标原点和焦点在 x 轴上的不含顶点的双曲线.

(4) 当 $\lambda < -1$ 时, 点 M 的轨迹方程为 $\dfrac{y^2}{(-\lambda)m^2} + \dfrac{x^2}{m^2} = 1$ ($x \neq \pm m$), 则点 M 的轨迹是焦点在 y 轴上, 长轴长、短轴长分别为 $2\sqrt{-\lambda}\, m$, $2m$ 的椭圆上去掉两点 $(-m, 0)$ 和 $(m, 0)$.

问题 2 设点 A, B 的坐标分别为 $(-m, 0)$, $(m, 0)$ ($m > 0$). 直线 AM, BM 相交于点 M, 且它们的斜率之和是 λ ($\lambda \neq 0$), 求点 M 的轨迹方程.

【解析】 设点 M 的坐标为 (x, y), 因为点 A 的坐标是 $(-m, 0)$, 所以直线 AM 的斜率 $k_{AM} = \dfrac{y}{x+m}$ ($x \neq -m$), 同理可得直线 BM 的斜率 $k_{BM} = \dfrac{y}{x-m}$ ($x \neq m$), 又由已知有 $\dfrac{y}{x+m}$ $+ \dfrac{y}{x-m} = \lambda$ ($x \neq \pm m$), 整理得 $\lambda x^2 - 2xy = \lambda m^2$ ($x \neq \pm m$), 所以点 M 的轨迹方程为 $\lambda x^2 - 2xy = \lambda m^2$ ($x \neq \pm m$).

问题 3 设点 A, B 的坐标分别为 $(-m, 0)$, $(m, 0)$ ($m > 0$). 直线 AM, BM 相交于点 M, 且它们的斜率之差是 λ ($\lambda \neq 0$), 求点 M 的轨迹方程.

【解析】 设点 M 的坐标为 (x, y), 因为点 A 的坐标是 $(-m, 0)$, 所以直线 AM 的斜率 $k_{AM} = \dfrac{y}{x+m}$ ($x \neq -m$), 同理可得直线 BM 的斜率 $k_{BM} = \dfrac{y}{x-m}$ ($x \neq m$), 又由已知有

$\dfrac{y}{x+m}-\dfrac{y}{x-m}=\lambda(x\neq\pm m)$，整理得 $\lambda x^2+2my=\lambda m^2(x\neq\pm m)$，所以点 M 的轨迹方程为 $\lambda x^2+2my=\lambda m^2(x\neq\pm m)$．

问题 4　设点 A，B 的坐标分别为 $(-m,0)$，$(m,0)(m>0)$．直线 AM，BM 相交于点 M，且它们的斜率之商是 $\lambda(\lambda\neq 0$ 且 $|\lambda|\neq 1)$，求点 M 的轨迹方程．

【解析】　设点 M 的坐标为 (x,y)，因为点 A 的坐标是 $(-m,0)$，所以直线 AM 的斜率 $k_{AM}=\dfrac{y}{x+m}(x\neq -m)$，同理可得直线 BM 的斜率 $k_{BM}=\dfrac{y}{x-m}(x\neq m)$．又由已知有 $\dfrac{\frac{y}{x+m}}{\frac{y}{x-m}}=\lambda(x\neq\pm m$ 且 $y\neq 0)$，整理得 $(1-\lambda)x=m(\lambda+1)(x\neq\pm m)$，所以点 M 的轨迹方程为 $(1-\lambda)x=m(\lambda+1)(x\neq\pm m$ 且 $y\neq 0)$．

例2　已知动点 P 到点 $F(1,0)$ 的距离与它到直线 $l:x=4$ 的距离之比为 $\dfrac{1}{2}$．求动点 P 的轨迹所形成的曲线 C 的方程．

【解析】　设点 $P(x,y)$，依题意得 $\dfrac{\sqrt{(x-1)^2+y^2}}{|x-4|}=\dfrac{1}{2}$，整理得 $\dfrac{x^2}{4}+\dfrac{y^2}{3}=1$，即为所求曲线 C 的方程，且曲线 C 是长轴长为 4、短轴长为 $2\sqrt{3}$、焦点在 x 轴上的椭圆．

点评　本题先设出点 P 的坐标，根据题设条件，运用点到直线的距离公式和两点间的距离公式先列出式子，再两边平方后整理化简可得曲线 C 的方程．

例3　已知两点 $M(0,-4)$，$N(0,4)$，动点 P 在 x 轴的投影为 Q，且 $\overrightarrow{PM}\cdot\overrightarrow{PN}=3\overrightarrow{PQ}^2$，记动点 P 的轨迹为曲线 C，求 C 的方程．

【解析】　设 $P(x,y)$，则 $Q(x,0)$，所以 $\overrightarrow{PM}=(-x,-4-y)$，$\overrightarrow{PN}=(-x,4-y)$，$\overrightarrow{PQ}=(0,-y)$．因为 $\overrightarrow{PM}\cdot\overrightarrow{PN}=3\overrightarrow{PQ}^2$，所以 $x^2+y^2-16=3y^2$，故 C 的方程为 $\dfrac{x^2}{16}-\dfrac{y^2}{8}=1$．

点评　本题先设出动点 P 的坐标，再进行向量数量积的坐标运算，最后整理化简可得曲线 C 的方程．

2. 利用定义法求曲线的轨迹方程

例4　已知圆 M 与圆 $F_1:(x+2)^2+y^2=1$ 外切，同时与圆 $F_2:(x-2)^2+y^2=49$ 内切．说明动点 M 的轨迹是何种曲线，并求其轨迹方程．

【解析】　设圆 M 的半径为 r，则由圆 M 与圆 $F_1:(x+2)^2+y^2=1$ 外切，可得 $|MF_1|=r+1$；由圆 M 与圆 $F_2:(x-2)^2+y^2=49$ 内切，可得 $|MF_2|=7-r$．故 $|MF_1|+|MF_2|=8>|F_1F_2|$，所以动点 M 的轨迹是以 F_1，F_2 为焦点、长轴长为 8 的椭圆．因此，椭圆的短半轴长

为 $\sqrt{4^2 - 2^2} = 2\sqrt{3}$,故椭圆的方程为 $\dfrac{x^2}{16} + \dfrac{y^2}{12} = 1$.

点评 本题运用了圆与圆位置关系的知识:若两圆外切,则两圆的圆心距等于半径和;若两圆内切,则两圆的圆心距等于半径差的绝对值.再结合椭圆的定义,可得出动点 M 的轨迹方程.

通过对例 4 的探究可以得到以下结论(命题 1):

命题 1 已知圆 $M:(x+c)^2 + y^2 = r_1^2$,圆 $N:(x-c)^2 + y^2 = r_2^2$,其中 $r_2 > r_1 > 0$,$\dfrac{r_1 + r_2}{2} > c > 0$,动圆 P 与圆 M 外切并且与圆 N 内切,记圆心 P 的轨迹为曲线 C,则曲线 C 的方程为 $\dfrac{x^2}{\left(\dfrac{r_1 + r_2}{2}\right)^2} + \dfrac{y^2}{\left(\dfrac{r_1 + r_2}{2}\right)^2 - c^2} = 1$,其中 $x \neq -\dfrac{r_1 + r_2}{2}$.

证明:由已知得圆 M 的圆心为 $M(-c, 0)$,半径为 r_1,圆 N 的圆心为 $N(c, 0)$,半径为 r_2.设圆 P 的圆心为 $P(x, y)$,半径为 R,因为圆 P 与圆 M 外切并且与圆 N 内切,所以
$$|PM| + |PN| = (R + r_1) + (r_2 - R) = r_1 + r_2 = 2a > 2c.$$
由椭圆的定义可知,曲线 C 是以 M,N 为左、右焦点,长半轴长为 $\dfrac{r_1 + r_2}{2}$,短半轴长为 $\sqrt{\left(\dfrac{r_1 + r_2}{2}\right)^2 - c^2}$ 的椭圆(左顶点除外),故其方程为 $\dfrac{x^2}{\left(\dfrac{r_1 + r_2}{2}\right)^2} + \dfrac{y^2}{\left(\dfrac{r_1 + r_2}{2}\right)^2 - c^2} = 1$,其中 $x \neq -\dfrac{r_1 + r_2}{2}$.

例5 如图 3.1 所示,在平面直角坐标系中,O 为坐标原点,$F(1, 0)$,过直线 $l: x = 4$ 左侧且不在 x 轴上的动点 P,作 $PH \perp l$ 于点 H,$\angle HPF$ 的平分线交 x 轴于点 M,且 $|PH| = 2|MF|$,记动点 P 的轨迹为曲线 C.求曲线 C 的方程.

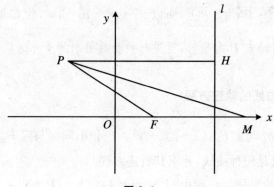

图 3.1

【解析】 设 $P(x, y)$,其中 $y \neq 0$.因为 $PH \parallel x$ 轴,所以 $\angle HPM = \angle PMF$;又因为 PM 为

$\angle HPF$ 的平分线,所以 $\angle HPM = \angle FPM$,因此 $\angle FPM = \angle PMF$,即 $|MF| = |PF|$.故 $\dfrac{|PF|}{|PH|} =$

$\dfrac{|MF|}{|PH|} = \dfrac{1}{2}$,即 $\dfrac{\sqrt{(x-1)^2 + y^2}}{|x-4|} = \dfrac{1}{2}$,化简得 $\dfrac{x^2}{4} + \dfrac{y^2}{3} = 1$.因为 P 不在 x 轴上,所以曲线 C 的

方程为 $\dfrac{x^2}{4} + \dfrac{y^2}{3} = 1 (y \neq 0)$.

点评　本题先设出点 P 的坐标,再结合角平分线的定义和题设条件列出等式,最后整理化简即可得出曲线 C 的方程.

【方法点睛】　根据动点的几何性质,运用平面几何中求轨迹的思想或借助平面几何中的基本轨迹,若动点轨迹满足某一基本曲线(圆、椭圆、双曲线、抛物线)的定义,则可根据其定义简捷明了地求出动点的轨迹方程.

例6　已知 $B(-1, 0)$,$C(1, 0)$ 为 $\triangle ABC$ 的两个顶点,P 为 $\triangle ABC$ 的重心,边 AC,AB 上的两中线长度之和为 6.求点 P 的轨迹 T 的方程.

【解析】　因为 P 为 $\triangle ABC$ 的重心,且边 AC,AB 上的两中线长度之和为 6,故 $|PB| +$

$|PC| = \dfrac{2}{3} \times 6 = 4 > |BC|$,所以由椭圆的定义可知点 P 的轨迹 T 是以 $B(-1, 0)$,$C(1, 0)$ 为

焦点的椭圆(不包括长轴的端点),且 $a = 2$,$c = 1$,因此 $b = \sqrt{3}$.故点 P 的轨迹 T 的方程

为 $\dfrac{x^2}{4} + \dfrac{y^2}{3} = 1 (x \neq \pm 2)$.

点评　本题首先运用平面几何中三角形重心的性质,然后运用椭圆的第一定义,便可直接写出点 P 的轨迹方程.

3. 相关点法求曲线的轨迹方程

例7　设 O 为坐标原点,动点 M 在椭圆 $C: \dfrac{x^2}{2} + y^2 = 1$ 上,过点 M 作 x 轴的垂线,

垂足为 N,点 P 满足 $\overrightarrow{NP} = \sqrt{2}\, \overrightarrow{NM}$,求点 P 的轨迹方程.

【解析】　设 $P(x, y)$,$M(x_0, y_0)$,则 $N(x_0, 0)$,所以 $\overrightarrow{NP} = (x - x_0, y)$,$\overrightarrow{NM} = (0, y_0)$,故

由 $\overrightarrow{NP} = \sqrt{2}\, \overrightarrow{NM}$,得 $(x - x_0, y) = \sqrt{2}(0, y_0)$,即 $x_0 = x$,$y_0 = \dfrac{\sqrt{2}}{2} y$.又因为 $M(x_0, y_0)$ 在 C 上,

所以 $\dfrac{x_0^2}{2} + y_0^2 = 1$,即 $\dfrac{x^2}{2} + \dfrac{y^2}{2} = 1$.故点 P 的轨迹方程为 $x^2 + y^2 = 2$.

点评　本题先设出相关点 M 和动点 P 的坐标,进行向量的坐标运算后,再运用动点 P 的坐标 x,y 表示出相关点 M 的坐标 x_0,y_0,然后代入题设中椭圆 C 的方程,整理化简后便可得到点 P 的轨迹方程.

【方法点睛】　若动点 $P(x, y)$ 的变化依赖于另一动点 $Q(x_0, y_0)$,则把 P 叫作轨迹动点,Q 叫作相关点,且点 Q 的轨迹为给定或容易求得时,可先将 x_0,y_0 表示为 x,y 的表达

式 $\begin{cases} x_0 = f(x, y) \\ y_0 = g(x, y) \end{cases}$，再代入 Q 的轨迹方程 $F(x, y) = 0$，然后整理便可得出点 P 的轨迹方程.

4. 交轨法求曲线的轨迹方程

例8 已知双曲线 $\dfrac{x^2}{2} - y^2 = 1$ 的左、右顶点分别为 A_1，A_2，点 $P(x_1, y_1)$，$Q(x_1, -y_1)$ 是双曲线上不同的两个动点，求直线 A_1P 与 A_2Q 交点的轨迹 E 的方程.

【解析】 由题设可得 $x_1 < -\sqrt{2}$ 或 $x_1 > \sqrt{2}$. 设直线 A_1P 与 A_2Q 的交点为 $M(x, y)$，因为 $P(x_1, y_1)$，$Q(x_1, -y_1)$ 是双曲线上不同的两个动点，所以 $\dfrac{x_1^2}{2} - y_1^2 = 1$，直线 A_1P 的方程为 $y = \dfrac{y_1}{x_1 + \sqrt{2}}(x + \sqrt{2})$，直线 A_2Q 的方程为 $y = \dfrac{-y_1}{x_1 - \sqrt{2}}(x - \sqrt{2})$.

联立直线 A_1P 与 A_2Q 的方程，可得 $\begin{cases} x_1 y + \sqrt{2} y = y_1 x + \sqrt{2} y_1 \\ x_1 y - \sqrt{2} y = -y_1 x + \sqrt{2} y_1 \end{cases}$，解得 $x_1 = \dfrac{2}{x}$，$y_1 = \dfrac{\sqrt{2} y}{x}$，其中 $x \neq 0$，$|x| < \sqrt{2}$. 代入 $\dfrac{x_1^2}{2} - y_1^2 = 1$，整理可得 $\dfrac{x^2}{2} + y^2 = 1$，其中 $x \neq 0$ 且 $x \neq \pm\sqrt{2}$.

故轨迹 E 的方程为 $\dfrac{x^2}{2} + y^2 = 1$，其中 $x \neq 0$ 且 $x \neq \pm\sqrt{2}$.

点评 本题首先设出直线 A_1P 与 A_2Q 的交点 M 的坐标，然后联立直线 A_1P 与 A_2Q 的方程解方程组，最后代入双曲线方程，消去参数 x_1，y_1 后，便可得出轨迹 E 的方程.

【方法点睛】 交轨法主要适用于两动曲线(或动直线)交点轨迹的类型. 求解步骤是: 先写出这两点的动曲线(或动直线)含参数的方程，再联立(即轨迹的参数方程)消参.

5. 参数法求曲线的轨迹方程

例9 已知椭圆 $\dfrac{x^2}{24} + \dfrac{y^2}{16} = 1$，直线 $l: \dfrac{x}{12} + \dfrac{y}{8} = 1$，如图 3.2 所示，$P$ 是 l 上一点，射线 OP 交椭圆于点 R，又点 Q 在 OP 上，且满足 $|OQ| \cdot |OP| = |OR|^2$，当点 P 在 l 上移动时，求点 Q 的轨迹方程，并说明轨迹是什么曲线?

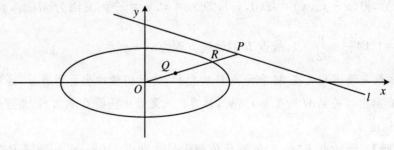

图 3.2

【解析】　因为 P,Q,R 三点共线，且 $|OQ| \cdot |OP| = |OR|^2$，所以可设 $Q(x,y)$，$P(\lambda^2 x, \lambda^2 y)$，$R(\lambda x, \lambda y)$．因为 P 是 l 上一点，所以

$$\frac{\lambda^2 x}{12} + \frac{\lambda^2 y}{8} = 1. \qquad\qquad ①$$

又因为点 R 在椭圆上，所以

$$\frac{\lambda^2 x^2}{24} + \frac{\lambda^2 y^2}{16} = 1. \qquad\qquad ②$$

在①②两式中消去 λ^2，可得动点 Q 的轨迹方程为 $\dfrac{(x-1)^2}{\frac{5}{2}} + \dfrac{(y-1)^2}{\frac{5}{3}} = 1$，其中 x 和 y 不同

时为 0．即点 Q 的轨迹是以点 $(1,1)$ 为中心，长、短半轴长分别为 $\dfrac{\sqrt{10}}{2}$ 和 $\dfrac{\sqrt{15}}{3}$，且其长轴与 x

轴平行的椭圆（去掉原点）．

点评　本题结合题设条件先设出点 P,Q,R 的坐标，同时引入一个参数 λ，再把点 P 的坐标代入直线 l 的方程，把点 R 的坐标代入椭圆方程，最后消去参数 λ，便可得到动点 Q 的轨迹方程．

【方法点睛】　利用参数求曲线轨迹方程时，对于动点 $P(x,y)$ 的坐标可用同一个参数表示的，一般尽可能用一个参数来表示，选择的参数要能体现题设条件及有关性质．总体的选参原则是：列式容易，表达式简单，便于消参转化为普通方程．

习　题

1. 如图 3.3 所示，动点 M 与两定点 $A(-2,0)$，$B(2,0)$ 构成 $\triangle MAB$，且直线 MA，MB 的斜率之积为 4，设动点 M 的轨迹为 C，求轨迹 C 的方程．

2. 在平面直角坐标系 xOy 中，动点 G 到点 $F(4,0)$ 的距离比它到直线 $x+6=0$ 的距离小 2，求动点 G 的轨迹方程．

3. 已知圆 M：$(x+1)^2 + y^2 = 1$，圆 N：$(x-1)^2 + y^2 = 9$，动圆 P 与圆 M 外切并且与圆 N 内切，圆心 P 的轨迹为曲线 C，求曲线 C 的方程．

4. 已知 A_1，A_2 分别为椭圆 C：$x^2 + \dfrac{y^2}{3} = 1$ 的左、右顶点，直线 $x = x_0$ 与 C 交于 A，B 两点，直线 $A_1 A$ 和直线 $A_2 B$ 交于点 P，求点 P 的轨迹方程．

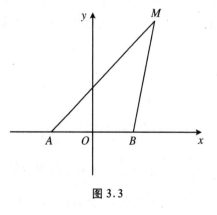

图 3.3

5. 已知点 P 在椭圆 $\dfrac{x^2}{12} + \dfrac{y^2}{8} = 1$ 上，点 A 的坐标是 $(6,0)$，求线段 PA 的中点 M 的轨迹

方程.

6. 一动圆 M 过定点 $A(-4,0)$，且与定圆 $B:(x-4)^2+y^2=16$ 相外切，求动圆圆心 M 的轨迹 C 的方程.

7. 在平面直角坐标系 xOy 中，动圆 M 与圆 $N:x^2+\left(y-\frac{1}{2}\right)^2=\frac{1}{4}$ 相内切，且与直线 $y=-1$ 相切，记动圆圆心 M 的轨迹为曲线 C，求曲线 C 的方程.

8. 在平面直角坐标系 xOy 中，长为 $\sqrt{2}+1$ 的线段的两端点 C,D 分别在 x 轴、y 轴上滑动，$\overrightarrow{CP}=\sqrt{2}\overrightarrow{PD}$，记点 P 的轨迹为曲线 E，求曲线 E 的方程.

9. 设圆 $x^2+y^2+2x-15=0$ 的圆心为 A，直线 l 过点 $B(1,0)$ 且与 x 轴不重合，l 交圆 A 于 C,D 两点，过点 B 作 AC 的平行线交 AD 于点 E. 证明 $|EA|+|EB|$ 为定值，并写出点 E 的轨迹方程.

10. 已知椭圆 $M:\frac{x^2}{16}+\frac{y^2}{3}=1$ 的左、右顶点分别为 A,B，点 C 为椭圆 M 上异于点 A,B 的任一动点，求 $\triangle ABC$ 的重心的轨迹方程.

11. 在平面直角坐标系 xOy 中，过点 $P(-1,0)$ 且斜率存在的直线 l 与抛物线 $C:y^2=4x$ 交于 A,B 两点，且 $\overrightarrow{OM}=\overrightarrow{OA}+\overrightarrow{OB}$，求点 M 的轨迹方程.

12. 在平面直角坐标系 xOy 中，设点 $P\left(-\frac{1}{3},0\right)$，$Q\left(\frac{1}{3},0\right)$，点 G 与 P,Q 两点的距离之和为 $\frac{4}{3}$，N 为一动点，点 N 满足向量关系式 $\overrightarrow{GN}+\overrightarrow{GP}+\overrightarrow{GQ}=\mathbf{0}$，求点 N 的轨迹方程 C.

13. 在平面直角坐标系 xOy 中，给出两个条件：① 已知圆 M 与圆 $F_1:(x+2)^2+y^2=1$ 外切，同时与圆 $F_2:(x-2)^2+y^2=49$ 内切；② 动圆 M 与圆 $N:x^2+\left(y-\frac{1}{2}\right)^2=\frac{1}{4}$ 相内切，且与直线 $y=-1$ 相切. 在这两个条件中任选一个填入下面的横线中，并求解下列问题：满足条件_____时的动圆圆心 M 的轨迹曲线 C 的方程.

习题参考答案

1. 设 $M(x,y)$，则 $k_{MA}=\frac{y}{x+2}$，$k_{MB}=\frac{y}{x-2}$，其中 $x\neq\pm2$，所以由题设可得 $k_{MA}\cdot k_{MB}=$
$\frac{y}{x+2}\cdot\frac{y}{x-2}=\frac{y^2}{x^2-4}=4$，整理可得轨迹 C 的方程为 $\frac{x^2}{4}-\frac{y^2}{16}=1(x\neq\pm2)$.

2. 因为动点 G 到点 $F(4,0)$ 的距离比到直线 $x+6=0$ 的距离小 2，所以点 G 到点 $F(4,0)$ 的距离和它到直线 $x=-4$ 的距离相等，因此点 G 的轨迹是以 $F(4,0)$ 为焦点，以直线 $x=-4$ 为准线的抛物线. 设抛物线方程为 $y^2=2px(p>0)$，则由 $\frac{p}{2}=4$，得 $p=8$，所以点

G 的轨迹方程为 $y^2 = 16x$.

3. 由已知得圆 M 的圆心为 $M(-1,0)$,半径 $r_1 = 1$;圆 N 的圆心为 $N(1,0)$,半径 $r_2 = 3$.设圆 P 的圆心为 $P(x,y)$,半径为 R,因为圆 P 与圆 M 外切并且与圆 N 内切,所以

$$|PM| + |PN| = (R + r_1) + (r_2 - R) = r_1 + r_2 = 4,$$

因此由椭圆的定义可知,曲线 C 是以 M,N 为左、右焦点,长半轴长为 2,短半轴长为 $\sqrt{3}$ 的椭圆(左顶点除外),其方程为 $\dfrac{x^2}{4} + \dfrac{y^2}{3} = 1 (x \neq -2)$.

4. 由题意得 $A_1(-1,0)$,$A_2(1,0)$,设 $A(x_0, y_0)$,$B(x_0, -y_0)(y_0 \neq 0)$,$P(x,y)$,则 $k_{PA_1} = k_{AA_1}$,$k_{PA_2} = k_{BA_2}$,即 $\dfrac{y}{x+1} = \dfrac{y_0}{x_0+1}$,$\dfrac{y}{x-1} = \dfrac{-y_0}{x_0-1}$,可得 $\dfrac{y^2}{x^2-1} = \dfrac{-y_0^2}{x_0^2-1}$.又因为点 $A(x_0, y_0)$ 在 C 上,即 $x_0^2 - 1 = -\dfrac{y_0^2}{3}$,解得 $\dfrac{y^2}{x^2-1} = 3$,即 $x^2 - \dfrac{y^2}{3} = 1 (y \neq 0)$.故点 P 的轨迹方程为 $x^2 - \dfrac{y^2}{3} = 1 (y \neq 0)$.

5. 设点 $M(x,y)$,$P(x_0, y_0)$,则由题设可得 $\begin{cases} x = \dfrac{x_0+6}{2} \\ y = \dfrac{y_0}{2} \end{cases}$,即 $\begin{cases} x_0 = 2x - 6 \\ y_0 = 2y \end{cases}$.因为点 P 在椭圆 $\dfrac{x^2}{12} + \dfrac{y^2}{8} = 1$ 上,所以 $\dfrac{x_0^2}{12} + \dfrac{y_0^2}{8} = 1$,代入得 $\dfrac{(2x-6)^2}{12} + \dfrac{(2y)^2}{8} = 1$.故点 M 的轨迹方程是 $\dfrac{(x-3)^2}{3} + \dfrac{y^2}{2} = 1$.

6. 设动圆圆心 $M(x,y)$,由题意可得 $|MB| = |MA| + 4$,$|MB| - |MA| = 4 < |AB| = 8$,故由双曲线的定义可知,点 M 的轨迹是以 A,B 为焦点,且 $2a = 4$ 的双曲线的左支,所以其方程为 $\dfrac{x^2}{4} - \dfrac{y^2}{12} = 1 (x \leqslant -2)$.

7. 设动圆的圆心 $M(x,y)$,半径为 r,则由已知可得 $|MN| = \left| r - \dfrac{1}{2} \right|$,$r = y + 1$,所以 $\sqrt{x^2 + \left(y - \dfrac{1}{2} \right)^2} = \left| y + \dfrac{1}{2} \right|$,化简得 $x^2 = 2y$.故曲线 C 的方程为 $x^2 = 2y$.

8. 设点 $C(m,0)$,$D(0,n)$,$P(x,y)$,则由 $\overrightarrow{CP} = \sqrt{2}\,\overrightarrow{PD}$,得 $(x-m, y) = \sqrt{2}(-x, n-y)$,所以 $\begin{cases} x - m = -\sqrt{2}x \\ y = \sqrt{2}(n-y) \end{cases}$,可得 $\begin{cases} m = (\sqrt{2}+1)x \\ n = \dfrac{\sqrt{2}+1}{\sqrt{2}} y \end{cases}$.又由 $|\overrightarrow{CD}| = \sqrt{2} + 1$,得 $m^2 + n^2 = (\sqrt{2}+1)^2$,所以 $(\sqrt{2}+1)^2 x^2 + \dfrac{(\sqrt{2}+1)^2}{2} y^2 = (\sqrt{2}+1)^2$,整理得曲线 E 的方程为 $x^2 + \dfrac{y^2}{2} = 1$.

9. 圆 $x^2 + y^2 + 2x - 15 = 0$ 转化为 $(x+1)^2 + y^2 = 16$,可得圆心 $A(-1, 0)$,半径 $r = 4$.由 $BE \parallel AC$,可得 $\angle C = \angle EBD$;由 $AC = AD$,可得 $\angle D = \angle C$,即 $\angle D = \angle EBD$,亦即 $|EB| = |ED|$,所以 $|EA| + |EB| = |EA| + |ED| = |AD| = 4$,即 $|EA| + |EB| = 4$ 为定值.故点 E 的轨迹是以 A,B 为焦点的椭圆,且 $2a = 4$,即 $a = 2$,$c = 1$,$b = \sqrt{a^2 - c^2} = \sqrt{3}$.所以点 E 的轨迹方程为 $\dfrac{x^2}{4} + \dfrac{y^2}{3} = 1 (y \neq 0)$.

10. 由题意知 $A(-4, 0)$,$B(4, 0)$.设 $C(x_0, y_0)$,$\triangle ABC$ 的重心 E 的坐标为 $E(x, y)$,则 $\dfrac{x_0^2}{16} + \dfrac{y_0^2}{3} = 1$,且 $\begin{cases} x = \dfrac{-4 + 4 + x_0}{3} \\ y = \dfrac{y_0}{3} \end{cases}$,所以 $\begin{cases} x_0 = 3x \\ y_0 = 3y \end{cases}$,代入上式,可得 $\dfrac{9x^2}{16} + \dfrac{9y^2}{3} = 1$.故 $\triangle ABC$ 重心的轨迹方程为 $\dfrac{9x^2}{16} + 3y^2 = 1 (y \neq 0)$.

11. 设直线 l 的方程为 $y = k(x+1)$,$M(x, y)$,$A(x_1, y_1)$,$B(x_2, y_2)$.联立方程组 $\begin{cases} y = k(x+1) \\ y^2 = 4x \end{cases}$,消去 y,得 $k^2 x^2 + (2k^2 - 4)x + k^2 = 0$,则由 $\begin{cases} k \neq 0 \\ \Delta > 0 \end{cases}$,解得 $-1 < k < 1$ 且 $k \neq 0$,并由韦达定理得 $x_1 + x_2 = \dfrac{4 - 2k^2}{k^2}$.又因为 $\overrightarrow{OM} = \overrightarrow{OA} + \overrightarrow{OB}$,所以 $(x, y) = (x_1, y_1) + (x_2, y_2) = (x_1 + x_2, y_1 + y_2)$,因此

$$x = x_1 + x_2 = \frac{4 - 2k^2}{k^2}, \hspace{3em} ①$$

$$y = y_1 + y_2 = k(x_1 + 1) + k(x_2 + 1) = k(x_1 + x_2) + 2k = \frac{4}{k}, \hspace{2em} ②$$

由②式得 $k = \dfrac{4}{y}$,代入①式,得 $x = \dfrac{4}{k^2} - 2 = 4 \times \dfrac{y^2}{16} - 2$,化简得 $y^2 = 4x + 8$.所以点 M 的轨迹方程为 $y^2 = 4x + 8 (x > 2)$.

12. 设 $N(x, y)$,$G(x_0, y_0)$,则由点 G 与 P,Q 两点的距离之和为 $\dfrac{4}{3} \left(> |PQ| = \dfrac{2}{3} \right)$,可得点 G 的轨迹是以 P,Q 为焦点且长轴长为 $\dfrac{4}{3}$ 的椭圆,其轨迹方程为 $\dfrac{9}{4} x_0^2 + 3y_0^2 = 1$.又由 $\overrightarrow{GN} + \overrightarrow{GP} + \overrightarrow{GQ} = \mathbf{0}$,可得 $x_0 = \dfrac{x}{3}$,$y_0 = \dfrac{y}{3}$,代入点 G 的轨迹方程,可得 $\dfrac{9}{4} \left(\dfrac{x}{3} \right)^2 + 3 \left(\dfrac{y}{3} \right)^2 = 1$,即点 N 的轨迹方程为 $\dfrac{x^2}{4} + \dfrac{y^2}{3} = 1$.

13. 若选条件①:设圆 M 的半径为 r,则由圆 M 与圆 $F_1 : (x+2)^2 + y^2 = 1$ 外切,可得 $|MF_1| = r + 1$;由圆 M 与圆 $F_2 : (x-2)^2 + y^2 = 49$ 内切,得 $|MF_2| = 7 - r$.故 $|MF_1| + |MF_2| = 8 > |F_1F_2|$,所以动点 M 的轨迹是以 F_1,F_2 为焦点、长轴长为 8 的椭圆.因此,椭圆的半短轴

长为 $\sqrt{4^2 - 2^2} = 2\sqrt{3}$，动圆圆心 M 的轨迹曲线 C 的方程为 $\dfrac{x^2}{16} + \dfrac{y^2}{12} = 1$.

若选条件②：设动圆圆心 $M(x,y)$，半径为 r，则由已知可得 $|MN| = r - \dfrac{1}{2}$，$r = y + 1$，所以

$$\sqrt{x^2 + \left(y - \dfrac{1}{2}\right)^2} = y + \dfrac{1}{2}$$，化简可得 $x^2 = 2y$. 故动圆圆心 M 的轨迹曲线 C 的方程为 $x^2 = 2y$.

3.2 中点弦问题

知识梳理

中点弦问题是高考考查的热点问题，从历年高考试题中的命制题型来看，有选择题、填空题和解答题，小题中分值为 5 分，大题中分值为 12 分；从难度来看，以中等难度题为主，常与圆锥曲线的定值、最值、数列等知识交叉考查，考查点差法的应用和方程思想，考查的关键能力主要为逻辑思维能力和运算求解能力，考查的数学核心素养是数学运算、逻辑推理和直观想象. 难点在于：① 把点的坐标代入圆锥曲线方程作差后，结合中点坐标公式、斜率公式与中点弦所在直线斜率建立关系；② 利用点差法求解双曲线的中点弦后，一般还要检验中点弦是否存在.

经典题探秘

1. 椭圆的中点弦问题

例 1 (2015 年全国 Ⅱ 卷/理 20) 已知椭圆 $C : 9x^2 + y^2 = m^2 (m > 0)$，直线 l 不过原点 O 且不平行于坐标轴，l 与 C 有两个交点 A，B，线段 AB 的中点为 M.

(1) 证明：直线 OM 的斜率与 l 的斜率的乘积为定值.

(2) 若 l 过点 $\left(\dfrac{m}{3}, m\right)$，延长线段 OM 与 C 交于点 P，四边形 $OAPB$ 能否为平行四边形？若能，求此时 l 的斜率；若不能，请说明理由.

【解析】 (1) (证法 1：直接法) 设直线 $l : y = kx + b (k \neq 0, b \neq 0)$，点 $A(x_1, y_1)$，$B(x_2, y_2)$，$M(x_M, y_M)$. 将 $y = kx + b$ 代入 $9x^2 + y^2 = m^2$，得 $(k^2 + 9)x^2 + 2kbx + b^2 - m^2 = 0$，则由韦达定理得 $x_1 + x_2 = -\dfrac{2kb}{k^2 + 9}$，故

$$x_M = \dfrac{x_1 + x_2}{2} = -\dfrac{kb}{k^2 + 9}, \quad y_M = kx_M + b = \dfrac{9b}{k^2 + 9}.$$

于是直线 OM 的斜率 $k_{OM} = \dfrac{y_M}{x_M} = -\dfrac{9}{k}$，即 $k_{OM} \cdot k = -9$．所以直线 OM 的斜率与 l 的斜率的乘积为定值．

（证法 2：点差法）设 $A(x_1, y_1)$，$B(x_2, y_2)$，$M(x_M, y_M)$，因为直线 l 不过原点 O 且不平行于坐标轴，所以 $x_1 \neq x_2$，$y_1 \neq y_2$，$x_1 + x_2 \neq 0$，$y_1 + y_2 \neq 0$，故直线 AB 的斜率为 $k_{AB} = \dfrac{y_2 - y_1}{x_2 - x_1}$．把点 A，B 分别代入椭圆 $C:9x^2 + y^2 = m^2 \,(m > 0)$ 的方程，得 $9x_1^2 + y_1^2 = m^2$，$9x_2^2 + y_2^2 = m^2$，两式相减，可得 $\dfrac{y_2 - y_1}{x_2 - x_1} = -\dfrac{9(x_1 + x_2)}{y_1 + y_2}$，所以直线 OM 的斜率为

$$k_{OM} = \frac{y_M}{x_M} = \frac{\dfrac{y_1 + y_2}{2}}{\dfrac{x_1 + x_2}{2}} = \frac{y_1 + y_2}{x_1 + x_2}.$$

因此

$$k_{AB} \cdot k_{OM} = \frac{y_2 - y_1}{x_2 - x_1} \cdot \frac{y_1 + y_2}{x_1 + x_2} = -\frac{9(x_1 + x_2)}{y_1 + y_2} \cdot \frac{y_1 + y_2}{x_1 + x_2} = -9.$$

故直线 OM 的斜率与 l 的斜率的乘积为定值．

（证法 3：参数方程法）设 $A(x_1, y_1)$，$B(x_2, y_2)$，$M(x_0, y_0)$，则由题设可知 $x_1 \neq x_2$，且 $y_1 \neq y_2$，$x_0 \neq 0$，$y_0 \neq 0$．设直线 AB 的倾斜角为 α，由已知 $\alpha \neq 0$ 且 $\alpha \neq \dfrac{\pi}{2}$，另设直线 AB 的参数方程为 $\begin{cases} x = x_0 + t\cos\alpha \\ y = y_0 + t\sin\alpha \end{cases}$（$t$ 为参数），代入椭圆 $C:9x^2 + y^2 = m^2 \,(m > 0)$，整理得

$$(9\cos^2\alpha + \sin^2\alpha)t^2 + (18x_0\cos\alpha + 2y_0\sin\alpha)t + 9x_0^2 + y_0^2 - m^2 = 0.$$

因为 $M(x_0, y_0)$ 为线段 AB 的中点，所以 $t_1 + t_2 = 0$，因此 $18x_0\cos\alpha + 2y_0\sin\alpha = 0$，整理得 $\dfrac{\sin\alpha}{\cos\alpha} = \tan\alpha = -\dfrac{9x_0}{y_0} = k_{AB}$，所以 $k_{AB} \cdot k_{OM} = -\dfrac{9x_0}{y_0} \cdot \dfrac{y_0}{x_0} = -9$．故直线 OM 的斜率与 l 的斜率的乘积为定值．

（证法 4：伸缩变换法）设 $A(x_1, y_1)$，$B(x_2, y_2)$，$M(x_0, y_0)$，则由题设可知 $x_1 \neq x_2$，且 $y_1 \neq y_2$，$x_0 \neq 0$，$y_0 \neq 0$．又由题设可知直线 AB 的斜率存在且不为 0，设直线 AB 的方程为 $y - y_0 = k(x - x_0)$，则 $9x^2 + y^2 = m^2 \,(m > 0)$ 可化为 $\dfrac{x^2}{\frac{m^2}{9}} + \dfrac{y^2}{m^2} = 1$．令 $x' = \dfrac{x}{\frac{m}{3}}$，$y' = \dfrac{y}{m}$，则椭圆 $9x^2 + y^2 = m^2 \,(m > 0)$ 变为圆 $x'^2 + y'^2 = 1$，直线 AB 的方程 $y - y_0 = k(x - x_0)$ 变为 $my' - y_0 = k\left(\dfrac{m}{3}x' - x_0\right)$，所以点 $M(x_0, y_0)$ 变为点 $M'\left(\dfrac{x_0}{\frac{m}{3}}, \dfrac{y_0}{m}\right)$，弦 AB 变为弦 $A'B'$．又因为 M' 为圆 $x'^2 + y'^2 = 1$ 的弦 $A'B'$ 的中点，所以 $OM' \perp A'B'$．又 $k_{O'M'} = \dfrac{y_0}{3x_0}$，$k_{A'B'} = \dfrac{k}{3}$，故

$\dfrac{y_0}{3x_0} \cdot \dfrac{k}{3} = -1$，即 $k = -\dfrac{9x_0}{y_0}$，所以 $k_{OM} \cdot k_{AB} = \dfrac{y_0}{x_0} \cdot \dfrac{-9x_0}{y_0} = -9$．故直线 OM 的斜率与 l 的

斜率的乘积为定值.

(2) 四边形 $OAPB$ 能为平行四边形.理由如下:四边形 $OAPB$ 为平行四边形,当且仅当

线段 AB 与线段 OP 互相平分时.设 $M(x_0, y_0)$，则 $P(2x_0, 2y_0)$．因为点 P 在椭圆 C 上,所

以 $9x_0^2 + y_0^2 = \dfrac{m^2}{4}$．由(1)可知 $k_1 \cdot k_{OM} = -9$，又因为 $k_1 = \dfrac{m - y_0}{\dfrac{m}{3} - x_0}$，$k_{OM} = \dfrac{y_0}{x_0}$，所以 $\dfrac{m - y_0}{\dfrac{m}{3} - x_0} \cdot$

$\dfrac{y_0}{x_0} = -9$，整理得 $9x_0^2 + y_0^2 = 3mx_0 + my_0 = \dfrac{m^2}{4}$，即 $3x_0 + y_0 = \dfrac{m}{4}$．

联立 $\begin{cases} 9x_0^2 + y_0^2 = \dfrac{m^2}{4} \\ 3x_0 + y_0 = \dfrac{m}{4} \end{cases}$，消去 m，整理可得 $\dfrac{y_0^2}{x_0^2} + 8\dfrac{y_0}{x_0} + 9 = 0$，解得 $\dfrac{y_0}{x_0} = 4 \pm \sqrt{7}$．所以当直线 l

的斜率为 $4 + \sqrt{7}$ 或 $4 - \sqrt{7}$ 时,四边形 $OAPB$ 为平行四边形.

点评 对于椭圆的中点弦问题,通常可以运用的方法有以下4种:① 直接法,将直线方

程代入椭圆的方程,消元后得到一个一元二次方程,然后利用韦达定理和中点坐标公式建立

等式求解;② 点差法,若直线 l 与椭圆 C 有两个交点 A,B，设出 $A(x_1, y_1)$，$B(x_2, y_2)$，代入

椭圆方程,通过作差构造出 $x_1 + x_2$，$y_1 + y_2$，$x_1 - x_2$，$y_1 - y_2$，然后建立中点坐标和斜率的关

系;③ 参数方程法,若直线 l 与椭圆 C 有两个交点 A,B，设出直线 l 的参数方程,将参数方

程代入椭圆 C 的方程得到一个关于 t 的一元二次方程,然后根据参数的几何意义 $t_1 + t_2 = 0$

化简;④ 伸缩变换法,先在变换 $\begin{cases} x' = \dfrac{x}{a} \\ y' = \dfrac{y}{b} \end{cases}$ 下,将椭圆 C 的方程 $\dfrac{x^2}{a^2} + \dfrac{y^2}{b^2} = 1(a > 0, b > 0, a \neq b)$

转化为 $x'^2 + y'^2 = 1$，弦 AB 变为弦 $A'B'$，弦 AB 的中点 $M(x_M, y_M)$ 转化为 $M'\left(\dfrac{x_M}{a}, \dfrac{y_M}{b}\right)$，然

后根据圆的几何性质 $OM' \perp A'B'$ 求解.本题的证法4就是利用伸缩变换,将椭圆的中点弦

问题转化为圆的中弦问题.

【题根探秘】 通过对例1的探究,可以得出以下结论(命题1和命题2):

命题1 已知椭圆 $C: \dfrac{y^2}{a^2} + \dfrac{x^2}{b^2} = 1(a > b > 0)$，直线 l 不过原点 O 且不平行于坐标轴,

l 与 C 有两个交点 A,B，线段 AB 的中点为 M．

(1) 直线 OM 的斜率与 l 的斜率的乘积为定值 $-\dfrac{a^2}{b^2}$．

(2) 若 l 过点 (b, a)，延长线段 OM 与 C 交于点 P，当四边形 $OAPB$ 为平行四边形时,

直线 l 的斜率 $k_l = \dfrac{4 \pm \sqrt{7}}{3} \cdot \dfrac{a}{b}$.

证明:(1) 设 $A(x_1, y_1)$,$B(x_2, y_2)$,$M(x_0, y_0)$,因为直线 l 不过原点 O 且不平行于坐标轴,所以 $x_1 \neq x_2$,$y_1 \neq y_2$,$x_1 + x_2 \neq 0$,$y_1 + y_2 \neq 0$,于是 $k_l = \dfrac{y_2 - y_1}{x_2 - x_1}$,$k_{OM} = \dfrac{y_0}{x_0}$.因为 M 为线段 AB 的中点,所以 $x_1 + x_2 = 2x_0$,$y_1 + y_2 = 2y_0$.又 $\dfrac{y_1^2}{a^2} + \dfrac{x_1^2}{b^2} = 1$,$\dfrac{y_2^2}{a^2} + \dfrac{x_2^2}{b^2} = 1$,两式相减,得

$$\frac{1}{a^2}(y_1 + y_2)(y_1 - y_2) + \frac{1}{b^2}(x_1 + x_2)(x_1 - x_2) = 0,$$

整理得 $\dfrac{y_2 - y_1}{x_2 - x_1} \cdot \dfrac{y_1 + y_2}{x_1 + x_2} = -\dfrac{a^2}{b^2}$,所以 $\dfrac{y_2 - y_1}{x_2 - x_1} \cdot \dfrac{2y_0}{2x_0} = -\dfrac{a^2}{b^2}$,即 $k_l \cdot k_{OM} = -\dfrac{a^2}{b^2}$.

故直线 OM 的斜率与 l 的斜率的乘积为定值 $-\dfrac{a^2}{b^2}$.

(2)(证法 1)四边形 $OAPB$ 为平行四边形,当且仅当线段 AB 与线段 OP 互相平分时.设 $M(x_0, y_0)$,则 $P(2x_0, 2y_0)$.因为点 P 在椭圆 C 上,所以 $\dfrac{y_0^2}{a^2} + \dfrac{x_0^2}{b^2} = \dfrac{1}{4}$,即

$$a^2 x_0^2 + b^2 y_0^2 = \frac{a^2 b^2}{4}. \qquad \text{①}$$

由(1)的结论可知 $k_l \cdot k_{OM} = -\dfrac{a^2}{b^2}$,又因为 $k_l = \dfrac{a - y_0}{b - x_0}$,$k_{OM} = \dfrac{y_0}{x_0}$,所以 $\dfrac{a - y_0}{b - x_0} \cdot \dfrac{y_0}{x_0} = -\dfrac{a^2}{b^2}$,

整理得 $a^2 x_0^2 + b^2 y_0^2 = a^2 b x_0 + a b^2 y_0 = \dfrac{a^2 b^2}{4}$,所以

$$ax_0 + by_0 = \frac{ab}{4}. \qquad \text{②}$$

则由①②可得 $16(ax_0 + by_0)^2 = 4(a^2 x_0^2 + b^2 y_0^2)$,整理得 $3a^2 x_0^2 + 8ab x_0 y_0 + 3b^2 y_0^2 = 0$,所以 $3b^2 \left(\dfrac{y_0}{x_0}\right)^2 + 8ab \left(\dfrac{y_0}{x_0}\right) + 3a^2 = 0$,因此

$$\frac{y_0}{x_0} = \frac{-8ab \pm \sqrt{64a^2 b^2 - 36a^2 b^2}}{6b^2} = \frac{-4a \pm \sqrt{7}a}{3b},$$

即 $k_{OM} = \dfrac{-4a \pm \sqrt{7}a}{3b}$,故

$$k_l = \frac{-\dfrac{a^2}{b^2}}{k_{OM}} = \frac{-\dfrac{a^2}{b^2}}{\dfrac{-4a \pm \sqrt{7}a}{3b}} = \frac{4 \pm \sqrt{7}}{3} \cdot \frac{a}{b}.$$

(证法 2)因为直线 l 过点 (b, a),所以直线 l 不过原点且与 C 有两个交点的充要条件为 $k > 0$ 且 $k \neq \dfrac{a}{b}$.由(1)得直线 OM 的方程为 $y = -\dfrac{a^2}{kb^2} x$,设点 P 的横坐标为 x_P,则由

$$\begin{cases} y = -\dfrac{a^2}{kb^2}x \\ \dfrac{x^2}{b^2} + \dfrac{y^2}{a^2} = 1 \end{cases}, 得 \ x_P^2 = \dfrac{k^2 b^4}{k^2 b^2 + a^2}, 即 \ x_P = \pm\dfrac{kb^2}{\sqrt{k^2 b^2 + a^2}}. 将点 (b,a) 的坐标代入直线 \ l \ 的$$

方程 $y = kx + m$, 得 $m = a - kb$, 因此 $x_M = \dfrac{k(kb-a)b^2}{a^2 + b^2 k^2}$. 所以四边形 $OAPB$ 为平行四边

形, 当且仅当线段 AB 与线段 OP 互相平分, 即 $x_P = 2x_M$ 时, 于是 $\pm\dfrac{kb^2}{\sqrt{a^2 + b^2 k^2}} =$

$\dfrac{2k(kb-a)b^2}{a^2 + b^2 k^2}$, 整理得 $3b^2 k^2 - 8abk + 3a^2 = 0$, 解得 $k_l = \dfrac{4 \pm \sqrt{7}}{3} \cdot \dfrac{a}{b}$.

(2016 年全国高中数学联赛广东选拔赛第 10 题恰好就是上面的命题 1.)

命题 2　已知椭圆 $C: \dfrac{x^2}{a^2} + \dfrac{y^2}{b^2} = 1 (a > b > 0)$, 直线 l 不过原点 O 且不平行于坐标轴, l 与 C

有两个交点 A, B, 线段 AB 的中点为 M. 则直线 OM 的斜率与 l 的斜率的乘积为定值 $-\dfrac{b^2}{a^2}$.

证明: 椭圆 $C: \dfrac{x^2}{a^2} + \dfrac{y^2}{b^2} = 1 (a > b > 0)$ 经过伸缩变换 $\varphi: \begin{cases} X = \dfrac{1}{a}x \\ Y = \dfrac{1}{b}y \end{cases}$ 变为圆 $O: X^2 + Y^2 = 1$,

椭圆 C 的弦 AB 变为圆 O 的弦 $A'B'$, 线段 AB 的中点 $M(x_0, y_0)$ 变为线段 $A'B'$ 的中点

$M'\left(\dfrac{1}{a}x_0, \dfrac{1}{b}y_0\right)$, 由题设 $x_0 \neq 0, y_0 \neq 0$, 则 $k_{OM} = \dfrac{y_0}{x_0}, k_{OM'} = \dfrac{ay_0}{bx_0}$. 由垂径定理得 $OM' \perp A'B'$,

所以 $k_{OM'} \cdot k_{A'B'} = -1$. 又由伸缩变换的性质可得 $k_{A'B'} = \dfrac{a}{b}k$, 所以 $\dfrac{ay_0}{bx_0} \cdot \dfrac{a}{b}k = -1$, 故 $\dfrac{y_0}{x_0} \cdot$

$k = -\dfrac{b^2}{a^2}$, 即 $k \cdot k_{OM} = -\dfrac{b^2}{a^2}$.

【小题妙解】　练习 1(2013 年全国 I 卷/理 10)　已知椭圆 $E: \dfrac{x^2}{a^2} + \dfrac{y^2}{b^2} = 1 (a > b > 0)$ 的

右焦点为 $F(3,0)$, 过 F 的直线交 E 于 A, B 两点. 若 AB 的中点坐标为 $(1,-1)$, 则 E 的方

程为(　　).

A. $\dfrac{x^2}{45} + \dfrac{y^2}{36} = 1$　　　B. $\dfrac{x^2}{36} + \dfrac{y^2}{27} = 1$　　　C. $\dfrac{x^2}{27} + \dfrac{y^2}{18} = 1$　　　D. $\dfrac{x^2}{18} + \dfrac{y^2}{9} = 1$

【解析】　记 AB 的中点为 M, 由命题 2 得 $k_{AB} \cdot k_{OM} = -\dfrac{b^2}{a^2}$. 又因为 $k_{AB} = k_{FM} = \dfrac{1}{2}$,

$k_{OM} = -1$, 所以 $\dfrac{b^2}{a^2} = \dfrac{1}{2}$. 联立 $\begin{cases} a^2 = 2b^2 \\ a^2 - b^2 = 9 \end{cases}$, 解得 $a^2 = 18, b^2 = 9$, 所以椭圆 E 的方程为

$\dfrac{x^2}{18} + \dfrac{y^2}{9} = 1$. 故选 D.

练习2 椭圆 $mx^2 + ny^2 = 1$ 与直线 $y = 1 - \sqrt{3}x$ 交于 M,N 两点,过原点与线段 MN 中点的直线的斜率为 $\frac{2}{3}$,则 $\frac{m}{n}$ 的值为( ).

A. $\frac{\sqrt{2}}{2}$ 　　　 B. $\frac{2\sqrt{3}}{27}$ 　　　 C. $\frac{9\sqrt{2}}{2}$ 　　　 D. $\frac{2\sqrt{3}}{3}$

【解析】 设线段 MN 的中点为 P,记 O 为原点,则由椭圆中点弦的结论可得 $k_{MN} \cdot k_{OP} = -\dfrac{\frac{1}{n}}{\frac{1}{m}} = -\dfrac{m}{n}$. 又由题设可得 $k_{MN} = -\sqrt{3}$,$k_{OP} = \dfrac{2}{3}$,所以 $(-\sqrt{3}) \times \dfrac{2}{3} = -\dfrac{m}{n}$,即 $\dfrac{m}{n} = \dfrac{2\sqrt{3}}{3}$. 故选 D.

2. 双曲线的中点弦问题

例2 过点 $P(4,2)$ 作直线 AB 与双曲线 $C: \dfrac{x^2}{2} - y^2 = 1$ 交于 A,B 两点. 若 P 为线段 AB 的中点,求直线 AB 的方程.

【解析】 (解法1)设直线 AB 的方程为 $y - 2 = k(x - 4)$,即 $y = k(x - 4) + 2$,则由

$$\begin{cases} y = k(x-4) + 2 \\ \dfrac{x^2}{2} - y^2 = 1 \end{cases} \quad \text{消去 } y, \text{可得}$$

$$(1 - 2k^2)x^2 + (16k^2 - 8k)x - 32k^2 + 32k - 10 = 0.$$

所以由题设知 $2k^2 \neq 1$. 设 $A(x_1, y_1), B(x_2, y_2)$,则由根与系数的关系可得

$$x_1 + x_2 = \frac{-16k^2 + 8k}{1 - 2k^2}, \quad x_1 x_2 = \frac{-32k^2 + 32k - 10}{1 - 2k^2}.$$

因为 $P(4,2)$ 为弦 AB 的中点,所以 $\dfrac{-16k^2 + 8k}{1 - 2k^2} = 8$,解得 $k = 1$,满足 $\Delta > 0$. 故直线 AB 的方程为 $y = x - 2$.

(解法2) 设 $A(x_1, y_1), B(x_2, y_2)$,则由中点坐标公式可得 $x_1 + x_2 = 8, y_1 + y_2 = 4$,故

由已知可得 $\begin{cases} \dfrac{x_1^2}{2} - y_1^2 = 1 \\ \dfrac{x_2^2}{2} - y_2^2 = 1 \end{cases}$,两式相减,可得

$$\frac{(x_1 + x_2)(x_1 - x_2)}{2} - (y_1 + y_2)(y_1 - y_2) = 0.$$

所以 $\dfrac{y_1 - y_2}{x_1 - x_2} = \dfrac{x_1 + x_2}{2(y_1 + y_2)} = \dfrac{8}{2 \times 4} = 1$,即 $k_{AB} = 1$,满足 $\Delta > 0$. 故直线 AB 的方程为 $y - 2 = x - 4$,即 $y = x - 2$.

(解法3)设直线 AB 的参数方程为 $\begin{cases} x = 4 + t\cos\alpha \\ y = 2 + t\sin\alpha \end{cases}$($t$ 为参数),代入 $\dfrac{x^2}{2} - y^2 = 1$,整理

可得

$$t^2(\cos^2\alpha - 2\sin^2\alpha) + (8\cos\alpha - 8\sin\alpha)t + 6 = 0.$$

设 A,B 两点对应的参数分别为 t_1,t_2，则由韦达定理得 $t_1 + t_2 = -\dfrac{8\cos\alpha - 8\sin\alpha}{\cos^2\alpha - 2\sin^2\alpha}$。所以 $8\cos\alpha - 8\sin\alpha = 0$，即可得直线 AB 的斜率 $k = \tan\alpha = 1$，满足 $\Delta > 0$。故直线 AB 的方程为 $y - 2 = x - 4$，即 $y = x - 2$。

点评 本题是一道双曲线的中点弦问题。其中，解法1运用了直接法，先将直线方程和双曲线方程联立消去 y，由根与系数的关系得出两根之和，再结合中点坐标公式，解出斜率 k，并验证判别式 $\Delta > 0$，最后由点斜式得到弦所在直线的方程；解法2运用了点差法，将弦的两端点坐标分别代入双曲线方程，作差变形后建立弦所在直线的斜率与弦的中点坐标的关系，得出弦所在的直线斜率，后同解法1；解法3运用了参数方程法，设出以弦的中点为定点的弦所在直线的参数方程，代入双曲线方程并整理，由参数方程的几何意义和根与系数的关系得出弦所在直线的倾斜角的表达式，从而得出弦所在直线的斜率，并验证判别式 $\Delta > 0$，最后得出直线方程。双曲线的中点弦问题，从理论上来说，直接法、点差法和参数方程法都可以，但点差法运算量最少，是通法，最适宜。要注意的是，在利用点差法求出中点弦方程后，判断双曲线的中点弦是否存在，还要判断将其与双曲线方程联立消元后得到的方程式的判别式 $\Delta > 0$ 是否成立，若成立，则中点弦存在；否则，中点弦不存在。

【题根探秘】 通过对例2的探究，可以得出以下结论(命题3和命题4)：

命题3 已知双曲线 $C：\dfrac{x^2}{a^2} - \dfrac{y^2}{b^2} = 1(a > 0, b > 0)$，直线 l 不过原点 O 且不平行于坐标轴，l 与 C 有两个交点 A,B，线段 AB 的中点为 M。则直线 OM 的斜率与 l 的斜率的乘积为定值 $\dfrac{b^2}{a^2}$。

证明：设 $A(x_1,y_1)$，$B(x_2,y_2)$，$M(x_0,y_0)$，则由中点坐标公式可得 $\dfrac{x_1 + x_2}{2} = x_0$，$\dfrac{y_1 + y_2}{2} = y_0$，所以

$$k = \frac{y_2 - y_1}{x_2 - x_1}, \quad k_{OM} = \frac{y_0}{x_0} = \frac{\dfrac{y_1 + y_2}{2}}{\dfrac{x_1 + x_2}{2}} = \frac{y_1 + y_2}{x_1 + x_2},$$

因此 $k \cdot k_{OM} = \dfrac{y_2^2 - y_1^2}{x_2^2 - x_1^2}$。又由已知可得 $\dfrac{x_1^2}{a^2} - \dfrac{y_1^2}{b^2} = 1$，$\dfrac{x_2^2}{a^2} - \dfrac{y_2^2}{b^2} = 1$，两式相减，可得 $\dfrac{x_1^2 - x_2^2}{a^2} - \dfrac{y_1^2 - y_2^2}{b^2} = 0$，所以 $\dfrac{x_2^2 - x_1^2}{a^2} = \dfrac{y_2^2 - y_1^2}{b^2}$，即 $\dfrac{y_2^2 - y_1^2}{x_2^2 - x_1^2} = \dfrac{b^2}{a^2}$，故 $k \cdot k_{OM} = \dfrac{b^2}{a^2}$。

命题4 已知双曲线 $C：\dfrac{y^2}{a^2} - \dfrac{x^2}{b^2} = 1(a > 0, b > 0)$，直线 l 不过原点 O 且不平行于坐标

轴,l 与 C 有两个交点 A,B,线段 AB 的中点为 M.则直线 OM 的斜率与 l 的斜率的乘积为定值 $\dfrac{a^2}{b^2}$.

双曲线的中点弦存在性的判断:首先介绍一下双曲线的中点弦存在性定理.设 A,B 是双曲线 $C:\dfrac{x^2}{a^2}-\dfrac{y^2}{b^2}=1(a>0,b>0)$ 上的两点,$M(x_0,y_0)$(M 不是坐标原点 O),则双曲线 C 存在以点 M 为中点的中点弦 AB 的充要条件是点 M 的坐标满足 $\dfrac{x_0^2}{a^2}-\dfrac{y_0^2}{b^2}>1$ 或 $\dfrac{x_0^2}{a^2}-\dfrac{y_0^2}{b^2}<0$.

证明:(证法 1)设 $A(x_1,y_1)$,$B(x_2,y_2)$,$M(x_0,y_0)$,则由中点坐标公式可得 $\dfrac{x_1+x_2}{2}=x_0$,$\dfrac{y_1+y_2}{2}=y_0$,所以

$$k=\frac{y_2-y_1}{x_2-x_1},\quad k_{OM}=\frac{y_0}{x_0}=\frac{\dfrac{y_1+y_2}{2}}{\dfrac{x_1+x_2}{2}}=\frac{y_1+y_2}{x_1+x_2},$$

因此 $k\cdot k_{OM}=\dfrac{y_2^2-y_1^2}{x_2^2-x_1^2}$.又由已知可得 $\dfrac{x_1^2}{a^2}-\dfrac{y_1^2}{b^2}=1$,$\dfrac{x_2^2}{a^2}-\dfrac{y_2^2}{b^2}=1$,两式相减,可得 $\dfrac{x_1^2-x_2^2}{a^2}-\dfrac{y_1^2-y_2^2}{b^2}=0$,所以 $\dfrac{x_2^2-x_1^2}{a^2}=\dfrac{y_2^2-y_1^2}{b^2}$,即 $\dfrac{y_2^2-y_1^2}{x_2^2-x_1^2}=\dfrac{b^2}{a^2}$,因此 $k\cdot k_{OM}=\dfrac{b^2}{a^2}$,故 $k=\dfrac{b^2 x_0}{a^2 y_0}$.

设直线 AB 的方程为 $y-y_0=k(x-x_0)$.联立 $\begin{cases}y-y_0=k(x-x_0)\\ \dfrac{x^2}{a^2}-\dfrac{y^2}{b^2}=1\end{cases}$,消去 y 并整理,可得

$$(b^2-a^2 k^2)x^2-2ka^2(y_0-kx_0)x-a^2(y_0-kx_0)^2-a^2 b^2=0,$$

其中 $b^2\neq a^2 k^2$,则存在点 M 为线段 AB 的中点

$$\Leftrightarrow \Delta=[-2ka^2(y_0-kx_0)^2]^2-4(b^2-a^2 k^2)[-a^2(y_0-kx_0)^2-a^2 b^2]$$
$$=4a^2 b^2[(y_0-kx_0)+b^2-a^2 k^2]>0.$$

把 $k=\dfrac{b^2 x_0}{a^2 y_0}$ 代入上式,可得

$$\Delta=\frac{4a^2 b^2}{y_0^2}\left(\frac{x_0^2}{a^2}-\frac{y_0^2}{b^2}\right)\left(\frac{x_0^2}{a^2}-\frac{y_0^2}{b^2}-1\right)>0$$

$$\Leftrightarrow \frac{x_0^2}{a^2}-\frac{y_0^2}{b^2}>1 \text{ 或 } \frac{x_0^2}{a^2}-\frac{y_0^2}{b^2}<0.$$

(证法 2)设直线 AB 的参数方程为 $\begin{cases}x=x_0+t\cos\alpha\\ y=y_0+t\sin\alpha\end{cases}$($t$ 为参数),代入 $C:\dfrac{x^2}{a^2}-\dfrac{y^2}{b^2}=1$($a>0,b>0$),整理得

$(b^2\cos^2\alpha - a^2\sin^2\alpha)t^2 + 2(b^2x_0\cos\alpha - a^2y_0\sin\alpha)t + b^2x_0^2 - a^2y_0^2 - a^2b^2 = 0,$

所以 $b^2\cos^2\alpha - a^2\sin^2\alpha \neq 0$, 故

$$\Delta = 4(b^2x_0\cos\alpha - a^2y_0\sin\alpha)^2 - 4(b^2\cos^2\alpha - a^2\sin^2\alpha)(b^2x_0^2 - a^2y_0^2 - a^2b^2) > 0,$$

从而可得

$$t_1 + t_2 = \frac{2(a^2y_0\sin\alpha - b^2x_0\cos\alpha)}{b^2\cos^2\alpha - a^2\sin^2\alpha}.$$

又因为线段 AB 的中点 $M(x_0, y_0)$, 所以

$$\frac{t_1 + t_2}{2} = \frac{a^2y_0\sin\alpha - b^2x_0\cos\alpha}{b^2\cos^2\alpha - a^2\sin^2\alpha} = 0,$$

因此 $a^2y_0\sin\alpha - b^2x_0\cos\alpha = 0$, 即 $\dfrac{\sin\alpha}{\cos\alpha} = \dfrac{b^2x_0}{a^2y_0}$. 所以 $\Delta = -4(b^2\cos^2\alpha - a^2\sin^2\alpha)(b^2x_0^2 - a^2y_0^2 - a^2b^2) > 0$, 可得

$$\Leftrightarrow 4\cos^2\alpha(a^2\tan^2\alpha - b^2)(b^2x_0^2 - a^2y_0^2 - a^2b^2) > 0$$

$$\Leftrightarrow \left(a^2 \cdot \frac{b^4x_0^2}{a^4y_0^2} - b^2\right)(b^2x_0^2 - a^2y_0^2 - a^2b^2) > 0$$

$$\Leftrightarrow (b^2x_0^2 - a^2y_0^2)(b^2x_0^2 - a^2y_0^2 - a^2b^2) > 0.$$

所以 $\left(\dfrac{x_0^2}{a^2} - \dfrac{y_0^2}{b^2}\right)\left(\dfrac{x_0^2}{a^2} - \dfrac{y_0^2}{b^2} - 1\right) > 0$, 即 $\dfrac{x_0^2}{a^2} - \dfrac{y_0^2}{b^2} > 1$ 或 $\dfrac{x_0^2}{a^2} - \dfrac{y_0^2}{b^2} < 0$.

对于例 2, 利用上述定理, 可以快速判断双曲线的中点弦是否存在, 例如把题中的点 $P(4,2)$ 代入 $\dfrac{x^2}{2} - y^2$, 可得 $\dfrac{4^2}{2} - 2^2 = 4 > 1$, 故存在.

例 3 (2023 年全国乙卷/理 11)　设 A, B 为双曲线 $x^2 - \dfrac{y^2}{9} = 1$ 上的两点, 下列四个点中, 可为线段 AB 中点的是(　　).

A. $(1,1)$　　　　B. $(-1,2)$　　　　C. $(1,3)$　　　　D. $(-1,-4)$

【解析】　假设线段 AB 的中点为 $M(x_0, y_0)$, 则由双曲线中点弦的命题 3, 可知 $k_{AB} \cdot k_{OM} = k_{AB} \cdot \dfrac{y_0}{x_0} = \dfrac{b^2}{a^2} = 9$, 所以 $k_{AB} = \dfrac{9x_0}{y_0}$.

对于选项 A, $k_{AB} = \dfrac{9x_0}{y_0} = 9$, 直线 AB 的方程为 $y = 9x - 8$. 联立 $\begin{cases} y = 9x - 8 \\ x^2 - \dfrac{y^2}{9} = 1 \end{cases}$, 整理得

$72x^2 - 144x + 73 = 0$, 所以 $\Delta = 144^2 - 4 \times 72 \times 73 = -288 < 0$. 因此, 直线 AB 与已知双曲线无公共点, 故错误.

对于选项 B, $k_{AB} = \dfrac{9x_0}{y_0} = -\dfrac{9}{2}$, 直线 AB 的方程为 $y = -\dfrac{9}{2}x - \dfrac{5}{2}$. 联立 $\begin{cases} y = -\dfrac{9}{2}x - \dfrac{5}{2} \\ x^2 - \dfrac{y^2}{9} = 1 \end{cases}$,

整理得 $45x^2 + 90x + 61 = 0$,所以 $\Delta = 90^2 - 4 \times 45 \times 61 < 0$.因此,直线 AB 与已知双曲线无公共点,故错误.

对于选项 C,$k_{AB} = 3$,直线 AB 的方程为 $y = 3x$,此时直线 AB 恰为双曲线 $x^2 - \dfrac{y^2}{9} = 1$ 的一条渐近线,故错误.

对于选项 D,$k_{AB} = \dfrac{9x_0}{y_0} = \dfrac{9}{4}$,直线 AB 的方程为 $y = \dfrac{9}{4}x - \dfrac{7}{4}$.联立 $\begin{cases} y = \dfrac{9}{4}x - \dfrac{7}{4} \\ x^2 - \dfrac{y^2}{9} = 1 \end{cases}$,整理

得 $63x^2 + 126x - 193 = 0$,所以 $\Delta = 126^2 + 4 \times 63 \times 193 > 0$.因此,直线与双曲线有两个交点,故正确.所以选 D.

（妙解:由双曲线中点弦存在性定理,对于选项 A,因为 $1 - \dfrac{1^2}{9} = \dfrac{8}{9}$,$0 < \dfrac{8}{9} < 1$,所以错误;对于选项 B,因为 $(-1)^2 - \dfrac{2^2}{9} = \dfrac{5}{9}$,$0 < \dfrac{5}{9} < 1$,所以错误;对于选项 C,因为 $1 - \dfrac{3^2}{9} = 0$,所以错误;对于选项 D,因为 $(-1)^2 - \dfrac{(-4)^2}{9} = -\dfrac{7}{9} < 0$,所以正确.）

【小题妙解】 **练习 3**(2010 年全国课标卷/理 12) 已知双曲线 E 的中心为原点,$F(3,0)$ 是 E 的焦点,过 F 的直线 l 与 E 相交于 A,B 两点,且 AB 的中点为 $N(-12,-15)$,则双曲线 E 的方程为( ).

A. $\dfrac{x^2}{3} - \dfrac{y^2}{6} = 1$ B. $\dfrac{x^2}{4} - \dfrac{y^2}{5} = 1$ C. $\dfrac{x^2}{6} - \dfrac{y^2}{3} = 1$ D. $\dfrac{x^2}{5} - \dfrac{y^2}{4} = 1$

【解析】 设双曲线 $E: \dfrac{x^2}{a^2} - \dfrac{y^2}{b^2} = 1 (a > 0, b > 0)$,$A(x_1, y_1)$,$B(x_2, y_2)$,记 $N(x_0, y_0)$,

则由命题 3 可得 $k_{AB} \cdot k_{ON} = \dfrac{b^2}{a^2}$.因为 $k_{AB} = k_{NF} = \dfrac{-15}{-12-3} = 1$,$k_{ON} = \dfrac{-15}{-12} = \dfrac{5}{4}$,所以 $\dfrac{b^2}{a^2} =$

$\dfrac{5}{4}$.又因为 $a^2 + b^2 = c^2 = 9$,解得 $a^2 = 4$,$b^2 = 5$,所以双曲线 E 的方程为 $\dfrac{x^2}{4} - \dfrac{y^2}{5} = 1$.故选 B.

练习 4 过双曲线 $C: \dfrac{x^2}{a^2} - \dfrac{y^2}{b^2} = 1 (a > 0, b > 0)$ 的焦点且斜率不为 0 的直线交 C 于 A,

B 两点,D 为 AB 的中点.若 $k_{AB} \cdot k_{OD} = \dfrac{1}{2}$,则双曲线 C 的离心率为( ).

A. $\sqrt{6}$ B. 2   C. $\sqrt{3}$ D. $\dfrac{\sqrt{6}}{2}$

【解析】 由双曲线中点弦的结论可得 $k_{AB} \cdot k_{OD} = \dfrac{b^2}{a^2} = \dfrac{1}{2}$,所以双曲线 C 的离心率为

$e = \sqrt{1 + \dfrac{b^2}{a^2}} = \sqrt{1 + \dfrac{1}{2}} = \dfrac{\sqrt{6}}{2}$.故选 D.

3．抛物线的中点弦问题

例4 已知直线 l 与抛物线 C：$y^2 = 4x$ 相交于 A，B 两点．若线段 AB 的中点为 $M(2,1)$，求直线 l 的方程．

【解析】（解法1）设直线 AB 的参数方程为 $\begin{cases} x = 2 + t\cos\alpha \\ y = 1 + t\sin\alpha \end{cases}$（$t$ 为参数），代入 $y^2 = 4x$，整理得 $t^2\sin^2\alpha + (2\sin\alpha - 4\cos\alpha)t - 7 = 0$，则由 t 的几何意义可知 $|MA| = |t_1|$，$|MB| = |t_2|$．故由根与系数的关系可得 $t_1 + t_2 = -\dfrac{2\sin\alpha - 4\cos\alpha}{\sin^2\alpha}$．又因为 M 为线段 AB 的中点，所以 $\dfrac{t_1 + t_2}{2} = 0$，即 $\sin\alpha - 2\cos\alpha = 0$，故所求直线的斜率为 $k = \dfrac{\sin\alpha}{\cos\alpha} = 2$．所以直线 l 的方程为 $y - 1 = 2(x - 2)$，即 $2x - y - 3 = 0$．

（解法2）设 $A(x_1, y_1)$，$B(x_2, y_2)$，则 $\begin{cases} y_1^2 = 4x_1 \\ y_2^2 = 4x_2 \end{cases}$，两式相减，得 $y_1^2 - y_2^2 = 4(x_1 - x_2)$．由题意可知 $x_1 \neq x_2$，所以 $\dfrac{y_1 - y_2}{x_1 - x_2} = \dfrac{4}{y_1 + y_2} = \dfrac{4}{2} = 2$，即 $k_{AB} = 2$．故直线 l 的方程为 $y - 1 = 2(x - 2)$，即 $2x - y - 3 = 0$．

（解法3）设直线 l 的方程为 $y - 1 = k(x - 2)$，$A(x_1, y_1)$，$B(x_2, y_2)$，则联立 $\begin{cases} y - 1 = k(x - 2) \\ y^2 = 4x \end{cases}$，消去 x，整理得 $ky^2 - 4y + (4 - 8k) = 0$，所以由根与系数的关系可得 $y_1 + y_2 = \dfrac{4}{k}$．又由中点坐标公式可得 $y_1 + y_2 = 2$，所以 $\dfrac{4}{k} = 2$，即 $k = 2$．故直线 l 的方程为 $y - 1 = 2(x - 2)$，即 $2x - y - 3 = 0$．

点评 本题是一道抛物线的中点弦问题．其中，解法1运用了参数方程法，解法2运用了点差法，解法3运用了根与系数的关系和中点坐标公式．对于抛物线的中点弦问题，处理方法有点差法、直接法和参数方程法．

【题根探秘】 通过对例4的探究，可以得到以下结论（命题5）：

命题5 已知斜率为 k 的直线 l 与抛物线 C：$y^2 = 2px(p \neq 0)$ 相交于 A，B 两点．若线段 AB 的中点为 $M(x_0, y_0)$，其中 O 为坐标原点，则 $k = \dfrac{p}{y_0}$．

证明：设 $A(x_1, y_1)$，$B(x_2, y_2)$，记点 M 的坐标为 (x_0, y_0)，则由中点坐标公式可得 $\begin{cases} x_1 + x_2 = 2x_0 \\ y_1 + y_2 = 2y_0 \end{cases}$．又由 $\begin{cases} y_1^2 = 2px_1 \\ y_2^2 = 2px_2 \end{cases}$，两式相减，可得 $(y_1 + y_2)(y_1 - y_2) = 2p(x_1 - x_2)$，所以 $\dfrac{y_1 - y_2}{x_1 - x_2} = \dfrac{2p}{y_1 + y_2} = \dfrac{2p}{2y_0} = \dfrac{p}{y_0}$，故 $k = \dfrac{p}{y_0}$．

【小题妙解】 练习5（2009年宁夏、海南卷/理13） 已知抛物线 C 的顶点在坐标原点，

焦点为 $F(1,0)$，直线 l 与抛物线 C 相交于 A,B 两点. 若 AB 的中点 N 为 $(2,2)$，则直线 l 的方程为_____.

【解析】 由题设可得抛物线 C 的标准方程为 $y^2=4x$，记点 $N(x_0,y_0)$，则由题设可得 $y_0=2$，$p=2$. 所以由命题 5 可得直线 l 的斜率 $k=1$，故 $y-2=x-2$，即直线 l 的方程为 $y=x$.

练习 6 已知抛物线 C：$y^2=6x$，直线 l 过点 $Q(2,2)$，且与抛物线 C 交于 M,N. 若 MN 的中点恰好为点 Q，则 l 的斜率为_____.

【解析】 记 O 为坐标原点，由命题 5 可得 $k=\dfrac{y_0}{p}=\dfrac{2}{3}$. 故直线 l 的斜率为 $\dfrac{2}{3}$.

4．中点弦的综合问题

例5 （2018 年全国Ⅲ卷/理 20） 已知斜率为 k 的直线 l 与椭圆 C：$\dfrac{x^2}{4}+\dfrac{y^2}{3}=1$ 交于 A,B 两点，线段 AB 的中点为 $M(1,m)$ $(m>0)$.

(1) 证明：$k<-\dfrac{1}{2}$.

(2) 设 F 为 C 的右焦点，P 为 C 上一点，且 $\overrightarrow{FP}+\overrightarrow{FA}+\overrightarrow{FB}=\mathbf{0}$. 证明 $|\overrightarrow{FA}|$，$|\overrightarrow{FP}|$，$|\overrightarrow{FB}|$ 成等差数列，并求该数列的公差.

【解法探秘】 (1)（证法 1）因为点 M 在椭圆 C 内，所以 $\dfrac{1^2}{4}+\dfrac{m^2}{3}<1$，结合 $m>0$，可得 $0<m<\dfrac{3}{2}$. 设 $A(x_1,y_1)$，$B(x_2,y_2)$，则 $\dfrac{x_1^2}{4}+\dfrac{y_1^2}{3}=1$，$\dfrac{x_2^2}{4}+\dfrac{y_2^2}{3}=1$，两式相减，并结合 $k=\dfrac{y_2-y_1}{x_2-x_1}$，可得 $\dfrac{x_1+x_2}{4}+\dfrac{y_1+y_2}{3}\cdot k=0$. 又由题设知 $\dfrac{x_1+x_2}{2}=1$，$\dfrac{y_1+y_2}{2}=m$，所以 $k=-\dfrac{3}{4m}$，故 $k<-\dfrac{1}{2}$.

（证法 2）设直线 l 的方程为 $y=kx+t$，$A(x_1,y_1)$，$B(x_2,y_2)$，则联立 $\begin{cases} y=kx+t \\ \dfrac{x^2}{4}+\dfrac{y^2}{3}=1 \end{cases}$，消去 y，得 $(4k^2+3)x^2+8ktx+4t^2-12=0$. 则 $\Delta=64k^2t^2-4(4t^2-12)(3+4k^2)>0$，整理得

$$4k^2+3>t^2. \qquad\qquad ①$$

又由韦达定理和中点坐标公式，可得

$$x_1+x_2=\dfrac{-8kt}{4k^2+3}=2, \qquad y_1+y_2=k(x_1+x_2)+2t=\dfrac{6t}{4k^2+3}=2m.$$

因为 $m>0$，所以 $t>0$，$k<0$，故

$$t=\dfrac{4k^2+3}{-4k}. \qquad\qquad ②$$

由①②得 $4k^2+3>\dfrac{(4k^2+3)^2}{16k^2}$，所以 $k<-\dfrac{1}{2}$ 或 $k>\dfrac{1}{2}$. 又因为 $k<0$，所以 $k<-\dfrac{1}{2}$.

（证法 3）因为点 M 在椭圆 C 内，所以 $\dfrac{1^2}{4} + \dfrac{m^2}{3} < 1$，结合 $m > 0$，可得 $0 < m < \dfrac{3}{2}$. 设直线

l 的参数方程为 $\begin{cases} x = 1 + t\cos\alpha \\ y = m + t\sin\alpha \end{cases}$（$t$ 为参数），代入 $\dfrac{x^2}{4} + \dfrac{y^2}{3} = 1$，整理得

$$(3\cos^2\alpha + 4\sin^2\alpha)t^2 + (6\cos\alpha + 8m\sin\alpha)t + 4m^2 - 9 = 0.$$

则由 t 的几何意义知 $|MA| = |t_1|$，$|MB| = |t_2|$. 因为点 M 在椭圆内，所以上述方程必有两

个实根，故由韦达定理得 $t_1 + t_2 = -\dfrac{2(3\cos\alpha + 4m\sin\alpha)}{3\cos^2\alpha + 4\sin^2\alpha}$. 又因为 M 为线段 AB 的中点，即

$\dfrac{t_1 + t_2}{2} = 0$，所以 $3\cos\alpha + 4m\sin\alpha = 0$，解得 $k = \tan\alpha = -\dfrac{3}{4m}$. 故 $k < -\dfrac{1}{2}$.

（2）因为 $\overrightarrow{FP} + \overrightarrow{FA} + \overrightarrow{FB} = \mathbf{0}$，所以 $\overrightarrow{FP} + 2\overrightarrow{FM} = \mathbf{0}$；因为 $M(1, m)$，$F(1, 0)$，所以点 P 的坐

标为 $(1, -2m)$. 又因为点 P 在椭圆上，所以 $\dfrac{1}{4} + \dfrac{4m^2}{3} = 1$，即 $m = \dfrac{3}{4}$，故 $M\left(1, \dfrac{3}{4}\right)$. 因为

$\dfrac{x_1^2}{4} + \dfrac{y_1^2}{3} = 1$，$\dfrac{x_2^2}{4} + \dfrac{y_2^2}{3} = 1$，两式相减，可得

$$\frac{y_1 - y_2}{x_1 - x_2} = -\frac{3}{4} \cdot \frac{x_1 + x_2}{y_1 + y_2}.$$

又 $x_1 + x_2 = 2$，$y_1 + y_2 = \dfrac{3}{2}$，所以 $k = -1$. 因此，直线 l 的方程为 $y - \dfrac{3}{4} = -(x - 1)$，

即 $y = -x + \dfrac{7}{4}$.

联立 $\begin{cases} y = -x + \dfrac{7}{4} \\ \dfrac{x^2}{4} + \dfrac{y^2}{3} = 1 \end{cases}$，消去 y，整理得 $28x^2 - 56x + 1 = 0$，所以 $x_1 + x_2 = 2$，$x_1 x_2 = \dfrac{1}{28}$，解得

$x_{1,2} = \dfrac{14 \pm 3\sqrt{21}}{14}$，所以

$$|\overrightarrow{FA}| = \sqrt{(x_1 - 1)^2 + y_1^2} = \sqrt{(x_1 - 1)^2 + 3\left(1 - \frac{x_1^2}{4}\right)} = 2 - \frac{x_1}{2}.$$

同理可得 $|\overrightarrow{FB}| = 2 - \dfrac{x_2}{2}$. 因此

$$|\overrightarrow{FA}| + |\overrightarrow{FB}| = 4 - \frac{1}{2}(x_1 + x_2) = 3, \quad |\overrightarrow{FP}| = \sqrt{(1-1)^2 + \left(-\frac{3}{2} - 0\right)^2} = \frac{3}{2},$$

故 $|\overrightarrow{FA}| + |\overrightarrow{FB}| = 2|\overrightarrow{FP}|$，即 $|\overrightarrow{FA}|$，$|\overrightarrow{FP}|$，$|\overrightarrow{FB}|$ 成等差数列. 设其公差为 d，则

$$|2d| = \left| |\overrightarrow{FA}| - |\overrightarrow{FB}| \right| = \frac{1}{2}|x_1 - x_2| = \frac{1}{2}\sqrt{(x_1 + x_2)^2 - 4x_1 x_2}$$

$$= \frac{1}{2}\sqrt{4 - \frac{1}{7}} = \frac{3\sqrt{21}}{14}.$$

所以 $d=\pm\dfrac{3\sqrt{21}}{28}$,即该数列的公差为 $\dfrac{3\sqrt{21}}{28}$ 或 $-\dfrac{3\sqrt{21}}{28}$.

点评 本题第(1)问的证法 1 运用了点差法,点差法可以看成求解圆锥曲线中点弦问题的通法;证法 2 运用了直接法,将直线方程和椭圆方程联立后运用韦达定理和坐标运算,发挥了判别式的制约作用;证法 3 运用了参数方程法,令人耳目一新. 第(2)问既运用了点差法,又运用了直接法,其中利用等差中项的定义证明了等差数列,体现了函数与方程、化归与转化的思想.

通过观察发现,上述例题中线段 AB 的中点 M 的横坐标与椭圆 $C:\dfrac{x^2}{4}+\dfrac{y^2}{3}=1$ 的右焦点 $F(1,0)$ 的横坐标相同,则由 $\overrightarrow{FP}+\overrightarrow{FA}+\overrightarrow{FB}=\mathbf{0}$ 可知椭圆 C 的内接 $\triangle PAB$ 的重心恰好为其右焦点 F.

【题根探秘】 通过对例 5 的探究,可以得到以下结论(命题 6~命题 8):

命题 6 已知斜率为 k 的直线 l 与椭圆 $C:\dfrac{x^2}{a^2}+\dfrac{y^2}{b^2}=1(a>b>0)$ 交于 A,B 两点,线段 AB 的中点为 $M(c,m)(m>0,c=\sqrt{a^2-b^2})$,$P$ 为椭圆 C 上一点,$\triangle ABP$ 的重心为椭圆 C 的右焦点 F,e 为椭圆 C 的离心率,则:

(1) $k=-2e$;

(2) $|FA|$,$|FP|$,$|FB|$ 成等差数列,且公差 $d=\pm\dfrac{\sqrt{3}b^2e}{2}\cdot\dfrac{\sqrt{4a^2-3b^2}}{4a^2-3b^2}$.

证明:(1) 设 $A(x_1,y_1)$,$B(x_2,y_2)$,则 $\dfrac{x_1^2}{a^2}+\dfrac{y_1^2}{b^2}=1$,$\dfrac{x_2^2}{a^2}+\dfrac{y_2^2}{b^2}=1$,两式相减,并结合 $k=\dfrac{y_2-y_1}{x_2-x_1}$,可得 $\dfrac{x_1+x_2}{a^2}+\dfrac{y_1+y_2}{b^2}\cdot k=0$. 又因为线段 AB 的中点为 $M(c,m)$,所以

$$\begin{cases}\dfrac{x_1+x_2}{2}=c\\[2mm]\dfrac{y_1+y_2}{2}=m\end{cases},即\begin{cases}x_1+x_2=2c\\ y_1+y_2=2m\end{cases},故\ k=-\dfrac{b^2c}{a^2m}.$$

因为 $\triangle ABP$ 的重心为椭圆 C 的右焦点 F,所以 $\begin{cases}\dfrac{x_1+x_2+x_3}{3}=c\\[2mm]\dfrac{y_1+y_2+y_3}{2}=0\end{cases}$,即 $\begin{cases}x_3=c\\ y_3=-2m\end{cases}$,因此点

P 的坐标为 $(c,-2m)$. 将其代入椭圆方程 $\dfrac{x^2}{a^2}+\dfrac{y^2}{b^2}=1(a>b>0)$,可得 $\dfrac{c^2}{a^2}+\dfrac{4m^2}{b^2}=1$,解得

$m=\dfrac{b^2}{2a}$,所以 $M\left(c,\dfrac{b^2}{2a}\right)$. 则

$$k=-\dfrac{b^2c}{a^2m}=-\dfrac{b^2c}{a^2\cdot\dfrac{b^2}{2a}}=-\dfrac{2c}{a}=-2e.$$

（2）由椭圆焦半径的公式可得 $|FA| = a - ex_1$，$|FB| = a - ex_2$，$|FP| = a - ex_3$，则

$$|FA| + |FB| = a - ex_1 + a - ex_2 = 2a - e(x_1 + x_2) = 2a - \frac{c}{a} \cdot 2c = \frac{2b^2}{a},$$

$$|FP| = a - ex_3 = a - \frac{c}{a} \cdot c = \frac{b^2}{a}.$$

所以 $2|FP| = |FA| + |FB|$，故 $|FA|$，$|FP|$，$|FB|$ 成等差数列.

由（1）知直线 l 的方程为 $y - \frac{b^2}{2a} = -\frac{2c}{a}(x - c)$，即 $y = -\frac{2c}{a}x + \frac{a^2 + 3c^2}{2a}$. 联立

$$\begin{cases} y = -\dfrac{2c}{a}x + \dfrac{a^2 + 3c^2}{2a} \\ \dfrac{x^2}{a^2} + \dfrac{y^2}{b^2} = 1 \end{cases}$$，消去 y，整理得

$$(4a^2 + 12c^2)x^2 - 8c(a^2 + 3c^2)x + (-3a^4 + 10a^2c^2 + 9c^4) = 0.$$

所以

$$\Delta = 64c^2(a^2 + 3c^2)^2 - 16(a^2 + 3c^2)(-3a^4 + 10a^2c^2 + 9c^4) = 48(a^2 + 3c^2)b^4 > 0.$$

则由韦达定理得 $x_1 + x_2 = 2c$，$x_1 x_2 = \dfrac{-3a^4 + 10a^2c^2 + 9c^4}{4(a^2 + 3c^2)}$. 所以

$$|2d| = ||FA| - |FB|| = |a - ex_1 - (a - ex_2)| = e\sqrt{(x_1 + x_2)^2 - 4x_1 x_2}$$

$$= e\sqrt{4c^2 - \frac{-3a^4 + 10a^2c^2 + 9c^4}{a^2 + 3c^2}} = e\sqrt{\frac{3(a^2 - c^2)^2}{a^2 + 3c^2}} = e\sqrt{\frac{3b^4}{a^2 + 3c^2}},$$

故 $d = \pm\dfrac{\sqrt{3}b^2 e}{2} \cdot \dfrac{\sqrt{4a^2 - 3b^2}}{4a^2 - 3b^2}$.

命题 7 已知斜率为 k 的直线 l 与双曲线 $C: \dfrac{x^2}{a^2} - \dfrac{y^2}{b^2} = 1(a > 0, b > 0)$ 的右支交于 A，B 两点，线段 AB 的中点为 $M(c, m)\left(m > \dfrac{bc}{a}\text{，或 } 0 < m < \dfrac{b^2}{a}, c = \sqrt{a^2 + b^2}\right)$，$P$ 为双曲线 C 的右支上一点，$\triangle ABP$ 的重心为双曲线 C 的右焦点 F，e 为双曲线 C 的离心率，则：

（1）$k = 2e$；

（2）$|FA|$，$|FP|$，$|FB|$ 成等差数列，且公差 $d = \pm\dfrac{\sqrt{3}b^2 e}{2} \cdot \dfrac{\sqrt{4a^2 + 3b^2}}{4a^2 + 3b^2}$.

证明：（1）设 $A(x_1, y_1)$，$B(x_2, y_2)$，则 $\dfrac{x_1^2}{a^2} - \dfrac{y_1^2}{b^2} = 1$，$\dfrac{x_2^2}{a^2} - \dfrac{y_2^2}{b^2} = 1$，两式相减，并结合 $k = \dfrac{y_2 - y_1}{x_2 - x_1}$，可得 $\dfrac{x_1 + x_2}{a^2} - \dfrac{y_1 + y_2}{b^2} \cdot k = 0$. 又因为线段 AB 的中点为 $M(c, m)$，所以

$$\begin{cases} \dfrac{x_1 + x_2}{2} = c \\ \dfrac{y_1 + y_2}{2} = m \end{cases}$$，即 $\begin{cases} x_1 + x_2 = 2c \\ y_1 + y_2 = 2m \end{cases}$，故 $k = \dfrac{b^2 c}{a^2 m}$.

因为 $\triangle ABP$ 的重心为双曲线 C 的右焦点 F，所以 $\begin{cases} \dfrac{x_1+x_2+x_3}{3}=c \\ \dfrac{y_1+y_2+y_3}{2}=0 \end{cases}$，即 $\begin{cases} x_3=c \\ y_3=-2m \end{cases}$，因此

点 P 的坐标为 $(c,-2m)$. 将其代入双曲线方程 $\dfrac{x^2}{a^2}-\dfrac{y^2}{b^2}=1\,(a>0,b>0)$，可得 $\dfrac{c^2}{a^2}-\dfrac{4m^2}{b^2}=1$，

解得 $m=\dfrac{b^2}{2a}$，所以 $M\left(c,\dfrac{b^2}{2a}\right)$. 则

$$k=\frac{b^2c}{a^2m}=\frac{b^2c}{a^2\cdot\dfrac{b^2}{2a}}=\frac{2c}{a}=2e.$$

（2）由双曲线焦半径的公式可得 $|FA|=ex_1-a$，$|FB|=ex_2-a$，$|FP|=ex_3-a$，则

$$|FA|+|FB|=ex_1-a+ex_2-a=e(x_1+x_2)-2a=\frac{c}{a}\cdot 2c-2a=\frac{2c^2-2a^2}{a},$$

$$|FP|=ex_3-a=\frac{c}{a}\cdot c-a=\frac{c^2-a^2}{a}.$$

所以 $2|FP|=|FA|+|FB|$，故 $|FA|,|FP|,|FB|$ 成等差数列.

由（1）知直线 l 的方程为 $y-\dfrac{b^2}{2a}=\dfrac{2c}{a}(x-c)$，即 $y=\dfrac{2c}{a}x+\dfrac{b^2-4c^2}{2a}$.

联立 $\begin{cases} y=\dfrac{2c}{a}x+\dfrac{b^2-4c^2}{2a} \\ \dfrac{x^2}{a^2}-\dfrac{y^2}{b^2}=1 \end{cases}$，消去 y，整理得

$$(4b^2-16c^2)x^2-8c(b^2-4c^2)x+(3b^4+4b^2c^2-16c^4)=0.$$

所以

$$\Delta=64c^2(b^2-4c^2)^2-16(b^2-4c^2)(3b^4+4b^2c^2-16c^4)=48(4c^2-b^2)b^4>0.$$

则由韦达定理得

$$x_1+x_2=2c>0,\quad x_1x_2=\frac{3b^4+4b^2c^2-16c^4}{4(b^2-4c^2)}=\frac{16a^4+28a^2b^2+9b^4}{4(4a^2+3b^2)}>0.$$

所以

$$|2d|=||FA|-|FB||=|ex_1-ex_2|=e\sqrt{(x_1+x_2)^2-4x_1x_2}$$

$$=e\sqrt{4c^2-\frac{3b^4+4b^2c^2-16c^4}{b^2-4c^2}}=e\sqrt{\frac{3b^4}{4c^2-b^2}}$$

$$=e\sqrt{\frac{3b^4}{4a^2+3b^2}}=\frac{\sqrt{3}b^2e\sqrt{4a^2+3b^2}}{4a^2+3b^2}.$$

故 $d=\pm\dfrac{\sqrt{3}b^2e}{2}\cdot\dfrac{\sqrt{4a^2+3b^2}}{4a^2+3b^2}$.

命题 8 已知斜率为 k 的直线 l 与抛物线 $C:y^2=2px\,(p>0)$ 交于 A,B 两点，线段 AB

的中点为 $M\left(\dfrac{p}{2}, m\right)(m>0)$，$P$ 为抛物线 C 上一点，$\triangle ABP$ 的重心为抛物线 C 的焦点 F，则：

(1) $k=2$；

(2) $|FA|$，$|FP|$，$|FB|$ 成等差数列，且公差 $d=\pm\dfrac{\sqrt{3}}{4}p$.

证明：(1) 设 $A(x_1, y_1)$，$B(x_2, y_2)$，则 $y_1^2=2px_1$，$y_2^2=2px_2$，两式相减，并结合 $k=$

$\dfrac{y_2-y_1}{x_2-x_1}$，可得 $k=\dfrac{y_1-y_2}{x_1-x_2}=\dfrac{2p}{y_1+y_2}$. 因为线段 AB 的中点为 $M\left(\dfrac{p}{2}, m\right)$，所以 $\begin{cases}\dfrac{x_1+x_2}{2}=\dfrac{p}{2}\\[2mm]\dfrac{y_1+y_2}{2}=m\end{cases}$，

即 $\begin{cases}x_1+x_2=p\\ y_1+y_2=2m\end{cases}$，故 $k=\dfrac{p}{m}$.

因为 $\triangle ABP$ 的重心为抛物线 C 的焦点 F，设 $P(x_3, y_3)$，所以 $\begin{cases}\dfrac{x_1+x_2+x_3}{3}=\dfrac{p}{2}\\[2mm]\dfrac{y_1+y_2+y_3}{3}=0\end{cases}$，即

$\begin{cases}x_3=\dfrac{p}{2}\\ y_3=-2m\end{cases}$，因此点 P 的坐标为 $\left(\dfrac{p}{2}, -2m\right)$. 将其代入抛物线方程 $y^2=2px$，可得 $(-2m)^2=$

$2p \cdot \dfrac{p}{2}$，解得 $m=\dfrac{p}{2}$，所以 $M\left(\dfrac{p}{2}, \dfrac{p}{2}\right)$，故 $k=\dfrac{p}{m}=\dfrac{p}{\dfrac{p}{2}}=2$.

(2) 由抛物线焦半径公式可得 $|FA|=x_1+\dfrac{p}{2}$，$|FB|=x_2+\dfrac{p}{2}$，$|FP|=x_3+\dfrac{p}{2}$，所以

$$|FA|+|FB|=\left(x_1+\dfrac{p}{2}\right)+\left(x_2+\dfrac{p}{2}\right)=x_1+x_2+p=2p,$$

$$|FP|=x_3+\dfrac{p}{2}=\dfrac{p}{2}+\dfrac{p}{2}=p.$$

因此 $2|FP|=|FA|+|FB|$，故 $|FA|$，$|FP|$，$|FB|$ 成等差数列.

由(1)知直线 l 的方程为 $y-\dfrac{p}{2}=2\left(x-\dfrac{p}{2}\right)$，即 $y=2x-\dfrac{p}{2}$. 联立 $\begin{cases}y^2=2px\\ y=2x-\dfrac{p}{2}\end{cases}$，消去 y，

整理得 $16x^2-16px+p^2=0$，所以 $\Delta=(-16p)^2-4\times16p^2=192p^2>0$. 则由韦达定理得

$x_1+x_2=p$，$x_1x_2=\dfrac{p^2}{16}$，所以

$$|2d|=||FA|-|FB||=|x_1-x_2|$$

$$= \sqrt{(x_1 + x_2)^2 - 4x_1 x_2} = \sqrt{p^2 - 4 \cdot \frac{p^2}{16}} = \frac{\sqrt{3}}{2} p,$$

故 $d = \pm \frac{\sqrt{3}}{4} p$.

 **习 题**

单选题

1. 平行四边形 $ABCD$ 内接于椭圆 $\frac{x^2}{8} + \frac{y^2}{4} = 1$,直线 AB 的斜率 $k_1 = 2$,则直线 AD 的斜率 k_2 为( ).

A. $\frac{1}{2}$ B. $-\frac{1}{2}$ C. $-\frac{1}{4}$ D. -2

2. 设直线 l 与双曲线 $C: \frac{x^2}{a^2} - \frac{y^2}{b^2} = 1 (a>0, b>0)$ 交于 A, B 两点.若 M 是线段 AB 的中点,直线 l 与直线 OM(O 是坐标原点)的斜率的乘积等于 2,则双曲线 C 的渐近线方程为( ).

A. $y = \pm \frac{\sqrt{3}}{3} x$ B. $y = \pm \frac{\sqrt{2}}{2} x$ C. $y = \pm \sqrt{3} x$ D. $y = \pm \sqrt{2} x$

3. 若过椭圆 $\frac{x^2}{16} + \frac{y^2}{4} = 1$ 内一点 $P(3, 1)$ 的弦被该点平分,则该弦所在直线的方程为( ).

A. $3x + 4y - 13 = 0$ B. $3x - 4y - 5 = 0$ C. $4x + 3y - 15 = 0$ D. $4x - 3y - 9 = 0$

4. 设抛物线 $y^2 = 9x$ 与直线 $2x - 3y - 8 = 0$ 交于 A, B 两点,则线段 AB 的中点的坐标为( ).

A. $\left(\frac{113}{8}, -\frac{27}{4}\right)$ B. $\left(\frac{113}{8}, \frac{27}{4}\right)$ C. $\left(-\frac{113}{8}, -\frac{27}{4}\right)$ D. $\left(-\frac{113}{8}, \frac{27}{4}\right)$

多选题

5. 已知椭圆 $\Gamma: \frac{x^2}{a^2} + \frac{y^2}{b^2} = 1 (a>b>0)$ 的离心率为 $\frac{\sqrt{2}}{2}$,$\triangle ABC$ 的三个顶点都在椭圆上,设它的三条边 AB, BC, AC 的中点分别为 D, E, F,三边所在直线的斜率分别为 k_1, k_2, k_3,且 k_1, k_2, k_3 均不为 0,O 为坐标原点,则( ).

A. $a^2 : b^2 = 2 : 1$

B. 直线 AB 与直线 OD 的斜率之积为 -2

C. 直线 BC 与直线 OE 的斜率之积为 $-\frac{1}{2}$

D. 若直线 OD,OE,OF 的斜率之和为 1,则 $\dfrac{1}{k_1}+\dfrac{1}{k_2}+\dfrac{1}{k_3}$ 的值为 -2

6. 已知椭圆 $C:\dfrac{x^2}{4}+\dfrac{y^2}{9}=1$ 的焦点为 F_1,F_2,O 为坐标原点,直线 $l:3x-2y+m=0$ 与 C 交于 A,B 两点,点 M 为线段 AB 的中点,则下列结论正确的是(　　).

A. 当 $m\neq0$ 时,直线 OM 与 l 垂直 　　B. 点 M 在直线 $3x+2y=0$ 上

C. $|OM|$ 的取值范围为 $\left[0,\dfrac{\sqrt{26}}{2}\right)$ 　　D. 存在点 M,使得 $\overrightarrow{MF_1}\cdot\overrightarrow{MF_2}=2$

填空题

7. 已知椭圆 $\dfrac{y^2}{75}+\dfrac{x^2}{25}=1$ 的一条弦的斜率为 3,它与直线 $x=\dfrac{1}{2}$ 的交点恰为这条弦的中点 M,则点 M 的坐标为_____.

8. 已知双曲线 $E:\dfrac{x^2}{a^2}-\dfrac{y^2}{b^2}=1(a>0,b>0)$ 截斜率为 4 的直线所得的弦 AB 的中点为 $P(2,1)$,则双曲线 E 的离心率为_____.若双曲线 E 的焦距长为 6,则该双曲线的标准方程为_____.

解答题

9. 在平面直角坐标系 xOy 中,已知椭圆 $C:\dfrac{x^2}{a^2}+\dfrac{y^2}{b^2}=1(a>b>0)$ 的一个顶点为 $B(0,-1)$,右焦点为 F,且 $|OF|=\sqrt{2}|OB|$,其中 O 为坐标原点.

(1) 求椭圆 C 的方程;

(2) 若经过点 $Q(-1,0)$ 的直线 l 与椭圆 C 相交于 M,N 两点,求线段 MN 的中点 P 的轨迹方程.

10. 已知椭圆 $C:\dfrac{x^2}{8}+\dfrac{y^2}{6}=1$ 上存在关于直线 $l:y=3x+m$ 对称的两点 A,B,求实数 m 的取值范围.

11. 已知椭圆 $C:\dfrac{x^2}{a^2}+\dfrac{y^2}{b^2}=1(a>b>0)$ 的一个焦点与抛物线 $y^2=8x$ 的焦点重合,点 $(\sqrt{2},\sqrt{3})$ 在椭圆 C 上.

(1) 求椭圆 C 的方程;

(2) 直线 l 不过原点 O 且不平行于坐标轴,l 与椭圆 C 有两个交点 A,B,线段 AB 的中点为 M,证明:OM 的斜率与直线 l 的斜率的乘积为定值.

12. 已知圆锥曲线 C 的方程为 $mx^2+ny^2=1(m\neq0,n\neq0)$,直线 l 经过点 $P(1,2)$.若点 P 为曲线 C 截直线 l 所得线段 AB 的中点,在下面条件中选择一个条件作为已知,并求直

线 l 的方程:① $m = \dfrac{1}{4}$,$n = \dfrac{1}{16}$;② $m = \dfrac{1}{16}$,$n = -\dfrac{1}{4}$.

习题参考答案

1. C.解析:设 AB 的中点为 G,则由椭圆的对称性知,O 为平行四边形 $ABCD$ 的对角线的交点,则 $GO /\!/ AD$.由命题 2,可得 $k_1 \cdot k_{\alpha G} = -\dfrac{b^2}{a^2} = -\dfrac{1}{2}$,所以 $k_{\alpha G} = -\dfrac{1}{4}$,即 $k_2 = -\dfrac{1}{4}$.故选 C.

2. D.解析:由题设及命题 3 可得 $k_l \cdot k_{OM} = \dfrac{b^2}{a^2} = 2$,所以 $\dfrac{b}{a} = \sqrt{2}$.因此,双曲线 C 的渐近线方程为 $y = \pm\sqrt{2}x$.故选 D.

3. A.解析:设该弦为 AB,O 为坐标原点,则由命题 2 及已知可得 $k_{AB} \cdot k_{OP} = -\dfrac{b^2}{a^2} = -\dfrac{1}{4}$,又因为 $k_{OP} = \dfrac{1}{3}$,所以 $k_{AB} = -\dfrac{3}{4}$,因此 $y - 1 = -\dfrac{3}{4} \times (x - 3)$,即 $3x + 4y - 13 = 0$.故选 A.

4. B.解析:设线段 AB 的中点坐标为 (x_0, y_0),由命题 5 及题设可得 $k_{AB} = \dfrac{p}{y_0} = \dfrac{\frac{9}{2}}{y_0} = \dfrac{2}{3}$,所以 $y_0 = \dfrac{27}{4}$,则 $x_0 = \dfrac{3y_0 + 8}{2} = \dfrac{3}{2}y_0 + 4 = \dfrac{3}{2} \times \dfrac{27}{4} + 4 = \dfrac{113}{8}$.故选 B.

5. ACD.解析:由题设可得 $e = \dfrac{c}{a} = \dfrac{\sqrt{2}}{2}$,所以 $\dfrac{b^2}{a^2} = 1 - \left(\dfrac{c}{a}\right)^2 = 1 - e^2 = 1 - \left(\dfrac{\sqrt{2}}{2}\right)^2 = \dfrac{1}{2}$,故选项 A 正确;由命题 2 可得 $k_{AB} \cdot k_{OD} = k_1 \cdot k_{OD} = -\dfrac{b^2}{a^2} = -\dfrac{1}{2}$,故选项 B 错误;由命题 2 可得 $k_{BC} \cdot k_{OE} = k_2 \cdot k_{OE} = -\dfrac{b^2}{a^2} = -\dfrac{1}{2}$,故选项 C 正确;由命题 2 可得 $k_{AC} \cdot k_{OF} = k_3 \cdot k_{OF} = -\dfrac{b^2}{a^2} = -\dfrac{1}{2}$,又因为 $k_{OD} + k_{OE} + k_{OF} = 1$,所以 $\dfrac{1}{k_1} + \dfrac{1}{k_2} + \dfrac{1}{k_3} = -2(k_{OD} + k_{OE} + k_{OF}) = -2$,故选项 D 正确.故选 ACD.

6. BC.解析:设 $A(x_1, y_1)$,$B(x_2, y_2)$.联立 $\begin{cases} \dfrac{x^2}{4} + \dfrac{y^2}{9} = 1 \\ 3x - 2y + m = 0 \end{cases}$,可得 $18x^2 + 6mx + m^2 - 36 = 0$,则 $\Delta = (6m)^2 - 4 \times 18 \times (m^2 - 36) = 36(72 - m^2) > 0$,解得 $-6\sqrt{2} < m < 6\sqrt{2}$,所以

$$x_1 + x_2 = -\dfrac{m}{3}, \quad y_1 + y_2 = \dfrac{3}{2}x_1 + \dfrac{m}{2} + \dfrac{3}{2}x_2 + \dfrac{m}{2} = \dfrac{m}{2},$$

则点 M 的坐标为 $\left(-\dfrac{m}{6},\dfrac{m}{4}\right)$,故 $k_{OM}=-\dfrac{3}{2}$,$k_l=\dfrac{3}{2}$.又因为 $\dfrac{3}{2}\times\left(-\dfrac{3}{2}\right)\neq-1$,所以直线 OM 与 l 不垂直,故选项 A 不符合题意.因为 $3\times\left(-\dfrac{m}{6}\right)+2\times\dfrac{m}{4}=0$,所以点 $M\left(-\dfrac{m}{6},\dfrac{m}{4}\right)$ 在直线 $3x+2y=0$ 上,故选项 B 正确.当 $\Delta=0$ 时,$m=\pm6\sqrt{2}$,此时直线 l:$3x-2y+m=0$ 与 C 相切,取切点 $N\left(-\sqrt{2},\dfrac{3\sqrt{2}}{2}\right)$,则 $|ON|=\dfrac{\sqrt{26}}{2}$,故 $|OM|$ 的取值范围为 $\left[0,\dfrac{\sqrt{26}}{2}\right)$,所以选项 C 符合题意.由椭圆方程得 $F_1(0,-\sqrt{5})$,$F_2(0,\sqrt{5})$,所以 $\overrightarrow{MF_1}=\left(\dfrac{m}{6},-\sqrt{5}-\dfrac{m}{4}\right)$,$\overrightarrow{MF_2}=\left(\dfrac{m}{6},\sqrt{5}-\dfrac{m}{4}\right)$,故 $\overrightarrow{MF_1}\cdot\overrightarrow{MF_2}=\dfrac{m^2}{36}+\dfrac{m^2}{16}-5=\dfrac{13m^2}{4\times36}-5<\dfrac{3}{2}$,所以不存在点 M,使得 $\overrightarrow{MF_1}\cdot\overrightarrow{MF_2}=2$,故选项 D 不符合题意.故选 BC.

7. $\left(\dfrac{1}{2},-\dfrac{1}{2}\right)$.解析:设 $M\left(\dfrac{1}{2},y_0\right)$,设该弦的斜率为 k,记 O 为坐标原点,则由椭圆中点弦的相关结论,可得 $k\cdot k_{OM}=3\cdot\dfrac{y_0}{\frac{1}{2}}=-\dfrac{75}{25}=-3$,所以 $y_0=-\dfrac{1}{2}$.因此,点 M 的坐标为 $\left(\dfrac{1}{2},-\dfrac{1}{2}\right)$.

8. $\sqrt{3}$,$\dfrac{x^2}{3}-\dfrac{y^2}{6}=1$.解析:由命题 3 可得 $\dfrac{b^2}{a^2}=k_{AB}\cdot k_{OP}=4\times\dfrac{1}{2}=2$.所以双曲线 E 的离心率为 $e=\sqrt{1+\dfrac{b^2}{a^2}}=\sqrt{1+2}=\sqrt{3}$,因为 $2c=6$,所以 $c=3$,即 $a^2+b^2=3a^2=c^2=9$,解得 $a^2=3$,$b^2=6$.所以双曲线 E 的标准方程为 $\dfrac{x^2}{3}-\dfrac{y^2}{6}=1$.

9. (1) 由题设可得 $b=1$.因为 $|OF|=\sqrt{2}|OB|$,即 $c=\sqrt{2}b=\sqrt{2}$,所以 $a^2=b^2+c^2=1+2=3$.故椭圆 C 的方程为 $\dfrac{x^2}{3}+y^2=1$.

(2) 设 $M(x_1,y_1)$,$N(x_2,y_2)$,$P(x,y)$,则由中点坐标公式可得 $\begin{cases}x_1+x_2=2x\\y_1+y_2=2y\end{cases}$.又由已知可得 $\begin{cases}\dfrac{x_1^2}{3}+y_1^2=1\\\dfrac{x_2^2}{3}+y_2^2=1\end{cases}$,两式相减,可得

$$\dfrac{(x_1+x_2)(x_1-x_2)}{3}+(y_1+y_2)(y_1-y_2)=0,$$

整理得 $\dfrac{y_1-y_2}{x_1-x_2}\cdot\dfrac{y_1+y_2}{x_1+x_2}=-\dfrac{1}{3}$.又因为 $k_{MN}=\dfrac{y_1-y_2}{x_1-x_2}=k_{PQ}=\dfrac{y}{x+1}$,所以 $\dfrac{y}{x+1}\cdot\dfrac{y}{x}=-\dfrac{1}{3}$,

即 $x(x+1) = -3y^2$，故 $x^2 + 3y^2 + x = 0$.

10. 设弦 AB 的中点为 M，$A(x_1, y_1)$，$B(x_2, y_2)$，$M(x_0, y_0)$，则由题设可得

$$\begin{cases} \dfrac{x_1^2}{8} + \dfrac{y_1^2}{6} = 1 \\ \dfrac{x_2^2}{8} + \dfrac{y_2^2}{6} = 1 \end{cases}$$，两式相减，可得

$$\frac{(x_1 + x_2)(x_1 - x_2)}{8} + \frac{(y_1 + y_2)(y_1 - y_2)}{6} = 0,$$

所以 $\dfrac{y_1 - y_2}{x_1 - x_2} = -\dfrac{3(x_1 + x_2)}{4(y_1 + y_2)}$. 因为 $\begin{cases} x_0 = \dfrac{x_1 + x_2}{2} \\ y_0 = \dfrac{y_1 + y_2}{2} \end{cases}$，由题设可得 $k_{AB} = -\dfrac{1}{3}$，所以 $9x_0 = 4y_0$. 因

为 $y_0 = 3x_0 + m$，所以 $x_0 = -\dfrac{4m}{3}$，$y_0 = -3m$，故 $M\left(-\dfrac{4}{3}m, -3m\right)$. 又因为点 M 在椭圆 C

内，所以 $\dfrac{\left(-\dfrac{4m}{3}\right)^2}{8} + \dfrac{(-3m)^2}{6} < 1$，解得 $-\dfrac{3\sqrt{62}}{31} < m < \dfrac{3\sqrt{62}}{31}$. 故实数 m 的取值范围

为 $\left(-\dfrac{3\sqrt{62}}{31}, \dfrac{3\sqrt{62}}{31}\right)$.

11. (1) 抛物线 $y^2 = 8x$ 的焦点为 $(2, 0)$，由题意可得 $c = 2$，即 $a^2 - b^2 = 4$. 又因为

点 $(\sqrt{2}, \sqrt{3})$ 在椭圆 C 上，可得 $\dfrac{2}{a^2} + \dfrac{3}{b^2} = 1$，解得 $a^2 = 8$，$b^2 = 4$，所以 $c^2 = a^2 - b^2 = 4$. 故 C 的

方程为 $\dfrac{x^2}{8} + \dfrac{y^2}{4} = 1$.

(2) (证法1) 设直线 l 的方程为 $y = kx + b\,(k, b \neq 0)$，$A(x_1, y_1)$，$B(x_2, y_2)$，联立

$$\begin{cases} y = kx + b \\ \dfrac{x^2}{8} + \dfrac{y^2}{4} = 1 \end{cases}$$，整理得

$$(2k^2 + 1)x^2 + 4kbx - 2b^2 - 8 = 0.$$

则由韦达定理可得 $x_1 + x_2 = -\dfrac{4kb}{2k^2 + 1}$，即得 AB 的中点 M 的横坐标为 $x_M = \dfrac{x_1 + x_2}{2} =$

$-\dfrac{2kb}{2k^2 + 1}$，纵坐标为 $y_M = k\left(-\dfrac{2kb}{2k^2 + 1}\right) + b = \dfrac{b}{2k^2 + 1}$，所以直线 OM 的斜率为 $k_{OM} = \dfrac{y_M}{x_M} =$

$-\dfrac{1}{2k}$，即 $k_{OM} \cdot k = -\dfrac{1}{2}$. 故 OM 的斜率与直线 l 的斜率的乘积为定值.

(证法2:点差法) 设 $A(x_1, y_1)$，$B(x_2, y_2)$，$M(x_M, y_M)$，因为直线 l 不过原点 O 且不平

行于坐标轴，所以 $x_1 \neq x_2$，$y_1 \neq y_2$，$x_1 + x_2 \neq 0$，$y_1 + y_2 \neq 0$，因此，直线 AB 的斜率为 $k_{AB} =$

$\dfrac{y_2-y_1}{x_2-x_1}$. 把点 A,B 分别代入椭圆 $C:\dfrac{x^2}{8}+\dfrac{y^2}{4}=1$ 的方程, 得 $\dfrac{x_1^2}{8}+\dfrac{y_1^2}{4}=1, \dfrac{x_2^2}{8}+\dfrac{y_2^2}{4}=1$, 两式相减, 可得

$$\frac{(x_1+x_2)(x_1-x_2)}{8}+\frac{(y_1+y_2)(y_1-y_2)}{4}=0,$$

即 $\dfrac{y_2-y_1}{x_2-x_1}=-\dfrac{4(x_1+x_2)}{8(y_1+y_2)}$. 所以直线 OM 的斜率为

$$k_{OM}=\frac{y_M}{x_M}=\frac{\dfrac{y_1+y_2}{2}}{\dfrac{x_1+x_2}{2}}=\frac{y_1+y_2}{x_1+x_2},$$

则

$$k_{AB}\cdot k_{OM}=\frac{y_2-y_1}{x_2-x_1}\cdot\frac{y_1+y_2}{x_1+x_2}=-\frac{4(x_1+x_2)}{8(y_1+y_2)}\cdot\frac{y_1+y_2}{x_1+x_2}=-\frac{1}{2}.$$

故直线 OM 的斜率与 l 的斜率的乘积为定值.

(证法 3: 参数方程法) 设 $A(x_1,y_1),B(x_2,y_2),M(x_0,y_0)$, 则由题设可知 $x_1\neq x_2,y_1\neq y_2,x_0\neq 0,y_0\neq 0$. 设直线 AB 的倾斜角为 α, 则又由已知得 $\alpha\neq 0$ 且 $\alpha\neq\dfrac{\pi}{2}$. 设直线 AB 的参数方程为 $\begin{cases}x=x_0+t\cos\alpha\\ y=y_0+t\sin\alpha\end{cases}$ (t 为参数), 代入 $x^2+2y^2=8$, 整理得

$$(\cos^2\alpha+2\sin^2\alpha)t^2+(2x_0\cos\alpha+4y_0\sin\alpha)t+x_0^2+2y_0^2-8=0.$$

因为点 $M(x_0,y_0)$ 为线段 AB 的中点, 所以 $t_1+t_2=0$, 即 $2x_0\cos\alpha+4y_0\sin\alpha=0$, 化简得

$$\frac{\sin\alpha}{\cos\alpha}=\tan\alpha=-\frac{x_0}{2y_0}=k_{AB},$$

所以 $k_{AB}\cdot k_{OM}=-\dfrac{x_0}{2y_0}\cdot\dfrac{y_0}{x_0}=-\dfrac{1}{2}$. 故直线 OM 的斜率与 l 的斜率的乘积为定值.

(证法 4: 伸缩变换法) 设 $A(x_1,y_1),B(x_2,y_2),M(x_0,y_0)$, 则由题设可知 $x_1\neq x_2,y_1\neq y_2,x_0\neq 0,y_0\neq 0$. 又由题设可知直线 AB 的斜率存在且不为 0, 设直线 AB 的方程为 $y-y_0=k(x-x_0)$, 则在伸缩变换 $\varphi:\begin{cases}x'=\dfrac{1}{2\sqrt{2}}x\\ y'=\dfrac{1}{2}y\end{cases}$ 下, 椭圆 $C:\dfrac{x^2}{8}+\dfrac{y^2}{4}=1$ 变为圆 $x'^2+y'^2=1$, 直线 AB 的方程 $y-y_0=k(x-x_0)$ 变为 $2y'-y_0=k(2\sqrt{2}x'-x_0)$, 点 $M(x_0,y_0)$ 变为 $M'\left(\dfrac{x_0}{2\sqrt{2}},\dfrac{y_0}{2}\right)$, 弦 AB 变为弦 $A'B'$. 因为 M' 为圆 $x'^2+y'^2=1$ 的弦 $A'B'$ 的中点, 所以 $OM'\perp A'B'$. 又因为 $k_{OM'}=\dfrac{\sqrt{2}y_0}{x_0},k_{A'B'}=\sqrt{2}k$, 所以 $\dfrac{\sqrt{2}y_0}{x_0}\cdot(\sqrt{2}k)=-1$, 即 $k=-\dfrac{x_0}{2y_0}$, 则

$$k_{OM} \cdot k_{AB} = \frac{y_0}{x_0} \cdot \frac{-x_0}{2y_0} = -\frac{1}{2},$$

故直线 OM 的斜率与 l 的斜率的乘积为定值.

12. 若选条件①,则得椭圆 C 的方程为 $\frac{x^2}{4} + \frac{y^2}{16} = 1$.设 $A(x_1, y_1)$,$B(x_2, y_2)$,$P(x_0, y_0)$,则

$k_{AB} = \frac{y_2 - y_1}{x_2 - x_1}$,$k_{OP} = \frac{y_0}{x_0}$.因为 P 为线段 AB 的中点,所以 $x_1 + x_2 = 2x_0$,$y_1 + y_2 = 2y_0$.又

$\frac{x_1^2}{4} + \frac{y_1^2}{16} = 1$,$\frac{x_2^2}{4} + \frac{y_2^2}{16} = 1$,两式相减,可得

$$\frac{1}{4}(x_1 + x_2)(x_1 - x_2) + \frac{1}{16}(y_1 + y_2)(y_1 - y_2) = 0,$$

整理得 $\frac{y_2 - y_1}{x_2 - x_1} \cdot \frac{y_1 + y_2}{x_1 + x_2} = -4$,所以 $\frac{y_2 - y_1}{x_2 - x_1} \cdot \frac{2y_0}{2x_0} = -4$,因此 $k_{AB} \cdot k_{OP} = 2k_{AB} = -4$,即 $k_{AB} = -2$.故直线 l 的方程为 $y - 2 = -2(x - 1)$,即 $2x + y - 4 = 0$.

若选条件②,则得双曲线 C 的方程为 $\frac{x^2}{16} - \frac{y^2}{4} = 1$,把点 $P(1, 2)$ 代入 $\frac{x^2}{16} - \frac{y^2}{4} = 1$,得 $\frac{1}{16} - 1 = -\frac{15}{16} < 0$,所以符合题意的弦 AB 存在.

设 $A(x_1, y_1)$,$B(x_2, y_2)$,$P(x_0, y_0)$,则 $k_{AB} = \frac{y_2 - y_1}{x_2 - x_1}$,$k_{OP} = \frac{y_0}{x_0}$.因为 P 为线段 AB 的中点,所以 $x_1 + x_2 = 2x_0$,$y_1 + y_2 = 2y_0$.又 $\frac{x_1^2}{16} - \frac{y_1^2}{4} = 1$,$\frac{x_2^2}{16} - \frac{y_2^2}{4} = 1$,两式相减,可得

$$\frac{1}{16}(x_1 + x_2)(x_1 - x_2) - \frac{1}{4}(y_1 + y_2)(y_1 - y_2) = 0,$$

整理得 $\frac{y_2 - y_1}{x_2 - x_1} = \frac{x_1 + x_2}{4(y_1 + y_2)} = \frac{1}{8}$,即 $k_{AB} = \frac{1}{8}$.故直线 l 的方程为 $y - 2 = \frac{1}{8}(x - 1)$,即 $x - 8y + 15 = 0$.

3.3 圆锥曲线的弦长问题

知识梳理

从历年高考试题来看,涉及计算圆锥曲线弦长的试题有选择题、填空题和解答题,而且通常在面积最值问题和定值中涉及弦长的计算,分值分布为小题 5 分,大题 12 分.主要考查方程思想和数形结合思想,运算求解能力和逻辑思维能力,以及数学运算、逻辑推理和直观

想象素养.圆锥曲线弦长问题的难点在于弦长之积的最值问题,变量统一后,要用导函数知识研究其最值.

知识求解

圆锥曲线弦长的公式主要有:

(1) 设直线 $l: y = kx + m$ 上有不同的两点 $A(x_1, y_1), B(x_2, y_2)$,则由两点间距离公式可得

$$
\begin{aligned}
|AB| &= \sqrt{(x_2 - x_1)^2 + (y_2 - y_1)^2} = \sqrt{(x_2 - x_1)^2 + [(kx_2 + m) - (kx_1 + m)]^2} \\
&= \sqrt{(x_2 - x_1)^2 + k^2(x_2 - x_1)^2} = \sqrt{1 + k^2}\, |x_1 - x_2| \\
&= \sqrt{(1 + k^2)[(x_1 + x_2)^2 - 4x_1 x_2]}.
\end{aligned}
$$

设直线 l 与圆锥曲线 $f(x, y) = 0$ 交于 A, B 两点,则弦长公式为

$$
|AB| = \sqrt{1 + k^2}\, |x_1 - x_2| = \sqrt{(1 + k^2)[(x_1 + x_2)^2 - 4x_1 x_2]}.
$$

此公式适用的条件是:弦 AB 所在直线的斜率存在.

(2) 当弦 AB 所在直线 $l: y = kx + m$ 的斜率存在且不为 0 时,有

$$
\begin{aligned}
|AB| &= \sqrt{(x_2 - x_1)^2 + (y_2 - y_1)^2} = \sqrt{\left(\frac{y_2 - m}{k} - \frac{y_1 - m}{k}\right)^2 + (y_2 - y_1)^2} \\
&= \sqrt{\frac{1}{k^2}(y_2 - y_1)^2 + (y_2 - y_1)^2} = \sqrt{1 + \frac{1}{k^2}}\, |y_1 - y_2| \\
&= \sqrt{\left(1 + \frac{1}{k^2}\right)[(y_1 + y_2)^2 - 4y_1 y_2]}.
\end{aligned}
$$

(3) 椭圆弦长公式:当圆锥曲线为椭圆 $C: \dfrac{x^2}{a^2} + \dfrac{y^2}{b^2} = 1 (a > b > 0)$ 时,联立 $\begin{cases} y = kx + m \\ \dfrac{x^2}{a^2} + \dfrac{y^2}{b^2} = 1 \end{cases}$,

可得 $(a^2 k^2 + b^2) x^2 + 2kma^2 x + a^2(m^2 - b^2) = 0$,则由韦达定理得

$$
x_1 + x_2 = -\frac{2kma^2}{a^2 k^2 + b^2}, \quad x_1 x_2 = \frac{a^2(m^2 - b^2)}{a^2 k^2 + b^2}.
$$

所以

$$
\begin{aligned}
|AB| &= \sqrt{(1 + k^2)[(x_1 + x_2)^2 - 4x_1 x_2]} = \sqrt{(1 + k^2)\left[\frac{4k^2 m^2 a^4}{(a^2 k^2 + b^2)^2} - \frac{4a^2(m^2 - b^2)}{a^2 k^2 + b^2}\right]} \\
&= \sqrt{(1 + k^2)\left[\frac{4a^2 b^2(a^2 k^2 + b^2 - m^2)}{(a^2 k^2 + b^2)^2}\right]} = \frac{2ab\sqrt{(a^2 k^2 + b^2 - m^2)(1 + k^2)}}{a^2 k^2 + b^2}.
\end{aligned}
$$

(4) 双曲线弦长公式:当圆锥曲线为双曲线 $C: \dfrac{x^2}{a^2} - \dfrac{y^2}{b^2} = 1 (a > 0, b > 0)$ 时,同理可得

$$
|AB| = \frac{2ab\sqrt{(b^2 - a^2 k^2 + m^2)(1 + k^2)}}{|b^2 - a^2 k^2|}.
$$

（5）抛物线弦长公式：当圆锥曲线为抛物线 $C:y^2=2px$（$p>0$）时，$|AB|=$ $\dfrac{2\sqrt{p(1+k^2)(p-2km)}}{k^2}$；当圆锥曲线为抛物线 $C:y^2=-2px$（$p>0$）时，$|AB|=$ $\dfrac{2\sqrt{p(1+k^2)(p+2km)}}{k^2}$；当圆锥曲线为抛物线 $C:x^2=2py$（$p>0$）时，$|AB|=$ $2\sqrt{p(1+k^2)(pk^2+2m)}$；当圆锥曲线为抛物线 $C:x^2=-2py$（$p>0$）时，$|AB|=$ $2\sqrt{p(1+k^2)(pk^2-2m)}$.

（6）当斜率不为 0 的直线 $x=my+t$ 与圆锥曲线 $f(x,y)=0$ 交于两个不同的点 $A(x_1,y_1)$，$B(x_2,y_2)$ 时，有

$$|AB|=\sqrt{(x_2-x_1)^2+(y_2-y_1)^2}=\sqrt{(my_2-my_1)^2+(y_2-y_1)^2}$$
$$=\sqrt{(m^2+1)(y_2-y_1)^2}=\sqrt{m^2+1}\,|y_2-y_1|$$
$$=\sqrt{(m^2+1)[(y_2+y_1)^2-4y_1y_2]}.$$

（7）当直线 $l:y=kx+m$ 与圆锥曲线 $f(x,y)=0$ 交于两个不同的点 $A(x_1,y_1)$，$B(x_2,y_2)$ 时，把 $y=kx+m$ 代入 $f(x,y)=0$ 中消去 y 所得的二次方程为 $px^2+qx+t=0$，其判别式为 $\Delta=q^2-4pt$，则 $|AB|=\dfrac{\sqrt{(1+k^2)\Delta}}{|p|}$.

（8）当直线 AB 的倾斜角为 α 时，常常利用公式

$$|AB|=\frac{|x_2-x_1|}{|\cos\alpha|}=\frac{|y_2-y_1|}{\sin\alpha}.$$

经典题探秘

例 1 已知直线 $l:y=2x-4\sqrt{3}$ 与椭圆 $C:\dfrac{x^2}{16}+\dfrac{y^2}{4}=1$ 相交于 A，B 两点，则 $|AB|=$

_____.

【解析】 由题设可知 $a=4,b=2,k=2,m=-4\sqrt{3}$，所以由椭圆的弦长公式得 $|AB|=$ $\dfrac{2ab\sqrt{(1+k^2)(a^2k^2+b^2-m^2)}}{a^2k^2+b^2}$，代入数据，可得

$$|AB|=\frac{2\times4\times2\times\sqrt{(1+2^2)(4^2\times2^2+2^2-48)}}{4^2\times2^2+2^2}=\frac{40}{17}.$$

变式 1 已知直线 $l:y=kx+1$ 与抛物线 $C:x^2=4y$ 相交于 A，B 两点，则 $|AB|$ 的最小值为 _____.

【解析】 由题设可知 $p=2,m=1$；由抛物线的弦长公式得 $|AB|=2\sqrt{p(1+k^2)(pk^2+2m)}$. 所以 $|AB|=2\sqrt{2(1+k^2)(2k^2+2)}=4(1+k^2)$，因此当 $k=0$ 时，$|AB|_{\min}=4$. 故 $|AB|$ 的最

小值为4.

变式2 过双曲线 $C: \dfrac{x^2}{4} - y^2 = 1$ 的右焦点 F 作直线 l，与双曲线 C 交于 A，B 两点. 若 $|AB| = 4$，则直线 l 的方程为_____.

【解析】 由题设可知 $F(\sqrt{5}, 0)$，设直线 l 的方程为 $y = k(x - \sqrt{5})$，即 $y = kx - \sqrt{5}k$，又 $a = 2, b = 1, m = -\sqrt{5}k$，故由双曲线的弦长公式 $|AB| = \dfrac{2ab\sqrt{(b^2 - a^2k^2 + m^2)(1 + k^2)}}{|b^2 - a^2k^2|}$ 可得

$$|AB| = \frac{2 \times 2 \times 1 \times \sqrt{(1 - 4k^2 + 5k^2)(1 + k^2)}}{|1 - 4k^2|} = 4,$$

整理得 $k^2 + 1 = |1 - 4k^2|$，所以 $k^2 + 1 = 1 - 4k^2$ 或 $k^2 + 1 = 4k^2 - 1$，解得 $k = 0$ 或 $k = \pm \dfrac{\sqrt{6}}{3}$. 故直线 l 的方程为 $y = 0$ 或 $y = \pm \dfrac{\sqrt{6}}{3}(x - \sqrt{5})$.

例2 已知椭圆 $C: \dfrac{x^2}{4} + \dfrac{y^2}{3} = 1$，点 $M(0, 3)$，直线 $l: y = \dfrac{1}{2}x - 1$ 与椭圆 C 交于不同的两点 A，B，则 $\triangle MAB$ 的面积为_____.

【解析】 由题设可知 $a = 2, b = \sqrt{3}, k = \dfrac{1}{2}, m = -1$，所以由椭圆的弦长公式 $|AB| = \dfrac{2ab\sqrt{(1 + k^2)(a^2k^2 + b^2 - m^2)}}{a^2k^2 + b^2}$，得

$$|AB| = \frac{2 \times 2 \times \sqrt{3} \times \sqrt{\left(1 + \dfrac{1}{4}\right)\left(4 \times \dfrac{1}{4} + 3 - 1\right)}}{4 \times \dfrac{1}{4} + 3} = \frac{3\sqrt{5}}{2}.$$

而点 M 到直线 l 的距离为 $d = \dfrac{|0 - 2 \times 3 - 2|}{\sqrt{1^2 + (-2)^2}} = \dfrac{8\sqrt{5}}{5}$，所以

$$S_{\triangle MAB} = \frac{1}{2}|AB| \cdot d = \frac{1}{2} \times \frac{3\sqrt{5}}{2} \times \frac{8\sqrt{5}}{5} = 6.$$

变式3 设抛物线 $C: y^2 = 4x$，过点 $(-2, 0)$ 且斜率为 $\dfrac{2}{3}$ 的直线与 C 交于 M，N 两点，其中 O 为坐标原点，则 $\triangle OMN$ 的面积为_____.

【解析】 由题意可知，直线 MN 的方程为 $y = \dfrac{2}{3}(x + 2)$，即 $y = \dfrac{2}{3}x + \dfrac{4}{3}$，又由题设可知 $p = 2, k = \dfrac{2}{3}, m = \dfrac{4}{3}$，所以由抛物线的弦长公式得

$$|MN| = \frac{2\sqrt{p(1+k^2)(p-2km)}}{k^2} = \frac{2 \times \sqrt{2 \times \left(1+\frac{4}{9}\right) \times \left(2 - 2 \times \frac{2}{3} \times \frac{4}{3}\right)}}{\frac{4}{9}} = \sqrt{13}.$$

而坐标原点 O 到直线 $y = \frac{2}{3}x + \frac{4}{3}$ 的距离

$$d = \frac{|2 \times 0 - 3 \times 0 + 4|}{\sqrt{2^2 + (-3)^2}} = \frac{4}{\sqrt{13}} = \frac{4\sqrt{13}}{13},$$

所以

$$S_{\triangle OMN} = \frac{1}{2}|MN| \cdot d = \frac{1}{2} \times \sqrt{13} \times \frac{4\sqrt{13}}{13} = 2.$$

例3 设 F_1, F_2 分别是椭圆 $E: x^2 + \frac{y^2}{b^2} = 1(0 < b < 1)$ 的左、右焦点,过 F_1 的直线 l 与 E 相交于 A, B 两点,且 $|AF_2|, |AB|, |BF_2|$ 成等差数列.

(1) 求 $|AB|$;

(2) 若直线 l 的斜率为 1,求 b 的值.

【解析】 (1) 由椭圆定义知 $|AF_2| + |AB| + |BF_2| = 4$,又由 $2|AB| = |AF_2| + |BF_2|$,得 $|AB| = \frac{4}{3}$.

(2) (解法1)设直线 l 的方程为 $y = x + c$,其中 $c = \sqrt{1-b^2}$,设 $A(x_1, y_1), B(x_2, y_2)$.

联立 $\begin{cases} y = x + c \\ x^2 + \dfrac{y^2}{b^2} = 1 \end{cases}$,可得 $(b^2+1)x^2 + 2cx + 1 - 2b^2 = 0$,则由韦达定理得 $x_1 + x_2 = -\dfrac{2c}{b^2+1}$,

$x_1 x_2 = \dfrac{1-2b^2}{b^2+1}$.故由弦长公式可得

$$|AB| = \sqrt{(1+k^2)\left[(x_1+x_2)^2 - 4x_1 x_2\right]}$$

$$= \sqrt{(1+1) \times \left[\left(-\frac{2c}{b^2+1}\right)^2 - \frac{4(1-2b^2)}{b^2+1}\right]} = \frac{4}{3}.$$

所以 $\dfrac{4(1-b^2)}{(b^2+1)^2} - \dfrac{4(1-2b^2)}{b^2+1} = \dfrac{8}{9}$,整理得 $\dfrac{8b^4}{(b^2+1)^2} = \dfrac{8}{9}$,解得 $b = \dfrac{\sqrt{2}}{2}$.

(解法2)设直线 l 的参数方程为 $\begin{cases} x = -c + t\cos 45° \\ y = t\sin 45° \end{cases}$($t$ 为参数),即 $\begin{cases} x = -c + \dfrac{\sqrt{2}}{2}t \\ y = \dfrac{\sqrt{2}}{2}t \end{cases}$,其中

$c = \sqrt{1-b^2}$.把 $\begin{cases} x = -c + \dfrac{\sqrt{2}}{2}t \\ y = \dfrac{\sqrt{2}}{2}t \end{cases}$ 代入椭圆 $E: x^2 + \dfrac{y^2}{b^2} = 1(0 < b < 1)$,整理可得

$$(b^2 + 1)t^2 - 2\sqrt{2}b^2 ct + 2b^2(c^2 - 1) = 0.$$

设点 A，B 对应的参数分别为 t_1，t_2，则由韦达定理得 $t_1 + t_2 = \dfrac{2\sqrt{2}b^2 c}{b^2 + 1}$，$t_1 t_2 = \dfrac{2b^2(c^2 - 1)}{b^2 + 1}$．故由参数方程的几何意义可得

$$|AB| = |t_1 - t_2| = \sqrt{(t_1 + t_2)^2 - 4t_1 t_2} = \sqrt{\dfrac{8b^4 c^2}{(b^2 + 1)^2} - \dfrac{8b^2(c^2 - 1)}{b^2 + 1}} = \dfrac{4}{3},$$

整理得 $\dfrac{b^4(1 - b^2)}{(b^2 + 1)^2} + \dfrac{b^4}{b^2 + 1} = \dfrac{2}{9}$，所以 $\dfrac{b^4}{(b^2 + 1)^2} = \dfrac{1}{9}$，解得 $b = \dfrac{\sqrt{2}}{2}$．

点评 本题第(1)问利用椭圆的定义和题设条件可直接得出弦 AB 的长；第(2)问的解法 1 是直角坐标法，联立直线方程和椭圆方程，消去 y 后运用韦达定理表示出两根之和与两根之积，再运用弦长公式 $|AB| = \sqrt{(1 + k^2)[(x_1 + x_2)^2 - 4x_1 x_2]}$ 表示出弦长，解方程便可得出 b 的值，解法 2 运用了参数方程法，设出直线 l 的参数方程，将其代入椭圆方程，整理后运用根与系数的关系表示出 $t_1 + t_2$ 和 $t_1 t_2$，再运用参数方程意义下的弦长公式 $|AB| = |t_1 - t_2| = \sqrt{(t_1 + t_2)^2 - 4t_1 t_2}$，解方程组便可得出 b 的值．

例 4（2017 年浙江卷/21） 如图 3.4 所示，已知抛物线 $x^2 = y$，点 $A\left(-\dfrac{1}{2}, \dfrac{1}{4}\right)$，$B\left(\dfrac{3}{2}, \dfrac{9}{4}\right)$，抛物线上的点 $P(x, y)\left(-\dfrac{1}{2} < x < \dfrac{3}{2}\right)$，过点 B 作直线 AP 的垂线，垂足为 Q．

(1) 求直线 AP 的斜率的取值范围；

(2) 求 $|PA| \cdot |PQ|$ 的最大值．

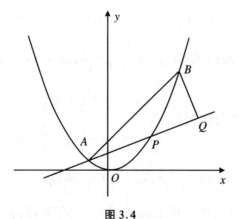

图 3.4

【解析】 (1) 设直线 AP 的斜率为 k，则 $k = \dfrac{x^2 - \dfrac{1}{4}}{x + \dfrac{1}{2}} = x - \dfrac{1}{2}$．又因为 $-\dfrac{1}{2} < x < \dfrac{3}{2}$，所

以直线 AP 的斜率的取值范围是$(-1,1)$.

(2)（解法 1）设直线 AP 的方程为 $y = k\left(x + \dfrac{1}{2}\right) + \dfrac{1}{4}$ $(k \in (-1,1))$，则由

$\begin{cases} y = k\left(x + \dfrac{1}{2}\right) + \dfrac{1}{4} \\ x^2 = y \end{cases}$，消去 y，得 $\left(x + \dfrac{1}{2}\right)\left[x - \left(k + \dfrac{1}{2}\right)\right] = 0$，解得 $x_A = -\dfrac{1}{2}$，$x_P = k + \dfrac{1}{2}$.

由题意得 $AQ \perp BQ$，记 $Q(x_Q, y_Q)$，因为 $\overrightarrow{AQ} \cdot \overrightarrow{BQ} = 0$，所以 $\left(x_Q + \dfrac{1}{2}, y_Q - \dfrac{1}{4}\right) \cdot$

$\left(x_Q - \dfrac{3}{2}, y_Q - \dfrac{9}{4}\right) = 0$，整理可得 $\left(x_Q - \dfrac{1}{2}\right)^2 + \left(y_Q - \dfrac{5}{4}\right)^2 = 2$，因此点 Q 是以 AB 为直径的

圆与直线 AP 的交点，故圆的方程为 $\left(x - \dfrac{1}{2}\right)^2 + \left(y - \dfrac{5}{4}\right)^2 = 2$. 与直线方程 $y = k\left(x + \dfrac{1}{2}\right) + $

$\dfrac{1}{4}$ 联立，得

$$(k^2 + 1)x^2 + (k^2 - 2k - 1)x + \left(\dfrac{1}{2}k - 1\right)^2 - \dfrac{7}{4} = 0.$$

则 $x_A + x_Q = -\dfrac{k^2 - 2k - 1}{k^2 + 1}$，所以

$$|PA| \cdot |PQ| = \sqrt{1 + k^2}\,|x_P - x_A| \cdot \sqrt{1 + k^2}\,|x_Q - x_P|$$
$$= (1 + k^2)|x_P - x_A||x_Q + x_A - (x_A + x_P)|$$
$$= (1 + k^2)(k + 1)\left(-\dfrac{k^2 - 2k - 1}{k^2 + 1} - k\right)$$
$$= (k + 1)^3(1 - k).$$

设 $f(k) = (k + 1)^3(1 - k)$，则 $f'(k) = (k + 1)^2(2 - 4k)$. 因此，$f(k)$ 在 $\left(-1, \dfrac{1}{2}\right)$ 上单调递

增，在 $\left[\dfrac{1}{2}, 1\right)$ 上单调递减，所以 $f(k)_{\max} = f\left(\dfrac{1}{2}\right) = \dfrac{27}{16}$，即 $|PA| \cdot |PQ|$ 的最大值为 $\dfrac{27}{16}$.

（解法 2）联立直线 AP 与 BQ 的方程 $\begin{cases} kx - y + \dfrac{1}{2}k + \dfrac{1}{4} = 0 \\ x + ky - \dfrac{9}{4}k - \dfrac{3}{2} = 0 \end{cases}$，解得点 Q 的横坐标是 $x_Q = $

$\dfrac{-k^2 + 4k + 3}{2(k^2 + 1)}$. 又由解法 1 知 $x_A = -\dfrac{1}{2}$，$x_P = k + \dfrac{1}{2}$，所以

$$|PA| = \sqrt{1 + k^2}\,|x_P - x_A| = \sqrt{1 + k^2}(k + 1),$$
$$|PQ| = \sqrt{1 + k^2}(x_Q - x_P) = -\dfrac{(k - 1)(k + 1)^2}{\sqrt{1 + k^2}},$$

故 $|PA| \cdot |PQ| = -(k - 1)(k + 1)^3$.

令 $f(k) = -(k - 1)(k + 1)^3$，则 $f'(k) = (k + 1)^2(2 - 4k)$，下同解法 1.

（解法 3）由题意知

$$|PA| \cdot |PQ| = -\overrightarrow{PA} \cdot (\overrightarrow{PB} + \overrightarrow{BQ}) = -\overrightarrow{PA} \cdot \overrightarrow{PB}$$

$$= -\left(-\frac{1}{2} - x, \frac{1}{4} - y\right) \cdot \left(\frac{3}{2} - x, \frac{9}{4} - y\right)$$

$$= \left(x + \frac{1}{2}\right)\left(\frac{3}{2} - x\right) + \left(y - \frac{1}{4}\right)\left(\frac{9}{4} - y\right).$$

把 $y = x^2$ 代入并化简,得 $|PA| \cdot |PQ| = -x^4 + \frac{3}{2}x^2 + x + \frac{3}{16}$.

令 $f(x) = -x^4 + \frac{3}{2}x^2 + x + \frac{3}{16}\left(x \in \left(-\frac{1}{2}, \frac{3}{2}\right)\right)$,则 $f'(x) = -4x^3 + 3x + 1 = -(x-1)(2x+1)^2$.因此,$f(x)$ 在 $\left(-\frac{1}{2}, 1\right)$ 上单调递增,在 $\left(1, \frac{3}{2}\right)$ 上单调递减,所以 $f(x)_{\max} = f(1) = \frac{27}{16}$,即 $|PA| \cdot |PQ|$ 的最大值为 $\frac{27}{16}$.

（解法 4）设点 $P(m, m^2)$,直线 AP 的倾斜角为 α,则直线 AP 的参数方程为 $\begin{cases} x = m + t\cos\alpha \\ y = m^2 + t\sin\alpha \end{cases}$（$t$ 为参数）.又由题意知以 AB 为直径的圆的方程为 $\left(x - \frac{1}{2}\right)^2 + \left(y - \frac{5}{4}\right)^2 = 2$,点 A, Q 是直线 AP 与圆的两个交点,所以把直线方程代入圆的方程,可得

$$\left(m + t\cos\alpha - \frac{1}{2}\right)^2 + \left(m^2 + t\sin\alpha - \frac{5}{4}\right)^2 = 2,$$

整理得

$$t^2 + 2\left[\left(m - \frac{1}{2}\right)\cos\alpha + \left(m^2 - \frac{5}{4}\right)\sin\alpha\right]t + m^4 - \frac{3}{2}m^2 - m - \frac{3}{16} = 0,$$

所以

$$|PA| \cdot |PQ| = -t_1 t_2 = -m^4 + \frac{3}{2}m^2 + m + \frac{3}{16}.$$

设 $f(m) = -m^4 + \frac{3}{2}m^2 + m + \frac{3}{16}\left(-\frac{1}{2} < m < \frac{3}{2}\right)$,则 $f'(m) = -(2m+1)^2(m-1)$.所以 $f(m)$ 在 $\left(-\frac{1}{2}, 1\right)$ 上单调递增,在 $\left(1, \frac{3}{2}\right)$ 上单调递减.因此 $f(m)_{\max} = f(1) = \frac{27}{16}$,即 $|PA| \cdot |PQ|$ 的最大值为 $\frac{27}{16}$.

点评　本题的解法 1 先把点 P 的坐标用 k 表示,再借助向量探究得出点 Q 的轨迹是圆,联立该圆的方程和直线 AP 的方程消元得出 $x_A + x_Q$,然后利用两点间距离公式和弦长公式表示出 $|PA| \cdot |PQ|$,最后利用导数求最大值;解法 2 是先解方程组,把点 Q 的横坐标用 k 表示,再利用两点间距离公式和弦长公式表示出 $|PA| \cdot |PQ|$,将其化为高次函数问题,最后利用导数求最大值;解法 3 发挥向量的工具作用,先借助向量坐标运算表示出 $|PA| \cdot |PQ|$,再利用导函数探究其最大值;解法 4 是参数方程法,先设出直线的方程,后代入以 AB 为直径的

圆的方程,再巧用参数方程的几何意义表示出$|PA| \cdot |PQ|$,最后利用函数探究其最大值.

例5 (2023年新高考Ⅰ卷/22) 在直角坐标系 xOy 中,点 P 到 x 轴的距离等于点 P 到点 $\left(0, \dfrac{1}{2}\right)$ 的距离,记动点 P 的轨迹为 W.

(1) 求 W 的方程;

(2) 已知矩形 $ABCD$ 有三个顶点在 W 上,证明:矩形 $ABCD$ 的周长大于 $3\sqrt{3}$.

【解析】 (1) 设 $P(x, y)$,则由题设可得 $\sqrt{x^2 + \left(y - \dfrac{1}{2}\right)^2} = |y|$,整理得 $x^2 = y - \dfrac{1}{4}$,所以动点 P 的轨迹 W 的方程为 $x^2 = y - \dfrac{1}{4}$.

(2) (证法1)不妨设矩形 $ABCD$ 的顶点 A, B, C 在 $W : x^2 = y - \dfrac{1}{4}$ 上,且设 $B\left(b, b^2 + \dfrac{1}{4}\right)$,由题设可知直线 AB 不与坐标轴平行,故设直线 AB 的方程为 $y - \left(b^2 + \dfrac{1}{4}\right) = k(x - b)$,又由矩形和问题的对称性,不妨设 $k > 0$,则直线 BC 的方程为 $y - \left(b^2 + \dfrac{1}{4}\right) = -\dfrac{1}{k}(x - b)$.

联立 $\begin{cases} x^2 = y - \dfrac{1}{4} \\ y - \left(b^2 + \dfrac{1}{4}\right) = k(x - b) \end{cases}$,消去 y,整理得 $x^2 - kx + kb - b^2 = 0$,所以

$$\Delta = (-k)^2 - 4(kb - b^2) = (k - 2b)^2 > 0,$$

即 $k \neq 2b$,故由韦达定理得 $x_1 + x_2 = k, x_1 x_2 = kb - b^2$.则由弦长公式可得

$$|AB| = \sqrt{(1 + k^2)\left[(x_1 + x_2)^2 - 4x_1 x_2\right]} = \sqrt{(1 + k^2)(k - 2b)^2}$$

$$= \sqrt{1 + k^2} \, |k - 2b|.$$

联立 $\begin{cases} x^2 = y - \dfrac{1}{4} \\ y - \left(b^2 + \dfrac{1}{4}\right) = -\dfrac{1}{k}(x - b) \end{cases}$,消去 y,整理得 $x^2 + \dfrac{1}{k}x - \dfrac{b}{k} - b^2 = 0$.同理可得

$$\Delta = \left(\dfrac{1}{k}\right)^2 + 4\left(\dfrac{b}{k} + b^2\right) = \left(\dfrac{1}{k} + 2b\right)^2 > 0.$$

所以 $k \neq -\dfrac{1}{2b}$,$|BC| = \sqrt{1 + \dfrac{1}{k^2}} \left|\dfrac{1}{k} + 2b\right|$.记矩形 $ABCD$ 的周长为 L,则

$$L = 2|AB| + 2|BC| = 2\sqrt{1 + k^2} \, |k - 2b| + \dfrac{2\sqrt{1 + k^2}}{|k|} \left|\dfrac{1}{k} + 2b\right|$$

$$= 2\sqrt{1 + k^2}\left[|k - 2b| + \dfrac{1}{k}\left|\dfrac{1}{k} + 2b\right|\right].$$

所以

$$f(2b) = |k-2b| + \frac{1}{k}\left|\frac{1}{k}+2b\right| = \begin{cases} \left(1+\frac{1}{k}\right)\cdot 2b - k + \frac{1}{k^2}, & 2b \geqslant k \\ \left(-1+\frac{1}{k}\right)\cdot 2b + k + \frac{1}{k^2}, & -\frac{1}{k} < 2b < k. \\ -\left(1+\frac{1}{k}\right)\cdot 2b + k - \frac{1}{k^2}, & 2b \leqslant -\frac{1}{k} \end{cases}$$

① 当 $k>1$ 时，$f(2b)$ 在 $\left(-\infty, -\frac{1}{k}\right]$ 上单调递减，在 $\left(-\frac{1}{k}, k\right)$ 上单调递减，在 $[k, +\infty)$ 上单调递增，所以 $f(2b)_{\min} = f(k) = \frac{1}{k}\left(\frac{1}{k}+k\right)$，故

$$L \geqslant 2\sqrt{1+k^2} \cdot \frac{1}{k}\left(\frac{1}{k}+k\right) = 2\sqrt{\frac{(k^2+1)^3}{k^4}}.$$

令 $t = k^2$，构造 $g(t) = \frac{(t+1)^3}{t^2}$，其中 $t>1$，则 $g'(t) = \frac{(t+1)^2(t-2)}{t^3}$。当 $1<t<2$ 时，$g'(t)<0$，当 $t>2$ 时，$g'(t)>0$，所以 $g(t)_{\min} = g(2) = \frac{27}{4}$，因此 $L \geqslant 2\sqrt{\frac{27}{4}} = 3\sqrt{3}$，取等的条件是 $t=2$，即 $k=\sqrt{2}$。此时 $2b = k = \sqrt{2}$，所以 $b = \frac{\sqrt{2}}{2}$，则 $b^2 + \frac{1}{4} = \frac{3}{4}$，且 $\Delta = (k-2b)^2 = 0$，故等号不成立。所以矩形 $ABCD$ 的周长大于 $3\sqrt{3}$。

② 当 $0<k\leqslant 1$ 时，$f(2b)$ 在 $\left(-\infty, -\frac{1}{k}\right]$ 上单调递减，在 $\left(-\frac{1}{k}, k\right)$ 上单调递增或为常函数，在 $[k, +\infty)$ 上单调递增，所以 $f(2b)_{\min} = f\left(-\frac{1}{k}\right) = k + \frac{1}{k}$，故

$$L \geqslant 2\sqrt{1+k^2} \cdot \left(k+\frac{1}{k}\right) = 2\sqrt{\frac{(k^2+1)^3}{k^2}}.$$

令 $t = k^2$，构造 $h(t) = \frac{(t+1)^3}{t}$，其中 $0<t\leqslant 1$，则 $h'(t) = \frac{(t+1)^2(2t-1)}{t^2}$。当 $0<t<\frac{1}{2}$ 时，$h'(t)<0$，当 $\frac{1}{2}<t<1$ 时，$h'(t)>0$，所以 $h(t)_{\min} = h\left(\frac{1}{2}\right) = \frac{27}{4}$，因此 $L \geqslant 2\sqrt{\frac{27}{4}} = 3\sqrt{3}$，取等的条件是 $t=\frac{1}{2}$，即 $k=\frac{\sqrt{2}}{2}$。此时 $2b = -\frac{1}{k} = -\sqrt{2}$，所以 $b = -\frac{\sqrt{2}}{2}$，则 $b^2 + \frac{1}{4} = \frac{3}{4}$，且 $\Delta = \left(\frac{1}{k}+2b\right)^2 = 0$，故等号不成立。所以矩形 $ABCD$ 的周长大于 $3\sqrt{3}$。

（解法 2）不妨设矩形 $ABCD$ 的顶点 A, B, C 在 $x^2 = y - \frac{1}{4}$ 上，且设 $B\left(b, b^2+\frac{1}{4}\right)$，设直线 AB 的参数方程为 $\begin{cases} x = b + t\cos\alpha \\ y = b^2 + \frac{1}{4} + t\sin\alpha \end{cases}$（$t$ 为参数），不妨设 $0<\alpha<\frac{\pi}{2}$，则可设直线 BC 的

参数方程为 $\begin{cases} x = b - t\sin\alpha \\ y = b^2 + \dfrac{1}{4} + t\cos\alpha \end{cases}$ （t 为参数）.

把 $\begin{cases} x = b + t\cos\alpha \\ y = b^2 + \dfrac{1}{4} + t\sin\alpha \end{cases}$ 代入抛物线方程 $x^2 = y - \dfrac{1}{4}$，整理得

$$t^2\cos^2\alpha + (2b\cos\alpha - \sin\alpha)t = 0,$$

所以 $\Delta = (2b\cos\alpha - \sin\alpha)^2 > 0$，解得 $2b\cos\alpha \neq \sin\alpha$，因此 $t_A = \dfrac{\sin\alpha - 2b\cos\alpha}{\cos^2\alpha}$，$t_B = 0$，故

$$|AB| = \frac{|\sin\alpha - 2b\cos\alpha|}{\cos^2\alpha}.$$

把 $\begin{cases} x = b - t\sin\alpha \\ y = b^2 + \dfrac{1}{4} + t\cos\alpha \end{cases}$ 代入抛物线方程 $x^2 = y - \dfrac{1}{4}$，整理得

$$t^2\sin^2\alpha + (-2b\sin\alpha - \cos\alpha)t = 0,$$

所以 $\Delta = (-2b\sin\alpha - \cos\alpha)^2 > 0$，解得 $2b\sin\alpha \neq -\cos\alpha$. 同理可得 $|BC| = \dfrac{|\cos\alpha + 2b\sin\alpha|}{\sin^2\alpha}$.

记矩形 $ABCD$ 的周长为 L，则

$$L = 2\,|AB| + 2\,|BC| = 2\left(\frac{|\sin\alpha - 2b\cos\alpha|}{\cos^2\alpha} + \frac{|\cos\alpha + 2b\sin\alpha|}{\sin^2\alpha} \right).$$

由 $\sin\alpha - 2b\cos\alpha = 0$，可得 $2b = \tan\alpha$；由 $\cos\alpha + 2b\sin\alpha = 0$，可得 $2b = -\dfrac{1}{\tan\alpha}$. 所以下面分两种情况讨论：

① 当 $2b = \tan\alpha$ 时，矩形 $ABCD$ 的周长 L 为

$$L = 2\left(\frac{\left| \cos\alpha + \dfrac{\sin\alpha}{\cos\alpha} \cdot \sin\alpha \right|}{\sin^2\alpha} \right) = \frac{2}{\sin^2\alpha\,|\cos\alpha|},$$

$$\sin^4\alpha\cos^2\alpha = \sin^4\alpha(1 - \sin^2\alpha) = \sin^4\alpha - \sin^6\alpha.$$

令 $t = \sin^2\alpha$，则 $f(t) = t^2 - t^3$，其中 $0 < t < 1$，所以 $f'(t) = t(2 - 3t)$. 令 $f'(t) = 0$，得 $t = \dfrac{2}{3}$，所以当 $0 < t < \dfrac{2}{3}$ 时，$f'(t) > 0$，当 $\dfrac{2}{3} < t < 1$ 时，$f'(t) < 0$，因此 $f(t)_{\max} = f\left(\dfrac{2}{3}\right) = \dfrac{4}{27}$，故

$$L \geq \frac{2}{\sqrt{f\left(\dfrac{2}{3}\right)}} = \frac{2}{\sqrt{\dfrac{4}{27}}} = 3\sqrt{3},$$

等号成立的条件是 $t = \sin^2\alpha = \dfrac{2}{3}$，即 $\sin\alpha = \dfrac{\sqrt{2}}{\sqrt{3}}$，$\cos\alpha = \dfrac{1}{\sqrt{3}}$，此时 $2b = \tan\alpha = \sqrt{2}$. 而

$$\Delta = (2b\cos\alpha - \sin\alpha)^2 = \left(\sqrt{2} \times \frac{1}{\sqrt{3}} - \frac{\sqrt{2}}{\sqrt{3}} \right)^2 = 0,$$

所以等号取不到. 故矩形 $ABCD$ 的周长大于 $3\sqrt{3}$.

② 当 $2b = -\dfrac{1}{\tan\alpha}$ 时, 矩形 $ABCD$ 的周长 L 为

$$L = 2\left|\frac{\left|\sin\alpha + \dfrac{\cos\alpha}{\sin\alpha}\cdot\sin\alpha\right|}{\cos^2\alpha}\right| = \frac{2}{\sin\alpha\cos^2\alpha}.$$

同理可证得矩形 $ABCD$ 的周长大于 $3\sqrt{3}$.

点评　本题的解法 1 是直角坐标法, 在表示矩形周长的过程中运用了弦长公式, 后面求矩形周长最值时运用了分段函数的思想和导数知识; 解法 2 是直线参数方程法, 表示矩形周长后运用了主元法思想和绝对值函数的性质, 后面又运用了三角函数知识及函数与导数知识.

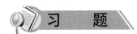

单选题

1. 设抛物线 $C: y^2 = 12x$, 经过点 $(2,0)$ 且倾斜角为 $60°$ 的直线与抛物线 C 相交于 A, B 两点, 则 $|AB| = ($ 　　$)$.

A. $16\sqrt{3}$　　　　B. $4\sqrt{3}$　　　　C. $8\sqrt{3}$　　　　D. 16

2. 设椭圆 $C: \dfrac{x^2}{4} + \dfrac{y^2}{2} = 1$, 经过点 $(0,1)$ 且倾斜角为 $45°$ 的直线与椭圆 C 相交于 A, B 两点, F 为 C 的右焦点, 则 $\triangle FAB$ 的面积为 $($ 　　$)$.

A. $\dfrac{\sqrt{5} + 2\sqrt{10}}{3}$　　B. $\dfrac{2\sqrt{5} + \sqrt{10}}{3}$　　C. $\dfrac{4\sqrt{5} + 2\sqrt{10}}{3}$　　D. $\dfrac{2\sqrt{5} + 4\sqrt{10}}{3}$

3. 经过双曲线 $C: \dfrac{x^2}{3} - \dfrac{y^2}{6} = 1$ 的右焦点 F 且倾斜角为 $60°$ 的直线交双曲线 C 于 A, B 两点, 其中 O 为坐标原点, 则 $\triangle OAB$ 的面积为 $($ 　　$)$.

A. 8　　　　B. 9　　　　C. 18　　　　D. 36

多选题

4. 已知圆锥曲线 $C: mx^2 + ny^2 = 1(m \neq n, m \neq 0, n \neq 0)$, 经过点 $(1,0)$ 且斜率为 $-\sqrt{3}$ 的直线 l 与 C 交于 A, B 两点, O 为坐标原点, 则下列说法正确的是 $($ 　　$)$.

A. 若 $m = \dfrac{1}{6}, n = \dfrac{1}{2}$, 则 $\triangle OAB$ 的面积为 $\dfrac{3\sqrt{17}}{5}$

B. 若 $m = \dfrac{1}{6}, n = \dfrac{1}{2}$, 则 $\triangle OAB$ 的面积为 $\dfrac{3\sqrt{17}}{10}$

C. 若 $m = 2, n = -2$, 则 $\triangle OAB$ 的面积为 $\dfrac{\sqrt{6}}{4}$

D. 若 $m=2, n=-2$,则 $\triangle OAB$ 的面积为 $\dfrac{\sqrt{6}}{2}$

填空题

5. 直线 $l: y=k(x-2)$ 与双曲线 $C: \dfrac{x^2}{2}-\dfrac{y^2}{2}=1$ 交于 A, B 两点. 若 $|AB|>6\sqrt{2}$,则 k 的取值范围为_____.(用区间表示)

6. 若直线 l 与椭圆 $C: \dfrac{x^2}{4}+y^2=1$ 相交于 A, B 两点,且 $|AB|=\sqrt{3}$,写出符合题意的直线 l 的一个方程为_____.(答案不唯一)

7. 已知抛物线 $C: y^2=4x$ 的焦点为 F,过点 $D(3,0)$ 且斜率大于 0 的直线 l 交抛物线 C 于 A, B 两点. 若 $|\overrightarrow{FA}|-|\overrightarrow{FB}|=\sqrt{13}$, O 为坐标原点,则 $|AB|=$_____, $\triangle OAB$ 的面积为_____.

解答题

8. 焦点在 x 轴上的椭圆 C 过点 $P(\sqrt{2}, \sqrt{2})$,且与直线 $l: y=x+\sqrt{3}$ 交于 A, B 两点. 若 $\triangle PAB$ 的面积为 2,求椭圆 C 的标准方程.

9. 已知 F_1, F_2 分别是椭圆 $E: \dfrac{x^2}{5}+y^2=1$ 的左、右焦点,F_1, F_2 关于直线 $x+y-2=0$ 的对称点是圆 C 的一条直径的两个端点.

(1) 求圆 C 的方程;

(2) 设过点 F_2 的直线 l 被椭圆 E 和圆 C 截得的弦长分别为 a, b,当 ab 最大时,求直线 l 的方程.

10. 已知 O 为坐标原点,椭圆 $C: \dfrac{x^2}{a^2}+\dfrac{y^2}{b^2}=1 (a>b>0)$ 的左、右焦点分别为 F_1, F_2,右顶点为 A,上顶点为 B. 若 $|OB|, |OF_2|, |AB|$ 成等比数列,椭圆 C 上的点到焦点 F_2 的距离的最大值为 $2\sqrt{6}+4$.

(1) 求椭圆 C 的标准方程;

(2) 过该椭圆的右焦点作两条互相垂直的弦 MN 与 PQ,求 $|MN|+|PQ|$ 的取值范围.

11. 已知双曲线 $C: x^2-\dfrac{y^2}{3}=1$,经过双曲线 C 的右焦点 F 且斜率为 $\sqrt{\dfrac{3}{5}}$ 的直线 l 交 C 于 P, Q 两点,求 $|PQ|$.

12. 已知抛物线 $C: y^2=8x$ 的焦点为 F, O 为坐标原点,经过点 $(1,0)$ 且倾斜角为 $60°$ 的直线 l 与抛物线 C 相交于 A, B 两点,求四边形 $AOBF$ 的面积.

13. (结构不良问题)条件①:已知抛物线 $G: y^2=2px (p>0)$ 的焦点与椭圆 $E: \dfrac{x^2}{a^2}+\dfrac{y^2}{b^2}$

$=1(a>b>0)$ 的右焦点 F 重合,椭圆 E 的长轴长为4,椭圆 E 的离心率为 $\frac{1}{2}$.条件②:已知

抛物线 $G:y^2=2px(p>0)$ 的焦点与椭圆 $E:\dfrac{x^2}{a^2}+\dfrac{y^2}{b^2}=1(a>b>0)$ 的右焦点 F 重合,点

$\left(1,\dfrac{3}{2}\right)$ 在椭圆 E,抛物线 $G:y^2=2px(p>0)$ 的准线方程为 $x=-1$.

在这两个条件中任选一个,并求解下列问题:

(1) 求抛物线 G 和椭圆 E 的方程;

(2) 过点 F 且斜率为 k 的直线 l 交椭圆 E 于 A,B 两点,交抛物线 G 于 M,N 两点,请问是否存在实数 t,使 $\dfrac{2}{|AB|}+\dfrac{t}{|MN|}$ 为定值? 若存在,求出 t 的值;若不存在,请说明理由.

习题参考答案

1. C.解析:直线 AB 的方程为 $y=\sqrt{3}(x-2)$,即 $y=\sqrt{3}x-2\sqrt{3}$,由题设 $p=6,k=\sqrt{3},m=-2\sqrt{3}$,所以由抛物线的弦长公式 $|AB|=\dfrac{2\sqrt{p(1+k^2)(p-2km)}}{k^2}$,可得

$$|AB|=\frac{2\times\sqrt{6\times(1+3)\times(6+2\times\sqrt{3}\times2\sqrt{3})}}{3}=8\sqrt{3}.$$

故选 C.

2. B.解析:由题设知 $F(\sqrt{2},0)$,直线 AB 的方程为 $y=x+1$,所以 $a=2,b=\sqrt{2},k=1$,$m=1$.故由椭圆的弦长公式 $|AB|=\dfrac{2ab\sqrt{(1+k^2)(a^2k^2+b^2-m^2)}}{a^2k^2+b^2}$,可得

$$|AB|=\frac{2\times2\times\sqrt{2}\times\sqrt{(1+1^2)\times(2^2\times1^2+2-1)}}{2^2\times1^2+2}=\frac{4\sqrt{5}}{3}.$$

而右焦点 F 到直线 AB 的距离 $d=\dfrac{|\sqrt{2}+1|}{\sqrt{1^2+(-1)^2}}=\dfrac{2+\sqrt{2}}{2}$,所以

$$S_{\triangle FAB}=\frac{1}{2}|AB|\cdot d=\frac{1}{2}\times\frac{4\sqrt{5}}{3}\times\frac{2+\sqrt{2}}{2}=\frac{2\sqrt{5}+\sqrt{10}}{3}.$$

故选 B.

3. D.解析:由题设知 $F(3,0)$,直线 AB 的方程为 $y=\sqrt{3}(x-3)$,即 $y=\sqrt{3}x-3\sqrt{3}$,所以 $a=\sqrt{3},b=\sqrt{6},k=\sqrt{3},m=-3\sqrt{3}$.故由双曲线的弦长公式 $|AB|=\dfrac{2ab\sqrt{(b^2-a^2k^2+m^2)(1+k^2)}}{|b^2-a^2k^2|}$,可得

$$|AB|=\frac{2\times\sqrt{3}\times\sqrt{6}\times\sqrt{(6-3\times3+27)\times(1+3)}}{|6-3\times3|}=16\sqrt{3}.$$

而坐标原点 O 到直线 AB 的距离为 $d = \dfrac{|-3\sqrt{3}|}{\sqrt{(\sqrt{3})^2 + (-1)^2}} = \dfrac{3\sqrt{3}}{2}$，所以

$$S_{\triangle OAB} = \frac{1}{2}\,|AB| \cdot d = \frac{1}{2} \times 16\sqrt{3} \times \frac{3\sqrt{3}}{2} = 36.$$

故选 D.

4. BD. 解析：由题设知直线 AB 的方程为 $y = -\sqrt{3}(x-1)$，坐标原点 O 到直线 AB 的距

离 $d = \dfrac{|-\sqrt{3}|}{\sqrt{(\sqrt{3})^2 + 1^2}} = \dfrac{\sqrt{3}}{2}$. 则：

当 $m = \dfrac{1}{6}, n = \dfrac{1}{2}$ 时，椭圆 $C: \dfrac{x^2}{6} + \dfrac{y^2}{2} = 1$，此时 $a = \sqrt{6}, b = \sqrt{2}, k = -\sqrt{3}, m = \sqrt{3}$. 所以由

椭圆的弦长公式 $|AB| = \dfrac{2ab\sqrt{(1+k^2)(a^2k^2 + b^2 - m^2)}}{a^2k^2 + b^2}$，可得

$$|AB| = \frac{2 \times \sqrt{6} \times \sqrt{2} \times \sqrt{(1+3) \times (6 \times 3 + 2 - 3)}}{6 \times 3 + 2} = \frac{2\sqrt{51}}{5}.$$

所以 $S_{\triangle OAB} = \dfrac{1}{2}\,|AB| \cdot d = \dfrac{1}{2} \times \dfrac{2\sqrt{51}}{5} \times \dfrac{\sqrt{3}}{2} = \dfrac{3\sqrt{17}}{10}$. 故选项 A 错误，选项 B 正确.

当 $m = 2, n = -2$ 时，双曲线 $C: \dfrac{x^2}{\frac{1}{2}} - \dfrac{y^2}{\frac{1}{2}} = 1$，此时 $a = \dfrac{\sqrt{2}}{2}, b = \dfrac{\sqrt{2}}{2}, k = -\sqrt{3}, m = \sqrt{3}$. 所

以由双曲线的弦长公式 $|AB| = \dfrac{2ab\sqrt{(b^2 - a^2k^2 + m^2)(1+k^2)}}{|b^2 - a^2k^2|}$，可得

$$|AB| = \frac{2 \times \dfrac{\sqrt{2}}{2} \times \dfrac{\sqrt{2}}{2} \times \sqrt{\left(\dfrac{1}{2} - \dfrac{1}{2} \times 3 + 3\right) \times (1+3)}}{\left|\dfrac{1}{2} - \dfrac{1}{2} \times 3\right|} = 2\sqrt{2}.$$

所以 $S_{\triangle OAB} = \dfrac{1}{2}\,|AB| \cdot d = \dfrac{1}{2} \times 2\sqrt{2} \times \dfrac{\sqrt{3}}{2} = \dfrac{\sqrt{6}}{2}$. 故选项 D 正确，选项 C 错误.

综上，可知选 BD.

5. $\left(-\sqrt{2}, -1\right) \cup \left(-1, -\dfrac{\sqrt{2}}{2}\right) \cup \left(\dfrac{\sqrt{2}}{2}, 1\right) \cup \left(1, \sqrt{2}\right)$. 解析：联立 $\begin{cases} y = k(x-2) \\ \dfrac{x^2}{2} - \dfrac{y^2}{2} = 1 \end{cases}$，消去 y，整

理得 $(1 - k^2)x^2 + 4k^2 x - 4k^2 - 2 = 0$. 因为直线 l 与双曲线 C 有两个交点，所以

$$\begin{cases} 1 - k^2 \neq 0, \\ \Delta = (-4k^2)^2 + 4(1-k^2)(4k^2 + 2) > 0 \end{cases} \Rightarrow \begin{cases} k \neq \pm 1 \\ 8k^2 + 8 > 0 \end{cases}.$$

设 $A(x_1, y_1), B(x_2, y_2)$，则由韦达定理知 $x_1 + x_2 = \dfrac{-4k^2}{1-k^2}, x_1 x_2 = \dfrac{-4k^2 - 2}{1-k^2}$. 所以由弦长公

式可知 $|AB| = \sqrt{1+k^2} \cdot \dfrac{\sqrt{8k^2+8}}{|1-k^2|} > 6\sqrt{2}$,整理得 $1+k^2 > 3|1-k^2|$,解得 $\dfrac{1}{2} < k^2 < 2$,即

$-\sqrt{2} < k < -\dfrac{\sqrt{2}}{2}$ 或 $\dfrac{\sqrt{2}}{2} < k < \sqrt{2}$.而 $k \neq \pm 1$,故

$$k \in (-\sqrt{2}, -1) \cup \left(-1, -\dfrac{\sqrt{2}}{2}\right) \cup \left(\dfrac{\sqrt{2}}{2}, 1\right) \cup (1, \sqrt{2}).$$

6. $y = x + \dfrac{\sqrt{170}}{8}$(答案不唯一).解析:若取直线 l 的斜率 $k=1$,设直线 l 的方程为

$y = x + m$,则由椭圆的弦长公式可得 $|AB| = \dfrac{2 \times 2 \times 1 \times \sqrt{(4+1-m^2) \times (1+1)}}{4+1} = \sqrt{3}$,解得

$m = \pm \dfrac{\sqrt{170}}{8}$.所以直线 l 的方程为 $y = x + \dfrac{\sqrt{170}}{8}$ 或 $y = x - \dfrac{\sqrt{170}}{8}$.

7. $\sqrt{65}, 3\sqrt{13}$.解析:设 $A(x_1, y_1), B(x_2, y_2)$,则由抛物线的定义可得

$$|\overrightarrow{FA}| - |\overrightarrow{FB}| = \left(x_1 + \dfrac{p}{2}\right) - \left(x_2 + \dfrac{p}{2}\right) = x_1 - x_2 = \sqrt{13}.$$

设直线 l 的方程为 $y = k(x-3)$,联立 $\begin{cases} y^2 = 4x \\ y = k(x-3) \end{cases}$,可得 $k^2x^2 - (6k^2+4)x + 9k^2 = 0$,则

由韦达定理得 $x_1 + x_2 = \dfrac{6k^2+4}{k^2}, x_1 x_2 = 9$.又因为

$$(x_1 - x_2)^2 = (x_1 + x_2)^2 - 4x_1 x_2 = \left(\dfrac{6k^2+4}{k^2}\right)^2 - 36 = 13,$$

解得 $k^2 = 4$,所以 $k = 2$.故由弦长公式可得

$$|AB| = \sqrt{(1+k^2)[(x_1+x_2)^2 - 4x_1 x_2]} = \sqrt{(1+4) \times (7^2 - 4 \times 9)} = \sqrt{65}.$$

而坐标原点 O 到直线 l 的距离为 $d = \dfrac{6}{\sqrt{2^2 + (-1)^2}} = \dfrac{6\sqrt{5}}{5}$,所以

$$S_{\triangle OAB} = \dfrac{1}{2}|AB| \cdot d = \dfrac{1}{2} \times \sqrt{65} \times \dfrac{6\sqrt{5}}{5} = 3\sqrt{13}.$$

8. 设椭圆 C 的标准方程为 $\dfrac{x^2}{a^2} + \dfrac{y^2}{b^2} = 1 (a > b > 0), A(x_1, y_1), B(x_2, y_2)$,则由题设可

得 $\dfrac{2}{a^2} + \dfrac{2}{b^2} = 1$.联立 $\begin{cases} \dfrac{x^2}{a^2} + \dfrac{y^2}{b^2} = 1 \\ y = x + \sqrt{3} \end{cases}$,消去 y,整理得 $b^2x^2 + 4\sqrt{3}x + 6 - 2b^2 = 0$,则由韦达定理

得 $x_1 + x_2 = -\dfrac{4\sqrt{3}}{b^2}, x_1 x_2 = \dfrac{6-2b^2}{b^2}$.故由弦长公式可得

$$|AB| = \sqrt{(1+k^2)[(x_1+x_2)^2 - 4x_1 x_2]} = \sqrt{2\left[\left(-\dfrac{4\sqrt{3}}{b^2}\right)^2 - 4 \times \dfrac{6-2b^2}{b^2}\right]}$$

$$= \sqrt{2} \cdot \frac{\sqrt{48 - 24b^2 + 8b^4}}{b^2}.$$

而点 P 到直线 l 的距离为 $\frac{\sqrt{3}}{\sqrt{2}}$,又因为 $S_{\triangle PAB} = \frac{1}{2} \times \frac{\sqrt{3}}{\sqrt{2}} |AB| = 2$,整理得 $b^4 - 9b^2 + 18 = 0$,解得 $b^2 = 6$ 或 $b^2 = 3$,所以 $b^2 = 6$,$a^2 = 3$(舍去);或 $b^2 = 3$,$a^2 = 6$.故椭圆 C 的标准方程为 $\frac{x^2}{6} + \frac{y^2}{3} = 1$.

9. (1) 由题设可知点 F_1, F_2 的坐标分别为 $(-2, 0), (2, 0)$,圆 C 的半径为 2,圆心为原点 O 关于直线 $x + y - 2 = 0$ 的对称点.设圆 C 的圆心坐标为 (x_0, y_0),则联立 $\begin{cases} \dfrac{y_0}{x_0} = 1 \\ \dfrac{x_0}{2} + \dfrac{y_0}{2} - 2 = 0 \end{cases}$,

解得 $\begin{cases} x_0 = 2 \\ y_0 = 2 \end{cases}$.故圆 C 的方程为 $(x - 2)^2 + (y - 2)^2 = 4$.

(2) 由题意,可设直线 l 的方程为 $x = my + 2$,则圆心到直线 l 的距离 $d = \frac{|2m|}{\sqrt{1 + m^2}}$,所以 $b = 2\sqrt{2^2 - d^2} = \frac{4}{\sqrt{1 + m^2}}$.又由 $\begin{cases} x = my + 2 \\ \dfrac{x^2}{5} + y^2 = 1 \end{cases}$,得 $(m^2 + 5)y^2 + 4my - 1 = 0$,设直线 l 与椭圆 E 的两个交点的坐标分别为 $(x_1, y_1), (x_2, y_2)$,则由韦达定理得 $y_1 + y_2 = -\frac{4m}{m^2 + 5}$,$y_1 y_2 = -\frac{1}{m^2 + 5}$.所以由弦长公式可得

$$a = \sqrt{(1 + m^2)[(y_1 + y_2)^2 - 4y_1 y_2]} = \sqrt{(1 + m^2)\left[\frac{16m^2}{(m^2 + 5)^2} + \frac{4}{m^2 + 5}\right]}$$

$$= \frac{2\sqrt{5}(m^2 + 1)}{m^2 + 5}.$$

则

$$ab = \frac{8\sqrt{5} \cdot \sqrt{m^2 + 1}}{m^2 + 5} = \frac{8\sqrt{5} \cdot \sqrt{m^2 + 1}}{(m^2 + 1) + 4} = \frac{8\sqrt{5}}{\sqrt{m^2 + 1} + \dfrac{4}{\sqrt{m^2 + 1}}}$$

$$\leq \frac{8\sqrt{5}}{2\sqrt{\sqrt{m^2 + 1} \cdot \dfrac{4}{\sqrt{m^2 + 1}}}} = 2\sqrt{5},$$

当且仅当 $\sqrt{m^2 + 1} = \frac{4}{\sqrt{m^2 + 1}}$,即 $m = \pm\sqrt{3}$ 时等号成立.故当 $m = \pm\sqrt{3}$ 时,ab 最大,此时直线 l 的方程为 $x - \sqrt{3}y - 2 = 0$ 或 $x + \sqrt{3}y - 2 = 0$.

10. (1) 易知 $|OF_2|^2 = |OB| \cdot |AB|$，整理得 $c^2 = b\sqrt{a^2 + b^2}$，则 $\dfrac{c}{a} = \dfrac{\sqrt{6}}{3}$. 而 $a + c = 2\sqrt{6} + 4$，

又 $a^2 = b^2 + c^2$，解得 $a = 2\sqrt{6}$，$b = 2\sqrt{2}$. 因此，椭圆 C 的标准方程为 $\dfrac{x^2}{24} + \dfrac{y^2}{8} = 1$.

(2) ① 当两条直线中有一条的斜率为 0 时，另一条直线的斜率不存在，则由题意易得 $|MN| + |PQ| = \dfrac{16\sqrt{6}}{3}$.

② 当两条直线的斜率都存在且不为 0 时，由(1)知点 $F(4,0)$. 设 $M(x_1, y_1)$，$N(x_2, y_2)$，则直线 MN 的方程为 $y = k(x - 4)$，直线 PQ 的方程为 $y = -\dfrac{1}{k}(x - 4)$. 将直线 MN 方程代入椭圆方程并整理，得 $(1 + 3k^2)x^2 - 24k^2 x + 48k^2 - 24 = 0$，显然 $\Delta > 0$，则由韦达定理得 $x_1 + x_2 = \dfrac{24k^2}{3k^2 + 1}$，$x_1 x_2 = \dfrac{48k^2 - 24}{3k^2 + 1}$，所以

$$|MN| = \sqrt{(1 + k^2)\left[(x_1 + x_2)^2 - 4x_1 x_2\right]} = \dfrac{4\sqrt{6}(k^2 + 1)}{3k^2 + 1}.$$

同理得 $|PQ| = \dfrac{4\sqrt{6}(k^2 + 1)}{k^2 + 3}$. 所以

$$|MN| + |PQ| = \dfrac{4\sqrt{6}(k^2 + 1)}{3k^2 + 1} + \dfrac{4\sqrt{6}(k^2 + 1)}{k^2 + 3} = \dfrac{16\sqrt{6}(k^2 + 1)^2}{(3k^2 + 1)(k^2 + 3)}.$$

令 $t = k^2 + 1 > 1$，则 $1 + 3k^2 = 3t - 2$，$k^2 + 3 = t + 2$. 设

$$f(t) = \dfrac{(3t - 2)(t + 2)}{t^2} = -\dfrac{4}{t^2} + \dfrac{4}{t} + 3 = -4\left(\dfrac{1}{t} - \dfrac{1}{2}\right)^2 + 4,$$

又因为 $t > 1$，所以 $0 < \dfrac{1}{t} < 1$，即 $f(t) \in (3, 4]$. 故 $|MN| + |PQ| = \dfrac{16\sqrt{6}}{f(t)} \in \left[4\sqrt{6}, \dfrac{16\sqrt{6}}{3}\right)$.

综合①②，可知 $|MN| + |PQ|$ 的取值范围是 $\left[4\sqrt{6}, \dfrac{16\sqrt{6}}{3}\right]$.

11. 由题设知 $F(2,0)$，直线 l 的方程为 $y = \sqrt{\dfrac{3}{5}}(x - 2)$. 设 $P(x_1, y_1)$，$Q(x_2, y_2)$，联立

$$\begin{cases} x^2 - \dfrac{y^2}{3} = 1 \\ y = \sqrt{\dfrac{3}{5}}(x - 2) \end{cases},$$

整理得 $4x^2 + 4x - 9 = 0$，则由韦达定理得 $x_1 + x_2 = -1$，$x_1 x_2 = -\dfrac{9}{4}$. 所以由弦长公式可得

$$|PQ| = \sqrt{(1 + k^2)\left[(x_1 + x_2)^2 - 4x_1 x_2\right]} = \sqrt{\left(1 + \dfrac{3}{5}\right)\left(1 + 4 \times \dfrac{9}{4}\right)} = 4.$$

12. (解法1) 由题设知点 $F(2,0)$. 设 $A(x_1, y_1)$，$B(x_2, y_2)$，则由题设知直线 AB 的方程为 $y = \sqrt{3}(x - 1)$. 联立 $\begin{cases} y = \sqrt{3}(x - 1) \\ y^2 = 8x \end{cases}$，消去 y，可得 $3x^2 - 14x + 3 = 0$，所以由韦达定理得

$x_1 + x_2 = \dfrac{14}{3}$，$x_1 x_2 = 1$. 故由弦长公式得

$$|AB| = \sqrt{(1+k^2)\left[(x_1+x_2)^2 - 4x_1 x_2\right]} = \sqrt{(1+3) \times \left(\dfrac{14^2}{9} - 4 \times 1\right)} = \dfrac{8\sqrt{10}}{3}.$$

而坐标原点 O 到直线 AB 的距离 $d_1 = \dfrac{|-\sqrt{3}|}{\sqrt{(\sqrt{3})^2 + (-1)^2}} = \dfrac{\sqrt{3}}{2}$，点 F 到直线 AB 的距离

$d_2 = \dfrac{|\sqrt{3}|}{\sqrt{(\sqrt{3})^2 + (-1)^2}} = \dfrac{\sqrt{3}}{2}$，所以

$$S_{\text{四边形}AOBF} = S_{\triangle AOB} + S_{\triangle AFB} = \dfrac{1}{2} d_1 \cdot |AB| + \dfrac{1}{2} d_2 \cdot |AB|$$

$$= \dfrac{1}{2} \times \dfrac{\sqrt{3}}{2} \times \dfrac{8\sqrt{10}}{3} + \dfrac{1}{2} \times \dfrac{\sqrt{3}}{2} \times \dfrac{8\sqrt{10}}{3} = \dfrac{4\sqrt{30}}{3}.$$

（解法2）由题设知点 $F(2,0)$. 设 $A(x_1, y_1)$，$B(x_2, y_2)$，则由题设知直线 AB 的方程为

$y = \sqrt{3}(x-1)$. 联立 $\begin{cases} y = \sqrt{3}(x-1) \\ y^2 = 8x \end{cases}$，消去 x，可得 $\sqrt{3} y^2 - 8y - 8\sqrt{3} = 0$，所以由韦达定理得

$y_1 + y_2 = \dfrac{8\sqrt{3}}{3}$，$y_1 y_2 = -8$. 故

$$S_{\text{四边形}AOBF} = S_{\triangle AOF} + S_{\triangle BOF} = \dfrac{1}{2} |OF| \cdot |y_1 - y_2|$$

$$= \dfrac{1}{2} |OF| \cdot \sqrt{(y_1 + y_2)^2 - 4y_1 y_2}$$

$$= \dfrac{1}{2} \times 2 \times \sqrt{\left(\dfrac{8\sqrt{3}}{3}\right)^2 - 4 \times (-8)} = \dfrac{4\sqrt{30}}{3}.$$

13. 若选条件①：(1) 由题设知 $\begin{cases} 2a = 4 \\ \dfrac{c}{a} = \dfrac{1}{2} \end{cases}$，所以 $a = 2$，$c = 1$，$b = \sqrt{a^2 - c^2} = \sqrt{4-1} = \sqrt{3}$，

可得 $\dfrac{p}{2} = 1$，即 $p = 2$. 故抛物线 G 的方程为 $y^2 = 4x$，椭圆 E 的方程为 $\dfrac{x^2}{4} + \dfrac{y^2}{3} = 1$.

(2) 设 $A(x_1, y_1)$，$B(x_2, y_2)$，$M(x_3, y_3)$，$N(x_4, y_4)$，另设直线 l 的方程为 $y = k(x-1)$，

与椭圆 E 的方程联立 $\begin{cases} \dfrac{x^2}{4} + \dfrac{y^2}{3} = 1 \\ y = k(x-1) \end{cases}$，得 $(4k^2 + 3)x^2 - 8k^2 x + 4k^2 - 12 = 0$. 所以由韦达定理

得 $x_1 + x_2 = \dfrac{8k^2}{4k^2 + 3}$，$x_1 x_2 = \dfrac{4k^2 - 12}{4k^2 + 3}$. 故

$$|AB| = \sqrt{(1+k^2)\left[(x_1 + x_2)^2 - 4x_1 x_2\right]}$$

$$= \sqrt{(1+k^2)\left[\left(\dfrac{8k^2}{4k^2 + 3}\right)^2 - 4 \cdot \dfrac{4k^2 - 12}{4k^2 + 3}\right]} = \dfrac{12(k^2 + 1)}{4k^2 + 3}.$$

联立直线 l 的方程和抛物线 G 的方程,即 $\begin{cases} y^2 = 4x \\ y = k(x-1) \end{cases}$,可得 $k^2 x^2 - (2k^2+4)x + k^2 = 0$,

所以由韦达定理得 $x_3 + x_4 = \dfrac{2k^2+4}{k^2}$,$x_3 x_4 = 1$.故 $|MN| = x_3 + x_4 + 2 = \dfrac{4(k^2+1)}{k^2}$,即得

$$\frac{2}{|AB|} + \frac{t}{|MN|} = \frac{4k^2+3}{6(k^2+1)} + \frac{tk^2}{4(k^2+1)} = \frac{(8+3t)k^2+6}{12(k^2+1)}.$$

要使 $\dfrac{2}{|AB|} + \dfrac{t}{|MN|}$ 为定值,则 $8 + 3t = 6$,解得 $t = -\dfrac{2}{3}$.

故存在 $t = -\dfrac{2}{3}$,使得 $\dfrac{2}{|AB|} + \dfrac{t}{|MN|}$ 为定值 $\dfrac{1}{2}$.

若选条件②:(1) 由题设 $-\dfrac{p}{2} = -1$,即 $p = 2$,故 $c = 1$.又由题设,联立 $\begin{cases} \dfrac{1}{a^2} + \dfrac{\frac{9}{4}}{b^2} = 1 \\ a^2 - b^2 = 1 \end{cases}$,解

得 $a = 2$,$b = \sqrt{3}$.所以椭圆 E 的方程为 $\dfrac{x^2}{4} + \dfrac{y^2}{3} = 1$,抛物线 G 的方程为 $y^2 = 4x$.

(2) 同条件①.

3.4　圆锥曲线的焦半径和焦点弦问题

知识梳理

从近几年的高考试题情况来看,焦半径与焦点弦问题是高考热点问题,试题难度以中档题为主,题型有选择题、填空题和解答题,小题分值为 5 分,大题分值为 12 分,小题以中难度题为主,大题以难题为主,主要考查焦半径长度的计算、焦点弦长度的计算、通径长的计算以及焦点弦有关的面积的最值问题,考查方程思想和化归与转化思想,考查运算求解能力和逻辑思维能力,考查数学运算、逻辑推理和直观想象的核心素养.本问题的难点在于正确运用参数方程法或极坐标法,以达到简化运算的目的.

1. 圆锥曲线的焦半径

(1) 定义:设 P 为圆锥曲线 Γ 上任一点,F 为圆锥曲线 Γ 的焦点,则把线段 PF 叫作圆锥曲线 Γ 的焦半径.

(2) 圆锥曲线焦半径公式:

① 椭圆 $C:\dfrac{x^2}{a^2} + \dfrac{y^2}{b^2} = 1(a > b > 0)$ 的左焦点 $F_1(-c,0)$,右焦点 $F_2(c,0)$,离心率为 e,$P(x_0, y_0)$ 为椭圆 C 上一点,则 $|PF_1| = a + ex_0$,$|PF_2| = a - ex_0$.

② 双曲线 $C : \dfrac{x^2}{a^2} - \dfrac{y^2}{b^2} = 1 (a > 0, b > 0)$ 的左焦点 $F_1(-c, 0)$,右焦点 $F_2(c, 0)$,离心率为 e.若点 $P(x_0, y_0)$ 在双曲线右支上,则 $|PF_1| = ex_0 + a$,$|PF_2| = ex_0 - a$;若点 $P(x_0, y_0)$ 在双曲线左支上,则 $|PF_1| = -ex_0 - a$,$|PF_2| = -ex_0 + a$.

③ 抛物线 $y^2 = 2px (p > 0)$ 的焦点 $F\left(\dfrac{p}{2}, 0\right)$,$P(x_0, y_0)$ 为抛物线 C 上一点,则 $|PF| = x_0 + \dfrac{p}{2}$.

2. 圆锥曲线的焦点弦

定义:若直线 l 经过圆锥曲线 Γ 的焦点 F 且与 Γ 交于 A, B 两点,则把线段 AB 叫作圆锥曲线 Γ 的焦点弦.

经典题探秘

例1 (2021年新高考 I 卷/5) 已知 F_1, F_2 是椭圆 $C : \dfrac{x^2}{9} + \dfrac{y^2}{4} = 1$ 的两个焦点,点 M 在 C 上,则 $|MF_1| \cdot |MF_2|$ 的最大值为(   ).

A. 13   B. 12   C. 9   D. 6

【解析】 (解法1)设 $M(x_0, y_0)$,则 $-3 \leqslant x_0 \leqslant 3$.由题设 $c = \sqrt{a^2 - b^2} = \sqrt{9 - 4} = \sqrt{5}$,$e = \dfrac{c}{a} = \dfrac{\sqrt{5}}{3}$,所以由椭圆的焦半径公式可得

$$|MF_1| = a + ex_0 = 3 + \dfrac{\sqrt{5}}{3}x_0, \qquad |MF_2| = a - ex_0 = 3 - \dfrac{\sqrt{5}}{3}x_0,$$

即 $|MF_1| \cdot |MF_2| = 9 - \dfrac{5}{9}x_0^2$.当 $x_0 = 0$ 时,$|MF_1| \cdot |MF_2|$ 取得最大值9.故选C.

(解法2)由题设可得 $a = 3$,由椭圆的定义可得 $|MF_1| + |MF_2| = 2a = 6$.又由基本不等式可得 $|MF_1| \cdot |MF_2| \leqslant \left(\dfrac{|MF_1| + |MF_2|}{2}\right)^2 = 9$,当且仅当 $|MF_1| = |MF_2| = 3$ 时取等号,所以 $|MF_1| \cdot |MF_2|$ 取得最大值9.故选C.

点评 本题的解法1运用了焦半径公式,把两焦半径乘积的最大值问题化归为二次函数在闭区间上的最值问题;解法2运用了椭圆的定义和基本不等式.

例2 (2021年北京卷/12) 已知抛物线 $C : y^2 = 4x$,C 的焦点为 F,点 M 在 C 上,且 $|FM| = 6$,则 M 的横坐标是_____;作 $MN \perp x$ 轴于点 N,则 $S_{\triangle FMN} = $_____.

【解析】 由题设可得 $p = 2$,$F(1, 0)$.设 $M(x_0, y_0)$,则由抛物线的焦半径公式可得 $|FM| = x_0 + \dfrac{p}{2} = x_0 + 1 = 6$,所以 $x_0 = 5$,即点 M 的横坐标是5.直线 MN 的方程为 $x = 5$,把

$x=5$ 代入 $y^2=4x$,解得 $y=\pm2\sqrt{5}$,所以 $|MN|=2\sqrt{5}$.而点 $F(1,0)$ 到直线 MN 的距离为 $d=4$,故

$$S_{\triangle FMN}=\frac{1}{2}\mid MN\mid\cdot d=\frac{1}{2}\times2\sqrt{5}\times4=4\sqrt{5}.$$

点评　本题第一个空利用抛物线的焦半径公式;第二个空求出弦长 MN 后,利用三角形的面积公式.

例3　(2022 年全国乙卷/理 5)　设 F 为抛物线 $C:y^2=4x$ 的焦点,点 A 在 C 上,点 $B(3,0)$.若 $|AF|=|BF|$,则 $|AB|=$(　　).

A. 2　　　　　B. $2\sqrt{2}$　　　　　C. 3　　　　　D. $3\sqrt{2}$

【解析】　由题意得 $F(1,0)$,则 $|AF|=|BF|=2$.不妨设 $A(x_0,y_0)$,其中 $x_0>0$,则由抛物线的焦半径公式得 $|AF|=x_0+\dfrac{p}{2}=x_0+1=2$,解得 $x_0=1$.代入 $y^2=4x$,得 $y_0=2$,所以点 $A(1,2)$,即有 $AF\perp x$ 轴,则 $|AB|=\sqrt{2^2+2^2}=2\sqrt{2}$.故选 B.

例4　(2010 年辽宁卷/理 20)　设椭圆 $C:\dfrac{x^2}{a^2}+\dfrac{y^2}{b^2}=1(a>b>0)$ 的右焦点为 F,过 F 的直线 l 与椭圆 C 相交于 A,B 两点,直线 l 的倾斜角为 $60°$. $\overrightarrow{AF}=2\overrightarrow{FB}$.

(1) 求椭圆 C 的离心率;

(2) 如果 $|AB|=\dfrac{15}{4}$,求椭圆 C 的方程.

【解析】　(1)(解法 1)设 $A(x_1,y_1),B(x_2,y_2),F(c,0)$,其中 $c=\sqrt{a^2-b^2}$,因为 $\overrightarrow{AF}=2\overrightarrow{FB}$,所以 $(c-x_1,-y_1)=2(x_2-c,y_2)$,可得

$$y_1=-2y_2.\qquad\qquad①$$

设直线 l 的方程为 $y=\sqrt{3}(x-c)$,联立 $\begin{cases}\dfrac{x^2}{a^2}+\dfrac{y^2}{b^2}=1\\ y=\sqrt{3}(x-c)\end{cases}$,整理得 $(3a^2+b^2)y^2+2\sqrt{3}b^2cy-3b^4=0$,则由韦达定理得

$$y_1+y_2=-\frac{2\sqrt{3}b^2c}{3a^2+b^2},\qquad\qquad②$$

$$y_1y_2=-\frac{3b^4}{3a^2+b^2}.\qquad\qquad③$$

由①和②两式可得 $y_2=\dfrac{2\sqrt{3}b^2c}{3a^2+b^2}$,再代入①式,解得 $y_1=\dfrac{-4\sqrt{3}b^2c}{3a^2+b^2}$;代入③式,可得 $-\dfrac{24b^4c^2}{(3a^2+b^2)^2}=-\dfrac{3b^4}{3a^2+b^2}$,整理得 $9c^2=4a^2$,所以 $\dfrac{c^2}{a^2}=\dfrac{4}{9}$,故 $e=\dfrac{2}{3}$.

(解法 2)设直线 AB 的参数方程为 $\begin{cases} x = c + \dfrac{1}{2}t \\ y = \dfrac{\sqrt{3}}{2}t \end{cases}$ (t 为参数),代入 $\dfrac{x^2}{a^2} + \dfrac{y^2}{b^2} = 1 (a > b > 0)$,整

理得 $(3a^2 + b^2)t^2 + 4b^2 ct - b^4 = 0$,则由 t 的几何意义知 $|FA| = |t_1|$,$|FB| = |t_2|$.又因为

点 $F(c,0)$ 在椭圆内,这个方程必有两个实根,所以由韦达定理得

$$t_1 + t_2 = -\frac{4b^2 c}{3a^2 + b^2}, \qquad ①$$

$$t_1 t_2 = -\frac{4b^4}{3a^2 + b^2}. \qquad ②$$

因为 $\overrightarrow{AF} = 2\overrightarrow{FB}$,所以 $|FA| = 2|FB|$,即 $|t_1| = 2|t_2|$,结合已知条件得

$$t_1 = -2t_2. \qquad ③$$

则由①③两式可得 $t_2 = \dfrac{4b^2 c}{3a^2 + b^2}$,$t_1 = \dfrac{-8b^2 c}{3a^2 + b^2}$,代入②式,可得 $\dfrac{-32b^4 c^2}{(3a^2 + b^2)^2} = -\dfrac{4b^4}{3a^2 + b^2}$,

整理得 $9c^2 = 4a^2$,所以 $\dfrac{c^2}{a^2} = \dfrac{4}{9}$,故 $e = \dfrac{2}{3}$.

(解法 3)设 $A(x_1, y_1)$,$B(x_2, y_2)$,$F(c,0)$,其中 $c = \sqrt{a^2 - b^2}$,因为 $\overrightarrow{AF} = 2\overrightarrow{FB}$,所以由定比分点公式得

$$\begin{cases} x_1 + 2x_2 = 3c \\ y_1 + 2y_2 = 0 \end{cases}. \qquad ①$$

又由题设得 $\begin{cases} \dfrac{x_1^2}{a^2} + \dfrac{y_1^2}{b^2} = 1 \\ \dfrac{4x_2^2}{a^2} + \dfrac{4y_2^2}{b^2} = 4 \end{cases}$,两式相减,可得

$$\frac{(x_1 + 2x_2)(x_1 - 2x_2)}{a^2} + \frac{(y_1 + 2y_2)(y_1 - 2y_2)}{b^2} = -3. \qquad ②$$

把①式代入②式,整理得 $x_1 - 2x_2 = -\dfrac{a^2}{c}$.联立 $\begin{cases} x_1 - 2x_2 = -\dfrac{a^2}{c} \\ x_1 + 2x_2 = 3c \end{cases}$,解得 $x_1 = \dfrac{3c^2 - a^2}{2c}$.又因为

$k = \dfrac{y_1}{x_1 - c} = \sqrt{3}$,所以

$$y_1 = \sqrt{3}(x_1 - c) = \sqrt{3}\left(\frac{3c^2 - a^2}{2c} - c\right) = \frac{\sqrt{3}b^2}{2c}.$$

把 $\left(\dfrac{3c^2 - a^2}{2c}, \dfrac{\sqrt{3}b^2}{2c}\right)$ 代入 $\dfrac{x^2}{a^2} + \dfrac{y^2}{b^2} = 1$,得

$$\frac{b^2(3c^2 - a^2)^2}{4c^2} + \frac{3a^2 b^4}{4c^2} = a^2 b^2,$$

整理得 $9c^4-13a^2c^2+4a^4=0$，所以 $9\left(\dfrac{c}{a}\right)^4-13\left(\dfrac{c}{a}\right)^2+4=0$，即 $9e^4-13e^2+4=0$，亦即

$(9e^2-4)(e^2-1)=0$．又因为 $0<e<1$，所以 $e=\dfrac{2}{3}$．

（解法4：数形结合法）如图3.5所示，设直线 l 为
椭圆 C 的右准线，e 为离心率．过 A,B 两点分别作
AA_1,BB_1 垂直于 l，点 A_1,B_1 为垂足，过点 B 作
$BE\perp AA_1$ 于点 E．则由椭圆的第二定义得 $|AA_1|=$
$\dfrac{|AF|}{e}$，$|BB_1|=\dfrac{|BF|}{e}$；由 $\overrightarrow{AF}=2\overrightarrow{FB}$，得 $|AF|=$

$2|FB|$．所以 $|AA_1|=\dfrac{2|BF|}{e}$，故 $\cos\angle BAE=\dfrac{|AE|}{|AB|}=$

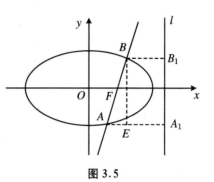

图 3.5

$\dfrac{\dfrac{|BF|}{e}}{3|BF|}=\dfrac{1}{3e}=\dfrac{1}{2}$，可得 $3e=2$，即 $e=\dfrac{2}{3}$．

（解法5：极坐标法）以椭圆 C 的右焦点 F 为极点、射线 Fx 为极轴建立极坐标系，则椭圆

C 的极坐标方程为 $\rho=\dfrac{ep}{1+e\cos\theta}$．因为直线 l 的倾斜角为60°，所以可设 $A(\rho_1,240°)$，

$B(\rho_2,60°)$．又因为 $\overrightarrow{AF}=2\overrightarrow{FB}$，所以 $|FA|=2|FB|$，即 $\rho_1=2\rho_2$，故 $\dfrac{ep}{1+e\cos240°}=$

$\dfrac{2ep}{1+e\cos60°}$，即 $\dfrac{ep}{1-\dfrac{1}{2}e}=\dfrac{2ep}{1+\dfrac{1}{2}e}$，解得 $e=\dfrac{2}{3}$．

（2）（解法1）由弦长公式和(1)可得

$$|AB|=\sqrt{\left(1+\dfrac{1}{k^2}\right)\left[(y_1+y_2)^2-4y_1y_2\right]}=\sqrt{\left(1+\dfrac{1}{3}\right)\left[\dfrac{12b^4c^2}{(3a^2+b^2)^2}+\dfrac{12b^4}{3a^2+b^2}\right]}$$

$$=\dfrac{15}{4},$$

整理得 $\dfrac{2ab^2}{3a^2+b^2}=\dfrac{15}{16}$．又因为 $e^2=\dfrac{c^2}{a^2}=\dfrac{a^2-b^2}{a^2}=1-\dfrac{b^2}{a^2}=\dfrac{4}{9}$，所以 $b^2=\dfrac{5}{9}a^2$，代入上式，解

得 $a=3$，所以 $b=\sqrt{5}$．故椭圆 C 的方程为 $\dfrac{x^2}{9}+\dfrac{y^2}{5}=1$．

（解法2）由参数方程的几何意义和(1)可得

$$|AB|=|t_1-t_2|=\sqrt{(t_1+t_2)^2-4t_1t_2}=\sqrt{\dfrac{16b^4c^2}{(3a^2+b^2)^2}+\dfrac{16b^4}{3a^2+b^2}}=\dfrac{15}{4},$$

整理得 $\dfrac{8ab^2}{3a^2+b^2}=\dfrac{15}{4}$．又因为 $e^2=\dfrac{c^2}{a^2}=\dfrac{a^2-b^2}{a^2}=1-\dfrac{b^2}{a^2}=\dfrac{4}{9}$，所以 $b^2=\dfrac{5}{9}a^2$．代入上式，解

得 $a=3$，所以 $b=\sqrt{5}$．故椭圆 C 的方程为 $\dfrac{x^2}{9}+\dfrac{y^2}{5}=1$．

（解法 3）因为

$$|AB| = |FA| + |FB| = \rho_1 + \rho_2 = \frac{ep}{1 - \frac{1}{2}e} + \frac{ep}{1 + \frac{1}{2}e} = \frac{2ep}{1 - \frac{1}{4}e^2},$$

且 $e = \frac{2}{3}, p = \frac{b^2}{c}$，所以 $\dfrac{2 \times \frac{2}{3} \cdot \frac{b^2}{c}}{1 - \frac{1}{4} \times \frac{4}{9}} = \dfrac{15}{4}$，整理得 $\dfrac{b^2}{c} = \dfrac{5}{2}$．又因为 $e^2 = \dfrac{c^2}{b^2 + c^2} = \dfrac{4}{9}$，所以 $b^2 = \dfrac{5}{4}c^2$．

结合以上两式，解得 $c = 2, b = \sqrt{5}$，所以 $a^2 = b^2 + c^2 = 9$．故椭圆 C 的方程为 $\dfrac{x^2}{9} + \dfrac{y^2}{5} = 1$．

点评 本题是一道关于椭圆的焦点分焦点弦所成比问题．其中，第(1)问的解法 1 是直角坐标法，先利用向量的坐标运算表示出焦点弦两端点间纵坐标的关系，再将直线方程和椭圆方程联立，消去 x 后运用韦达定理表示出两根之和与两根之积，最后解方程便可得出离心率；解法 2 是参数方程法，先设出焦点弦 AB 所在的直线方程，代入椭圆方程，运用韦达定理，再把已知条件化为参数关系；解法 3 是定比点差法；解法 4 运用了数形结合后构造直角梯形；解法 5 运用了极坐标方程．第(2)问是椭圆的焦点弦长问题，解法 1 是直角坐标法，运用了椭圆的弦长公式；解法 2 是参数方程法；解法 3 是极坐标法．

【题根探秘】 通过对例 4 的探究，可以得出以下结论(命题 1 和命题 2)：

命题 1 设椭圆 $C: \dfrac{x^2}{a^2} + \dfrac{y^2}{b^2} = 1 (a > b > 0)$ 的焦点为 F，过 F 的直线 l 与椭圆 C 相交于 A, B 两点，直线 l 的倾斜角为 α，椭圆 C 的离心率为 e．

(1) 若 $\overrightarrow{AF} = \lambda \overrightarrow{FB}$，则当 F 为椭圆 C 的右焦点时，有：

若 A 点在 x 轴上方，B 点在 x 轴下方，则 $\lambda = \dfrac{1 - e\cos\alpha}{1 + e\cos\alpha}$；

若 A 点在 x 轴下方，B 点在 x 轴上方，则 $\lambda = \dfrac{1 + e\cos\alpha}{1 - e\cos\alpha}$．

当 F 为椭圆 C 的左焦点时，有：

若 A 点在 x 轴上方，B 点在 x 轴下方，则 $\lambda = \dfrac{1 + e\cos\alpha}{1 - e\cos\alpha}$；

若 A 点在 x 轴下方，B 点在 x 轴上方，则 $\lambda = \dfrac{1 - e\cos\alpha}{1 + e\cos\alpha}$．

(2) $|AB| = \dfrac{2ep}{1 - e^2\cos^2\alpha}$，其中 $p = \dfrac{b^2}{c}$．

(3) $\dfrac{1}{|FA|} + \dfrac{1}{|FB|} = \dfrac{2}{\dfrac{b^2}{a}}$．

证明：不妨设 F 为椭圆 C 的右焦点，另以椭圆 C 的右焦点 F 为极点，射线 Fx 为极轴建立极坐标系，记离心率为 e，焦点 F 到相应准线的距离为 p，则椭圆 C 的极坐标方程为

$$\rho = \frac{ep}{1 + e\cos\theta}.$$

① 设 A 点在 x 轴上方，B 点在 x 轴下方，另设 $A(\rho_1, \alpha)$，$B(\rho_2, \pi + \alpha)$，因为 $|AF| = \lambda|FB|$，所以 $\rho_1 = \lambda\rho_2$，即 $\frac{ep}{1 + e\cos\alpha} = \frac{\lambda ep}{1 + e\cos(\pi + \alpha)}$，则

$$\lambda = \frac{1 - e\cos\alpha}{1 + e\cos\alpha},$$

$$|AB| = |FA| + |FB| = \rho_1 + \rho_2 = \frac{ep}{1 + e\cos\alpha} + \frac{ep}{1 - e\cos\alpha} = \frac{2ep}{1 - e^2\cos^2\alpha}.$$

故

$$\frac{1}{|FA|} + \frac{1}{|FB|} = \frac{1}{\rho_1} + \frac{1}{\rho_2} = \frac{1 + e\cos\alpha}{ep} + \frac{1 - e\cos\alpha}{ep} = \frac{2}{ep} = \frac{2}{\frac{c}{a} \cdot \frac{b^2}{c}} = \frac{2}{\frac{b^2}{a}}.$$

② 设 A 点在 x 轴下方，B 点在 x 轴上方，另设 $A(\rho_1, \alpha + \pi)$，$B(\rho_2, \alpha)$，因为 $|AF| = \lambda|FB|$，所以 $\rho_1 = \lambda\rho_2$，即 $\frac{ep}{1 + e\cos(\pi + \alpha)} = \frac{\lambda ep}{1 + e\cos\alpha}$，则 $\lambda = \frac{1 + e\cos\alpha}{1 - e\cos\alpha}$.

同理可得 $|AB| = \frac{2ep}{1 - e^2\cos^2\alpha}$，$\frac{1}{|FA|} + \frac{1}{|FB|} = \frac{2}{\frac{b^2}{a}}$.

当 F 为椭圆 C 的左焦点时，以椭圆 C 的左焦点 F 为极点，射线 Fx 为极轴建立极坐标系，记离心率为 e，焦点 F 到相应准线的距离为 p，则椭圆 C 的极坐标方程为 $\rho = \frac{ep}{1 - e\cos\theta}$.

③ 设 A 点在 x 轴上方，B 点在 x 轴下方，另设 $A(\rho_1, \alpha)$，$B(\rho_2, \pi + \alpha)$，因为 $|AF| = \lambda|FB|$，所以 $\rho_1 = \lambda\rho_2$，即 $\frac{ep}{1 - e\cos\alpha} = \frac{\lambda ep}{1 - e\cos(\pi + \alpha)}$，则 $\lambda = \frac{1 + e\cos\alpha}{1 - e\cos\alpha}$，

$$|AB| = |FA| + |FB| = \rho_1 + \rho_2 = \frac{ep}{1 - e\cos\alpha} + \frac{ep}{1 + e\cos\alpha} = \frac{2ep}{1 - e^2\cos^2\alpha}.$$

故

$$\frac{1}{|FA|} + \frac{1}{|FB|} = \frac{1}{\rho_1} + \frac{1}{\rho_2} = \frac{1 - e\cos\alpha}{ep} + \frac{1 + e\cos\alpha}{ep} = \frac{2}{ep} = \frac{2}{\frac{c}{a} \cdot \frac{b^2}{c}} = \frac{2}{\frac{b^2}{a}}.$$

④ 设 A 点在 x 轴下方，B 点在 x 轴上方，另设 $A(\rho_1, \alpha + \pi)$，$B(\rho_2, \alpha)$，因为 $|AF| = \lambda|FB|$，所以 $\rho_1 = \lambda\rho_2$，即 $\frac{ep}{1 - e\cos(\pi + \alpha)} = \frac{\lambda ep}{1 - e\cos\alpha}$，则 $\lambda = \frac{1 - e\cos\alpha}{1 + e\cos\alpha}$.

同理可得 $|AB| = \frac{2ep}{1 - e^2\cos^2\alpha}$，$\frac{1}{|FA|} + \frac{1}{|FB|} = \frac{2}{\frac{b^2}{a}}$.

由上述命题 1 的(2)可得

$$|AB| = \frac{2ep}{1-e^2\cos^2\alpha} = \frac{2\frac{c}{a} \cdot \frac{b^2}{c}}{1 - \frac{c^2}{a^2}\cos^2\alpha} = \frac{2ab^2}{(1-\cos^2\alpha)a^2 + b^2},$$

所以椭圆的焦点弦角度式公式为 $|AB| = \dfrac{2ab^2}{(1-\cos^2\alpha)a^2 + b^2}$.

特别地,在上述命题中,当 $\alpha = \dfrac{\pi}{2}$ 时,焦点弦 AB 垂直于椭圆 C 的长轴,此时把弦 AB 叫作椭圆 C 的通径,其长度 $|AB| = 2ep = 2\dfrac{c}{a} \cdot \dfrac{b^2}{c} = \dfrac{2b^2}{a}$;当 $\alpha \neq \dfrac{\pi}{2}$ 时,设直线 AB 的斜率为 k,则 $k^2 = \tan^2\alpha = \dfrac{1-\cos^2\alpha}{\cos^2\alpha}$,即 $\cos^2\alpha = \dfrac{1}{k^2+1}$,所以

$$|AB| = \frac{2ep}{1-e^2\cos^2\alpha} = \frac{2\frac{c}{a} \cdot \frac{b^2}{c}}{1 - \frac{a^2-b^2}{a^2} \cdot \frac{1}{k^2+1}} = \frac{2ab^2(k^2+1)}{a^2k^2 + b^2}.$$

由上述命题 1 的推导过程可以得到椭圆的焦半径角度式公式:设 P 为椭圆 $C: \dfrac{x^2}{a^2} + \dfrac{y^2}{b^2} = 1$ $(a>b>0)$ 上任意一点,F 为 C 的一个焦点,O 为坐标原点,$\angle PFO = \theta$,则 $|PF| = \dfrac{b^2}{a-c\cos\theta}$.

命题 2 设椭圆 $C: \dfrac{x^2}{a^2} + \dfrac{y^2}{b^2} = 1 (a>b>0)$ 的焦点为 F,过 F 的直线 l 与椭圆 C 相交于 A,B 两点,直线 l 的倾斜角为 α $(\alpha \neq 0°)$,O 为坐标原点,则 $\triangle AOB$ 的面积为 $S = \dfrac{b^2 e \sin\alpha}{1-e^2\cos^2\alpha}$,其中 e 为椭圆 C 的离心率.

证明:不妨设焦点 F 为椭圆 C 的右焦点,则直线 AB 的方程为 $x\sin\alpha - y\cos\alpha - c\sin\alpha = 0$,从而可得坐标原点 O 到直线 AB 的距离

$$d = \frac{|-c\sin\alpha|}{\sqrt{\sin^2\alpha + (-\cos\alpha)^2}} = c\sin\alpha.$$

由命题 1 可知 $|AB| = \dfrac{2ep}{1-e^2\cos^2\alpha}$,所以

$$S_{\triangle AOB} = \frac{1}{2}|AB| \cdot d = \frac{1}{2} \cdot \frac{2\frac{c}{a} \cdot \frac{b^2}{c}}{1 - \frac{c^2}{a^2}\cos^2\alpha} \cdot c\sin\alpha = \frac{b^2 e \sin\alpha}{1-e^2\cos^2\alpha}.$$

当焦点 F 为椭圆 C 的左焦点时,同理可得 $S = \dfrac{b^2 e \sin\alpha}{1-e^2\cos^2\alpha}$.

例 5 (2022 年新高考 Ⅰ 卷/16) 已知椭圆 $C: \dfrac{x^2}{a^2} + \dfrac{y^2}{b^2} = 1 (a>b>0)$,$C$ 的上顶点为 A,两个焦点为 F_1,F_2,离心率为 $\dfrac{1}{2}$.过 F_1 且垂直于 AF_2 的直线与 C 交于 D,E 两点,

$|DE| = 6$,则 $\triangle ADE$ 的周长是 _____.

【解析】 因为椭圆 $C: \dfrac{x^2}{a^2} + \dfrac{y^2}{b^2} = 1 (a > b > 0)$ 的离心率为 $\dfrac{1}{2}$,所以不妨设椭圆 C 的方程

为 $\dfrac{x^2}{4c^2} + \dfrac{y^2}{3c^2} = 1$. 又因为 $a = 2c$,C 的上顶点为 A,两个焦点为 F_1,F_2,所以 $\triangle AF_1F_2$ 为等边

三角形,如图 3.6 所示.

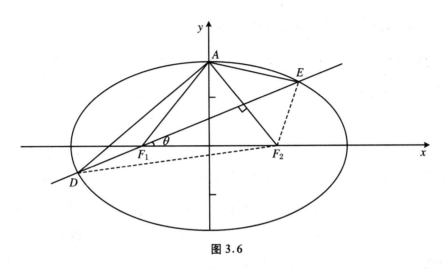

图 3.6

由题设 $A(0,b)$,$F_2(c,0)$,所以 $k_{AF_2} = \dfrac{-b}{c} = -\dfrac{\sqrt{4c^2 - c^2}}{c} = -\sqrt{3}$. 又因为过 F_1 且垂直

于 AF_2 的直线与 C 交于 D,E 两点,所以 $k_{DE} = -\dfrac{1}{k_{AF_2}} = \dfrac{\sqrt{3}}{3}$. 由等腰三角形的性质可得

$|AD| = |DF_2|$,$|AE| = |EF_2|$. 设直线 DE 的方程为 $y = \dfrac{\sqrt{3}}{3}(x + c)$,$D(x_1,y_1)$,$E(x_2,y_2)$,

将其与椭圆 C 的方程联立并化简,可得 $13x^2 + 8cx - 32c^2 = 0$,则由韦达定理可得 $x_1 + x_2 = $

$-\dfrac{8c}{13}$,$x_1 x_2 = -\dfrac{32c^2}{13}$. 又因为

$$|DE| = |DF_1| + |EF_1| = (a + ex_1) + (a + ex_2) = 2a + e(x_1 + x_2)$$
$$= 2a - \dfrac{2a^2}{13a} = 6,$$

解得 $a = \dfrac{13}{4}$,所以由椭圆的定义可得 $\triangle ADE$ 的周长为

$$|DE| + |AD| + |AE| = |DE| + |DF_2| + |EF_2| = 4a = 4 \times \dfrac{13}{4} = 13.$$

(解法 2)因为椭圆 $C: \dfrac{x^2}{a^2} + \dfrac{y^2}{b^2} = 1 (a > b > 0)$ 的离心率为 $\dfrac{1}{2}$,所以不妨设椭圆 C 的方程

为 $\dfrac{x^2}{4c^2} + \dfrac{y^2}{3c^2} = 1$. 因为 $a = 2c$,C 的上顶点为 A,两个焦点为 F_1,F_2,所以 $|AF_1| = |AF_2| = $

$a = 2c = |F_1F_2|$,故 $\triangle AF_1F_2$ 为等边三角形. 又因为 $F_1E \perp AF_2$,所以直线 DE 的倾斜角为 $\alpha = 30°$,故由焦点弦公式得 $|DE| = \dfrac{2ep}{1 - e^2\cos^2\alpha}$,其中 $p = \dfrac{b^2}{c}$,则

$$|DE| = \frac{2 \times \frac{1}{2} \cdot \frac{b^2}{c}}{1 - \frac{1}{4} \times \frac{3}{4}} = \frac{16}{13} \cdot \frac{b^2}{c} = \frac{16}{13} \cdot \frac{a^2 - \frac{1}{4}a^2}{\frac{1}{2}a} = \frac{24a}{13} = 6,$$

解得 $a = \dfrac{13}{4}$.故由椭圆的定义可得 $\triangle ADE$ 的周长为

$$|DE| + |AD| + |AE| = |DE| + |DF_2| + |EF_2| = 4a = 4 \times \frac{13}{4} = 13.$$

点评 本题的解法 1 把椭圆的焦点弦 DE 化归为两焦半径之和,利用焦半径公式表示出焦点弦的长度;解法 2 实际上运用的是椭圆的焦点弦角度式公式表示出焦点弦 DE 的长度.

变式 1(2010 全国Ⅱ卷/理 12) 已知椭圆 $C: \dfrac{x^2}{a^2} + \dfrac{y^2}{b^2} = 1(a > b > 0)$ 的离心率为 $\dfrac{\sqrt{3}}{2}$,过右焦点 F 且斜率为 $k(k > 0)$ 的直线与 C 相交于 A,B 两点.若 $\overrightarrow{AF} = 3\overrightarrow{FB}$,则 $k = ($ $)$.

A. 1   B. $\sqrt{2}$ C. $\sqrt{3}$ D. 2

【解析】 由题设可得 A 点在 x 轴下方,B 点在 x 轴上方,则 $\lambda = \dfrac{1 + e\cos\alpha}{1 - e\cos\alpha}$.又由题设可得 $\lambda = 3,e = \dfrac{\sqrt{3}}{2}$,所以 $3 = \dfrac{1 + \frac{\sqrt{3}}{2}\cos\alpha}{1 - \frac{\sqrt{3}}{2}\cos\alpha}$,解得 $\cos\alpha = \dfrac{\sqrt{3}}{3}$,则 $k = \tan\alpha = \sqrt{\dfrac{1}{\cos^2\alpha} - 1} = \sqrt{2}$.故选 B.

变式 2(2013 年全国大纲卷/文 8) 已知 $F_1(-1,0),F_2(1,0)$ 是椭圆 C 的两个焦点,过 F_2 且垂直于 x 轴的直线交 C 于 A,B 两点,且 $|AB| = 3$,则椭圆 C 的方程为(   ).

A. $\dfrac{x^2}{2} + y^2 = 1$ B. $\dfrac{x^2}{3} + \dfrac{y^2}{2} = 1$

C. $\dfrac{x^2}{4} + \dfrac{y^2}{3} = 1$ D. $\dfrac{x^2}{5} + \dfrac{y^2}{4} = 1$

【解析】 由题设及椭圆通径公式可得 $|AB| = \dfrac{2b^2}{a} = 3$.因为 $a^2 - b^2 = c^2 = 1$,所以 $\dfrac{2(a^2 - 1)}{a} = 3$,即 $2a^2 - 3a - 2 = 0$.又因为 $a > 0$,解得 $a = 2$,所以 $b = \sqrt{3}$.则椭圆 C 的方程为 $\dfrac{x^2}{4} + \dfrac{y^2}{3} = 1$.故选 C.

例 6(2013 全国新课标Ⅱ卷/文 10) 设抛物线 $C: y^2 = 4x$ 的焦点为 F,直线 l 过 F

且与 C 交于 A,B 两点. 若 $|AF| = 3|BF|$,则直线 l 的方程为(　　).

A. $y = x - 1$ 或 $y = -x + 1$

B. $y = \dfrac{\sqrt{3}}{3}(x-1)$ 或 $y = -\dfrac{\sqrt{3}}{3}(x-1)$

C. $y = \sqrt{3}(x-1)$ 或 $y = -\sqrt{3}(x-1)$

D. $y = \dfrac{\sqrt{2}}{2}(x-1)$ 或 $y = -\dfrac{\sqrt{2}}{2}(x-1)$

【解析】 下面先给出这道题的 5 种解法.

(解法 1:解析法)设 $A(x_1, y_1)$,$B(x_2, y_2)$,因为抛物线 $C: y^2 = 4x$ 的焦点为 $F(1,0)$,所以直线 l 的方程设为 $y = k(x-1)$. 联立方程组 $\begin{cases} y = k(x-1) \\ y^2 = 4x \end{cases}$,得 $ky^2 - 4y - 4k = 0$,则由韦达定理得 $y_1 + y_2 = \dfrac{4}{k}$,$y_1 y_2 = -4$. 又因为 $|AF| = 3|BF|$,所以 $\overrightarrow{AF} = 3\overrightarrow{FB}$,即 $(1 - x_1, -y_1) = 3(x_2 - 1, y_2)$,化简得 $-y_1 = 3y_2$. 代入 $y_1 + y_2 = \dfrac{4}{k}$,得 $y_2 = -\dfrac{2}{k}$,$y_1 = \dfrac{6}{k}$;代入 $y_1 y_2 = -4$,解得 $k^2 = 3$,即 $k = \pm\sqrt{3}$. 所以直线 l 的方程为 $y = \sqrt{3}(x-1)$ 或 $y = -\sqrt{3}(x-1)$. 故选 C.

(解法 2:定义法)抛物线 $C: y^2 = 4x$ 的焦点为 $F(1,0)$,准线 l' 为 $x = -1$.

(1) 当 A 点在 x 轴上方,B 点在 x 轴下方时,过 A,B 两点分别作抛物线 $C: y^2 = 4x$ 的准线 l' 的垂线 AA',BB',垂足为 A',B',过 B 点作 $BC \perp AA'$,且垂足为 C. 由已知可设 $|BF| = x$,则 $|AF| = 3x$. 又由抛物线的定义可知 $|AA'| = 3x$,$|BB'| = x$,$|AC| = 2x$,所以在 $\mathrm{Rt}\triangle ABC$ 中,$|BC| = \sqrt{|AB|^2 - |AC|^2} = 2\sqrt{3}x$,则 $\tan\angle BAC = \dfrac{|BC|}{|AC|} = \sqrt{3}$,所以 $k = \tan\alpha = \sqrt{3}$.

(2) 当 A 点在 x 轴下方,B 点在 x 轴上方时,同理解得 $k = -\sqrt{3}$.

综上可知,直线 l 的方程为 $y = \sqrt{3}(x-1)$ 或 $y = -\sqrt{3}(x-1)$. 故选 C.

(解法 3:弦长公式法)设直线 AB 的倾斜角为 θ,由题意知 $p = 2$,$F(1,0)$,$\dfrac{|AF|}{|BF|} = 3$. 又因为 $\dfrac{1}{|FA|} + \dfrac{1}{|FB|} = \dfrac{2}{p}$,即 $\dfrac{1}{3|BF|} + \dfrac{1}{|BF|} = 1$,解得 $|BF| = \dfrac{4}{3}$,$|AF| = 4$,所以 $|AB| = \dfrac{16}{3}$. 又由抛物线焦点弦公式知 $|AB| = \dfrac{2p}{\sin^2\theta}$,所以 $\dfrac{16}{3} = \dfrac{4}{\sin^2\theta}$,可得 $\sin^2\theta = \dfrac{3}{4}$,即 $\sin\theta = \dfrac{\sqrt{3}}{2}$,因此 $k = \tan\theta = \pm\sqrt{3}$. 则直线 l 的方程为 $y = \sqrt{3}(x-1)$ 或 $y = -\sqrt{3}(x-1)$. 故选 C.

(解法 4:参数方程法)设直线 l 的参数方程为 $\begin{cases} x = 1 + t\cos\alpha \\ y = t\sin\alpha \end{cases}$($t$ 为参数),则代入抛物线方程 $y^2 = 4x$,整理得 $t^2\sin^2\alpha - 4t\cos\alpha - 4 = 0$,所以由韦达定理得 $t_1 + t_2 = \dfrac{4\cos\alpha}{\sin^2\alpha}$,$t_1 t_2 = -\dfrac{4}{\sin^2\alpha}$. 又因为 $|AF| = 3|BF|$,所以 $\overrightarrow{AF} = 3\overrightarrow{FB}$,即 $t_1 = -3t_2$. 代入 $t_1 + t_2 = \dfrac{4\cos\alpha}{\sin^2\alpha}$,得 $t_2 = $

$-\dfrac{2\cos\alpha}{\sin^2\alpha}$，$t_1=\dfrac{6\cos\alpha}{\sin^2\alpha}$．再将 t_1，t_2 代入 $t_1t_2=-\dfrac{4}{\sin^2\alpha}$，解得 $\tan^2\alpha=3$，所以 $\tan\alpha=\pm\sqrt3$．则直线 l 的方程为 $y=\sqrt3(x-1)$ 或 $y=-\sqrt3(x-1)$．故选 C.

（解法 5：极坐标系法）以焦点 F 为极点，射线 Fx 为极轴建立极坐标系，则抛物线 C 的极坐标方程为 $\rho=\dfrac{2}{1-\cos\theta}$．

（1）设 A 点在 x 轴上方，B 点在 x 轴下方，根据已知设 $A(\rho_1,\theta)$，$B(\rho_2,\theta+\pi)$，则由 $|AF|=3|BF|$，即 $\rho_1=3\rho_2$，得 $\dfrac{2}{1-\cos\theta}=\dfrac{6}{1-\cos(\theta+\pi)}$，解得 $\cos\theta=\dfrac12$，即 $\theta=\dfrac{\pi}{3}$，所以 $k=\sqrt3$．

（2）设 A 点在 x 轴下方，B 点在 x 轴上方，根据已知设 $A(\rho_1,\theta+\pi)$，$B(\rho_2,\theta)$，则由 $|AF|=3|BF|$，即 $\rho_1=3\rho_2$，得 $\dfrac{2}{1-\cos(\theta+\pi)}=\dfrac{6}{1-\cos\theta}$，解得 $\cos\theta=-\dfrac12$，即 $\theta=\dfrac{2\pi}{3}$，所以 $k=-\sqrt3$．

综上可知，直线 l 的方程为 $y=\sqrt3(x-1)$ 或 $y=-\sqrt3(x-1)$．故选 C.

点评 本题是一道关于椭圆的焦点分焦点弦所成的比问题，解法 1 是直角坐标法，解法 2 是数形结合构造直角梯形法，解法 3 是焦点弦性质和焦点弦公式法，解法 4 是参数方程法，解法 5 是极坐标法．

例7 （2018 年全国 II 卷/理 19） 设抛物线 $C:y^2=4x$ 的焦点为 F，过点 F 且斜率为 $k(k>0)$ 的直线 l 与 C 交于 A，B 两点，$|AB|=8$．

（1）求直线 l 的方程；

（2）求过点 A，B 且与 C 的准线相切的圆的方程．

【解析】 （1）（解法 1）由题意得 $F(1,0)$，直线 l 的方程为 $y=k(x-1)(k>0)$．设 $A(x_1,y_1)$，$B(x_2,y_2)$，则由 $\begin{cases} y=k(x-1) \\ y^2=4x \end{cases}$，得 $k^2x^2-(2k^2+4)x+k^2=0$，所以 $\Delta=16k^2+16>0$，故由韦达定理得 $x_1+x_2=\dfrac{2k^2+4}{k^2}$，$x_1x_2=1$．则由弦长公式可得

$$|AB|=\sqrt{(1+k^2)\big[(x_1+x_2)^2-4x_1x_2\big]}=\sqrt{(1+k^2)\left[\left(\dfrac{2k^2+4}{k^2}\right)^2-4\right]}=8,$$

整理得 $(k^2+1)^2=4k^4$．又因为 $k>0$，所以 $k=1$．因此，直线 l 的方程为 $y=x-1$．

（解法 2）上同解法 1，联立 $\begin{cases} y=k(x-1) \\ y^2=4x \end{cases}$，消去 x 得 $ky^2-4y-4k=0$，则由韦达定理得 $y_1+y_2=\dfrac{4}{k}$，$y_1y_2=4$．所以由弦长公式可得

$$|AB| = \sqrt{\left(1 + \frac{1}{k^2}\right)\left[(y_1 + y_2)^2 - 4y_1 y_2\right]} = \sqrt{\left(1 + \frac{1}{k^2}\right)\left(\frac{16}{k^2} + 16\right)} = 8,$$

解得 $k^2 = 1$. 又因为 $k > 0$, 所以 $k = 1$, 因此, 直线 l 的方程为 $y = x - 1$.

（解法3）上同解法1, 由抛物线定义可得 $|AB| = x_1 + x_2 + 2 = \dfrac{4k^2 + 4}{k^2}$. 又由题设知

$\dfrac{4k^2 + 4}{k^2} = 8$, 解得 $k = -1$（舍去）或 $k = 1$. 因此, 直线 l 的方程为 $y = x - 1$.

（解法4）设直线 l 的倾斜角为 α, 直线 l 的参数方程为 $\begin{cases} x = 1 + t\cos\alpha \\ y = t\sin\alpha \end{cases}$（$t$ 为参数）, 代入 $y^2 = 4x$, 整理得 $t^2\sin^2\alpha - 4t\cos\alpha - 4 = 0$. 设点 A, B 对应的参数分别为 t_1, t_2, 则由韦达定理得 $t_1 + t_2 = \dfrac{4\cos\alpha}{\sin^2\alpha}$, $t_1 t_2 = -\dfrac{4}{\sin^2\alpha}$, 所以由参数方程的几何意义可得

$$|AB| = |t_1 - t_2| = \sqrt{(t_1 + t_2)^2 - 4t_1 t_2} = \sqrt{\left(\frac{4\cos\alpha}{\sin^2\alpha}\right)^2 + \frac{16}{\sin^2\alpha}} = \frac{4}{\sin^2\alpha} = 8,$$

解得 $\sin^2\alpha = \dfrac{1}{2}$, 则 $\sin\alpha = \dfrac{\sqrt{2}}{2}$. 又由题设知 $k = \tan\alpha > 0$, 所以 $\alpha = \dfrac{\pi}{4}$, 因此 $k = \tan\dfrac{\pi}{4} = 1$. 故直线 l 的方程为 $x - y - 1 = 0$.

（解法5）以抛物线 C 的焦点 F 为极点, 射线 Fx 为极轴建立极坐标, 则抛物线 C 的极坐标方程为 $\rho = \dfrac{2}{1 - \cos\theta}$. 不妨设直线 AB 的倾斜角为 α, 另设 $A(\rho_1, \alpha)$, $B(\rho_2, \alpha + \pi)$, 则

$$|AB| = \rho_1 + \rho_2 = \frac{2}{1 - \cos\alpha} + \frac{2}{1 - \cos(\alpha + \pi)} = \frac{2}{1 - \cos\alpha} + \frac{2}{1 + \cos\alpha} = 8,$$

所以 $\cos^2\alpha = \dfrac{1}{2}$. 又因为 $0 < \alpha < \dfrac{\pi}{2}$, 所以 $\cos\alpha = \dfrac{\sqrt{2}}{2}$, 可得 $\alpha = \dfrac{\pi}{4}$, 即 $k = \tan\dfrac{\pi}{4} = 1$. 故直线 l 的方程为 $x - y - 1 = 0$.

(2) 由(1)知, 直线 l 的方程为 $y = x - 1$. 联立 $\begin{cases} y = x - 1 \\ y^2 = 4x \end{cases}$, 得 $x^2 - 6x + 1 = 0$. 设 AB 的中点坐标为 (x_0, y_0), 则由中点坐标公式可得 $x_0 = \dfrac{x_1 + x_2}{2} = 3$, 所以 $y_0 = x_0 - 1 = 2$. 因此, 直线 AB 的垂直平分线的方程为 $y = -x + 5$, 故要求的圆的圆心一定在直线 $y = -x + 5$ 上. 设圆心坐标为 $(x_1, -x_1 + 5)$, 则 $(x_1 + 1)^2 = 16 + (x_1 - 3)^2 + (-x_1 + 5 - 2)^2$, 解得 $x_1 = 3$ 或 $x_1 = 11$. 所以圆心坐标为 $(3, 2)$, 半径为 4; 或圆心坐标为 $(11, -6)$, 半径为 12.

综上可知, 所求的圆的方程为 $(x - 3)^2 + (y - 2)^2 = 16$ 或 $(x - 11)^2 + (y + 6)^2 = 144$.

点评　本题的第(1)问是抛物线的焦点弦问题, 解法1和解法2都是将直线方程与抛物线方程联立, 消元后运用普通弦长公式解出 k 的值, 得出直线方程; 解法3联立消元后, 运用了焦点弦公式; 解法4运用了直线参数方程法; 解法5运用了极坐标法. 第(2)问要求圆的方程, 首先要确定圆心坐标与半径, 因为线段 AB 为所求圆的弦, 所以根据弦 AB 的垂直平分

线经过圆心;再根据垂径定理,直线与圆相交时 $|AB| = 2\sqrt{r^2 - d^2}$,其中,r 为圆的半径,d 为圆心到直线的距离,解方程可得出圆心坐标和半径长.

【题根探秘2】 通过对例7进行推广探究,可以得到以下结论(命题3~命题6):

命题3 设直线 l 经过抛物线 C:$y^2 = 2px(p > 0)$ 的焦点 F,且与抛物线 C 交于 A,B 两点(直线 AB 的倾斜角为 α),$A(x_1, y_1)$,$B(x_2, y_2)$,O 为坐标原点,准线方程为 $x = -\dfrac{p}{2}$,则抛物线 C 的焦点弦有以下9条常用的基本性质:

(1) $x_1 x_2 = \dfrac{p^2}{4}$;(2) $y_1 y_2 = -p^2$;(3) $|AB| = x_1 + x_2 + p$;(4) $|AB| = \dfrac{2p}{\sin^2 \alpha}$;

(5) $|AF| \cdot |BF| = \dfrac{p^2}{\sin^2 \alpha}$;(6) $\dfrac{1}{|AF|} + \dfrac{1}{|BF|} = \dfrac{2}{p}$;(7) $S_{\triangle AOB} = \dfrac{p^2}{2\sin \alpha}$;

(8) 以 AB 为直径的圆与准线相切;

(9) 以 AF,BF 为直径的圆都与 y 轴相切.

证明:(1) 当直线 l 的斜率存在时,设直线 l 的方程为 $y = k\left(x - \dfrac{p}{2}\right)$,联立 $\begin{cases} y^2 = 2px \\ y = k\left(x - \dfrac{p}{2}\right) \end{cases}$,消去 y,整理得 $k^2 x^2 - (k^2 p + 2p)x + \dfrac{k^2 p^2}{4} = 0$,则由韦达定理得 $x_1 x_2 = \dfrac{p^2}{4}$.

当直线 l 的斜率不存在时,直线 l 的方程为 $x = \dfrac{p}{2}$.联立 $y^2 = 2px$,解得 $y = \pm p$.不妨设 $A\left(\dfrac{p}{2}, p\right)$,$B\left(\dfrac{p}{2}, -p\right)$,$x_1 x_2 = \dfrac{p^2}{4}$.

(2) 联立 $\begin{cases} y^2 = 2px \\ y = k\left(x - \dfrac{p}{2}\right) \end{cases}$,消去 x,整理得 $ky^2 - 2py - kp^2 = 0$,则由韦达定理得 $y_1 y_2 = -p^2$.当直线 l 的斜率不存在时,$y_1 y_2 = p \cdot (-p) = -p^2$.

(3) 由抛物线焦半径公式得 $|AF| = x_1 + \dfrac{p}{2}$,$|BF| = x_2 + \dfrac{p}{2}$,所以 $|AB| = |AF| + |BF| = x_1 + x_2 + p$.

(4) 以焦点 F 为极点,射线 Fx 为极轴建立极坐标系,则抛物线 C 的极坐标方程为 $\rho = \dfrac{p}{1 - \cos \theta}$.不妨设 A 点在 x 轴上方,B 点在 x 轴下方,根据已知设 $A(\rho_1, \alpha)$,$B(\rho_2, \alpha + \pi)$,$|AF| = \dfrac{p}{1 - \cos \alpha}$,$|BF| = \dfrac{p}{1 - \cos(\pi + \alpha)}$,所以

$$|AB| = |AF| + |BF| = \dfrac{p}{1 - \cos \alpha} + \dfrac{p}{1 + \cos \alpha} = \dfrac{2p}{1 - \cos^2 \alpha} = \dfrac{2p}{\sin^2 \alpha}.$$

(5) 同(4)的证明, $|AF| \cdot |BF| = \dfrac{p}{1 - \cos \alpha} \cdot \dfrac{p}{1 + \cos \alpha} = \dfrac{p^2}{1 - \cos^2 \alpha} = \dfrac{p^2}{\sin^2 \alpha}$.

(6) 同(4)的证明, $\dfrac{1}{|AF|} + \dfrac{1}{|BF|} = \dfrac{1 - \cos \alpha}{p} + \dfrac{1 + \cos \alpha}{p} = \dfrac{2}{p}$.

(7) 同(4)的证明, $|AF| + |BF| = \dfrac{2p}{\sin^2 \alpha}$, 则

$$S_{\triangle AOB} = S_{\triangle AOF} + S_{\triangle BOF} = \frac{1}{2} |AF| \cdot |OF| \sin \alpha + \frac{1}{2} |BF| \cdot |OF| \sin \alpha$$

$$= \frac{1}{2} (|AF| + |BF|) |OF| \cdot \sin \alpha = \frac{1}{2} \cdot \frac{2p}{\sin^2 \alpha} \cdot \frac{p}{2} \cdot \sin \alpha = \frac{p^2}{2 \sin \alpha}.$$

当 A 点在 x 轴下方, B 点在 x 轴上方时, 同样可证得(4)、(5)、(6)、(7)成立.

(8) 记线段 AB 的中点 $M\left(\dfrac{x_1 + x_2}{2}, \dfrac{y_1 + y_2}{2}\right)$, 所以以 AB 为直径的圆的圆心坐标为 $\left(\dfrac{x_1 + x_2}{2}, \dfrac{y_1 + y_2}{2}\right)$, 点 $M\left(\dfrac{x_1 + x_2}{2}, \dfrac{y_1 + y_2}{2}\right)$ 到准线 $x = -\dfrac{p}{2}$ 的距离为 $\dfrac{x_1 + x_2}{2} - \left(-\dfrac{p}{2}\right) = \dfrac{x_1 + x_2 + p}{2}$. 又因为以 AB 为直径的圆的半径为 $r = \dfrac{1}{2} |AB| = \dfrac{x_1 + x_2 + p}{2}$, 所以以 AB 为直径的圆与准线相切.

(9) 记线段 AF 的中点 $D\left(\dfrac{x_1 + \dfrac{p}{2}}{2}, \dfrac{y_1}{2}\right)$, 所以以 AF 为直径的圆的圆心坐标为 $\left(\dfrac{x_1 + \dfrac{p}{2}}{2}, \dfrac{y_1}{2}\right)$, 点 $D\left(\dfrac{x_1 + \dfrac{p}{2}}{2}, \dfrac{y_1}{2}\right)$ 到 y 轴的距离为 $\dfrac{x_1 + \dfrac{p}{2}}{2}$. 又因为以 AF 为直径的圆的半径为 $r = \dfrac{1}{2} |AF| = \dfrac{x_1 + \dfrac{p}{2}}{2}$, 所以以 AF 为直径的圆与 y 轴相切. 同理可证得以 BF 为直径的圆与 y 轴相切.

特别地, 当上述直线 AB 的倾斜角 $\alpha = 90°$ 时, 焦点弦 AB 垂直于抛物线的对称轴, 此时把焦点弦 AB 叫作抛物线的通径, 其长度 $|AB| = 2p$.

命题 4 过抛物线 $y^2 = 2px (p > 0)$ 的焦点 F 且倾斜角为 $\alpha (\alpha \neq 90°)$ 的直线 l 交该抛物线于 A, B 两点. 设 A 点在 x 轴上方, B 点在 x 轴下方, 且设 $|AF| = d_1$, $|BF| = d_2$, 则有 $\tan \alpha = \dfrac{2\sqrt{d_1 d_2}}{d_1 - d_2}$.

证明: 当 $d_1 > d_2$ 时, 过 A, B 两点分别作抛物线 $y^2 = 2px (p > 0)$ 的准线 l' 的垂线 AM, BN, 垂足为 M, N, 过 B 点作 $BC \perp AM$, 且垂足为 C. 设 $d_1 > d_2$, 则在 $\text{Rt} \triangle ABC$ 中, $|AC| = d_1 - d_2$, $|AB| = d_1 + d_2$, 故

$$|BC| = \sqrt{|AB|^2 - |AC|^2} = \sqrt{(d_1 + d_2)^2 - (d_1 - d_2)^2} = 2\sqrt{d_1 d_2},$$

所以 $\tan\alpha = \dfrac{|BC|}{|AC|} = \dfrac{2\sqrt{d_1 d_2}}{d_1 - d_2}$.

当 $d_1 < d_2$ 时,同理可得 $\tan\alpha = \dfrac{2\sqrt{d_1 d_2}}{d_1 - d_2}$.

命题 5 过抛物线 $y^2 = 2px(p > 0)$ 的焦点 F 的直线交该抛物线于 A,B 两点,设直线 l 的斜率为 k. 若 $|AF| = \lambda|FB|(\lambda \neq 1)$,则 λ 与 k 满足 $k^2 = \dfrac{4\lambda}{(\lambda - 1)^2}$.

证明:设 $A(x_1, y_1), B(x_2, y_2)$,则联立方程组 $\begin{cases} y = k\left(x - \dfrac{p}{2}\right) \\ y^2 = 2px \end{cases}$,消去 x,得 $ky^2 - 2py -$

$p^2 k = 0$,则由韦达定理得 $y_1 + y_2 = \dfrac{2p}{k}, y_1 y_2 = -p^2$. 又因为 $|AF| = \lambda|FB|(\lambda \neq 1)$,所以 $\overrightarrow{AF} = \lambda\overrightarrow{FB}$,即 $-y_1 = \lambda y_2$. 代入 $y_1 + y_2 = \dfrac{2p}{k}$,得 $y_2 = \dfrac{2p}{k(1 - \lambda)}, y_1 = \dfrac{2p\lambda}{k(\lambda - 1)}$. 将 y_1, y_2 代入 $y_1 y_2 =$

$-p^2$,整理得 $4\lambda = k^2(\lambda - 1)^2$,所以 $k^2 = \dfrac{4\lambda}{(\lambda - 1)^2}$.

命题 6 过抛物线 $y^2 = 2px(p > 0)$ 的焦点 F 的直线交该抛物线于 A,B 两点,设直线 l 的倾斜角为 α. 若 $|AF| = \lambda|FB|(\lambda \neq 1)$,则:

(1) 当 A 点在 x 轴上方,B 点在 x 轴下方时,$\lambda = \dfrac{1 + \cos\alpha}{1 - \cos\alpha}$;

(2) 当 A 点在 x 轴下方,B 点在 x 轴上方时,$\lambda = \dfrac{1 - \cos\alpha}{1 + \cos\alpha}$.

证明:以焦点 F 为极点,射线 Fx 为极轴建立极坐标系,则抛物线 C 的极坐标方程为 $\rho = \dfrac{p}{1 - \cos\theta}$.

(1) 设 A 点在 x 轴上方,B 点在 x 轴下方,根据已知设 $A(\rho_1, \alpha), B(\rho_2, \alpha + \pi)$,则由 $|AF| = \lambda|FB|(\lambda \neq 1)$,即 $\rho_1 = \lambda\rho_2$,所以 $\dfrac{p}{1 - \cos\alpha} = \dfrac{\lambda p}{1 - \cos(\alpha + \pi)}$,解得 $\lambda = \dfrac{1 + \cos\alpha}{1 - \cos\alpha}$.

(2) 设 A 点在 x 轴下方,B 点在 x 轴上方,根据已知设 $A(\rho_1, \alpha + \pi), B(\rho_2, \alpha)$,则由 $|AF| = \lambda|FB|(\lambda \neq 1)$,即 $\rho_1 = \lambda\rho_2$,所以 $\dfrac{p}{1 - \cos(\alpha + \pi)} = \dfrac{\lambda p}{1 - \cos\alpha}$,解得 $\lambda = \dfrac{1 - \cos\alpha}{1 + \cos\alpha}$.

根据上述命题 6 的探究过程,可得抛物线焦半径的角度式公式:设 M 为抛物线 C: $y^2 = 2px(p > 0)$ 上任意一点,F 为 C 的一个焦点,O 为坐标原点,$\angle MFO = \theta$,则 $|MF| = \dfrac{p}{1 + \cos\theta}$.

变式 3(2022 年新高考 II 卷/10) 已知 O 为坐标原点,过抛物线 $C: y^2 = 2px(p > 0)$ 焦

点 F 的直线与 C 交于 A，B 两点，其中 A 在第一象限，点 $M(p,0)$．若 $|AF|=|AM|$，则（　　）．

A．直线 AB 的斜率为 $2\sqrt{6}$ B．$|OB|=|OF|$

C．$|AB|>4|OF|$ D．$\angle OAM+\angle OBM<180°$

【解析】（解法 1）如图 3.7 所示，因为 $F\left(\dfrac{p}{2},0\right)$，$M(p,0)$，且 $|AF|=|AM|$，由题设可得

$x_A=\dfrac{\dfrac{p}{2}+p}{2}=\dfrac{3p}{4}$，所以点 $A\left(\dfrac{3p}{4},\dfrac{\sqrt{6}p}{2}\right)$．由抛物线焦点弦的

性质，可得 $x_A x_B=\dfrac{p^2}{4}$，则 $x_B=\dfrac{p}{3}$，所以 $B\left(\dfrac{p}{3},-\dfrac{\sqrt{6}p}{3}\right)$．

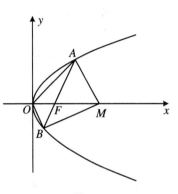

图 3.7

则 $k_{AB}=k_{AF}=\dfrac{\dfrac{\sqrt{6}p}{2}-0}{\dfrac{3p}{4}-\dfrac{p}{2}}=2\sqrt{6}$，故 A 正确．$|OB|=$

$\sqrt{\dfrac{p^2}{9}+\dfrac{6p^2}{9}}=\dfrac{\sqrt{7}p}{3}$，$|OF|=\dfrac{p}{2}$，$|OB|\ne|OF|$，故 B 错误．

$|AB|=\dfrac{3p}{4}+\dfrac{p}{3}+p=\dfrac{25p}{12}>2p=4|OF|$，故 C 正确．又因为 $\overrightarrow{AO}=\left(-\dfrac{3}{4}p,-\dfrac{\sqrt{6}}{2}p\right)$，$\overrightarrow{AM}=$

$\left(\dfrac{1}{4}p,-\dfrac{\sqrt{6}}{2}p\right)$，$\overrightarrow{AO}\cdot\overrightarrow{AM}=-\dfrac{3p^2}{16}+\dfrac{3p^2}{2}>0$，所以 $\angle OAM$ 为锐角，$\overrightarrow{BO}=\left(-\dfrac{1}{3}p,\dfrac{\sqrt{6}}{3}p\right)$，

$\overrightarrow{BM}=\left(\dfrac{2}{3}p,\dfrac{\sqrt{6}}{3}p\right)$，$\overrightarrow{BO}\cdot\overrightarrow{BM}=-\dfrac{2p^2}{9}+\dfrac{2p^2}{3}>0$．所以 $\angle OBM$ 为锐角，$\angle OAM$，$\angle OBM$ 均为

锐角，可得 $\angle OAM+\angle OBM<180°$，故 D 正确．故选 ACD．

（解法 2）同解法 1，可得 $x_A=\dfrac{3p}{4}$．由抛物线的焦半径公式可得 $|AF|=x_A+\dfrac{p}{2}=\dfrac{3p}{4}+\dfrac{p}{2}$

$=\dfrac{5p}{4}$，由抛物线的焦点弦性质可得 $\dfrac{1}{|AF|}+\dfrac{1}{|BF|}=\dfrac{2}{p}$，即 $\dfrac{4}{5p}+\dfrac{1}{|BF|}=\dfrac{2}{p}$，解得 $|BF|=\dfrac{5p}{6}$．

所以 $|AB|=|AF|+|BF|=\dfrac{5p}{4}+\dfrac{5p}{6}=\dfrac{25p}{12}$，$4|OF|=2p$，因此 $|AB|>4|OF|$，故 C 正确．设

直线 AB 的倾斜角为 α，则由题设知 $0<\alpha<\dfrac{\pi}{2}$．又由抛物线的焦半径公式可得 $|AF|=$

$\dfrac{p}{1-\cos\alpha}=\dfrac{5p}{4}$，解得 $\cos\alpha=\dfrac{1}{5}$，所以 $k=\tan\alpha=\dfrac{\sin\alpha}{\cos\alpha}=\dfrac{\sqrt{1-\dfrac{1}{25}}}{\dfrac{1}{5}}=2\sqrt{6}$，故 A 正确．在

$\triangle OBF$ 中，由余弦定理可得

$$|OB| = \sqrt{|OF|^2 + |BF|^2 - 2|OF| \cdot |BF| \cos\alpha} = \frac{\sqrt{7}}{3}p \neq |OF|,$$

故 B 错误. 在 $\triangle OAF$ 中,由余弦定理可得

$$|OA|^2 = |AF|^2 + |OF|^2 - 2|AF| \cdot |OF| \cdot \cos(\pi - \alpha) = \frac{33p^2}{16}.$$

在 $\triangle BFM$ 中,由余弦定理可得

$$|BM|^2 = |BF|^2 + |FM|^2 - 2|BF| \cdot |FM| \cdot \cos(\pi - \alpha) = \frac{10p^2}{9},$$

$$|OA|^2 + |OB|^2 - |AB|^2 = \frac{33p^2}{16} + \frac{7p^2}{9} - \frac{625p^2}{144} < 0.$$

故 $\angle AOB > \dfrac{\pi}{2}$. 又因为

$$|AM|^2 + |BM|^2 - |AB|^2 = \frac{25p^2}{16} + \frac{10p^2}{9} - \frac{625p^2}{144} < 0,$$

故 $\angle AMB > \dfrac{\pi}{2}$,所以 $\angle AOB + \angle AMB > \pi$. 因此 $\angle OAM + \angle OBM < \pi$,故 D 正确. 故选 ACD.

变式 4(2014 年新课标 Ⅱ 卷/文 10)   设 F 为抛物线 $C: y^2 = 3x$ 的焦点,过 F 且倾斜角为 $30°$ 的直线交 C 于 A,B 两点,则 $|AB| = ($ $)$.

A. $\dfrac{\sqrt{30}}{3}$ B. 6   C. 12   D. $7\sqrt{3}$

【解析】   由焦点弦公式及已知条件,可得 $|AB| = \dfrac{2p}{\sin^2\alpha} = \dfrac{3}{\sin^2 30°} = \dfrac{3}{\frac{1}{4}} = 12$. 故选 C.

变式 5(2020 年新高考 Ⅰ 卷/13)   斜率为 $\sqrt{3}$ 的直线过抛物线 $C: y^2 = 4x$ 的焦点,且与 C 交于 A,B 两点,则 $|AB| = $ _____.

【解析】   因为 $k = \tan\alpha = \sqrt{3}$,所以 $\alpha = 60°$,则由焦点弦公式及已知条件,可得

$$|AB| = \frac{2p}{\sin^2\alpha} = \frac{3}{\sin^2 60°} = \frac{4}{\left(\frac{\sqrt{3}}{2}\right)^2} = \frac{16}{3}.$$

变式 6(2014 年新课标 Ⅱ 卷/理 10)   设 F 为抛物线 $C: y^2 = 3x$ 的焦点,过 F 且倾斜角为 $30°$ 的直线交 C 于 A,B 两点,O 为坐标原点,则 $\triangle OAB$ 的面积为( ).

A. $\dfrac{3\sqrt{3}}{4}$ B. $\dfrac{9\sqrt{3}}{8}$ C. $\dfrac{63}{32}$ D. $\dfrac{9}{4}$

【解析】   由题设可得 $p = \dfrac{3}{2}$,$\alpha = 30°$,所以由抛物线焦点弦性质可得

$$S_{\triangle OAB} = \frac{p^2}{2\sin\alpha} = \frac{\dfrac{9}{4}}{2\times\dfrac{1}{2}} = \frac{9}{4}.$$

故选 D.

例 8 (2017 年新课标 I 卷/理 10)　已知 F 为抛物线 $C:y^2=4x$ 的焦点,过 F 作两条互相垂直的直线 l_1,l_2,直线 l_1 与 C 交于 A,B 两点,直线 l_2 与 C 交于 D,E 两点,则 $|AB|+|DE|$ 的最小值为(　　).

A. 16　　　　　　B. 14　　　　　　C. 12　　　　　　D. 10

【解析】 (解法 1)抛物线 $C:y^2=4x$ 的焦点为 $F(1,0)$,由题意可知 l_1,l_2 的斜率存在且不为 0.不妨设直线 l_1 的斜率为 k,则 $l_1:y=k(x-1)$,$l_2:y=-\dfrac{1}{k}(x-1)$.另设 $A(x_1,y_1)$,

$B(x_2,y_2)$,则由 $\begin{cases} y^2=4x \\ y=k(x-1) \end{cases}$,消去 y,得 $k^2x^2-(2k^2+4)x+k^2=0$.所以由韦达定理得

$x_1+x_2=\dfrac{2k^2+4}{k^2}=2+\dfrac{4}{k^2}$,则由抛物线的定义可知 $|AB|=x_1+x_2+2=2+\dfrac{4}{k^2}+2=4+\dfrac{4}{k^2}$.

同理 $|DE|=4+4k^2$,所以

$$|AB|+|DE|=8+4\left(\frac{1}{k^2}+k^2\right)\geqslant 8+8=16,$$

当且仅当 $\dfrac{1}{k^2}=k^2$,即 $k=\pm 1$ 时取等号.故 $|AB|+|DE|$ 的最小值为 16.故选 A.

(解法 2)抛物线 $C:y^2=4x$ 的焦点为 $F(1,0)$,设直线 l_1 的倾斜角为 α,则直线 l_1 的参数方程为 $\begin{cases} x=1+t\cos\alpha \\ y=t\sin\alpha \end{cases}$($t$ 为参数),代入抛物线 $y^2=4x$,整理得 $(\sin^2\alpha)t^2-(4\cos\alpha)t-4=0$,则由 t 的几何意义知 $|FA|=|t_1|$,$|FB|=|t_2|$.又因为点 F 为抛物线 C 的焦点,所以这个方程必有两个实根,故由韦达定理得 $t_1+t_2=\dfrac{4\cos\alpha}{\sin^2\alpha}$,$t_1t_2=-\dfrac{4}{\sin^2\alpha}$.则

$$|AB|=|t_1-t_2|=\sqrt{(t_1+t_2)^2-4t_1t_2}=\sqrt{\left(\frac{4\cos\alpha}{\sin^2\alpha}\right)^2-4\cdot\left(-\frac{4}{\sin^2\alpha}\right)}=\frac{4}{\sin^2\alpha}.$$

同理直线 l_2 的参数方程可设为 $\begin{cases} x=1-t\sin\alpha \\ y=t\cos\alpha \end{cases}$($t$ 为参数),可得 $|DE|=\dfrac{4}{\sin^2\left(\alpha+\dfrac{\pi}{4}\right)}=$

$\dfrac{4}{\cos^2\alpha}$,则

$$|AB|+|DE|=\frac{4}{\sin^2\alpha}+\frac{4}{\cos^2\alpha}=\frac{4}{\sin^2\alpha\cos^2\alpha}=\frac{4}{\dfrac{1}{4}\sin^2 2\alpha}=\frac{16}{\sin^2 2\alpha}.$$

所以当 $\sin^2 2\alpha=1$ 时,$|AB|+|DE|$ 取得最小值 16.故选 A.

（解法 3）以抛物线 $C: y^2 = 4x$ 的焦点 F 为极点，射线 Fx 为极轴建立极坐标系. 由于焦点到相应准线的距离为 2，该抛物线的极坐标方程为 $\rho = \dfrac{2}{1 - \cos\theta}$. 由已知可设 $A(\rho_1, \theta)$，$B(\rho_2, \theta + \pi)$，$D\left(\rho_3, \theta + \dfrac{\pi}{2}\right)$，$E\left(\rho_4, \theta + \dfrac{3\pi}{2}\right)$，所以

$$|AB| = \rho_1 + \rho_2 = \frac{2}{1 - \cos\theta} + \frac{2}{1 - \cos(\theta + \pi)} = \frac{2}{1 - \cos\theta} + \frac{2}{1 + \cos\theta}$$

$$= \frac{4}{1 - \cos^2\theta} = \frac{4}{\sin^2\theta},$$

$$|DE| = \rho_3 + \rho_4 = \frac{2}{1 - \cos\left(\theta + \dfrac{\pi}{2}\right)} + \frac{2}{1 - \cos\left(\theta + \dfrac{3\pi}{2}\right)}$$

$$= \frac{2}{1 + \sin\theta} + \frac{2}{1 - \sin\theta} = \frac{4}{\cos^2\theta}.$$

故

$$|AB| + |DE| = \frac{4}{\sin^2\theta} + \frac{4}{\cos^2\theta} = \frac{4}{\sin^2\theta\cos^2\theta} = \frac{4}{\dfrac{1}{4}\sin^2 2\theta} = \frac{16}{\sin^2 2\theta},$$

所以当 $\sin^2 2\theta = 1$ 时，$|AB| + |DE|$ 取得最小值 16. 故选 A.

（解法 4）不妨设直线 l_1 的倾斜角为 α，则当 $0 \leqslant \alpha \leqslant \dfrac{\pi}{2}$ 时，直线 l_2 的倾斜角可设为 $\alpha + \dfrac{\pi}{2}$，故由抛物线焦点弦公式可得

$$|AB| + |DE| = \frac{4}{\sin^2\alpha} + \frac{4}{\sin^2\left(\alpha + \dfrac{\pi}{2}\right)} = \frac{4}{\sin^2\alpha} + \frac{4}{\cos^2\alpha}$$

$$= \frac{4}{\sin^2\alpha\cos^2\alpha} = \frac{16}{\sin^2 2\alpha}.$$

当 $\dfrac{\pi}{2} \leqslant \alpha < \pi$ 时，直线 l_2 的倾斜角为 $\alpha - \dfrac{\pi}{2}$，同理可得 $|AB| + |DE| = \dfrac{16}{\sin^2 2\alpha}$.

所以当 $\sin^2 2\alpha = 1$ 时，$|AB| + |DE|$ 取得最小值 16. 故选 A.

点评　本题的解法 1 主要利用了抛物线的定义、焦点弦公式和基本不等式；解法 2 利用了直线的参数方程，以及直线标准参数对应弦长公式、诱导公式和倍角公式，因为抛物线 $y^2 = 2px(p > 0)$，以及焦点弦公式 $|AB| = \dfrac{2p}{\sin^2\alpha}$（其中 α 为焦点弦 AB 对应直线的倾斜角），所以也可直接利用这个弦长公式，本解法前面的部分相当于对弦长公式进行了推导；解法 3 利用了结论：以圆锥曲线的焦点 F（椭圆是左焦点，双曲线是右焦点）为极点，对称轴（椭圆是长轴，双曲线是实轴）为极轴，离心率为 e，焦点到相应准线的距离为 p，则该圆锥曲线的极坐标方程为 $\rho = \dfrac{ep}{1 - e\cos\theta}$，也利用了极坐标的定义，最后借助三角函数的公式求出了最小值；解

法 4 直接利用了圆锥曲线的二级结论.

【题根探秘】 通过对例 6 的探究,我们不难得出更一般的结论(命题 7):

命题 7 已知 F 为抛物线 $C：y^2=2px(p>0)$ 的焦点,过 F 作两条互相垂直的直线 l_1, l_2,直线 l_1 与 C 交于 A,B 两点,直线 l_2 与 C 交于 D,E 两点.则:

(1) $|AB|+|DE|$ 的最小值为 $8p$;

(2) 四边形 $ADBE$ 的面积的最小值为 $8p^2$.

证明:(1) 不妨设直线 l_1 的倾斜角为 α.则当 $0 \leqslant \alpha < \dfrac{\pi}{2}$ 时,直线 l_2 的倾斜角为 $\alpha + \dfrac{\pi}{2}$.

由抛物线的焦点弦公式可得

$$|AB|+|DE|=\frac{2p}{\sin^2\alpha}+\frac{2p}{\sin^2\left(\alpha+\dfrac{\pi}{2}\right)}=\frac{2p}{\sin^2\alpha}+\frac{2p}{\cos^2\alpha}$$

$$=\frac{2p}{\sin^2\alpha\cos^2\alpha}=\frac{8p}{\sin^2 2\alpha}.$$

当 $\dfrac{\pi}{2} \leqslant \alpha < \pi$ 时,直线 l_2 的倾斜角为 $\alpha - \dfrac{\pi}{2}$,同理可得 $|AB|+|DE|=\dfrac{8p}{\sin^2 2\alpha}$.

所以当 $\sin^2 2\alpha = 1$ 时,$|AB|+|DE|$ 取得最小值 $8p$.

(2) 四边形 $ADBE$ 的面积为

$$S=\frac{1}{2}|AB| \cdot |DE|=\frac{1}{2} \cdot \frac{2p}{\sin^2\alpha} \cdot \frac{2p}{\cos^2\alpha}=\frac{2p^2}{\sin^2\alpha\cos^2\alpha}=\frac{8p^2}{\sin^2 2\alpha}.$$

所以当 $\sin^2 2\alpha = 1$ 时,四边形 $ADBE$ 的面积取得最小值 $8p^2$.

类比命题 3 和命题 7,得到下面的命题 8 和命题 9.

命题 8 已知 F 为抛物线 $C：x^2=2py(p>0)$ 的焦点,过 F 作两条互相垂直的直线 l_1, l_2,直线 l_1 与 C 交于 A,B 两点,直线 l_2 与 C 交于 D,E 两点,则:

(1) $\dfrac{1}{|AB|}+\dfrac{1}{|DE|}=\dfrac{1}{2p}$;

(2) $|AB|+|DE|$ 的最小值为 $8p$;

(3) $|AB| \cdot |DE|$ 的最小值为 $16p^2$.

证明:(证法 1)由题设可知直线 l_1 与 l_2 的斜率都存在且不为 0,设直线 l_1 的斜率为 k,则直线 l_2 的斜率为 $-\dfrac{1}{k}$,所以直线 l_1 的方程为 $y=kx+\dfrac{p}{2}$.另设 $A(x_1,y_1)$,$B(x_2,y_2)$,则

由 $\begin{cases} x^2=2py \\ y=kx+\dfrac{p}{2} \end{cases}$ 联立,可得 $\left(\dfrac{y-\dfrac{p}{2}}{k}\right)^2=2py$,即得 $y^2-py+\dfrac{p^2}{4}=2pk^2y$,整理得 $y^2-(p+$

$2pk^2)y+\dfrac{p^2}{4}=0$,所以由韦达定理得 $y_1+y_2=p+2pk^2$.故由焦点弦公式得

$$|AB| = y_1 + y_2 + p = 2p(1 + k^2).$$

设 $D(x_3, y_3)$, $E(x_4, y_4)$, 则用 $-\dfrac{1}{k}$ 替换上式中的 k, 可得 $|DE| = 2p\left(1 + \dfrac{1}{k^2}\right)$, 所以

$$\frac{1}{|AB|} + \frac{1}{|DE|} = \frac{1}{2p(1 + k^2)} + \frac{1}{2p\left(1 + \dfrac{1}{k^2}\right)} = \frac{1}{2p(1 + k^2)} + \frac{k^2}{2p(1 + k^2)}$$

$$= \frac{1 + k^2}{2p(1 + k^2)} = \frac{1}{2p}.$$

(证法 2)设直线 l_1 的倾斜角为 α, 则直线 l_1 的标准参数方程为 $\begin{cases} x = t\cos\alpha \\ y = \dfrac{p}{2} + t\sin\alpha \end{cases}$ (t 为参数). 将其代入 $x^2 = 2py$, 得 $t^2\cos^2\alpha = 2p\left(\dfrac{p}{2} + t\sin\alpha\right)$, 整理得 $t^2\cos^2\alpha - 2pt\sin\alpha - p^2 = 0$.

设点 A 对应的参数为 t_1, 点 B 对应的参数为 t_2, 则由韦达定理得 $t_1 + t_2 = \dfrac{2p\sin\alpha}{\cos^2\alpha}$, $t_1 t_2 = \dfrac{-p^2}{\cos^2\alpha}$, 所以由参数方程的几何意义可得

$$|AB| = |t_1 - t_2| = \sqrt{(t_1 + t_2)^2 - 4t_1 t_2} = \sqrt{\frac{4p^2\sin^2\alpha}{\cos^4\alpha} + \frac{4p^2}{\cos^2\alpha}}$$

$$= \sqrt{\frac{4p^2(\sin^2\alpha + \cos^2\alpha)}{\cos^4\alpha}} = \frac{2p}{\cos^2\alpha}.$$

则当 $0 < \alpha < \dfrac{\pi}{2}$ 时, 直线 l_2 的倾斜角为 $\alpha + \dfrac{\pi}{2}$, 用 $\alpha + \dfrac{\pi}{2}$ 替换上式中的 α, 得 $|DE| = \dfrac{2p}{\cos^2\left(\alpha + \dfrac{\pi}{2}\right)} = \dfrac{2p}{\sin^2\alpha}$; 当 $\dfrac{\pi}{2} < \alpha < \pi$ 时, 直线 l_2 的倾斜角为 $\alpha - \dfrac{\pi}{2}$, 用 $\alpha - \dfrac{\pi}{2}$ 替换上式中的 α,

得 $|DE| = \dfrac{2p}{\cos^2\left(\alpha - \dfrac{\pi}{2}\right)} = \dfrac{2p}{\sin^2\alpha}$. 所以 $\dfrac{1}{|AB|} + \dfrac{1}{|DE|} = \dfrac{\cos^2\alpha}{2p} + \dfrac{\sin^2\alpha}{2p} = \dfrac{1}{2p}$.

(2) 由(1)知

$$|AB| + |DE| = 2p(1 + k^2) + 2p\left(1 + \frac{1}{k^2}\right) = 2p\left(k^2 + \frac{1}{k^2} + 2\right) \geqslant 8p,$$

当且仅当 $k = \pm 1$ 时, $|AB| + |DE|$ 取得最小值 $8p$.

(3) 由(1)知

$$|AB| \cdot |DE| = 4p^2(1 + k^2)\left(1 + \frac{1}{k^2}\right) = 4p^2\left(2 + \frac{1}{k^2} + k^2\right) \geqslant 16p^2,$$

当且仅当 $k = \pm 1$ 时, $|AB| \cdot |DE|$ 取得最小值 $16p^2$.

命题 9 已知 F 为椭圆 $C: \dfrac{x^2}{a^2} + \dfrac{y^2}{b^2} = 1(a > b > 0)$ 的焦点, 过 F 作两条互相垂直的直线

l_1, l_2，直线 l_1 与 C 交于 A, B 两点，直线 l_2 与 C 交于 D, E 两点. 则：

(1) $|AB| + |DE|$ 的最小值为 $\dfrac{8ab^2}{a^2+b^2}$；

(2) 四边形 $ADBE$ 的面积的最小值为 $\dfrac{8a^2b^4}{(a^2+b^2)^2}$，最大值为 $2b^2$.

证明：(1) 不妨设直线 l_1 的倾斜角为 α，则当 $0 \leqslant \alpha < \dfrac{\pi}{2}$ 时，直线 l_2 的倾斜角为 $\alpha + \dfrac{\pi}{2}$，

所以由椭圆的焦点弦公式可得 $|AB| = \dfrac{2ep}{1-e^2\cos^2\alpha}$，其中 $p = \dfrac{b^2}{c}$. 而

$$|DE| = \dfrac{2ep}{1-e^2\cos^2\left(\alpha+\dfrac{\pi}{2}\right)} = \dfrac{2ep}{1-e^2\sin^2\alpha},$$

所以

$$|AB| + |DE| = \dfrac{2ep}{1-e^2\cos^2\alpha} + \dfrac{2ep}{1-e^2\sin^2\alpha} = \dfrac{2ep(2-e^2)}{(1-e^2\cos^2\alpha)(1-e^2\sin^2\alpha)}$$

$$= \dfrac{2ep(2-e^2)}{1-e^2+e^4\sin^2\alpha\cos^2\alpha} = \dfrac{2ep(2-e^2)}{1-e^2+\dfrac{1}{4}e^4\sin^2 2\alpha}.$$

当 $\dfrac{\pi}{2} \leqslant \alpha < \pi$ 时，直线 l_2 的倾斜角为 $\alpha - \dfrac{\pi}{2}$，同理可得 $|AB| + |DE| = \dfrac{2ep(2-e^2)}{1-e^2+\dfrac{1}{4}e^4\sin^2 2\alpha}$.

所以当 $\sin^2 2\alpha = 1$ 时，$|AB| + |DE|$ 的最小值为

$$\dfrac{2ep(2-e^2)}{1-e^2+\dfrac{1}{4}e^4} = \dfrac{8ep(2-e^2)}{(2-e^2)^2} = \dfrac{8ep}{2-e^2} = \dfrac{8\dfrac{c}{a}\cdot\dfrac{b^2}{c}}{2-\dfrac{c^2}{a^2}} = \dfrac{8ab^2}{2a^2-(a^2-b^2)} = \dfrac{8ab^2}{a^2+b^2}.$$

(2) 四边形 $ADBE$ 的面积为

$$S = \dfrac{1}{2}|AB| \cdot |DE| = \dfrac{1}{2}\dfrac{2ep}{1-e^2\cos^2\alpha} \cdot \dfrac{2ep}{1-e^2\sin^2\alpha} = \dfrac{8e^2p^2}{4-4e^2+e^4\sin^2 2\alpha}$$

$$= \dfrac{16e^2p^2}{8-8e^2+e^4(1-\cos 4\alpha)}.$$

当 $\cos 4\alpha = -1$ 时，四边形 $ADBE$ 的面积取得最小值

$$S = \dfrac{8e^2p^2}{(2-e^2)^2} = \dfrac{8\dfrac{c^2}{a^2}\cdot\dfrac{b^4}{c^2}}{\left(2-\dfrac{c^2}{a^2}\right)^2} = \dfrac{8a^2b^4}{(a^2+b^2)^2}.$$

当 $\cos 4\alpha = 1$ 时，四边形 $ADBE$ 的面积取得最大值

$$S = \dfrac{2e^2p^2}{1-e^2} = \dfrac{2\dfrac{c^2}{a^2}\cdot\dfrac{b^4}{c^2}}{1-\dfrac{c^2}{a^2}} = 2b^2.$$

例9 (2016年上海卷/文21) 双曲线 $x^2 - \dfrac{y^2}{b^2} = 1$（$b > 0$）的左、右焦点分别为 F_1，

F_2，直线 l 过 F_2 且与双曲线交于 A，B 两点.

(1) 若 l 的倾斜角为 $\dfrac{\pi}{2}$，$\triangle F_1 AB$ 是等边三角形，求双曲线的渐近线方程.

(2) 设 $b = \sqrt{3}$. 若 l 的斜率存在，且 $|AB| = 4$，求 l 的斜率.

【解析】 (1) 由题设 $a = 1$. 设 $F_2(c, 0)$，直线 l 的方程为 $x = c$，代入 $x^2 - \dfrac{y^2}{b^2} = 1$（$b > 0$），

解得 $y = \pm b^2$. 不妨再设 $A(c, b^2)$，$B(c, -b^2)$，则 $|AB| = 2b^2$，$|AF_2| = b^2$. 因为 $\triangle F_1 AB$

是等边三角形，所以 $\angle AF_1 F_2 = 30°$，故 $\tan\angle AF_1 F_2 = \dfrac{|AF_2|}{|F_1 F_2|} = \dfrac{b^2}{2\sqrt{1+b^2}} = \dfrac{\sqrt{3}}{3}$，整理得

$3b^4 - 4b^2 - 4 = 0$. 又因为 $b > 0$，所以 $b = \sqrt{2}$. 故该双曲线的渐近线方程为 $y = \pm\sqrt{2}x$.

(2) 当 $b = \sqrt{3}$ 时，双曲线的方程为 $x^2 - \dfrac{y^2}{3} = 1$.

（解法1）设直线 l 的方程为 $x = my + 2$，$A(x_1, y_1)$，$B(x_2, y_2)$，联立 $\begin{cases} x^2 - \dfrac{y^2}{3} = 1 \\ x = my + 2 \end{cases}$，整理

得 $(3m^2 - 1)y^2 + 12my + 9 = 0$，其中 $3m^2 - 1 \neq 0$ 且 $\Delta = 36(m^2 + 1) > 0$，则由韦达定理得

$y_1 + y_2 = -\dfrac{12m}{3m^2 - 1}$，$y_1 y_2 = \dfrac{9}{3m^2 - 1}$. 所以由弦长公式可得

$$|AB| = \sqrt{(1 + m^2)\left[(y_1 + y_2)^2 - 4y_1 y_2\right]}$$

$$= \sqrt{(1 + m^2)\left[\left(-\dfrac{12m}{3m^2 - 1}\right)^2 - \dfrac{36}{3m^2 - 1}\right]} = 4,$$

解得 $m = \pm\dfrac{\sqrt{15}}{3}$. 故直线 l 的斜率 $k = \dfrac{1}{m} = \pm\dfrac{\sqrt{15}}{5}$.

（解法2）因为 $x^2 - \dfrac{y^2}{3} = 1$，所以 $c = \sqrt{a^2 + b^2} = 2$，$e = \dfrac{c}{a} = 2$，$p = \dfrac{b^2}{c} = \dfrac{3}{2}$. 以双曲线

$x^2 - \dfrac{y^2}{3} = 1$ 的右焦点 F_2 为极点，x 轴为极轴建立极坐标系，则该双曲线的极坐标方程为 $\rho =$

$\dfrac{ep}{1 - e\cos\theta}$，即 $\rho = \dfrac{3}{1 - 2\cos\theta}$. 不妨设点 A 在 x 轴上方，点 B 在 x 轴下方，直线 AB 的倾斜角

为 α. 另设点 $A(\rho_1, \alpha)$，$B(\rho_2, \alpha + \pi)$，所以

$$|AB| = |\rho_1| + |\rho_2| = \left|\dfrac{3}{1 - 2\cos\alpha}\right| + \left|\dfrac{3}{1 - 2\cos(\alpha + \pi)}\right|$$

$$= \left|\dfrac{3}{1 - 2\cos\alpha}\right| + \left|\dfrac{3}{1 + 2\cos\alpha}\right| = \dfrac{6}{|1 - 4\cos^2\alpha|} = 4,$$

解得 $\cos^2 \alpha = \dfrac{5}{8}$,则 $\sin^2 \alpha = \dfrac{3}{8}$,可得 $k^2 = \dfrac{\sin^2 \alpha}{\cos^2 \alpha} = \dfrac{3}{5}$.故直线 l 的斜率 $k = \pm \dfrac{\sqrt{15}}{5}$.

(解法 3)设直线 AB 的参数方程为 $\begin{cases} x = 2 + t\cos \alpha \\ y = t\sin \alpha \end{cases}$($t$ 为参数),代入 $x^2 - \dfrac{y^2}{3} = 1$,整理得

$(3\cos^2 \alpha - \sin^2 \alpha)t^2 + 12t\cos \alpha + 9 = 0$,则 $3\cos^2 \alpha - \sin^2 \alpha \neq 0$ 且 $\Delta = 36 > 0$,由韦达定理得

$t_1 + t_2 = -\dfrac{12\cos \alpha}{3\cos^2 \alpha - \sin^2 \alpha}$,$t_1 t_2 = -\dfrac{9}{3\cos^2 \alpha - \sin^2 \alpha}$.所以由参数方程的几何意义可得

$$|AB| = |t_1 - t_2| = \sqrt{(t_1 + t_2)^2 - 4t_1 t_2}$$

$$= \sqrt{\dfrac{144\cos^2 \alpha}{(3\cos^2 \alpha - \sin^2 \alpha)^2} + \dfrac{36}{3\cos^2 \alpha - \sin^2 \alpha}} = 4,$$

整理得 $|3\cos^2 \alpha - \sin^2 \alpha| = \dfrac{3}{2}$,即得 $|4\cos^2 \alpha - 1| = \dfrac{3}{2}$,解得 $\cos^2 \alpha = \dfrac{5}{8}$.则 $\sin^2 \alpha = \dfrac{3}{8}$,可得

$k^2 = \dfrac{\sin^2 \alpha}{\cos^2 \alpha} = \dfrac{3}{5}$.故直线 l 的斜率 $k = \pm \dfrac{\sqrt{15}}{5}$.

点评 本题第(1)问中焦点弦 AB 为该双曲线的通径,结合等边三角形的性质,通过解直角三角形建立关于 b 的方程;第(2)问是双曲线的焦点弦问题,其中,解法 1 是直角坐标法,设出了直线的横截式方程,联立双曲线方程,再运用弦长公式,解法 2 是极坐标法,解法 3 是参数方程法.

【题根探秘】 通过对例 9 的探究,可以得到以下结论(命题 10):

命题 10 设双曲线 $C: \dfrac{x^2}{a^2} - \dfrac{y^2}{b^2} = 1 (a > 0, b > 0)$ 的焦点为 F,过 F 的直线 l 与双曲线 C

相交于 A,B 两点,直线 l 的倾斜角为 α,双曲线 C 的离心率为 e,则 $|AB| = \left| \dfrac{2ep}{1 - e^2 \cos^2 \alpha} \right|$,

其中 $p = \dfrac{b^2}{c}$.

证明:不妨设 F 为双曲线 $C: \dfrac{x^2}{a^2} - \dfrac{y^2}{b^2} = 1 (a > 0, b > 0)$ 的右焦点,以焦点 F 为极点,以双

曲线对称轴向右的方向为极轴建立极坐标系,则双曲线 C 的极坐标方程为 $\rho = \dfrac{ep}{1 - e\cos \theta}$.

不妨设点 A 在 x 轴上方,点 B 在 x 轴的下方,另设 $A(\rho_1, \alpha)$,$B(\rho_2, \alpha + \pi)$,则

$$|AB| = |AF| + |BF| = |\rho_1| + |\rho_2| = \left| \dfrac{ep}{1 - e\cos \alpha} \right| + \left| \dfrac{ep}{1 + e\cos \alpha} \right| = \left| \dfrac{2ep}{1 - e^2 \cos^2 \alpha} \right|.$$

当 F 为双曲线 $C: \dfrac{x^2}{a^2} - \dfrac{y^2}{b^2} = 1 (a > 0, b > 0)$ 的左焦点时,可以得到同样的结果.

特别地,在上述命题中,当 $\alpha = \dfrac{\pi}{2}$ 时,焦点弦 AB 垂直于该双曲线的实轴,此时,我们把

焦点弦 AB 叫作双曲线 $C: \dfrac{x^2}{a^2} - \dfrac{y^2}{b^2} = 1(a>0, b>0)$ 的通径,其长度 $|AB| = \dfrac{2b^2}{a}$;当 $\alpha \neq \dfrac{\pi}{2}$ 时,设直线 AB 的斜率为 k,则 $\cos^2 \alpha = \dfrac{1}{k^2+1}$,所以

$$|AB| = \left| \frac{2 \dfrac{c}{a} \cdot \dfrac{b^2}{c}}{1 - \dfrac{a^2+b^2}{a^2} \cdot \dfrac{1}{k^2+1}} \right| = \frac{2ab^2(k^2+1)}{|a^2 k^2 - b^2|}.$$

在上述命题 10 的探究过程中,可以得到双曲线焦半径公式的角度式:设 P 为双曲线 $C:$ $\dfrac{x^2}{a^2} - \dfrac{y^2}{b^2} = 1(a>0, b>0)$ 上任意一点,F 为 C 的一个焦点,O 为坐标原点,$\angle PFO = \theta$,则:

(1) 当点 P 与点 F 在 y 轴同侧时,$|PF| = \dfrac{b^2}{c\cos\theta + a}$;

(2) 当点 P 与点 F 在 y 轴异侧时,$|PF| = \dfrac{b^2}{c\cos\theta - a}$.

例10 (2022 年全国甲卷/理 20) 设抛物线 $C: y^2 = 2px(p>0)$ 的焦点为 F,点 $D(p,0)$,过 F 的直线交 C 于 M, N 两点.当直线 MD 垂直于 x 轴时,$|MF| = 3$.

(1) 求 C 的方程.

(2) 设直线 MD, ND 与 C 的另一个交点分别为 A, B,记直线 MN, AB 的倾斜角分别为 α, β.当 $\alpha - \beta$ 取得最大值时,求直线 AB 的方程.

【解析】 (1) 由题意可知,当 $x = p$ 时,$y^2 = 2p^2$,得 $y_M = \sqrt{2}p$,可知 $|MD| = \sqrt{2}p$,$|FD| = \dfrac{p}{2}$.则在 Rt$\triangle MFD$ 中,$|FD|^2 + |DM|^2 = |FM|^2$,得 $\left(\dfrac{p}{2}\right)^2 + (\sqrt{2}p)^2 = 9$,解得 $p = 2$.故 C 的方程为 $y^2 = 4x$.

(2) 设 $M(x_1, y_1), N(x_2, y_2), A(x_3, y_3), B(x_4, y_4)$,由 (1) 可知 $F(1,0), D(2,0)$,则

$$\tan\alpha = k_{MN} = \frac{y_1 - y_2}{x_1 - x_2} = \frac{y_1 - y_2}{\dfrac{y_1^2}{4} - \dfrac{y_2^2}{4}} = \frac{4}{y_1 + y_2}.$$

当直线 MN 的倾斜角为 $90°$ 时,直线 AB 的倾斜角也为 $90°$,此时 $\alpha - \beta = 0$.当 $\alpha \neq 90°$ 时,显然 $\beta \neq 90°$.

又 N, D, B 三点共线,故 $k_{ND} = k_{BD}$,即 $\dfrac{y_2 - 0}{x_2 - 2} = \dfrac{y_4 - 0}{x_4 - 2}$,所以

$$\frac{y_2 - 0}{\dfrac{y_2^2}{4} - 2} = \frac{y_4 - 0}{\dfrac{y_4^2}{4} - 2},$$

解得 $y_2 y_4 = -8$,即 $y_4 = -\dfrac{8}{y_2}$.同理由 M, D, A 三点共线,得 $y_3 = -\dfrac{8}{y_1}$.则

$$\tan\beta = \frac{y_3 - y_4}{x_3 - x_4} = \frac{4}{y_3 + y_4} = \frac{y_1 y_2}{-2(y_1 + y_2)}.$$

由题意可知,直线 MN 的斜率不为 0,设 $l_{MN}: x = my + 1$,由 $\begin{cases} y^2 = 4x \\ x = my + 1 \end{cases}$,得 $y^2 - 4my - 4 = 0$,$\Delta > 0$ 显然成立,则由韦达定理得 $y_1 + y_2 = 4m$,$y_1 y_2 = -4$.所以 $\tan\alpha = \frac{4}{4m} = \frac{1}{m}$,$\tan\beta = \frac{-4}{-2 \times 4m} = \frac{1}{2m}$,故

$$\tan(\alpha - \beta) = \frac{\tan\alpha - \tan\beta}{1 + \tan\alpha\tan\beta} = \frac{\frac{1}{m} - \frac{1}{2m}}{1 + \frac{1}{2m} \cdot \frac{1}{m}} = \frac{1}{2m + \frac{1}{m}}.$$

当 $m > 0$ 时,$\tan(\alpha - \beta) = \frac{1}{2m + \frac{1}{m}} \leqslant \frac{1}{2\sqrt{2m \cdot \frac{1}{m}}} = \frac{\sqrt{2}}{4}$;当 $m < 0$ 时,$\tan(\alpha - \beta)$ 无最大值.

所以当且仅当 $2m = \frac{1}{m}$,即 $m = \frac{\sqrt{2}}{2}$ 时等号成立,$\tan(\alpha - \beta)$ 取得最大值,此时 AB 的直线方程为

$$y - y_3 = \frac{4}{y_3 + y_4}(x - x_3),$$ 即 $4x - (y_3 + y_4)y + y_3 y_4 = 0$.又因为

$$y_3 + y_4 = -\frac{8}{y_1} - \frac{8}{y_2} = \frac{-8(y_1 + y_2)}{y_1 y_2} = 8m = 4\sqrt{2}, \quad y_3 y_4 = \frac{-8}{y_1} \cdot \frac{-8}{y_2} = -16,$$

所以直线 AB 的方程为 $4x - 4\sqrt{2}y - 16 = 0$,即 $x - \sqrt{2}y - 4 = 0$.

点评 本题是与焦点弦相关联的最值问题,第(1)问运用勾股定理建立方程,容易得出计算结果;第(2)问运用直线斜率的定义和斜率公式、差角的正切公式、基本不等式、直线与抛物线方程联立等知识,求出 $\alpha - \beta$ 取得最大值时参数 m 的值,最后求出直线 AB 的方程.

【题根探秘】 通过对例 11 的探究,可以得到以下结论(命题 11):

命题 11 设抛物线 $C: y^2 = 2px(p > 0)$ 的焦点为 F,点 $D(p, 0)$,过 F 的直线交 C 于 M,N 两点.设直线 MD,ND 与 C 的另一个交点分别为 A,B,记直线 MN,AB 的倾斜角分别为 α,β.当 $\alpha - \beta$ 取得最大值时,则直线 AB 的方程 $y = \pm\frac{\sqrt{2}}{2}(x - 2p)$.

证明:当直线 MN 的斜率不存在时,易知直线 AB 的斜率也不存在,此时 $\alpha - \beta = 0$.

当直线 MN 的斜率存在时,设 $k_{MN} = k_1 = \tan\alpha$,$k_{AB} = k_2 = \tan\beta$,则 $\tan(\alpha - \beta) = \frac{k_1 - k_2}{1 + k_1 k_2}$.设 $M(x_1, y_1)$,$N(x_2, y_2)(y_1 > 0, y_2 < 0)$,$A(x_3, y_3)$,$B(x_4, y_4)(y_3 < 0, y_4 > 0)$,

则直线 MN 的方程为 $y = k_1\left(x - \frac{p}{2}\right)$.联立 $\begin{cases} y^2 = 2px \\ y = k_1\left(x - \frac{p}{2}\right) \end{cases}$,消去 y,得 $k_1^2 x^2 - $

$(k_1^2 p + 2p)x + \dfrac{k_1^2 p^2}{4} = 0$，则由韦达定理得 $x_1 x_2 = \dfrac{p^2}{4}$.

设直线 AB 的方程为 $y = k_2(x - m)$，联立 $\begin{cases} y^2 = 2px \\ y = k_2(x - m) \end{cases}$，整理得 $k_2^2 x^2 -$

$(2mk_2^2 + 2p)x + k_2^2 m^2 = 0$，则由韦达定理得 $x_3 x_4 = m^2$.

联立 $\begin{cases} y^2 = 2px \\ y = k_{MD}(x - p) \end{cases}$，同理可得 $x_1 x_3 = p^2$；联立 $\begin{cases} y^2 = 2px \\ y = k_{ND}(x - p) \end{cases}$，同理可得 $x_2 x_4 =$

p^2. 所以 $M(x_1, \sqrt{2px_1})$，$N\left(\dfrac{p^2}{4}{x_1}, -\dfrac{\frac{\sqrt{2p}}{2}p}{\sqrt{x_1}}\right)$，$A\left(\dfrac{p^2}{x_1}, -\dfrac{p\sqrt{2p}}{\sqrt{x_1}}\right)$，$B(4x_1, 2\sqrt{2px_1})$，故

$$k_1 = k_{MN} = \frac{\sqrt{2px_1} + \dfrac{\frac{p\sqrt{2p}}{2}}{\sqrt{x_1}}}{x_1 - \dfrac{p^2}{4x_1}} = \frac{\sqrt{2p}\sqrt{x_1}}{x_1 - \dfrac{p}{2}},$$

$$k_2 = k_{AB} = \frac{2\sqrt{2px_1} + \dfrac{p\sqrt{2p}}{\sqrt{x_1}}}{4x_1 - \dfrac{p^2}{x_1}} = \frac{\dfrac{\sqrt{2p}}{2}x_1}{x_1 - \dfrac{p}{2}}.$$

所以 $k_1 = 2k_2$. 要使 $\alpha - \beta$ 最大，则 $k_2 > 0$，

$$\tan(\alpha - \beta) = \frac{k_1 - k_2}{1 + k_1 k_2} = \frac{k_2}{1 + 2k_2^2} = \frac{1}{2k_2 + \dfrac{1}{k_2}} \leqslant \frac{1}{2\sqrt{\dfrac{1}{k_2} \cdot 2k_2}} = \frac{\sqrt{2}}{4},$$

当且仅当 $k_2 = \dfrac{\sqrt{2}}{2}$ 时等号成立，即 $\alpha - \beta$ 最大. 此时

$$x_3 x_4 = \frac{p^2}{x_1} \cdot \frac{p^2}{x_2} = \frac{p^4}{x_1 x_2} = \frac{p^4}{\dfrac{1}{4}p^2} = 4p^2 = m^2,$$

所以 $m = 2p$. 故直线 AB 的方程为 $y = \pm\dfrac{\sqrt{2}}{2}(x - 2p)$.

例 11 （2023 年新高考 Ⅱ 卷/10） 设 O 为坐标原点，直线 $y = -\sqrt{3}(x - 1)$ 过抛物线 $C: y^2 = 2px(p > 0)$ 的焦点，且与 C 交于 M, N 两点，l 为 C 的准线，则（ ）.

A. $p = 2$ 　　　　　　　　　　　B. $|MN| = \dfrac{8}{3}$

C. 以 MN 为直径的圆与 l 相切 　　D. $\triangle OMN$ 为等腰三角形

【解析】 对于 A 选项,直线 $y=-\sqrt{3}(x-1)$ 过点 $F(1,0)$,所以 $\frac{p}{2}=1$,即 $p=2$,故 A 正确.因为直线 $y=-\sqrt{3}(x-1)$ 的斜率为 $k=-\sqrt{3}$,倾斜角为 $\alpha=120°$,所以由焦点弦公式可得

$$|MN|=\frac{2p}{\sin^2\alpha}=\frac{4}{\sin^2 120°}=\frac{4}{\left(\frac{\sqrt{3}}{2}\right)^2}=\frac{16}{3},$$

故 B 错误.由抛物线的焦点弦性质命题 3 的(8),可知 C 正确.联立 $\begin{cases} y^2=4x \\ y=-\sqrt{3}(x-1) \end{cases}$,消去

y,得 $3x^2-10x+3=0$,解得 $x=\frac{1}{3}$ 或 $x=3$.而当 $x=\frac{1}{3}$ 时,$y=\frac{2\sqrt{3}}{3}$;当 $x=3$ 时,$y=-2\sqrt{3}$.

所以不妨设 $M\left(\frac{1}{3},\frac{2\sqrt{3}}{3}\right),N(3,-2\sqrt{3})$,则

$$|OM|=\sqrt{\left(\frac{1}{3}\right)^2+\left(\frac{2\sqrt{3}}{3}\right)^2}=\frac{\sqrt{13}}{3},\quad |ON|=\sqrt{3^2+(-2\sqrt{3})^2}=\sqrt{21},$$

故 D 错误.故选 AC.

点评 本题考查了抛物线的焦点弦,运用焦点弦的性质可解答.

 习 题

单选题

1. 设抛物线 $C:y^2=4x$ 的焦点为 F,过 F 的直线与 C 相交于 A,B 两点,则 $4|AF|+9|BF|$ 的最小值为( ).

A. 26   B. 25   C. 24   D. 18

2. 已知椭圆 $C:\frac{x^2}{a^2}+\frac{y^2}{b^2}=1(a>b>0)$,$F(-\sqrt{3},0)$ 为其左焦点,过点 F 且垂直于 x 轴的直线与椭圆 C 的一个交点为 A.若 $\tan\angle AOF=\frac{3}{2}$($O$ 为原点),则椭圆 C 的长轴长等于( ).

A. 6   B. 12   C. $4\sqrt{3}$ D. $8\sqrt{3}$

3. (2018年天津卷/理7)已知双曲线 $\frac{x^2}{a^2}-\frac{y^2}{b^2}=1(a>0,b>0)$ 的离心率为 2,过右焦点且垂直于 x 轴的直线与双曲线交于 A,B 两点.设点 A,B 到双曲线的同一条渐近线的距离分别为 d_1 和 d_2,且 $d_1+d_2=6$,则双曲线的方程为( ).

A. $\frac{x^2}{4}-\frac{y^2}{12}=1$ B. $\frac{x^2}{12}-\frac{y^2}{4}=1$ C. $\frac{x^2}{3}-\frac{y^2}{9}=1$ D. $\frac{x^2}{9}-\frac{y^2}{3}=1$

4. 已知椭圆 $C:\frac{x^2}{a^2}+\frac{y^2}{b^2}=1(a>b>0)$ 的右焦点为 F,椭圆上的两点 P,Q 关于原点对

称.若 $|PF|+|QF|=6$,且椭圆 C 的离心率为 $\dfrac{1}{3}$,则椭圆 C 的方程为(　　).

A. $\dfrac{x^2}{9}+\dfrac{y^2}{8}=1$　　　B. $\dfrac{x^2}{3}+\dfrac{y^2}{2}=1$　　　C. $\dfrac{x^2}{6}+\dfrac{y^2}{4}=1$　　　D. $\dfrac{x^2}{9}+\dfrac{y^2}{3}=1$

5. 过双曲线 $x^2-\dfrac{y^2}{2}=1$ 的右焦点 F 作直线 l 交双曲线于 A,B 两点.若 $|AB|=4$,则直线 l 的条数为(　　).

A. 1　　　　　B. 2　　　　　C. 3　　　　　D. 4

6. (2017年全国Ⅰ卷/文5)已知 F 是双曲线 $C:x^2-\dfrac{y^2}{3}=1$ 的右焦点,P 是 C 上一点,且 PF 与 x 轴垂直,点 A 的坐标是 $(1,3)$,则△ APF 的面积为(　　).

A. $\dfrac{1}{3}$　　　　B. $\dfrac{1}{2}$　　　　C. $\dfrac{2}{3}$　　　　D. $\dfrac{3}{2}$

7. 过椭圆 $x^2+2y^2=4$ 的左焦点作倾斜角为 $\dfrac{\pi}{3}$ 的弦 AB,则弦 AB 的长为(　　).

A. $\dfrac{6}{7}$　　　　B. $\dfrac{16}{7}$　　　　C. $\dfrac{7}{16}$　　　　D. $\dfrac{7}{6}$

8. 已知抛物线 $y^2=4x$ 的焦点为 F,过焦点 F 的直线交抛物线于 A,B 两点,O 为坐标原点.若△ AOB 的面积为 $\sqrt{6}$,则 $|AB|=$(　　).

A. 6　　　　　B. 8　　　　　C. 12　　　　　D. 16

9. 由过抛物线 $E:x^2=2py(p>0)$ 的焦点 F 作两条互相垂直的弦 AB,CD,设 P 为抛物线上的一动点,$Q(1,2)$.若 $\dfrac{1}{|AB|}+\dfrac{1}{|CD|}=\dfrac{1}{4}$,则 $|PF|+|PQ|$ 的最小值是(　　).

A. 1　　　　　B. 2　　　　　C. 3　　　　　D. 4

10. (2013年全国课标Ⅱ卷/理11)设抛物线 $C:y^2=2px(p>0)$ 的焦点 F,点 M 在 C 上,$|MF|=5$.若以 MF 为直径的圆过点 $(0,2)$,则 C 的方程为(　　).

A. $y^2=4x$ 或 $y^2=8x$　　　　　　　　B. $y^2=2x$ 或 $y^2=8x$

C. $y^2=4x$ 或 $y^2=16x$　　　　　　　D. $y^2=2x$ 或 $y^2=16x$

多选题

11. 过抛物线 $y^2=4x$ 的焦点 F 作直线交抛物线于 A,B 两点,M 为线段 AB 的中点,则(　　).

A. 以线段 AB 为直径的圆与直线 $x=-\dfrac{3}{2}$ 相离

B. 以线段 BM 为直径的圆与 y 轴相切

C. 当 $\overrightarrow{AF}=2\overrightarrow{FB}$ 时,$|AB|=\dfrac{9}{2}$

D. $|AB|$ 的最小值为 4

12. 已知抛物线 $C:y^2=2px(p>0)$ 的焦点为 F,斜率为 $\sqrt{3}$ 且经过点 F 的直线 l 与抛物线 C 交于 A,B 两点(点 A 在第一象限),与抛物线的准线交于点 D.若 $|AF|=8$,则以下结论正确的是(　　).

A. $p=4$　　　　B. $\overrightarrow{DF}=\overrightarrow{FA}$　　　　C. $|BD|=2|BF|$　　　　D. $|BF|=4$

填空题

13. 过椭圆 $\dfrac{x^2}{5}+\dfrac{y^2}{4}=1$ 的右焦点作一条斜率为 2 的直线与椭圆交于 A,B 两点,O 为坐标原点,则 $\triangle OAB$ 的面积为 _____.

14. (2020 年新课标 Ⅰ/理 15)已知 F 为双曲线 $C:\dfrac{x^2}{a^2}-\dfrac{y^2}{b^2}=1(a>0,b>0)$ 的右焦点,A 为 C 的右顶点,B 为 C 上的点,且 BF 垂直于 x 轴.若 AB 的斜率为 3,则 C 的离心率为 _____.

15. (2019 年新课标 Ⅲ 卷/文理 15)设 F_1,F_2 为椭圆 $C:\dfrac{x^2}{36}+\dfrac{y^2}{20}=1$ 的两个焦点,M 为 C 上一点且在第一象限.若 $\triangle MF_1F_2$ 为等腰三角形,则点 M 的坐标为 _____.

16. 直线 l 过抛物线 $C:y^2=2px(p>0)$ 的焦点 $F(1,0)$,且与 C 交于 A,B 两点,则 $p=$ _____; $\dfrac{1}{|AF|}+\dfrac{1}{|BF|}=$ _____.

17. 已知抛物线 $y^2=4x$ 的焦点为 F,过点 F 的直线交抛物线于 A,B 两点.若 $\overrightarrow{AF}=2\overrightarrow{FB}$,则点 A 的坐标为 _____.

18. (开放题)已知圆锥曲线 C 的焦点在 x 轴上,倾斜角为 $60°$ 的直线 l 经过 C 的焦点 F 且与 C 相交于 M,N 两点,$|MN|=8$,写出圆锥曲线的一个标准方程 _____.(答案不唯一).

解答题

19. (2020 年全国乙卷/理 19)已知椭圆 $C_1:\dfrac{x^2}{a^2}+\dfrac{y^2}{b^2}=1(a>b>0)$ 的右焦点 F 与抛物线 C_2 的焦点重合,C_1 的中心与 C_2 的顶点重合.过 F 且与 x 轴垂直的直线交 C_1 于 A,B 两点,交 C_2 于 C,D 两点,且 $|CD|=\dfrac{4}{3}|AB|$.

(1) 求 C_1 的离心率.

(2) 设 M 是 C_1 与 C_2 的公共点.若 $|MF|=5$,求 C_1 与 C_2 的标准方程.

20. 已知 F 为椭圆 $C:\dfrac{x^2}{4}+\dfrac{y^2}{3}=1$ 的右焦点,过 F 作两条互相垂直的直线 l_1,l_2,直线 l_1 与 C 交于 A,B 两点,直线 l_2 与 C 交于 D,E 两点.

(1) 求 $|AB|+|DE|$ 的最大值和最小值;

(2) 求四边形 $ADBE$ 面积的最大值和最小值.

21. (2019 年全国Ⅰ卷/理 19)已知抛物线 $C:y^2=3x$ 的焦点为 F,斜率为 $\dfrac{3}{2}$ 的直线 l 与 C 的交点为 A,B,与 x 轴的交点为 P.

(1) 若 $|AF|+|BF|=4$,求 l 的方程;

(2) 若 $\overrightarrow{AP}=3\overrightarrow{PB}$,求 $|AB|$.

22. 已知椭圆 E 的中心在原点,左焦点 F_1、右焦点 F_2 都在 x 轴上,点 M 是椭圆 E 上的动点,$\triangle F_1MF_2$ 面积的最大值为 $\sqrt{3}$,在 x 轴上方使 $\overrightarrow{MF_1}\cdot\overrightarrow{MF_2}=2$ 成立的点 M 只有一个.

(1) 求椭圆 E 的方程;

(2) 过点 $(-1,0)$ 的两条直线 l_1,l_2 分别与椭圆 E 交于点 A,B 和点 C,D,且 $l_1\perp l_2$,比较 $12(|AB|+|CD|)$ 与 $7|AB|\cdot|CD|$ 的大小.

23. 设 F 是双曲线 $\Gamma:x^2-y^2=1$ 的左焦点,经过 F 的直线与 Γ 相交于 M,N 两点.

(1) 若 M,N 都在双曲线的左支上,求 $\triangle OMN$ 的面积的最小值.

(2) 是否存在 x 轴上一点 P,使得 $\overrightarrow{PM}\cdot\overrightarrow{PN}$ 为定值?若存在,求出点 P 的坐标;若不存在,请说明理由.

24. (结构不良题)已知抛物线 $E:y^2=2px(p>0)$ 和圆 $F:\left(x-\dfrac{p}{2}\right)^2+y^2=\left(\dfrac{p}{2}\right)^2$,过抛物线 E 的焦点作直线 l,自上而下依次与上述两曲线交于 A,C,D,B 点,如图 3.8 所示.在下面条件①②中任选一个:① $p=3$;② $p=4$.

(1) 求 $|AC|+2|DB|$ 的最小值;

(2) 证明 $|AC|\cdot|DB|$ 为定值.

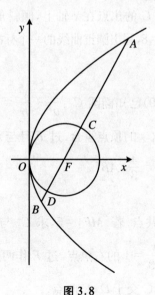

图 3.8

习题参考答案

1. B. 解析:因为 A,F,B 三点共线,所以 $\dfrac{1}{|AF|}+\dfrac{1}{|BF|}=\dfrac{2}{p}=1$,则

$$4\,|AF|+9\,|BF|=(4\,|AF|+9\,|BF|)\cdot\left(\dfrac{1}{|AF|}+\dfrac{1}{|BF|}\right)$$

$$=4+\dfrac{4\,|AF|}{|BF|}+\dfrac{9\,|BF|}{|AF|}+9\geqslant 25.$$

故选 B.

2. C. 解析:由题设可得,焦半径 $|AF|$ 的长为该椭圆通径长的一半,所以 $|AF|=\dfrac{b^2}{a}$. 而在 $\mathrm{Rt}\triangle AOF$ 中,有

$$\tan\angle AOF=\dfrac{|AF|}{|OF|}=\dfrac{\dfrac{b^2}{a}}{c}=\dfrac{b^2}{\sqrt{3}a}=\dfrac{a^2-3}{\sqrt{3}a}=\dfrac{3}{2},$$

整理得 $2a^2-3\sqrt{3}a-6=0$. 又因为 $a>0$,所以 $a=2\sqrt{3}$,即 $2a=4\sqrt{3}$. 故选 C.

3. C. 解析:由题设可知焦点弦 AB 为该双曲线的右通径,不妨设 $A\left(c,\dfrac{b^2}{a}\right)$,$B\left(-c,\dfrac{b^2}{a}\right)$,渐近线取 $bx-ay=0$,则

$$d_1=\dfrac{\left|bc-a\cdot\dfrac{b^2}{a}\right|}{\sqrt{b^2+(-a)^2}}=\dfrac{|bc-b^2|}{c},$$

$$d_2=\dfrac{\left|-bc-a\cdot\dfrac{b^2}{a}\right|}{\sqrt{b^2+(-a)^2}}=\dfrac{|-bc-b^2|}{c}.$$

因为 $e^2=\dfrac{c^2}{a^2}=\dfrac{c^2}{c^2-b^2}=4$,所以 $b=\dfrac{\sqrt{3}}{2}c$,故 $d_1=\dfrac{\sqrt{3}}{2}c-\dfrac{3}{4}c,d_2=\dfrac{\sqrt{3}}{2}c+\dfrac{3}{4}c$,可得 $d_1+d_2=\sqrt{3}c=6$,即 $c=2\sqrt{3}$. 所以 $b=3,a^2=c^2-b^2=12-9=3$. 则双曲线的方程为 $\dfrac{x^2}{3}-\dfrac{y^2}{9}=1$. 故选 C.

4. A. 解析:不妨设 $P(x_1,y_1),Q(x_2,y_2)$,由题设可得 $x_1+x_2=0$,则由焦半径公式和已知条件,可得

$$|PF|+|QF|=a-ex_1+a-ex_2=2a-e(x_1+x_2)=2a=6,$$

所以 $a=3$. 又因为 $e=\dfrac{c}{a}=\dfrac{c}{3}=\dfrac{1}{3}$,所以 $c=1,b^2=a^2-c^2=9-1=8$. 故选 A.

5. C. 解析:设直线 l 的倾斜角为 α,则由双曲线的焦点弦公式可得

$$|AB| = \left| \frac{2ep}{1 - e^2\cos^2\alpha} \right| = \left| \frac{2\frac{b^2}{a}}{1 - \frac{c^2}{a^2}\cos^2\alpha} \right|.$$

由题设 $a = 1, b^2 = 2, c^2 = 3$,所以 $|AB| = \left| \dfrac{4}{1 - 3\cos^2\alpha} \right| = 4$,解得 $\cos\alpha = \pm\dfrac{\sqrt{6}}{3}$ 或 $\cos\alpha = 0$. 故选 C.

6. D.解析:因为 PF 与 x 轴垂直,所以 P 为双曲线 $C: x^2 - \dfrac{y^2}{3} = 1$ 右通径的一个端点,则 $|PF| = \dfrac{b^2}{a} = 3$. 又因为 $c = \sqrt{a^2 + b^2} = 2$,所以点 $A(1,3)$ 到直线 PF 的距离为 $d = 1$,因此 $S_{\triangle APF} = \dfrac{1}{2}|PF| \cdot d = \dfrac{1}{2} \times 3 \times 1 = \dfrac{3}{2}$. 故选 D.

7. B.解析:椭圆 $x^2 + 2y^2 = 4$ 可以化为 $\dfrac{x^2}{4} + \dfrac{y^2}{2} = 1$. 因为 $c = \sqrt{a^2 - b^2} = \sqrt{4-2} = \sqrt{2}$, $e = \dfrac{c}{a} = \dfrac{\sqrt{2}}{2}$, $p = \dfrac{b^2}{c} = \dfrac{2}{\sqrt{2}} = \sqrt{2}$, $\alpha = \dfrac{\pi}{3}$,所以由椭圆的焦点弦公式可得 $|AB| = \dfrac{2ep}{1 - e^2\cos^2\alpha} =$ $\dfrac{2 \times \frac{\sqrt{2}}{2} \times \sqrt{2}}{1 - \frac{1}{2} \times \frac{1}{4}} = \dfrac{16}{7}$. 故选 B.

8. A.解析:设直线 AB 的倾斜角为 α,由已知条件和命题 3 可得 $S_{\triangle AOB} = \dfrac{p^2}{2\sin\alpha} = \dfrac{4}{2\sin\alpha}$ $= \sqrt{6}$,所以 $\sin\alpha = \dfrac{\sqrt{6}}{3}$. 因此,由抛物线的焦点弦公式可得 $|AB| = \dfrac{2p}{\sin^2\alpha} = \dfrac{4}{\left(\frac{\sqrt{6}}{3}\right)^2} = 6$. 故选 A.

9. C.解析:由性质 1 可得 $\dfrac{1}{|AB|} + \dfrac{1}{|CD|} = \dfrac{1}{2p} = \dfrac{1}{4}$,解得 $p = 2$,故 $x^2 = 4y$. 过点 P 作 PM 垂直于准线,M 为垂足,则由抛物线的定义可得 $|PF| = |PM|$. 所以 $|PF| + |PQ| = |PM| + |PQ| \geqslant |MQ| = 3$,当 Q, P, M 三点共线时等号成立. 故选 C.

10. C.解析:由抛物线的相关性质和题设,可得以 MF 为直径的圆必与 y 相切于点 $(0, 2)$. 设 $M(x_0, y_0)$,则线段 MF 的中点坐标为 $\left(\dfrac{x_0 + \frac{p}{2}}{2}, \dfrac{y_0}{2} \right)$,所以 $\dfrac{y_0}{2} = 2$,即 $y_0 = 4$. 因此 $x_0 = \dfrac{y_0^2}{2p} = \dfrac{4^2}{2p} = \dfrac{8}{p}$,故由抛物线的焦半径公式可得 $|MF| = x_0 + \dfrac{p}{2} = \dfrac{8}{p} + \dfrac{p}{2} = 5$,整理得 $p^2 - 10p + 16 = 0$,解得 $p = 2$ 或 $p = 8$. 所以抛物线 C 的方程为 $y^2 = 4x$ 或 $y^2 = 16x$. 故选 C.

11. ACD.解析:由题设和抛物线焦点弦性质,可得以抛物线 $y^2 = 4x$ 的焦点弦 AB 为直

径的圆必与其准线 $x = -1$ 相切.故与直线 $x = -\dfrac{3}{2}$ 相离,所以 A 正确.以抛物线 $y^2 = 4x$ 的焦半径 AF 或 BF 为直径的圆与 y 轴相切,当 M 和 F 不重合时,B 错误.当 $\overrightarrow{AF} = 2\overrightarrow{FB}$ 时,不妨设直线 AB 的倾斜角为 α,A 点在 x 轴上方,B 点在 x 轴下方,则 $\lambda = \dfrac{1 + \cos \alpha}{1 - \cos \alpha} = 2$,得 $\cos \alpha = \dfrac{1}{3}$,所以 $\sin^2 \alpha = \dfrac{8}{9}$,则由焦点弦公式可得 $|AB| = \dfrac{2p}{\sin^2 \alpha} = \dfrac{4}{\dfrac{8}{9}} = \dfrac{9}{2}$.当 A 点在 x 轴下方,B 点在 x 轴上方时,同样可解得 $|AB| = \dfrac{9}{2}$.故 C 正确.设直线 AB 的倾斜角为 α,由抛物线的焦点弦公式可得 $|AB| = \dfrac{2p}{\sin^2 \alpha}$,当 $\alpha = \dfrac{\pi}{2}$ 时,$|AB|$ 取得最小值 $2p = 4$,故 D 正确.故选 ACD.

12. ABC.解析:如图 3.9 所示.分别过点 A,B 作抛物线 C 的准线 m 的垂线,垂足分别为点 E,M.抛物线 C 的准线 m 交 x 轴于点 P,则 $|PF| = p$.由于直线 l 的斜率为 $\sqrt{3}$,其倾斜角为 $60°$.又因为 $AE \parallel x$ 轴,所以 $\angle EAF = 60°$.又由抛物线的定义可知 $|AE| = |AF|$,则 $\triangle AEF$ 为等边三角形,所以 $\angle EFP = \angle AEF = 60°$,则 $\angle PEF = 30°$.因此 $|AF| = |EF| = 2|PF| = 2p = 8$,得 $p = 4$,故 A 选项正确.因为 $|AE| = |EF| = 2|PF|$,又 $PF \parallel AE$,所以 F 为 AD 的中点,则 $\overrightarrow{DF} = \overrightarrow{FA}$,故 B 选项正确.因为 $\angle DAE = 60°$,所以 $\angle ADE = 30°$,因此 $|BD| = 2|BM| = 2|BF|$(抛物线定义),故 C 选项正确.因为 $|BD| = 2|BF|$,所以 $|BF| = \dfrac{1}{3}|DF| = \dfrac{1}{3}|AF| = \dfrac{8}{3}$,故 D 选项错误.故选 ABC.

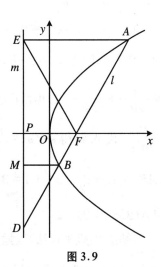

图 3.9

13. $\dfrac{5}{3}$.解析:由命题 2 可得 $S_{\triangle OAB} = \dfrac{b^2 e \sin \alpha}{1 - e^2 \cos^2 \alpha}$.因为 $b^2 = 4$,$c = \sqrt{a^2 - b^2} = 1$,$e = \dfrac{c}{a} = \dfrac{\sqrt{5}}{5}$,且 $k = \tan \alpha = 2$,所以 $\cos^2 \alpha = \dfrac{1}{5}$,$\sin \alpha = \dfrac{2\sqrt{5}}{5}$.故

$$S_{\triangle OAB} = \dfrac{b^2 e \sin \alpha}{1 - e^2 \cos^2 \alpha} = \dfrac{4 \times \dfrac{\sqrt{5}}{5} \times \dfrac{2\sqrt{5}}{5}}{1 - \left(\dfrac{\sqrt{5}}{5}\right)^2 \times \dfrac{1}{5}} = \dfrac{5}{3}.$$

14. 2.解析:由题设可得 B 为双曲线 C 右通径的上顶点,所以可设 $B\left(c, \dfrac{b^2}{a}\right)$,其中 $c = \sqrt{a^2 + b^2}$,$A(a, 0)$,则

$$k_{AB} = \dfrac{\dfrac{b^2}{a}}{c - a} = \dfrac{c^2 - a^2}{a(c - a)} = \dfrac{c + a}{a} = 3,$$

解得 $e = \dfrac{c}{a} = 2$.

15. $(3, \sqrt{15})$. 解析:由题设可得 $a = 6$, $c = \sqrt{a^2 - b^2} = \sqrt{36 - 20} = 4$,所以 $e = \dfrac{c}{a} = \dfrac{2}{3}$. 设 $M(x_0, y_0)$,由题设可知 $x_0 > 0$, $y_0 > 0$, $|MF_1| = |F_1 F_2|$ 或 $|MF_2| = |F_1 F_2|$,所以由焦半径公式可得 $a + ex_0 = 2c$ 或 $a - ex_0 = 2c$,即 $6 + \dfrac{2}{3} x_0 = 8$ 或 $6 - \dfrac{2}{3} x_0 = 8$,解得 $x_0 = 3$ 或 $x_0 = -3$(舍去),所以 $y_0^2 = 15$, $y_0 = \sqrt{15}$. 故 $M(3, \sqrt{15})$.

16. $2, 1$. 解析:由题设可得 $\dfrac{p}{2} = 1$,则 $p = 2$. 所以由抛物线焦点弦的性质可得

$$\frac{1}{|AF|} + \frac{1}{|BF|} = \frac{2}{p} = 1.$$

17. $(2, \pm 2\sqrt{2})$. 解析:(解法 1:焦点弦性质法)由题设计算可得 $F(1, 0)$. 设直线 AB 的倾斜角为 α,因为 $\overrightarrow{AF} = 2\overrightarrow{FB}$,所以 $|AF| = 2|FB|$. 又由焦点弦的性质 $\dfrac{1}{|AF|} + \dfrac{1}{|FB|} = \dfrac{2}{p}$,可得 $\dfrac{1}{|AF|} + \dfrac{1}{|FB|} = 1$. 由抛物线的焦点弦公式 $|AB| = \dfrac{4}{\sin^2 \alpha}$ 及以上,可得 $|AF| = \dfrac{8}{3\sin^2 \alpha}$, $|FB| = \dfrac{4}{3\sin^2 \alpha}$. 代入解得 $\sin^2 \alpha = \dfrac{8}{9}$,所以 $|AF| = 3$. 设 $A(x_A, y_A)$,则由焦半径公式可得 $|AF| = x_A + \dfrac{p}{2} = x_A + 1 = 3$,所以 $x_A = 2$. 代入抛物线方程 $y^2 = 4x$,解得 $y_A = \pm 2\sqrt{2}$,所以 $A(2, \pm 2\sqrt{2})$.

(解法 2:极坐标法)以抛物线 $y^2 = 4x$ 的焦点 F 为极点,射线 Fx 为极轴建立极坐标系,则该抛物线的极坐标方程为 $\rho = \dfrac{2}{1 - \cos\theta}$. 当点 A 在极轴上方时,设点 A 的极坐标为 (ρ_1, θ),点 B 的极坐标为 $(\rho_2, \theta + \pi)$. 因为 $\overrightarrow{AF} = 2\overrightarrow{FB}$,整理得 $\rho_1 = 2\rho_2$,即 $\dfrac{2}{1 - \cos\theta} = \dfrac{4}{1 - \cos(\theta + \pi)}$,所以 $\dfrac{2}{1 - \cos\theta} = \dfrac{4}{1 + \cos\theta}$,解得 $\cos\theta = \dfrac{1}{3}$,则 $|AF| = \rho_1 = \dfrac{2}{1 - \dfrac{1}{3}} = 3$. 而在直角坐标系中设点 $A(x_A, y_A)$,则由焦半径公式可得 $|AF| = x_A + \dfrac{p}{2} = x_A + 1 = 3$,所以 $x_A = 2$. 代入抛物线方程 $y^2 = 4x$,解得 $y_A = 2\sqrt{2}$. 当点 A 在极轴下方时,设点 B 的极坐标为 (ρ_2, θ),点 A 的极坐标为 $(\rho_1, \theta + \pi)$,同理可得 $x_A = 2$, $y_A = -2\sqrt{2}$,所以点 $A(2, \pm 2\sqrt{2})$.

18. $y^2 = 6x$(其他符合题意的答案也对). 解析:① 若 C 为焦点在 x 轴正半轴的抛物线,设其标准方程为 $y^2 = 2px$ $(p > 0)$,则由抛物线的焦点弦公式,可得 $|MN| = \dfrac{2p}{\sin^2 60°} = 8$,所以 $y^2 = 6x$.

② 若 C 为焦点在 x 轴且中心在坐标原点的椭圆,设其标准方程为 $\dfrac{x^2}{a^2}+\dfrac{y^2}{b^2}=1(a>b>0)$,不妨设 C 的左焦点 F,则由椭圆的焦点弦公式得

$$|MN|=\dfrac{2\cdot\dfrac{c}{a}\cdot\dfrac{b^2}{c}}{1-\dfrac{c^2}{a^2}\cos^2\alpha}=\dfrac{2ab^2}{a^2-(a^2-b^2)\cos^2 60°}=8,$$

整理得 $\dfrac{a}{\left(\dfrac{a}{b}\right)^2+1}=2$. 若取 $a=10$,解得 $b=5$. 所以椭圆 C 的标准方程为 $\dfrac{x^2}{100}+\dfrac{y^2}{25}=1$.

19. (1) 由椭圆和抛物线的通径公式,可得 $|AB|=\dfrac{2b^2}{a}$,$|CD|=2p$. 由题设和已知条件

可得 $\begin{cases} 2p=\dfrac{8b^2}{3a} \\ \dfrac{p}{2}=c \\ a^2-b^2=c^2 \end{cases}$,整理得 $2(a^2-c^2)=3ac$,所以 $\dfrac{2c^2}{a^2}+\dfrac{3c}{a}-2=0$,化简得 $2e^2+3e-2=0$. 又

因为 $0<e<1$,所以 $e=\dfrac{1}{2}$.

(2) 由(1)可得 $e=\dfrac{c}{a}=\dfrac{1}{2}$,所以 $p=2c=a$. 设 $M(x_0,y_0)$,因为 $|MF|=5$,由抛物线和

椭圆的焦半径公式,可得 $\begin{cases} x_0+\dfrac{a}{2}=5 \\ -\dfrac{1}{2}x_0+a=5 \end{cases}$,解得 $a=6$,所以 $p=6$,$c=3$,$b=\sqrt{a^2-c^2}=\sqrt{36-9}=3\sqrt{3}$. 故 C_1 的标准方程为 $\dfrac{x^2}{36}+\dfrac{y^2}{27}=1$,$C_2$ 的标准方程为 $y^2=12x$.

20. (1) 因为 $a=2$,$b=\sqrt{3}$,所以 $c=1$,即右焦点 $F(1,0)$. 设直线 l_1 的倾斜角为 α,则直线 l_1 的方程为 $y=(\tan\alpha)\cdot(x-1)$. 代入椭圆 C 的方程,整理得

$$(4\tan^2\alpha+3)x^2-(8\tan^2\alpha)x+4\tan^2\alpha-12=0,$$

所以

$$\Delta=(-8\tan^2\alpha)^2-(4\tan^2\alpha+3)\cdot(4\tan^2\alpha-12)=144(\tan^2\alpha+1)>0.$$

则由韦达定理得 $x_1+x_2=\dfrac{8\tan^2\alpha}{4\tan^2\alpha+3}$,$x_1x_2=\dfrac{4\tan^2\alpha-12}{4\tan^2\alpha+3}$. 故由已知和弦长公式可得

$$|AB|=\sqrt{(1+\tan^2\alpha)[(x_1+x_2)^2-4x_1x_2]}=\dfrac{12(1+\tan^2\alpha)}{4\tan^2\alpha+3},$$

$$=\dfrac{12\left(1+\dfrac{\sin^2\alpha}{\cos^2\alpha}\right)}{4\left(\dfrac{\sin^2\alpha}{\cos^2\alpha}\right)+3}=\dfrac{12}{3+\sin^2\alpha}.$$

因为 $l_1 \perp l_2$，l_1 的倾斜角为 α，当 $0 \leqslant \alpha < \dfrac{\pi}{2}$ 时，直线 l_2 的倾斜角为 $\alpha + \dfrac{\pi}{2}$，则可得 $|DE| =$

$\dfrac{12}{3 + \sin^2\left(\alpha + \dfrac{\pi}{2}\right)} = \dfrac{12}{3 + \cos^2\alpha}$；当 $\dfrac{\pi}{2} \leqslant \alpha < \pi$ 时，直线 l_2 的倾斜角为 $\alpha - \dfrac{\pi}{2}$，同理可得 $|DE| =$

$\dfrac{12}{3 + \sin^2\alpha}$. 所以

$$|AB| + |DE| = \dfrac{12}{3 + \sin^2\alpha} + \dfrac{12}{3 + \cos^2\alpha} = \dfrac{84}{12 + \sin^2\alpha\cos^2\alpha} = \dfrac{84}{12 + \dfrac{1}{4}(\sin 2\alpha)^2}$$

$$= \dfrac{336}{48 + \sin^2 2\alpha} = \dfrac{336}{48 + \left(\dfrac{1}{2} - \dfrac{1}{2}\cos 4\alpha\right)} = \dfrac{672}{97 - \cos 4\alpha}.$$

又因为 $\alpha \in [0, \pi)$，所以 $4\alpha \in [0, 4\pi)$，即 $\cos 4\alpha \in [-1, 1]$. 则当 $\cos 4\alpha = -1$ 时，$|AB| + |DE|$ 取得最小值 $\dfrac{48}{7}$；当 $\cos 4\alpha = 1$ 时，$|AB| + |DE|$ 取得最大值 7.

(2) 四边形 $ADBE$ 的面积为

$$S_{\text{四边形}ADBE} = \dfrac{1}{2}|AB| \cdot |DE| = \dfrac{1}{2} \cdot \dfrac{12}{3 + \sin^2\alpha} \cdot \dfrac{12}{3 + \cos^2\alpha}$$

$$= \dfrac{1}{2} \cdot \dfrac{144}{12 + \sin^2\alpha\cos^2\alpha} = \dfrac{1}{2} \cdot \dfrac{144}{12 + \dfrac{1}{4}(\sin 2\alpha)^2}$$

$$= \dfrac{1}{2} \cdot \dfrac{576}{48 + \sin^2 2\alpha} = \dfrac{1}{2} \cdot \dfrac{576}{48 + \left(\dfrac{1}{2} - \dfrac{1}{2}\cos 4\alpha\right)} = \dfrac{576}{97 - \cos 4\alpha}.$$

因为 $\alpha \in [0, \pi)$，所以 $4\alpha \in [0, 4\pi)$，即 $\cos 4\alpha \in [-1, 1]$. 则当 $\cos 4\alpha = 1$ 时，四边形 $ADBE$ 的面积取得最大值 6；当 $\cos 4\alpha = -1$ 时，四边形 $ADBE$ 的面积取得最小值 $\dfrac{288}{49}$.

21. 设直线 l 的方程为 $y = \dfrac{3}{2}x + m$，$A(x_1, y_1)$，$B(x_2, y_2)$.

(1) 由题设可得 $\dfrac{p}{2} = \dfrac{3}{4}$，因为 $|AF| + |BF| = 4$，由抛物线的焦半径公式可得 $x_1 + \dfrac{p}{2} +$

$x_2 + \dfrac{p}{2} = x_1 + x_2 + \dfrac{3}{2} = 4$，所以 $x_1 + x_2 = \dfrac{5}{2}$. 联立 $\begin{cases} y^2 = 3x \\ y = \dfrac{3}{2}x + m \end{cases}$，整理得 $9x^2 + 4(3m - 3)x$

$+ 4m^2 = 0$，则由韦达定理得 $x_1 + x_2 = -\dfrac{4(3m - 3)}{9} = \dfrac{5}{2}$，解得 $m = -\dfrac{7}{8}$. 所以直线 l 的方程

为 $y = \dfrac{3}{2}x - \dfrac{7}{8}$.

(2) (解法 1) 设 $P(x_0, 0)$，因为 $\overrightarrow{AP} = 3\overrightarrow{PB}$，所以 $(x_0 - x_1, -y_1) = 3(x_2 - x_0, y_2)$，可得

$-y_1 = 3y_2.$ 联立 $\begin{cases} y^2 = 3x \\ y = \dfrac{3}{2}x + m \end{cases}$，消去 x，整理得 $y^2 - 2y + 2m = 0$，则由韦达定理得 $y_1 + y_2 =$

$2, y_1 y_2 = 2m.$ 所以与 $-y_1 = 3y_2$ 联立，解得 $y_1 = 3, y_2 = -1$，则 $2m = -3, m = -\dfrac{3}{2}$，即 $y_1 y_2$

$= -3$，故由弦长公式可得

$$|AB| = \sqrt{\left(1 + \frac{1}{k^2}\right)\left[(y_1 + y_2)^2 - 4y_1 y_2\right]} = \sqrt{\left(1 + \frac{4}{9}\right)\left[4 - 4 \times (-3)\right]} = \frac{4\sqrt{13}}{3}.$$

（解法 2）设 $P(x_0, 0)$，直线 l 的倾斜角为 α，则由题设知 $k = \tan \alpha = \dfrac{3}{2}$，解得 $\sin \alpha =$

$\dfrac{3\sqrt{13}}{13}, \cos \alpha = \dfrac{2\sqrt{13}}{13}.$ 设直线 l 的参数方程为 $\begin{cases} x = x_0 + \dfrac{2\sqrt{13}}{13}t \\ y = \dfrac{3\sqrt{13}}{13}t \end{cases}$（$t$ 为参数），代入 $y^2 = 3x$，整

理得 $3t^2 - 2\sqrt{13}t - 13x_0 = 0$，则由韦达定理得 $t_1 + t_2 = \dfrac{2\sqrt{13}}{3}, t_1 t_2 = -\dfrac{13}{3}x_0.$ 又因为

$\overrightarrow{AP} = 3\overrightarrow{PB}$，所以 $t_1 = -3t_2$，解得 $t_1 = \sqrt{13}, t_2 = -\dfrac{\sqrt{13}}{3}$，故

$$|AB| = |t_1 - t_2| = \left| \sqrt{13} + \frac{\sqrt{13}}{3} \right| = \frac{4\sqrt{13}}{3}.$$

22. (1) 由题意可设椭圆 E 的方程为 $\dfrac{x^2}{a^2} + \dfrac{y^2}{b^2} = 1(a > b > 0)$，因为在 x 轴上方使

$\overrightarrow{MF_1} \cdot \overrightarrow{MF_2} = 2$ 成立的点 M 只有一个，所以在 x 轴上方使 $\overrightarrow{MF_1} \cdot \overrightarrow{MF_2} = 2$ 成立的点 M 是椭圆 E 的短轴的上端点.

当点 M 是椭圆 E 的短轴的上端点时，由题设可得 $bc = \sqrt{3}, \overrightarrow{MF_1} \cdot \overrightarrow{MF_2} = b^2 - c^2 = 2.$ 又因为 $c = \sqrt{a^2 - b^2}$，解得 $\begin{cases} a = 2 \\ b = \sqrt{3} \end{cases}$，所以椭圆 E 的方程为 $\dfrac{x^2}{4} + \dfrac{y^2}{3} = 1.$

(2)（解法 1）当直线 l_1 的斜率为 0 或不存在时，$|AB| = 2a = 4$，$|CD| = \dfrac{2b^2}{a} = 3$ 或

$|CD| = 2a = 4$，且 $|AB| = \dfrac{2b^2}{a} = 3$，则由

$12(|AB| + |CD|) = 12 \times (3 + 4) = 84$，$7|AB| \cdot |CD| = 7 \times 3 \times 4 = 84$，

得 $12(|AB| + |CD|) = 7|AB| \cdot |CD|.$

当直线 l_1 的斜率存在且不为 0 时，设直线 l_1 的方程为 $y = k(x + 1)(k \neq 0)$，联立

$\begin{cases} \dfrac{x^2}{4} + \dfrac{y^2}{3} = 1 \\ y = k(x + 1) \end{cases}$，可得 $(4k^2 + 3)x^2 + 8k^2 x + 4k^2 - 12 = 0.$ 设点 $A(x_1, y_1), B(x_2, y_2)$，则由韦

达定理得 $x_1 + x_2 = -\dfrac{8k^2}{4k^2+3}, x_1 x_2 = \dfrac{4k^2-12}{4k^2+3}$，于是

$$|AB| = \sqrt{1+k^2}\,|x_1 - x_2| = \sqrt{(1+k^2)[(x_1+x_2)^2 - 4x_1 x_2]} = \frac{12(k^2+1)}{4k^2+3}.$$

同理可得

$$|CD| = \frac{12\left[\left(-\dfrac{1}{k}\right)^2 + 1\right]}{4\left(-\dfrac{1}{k}\right)^2 + 3} = \frac{12(k^2+1)}{3k^2+4}.$$

所以

$$\frac{1}{|AB|} + \frac{1}{|CD|} = \frac{3k^2+4+4k^2+3}{12(k^2+1)} = \frac{7}{12}.$$

综上所述，$12(|AB|+|CD|) = 7|AB| \cdot |CD|$.

(解法 2)结合第(1)问可知，点 $(-1,0)$ 为椭圆 $E: \dfrac{x^2}{4} + \dfrac{y^2}{3} = 1$ 的左焦点. 因为 $e = \dfrac{c}{a} = \dfrac{1}{2}, p = \dfrac{b^2}{c} = 3$，所以以椭圆 $E: \dfrac{x^2}{4} + \dfrac{y^2}{3} = 1$ 的左焦点 $F(-1,0)$ 为极点，射线 Fx 为极轴建立极坐标系，则椭圆 E 的极坐标方程为 $\rho = \dfrac{\dfrac{3}{2}}{1 - \dfrac{1}{2}\cos\theta}$，即 $\rho = \dfrac{3}{2 - \cos\theta}$. 不妨设直线 AB 的倾斜角为 $\alpha\left(0 \leqslant \alpha < \dfrac{\pi}{2}\right)$，以及 $A(\rho_1, \alpha), B(\rho_2, \pi + \alpha)$，则

$$|AB| = \rho_1 + \rho_2 = \frac{3}{2 - \cos\alpha} + \frac{3}{2 + \cos\alpha} = \frac{12}{4 - \cos^2\alpha}.$$

同理可得 $|CD| = \dfrac{12}{4 - \cos^2\left(\alpha + \dfrac{\pi}{2}\right)} = \dfrac{12}{4 - \sin^2\alpha}$. 所以

$$\frac{1}{|AB|} + \frac{1}{|CD|} = \frac{4 - \cos^2\alpha}{12} + \frac{4 - \sin^2\alpha}{12} = \frac{7}{12},$$

即 $\dfrac{|AB| + |CD|}{|AB| \cdot |CD|} = \dfrac{7}{12}$，则 $12(|AB| + |CD|) = 7|AB| \cdot |CD|$.

23. (1)(解法 1)设直线 MN 的方程为 $x = my - \sqrt{2}$，另设 $M(x_1, y_1), N(x_2, y_2)$. 联立 $\begin{cases} x = my - \sqrt{2} \\ x^2 - y^2 = 1 \end{cases}$，整理得 $(m^2-1)y^2 - 2\sqrt{2}my + 1 = 0$，则 $m^2 \neq 1$ 且 $\Delta = 4(m^2+1) > 0$，所以由韦达定理得 $y_1 + y_2 = \dfrac{2\sqrt{2}m}{m^2-1}, y_1 y_2 = \dfrac{1}{m^2-1}$. 故

$$|MN| = \sqrt{1+m^2} \times \frac{2\sqrt{m^2+1}}{|m^2-1|} = \frac{2(m^2+1)}{|m^2-1|}.$$

而坐标原点 O 到直线 MN 的距离为 $d = \dfrac{\sqrt{2}}{\sqrt{1+m^2}}$，则

$$S_{\triangle OMN} = \frac{1}{2} \mid MN \mid \cdot d = \frac{1}{2} \times \frac{2(m^2+1)}{\mid m^2-1 \mid} \times \frac{\sqrt{2}}{\sqrt{1+m^2}} = \frac{\sqrt{2}(m^2+1)}{\mid m^2-1 \mid}.$$

令 $m^2 - 1 = t (-1 \leqslant t < 0)$，则 $S_{\triangle OMN}^2 = 2\left(\dfrac{1}{t} + \dfrac{2}{t^2}\right) \geqslant 2 \times (2-1) = 2$，所以 $S_{\triangle OMN} \geqslant \sqrt{2}$，当 $t = -1$ 即 $m = 0$ 时等号成立. 故 $\triangle OMN$ 的面积的最小值为 $\sqrt{2}$.

（解法2）不妨设直线 MN 的斜率为正数，倾斜角为 α，则由题设 $a^2 = 1, b^2 = 1$，所以 $c = \sqrt{a^2+b^2} = \sqrt{2}, e = \dfrac{c}{a} = \sqrt{2}, p = \dfrac{b^2}{c} = \dfrac{1}{\sqrt{2}} = \dfrac{\sqrt{2}}{2}$. 以双曲线 $\Gamma: x^2 - y^2 = 1$ 的左焦点 F 为极点，射线 Fx 为极轴建立极坐标系，则双曲线 Γ 的极坐标方程为 $\rho = \dfrac{1}{1+\sqrt{2}\cos\theta}$. 不妨设 $M(\rho_1, \alpha)$，$N(\rho_2, \alpha+\pi)$，则 $\mid MF \mid = \rho_1 = \dfrac{1}{1+\sqrt{2}\cos\alpha}$，$\mid NF \mid = \rho_2 = \dfrac{1}{1-\sqrt{2}\cos\alpha}$，所以

$$S_{\triangle OMN} = S_{\triangle MOF} + S_{\triangle NOF} = \frac{1}{2} \mid OF \mid \cdot MF \mid \sin\alpha + \frac{1}{2} \mid OF \mid \cdot NF \mid \sin\alpha$$

$$= \frac{1}{2} \times \sqrt{2} \times \frac{\sin\alpha}{1+\sqrt{2}\cos\alpha} + \frac{1}{2} \times \sqrt{2} \times \frac{\sin\alpha}{1-\sqrt{2}\cos\alpha} = \frac{\sqrt{2}\sin\alpha}{2\sin^2\alpha - 1},$$

其中 $\sin\alpha \in \left(\dfrac{\sqrt{2}}{2}, 1\right]$. 令 $t = \sin\alpha$，则 $S(t) = \dfrac{\sqrt{2}t}{2t^2-1}$，其中 $t \in \left(\dfrac{\sqrt{2}}{2}, 1\right]$，所以

$$S'(t) = \frac{-\sqrt{2}(2t^2+1)}{(2t^2-1)^2} < 0.$$

因此 $S(t)$ 在 $\left(\dfrac{\sqrt{2}}{2}, 1\right]$ 上单调递减，所以 $S(t)_{\min} = S(1) = \sqrt{2}$. 故 $\triangle OMN$ 的面积的最小值为 $\sqrt{2}$.

（2）假设存在这样的定点 $P(n, 0)$，此时

$$\overrightarrow{PM} \cdot \overrightarrow{PN} = (x_1 - n, y_1)(x_2 - n, y_2) = (x_1 - n)(x_2 - n) + y_1 y_2$$

$$= (my_1 - \sqrt{2} - n)(my_2 - \sqrt{2} - n) + y_1 y_2$$

$$= (m^2 + 1)y_1 y_2 - m(\sqrt{2} + n)(y_1 + y_2) + (\sqrt{2} + n)^2.$$

将解法1得到的 $y_1 + y_2$ 和 $y_1 y_2$ 代入上式，可得

$$\overrightarrow{PM} \cdot \overrightarrow{PN} = \frac{(-3 - 2\sqrt{2}n)m^2 + 1}{m^2 - 1} + (\sqrt{2} + n)^2.$$

此时要想 $\overrightarrow{PM} \cdot \overrightarrow{PN}$ 为定值，则 $\dfrac{-3 - 2\sqrt{2}n}{1} = \dfrac{1}{-1}$，解得 $n = -\dfrac{\sqrt{2}}{2}$. 故存在这样的定点 $P\left(-\dfrac{\sqrt{2}}{2}, 0\right)$ 满足题意.

24. 若选条件①:(1) 由题设知 $p=3$,则抛物线 E 的方程为 $y^2=6x$,圆 F 的方程为 $\left(x-\frac{3}{2}\right)^2+y^2=\left(\frac{3}{2}\right)^2$.设直线 l 的方程为 $x=my+\frac{3}{2}$,代入 $y^2=6x$,整理得 $y^2-6my-9=0$,则由韦达定理得 $y_Ay_B=-9$,所以

$$|AC|+2|DB| = (|FA|-|FC|)+2(|FB|-|FD|)$$
$$= \left(|FA|-\frac{3}{2}\right)+2\left(|FB|-\frac{3}{2}\right)$$
$$= |FA|+2|FB|-\frac{9}{2}.$$

又由焦半径公式得 $|FA|=x_A+\frac{3}{2}$,$|FB|=x_B+\frac{3}{2}$,所以

$$|AC|+2|DB| = \left(x_A+\frac{3}{2}\right)+2\left(x_B+\frac{3}{2}\right)-\frac{9}{2}$$
$$= x_A+2x_B = \frac{y_A^2}{6}+2\cdot\frac{y_B^2}{6} \geqslant 2\sqrt{\frac{y_A^2}{6}+2\cdot\frac{y_B^2}{6}}$$
$$= 3\sqrt{2},$$

当 $\frac{y_A^2}{6}=2\cdot\frac{y_B^2}{6}$,即 $x_A=2x_B$ 时,$|AC|+2|DB|$ 取得最小值 $3\sqrt{2}$.

(2) 因为

$$|AC| = |FA|-|FC| = x_A+\frac{3}{2}-\frac{3}{2} = x_A,$$
$$|BD| = |BF|-|DF| = x_B+\frac{3}{2}-\frac{3}{2} = x_B,$$

所以

$$|AC\cdot|DB| = x_A\cdot x_B = \frac{y_A^2}{6}\cdot\frac{y_B^2}{6} = \frac{(y_Ay_B)^2}{36} = \frac{81}{36} = \frac{9}{4}.$$

故 $|AC|\cdot|DB|$ 为定值 $\frac{9}{4}$.

若选条件②:(1) 由题设知 $p=4$,则抛物线 E 的方程为 $y^2=8x$,圆 F 的方程为 $(x-2)^2+y^2=2^2$.设直线 l 的方程为 $x=my+2$,代入 $y^2=8x$,整理得 $y^2-8my-16=0$,则由韦达定理得 $y_Ay_B=-16$,所以

$$|AC|+2|DB| = (|FA|-|FC|)+2(|FB|-|FD|)$$
$$= (|FA|-2)+2(|FB|-2)$$
$$= |FA|+2|FB|-6.$$

又由焦半径公式得 $|FA|=x_A+2$,$|FB|=x_B+2$,所以

$$|AC|+2|DB| = (x_A+2)+2(x_B+2)-6$$

$$= x_A + 2x_B = \frac{y_A^2}{8} + 2 \cdot \frac{y_B^2}{8} \geqslant 2\sqrt{\frac{y_A^2}{8} + 2 \cdot \frac{y_B^2}{8}}$$

$$= 4\sqrt{2},$$

当 $\frac{y_A^2}{8} = 2 \cdot \frac{y_B^2}{8}$，即 $x_A = 2x_B$ 时，$|AC| + 2|DB|$ 取得最小值 $4\sqrt{2}$.

(2) 因为

$$|AC| = |FA| - |FC| = x_A + 2 - 2 = x_A,$$

$$|BD| = |BF| - |DF| = x_B + 2 - 2 = x_B,$$

所以

$$|AC \cdot |DB| = x_A x_B = \frac{y_A^2}{8} \cdot \frac{y_B^2}{8} = \frac{(y_A y_B)^2}{64} = \frac{256}{36} = \frac{64}{9}.$$

故 $|AC| \cdot |DB|$ 为定值 $\frac{64}{9}$.

3.5 圆锥曲线的焦点三角形问题

知识梳理

从近几年高考考查情况来看,焦点三角形问题是高考热点题型,试题难度以中档题为主,题型有选择题、填空题和解答题,小题分值为 5 分,大题分值为 12 分,通常与解三角形、基本不等式等知识相交叉,考查椭圆或双曲线的离心率、焦点三角形的周长和面积,以及圆锥曲线的最值和定值问题,考查方程思想和数形结合思想,考查运算求解能力和逻辑思维能力,考查数学运算、逻辑推理和直观想象素养.难点在于涉及焦点三角形的内心、外心和重心等问题时,要熟练运用平面几何中三角形四心的相关性质.

焦点三角形知识点探秘:

(1) 第一类焦点三角形是以椭圆 C(或双曲线 C)的两焦点 F_1,F_2 和 C 上的一点 P 为顶点构成的三角形;

(2) 第二类焦点三角形是以椭圆 C(或双曲线 C)的一焦点 F_1 为顶点和经过另一焦点 F_2 的焦点弦为一边构成的三角形.

经典题探秘

1. 与有心圆锥曲线离心率有关的焦点三角形问题

例1 (2021 年全国甲卷/理 5) 已知 F_1,F_2 是双曲线 C 的两个焦点,P 为 C 上一

点,且 $\angle F_1PF_2 = 60°$,$|PF_1| = 3|PF_2|$,则 C 的离心率为(   ).

A. $\dfrac{\sqrt{7}}{2}$ B. $\dfrac{\sqrt{13}}{2}$ C. $\sqrt{7}$ D. $\sqrt{13}$

【解析】 设 $|PF_2| = m$($m > 0$),则 $|PF_1| = 3m$,由双曲线定义可得 $|PF_1| - |PF_2| = 3m - m = 2m = 2a$,即 $m = a$.则在 $\triangle F_1PF_2$ 中,由余弦定理可得

$$|F_1F_2|^2 = |PF_1|^2 + |PF_2|^2 - 2|PF_1| \cdot |PF_2| \cos\angle F_1PF_2.$$

即 $4c^2 = 9a^2 + a^2 - 2 \cdot 3a \cdot a \cdot \dfrac{1}{2}$,所以 $4c^2 = 7a^2$,因此 $e^2 = \dfrac{c^2}{a^2} = \dfrac{7}{4}$,解得 $e = \dfrac{\sqrt{7}}{2}$. 故选 A.

点评 本题以焦点三角形为载体考查双曲线离心率的求解,运用双曲线定义和余弦定理可以容易解答.

例2 (2018 年全国 Ⅱ 卷/文 11)　已知 F_1,F_2 是椭圆 C 的两个焦点,P 是 C 上的一点. 若 $PF_1 \perp PF_2$,且 $\angle PF_2F_1 = 60°$,则 C 的离心率为(   ).

A. $1 - \dfrac{\sqrt{3}}{2}$ B. $2 - \sqrt{3}$ C. $\dfrac{\sqrt{3} - 1}{2}$ D. $\sqrt{3} - 1$

【解析】 在 $\text{Rt}\triangle PF_2F_1$ 中,$|F_1F_2| = 2c$,

$$|PF_1| = |F_1F_2| \sin 60° = 2c \cdot \dfrac{\sqrt{3}}{2} = \sqrt{3}c,$$

$$|PF_2| = |F_1F_2| \cos 60° = 2c \cdot \dfrac{1}{2} = c.$$

由椭圆的定义可得 $|PF_1| + |PF_2| = (\sqrt{3} + 1)c = 2a$,所以 C 的离心率为 $e = \dfrac{c}{a} = \dfrac{2}{\sqrt{3} + 1} = \sqrt{3} - 1$. 故选 D.

点评 本题以焦点三角形为载体考查椭圆的离心率,解直角三角形,把两直角边长表示成关于 c 的表达式,再运用椭圆的定义便可得出结果.

变式 1 已知 F_1,F_2 为椭圆 $E: \dfrac{y^2}{a^2} + \dfrac{x^2}{b^2} = 1$($a > b > 0$)的两个焦点,$P$ 是椭圆 E 上的一点,$PF_1 \perp PF_2$,且 $\sin\angle PF_2F_1 = 3\sin\angle PF_1F_2$,则椭圆 E 的离心率为(   ).

A. $\dfrac{\sqrt{10}}{2}$ B. $\dfrac{\sqrt{10}}{4}$ C. $\dfrac{\sqrt{5}}{2}$ D. $\dfrac{\sqrt{5}}{4}$

【解析】 由题设和正弦定理可得 $|PF_1| = 3|PF_2|$. 设 $|PF_2| = m$($m > 0$),则 $|PF_1| = 3m$. 由椭圆定义可得 $|PF_1| + |PF_2| = 2a = 4m$,所以 $m = \dfrac{1}{2}a$,$|PF_2| = \dfrac{1}{2}a$,$|PF_1| = \dfrac{3}{2}a$.

在 $\triangle PF_1F_2$ 中,由勾股定理得 $|PF_1|^2 + |PF_2|^2 = |F_1F_2|^2$,即 $\dfrac{9a^2}{4} + \dfrac{a^2}{4} = 4c^2$,整理得 $10a^2 = 16c^2$,解得 $e^2 = \dfrac{c^2}{a^2} = \dfrac{5}{8}$,所以 $e = \dfrac{\sqrt{10}}{4}$. 故选 B.

2. 焦点三角形的面积问题

下面先来探究关于椭圆和双曲线的焦点三角形面积的命题1和命题2.

命题1 已知 F_1, F_2 为椭圆 $E: \dfrac{x^2}{a^2} + \dfrac{y^2}{b^2} = 1 (a > b > 0)$ 的两个焦点，P 是椭圆 E 上异于椭圆左、右两顶点的一点，$\angle F_1 P F_2 = \theta$，则 $\triangle F_1 P F_2$ 的面积为 $S = b^2 \tan \dfrac{\theta}{2}$.

证明：由椭圆定义可得 $|PF_1| + |PF_2| = 2a$. 在 $\triangle F_1 P F_2$ 中，由余弦定理可得

$$|F_1 F_2|^2 = |PF_1|^2 + |PF_2|^2 - 2|PF_1| \cdot |PF_2| \cos \theta$$
$$= (|PF_1| + |PF_2|)^2 - 2|PF_1| \cdot |PF_2|(1 + \cos \theta).$$

所以 $4c^2 = 4a^2 - 2|PF_1| \cdot |PF_2|(1 + \cos \theta)$，即 $|PF_1| \cdot |PF_2| = \dfrac{2b^2}{1 + \cos \theta}$. 故由三角形面积公式得

$$S_{\triangle F_1 P F_2} = \frac{1}{2}|PF_1| \cdot |PF_2| \sin \theta = \frac{1}{2} \cdot \frac{2b^2}{1 + \cos \theta} \cdot \sin \theta = \frac{b^2 \sin \theta}{1 + \cos \theta}$$

$$= \frac{b^2 2\sin \dfrac{\theta}{2} \cos \dfrac{\theta}{2}}{1 + 2\cos^2 \dfrac{\theta}{2} - 1} = \frac{b^2 \sin \dfrac{\theta}{2}}{\cos \dfrac{\theta}{2}} = b^2 \tan \frac{\theta}{2}.$$

命题2 已知 F_1, F_2 为双曲线 $E: \dfrac{x^2}{a^2} - \dfrac{y^2}{b^2} = 1 (a > 0, b > 0)$ 的两个焦点，P 是双曲线 E 上异于双曲线顶点的一点，$\angle F_1 P F_2 = \theta$，则 $\triangle F_1 P F_2$ 的面积为 $S = \dfrac{b^2}{\tan \dfrac{\theta}{2}}$.

证明：由双曲线定义可得 $||PF_1| - |PF_2|| = 2a$. 在 $\triangle F_1 P F_2$ 中，由余弦定理可得

$$|F_1 F_2|^2 = |PF_1|^2 + |PF_2|^2 - 2|PF_1| \cdot |PF_2| \cos \theta$$
$$= (|PF_1| - |PF_2|)^2 + 2|PF_1| \cdot |PF_2|(1 - \cos \theta).$$

所以 $4c^2 = 4a^2 + 2|PF_1| \cdot |PF_2|(1 - \cos \theta)$，即 $|PF_1| \cdot |PF_2| = \dfrac{2b^2}{1 - \cos \theta}$. 故由三角形面积公式得

$$S_{\triangle F_1 P F_2} = \frac{1}{2}|PF_1| \cdot |PF_2| \sin \theta = \frac{1}{2} \cdot \frac{2b^2}{1 - \cos \theta} \cdot \sin \theta = \frac{b^2 \sin \theta}{1 - \cos \theta}$$

$$= \frac{b^2}{\dfrac{1 - \cos \theta}{\sin \theta}} = \frac{b^2}{\dfrac{1 - \left(1 - 2\sin^2 \dfrac{\theta}{2}\right)}{2\sin \dfrac{\theta}{2} \cos \dfrac{\theta}{2}}} = \frac{b^2}{\dfrac{\sin \dfrac{\theta}{2}}{\cos \dfrac{\theta}{2}}} = \frac{b^2}{\tan \dfrac{\theta}{2}}.$$

例3 (2023年全国甲卷/理12) 设 O 为坐标原点，F_1, F_2 为椭圆 $C:$ 椭圆 $\dfrac{x^2}{9} + \dfrac{y^2}{6} = 1$ 的两个焦点，点 P 在椭圆 C 上，P 为椭圆上一点，$\cos \angle F_1 P F_2 = \dfrac{3}{5}$，则 $|OP| = ($ $)$.

A. $\dfrac{13}{5}$ B. $\dfrac{\sqrt{30}}{2}$ C. $\dfrac{14}{5}$ D. $\dfrac{\sqrt{35}}{2}$

【解析】 (解法 1)设 $P(x_0, y_0)$，由焦点三角形的面积公式可知 $S_{\triangle F_1 P F_2} = b^2 \tan \dfrac{\angle F_1 P F_2}{2} = c |y_0|$. 因为 $b^2 = 6, c = \sqrt{a^2 - b^2} = \sqrt{9 - 6} = \sqrt{3}$,

$$\cos \angle F_1 P F_2 = \dfrac{\cos^2 \dfrac{\angle F_1 P F_2}{2} - \sin^2 \dfrac{\angle F_1 P F_2}{2}}{\cos^2 \dfrac{\angle F_1 P F_2}{2} + \sin^2 \dfrac{\angle F_1 P F_2}{2}} = \dfrac{1 - \tan^2 \dfrac{\angle F_1 P F_2}{2}}{1 + \tan^2 \dfrac{\angle F_1 P F_2}{2}} = \dfrac{3}{5},$$

所以 $\tan \dfrac{\angle F_1 P F_2}{2} = \dfrac{1}{2}$，因此 $S_{\triangle F_1 P F_2} = 3 = \sqrt{3} |y_0|$，解得 $|y_0| = \sqrt{3}$. 代入 $\dfrac{x^2}{9} + \dfrac{y^2}{6} = 1$，可得 $x_0^2 = \dfrac{9}{2}$，所以 $|OP| = \sqrt{x_0^2 + y_0^2} = \sqrt{\dfrac{9}{2} + 3} = \dfrac{\sqrt{30}}{2}$. 故选 B.

(解法 2)由题设可得 $a = 3, b = \sqrt{6}, c = \sqrt{a^2 - b^2} = \sqrt{9 - 6} = \sqrt{3}, |F_1 F_2| = 2c = 2\sqrt{3}$. 记 $|PF_1| = r_1, |PF_2| = r_2$，则由椭圆的定义可得 $r_1 + r_2 = 6$. 在 $\triangle F_1 P F_2$ 中，由余弦定理可得 $r_1^2 + r_2^2 - 2 r_1 r_2 \cdot \dfrac{3}{5} = |F_1 F_2|^2 = 12$，所以 $(r_1 + r_2)^2 - \dfrac{16}{5} r_1 r_2 = 24$，解得 $r_1 r_2 = \dfrac{15}{2}$. 又由三角形中线的向量公式可得 $\overrightarrow{PO} = \dfrac{1}{2}(\overrightarrow{PF_1} + \overrightarrow{PF_2})$，故

$$|\overrightarrow{PO}|^2 = \dfrac{1}{4}(r_1^2 + r_2^2 + 2 r_1 r_2 \cos \angle F_1 P F_2)$$

$$= \dfrac{1}{4}[(r_1 + r_2)^2 - 2 r_1 r_2 + 2 r_1 r_2 \cos \angle F_1 P F_2]$$

$$= \dfrac{1}{4} \times \left(36 - 2 \times \dfrac{15}{2} + 2 \times \dfrac{15}{2} \times \dfrac{3}{5}\right) = \dfrac{15}{2},$$

所以 $|OP| = \dfrac{\sqrt{30}}{2}$. 故选 B.

(解法 3)设 $P(x_0, y_0)$，由题设可知 $e = \dfrac{c}{a} = \dfrac{\sqrt{9 - 6}}{3} = \dfrac{\sqrt{3}}{3}, |F_1 F_2| = 2c = 2\sqrt{3}$，则由椭圆焦半径公式可得 $|PF_1| = a + e x_0 = 3 + \dfrac{\sqrt{3}}{3} x_0, |PF_2| = a - e x_0 = 3 - \dfrac{\sqrt{3}}{3} x_0$. 所以在 $\triangle F_1 P F_2$ 中，由余弦定理可得

$$|F_1 F_2|^2 = |PF_1|^2 + |PF_2|^2 - 2 |PF_1| \cdot |PF_2| \cos \angle F_1 P F_2,$$

即

$$12 = \left(3 + \dfrac{\sqrt{3}}{3} x_0\right)^2 + \left(3 - \dfrac{\sqrt{3}}{3} x_0\right)^2 - 2\left(3 + \dfrac{\sqrt{3}}{3} x_0\right)\left(3 - \dfrac{\sqrt{3}}{3} x_0\right) \cdot \dfrac{3}{5},$$

解得 $x_0^2 = \dfrac{9}{2}$. 代入 $\dfrac{x^2}{9} + \dfrac{y^2}{6} = 1$，可得 $y_0^2 = 3$，所以 $|OP| = \sqrt{x_0^2 + y_0^2} = \sqrt{\dfrac{9}{2} + 3} = \dfrac{\sqrt{30}}{2}$. 故选 B.

点评 本题的解法1运用了椭圆焦点三角形的两个面积公式和三角恒等变换等知识;解法2运用了余弦定理和向量等知识;解法3运用了椭圆的焦半径公式和余弦定理等知识.

例4 (2020年新课标Ⅲ卷/理11) 设双曲线 $C: \dfrac{x^2}{a^2} - \dfrac{y^2}{b^2} = 1(a > 0, b > 0)$ 的左、右焦点分别为 F_1, F_2,离心率为 $\sqrt{5}$,P 是 C 上一点,且 $F_1P \perp F_2P$.若 $\triangle PF_1F_2$ 的面积为4,则 $a =$ ( ).

A. 1   B. 2   C. 4   D. 8

【解析】 由焦点三角形面积公式可得 $S_{\triangle PF_1F_2} = \dfrac{b^2}{\tan \dfrac{\angle F_1PF_2}{2}} = \dfrac{b^2}{\tan 45°} = b^2 = 4$,所以 $b = 2$.又因为 $e^2 = \dfrac{c^2}{a^2} = \dfrac{a^2 + b^2}{a^2} = \dfrac{a^2 + 4}{a^2} = 5$,所以 $a = 1$.故选 A.

点评 本题是双曲线的焦点三角形面积问题,利用双曲线焦点三角形面积公式可以巧妙解答.

变式2 (2020年新课标Ⅰ卷/文11) 设 F_1, F_2 是双曲线 $C: x^2 - \dfrac{y^2}{3} = 1$ 的两个焦点,O 为坐标原点,点 P 在 C 上且 $|OP| = 2$,则 $\triangle PF_1F_2$ 的面积为( ).

A. $\dfrac{7}{2}$ B. 3   C. $\dfrac{5}{2}$ D. 2

【解析】 (解法1)由题设可得 $c = \sqrt{a^2 + b^2} = \sqrt{1 + 3} = 2$,所以 $|F_1F_2| = 2c = 4$.在 $\triangle PF_1F_2$ 中,O 为线段 F_1F_2 的中点,且 $|OP| = \dfrac{1}{2}|F_1F_2|$,所以 $\angle F_1PF_2 = 90°$.则由双曲线焦点三角形的面积公式可得 $S_{\triangle PF_1F_2} = \dfrac{b^2}{\tan \dfrac{\angle F_1PF_2}{2}} = \dfrac{b^2}{\tan 45°} = b^2 = 3$.故选 B.

(解法2)由题设可得 $a = 1, b = \sqrt{3}, c = \sqrt{a^2 + b^2} = \sqrt{1 + 3} = 2$.不妨设点 $P(x_0, y_0)$,则由题设可得 $\begin{cases} x_0^2 - \dfrac{y_0^2}{3} = 1 \\ x_0^2 + y_0^2 = 4 \end{cases}$,解得 $y_0^2 = \dfrac{9}{4}$,所以 $y_0 = \pm \dfrac{3}{2}$.因此 $S_{\triangle PF_1F_2} = \dfrac{1}{2}|F_1F_2| \cdot |y_0| = \dfrac{1}{2} \cdot 2c \cdot |y_0| = c|y_0| = 2 \times \dfrac{3}{2} = 3$.故选 B.

变式3 (2023年全国甲卷/文7) 设 F_1, F_2 为椭圆 $C: \dfrac{x^2}{5} + y^2 = 1$ 的两个焦点,点 P 在 C 上.若 $\overrightarrow{PF_1} \cdot \overrightarrow{PF_2} = 0$,则 $|PF_1| \cdot |PF_2| =$ ( ).

A. 1   B. 2   C. 4   D. 5

【解析】 由题设可得 $a^2 = 5, b^2 = 1, \angle F_1PF_2 = 90°$.又因为 $S_{\triangle PF_1F_2} = \dfrac{1}{2}|PF_1| \cdot |PF_2| =$

$b^2 \tan \dfrac{\angle F_1 P F_2}{2} = 1 \times \tan 45° = 1$,所以 $|PF_1| \cdot |PF_2| = 2$.故选 B.

3. 焦点三角形的周长问题

例 5 (2014 年全国大纲卷/理 6) 已知椭圆 $C: \dfrac{x^2}{a^2} + \dfrac{y^2}{b^2} = 1 (a > b > 0)$ 的左、右焦点

分别为 F_1, F_2,离心率为 $\dfrac{\sqrt{3}}{3}$,过 F_2 的直线 l 交 C 于 A, B 两点.若 $\triangle A F_1 B$ 的周长为 $4\sqrt{3}$,则

C 的方程为( ).

A. $\dfrac{x^2}{3} + \dfrac{y^2}{2} = 1$ B. $\dfrac{x^2}{3} + y^2 = 1$ C. $\dfrac{x^2}{12} + \dfrac{y^2}{8} = 1$ D. $\dfrac{x^2}{12} + \dfrac{y^2}{4} = 1$

【解析】 由椭圆定义可得 $|AF_1| + |AF_2| = 2a$,$|BF_1| + |BF_2| = 2a$,则 $\triangle AF_1B$ 的周

长为

$$|AF_1| + |BF_1| + |AB| = |AF_1| + |BF_1| + |AF_2| + |BF_2| = 4a = 4\sqrt{3},$$

所以 $a = \sqrt{3}$.又因为离心率 $e = \dfrac{c}{a} = \dfrac{c}{\sqrt{3}} = \dfrac{\sqrt{3}}{3}$,所以 $c = 1, b = \sqrt{a^2 - c^2} = \sqrt{3-1} = \sqrt{2}$.因此 C

的方程为 $\dfrac{x^2}{3} + \dfrac{y^2}{2} = 1$.故选 A.

点评 本题是焦点三角形周长问题,运用椭圆的定义和离心率知识,解方程便可得出

结果.

【题根探秘】 通过对例 5 拓展探究,可以得到下面的结论(命题 3):

命题 3 已知椭圆 $C: \dfrac{x^2}{a^2} + \dfrac{y^2}{b^2} = 1 (a > b > 0)$ 的左、右焦点分别为 F_1, F_2,过 F_2(或 F_1)

的直线 l 交 C 于 A, B 两点,则 $\triangle AF_1B$(或 $\triangle AF_2B$)的周长为 $4a$.

变式 4 在平面直角坐标系 xOy 中,椭圆 C 的中心为原点,焦点 F_1, F_2 在 x 轴上,离心

率为 $\dfrac{\sqrt{2}}{2}$,过 F_1 的直线与椭圆 C 交于 A, B 两点,且 $\triangle AF_2B$ 的周长为 16,那么椭圆 C 的方程

为 _____.

【解析】 由题设,设椭圆 C 的方程为 $\dfrac{x^2}{a^2} + \dfrac{y^2}{b^2} = 1 (a > b > 0)$.又由命题 3 可得 $\triangle AF_2B$

的周长为 $4a = 16$,所以 $a = 4$.由题设可知 $e = \dfrac{c}{a} = \dfrac{c}{4} = \dfrac{\sqrt{2}}{2}$,$c = 2\sqrt{2}$,所以 $b = \sqrt{a^2 - c^2} =$

$\sqrt{16 - 8} = 2\sqrt{2}$.故椭圆 C 的方程为 $\dfrac{x^2}{16} + \dfrac{y^2}{8} = 1$.

例 6 已知 F 为双曲线 $E: \dfrac{x^2}{3} - y^2 = 1$ 的左焦点,点 P, Q 为双曲线 E 右支上的两

点.若线段 PQ 经过点 $(2,0)$,$\triangle PQF$ 的周长为 $8\sqrt{3}$,则线段 PQ 的长为(　　).

A. 2　　　　　　B. $2\sqrt{3}$　　　　　　C. 4　　　　　　D. $4\sqrt{3}$

【解析】 因为 $a=\sqrt{3}$,$c=\sqrt{a^2+b^2}=\sqrt{3+1}=2$,所以线段 PQ 经过双曲线 E:$\dfrac{x^2}{3}-y^2=1$ 的右焦点 $F'(2,0)$.又由双曲线定义可得 $|PF|-|PF'|=2a$,$|QF|-|QF'|=2a$,所以 $|PF|+|QF|=4a+(|PF'|+|QF'|)$.因此 $\triangle PQF$ 的周长为

$$|PF|+|QF|+|PQ|=|PF|+|QF|+|PF'|+|QF'|=4a+2(|PF'|+|QF'|)$$

$$=4a+2|PQ|=4\sqrt{3}+2|PQ|=8\sqrt{3},$$

解得 $|PQ|=2\sqrt{3}$.故选 B.

点评 本题是双曲线焦点三角形的周长问题,突破口在点 $(2,0)$ 为双曲线的右焦点,根据双曲线定义和题设条件最终可求得焦点弦 PQ 的长.

4. 焦点三角形的张角问题

例7 已知椭圆 C:$\dfrac{x^2}{a^2}+\dfrac{y^2}{b^2}=1(a>b>0)$ 的左、右焦点分别为 F_1,F_2.若 C 上存在无数个点 P 满足 $\angle F_1PF_2>\dfrac{\pi}{2}$,则 $\dfrac{b}{a}$ 的取值范围为(　　).

A. $\left(0,\dfrac{\sqrt{3}}{2}\right)$　　　B. $\left(\dfrac{\sqrt{3}}{2},1\right)$　　　C. $\left(\dfrac{\sqrt{2}}{2},1\right)$　　　D. $\left(0,\dfrac{\sqrt{2}}{2}\right)$

【解析】 设椭圆 C 的半焦距为 c,因为 C 上存在无数个点 P 满足 $\angle F_1PF_2>\dfrac{\pi}{2}$,所以 $c>b$,即 $a^2-b^2>b^2$,解得 $0<\dfrac{b}{a}<\dfrac{\sqrt{2}}{2}$.故选 D.

点评 根据题设条件,可得出 $c>b$,再解不等式可得出 $\dfrac{b}{a}$ 的取值范围.

例8 已知椭圆 C:$\dfrac{x^2}{a^2}+\dfrac{y^2}{b^2}=1(a>b>0)$ 的左、右焦点分别为 F_1,F_2.若椭圆 C 上存在点 P,使 $\angle F_1PF_2=\dfrac{\pi}{3}$,则椭圆 C 的离心率的取值范围为_____.

【解析】 椭圆 C 上存在点 P 使 $\angle F_1PF_2=\dfrac{\pi}{3}$ 等价于最大张角大于或等于 $\dfrac{\pi}{3}$,则 $\angle F_1PF_2\geqslant\dfrac{\pi}{3}$.设 O 为坐标原点,则 $\angle F_1PO\geqslant\dfrac{\pi}{6}$,所以 $\sin\angle F_1PO=\dfrac{|OF_1|}{|PF_1|}=\dfrac{c}{a}\geqslant\dfrac{1}{2}$,即 $e\geqslant\dfrac{1}{2}$.又因为 $0<e<1$,所以 $\dfrac{1}{2}\leqslant e<1$.

点评 本题利用椭圆焦点三角形的张角性质"椭圆 C:$\dfrac{x^2}{a^2}+\dfrac{y^2}{b^2}=1(a>b>0)$ 上有动点

P,当点 P 为椭圆 C 的上顶点或下顶点时,张角 $\angle F_1PF_2$ 最大",再结合三角函数的定义和性质便可得出结果.

【题根探秘】 通过对例 8 拓展探究,可以得到下面的结论(命题 4):

命题 4 椭圆 $C:\dfrac{x^2}{a^2}+\dfrac{y^2}{b^2}=1(a>b>0)$ 的左、右焦点分别为 F_1,F_2,且椭圆 C 上存在点 P,使 $\angle F_1PF_2=\theta$,则椭圆 C 的离心率的取值范围为 $\left[\sin\dfrac{\theta}{2},1\right)$.

证明:椭圆 C 上存在点 P 使 $\angle F_1PF_2=\theta$ 等价于最大张角大于或等于 θ,则 $\angle F_1PF_2\geqslant\theta$. 设 O 为坐标原点,则 $\angle F_1PO\geqslant\dfrac{\theta}{2}$,所以 $\sin\angle F_1PO=\dfrac{|OF_1|}{|PF_1|}=\dfrac{c}{a}\geqslant\sin\dfrac{\theta}{2}$,即 $e\geqslant\sin\dfrac{\theta}{2}$. 又因为 $0<e<1$,所以 $\sin\dfrac{\theta}{2}\leqslant e<1$.

5. 焦点三角形的定值问题

例9 如图 3.10 所示,设 P 为椭圆 $C:\dfrac{x^2}{a^2}+\dfrac{y^2}{b^2}=1(a>b>0)$ 上的动点,F_1,F_2 为椭圆 C 的焦点,I 为 $\triangle PF_1F_2$ 的内心,则直线 IF_1 和直线 IF_2 的斜率之积(   ).

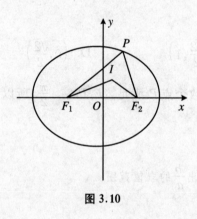

图 3.10

A. 是定值

B. 非定值,但存在最大值

C. 非定值,但存在最小值

D. 非定值,且不存在最值

【解析】 (解法 1)如图 3.11 所示,设 $\triangle PF_1F_2$ 的内切圆与 PF_1 和 F_1F_2 分别相切于点 M,H,且半径为 r,$|PM|=x$,$|F_1H|=y$,$|F_2H|=z$,则 $|PF_1|=x+y$,$|PF_2|=x+z$. 由椭圆定义和已知可得 $\begin{cases}|F_1F_2|=2c\\|PF_1|+|PF_2|=2a\end{cases}$,

所以 $\begin{cases}y+z=2c\\2x+y+z=2a\end{cases}$,于是可得 $k_{IF_1}=\tan\angle IF_1H=\dfrac{r}{y}$,

$k_{IF_2}=-\tan\angle IF_2H=-\dfrac{r}{z}$,即 $k_{IF_1}\cdot k_{IF_2}=-\dfrac{r^2}{yz}$. 则根据海伦公式,以及等面积法知 $\triangle PF_1F_2$ 的半周长为

$$p=\frac{1}{2}(2x+2y+2z)=x+y+z.$$

所以 $\triangle PF_1F_2$ 的面积为

$$S_{\triangle PF_1F_2}=\frac{1}{2}(2x+2y+2z)r=\sqrt{xyz(x+y+z)},$$

解得 $r=\sqrt{\dfrac{xyz}{x+y+z}}$,因此

$$k_{IF_1} \cdot k_{IF_2} = -\frac{r^2}{yz} = -\frac{x}{x+y+z} = -\frac{2x}{2x+2y+2z} = -\frac{(2x+y+z)-(y+z)}{(2x+y+z)+(y+z)}$$

$$= \frac{2a-2c}{2a+2c} = -\frac{a-c}{a+c} = -\frac{1-e}{1+e} \quad (\text{其中 } e \text{ 为椭圆 } C \text{ 的离心率}).$$

故选 A.

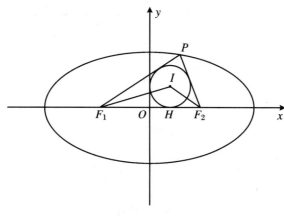

图 3.11

(解法 2)设 $P(x_0, y_0)$, $I(m, n)$, 则由椭圆的焦半径公式可得 $|PF_2| = a - ex_0$, $|PF_1| = a + ex_0$, 其中 e 为椭圆 C 的离心率. 因为 I 为 $\triangle PF_1F_2$ 的内心, 由三角形内心的向量性质可得 $|PF_2| \overrightarrow{F_1I} + |PF_1| \overrightarrow{F_2I} + |F_1F_2| \overrightarrow{PI} = \mathbf{0}$, 所以

$$(a - ex_0)(m+c, n) + (a + ex_0)(m-c, n) + 2c(m - x_0, n - y_0) = (0,0),$$

解得 $x_0 = \dfrac{m(a+c)}{c(e+1)} = \dfrac{a}{c}m$, $y_0 = \dfrac{a+c}{c}n$. 又因为点 P 在椭圆 C 上, 所以 $\dfrac{x_0^2}{a^2} + \dfrac{y_0^2}{b^2} = 1$, 即

$\dfrac{m^2}{c^2} + \dfrac{(a+c)^2}{b^2 c^2} n^2 = 1$, 因此

$$k_{IF_1} \cdot k_{IF_2} = \frac{-n}{-c-m} \cdot \frac{-n}{c-m} = \frac{n^2}{m^2 - c^2} = -\frac{b^2}{(a+c)^2} = -\frac{a^2 - c^2}{(a+c)^2} = -\frac{1-e}{1+e}.$$

故选 A.

(解法 3)设 $\angle IF_1F_2 = \alpha$, $\angle IF_2F_1 = \beta$, 则 $m = k_{IF_1} \cdot k_{IF_2} = -\tan\alpha \cdot \tan\beta$. 如图 3.12 所示, 延长 F_1P 到点 Q, 且 $|PQ| = |PF_2|$, 则

$$\angle F_2PQ = 2\alpha + 2\beta, \quad \angle PF_2Q = \angle PQF_2 = \frac{\pi - (2\alpha + 2\beta)}{2} = \frac{\pi}{2} - (\alpha + \beta),$$

$$\angle QF_2F_1 = \angle PF_2Q + \angle PF_2F_1 = \frac{\pi}{2} - (\alpha + \beta) + 2\beta = \frac{\pi}{2} + \beta - \alpha.$$

在 $\triangle QF_2F_1$ 中, 由正弦定理可得

$$\frac{|F_1Q|}{|F_1F_2|} = \frac{\sin\angle QF_2F_1}{\sin\angle F_1QF_2} = \frac{\sin\left(\dfrac{\pi}{2} + \beta - \alpha\right)}{\sin\left(\dfrac{\pi}{2} - \alpha - \beta\right)} = \frac{\cos(\beta - \alpha)}{\cos(\alpha + \beta)} = \frac{2a}{2c} = \frac{a}{c}.$$

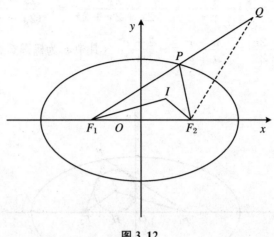

图 3.12

由两角和与差的余弦公式可得 $\dfrac{\cos\beta\cos\alpha+\sin\beta\sin\alpha}{\cos\beta\cos\alpha-\sin\alpha\sin\beta}=\dfrac{a}{c}$,即 $\dfrac{1+\tan\beta\tan\alpha}{1-\tan\beta\tan\alpha}=\dfrac{a}{c}$,亦即

$\dfrac{1-m}{1+m}=\dfrac{a}{c}$,所以 $m=\dfrac{c-a}{a+c}=-\dfrac{1-e}{1+e}$,其中 e 为椭圆 C 的离心率.故选 A.

点评 本题的解法 1 根据解三角形的知识,表示出直线 IF_1 和直线 IF_2 的斜率之积,再根据海伦-秦九韶面积公式,三角形的面积等于其半周长乘以内切圆半径,以及等面积法求解;解法 2 根据椭圆的焦半径公式,以及三角形内心的向量性质,再利用相关点法求解;解法 3 作辅助线后,利用正弦定理和两角和与差的余弦公式求解.

6. 共焦点的椭圆和双曲线的焦点三角形问题

例 10 已知 F_1,F_2 为椭圆和双曲线的公共焦点,P 是它们的一个公共点,且 $\angle F_1PF_2=\dfrac{\pi}{3}$,$e_1$,$e_2$ 分别为椭圆和双曲线的离心率,则 $\dfrac{4e_1e_2}{\sqrt{3e_1^2+e_2^2}}$ 的值为( ).

A. 1   B. 2   C. 3   D. 4

【解析】 设 $|PF_1|=m$,$|PF_2|=n$,椭圆的长半轴长为 a_1,双曲线的半实轴长为 a_2,则由椭圆定义可得 $m+n=2a_1$,由双曲线定义可得 $|m-n|=2a_2$.两式平方相加,可得 $m^2+n^2=2(a_1^2+a_2^2)$;两式平方相减,可得 $mn=a_1^2-a_2^2$.记 $\angle F_1PF_2=\theta$,则在 $\triangle PF_1F_2$ 中,由余弦定理可得 $m^2+n^2-2mn\cos\theta=4c^2$,所以 $2(a_1^2+a_2^2)-2(a_1^2-a_2^2)\cos\theta=4c^2$,整理得 $(1-\cos\theta)a_1^2+(1+\cos\theta)a_2^2=2c^2$,即得 $(1-\cos\theta)\dfrac{a_1^2}{c^2}+(1+\cos\theta)\dfrac{a_2^2}{c^2}=2$.所以

$\dfrac{1-\cos\theta}{e_1^2}+\dfrac{1+\cos\theta}{e_2^2}=2$,因此 $2(1-\cos\theta)e_2^2+2(1+\cos\theta)e_1^2=4e_1^2e_2^2$,即

$$\frac{4e_1e_2}{\sqrt{2(1+\cos\theta)e_1^2+2(1-\cos\theta)e_2^2}}=\frac{4e_1e_2}{2e_1e_2}=2.$$

由题设 $\angle F_1 P F_2 = \theta = \dfrac{\pi}{3}$，所以

$$\frac{4e_1 e_2}{\sqrt{2\left(1 + \cos \dfrac{\pi}{3}\right) e_1^2 + 2\left(1 - \cos \dfrac{\pi}{3}\right) e_2^2}} = \frac{4e_1 e_2}{\sqrt{3e_1^2 + e_2^2}} = \frac{4e_1 e_2}{2e_1 e_2} = 2.$$

点评 本题运用椭圆的定义、双曲线的定义和余弦定理建立方程组,通过化简可得出结果.

【题根探秘】 由例 10 的解题过程可得到下面的命题 5:

命题 5 已知 F_1, F_2 为椭圆和双曲线的公共焦点, P 是它们的一个公共点,且 $\angle F_1 P F_2 = \theta$, e_1, e_2 分别为椭圆和双曲线的离心率,则 $\dfrac{4e_1 e_2}{\sqrt{2(1 + \cos \theta) e_1^2 + 2(1 - \cos \theta) e_2^2}} = 2$.

7. 广义焦点三角形的面积问题

例 11 (2023 年新高考 II 卷/5) 已知椭圆 $C: \dfrac{x^2}{3} + y^2 = 1$ 的左、右焦点分别为 F_1, F_2,直线 $y = x + m$ 与 C 交于 A, B 两点. 若 $\triangle F_1 A B$ 面积是 $\triangle F_2 A B$ 面积的 2 倍,则 $m =$ ( ).

A. $\dfrac{2}{3}$ B. $\dfrac{\sqrt{2}}{3}$ C. $-\dfrac{\sqrt{2}}{3}$ D. $-\dfrac{2}{3}$

【解析】 由题设点 $F_1(-\sqrt{2}, 0)$, $F_2(\sqrt{2}, 0)$. 分别设点 F_1 到直线 AB 的距离是 d_1,点 F_2 到直线 AB 的距离是 d_2,则由已知条件知 $S_{\triangle F_1 AB} = 2 S_{\triangle F_2 AB}$,所以 $\dfrac{1}{2} |AB| \cdot d_1 = 2 \cdot \left(\dfrac{1}{2} |AB| \cdot d_2\right)$,即 $d_1 = 2 d_2$,亦即 $\dfrac{|-\sqrt{2} + m|}{\sqrt{2}} = 2 \dfrac{|\sqrt{2} + m|}{\sqrt{2}}$,整理得 $|-\sqrt{2} + m| = 2|\sqrt{2} + m|$,

解得 $m = -\dfrac{\sqrt{2}}{3}$ 或 $m = -3\sqrt{2}$. 联立 $\begin{cases} \dfrac{x^2}{3} + y^2 = 1 \\ y = x + m \end{cases}$,消去 y,得 $4x^2 + 6mx + 3m^2 - 3 = 0$,则由

$\Delta = 36m^2 - 4 \times 3 \times (3m^2 - 3) > 0$,可得 $-2 < m < 2$,所以 $m = -\dfrac{\sqrt{2}}{3}$. 故选 C.

点评 本题首先运用面积公式表示出面积,解出 m 的值;然后联立椭圆方程和直线方程,得出 m 的范围,从而确定 m 的值.

习 题

单选题

1. 已知椭圆 $C: \dfrac{x^2}{4} + \dfrac{y^2}{2} = 1$ 上有一点 P, F_1, F_2 分别为其左、右焦点, $\angle F_1 P F_2 = \theta$. 设 $\triangle P F_1 F_2$ 的面积为 S,则下列说法不正确的是( ).

A. $\triangle PF_1F_2$ 的周长为 $4+2\sqrt{2}$

B. θ 的最大值为 $90°$

C. 若 $S=\sqrt{2}$, 则相应的点 P 共有 2 个

D. 若 $\triangle PF_1F_2$ 是钝角三角形, 则 S 的取值范围是 $(0,\sqrt{2})$

2. 设 P 是双曲线 $\dfrac{x^2}{a^2}-\dfrac{y^2}{b^2}=1(a>0, b>0)$ 上的点, F_1, F_2 是其焦点, 且 $PF_1\perp PF_2$. 若 $\triangle PF_1F_2$ 的面积是 1, 且 $a+b=3$, 则双曲线的离心率为(   ).

A. 2　　　　　B. $\sqrt{5}$　　　　　C. $\dfrac{\sqrt{5}}{2}$　　　　　D. $\dfrac{3}{2}$

3. 已知 $\triangle ABC$ 的顶点 B, C 在椭圆 $\dfrac{x^2}{3}+y^2=1$ 上, 顶点 A 是椭圆的一个焦点, 且椭圆的另外一个焦点在 BC 边上, 则 $\triangle ABC$ 的周长是(   ).

A. $2\sqrt{3}$　　　　　B. 6　　　　　C. $4\sqrt{3}$　　　　　D. 12

4. 已知椭圆 $\dfrac{x^2}{4}+\dfrac{y^2}{2}=1$ 的两个焦点是 F_1, F_2, 点 P 在该椭圆上. 若 $|PF_1|-|PF_2|=2$, 则 $\triangle PF_1F_2$ 的面积是(   ).

A. $\sqrt{2}$　　　　　B. 2　　　　　C. $2\sqrt{2}$　　　　　D. $\sqrt{3}$

5. 设 F_1, F_2 是离心率为 5 的双曲线 $\dfrac{x^2}{a^2}-\dfrac{y^2}{24}=1$ 的两个焦点, P 是双曲线上的一点, 且 $3|PF_1|=4|PF_2|$, 则 $\triangle PF_1F_2$ 的面积等于(   ).

A. $4\sqrt{2}$　　　　　B. $8\sqrt{3}$　　　　　C. 24　　　　　D. 48

6. 已知双曲线 $\dfrac{x^2}{a^2}-\dfrac{y^2}{b^2}=1(a>0, b>0)$ 的左、右焦点分别为 F_1, F_2, 圆 $x^2+y^2=b^2$ 与双曲线在第一象限内的交点为 M. 若 $|MF_1|=3|MF_2|$, 则该双曲线的离心率为(   ).

A. 2　　　　　B. 3　　　　　C. $\sqrt{2}$　　　　　D. $\sqrt{3}$

7. F_1, F_2 是椭圆 $C:\dfrac{x^2}{a^2}+\dfrac{y^2}{b^2}=1(a>b>0)$ 的两个焦点, P 是椭圆上任一点, 从任一焦点引 $\angle F_1PF_2$ 的外角平分线的垂线, 则垂足 Q 的轨迹为(   ).

A. 圆　　　　　B. 椭圆　　　　　C. 双曲线　　　　　D. 抛物线

8. 已知双曲线 $C:\dfrac{x^2}{a^2}-\dfrac{y^2}{b^2}=1(a>0, b>0)$ 的左、右焦点分别为 F_1, F_2, 过 F_2 的直线 l 交双曲线 C 于 P, Q 两点, 且使得 $\overrightarrow{PF_2}=\lambda\overrightarrow{F_2Q}(0<\lambda<1)$, A 为左支上一点且满足 $\overrightarrow{F_1A}+\overrightarrow{F_2P}=0$, $\overrightarrow{F_1F_2}=\dfrac{2}{3}\overrightarrow{AF_2}+\dfrac{1}{3}\overrightarrow{AQ}$, $\triangle AF_2P$ 的面积为 b^2, 则双曲线 C 的离心率为(   ).

A. $\dfrac{\sqrt{3}}{3}$　　　　　B. $\sqrt{2}$　　　　　C. $\dfrac{\sqrt{10}}{2}$　　　　　D. $\sqrt{3}$

多选题

9. 已知椭圆 $C: \dfrac{x^2}{8} + \dfrac{y^2}{4} = 1$ 上有一点 P，F_1、F_2 分别为其左、右焦点，$\angle F_1PF_2 = \theta$，$\triangle F_1PF_2$ 的面积为 S，则下列说法正确的是（　　）.

A. 若 $S = 2$，则满足题意的点 P 有 4 个

B. 若 $\theta = 60°$，则 $S = \dfrac{4\sqrt{3}}{3}$

C. θ 的最大值为 $90°$

D. 若 $\triangle F_1PF_2$ 是钝角三角形，则 S 的取值范围是 $(0, \sqrt{2})$

10. 如图 3.13 所示，已知椭圆 $E: \dfrac{x^2}{a^2} + \dfrac{y^2}{b^2} = 1 \, (a > b > 0)$ 的左、右焦点分别为 F_1，F_2，P 是 E 上异于顶点的一动点，圆 I（圆心为 I）与 $\triangle PF_1F_2$ 的三边 PF_1，F_1F_2，PF_2 分别切于点 A，B，C，延长 PI 交 x 轴于点 D，作 $DH \perp PF_1$ 交 PF_1 于点 H，则（　　）.

A. $|PF_1| + |PF_2|$ 为定值

B. $|PF_1| \cdot |PF_2|$ 为定值

C. $|PA|$ 为定值

D. $|PH|$ 为定值

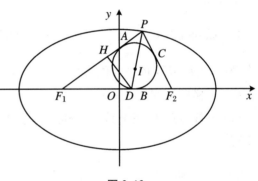

11. 在平面直角坐标系 xOy 中，已知 $A(1,1)$，$F_1(-1,0)$，$F_2(1,0)$. 若动点 P 满足 $|PF_1| + |PF_2| = 4$，则（　　）.

A. 存在点 P，使得 $|PF_2| = 1$

B. $\triangle PF_1F_2$ 面积的最大值为 $\sqrt{3}$

C. 对任意的点 P，都有 $|PA| + |PF_2| > 3$

D. 有且仅有 3 个点 P，使得 $\triangle PAF_1$ 的面积为 $\dfrac{3}{2}$

图 3.13

12. 已知椭圆 $C: \dfrac{x^2}{4} + \dfrac{y^2}{3} = 1$ 的左、右焦点分别是 F_1，F_2，$M\left(\dfrac{4}{3}, y_0\right)$ 为椭圆 C 上一点，则下列结论正确的是（　　）.

A. $\triangle MF_1F_2$ 的周长为 6 　　　　　　B. $\triangle MF_1F_2$ 的面积为 $\dfrac{\sqrt{15}}{3}$

C. $\triangle MF_1F_2$ 的内切圆的半径为 $\dfrac{\sqrt{15}}{9}$ 　　D. $\triangle MF_1F_2$ 的外接圆的直径为 $\dfrac{32}{11}$

填空题

13. 设 F_1，F_2 分别为椭圆 $C: \dfrac{x^2}{a^2} + \dfrac{y^2}{b^2} = 1 \, (a > b > 0)$ 的左、右焦点，经过 F_1 的直线交椭

圆 C 于 A,B 两点.若 $\triangle F_2AB$ 是面积为 $4\sqrt{3}$ 的等边三角形,则椭圆 C 的方程为 _____.

14. 已知 F 为双曲线 $C:\dfrac{x^2}{9}-\dfrac{y^2}{16}=1$ 的左焦点,P,Q 为 C 上的点.若 PQ 的长等于虚轴长的 2 倍,点 $A(5,0)$ 在线段 PQ 上,则 $\triangle PQF$ 的周长为 _____.

15. 已知点 P 为椭圆 $C:\dfrac{x^2}{9}+\dfrac{y^2}{6}=1$ 上的一点,且以点 P 及 C 的焦点 F_1,F_2 为顶点三角形的面积等于 $\sqrt{3}$,则点 P 的坐标为 _____.

16. 已知点 P 为双曲线 $C:\dfrac{x^2}{4}-\dfrac{y^2}{12}=1$ 上一点,F_1,F_2 分别为双曲线 C 的左、右焦点,M,I 分别为 $\triangle PF_1F_2$ 的重心和内心.若 $MI\perp x$ 轴,则 $\triangle PF_1F_2$ 内切圆的半径为 _____.

17. 椭圆 $C:\dfrac{x^2}{9}+\dfrac{y^2}{2}=1$ 的焦点为 F_1,F_2,点 P 在椭圆 C 上.若 $|PF_1|=4$,则 $|PF_2|=$ _____,$\triangle F_1PF_2$ 的面积为 _____.

解答题

18. 已知椭圆 $C:\dfrac{x^2}{a^2}+\dfrac{y^2}{b^2}=1(a>b>0)$ 的左、右焦点分别为 F_1,F_2,M 为椭圆 C 上的一个动点,$\angle F_1MF_2$ 的最大值为 $120°$,且点 M 到右焦点 F_2 距离的最大值为 $2+\sqrt{3}$.

(1) 求椭圆 C 的方程;

(2) 已知过点 F_2 的直线 l 交椭圆 C 于 A,B 两点,当 $\triangle F_1AB$ 的面积最大时,求直线 l 的方程.

19. 已知椭圆 $C:\dfrac{x^2}{a^2}+\dfrac{y^2}{b^2}=1(a>b>0)$ 的左、右焦点分别为 F_1,F_2,离心率为 $\dfrac{\sqrt{2}}{2}$,点 P 为椭圆 C 上一点,$\triangle PF_1F_2$ 的周长为 $6\sqrt{2}+6$.

(1) 求椭圆 C 的方程;

(2) G 为 $\triangle PF_1F_2$ 的重心,探究点 G 的轨迹方程.

20. 已知椭圆 $C:\dfrac{x^2}{5}+\dfrac{y^2}{4}=1$ 的左、右焦点分别为 F_1,F_2,点 P 是椭圆 C 上除长轴端点外的任一点,连接 PF_1、PF_2,设 $\angle F_1PF_2$ 的平分线 PM 交 C 的长轴于点 $M(m,0)$,求 m 的取值范围.

21. 已知 F_1,F_2 分别为椭圆 $C:\dfrac{x^2}{a^2}+\dfrac{y^2}{b^2}=1(a>b>0)$ 的左、右焦点,点 $P\left(\dfrac{2\sqrt{6}}{3},1\right)$ 在椭圆 C 上,且 $\triangle F_1PF_2$ 的垂心为 $H\left(\dfrac{2\sqrt{6}}{3},-\dfrac{5}{3}\right)$,求椭圆 C 的方程.

22. (2019 年全国 II 卷/文 20) 已知 F_1,F_2 是椭圆 $C:\dfrac{x^2}{a^2}+\dfrac{y^2}{b^2}=1(a>b>0)$ 的两个焦

点，P 为 C 上的点，O 为坐标原点.

(1) 若 $\triangle POF_2$ 为等边三角形，求 C 的离心率；

(2) 若存在点 P，使得 $PF_1 \perp PF_2$，且 $\triangle F_1PF_2$ 的面积等于 16，求 b 的值和 a 的取值范围.

23. 如图 3.14 所示，F_1，F_2 分别是椭圆 $C: \dfrac{x^2}{a^2}$

$+ \dfrac{y^2}{b^2} = 1(a > b > 0)$ 的左、右焦点，A 是椭圆 C 的顶

点，B 是直线 AF_2 与椭圆 C 的另一个交点，

$\angle F_1AF_2 = 60°$.

(1) 求椭圆 C 的离心率；

(2) 已知 $\triangle AF_1B$ 的面积为 $40\sqrt{3}$，求 a，b 的值.

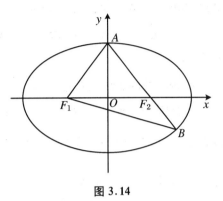

图 3.14

24. (结构不良题)已知椭圆 $C: \dfrac{x^2}{a^2} + \dfrac{y^2}{b^2} = 1(a > b$

$> 0)$，F_1，F_2 分别是其左、右焦点，给出两个条件：① $|F_1F_2| = 2\sqrt{2}$，P 在椭圆 C 上，满足 $\angle F_1PF_2$ $= 60°$，$\triangle F_1PF_2$ 的面积为 $2\sqrt{3}$；② 过 F_1 的直线与椭圆 C 交于 A，B 两点，$\triangle AF_2B$ 的周长为 $8\sqrt{2}$，且椭圆 C 经过点 $(2, \sqrt{3})$.在这两个条件中任选一个填入下面的横线中，并求解下列问题：

(1) 求椭圆 C 满足条件_____时的标准方程；

(2) 若椭圆 C 上一点 M 满足 $\angle MF_2F_1 = 2\angle MF_1F_2$，求 $\overrightarrow{MF_1} \cdot \overrightarrow{MF_2}$ 的值.

习题参考答案

1. C. 解析：由题设知 $a = 2$，$b = \sqrt{2}$，$c = \sqrt{a^2 - b^2} = \sqrt{2}$，则 $\triangle PF_1F_2$ 的周长为 $|PF_1| + |PF_2| + |F_1F_2| = 2a + 2c = 4 + 2\sqrt{2}$，所以 A 正确.由椭圆焦点三角形的张角性质，当点 P 为椭圆 $C: \dfrac{x^2}{4} + \dfrac{y^2}{2} = 1$ 的上顶点或下顶点时，$\angle F_1PF_2 = \theta$ 最大，不妨取点 $P(0, \sqrt{2})$，此时 $|PF_1| = |PF_2| = 2$.又因为 $|F_1F_2| = 2\sqrt{2}$，所以 $|PF_1|^2 + |PF_2|^2 = |F_1F_2|^2$，由勾股定理的逆定理可得 $\angle F_1PF_2 = \theta = 90°$，故 B 正确.对于 C，由焦点三角形的面积公式可得 $S_{\triangle PF_1F_2} = \dfrac{1}{2}|F_1F_2| \cdot |y| = \dfrac{1}{2} \times 2\sqrt{2}|y| = \sqrt{2}$，所以 $|y| = 1$.又因为 $|y| = 1 < b$，所以若 $S = \sqrt{2}$，则相应的点 P 共有 4 个，故 C 错误.对于 D，因为 $S_{\triangle PF_1F_2} = \dfrac{1}{2}|F_1F_2| \cdot |y| = \dfrac{1}{2} \times 2\sqrt{2}|y| = \sqrt{2}|y|$，且 $\triangle PF_1F_2$ 是钝角三角形，所以 $0 < |y| < 1$，因此 S 的取值范围是 $(0, \sqrt{2})$，故 D 正确.本题选择不正确的，故选 C.

2. C. 解析：由双曲线焦点三角形的面积公式可得 $S_{\triangle PF_1F_2} = \dfrac{b^2}{\tan \dfrac{\angle F_1PF_2}{2}} = \dfrac{b^2}{\tan 45°} =$

$b^2 = 1$,所以 $b = 1$.因此 $a = 3 - b = 2$,$c = \sqrt{a^2 + b^2} = \sqrt{5}$,则 $e = \dfrac{c}{a} = \dfrac{\sqrt{5}}{2}$.故选 C.

3. C.解析:由题设知 $a = \sqrt{3}$,设椭圆的另外一个在 BC 边上的焦点为 F,则由椭圆定义可得 $|AB| + |BF| = 2a = 2\sqrt{3}$,$|AC| + |CF| = 2a = 2\sqrt{3}$.所以 $\triangle ABC$ 的周长为

$$|AB| + |AC| + |BC| = |AB| + |AC| + |BF| + |CF| = 4a = 4\sqrt{3},$$

故选 C.

4. A.解析:由题设可得 $a = 2$,$c = \sqrt{a^2 - b^2} = \sqrt{2}$,则由椭圆定义可得 $|PF_1| + |PF_2| = 2a = 4$.又因为 $|PF_1| - |PF_2| = 2$,所以 $|PF_1| = 3$,$|PF_2| = 1$,$|F_1 F_2| = 2c = 2\sqrt{2}$.因此 $|PF_2|^2 + |F_1 F_2|^2 = 9 = |PF_1|^2$,故 $\angle PF_2 F_1 = 90°$.于是可得 $S_{\triangle PF_1 F_2} = \dfrac{1}{2} |PF_2| \cdot |F_1 F_2| = \dfrac{1}{2} \times 1 \times 2\sqrt{2} = \sqrt{2}$.故选 A.

5. C.解析:由题设可得 $e = \dfrac{\sqrt{a^2 + 24}}{a} = 5$,解得 $a = 1$.因为 $3|PF_1| = 4|PF_2|$,所以 $|PF_1| > |PF_2|$.由双曲线的定义可得 $|PF_1| - |PF_2| = 2a = 2$,解得 $|PF_1| = 8$,$|PF_2| = 6$.又因为 $|F_1 F_2| = 2c = 2\sqrt{a^2 + 24} = 10$,所以 $|PF_1|^2 + |PF_2|^2 = 100 = |F_1 F_2|^2$,即 $\angle PF_1 F_2 = 90°$.故由三角形的面积公式可得 $S_{\triangle PF_1 F_2} = \dfrac{1}{2} |PF_1| \cdot |PF_2| = \dfrac{1}{2} \times 8 \times 6 = 24$.故选 C.

6. D.解析:如图 3.15 所示,过点 M 作 $F_1 F_2$ 的垂线,并交 $F_1 F_2$ 于点 H.因为 $|MF_1| = 3|MF_2|$,点 M 又在双曲线上,所以由双曲线定义可得 $|MF_1| - |MF_2| = 2a$,即 $3|MF_2| - |MF_2| = 2a$,所以 $|MF_2| = a$.因为圆 $x^2 + y^2 = b^2$ 的半径为 b,线段 OM 是圆 $x^2 + y^2 = b^2$ 的半径,所以 $|OM| = b$.又因为 $|MF_2| = a$,$|OF_2| = c$,$a^2 + b^2 = c^2$,所以 $\angle OMF_2 = 90°$,即 $\triangle OMF_2$ 是直角三角形.因为 $MH \perp OF_2$,所以 $|OF_2| \cdot |MH| = |OM| \cdot |MF_2|$,解得 $|MH| = \dfrac{ab}{c}$.将点 M 的纵

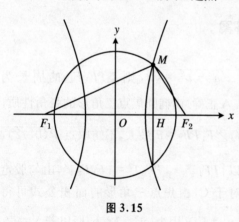

图 3.15

坐标代入圆的方程中,可得 $x^2 + \dfrac{a^2 b^2}{c^2} = b^2$,解得 $x = \dfrac{b^2}{c}$,所以 $M\left(\dfrac{b^2}{c}, \dfrac{ab}{c}\right)$.将点 M 的坐标代入双曲线方程中,可得 $\dfrac{b^4}{a^2 c^2} - \dfrac{a^2}{c^2} = 1$,化简得 $b^4 - a^4 = a^2 c^2$,整理得 $(c^2 - a^2)^2 - a^4 = a^2 c^2$,所以 $c^2 = 3a^2$,则 $e = \dfrac{c}{a} = \sqrt{3}$.故选 D.

7. A.解析:如图 3.16 所示,延长垂线 $F_1 Q$ 交 $F_2 P$ 的延长线于点 A.在等腰 $\triangle APF_1$ 中,$|PF_1| = |AP|$,从而 $|AF_2| = |AP| + |PF_2| = |PF_1| + |PF_2| = 2a$,所以 $|OQ| = \dfrac{1}{2} |AF_2| =$

a.故选 A.

8. C. 解析:因为 $\overrightarrow{F_1A} + \overrightarrow{F_2P} = \mathbf{0}$,所以四边形 PF_1AF_2 是平行四边形,则由 $S_{\triangle AF_2P} = S_{\triangle F_1F_2P} = \dfrac{b^2}{\tan\dfrac{\angle F_1PF_2}{2}} = b^2$,解得 $\angle F_1PF_2 = \dfrac{\pi}{2}$.过点 A 作

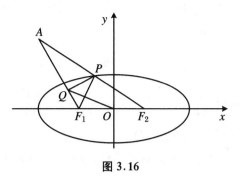

图 3.16

x 轴的平行线交 PQ 于点 B,可知四边形 F_1F_2BA 是平行四边形.因为 $\overrightarrow{F_1F_2} = \dfrac{2}{3}\overrightarrow{AF_2} + \dfrac{1}{3}\overrightarrow{AQ}$,所以

$$\overrightarrow{AB} = \frac{2}{3}\overrightarrow{AF_2} + \frac{1}{3}(\overrightarrow{AF_2} + \overrightarrow{F_2Q}) = \overrightarrow{AF_2} + \frac{1}{3}\overrightarrow{F_2Q}.$$

又因为 $\overrightarrow{AB} = \overrightarrow{AF_2} + \overrightarrow{F_2B}$,所以 $\overrightarrow{F_2B} = \dfrac{1}{3}\overrightarrow{F_2Q}$.设 $|PF_2| = m$,则 $|PF_1| = m + 2a$,$|AF_1| = |F_2B| = m$,$|F_2Q| = 3m$,所以 $|F_1Q| = 3m + 2a$,$|PQ| = 4m$.在 $\mathrm{Rt}\triangle PF_1Q$ 中,由 $|PF_1|^2 + |PQ|^2 = |F_1Q|^2$,解得 $m = a$.在 $\mathrm{Rt}\triangle PF_1F_2$,由 $|PF_1|^2 + |PF_2|^2 = |F_1F_2|^2$,得 $10a^2 = 4c^2$.所以离心率 $e = \dfrac{c}{a} = \dfrac{\sqrt{10}}{2}$.故选 C.

9. ABC. 解析:对于 A,设 $P(x_0, y_0)$,其中 $-2\sqrt{2} \leqslant x_0 \leqslant 2\sqrt{2}$,$-2 \leqslant y_0 \leqslant 2$.而 $|F_1F_2| = 2\sqrt{a^2 - b^2} = 2\sqrt{8 - 4} = 4$,且 $S = \dfrac{1}{2}|F_1F_2| \cdot |y_0| = 2|y_0| = 2$,所以 $y_0 = \pm 1$.代入 $\dfrac{x^2}{8} + \dfrac{y^2}{4} = 1$,可得 $x_0 = \pm\sqrt{6}$.所以若 $S = 2$,则满足题意的点 P 有 $(\sqrt{6}, 1)$,$(-\sqrt{6}, 1)$,$(-\sqrt{6}, -1)$,$(\sqrt{6}, -1)$,共 4 个,故 A 正确.对于 B,$S = b^2\tan\dfrac{\theta}{2} = 4 \times \tan 30° = \dfrac{4\sqrt{3}}{3}$,故 B 正确.对于 C,由焦点三角形的性质,当点 P 为椭圆的短轴端点时,θ 最大,此时 $|PF_1| = |PF_2| = a = 2\sqrt{2}$.又因为 $|PF_1|^2 + |PF_2|^2 = 16 = |F_1F_2|^2$,所以 $\theta = 90°$,故 C 正确.对于 D,当 $\angle PF_1F_2$ 为钝角时,设点 $P(x_0, y_0)$,则 $\overrightarrow{F_1P} = (x_0 + 2, y_0)$,$\overrightarrow{F_1F_2} = (4, 0)$,所以 $\overrightarrow{F_1P} \cdot \overrightarrow{F_1F_2} = 4(x_0 + 2) < 0$,解得 $-2\sqrt{2} < x_0 < -2$.当 $\angle PF_2F_1$ 为钝角时,同理可得 $2 < x_0 < 2\sqrt{2}$,所以 $2 < |x_0| < 2\sqrt{2}$.又因为 $y_0^2 = 4\left(1 - \dfrac{x_0^2}{8}\right)$,可得 $0 < y_0^2 < 2$,所以 $0 < |y_0| < \sqrt{2}$.而 $S = \dfrac{1}{2}|F_1F_2| \cdot |y_0| = 2|y_0|$,则 $0 < S < 2\sqrt{2}$,故 D 错误.故选 ABC.

10. ACD. 解析:根据椭圆的定义,可得 $|PF_1| + |PF_2| = 2a$,故 A 正确.设 $|F_1F_2| = 2c$,$\angle F_1PF_2 = \theta$,$|PF_1| = m$,$|PF_2| = n$,则由余弦定理可得 $|F_1F_2|^2 = m^2 + n^2 - 2mn\cos\theta$,即 $(2c)^2 = (m + n)^2 - 2mn(1 + \cos\theta)$,解得 $mn = \dfrac{2b^2}{1 + \cos\theta}$.因为点 P 在椭圆 E 上运动,所以 θ 的值也随之变化,从而 mn 不是定值,故 B 错误.根据圆的切线长定理和椭圆定义,得 $|PA| + |AF_1| + |PC| + |CF_2| = 2a$,且 $|AF_1| + |CF_2| = |BF_1| + |BF_2| = 2c$,则

$|PA|+|PC|+2c=2a$. 所以 $|PA|=|PC|=a-c$ 为定值, 故 C 正确. 连接 IA, 则 $IA\perp PF_1$, 由

$$\frac{1}{2}|IA|(|PF_1|+|PF_2|+|F_1F_2|)=\frac{1}{2}|DH|(|PF_1|+|PF_2|),$$

解得 $\dfrac{|IA|}{|DH|}=\dfrac{a}{a+c}$. 又由 $\dfrac{|PA|}{|PH|}=\dfrac{|IA|}{|DH|}=\dfrac{a}{a+c}$, 得 $|PH|=\dfrac{(a+c)(a-c)}{a}=\dfrac{b^2}{a}$ 为定值, 故 D 正确. 故选 ACD.

11. **ABD.** 解析: 因为 $|PF_1|+|PF_2|=4>|F_1F_2|=2$, 所以点 P 的轨迹是以点 F_1,F_2 为焦点的椭圆, 且 $2a=4,2c=2$, 可得 $a=2,c=1,b=\sqrt{3}$. 所以点 P 的轨迹方程为 $\dfrac{x^2}{4}+\dfrac{y^2}{3}=1$. 对于 A, 易得 $|PF_2|=a-ex_P\in[a-c,a+c]=[1,3]$, 故 A 正确. 对于 B, 因为 $S_{\triangle PF_1F_2}=\dfrac{1}{2}\cdot 2c\cdot|y_P|=|y_P|\leqslant\sqrt{3}$, 故 B 正确. 对于 C, $|PA|+|PF_2|=|PA|+4-|PF_1|\geqslant 4-|AF_1|=4-\sqrt{5}$, 故 C 错误. 对于 D, 设点 P 到直线 AF_1 的距离为 d_1, 则由 $S_{\triangle PAF_1}=\dfrac{1}{2}|AF_1|\cdot d_1=\dfrac{\sqrt{5}}{2}d_1=\dfrac{3}{2}$, 得 $d_1=\dfrac{3\sqrt{5}}{5}$. 易得直线 AF_1 的方程为 $y=\dfrac{1}{2}(x+1)$, 即 $x-2y+1=0$. 设与直线 AF_1 平行且距离为 $\dfrac{3\sqrt{5}}{5}$ 的直线方程为 $x-2y+m=0$, 则 $\dfrac{|m-1|}{\sqrt{1^2+(-2)^2}}=\dfrac{3\sqrt{5}}{5}$, 解得 $m=-2$ 或 $m=4$. 所以点 P 也在直线 $x-2y-2=0$ 或 $x-2y+4=0$ 上. 联立 $\begin{cases}x-2y-2=0\\3x^2+4y^2=12\end{cases}$, 消去 y, 得 $x^2-x-2=0$, 解得 $x=-1$ 或 $x=2$. 联立 $\begin{cases}x-2y+4=0\\3x^2+4y^2=12\end{cases}$, 消去 y, 得 $x^2+2x+1=0$, 解得 $x=-1$. 综上可知, 有且仅有 3 个点 P, 使得 $\triangle PAF_1$ 的面积为 $\dfrac{3}{2}$, 故 D 正确. 故选 ABD.

12. **ABC.** 解析: 由题设知 $a=2,b=\sqrt{3},c=\sqrt{a^2-b^2}=1$, 则 $\triangle MF_1F_2$ 的周长为 $|MF_1|+|MF_2|+|F_1F_2|=2(a+c)=2\times(2+1)=6$, 故 A 正确. 将点 $M\left(\dfrac{4}{3},y_0\right)$ 代入 $\dfrac{x^2}{4}+\dfrac{y^2}{3}=1$, 可得 $|y_0|=\dfrac{\sqrt{15}}{3}$, 则 $S_{\triangle MF_1F_2}=c|y_0|=\dfrac{\sqrt{15}}{3}$, 故 B 正确. 设 $\triangle MF_1F_2$ 的内切圆的半径为 r, 则 $S_{\triangle MF_1F_2}=\dfrac{1}{2}r(|MF_1|+|MF_2|+|F_1F_2|)$. 所以 $r=\dfrac{2\times\dfrac{\sqrt{15}}{3}}{6}=\dfrac{\sqrt{15}}{9}$, 故 C 正确. 对于 D, $e=\dfrac{c}{a}=\dfrac{1}{2}$, 由焦半径公式可得 $|MF_1|=a+ex_0=2+\dfrac{1}{2}\times\dfrac{4}{3}=\dfrac{8}{3}$, $|MF_2|=a-ex_0=2-\dfrac{1}{2}\times\dfrac{4}{3}=\dfrac{4}{3}$, $|F_1F_2|=2c=2$. 则由余弦定理可得

$$\cos\angle F_1MF_2 = \frac{|MF_1|^2 + |MF_2|^2 - |F_1F_2|^2}{2|MF_1| \cdot |MF_2|} = \frac{11}{16}.$$

所以

$$\sin\angle F_1MF_2 = \sqrt{1 - \cos^2\angle F_1MF_2} = \sqrt{1 - \left(\frac{11}{16}\right)^2} = \frac{3\sqrt{15}}{16}.$$

因此,由正弦定理可得 $2R = \dfrac{|F_1F_2|}{\sin\angle F_1MF_2} = \dfrac{2}{\dfrac{3\sqrt{15}}{16}} = \dfrac{32\sqrt{15}}{45}$,故 D 错误.故选 ABC.

13. $\dfrac{x^2}{9} + \dfrac{y^2}{6} = 1$.解析:因为 $\triangle F_2AB$ 是面积为 $4\sqrt{3}$ 的等边三角形,所以 $AB \perp x$ 轴,即 A,B 两点的横坐标为 $-c$.代入椭圆方程,可求得 $|F_1A| = |F_1B| = \dfrac{b^2}{a}$.因为 $|F_1F_2| = 2c$,$\angle F_1F_2A = 30°$,所以 $\dfrac{b^2}{a} = \dfrac{\sqrt{3}}{3} \times 2c$.又因为 $S_{\triangle F_2AB} = \dfrac{1}{2} \times 2c \times \dfrac{2b^2}{a} = 4\sqrt{3}$,$a^2 = b^2 + c^2$,所以 $a^2 = 9, b^2 = 6, c^2 = 3$.故椭圆 C 的方程为 $\dfrac{x^2}{9} + \dfrac{y^2}{6} = 1$.

14. 44.解析:由题设知 $a^2 = 9, b^2 = 16$,则 $c = \sqrt{a^2 + b^2} = \sqrt{9 + 16} = 5$,所以点 $A(5,0)$ 为双曲线 C 的右焦点.又由题设知 $|PQ| = 2b = 16$,不妨设点 P 在第一象限,则由双曲线的定义可得 $|PF| - |PA| = 2a = 6$,$|QF| - |QA| = 2a = 6$.所以 $\triangle PQF$ 的周长为
$$|PF| + |QF| + |PQ| = (6 + |PA|) + (6 + |QA|) + |PQ| = 12 + 2|PQ| = 44.$$

15. $\left(\pm\dfrac{\sqrt{30}}{2}, \pm 1\right)$.解析:设点 P 的坐标 $P(x_0, y_0)$.由题设知 $a^2 = 9, b^2 = 6$,所以 $c = \sqrt{3}$,$|F_1F_2| = 2c = 2\sqrt{3}$.则 $S_{\triangle PF_1F_2} = \dfrac{1}{2}|F_1F_2| \cdot |y_0| = \sqrt{3}|y_0| = \sqrt{3}$,解得 $y_0 = \pm 1$.代入 $\dfrac{x_0^2}{9} + \dfrac{y_0^2}{6} = 1$,解得 $x_0 = \pm\dfrac{\sqrt{30}}{2}$.所以 $P\left(\pm\dfrac{\sqrt{30}}{2}, \pm 1\right)$.

16. $\sqrt{6}$.解析:由已知 $a^2 = 4, b^2 = 12$,所以 $c^2 = 16$,于是可得 $F_1(-4,0), F_2(4,0)$.不妨设点 P 为 C 右支上的一点,又由已知和双曲线的定义可得

$$
\begin{aligned}
2a &= |PF_1| - |PF_2| \\
&= (|PF| + |FF_1|) - (|PE| + |EF_2|) \\
&= |FF_1| - |EF_2| = |F_1D| - |F_2D| \\
&= (x_D + c) - (c - x_D) = 2x_D,
\end{aligned}
$$

则 $x_D = a = 2$,$x_M = x_I = x_D = 2$.如图 3.17 所示,设点 $P(x_0, y_0)$,由 M 为 $\triangle PF_1F_2$ 的重心知 $\dfrac{x_0}{3} = x_M$,$x_0 = 3x_M =$

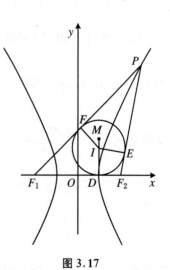

图 3.17

6.把 $x_0 = 6$ 代入双曲线方程 $\dfrac{x_0^2}{4} - \dfrac{y_0^2}{12} = 1$,解得 $y_0 = 4\sqrt{6}$,所以 $P(6, 4\sqrt{6})$.则由两点间距离公式知 $|PF_1| = 14$,$|PF_2| = 10$.设 $\triangle PF_1F_2$ 的内切圆半径为 r,则

$$S_{\triangle PF_1F_2} = \frac{1}{2}(|PF_1| + |PF_2| + |F_1F_2|)r = 16r.$$

另一方面

$$S_{\triangle PF_1F_2} = \frac{1}{2}|F_1F_2| \cdot y_0 = \frac{1}{2} \times 8 \times 4\sqrt{6} = 16\sqrt{6},$$

所以 $16r = 16\sqrt{6}$,解得 $r = \sqrt{6}$.

17. $2, 2\sqrt{3}$.解析:由题设知 $a = 3, b = \sqrt{2}$,则 $c = \sqrt{a^2 - b^2} = \sqrt{9-2} = \sqrt{7}$,可得 $|PF_1| + |PF_2| = 4 + |PF_2| = 2a = 6$,所以 $|PF_2| = 2$.

在 $\triangle F_1PF_2$ 中,由余弦定理可得

$$\cos \angle F_1PF_2 = \frac{|PF_1|^2 + |PF_2|^2 - |F_1F_2|^2}{2|PF_1| \cdot |PF_2|} = \frac{4^2 + 4 - (2\sqrt{7})^2}{2 \times 4 \times 2} = -\frac{1}{2},$$

所以 $\angle F_1PF_2 = 120°$.因此

$$S_{\triangle F_1PF_2} = b^2 \tan \frac{\angle F_1PF_2}{2} = 2 \times \sqrt{3} = 2\sqrt{3}.$$

18.(1)由题设可得,当点 M 是椭圆 C 短轴上的顶点时,$\angle F_1MF_2$ 取得最大值,所以 $b = |MF_1|\cos\dfrac{\angle F_1MF_2}{2} = \dfrac{1}{2}a$,此时点 M 到右焦点 F_2 距离的最大值为 $a + c = 2 + \sqrt{3}$.又因为 $c^2 = a^2 - b^2 = a^2 - \dfrac{1}{4}a^2 = \dfrac{3}{4}a^2$,所以 $c = \dfrac{\sqrt{3}}{2}a$,即 $a + \dfrac{\sqrt{3}}{2}a = 2 + \sqrt{3}$,解得 $a = 2, b = 1$.故椭圆 C 的方程为 $\dfrac{x^2}{4} + y^2 = 1$.

(2)(解法1)由(1)可得 $F_1(-\sqrt{3}, 0)$,$F_2(\sqrt{3}, 0)$.设直线 AB 的方程为 $x = ty + \sqrt{3}$,$A(x_1, y_1)$,$B(x_2, y_2)$,联立 $\begin{cases} \dfrac{x^2}{4} + y^2 = 1 \\ x = ty + \sqrt{3} \end{cases}$,整理得 $(t^2 + 4)y^2 + 2\sqrt{3}ty - 1 = 0$.所以由韦达定理得 $y_1 + y_2 = -\dfrac{2\sqrt{3}t}{t^2 + 4}$,$y_1y_2 = -\dfrac{1}{t^2 + 4}$,故

$$|AB| = \sqrt{(1 + t^2)[(y_1 + y_2)^2 - 4y_1y_2]} = \sqrt{(1 + t^2)\left[\frac{12t^2}{(t^2 + 4)^2} + \frac{4}{t^2 + 4}\right]}$$

$$= \frac{4(t^2 + 1)}{t^2 + 4}.$$

而点 $F_1(-\sqrt{3}, 0)$ 到直线 l 的距离为 $d = \dfrac{2\sqrt{3}}{\sqrt{1 + t^2}}$,所以

$$S_{\triangle F_1 AB} = \frac{1}{2} \mid AB \mid \cdot d = \frac{1}{2} \cdot \frac{4(t^2+1)}{t^2+4} \cdot \frac{2\sqrt{3}}{\sqrt{t^2+1}} = \frac{4\sqrt{3}\sqrt{t^2+1}}{t^2+4}.$$

令 $m = \sqrt{t^2+1}$,则 $m \geqslant 1$,所以 $S_{\triangle F_1 AB} = \frac{4\sqrt{3}m}{m^2+3} = \frac{4\sqrt{3}}{m+\frac{3}{m}}$. 又由基本不等式可得 $m + \frac{3}{m} \geqslant$

$2\sqrt{3}$,所以 $S_{\triangle F_1 AB} \leqslant \frac{4\sqrt{3}}{2\sqrt{3}} = 2$,当且仅当 $m^2 = 3$,即 $t = \pm\sqrt{2}$ 时等号成立. 此时直线 l 的方程为

$x - \sqrt{2}y - \sqrt{3} = 0$ 或 $x + \sqrt{2}y - \sqrt{3} = 0$.

（解法 2）由(1)可得 $F_1(-\sqrt{3},0)$, $F_2(\sqrt{3},0)$. 设 $A(2\cos\alpha, \sin\alpha)$, $B(2\cos\beta, \sin\beta)$,则

$\overrightarrow{AF_2} = (\sqrt{3} - 2\cos\alpha, -\sin\alpha)$, $\overrightarrow{F_2B} = (2\cos\beta - \sqrt{3}, \sin\beta)$. 因为 A, F_2, B 三点共线,所以

$(\sqrt{3} - 2\cos\alpha)\sin\beta + \sin\alpha(2\cos\beta - \sqrt{3}) = 0$,整理得 $\sin\alpha - \sin\beta = \frac{2\sqrt{3}}{3}\sin(\alpha-\beta)$. 又因为

$\overrightarrow{AF_1} = (-\sqrt{3} - 2\cos\alpha, -\sin\alpha)$, $\overrightarrow{AB} = (2\cos\beta - 2\cos\alpha, \sin\beta - \sin\alpha)$,所以

$$S_{\triangle F_1 AB} = \frac{1}{2} \mid (-\sqrt{3} - 2\cos\alpha)(\sin\beta - \sin\alpha) + 2\sin\alpha(\cos\beta - \cos\alpha) \mid$$
$$= 2 \mid \sin(\alpha - \beta) \mid.$$

当 $\sin(\alpha - \beta) = \pm 1$ 时,$S_{\triangle F_1 AB}$ 取得最大值 2;当 $\sin(\alpha - \beta) = 1$ 时,令 $\alpha - \beta = \frac{\pi}{2}$,此时 $\alpha = \beta$

$+\frac{\pi}{2}$,则 $\sin\alpha = \sin\left(\beta + \frac{\pi}{2}\right) = \cos\beta$, $\cos\alpha = \cos\left(\beta + \frac{\pi}{2}\right) = -\sin\beta$,可得 $\sin\alpha - \sin\beta = \cos\beta$

$-\sin\beta = \frac{2\sqrt{3}}{3}$,所以 $1 - 2\sin\beta\cos\beta = \frac{4}{3}$, $2\sin\beta\cos\beta = -\frac{1}{3}$. 故

$$\cos\beta + \sin\beta = \pm\sqrt{1 + 2\sin\beta\cos\beta} = \pm\sqrt{1 - \frac{1}{3}} = \pm\frac{\sqrt{6}}{3}.$$

则

$$k_{AB} = \frac{\sin\beta - \sin\alpha}{2\cos\beta - 2\cos\alpha} = \frac{\sin\beta - \cos\beta}{2(\cos\beta + \sin\beta)} = \frac{-\frac{2\sqrt{3}}{3}}{2 \times \left(\pm\frac{\sqrt{6}}{3}\right)} = \pm\frac{\sqrt{2}}{2}.$$

当 $\sin(\alpha - \beta) = -1$ 时,同理可得 $k_{AB} = \pm\frac{\sqrt{2}}{2}$. 所以直线 l 的方程为 $x - \sqrt{2}y - \sqrt{3} = 0$ 或 $x +$

$\sqrt{2}y - \sqrt{3} = 0$.

19. (1) 由题设知 $\triangle PF_1F_2$ 的周长为 $2a + 2c = 6\sqrt{2} + 6$, $e = \frac{c}{a} = \frac{\sqrt{2}}{2}$,解得 $a = 3\sqrt{2}$, $c =$

3,所以 $b^2 = a^2 - c^2 = 18 - 9 = 9$. 故椭圆 C 的方程为 $\frac{x^2}{18} + \frac{y^2}{9} = 1$.

(2) 由(1)可得 $F_1(-3,0)$, $F_2(3,0)$. 因为点 $P(x_0,y_0)$ 为椭圆 C 上一点, 所以 $\dfrac{x_0^2}{18}+\dfrac{y_0^2}{9}=1$.

又因为 G 为 $\triangle PF_1F_2$ 的重心, 设 $G(x,y)$, 所以由重心坐标公式可得 $\begin{cases} x=\dfrac{x_0+(-3)+3}{3} \\ y=\dfrac{y_0}{3} \end{cases}$,

解得 $\begin{cases} x_0=3x \\ y_0=3y \end{cases}$, 所以 $\dfrac{(3x)^2}{18}+\dfrac{(3y)^2}{9}=1$. 故 $\triangle PF_1F_2$ 的重心点 G 的轨迹方程为 $\dfrac{x^2}{2}+y^2=1$ $(y\neq 0)$ (因为点 P 不在 x 轴上, 所以 $y\neq 0$).

20. 因为 $a=\sqrt{5}$, $b=2$, $c=\sqrt{5-4}=1$, $F_1(-1,0)$, 且 PM 为 $\angle F_1PF_2$ 的平分线, 所以由角平分线性质和合分比性质可得

$$\frac{|F_1M|}{|PF_1|}=\frac{|F_2M|}{|PF_2|}=\frac{|F_1M|+|F_2M|}{|PF_1|+|PF_2|}=\frac{2c}{2a}=e=\frac{\sqrt{5}}{5},$$

即 $\sqrt{5}|F_1M|=|PF_1|$. 又因为 $a-c<|PF_1|<a+c$, 即 $\sqrt{5}-1<|PF_1|<\sqrt{5}+1$, 所以

$\sqrt{5}-1<\sqrt{5}(m+1)<\sqrt{5}+1$, 解得 $-\dfrac{\sqrt{5}}{5}<m<\dfrac{\sqrt{5}}{5}$. 故 m 的取值范围为 $\left(-\dfrac{\sqrt{5}}{5},\dfrac{\sqrt{5}}{5}\right)$.

21. 设 $F_1(-c,0)$, $F_2(c,0)$, 由 $\triangle F_1PF_2$ 的垂心为 $H\left(\dfrac{2\sqrt{6}}{3},-\dfrac{5}{3}\right)$, 得 $F_1H\perp PF_2$, 所以

$$k_{F_1H}\cdot k_{PF_2}=\frac{-\dfrac{5}{3}}{\dfrac{2\sqrt{6}}{3}+c}\cdot\frac{1}{\dfrac{2\sqrt{6}}{3}-c}=-1,$$

整理得 $\dfrac{24}{9}-c^2=\dfrac{5}{3}$, 解得 $c^2=1$. 又由点 $P\left(\dfrac{2\sqrt{6}}{3},1\right)$ 在椭圆 C 上, 得 $\dfrac{24}{9a^2}+\dfrac{1}{b^2}=1$. 结合 $a^2-b^2=c^2=1$, 解得 $a^2=4$, $b^2=3$. 故椭圆 C 的方程为 $\dfrac{x^2}{4}+\dfrac{y^2}{3}=1$.

22. (1) 连接 PF_1, 则由 $\triangle POF_2$ 为等边三角形可知, 在 $\triangle F_1PF_2$ 中, $\angle F_1PF_2=90°$, $|PF_2|=c$, $|PF_1|=\sqrt{3}c$, 于是 $2a=|PF_1|+|PF_2|=(\sqrt{3}+1)c$. 故曲线 C 的离心率 $e=\dfrac{c}{a}=\sqrt{3}-1$.

(2) (解法1) 由题意可知, 满足条件的点 $P(x,y)$ 存在, 当且仅当 $\dfrac{1}{2}|y|\cdot 2c=16$,

$\dfrac{y}{x+c}\cdot\dfrac{y}{x-c}=-1$, $\dfrac{x^2}{a^2}+\dfrac{y^2}{b^2}=1$, 即

$$c|y|=16, \qquad\qquad ①$$
$$x^2+y^2=c^2, \qquad\qquad ②$$

$$\frac{x^2}{a^2} + \frac{y^2}{b^2} = 1. \qquad \qquad ③$$

由②③两式和 $a^2 = b^2 + c^2$，得 $y^2 = \frac{b^4}{c^2}$. 又由①式知 $y^2 = \frac{16^2}{c^2}$，故 $b = 4$.

由②③两式及 $a^2 = b^2 + c^2$，得 $x^2 = \frac{a^2}{c^2}(c^2 - b^2)$，所以 $c^2 \geqslant b^2$. 从而 $a^2 = b^2 + c^2 \geqslant$

$2b^2 = 32$，故 $a \geqslant 4\sqrt{2}$.

所以当 $b = 4, a \geqslant 4\sqrt{2}$ 时，存在满足条件的点 P. 故 $b = 4, a$ 的取值范围为 $[4\sqrt{2}, +\infty)$.

（解法 2）由椭圆的焦点三角形面积公式，可得

$$S_{\triangle F_1 P F_2} = b^2 \tan \frac{\angle F_1 P F_2}{2} = b^2 \tan 45° = b^2 = 16,$$

所以 $b = 4$. 设点 $P(x_0, y_0)$，则由焦半径公式可得 $|PF_1| = a + ex_0$，$|PF_2| = a - ex_0$. 记

$|F_1 F_2| = 2c$，则由题设可知满足条件的点 $P(x_0, y_0)$ 存在，当且仅当

$$\begin{cases} (a + ex_0)^2 + (a - ex_0)^2 = 4c^2 \\ \frac{1}{2}(a + ex_0)(a - ex_0) = 16 \end{cases},$$

整理得 $\begin{cases} a^2 + e^2 x_0^2 = 2c^2 \\ a^2 - e^2 x_0^2 = 32 \end{cases}$. 所以由上式可得 $a^2 = 16 + c^2$，即 $b^2 = a^2 - c^2 = 16$，解得 $b = 4$.

又由上式得 $e^2 x_0^2 = c^2 - 16$，即 $x_0^2 = \frac{1}{e^2}(c^2 - 16)$，所以 $c^2 \geqslant 16$. 从而可得 $a^2 = 16 + c^2 \geqslant$

32，所以 $a \geqslant 4\sqrt{2}$. 故 a 的取值范围为 $[4\sqrt{2}, +\infty)$.

（解法 3）由椭圆的焦点三角形面积公式可得

$$S_{\triangle F_1 P F_2} = b^2 \tan \frac{\angle F_1 P F_2}{2} = b^2 \tan 45° = b^2 = 16,$$

所以 $b = 4$.

由题意可知满足条件的点 P 存在，当且仅当 $|PF_1| \cdot |PF_2| = 32$，$|PF_1|^2 + |PF_2|^2 =$

$4c^2$. 由重要不等式可得 $|PF_1|^2 + |PF_2|^2 \geqslant 2|PF_1| \cdot |PF_2|$，即 $4c^2 \geqslant 64$，所以 $c^2 \geqslant 16$. 因此

$a^2 = b^2 + c^2 \geqslant 32$，解得 $a \geqslant 4\sqrt{2}$. 故 a 的取值范围为 $[4\sqrt{2}, +\infty)$.

23. (1) 因为 $|AF_1| = |AF_2| = a$，$\angle F_1 A F_2 = 60°$，所以 $\triangle F_1 A F_2$ 为等边三角形，因此在

$\text{Rt}\triangle AF_1 O$ 中，有 $\sin \angle F_1 AO = \frac{|OF_1|}{|AF_1|} = \frac{c}{a} = \sin 30° = \frac{1}{2}$. 故椭圆 C 的离心率为 $\frac{1}{2}$.

(2) 由(1)可得 $a = 2c, b = \sqrt{a^2 - c^2} = \sqrt{3}c$. 因为直线 AB 的倾斜角为 $\alpha = 120°$，所以直

线 AB 的斜率 $k = -\sqrt{3}$. 设直线 AB 的方程为 $y = -\sqrt{3}(x - c)$，$A(x_1, y_1)$，$B(x_2, y_2)$. 联立

$\begin{cases} y = -\sqrt{3}(x - c) \\ \dfrac{x^2}{4c^2} + \dfrac{y^2}{3c^2} = 1 \end{cases}$，整理得 $5x^2 - 8cx = 0$，所以 $x_1 = 0$，$x_2 = \dfrac{8}{5}c$. 而焦点 $F_1(-c, 0)$ 到直线

$y = -\sqrt{3}(x - c)$ 的距离为 $d = \sqrt{3}c$,则由弦长公式得 $|AB| = \sqrt{1+k^2}\,|x_1 - x_2| = \sqrt{1+3}\cdot$

$\left| -\dfrac{8}{5}c \right| = \dfrac{16c}{5}$,所以

$$S_{\triangle AF_1 B} = \frac{1}{2}\,|AB|\,d = \frac{1}{2}\cdot\frac{16c}{5}\cdot\sqrt{3}c = 40\sqrt{3},$$

解得 $c^2 = 25$,即 $c = 5$.所以 $a = 10$,$b = 5\sqrt{3}$.

24. 若选条件①:(1) 由题设知 $\begin{cases} 2c = 2\sqrt{2} \\ b^2 \tan \dfrac{\angle F_1 P F_2}{2} = b^2 \tan 30° = 2\sqrt{3} \end{cases}$,所以 $c = \sqrt{2}$,$b^2 = 6$,

即得 $a^2 = b^2 + c^2 = 6 + 2 = 8$.故椭圆 C 的标准方程为 $\dfrac{x^2}{8} + \dfrac{y^2}{6} = 1$.

若选条件②:(1) 由题设知 $\triangle AF_2 B$ 的周长为

$$|AB| + |AF_2| + |BF_2| = (|AF_1| + |BF_1|) + (|AF_2| + |BF_2|) = 4a = 8\sqrt{2},$$

所以 $a = 2\sqrt{2}$.又因为 $\dfrac{2^2}{8} + \dfrac{3}{b^2} = 1$,所以 $b^2 = 6$.故椭圆 C 的标准方程为 $\dfrac{x^2}{8} + \dfrac{y^2}{6} = 1$.

(2) 由(1)知椭圆 C 的标准方程为 $\dfrac{x^2}{8} + \dfrac{y^2}{6} = 1$,所以 $F_1(-\sqrt{2}, 0)$,$F_2(\sqrt{2}, 0)$.由题设可得点 M 在 y 轴右侧,不妨设点 $M(x_0, y_0)$ 在第一象限,因为 $\angle MF_2 F_1 = 2\angle MF_1 F_2$,所以 $\tan\angle MF_2 F_1 = \tan 2\angle MF_1 F_2$,即

$$\tan\angle MF_2 F_1 = \frac{2\tan\angle MF_1 F_2}{1 - \tan^2\angle MF_1 F_2}.$$

又因为 $\tan\angle MF_2 F_1 = -k_{MF_2} = \dfrac{y_0}{\sqrt{2} - x_0}$,$\tan\angle MF_1 F_2 = k_{MF_1} = \dfrac{y_0}{x_0 + \sqrt{2}}$,所以

$$\frac{y_0}{\sqrt{2} - x_0} = \frac{\dfrac{2y_0}{x_0 + \sqrt{2}}}{1 - \left(\dfrac{y_0}{x_0 + \sqrt{2}}\right)^2}.$$

即 $\dfrac{y_0}{\sqrt{2} - x_0} = \dfrac{2y_0(x_0 + \sqrt{2})}{(x_0 + \sqrt{2})^2 - y_0^2}$,整理得 $15x_0^2 + 8\sqrt{2}x_0 - 32 = 0$,化简得 $(5x_0 - 4\sqrt{2})(3x_0 + 4\sqrt{2}) = 0$,

解得 $x_0 = \dfrac{4\sqrt{2}}{5}$（舍去 $x_0 = -\dfrac{4\sqrt{2}}{3}$）,$y_0^2 = \dfrac{126}{25}$.所以

$$\overrightarrow{MF_1}\cdot\overrightarrow{MF_2} = (x_0 + \sqrt{2}, y_0)\cdot(x_0 - \sqrt{2}, y_0)$$

$$= x_0^2 - 2 + y_0^2 = \frac{32}{25} - 2 + \frac{126}{25} = \frac{108}{25}.$$

3.6 圆锥曲线的顶点弦问题

知识梳理

从历年高考试题来看,圆锥曲线的顶点弦问题主要有两顶点弦所在直线斜率之积问题、顶点弦长的最值问题和以顶点弦为一边的椭圆的内接三角形面积最值问题,通常和函数与导数等知识相交叉,考查函数与方程思想、数形结合思想以及化归与转化思想,从试题呈现形式来看,有选择题、填空题和解答题.小题分值为 5 分,大题分值为 12 分;主要考查运算求解能力和逻辑思维能力,考查数学运算和逻辑推理素养.难点在于涉及与顶点弦关联的最值问题时,圆锥曲线参数方程的应用.

顶点弦定义探秘:过圆锥曲线某一顶点的直线与圆锥曲线相交于另一异于顶点的点,此时该直线被此圆锥曲线截得的线段叫作圆锥曲线的顶点弦.

经典题探秘

1. 两顶点弦所在直线的斜率之积问题

例 1 (2012 年天津卷/节选) 设椭圆 $\dfrac{x^2}{a^2} + \dfrac{y^2}{b^2} = 1(a > b > 0)$ 的左、右顶点分别为 A,B,点 P 在椭圆上且异于 A,B 两点.

(1) 若直线 AP 与 BP 的斜率之积为 $-\dfrac{1}{2}$,求该椭圆的离心率.

【解析】 设点 P 的坐标为 (x_0, y_0),由题意有 $\dfrac{x_0^2}{a^2} + \dfrac{y_0^2}{b^2} = 1$,所以 $y_0^2 = \dfrac{b^2}{a^2}(a^2 - x_0^2)$.又由已知得 $A(-a, 0)$,$B(a, 0)$,可得 $k_{AP} = \dfrac{y_0}{x_0 + a}$,$k_{BP} = \dfrac{y_0}{x_0 - a}$.所以

$$k_{AP} \cdot k_{BP} = \frac{y_0}{x_0 + a} \cdot \frac{y_0}{x_0 - a} = \frac{y_0^2}{x_0^2 - a^2} = \frac{\dfrac{b^2}{a^2}(a^2 - x_0^2)}{x_0^2 - a^2} = -\frac{b^2}{a^2} = -\frac{1}{2},$$

即 $\dfrac{b^2}{a^2} = \dfrac{1}{2}$. 因此

$$e = \frac{c}{a} = \sqrt{1 - \frac{b^2}{a^2}} = \sqrt{1 - \frac{1}{2}} = \frac{\sqrt{2}}{2}.$$

故椭圆 C 的离心率为 $\dfrac{\sqrt{2}}{2}$.

点评 本题为椭圆两顶点弦所在直线斜率之积问题,先设出点 P 的坐标,代入椭圆方程,根据斜率公式表示出直线 AP 与 BP 的斜率之积,再运用整体代换思想,求出 $\frac{b^2}{a^2}$ 的值,从而求出椭圆的离心率.

【题根探秘】 由例 1 的求解过程,可以得出以下结论(命题 1):

命题 1 设椭圆 $\frac{x^2}{a^2}+\frac{y^2}{b^2}=1(a>b>0)$ 的左、右顶点分别 A,B,点 P 在椭圆上且异于 A,B 两点,则直线 AP 与 BP 的斜率之积为定值 $-\frac{b^2}{a^2}$.

类比命题 1,可得出下面的命题 2 和命题 3.

命题 2 设椭圆 $\frac{y^2}{a^2}+\frac{x^2}{b^2}=1(a>b>0)$ 的左、右顶点分别为 A,B,点 P 在椭圆上且异于 A,B 两点,则直线 AP 与 BP 的斜率之积为定值 $-\frac{a^2}{b^2}$.

证明:设点 P 的坐标为 (x_0,y_0),由题意有 $\frac{y_0^2}{a^2}+\frac{x_0^2}{b^2}=1$,所以 $y_0^2=\frac{a^2}{b^2}(b^2-x_0^2)$. 又由已知得 $A(-b,0),B(b,0)$,得 $k_{AP}=\frac{y_0}{x_0+b},k_{BP}=\frac{y_0}{x_0-b}$. 所以

$$k_{AP}\cdot k_{BP}=\frac{y_0}{x_0+b}\cdot\frac{y_0}{x_0-b}=\frac{y_0^2}{x_0^2-b^2}=\frac{\frac{a^2}{b^2}(b^2-x_0^2)}{x_0^2-b^2}=-\frac{a^2}{b^2}.$$

故直线 AP 与 BP 的斜率之积为定值 $-\frac{a^2}{b^2}$.

命题 3 设双曲线 $\frac{x^2}{a^2}-\frac{y^2}{b^2}=1(a>0,b>0)$ 的左、右顶点分别为 A,B,点 P 在双曲线上且异于 A,B 两点,则直线 AP 与 BP 的斜率之积为定值 $\frac{b^2}{a^2}$.

证明:设点 P 的坐标为 (x_0,y_0),由题意有 $\frac{x_0^2}{a^2}-\frac{y_0^2}{b^2}=1$,所以 $y_0^2=\frac{b^2}{a^2}(x_0^2-a^2)$. 又由已知得 $A(-a,0),B(a,0)$,得 $k_{AP}=\frac{y_0}{x_0+a},k_{BP}=\frac{y_0}{x_0-a}$. 所以

$$k_{AP}\cdot k_{BP}=\frac{y_0}{x_0+a}\cdot\frac{y_0}{x_0-a}=\frac{y_0^2}{x_0^2-a^2}=\frac{\frac{b^2}{a^2}(x_0^2-a^2)}{x_0^2-a^2}=\frac{b^2}{a^2}.$$

故直线 AP 与 BP 的斜率之积为定值 $\frac{b^2}{a^2}$.

变式 1(2013 年全国大纲卷/理 8) 椭圆 $C:\frac{x^2}{4}+\frac{y^2}{3}=1$ 的左、右顶点分别为 A_1,A_2,点

P 在 C 上且直线 PA_2 斜率的取值范围是 $[-2,-1]$，那么直线 PA_1 斜率的取值范围是（　　）.

A. $\left[\dfrac{1}{2},\dfrac{3}{4}\right]$　　　　B. $\left[\dfrac{3}{8},\dfrac{3}{4}\right]$　　　　C. $\left[\dfrac{1}{2},1\right]$　　　　D. $\left[\dfrac{3}{4},1\right]$

【解析】 由命题 1 得 $k_{PA_1}\cdot k_{PA_2}=-\dfrac{3}{4}$，因为 $-2\leqslant k_{PA_2}\leqslant-1$，即 $-2\leqslant\dfrac{-\dfrac{3}{4}}{k_{PA_1}}\leqslant-1$，所以 $\dfrac{3}{8}\leqslant k_{PA_1}\leqslant\dfrac{3}{4}$，因此直线 PA_1 斜率的取值范围为 $\left[\dfrac{3}{8},\dfrac{3}{4}\right]$. 故选 B.

点评 由命题 1 可得出两顶点弦所在直线的斜率之积为定值，再结合已知条件中直线 PA_2 斜率的取值范围，并运用不等式性质可得出直线 PA_1 斜率的取值范围.

2. 顶点弦长问题

例2 （2021 年全国乙卷/文 11） 设 B 是椭圆 $C:\dfrac{x^2}{5}+y^2=1$ 的上顶点，点 P 在 C 上，则 $|PB|$ 的最大值为（　　）.

A. $\dfrac{5}{2}$　　　　B. $\sqrt{6}$　　　　C. $\sqrt{5}$　　　　D. 2

【解析】 （解法 1）设 $P(x_0,y_0)$，因为 $B(0,1)$，$\dfrac{x_0^2}{5}+y_0^2=1$，所以

$$|PB|^2=x_0^2+(y_0-1)^2=5(1-y_0^2)+(y_0-1)^2$$
$$=-4y_0^2-2y_0+6=-4\left(y_0+\dfrac{1}{4}\right)^2+\dfrac{25}{4}.$$

而 $-1\leqslant y_0\leqslant1$，则当 $y_0=-\dfrac{1}{4}$ 时，$|PB|$ 的最大值为 $\dfrac{5}{2}$. 故选 A.

（解法 2）椭圆 C 的参数方程为 $\begin{cases}x=\sqrt{5}\cos\alpha\\y=\sin\alpha\end{cases}$（$\alpha$ 为参数），设点 $P(\sqrt{5}\cos\theta,\sin\theta)$，其中 $0\leqslant\theta\leqslant2\pi$，则

$$|PB|^2=(\sqrt{5}\cos\theta)^2+(\sin\theta-1)^2=-4\sin^2\theta-2\sin\theta+6$$
$$=-4\left(\sin\theta+\dfrac{1}{4}\right)^2+\dfrac{25}{4}.$$

因为 $-1\leqslant\sin\theta\leqslant1$，所以当 $\sin\theta=-\dfrac{1}{4}$ 时，$|PB|^2$ 取得最大值 $\dfrac{25}{4}$，即 $|PB|$ 取得最大值 $\dfrac{5}{2}$. 故选 A.

（解法 3）设直线 PB 的参数方程为 $\begin{cases}x=t\cos\alpha\\y=1+t\sin\alpha\end{cases}$（$t$ 为参数），代入椭圆方程 $\dfrac{x^2}{5}+y^2=1$，整理得 $t^2\cos^2\alpha+5(1+t\sin\alpha)^2=5$. 即 $(\cos^2\alpha+5\sin^2\alpha)t^2+10\sin\alpha\cdot t=0$，亦即 $t=-\dfrac{10\sin\alpha}{\cos^2\alpha+5\sin^2\alpha}$，所以 $|PB|=\dfrac{10\sin\alpha}{\cos^2\alpha+5\sin^2\alpha}$，化简得 $|PB|=\dfrac{10\sin\alpha}{1+4\sin^2\alpha}$. 令 $m=\sin\alpha$，

$f(m) = \dfrac{10m}{1+4m^2}$,其中 $0 < m < 1$,则

$$f'(m) = \frac{10(1+4m^2) - 10m \cdot 8m}{(1+4m^2)^2} = \frac{10(1-4m^2)}{(1+4m^2)^2}.$$

令 $f'(m) = 0$,可得 $m = \dfrac{1}{2}$.则当 $0 < m < \dfrac{1}{2}$ 时,$f(m)$ 单调递增,当 $\dfrac{1}{2} < m < 1$ 时,$f(m)$ 单调递减.所以当 $m = \dfrac{1}{2}$ 时,$f(m)_{\max} = \dfrac{5}{2}$.故 $|PB|$ 的最大值为 $\dfrac{5}{2}$.

点评 本题运用解法 1 的关键是熟悉椭圆的简单几何性质,由两点间的距离公式,以及利用消元思想和二次函数的性质即可解出;解法 2 是椭圆参数方程法,先根据椭圆 C 的参数方程,设出点 P 的坐标,通过三角变换,化成关于 $\sin\theta$ 的式子,再根据 $\sin\theta$ 的值域和二次函数在闭区间上的最值,得出 $|PB|^2$ 的最大值,从而得出 $|PB|$ 的最大值;解法 3 是直线参数方程法,先由参数方程的几何意义表示出弦长 $|PB|$,换元后,再利用导函数求出 $f(m)$ 的最大值,从而求出 $|PB|$ 的最大值,也可用基本不等式和不等式性质求 $f(m)$ 的最大值,即

$$f(m) = \frac{10}{\dfrac{1}{m} + 4m} \leqslant \frac{10}{2\sqrt{\dfrac{1}{m} \cdot 4m}} = \frac{5}{2},\ \text{当且仅当}\ \frac{1}{m} = 4m,\ \text{即}\ m = \frac{1}{2}\ \text{时等号成立}.$$

例3 (2021 年全国乙卷/理 11) 设 B 是椭圆 $C: \dfrac{x^2}{a^2} + \dfrac{y^2}{b^2} = 1(a > b > 0)$ 的上顶点,若 C 上的任意一点 P 都满足 $|PB| \geqslant 2b$,则 C 的离心率的取值范围是(　　).

A. $\left[\dfrac{\sqrt{2}}{2}, 1\right)$ 　　　　B. $\left[\dfrac{1}{2}, 1\right)$ 　　　　C. $\left(0, \dfrac{\sqrt{2}}{2}\right)$ 　　　　D. $\left(0, \dfrac{1}{2}\right]$

【解析】 (解法 1)点 B 的坐标为 $(0, b)$,因为 C 上的任意一点 P 都满足 $|PB| \geqslant 2b$,所以以 B 为圆心、$2b$ 为半径的圆与椭圆至多只有一个交点,即 $\begin{cases} \dfrac{x^2}{a^2} + \dfrac{y^2}{b^2} = 1 \\ x^2 + (y-b)^2 = 4b^2 \end{cases}$ 至多一个

解.消去 x,可得 $\dfrac{b^2 - a^2}{b^2} y^2 - 2by + a^2 - 3b^2 = 0$,所以 $\Delta = 4b^2 - 4 \cdot \dfrac{b^2 - a^2}{b^2} \cdot (a^2 - 3b^2) \leqslant 0$,整理可得 $4b^4 - 4a^2 b^2 + a^4 \leqslant 0$,即 $(a^2 - 2b^2)^2 \leqslant 0$,解得 $a^2 = 2b^2$.所以 $e = \sqrt{1 - \dfrac{b^2}{a^2}} = \dfrac{\sqrt{2}}{2}$,即 e 的范围为 $\left(0, \dfrac{\sqrt{2}}{2}\right]$.故选 C.

(解法 2)设点 $P(x, y)$,则

$$|PB|^2 = x^2 + (y-b)^2 = a^2\left(1 - \frac{y^2}{a^2}\right) + y^2 - 2by + b^2$$

$$= \left(1 - \frac{a^2}{b^2}\right)y^2 - 2by + a^2 + b^2 \quad (y \in [-b, b]).$$

由题意知,此二次函数在区间端点 $x=-b$ 处取最大值,即 $\dfrac{b}{1-\dfrac{a^2}{b^2}}\leqslant -b$. 所以 $a^2\leqslant 2b^2=$

$2(a^2-c^2)$,则 $0<e\leqslant\dfrac{\sqrt{2}}{2}$. 故选 C.

(解法 3)因为椭圆 C 的参数方程为 $\begin{cases}x=a\cos\theta\\y=b\sin\theta\end{cases}$($\theta$ 为参数,且 $\theta\in[0,2\pi)$),设点

$P(a\cos\theta,b\sin\theta)$,则由题设知 $B(0,b)$. 因为 $|PB|\leqslant 2b$,所以 $\sqrt{(a\cos\theta)^2+(b\sin\theta-b)^2}$

$\leqslant 2b$. 即 $(a\cos\theta)^2+(b\sin\theta-b)^2\leqslant 4b^2$ 对任意 $\theta\in[0,2\pi)$ 恒成立,亦即 $(a^2-b^2)\sin^2\theta+$

$2b^2\sin\theta+3b^2-a^2\geqslant 0$ 对任意 $\theta\in[0,2\pi)$ 恒成立. 令 $\sin\theta=m$,则 $m\in[-1,1]$,$f(m)=$

$(a^2-b^2)m^2+2b^2m+3b^2-a^2$. 所以原问题转化为对任意 $m\in[-1,1]$,$f(m)\geqslant 0$ 恒成

立. 又因为 $f(-1)=0$,所以只需 $-\dfrac{2b^2}{2(a^2-b^2)}\leqslant -1$,解得 $2b^2\geqslant a^2$,则离心率 $e=\sqrt{1-\dfrac{b^2}{a^2}}\leqslant$

$\dfrac{\sqrt{2}}{2}$. 故选 C.

点评 本题是圆锥曲线与函数的交叉. 以上三种解法都是代数法求圆锥曲线范围问题的基本方法. 其中,解法 1 利用了判别式法;解法 2 利用了椭圆的几何性质和二次函数的最值;解法 3 利用了参数方程法,把问题化归为不等式恒成立问题,再结合二次函数的值域求解.

【题根探秘】 通过对例 2 和例 3 进行类比和联想,可以得出以下结论(命题 4):

命题 4 已知椭圆 $C:\dfrac{x^2}{a^2}+\dfrac{y^2}{b^2}=1(a>b>0)$ 的上顶点为 B,点 P 为椭圆 C 上一点,则当

$0<a\leqslant\sqrt{2}b$ 时,$|PB|$ 的最大值为 $2b$;当 $a>\sqrt{2}b$ 时,$|PB|$ 的最大值为 $\dfrac{a^2}{c}$.

证明:由题设可知 $B(0,b)$. 设 $P(x_0,y_0)$,则 $\dfrac{x_0^2}{a^2}+\dfrac{y_0^2}{b^2}=1$. 而 $a^2=b^2+c^2$,所以

$$|PB|^2=x_0^2+(y_0-b)^2=a^2\left(1-\dfrac{y_0^2}{b^2}\right)+(y_0-b)^2=-\dfrac{c^2}{b^2}y_0^2-2by_0+a^2+b^2$$

$$=-\dfrac{c^2}{b^2}\left(y_0+\dfrac{b^3}{c^2}\right)^2+\dfrac{b^4}{c^2}+a^2+b^2=-\dfrac{c^2}{b^2}\left(y_0+\dfrac{b^3}{c^2}\right)^2+\dfrac{a^4}{c^2}.$$

又因为 $-b\leqslant y_0\leqslant b$,所以当 $-\dfrac{b^3}{c^2}\leqslant -b$,即 $b^2\geqslant c^2$,$a\leqslant\sqrt{2}b$ 时,$|PB|^2_{\max}=0^2+(-b-b)^2$

$=4b^2$,即 $|PB|_{\max}=2b$;当 $-\dfrac{b^3}{c^2}>-b$,即 $b^2<c^2$,$a>\sqrt{2}b$ 时,$|PB|^2_{\max}=\dfrac{b^4}{c^2}+a^2+b^2=\dfrac{a^4}{c^2}$,

即 $|PB|_{\max}=\dfrac{a^2}{c}$.

例 4 已知椭圆 $E:\dfrac{x^2}{t}+\dfrac{y^2}{3}=1$ 的焦点在 x 轴上,A 是 E 的左顶点,斜率为 $k(k>0)$

的直线交 E 于 A,M 两点, 点 N 在 E 上, $MA \perp NA$.

(1) 当 $t = 4$, $|AM| = |AN|$ 时, 求 $\triangle AMN$ 的面积;

(2) 当 $2|AM| = |AN|$ 时, 求 k 的取值范围.

【解析】 (1) (解法1) 当 $t = 4$ 时, 椭圆 E 的方程为 $\dfrac{x^2}{4} + \dfrac{y^2}{3} = 1$, 则点 A 的坐标为 $(-2, 0)$.

因为 $MA \perp NA$, $|AM| = |AN|$, 所以 $\triangle AMN$ 为等腰直角三角形. 又由椭圆的对称性可知 $\angle MAx = 45°$, 所以直线 AM 的倾斜角为 $45°$, 即 $k = 1$. 故直线 AM 的方程为 $y = x + 2$. 设 $A(x_1, y_1)$, $M(x_2, y_2)$, 联立 $\begin{cases} \dfrac{x^2}{4} + \dfrac{y^2}{3} = 1 \\ y = x + 2 \end{cases}$, 消去 y, 整理得 $7x^2 + 16x + 4 = 0$. 则由韦达定理得

$x_1 + x_2 = -\dfrac{16}{7}$, $x_1 x_2 = \dfrac{4}{7}$, 所以

$$|AM| = \sqrt{(1+k^2)\left[(x_1 + x_2)^2 - 4x_1 x_2\right]} = \sqrt{2 \times \left[\left(-\dfrac{16}{7}\right)^2 - 4 \times \dfrac{4}{7}\right]} = \dfrac{12\sqrt{7}}{7}.$$

故 $\triangle AMN$ 的面积为

$$S_{\triangle AMN} = \dfrac{1}{2}|AM|^2 = \dfrac{1}{2} \times \left(\dfrac{12\sqrt{2}}{7}\right)^2 = \dfrac{144}{49}.$$

(解法2) 当 $t = 4$ 时, 椭圆 E 的方程为 $\dfrac{x^2}{4} + \dfrac{y^2}{3} = 1$, 则点 A 的坐标为 $(-2, 0)$. 设直线 AM 的倾斜角为 $\alpha \left(0 < \alpha < \dfrac{\pi}{2}\right)$, 则直线 AN 的倾斜角为 $\dfrac{\pi}{2} + \alpha$. 另设直线 AM 的参数方程为 $\begin{cases} x = -2 + m\cos\alpha \\ y = m\sin\alpha \end{cases}$ (m 为参数), 直线 AN 的参数方程为 $\begin{cases} x = -2 - n\sin\alpha \\ y = n\cos\alpha \end{cases}$ (n 为参数). 将直线 AM 的参数方程代入椭圆方程 $\dfrac{x^2}{4} + \dfrac{y^2}{3} = 1$, 整理可得

$$(3\cos^2\alpha + 4\sin^2\alpha)m^2 - 12\cos\alpha \cdot m = 0,$$

解得 $m_1 = 0$, $m_2 = \dfrac{12\cos\alpha}{3\cos^2\alpha + 4\sin^2\alpha}$. 所以

$$|AM| = |m_1 - m_2| = \dfrac{12\cos\alpha}{3\cos^2\alpha + 4\sin^2\alpha}.$$

同理可得 $|AN| = \dfrac{12\sin\alpha}{3\sin^2\alpha + 4\cos^2\alpha}$. 又因为 $2|AM| = |AN|$, 解得 $\alpha = \dfrac{\pi}{4}$, 所以

$$|AM| = \dfrac{12\cos\dfrac{\pi}{4}}{3\cos^2\dfrac{\pi}{4} + 4\sin^2\dfrac{\pi}{4}} = \dfrac{12\sqrt{2}}{7}.$$

故 $\triangle AMN$ 的面积为

$$S_{\triangle AMN} = \frac{1}{2} \mid AM \mid^2 = \frac{1}{2} \times \left(\frac{12\sqrt{2}}{7} \right)^2 = \frac{144}{49}.$$

点评 本题的解法 1 由已知条件得出直线 AM 的斜率 $k=1$ 后,将直线方程和椭圆方程联立,运用弦长公式 $\mid AM \mid = \sqrt{(1+k^2)\left[(x_1+x_2)^2 - 4x_1 x_2\right]}$ 求解 $\mid AM \mid$,再运用三角形面积公式即可;解法 2 由题设分别设出直线 AM 和直线 AN 的参数方程,分别代入椭圆方程整理后,运用参数方程意义下的弦长公式,可得出直线 AM 的倾斜角,求出 $\mid AM \mid$ 后,运用三角形面积公式即可.

(2)(解法 1)由已知可得 $A(-\sqrt{t},0)$,其中 $t>3$,$k>0$,则直线 AM 的方程为 $y=k(x+\sqrt{t})$,直线 AN 的方程为 $y=-\frac{1}{k}(x+\sqrt{t})$.联立 $\begin{cases} \dfrac{x^2}{t} + \dfrac{y^2}{3} = 1 \\ y = k(x+\sqrt{t}) \end{cases}$,消去 y,整理得

$$(tk^2+3)x^2 + 2t\sqrt{t}k^2 x + t^2 k^2 - 3t = 0.$$

则由韦达定理得 $x_1 + x_2 = -\dfrac{2t\sqrt{t}k^2}{tk^2+3}$,$x_1 x_2 = \dfrac{t^2 k^2 - 3t}{tk^2+3}$.所以

$$\mid AM \mid = \sqrt{(1+k^2)\left[\frac{4t^3 k^4}{(tk^2+3)^2} - 4 \cdot \frac{t^2 k^2 - 3t}{tk^2+3} \right]} = \frac{6\sqrt{k^2+1}}{tk^2+3}\sqrt{t}.$$

用 $-\dfrac{1}{k}$ 替换上式中的 k,可得 $\mid AN \mid = \dfrac{6k\sqrt{k^2+1}}{t+3k^2}\sqrt{t}$.又因为 $2\mid AM \mid = \mid AN \mid$,所以

$$\frac{12\sqrt{k^2+1}}{tk^2+3}\sqrt{t} = \frac{6k\sqrt{k^2+1}}{t+3k^2}\sqrt{t},$$

整理得 $t(2-k^3) = 3k - 6k^2$,所以 $t = \dfrac{3k-6k^2}{2-k^3} > 3$.即 $\dfrac{k^3 - 2k^2 + k - 2}{k^3 - 2} < 0$,亦即 $\dfrac{(k-2)(k^2+1)}{k^3 - 2} < 0$,则 $\dfrac{k-2}{k^3-2} < 0$.因此 $(k-2)(k^3-2) < 0$,解得 $\sqrt[3]{2} < k < 2$.故 k 的取值范围是 $(\sqrt[3]{2}, 2)$.

(解法 2)由已知可得点 $A(-\sqrt{t},0)$,其中 $t>3$.设直线 AM 的倾斜角为 $\alpha\left(0<\alpha<\dfrac{\pi}{2}\right)$,则直线 AN 的倾斜角为 $\dfrac{\pi}{2}+\alpha$.另设直线 AM 的参数方程为 $\begin{cases} x = -\sqrt{t} + m\cos\alpha \\ y = m\sin\alpha \end{cases}$($m$ 为参数),直线 AN 的参数方程为 $\begin{cases} x = -\sqrt{t} - n\sin\alpha \\ y = n\cos\alpha \end{cases}$($n$ 为参数).将直线 AM 的参数方程代入椭圆方程 $\dfrac{x^2}{t} + \dfrac{y^2}{3} = 1$,整理得

$$(3\cos^2\alpha + t\sin^2\alpha)m^2 - 6\cos\alpha\sqrt{t}m = 0,$$

解得 $m_1 = 0$,$m_2 = \dfrac{6\cos\alpha\sqrt{t}}{3\cos^2\alpha + t\sin^2\alpha}$.所以

$$|AM| = |m_1 - m_2| = \frac{6\cos\alpha\sqrt{t}}{3\cos^2\alpha + t\sin^2\alpha}.$$

同理可得 $|AN| = \dfrac{6\sin\alpha\sqrt{t}}{3\sin^2\alpha + t\cos^2\alpha}$. 又因为 $2|AM| = |AN|$, 所以

$$\frac{12\cos\alpha\sqrt{t}}{3\cos^2\alpha + t\sin^2\alpha} = \frac{6\sin\alpha\sqrt{t}}{3\sin^2\alpha + t\cos^2\alpha},$$

整理得

$$6\cos\alpha\sin^2\alpha + 2t\cos^3\alpha = 3\cos^2\alpha\sin\alpha + t\sin^3\alpha.$$

即得 $6\tan^2\alpha + 2t = 3\tan\alpha + t\tan^3\alpha$, 亦即 $6k^2 + 2t = 3k + tk^3$, 化简得 $t = \dfrac{3k(2k-1)}{k^3 - 2}$. 又因为 $t > 3$, 所以 $\dfrac{3k(2k-1)}{k^3-2} > 3$, 整理得 $\dfrac{k^3 - 2k^2 + k - 2}{k^3 - 2} < 0$, 即 $\dfrac{(k^3 + k) - 2(k^2 + 1)}{k^3 - 2} < 0$, 亦即 $\dfrac{(k^2 + 1)(k - 2)}{k^3 - 2} < 0$, 则 $(k-2)(k^3 - 2) < 0$, 解得 $\sqrt[3]{2} < k < 2$. 故 k 的取值范围是 $(\sqrt[3]{2}, 2)$.

(解法 3)椭圆 E 的方程为 $\dfrac{x^2}{t} + \dfrac{y^2}{3} = 1$, 则点 A 的坐标为 $(-\sqrt{t}, 0)$ $(t > 3)$. 将椭圆 E 向右平移 $\sqrt{t}$ 个单位后, 得到椭圆 E' 的方程为 $\dfrac{(x - \sqrt{t})^2}{t} + \dfrac{y^2}{3} = 1$. 又因为椭圆 E 中有 $2|AM| = |AN|$, 所以平移后椭圆 E' 中对应有 $2|OM'| = |ON'|$, 其中 O 为坐标原点. 以坐标原点 O 为极点、x 轴的正半轴为极轴建立极坐标系, 那么将 $x = \rho\cos\theta$, $y = \rho\sin\theta$, 代入 $\dfrac{(x - \sqrt{t})^2}{t} + \dfrac{y^2}{3} = 1$, 整理可得椭圆 E' 的极坐标方程为 $\rho = \dfrac{6\sqrt{t}\cos\theta}{3\cos^2\theta + t\sin^2\theta}$. 设点 M' 的坐标为 (ρ_1, α) $\left(0 < \alpha < \dfrac{\pi}{2}\right)$, 点 N' 的坐标为 $\left(\rho_2, \alpha + \dfrac{3\pi}{2}\right)$, 因为点 M', N' 在椭圆 E' 上, 则

$$\rho_1 = \frac{6\sqrt{t}\cos\alpha}{3\cos^2\alpha + t\sin^2\alpha}, \quad \rho_2 = \frac{6\sqrt{t}\sin\alpha}{3\sin^2\alpha + t\cos^2\alpha}.$$

又因为 $2|OM'| = |ON'|$, 所以 $2\rho_1 = \rho_2$, 即

$$\frac{2\cos\alpha}{3\cos^2\alpha + t\sin^2\alpha} = \frac{\sin\alpha}{3\sin^2\alpha + t\cos^2\alpha},$$

整理可得 $6\tan^2\alpha + 2t = 3\tan\alpha + t\tan^3\alpha$, 即 $(k^3 - 2)t = 3k(2k-1)$. 又因为 $t > 3$, 所以 $\dfrac{3k(2k-1)}{k^3 - 2} > 3$, 即 $\dfrac{(k^2 + 1)(k - 2)}{k^3 - 2} < 0$, 解得 $\sqrt[3]{2} < k < 2$. 故 k 的取值范围是 $(\sqrt[3]{2}, 2)$.

点评 本题的解法 1 将直线 AM 的方程和椭圆 E 的方程联立, 消元后得到一个二次方程, 先运用韦达定理和弦长公式表示出弦长 $|AM|$, 得出弦长 $|AN|$ 后, 再把 t 用 k 表示, 根据 $t > 3$ 建立分式不等式, 化简后解不等式, 便可得出 k 的取值范围; 解法 2 先由题设分别设出直线 AM 和直线 AN 的参数方程, 利用直线的参数方程求出弦长的公式 $|AM| = |m_1 - m_2|$, 再

根据已知条件建立等式,并把 t 用 k 表示,解不等式便可得出 k 的取值范围;解法 3 先将椭圆 E 通过平移变换得到椭圆 E' 的方程,再以坐标原点 O 为极点建立极坐标系,得出椭圆 E' 的极坐标方程,最后在极坐标系下,解不等式即可.

【题根探秘】 上述例 4 中的 $|AM|$ 和 $|AN|$ 都是椭圆 E 的顶点弦长,通过拓展探究可以得到以下结论(命题 5～命题 7):

命题 5 已知椭圆 C 的方程为 $\dfrac{x^2}{a^2}+\dfrac{y^2}{b^2}=1(a>b>0)$,$A(\pm a,0)$,$B(0,\pm b)$ 是椭圆 C 的顶点,$P(x_0,y_0)$ 为椭圆 C 上异于点 A,B 的任意一点,直线 AP 的斜率为 k_1,直线 BP 的斜率为 k_2.则:(1) $|AP|=\dfrac{2ab^2\sqrt{1+k_1^2}}{b^2+a^2k_1^2}$;(2) $|BP|=\dfrac{2a^2bk_2^2\sqrt{1+k_2^2}}{b^2+a^2k_2^2}$.

证明:(1) 先取 $A(-a,0)$,则直线 AP 的方程为 $y=k_1(x+a)$.

联立 $\begin{cases}\dfrac{x^2}{a^2}+\dfrac{y^2}{b^2}=1\\ y=k_1(x+a)\end{cases}$,整理得

$$(b^2+a^2k_1^2)x^2+2a^3k_1^2x+a^4k_1^2-a^2b^2=0.$$

则由韦达定理得 $x_1+x_2=-\dfrac{2a^3k_1^2}{b^2+a^2k_1^2}$,$x_1x_2=\dfrac{a^4k_1^2-a^2b^2}{b^2+a^2k_1^2}$.所以由弦长公式可得

$$|AP|=\sqrt{(1+k_1^2)\left[\left(\dfrac{-2a^3k_1^2}{b^2+a^2k_1^2}\right)^2-4\cdot\dfrac{a^4k_1^2-a^2b^2}{b^2+a^2k_1^2}\right]}=\dfrac{2ab^2\sqrt{1+k_1^2}}{b^2+a^2k_1^2}.$$

取 $A(a,0)$,同理可得 $|AP|=\dfrac{2ab^2\sqrt{1+k_1^2}}{b^2+a^2k_1^2}$.

(2) 同理可得 $|BP|=\dfrac{2a^2bk_2^2\sqrt{1+k_2^2}}{b^2+a^2k_2^2}$.

命题 6 已知双曲线 C 的方程为 $\dfrac{x^2}{a^2}-\dfrac{y^2}{b^2}=1(a>0,b>0)$,$A(\pm a,0)$ 是双曲线 C 的顶点,$P(x_0,y_0)$ 为双曲线 C 上异于点 A 的任意一点,直线 AP 的斜率为 $k\left(k\neq\pm\dfrac{b}{a}\right)$,则 $|AP|=\dfrac{2ab^2\sqrt{1+k^2}}{|b^2-a^2k^2|}$.

证明:先取点 $A(-a,0)$,则直线 AP 的方程为 $y=k(x+a)$.

联立 $\begin{cases}\dfrac{x^2}{a^2}-\dfrac{y^2}{b^2}=1\\ y=k(x+a)\end{cases}$,整理得

$$(b^2-a^2k^2)x^2-2a^3k^2x-a^2(a^2k^2+b)=0.$$

则由韦达定理得 $x_1+x_2=\dfrac{2k^2a^3}{b^2-a^2k^2}$,$x_1x_2=\dfrac{-a^2(a^2k^2+b)}{b^2-a^2k^2}$,所以由弦长公式可得

$$|AP| = \sqrt{(1+k^2)\left[\frac{4a^6k^4}{(b^2-a^2k^2)^2} + \frac{4a^2(b^2+a^2k^2)}{b^2-a^2k^2}\right]} = \frac{2ab^2\sqrt{1+k^2}}{|b^2-a^2k^2|}.$$

取点 $A(a,0)$,同理可得 $|AP| = \dfrac{2ab^2\sqrt{1+k^2}}{|b^2-a^2k^2|}$.

命题 7 已知抛物线 C 的方程为 $y^2 = 2px(p>0)$,经过坐标原点 O 且斜率为 k 的直线与抛物线 C 交于另一点 A,则 $|OA| = \dfrac{2p\sqrt{1+k^2}}{k^2}$.

证明:联立 $\begin{cases} y^2 = 2px \\ y = kx \end{cases}$,可得 $k^2x^2 - 2px = 0$,解得 $x = 0$ 或 $x = \dfrac{2p}{k^2}$. 当 $x = 0$ 时,$y = 0$;

当 $x = \dfrac{2p}{k^2}$ 时,$y = \dfrac{2p}{k}$. 所以 $A\left(\dfrac{2p}{k^2}, \dfrac{2p}{k}\right)$,故

$$|OA| = \sqrt{\frac{4p^2}{k^4} + \frac{4p^2}{k^2}} = 2p\sqrt{\frac{k^2+1}{k^4}} = \frac{2p\sqrt{1+k^2}}{k^2}.$$

例5 已知椭圆 $C: \dfrac{x^2}{a^2} + y^2 = 1(a>1)$ 的上顶点为 A,左顶点为 B,点 P 为椭圆上任意一点,$\triangle PAB$ 面积的最大值为 $\sqrt{2}+1$,求椭圆 C 的标准方程.

【解析】 由题设 $A(0,1)$,$B(-a,0)$,所以 $|AB| = \sqrt{a^2+1}$,直线 AB 的方程为 $\dfrac{x}{-a} + y = 1$,

即 $y = \dfrac{1}{a}x + 1$. 设与直线 AB 平行且与椭圆 C 相切的直线 l 方程为 $y = \dfrac{1}{a}x + m$.

联立 $\begin{cases} \dfrac{x^2}{a^2} + y^2 = 1 \\ y = \dfrac{1}{a}x + m \end{cases}$,整理得 $2x^2 + 2amx + a^2(m^2-1) = 0$,则 $\Delta = (2am)^2 -$

$4 \times 2a^2(m^2-1) = 0$,解得 $m^2 = 2$,所以 $m = \pm\sqrt{2}$.

画图可发现,当 $m = -\sqrt{2}$ 时,有

$$(S_{\triangle PAB})_{\max} = \frac{1}{2} \times \frac{|1+\sqrt{2}|}{\sqrt{\left(\frac{1}{a}\right)^2+1}} \times \sqrt{a^2+1} = \sqrt{2}+1,$$

解得 $a = 2$. 故椭圆 C 的标准方程为 $\dfrac{x^2}{4} + y^2 = 1$.

点评 本题的关键是把找椭圆上点 P 的问题化归为找与直线 AB 平行且与椭圆 C 相切的直线 l,直线 l 有2条,因为 $\triangle PAB$ 的面积取得最大值,且直线 AB 的方程为 $y = \dfrac{1}{a}x + 1$,所以应该取 y 轴上截距小于 0 的一条.

【题根探秘】 通过对例5进行拓展探究,可以得到以下结论(命题8):

命题 8　已知椭圆 $C: \dfrac{x^2}{a^2} + \dfrac{y^2}{b^2} = 1 (a > 0, b > 0, a \neq b)$ 的上顶点为 A, 左顶点为 B, 点 P 为椭圆上任意一点, 则 $\triangle PAB$ 面积的最大值为 $\dfrac{\sqrt{2}+1}{2} ab$, 最小值为 $\dfrac{\sqrt{2}-1}{2} ab$.

证明: (证法 1) 由题设 $A(0, b)$, $B(-a, 0)$, 所以 $|AB| = \sqrt{a^2 + b^2}$, 直线 AB 的方程为 $\dfrac{x}{-a} + \dfrac{y}{b} = 1$, 即 $y = \dfrac{b}{a}x + b$. 设与直线 AB 平行且与椭圆 C 相切的直线 l 的方程为 $y = \dfrac{b}{a}x + m$.

联立 $\begin{cases} \dfrac{x^2}{a^2} + \dfrac{y^2}{b^2} = 1 \\ y = \dfrac{b}{a}x + m \end{cases}$, 整理得 $2b^2 x^2 + 2abmx + a^2(m^2 - b^2) = 0$, 则 $\Delta = 4a^2 b^2 m^2 - 8a^2 b^2 (m^2 - b^2) = 0$, 整理得 $m^2 = 2b^2$, 即得 $m = \pm\sqrt{2}b$.

当 $m = -\sqrt{2}b$ 时, $(S_{\triangle PAB})_{\max} = \dfrac{1}{2} \times \sqrt{a^2 + b^2} \times \dfrac{|b + \sqrt{2}b|}{\sqrt{\left(\dfrac{b}{a}\right)^2 + 1}} = \dfrac{\sqrt{2}+1}{2} ab$.

当 $m = \sqrt{2}b$ 时, $(S_{\triangle PAB})_{\min} = \dfrac{1}{2} \times \sqrt{a^2 + b^2} \times \dfrac{|\sqrt{2}b - b|}{\sqrt{\left(\dfrac{b}{a}\right)^2 + 1}} = \dfrac{\sqrt{2}-1}{2} ab$.

(证法 2) 椭圆 $C: \dfrac{x^2}{a^2} + \dfrac{y^2}{b^2} = 1 (a > 0, b > 0, a \neq b)$ 的参数方程为 $\begin{cases} x = a\cos\theta \\ y = b\sin\theta \end{cases}$ (θ 为参数). 设 $P(a\cos\alpha, b\sin\alpha)$, 而直线 AB 的方程为 $bx - ay + ab = 0$, 则点 P 到直线 AB 的距离为 $d = \dfrac{|ab\cos\alpha - ab\sin\alpha + ab|}{\sqrt{a^2 + b^2}}$. 所以

$$S_{\triangle PAB} = \dfrac{1}{2} |AB| \cdot d = \dfrac{1}{2} \cdot \sqrt{a^2 + b^2} \cdot \dfrac{|ab\cos\alpha - ab\sin\alpha + ab|}{\sqrt{a^2 + b^2}},$$

化简得

$$S_{\triangle PAB} = \dfrac{ab}{2} |\cos\alpha - \sin\alpha + 1| = \dfrac{ab}{2} \left| \sqrt{2}\cos\left(\alpha + \dfrac{\pi}{4}\right) + 1 \right|.$$

则当 $\cos\left(\alpha + \dfrac{\pi}{4}\right) = 1$ 时, $(S_{\triangle PAB})_{\max} = \dfrac{\sqrt{2}+1}{2} ab$. 当 $\cos\left(\alpha + \dfrac{\pi}{4}\right) = -1$ 时, $(S_{\triangle PAB})_{\min} = \dfrac{\sqrt{2}-1}{2} ab$.

例 6　(2017 年课标 Ⅰ卷/文 12)　设 A, B 是椭圆 $C: \dfrac{x^2}{3} + \dfrac{y^2}{m} = 1$ 长轴的两个端点. 若 C 上存在点 M 满足 $\angle AMB = 120°$, 则 m 的取值范围是 (　　).

A. $(0,1] \cup [9, +\infty)$ 　　　　　　　　B. $(0, \sqrt{3}] \cup [9, +\infty)$

C. $(0,1] \cup [4, +\infty)$ 　　　　　　　　D. $(0, \sqrt{3}] \cup [4, +\infty)$

【解析】 当 $0 < m < 3$ 时,椭圆 C 的焦点在 x 轴上,此时点 $A(-\sqrt{3}, 0)$, $B(\sqrt{3}, 0)$.当点 M 运动到短轴的端点时,$\angle AMB$ 取得最大值,此时 $\angle AMB \geqslant 120°$.设 $M(0, \pm\sqrt{m})$,则 $|MO| \leqslant 1$,即 $0 < m \leqslant 1$.当 $m > 3$ 时,椭圆 C 的焦点在 y 轴上,此时点 $A(0, \sqrt{m})$, $B(0, -\sqrt{m})$.当点 M 运动到短轴的端点 $(\pm\sqrt{3}, 0)$ 时,$\angle AMB$ 取得最大值,此时 $\angle AMB \geqslant 120°$,则 $|OA| \geqslant 3$,即 $m \geqslant 9$.综上可知 m 的取值范围为 $m \in (0,1] \cup [9, +\infty)$.故选 A.

点评 本题是关于椭圆的顶点弦所成张角的问题,分椭圆 C 的焦点在 x 轴和 y 轴两种情况讨论,根据结论,当点 M 运动到椭圆短轴的端点时,$\angle AMB$ 取得最大值,建立不等式,从而可得出 m 的取值范围.

【题根探秘】 通过对例 6 的探究,可以得到以下结论(命题 9 和命题 10):

命题 9 已知椭圆 $C: \dfrac{x^2}{a^2} + \dfrac{y^2}{b^2} = 1 (a > b > 0)$ 的左、右顶点分别为 A_1, A_2,B 为椭圆 C 短轴的一个端点,P 为椭圆 C 上的一个动点,当点 P 从 A_2 点沿弧 $A_2 B$ 运动到 B 点时,$\angle A_1 P A_2$ 逐渐变大,且当 P 在 B 点时,$\angle A_1 P A_2$ 取到最大值.

证明:不妨设 $P(a\cos\theta, b\sin\theta)\,(0 < \theta \leqslant \pi)$,即点 P 在 x 轴上方,则

$$\tan\angle A_1 P A_2 = \frac{k_{PA_2} - k_{PA_1}}{1 + k_{PA_2} \cdot k_{PA_1}} = \frac{\dfrac{b\sin\theta}{a\cos\theta - a} - \dfrac{b\sin\theta}{a\cos\theta + a}}{1 + \dfrac{b\sin\theta}{a\cos\theta - a} \cdot \dfrac{b\sin\theta}{a\cos\theta + a}} = -\frac{2ab}{(a^2 - b^2)\sin\theta}.$$

故 $\sin\theta = 1$ 即 $\theta = \dfrac{\pi}{2}$ 时,点 P 的坐标为 $(0, b)$,此时 $\angle A_1 P A_2$ 达到最大值.

当点 P 在 x 轴下方时,同理可证.

命题 10 已知椭圆 $C: \dfrac{x^2}{a^2} + \dfrac{y^2}{b^2} = 1 (a > b > 0)$ 长轴的两个端点分别为 A_1, A_2.若椭圆 C 上存在点 P,使得 $\angle A_1 P A_2 = \theta$,且 θ 为钝角,则 $0 < \tan\dfrac{\theta}{2} \leqslant \dfrac{a}{b}$.

证明:设 B 为椭圆 C 短轴的一个端点,结合命题 9,可得 $\angle A_1 B A_2 \geqslant \theta$,故 $\angle A_1 B O \geqslant \dfrac{\theta}{2}$.

所以 $\tan\angle A_1 B O \geqslant \tan\dfrac{\theta}{2}$,故 $0 < \tan\dfrac{\theta}{2} \leqslant \dfrac{a}{b}$.

 习 题

单选题

1. 已知椭圆 $C: \dfrac{x^2}{a^2} + \dfrac{y^2}{b^2} = 1 (a > b > 0)$ 的左、右顶点分别为 A, B,点 M 为椭圆 C 上异

于 A，B 的一点，直线 AM 和直线 BM 的斜率之积为 $-\dfrac{1}{4}$，则椭圆 C 的离心率为（　　）．

A. $\dfrac{1}{4}$　　　　B. $\dfrac{1}{2}$　　　　C. $\dfrac{\sqrt{3}}{2}$　　　　D. $\dfrac{\sqrt{15}}{4}$

2. 设椭圆 $C: \dfrac{x^2}{a^2} + \dfrac{y^2}{b^2} = 1 (a > b > 0)$ 的左、右顶点分别为 A，B，点 P 为椭圆 C 上异于 A，B 的一点，设直线 AP，BP 的斜率为 m，n，则当 $\dfrac{a}{b} + \ln|m| + \ln|n|$ 取得最小值时，椭圆 C 的离心率为（　　）．

A. $\dfrac{1}{5}$　　　　B. $\dfrac{\sqrt{2}}{2}$　　　　C. $\dfrac{4}{5}$　　　　D. $\dfrac{\sqrt{3}}{2}$

3. 椭圆 $C: \dfrac{x^2}{a^2} + \dfrac{y^2}{b^2} = 1 (a > b > 0)$ 的左顶点为 A，点 P，Q 均在 C 上，且关于 y 轴对称．若直线 AP，AQ 的斜率之积为 $\dfrac{1}{4}$，则 C 的离心率为（　　）．

A. $\dfrac{\sqrt{3}}{2}$　　　　B. $\dfrac{\sqrt{2}}{2}$　　　　C. $\dfrac{1}{2}$　　　　D. $\dfrac{1}{3}$

4. 设 A 是椭圆 $C: x^2 + \dfrac{y^2}{3} = 1$ 的右顶点，点 M 在 C 上，则 $|AM|$ 的最大值为（　　）．

A. $\dfrac{9}{2}$　　　　B. 2　　　　C. $\sqrt{2}$　　　　D. $\dfrac{3\sqrt{2}}{2}$

多选题

5. 已知 A，B 是双曲线 $C: \dfrac{x^2}{a^2} - \dfrac{y^2}{b^2} = 1 (a > 0, b > 0)$ 的左、右顶点，点 P 是双曲线 C 的右支上位于第一象限的动点，记直线 AP，BP 的斜率分别为 k_1，k_2，且满足 $k_1 \cdot k_2 = \dfrac{1}{4}$，则下列说法正确的是（　　）．

A. 双曲线 C 的离心率为 2

B. 双曲线 C 的渐近线方程为 $y = \pm \dfrac{1}{2} x$

C. 若 $|AB| = 4$，则双曲线的方程为 $\dfrac{x^2}{4} - y^2 = 1$

D. 存在点 P，使得 $|k_1| + |k_2| = \dfrac{\sqrt{2}}{2}$

6. 已知椭圆 $C: \dfrac{x^2}{5} + \dfrac{y^2}{4} = 1$ 的左、右顶点分别为 A_1、A_2，上顶点为 B，点 P 为椭圆 C 上异于 A_1，A_2 的一点，则下列说法正确的是（　　）．

A. 直线 PA_1 与直线 PA_2 的斜率之积为 $-\dfrac{4}{5}$

B. $\triangle A_1BP$ 面积的最大值为 $\sqrt{10}+\sqrt{5}$

C. $\triangle A_1BP$ 面积的最小值为 $\sqrt{10}-\sqrt{5}$

D. $|PB|$ 的最大值为 5

填空题

7. 已知椭圆 $C: \dfrac{x^2}{8}+\dfrac{y^2}{6}=1$ 的左、右顶点分别为 A,B,点 P 为椭圆 C 上不同于 A,B 两点的动点. 若直线 PA 斜率的取值范围是 $[1,2]$,则直线 PB 斜率的取值范围是_____(用区间表示).

8. 已知椭圆 $C: \dfrac{x^2}{a^2}+\dfrac{y^2}{b^2}=1$ 的左、右顶点分别为 A_1,A_2. 若椭圆 C 上存在点 Q,使得 $\angle A_1QA_2 = \dfrac{2\pi}{3}$,则椭圆 C 的离心率的取值范围为_____(用区间表示).

9. 已知椭圆 $C: \dfrac{x^2}{9}+\dfrac{y^2}{2}=1$ 的上、下顶点分别为 B_1,B_2,点 P 为椭圆 C 上异于 B_1,B_2 两点的一点,则直线 PB_1 与直线 PB_2 的斜率之积为_____,$|PB_1|$ 的最大值为_____.

解答题

10. 已知椭圆 $C: \dfrac{x^2}{a^2}+\dfrac{y^2}{b^2}=1\,(a>b>0)$ 的左、右顶点分别为 A,B,点 $P\left(1,\dfrac{\sqrt{3}}{2}\right)$ 在椭圆 C 上,且直线 PA 的斜率与直线 PB 的斜率之积为 $-\dfrac{1}{4}$.

(1) 求椭圆 C 的方程;

(2) 若圆 $x^2+y^2=1$ 的切线 l 与椭圆 C 交于 M,N 两点,求 $|MN|$ 的最大值,以及此时直线 l 的斜率.

11. $P(x_0,y_0)(x_0 \neq \pm a)$ 是双曲线 $E: \dfrac{x^2}{a^2}-\dfrac{y^2}{b^2}=1\,(a>0,b>0)$ 上一点,M,N 分别是双曲线 E 的左、右顶点,直线 PM,PN 的斜率之积为 $\dfrac{1}{5}$.

(1) 求双曲线的离心率;

(2) 过双曲线 E 的右焦点且斜率为 1 的直线交双曲线于 A,B 两点,O 为坐标原点,C 为双曲线上的一点,满足 $\overrightarrow{OC} = \lambda\overrightarrow{OA} + \overrightarrow{OB}$,求 λ 的值.

12. (结构不良题) 已知椭圆 $C: \dfrac{x^2}{a^2}+\dfrac{y^2}{b^2}=1\,(a>b>0)$ 的左、右顶点分别为 A_1,A_2,上顶点为 B,P 为椭圆 C 上异于 A_1,A_2 的一点,从下面两个条件中任选一个作为已知条件:

① $a=4$，$b=\sqrt{7}$；

② $a=\sqrt{10}$，$b=2\sqrt{2}$.

求 $|PB|$ 的最大值和 $\triangle A_1BP$ 面积的最大值.

习题参考答案

1. C. 解析：因为 $k_{AM}\cdot k_{BM}=-\dfrac{b^2}{a^2}=-\dfrac{1}{4}$，所以 $\dfrac{b^2}{a^2}=\dfrac{1}{4}$，可得 $e=\sqrt{1-\dfrac{b^2}{a^2}}=\sqrt{1-\dfrac{1}{4}}=$

$\dfrac{\sqrt{3}}{2}$. 故选 C.

2. D. 解析：由本节的命题 1 可得 $mn=-\dfrac{b^2}{a^2}$，所以

$$\dfrac{a}{b}+\ln|m|+\ln|n|=\dfrac{a}{b}+\ln|mn|=\dfrac{a}{b}+\ln\dfrac{b^2}{a^2}=\dfrac{a}{b}+2\ln\dfrac{b}{a}.$$

令 $t=\dfrac{b}{a}$，$g(t)=\dfrac{1}{t}+2\ln t$，其中 $0<t<1$，则 $g'(t)=-\dfrac{1}{t^2}+\dfrac{2}{t}=\dfrac{2t-1}{t^2}$. 当 $0<t<\dfrac{1}{2}$ 时，

$g'(t)<0$；当 $\dfrac{1}{2}<t<1$ 时，$g'(t)>0$. 所以当 $t=\dfrac{1}{2}$ 时，$g(t)=\dfrac{1}{t}+2\ln t$ 取得最小值，此时

$\dfrac{b}{a}=\dfrac{1}{2}$，因此 $e=\dfrac{c}{a}=\sqrt{1-\left(\dfrac{b}{a}\right)^2}=\sqrt{1-\dfrac{1}{4}}=\dfrac{\sqrt{3}}{2}$. 故选 D.

3. A. 解析：由题设知 $A(-a,0)$. 设 $P(x_0,y_0)$，$Q(-x_0,y_0)$，则由题设可得 $\dfrac{x_0^2}{a^2}+\dfrac{y_0^2}{b^2}=1$，

所以

$$k_{AP}\cdot k_{AQ}=\dfrac{y_0}{x_0+a}\cdot\dfrac{y_0}{-x_0+a}=\dfrac{y_0^2}{a^2-x_0^2}=\dfrac{b^2\left(1-\dfrac{x_0^2}{a^2}\right)}{a^2-x_0^2}=\dfrac{b^2}{a^2}=\dfrac{1}{4}.$$

因此 $e=\dfrac{c}{a}=\sqrt{1-\dfrac{b^2}{a^2}}=\sqrt{1-\dfrac{1}{4}}=\dfrac{\sqrt{3}}{2}$. 故选 A.

4. D. 解析：由题设知 $A(1,0)$，设 $M(x_0,y_0)$，则

$$|AM|=\sqrt{(x_0-1)^2+y_0^2}=\sqrt{x_0^2-2x_0+1+3-3x_0^2}=\sqrt{-2\left(x_0+\dfrac{1}{2}\right)^2+\dfrac{9}{2}},$$

其中 $-1\leqslant x_0\leqslant 1$. 当 $x_0=-\dfrac{1}{2}$ 时，$|AM|_{\max}=\sqrt{\dfrac{9}{2}}=\dfrac{3\sqrt{2}}{2}$. 故选 D.

5. BC. 解析：由本节的命题 2 可得 $k_1\cdot k_2=\dfrac{b^2}{a^2}=\dfrac{1}{4}$，所以 $e=\sqrt{1+\dfrac{b^2}{a^2}}=\sqrt{1+\dfrac{1}{4}}=\dfrac{\sqrt{5}}{2}$，

故 A 错误；因为 $\dfrac{b}{a}=\dfrac{1}{2}$，所以 B 正确；因为 $|AB|=2a=4$，所以 $a=2$，$b=1$，故 C 正确；因为

$|k_1|+|k_2|\geqslant 2\sqrt{|k_1\cdot k_2|}$,所以$|k_1|+|k_2|\geqslant 1$,故 D 错误.故选 BC.

6. ABC.解析:对于 A,直线 PA_1 与直线 PA_2 的斜率之积为 $-\dfrac{b^2}{a^2}=-\dfrac{4}{5}$,故正确;对于 B,$\triangle A_1BP$ 面积的最大值为 $\dfrac{\sqrt{2}+1}{2}ab=\dfrac{\sqrt{2}+1}{2}\times\sqrt{5}\times 2=\sqrt{10}+\sqrt{5}$,故正确;对于 C,$\triangle A_1BP$ 面积的最小值为 $\dfrac{\sqrt{2}-1}{2}ab=\dfrac{\sqrt{2}-1}{2}\times\sqrt{5}\times 2=\sqrt{10}-\sqrt{5}$,故正确;对于 D,因为 $a=\sqrt{5},\sqrt{2}b=2\sqrt{2}$,故 $a<\sqrt{2}b$,所以 $|PB|_{max}=2b=4$,故错误.故选 ABC.

7. $\left[-\dfrac{3}{4},-\dfrac{3}{8}\right]$.解析:由本节的命题 1 可得 $k_{PA}\cdot k_{PB}=-\dfrac{b^2}{a^2}=-\dfrac{3}{4}$.因为 $1\leqslant k_{PA}\leqslant 2$,所以 $\dfrac{1}{2}\leqslant\dfrac{1}{k_{PA}}\leqslant 1$,于是 $k_{PB}=\dfrac{-\dfrac{3}{4}}{k_{PA}}$,则 $-\dfrac{3}{4}\leqslant k_{PB}\leqslant-\dfrac{3}{8}$.故直线 PB 斜率的取值范围是 $\left[-\dfrac{3}{4},-\dfrac{3}{8}\right]$.

8. $\left[\dfrac{\sqrt{6}}{3},1\right)$.解析:设 B 为椭圆 C 的上顶点,则 $\angle A_1BA_2\geqslant\angle A_1QA_2$.即 $\angle A_1BA_2\geqslant\dfrac{2\pi}{3}$,所以 $\angle A_2BO\geqslant\dfrac{\pi}{3}$.则 $\tan\angle A_2BO\geqslant\tan\dfrac{\pi}{3}$,即 $\dfrac{a}{b}\geqslant\tan\dfrac{\pi}{3}$,亦即 $\dfrac{a}{b}\geqslant\sqrt{3}$,故 $0<\dfrac{b}{a}\leqslant\dfrac{\sqrt{3}}{3}$.又因为 $e=\sqrt{1-\left(\dfrac{b}{a}\right)^2}$,所以 $\dfrac{\sqrt{6}}{3}\leqslant e<1$.故椭圆 C 的离心率的取值范围为 $\left[\dfrac{\sqrt{6}}{3},1\right)$.

9. $-\dfrac{2}{9},\dfrac{9\sqrt{7}}{7}$.解析:由题设可得 $B_1(0,\sqrt{2}),B_2(0,-\sqrt{2})$.设 $P(x_0,y_0)$,则

$$k_{PB_1}\cdot k_{PB_2}=\dfrac{y_0-\sqrt{2}}{x_0}\cdot\dfrac{y_0+\sqrt{2}}{x_0}=\dfrac{y_0^2-2}{x_0^2}=\dfrac{2-\dfrac{2}{9}x_0^2-2}{x_0^2}=-\dfrac{2}{9}.$$

又因为 $a=3,\sqrt{2}b=2$,故 $a>\sqrt{2}b$,所以 $|PB_1|_{max}=\dfrac{a^2}{c}=\dfrac{9}{\sqrt{7}}=\dfrac{9\sqrt{7}}{7}$.

10. (1) 由题设可得 $\dfrac{1}{a^2}+\dfrac{\dfrac{3}{4}}{b^2}=1$,且点 $A(-a,0),B(a,0)$,故 $k_{AP}=\dfrac{\dfrac{\sqrt{3}}{2}}{1+a},k_{BP}=\dfrac{\dfrac{\sqrt{3}}{2}}{1-a}$.则由 $k_{AP}\cdot k_{BP}=-\dfrac{1}{4}$,得 $\dfrac{\dfrac{\sqrt{3}}{2}}{1+a}\cdot\dfrac{\dfrac{\sqrt{3}}{2}}{1-a}=-\dfrac{1}{4}$,解得 $a^2=4$.将 $a^2=4$ 代入椭圆方程,可得 $b^2=1$.故椭圆 C 的方程为 $\dfrac{x^2}{4}+y^2=1$.

(2) 由题意知,直线 l 不能平行于 x 轴.设直线 l 的方程为 $x=ty+m$,$M(x_1,y_1)$,$N(x_2,y_2)$,则由直线 l 与圆 $x^2+y^2=1$ 相切,得 $\dfrac{|m|}{\sqrt{1+t^2}}=1$,化简可得 $m^2=t^2+1$.联立

$$\begin{cases} x = ty + m \\ \dfrac{x^2}{4} + y^2 = 1 \end{cases}$$，消去 x，整理可得 $(t^2+4)y^2 + 2tmy + m^2 - 4 = 0$，于是

$$\Delta = (2tm)^2 - 4(t^2+4)(m^2-4) = 16(t^2-m^2+4) = 16 \times 3 = 48.$$

又由求根公式得 $|y_2 - y_1| = \dfrac{\sqrt{\Delta}}{t^2+4} = \dfrac{4\sqrt{3}}{t^2+4}$，所以

$$|MN| = \sqrt{1+t^2}\,|y_2 - y_1| = \dfrac{4\sqrt{3} \cdot \sqrt{1+t^2}}{t^2+4}.$$

令 $\sqrt{1+t^2} = n$，则 $n \geqslant 1$，且

$$|MN| = \dfrac{4\sqrt{3}\,n}{n^2+3} = \dfrac{4\sqrt{3}}{n + \dfrac{3}{n}} \leqslant \dfrac{4\sqrt{3}}{2\sqrt{3}} = 2,$$

当且仅当 $n = \dfrac{3}{n}$，即 $n = \sqrt{3}$ 时取等号. 所以 $|MN|_{\max} = 2$，此时由 $\sqrt{1+t^2} = \sqrt{3}$，解得 $t = \pm\sqrt{2}$.

故直线 l 的斜率为 $\pm\dfrac{\sqrt{2}}{2}$.

11. (1) 由题设知 $M(-a, 0)$，$N(a, 0)$，则直线 PM，PN 的斜率之积为

$$k_{PM} \cdot k_{PN} = \dfrac{y_0}{x_0 + a} \cdot \dfrac{y_0}{x_0 - a} = \dfrac{y_0^2}{x_0^2 - a^2} = \dfrac{b^2\left(\dfrac{x_0^2}{a^2} - 1\right)}{x_0^2 - a^2} = \dfrac{b^2}{a^2} = \dfrac{1}{5}.$$

所以双曲线 E 的离心率为 $e = \dfrac{c}{a} = \sqrt{1 + \dfrac{b^2}{a^2}} = \sqrt{1 + \dfrac{1}{5}} = \dfrac{\sqrt{30}}{5}.$

(2) 设过双曲线 E 的右焦点且斜率为 1 的直线方程为 $y = x - c$，另设点 $A(x_1, y_1)$，$B(x_2, y_2)$. 因为 $\overrightarrow{OC} = \lambda\overrightarrow{OA} + \overrightarrow{OB} = (\lambda x_1 + x_2, \lambda y_1 + y_2)$，且 C 为双曲线上的一点，所以 $(\lambda x_1 + x_2)^2 - 5(\lambda y_1 + y_2)^2 = a^2$，即

$$\lambda^2(x_1^2 - 5y_1^2) + 2\lambda x_1 x_2 - 10\lambda y_1 y_2 + (x_2^2 - 5y_2^2) = a^2. \qquad ①$$

联立 $\begin{cases} y = x - c \\ \dfrac{x^2}{a^2} - \dfrac{5y^2}{a^2} = 1 \end{cases}$，整理得 $4x^2 - 10cx + 5c^2 + a^2 = 0$，则由韦达定理可得 $x_1 + x_2 = \dfrac{5c}{2}$，$x_1 x_2 = \dfrac{5c^2 + a^2}{4}$，所以

$$y_1 y_2 = x_1 x_2 - c(x_1 + x_2) + c^2 = \dfrac{5c^2 + a^2}{4} - \dfrac{5c^2}{2} + c^2. \qquad ②$$

将②式代入①式，可得

$$\lambda^2 a^2 + \dfrac{7}{2}\lambda^2 a^2 - \dfrac{71}{2}\lambda a^2 + a^2 = a^2,$$

解得 $\lambda = 0$ 或 $\lambda = -4$.

12. 若选条件①,解答如下:椭圆 C 的方程为 $\dfrac{x^2}{16} + \dfrac{y^2}{7} = 1$,$B(0, \sqrt{7})$. 设 $P(x_0, y_0)$,则

$$|PB| = \sqrt{x_0^2 + (y_0 - \sqrt{7})^2} = \sqrt{x_0^2 + y_0^2 - 2\sqrt{7}y_0 + 7}$$

$$= \sqrt{16\left(1 - \dfrac{y_0^2}{7}\right) + y_0^2 - 2\sqrt{7}y_0 + 7} = \sqrt{-\dfrac{9}{7}y_0^2 - 2\sqrt{7}y_0 + 23}$$

$$= \sqrt{-\dfrac{9}{7}\left(y_0 + \dfrac{7\sqrt{7}}{9}\right)^2 + 23 + \dfrac{49}{9}}.$$

因为 $-\sqrt{7} \leqslant y_0 \leqslant \sqrt{7}$,所以当 $y_0 = -\dfrac{7\sqrt{7}}{9}$ 时,$|PB|_{\max} = \dfrac{16}{3}$. 又因为 $A_1(-4, 0)$,$B(0, \sqrt{7})$,所以

直线 A_1B 的方程为 $\sqrt{7}x - 4y + 4\sqrt{7} = 0$. 另设点 $P(4\cos\theta, \sqrt{7}\sin\theta)$,则

$$S_{\triangle PA_1B} = \dfrac{1}{2}|A_1B| \cdot d = \dfrac{1}{2} \times \sqrt{16 + 7} \times \dfrac{|4\sqrt{7}\cos\theta - 4\sqrt{7}\sin\theta + 4\sqrt{7}|}{\sqrt{7 + 16}}$$

$$= 2\sqrt{7}|\cos\theta - \sin\theta + 1| = 2\sqrt{7}\left|\sqrt{2}\cos\left(\theta + \dfrac{\pi}{4}\right) + 1\right|.$$

所以当 $\cos\left(\theta + \dfrac{\pi}{4}\right) = 1$ 时,$(S_{\triangle PA_1B})_{\max} = 2\sqrt{14} + 2\sqrt{7}$;当 $\cos\left(\theta + \dfrac{\pi}{4}\right) = -1$ 时,$(S_{\triangle PA_1B})_{\min} = 2\sqrt{14} - 2\sqrt{7}$.

若选条件②,解答如下:椭圆 C 的方程为 $\dfrac{x^2}{10} + \dfrac{y^2}{8} = 1$,$B(0, 2\sqrt{2})$. 设 $P(x_0, y_0)$,则

$$|PB| = \sqrt{x_0^2 + (y_0 - 2\sqrt{2})^2} = \sqrt{x_0^2 + y_0^2 - 4\sqrt{2}y_0 + 8}$$

$$= \sqrt{10\left(1 - \dfrac{y_0^2}{8}\right) + y_0^2 - 4\sqrt{2}y_0 + 8} = \sqrt{-\dfrac{1}{4}y_0^2 - 4\sqrt{2}y_0 + 18}$$

$$= \sqrt{-\dfrac{1}{4}(y_0 + 8\sqrt{2})^2 + 50}.$$

因为 $-2\sqrt{2} \leqslant y_0 \leqslant 2\sqrt{2}$,所以当 $y_0 = -2\sqrt{2}$ 时,$|PB|_{\max} = 4\sqrt{2}$. 又因为 $A_1(-\sqrt{10}, 0)$,$B(0, 2\sqrt{2})$,所以直线 A_1B 的方程为 $2x - \sqrt{5}y + 2\sqrt{10} = 0$. 另设 $P(\sqrt{10}\cos\theta, 2\sqrt{2}\sin\theta)$,则

$$S_{\triangle PA_1B} = \dfrac{1}{2}|A_1B| \cdot d = \dfrac{1}{2} \times \sqrt{10 + 8} \times \dfrac{|2\sqrt{10}\cos\theta - 2\sqrt{10}\sin\theta + 2\sqrt{10}|}{\sqrt{4 + 5}}$$

$$= 2\sqrt{5}|\cos\theta - \sin\theta + 1| = 2\sqrt{5}\left|\sqrt{2}\cos\left(\theta + \dfrac{\pi}{4}\right) + 1\right|.$$

所以当 $\cos\left(\theta + \dfrac{\pi}{4}\right) = 1$ 时,$(S_{\triangle PA_1B})_{\max} = 2\sqrt{10} + 2\sqrt{5}$;当 $\cos\left(\theta + \dfrac{\pi}{4}\right) = -1$ 时,$(S_{\triangle PA_1B})_{\min} = 2\sqrt{10} - 2\sqrt{5}$.

3.7 定值与定点问题

题型展望

定值与定点问题是热点问题,在高考和各省市的高考模拟题中占比很大,选择题、填空题和解答题都会有.在历年的高中联赛一试中也经常出现,涉及的二级结论也很多,需要熟练掌握相关的计算技巧.

经典题探秘

1. 椭圆中斜率相加为 0 模型

若点 P 是圆锥曲线 C(椭圆、双曲线、抛物线)上一定点,A,B 是 C 上的两个动点,则

$$k_{PA} + k_{PB} = 0 \Leftrightarrow k_{AB} \text{ 为定值}.$$

处理方向一般为设线或设点,并结合韦达定理进行求解.

例1 (2011 年全国高中数学联赛) 作斜率为 $\dfrac{1}{3}$ 的直线 l 与椭圆 $C:\dfrac{x^2}{36}+\dfrac{y^2}{4}=1$ 交于 A,B 两点,如图 3.18 所示,且 $P(3\sqrt{2},\sqrt{2})$ 在直线 l 的左上方.

(1) 证明:$\triangle PAB$ 的内切圆的圆心在一条定直线上;

(2) 若 $\angle APB = 60°$,求 $\triangle PAB$ 的面积.

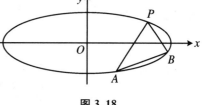

图 3.18

【解析】 (1) 设直线 l 的方程为 $y = \dfrac{1}{3}x + m$,

并设 $A(x_1,y_1),B(x_2,y_2)$.将 $y = \dfrac{1}{3}x + m$ 代入

$\dfrac{x^2}{36}+\dfrac{y^2}{4}=1$ 中,化简并整理得 $2x^2 + 6mx + 9m^2 - 36$

$= 0$,于是由韦达定理得 $x_1 + x_2 = -3m$,$x_1 x_2 = \dfrac{9m^2 - 36}{2}$. 因为 $k_{PA} = \dfrac{y_1 - \sqrt{2}}{x_1 - 3\sqrt{2}}$,$k_{PB} = \dfrac{y_2 - \sqrt{2}}{x_2 - 3\sqrt{2}}$,所以

$$k_{PA} + k_{PB} = \frac{y_1 - \sqrt{2}}{x_1 - 3\sqrt{2}} + \frac{y_2 - \sqrt{2}}{x_2 - 3\sqrt{2}}$$

$$= \frac{(y_1 - \sqrt{2})(x_2 - 3\sqrt{2}) + (y_2 - \sqrt{2})(x_1 - 3\sqrt{2})}{(x_1 - 3\sqrt{2})(x_2 - 3\sqrt{2})}.$$

上式中,

$$分子 = \left(\frac{1}{3}x_1 + m - \sqrt{2}\right)(x_2 - 3\sqrt{2}) + \left(\frac{1}{3}x_2 + m - \sqrt{2}\right)(x_1 - 3\sqrt{2})$$

$$= \frac{2}{3}x_1 x_2 + (m - 2\sqrt{2})(x_1 + x_2) - 6\sqrt{2}(m - \sqrt{2})$$

$$= \frac{2}{3} \cdot \frac{9m^2 - 36}{2} + (m - 2\sqrt{2})(-3m) - 6\sqrt{2}(m - \sqrt{2})$$

$$= 3m^2 - 12 - 3m^2 + 6\sqrt{2}m - 6\sqrt{2}m + 12 = 0,$$

从而 $k_{PA} + k_{PB} = 0$. 又因为 P 在直线 l 的左上方,故 $\angle APB$ 的平分线是平行于 y 轴的直线,所以 $\triangle PAB$ 的内切圆的圆心在直线 $x = 3\sqrt{2}$ 上.

(2)(解法1)若 $\angle APB = 60°$,则结合(1)的结论可知 $k_{PA} = \sqrt{3}$,$k_{PB} = -\sqrt{3}$.直线 PA 的方程为 $y - \sqrt{2} = \sqrt{3}(x - 3\sqrt{2})$,代入 $\frac{x^2}{36} + \frac{y^2}{4} = 1$ 中,消去 y,整理得 $14x^2 + 9\sqrt{6}(1 - 3\sqrt{3})x + 18(13 - 3\sqrt{3}) = 0$,它的两根分别是 x_1 和 $3\sqrt{2}$,所以 $x_1 \cdot 3\sqrt{2} = \frac{18(13 - 3\sqrt{3})}{14}$,即 $x_1 = \frac{3\sqrt{2}(13 - 3\sqrt{3})}{14}$.于是

$$|PA| = \sqrt{1 + (\sqrt{3})^2} \cdot |x_1 - 3\sqrt{2}| = \frac{3\sqrt{2}(3\sqrt{3} + 1)}{7}.$$

同理可求得 $|PB| = \frac{3\sqrt{2}(3\sqrt{3} - 1)}{7}$.所以

$$S_{\triangle PAB} = \frac{1}{2} \cdot |PA| \cdot |PB| \cdot \sin 60°$$

$$= \frac{1}{2} \times \frac{3\sqrt{2}(3\sqrt{3} + 1)}{7} \times \frac{3\sqrt{2}(3\sqrt{3} - 1)}{7} \times \frac{\sqrt{3}}{2}$$

$$= \frac{117\sqrt{3}}{49}.$$

(解法2:坐标变换)将 $\frac{x^2}{36} + \frac{y^2}{4} = 1$ 作变换,设 $x = 6u$,$y = 2v$;变换后的 $S_{\triangle PAB}$ 转化为 $S_{\triangle P'A'B'}$.仿射变换后的图形如图 3.19 所示,则根据几何关系 $OP' \parallel A'B'$,易得 $S_{\triangle P'A'B'} = S_{\triangle O'A'B'}$,点 P 的坐标由 $P(3\sqrt{2}, \sqrt{2})$ 变为 $P'\left(\frac{\sqrt{2}}{2}, \frac{\sqrt{2}}{2}\right)$,则 $S_{\triangle PAB} = 12S_{\triangle P'A'B'}$.变换前 $k_{AP} = \sqrt{3}$,可得变换后的斜率 $k_{A'P'} = 3\sqrt{3}$,$k_{P'B'} = -3\sqrt{3}$.设 $P'A'$ 与 u 轴交于点 D,$P'B'$ 与 u 轴交于点 E,则只需考虑 $S_{\triangle OA'B'}$ 即可.而 $S_{\triangle OA'B'} = \frac{1}{2}|OA'| \cdot |OB'| \sin \angle A'OB'$,设 $\angle DP'E = 2\alpha$,根据

圆心角的关系可知 $\angle A'OB' = 4\alpha$, 根据三角关系可求

出相关的三角函数数值, 则 $\sin\alpha = \dfrac{1}{2\sqrt{7}}$, $\cos\alpha = \dfrac{3\sqrt{3}}{2\sqrt{7}}$.

所以 $\sin 2\alpha = \dfrac{3\sqrt{3}}{14}$, $\cos 2\alpha = \sqrt{1 - \sin^2 2\alpha} = \dfrac{13}{14}$. 进一步

可得 $\sin 4\alpha = 2 \times \dfrac{3\sqrt{3}}{14} \times \dfrac{13}{14} = \dfrac{39\sqrt{3}}{98}$, 则 $S_{\triangle O'A'B'} =$

$\dfrac{39\sqrt{3}}{196}$. 即 $S_{\triangle PAB} = ab S_{\triangle O'A'B'} = 12 \times \dfrac{39\sqrt{3}}{196} = \dfrac{117\sqrt{3}}{49}$.

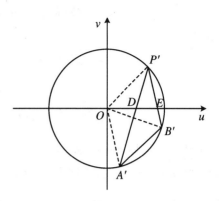

图 3.19

【题根探秘】 通过对例 1 的研究, 可以得到以下

结论(命题 1):

命题 1 已知椭圆 $\dfrac{x^2}{a^2} + \dfrac{y^2}{b^2} = 1(a > b > 0)$, 定点 $P(x_0, y_0)$ $(x_0 y_0 \neq 0)$ 在椭圆上. 设 A, B

是椭圆上的两个动点, 直线 PA, PB 的斜率分别为 k_{PA}, k_{PB}, 且满足 $k_{PA} + k_{PB} = 0$, 则直线

AB 的斜率为定值且其值为 $k_{AB} = \dfrac{b^2 x_0}{a^2 y_0}$.

2. 双曲线中斜率相加为 0

例 2 (2022 年新高考全国 I 卷/21) 已知点 $A(2, 1)$ 在双曲线 $C: \dfrac{x^2}{a^2} - \dfrac{y^2}{a^2 - 1} = 1$

$(a > 1)$ 上, 直线 l 交 C 于 P, Q 两点, 直线 AP, AQ 的斜率之和为 0.

(1) 求 l 的斜率;

(2) 若 $\tan\angle PAQ = 2\sqrt{2}$, 求 $\triangle PAQ$ 的面积.

【解析】 (1) 因为点 $A(2, 1)$ 在双曲线 $C: \dfrac{x^2}{a^2} - \dfrac{y^2}{a^2 - 1} = 1(a > 1)$ 上, 所以 $\dfrac{4}{a^2} - \dfrac{1}{a^2 - 1} = 1$,

解得 $a^2 = 2$. 即双曲线 C 的方程为 $\dfrac{x^2}{2} - y^2 = 1$. 由题意易知直线 l 的斜率存在, 设直线 l 的方

程为 $y = kx + m$, 并设 $P(x_1, y_1)$, $Q(x_2, y_2)$. 联立 $\begin{cases} y = kx + m \\ \dfrac{x^2}{2} - y^2 = 1 \end{cases}$, 可得

$$(1 - 2k^2)x^2 - 4mkx - 2m^2 - 2 = 0,$$

所以

$$x_1 + x_2 = -\dfrac{4mk}{2k^2 - 1}, \quad x_1 x_2 = \dfrac{2m^2 + 2}{2k^2 - 1},$$

$$\Delta = 16m^2 k^2 + 4(2m^2 + 2)(2k^2 - 1) > 0 \Rightarrow m^2 - 1 + 2k^2 > 0.$$

则由 $k_{AP} + k_{BP} = 0$, 可得 $\dfrac{y_2 - 1}{x_2 - 2} + \dfrac{y_1 - 1}{x_1 - 2} = 0$, 即

$$(x_1 - 2)(kx_2 + m - 1) + (x_2 - 2)(kx_1 + m - 1) = 0,$$

亦即

$$2kx_1x_2 + (m - 1 - 2k)(x_1 + x_2) - 4(m - 1) = 0,$$

所以

$$2k \times \frac{2m^2 + 2}{2k^2 - 1} + (m - 1 - 2k)\left(-\frac{4mk}{2k^2 - 1}\right) - 4(m - 1) = 0.$$

化简得 $8k^2 + 4k - 4 + 4m(k+1) = 0$,即 $(k+1)(2k-1+m) = 0$,解得 $k = -1$ 或 $m = 1 - 2k$. 当 $m = 1 - 2k$ 时,直线 $l: y = kx + m = k(x-2) + 1$ 过点 $A(2,1)$,与题意不符,舍去. 故 $k = -1$.

(2) 不妨设直线 PA, PB 的倾斜角分别为 $\alpha, \beta \left(\alpha < \frac{\pi}{2} < \beta\right)$,因为 $k_{AP} + k_{BP} = 0$,所以 $\alpha + \beta = \pi$. 由(1)知 $x_1 x_2 = 2m^2 + 2 > 0$.

当 A, B 均在双曲线的左支时,$\angle PAQ = 2\alpha$,所以 $\tan 2\alpha = 2\sqrt{2}$,即 $\sqrt{2}\tan^2\alpha + \tan\alpha - \sqrt{2} = 0$,解得 $\tan\alpha = \frac{\sqrt{2}}{2}$(负值舍去). 此时 PA 与双曲线的渐近线平行,与双曲线左支无交点,舍去.

当 A, B 均在双曲线的右支时,因为 $\tan\angle PAQ = 2\sqrt{2}$,所以 $\tan(\beta - \alpha) = 2\sqrt{2}$. 即 $\tan 2\alpha = -2\sqrt{2}$,亦即 $\sqrt{2}\tan^2\alpha - \tan\alpha - \sqrt{2} = 0$,解得 $\tan\alpha = \sqrt{2}$(负值舍去). 于是直线 PA 的方程为 $y = \sqrt{2}(x-2) + 1$,直线 PB 的方程为 $y = -\sqrt{2}(x-2) + 1$.

联立 $\begin{cases} y = \sqrt{2}(x-2) + 1 \\ \dfrac{x^2}{2} - y^2 = 1 \end{cases}$,可得 $\dfrac{3}{2}x^2 + 2(1 - 2\sqrt{2})x + 10 - 4\sqrt{2} = 0$. 因为方程有一个根为

2,所以 $x_P = \dfrac{10 - 4\sqrt{2}}{3}$,$y_P = \dfrac{4\sqrt{2} - 5}{3}$. 同理可得 $x_Q = \dfrac{10 + 4\sqrt{2}}{3}$,$y_Q = \dfrac{-4\sqrt{2} - 5}{3}$. 所以直线

PQ 的方程为 $x + y - \dfrac{5}{3} = 0$,且 $|PQ| = \dfrac{16}{3}$. 而点 A 到直线 PQ 的距离 $d = \dfrac{\left|2 + 1 - \dfrac{5}{3}\right|}{\sqrt{2}} = $

$\dfrac{2\sqrt{2}}{3}$,故 $\triangle PAQ$ 的面积为

$$S_{\triangle PAQ} = \frac{1}{2} \times \frac{16}{3} \times \frac{2\sqrt{2}}{3} = \frac{16\sqrt{2}}{9}.$$

【题根探秘】 2022 年高考题中只是把例 1 中的椭圆换成了双曲线,第(2)问也是用类似的方法进行求解. 我们可以得到以下一般的结论(命题 2):

命题 2 已知双曲线 $C: \dfrac{x^2}{a^2} - \dfrac{y^2}{b^2} = 1(a > 0, b > 0)$,定点 $P(x_0, y_0)(x_0 y_0 \neq 0)$ 在双曲线

上,如图 3.20 所示. 设 A, B 是双曲线上的两个动点,直线 PA, PB 的斜率分别为 k_{PA}, k_{PB},

且满足 $k_{PA} + k_{PB} = 0$.则直线 AB 的斜率 $k_{AB} =$

$-\dfrac{b^2 x_0}{a^2 y_0}$.

3.抛物线中斜率相加为 0

例3 (2021 年八省联考)　已知抛物线 $y^2 = 2px$ 上三点 $A(2,2),B,C$,直线 AB,AC 是圆 $(x-2)^2 + y^2 = 1$ 的两条切线,则直线 BC 的方程为(　　).

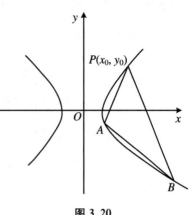

图 3.20

A. $x + 2y + 1 = 0$　　　　B. $3x + 6y + 4 = 0$

C. $2x + 6y + 3 = 0$　　　　D. $x + 3y + 2 = 0$

【解析】(解法 1)先利用点 $A(2,2)$ 求抛物线方程,利用相切关系求切线 AB,AC;再分别联立直线方程和抛物线方程求出点 B,C,即求出直线 BC 的方程.点 $A(2,2)$ 在抛物线 $y^2 = 2px$ 上,故 $2^2 = 2p \times 2$,即 $p = 1$,所以抛物线的方程为 $y^2 = 2x$.设过点 $A(2,2)$ 与圆 $(x-2)^2 + y^2 = 1$ 相切的直线的方程为 $y - 2 = k(x-2)$,

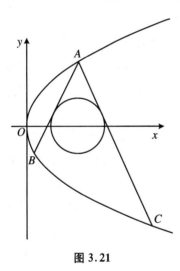

图 3.21

即 $kx - y + 2 - 2k = 0$,则圆心 $(2,0)$ 到切线的距离 $d = \dfrac{|2k - 0 + 2 - 2k|}{\sqrt{k^2 + 1}} = 1$,解得 $k = \pm\sqrt{3}$.如图 3.21 所示,直线 AB 的方程为 $y - 2 = \sqrt{3}(x-2)$,直线 AC 的方程为 $y - 2 = -\sqrt{3}(x-2)$.

联立 $\begin{cases} y - 2 = \sqrt{3}(x-2) \\ y^2 = 2x \end{cases}$,得 $3x^2 + (4\sqrt{3} - 14)x + 16 - 8\sqrt{3} = 0$,故 $x_A x_B = \dfrac{16 - 8\sqrt{3}}{3}$.则由 $x_A = 2$,得 $x_B = \dfrac{8 - 4\sqrt{3}}{3}$,所以 $y_B = \dfrac{2\sqrt{3} - 6}{3}$.

联立 $\begin{cases} y - 2 = -\sqrt{3}(x-2) \\ y^2 = 2x \end{cases}$,得 $3x^2 - (4\sqrt{3} + 14)x + 16 + 8\sqrt{3} = 0$,故 $x_A x_C = \dfrac{16 + 8\sqrt{3}}{3}$.则由 $x_A = 2$,得 $x_C = \dfrac{8 + 4\sqrt{3}}{3}$,所以 $y_C = \dfrac{-2\sqrt{3} - 6}{3}$.

故 $y_B + y_C = \dfrac{2\sqrt{3} - 6}{3} + \dfrac{-2\sqrt{3} - 6}{3} = -4$.又由 B,C 在抛物线上可知,直线 BC 的斜率为

$$k_{BC} = \dfrac{y_B - y_C}{x_B - x_C} = \dfrac{y_B - y_C}{\dfrac{1}{2}y_B^2 - \dfrac{1}{2}y_C^2} = \dfrac{2}{y_B + y_C} = \dfrac{2}{-4} = -\dfrac{1}{2}.$$

所以直线 BC 的方程为 $y - \dfrac{2\sqrt{3} - 6}{3} = -\dfrac{1}{2}\left(x - \dfrac{8 - 4\sqrt{3}}{3}\right)$,即 $3x + 6y + 4 = 0$.故选 **B**.

（解法 2：曲线系方法）设过点 A 的切线为 $k(x-2)=y-2$，化简为 $kx-y+2-2k=0$，则由点到直线的距离公式 $\dfrac{|2|}{\sqrt{k^2+1}}=1$，得 $k=\pm\sqrt{3}$.即两条圆的切线方程为 $y-2-\sqrt{3}(x-2)=0$ 和 $y-2+\sqrt{3}(x-2)=0$.构建曲线系方程

$$[y-2-\sqrt{3}(x-2)][y-2+\sqrt{3}(x-2)]=0,$$

即 $(y-2)^2=3(x-2)^2$，亦即 $(y-2)^2=3\left(\dfrac{y^2}{2}-2\right)^2$.化简得 $(y-2)^2=\dfrac{3}{4}(y-2)^2(y+2)^2$，则 $4=3(y^2+4y+4)$，展开得 $3y^2+12y+8=0$.将 $y^2=2x$ 代入上式，化简可得直线 BC 的方程为 $3x+6y+4=0$.故选 B.

（解法 3）设 $A\left(\dfrac{y_1^2}{2},y_1\right)$，$B\left(\dfrac{y_2^2}{2},y_2\right)$，可得直线 AB 的方程为 $(y_1+2)y-2x-2y_1=0$.由直线 AB 与圆 $(x-2)^2+y^2=1$ 相切，可得 $\dfrac{|-4-2y_1|}{\sqrt{(y_1+2)^2+(-2)^2}}=1$，整理得 $3y_1^2+12y_1+8=0$.即 $6x_1+12y_1+8=0$，亦即 $3x_1+6y_1+4=0$.同理可得 $3x_2+6y_2+4=0$.对比系数，可知直线 BC 的方程为 $3x+6y+4=0$.故选 B.

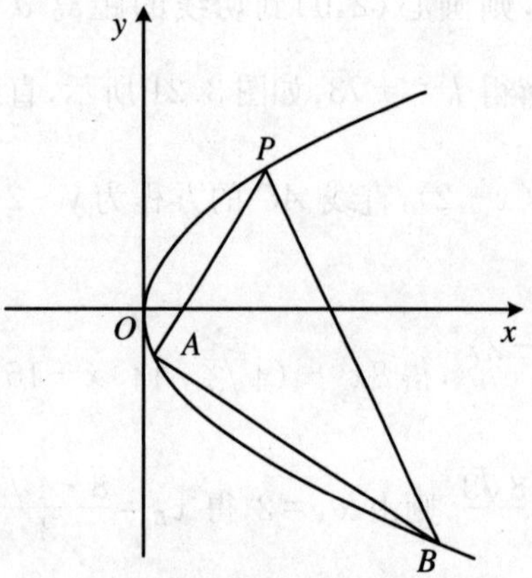

【题根探秘】 抛物线的定值类问题常用的方法有曲线系法、直线联立法和参数方程法等，并且大多数以压轴题为主.对例 3 进行探究，可以得到以下一般性的结论（命题 3）：

命题 3 如图 3.22 所示，已知抛物线 $C:y^2=2px(p>0)$ 中，定点 $P(x_0,y_0)(x_0y_0\neq0)$ 在抛物线上.设 A,B 是抛物线上的两个动点，直线 PA,PB 的斜率分别为 k_{PA},k_{PB}，且满足 $k_{PA}+k_{PB}=0$，则直线 AB 的斜率 $k_{AB}=-\dfrac{p}{y_0}$.

图 3.22

4. 椭圆焦点弦垂直模型

例4（2016 年河北数学竞赛） 过椭圆 $\dfrac{x^2}{5}+\dfrac{y^2}{4}=1$ 的右焦点 F 作两条垂直的弦 AB，CD.设 AB,CD 的中点分别为 M,N.

(1) 证明：直线 MN 必经过定点，并求此定点；

(2) 若 AB,CD 的斜率均存在，求 $\triangle FMN$ 面积的最大值.

【解析】（解法 1：极坐标法）(1) 由图形关于 x 轴对称，得定点必在 x 轴上.设 F_1 为左焦点，以 F 为极点、$\overrightarrow{FF_1}$ 的方向为极轴正向建立极坐标系，则椭圆的极坐标方程为

$$\rho = \frac{\dfrac{4}{\sqrt{5}}}{1 + \dfrac{1}{\sqrt{5}}\cos\theta} = \frac{4}{\sqrt{5} + \cos\theta}.$$

不妨设点 A，B，C，D 的极角分别为 θ，$\theta + \pi$，$\theta + \dfrac{\pi}{2}$，$\theta + \dfrac{3\pi}{2}$，其中 $\theta \in \left[0, \dfrac{\pi}{2}\right)$，则

$$|FM| = \frac{1}{2}(\rho_B - \rho_A) = \frac{4\cos\theta}{5 - \cos^2\theta}, \qquad |FN| = \frac{1}{2}(\rho_C - \rho_D) = \frac{4\sin\theta}{5 - \sin^2\theta}.$$

令 t 满足 $\dfrac{t - |FN|\cos\left(\dfrac{\pi}{2} - \theta\right)}{|FM|\cos\theta - t} = \dfrac{|FN|\sin\left(\dfrac{\pi}{2} - \theta\right)}{|FM|\sin\theta}$，则解得 $t = \dfrac{4}{9}$. 故在原直角坐标系中，直线 MN 过定点 $\left(\dfrac{5}{9}, 0\right)$.

(2) 在(1)中 $\theta \in \left(0, \dfrac{\pi}{2}\right)$，则 $\triangle FMN$ 的面积 S 为

$$S = \frac{1}{2}|FM| \cdot |FN| = \frac{8\sin\theta\cos\theta}{(5 - \cos^2\theta)(5 - \sin^2\theta)} = \frac{8\sin\theta\cos\theta}{20 + \cos^2\theta\sin^2\theta}$$

$$= \frac{8}{\sin\theta\cos\theta + \dfrac{20}{\sin\theta\cos\theta}}.$$

由 $\sin\theta\cos\theta = \dfrac{1}{2}\sin(2\theta) \in \left(0, \dfrac{1}{2}\right]$，得 $S \leqslant \dfrac{8}{\dfrac{1}{2} + 40} = \dfrac{16}{81}$，等号成立的条件是 $\theta = \dfrac{\pi}{4}$. 故所求的

最大值为 $\dfrac{16}{81}$.

(解法2：设线法)(1) 由题意知点 $F(1, 0)$. 当弦 AB，CD 的斜率均存在时，设 AB 的斜率为 k，则 CD 的斜率为 $-\dfrac{1}{k}$. 设直线 AB 的方程为 $y = k(x - 1)$，代入椭圆方程 $\dfrac{x^2}{5} + \dfrac{y^2}{4} = 1$，得 $(5k^2 + 4)x^2 - 10k^2 x + 5k^2 - 20 = 0$. 故

$$x_M = \frac{x_A + x_B}{2} = \frac{5k^2}{5k^2 + 4}, \qquad y_M = k(x_M - 1) = \frac{-4k}{5k^2 + 4}.$$

于是 $M\left(\dfrac{5k^2}{5k^2 + 4}, \dfrac{-4k}{5k^2 + 4}\right)$. 又因为 $CD \perp AB$，所以将点 M 坐标中的 k 换为 $-\dfrac{1}{k}$，即得 $N\left(\dfrac{5}{4k^2 + 5}, \dfrac{4k}{4k^2 + 5}\right)$. 当 $k \neq 0$ 且 k 存在时，有

$$k_{MN} = \frac{\dfrac{4k}{4k^2 + 5} + \dfrac{4k}{5k^2 + 4}}{\dfrac{5}{4k^2 + 5} - \dfrac{5k^2}{5k^2 + 4}} = \frac{36k(k^2 + 1)}{20 - 20k^4} = \frac{-9k}{5k^2 - 5}.$$

此时直线 MN 的方程为

$$y - \frac{4k}{4k^2 + 5} = \frac{-9k}{5k^2 - 5}\left(x - \frac{5}{4k^2 + 5}\right),$$

即 $y = \dfrac{-9k}{5k^2 - 5}\left(x - \dfrac{5}{9}\right)$. 故直线 MN 过定点 $\left(\dfrac{5}{9}, 0\right)$. 当 $k = \pm 1$ 时, 易得直线 MN 为 $x = \dfrac{5}{9}$,

也过点 $\left(\dfrac{5}{9}, 0\right)$.

当弦 AB 或弦 CD 的斜率不存在时, 易知直线 MN 为 x 轴, 也过定点 $\left(\dfrac{5}{9}, 0\right)$.

综上可知, 直线 MN 过定点 $\left(\dfrac{5}{9}, 0\right)$.

(2) 由 (1) 知

$$S = \dfrac{1}{2}|EF| \cdot |y_M - y_N| = \dfrac{2}{9}\left|\dfrac{-4k}{5k^2 + 4} - \dfrac{4k}{4k^2 + 5}\right| = \left|\dfrac{8k(k^2 + 1)}{(5k^2 + 4)(4k^2 + 5)}\right|.$$

不妨设 $k > 0$, 则对 S 求导得

$$S' = \dfrac{8(-20k^4 - 19k^4 + 19k^2 + 20)}{(4k^2 + 5)^2(5k^2 + 4)^2} = \dfrac{-8(20k^4 + 39k^2 + 20)(k^2 - 1)}{(4k^2 + 5)^2(5k^2 + 4)^2}.$$

由 $S' = 0$, 知 $k = 1$. 当 $k \in (0, 1)$ 时, $S' > 0$; 当 $k \in (1, \infty)$ 时, $S' < 0$. 所以当 $k = 1$ 时, S 有最大值 $\dfrac{16}{81}$. 故 $\triangle FMN$ 面积的最大值为 $\dfrac{16}{81}$.

(解法 3: 换元法) 前面同解法 2, 可得

$$S = \dfrac{1}{2}|EF| \cdot |y_M - y_N| = \dfrac{2}{9}\left|\dfrac{-4k}{5k^2 + 4} - \dfrac{4k}{4k^2 + 5}\right| = \left|\dfrac{8k(k^2 + 1)}{(5k^2 + 4)(4k^2 + 5)}\right|.$$

不妨设 $k > 0$, 则可得

$$S = \dfrac{8(k^3 + k)}{20k^4 + 41k^2 + 20} = \dfrac{8\left(k + \dfrac{1}{k}\right)}{20k^2 + 41 + 20\dfrac{1}{k^2}}.$$

令 $t = k + \dfrac{1}{k}$, t 的取值范围为 $[2, +\infty)$, 则

$$S(t) = \dfrac{8t}{20(t^2 - 2) + 41} = \dfrac{8t}{20t^2 + 1} = \dfrac{8}{20t + \dfrac{1}{t}}.$$

易得 $S(t)$ 为单调递减函数. 故 $\triangle FMN$ 面积的最大值为 $\dfrac{16}{81}$.

点评　在圆锥曲线中, 求最值的常见方法主要有参数法和曲直联立法, 求面积常用的方法为求导法和换元法. 其中, 换元法求值域需要熟练掌握.

5. 椭圆的定点问题

例 5 (2017 年福建高中数学联赛)　已知椭圆 $C: \dfrac{x^2}{a^2} + \dfrac{y^2}{b^2} = 1 \, (a > b > 0)$ 过点 $P(-2, 1)$, 且离心率为 $\dfrac{\sqrt{2}}{2}$. 过点 P 作两条互相垂直的直线分别交椭圆于 A, B 两点 (A, B 与

点 P 不重合). 求证: 直线 AB 过定点, 并求该定点的坐标.

【解析】 (1) 依题意有 $\dfrac{4}{a^2} + \dfrac{1}{b^2} = 1$, 且 $\dfrac{c}{a} =$

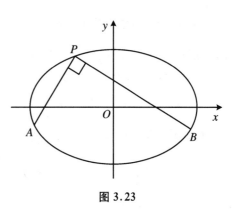

图 3.23

$\dfrac{\sqrt{a^2 - b^2}}{a} = \dfrac{\sqrt{2}}{2}$, 解得 $a^2 = 6, b^2 = 3$. 故椭圆 C 的方

程为 $\dfrac{x^2}{6} + \dfrac{y^2}{3} = 1$.

(2) (解法 1) 根据题意作图, 如图 3.23 所示.
易知直线 AB 的斜率存在, 设直线 AB 的方程为

$y = kx + m$. 则由 $\begin{cases} y = kx + m \\ \dfrac{x^2}{6} + \dfrac{y^2}{3} = 1 \end{cases}$, 得

$$(2k^2 + 1)x^2 + 4mkx + 2m^2 - 6 = 0.$$

设 $A(x_1, y_1), B(x_2, y_2)$, 则由韦达定理得 $x_1 + x_2 = -\dfrac{4mk}{2k^2 + 1}$, $x_1 x_2 = \dfrac{2m^2 - 6}{2k^2 + 1}$. 又由 $PA \perp PB$,

知 $\overrightarrow{PA} \cdot \overrightarrow{PB} = 0$, 易得

$$(x_1 + 2)(x_2 + 2) + (y_1 - 1)(y_2 - 1) = (x_1 + 2)(x_2 + 2) + (kx_1 + m - 1)(kx_2 + m - 1)$$
$$= 0.$$

即 $(k^2 + 1)x_1 x_2 + (km - k + 2)(x_1 + x_2) + m^2 - 2m + 5 = 0$, 所以

$$(k^2 + 1) \times \dfrac{2m^2 - 6}{2k^2 + 1} + (km - k + 2) \times \left(-\dfrac{4mk}{2k^2 + 1} \right) + m^2 - 2m + 5 = 0.$$

整理得 $3m^2 - 8mk + 4k^2 - 2m - 1 = 0$, 即得 $(3m - 2k + 1)(m - 2k - 1) = 0$. 又由直线 AB

不过点 $P(-2, 1)$, 知 $m - 2k - 1 \neq 0$, 所以 $3m - 2k + 1 = 0$, 解得 $m = \dfrac{2}{3} k - \dfrac{1}{3}$. 因此, 直线

AB 的方程可化为 $y = kx + \dfrac{2}{3} k - \dfrac{1}{3} = k \left(x + \dfrac{2}{3} \right) - \dfrac{1}{3}$. 故直线 AB 过定点 $\left(-\dfrac{2}{3}, -\dfrac{1}{3} \right)$.

(解法 2: 坐标变换法) 如图 3.24 所示作平移变换, 令 $u = x + 2, v = y - 1$, 该变换为平移

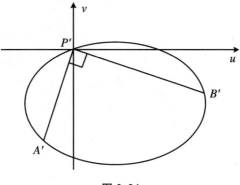

图 3.24

变换,不改变图形的形状.则在该变换下,点 $P(-2,1)$ 变为点 $P'(0,0)$.设 $A'(u_1,v_1)$,$B'(u_2,v_2)$,则直线 $A'B'$ 的方程为 $v=ku+m$,椭圆 $\dfrac{x^2}{6}+\dfrac{y^2}{3}=1$ 变为 $\dfrac{(u-2)^2}{6}+\dfrac{(v+1)^2}{3}=1$,即 $(u-2)^2+2(v+1)^2=6$,所以 $u^2-4u+2v^2+4v=0$.

将 $v=ku+m$ 代入,可得

$$(1+2k^2)u^2+(4k+4km-4)u+2m^2+4m=0.$$

则由韦达定理得 $u_1+u_2=\dfrac{4-4k-4km}{1+2k^2}$,$u_1u_2=\dfrac{2m^2+4m}{1+2k^2}$,进一步计算可得

$$v_1v_2=(ku_1+m)(ku_2+m)=k^2u_1u_2+mk(u_1+u_2)+m^2=\dfrac{4km+m^2}{1+2k^2},$$

$$u_1u_2=\dfrac{2m^2+4m}{1+2k^2}.$$

又由 $\angle A'P'B'=90$,得 $u_1u_2+v_1v_2=0$,亦得 $3m^2+4km+4m=0$,解得 $m=0$ 或 $3m+4k+4=0$,当 $m=0$ 时,该点即为 P 点.将 $m=\dfrac{-4k-4}{3}$ 代入方程,可得

$$y=kx-\dfrac{4}{3}k-\dfrac{4}{3}=k\left(x-\dfrac{4}{3}\right)-\dfrac{4}{3},$$

易得该直线经过定点 $\left(\dfrac{4}{3},-\dfrac{4}{3}\right)$.因此,平移之前的定点坐标为 $\left(-\dfrac{2}{3},-\dfrac{1}{3}\right)$.

点评 求定点的方法主要是用设线法,如果一开始就设直线 PA 的斜率为 k,再设直线 PA 的斜率为 $-\dfrac{1}{k}$,则计算会相对复杂一些.该类问题主要是用设线法或平移变换.平移变换是仿射变换的一种类型,不改变图形的形状,先求出变换后的坐标,再进一步求出平移前的定点即可.

【题根探秘】 通过对例 15 的研究,可以得到以下结论(命题 4 和命题 5):

命题 4 过椭圆 $\dfrac{x^2}{a^2}+\dfrac{y^2}{b^2}=1(a>b>0)$ 上任意一点 $P(x_0,y_0)$ 作两条弦 PA,PB,则

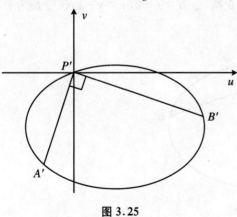

图 3.25

$PA\perp PB$ 的充要条件是直线 AB 过定点 $\left(\dfrac{a^2-b^2}{a^2+b^2}x_0,\dfrac{b^2-a^2}{a^2+b^2}y_0\right)$.

证明:对于一般的情况,设 $P(x_0,y_0)$ 为椭圆上一点,A,B 为椭圆上的两点,且 $\angle APB=90°$,求证:AB 恒过定点.

作变换 $\begin{cases}x=u+x_0\\y=v+y_0\end{cases}$,则在该变换下点 (x_0,y_0) 变为点 $(0,0)$.如图 3.25 所示,在新坐标下,设 $A'(u_1,v_1)$,$B'(u_2,v_2)$,且设 $A'B'$

的直线方程为 $v = ku + m$,椭圆方程为 $\dfrac{(u + x_0)^2}{a^2} + \dfrac{(y_0 + v)^2}{b^2} = 1$,则

$$b^2(u^2 + 2ux_0 + x_0)^2 + a^2(v^2 + 2y_0u + y_0^2) - a^2b^2 = 0,$$

即

$$(b^2 + a^2k^2)u^2 + (2a^2km + 2b^2x_0 + 2a^2y_0k)u + b^2x_0^2$$
$$+ a^2m^2 + 2a^2y_0m + a^2y_0^2 - a^2b^2 = 0.$$

则根据韦达定理可得

$$u_1 + u_2 = -\frac{2a^2km + 2b^2x_0 + 2a^2y_0k}{b^2 + a^2k^2},$$

$$u_1u_2 = \frac{b^2x_0^2 + a^2m^2 + 2a^2y_0m + a^2y_0^2 - a^2b^2}{b^2 + a^2k^2}.$$

进一步计算可得

$$v_1v_2 = (ku_1 + m)(ku_2 + m) = k^2u_1u_2 + mk(u_1 + u_2) + m^2,$$

$$v_1v_2 = \frac{b^2x_0^2k^2 + a^2y_0^2k^2 + m^2b^2 - a^2b^2k^2 - 2b^2x_0 \cdot mk}{b^2 + a^2k^2}.$$

再结合 $\angle APB = 90°$,可得 $u_1u_2 + v_1v_2 = 0$,即得

$$(b^2x_0^2 + a^2y_0^2 - a^2b^2)k^2 + b^2x_0^2 + a^2y_0^2 - a^2b^2$$
$$+ m^2(a^2 + b^2) + 2a^2y_0m - 2b^2mkx_0 = 0.$$

又因为点 $P(x, y)$ 为椭圆上一点,故 $\dfrac{x_0^2}{a^2} + \dfrac{y_0^2}{b^2} = 1$,即 $b^2x_0^2 + a^2y_0^2 - a^2b^2 = 0$,所以 $m^2(a^2 + b^2) + 2a^2y_0m - 2b^2mkx_0 = 0$,解得 $m = 0$(舍弃)或 $m = \dfrac{2b^2x_0k - 2a^2y_0}{a^2 + b^2}$.代入 $v = ku + m$,可得

$$v = ku + \frac{2b^2x_0}{a^2 + b^2}k - \frac{2a^2y_0}{a^2 + b^2},$$

即 $v = k\left(u + \dfrac{2b^2x_0}{a^2 + b^2}\right) - \dfrac{2a^2y_0}{a^2 + b^2}$.所以直线 $A'B'$ 过定点 $\left(\dfrac{-2b^2x_0}{a^2 + b^2}, \dfrac{-2a^2y_0}{a^2 + b^2}\right)$,进一步可知变换前直线 AB 过的定点为 $\left(\dfrac{a^2 - b^2}{a^2 + b^2}x_0, \dfrac{b^2 - a^2}{a^2 + b^2}y_0\right)$.

命题 5 当 P 为上、下顶点时,即 $x_0 = 0$,$y_0 = \pm b$,$MA \perp MB$ 的充要条件是直线 AB 恒过定点 $\left(0, \dfrac{\pm b(b^2 - a^2)}{b^2 + a^2}\right)$.

下面的例题就是上顶点的情况.

例6 (2017 年全国高中数学联赛江苏省复赛) 在平面直角坐标系 xOy 中,椭圆 C: $\dfrac{x^2}{3} + y^2 = 1$ 的上顶点为 A,不经过点 A 的直线 l 与椭圆 C 交于 P,Q 两点,且 $\overrightarrow{AP} \cdot \overrightarrow{AQ} = 0$.

(1) 直线 l 是否过定点?若是,求出定点坐标;若不是,请说明理由.

(2) 过 P,Q 两点分别作椭圆的切线,两条切线交于点 B,求 $\triangle BPQ$ 面积的取值范围.

【解析】 (1)(解法1)因为 $\overrightarrow{AP} \cdot \overrightarrow{AQ} = 0$,所以 $\overrightarrow{AP} \perp \overrightarrow{AQ}$.当直线 AP 或 AQ 与 x 轴平行时,点 P 或 Q 与点 A 重合,不合题意.所以设直线 PA 的方程为 $y = kx + 1$,则直线 QA 的方程为 $y = -\dfrac{1}{k}x + 1$.将 $y = kx + 1$ 代入 $x^2 + 3y^2 = 3$,得 $(1 + 3k^2)x^2 + 6kx = 0$,所以 $x_P = -\dfrac{6k}{1 + 3k^2}$,$y_P = \dfrac{2}{1 + 3k^2} - 1$.同理 $x_Q = \dfrac{6k}{k^2 + 3}$,$y_Q = 1 - \dfrac{6}{k^2 + 3}$.所以直线 l 的方程为 $\dfrac{y - y_P}{y_Q - y_P} = \dfrac{x - x_P}{x_Q - x_P}$,即

$$\frac{(1 + 3k^2)(y + 1) - 2}{(1 + 3k^2)(y_Q + 1) - 2} = \frac{(1 + 3k^2)x + 6k}{(1 + 3k^2)x_Q + 6k}.$$

化简得 $y = \dfrac{k^2 - 1}{4k}x - \dfrac{1}{2}$.故直线 l 过定点 $\left(0, -\dfrac{1}{2}\right)$.

(解法2:曲线系法)由题意不妨设直线 AQ 的方程为 $y - 1 = kx$,直线 AP 的方程为 $y - 1 = -\dfrac{1}{k}x$.则过点 A,P,Q 的曲线系方程为 $(y - 1 - kx)\left(y - 1 + \dfrac{1}{k}x\right) + \lambda\left(\dfrac{x^2}{3} + y^2 - 1\right) = 0$.取 $\lambda = 3$,得

$$(y - 1)^2 + \left(\frac{1}{k} - k\right)x(y - 1) + 3(y^2 - 1) = 0,$$

即 $(y - 1)\left[\left(\dfrac{1}{k} - k\right)x + 4y + 2\right] = 0$.又因为 $y - 1 = 0$ 是过点 A 的椭圆的切线,所以直线 l 的方程为 $\left(\dfrac{1}{k} - k\right)x + 4y + 2 = 0$.故直线 l 恒过定点 $E\left(0, -\dfrac{1}{2}\right)$.

(2)(解法1)由(1)的分析可知 $|AP| = \dfrac{6|k| \cdot \sqrt{1 + k^2}}{1 + 3k^2}$,同理 $|AQ| = \dfrac{6\sqrt{1 + k^2}}{k^2 + 3}$.所以

$$|PQ|^2 = 36(1 + k^2) \cdot \left[\frac{k^2}{(1 + 3k^2)^2} + \frac{1}{(k^2 + 3)^2}\right]$$

$$= 36(1 + k^2) \cdot \frac{k^2(k^2 + 3)^2 + (1 + 3k^2)^2}{(1 + 3k^2)^2(k^2 + 3)^2}$$

$$= \frac{36(1 + k^2)(k^6 + 15k^4 + 15k^2 + 1)}{(3k^4 + 10k^2 + 3)^2}.$$

不妨设 $k > 0$,令 $t = k + \dfrac{1}{k}$,则 $t \geqslant 2$,可得 $|PQ|^2 = \dfrac{36t^2(t^2 + 12)}{(3t^2 + 4)^2}$,即 $|PQ| = \dfrac{6t\sqrt{t^2 + 12}}{3t^2 + 4}$.

设 $B(x_0, y_0)$,则切点弦 PQ 的方程是 $x_0 x + 3y_0 y = 3$(PQ 为极线方程).又因为点 P,Q 在直线 $y = \dfrac{k^2 - 1}{4k}x - \dfrac{1}{2}$ 上,所以 $y_0 = -2$,则 $x_0 = \dfrac{3(k^2 - 1)}{2k}$.故点 B 到 PQ 的距离为

$$d = \frac{3\left(\frac{k^2-1}{k}\right)^2 + 12}{2\sqrt{\left(\frac{k^2-1}{k}\right)^2 + 16}} = \frac{3t^2}{2\sqrt{t^2+12}}.$$

则 $\triangle BPQ$ 的面积

$$S = \frac{1}{2} \cdot d \cdot PQ = \frac{1}{2} \cdot \frac{3t^2}{2\sqrt{t^2+12}} \cdot \frac{6t\sqrt{t^2+12}}{3t^2+4} = \frac{9t^3}{2(3t^2+4)}.$$

令 $u = \frac{1}{t}$，则 $0 < u \leqslant \frac{1}{2}$，可得 $S = \frac{9}{2(4u^3+3u)}$. 而当 $0 < u \leqslant \frac{1}{2}$ 时，$4u^3 + 3u$ 单调递增，所以 $0 < 4u^3 + 3u \leqslant 2$，即 $S \geqslant \frac{9}{4}$，当且仅当 $u = \frac{1}{2}$，即 $t = 2，k = 1$ 时等号成立. 故 $\triangle BPQ$ 的面积 S 的取值范围是 $\left[\frac{9}{4}, +\infty\right)$.

（解法 2：参数方程法）由（1）可设直线 l 的方程为 $\begin{cases} x = t\cos\theta \\ y = -\frac{1}{2} + t\sin\theta \end{cases}$（$t$ 为参数），代入 $\frac{x^2}{3} + y^2 = 1$，得 $\frac{t^2\cos^2\theta}{3} + \left(t\sin\theta - \frac{1}{2}\right)^2 - 1 = 0$，即得

$$\frac{\cos^2\theta + 3\sin^2\theta}{3}t^2 - \sin\theta t - \frac{3}{4} = 0.$$

则由韦达定理得

$$t_1 + t_2 = \frac{3\sin\theta}{\cos^2\theta + 3\sin^2\theta}, \quad t_1 t_2 = -\frac{9}{4(\cos^2\theta + 3\sin^2\theta)}.$$

故

$$\begin{aligned} |PQ|^2 &= (t_1+t_2)^2 - 4t_1 t_2 \\ &= \frac{9\sin^2\theta}{(\cos^2\theta+3\sin^2\theta)^2} + \frac{9}{\cos^2\theta+3\sin^2\theta} = \frac{9+27\sin^2\theta}{(\cos^2\theta+3\sin^2\theta)^2} = \frac{9+27\sin^2\theta}{(1+2\sin^2\theta)^2} \\ &\leqslant \frac{9+36\sin^2\theta+36\sin^4\theta}{(1+2\sin^2\theta)^2} = 9, \end{aligned}$$

当 $\sin\theta = 0$ 时，上式等号成立. 此时直线 l 与 x 轴平行，即 $AE \perp PQ$，所以 $|PQ| = 3$. 又由直线 l 过定点 $E\left(0, -\frac{1}{2}\right)$，知

$$(S_{\triangle BPQ})_{\min} = \frac{1}{2} \times \left(1 + \frac{1}{2}\right) \times 3 = \frac{9}{4}.$$

故 $\triangle BPQ$ 的面积 S 的取值范围为 $\left[\frac{9}{4}, +\infty\right)$.

点评 面积的考点经常会与极点、极线模型结合考查，最值问题也可以根据仿射变换进行求解，具体的内容可参看本书"极点、极线"的相关内容.

6. 过原点互相垂直的定值模型

例7 已知椭圆 $C: \dfrac{x^2}{a^2} + \dfrac{y^2}{b^2} = 1 (a > b > 0)$ 的焦距为 2，F_1，F_2 分别是 C 的左、右两个焦点，椭圆 C 上满足 $\angle F_1 P F_2 = \dfrac{\pi}{3}$ 的点 P 有且只有两个.

(1) 求椭圆 C 的标准方程；

(2) 若直线 l 与椭圆 C 交于 A，B 两点，且 $OA \perp OB$，求证：存在定点 Q，使得 Q 到直线 l 的距离为定值，并求出这个定值.

【解析】(1) 设椭圆 C 的标准方程为 $\dfrac{x^2}{a^2} + \dfrac{y^2}{b^2} = 1 (a > b > 0)$，则由题设知 $c = 1$. 又因为椭圆 C 上满足 $\angle F_1 P F_2 = \dfrac{\pi}{3}$ 的点 P 有且只有两个，所以点 P 为短轴端点，且 $\angle OPF_2 = \dfrac{\pi}{6}$，$|OF_2| = 1$，因此 $a = 2$，$b = \sqrt{3}$. 故椭圆的标准方程为 $\dfrac{x^2}{4} + \dfrac{y^2}{3} = 1$.

(2) 当直线 l 的斜率不存在时，设直线 l 的方程为 $x = t$，另由 $OA \perp OB$，不妨设 $A(t, t)$，代入椭圆方程 $\dfrac{x^2}{4} + \dfrac{y^2}{3} = 1$，得 $\dfrac{t^2}{4} + \dfrac{t^2}{3} = 1$，解得 $t^2 = \dfrac{12}{7}$，所以直线 l 的方程为 $x = \pm \dfrac{2\sqrt{21}}{7}$，此时原点到直线 l 的距离为 $\dfrac{2\sqrt{21}}{7}$.

当直线 l 的斜率存在时，设直线 l 的方程为 $y = kx + m$，点 A 的坐标为 (x_1, y_1)，点 B 的坐标为 (x_2, y_2). 联立 $\begin{cases} \dfrac{x^2}{4} + \dfrac{y^2}{3} = 1 \\ y = kx + m \end{cases}$，消去 y，得 $(3 + 4k^2)x^2 + 8kmx + 4m^2 - 12 = 0$，则

$$\begin{cases} \Delta = 64k^2 m^2 - 4(3 + 4k^2)(4m^2 - 12) > 0 \\ x_1 + x_2 = -\dfrac{8km}{3 + 4k^2} \\ x_1 x_2 = \dfrac{4m^2 - 12}{3 + 4k^2} \end{cases}.$$

从而可得

$$\overrightarrow{OA} \cdot \overrightarrow{OB} = x_1 x_2 + y_1 y_2 = x_1 x_2 + (kx_1 + m)(kx_2 + m)$$
$$= (1 + k^2)x_1 x_2 + km(x_1 + x_2) + m^2 = 0.$$

即 $(1 + k^2) \cdot \dfrac{4m^2 - 12}{3 + 4k^2} + km \cdot \dfrac{-8km}{3 + 4k^2} + m^2 = 0$，化得 $7m^2 = 12(k^2 + 1)$，满足 $\Delta > 0$. 因此，原点 $(0, 0)$ 到直线 l 的距离 $d = \dfrac{|m|}{\sqrt{1 + k^2}} = \sqrt{\dfrac{12}{7}} = \dfrac{2\sqrt{21}}{7}$.

综上，存在 $Q(0, 0)$，使得 Q 到直线 l 的距离为定值 $\dfrac{2\sqrt{21}}{7}$.

例 8 设椭圆 $C: \dfrac{x^2}{a^2} + \dfrac{y^2}{b^2} = 1 (a > b > 0)$, 过原点作两条相互垂直的射线交椭圆 C 于 A, B 两点.

(1) 求证: $\dfrac{1}{|OA|^2} + \dfrac{1}{|OB|^2} = \dfrac{1}{a^2} + \dfrac{1}{b^2}$.

(2) 求 $|AB|$ 的取值范围.

(3) 求证:原点到 AB 的距离为定值.

【解析】 (1)(证法 1:设线法)当 OA 或 OB 垂直于 x 轴时,易验证 $\dfrac{1}{|OA|^2} + \dfrac{1}{|OB|^2} = \dfrac{1}{a^2} + \dfrac{1}{b^2}$ 成立.

当 OA, OB 均不垂直于 x 轴时,设直线 OA 的方程为 $y = kx$,则直线 OB 的方程为 $y = -\dfrac{1}{k}x$. 先求出 $\dfrac{1}{|OA|^2}$,然后将 $\dfrac{1}{|OA|^2}$ 中的 k 换成 $-\dfrac{1}{k}$,就可以得到 $\dfrac{1}{|OB|^2}$. 联立直线和椭圆方程,消去变量 y 并整理,可得

$$\begin{cases} \dfrac{x^2}{a^2} + \dfrac{y^2}{b^2} = 1 \\ y = kx \end{cases} \Rightarrow (b^2 + a^2 k^2)x^2 = a^2 b^2 \Rightarrow x^2 = \dfrac{a^2 b^2}{b^2 + a^2 k^2}.$$

(注意这里没有必要开方求得 x,因为我们需要求的是 $\dfrac{1}{|OA|^2}$.) 故

$$\dfrac{1}{|OA|^2} = \dfrac{1}{(1+k^2)x^2} = \dfrac{b^2 + a^2 k^2}{a^2 b^2 (k^2 + 1)}.$$

同理可得 $\dfrac{1}{|OB|^2} = \dfrac{a^2 + b^2 k^2}{a^2 b^2 (k^2 + 1)}$,所以

$$\dfrac{1}{|OA|^2} + \dfrac{1}{|OB|^2} = \dfrac{b^2 + a^2 k^2}{a^2 b^2 (k^2 + 1)} + \dfrac{a^2 + b^2 k^2}{a^2 b^2 (k^2 + 1)} = \dfrac{1}{a^2} + \dfrac{1}{b^2}.$$

综上可得 $\dfrac{1}{|OA|^2} + \dfrac{1}{|OB|^2} = \dfrac{1}{a^2} + \dfrac{1}{b^2}$.

(证法 2:参数方程)设 $x = r\cos\theta, y = r\sin\theta$,则 A, B 两点的坐标可分别表示为 $A(r_1\cos\theta, r_1\sin\theta), B\left(r_2\cos\left(\theta + \dfrac{\pi}{2}\right), r_2\sin\left(\theta + \dfrac{\pi}{2}\right)\right)$. 将 A, B 两点的坐标代入椭圆方程 $\dfrac{x^2}{a^2} + \dfrac{y^2}{b^2} = 1$,可得

$$\dfrac{r_1^2 \cos^2\theta}{a^2} + \dfrac{r_1^2 \sin^2\theta}{b^2} = 1, \quad \dfrac{r_2^2 \cos^2\left(\theta + \dfrac{\pi}{2}\right)}{a^2} + \dfrac{r_2^2 \sin\left(\theta + \dfrac{\pi}{2}\right)}{b^2} = 1.$$

两式相加,可得 $\dfrac{1}{r_1^2} + \dfrac{1}{r_2^2} = \dfrac{1}{a^2} + \dfrac{1}{b^2}$. 则根据参数的几何意义可知 $\dfrac{1}{|OA|^2} + \dfrac{1}{|OB|^2} = \dfrac{1}{a^2} + \dfrac{1}{b^2}$,

其值为定值.

(2)（解法1：设线法）当直线 AB 不与 x 轴垂直时，设直线 AB 的方程为 $y = kx + m$，且设 $A(x_1, y_1)$，$B(x_2, y_2)$. 联立直线 AB 的方程与椭圆方程 $\dfrac{x^2}{a^2} + \dfrac{y^2}{b^2} = 1$，则由韦达定理可得

$$x_1 + x_2 = \frac{-2a^2 km}{b^2 + a^2 k^2}, \quad x_1 x_2 = \frac{a^2 m^2 - a^2 b^2}{b^2 + a^2 k^2}.$$

所以

$$y_1 y_2 = (kx_1 + m)(kx_2 + m) = k^2 x_1 x_2 + km(x_1 + x_2) + m^2 = \frac{m^2 b^2 - a^2 b^2 k^2}{b^2 + a^2 k^2}.$$

根据 $\overrightarrow{OA} \cdot \overrightarrow{OB} = 0$，可得 $x_1 x_2 + y_1 y_2 = 0$，进一步化简可得 $\dfrac{m^2}{1 + k^2} = \dfrac{a^2 b^2}{a^2 + b^2}$，所以

$$|AB| = \sqrt{1 + k^2} |x_1 - x_2| = \sqrt{1 + k^2} \sqrt{(x_1 + x_2)^2 - 4x_1 x_2}$$

$$= \sqrt{1 + k^2} \cdot \frac{\sqrt{4b^2 a^2 (b^2 + a^2 k^2 - m^2)}}{b^2 + a^2 k^2}.$$

将 m 消去，可得

$$|AB|^2 = \frac{4a^2 b^2}{a^2 + b^2} \frac{(1 + k^2)(b^4 + a^4 k^2)}{(b^2 + a^2 k^2)^2} = \frac{4a^2 b^2}{a^2 + b^2} \frac{b^4 + a^4 k^2 + b^4 k^2 + a^4 k^4}{b^4 + 2a^2 b^2 k^2 + a^4 k^4}$$

$$= \frac{4a^2 b^2}{a^2 + b^2} \frac{\dfrac{b^4}{k^2} + (a^4 + b^4) + a^4 k^2}{\dfrac{b^4}{k^2} + 2a^2 b^2 + a^4 k^2}.$$

令 $t = \dfrac{b^4}{k^2} + a^4 k^2 (t \geqslant 2a^2 b^2)$，则 $f(t) = \dfrac{4a^2 b^2}{a^2 + b^2} \cdot \dfrac{t + (a^4 + b^4)}{t + 2a^2 b^2}$，整理得

$$f(t) = \frac{4a^2 b^2}{a^2 + b^2} \left(\frac{t + 2a^2 b^2 + a^4 + b^4 - 2a^2 b^2}{t + 2a^2 b^2} \right) = \frac{4a^2 b^2}{a^2 + b^2} \left[1 + \frac{(a^2 - b^2)^2}{t + 2a^2 b^2} \right].$$

所以 $f(t)$ 的值域为 $\left(\dfrac{4a^2 b^2}{a^2 + b^2}, a^2 + b^2 \right]$.

当 AB 与 x 轴垂直时，$A\left(\dfrac{ab}{\sqrt{a^2 + b^2}}, \dfrac{ab}{\sqrt{a^2 + b^2}} \right)$，$B\left(\dfrac{ab}{\sqrt{a^2 + b^2}}, -\dfrac{ab}{\sqrt{a^2 + b^2}} \right)$，此时 $|AB|^2 = \dfrac{4a^2 b^2}{a^2 + b^2}$.

综上分析，可知 $|AB|$ 的取值范围为 $\left[\dfrac{2ab}{\sqrt{a^2 + b^2}}, \sqrt{a^2 + b^2} \right]$.

（解法2：均值不等式结合函数方法）由 $OA \perp OB$，得 $\dfrac{1}{|OA|^2} + \dfrac{1}{|OB|^2} = \dfrac{1}{a^2} + \dfrac{1}{b^2}$，整理得 $\left(\dfrac{1}{|OA|^2} + \dfrac{1}{|OB|^2} \right) \dfrac{a^2 b^2}{a^2 + b^2} = 1$. 又因为 $|AB|^2 = |OA|^2 + |OB|^2$，所以

$$|AB|^2 = (|OA|^2 + |OB|^2) \left(\frac{1}{|OA|^2} + \frac{1}{|OB|^2} \right) \frac{a^2 b^2}{a^2 + b^2}$$

$$= \left[\left(\frac{|OB|}{|OA|}\right)^2 + \left(\frac{|OA|}{|OB|}\right)^2 + 2\right]\frac{a^2b^2}{a^2+b^2}.$$

令 $t = \left(\dfrac{|OB|}{|OA|}\right)^2$，则 $\left(\dfrac{b}{a}\right)^2 \leqslant t \leqslant \left(\dfrac{a}{b}\right)^2$，从而可得 $f(t) = \left(t + \dfrac{1}{t} + 2\right)\dfrac{a^2b^2}{a^2+b^2}$. 故根据对勾函数的单调性，可得 $\dfrac{2ab}{\sqrt{a^2+b^2}} \leqslant |AB| \leqslant \sqrt{a^2+b^2}$.

(3) 根据前两问的分析，可知原点到 AB 的距离为定值，且其值为 $\dfrac{a^2b^2}{a^2+b^2}$.

例9 已知 A,B,C 是椭圆 $C:\dfrac{x^2}{a^2} + \dfrac{y^2}{b^2} = 1(a>b>0)$ 上的三个动点，且满足 $\angle AOB = \angle BOC = \angle COA = \dfrac{2\pi}{3}$，求证：$\dfrac{1}{|OA|^2} + \dfrac{1}{|OB|^2} + \dfrac{1}{|OC|^2}$ 为定值.

【解析】 （证法1）要找到直线 OB 的斜率与直线 OA 的斜率之间的关系，设直线 OA 与 x 轴正方向的夹角为 α，直线 OA 的斜率为 k，则直线 OB 与 x 轴正方向的夹角为 $\dfrac{2\pi}{3} + \alpha$，因此

$$k_{OB} = \tan\left(\alpha + \frac{2\pi}{3}\right) = \frac{\tan\alpha + \tan\dfrac{2\pi}{3}}{1 - \tan\alpha\tan\dfrac{2\pi}{3}} = \frac{k - \sqrt{3}}{1 + \sqrt{3}k}.$$

同理可得

$$k_{OC} = \tan\left(\alpha + \frac{4\pi}{3}\right) = \frac{\tan\alpha + \tan\dfrac{4\pi}{3}}{1 - \tan\alpha\tan\dfrac{4\pi}{3}} = \frac{k + \sqrt{3}}{1 - \sqrt{3}k}.$$

因为 $\dfrac{1}{|OA|^2} = \dfrac{b^2 + a^2k^2}{a^2b^2(k^2+1)}$，将 $k_{OB} = \dfrac{k - \sqrt{3}}{1 + \sqrt{3}k}$ 代入，可得

$$\frac{1}{|OB|^2} = \frac{b^2 + a^2\left(\dfrac{k-\sqrt{3}}{1+\sqrt{3}k}\right)^2}{a^2b^2\left[\left(\dfrac{k-\sqrt{3}}{1+\sqrt{3}k}\right)^2 + 1\right]} = \frac{b^2(1+\sqrt{3}k)^2 + a^2(k-\sqrt{3})^2}{4a^2b^2(1+k^2)}.$$

同理可得

$$\frac{1}{|OC|^2} = \frac{b^2(1-\sqrt{3}k)^2 + a^2(k+\sqrt{3})^2}{4a^2b^2(1+k^2)}.$$

故

$$\frac{1}{|OA|^2} + \frac{1}{|OB|^2} + \frac{1}{|OC|^2}$$

$$= \frac{b^2 + a^2k^2}{a^2b^2(k^2+1)} + \frac{b^2(1+\sqrt{3}k)^2 + a^2(k-\sqrt{3})^2}{4a^2b^2(1+k^2)} + \frac{b^2(1-\sqrt{3}k)^2 + a^2(k+\sqrt{3})^2}{4a^2b^2(1+k^2)}$$

$$= \frac{3}{2} \left(\frac{1}{a^2} + \frac{1}{b^2} \right).$$

（证法 2）根据参数方程方法，可以得到 $\frac{1}{|OA|^2}$ 的一般形式，即

$$\frac{1}{|OA|^2} = \frac{b^2 + a^2 \tan^2 \alpha}{a^2 b^2 (\tan^2 \alpha + 1)} = \frac{b^2 \cos^2 \alpha + a^2 \sin^2 \alpha}{a^2 b^2 (\cos^2 \alpha + \sin^2 \alpha)}$$

$$= \frac{\cos^2 \alpha}{a^2} + \frac{\sin^2 \alpha}{b^2}.$$

同理可得

$$\frac{1}{|OB|^2} = \frac{\cos^2 \left(\alpha + \frac{2\pi}{3} \right)}{a^2} + \frac{\sin^2 \left(\alpha + \frac{2\pi}{3} \right)}{b^2},$$

$$\frac{1}{|OC|^2} = \frac{\cos^2 \left(\alpha + \frac{4\pi}{3} \right)}{a^2} + \frac{\sin^2 \left(\alpha + \frac{4\pi}{3} \right)}{b^2}.$$

故

$$\frac{1}{|OA|^2} + \frac{1}{|OB|^2} + \frac{1}{|OC|^2} = \frac{\cos^2 \alpha}{a^2} + \frac{\cos^2 \left(\alpha + \frac{2\pi}{3} \right)}{a^2} + \frac{\cos^2 \left(\alpha + \frac{4\pi}{3} \right)}{a^2}$$

$$+ \frac{\sin^2 \alpha}{b^2} + \frac{\sin^2 \left(\alpha + \frac{2\pi}{3} \right)}{b^2} + \frac{\sin^2 \left(\alpha + \frac{4\pi}{3} \right)}{b^2}$$

$$= \frac{3}{2} \left(\frac{1}{a^2} + \frac{1}{b^2} \right).$$

例 10 把椭圆圆心角分割成 n 等分，且 $\angle A_{i-1} O A_i = \frac{360°}{n}$ $(2 \leqslant i \leqslant n)$．求证：

$$\frac{1}{|OA_1|^2} + \frac{1}{|OA_2|^2} + \cdots + \frac{1}{|OA_n|^2} = \frac{n}{2} \left(\frac{1}{a^2} + \frac{1}{b^2} \right).$$

【解析】 根据参数方程的定义，很容易得到

$$\frac{1}{|OA_1|^2} + \frac{1}{|OA_2|^2} + \cdots + \frac{1}{|OA_n|^2}$$

$$= \frac{\cos^2 \alpha}{a^2} + \frac{\cos^2 \left(\alpha + \frac{2\pi}{n} \right)}{a^2} + \cdots + \frac{\cos^2 \left(\alpha + \frac{2(n-1)\pi}{n} \right)}{a^2} + \frac{\sin^2 \alpha}{a^2}$$

$$+ \frac{\sin^2 \left(\alpha + \frac{2\pi}{n} \right)}{a^2} + \cdots + \frac{\sin^2 \left(\alpha + \frac{2(n-1)\pi}{n} \right)}{a^2}$$

$$= \frac{n}{2} \left(\frac{1}{a^2} + \frac{1}{b^2} \right).$$

习 题

多选题

1. (2022年新高考)已知 O 为坐标原点,点 $A(1,1)$ 在抛物线 $C:x^2=2py(p>0)$ 上,过点 $B(0,-1)$ 的直线交 C 于 P,Q 两点,则(　　).

    A. C 的准线为 $y=-1$ B. 直线 AB 与 C 相切

    C. $|OP|\cdot|OQ|>|OA|^2$ D. $|BP|\cdot|BQ|>|BA|^2$

2. (2020年福清西山学校高二期中)在平面直角坐标系 xOy 中,动点 P 与两个定点 $F_1(-\sqrt{3},0)$ 和 $F_2(\sqrt{3},0)$ 连线的斜率之积等于 $\dfrac{1}{3}$,记点 P 的轨迹为曲线 E,直线 $l:y=k(x-2)$ 与 E 交于 A,B 两点,则(　　).

    A. E 的方程为 $\dfrac{x^2}{3}-y^2=1(x\neq\pm\sqrt{3})$ B. E 的离心率为 $\sqrt{3}$

    C. E 的渐近线与圆 $(x-2)^2+y^2=1$ 相切   D. 满足 $|AB|=2\sqrt{3}$ 的直线 l 仅有 1 条

解答题

3. (2020年山东卷)已知椭圆 $C:\dfrac{x^2}{a^2}+\dfrac{y^2}{b^2}=1(a>b>0)$ 的离心率为 $\dfrac{\sqrt{2}}{2}$,且过点 $A(2,1)$.

    (1) 求 C 的方程;

    (2) 点 M,N 在 C 上,且 $AM\perp AN$,$AD\perp MN$,D 为垂足. 证明:存在定点 Q,使得 $|DQ|$ 为定值.

4. (2015年陕西卷/文20)已知椭圆 $E:\dfrac{x^2}{2}+y^2=1$ 的下顶点为 $A(0,-1)$,经过点 $(1,1)$ 且斜率为 k 的直线与椭圆 E 交于不同的两点 P,Q(均异于点 A),证明:直线 AP 与 AQ 的斜率之和为 2.

5. 直线 $l:y=kx+m$ 与椭圆 $C:\dfrac{x^2}{4}+\dfrac{y^2}{3}=1$ 交于 A,B 两点(A,B 不是左、右顶点),以 AB 为直径的圆过椭圆 C 的右顶点. 求证:l 过定点.

6. 设动直线 $l:y=kx+m$ 与椭圆 $E:\dfrac{x^2}{4}+\dfrac{y^2}{3}=1$ 有且只有一个公共点 P,且与直线 $x=-4$ 相交于点 Q. 试探究:在坐标平面内是否存在定点 M,使得以 PQ 为直径的圆恒过点 M? 若存在,求出点 M 的坐标;若不存在,请说明理由.

7. (2022年长沙市新高考适应性考试/21)已知离心率为 $\dfrac{1}{2}$ 的椭圆 $C_1:\dfrac{x^2}{a^2}+\dfrac{y^2}{b^2}=1(a>b>0)$ 的左、右焦点分别为 F_1,F_2,P 为椭圆上的一点,$\triangle PF_1F_2$ 的周长为 6,且 F_1 为抛物线

$C_2 : y^2 = -2px$, $(p>0)$ 的焦点.

(1) 求椭圆 C_1 与抛物线 C_2 的方程.

(2) 过椭圆 C_1 的左顶点 Q 的直线 l 交抛物线 C_2 于 A，B 两点，点 O 为原点，射线 OA，OB 分别交椭圆于 C，D 两点，$\triangle OCD$ 的面积为 S_1，$\triangle OAB$ 的面积为 S_2. 问：是否存在直线 l 使得 $S_2 = \frac{13}{3} S_1$？若存在，求出直线 l 的方程；若不存在，请说明理由.

8. 已知点 $P(x_0, y_0)$ 在抛物线 $y^2 = 2px (p>0)$ 上，过点 P 作两垂直直线 l_1，l_2 分别交抛物线于 A，B 两点.

(1) 证明直线 AB 过定点，并求定点坐标；

(2) 若 AB 的中点为 E，求点 E 的轨迹方程.

9. （2022 届雅礼中学高三月考 7/21）已知椭圆 $C : \frac{x^2}{a^2} + \frac{y^2}{b^2} = 1 (a>0, b>0)$ 的焦距为 $2\sqrt{3}b$，经过点 $P(-2, 1)$.

(1) 求椭圆 C 的标准方程.

(2) 设 O 为坐标原点，在椭圆短轴上有两点 M，N 满足 $\overrightarrow{OM} = \overrightarrow{NO}$，直线 PM，PN 分别交椭圆于 A，B，且 $PQ \perp AB$，Q 为垂足. 是否存在定点 R，使得 $|QR|$ 为定值？说明理由.

10. （2021 年广州市普通高中毕业班综合测试（二）/21）已知抛物线 $C : x^2 = 2py$（$p>0$）上的点到点 $A(0, p)$ 的距离的最小值为 2.

(1) 求 C 的方程.

(2) 若点 F 是 C 的焦点，过 F 作两条相互垂直的直线 l_1，l_2 分别与 C 交于 M，N 两点和 P，Q 两点，线段 MN，PQ 的中点分别是 S，T. 是否存在定圆使得直线 ST 截该圆所得的线段长为定值？若存在，写出一个定圆的方程；若不存在，请说明理由.

11. 设动点 P 满足 $\overrightarrow{OP} = \lambda \overrightarrow{OM} + \mu \overrightarrow{ON}$，其中 M，N 是椭圆 $\frac{x^2}{a^2} + \frac{y^2}{b^2} = 1 (a>b>0)$ 上的点，且 $k_{OA} \cdot k_{OB} = -\frac{b^2}{a^2}$. 证明：点 P 的轨迹方程为 $\frac{x^2}{a^2} + \frac{y^2}{b^2} = \lambda^2 + \mu^2$.

12. 已知双曲线 $\Gamma : \frac{x^2}{a^2} - \frac{y^2}{b^2} = 1 (a>0, b>0)$ 的左、右顶点分别为 $A_1(-1, 0)$，$A_2(1, 0)$，离心率为 2，过点 $F(2, 0)$ 且斜率不为 0 的直线 l 与 Γ 交于 P，Q 两点.

(1) 求双曲线 Γ 的渐近线方程；

(2) 记直线 A_1P，A_2Q 的斜率分别为 k_1，k_2，求证：$\frac{k_1}{k_2}$ 为定值.

13. 已知椭圆 $E : \frac{x^2}{a^2} + \frac{y^2}{b^2} = 1 (a>b>0)$ 的右焦点为 F，过点 $P\left(0, -\frac{2}{9}\right)$ 的直线 l 与 E 交于 A，B 两点. 当直线 l 过点 F 时，其斜率为 $\frac{2}{9}$，当直线 l 的斜率不存在时，$|AB| = 4$.

(1) 求椭圆 E 的方程.

(2) 以 AB 为直径的圆是否过定点? 若过定点, 求出定点的坐标; 若不过定点, 请说明理由.

14. 已知椭圆 $C: \dfrac{x^2}{6} + \dfrac{y^2}{3} = 1$.

(1) 直线 l 过点 $D(1,1)$ 与椭圆 C 交于 P, Q 两点. 若 $\overrightarrow{PD} = \overrightarrow{DQ}$, 求直线 l 的方程;

(2) 在圆 $O: x^2 + y^2 = 2$ 上取一点 M, 过点 M 作圆 O 的切线 l' 与椭圆 C 交于 A, B 两点, 求 $|MA| \cdot |MB|$ 的值.

15. 已知椭圆 $\dfrac{x^2}{a^2} + \dfrac{y^2}{b^2} = 1 (a > b > 0)$ 的四个顶点围成的菱形的面积为 $4\sqrt{3}$, 椭圆的一个焦点为 $(1,0)$.

(1) 求椭圆的方程.

(2) 若 M, N 为椭圆上的两个动点, 直线 OM, ON 的斜率分别为 k_1, k_2, 则当 $k_1 k_2 = -\dfrac{3}{4}$ 时, $\triangle MON$ 的面积是否为定值? 若为定值, 求出此定值; 若不为定值, 请说明理由.

16. 已知点 $M(x_0, y_0)$ 为椭圆 $C: \dfrac{x^2}{2} + y^2 = 1$ 上任意一点, 直线 $l: x_0 x + 2 y_0 y = 2$ 与圆 $(x-1)^2 + y^2 = 6$ 交于 A, B 两点, 点 F 为椭圆 C 的左焦点.

(1) 求椭圆 C 的离心率及左焦点 F 的坐标;

(2) 求证: 直线 l 与椭圆 C 相切;

(3) 判断 $\angle AFB$ 是否为定值, 并说明理由.

习题参考答案

1. BCD. 解析: 将点 A 的坐标代入抛物线方程, 得 $1 = 2p$, 所以抛物线的方程为 $x^2 = y$, 因此准线方程为 $y = -\dfrac{1}{4}$, 故 A 错误. 因为 $k_{AB} = \dfrac{1-(-1)}{1-0} = 2$, 所以直线 AB 的方程为 $y = 2x - 1$. 联立 $\begin{cases} y = 2x-1 \\ x^2 = y \end{cases}$, 可得 $x^2 - 2x + 1 = 0$, 解得 $x = 1$, 故 B 正确. 设过点 B 的直线为 l, 若直线 l 与 y 轴重合, 则直线 l 与抛物线 C 只有一个交点, 所以直线 l 的斜率存在. 设其方程为 $y = kx - 1$, $P(x_1, y_1)$, $Q(x_2, y_2)$, 联立 $\begin{cases} y = kx-1 \\ x^2 = y \end{cases}$, 得 $x^2 - kx + 1 = 0$, 则由 $\begin{cases} \Delta = k^2 - 4 > 0 \\ x_1 + x_2 = k \\ x_1 x_2 = 1 \end{cases}$, 解得 $k > 2$ 或 $k < -2$, $y_1 y_2 = (x_1 x_2)^2 = 1$. 又 $|OP| = \sqrt{x_1^2 + y_1^2} = \sqrt{y_1 + y_1^2}$,

$|OQ| = \sqrt{x_2^2 + y_2^2} = \sqrt{y_2 + y_2^2}$,所以

$$|OP \cdot OQ| = \sqrt{y_1 y_2(1+y_1)(1+y_2)} = \sqrt{kx_1 \cdot kx_2} = |k| > 2 = |OA|^2.$$

故 C 正确.因为 $|BP| = \sqrt{1+k^2}|x_1|$,$|BQ| = \sqrt{1+k^2}|x_2|$,所以 $|BP| \cdot |BQ| = (1+k^2) \cdot |x_1 x_2| = 1 + k^2 > 5$.而 $|BA|^2 = 5$,故 D 正确.故选 BCD.

2. AC.解析:设点 P 的坐标为 (x, y),则由已知得 $\dfrac{y}{x+\sqrt{3}} \cdot \dfrac{y}{x-\sqrt{3}} = \dfrac{1}{3}$,整理得 $\dfrac{x^2}{3} - y^2 = 1$.所以点 P 的轨迹即曲线 E 的方程为 $\dfrac{x^2}{3} - y^2 = 1(x \neq \pm\sqrt{3})$,故 A 正确.又离心率 $e = \dfrac{2}{\sqrt{3}} = \dfrac{2\sqrt{3}}{3}$,故 B 不正确.圆 $(x-2)^2 + y^2 = 1$ 的圆心 $(2,0)$ 到曲线 E 的渐近线为 $y = \pm\dfrac{\sqrt{3}}{3}x$ 的距离是 $d = \dfrac{2}{\sqrt{1^2 + (\pm\sqrt{3})^2}} = 1$,又圆 $(x-2)^2 + y^2 = 1$ 的半径为 1,故 C 正确.直线 l 与曲线 E 的方程联立 $\begin{cases} y = k(x-2) \\ \dfrac{x^3}{3} - y^2 = 1(x \neq \pm\sqrt{3}) \end{cases}$,整理得 $(1-3k^2)x^2 + 12k^2x - 12k^2 - 3 = 0$.设 $A(x_1, y_1)$,$B(x_2, y_2)$,则

$$\Delta = 144k^4 - 4(1-3k^2)(-12k^2 - 3) = 12(k^2 + 1) > 0,$$

且 $1-3k^2 \neq 0$,$x_1 + x_2 = \dfrac{-12k^2}{1-3k^2}$,$x_1 x_2 = \dfrac{-12k^2 - 3}{1-3k^2}$.所以

$$|AB| = \sqrt{1+k^2} \cdot \sqrt{(x_1+x_2)^2 - 4x_1 x_2} = \sqrt{1+k^2} \cdot \dfrac{2\sqrt{3}\sqrt{1+k^2}}{|1-3k^2|} = \dfrac{2\sqrt{3}(1+k^2)}{|1-3k^2|}.$$

要满足 $|AB| = 2\sqrt{3}$,则需要 $\dfrac{2\sqrt{3}(1+k^2)}{|1-3k^2|} = 2\sqrt{3}$,解得 $k = 0$ 或 $k = 1$ 或 $k = -1$.当 $k = 0$ 时,可得 $A(\sqrt{3}, 0)$,$B(-\sqrt{3}, 0)$.而曲线 E 上 $x \neq \pm\sqrt{3}$,所以满足条件的直线有 2 条,故 D 不正确.故选 AC.

3. (1) 由题意可得 $\begin{cases} \dfrac{c}{a} = \dfrac{\sqrt{2}}{2} \\ \dfrac{4}{a^2} + \dfrac{1}{b^2} = 1 \\ a^2 = b^2 + c^2 \end{cases}$,解得 $a^2 = 6$,$b^2 = c^2 = 3$.故椭圆方程为 $\dfrac{x^2}{6} + \dfrac{y^2}{3} = 1$.

(2)(解法 1)设 $M(x_1, y_1)$,$N(x_2, y_2)$.若直线 MN 的斜率存在,设直线 MN 的方程为 $y = kx + m$,代入椭圆方程,消去 y 并整理,得 $(1+2k^2)x^2 + 4kmx + 2m^2 - 6 = 0$.则由韦达定理得 $x_1 + x_2 = -\dfrac{4km}{1+2k^2}$,$x_1 x_2 = \dfrac{2m^2 - 6}{1+2k^2}$.又因为 $AM \perp AN$,所以 $\overrightarrow{AM} \cdot \overrightarrow{AN} = 0$,即 $(x_1 - 2)(x_2 - 2) + (y_1 - 1)(y_2 - 1) = 0$.根据 $y_1 = kx_1 + m$,$y_2 = kx_2 + m$,代入整理,可得

$$(k^2 + 1)x_1 x_2 + (km - k - 2)(x_1 + x_2) + (m-1)^2 + 4 = 0.$$

所以

$$(k^2+1)\frac{2m^2-6}{1+2k^2}+(km-k-2)\left(-\frac{4km}{1+2k^2}\right)+(m-1)^2+4=0,$$

整理得 $(2k+3m+1)(2k+m-1)=0$. 又因为点 $A(2,1)$ 不在直线 MN 上,所以 $2k+m-1\neq0$,故 $2k+3m+1=0(k\neq1)$. 于是直线 MN 的方程为 $y=k\left(x-\frac{2}{3}\right)-\frac{1}{3}(k\neq1)$,所以直线过定点 $P\left(\frac{2}{3},-\frac{1}{3}\right)$.

当直线 MN 的斜率不存在时,可得点 $N(x_1,-y_1)$. 由 $\overrightarrow{AM}\cdot\overrightarrow{AN}=0$,得 $(x_1-2)(x_1-2)+(y_1-1)(-y_1-1)=0$,化简得 $(x_1-2)^2+1-y_1^2=0$. 结合 $\frac{x_1^2}{6}+\frac{y_1^2}{3}=1$,可得 $3x_1^2-8x_1+4=0$,解得 $x_1=\frac{2}{3}$ 或 $x_2=2$(舍). 此时直线 MN 过点 $P\left(\frac{2}{3},-\frac{1}{3}\right)$. 令 Q 为 AP 的中点,则 $Q\left(\frac{4}{3},\frac{1}{3}\right)$. 若点 D 与点 P 不重合,则由题设知 AP 是 $\mathrm{Rt}\triangle ADP$ 的斜边,故 $|DQ|=\frac{1}{2}|AP|=\frac{2\sqrt{2}}{3}$;若点 D 与点 P 重合,则 $|DQ|=\frac{1}{2}|AP|$. 故存在点 $Q\left(\frac{4}{3},\frac{1}{3}\right)$,使得 $|DQ|$ 为定值.

(解法2:平移坐标系)将原坐标系平移,原来的 O 点平移至 A 点,则在新坐标系下椭圆的方程为 $\frac{(x+2)^2}{6}+\frac{(y+1)^2}{3}=1$. 设直线 MN 的方程为 $mx+ny=4$,将直线 MN 的方程与椭圆方程联立,椭圆方程可化为 $x^2+4x+2y^2+4y=0$,则 $x^2+(mx+ny)x+2y^2+(mx+ny)y=0$,化简得 $(n+2)y^2+(m+n)xy+(1+m)x^2=0$,即得

$$(n+2)\left(\frac{y}{x}\right)^2+(m+n)\left(\frac{y}{x}\right)+(1+m)=0.$$

设 $M(x_1,y_1)$,$N(x_2,y_2)$,因为 $AM\perp AN$,所以

$$k_{AM}\cdot k_{AN}=\frac{y_1}{x_1}\cdot\frac{y_2}{x_2}=\frac{m+1}{n+2}=-1,$$

即 $m=-n-3$. 代入直线 MN 的方程,得 $n(y-x)-3x-4=0$. 则在新坐标系下直线 MN 过定点 $\left(-\frac{4}{3},-\frac{4}{3}\right)$,所以在原坐标系下直线 MN 过定点 $P\left(\frac{2}{3},-\frac{1}{3}\right)$. 又因为 $AD\perp MN$,D 在以 AP 为直径的圆上,所以 AP 的中点 $\left(\frac{4}{3},\frac{1}{3}\right)$ 即为圆心 Q. 经检验,直线 MN 垂直于 x 轴时也成立. 故存在 $Q\left(\frac{4}{3},\frac{1}{3}\right)$,使得 $|DQ|=\frac{1}{2}|AP|=\frac{2\sqrt{2}}{3}$.

(解法3:建立曲线系)由题意知点 A 处的切线方程为 $\frac{2\times x}{6}+\frac{1\times y}{3}=1$,即 $x+y-3=0$. 设直线 MA 的方程为 $k_1x-y-2k_1+1=0$,直线 MB 的方程为 $k_2x-y-2k_2+1=0$,直线

MN 的方程为 $kx - y + m = 0$. 由题意得 $k_1 \cdot k_2 = -1$. 则过 A,M,N 三点的二次曲线系方程用椭圆和直线 MA,MB 可表示为

$$\left(\frac{x^2}{6} + \frac{y^2}{3} - 1\right) + \lambda(k_1 x - y - 2k_1 + 1)(k_2 x - y - 2k_2 + 1) = 0 \quad (\lambda \text{ 为系数}).$$

用直线 MN 和点 A 处的切线可表示为 $\mu(kx - y + m) \cdot (x + y - 3) = 0 (\mu \text{ 为系数})$, 即

$$\left(\frac{x^2}{6} + \frac{y^2}{3} - 1\right) + \lambda(k_1 x - y - 2k_1 + 1)(k_2 x - y - 2k_2 + 1)$$

$$= \mu(kx - y + m)(x + y - 3).$$

则对比 xy 项、x 项和 y 项的系数, 得

$$\begin{cases} \lambda(k_1 + k_2) = \mu(1 - k) \\ \lambda(4 + k_1 + k_2) = \mu(m - 3k). \\ 2\lambda(k_1 + k_2 - 1) = \mu(m + 3) \end{cases}$$

消去 λ, μ 并化简, 得 $3m + 2k + 1 = 0$, 即 $m = -\dfrac{2}{3}k - \dfrac{1}{3}$. 故直线 MN 的方程为 $y = k\left(x - \dfrac{2}{3}\right) - \dfrac{1}{3}$, 则直线 MN 过定点 $P\left(\dfrac{2}{3}, -\dfrac{1}{3}\right)$. 又因为 $AD \perp MN$, D 在以 AP 为直径的圆上, 所以 AP 的中点 $\left(\dfrac{4}{3}, \dfrac{1}{3}\right)$ 即为圆心 Q.

经检验, 直线 MN 垂直于 x 轴时也成立.

故存在 $Q\left(\dfrac{4}{3}, \dfrac{1}{3}\right)$, 使得 $|DQ| = \dfrac{1}{2}|AP| = \dfrac{2\sqrt{2}}{3}$.

(解法 4) 设 $M(x_1, y_1)$, $N(x_2, y_2)$. 若直线 MN 的斜率不存在, 则 $M(x_1, y_1)$, $N(x_1, -y_1)$. 因为 $AM \perp AN$, 所以 $\overrightarrow{AM} \cdot \overrightarrow{AN} = 0$, 即 $(x_1 - 2)^2 + 1 - y_1^2 = 0$. 与 $\dfrac{x_1^2}{6} + \dfrac{y_1^2}{3} = 1$ 联立, 解得 $x_1 = \dfrac{2}{3}$ 或 $x_1 = 2$(舍). 所以直线 MN 的方程为 $x = \dfrac{2}{3}$.

若直线 MN 的斜率存在, 设直线 MN 的方程为 $y = kx + m$, 则

$$x^2 + 2(kx + m)^2 - 6 = (1 + 2k^2)(x - x_1)(x - x_2) = 0.$$

令 $x = 2$, 则

$$(x_1 - 2)(x_2 - 2) = \frac{2(2k + m - 1)(2k + m + 1)}{1 + 2k^2}.$$

又 $\left(\dfrac{y - m}{k}\right)^2 + 2y^2 - 6 = \left(2 + \dfrac{1}{k^2}\right)(y - y_1)(y - y_2)$, 令 $y = 1$, 则

$$(y_1 - 1)(y_2 - 1) = \frac{(2k + m - 1)(-2k + m - 1)}{1 + 2k^2}.$$

因为 $AM \perp AN$, 所以

$$\overrightarrow{AM} \cdot \overrightarrow{AN} = (x_1 - 2)(x_2 - 2) + (y_1 - 1)(y_2 - 1)$$

$$= \frac{(2k+m-1)(2k+3m+1)}{1+2k^2} = 0,$$

即 $m = -2k+1$ 或 $m = -\frac{2}{3}k - \frac{1}{3}$. 当 $m = -2k+1$ 时,直线 MN 的方程为 $y = kx - 2k + 1 = k(x-2)+1$,所以直线 MN 恒过点 $A(2,1)$,不合题意;当 $m = -\frac{2}{3}k - \frac{1}{3}$ 时,直线 MN 的方程为 $y = kx - \frac{2}{3}k - \frac{1}{3} = k\left(x - \frac{2}{3}\right) - \frac{1}{3}$,所以直线 MN 恒过点 $P\left(\frac{2}{3}, -\frac{1}{3}\right)$. 综上,直线 MN 恒过点 $P\left(\frac{2}{3}, -\frac{1}{3}\right)$,所以 $|AP| = \frac{4\sqrt{2}}{3}$.

又因为 $AD \perp MN$,即 $AD \perp AP$,所以点 D 在以线段 AP 为直径的圆上运动. 取线段 AP 的中点为 $Q\left(\frac{4}{3}, \frac{1}{3}\right)$,则 $|DQ| = \frac{1}{2}|AP| = \frac{2\sqrt{2}}{3}$. 所以存在定点 Q,使得 $|DQ|$ 为定值.

4. 设 $P(x_1, y_1), Q(x_2, y_2)$,直线 PQ 的方程为 $y = k(x-1)+1$,联立直线与椭圆方程,消去 y 并整理,得

$$\begin{cases} \frac{x^2}{2} + y^2 = 1 \\ y = k(x-1)+1 \end{cases} \Rightarrow (1+2k^2)x^2 + 4k(1-k)x + 2k^2 - 4k = 0.$$

则由韦达定理得 $x_1 + x_2 = \frac{4k(k-1)}{1+2k^2}, x_1 x_2 = \frac{2k^2 - 4k}{1+2k^2}$. 所以

$$k_{AP} + k_{AQ} = \frac{y_1+1}{x_1} + \frac{y_2+1}{x_2} = \frac{k(x_1-1)+2}{x_1} + \frac{k(x_2-1)+2}{x_2}$$

$$= \frac{2kx_1x_2 + (2-k)(x_1+x_2)}{x_1x_2} = 2k + \frac{(2-k)(x_1+x_2)}{x_1x_2}$$

$$= 2k + (2-k) \cdot \frac{4k^2-4k}{1+2k^2} \cdot \frac{1+2k^2}{2k^2-4k} = 2.$$

故直线 AP 与 AQ 的斜率之和为 2.

5. 设 $A(x_1, y_1), B(x_2, y_2)$,联立直线与椭圆方程,消去 y 整理,得

$$\begin{cases} \frac{x^2}{4} + \frac{y^2}{3} = 1 \\ y = kx + m \end{cases} \Rightarrow (4k^2+3)x^2 + 8kmx + 4(m^2-3) = 0.$$

则由 $\Delta > 0$,得 $4k^2 + 3 > m^2$;由韦达定理得

$$x_1 + x_2 = -\frac{8km}{4k^2+3}, x_1 x_2 = \frac{4(m^2-3)}{4k^2+3} \Rightarrow y_1 y_2 = \frac{3(m^2-4k^2)}{4k^2+3}.$$

又因为以 AB 为直径的圆过椭圆的右顶点 $M(2,0)$,所以 $k_{AM} \cdot k_{BM} = -1$,即

$$\frac{y_1}{x_1-2} \cdot \frac{y_2}{x_2-2} = -1 \Rightarrow \frac{7m^2 + 16mk + 4k^2}{4k^2+3} = 0,$$

解得 $m = -2k$ 或 $m = -\dfrac{2}{7}k$.两解均满足 $4k^2 + 3 - m^2 > 0$.

当 $m = -2k$ 时,直线 l 的方程为 $y = k(x-2)$,过定点 $(2,0)$,与已知矛盾;当 $m = -\dfrac{2}{7}k$ 时,直线 l 的方程为 $y = k\left(x - \dfrac{2}{7}\right)$,过定点 $\left(\dfrac{2}{7},0\right)$.故直线 l 过定点,且定点坐标为 $\left(\dfrac{2}{7},0\right)$.

6. 联立直线与椭圆方程,消去变量 y 并整理,得

$$\begin{cases} \dfrac{x^2}{4} + \dfrac{y^2}{3} = 1 \\ y = kx + m \end{cases} \Rightarrow (4k^2 + 3)x^2 + 8kmx + 4m^2 - 12 = 0.$$

因为动直线 l 与椭圆 E 有且只有一个公共点 $P(x_0, y_0)$,所以 $m \neq 0$,且

$$\Delta = 64k^2m^2 - 4(4k^2+3)(4m^2-12) = 4k^2 - m^2 + 3 = 0.$$

此时 $x_0 = -\dfrac{4km}{4k^2+3} = -\dfrac{4k}{m}$,$y_0 = kx_0 + m = \dfrac{3}{m}$.所以点 P 的坐标为 $\left(-\dfrac{4k}{m}, \dfrac{3}{m}\right)$.

联立 $\begin{cases} x = -4 \\ y = kx + m \end{cases}$,解得 $Q(-4, -4k+m)$.假设平面内存在定点 M 满足条件,设 $M(x_M, y_M)$,则 $\overrightarrow{MP} \cdot \overrightarrow{MQ} = 0$ 恒成立.又因为 $\overrightarrow{MP} = \left(-\dfrac{4k}{m} - x_M, \dfrac{3}{m} - y_M\right)$,$\overrightarrow{MQ} = (-4 - x_M, -4k + m - y_M)$,则

$$\dfrac{16k}{m} + \dfrac{4kx_M}{m} + 4x_M + x_M^2 - \dfrac{12k}{m} + 3 - \dfrac{3y_M}{m} + 4ky_M - my_M + y_M^2 = 0,$$

整理得

$$(4x_M + 4)\dfrac{k}{m} + x_M^2 + 4x_M + 3 + y_M^2 - y_M\left(\dfrac{3}{m} - 4k + m\right) = 0.$$

由题意可知上式与 m, k 无关,所以

$$\begin{cases} 4x_M + 4 = 0 \\ x_M^2 + 4x_M + 3 + y_M^2 = 0 \\ y_M = 0 \end{cases} \Rightarrow \begin{cases} x_M = -1 \\ y_M = 0 \end{cases},$$

即点 $M(-1,0)$.故存在定点 $M(-1,0)$,使得以 PQ 为直径的圆恒过点 M.

7. (1) 由题意得 $\begin{cases} 2a + 2c = 6 \\ \dfrac{c}{a} = \dfrac{1}{2} \\ a^2 = b^2 + c^2 \end{cases}$,解得 $\begin{cases} a = 2 \\ b = \sqrt{3} \\ c = 1 \end{cases}$.故椭圆的方程为 $\dfrac{x^2}{4} + \dfrac{y^2}{3} = 1$,抛物线的方程为 $y^2 = -4x$.

(2) 由题意得直线 l 的斜率不为 0,所以设直线 l 的方程为 $x = my - 2$,另设 $A(x_1, y_1)$,$B(x_2, y_2)$,$C(x_3, y_3)$,$D(x_4, y_4)$.联立 $\begin{cases} x = my + 2 \\ y^2 = -4x \end{cases}$,得 $y^2 + 4my - 8 = 0$,则由韦达定理得

$y_1 + y_2 = -4m$，$y_1 y_2 = -8$. 因为 $S_2 = \dfrac{13}{3} S_1$，所以

$$\frac{S_2}{S_1} = \frac{\dfrac{1}{2} \mid OA \mid \cdot \mid OB \mid \sin \angle AOB}{\dfrac{1}{2} \mid OC \mid \cdot \mid OD \mid \sin \angle COD} = \frac{\mid OA \mid \cdot \mid OB \mid}{\mid OC \mid \cdot \mid OD \mid} = \left|\frac{y_1}{y_3}\right| \cdot \left|\frac{y_2}{y_4}\right| = \left|\frac{y_1 y_2}{y_3 y_4}\right| = \frac{13}{3}.$$

又因为 $y_1^2 = -4x_1$，所以直线 OA 的斜率为 $\dfrac{y_1}{x_1} = -\dfrac{4}{y_1}$，即直线 OA 的方程为 $y = -\dfrac{4}{y_1} x$.

联立 $\begin{cases} y = -\dfrac{4}{y_1} x \\[2mm] \dfrac{x^2}{4} + \dfrac{y^2}{3} = 1 \end{cases}$，得 $y_3^2 = \dfrac{3 \times 64}{3 y_1^2 + 64}$. 同理可得 $y_4^2 = \dfrac{3 \times 64}{3 y_2^2 + 64}$，所以

$$y_3^2 \cdot y_4^2 = \frac{3 \times 64}{3 y_1^2 + 64} \times \frac{3 \times 64}{3 y_2^2 + 64} = \frac{3^2 \times 64}{48 m^2 + 121}.$$

故

$$\left(\frac{S_2}{S_1}\right)^2 = \frac{\mid y_1 y_2 \mid^2}{\mid y_3 y_4 \mid^2} = \frac{121 + 48 m^2}{9} = \frac{13^2}{3^2},$$

解得 $m = \pm 1$. 所以存在直线 l 使得 $S_2 = \dfrac{13}{3} S_1$，此时直线 l 的方程为 $x - y + 2 = 0$ 或 $x + y + 2 = 0$.

8. (1) 设直线 l 的方程为 $x = ky + m$，$A(x_1, y_1)$，$B(x_2, y_2)$. 联立直线 l 的方程与抛物线的方程，得

$$\begin{cases} x = ky + m \\ y^2 = 2px \end{cases} \Rightarrow y^2 - 2pky - 2pm = 0.$$

则由韦达定理得 $y_1 + y_2 = 2pk$，$y_1 y_2 = -2pm$. 又因为以 AB 为直径的圆过点 P，所以

$$\overrightarrow{PA} \cdot \overrightarrow{PB} = 0 \Rightarrow (x_1 - x_0)(x_2 - x_0) + (y_1 - y_0)(y_2 - y_0) = 0,$$

整理可得

$$m^2 - 2mx_0 + x_0^2 - 2pm - 2pk^2 x_0 - 2pky_0 + y_0^2 = 0.$$

由于点 $P(x_0, y_0)$ 在抛物线上，则 $y_0^2 = 2px_0$. 故

$$(m - x_0 - 2p - ky_0)(m - x_0 + ky_0) = 0.$$

又因为直线 l 不经过点 P，所以 $m - x_0 + ky_0 \neq 0$，可得 $m = x_0 + 2p + ky_0$. 故直线过定点 $(x_0 + 2p, -y_0)$.

(2) 设 $E(x_E, y_E)$，则由 (1) 中的韦达定理可得 $y_E = pk$，且

$$2x_E = x_1 + x_2 = k(y_1 + y_2) + 2m = 2pk^2 + 2m.$$

又因为 $m = x_0 + 2p + ky_0$，所以 $x_E = pk^2 + x_0 + 2p + ky_0$，故

$$\begin{cases} y_E = pk \\ x_E = pk^2 + x_0 + 2p + ky_0 \end{cases} \Rightarrow p(x_E - x_0 - 2p) = y_E^2 + y_0 y_E.$$

由此可知点 E 的轨迹方程为 $p(x - x_0 - 2p) = y^2 + y_0 y$.

9. (1) 由题意 $c = \sqrt{3}b$. 又由椭圆经过点 $P(-2,1)$,知 $\dfrac{4}{a^2} + \dfrac{1}{b^2} = 1$,解得 $a^2 = 8, b^2 = 2$.

故椭圆 C 的方程为 $\dfrac{x^2}{8} + \dfrac{y^2}{2} = 1$.

(2) 设直线 AB 的方程为 $x = my + l$,与椭圆 C 交于 $A(x_1, y_1)$, $B(x_2, y_2)$ 两点. 联立直线 AB 的方程与椭圆方程,可得

$$\begin{cases} \dfrac{x^2}{8} + \dfrac{y^2}{2} = 1 \\ x = my + l \end{cases} \Rightarrow (m^2 + 4)y^2 + 2mly + l^2 - 8 = 0.$$

则由 $\Delta > 0$,得 $2m^2 + 8 > l^2$;由韦达定理得 $y_1 + y_2 = -\dfrac{2ml}{m^2 + 4}$,$y_1 y_2 = \dfrac{l^2 - 8}{m^2 + 4}$. 而直线 PA 的

方程为 $y - 1 = \dfrac{y_1 - 1}{x_1 + 2}(x + 2)$,即 $y - 1 = \dfrac{y_1 - 1}{my_1 + l + 2}(x + 2)$. 因此点 M 的坐标为

$\left(0, 1 + \dfrac{2y_1 - 2}{my_1 + l + 2}\right)$. 同理可知,点 N 的坐标为 $\left(0, 1 + \dfrac{2y_2 - 2}{my_2 + l + 2}\right)$. 又由 $\overrightarrow{OM} = \overrightarrow{NO}$,知

$1 + \dfrac{2y_1 - 2}{my_1 + l + 2} + 1 + \dfrac{2y_2 - 2}{my_2 + l + 2} = 0$,整理得

$$(m^2 + 2m)y_1 y_2 + (ml + m + l + 2)(y_1 + y_2) + l^2 + 2l = 0.$$

则

$$(m^2 + 2m)\left(\dfrac{l^2 - 8}{m^2 + 4}\right) + (ml + m + l + 2)\left(-\dfrac{2ml}{m^2 + 4}\right) + l^2 + 2l = 0,$$

即得 $(l - 2m)(l + m + 2) = 0$.

若 $l + m + 2 = 0$,则直线 AB 的方程为 $x = my - m - 2$,过点 P,不符合题意.

若 $l - 2m = 0$,则直线 AB 的方程为 $x = my + 2m = m(y + 2)$,符合题意,直线 AB 过点 $D(0, -2)$.于是 $|PD|$ 为定值,$\triangle PQD$ 为直角三角形,且 $|PD|$ 为斜边.所以 PD 的中点 R 满足 $|QR|$ 为定值,即

$$|QR| = \dfrac{1}{2}|PD| = \dfrac{1}{2}\sqrt{(-2 - 0)^2 + [1 - (-2)]^2} = \dfrac{1}{2}\sqrt{4 + 9} = \dfrac{\sqrt{13}}{2},$$

此时点 R 的坐标为 $\left(-1, -\dfrac{1}{2}\right)$.

10. (1) 设 $B(x_0, y_0)$ 是抛物线 C 上的任一点,则 $x_0^2 = 2py_0$. 所以

$$|AB| = \sqrt{(x_0 - 0)^2 + (y_0 - p)^2} = \sqrt{2py_0 + y_0^2 - 2py_0 + p^2} = \sqrt{y_0^2 + p^2}.$$

又因为 $y_0 \geqslant 0$,所以当 $y_0 = 0$ 时,$|AB|_{\min} = \sqrt{p^2} = p$. 又依题意得 $p = 2$,故抛物线 C 的方程为 $x^2 = 4y$.

(2) (解法1)因为点 F 是抛物线 C 的焦点,所以 $F(0, 1)$.根据题意,直线 l_1 的斜率 k 存

在且 $k \neq 0$. 设其方程为 $y = kx + 1$, 由于 $l_1 \perp l_2$, 则直线 l_2 的方程为 $y = -\dfrac{1}{k}x + 1$. 另设

$M(x_1, y_1), N(x_2, y_2), S(x', y')$, 则由 $\begin{cases} y = kx + 1 \\ x^2 = 4y \end{cases}$, 消去 y, 得 $x^2 - 4kx - 4 = 0$, 所以

$$\Delta = (4k)^2 - 4 \times (-4) = 16(k^2 + 1) > 0,$$

则 $x_1 + x_2 = 4k$. 又因为 S 是线段 MN 的中点, 所以

$$x' = \frac{x_1 + x_2}{2} = 2k, \quad y' = kx' + 1 = 2k^2 + 1.$$

故 $S(2k, 2k^2 + 1)$.

同理可得 $T\left(-\dfrac{2}{k}, \dfrac{2}{k^2} + 1\right)$. 则直线 ST 的斜率为

$$k' = \frac{(2k^2 + 1) - \left(\dfrac{2}{k^2} + 1\right)}{2k - \left(-\dfrac{2}{k}\right)} = \frac{k^2 - 1}{k}.$$

所以直线 ST 的方程为 $y - (2k^2 + 1) = \dfrac{k^2 - 1}{k}(x - 2k)$, 整理得 $y = \dfrac{k^2 - 1}{k}x + 3$. 因此直线 ST 恒过定点 $(0, 3)$. 故存在定圆 $H: x^2 + (y - 3)^2 = r^2$(r 为常数, 且 $r \neq 0$), 使得直线 ST 截圆 H 所得的线段长恒为定值 $2|r|$.

(解法 2)同解法 1, 求得 $S(2k, 2k^2 + 1), N\left(-\dfrac{2}{k}, \dfrac{2}{k^2} + 1\right)$. 设 $H(0, 3)$, 则

$$k_{SH} = \frac{2k^2 + 1 - 3}{2k} = \frac{k^2 - 1}{k}, \quad k_{TH} = \frac{\dfrac{2}{k^2} + 1 - 3}{-\dfrac{2}{k}} = \frac{k^2 - 1}{k},$$

所以 $k_{SH} = k_{TH}$. 因此 S, T, H 三点共线. 于是, 直线 ST 恒过点 H. 故存在定圆 $H: x^2 + (y - 3)^2 = r^2$(r 为常数, 且 $r \neq 0$), 使得直线 ST 截圆 H 所得的线段长恒为定值 $2|r|$.

11. 设 $M(x_1, y_1), N(x_2, y_2), P(x, y)$, 则由动点 P 满足 $\overrightarrow{OP} = \lambda \overrightarrow{OM} + \mu \overrightarrow{ON}$, 可得 $x = \lambda x_1 + \mu x_2, y = \lambda y_1 + \mu y_2$;由条件 $k_{OA} \cdot k_{OB} = -\dfrac{b^2}{a^2}$, 可得 $b^2 x_1 x_2 + a^2 y_1 y_2 = 0$. 所以

$$\frac{x^2}{a^2} + \frac{y^2}{b^2} = \lambda^2\left(\frac{x_1^2}{a^2} + \frac{y_1^2}{b^2}\right) + \mu^2\left(\frac{x_2^2}{a^2} + \frac{y_2^2}{b^2}\right) + 2\lambda\mu\left(\frac{x_1 x_2}{a^2} + \frac{y_1 y_2}{b^2}\right)$$

$$= \lambda^2\left(\frac{x_1^2}{a^2} + \frac{y_1^2}{b^2}\right) + \mu^2\left(\frac{x_2^2}{a^2} + \frac{y_2^2}{b^2}\right).$$

又因为 M, N 是椭圆上的点, 所以 $\dfrac{x_1^2}{a^2} + \dfrac{y_1^2}{b^2} = 1, \dfrac{x_2^2}{a^2} + \dfrac{y_2^2}{b^2} = 1$, 代入上式, 可得 $\dfrac{x^2}{a^2} + \dfrac{y^2}{b^2} = \lambda^2 + \mu^2$.

(在本节结束之前, 我们再来看最后一个问题:若 A, B 是椭圆 $\dfrac{x^2}{a^2} + \dfrac{y^2}{b^2} = 1$($a > b > 0$)上

的两个动点,点 M 满足 $\overrightarrow{OM} = \lambda \overrightarrow{OA} + \mu \overrightarrow{OB}$,但是不满足 $k_{OA} \cdot k_{OB} = -\dfrac{b^2}{a^2}$,显然此时不能得

到点 M 的轨迹方程为 $\dfrac{x^2}{a^2} + \dfrac{y^2}{b^2} = \lambda^2 + \mu^2$.)

12. (1) 设双曲线 Γ 的半焦距为 c,由题设知 $a = 1$,$e = \dfrac{c}{a} = 2$,则 $b^2 = c^2 - a^2 = 3$. 所以

双曲线 Γ 的方程为 $x^2 - \dfrac{y^2}{3} = 1$,从而可得渐近线方程为 $y = \pm \sqrt{3}x$.

(2) 当直线 l 的斜率不存在时,点 P,Q 的坐标分别为 $(2,3)$ 和 $(2,-3)$. 所以当 $k_1 = 1$

时,$k_2 = -3$;当 $k_1 = -1$ 时,$k_2 = 3$,此时 $\dfrac{k_1}{k_2} = -\dfrac{1}{3}$.

当直线 l 的斜率 k 存在时,设 $P(x_1, y_1)$,$Q(x_2, y_2)$,直线 l 的方程为 $y = k(x - 2)$. 将

直线 l 的方程代入双曲线方程,得 $(k^2 - 3)x^2 - 4k^2x + 4k^2 + 3 = 0$,则由韦达定理得 $x_1 + x_2$

$= \dfrac{4k^2}{k^2 - 3}$,$x_1 x_2 = \dfrac{4k^2 + 3}{k^2 - 3}$. 故

$$
\begin{aligned}
3k_1 + k_2 &= \frac{3y_1}{x_1 + 1} + \frac{y_2}{x_2 - 1} = \frac{3k(x_1 - 2)}{x_1 + 1} + \frac{k(x_2 - 2)}{x_2 - 1} \\
&= \frac{k[3(x_1 - 2)(x_2 - 1) + (x_1 + 1)(x_2 - 2)]}{(x_1 + 1)(x_2 - 1)} \\
&= \frac{k[3(x_1 x_2 - x_1 - 2x_2 + 2) + (x_1 x_2 - 2x_1 + x_2 - 2)]}{(x_1 + 1)(x_2 - 1)} \\
&= \frac{k[4x_1 x_2 - 5(x_1 + x_2) + 4]}{(x_1 + 1)(x_2 - 1)}.
\end{aligned}
$$

又因为

$$
4x_1 x_2 - 5(x_1 + x_2) + 4 = \frac{4(4k^2 + 3) - 20k^2 + 4(k^2 - 3)}{k^2 - 3} = 0,
$$

所以 $3k_1 + k_2 = 0$,即 $\dfrac{k_1}{k_2} = -\dfrac{1}{3}$.

综上可知 $\dfrac{k_1}{k_2}$ 为定值,得证.

(小结:该定值问题为极点、极线模型,可参考 3.15 节"极点和极线问题"的有关内容.)

13. (1) 设椭圆的半焦距为 c,则由题意知 $k_{AF} = \dfrac{0 - \left(-\dfrac{2}{9}\right)}{c - 0} = \dfrac{2}{9}$,解得 $c = 1$. 所以当直

线 l 的斜率不存在时,由 $|AB| = 2b = 4$,得 $b = 2$,$a = \sqrt{5}$. 故椭圆 E 的方程为 $\dfrac{x^2}{5} + \dfrac{y^2}{4} = 1$.

(2) 以 AB 为直径的圆过定点 $Q(0,2)$. 理由如下:

当直线 l 的斜率存在时,设其方程为 $y = kx - \dfrac{2}{9}$,另设 $A(x_1, y_1)$,$B(x_2, y_2)$.联立

$$\begin{cases} y = kx - \dfrac{2}{9} \\ \dfrac{x^2}{5} + \dfrac{y^2}{4} = 1 \end{cases},$$ 消去 y,整理得 $(4 + 5k^2)x^2 - \dfrac{20k}{9}x - \dfrac{1600}{81} = 0$,则由韦达定理得 $x_1 + x_2 =$

$\dfrac{20k}{9(4 + 5k^2)}$,$x_1 x_2 = -\dfrac{1600}{81(4 + 5k^2)}$.故

$$y_1 + y_2 = k(x_1 + x_2) - \dfrac{4}{9} = -\dfrac{16}{9(4 + 5k^2)},$$

$$y_1 y_2 = k^2 x_1 x_2 - \dfrac{2k}{9}(x_1 + x_2) + \dfrac{4}{81} = \dfrac{16 - 1620k^2}{81(4 + 5k^2)}.$$

而以 AB 为直径的圆的方程为 $(x - x_1)(x - x_2) + (y - y_1)(y - y_2) = 0$,即

$$x^2 - (x_1 + x_2)x + x_1 x_2 + y^2 - (y_1 + y_2)y + y_1 y_2 = 0.$$

令 $x = 0$,则

$$y^2 + \dfrac{16y}{9(4 + 5k^2)} - \dfrac{4(45k^2 + 44)}{9(4 + 5k^2)} = 0,$$

解得 $y = 2$ 或 $y = -\dfrac{2(45k^2 + 44)}{9(4 + 5k^2)}$.所以以 AB 为直径的圆过定点 $(0, 2)$.

当直线 l 的斜率不存在时,点 A 的坐标为 $(0, 2)$,点 B 的坐标为 $(0, -2)$,此时以 AB 为直径的圆的方程为 $x^2 + y^2 = 4$.显然过点 $(0, 2)$.

综上可知,以 AB 为直径的圆过定点 $(0, 2)$.

14. (1) 设 $P(x_1, y_1)$,$Q(x_2, y_2)$.因为 $\overrightarrow{PD} = \overrightarrow{DQ}$,所以 $(1 - x_1, 1 - y_1) =$
$(x_2 - 1, y_2 - 1)$.即 $\begin{cases} 1 - x_1 = x_2 - 1 \\ 1 - y_1 = y_2 - 1 \end{cases}$,解得 $x_1 + x_2 = 2$,$y_1 + y_2 = 2$.因为 P, Q 两点在椭圆 C
上,所以 $\dfrac{x_1^2}{6} + \dfrac{y_1^2}{3} = 1$,$\dfrac{x_2^2}{6} + \dfrac{y_2^2}{3} = 1$,两式相减,得

$$\dfrac{(x_1 - x_2)(x_1 + x_2)}{6} + \dfrac{(y_1 - y_2)(y_1 + y_2)}{3} = 0,$$

整理得 $\dfrac{y_1 - y_2}{x_1 - x_2} = -\dfrac{1}{2}$.故直线 l 的方程为 $y - 1 = -\dfrac{1}{2}(x - 1)$,即 $y = -\dfrac{1}{2}x + \dfrac{3}{2}$.

(2) 当切线 l' 的斜率不存在时,不妨设其方程为 $x = \sqrt{2}$,则由椭圆 C 的方程可知 $A(\sqrt{2}, \sqrt{2})$,$B(\sqrt{2}, -\sqrt{2})$,从而可得 $\overrightarrow{OA} = (\sqrt{2}, \sqrt{2})$,$\overrightarrow{OB} = (\sqrt{2}, -\sqrt{2})$.所以 $\overrightarrow{OA} \cdot \overrightarrow{OB} = 0$,即 $OA \perp OB$.

当切线 l' 的斜率存在时,可设其方程为 $y = kx + m$,另设 $A(x_3, y_3)$,$B(x_4, y_4)$,则 $\dfrac{|m|}{\sqrt{k^2 + 1}} = \sqrt{2}$,即 $m^2 = 2(k^2 + 1)$.联立 l' 和椭圆的方程,得 $(1 + 2k^2)x^2 + 4kmx + 2m^2 - 6 =$

0,则

$$\begin{cases} \Delta = (4km)^2 - 4(1 + 2k^2)(2m^2 - 6) > 0 \\ x_3 + x_4 = -\dfrac{4km}{2k^2 + 1} \\ x_3 x_4 = \dfrac{2m^2 - 6}{2k^2 + 1} \end{cases}.$$

又因为 $\overrightarrow{OA} = (x_3, y_3)$, $\overrightarrow{OB} = (x_4, y_4)$,所以

$$\begin{aligned} \overrightarrow{OA} \cdot \overrightarrow{OB} &= x_3 x_4 + y_4 y_3 = x_3 x_4 + (kx_3 + m)(kx_4 + m) \\ &= (1 + k^2) x_3 x_4 + km(x_3 + x_4) + m^2 \\ &= (1 + k^2) \cdot \frac{2m^2 - 6}{2k^2 + 1} + km \cdot \frac{-4km}{2k^2 + 1} + m^2 \\ &= \frac{(1 + k^2)(2m^2 - 6) - 4k^2 m^2 + m^2(2k^2 + 1)}{2k^2 + 1} \\ &= \frac{3m^2 - 6k^2 - 6}{2k^2 + 1} = \frac{3(2k^2 + 2) - 6k^2 - 6}{2k^2 + 1} = 0. \end{aligned}$$

因此 $OA \perp OB$.

综上所述,圆 O 上任意一点 M 处的切线交椭圆 C 于点 A,B,都有 $OA \perp OB$. 而在 Rt$\triangle OAB$ 中,由 $\triangle OAM$ 与 $\triangle BOM$ 相似,得 $|MA| \cdot |MB| = |OM|^2 = 2$.

15. (1) 由椭圆 $\dfrac{x^2}{a^2} + \dfrac{y^2}{b^2} = 1$ 的四个顶点围成的菱形的面积为 $4\sqrt{3}$,椭圆的一个焦点为 $(1,0)$,可得 $2ab = 4\sqrt{3}$,$c = 1$,即 $\begin{cases} ab = 2\sqrt{3} \\ a^2 - b^2 = 1 \end{cases}$,解得 $a^2 = 4$,$b^2 = 3$. 故椭圆方程为 $\dfrac{x^2}{4} + \dfrac{y^2}{3} = 1$.

(2) 设 $M(x_1, y_1)$,$N(x_2, y_2)$. 当直线 MN 的斜率存在时,设其方程为 $y = kx + m$,则

由 $\begin{cases} \dfrac{x^2}{4} + \dfrac{y^2}{3} = 1 \\ y = kx + m \end{cases}$,消去 y,得 $(3 + 4k^2)x^2 + 8kmx + 4m^2 - 12 = 0$,从而可得

$$\Delta = 64k^2 m^2 - 4(3 + 4k^2)(4m^2 - 12) = 48(4k^2 - m^2 + 3) > 0.$$

即 $m^2 < 4k^2 + 3$,且由韦达定理得 $x_1 + x_2 = \dfrac{-8km}{3 + 4k^2}$,$x_1 x_2 = \dfrac{4m^2 - 12}{3 + 4k^2}$. 所以

$$\begin{aligned} |MN| &= \sqrt{1 + k^2} \cdot |x_1 - x_2| = \sqrt{1 + k^2} \sqrt{(x_1 + x_2)^2 - 4x_1 x_2} \\ &= \sqrt{1 + k^2} \cdot \sqrt{\left(\frac{-8km}{3 + 4k^2}\right)^2 - 4 \cdot \frac{4m^2 - 12}{3 + 4k^2}} = \frac{4\sqrt{3} \cdot \sqrt{1 + k^2}}{3 + 4k^2} \sqrt{4k^2 - m^2 + 3}. \end{aligned}$$

而点 O 到直线 MN 的距离 $d = \dfrac{|m|}{\sqrt{1 + k^2}}$,所以

$$S_{\triangle MON} = \frac{1}{2} |MN| \cdot d = \frac{2\sqrt{3}|m|}{3 + 4k^2} \sqrt{4k^2 - m^2 + 3}.$$

又因为 $k_1 k_2 = \dfrac{y_1 y_2}{x_1 x_2} = -\dfrac{3}{4}$,所以

$$\frac{k^2 x_1 x_2 + km(x_1 + x_1) + m^2}{x_1 x_2} = k^2 + \frac{km\left(\dfrac{-8km}{3 + 4k^2}\right) + m^2}{\dfrac{4m^2 - 12}{3 + 4k^2}} = -\frac{3}{4},$$

整理可得 $2m^2 = 4k^2 + 3$,满足 $\Delta > 0$,则

$$S_{\triangle MON} = \frac{2\sqrt{3}\,|m|}{3 + 4k^2}\sqrt{4k^2 - m^2 + 3} = \frac{2\sqrt{3}m^2}{2m^2} = \sqrt{3}.$$

当直线 MN 的斜率不存在时,由于 $k_1 k_2 = -\dfrac{3}{4}$,考虑 OM,ON 关于 x 轴对称,不妨设

$k_1 = \dfrac{\sqrt{3}}{2}$,$k_2 = -\dfrac{\sqrt{3}}{2}$,则点 M,N 的坐标分别为 $\left(\sqrt{2}, \dfrac{\sqrt{6}}{2}\right)$,$\left(\sqrt{2}, -\dfrac{\sqrt{6}}{2}\right)$,此时 $S_{\triangle MON} = \dfrac{1}{2} \times \sqrt{2} \times$

$\sqrt{6} = \sqrt{3}$.

综上可得 $\triangle MON$ 的面积为定值 $\sqrt{3}$.

16. (1) 由题意得 $a = \sqrt{2}$,$b = 1$,$c = \sqrt{a^2 - b^2} = 1$,所以离心率 $e = \dfrac{c}{a} = \dfrac{\sqrt{2}}{2}$,左焦点

$F(-1, 0)$.

(2) 由题知 $\dfrac{x_0^2}{2} + y_0^2 = 1$,即 $x_0^2 + 2y_0^2 = 2$.则:

当 $y_0 = 0$ 时,直线 l 的方程为 $x = \sqrt{2}$ 或 $x = -\sqrt{2}$,与椭圆 C 相切.

当 $y_0 \neq 0$ 时,由 $\begin{cases} \dfrac{x^2}{2} + y^2 = 1 \\ x_0 x + 2y_0 y = 2 \end{cases}$,得 $(2y_0^2 + x_0^2)x^2 - 4x_0 x + 4 - 4y_0^2 = 0$,化简得 $x^2 -$

$2x_0 x + 2 - 2y_0^2 = 0$,则

$$\Delta = (-2x_0)^2 - 4(2 - 2y_0^2) = 4x_0^2 + 8y_0^2 - 8 = 4(x_0^2 + 2y_0^2) - 8 = 0.$$

所以直线 l 与椭圆 C 相切.

综上可得直线 l 与椭圆 C 相切.

(3) 设 $A(x_1, y_1)$,$B(x_2, y_2)$.则:

当 $y_0 = 0$ 时,$x_1 = x_2$,$y_1 = -y_2$,$x_1 = \pm\sqrt{2}$,可得

$$\overrightarrow{FA} \cdot \overrightarrow{FB} = (x_1 + 1)^2 - y_1^2 = (x_1 + 1)^2 - 6 + (x_1 - 1)^2 = 2x_1^2 - 4 = 0.$$

所以 $\overrightarrow{FA} \perp \overrightarrow{FB}$,即 $\angle AFB = 90°$.

当 $y_0 \neq 0$ 时,由 $\begin{cases} (x - 1)^2 + y^2 = 6 \\ x_0 x + 2y_0 y = 2 \end{cases}$,得

$$(y_0^2 + 1)x^2 - 2(2y_0^2 + x_0)x + 2 - 10y_0^2 = 0.$$

则由韦达定理得 $x_1 + x_2 = \dfrac{2(2y_0^2 + x_0)}{1 + y_0^2}$，$x_1 x_2 = \dfrac{2 - 10y_0^2}{1 + y_0^2}$. 所以

$$y_1 y_2 = \frac{x_0^2}{4y_0^2} x_1 x_2 - \frac{x_0}{2y_0^2}(x_1 + x_2) + \frac{1}{y_0^2} = \frac{-5x_0^2 - 4x_0 + 4}{2 + 2y_0^2}.$$

又因为

$$\overrightarrow{FA} \cdot \overrightarrow{FB} = (x_1 + 1, y_1) \cdot (x_2 + 1, y_2) = x_1 x_2 + x_1 + x_2 + 1 + y_1 y_2$$

$$= \frac{4 - 20y_0^2 + 8y_0^2 + 4x_0 + 2 + 2y_0^2}{2 + 2y_0^2} + \frac{-5x_0^2 - 4x_0 + 4}{2 + 2y_0^2}$$

$$= \frac{-5(x_0^2 + 2y_0^2) + 10}{2 + 2y_0^2} = 0,$$

所以 $\overrightarrow{FA} \perp \overrightarrow{FB}$，即 $\angle AFB = 90^\circ$.

综上可得 $\angle AFB$ 为定值 90°.

3.8 面 积 问 题

题型展望

从历年高考试题来看，有关三角形或四边形面积的计算问题是热点题型，主要出现在解答题中，分值为 12 分；主要考查直线与圆锥曲线的位置关系、弦长公式，以及利用基本不等式或者导函数求最值，考查考生的运算求解能力和逻辑思维能力，以及数学运算、逻辑推理和直观想象素养.

知识梳理

三角形面积的计算：若直线 $l: Ax + By + C = 0$（A，B 不全为 0）与圆锥曲线 Γ 交于 M，N 两点，$P(x_0, y_0)$ 为不在直线 l 上的一点，求 $\triangle PMN$ 的面积.

（方法 1）先利用弦长公式求出弦长 $|MN|$，再利用点到直线的距离公式求出点 $P(x_0, y_0)$ 到直线 l 的距离 $d = \dfrac{|Ax_0 + By_0 + C|}{\sqrt{A^2 + B^2}}$，最后计算 $S_{\triangle PMN} = \dfrac{1}{2}|MN| \cdot d$.

（方法 2）求出 $M(x_1, y_1)$，$N(x_2, y_2)$，以及 $\overrightarrow{PM} = (x_1 - x_0, y_1 - y_0)$，$\overrightarrow{PN} = (x_2 - x_0, y_2 - y_0)$，最后计算 $S_{\triangle PMN} = \dfrac{1}{2}|(x_1 - x_0)(y_2 - y_0) - (x_2 - x_0)(y_1 - y_0)|$.

特别地，已知定点 $P(p, 0)$，经过异于点 P 的一定点 $Q(q, 0)$ 的直线 $l: y = kx + m$ 与椭圆 Γ 相交于 $A(x_1, y_1)$，$B(x_2, y_2)$ 两点，求 $\triangle PAB$ 的面积. 则 $S_{\triangle PAB} = \dfrac{1}{2}|p - q| \cdot |y_1 - y_2|$.

经典题探秘

1. 计算面积值的问题

例1 (2015 年上海卷/理 21) 已知椭圆 $x^2 + 2y^2 = 1$, 过原点的两条直线 l_1 和 l_2 分别与椭圆交于点 A, B 和点 C, D, 记得到的平行四边形 $ACBD$ 的面积为 S.

(1) 设点 $A(x_1, y_1)$, $C(x_2, y_2)$, 用 A, C 的坐标表示点 C 到直线 l_1 的距离, 并证明 $S = 2|x_1 y_2 - x_2 y_1|$;

(2) 设 l_1 与 l_2 的斜率之积为 $-\dfrac{1}{2}$, 求面积 S 的值.

【解析】 (1) 由题意知直线 l_1 的方程为 $y_1 x - x_1 y = 0$, 则点 C 到直线 l_1 的距离为

$$d = \frac{|x_2 y_1 - x_1 y_2|}{\sqrt{x_1^2 + y_1^2}},$$

且 $|OA| = \sqrt{x_1^2 + y_1^2}$. 所以

$$S_{\triangle AOC} = \frac{1}{2}|OA \cdot d| = \frac{1}{2}|x_1 y_2 - x_2 y_1|.$$

因为过原点的两条直线 l_1 和 l_2 分别与椭圆交于点 A, B 和点 C, D, 且对于平行四边形 $ABCD$, 由椭圆的对称性质可知 $S = 4S_{\triangle AOC}$, 且 $\overrightarrow{OA} = (x_1, y_1)$, $\overrightarrow{OC} = (x_2, y_2)$, 所以由上述三角形面积公式可得

$$S = 4S_{\triangle AOC} = 4 \cdot \frac{1}{2}|x_1 y_2 - x_2 y_1| = 2|x_1 y_2 - x_2 y_1|.$$

(2) (解法 1) 设直线 l_1 的方程为 $y = k_1 x$, 直线 l_2 的方程为 $y = k_2 x$, 则 $k_1 k_2 = -\dfrac{1}{2}$. 联立 $\begin{cases} x^2 + 2y^2 = 1 \\ y = k_1 x \end{cases}$, 整理得 $x_1^2(1 + 2k_1^2) = 1$; 联立 $\begin{cases} x^2 + 2y^2 = 1 \\ y = k_2 x \end{cases}$, 整理得 $x_2^2(1 + 2k_2^2) = 1$. 又因为 $k_1 k_2 = -\dfrac{1}{2}$, 所以

$$S = 2|x_1 y_2 - x_2 y_1| = 2|x_1 x_2| \cdot |k_2 - k_1| = 2|x_1 x_2| \cdot \sqrt{k_1^2 + k_2^2 - 2k_1 k_2}$$

$$= 2|x_1 x_2| \cdot \sqrt{k_1^2 + k_2^2 + 1} = 2\sqrt{\frac{k_1^2 + k_2^2 + 1}{(1 + 2k_1^2)(1 + 2k_2^2)}}$$

$$= 2\sqrt{\frac{k_1^2 + k_2^2 + 1}{2(1 + k_1^2 + k_2^2)}} = \sqrt{2}.$$

(解法 2) 因为 $A(x_1, y_1)$, $C(x_2, y_2)$, 椭圆 $x^2 + 2y^2 = 1$ 可化为 $x^2 + \dfrac{y^2}{\frac{1}{2}} = 1$, 其参数方程为 $\begin{cases} x = \cos\theta \\ y = \dfrac{\sqrt{2}}{2}\sin\theta \end{cases}$ (θ 为参数), 所以可设 $A\left(\cos\theta_1, \dfrac{\sqrt{2}}{2}\sin\theta_1\right)$, $C\left(\cos\theta_2, \dfrac{\sqrt{2}}{2}\sin\theta_2\right)$. 则

$$k_{l_1} \cdot k_{l_2} = k_{OA} \cdot k_{OC} = \frac{\frac{\sqrt{2}}{2}\sin\theta_1}{\cos\theta_1} \cdot \frac{\frac{\sqrt{2}}{2}\sin\theta_2}{\cos\theta_2} = -\frac{1}{2},$$

整理得 $\cos\theta_1\cos\theta_2 + \sin\theta_1\sin\theta_2 = 0$,即 $\cos(\theta_1 - \theta_2) = 0$,故 $|\sin(\theta_1 - \theta_2)| = 1$. 则

$$S = 2\left| \cos\theta_1 \cdot \frac{\sqrt{2}}{2}\sin\theta_2 - \cos\theta_2 \cdot \frac{\sqrt{2}}{2}\sin\theta_1 \right| = \sqrt{2}\,|\sin\theta_1\cos\theta_2 - \cos\theta_1\sin\theta_2|$$

$$= \sqrt{2}\,|\sin(\theta_1 - \theta_2)| = \sqrt{2}.$$

点评 本题的第(1)问先根据前面介绍的方法 1 求出了 $\triangle AOC$ 的面积,再根据椭圆的对称性可以求出平行四边形 $ACBD$ 的面积;第(2)问的解法 1 利用了常规直角坐标法和第(1)问中的面积公式,解法 2 先利用椭圆的参数方程设出点 A,C 的坐标,再利用三角恒等变换,以及第(1)问中的面积公式求解平行四边形 $ACBD$ 的面积.

【题根探秘】 根据由特殊到一般的思想,可以得出以下更一般的结论(命题 1):

命题 1 已知椭圆 $E: \dfrac{x^2}{a^2} + \dfrac{y^2}{b^2} = 1(a > b > 0)$,过原点的两条直线 l_1 和 l_2 分别与 E 交于点 A,B 和点 C,D,记得到的平行四边形 $ACBD$ 的面积为 S. 若直线 l_1 和 l_2 的斜率之积为 $-\dfrac{b^2}{a^2}$,则 $S = 2ab$.

证明:因为过原点的两条直线 l_1 和 l_2 分别与 E 交于点 A,B 和点 C,D,且四边形 $ACBD$ 为平行四边形,所以 $S = 4S_{\triangle AOC}$. 设椭圆 $E: \dfrac{x^2}{a^2} + \dfrac{y^2}{b^2} = 1(a > b > 0)$ 的参数方程为

$$\begin{cases} x = a\cos\theta \\ y = b\sin\theta \end{cases} (\theta \text{ 为参数}),$$

所以可设 $A(a\cos\theta_1, b\sin\theta_1), C(a\cos\theta_2, b\sin\theta_2)$. 因为

$$k_{l_1} \cdot k_{l_2} = k_{OA} \cdot k_{OC} = \frac{b\sin\theta_1}{a\cos\theta_1} \cdot \frac{b\sin\theta_2}{a\cos\theta_2} = -\frac{b^2}{a^2},$$

整理得 $\cos\theta_1\cos\theta_2 + \sin\theta_1\sin\theta_2 = 0$,所以 $\cos(\theta_1 - \theta_2) = 0$,故 $|\sin(\theta_1 - \theta_2)| = 1$. 则

$$S = 4S_{\triangle AOC} = 4 \cdot \frac{1}{2}\,|a\cos\theta_1 \cdot b\sin\theta_2 - a\cos\theta_2 \cdot b\sin\theta_1|$$

$$= 2ab\,|\sin\theta_1\cos\theta_2 - \cos\theta_1\sin\theta_2|$$

$$= 2ab\,|\sin(\theta_1 - \theta_2)| = 2ab.$$

变式 1(2020 年全国Ⅲ卷/理 20) 已知椭圆 $C: \dfrac{x^2}{25} + \dfrac{y^2}{m^2} = 1(0 < m < 5)$ 的离心率为 $\dfrac{\sqrt{15}}{4}$,A,B 分别为 C 的左、右顶点.

(1) 求 C 的方程;

(2) 若点 P 在 C 上,点 Q 在直线 $x = 6$ 上,且 $|BP| = |BQ|$,$BP \perp BQ$,求 $\triangle APQ$ 的面积.

【解析】 (1) 由题设可得 $e=\dfrac{c}{a}=\dfrac{\sqrt{25-m^2}}{5}=\dfrac{\sqrt{15}}{4}$，解得 $m^2=\dfrac{25}{16}$，又因为 $0<m<5$，

所以 $m=\dfrac{5}{4}$. 故椭圆 C 的方程为 $\dfrac{x^2}{25}+\dfrac{y^2}{\frac{25}{16}}=1$.

(2) 设 $P(x_0,y_0)$，$Q(6,y_Q)$，则由题设可得 $y_0>0,y_Q>0$，且 $\overrightarrow{BP}=(x_0-5,y_0)$，$\overrightarrow{BQ}=(1,y_Q)$. 因为 $|BP|=|BQ|$，所以 $\sqrt{(x_0-5)^2+y_0^2}=\sqrt{1+y_Q^2}$. 又因为 $BP\perp BQ$，所以 $(x_0-5)+y_0y_Q=0$，即 $x_0-5=-y_0y_Q$. 代入上式可得 $y_0\sqrt{y_Q^2+1}=\sqrt{1+y_Q^2}$，解得 $y_0=1$. 把 $y_0=1$ 代入 $\dfrac{x_0^2}{25}+\dfrac{y_0^2}{\frac{25}{16}}=1$，解得 $x_0=3$ 或 $x_0=-3$.

当 $x_0=3$ 时，$y_Q=\dfrac{x_0-5}{-y_0}=\dfrac{3-5}{-1}=2$，此时 $P(3,1)$，$Q(6,2)$，$\overrightarrow{AP}=(8,1)$，$\overrightarrow{AQ}=(11,2)$. 则 $S_{\triangle APQ}=\dfrac{1}{2}\times|8\times2-1\times11|=\dfrac{5}{2}$.

当 $x_0=-3$ 时，$y_Q=\dfrac{x_0-5}{-y_0}=\dfrac{-3-5}{-1}=8$，此时 $P(-3,1)$，$Q(6,8)$，$\overrightarrow{AP}=(2,1)$，$\overrightarrow{AQ}=(11,8)$. 则 $S_{\triangle APQ}=\dfrac{1}{2}\times|2\times8-1\times11|=\dfrac{5}{2}$.

综上可得 $\triangle APQ$ 的面积为 $\dfrac{5}{2}$.

点评 本题的第(2)问先利用向量的模长公式和向量垂直的坐标建立二元方程组，然后解方程组求出点 $P(x_0,y_0)$ 的横坐标，最后再利用三角形面积公式分类求出结果.

例2 已知椭圆 $C:\dfrac{x^2}{4}+\dfrac{y^2}{2}=1$，过点 $P\left(\dfrac{\sqrt{2}}{3},-\dfrac{1}{3}\right)$ 而不过点 $Q(\sqrt{2},1)$ 的动直线 l 与椭圆 C 交于 A,B 两点.

(1) 求 $\angle AQB$；

(2) 若直线 QA,QB 的斜率之和为 0，求 $\triangle QAB$ 的面积.

【解析】 (1) 若直线 l 的斜率存在，设其方程为 $y=kx+b$. 因为点 P 在直线 l 上，所以 $-\dfrac{1}{3}=\dfrac{\sqrt{2}}{3}k+b$，即 $b=-\dfrac{1}{3}(\sqrt{2}k+1)$. 联立直线 l 和椭圆 C 的方程，消去 y，得 $(2k^2+1)x^2+4kbx+2b^2-4=0$. 设 $A(x_1,y_1)$，$B(x_2,y_2)$，则由韦达定理得 $x_1+x_2=-\dfrac{4kb}{2k^2+1}$，$x_1x_2=\dfrac{2b^2-4}{2k^2+1}$，所以

$$y_1+y_2=k(x_1+x_2)+2b=-\dfrac{4k^2b}{2k^2+1}+2b=\dfrac{2b}{2k^2+1},$$

$$y_1y_2=(kx_1+b)(kx_2+b)=k^2x_1x_2+kb(x_1+x_2)+b^2$$

$$= k^2 \cdot \frac{2b^2 - 4}{2k^2 + 1} + kb\left(-\frac{4kb}{2k^2 + 1}\right) + b^2 = \frac{b^2 - 4k^2}{2k^2 + 1}.$$

又 $\overrightarrow{QA} = (x_1 - \sqrt{2}, y_1 - 1), \overrightarrow{QB} = (x_2 - \sqrt{2}, y_2 - 1)$，则

$$\overrightarrow{QA} \cdot \overrightarrow{QB} = (x_1 - \sqrt{2})(x_2 - \sqrt{2}) + (y_1 - 1)(y_2 - 1)$$

$$= x_1 x_2 - \sqrt{2}(x_1 + x_2) + 2 + y_1 y_2 - (y_1 + y_2) + 1$$

$$= \frac{2b^2 - 4}{2k^2 + 1} + \sqrt{2} \times \frac{4kb}{2k^2 + 1} + \frac{b^2 - 4k^2}{2k^2 + 1} - \frac{2b}{2k^2 + 1} + 3$$

$$= \frac{1}{2k^2 + 1} + \left[3b^2 + 2k^2 + 2b(2\sqrt{2}k - 1) - 1\right]$$

$$= \frac{1}{2k^2 + 1}(3b + \sqrt{2}k + 1)(b + \sqrt{2}k - 1) = 0.$$

故 $\overrightarrow{QA} \perp \overrightarrow{QB}$. 显然 A, Q, B 三点互不相同，所以 $\angle AQB = 90°$.

若直线的斜率不存在，则 A, B 两点的坐标为 $\left(\frac{\sqrt{2}}{3}, \pm\frac{\sqrt{17}}{3}\right)$，容易验证 $\angle AQB = 90°$ 也成立，因此 $\angle AQB = 90°$.

综上可得 $\angle AQB = 90°$.

(2) 由(1)知 $\angle AQB = 90°$，所以 $k_{QA} \cdot k_{QB} = -1$. 又因为 $k_{QA} + k_{QB} = 0$，不妨设 $k_{QA} = 1$，所以直线 QA 的方程为 $y = x - \sqrt{2} + 1$.

联立 $\begin{cases} \dfrac{x^2}{4} + \dfrac{y^2}{2} = 1 \\ y = x - \sqrt{2} + 1 \end{cases}$，解得 $A\left(\dfrac{\sqrt{2} - 4}{3}, -\dfrac{2\sqrt{2}}{3} - \dfrac{1}{3}\right)$. 又 $k_{AB} = k_{PA} = \dfrac{\sqrt{2}}{2}$，故直线 AB 的方

程为 $y = \dfrac{\sqrt{2}}{2}\left(x - \dfrac{\sqrt{2}}{3}\right) - \dfrac{1}{3}$，即 $y = \dfrac{\sqrt{2}}{2}x - \dfrac{2}{3}$. 所以点 Q 到直线 AB 的距离为 $d = \dfrac{\left|1 - 1 - \dfrac{2}{3}\right|}{\sqrt{\dfrac{1}{2} + 1}}$

$$= \frac{2\sqrt{6}}{9}.$$

联立 $\begin{cases} \dfrac{x^2}{4} + \dfrac{y^2}{2} = 1 \\ y = \dfrac{\sqrt{2}}{2}x - \dfrac{2}{3} \end{cases}$，可得 $9x^2 - 6\sqrt{2}x - 14 = 0$，则由韦达定理得 $x_1 + x_2 = \dfrac{2\sqrt{2}}{3}, x_1 x_2 = $

$-\dfrac{14}{9}$. 所以由弦长公式可得

$$|AB| = \sqrt{(1 + k^2)\left[(x_1 + x_2)^2 - 4x_1 x_2\right]} = \sqrt{\left(1 + \frac{1}{2}\right) \times \left(\frac{8}{9} + 4 \times \frac{14}{9}\right)} = \frac{4\sqrt{6}}{3}.$$

故 $S_{\triangle QAB}$ 的面积为

$$S_{\triangle QAB} = \frac{1}{2} \mid AB \mid \cdot d = \frac{1}{2} \times \frac{4\sqrt{6}}{3} \times \frac{2\sqrt{6}}{9} = \frac{8}{9}.$$

同理可得 $k_{QA} = -1$ 时,$S_{\triangle QAB} = \frac{8}{9}$.

综上可得 $\triangle QAB$ 的面积为 $\frac{8}{9}$.

点评 本题的第(1)问把求角度问题化归为求向量的数量积问题,求解时先将直线方程和椭圆方程联立,表示出两根之和与两根之积后,再运用向量数量积的坐标运算和整体代换思想化简得出 $\overrightarrow{QA} \cdot \overrightarrow{QB} = 0$,从而得出 $\angle AQB = 90°$;第(2)问是求面积问题,结合第(1)问和本问的题设条件可得出直线 QA 的斜率和方程,运用前面的方法使可求得 $\triangle QAB$ 的面积.

例3 已知双曲线 C 的焦点在 y 轴上,虚轴长为 4,且与双曲线 $\frac{x^2}{4} - \frac{y^2}{3} = 1$ 有相同的渐近线.

(1) 求双曲线 C 的方程;

(2) 过点 $M(2,0)$ 的直线 l 与双曲线的异支相交于 A,B 两点.若 $S_{\triangle AOB} = 4\sqrt{15}$,求直线 l 的方程.

【解析】 (1) 设双曲线 C 的方程为 $\frac{y^2}{a^2} - \frac{x^2}{b^2} = 1(a > b > 0)$,由题设可得 $2b = 4$,$\frac{a}{b} = \frac{\sqrt{3}}{2}$,解得 $b = 2$,$a = \sqrt{3}$.所以双曲线 C 的方程为 $\frac{y^2}{3} - \frac{x^2}{4} = 1$.

(2) 由题设可知直线 AB 的斜率为 0.设直线 AB 的方程为 $x = my + 2$,$A(x_1, y_1)$,$B(x_2, y_2)$.联立 $\begin{cases} \frac{y^2}{3} - \frac{x^2}{4} = 1 \\ x = my + 2 \end{cases}$,得 $(4 - 3m^2)y^2 - 12my - 24 = 0$,其中 $4 - 3m^2 \neq 0$ 且 $\Delta > 0$,则

由 $\Delta = (-12m)^2 - 4 \times (4 - 3m^2) \times (-24) > 0$,解得 $m^2 \neq \frac{4}{3}$ 且 $m^2 < \frac{8}{3}$;由韦达定理可得 $y_1 + y_2 = \frac{12m}{4 - 3m^2}$,$y_1 y_2 = \frac{-24}{4 - 3m^2} < 0$,解得 $m^2 < \frac{4}{3}$.又由弦长公式可得

$$\mid AB \mid = \sqrt{(1 + m^2)[(y_1 + y_2)^2 - 4y_1 y_2]}$$

$$= \sqrt{(1 + m^2)\left[\left(\frac{12m}{4 - 3m^2}\right)^2 - 4 \times \frac{-24}{4 - 3m^2}\right]}$$

$$= \frac{4\sqrt{1 + m^2}\sqrt{24 - 9m^2}}{\mid 4 - 3m^2 \mid}.$$

而坐标原点 O 到直线 AB 的距离 $d = \frac{2}{\sqrt{m^2 + 1}}$,所以 $\triangle AOB$ 的面积为

$$S_{\triangle AOB} = \frac{1}{2} \mid AB \mid \cdot d = \frac{1}{2} \times \frac{4\sqrt{24 - 9m^2}}{\mid 4 - 3m^2 \mid} \times \frac{2}{\sqrt{m^2 + 1}} = 4\sqrt{15}.$$

整理得 $5m^4 - 13m^2 + 8 = 0$，即得 $(5m^2 - 8)(m^2 - 1) = 0$．又因为 $m^2 < \dfrac{4}{3}$，所以 $m^2 = 1$，即 $m = \pm 1$．故直线 l 的方程为 $x - y - 2 = 0$ 或 $x + y - 2 = 0$．

点评 本题的第(2)问是求三角形面积问题，为了避开对直线 AB 斜率不存在情况的讨论，首先，设出了直线 l 的横截式方程，联立双曲线方程并结合题设条件得出 m^2 的范围；然后，利用弦长公式 $|AB| = \sqrt{(1 + m^2)[(y_1 + y_2)^2 - 4y_1 y_2]}$ 表示出 $|AB|$，利用点到直线的距离公式表示出 AB 边上的高线长 $d = \dfrac{2}{\sqrt{m^2 + 1}}$；最后，运用三角形面积公式解方程得出 m 的值，从而得出直线 l 的方程．

变式 2 已知双曲线 $\dfrac{x^2}{a^2} - \dfrac{y^2}{b^2} = 1 (a > 0, b > 0)$ 的离心率为 2，焦点到渐近线的距离等于 $\sqrt{3}$，过右焦点 F_2 的直线 l 交双曲线于 A, B 两点，F_1 为左焦点．

(1) 求双曲线的方程；

(2) 若 $\triangle F_1 AB$ 的面积等于 $6\sqrt{2}$，求直线 l 的方程．

【解析】 (1) 由题意知 $b = \sqrt{3}, \dfrac{c}{a} = 2$，所以 $a = 1, c = 2$．故双曲线的方程为 $x^2 - \dfrac{y^2}{3} = 1$．

(2) 设 $A(x_1, y_1), B(x_2, y_2)$．由(1)知 $F_2(2, 0)$，设直线 l 的方程为 $x = my + 2$．

联立 $\begin{cases} x^2 - \dfrac{y^2}{3} = 1 \\ x = my + 2 \end{cases}$，整理得 $(3m^2 - 1)y^2 + 12my + 9 = 0$，则 $3m^2 - 1 \neq 0$ 且 $\Delta = (12m)^2$

$-4 \times 9(3m^2 - 1) = 36(m^2 + 1) > 0$．所以由韦达定理可得 $y_1 + y_2 = -\dfrac{12m}{3m^2 - 1}$，$y_1 y_2 = \dfrac{9}{3m^2 - 1}$．又由弦长公式可得

$$|AB| = \sqrt{(1 + m^2)[(y_1 + y_2)^2 - 4y_1 y_2]} = \sqrt{(1 + m^2)\left[\dfrac{144m^2}{(3m^2 - 1)^2} - \dfrac{36}{3m^2 - 1}\right]}$$

$$= \dfrac{6(m^2 + 1)}{|3m^2 - 1|}.$$

而点 $F_1(-2, 0)$ 到直线 $AB: x = my + 2$ 的距离 $d = \dfrac{4}{\sqrt{m^2 + 1}}$，所以

$$S_{\triangle F_1 AB} = \dfrac{1}{2} |AB| \cdot d = \dfrac{1}{2} \times \dfrac{6(m^2 + 1)}{|3m^2 - 1|} \times \dfrac{4}{\sqrt{m^2 + 1}} = 6\sqrt{2}.$$

整理得 $9m^4 - 8m^2 - 1 = 0$，解得 $m^2 = 1$，即 $m = \pm 1$．故直线 l 的方程为 $x - y - 2 = 0$ 或 $x + y - 2 = 0$．

2. 计算面积的最值问题

例 4 (2020 年新高考 Ⅱ卷/21) 已知椭圆 $C: \dfrac{x^2}{a^2} + \dfrac{y^2}{b^2} = 1 (a > b > 0)$ 过点 $M(2, 3)$，

点 A 为其左顶点,且直线 AM 的斜率为 $\dfrac{1}{2}$.

(1) 求 C 的方程;

(2) 点 N 为椭圆上任意一点,求 $\triangle AMN$ 面积的最大值.

【解析】　(1) 由题意可知直线 AM 的方程为 $y-3=\dfrac{1}{2}(x-2)$,即 $x-2y=-4$.当 $y=0$

时,解得 $x=-4$,所以 $a=4$.椭圆 $C:\dfrac{x^2}{a^2}+\dfrac{y^2}{b^2}=1(a>b>0)$ 过点 $M(2,3)$,可得 $\dfrac{4}{16}+\dfrac{9}{b^2}=1$,

解得 $b=2\sqrt{3}$.故椭圆 C 的方程为 $\dfrac{x^2}{16}+\dfrac{y^2}{12}=1$.

(2) (解法 1) 设与直线 AM 平行的直线方程为 $x-2y=m$,如图 3.26 所示,当直线与椭圆相切时,与 AM 距离比较远的直线与椭圆的切点为 N,此时 $\triangle AMN$ 的面积取得最大值.

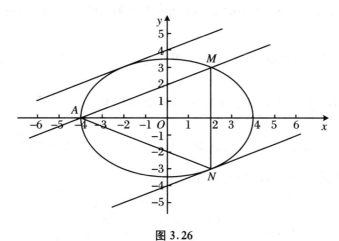

图 3.26

联立 $\begin{cases} x-2y=m \\ \dfrac{x^2}{16}+\dfrac{y^2}{12}=1 \end{cases}$,可得 $16y^2+12my+3m^2-48=0$,则 $\Delta=144m^2-4\times16(3m^2-48)=0$,

解得 $m^2=64$,即得 $m=\pm8$.所以与直线 AM 距离比较远的直线的方程为 $x-2y=8$.而直线 AM 的方程为 $x-2y=-4$,点 N 到直线 AM 的距离即两平行线之间的距离,所以利用平行线之间的距离公式可得 $d=\dfrac{|-4-8|}{\sqrt{1^2+(-2)^2}}=\dfrac{12\sqrt{5}}{5}$.又由两点间的距离公式可得 $|AM|=$

$\sqrt{(2+4)^2+3^2}=3\sqrt{5}$,所以 $\triangle AMN$ 面积的最大值为

$$S=\dfrac{1}{2}\,|\,AM\,|\cdot d=\dfrac{1}{2}\times3\sqrt{5}\times\dfrac{12\sqrt{5}}{5}=18.$$

(解法 2) 由(1)可得 $A(-4,0),M(2,3)$.因为椭圆 $C:\dfrac{x^2}{16}+\dfrac{y^2}{12}=1$ 的参数方程为

$\begin{cases} x=4\cos\alpha \\ y=2\sqrt{3}\sin\alpha \end{cases}$($\alpha$ 为参数),所以可设 $N(4\cos\theta,2\sqrt{3}\sin\theta)$,而 $\overrightarrow{AM}=(6,3),\overrightarrow{AN}=(4\cos\theta+$

$4,2\sqrt{3}\sin\theta)$. 所以

$$S_{\triangle AMN} = \frac{1}{2}\mid 12\sqrt{3}\sin\theta - 3(4\cos\theta + 4)\mid = 6\mid\sqrt{3}\sin\theta - \cos\theta - 1\mid$$

$$= 6\left|2\sin\left(\theta - \frac{\pi}{6}\right) - 1\right|.$$

当 $\sin\left(\theta - \dfrac{\pi}{6}\right) = -1$ 时, $\triangle AMN$ 的面积取得最大值 18.

(解法 3)在伸缩变换 $\varphi:\begin{cases} x' = \dfrac{1}{4}x \\ y' = \dfrac{\sqrt{3}}{6}y \end{cases}$ 下,椭圆 $C:\dfrac{x^2}{16} + \dfrac{y^2}{12} = 1$ 对应圆 $O':x'^2 + y'^2 = 1$,椭圆 C

上的点 A,M,N 分别对应圆 O' 上的点 A',M',N'. 因为直线 AM 的方程为 $x - 2y + 4 = 0$,所以

直线 $A'M'$ 的方程为 $x' - \sqrt{3}y' + 1 = 0$,圆心 O' 到直线 $A'M'$ 的距离为 $d = \dfrac{\mid 1\mid}{\sqrt{1^2 + (-\sqrt{3})^2}} = \dfrac{1}{2}$.

则圆 O' 上的点 N' 到圆 O' 的弦 $A'M'$ 的最大距离为 $h = d + r = \dfrac{1}{2} + 1 = \dfrac{3}{2}$,所以 $\mid A'M'\mid = $

$2\sqrt{r^2 - d^2} = 2\sqrt{1 - \dfrac{1}{4}} = \sqrt{3}$. 因此 $\triangle A'M'N'$ 的最大面积为

$$(S_{\triangle A'M'N'})_{\max} = \frac{1}{2}\mid A'M'\mid \cdot d = \frac{1}{2} \times \frac{3}{2} \times \sqrt{3} = \frac{3\sqrt{3}}{4}.$$

则由伸缩变换的性质可得 $\triangle AMN$ 的面积最大值为

$$(S_{\triangle AMN})_{\max} = \frac{(S_{\triangle A'M'N'})_{\max}}{\lambda\mu} = \frac{\dfrac{3\sqrt{3}}{4}}{\dfrac{1}{4} \times \dfrac{\sqrt{3}}{6}} = 18.$$

点评 本题为带限制条件的椭圆的内接三角形面积最值问题,解法 1 是直角坐标法,底边 AM 及其长度给定,寻找椭圆上到直线 AM 的距离最大的点 N,即计算最大的高,从而利用三角形面积公式算出 $\triangle AMN$ 面积的最大值;解法 2 是椭圆参数方程法,先利用椭圆参数方程表示出点 N 的坐标,以及 $\overrightarrow{AM}$ 和 $\overrightarrow{AN}$ 的坐标,再利用三角形面积公式的结论"在 $\triangle ABC$ 中,$\overrightarrow{AB} = (x_1,y_1)$,$\overrightarrow{AC} = (x_2,y_2)$,则 $S_{\triangle ABC} = \dfrac{1}{2}\mid x_1y_2 - x_2y_1\mid$"表示出 $\triangle AMN$ 的面积,最后利用三角函数的性质求出其最大值;解法 3 是伸缩变换法,通过伸缩变换把问题转化为求带限制条件的单位圆内接三角形最大面积问题,运用圆的几何性质和弦长公式,问题迎刃而解.

变式 3 已知椭圆 C 的方程为 $\dfrac{x^2}{4} + \dfrac{y^2}{2} = 1$,$A$ 是椭圆上的一点,且 A 在第一象限内,过点 A 且斜率等于 -1 的直线与椭圆 C 交于另一点 B,点 A 关于原点的对称点为 D.

(1) 证明:直线 BD 的斜率为定值;

(2) 求 $\triangle ABD$ 面积的最大值.

【解析】(1)(证法 1)设 $A(x_1, y_1)$, $D(-x_1, -y_1)$, $B(x_2, y_2)$, 其中 $x_1 > 0$ 且 $y_1 > 0$,

$k_{BD} = \dfrac{y_2 + y_1}{x_2 + x_1}$, 则由题设可得 $\begin{cases} \dfrac{x_1^2}{4} + \dfrac{y_1^2}{2} = 1 \\ \dfrac{x_2^2}{4} + \dfrac{y_2^2}{2} = 1 \end{cases}$. 两式相减并整理, 可得 $\dfrac{y_2 - y_1}{x_2 - x_1} \cdot \dfrac{y_2 + y_1}{x_2 + x_1} = -\dfrac{1}{2}$.

又由题设知 $k_{AB} = \dfrac{y_2 - y_1}{x_2 - x_1} = -1$, 所以 $k_{BD} = \dfrac{y_2 + y_1}{x_2 + x_1} = \dfrac{1}{2}$. 故直线 BD 的斜率为定值 $\dfrac{1}{2}$.

(证法 2)设 $A(2\cos\alpha, \sqrt{2}\sin\alpha)$, $D(-2\cos\alpha, -\sqrt{2}\sin\alpha)$, $B(2\cos\beta, \sqrt{2}\sin\beta)$, 其中 $0 < \alpha < \dfrac{\pi}{2}$. 因为

$$k_{AB} = \dfrac{\sqrt{2}\sin\beta - \sqrt{2}\sin\alpha}{2\cos\beta - 2\cos\alpha} = \dfrac{\sqrt{2}}{2} \cdot \dfrac{\sin\beta - \sin\alpha}{\cos\beta - \cos\alpha} = -1,$$

所以 $\dfrac{\sin\beta - \sin\alpha}{\cos\beta - \cos\alpha} = -\sqrt{2}$. 则

$$k_{BD} = \dfrac{\sqrt{2}\sin\beta + \sqrt{2}\sin\alpha}{2\cos\beta + 2\cos\alpha} = \dfrac{\sqrt{2}}{2} \cdot \dfrac{\sin\beta + \sin\alpha}{\cos\beta + \cos\alpha} = -\dfrac{1}{2} \cdot \dfrac{\sin\beta - \sin\alpha}{\cos\beta - \cos\alpha} \cdot \dfrac{\sin\beta + \sin\alpha}{\cos\beta + \cos\alpha}$$

$$= -\dfrac{1}{2} \cdot \dfrac{\sin^2\beta - \sin^2\alpha}{\cos^2\beta - \cos^2\alpha} = -\dfrac{1}{2} \cdot \dfrac{(1 - \cos^2\beta) - (1 - \cos^2\alpha)}{\cos^2\beta - \cos^2\alpha} = \dfrac{1}{2}.$$

故直线 BD 的斜率为定值 $\dfrac{1}{2}$.

(证法 3)在伸缩变换 $\varphi: \begin{cases} x' = \dfrac{x}{2} \\ y' = \dfrac{y}{\sqrt{2}} \end{cases}$ 下, 椭圆 $C: \dfrac{x^2}{4} + \dfrac{y^2}{2} = 1$ 对应圆 $O': x'^2 + y'^2 = 1$, 椭圆

C 上的点 A, B, D 分别对应圆 O' 上的点 A', B', D'. 则由伸缩变换的性质可得 $k_{A'B'} = \dfrac{a}{b} k_{AB}$

$= \dfrac{2}{\sqrt{2}} \times (-1) = -\sqrt{2}$. 又因为 $A'D'$ 为圆 O' 的直径, 所以 $\angle A'B'D' = 90°$, 即 $k_{A'B'} \cdot k_{B'D'} =$

-1, 亦即 $k_{B'D'} = \dfrac{-1}{k_{A'B'}} = -\dfrac{1}{-\sqrt{2}} = \dfrac{\sqrt{2}}{2}$. 故由伸缩变换的性质可得 $k_{BD} = \dfrac{b}{a} k_{B'D'} = \dfrac{\sqrt{2}}{2} \times \dfrac{\sqrt{2}}{2} = \dfrac{1}{2}$.

(2)(解法 1)连接 OB, 因为点 A 关于原点的对称点为 D, 所以 $S_{\triangle ABD} = 2S_{\triangle OBD}$. 由(1)可

知, 直线 BD 的斜率 $k_{BD} = \dfrac{1}{2}$, 则设直线 BD 的方程为 $y = \dfrac{1}{2} x + m$. 因为点 D 在第三象限, 所

以 $-\sqrt{2} < m < 1$ 且 $m \neq 0$, 而坐标原点 O 到直线 BD 的距离 $d = \dfrac{|m|}{\sqrt{1 + \dfrac{1}{4}}} = \dfrac{2|m|}{\sqrt{5}}$; 又由

$$\begin{cases} y = \dfrac{1}{2}x + m \\ \dfrac{x^2}{4} + \dfrac{y^2}{2} = 1 \end{cases},$$ 整理得 $3x^2 + 4mx + 4m^2 - 8 = 0$, 所以由韦达定理可得 $x_1 + x_2 = -\dfrac{4m}{3}$, $x_1 x_2 =$ $\dfrac{4m^2-8}{3}$. 故

$$S_{\triangle ABD} = 2S_{\triangle OBD} = 2 \cdot \frac{1}{2} \mid BD \mid \cdot d = \frac{\sqrt{5}}{2} \sqrt{(x_1+x_2)^2 - 4x_1 x_2} \times \frac{2 \mid m \mid}{\sqrt{5}}$$

$$= \mid m \mid \cdot \frac{\sqrt{96 - 32m^2}}{3} = \frac{4\sqrt{2}}{3} \cdot \sqrt{m^2(3-m^2)} \leqslant \frac{4\sqrt{2}}{3} \cdot \frac{m^2 + (3-m^2)}{2} = 2\sqrt{2}.$$

当且仅当 $m^2 = 3 - m^2$, 即 $m = -\dfrac{\sqrt{6}}{2}$ 时, $\triangle ABD$ 的面积取得最大值 $2\sqrt{2}$.

(解法2)连接 OB, 因为点 A 关于原点的对称点为 D, 所以 $S_{\triangle ABD} = 2S_{\triangle OBD}$. 又因为 $\overrightarrow{OB} = (2\cos\beta, \sqrt{2}\sin\beta)$, $\overrightarrow{OD} = (-2\cos\alpha, -\sqrt{2}\sin\alpha)$, 所以

$$S_{\triangle OBD} = \frac{1}{2} \mid 2\cos\beta \cdot (-\sqrt{2}\sin\alpha) - (-2\cos\alpha) \cdot \sqrt{2}\sin\beta \mid = \sqrt{2} \mid \sin(\alpha - \beta) \mid.$$

当 $\mid \sin(\alpha-\beta) \mid = 1$ 时, $\triangle OBD$ 的面积取得最大值 $\sqrt{2}$, 此时 $\triangle ABD$ 的面积取得最大值 $2\sqrt{2}$.

(解法3)由圆的几何性质, 当 $OB' \perp A'D'$ 时, $\triangle A'B'D'$ 的面积取得最大值, 即

$$(S_{\triangle A'B'D'})_{max} = \frac{1}{2} \mid OB' \mid \cdot \mid A'D' \mid = \frac{1}{2} \times 1 \times 2 = 1.$$

又由伸缩变换的性质可得 $\triangle ABD$ 的面积最大值为 $(S_{\triangle ABD})_{max} = abS_{\triangle A'B'D'} = 2\sqrt{2}$. 故 $\triangle ABD$ 的面积最大值为 $2\sqrt{2}$.

3. 椭圆中心三角形面积最值问题的探秘

已知坐标原点 O 为椭圆 $C: \dfrac{x^2}{a^2} + \dfrac{y^2}{b^2} = 1(a>b>0)$ 或 $\dfrac{y^2}{a^2} + \dfrac{x^2}{b^2} = 1(a>b>0)$ 的中心, A, B 为 C 上不关于坐标原点 O 对称的不同两点, 则 $\triangle AOB$ 叫作椭圆 C 的中心三角形.

例4 如图 3.27 所示, 已知椭圆 $C: \dfrac{x^2}{a^2} + \dfrac{y^2}{b^2} = 1(a>b>0)$ 的左、右顶点分别是 A,

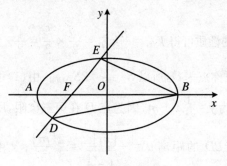

图 3.27

B, 且经过点 $\left(1, -\dfrac{\sqrt{3}}{2}\right)$, 直线 $l: x = ty - 1$ 恒过定点 F 且交椭圆于 D, E 两点, F 为 OA 的中点.

(1) 求椭圆 C 的标准方程;

(2) 记 $\triangle BDE$ 的面积为 S, 求 S 的最大值.

【解析】 (1) 由题意可得直线 $l: x = ty - 1$ 恒过定点 $F(-1, 0)$, 且 F 为 OA 的中点, 所以

$|OA| = 2$，即 $a = 2$．又因为椭圆 C 经过点 $\left(1, -\dfrac{\sqrt{3}}{2}\right)$，所以 $\dfrac{1^2}{2^2} + \dfrac{\left(-\frac{\sqrt{3}}{2}\right)^2}{b^2} = 1$，解得 $b = 1$．故椭圆 C 的标准方程为 $\dfrac{x^2}{4} + y^2 = 1$．

(2) 设 $E(x_1, y_1)$，$D(x_2, y_2)$，则由 $\begin{cases} x^2 + 4y^2 = 4 \\ x = ty - 1 \end{cases}$，得 $(t^2 + 4)y^2 - 2ty - 3 = 0$，可得 $\Delta > 0$ 恒成立．所以由韦达定理得 $y_1 + y_2 = \dfrac{2t}{t^2 + 4}$，$y_1 y_2 = -\dfrac{3}{t^2 + 4}$．又因为 $F(-1, 0)$，$B(2, 0)$，所以 $|FB| = 3$．故 $\triangle BDE$ 的面积 S 为

$$S = \frac{1}{2}|BF| \cdot |y_1 - y_2| = \frac{3}{2}\sqrt{(y_1 + y_2)^2 - 4y_1 y_2} = \frac{3}{2}\sqrt{\left(\frac{2t}{t^2 + 4}\right)^2 + \frac{12}{t^2 + 4}}$$

$$= \frac{3}{2} \cdot \frac{4\sqrt{t^2 + 3}}{t^2 + 4} = \frac{6\sqrt{t^2 + 3}}{t^2 + 4}.$$

令 $m = \sqrt{t^2 + 3} \geqslant \sqrt{3}$，则

$$\frac{6\sqrt{t^2 + 3}}{t^2 + 4} = \frac{6m}{m^2 + 1} = \frac{6}{m + \dfrac{1}{m}}.$$

又因为 $y = m + \dfrac{1}{m}$ 在 $m \in [\sqrt{3}, +\infty)$ 上单调递增，所以当 $m = \sqrt{3}$ 时，$\left(m + \dfrac{1}{m}\right)_{\min} = \dfrac{4\sqrt{3}}{3}$．故 $S_{\max} = \dfrac{3\sqrt{3}}{2}$，即 S 的最大值为 $\dfrac{3\sqrt{3}}{2}$．

点评 本题的第(2)问先联立直线方程与椭圆方程，消元后，由韦达定理表示出了两根之和与两根之积，再运用三角形面积公式表示出 $\triangle BDE$ 的面积 S，整体换元后，借助对勾函数的性质便可求得 $\triangle BDE$ 面积 S 的最大值.

例5 椭圆 $\dfrac{x^2}{a^2} + \dfrac{y^2}{b^2} = 1\ (a > b > 0)$ 的右顶点为 A，上顶点为 B，O 为坐标原点，直线 AB 的斜率为 $-\dfrac{\sqrt{2}}{2}$，$\triangle OAB$ 的面积为 $\sqrt{2}$．

(1) 求椭圆的标准方程；

(2) 椭圆上有两点 M，N（异于椭圆顶点，且 MN 与 x 轴不垂直），证明：当 $\triangle OMN$ 的面积最大时，直线 OM 与 ON 的斜率之积为定值.

【解析】 (1) 由题设知 $A(a, 0)$，$B(0, b)$．又由题设可得 $\begin{cases} k_{AB} = -\dfrac{b}{a} = -\dfrac{\sqrt{2}}{2} \\ S_{\triangle OAB} = \dfrac{1}{2}ab = \sqrt{2} \end{cases}$，解得 $a = 2$，$b = \sqrt{2}$．所以椭圆的标准方程为 $\dfrac{x^2}{4} + \dfrac{y^2}{2} = 1$．

(2)（证法1）设 $M(x_1,y_1)$，$N(x_2,y_2)$，直线 MN 的方程为 $y=kx+m$，代入椭圆方程，整理得 $(2k^2+1)x^2+4kmx+2m^2-4=0$，则由韦达定理得

$$x_1+x_2=-\frac{4km}{2k^2+1},\quad x_1x_2=\frac{2m^2-4}{2k^2+1}.$$

而且 $\Delta=(4km)^2-4(2k^2+1)(2m^2-4)>0$，即 $4k^2-m^2+2>0$，所以由弦长公式可得

$$|MN|=\sqrt{(1+k^2)\left[(x_1+x_2)^2-4x_1x_2\right]}=\sqrt{(1+k^2)\left[\frac{16k^2m^2}{(2k^2+1)^2}-\frac{4(2m^2-4)}{2k^2+1}\right]}$$

$$=\frac{2\sqrt{2}\sqrt{1+k^2}\sqrt{4k^2+2-m^2}}{2k^2+1}.$$

而原点 O 到直线 MN 的距离为 $d=\frac{|m|}{\sqrt{k^2+1}}$，所以

$$S_{\triangle OMN}=\frac{1}{2}|MN|\cdot d=\frac{1}{2}\cdot\frac{2\sqrt{2}\sqrt{1+k^2}\sqrt{4k^2+2-m^2}}{2k^2+1}\cdot\frac{|m|}{\sqrt{k^2+1}}$$

$$=\frac{\sqrt{2}\sqrt{4k^2+2-m^2}|m|}{2k^2+1}\leqslant\frac{4k^2+2-m^2+m^2}{\sqrt{2}(2k^2+1)}=\sqrt{2}.$$

当且仅当 $\sqrt{4k^2+2-m^2}=|m|$，即 $2k^2+1=m^2$ 时取等号. 此时有

$$k_{OM}\cdot k_{ON}=\frac{y_1y_2}{x_1x_2}=\frac{(kx_1+m)(kx_2+m)}{x_1x_2}=\frac{k^2x_1x_2+km(x_1+x_2)+m^2}{x_1x_2}$$

$$=\frac{k^2\cdot\frac{2m^2-4}{2k^2+1}+km\cdot\left(-\frac{4km}{2k^2+1}\right)+m^2}{\frac{2m^2-4}{2k^2+1}}=\frac{-4k^2+m^2}{2m^2-4}$$

$$=\frac{-4k^2+(2k^2+1)}{2(2k^2+1)-4}=-\frac{1}{2}.$$

故当 $\triangle OMN$ 的面积最大时，直线 OM 与 ON 的斜率之积为定值 $-\frac{1}{2}$.

（证法2）椭圆 $\frac{x^2}{4}+\frac{y^2}{2}=1$ 的参数方程为 $\begin{cases}x=2\cos\alpha\\y=\sqrt{2}\sin\alpha\end{cases}$（$\alpha$ 为参数）. 设 $M(2\cos\theta,\sqrt{2}\sin\theta)$，$N(2\cos\varphi,\sqrt{2}\sin\varphi)$，则 $\overrightarrow{OM}=(2\cos\theta,\sqrt{2}\sin\theta)$，$\overrightarrow{ON}=(2\cos\varphi,\sqrt{2}\sin\varphi)$. 所以

$$S_{\triangle OMN}=\frac{1}{2}|2\cos\theta\cdot\sqrt{2}\sin\varphi-2\cos\varphi\cdot\sqrt{2}\sin\theta|=\sqrt{2}|\sin(\theta-\varphi)|.$$

当 $\sin(\theta-\varphi)=-1$，即 $\theta-\varphi=n\pi+\frac{\pi}{2}$（其中 $n\in\{-2,-1,0,1\}$）时，$\triangle OMN$ 的面积取得最大值 $\sqrt{2}$.

当 $n=-2$ 或 $n=0$ 时，有

$$k_{OM}\cdot k_{ON}=\frac{1}{2}\cdot\frac{\sin\theta}{\cos\theta}\cdot\frac{\sin\varphi}{\cos\varphi}=\frac{1}{2}\cdot\frac{\sin\left(\varphi+n\pi+\frac{\pi}{2}\right)}{\cos\left(\varphi+n\pi+\frac{\pi}{2}\right)}\cdot\frac{\sin\varphi}{\cos\varphi}$$

$$= \frac{1}{2} \cdot \frac{\cos\varphi}{-\sin\varphi} \cdot \frac{\sin\varphi}{\cos\varphi} = -\frac{1}{2}.$$

当 $n = -1$ 或 $n = 1$ 时,有

$$k_{OM} \cdot k_{ON} = \frac{1}{2} \cdot \frac{\sin\theta}{\cos\theta} \cdot \frac{\sin\varphi}{\cos\varphi} = \frac{1}{2} \cdot \frac{\sin\left(\varphi + n\pi + \frac{\pi}{2}\right)}{\cos\left(\varphi + n\pi + \frac{\pi}{2}\right)} \cdot \frac{\sin\varphi}{\cos\varphi}$$

$$= \frac{1}{2} \cdot \frac{-\cos\varphi}{\sin\varphi} \cdot \frac{\sin\varphi}{\cos\varphi} = -\frac{1}{2}.$$

故当 $\triangle OMN$ 的面积最大时,直线 OM 与 ON 的斜率之积为定值 $-\frac{1}{2}$.

(证法3)在伸缩变换 $\begin{cases} x' = \dfrac{x}{2} \\ y' = \dfrac{y}{\sqrt{2}} \end{cases}$ 下,椭圆 $\dfrac{x^2}{4} + \dfrac{y^2}{2} = 1$ 对应变换为单位圆 $O: x'^2 + y'^2 = 1$,

椭圆上的两点 M, N 分别对应圆 O 上的点 M', N'(相应的点 M', N' 异于圆 O 与坐标轴的交点,且 $M'N'$ 与 x 轴不垂直).当 $\triangle OM'N'$ 的面积最大时 $OM' \perp ON'$,此时 $k_{OM'} \cdot k_{ON'} = -1$.此时 $\triangle OM'N'$ 面积的最大值为

$$(S_{\triangle OM'N'})_{\max} = \frac{1}{2} \mid OM' \mid \cdot \mid ON' \mid = \frac{1}{2} \times 1 \times 1 = \frac{1}{2}.$$

则由伸缩变换的性质可得 $\triangle OMN$ 面积的最大值为

$$S_{\triangle OMN} = abS_{\triangle OM'N'} = 2 \times \sqrt{2} \times \frac{1}{2} = \sqrt{2}.$$

此时 $\dfrac{a}{b} k_{OM} \cdot \dfrac{a}{b} k_{ON} = -1$,即 $k_{OM} \cdot k_{ON} = -\dfrac{b^2}{a^2} = -\dfrac{1}{2}$.

故当 $\triangle OMN$ 的面积最大时,直线 OM 与 ON 的斜率之积为定值 $-\frac{1}{2}$.

点评 本题的证法1是直角坐标法,首先设出直线 MN 的方程,并运用弦长公式表示出底边 MN 的长;然后运用点到直线的距离公式表示出底边 MN 上的高线长;接着运用三角形面积公式将 $\triangle OMN$ 的面积表示成关于 k 的表达式,并运用基本不等式求出取等条件;最后运用整体代换的思想求出直线 OM 与直线 ON 的斜率之积.证法2巧用椭圆参数方程设出椭圆上的动点 M, N 的坐标,用三角形面积公式的结论"在 $\triangle ABC$ 中,$\overrightarrow{AB} = (x_1, y_1)$,$\overrightarrow{AC} = (x_2, y_2)$,则 $S_{\triangle ABC} = \dfrac{1}{2} \mid x_1 y_2 - x_2 y_1 \mid$"表示出 $\triangle OMN$ 的面积后,通过一系列三角函数求得 $\triangle OMN$ 面积最大时直线 OM 与直线 ON 的斜率之积为定值;证法3是伸缩变换法,将椭圆的中心三角形问题转化为圆的中心三角形问题,并运用了圆的几何性质求解问题.

【题根探秘】 通过对例5的探究,可以得出以下结论(命题2):

命题2 椭圆 $\dfrac{x^2}{a^2} + \dfrac{y^2}{b^2} = 1(a > b > 0)$ 上有两点 M, N(异于椭圆顶点,且 MN 与 x 轴不垂

直),当△OMN的面积取得最大值$\frac{1}{2}ab$时,直线OM与ON的斜率之积为定值$-\frac{b^2}{a^2}$.

证明:(证法1)在伸缩变换$\begin{cases} x' = \dfrac{x}{a} \\ y' = \dfrac{y}{b} \end{cases}$下,椭圆$\dfrac{x^2}{a^2} + \dfrac{y^2}{b^2} = 1$变为圆$O: x'^2 + y'^2 = 1$,椭圆上

的两点M, N分别对应圆O上的点M', N'(异于圆O与坐标轴的交点,且$M'N'$与x轴不垂

直),当$OM' \perp ON'$,即$k_{OM'} \cdot k_{ON'} = -1$时,△$OM'N'$的面积取得最大值,即

$$(S_{\triangle OM'N'})_{\max} = \frac{1}{2} \mid OM' \mid \cdot \mid ON' \mid = \frac{1}{2} \times 1 \times 1 = \frac{1}{2}.$$

此时由伸缩变换的性质可得△OMN面积的最大值为$S_{\triangle OMN} = abS_{\triangle OM'N'} = \frac{1}{2}ab$,且$\dfrac{a}{b}k_{OM} \cdot$

$\dfrac{a}{b}k_{ON} = -1$,即$k_{OM} \cdot k_{ON} = -\dfrac{b^2}{a^2}$.所以当△$OMN$的面积最大时,直线$OM$与$ON$的斜率之

积为定值$-\dfrac{b^2}{a^2}$.

(证法2)设$M(x_1, y_1), N(x_2, y_2)$,则$S_{\triangle OMN} = \dfrac{1}{2} \mid x_1 y_2 - x_2 y_1 \mid$.

联立$\begin{cases} \dfrac{x_1^2}{a^2} + \dfrac{y_1^2}{b^2} = 1 \\ \dfrac{x_2^2}{a^2} + \dfrac{y_2^2}{b^2} = 1 \end{cases}$,整理得$\dfrac{x_1^2 x_2^2}{a^4} + \dfrac{x_1^2 y_2^2 + x_2^2 y_1^2}{a^2 b^2} + \dfrac{y_1^2 y_2^2}{b^4} = 1$,所以

$$\frac{x_1^2 y_2^2 - 2x_1 x_2 y_1 y_2 + x_2^2 y_1^2}{a^2 b^2} = 1 - \frac{x_1^2 x_2^2}{a^4} - \frac{y_1^2 y_2^2}{b^4} - \frac{2x_1 x_2 y_1 y_2}{a^2 b^2},$$

整理得

$$(x_1 y_2 - x_2 y_1)^2 = a^2 b^2 - a^2 b^2 \left(\frac{b^2 x_1 x_2 + a^2 y_1 y_2}{a^2 b^2} \right)^2,$$

即

$$(x_1 y_2 - x_2 y_1)^2 = a^2 b^2 - \frac{1}{a^2 b^2}(b^2 x_1 x_2 + a^2 y_1 y_2)^2.$$

当$b^2 x_1 x_2 + a^2 y_1 y_2 = 0$时,$(x_1 y_2 - x_2 y_1)^2$取得最大值$a^2 b^2$.所以$(S_{\triangle OMN})_{\max} = \dfrac{1}{2}ab$,此时

$k_{OM} \cdot k_{ON} = \dfrac{y_1 y_2}{x_1 x_2} = -\dfrac{b^2}{a^2}$.所以当△$OMN$的面积最大时,直线$OM$与$ON$的斜率之积为定

值$-\dfrac{b^2}{a^2}$.

点评 证法1是伸缩变换法,证法2运用了点乘法、完全平方公式和实数的性质.

变式4(2014年新课标Ⅰ卷/理20) 已知点$A(0, -2)$,椭圆$E: \dfrac{x^2}{a^2} + \dfrac{y^2}{b^2} = 1(a > b > 0)$

的离心率为 $\dfrac{\sqrt{3}}{2}$，F 是椭圆 E 的右焦点，直线 AF 的斜率为 $\dfrac{2\sqrt{3}}{3}$，O 为坐标原点.

（1）求椭圆 E 的方程；

（2）设过点 A 的动直线 l 与 E 相交于 P，Q 两点，当 $\triangle OPQ$ 的面积最大时，求直线 l 的方程.

【解析】（1）设 $F(c,0)$，则由题设可得 $\dfrac{2}{c}=\dfrac{2\sqrt{3}}{3}$，解得 $c=\sqrt{3}$. 又因为 $e=\dfrac{c}{a}=\dfrac{\sqrt{3}}{2}$，所以 $a=2$，$b^2=a^2-c^2=1$. 故椭圆 E 的方程为 $\dfrac{x^2}{4}+y^2=1$.

（2）（解法 1）当 $l\perp x$ 轴时，不合题意. 设直线 l 的方程为 $y=kx-2$，$P(x_1,y_1)$，$Q(x_2,y_2)$. 联立 $\begin{cases}\dfrac{x^2}{4}+y^2=1\\ y=kx-2\end{cases}$，整理得

$$(4k^2+1)x^2-16kx+12=0.$$

当 $\Delta=16(4k^2-3)>0$，即 $k^2>\dfrac{3}{4}$ 时，$x_{1,2}=\dfrac{8k\pm2\sqrt{4k^2-3}}{4k^2+1}$，则

$$|PQ|=\sqrt{k^2+1}\,|x_1-x_2|=\dfrac{4\sqrt{k^2+1}\,\sqrt{4k^2-3}}{4k^2+1}.$$

又因为点 O 到直线 PQ 的距离 $d=\dfrac{2}{\sqrt{k^2+1}}$，所以 $\triangle OPQ$ 的面积为

$$S_{\triangle OPQ}=\dfrac{1}{2}|PQ|\cdot d=\dfrac{1}{2}\cdot\dfrac{4\sqrt{k^2+1}\,\sqrt{4k^2-3}}{4k^2+1}\cdot\dfrac{2}{\sqrt{k^2+1}}=\dfrac{4\sqrt{4k^2-3}}{4k^2+1}.$$

设 $\sqrt{4k^2-3}=t\,(t>0)$，则 $S_{\triangle OPQ}=\dfrac{4t}{t^2+4}=\dfrac{4}{t+\dfrac{4}{t}}$. 又因为 $t+\dfrac{4}{t}\geqslant4$，当且仅当 $t=2$，即 $k=\pm\dfrac{\sqrt{7}}{2}$ 时等号成立，且满足 $\Delta>0$，所以当 $\triangle OPQ$ 的面积最大时，直线 l 的方程为 $y=\pm\dfrac{\sqrt{7}}{2}x-2$.

（解法 2）椭圆 $E:\dfrac{x^2}{4}+y^2=1$ 的参数方程为 $\begin{cases}x=2\cos\theta\\ y=\sin\theta\end{cases}$（$\theta$ 为参数）. 设 $P(2\cos\alpha,\sin\alpha)$，$Q(2\cos\beta,\sin\beta)$，则直线 l 的斜率 $k=\dfrac{\sin\beta-\sin\alpha}{2\cos\beta-2\cos\alpha}$，$\overrightarrow{AP}=(2\cos\alpha,\sin\alpha+2)$，$\overrightarrow{AQ}=(2\cos\beta,\sin\beta+2)$. 因为 $\overrightarrow{AP}$ 与 $\overrightarrow{AQ}$ 共线，所以 $2\cos\alpha(\sin\beta+2)-2\cos\beta(\sin\alpha+2)=0$，整理得

$$\sin(\alpha-\beta)=2\cos\alpha-2\cos\beta. \tag{$*$}$$

又因为 $\overrightarrow{OP}=(2\cos\alpha,\sin\alpha)$，$\overrightarrow{OQ}=(2\cos\beta,\sin\beta)$，所以

$$S_{\triangle OPQ}=\dfrac{1}{2}|2\cos\alpha\sin\beta-2\cos\beta\sin\alpha|=|\sin(\alpha-\beta)|.$$

当 $\alpha - \beta = k\pi + \dfrac{\pi}{2}(k \in \mathbf{Z})$，且（＊）式成立时，$\triangle OPQ$ 的面积取得最大值 1；当 $\alpha - \beta = 2n\pi + \dfrac{\pi}{2}(n \in \mathbf{Z})$ 时，$\sin(\alpha - \beta) = 1$，则

$$\sin\alpha = \sin\left(\beta + 2n\pi + \dfrac{\pi}{2}\right) = \cos\beta,$$

$$\cos\alpha = \cos\left(\beta + 2n\pi + \dfrac{\pi}{2}\right) = -\sin\beta.$$

此时 $2\cos\alpha - 2\cos\beta = -2\sin\beta - 2\cos\beta = 1$，所以 $\sin\beta + \cos\beta = -\dfrac{1}{2}$. 则

$$2\sin\beta\cos\beta = (\sin\beta + \cos\beta)^2 - 1 = -\dfrac{3}{4},$$

$$\cos\beta - \sin\beta = \pm\sqrt{1 - 2\sin\beta\cos\beta} = \pm\sqrt{1 - \left(-\dfrac{3}{4}\right)} = \pm\dfrac{\sqrt{7}}{2}.$$

所以直线 l 的斜率为

$$k = \dfrac{\sin\beta - \sin\alpha}{2\cos\beta - 2\cos\alpha} = \dfrac{\sin\beta - \cos\beta}{2(\cos\beta + \sin\beta)} = \cos\beta - \sin\beta = \pm\dfrac{\sqrt{7}}{2}.$$

当 $\alpha - \beta = (2n + 1)\pi + \dfrac{\pi}{2}(n \in \mathbf{Z})$ 时，同理可得 $k = \pm\dfrac{\sqrt{7}}{2}$.

综上可知，当 $\triangle OPQ$ 的面积最大时，直线 l 的方程为 $y = \pm\dfrac{\sqrt{7}}{2}x - 2$.

（解法 3）在伸缩变换 $\varphi : \begin{cases} x' = \dfrac{1}{2}x \\ y' = y \end{cases}$ 下，椭圆 $E : \dfrac{x^2}{4} + y^2 = 1$ 对应圆 $O : x'^2 + y'^2 = 1$，点 $A(0, -2)$ 对应点 $A'(0, -2)$，点 P 对应点 P'，点 Q 对应点 Q'. 当 $OP' \perp OQ'$ 时，$\triangle OP'Q'$ 的面积取得最大值，此时坐标原点 O 到直线 l' 的距离 $d = \dfrac{\sqrt{2}}{2}$. 设直线 l' 的方程为 $y' = k'x - 2$，则 $d = \dfrac{|-2|}{\sqrt{k'^2 + 1}} = \dfrac{2}{\sqrt{k'^2 + 1}} = \dfrac{\sqrt{2}}{2}$，解得 $k' = \pm\sqrt{7}$. 所以由伸缩变换的性质可得 $S_{\triangle OPQ} = abS_{\triangle OP'Q'} = 2S_{\triangle OP'Q'}$. 故当 $\triangle OPQ$ 的面积取得最大值时，直线 l 的斜率为 $k = \dfrac{b}{a}k' = \pm\dfrac{\sqrt{7}}{2}$，此时直线 l 的方程为 $y = \pm\dfrac{\sqrt{7}}{2}x - 2$.

点评 本题的第（2）问是椭圆中心三角形的面积最值问题. 其中，解法 1 是直角坐标法，先利用弦长公式表示出底边 PQ 的长度，再运用点到直线的距离公式表示出底边 PQ 上的高线长 d，并把 $\triangle OPQ$ 的面积表示成关于直线斜率 k 的表达式，最后整体换元后运用基本不等式和不等式性质求出其面积的最大值，此时斜率 k 的值由不等式取等的条件可求出；解法 2 运用了椭圆的参数方程，借助椭圆的参数方程设出点 P, Q 的坐标，并利用三角形面积公

式的结论"在 $\triangle ABC$ 中，$\overrightarrow{AB}=(x_1,y_1)$，$\overrightarrow{AC}=(x_2,y_2)$，则 $S_{\triangle ABC}=\dfrac{1}{2}|x_1y_2-x_2y_1|$"表示出 $\triangle OPQ$ 的面积，最后运用三角函数知识求得 $\triangle OPQ$ 的面积取最大时斜率 k 的值；解法 3 运用了伸缩变换法，先求得变换后 $\triangle OP'Q'$ 的面积取最大时底边 $P'Q'$ 上的高线长度，再利用点到直线的距离公式求出直线 $P'Q'$ 的斜率，最后运用伸缩变换的性质求得 $\triangle OPQ$ 的面积取最大时斜率 k 的值.

变式 5 已知椭圆 $C:\dfrac{x^2}{a^2}+\dfrac{y^2}{3}=1(a>\sqrt{3})$ 的右焦点为 F，右顶点为 A，设离心率为 e，且满足 $\dfrac{1}{|OF|}+\dfrac{1}{|OA|}=\dfrac{3e}{|AF|}$，其中 O 为坐标原点.

(1) 求椭圆 C 的方程；

(2) 设过点 $(1,0)$ 的直线 l 与椭圆 C 交于 M,N 两点，求 $\triangle OMN$ 面积的最大值.

【解析】(1) 由题设可得 $\dfrac{1}{c}+\dfrac{1}{a}=\dfrac{3\frac{c}{a}}{a-c}$，整理得 $\dfrac{a+c}{ac}=\dfrac{3\frac{c}{a}}{a-c}$，所以 $a^2-c^2=3c$. 即 $b^2=3c=3$，解得 $c=1$，则 $a^2=b^2+c^2=3+1=4$. 故椭圆 C 的方程为 $\dfrac{x^2}{4}+\dfrac{y^2}{3}=1$.

(2) 设 $M(x_1,y_1)$，$N(x_2,y_2)$，直线 l 的方程为 $x=my+1$. 联立 $\begin{cases}\dfrac{x^2}{4}+\dfrac{y^2}{3}=1\\x=my+1\end{cases}$，整理得

$(3m^2+4)y^2+6my-9=0.$ 而

$$\Delta=(6m)^2-4\times(-9)(3m^2+4)=36(4m^2+4)>0,$$

所以由韦达定理得 $y_1+y_2=-\dfrac{6m}{3m^2+4}$，$y_1y_2=\dfrac{-9}{3m^2+4}$. 则由弦长公式可得

$$|MN|=\sqrt{(1+m^2)[(y_1+y_2)^2-4y_1y_2]}=\sqrt{(1+m^2)\left[\dfrac{36m^2}{(3m^2+4)^2}+\dfrac{36}{3m^2+4}\right]}$$

$$=\dfrac{12(m^2+1)}{3m^2+4}.$$

而坐标原点 O 到直线 $MN:x=my+1$ 的距离 $d=\dfrac{1}{\sqrt{m^2+1}}$，所以

$$S_{\triangle OMN}=\dfrac{1}{2}|MN|\cdot d=\dfrac{1}{2}\times\dfrac{12(m^2+1)}{3m^2+4}\times\dfrac{1}{\sqrt{m^2+1}}=\dfrac{6\sqrt{m^2+1}}{3m^2+4}.$$

令 $t=\sqrt{m^2+1}(t\geqslant 1)$，$f(t)=\dfrac{6t}{3t^2+1}$，则 $f'(t)=\dfrac{-6(3t^2-1)}{(3t^2+1)^2}$. 当 $t\geqslant 1$ 时，$f'(t)<0$，所以 $f(t)=\dfrac{6t}{3t^2+1}$ 在 $t\in[1,+\infty)$ 上单调递减，因此 $f(t)_{\max}=f(1)=\dfrac{3}{2}$. 故 $\triangle OMN$ 面积的最大值为 $\dfrac{3}{2}$.

【题根探秘】 通过对上述变式的探究,可以得出以下结论(命题3和命题4):

命题3 设点 $M(x_0, y_0)$ 是椭圆 $C: \dfrac{x^2}{a^2} + \dfrac{y^2}{b^2} = 1 (a > b > 0)$ 内异于坐标原点 O 的一定点,直线 l 经过定点 $M(x_0, y_0)$ 且与椭圆 C 交于不同的两点 A, B. 记 $\triangle AOB$ 的面积为 S,则:

(1) 当 $\dfrac{x_0^2}{a^2} + \dfrac{y_0^2}{b^2} \geqslant \dfrac{1}{2}$ 时, S 的最大值为 $S_{\max} = \dfrac{1}{2}ab$;

(2) 当 $0 < \dfrac{x_0^2}{a^2} + \dfrac{y_0^2}{b^2} < \dfrac{1}{2}$ 时, S 的最大值为 $S_{\max} = ab\sqrt{\dfrac{x_0^2}{a^2} + \dfrac{y_0^2}{b^2}}\sqrt{1 - \dfrac{x_0^2}{a^2} - \dfrac{y_0^2}{b^2}}$.

证明:在伸缩变换 $\begin{cases} X = \dfrac{x}{a} \\ Y = \dfrac{y}{b} \end{cases}$ 下,椭圆 $C: \dfrac{x^2}{a^2} + \dfrac{y^2}{b^2} = 1(a > b > 0)$ 对应变为圆 $O: X^2 + Y^2 = 1$,

点 $M(x_0, y_0)$ 对应变为点 $M'\left(\dfrac{x_0}{a}, \dfrac{y_0}{b}\right)$,椭圆上的点 A, B 对应单位圆 O 上的点 A', B',

$|OM'| = \sqrt{\dfrac{x_0^2}{a^2} + \dfrac{y_0^2}{b^2}}$.

(1) 当 $|OM'| = \sqrt{\dfrac{x_0^2}{a^2} + \dfrac{y_0^2}{b^2}} \geqslant \dfrac{\sqrt{2}}{2}$,即 $\dfrac{x_0^2}{a^2} + \dfrac{y_0^2}{b^2} \geqslant \dfrac{1}{2}$ 时,

$$S_{\triangle A'OB'} = \dfrac{1}{2}d \cdot |A'B'| = \sqrt{(1 - d^2)d^2} = \sqrt{-\left(d^2 - \dfrac{1}{2}\right)^2 + \dfrac{1}{4}}.$$

当 O 到直线 $A'B'$ 的距离为 $d = \dfrac{\sqrt{2}}{2}$,即 $\angle A'OB' = 90°$ 时, $\triangle A'OB'$ 的面积取得最大值 $(S_{\triangle A'OB'})_{\max} = \dfrac{1}{2}$. 所以由伸缩变换的性质可得 $\triangle AOB$ 的面积 S 的最大值为 $S_{\max} = ab(S_{\triangle A'OB'})_{\max} = \dfrac{1}{2}ab$.

(2) 当 $|OM'| = \sqrt{\dfrac{x_0^2}{a^2} + \dfrac{y_0^2}{b^2}} < \dfrac{\sqrt{2}}{2}$,即 $0 < \dfrac{x_0^2}{a^2} + \dfrac{y_0^2}{b^2} < \dfrac{1}{2}$ 时,点 O 到直线 $A'B'$ 的距离小于 $\dfrac{\sqrt{2}}{2}$,此时 $\angle A'OB'$ 为钝角. 由于

$$S_{\triangle A'OB'} = \dfrac{1}{2}|OA'| \cdot |OB'| \sin\angle A'OB' = \dfrac{1}{2}\sin\angle A'OB',$$

所以要使 $\angle A'OB'$ 最小,只有当弦长 $|A'B'|$ 最小,即 $OM' \perp A'B'$,亦即点 M' 为弦 $A'B'$ 的中点时, $\triangle A'OB'$ 的面积取得最大值,此时 O 到直线 $A'B'$ 的距离 $d = |OM'| = \sqrt{\dfrac{x_0^2}{a^2} + \dfrac{y_0^2}{b^2}}$,弦长 $|A'B'| = 2\sqrt{r^2 - d^2} = 2\sqrt{1 - \dfrac{x_0^2}{a^2} - \dfrac{y_0^2}{b^2}}$. 则 $\triangle A'OB'$ 面积的最大值为

$$(S_{\triangle A'OB'})_{\max} = \frac{1}{2} d \cdot |A'B'| = \sqrt{\frac{x_0^2}{a^2} + \frac{y_0^2}{b^2}} \sqrt{1 - \frac{x_0^2}{a^2} - \frac{y_0^2}{b^2}}.$$

所以由伸缩变换的性质可得此时△AOB 的面积 S 的最大值为

$$S_{\max} = ab \sqrt{\frac{x_0^2}{a^2} + \frac{y_0^2}{b^2}} \sqrt{1 - \frac{x_0^2}{a^2} - \frac{y_0^2}{b^2}}.$$

命题 4 直线 l 经过椭圆 $C: \frac{x^2}{a^2} + \frac{y^2}{b^2} = 1(a > b > 0)$ 外的一定点 $M(x_0, y_0)$，且与 C 交于

不同两点 A, B, O 为坐标原点.记△AOB 的面积为 S，则 S 的最大值为 $S_{\max} = \frac{1}{2}ab$.

点评 在解析几何中，求解与面积有关的最值问题时，首先，通过设直线方程引入参数，联立直线方程和圆锥曲线方程，表示出两根之和与两根之积；然后，运用弦长公式和点到直线的距离公式，以及三角形面积公式表示出所求的三角形面积；最后，运用换元思想和整体代换思想，借助二次函数的性质、对勾函数的性质或基本不等式，求出有关面积的最值或范围问题，如果化为了三次函数，就要用导函数研究其最值.

4. 面积的定值问题

(1) 椭圆中心三角形面积的定值问题

例6 已知 $A(-2\sqrt{2}, 0), B(2\sqrt{2}, 0)$，直线 PA, PB 的斜率之积为 $-\frac{3}{4}$，记动点 P 的轨迹为曲线 C.

(1) 求 C 的方程.

(2) 直线 l 与曲线 C 交于 M, N 两点，O 为坐标原点.若直线 OM, ON 的斜率之积为 $-\frac{3}{4}$，证明：△MON 的面积为定值.

【解析】 (1) 设 $P(x, y)$，则直线 PA 的斜率 $k_{PA} = \frac{y}{x + 2\sqrt{2}}(x \neq -2\sqrt{2})$，直线 PB 的斜

率 $k_{PB} = \frac{y}{x - 2\sqrt{2}}(x \neq 2\sqrt{2})$，所以由题意知

$$k_{PA} \cdot k_{PB} = \frac{y}{x + 2\sqrt{2}} \cdot \frac{y}{x - 2\sqrt{2}} = \frac{y^2}{x^2 - 8} = -\frac{3}{4},$$

化简得 $\frac{x^2}{8} + \frac{y^2}{6} = 1(x \neq \pm 2\sqrt{2})$.故曲线 C 的方程为 $\frac{x^2}{8} + \frac{y^2}{6} = 1(x \neq \pm 2\sqrt{2})$.

(2) (证法 1) 当直线 l 的斜率存在时，设其方程为 $y = kx + m, M(x_1, y_1), N(x_2, y_2)$.联立

$\begin{cases} y = kx + m \\ \frac{x^2}{8} + \frac{y^2}{6} = 1 \end{cases}$，化简得 $(4k^2 + 3)x^2 + 8kmx + 4m^2 - 24 = 0$，则

$$\Delta = (8km)^2 - 4(4k^2+3)(4m^2-24) = 48(8k^2+6-m^2) > 0.$$

所以由韦达定理得 $x_1 + x_2 = -\dfrac{8km}{4k^2+3}, x_1 x_2 = \dfrac{4m^2-24}{4k^2+3}.$ 则

$$k_{OM} \cdot k_{ON} = \frac{y_1 y_2}{x_1 x_2} = \frac{(kx_1+m)(kx_2+m)}{x_1 x_2} = \frac{k^2 x_1 x_2 + km(x_1+x_2) + m^2}{x_1 x_2}$$

$$= \frac{-24k^2 + 3m^2}{4m^2 - 24} = -\frac{3}{4},$$

化简得 $m^2 = 4k^2 + 3$,故

$$|MN| = \sqrt{1+k^2}\,|x_1 - x_2| = \frac{\sqrt{1+k^2}\,\sqrt{48(8k^2+6-m^2)}}{4k^2+3}$$

$$= \frac{4\sqrt{3}\,\sqrt{1+k^2}\,\sqrt{4k^2+3}}{4k^2+3} = \frac{4\sqrt{3}\,\sqrt{1+k^2}}{\sqrt{4k^2+3}}.$$

而点 O 到直线 MN 的距离 $d = \dfrac{|m|}{\sqrt{1+k^2}} = \dfrac{\sqrt{4k^2+3}}{\sqrt{1+k^2}}$,所以

$$S_{\triangle OMN} = \frac{1}{2}\,|MN| \cdot d = \frac{1}{2} \cdot \frac{4\sqrt{3}\,\sqrt{1+k^2}}{\sqrt{3+4k^2}} \cdot \frac{\sqrt{3+4k^2}}{\sqrt{1+k^2}} = 2\sqrt{3}.$$

故 $\triangle OMN$ 的面积为定值.

当直线 l 的斜率不存在时,可设 $M(x_0, y_0)$,$N(x_0, -y_0)$,则 $k_{OM} \cdot k_{ON} = -\dfrac{y_0^2}{x_0^2} = -\dfrac{3}{4}$,

且 $\dfrac{x_0^2}{8} + \dfrac{y_0^2}{6} = 1$,解得 $x_0^2 = 4, y_0^2 = 3$. 此时 $S_{\triangle OMN} = 2 \times \dfrac{1}{2} \times |x_0 y_0| = 2\sqrt{3}$.

综上可知,$\triangle MON$ 的面积为定值为 $2\sqrt{3}$.

(证法 2)椭圆 $\dfrac{x^2}{8} + \dfrac{y^2}{6} = 1(x \neq \pm 2\sqrt{2})$ 的参数方程为 $\begin{cases} x = 2\sqrt{2}\cos\theta \\ y = \sqrt{6}\sin\theta \end{cases}$($\theta$ 为参数),且 $\theta \in$

$(0,\pi) \bigcup (\pi, 2\pi)$. 设 $M(2\sqrt{2}\cos\alpha, \sqrt{6}\sin\alpha)$,$N(2\sqrt{2}\cos\beta, \sqrt{6}\sin\beta)$,则

$$k_{OM} \cdot k_{ON} = \frac{\sqrt{6}\sin\alpha}{2\sqrt{2}\cos\alpha} \cdot \frac{\sqrt{6}\sin\beta}{2\sqrt{2}\cos\beta} = \frac{6\sin\alpha\sin\beta}{8\cos\alpha\cos\beta} = -\frac{3}{4}.$$

所以 $\cos(\alpha - \beta) = 0, \sin(\alpha - \beta) = \pm 1$. 又因为 $\overrightarrow{OM} = (2\sqrt{2}\cos\alpha, \sqrt{6}\sin\alpha)$,$\overrightarrow{ON} = (2\sqrt{2}\cos\beta,$ $\sqrt{6}\sin\beta)$,所以

$$S_{\triangle OMN} = \frac{1}{2} \times |2\sqrt{2}\cos\alpha \cdot \sqrt{6}\sin\beta - 2\sqrt{2}\cos\beta \cdot \sqrt{6}\sin\alpha| = 2\sqrt{3}\,|\sin(\alpha - \beta)|,$$

可得 $S_{\triangle OMN} = 2\sqrt{3}$.故 $\triangle MON$ 的面积为定值 $2\sqrt{3}$.

点评 本题第(2)问的证法 1 分成两种情况:① 当直线 l 的斜率存在时,先联立直线方程和椭圆方程,运用韦达定理表示出两根之和后,再根据直线 OM,ON 的斜率之积为 $-\dfrac{3}{4}$,

得到一个关于 m 和 k 的等式,最后运用三角形面积公式表示出 $\triangle MON$ 的面积,并通过化简得出 $\triangle MON$ 的面积为定值;② 当直线 l 的斜率不存在时,通过解答可以得出 $\triangle MON$ 的面积也为这个定值.而证法2则先根据椭圆的参数方程设出点 M,N 的坐标,再根据直线 OM,ON 的斜率之积为 $-\dfrac{3}{4}$,通过逆用两角和的余弦公式得出 $\cos(\alpha-\beta)=0$ 的值,并运用平方关系式得出 $\sin(\alpha-\beta)=\pm 1$,最后运用三角形面积公式表示出 $\triangle MON$ 的面积,通过三角恒等变换便可得出 $\triangle MON$ 的面积为定值.

(2) 椭圆内接三角形的重心为椭圆中心时的面积问题

例 7 已知椭圆 $\dfrac{x^2}{a^2}+\dfrac{y^2}{b^2}=1(a>b>0)$,$O$ 为坐标原点,长轴长为4,离心率 $e=\dfrac{1}{2}$.

(1) 求椭圆方程;

(2) 若点 A,B,C 都在椭圆上,D 为 AB 的中点,且 $\overrightarrow{CO}=2\overrightarrow{OD}$,求 $\triangle ABC$ 的面积.

【解析】 (1) 由题设可得 $2a=4$,所以 $a=2$,$e=\dfrac{c}{a}=\dfrac{1}{2}$,解得 $c=1$,$b^2=a^2-c^2=3$.故椭圆方程为 $\dfrac{x^2}{4}+\dfrac{y^2}{3}=1$.

(2) (解法1) 设 $A(x_1,y_1)$,$B(x_2,y_2)$,$C(x_3,y_3)$,则由中点坐标公式可得 $D\left(\dfrac{x_1+x_2}{2},\dfrac{y_1+y_2}{2}\right)$.又因为 $\overrightarrow{CO}=2\overrightarrow{OD}$,所以 $(-x_3,-y_3)=2\left(\dfrac{x_1+x_2}{2},\dfrac{y_1+y_2}{2}\right)$,即 $\begin{cases} x_3=-(x_1+x_2) \\ y_3=-(y_1+y_2) \end{cases}$.

① 当直线 AB 的斜率不存在时,$x_1=x_2$,$y_1=-y_2$,所以 $C(-2x_1,0)$.代入椭圆方程,可得 $x_1^2=1$,则直线方程可设为 $x=x_1$.代入 $\dfrac{x^2}{4}+\dfrac{y^2}{3}=1$,解得 $y_1=\pm\sqrt{3\left(1-\dfrac{x_1^2}{4}\right)}$.所以 $|AB|=2\sqrt{3\left(1-\dfrac{x_1^2}{4}\right)}$,故

$$S_{\triangle ABC}=\dfrac{1}{2}|3x_1|\cdot 2\sqrt{3\left(1-\dfrac{x_1^2}{4}\right)}=3\sqrt{3\left(x_1^2-\dfrac{x_1^4}{4}\right)}=\dfrac{9}{2}.$$

② 当直线 AB 的斜率存在时,设直线 AB 的方程为 $y=kx+m$,与 $\dfrac{x^2}{4}+\dfrac{y^2}{3}=1$ 联立,可得 $(4k^2+3)x^2+8kmx+4m^2-12=0$,则由韦达定理得

$$x_1+x_2=-\dfrac{8km}{4k^2+3},\quad x_1x_2=\dfrac{4m^2-12}{4k^2+3}.$$

从而可得 $y_1+y_2=k(x_1+x_2)+2m=\dfrac{6m}{4k^2+3}$.所以由弦长公式可得

$$|AB|=\sqrt{(1+k^2)[(x_1+x_2)^2-4x_1x_2]}=\sqrt{(1+k^2)\left[\dfrac{64k^2m^2}{(4k^2+3)^2}-4\cdot\dfrac{4m^2-12}{4k^2+3}\right]}$$

$$= \frac{4\sqrt{3}\sqrt{(1+k^2)(4k^2-m^2+3)}}{4k^2+3},$$

且 $x_3 = \frac{8km}{4k^2+3}$，$y_3 = -\frac{6m}{4k^2+3}$. 代入椭圆方程 $\frac{x^2}{4} + \frac{y^2}{3} = 1$，整理可得 $4m^2 = 4k^2 + 3$. 而坐标原点 O 到直线 AB 的距离为 $d = \frac{|m|}{\sqrt{k^2+1}}$，所以

$$S_{\triangle AOB} = \frac{1}{2}|AB| \cdot d = \frac{1}{2} \cdot \frac{4\sqrt{3}\sqrt{(1+k^2) \cdot 3m^2}}{4k^2+3} \cdot \frac{|m|}{\sqrt{k^2+1}} = \frac{1}{2} \cdot \frac{12m^2}{4m^2} = \frac{3}{2}.$$

又因为 $\overrightarrow{CD} = 3\overrightarrow{OD}$，所以 $S_{\triangle ABC} = 3S_{\triangle AOB} = \frac{9}{2}$.

(解法2)设 $A(2\cos\alpha, \sqrt{3}\sin\alpha)$，$B(2\cos\beta, \sqrt{3}\sin\beta)$. 因为 D 为 AB 的中点，所以 $D\left(\cos\alpha + \cos\beta, \frac{\sqrt{3}}{2}\sin\alpha + \frac{\sqrt{3}}{2}\sin\beta\right)$. 又因为 $\overrightarrow{CO} = 2\overrightarrow{OD}$，所以 $C(-2\cos\alpha - 2\cos\beta, -\sqrt{3}\sin\alpha - \sqrt{3}\sin\beta)$. 又点 C 在椭圆 $\frac{x^2}{4} + \frac{y^2}{3} = 1$ 上，故

$$3(-2\cos\alpha - 2\cos\beta)^2 + 4(-\sqrt{3}\sin\alpha - \sqrt{3}\sin\beta)^2 = 12,$$

整理得 $\cos(\alpha - \beta) = -\frac{1}{2}$，即得 $\sin^2(\alpha - \beta) = 1 - \cos^2(\alpha - \beta) = \frac{3}{4}$，解得 $|\sin(\alpha - \beta)| = \frac{\sqrt{3}}{2}$. 所以

$$S_{\triangle AOB} = \frac{1}{2}|2\sqrt{3}\sin\beta\cos\alpha - 2\sqrt{3}\cos\beta\sin\alpha| = \sqrt{3}|\sin(\alpha - \beta)| = \frac{3}{2}.$$

又因为 $\overrightarrow{CD} = 3\overrightarrow{OD}$，所以 $S_{\triangle ABC} = 3S_{\triangle AOB} = \frac{9}{2}$.

(解法3)在变换 $\varphi \begin{cases} x' = \dfrac{x}{2} \\ y' = \dfrac{y}{\sqrt{3}} \end{cases}$ 下，椭圆 $\frac{x^2}{4} + \frac{y^2}{3} = 1$ 变为圆 $O: x'^2 + y'^2 = 1$，椭圆上的点 A，B, C 对应圆 O 上的点 A'，B'，C'，点 D' 为 $A'B'$ 的中点，$\overrightarrow{C'O} = 2\overrightarrow{OD'}$. 所以坐标原点 O 既是 $\triangle A'B'C'$ 的重心又是内心，因此 $\triangle A'B'C'$ 为等边三角形. 故

$$S_{\triangle A'OB'} = \frac{1}{2}|OA'| \cdot |OB'|\sin\angle A'OB' = \frac{1}{2} \times 1 \times 1 \times \sin 120° = \frac{\sqrt{3}}{4},$$

即 $S_{\triangle A'B'C'} = 3S_{\triangle A'OB'} = \frac{3\sqrt{3}}{4}$. 所以由伸缩变换的性质可得 $S_{\triangle ABC} = ab S_{\triangle A'B'C'} = 2\sqrt{3} \times \frac{3\sqrt{3}}{4} = \frac{9}{2}$.

点评 本题的解法1是常规的直角坐标法，先根据中点坐标公式和向量的坐标运算表示出点 C 的坐标，把 AB 看成 $\triangle ABC$ 的底边，再分直线 AB 的斜率不存在和存在两种情况，分别计算 $\triangle ABC$ 的面积，特别地，当直线 AB 的斜率存在时，联立直线 AB 和椭圆方程，表示出两根之和与两根之积，以及弦长 $|AB|$ 和点 C 的坐标，最后再运用整体代换的思想求出

$\triangle ABC$ 的面积;解法 2 先根据椭圆的参数方程设出点 A 和点 B 的坐标,再表示出点 C 的坐标,将点 C 的坐标代入椭圆方程后根据三角恒等变换化简,由同角三角函数的平方关系式得出 $|\sin(\alpha-\beta)|$ 的值,最后根据三角形面积公式的有关结论"在 $\triangle ABC$ 中,已知 $\overrightarrow{AB}=(m,n)$,$\overrightarrow{AC}=(p,q)$,则 $\triangle ABC$ 的面积 $S=\frac{1}{2}|mq-np|$",表示出 $\triangle AOB$ 的面积,从而得出 $\triangle ABC$ 的面积;解法 3 运用坐标伸缩变换后,将椭圆的内接三角形面积问题化归为单位圆的内接三角形面积问题.本题运用到的伸缩变换的性质有:两平行线段或共线线段的比不变(三点共线的比不变);椭圆 $\frac{x^2}{a^2}+\frac{y^2}{b^2}=1(a>b>0)$ 经变换 $\begin{cases} x'=\dfrac{x}{a} \\ y'=\dfrac{y}{b} \end{cases}$ 后,对应图形的面积变为原来的 $\frac{1}{ab}$.

变式 6 已知椭圆 $M:\frac{x^2}{a^2}+\frac{y^2}{b^2}=1(a>b>0)$,右焦点为 F,与直线 $y=\frac{3\sqrt{7}}{7}$ 相交于 P,Q 两点.若椭圆 M 经过点 $(0,\sqrt{3})$,且 $PF\perp QF$.

(1) 求椭圆 M 的方程;

(2) O 为坐标原点,A,B,C 是椭圆 M 上不同的三点,并且 O 为 $\triangle ABC$ 的重心,试求 $\triangle ABC$ 的面积.

【解析】 (1) 设 $F(c,0)$,$P\left(x_0,\frac{3\sqrt{7}}{7}\right)$,则 $Q\left(-x_0,\frac{3\sqrt{7}}{7}\right)$.由已知可得 $b=\sqrt{3}$,所以 $\frac{x_0^2}{a^2}+\frac{3}{7}=1$,即 $x_0^2=\frac{4}{7}a^2$.因为 $\overrightarrow{PF}=\left(c-x_0,-\frac{3\sqrt{7}}{7}\right)$,$\overrightarrow{QF}=\left(c+x_0,-\frac{3\sqrt{7}}{7}\right)$,且 $PF\perp QF$,所以 $c^2-x_0^2+\left(-\frac{3\sqrt{7}}{7}\right)^2=0$,整理得 $c^2-x_0^2+\frac{9}{7}=0$.将 $x_0^2=\frac{4}{7}a^2$ 代入上式,可得 $c^2-\frac{4}{7}a^2=-\frac{9}{7}$.又因为 $a^2-c^2=3$,所以 $a^2=4$.故椭圆 M 的标准方程为 $\frac{x^2}{4}+\frac{y^2}{3}=1$.

(2) 设椭圆 M 的参数方程为 $\begin{cases} x=2\cos\varphi \\ y=\sqrt{3}\sin\varphi \end{cases}$($\varphi$ 为参数),$A(2\cos\alpha,\sqrt{3}\sin\alpha)$,$B(2\cos\beta,\sqrt{3}\sin\beta)$,$C(2\cos\theta,\sqrt{3}\sin\theta)$,则由重心坐标公式和题设可得

$$\begin{cases} \dfrac{2\cos\alpha+2\cos\beta+2\cos\theta}{3}=0 \\ \dfrac{\sqrt{3}\sin\alpha+\sqrt{3}\sin\beta+\sqrt{3}\sin\theta}{3}=0 \end{cases}$$

所以 $\begin{cases} \cos\alpha+\cos\beta=-\cos\theta \\ \sin\alpha+\sin\beta=-\sin\theta \end{cases}$,即

$$(\cos \alpha + \cos \beta)^2 + (\sin \alpha + \sin \beta)^2 = (-\cos \theta)^2 + (-\sin \theta)^2 = 1.$$

解得 $\cos(\alpha - \beta) = -\dfrac{1}{2}$, $|\sin(\alpha - \beta)| = \dfrac{\sqrt{3}}{2}$. 又因为 $\overrightarrow{OA} = (2\cos \alpha, \sqrt{3}\sin \alpha)$, $\overrightarrow{OB} = (2\cos \beta, \sqrt{3}\sin \beta)$, 所以

$$S_{\triangle AOB} = \dfrac{1}{2}\left|2\cos \alpha \cdot \sqrt{3}\sin \beta - \sqrt{3}\sin \alpha \cdot 2\cos \beta\right| = \sqrt{3}\left|\sin(\alpha - \beta)\right|,$$

即 $S_{\triangle AOB} = \dfrac{3}{2}$. 故由重心性质可得 $S_{\triangle ABC} = 3S_{\triangle AOB} = \dfrac{9}{2}$.

【题根探秘】 通过对上述试题进行拓展探究,并运用伸缩变换法容易得到以下结论(命题 5):

命题 5 已知椭圆 $M: \dfrac{x^2}{a^2} + \dfrac{y^2}{b^2} = 1(a > b > 0)$, 点 A, B, C 都在椭圆 M 上,坐标原点 O 为 $\triangle ABC$ 的重心,则 $\triangle ABC$ 的面积为 $\dfrac{3\sqrt{3}}{4}ab$.

证明:在伸缩变换 $\varphi: \begin{cases} x' = \dfrac{x}{a} \\ y' = \dfrac{y}{b} \end{cases}$ 下,椭圆 $M: \dfrac{x^2}{a^2} + \dfrac{y^2}{b^2} = 1$ 变为单位圆 $M': x'^2 + y'^2 = 1$, 椭圆 M 的内接 $\triangle ABC$ 对应变为圆 M' 的内接 $\triangle A'B'C'$, $\triangle ABC$ 的重心坐标原点 O 变为 $\triangle A'B'C'$ 的重心坐标原点 O', 变换前坐标原点 O 为椭圆 M 的中心,变换后坐标原点 O' 为单位圆 M' 的圆心,所以 $\triangle A'B'C'$ 的外心和重心与坐标原点 O' 重合,因此 $\triangle A'B'C'$ 为等边三角形. 所以

$$S_{\triangle A'B'C'} = 3S_{\triangle A'O'B'} = 3 \times \dfrac{1}{2} \times |O'A'| \times |O'B'| \sin 120° = \dfrac{3}{2} \times 1^2 \times \dfrac{\sqrt{3}}{2} = \dfrac{3\sqrt{3}}{4}.$$

则由伸缩变换的性质得 $S_{\triangle ABC} = abS_{\triangle A'B'C'} = \dfrac{3\sqrt{3}ab}{4}$.

5. 四边形的面积问题

例 8 椭圆 $C: \dfrac{x^2}{a^2} + \dfrac{y^2}{b^2} = 1(a > b > 0)$ 的右焦点 $F(\sqrt{2}, 0)$, 过点 F 且与 x 轴垂直的直线被椭圆截得的弦长为 $3\sqrt{2}$.

(1) 求椭圆 C 的方程;

(2) 过点 $(2, 0)$ 且斜率不为 0 的直线与椭圆 C 交于 M, N 两点. O 为坐标原点, A 为椭圆 C 的右顶点,求四边形 $OMAN$ 面积的最大值.

【解析】 (1) 把 $x = c$ 代入 $\dfrac{x^2}{a^2} + \dfrac{y^2}{b^2} = 1(a > b > 0)$, 可得 $y = \pm \dfrac{b^2}{a}$, 所以 $\begin{cases} a^2 - b^2 = 2 \\ \dfrac{2b^2}{a} = 3\sqrt{2} \end{cases}$, 解

得 $\begin{cases} a^2 = 8 \\ b^2 = 6 \end{cases}$. 故椭圆 C 的方程为 $\dfrac{x^2}{8} + \dfrac{y^2}{6} = 1$.

(2)(解法 1:直角坐标法)设直线 MN 的方程为 $x = my + 2$,记 $M(x_1, y_1)$,$N(x_2, y_2)$,

则由 $\begin{cases} \dfrac{x^2}{8} + \dfrac{y^2}{6} = 1 \\ x = my + 2 \end{cases}$,消去 x 并整理,可得 $(3m^2 + 4)y^2 + 12my - 12 = 0$. 所以由韦达定理可得

$y_1 + y_2 = -\dfrac{12m}{3m^2 + 4}$,$y_1 y_2 = -\dfrac{12}{3m^2 + 4}$. 则由弦长公式可得

$$| MN | = \sqrt{m^2 + 1}\,\sqrt{(y_1 + y_2)^2 - 4y_1 y_2} = \sqrt{m^2 + 1}\,\sqrt{\dfrac{12^2 m^2}{(3m^2 + 4)^2} + \dfrac{48}{3m^2 + 4}}$$

$$= \dfrac{4\sqrt{m^2 + 1}\,\sqrt{18m^2 + 12}}{3m^2 + 4}.$$

而坐标原点 O 到直线 MN 的距离为 $h_1 = \dfrac{2}{\sqrt{m^2 + 1}}$,点 $A(2\sqrt{2}, 0)$ 到直线 MN 的距离为

$h_2 = \dfrac{2\sqrt{2} - 2}{\sqrt{m^2 + 1}}$,所以

$S_{\text{四边形}OMAN}$

$$= \dfrac{1}{2} \cdot \dfrac{4\sqrt{m^2 + 1}\,\sqrt{18m^2 + 12}}{3m^2 + 4} \cdot \dfrac{2}{\sqrt{m^2 + 1}} + \dfrac{1}{2} \cdot \dfrac{4\sqrt{m^2 + 1}\,\sqrt{18m^2 + 12}}{3m^2 + 4} \cdot \dfrac{2\sqrt{2} - 2}{\sqrt{m^2 + 1}}$$

$$= \dfrac{8\sqrt{9m^2 + 6}}{3m^2 + 4}.$$

令 $\sqrt{9m^2 + 6} = t$,其中 $t \geqslant \sqrt{6}$,则 $m^2 = \dfrac{t^2 - 6}{9}$,$3m^2 + 4 = \dfrac{1}{3} t^2 + 2$,所以 $S(t) = \dfrac{24t}{t^2 + 6} = \dfrac{24}{t + \dfrac{6}{t}}$. 又由基本不等式得 $t + \dfrac{6}{t} \geqslant 2\sqrt{6}$,当且仅当 $t = \sqrt{6}$ 时等号成立. 因此由不等式的性质

可得 $S(t) \leqslant 2\sqrt{6}$. 即当 $m = 0$ 时,四边形 $OMAN$ 的面积取得最大值 $2\sqrt{6}$.

(解法 2:直线参数方程法)记 $P(2, 0)$,设直线 MN 的参数方程为 $\begin{cases} x = 2 + t\cos\alpha \\ y = t\sin\alpha \end{cases}$($t$ 为参

数),其中 $0 < \alpha < \pi$,代入椭圆方程 $\dfrac{x^2}{8} + \dfrac{y^2}{6} = 1$,整理得

$$(3\cos^2\alpha + 4\sin^2\alpha)t^2 + 12\cos\alpha \cdot t - 12 = 0.$$

由 t 的几何意义可知 $|MP| = |t_1|$,$|NP| = |t_2|$. 因为点 P 在椭圆内,这个方程必有两个实根,所以由韦达定理得

$$t_1 + t_2 = -\dfrac{12\cos\alpha}{3\cos^2\alpha + 4\sin^2\alpha}, \quad t_1 t_2 = -\dfrac{12}{3\cos^2\alpha + 4\sin^2\alpha}.$$

故由参数 t 的几何意义可得

$$|MN| = |t_1 - t_2| = \sqrt{(t_1+t_2)^2 - 4t_1t_2} = \sqrt{\frac{12^2\cos^2\alpha}{(3\cos^2\alpha+4\sin^2\alpha)^2} + \frac{48}{3\cos^2\alpha+4\sin^2\alpha}}$$

$$= \frac{4\sqrt{18\cos^2\alpha+12\sin^2\alpha}}{3\cos^2\alpha+4\sin^2\alpha}.$$

而 $h_1 + h_2 = |OP|\sin\alpha + |PA|\sin\alpha = |OA|\sin\alpha = 2\sqrt{2}\sin\alpha$，所以

$$S_{四边形OMAN} = \frac{1}{2} \cdot 2\sqrt{2}\sin\alpha \cdot \frac{4\sqrt{18\cos^2\alpha+12\sin^2\alpha}}{3\cos^2\alpha+4\sin^2\alpha} = \frac{8\sin\alpha\sqrt{9\cos^2\alpha+6\sin^2\alpha}}{3\cos^2\alpha+4\sin^2\alpha}$$

$$= \frac{\frac{4\sqrt{6}}{3}\sqrt{(9-3\sin^2\alpha)\cdot 6\sin^2\alpha}}{3+\sin^2\alpha}.$$

故由基本不等式可得

$$S_{四边形OMAN} \leqslant \frac{\frac{4\sqrt{6}}{3} \cdot \frac{9-3\sin^2\alpha+6\sin^2\alpha}{2}}{3+\sin^2\alpha} = 2\sqrt{6}.$$

当且仅当 $9-3\sin^2\alpha = 6\sin^2\alpha$，即 $\sin\alpha = 1$，亦即 $\alpha = \frac{\pi}{2}$ 时，四边形 $OMAN$ 的面积取得最大值 $2\sqrt{6}$.

（解法3：椭圆参数方程法）记 $P(2,0)$，设 $M(2\sqrt{2}\cos\alpha, \sqrt{6}\sin\alpha)$，$N(2\sqrt{2}\cos\beta, \sqrt{6}\sin\beta)$，则

$$S_{\triangle OMN} = \frac{1}{2}|2\sqrt{2}\cos\alpha \cdot \sqrt{6}\sin\beta - 2\sqrt{2}\cos\beta \cdot \sqrt{6}\sin\alpha| = 2\sqrt{3}|\sin(\alpha-\beta)|.$$

而 $\overrightarrow{AM} = (2\sqrt{2}\cos\alpha - 2\sqrt{2}, \sqrt{6}\sin\alpha)$，$\overrightarrow{AN} = (2\sqrt{2}\cos\beta - 2\sqrt{2}, \sqrt{6}\sin\beta)$，所以

$$S_{\triangle AMN} = \frac{1}{2}|(2\sqrt{2}\cos\alpha - 2\sqrt{2})\cdot\sqrt{6}\sin\beta - (2\sqrt{2}\cos\beta - 2\sqrt{2})\cdot\sqrt{6}\sin\alpha|$$

$$= \frac{1}{2}|4\sqrt{3}\sin(\beta-\alpha) + 4\sqrt{3}(\sin\alpha - \sin\beta)|. \qquad ①$$

又因为 $\overrightarrow{PM} = (2\sqrt{2}\cos\alpha - 2, \sqrt{6}\sin\alpha)$，$\overrightarrow{PN} = (2\sqrt{2}\cos\beta - 2, \sqrt{6}\sin\beta)$，且 M, P, N 三点共线，所以 $(2\sqrt{2}\cos\alpha - 2)\cdot\sqrt{6}\sin\beta - (2\sqrt{2}\cos\beta - 2)\cdot\sqrt{6}\sin\alpha = 0$，整理得

$$2\sqrt{6}(\sin\alpha - \sin\beta) = 4\sqrt{3}\sin(\alpha-\beta). \qquad ②$$

将②式代入①式，可得

$$S_{\triangle AMN} = \frac{1}{2}|-4\sqrt{3}\sin(\alpha-\beta) + 4\sqrt{6}\sin(\alpha-\beta)| = (2\sqrt{6} - 2\sqrt{3})|\sin(\alpha-\beta)|,$$

所以

$$S_{四边形OMAN} = S_{\triangle OMN} + S_{\triangle AMN} = 2\sqrt{6}|\sin(\alpha-\beta)|.$$

当 $|\sin(\alpha-\beta)| = 1$ 时，四边形 $OMAN$ 的面积取得最大值 $2\sqrt{6}$.

点评 本题的解法1是常规的直角坐标法，首先设出直线 MN 的点横式方程，避免了对直线 MN 斜率是否存在的讨论，然后将直线方程和椭圆方程联立，运用韦达定理和弦长公式表示出弦长 $|MN|$，并把四边形 $OMAN$ 的面积化归为 $\triangle OMN$ 和 $\triangle AMN$ 的面积和，最后通

过换元,以及基本不等式和不等式的基本性质求出四边形 $OMAN$ 面积的最大值.解法2是直线参数方程法,将直线参数代入椭圆方程,由韦达定理表示出 t_1+t_2 和 t_1t_2,由参数 t 的几何意义表示出弦长 $|MN|$ 后,结合图形表示出 $\triangle OMN$ 和 $\triangle AMN$ 边 MN 上的高的和,最后将四边形 $OMAN$ 的面积用含 $\sin\alpha$ 的式子表示,并运用基本不等式计算出四边形 $OMAN$ 的最大面积.与解法1相比,本解法不需要换元,因此运算量减少.解法3是椭圆参数方程法,本解法中设点 M 和点 N 的坐标时,实际上运用了椭圆的参数方程,$\triangle OMN$ 和 $\triangle AMN$ 面积的表示运用了三角形面积公式的结论:在 $\triangle ABC$ 中,$\vec{CB}=(x_1,y_1)$,$\vec{CA}=(x_2,y_2)$,则 $S_{\triangle ABC}=\dfrac{1}{2}|x_1y_2-x_2y_1|$.此外,解法3还运用了向量共线的坐标表示,以及三角恒等变换,最后运用三角函数的有界性得出四边形 $OMAN$ 的面积.与解法2相比,本解法也运用了三角函数知识.

变式 7 在平面直角坐标系 xOy 中,过椭圆 $M:\dfrac{x^2}{a^2}+\dfrac{y^2}{b^2}=1(a>b>0)$ 右焦点的直线 $x+y-\sqrt{3}=0$ 交 M 于 A,B 两点,P 为 AB 的中点,且 OP 的斜率为 $\dfrac{1}{2}$.

(1) 求椭圆 M 的方程;

(2) C,D 为 M 上的两点.若四边形 $ACBD$ 的对角线 $CD\perp AB$,求四边形 $ACBD$ 面积的最大值.

【解析】 (1) 设 $A(x_1,y_1),B(x_2,y_2),P(x_0,y_0)$,则 $\dfrac{x_1^2}{a^2}+\dfrac{y_1^2}{b^2}=1$,$\dfrac{x_2^2}{a^2}+\dfrac{y_2^2}{b^2}=1$,

$\dfrac{y_2-y_1}{x_2-x_1}=-1$.由此可得 $\dfrac{b^2(x_2+x_1)}{a^2(y_2+y_1)}=-\dfrac{y_2-y_1}{x_2-x_1}=1$.由中点坐标公式可得 $\begin{cases}x_1+x_2=2x_0\\y_1+y_2=2y_0\end{cases}$,

因为 $\dfrac{y_0}{x_0}=\dfrac{1}{2}$,所以 $a^2=2b^2$.又由题意可知,椭圆 M 的右焦点为 $(\sqrt{3},0)$,故 $a^2-b^2=3$,解得

$a^2=6,b^2=3$.所以椭圆 M 的方程为 $\dfrac{x^2}{6}+\dfrac{y^2}{3}=1$.

(2) 联立 $\begin{cases}x+y-\sqrt{3}=0\\\dfrac{x^2}{6}+\dfrac{y^2}{3}=1\end{cases}$,解得 $\begin{cases}x=\dfrac{4\sqrt{3}}{3}\\y=-\dfrac{\sqrt{3}}{3}\end{cases}$ 或 $\begin{cases}x=0\\y=\sqrt{3}\end{cases}$,因此 $|AB|=\dfrac{4\sqrt{6}}{3}$.由题意可设直线

CD 的方程为 $y=x+n$.因为点 A,B 在直线 CD 的两侧,所以 $\left(\dfrac{4\sqrt{3}}{3}+\dfrac{\sqrt{3}}{3}+n\right)(\sqrt{3}+n)<0$,

可得 $-\dfrac{5\sqrt{3}}{3}<n<\sqrt{3}$.另设 $C(x_3,y_3),D(x_4,y_4)$,则由 $\begin{cases}y=x+n\\\dfrac{x^2}{6}+\dfrac{y^2}{3}=1\end{cases}$,得 $3x^2+4nx+2n^2-6$

$=0$,解得 $x_{3,4}=\dfrac{-2n\pm\sqrt{2(9-n^2)}}{3}$.又因为直线 CD 的斜率为1,所以由已知四边形 $ACBD$

的面积为

$$S = \frac{1}{2} \mid CD \mid \cdot \mid AB \mid = \frac{8\sqrt{6}}{9} \sqrt{9 - n^2}.$$

当 $n = 0$ 时, S 取得最大值,为 $\frac{8\sqrt{6}}{3}$. 所以四边形 $ACBD$ 面积的最大值为 $\frac{8\sqrt{6}}{3}$.

6. 抛物线中三角形面积的最值问题

例9 如图 3.28 所示,已知 $\triangle ABP$ 的三个顶点都在抛物线 $C: x^2 = 4y$ 上, F 为抛物线 C 的焦点,点 M 为 AB 的中点, $\overrightarrow{PF} = 3\overrightarrow{FM}$.

(1) 若 $\mid PF \mid = 3$,求点 M 的坐标;

(2) 求 $\triangle ABP$ 面积的最大值.

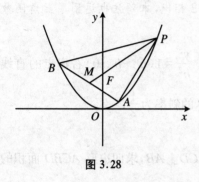

图 3.28

【解析】 (1) 由题设可得 $F(0,1)$,设 $P(x_P, y_P)$,则由焦半径公式可得 $\mid PF \mid = y_P + 1 = 3$,所以 $y_P = 2$. 将其代入 $x^2 = 4y$,解得 $x_P = \pm 2\sqrt{2}$,所以 $P(2\sqrt{2}, 2)$ 或 $P(-2\sqrt{2}, 2)$. 设 $M(x_M, y_M)$,因为 $\overrightarrow{PF} = 3\overrightarrow{FM}$,所以 $(-x_P, 1 - y_P) = 3(x_M, y_M - 1)$,解得 $M\left(-\frac{2\sqrt{2}}{3}, \frac{2}{3}\right)$ 或 $M\left(\frac{2\sqrt{2}}{3}, \frac{2}{3}\right)$.

(2) 设直线 AB 的方程为 $y = kx + m$,另设 $A(x_A, y_A)$, $B(x_B, y_B)$, $P(x_P, y_P)$,则由 $\begin{cases} y = kx + m \\ x^2 = 4y \end{cases}$,得 $x^2 - 4kx - 4m = 0$. 所以 $\Delta = 16k^2 + 16m > 0$,且由韦达定理得 $x_1 + x_2 = 4k$, $x_1 x_2 = -4m$,于是可得 AB 的中点 M 的坐标为 $(2k, 2k^2 + m)$. 又由 $\overrightarrow{PF} = 3\overrightarrow{FM}$,得

$$(-x_P, 1 - y_P) = 3(2k, 2k^2 + m - 1),$$

所以 $\begin{cases} x_P = -6k \\ y_P = 4 - 6k^2 - 3m \end{cases}$. 由 $x_P^2 = 4y_P$,得 $k^2 = -\frac{1}{5}m + \frac{4}{15}$. 则由 $\Delta > 0$, $k^2 \geqslant 0$,得 $-\frac{1}{3} < m \leqslant \frac{4}{3}$. 又因为 $\mid AB \mid = 4\sqrt{1 + k^2} \cdot \sqrt{k^2 + m}$,点 $F(0,1)$ 到直线 AB 的距离为 $d = \frac{\mid m - 1 \mid}{\sqrt{1 + k^2}}$,所以

$$S_{\triangle ABP} = 4S_{\triangle ABF} = 8 \mid m - 1 \mid \sqrt{k^2 + m} = \frac{16}{\sqrt{15}} \sqrt{3m^3 - 5m^2 + m + 1}.$$

令 $f(m) = 3m^3 - 5m^2 + m + 1 \left(-\frac{1}{3} < m \leqslant \frac{4}{3}\right)$,则 $f'(m) = 9m^2 - 10m + 1 = 0$ 时,解得 $m = \frac{1}{9}$ 或 $m = 1$. 所以 $f(m)$ 在 $\left(-\frac{1}{3}, \frac{1}{9}\right)$ 上是增函数,在 $\left(\frac{1}{9}, 1\right)$ 上是减函数,在 $\left(1, \frac{4}{3}\right)$ 上

是增函数. 又因为 $f\left(\dfrac{1}{9}\right)=\dfrac{256}{243}>f\left(\dfrac{4}{3}\right)$, 所以当 $m=\dfrac{1}{9}$ 时, $f(m)$ 取到最大值 $\dfrac{256}{243}$, 此时 $k=$ $\pm\dfrac{\sqrt{55}}{15}$. 故 $\triangle ABP$ 面积的最大值为 $\dfrac{256\sqrt{5}}{135}$.

点评 本题的第(2)问设出直线 AB 的斜截式方程和点 A, B, P 的坐标后, 运用弦长公式表示出 $\triangle ABP$ 的底边 AB, 又由题设条件把 $\triangle ABP$ 的面积表示成 $\triangle ABF$ 的 4 倍, 并把 $\triangle ABP$ 的面积最终表示成关于直线 AB 的纵截距 m 的函数, 之后利用导函数研究三次函数的单调性, 从而得出 $\triangle ABP$ 面积的最大值.

变式 8 已知 $\triangle ABC$ 的三个顶点都在抛物线 $E:y^2=4x$ 上, 抛物线 C 的焦点 F 恰好为 $\triangle ABC$ 的重心, 求 $\triangle ABC$ 面积的最大值.

【解析】 设 $\triangle ABC$ 的三个顶点分别为 $A\left(\dfrac{y_1^2}{4},y_1\right)$, $B\left(\dfrac{y_2^2}{4},y_2\right)$, $C\left(\dfrac{t^2}{4},t\right)$, 由题意知 F

$(1,0)$, 则 $\begin{cases}\dfrac{\dfrac{y_1^2}{4}+\dfrac{y_2^2}{4}+\dfrac{t^2}{4}}{3}=1 \\ \dfrac{y_1+y_2+t}{3}=0\end{cases}$, 整理得 $\begin{cases}y_1^2+y_2^2=12-t^2 \\ y_1+y_2=-t\end{cases}$, 所以

$$2y_1y_2=(y_1+y_2)^2-(y_1^2+y_2^2)=2t^2-12,$$

即得 $y_1y_2=t^2-6$. 而 $|y_1-y_2|=\sqrt{y_1^2+y_2^2-2y_1y_2}=\sqrt{24-3t^2}$, $\overrightarrow{FA}=\left(\dfrac{y_1^2}{4}-1,y_1\right)$, $\overrightarrow{FB}=$ $\left(\dfrac{y_2^2}{4}-1,y_2\right)$, 所以

$$S_{\triangle AFB}=\dfrac{1}{2}\left|\left(\dfrac{y_1^2}{4}-1\right)y_2-\left(\dfrac{y_2^2}{4}-1\right)y_1\right|=\dfrac{1}{2}\left|\dfrac{1}{4}y_1y_2(y_1-y_2)+(y_1-y_2)\right|$$

$$=\dfrac{1}{2}|y_1-y_2|\left|\dfrac{1}{4}y_1y_2+1\right|=\dfrac{1}{2}\sqrt{24-3t^2}\times\left|\dfrac{t^2-2}{4}\right|$$

$$=\dfrac{1}{8}\sqrt{(24-3t^2)(t^2-2)^2}=\dfrac{1}{8}\sqrt{-3t^6+36t^4-108t^2+96}.$$

令 $f(t)=-3t^6+36t^4-108t^2+96$, 其中 $t\in[0,+\infty)$, 则

$$f'(t)=-18t^5+144t^3-216t=-18t(t+\sqrt{2})(t+\sqrt{6})(t-\sqrt{2})(t-\sqrt{6}).$$

令 $f'(t)=0$, 解得 $t=0$, $t=\sqrt{2}$ 或 $t=\sqrt{6}$. 所以函数 $f(t)$ 的单调递减区间为 $[0,\sqrt{2})$, $(\sqrt{6},$ $+\infty)$, 单调递增区间为 $(\sqrt{2},\sqrt{6})$. 又因为 $f(0)=\dfrac{\sqrt{6}}{2}$, $f(\sqrt{6})=\dfrac{\sqrt{6}}{2}$, 所以 $f(t)_{\max}=\dfrac{\sqrt{6}}{2}$, 故

$$(S_{\triangle ABC})_{\max}=3(S_{\triangle AFB})_{\max}=3f(t)_{\max}=\dfrac{3\sqrt{6}}{2}.$$

即 $\triangle ABC$ 面积的最大值为 $\dfrac{3\sqrt{6}}{2}$.

点评 本题首先运用三角形重心的坐标公式和三角形面积公式,把 $\triangle AFB$ 的面积表示成关于点 C 的纵坐标 t 的函数,然后利用导函数研究六次函数在给定区间上的最大值,得出 $\triangle AFB$ 面积的最大值,从而得出 $\triangle ABC$ 面积的最大值.

【方法点睛】 在解析几何中,有一类三角形或四边形关联的面积定值问题是常考题,这类题目的常见解题策略是:① 通过设直线方程引入变量,联立直线方程和圆锥曲线方程,由韦达定理表示出两根之和与两根之积后,再结合题设条件,实现几何量的有效转化,最后通过计算、推理和论证消去变量,从而得到面积的定值;② 根据椭圆的参数方程,表示出相关三角形的顶点,再根据已知条件和三角恒等变换表示出相应的表达式,最后运用三角形面积公式,通过三角函数运算得出面积定值.

例10 (2023 年全国甲卷/理 20) 已知直线 $x - 2y + 1 = 0$ 与抛物线 $C: y^2 = 2px$($p > 0$)交于 A, B 两点,$|AB| = 4\sqrt{15}$.

(1) 求 p;

(2) 设 F 为抛物线 C 的焦点,M, N 为 C 上两点,且 $\overrightarrow{MF} \cdot \overrightarrow{NF} = 0$,求 $\triangle MNF$ 面积的最小值.

【解析】 (1) 设 $A(x_1, y_1), B(x_2, y_2)$. 联立 $\begin{cases} x - 2y + 1 = 0 \\ y^2 = 2px \end{cases}$,整理得 $y^2 - 4py + 2p = 0$,所以由韦达定理得 $y_1 + y_2 = 4p, y_1 y_2 = 2p$,则

$$|AB| = \sqrt{\left(1 + \frac{1}{k^2}\right)\left[(y_1 + y_2)^2 - 4y_1 y_2\right]} = \sqrt{(1 + 4)(16p^2 - 8p)} = 4\sqrt{15},$$

整理得 $2p^2 - p - 6 = 0$. 又因为 $p > 0$,所以 $p = 2$.

(2) (解法 1)因为 $F(1, 0)$,设直线 MN 的方程为 $x = ty + h, M(x_3, y_3), N(x_4, y_4)$. 联立 $\begin{cases} y^2 = 4x \\ x = ty + h \end{cases}$,整理得 $y^2 - 4ty - 4h = 0$,则 $\Delta = 16(t^2 + h) > 0$,即 $t^2 + h > 0$. 所以由韦达定理得 $y_3 + y_4 = 4t, y_3 y_4 = -4h$,从而可得 $|MN| = 4\sqrt{(t^2 + 1)(t^2 + h)}, d = \frac{|1 - h|}{\sqrt{1 + t^2}}$. 则

$$S_{\triangle MNF} = \frac{1}{2}|MN| \cdot d = 2\sqrt{t^2 + h}\,|1 - h|.$$

因为

$$\overrightarrow{MF} \cdot \overrightarrow{NF} = (1 - x_3, -y_3) \cdot (1 - x_4, -y_4) = (1 - x_3)(1 - x_4) + y_3 y_4$$
$$= 1 + (th - t)(y_3 + y_4) + (t^2 + 1)y_3 y_4 + h^2 - 2h$$
$$= 1 + 4(th - t)t - 4(t^2 + 1)h + h^2 - 2h = 0,$$

所以 $4t^2 = h^2 - 6h + 1$,即 $h^2 - 6h + 1 \geq 0$,解得 $h \leq 3 - 2\sqrt{2}$ 或 $h \geq 3 + 2\sqrt{2}$. 又因为 $h \neq 1$,整理得 $t^2 + h = \frac{1}{4}(h - 1)^2$,所以 $S_{\triangle MNF} = (h - 1)^2$. 故当 $h = 3 - 2\sqrt{2}$ 时,有

$$(S_{\triangle MNF})_{\min} = (3 - 2\sqrt{2} - 1)^2 = (2 - 2\sqrt{2})^2 = 12 - 8\sqrt{2}.$$

即 $\triangle MNF$ 面积的最小值为 $12 - 8\sqrt{2}$.

（解法 2:抛物线参数方程法）设 $M(4t_1^2, 4t_1), N(4t_2^2, 4t_2)$,则 $\overrightarrow{MF} = (1 - 4t_1^2, -4t_1)$,
$\overrightarrow{NF} = (1 - 4t_2^2, -4t_2)$. 所以

$$\overrightarrow{MF} \cdot \overrightarrow{NF} = (4t_1^2 - 1)(4t_2^2 - 1) + 16t_1 t_2 = 0,$$

整理得 $(4t_1 t_2 + 3)^2 - (2t_1 + 2t_2)^2 = 8$,即 $(4t_1 t_2 + 3)^2 \geqslant 8$,解得 $4t_1 t_2 \geqslant 2\sqrt{2} - 3$ 或 $4t_1 t_2 \leqslant -2\sqrt{2} - 3$. 所以

$$S_{\triangle MNF} = \frac{1}{2} \mid MF \mid \cdot \mid NF \mid = \frac{1}{2}(4t_1^2 + 1)(4t_2^2 + 1) = \frac{1}{2}\left[(4t_1 t_2 - 1)^2 + (2t_1 + 2t_2)^2\right]$$

$$= \frac{1}{2}\left[(4t_1 t_2 - 1)^2 + (4t_1 t_2 + 3)^2 - 8\right] = (4t_1 t_2 + 1)^2$$

$$\geqslant (2\sqrt{2} - 2)^2 = 12 - 8\sqrt{2}.$$

当且仅当 $\begin{cases} 2(t_1 + t_2) = 0 \\ 4t_1 t_2 = 2\sqrt{2} - 3 \end{cases}$,即 $t_1 = -t_2 = \pm \dfrac{\sqrt{2} - 1}{2}$ 时等号成立.

所以 $\triangle MNF$ 面积的最小值为 $12 - 8\sqrt{2}$.

（解法 3:极坐标法）以抛物线 $C: y^2 = 4x$ 的焦点 F 为极点,Fx 为极轴建立极坐标系,则抛物线 C 的极坐标方程为 $\rho = \dfrac{2}{1 - \cos\theta}$. 不妨设 $\angle MFx = \alpha$,则 $\mid MF \mid = \dfrac{2}{1 - \cos\alpha}$,$\mid NF \mid = \dfrac{2}{1 - \cos\left(\alpha + \dfrac{\pi}{2}\right)} = \dfrac{2}{1 + \sin\alpha}$. 所以

$$S_{\triangle MNF} = \frac{1}{2} \mid MF \mid \cdot \mid NF \mid = \frac{1}{2} \cdot \frac{2}{1 - \cos\alpha} \cdot \frac{2}{1 + \sin\alpha} = \frac{4}{2(1 - \cos\alpha)(1 + \sin\alpha)}$$

$$= \frac{4}{1 + 2(\sin\alpha - \cos\alpha) + (\sin\alpha - \cos\alpha)^2} = \frac{4}{(\sin\alpha - \cos\alpha + 1)^2}$$

$$= \frac{4}{\left[\sqrt{2}\sin\left(\alpha - \dfrac{\pi}{4}\right) + 1\right]^2} \geqslant \frac{4}{(\sqrt{2} + 1)^2} = 12 - 8\sqrt{2}.$$

故 $\triangle MNF$ 面积的最小值为 $12 - 8\sqrt{2}$.

点评 本题第(2)问的解法 1 是直角坐标法,为避免对直线斜率是否存在进行讨论,设出了直线 MN 的点横式方程,运用弦长公式、点到直线的距离公式和三角形面积公式,以及放缩法的思想求出了参数 h 的范围,最后再运用二次函数的知识求出面积的最小值;解法 2 是抛物线参数方程法,设出点的坐标后,运用焦半径知识和已知条件表示出面积;解法 3 是极坐标法,运用三角函数的知识求出面积最小值.

例 11 (2023 年天津卷) 已知椭圆 $C: \dfrac{x^2}{a^2} + \dfrac{y^2}{b^2} = 1(a > b > 0)$ 的左、右顶点分别为

A_1, A_2, 右焦点为 F, $|A_1F| = 3$, $|A_2F| = 1$.

(1) 求椭圆 C 的方程和离心率 e.

(2) 已知点 P 是椭圆 C 上一动点(不与端点重合), 直线 A_2P 交 y 轴于点 Q. 若 $\triangle A_1PQ$ 的面积是 $\triangle A_2FP$ 的面积的 2 倍, 求直线 A_2P 的方程.

【解析】 (1) 由题设可得 $\begin{cases} a + c = 3 \\ a - c = 1 \end{cases}$, 解得 $\begin{cases} a = 2 \\ c = 1 \end{cases}$. 所以 $b^2 = a^2 - c^2 = 4 - 1 = 3$. 故椭圆

C 的方程为 $\dfrac{x^2}{4} + \dfrac{y^2}{3} = 1$, 离心率 $e = \dfrac{c}{a} = \dfrac{1}{2}$.

(2) 由(1)可得出 $A_1(-2, 0)$, $A_2(2, 0)$. 设直线 A_2P 的方程为 $x = ty + 2$, 联立

$\begin{cases} x = ty + 2 \\ \dfrac{x^2}{4} + \dfrac{y^2}{3} = 1 \end{cases}$, 整理得 $(3t^2 + 4)y^2 + 12ty = 0$, 则由韦达定理得

$$y_P = \frac{-12t}{3t^2 + 4}, \quad x_P = ty_P + 2 = \frac{-12t^2}{3t^2 + 4} + 2 = \frac{-6t^2 + 8}{3t^2 + 4}.$$

所以 $P\left(\dfrac{-6t^2 + 8}{3t^2 + 4}, \dfrac{-12t}{3t^2 + 4}\right)$. 又因为 $Q\left(0, \dfrac{-2}{t}\right)$, 所以

$$S_{\triangle A_1QA_2} = \frac{1}{2}|A_1A_2| \cdot |y_Q| = \frac{1}{2} \times 4 \times |y_Q| = 2|y_Q|,$$

$$S_{\triangle A_2FP} = \frac{1}{2}|A_2F| \cdot |y_P| = \frac{1}{2} \times 1 \times |y_P| = \frac{1}{2}|y_P|,$$

$$S_{\triangle PA_1A_2} = \frac{1}{2}|A_1A_2| \cdot |y_P| = \frac{1}{2} \times 4 \times |y_P| = 2|y_P|.$$

故

$$S_{\triangle A_1QA_2} = S_{\triangle A_1PQ} + S_{\triangle PA_1A_2} = 2S_{\triangle A_2FP} + S_{\triangle PA_1A_2},$$

整理得 $2|y_Q| = 3|y_P|$, 即得 $2\left|\dfrac{-2}{t}\right| = 3\left|\dfrac{-12t}{3t^2 + 4}\right|$, 解得 $t = \pm\dfrac{\sqrt{6}}{3}$. 所以直线 A_2P 的方程为

$x = \pm\dfrac{\sqrt{6}}{3}y + 2$, 即 $y = \pm\dfrac{\sqrt{6}}{2}(x - 2)$.

点评 在本题第(2)问中, 为了简化运算, 设出了直线 A_2P 的点横式方程, 运用了化归与转化的思想.

习 题

1. 已知椭圆 $C: \dfrac{x^2}{a^2} + \dfrac{y^2}{b^2} = 1\,(a > b > 0)$ 的右焦点为 $F(\sqrt{2}, 0)$, 过点 F 且与 x 轴垂直的直线与该椭圆相交于 M, N 两点, 且 $|MN| = 2$.

(1) 求椭圆 C 的方程;

(2) 已知点 $A(x_1, y_1)$, $B(x_2, y_2)\,(x_1 \neq x_2)$ 为椭圆 C 上两点, O 为坐标原点.

① 若△AOB 的面积为 S,求证:$S = \dfrac{1}{2}|x_1y_2 - x_2y_1|$.

② 设直线 OA,OB 的斜率分别为 k_{OA},k_{OB},且 $k_{OA}k_{OB} = -\dfrac{1}{2}$.若点 P 为椭圆 C 上异于 A,B 的动点,记△AOP,△BOP 的面积分别为 S_1,S_2,试探究 $S_1^2 + S_2^2$ 是否为定值.若是定值,求出该定值;若不是定值,请说明理由.

2. 已知椭圆 $C:\dfrac{x^2}{a^2} + \dfrac{y^2}{b^2} = 1(a > b > 0)$ 的左、右焦点分别为 F_1,F_2,离心率为 $\dfrac{\sqrt{6}}{3}$,直线 $x = \sqrt{2}$ 被 C 截得的线段长为 $\dfrac{2\sqrt{3}}{3}$.

(1) 求椭圆 C 的方程;

(2) 若 A 和 B 为椭圆 C 上在 x 轴同侧的两点,且 $\overrightarrow{AF_2} = \lambda\overrightarrow{BF_1}$,求四边形 ABF_1F_2 面积的最大值及此时 λ 的值.

3. 已知椭圆 $\Gamma:\dfrac{x^2}{a^2} + \dfrac{y^2}{b^2} = 1(a > b > 0)$ 的离心率为 $\dfrac{\sqrt{6}}{3}$,左、右焦点分别为 F_1,F_2,过 F_2 作不平行于坐标轴的直线交 Γ 于 A,B 两点,且△ABF_1 的周长为 $4\sqrt{6}$.

(1) 求椭圆 Γ 的方程;

(2) 若 $AM \perp x$ 轴于点 M,$BN \perp x$ 轴于点 N,直线 AN 与 BM 交于点 C,求△ABC 面积的最大值.

4. 已知椭圆 $C:\dfrac{x^2}{4} + y^2 = 1$,点 P 为椭圆 C 上非顶点的动点,点 A_1,A_2 分别为椭圆 C 的左、右顶点,过 A_1,A_2 分别作 $l_1 \perp PA_1$,$l_2 \perp PA_2$,直线 l_1,l_2 相交于点 G,连接 OG(O 为坐标原点),线段 OG 与椭圆 C 交于点 Q.若直线 OP,OQ 的斜率分别为 k_1,k_2.

(1) 求 $\dfrac{k_1}{k_2}$ 的值;

(2) 求△POQ 面积的最大值.

5. 在直角坐标系 xOy 中,已知椭圆 $C:\dfrac{x^2}{a^2} + \dfrac{y^2}{b^2} = 1(a > b > 0)$ 的右焦点为 $F(1,0)$,过点 F 的直线交椭圆 C 于 A,B 两点,$|AB|$ 的最小值为 $\sqrt{2}$.

(1) 求椭圆 C 的标准方程;

(2) 若与 A,B 不共线的点 P 满足 $\overrightarrow{OP} = \lambda\overrightarrow{OA} + (2-\lambda)\overrightarrow{OB}$,求△PAB 面积的取值范围.

6. 已知椭圆 $E:\dfrac{x^2}{a^2} + \dfrac{y^2}{b^2} = 1(a > b > 0)$,A,B 分别为其左、右顶点,点 G 的坐标为 $(c,1)$,c 为椭圆的半焦距,且有 $\overrightarrow{AG} \cdot \overrightarrow{BG} = 0$,椭圆 E 的离心率为 $e = \dfrac{\sqrt{2}}{2}$.

(1) 求椭圆 E 的标准方程;

(2) 已知 O 为坐标原点，M，N 为椭圆上不重合的两点，且 MN 的中点 H 在直线 $y = \dfrac{1}{2}x$ 上，求 $\triangle MNO$ 面积的最大值.

7. 已知曲线 C 由 $C_1: \dfrac{x^2}{a^2} + \dfrac{y^2}{b^2} = 1(a > b > 0, x \geqslant 0)$ 和 $C_2: x^2 + y^2 = b^2(x < 0)$ 两部分组成，C_1 所在椭圆的离心率为 $\dfrac{\sqrt{3}}{2}$，上、下顶点分别为 B_1，B_2，右焦点为 F，C_2 与 x 轴相交于点 D，四边形 B_1FB_2D 的面积为 $\sqrt{3} + 1$.

(1) 求 a，b 的值；

(2) 若直线 l 与 C_1 相交于 A，B 两点，$|AB| = 2$，点 P 在 C_2 上，求 $\triangle PAB$ 面积的最大值.

8. 已知椭圆 $C: \dfrac{x^2}{a^2} + \dfrac{y^2}{b^2} = 1(a > b > 0)$ 经过点 $P\left(\sqrt{3}, \dfrac{3}{2}\right)$，$O$ 为坐标原点. 若直线 l 与椭圆 C 交于 A，B 两点，线段 AB 的中点为 M，直线 l 与直线 OM 的斜率乘积为 $-\dfrac{1}{4}$.

(1) 求椭圆 C 的标准方程；

(2) 若 $|OM| = 3$，求 $\triangle AOB$ 面积的最大值.

9. 已知椭圆 $C: \dfrac{x^2}{a^2} + \dfrac{y^2}{b^2} = 1(a > b > 0)$ 的离心率为 $\dfrac{\sqrt{2}}{2}$，短轴长为 2.

(1) 求椭圆 C 的标准方程.

(2) 在圆 $O: x^2 + y^2 = 3$ 上取一动点 P 作椭圆 C 的两条切线，切点分别记为 M，N（PM，PN 的斜率均存在），直线 PM，PN 分别与圆 O 相交于异于点 P 的 A，B 两点.

① 求证：$|AB| = 2\sqrt{3}$.

② 求 $\triangle OMN$ 面积的取值范围.

10. 已知椭圆 $C: \dfrac{x^2}{a^2} + \dfrac{y^2}{b^2} = 1(a > b > 0)$ 的离心率为 $\dfrac{\sqrt{3}}{2}$，过 C 的右顶点 A 的直线 l 与 C 的另一交点为 P，当 P 为 C 的上顶点时，原点到 l 的距离为 $\dfrac{2\sqrt{5}}{5}$.

(1) 求 C 的标准方程；

(2) 过点 A 与 l 垂直的直线交抛物线 $y^2 = 8x$ 于 M，N 两点，求 $\triangle PMN$ 面积的最小值.

11. 已知 A，B 分别是椭圆 $E: \dfrac{x^2}{a^2} + \dfrac{y^2}{b^2} = 1(a > b > 0)$ 的右顶点和上顶点，$|AB| = \sqrt{5}$，直线 AB 的斜率为 $-\dfrac{1}{2}$.

(1) 求椭圆 E 的方程.

(2) 直线 $l \parallel AB$，与 x，y 轴分别交于点 M，N，与椭圆相交于点 C，D. 证明：

① $\triangle OCM$ 的面积等于 $\triangle ODN$ 的面积;② $|CM|^2 + |MD|^2$ 为定值.

12. 已知点 $M(-1,1)$ 在抛物线 $E:y^2 = 2px(p>0)$ 的准线上,过点 M 作直线 l_1 与抛物线 E 交于 A,B 两点,斜率为 2 的直线 l_2 与抛物线 E 交于 A,C 两点.

(1) 求抛物线 E 的标准方程;

(2) ① 求证:直线 BC 过定点;

② 记①中的定点为 H,设 $\triangle ABH$ 的面积为 S,且满足 $S \leqslant 5$,求直线 l_1 的斜率的取值范围.

13. 已知椭圆 $\dfrac{x^2}{2} + y^2 = 1$ 上两个不同的点 A,B 关于直线 $y = mx + \dfrac{1}{2}$ 对称.

(1) 求实数 m 的取值范围;

(2) 求 $\triangle AOB$ 面积的最大值(O 为坐标原点).

14. (结构不良题)已知椭圆 $E:\dfrac{x^2}{a^2} + \dfrac{y^2}{b^2} = 1(a>b>0)$ 的焦距为 $2c$,左、右焦点分别是 F_1,F_2,其离心率为 $\dfrac{\sqrt{2}}{2}$.圆 $F_1:(x+c)^2 + y^2 = 1$ 与圆 $F_2:(x-c)^2 + y^2 = 9$ 相交,两圆的交点在椭圆 E 上.给出两个条件:① 已知 A,B,C 为椭圆 E 上三个不同的点,O 为坐标原点,且 O 为 $\triangle ABC$ 的重心;② 已知直线 l 与椭圆 E 相交于 A,B 两点,O 为坐标原点,直线 OA,OB 的斜率之积为 $-\dfrac{1}{2}$.在这两个条件中任选一个填入下面第(2)问的横线中,并求解下列问题:

(1) 求椭圆 E 的方程;

(2) 满足条件_____时,证明 $\triangle AOB$ 的面积为定值.

15. 已知椭圆 $C:\dfrac{x^2}{a^2} + \dfrac{y^2}{b^2} = 1(a>b>0)$ 的离心率是 $\dfrac{\sqrt{3}}{2}$,F_1,F_2 分别是椭圆的左、右焦点,P 是椭圆上一点,且 $\triangle PF_1F_2$ 的周长是 $4 + 2\sqrt{3}$.

(1) 求椭圆 C 的标准方程;

(2) 若直线 $y = kx + t$ 与椭圆 C 交于 M,N 两点,O 是坐标原点,且四边形 $OMPN$ 是平行四边形,求四边形 $OMPN$ 的面积.

16. 已知椭圆 $E:\dfrac{x^2}{a^2} + \dfrac{y^2}{b^2} = 1(a>b>0)$ 的焦距为 4,左、右顶点分别为 A,B,左、右焦点分别为 F_1,F_2,过右焦点 F_2 的直线 l 交椭圆 E 于 M,N 两点,$\triangle F_1MN$ 的周长为 12.

(1) 记直线 AM 的斜率为 k_1,直线 BN 的斜率为 k_2,证明 $\dfrac{k_1}{k_2}$ 为定值;

(2) 记 $\triangle AMN$ 的面积为 S_1,$\triangle BMN$ 的面积为 S_2,求 $S_1 + S_2$ 的最大值.

习题参考答案

1. (1) 由题设可得 $\begin{cases} a^2 - b^2 = 2 \\ \dfrac{2b^2}{a} = 2 \end{cases}$，解得 $\begin{cases} a = 2 \\ b = \sqrt{2} \end{cases}$．所以椭圆 C 的方程为 $\dfrac{x^2}{4} + \dfrac{y^2}{2} = 1$．

(2) ① 根据题意，直线 AB 的斜率存在，且 $k = \dfrac{y_1 - y_2}{x_1 - x_2}$，所以直线 AB 的方程为

$y = k(x - x_1) + y_1$．从而得到坐标原点到直线 AB 的距离为 $d = \dfrac{|y_1 - x_1 k|}{\sqrt{1 + k^2}} =$

$\dfrac{|x_1 y_2 - x_2 y_1|}{|x_1 - x_2|\sqrt{1 + k^2}}$．又 $|AB| = \sqrt{1 + k^2}\,|x_1 - x_2|$，故

$$S = \frac{1}{2}\,|AB| \cdot d = \frac{1}{2}\,|x_1 y_2 - x_2 y_1|.$$

② 设直线 AB 的方程为 $y = kx + m$，联立 $\begin{cases} x^2 + 2y^2 = 4 \\ y = kx + m \end{cases}$，消去 y，得 $(2k^2 + 1)x^2 + 4kmx +$

$2m^2 - 4 = 0$．所以 $\Delta > 0$，且由韦达定理得

$$x_1 + x_2 = -\frac{4km}{2k^2 + 1}, \quad x_1 x_2 = \frac{2m^2 - 4}{2k^2 + 1}. \qquad\qquad ①$$

又由题意知 $\dfrac{y_1}{x_1} \cdot \dfrac{y_2}{x_2} = -\dfrac{1}{2}$，即 $x_1 x_2 + 2y_1 y_2 = 0$，所以

$$(2k^2 + 1)x_1 x_2 + 2km(x_1 + x_2) + 2m^2 = 0. \qquad\qquad ②$$

将①式代入②式整理得 $m^2 = 2k^2 + 1$，即

$$x_1 + x_2 = -\frac{4k}{m}, \quad x_1 x_2 = \frac{2m^2 - 4}{m^2} = 2 - \frac{4}{m^2}.$$

设 $P(x_0, y_0)$，则由①式知

$$S_1^2 = \frac{1}{4}(x_1 y_0 - x_0 y_1)^2 = \frac{1}{4}(x_1^2 y_0^2 - 2x_0 y_0 x_1 y_1 + x_0^2 y_1^2),$$

$$S_2^2 = \frac{1}{4}(x_2 y_0 - x_0 y_2)^2 = \frac{1}{4}(x_2^2 y_0^2 - 2x_0 y_0 x_2 y_2 + x_0^2 y_2^2).$$

所以

$$S_1^2 + S_2^2 = \frac{1}{4}\left[(x_1^2 + x_2^2)y_0^2 + (y_1^2 + y_2^2)x_0^2 - 2x_0 y_0(x_1 y_1 + x_2 y_2)\right].$$

因为

$$x_1^2 + x_2^2 = (x_1 + x_2)^2 - 2x_1 x_2 = \frac{16k^2}{m^2} - 2\left(2 - \frac{4}{m^2}\right) = 4,$$

$$y_1^2 + y_2^2 = \left(2 - \frac{1}{2}x_1^2\right) + \left(2 - \frac{1}{2}x_2^2\right) = 4 - \frac{1}{2}(x_1^2 + x_2^2) = 2,$$

所以

$$x_1 y_1 + x_2 y_2 = k(x_1^2 + x_2^2) + m(x_1 + x_2) = 4k - 4k = 0,$$

故 $S_1^2 + S_2^2 = \dfrac{1}{4}(4y_0^2 + 2x_0^2)$. 又因为 $\dfrac{x_0^2}{4} + \dfrac{y_0^2}{2} = 1$, 所以 $S_1^2 + S_2^2 = 2$.

2. (1) 由题设 $e = \dfrac{c}{a} = \dfrac{\sqrt{6}}{3}$, 得 $a^2 = \dfrac{3}{2}c^2$, $b^2 = \dfrac{1}{2}c^2$. 又因为 $\left(\sqrt{2}, \dfrac{\sqrt{3}}{3}\right)$ 是椭圆 C 上的点,

所以 $\dfrac{2}{a^2} + \dfrac{\left(\dfrac{\sqrt{3}}{3}\right)^2}{b^2} = 1$. 联立以上式子, 可得 $a^2 = 3$, $b^2 = 1$. 所以椭圆 C 的方程为 $\dfrac{x^2}{3} + y^2 = 1$.

(2) 因为 $\overrightarrow{AF_2} = \lambda \overrightarrow{BF_1}$, 所以 $AF_2 \parallel BF_1$. 延长 AF_2 交椭圆 C 于点 A'. 设 $A(x_1, y_1)$, $A'(x_2, y_2)$, 则由 (1) 知 $F_2(\sqrt{2}, 0)$. 另设直线 AA' 的方程为 $x = my + \sqrt{2}$.

联立 $\begin{cases} \dfrac{x^2}{3} + y^2 = 1 \\ x = my + \sqrt{2} \end{cases}$, 消去 x, 得 $(m^2 + 3)y^2 + 2\sqrt{2}my - 1 = 0$. 则由韦达定理得

$$y_1 + y_2 = -\frac{2\sqrt{2}m}{m^2 + 3}, \quad y_1 y_2 = \frac{-1}{m^2 + 3}.$$

又由对称性可知 $|BF_1| = |A'F_2|$, 设 AF_2 与 BF_1 间的距离为 d, 则四边形 ABF_1F_2 的面积为

$$S = \frac{1}{2}(|AF_2| + |BF_1|) \cdot d = \frac{1}{2}(|AF_2| + |A'F_2|) \cdot d = \frac{1}{2}|AA'| \cdot d$$

$$= S_{\triangle F_1 A'A} = \frac{1}{2}|F_1F_2| \cdot |y_1 - y_2| = \sqrt{2}|y_1 - y_2| = \sqrt{2}\sqrt{(y_1 + y_2)^2 - 4y_1 y_2}$$

$$= \sqrt{2}\sqrt{\left(-\frac{2\sqrt{2}m}{m^2 + 3}\right)^2 + \frac{4}{m^2 + 3}} = \frac{2\sqrt{6} \cdot \sqrt{m^2 + 1}}{m^2 + 3}.$$

令 $t = \sqrt{m^2 + 1} \geqslant 1$, 则 $S = \dfrac{2\sqrt{6}t}{t^2 + 2} = \dfrac{2\sqrt{6}}{t + \dfrac{2}{t}}$. 因为 $t + \dfrac{2}{t} \geqslant 2\sqrt{2}$, 当且仅当 $t = \sqrt{2}$ 时取等号,

所以 $S_{\max} = \sqrt{3}$, 此时 $\sqrt{m^2 + 1} = \sqrt{2}$, 解得 $m = \pm 1$. 又由 $\overrightarrow{AF_2} = \lambda \overrightarrow{BF_1}$, 得 $\overrightarrow{AF_2} = \lambda \overrightarrow{F_2A'}$, 所以 $y_1 = -\lambda y_2$. 由 $y_1 + y_2 = -\dfrac{2\sqrt{2}m}{m^2 + 3} = \pm\dfrac{\sqrt{2}}{2}$, $y_1 y_2 = -\dfrac{1}{4}$, 消元得 $\dfrac{\lambda}{(1 - \lambda)^2} = \dfrac{1}{2}$, 解得 $\lambda = 2 \pm \sqrt{3}$.

故四边形 ABF_1F_2 面积的最大值为 $\sqrt{3}$, 此时 $\lambda = 2 \pm \sqrt{3}$.

3. (1) 由椭圆定义可知 $\triangle ABF_1$ 的周长为 $4a = 4\sqrt{6}$, 解得 $a = \sqrt{6}$. 因为离心率为 $e = \dfrac{c}{a} = \dfrac{\sqrt{6}}{3}$, 所以 $c = \sqrt{2}$. 又因为 $b^2 = a^2 - c^2$, 所以 $b^2 = 2$. 故椭圆 Γ 的方程为 $\dfrac{x^2}{6} + \dfrac{y^2}{2} = 1$.

(2) (解法 1) 设直线 AB 的方程为 $x = my + 2$ $(m \neq 0)$, 联立 $\begin{cases} x = my + 2 \\ \dfrac{x^2}{6} + \dfrac{y^2}{2} = 1 \end{cases}$, 整理得

$(m^2+3)y^2+4my-2=0$，易知 $\Delta=16m^2+8(m^2+3)=24(m^2+1)>0$. 设点 $A(x_1,y_1)$，$B(x_2,y_2)$，则由韦达定理得

$$y_1+y_2=-\frac{4m}{m^2+3}, \quad y_1y_2=-\frac{2}{m^2+3}.$$

因为 $AM\perp x$ 轴于点 M，$BN\perp x$ 轴于点 N，所以 $M(x_1,0)$，$N(x_2,0)$. 因此直线 AN 的方程为 $y=\frac{y_1}{x_1-x_2}(x-x_2)$，直线 BM 的方程为 $y=\frac{y_2}{x_2-x_1}(x-x_1)$. 联立以上两个方程，解得

$$x_C=\frac{x_1y_2+x_2y_1}{y_1+y_2}=\frac{(my_1+2)y_2+(my_2+2)y_1}{y_1+y_2}=2+\frac{2my_1y_2}{y_1+y_2}=3.$$

因为

$$S_{\triangle ABC}=\frac{1}{2}|BN|\cdot|x_C-x_1|=\frac{1}{2}|y_2|\cdot|3-x_1|=\frac{1}{2}|y_2-my_1y_2|,$$

且 $\frac{my_1y_2}{y_1+y_2}=\frac{1}{2}$，所以

$$S_{\triangle ABC}=\frac{1}{2}\left|y_1-\frac{y_1+y_2}{2}\right|=\frac{1}{4}|y_1-y_2|=\frac{1}{4}\sqrt{(y_1-y_2)^2}=\frac{\sqrt{6}}{2}\cdot\frac{\sqrt{m^2+1}}{m^2+3}.$$

设 $\sqrt{m^2+1}=t>1$，则

$$S_{\triangle ABC}=\frac{\sqrt{6}}{2}\cdot\frac{t}{t^2+2}=\frac{\sqrt{6}}{2}\cdot\frac{1}{t+\frac{2}{t}}\leqslant\frac{\sqrt{3}}{4}.$$

当且仅当 $t=\frac{2}{t}$，即 $m=\pm1$ 时等号成立. 故 $\triangle ABC$ 面积的最大值为 $\frac{\sqrt{3}}{4}$.

（解法 2）依题意可知直线 AB 的斜率存在且不为 0，设直线 AB 的方程为 $y=k(x-2)$ $(k\neq0)$. 联立 $\begin{cases}y=k(x-2)\\\dfrac{x^2}{6}+\dfrac{y^2}{2}=1\end{cases}$，整理得 $(3k^2+1)x^2-12k^2x+12k^2-6=0$，易知

$$\Delta=144k^4-4(3k^2+1)(12k^2-6)=24(k^2+1)>0.$$

设点 $A(x_1,y_1)$，$B(x_2,y_2)$，则由韦达定理得

$$x_1+x_2=\frac{12k^2}{3k^2+1}, \quad x_1x_2=\frac{12k^2-6}{3k^2+1}.$$

因为 $AM\perp x$ 轴于点 M，$BN\perp x$ 轴于点 N，所以 $M(x_1,0)$，$N(x_2,0)$. 因此直线 AN 的方程为 $x-x_2=\frac{x_1-x_2}{y_1}y$，直线 BM 的方程为 $x-x_1=\frac{x_2-x_1}{y_2}y$. 联立以上两个方程，解得

$$y_C=\frac{y_1y_2}{y_1+y_2}=\frac{k^2(x_1-2)(x_2-2)}{k(x_1-2)+k(x_2-2)}=\frac{k^2[x_1x_2-2(x_1+x_2)+4]}{k(x_1+x_2-4)}=\frac{k}{2}.$$

因为 $AM\parallel BN$，所以 $S_{\triangle AMC}=S_{\triangle BNC}$，故

$$S_{\triangle ABC}=S_{\triangle CMN}=\frac{1}{2}|MN|\cdot|y_C|=\frac{1}{2}|x_2-x_1|\cdot\left|\frac{k}{2}\right|=\frac{k}{4}|x_1-x_2|.$$

又因为 $|x_2 - x_1| = \sqrt{(x_1 + x_2)^2 - 4x_1 x_2} = \dfrac{2\sqrt{6}\sqrt{k^2 + 1}}{3k^2 + 1}$，所以

$$S_{\triangle ABC} = \frac{k}{4} \mid x_2 - x_1 \mid = \frac{\sqrt{6}}{2} \cdot \frac{\sqrt{k^2(k^2 + 1)}}{3k^2 + 1}.$$

设 $t = 3k^2 + 1 > 1$，则

$$S_{\triangle ABC} = \frac{\sqrt{6}}{2} \cdot \sqrt{\frac{(t - 1)(t + 2)}{9t^2}} = \frac{\sqrt{6}}{6}\sqrt{\frac{t^2 + t - 2}{t^2}}$$

$$= \frac{\sqrt{6}}{6} \cdot \sqrt{-2\left(\frac{1}{t} - \frac{1}{4}\right)^2 + \frac{9}{8}} \leqslant \frac{\sqrt{3}}{4}.$$

当且仅当 $\dfrac{1}{t} = \dfrac{1}{4}$，即 $k = \pm 1$ 时等号成立. 故 $\triangle ABC$ 面积的最大值为 $\dfrac{\sqrt{3}}{4}$.

4. （1）由题设可得 $A_1(-2, 0)$，$A_2(2, 0)$. 设 $P(x_0, y_0)(x_0 \neq 0, y_0 \neq 0)$，则直线 l_1 的方程为 $y = -\dfrac{x_0 + 2}{y_0}(x + 2)$，直线 l_2 的方程为 $y = -\dfrac{x_0 - 2}{y_0}(x - 2)$. 所以由

$$\begin{cases} y = -\dfrac{x_0 + 2}{y_0}(x + 2) \\ y = -\dfrac{x_0 - 2}{y_0}(x - 2) \end{cases},$$

解得 $G(-x_0, -4y_0)$. 则 $k_1 = \dfrac{y_0}{x_0}$，$k_2 = \dfrac{4y_0}{x_0}$，故 $\dfrac{k_1}{k_2} = \dfrac{1}{4}$.

（2）由（1）可设直线 OP 的方程为 $y = k_1 x$，直线 OQ 的方程为 $y = 4k_1 x$，则由

$$\begin{cases} y = k_1 x \\ x^2 + 4y^2 = 4 \end{cases},$$

得 $(4k_1^2 + 1)x^2 = 4$. 由对称性，不妨设 $x_P > 0$，所以点 P 的坐标为

$\left(\dfrac{2}{\sqrt{4k_1^2 + 1}}, \dfrac{2k_1}{\sqrt{4k_1^2 + 1}}\right)$，则 $|OP| = \sqrt{1 + k_1^2}\dfrac{2}{\sqrt{4k_1^2 + 1}}$. 又由 $\begin{cases} y = 4k_1 x \\ x^2 + 4y^2 = 4 \end{cases}$，以及（1）知 x_P, x_G

异号，所以 x_P, x_Q 异号，因此 $Q\left(\dfrac{-2}{\sqrt{64k_1^2 + 1}}, \dfrac{-8k_1}{\sqrt{64k_1^2 + 1}}\right)$. 则点 Q 到 $y = k_1 x$ 的距离 $d =$

$\dfrac{|6k_1|}{\sqrt{1 + k_1^2}\sqrt{64k_1^2 + 1}}$，所以

$$S_{\triangle POQ} = \frac{1}{2} \mid OP \mid \cdot d = \frac{1}{2}\sqrt{1 + k_1^2}\frac{2}{\sqrt{4k_1^2 + 1}}\frac{|6k_1|}{\sqrt{1 + k_1^2}\sqrt{64k_1^2 + 1}}$$

$$= \frac{6 \mid k_1 \mid}{\sqrt{4k_1^2 + 1}\sqrt{64k_1^2 + 1}} = 6\sqrt{\frac{k_1^2}{(4k_1^2 + 1)(64k_1^2 + 1)}}$$

$$= 6\sqrt{\frac{1}{256k_1^2 + 68 + \dfrac{1}{k_1^2}}}.$$

又因为 $256k_1^2 + \dfrac{1}{k_1^2} \geqslant 32$，所以 $S_{\triangle POQ} \leqslant \dfrac{3}{5}$，当且仅当 $k_1 = \pm\dfrac{1}{4}$ 时取等号. 故 $(S_{\triangle POQ})_{\max} = \dfrac{3}{5}$.

5. （1）由题设可知 $c = 1$. 当 AB 垂直于 x 轴时，$|AB|$ 最小，其最小值为 $\dfrac{2b^2}{a} = \sqrt{2}$，又因

为 $a^2 = b^2 + c^2$，解得 $a = \sqrt{2}, b = 1$. 所以椭圆 C 的标准方程是 $\dfrac{x^2}{2} + y^2 = 1$.

(2) 取 $\overrightarrow{OM} = \dfrac{1}{2}\overrightarrow{OP} = \dfrac{\lambda}{2}\overrightarrow{OA} + \left(1 - \dfrac{\lambda}{2}\right)\overrightarrow{OB}$，则点 M 在直线 AB 上且为线段 OP 的中点，

所以 $S_{\triangle PAB} = S_{\triangle OAB}$. 设直线 AB 的方程为 $x = ty + 1$，则点 O 到直线 AB 的距离为

$d = \dfrac{1}{\sqrt{1 + t^2}}$. 联立 $\begin{cases} x = ty + 1 \\ \dfrac{x^2}{2} + y^2 = 1 \end{cases}$，消去 x 并整理可得 $(t^2 + 2)y^2 + 2ty - 1 = 0$，则由韦达定理得

$y_1 + y_2 = -\dfrac{2t}{t^2 + 2}, y_1 y_2 = -\dfrac{1}{t^2 + 2}$，且 $\Delta = 8(t^2 + 1) > 0$. 所以由弦长公式得

$$|AB| = \sqrt{1 + t^2}\,|y_1 - y_2|$$

$$= \sqrt{1 + t^2}\,\sqrt{(y_1 + y_2)^2 - 4y_1 y_2} = \dfrac{2\sqrt{2}(t^2 + 1)}{t^2 + 2}.$$

则

$$S_{\triangle OAB} = \dfrac{1}{2}|AB| \cdot d = \dfrac{1}{2} \times \dfrac{2\sqrt{2}(t^2 + 1)}{t^2 + 2} \times \dfrac{1}{\sqrt{t^2 + 1}} = \dfrac{\sqrt{2}\,\sqrt{t^2 + 1}}{t^2 + 2},$$

解得 $S_{\triangle OAB} = \dfrac{\sqrt{2}}{\sqrt{t^2 + 1} + \dfrac{1}{\sqrt{t^2 + 1}}} \in \left(0, \dfrac{\sqrt{2}}{2}\right]$. 故 $\triangle PAB$ 面积的取值范围为 $\left(0, \dfrac{\sqrt{2}}{2}\right]$.

6. (1) 依题意知 $A(-a, 0), B(a, 0), \overrightarrow{AG} = (c + a, 1), \overrightarrow{BG} = (c - a, 1)$，则 $\overrightarrow{AG} \cdot \overrightarrow{BG} = c^2 - a^2 + 1 = 0$，即 $b^2 = 1$. 又 $e = \dfrac{c}{a} = \dfrac{\sqrt{2}}{2}$，解得 $c = 1, a = \sqrt{2}, b = 1$. 所以椭圆 E 的标准方程为 $\dfrac{x^2}{2} + y^2 = 1$.

(2) 设 $M(x_1, y_1), N(x_2, y_2), H(x_0, y_0)$，则 $2y_0 = x_0$. 因为 M, N 在椭圆上，则 $\begin{cases} x_1^2 + 2y_1^2 = 2 \\ x_2^2 + 2y_2^2 = 2 \end{cases}$，所以

$$k_{MN} = \dfrac{y_2 - y_1}{x_2 - x_1} = -\dfrac{x_1 + x_2}{2(y_1 + y_2)} = -\dfrac{x_0}{2y_0} = -1.$$

设直线 MN 的方程为 $y = -x + m (m \neq 0)$，联立 $\begin{cases} y = -x + m \\ x^2 + 2y^2 = 2 \end{cases}$，得 $3x^2 - 4mx + 2m^2 - 2 = 0$.

则由韦达定理得 $x_1 + x_2 = \dfrac{4m}{3}, x_1 x_2 = \dfrac{2m^2 - 2}{3}$. 又由 $\Delta = 24 - 8m^2 > 0$，得 $m \in (-\sqrt{3}, \sqrt{3})$，

所以 $|x_1 - x_2| = \dfrac{2\sqrt{2}\,\sqrt{3 - m^2}}{3}$，从而可得

$$|MN| = \sqrt{1 + k^2}\,|x_1 - x_2| = \sqrt{1 + 1} \cdot \dfrac{2\sqrt{2}\,\sqrt{3 - m^2}}{3} = \dfrac{4\sqrt{3 - m^2}}{3}.$$

又原点 O 到直线 MN 的距离 $d = \dfrac{|m|}{\sqrt{1+1}} = \dfrac{|m|}{\sqrt{2}}$,所以

$$S_{\triangle MNO} = \frac{1}{2}d \cdot |MN| = \frac{\sqrt{2}\sqrt{m^2(3-m^2)}}{3} \leqslant \frac{\sqrt{2}}{3} \cdot \frac{m^2 + 3 - m^2}{2} = \frac{\sqrt{2}}{2}.$$

当且仅当 $m^2 = 3 - m^2$,即 $m = \pm\dfrac{\sqrt{6}}{2}$ 时等号成立.故 $\triangle MNO$ 面积的最大值为 $\dfrac{\sqrt{2}}{2}$.

7.（1）由题设知 $D(-b,0)$.设 $F(c,0)$,则 $c = \sqrt{a^2 - b^2}$.因为 $e = \dfrac{\sqrt{3}}{2}$,所以 $\dfrac{c}{a} = \dfrac{\sqrt{3}}{2}$,可

得 $a = 2b, c = \sqrt{3}b$.又因为 $|B_1B_2| = 2b, |FD| = b + c$,所以四边形 B_1FB_2D 的面积为

$$S = \frac{1}{2}|B_1B_2| \cdot |FD| = \frac{1}{2} \times 2b(b+c).$$

整理得 $b(b+c) = \sqrt{3} + 1$,即 $(\sqrt{3}+1)b^2 = \sqrt{3} + 1$,解得 $b = 1$.所以 $a = 2, b = 1$.

（2）由（1）得曲线 C_1 的方程为 $\dfrac{x^2}{4} + y^2 = 1(x \geqslant 0)$.当直线 l 的斜率不存在时,不妨设

$A(0,1), B(0,-1)$,此时 $\triangle PAB$ 的面积 $S \leqslant 1$,当且仅当 $P(-1,0)$ 时等号成立.

当直线 l 的斜率存在时,由 C_1 的对称性,不妨设直线 l 的方程为 $y = kx + m(k > 0)$.联

立 $\begin{cases} \dfrac{x^2}{4} + y^2 = 1 \\ y = kx + m(k \geqslant 0) \end{cases}$,消去 y,得 $(4k^2 + 1)x^2 + 8kmx + 4(m^2 - 1) = 0$.设 $A(x_1, y_1)$,

$B(x_2, y_2)(x_1 \geqslant 0, x_2 \geqslant 0)$,则

$$\begin{cases} \Delta = 64k^2m^2 - 16(4k^2+1)(m^2-1) = 16(4k^2 + 1 - m^2) > 0 \\ x_1 + x_2 = -\dfrac{8km}{4k^2+1} > 0 \\ x_1 x_2 = \dfrac{4(m^2-1)}{4k^2+1} \geqslant 0 \end{cases},$$

解得 $m \leqslant -1$.所以

$$|AB| = \sqrt{1+k^2}\sqrt{(x_1+x_2)^2 - 4x_1x_2} = \sqrt{1+k^2}\sqrt{\left(-\frac{8km}{4k^2+1}\right)^2 - \frac{16(m^2-1)}{4k^2+1}}$$

$$= \frac{4\sqrt{(1+k^2)(4k^2+1-m^2)}}{4k^2+1}.$$

因为 $|AB| = 2$,所以 $\dfrac{4\sqrt{(1+k^2)(4k^2+1-m^2)}}{4k^2+1} = 2$,整理得 $m^2 = \dfrac{3(4k^2+1)}{4(1+k^2)}$.又因为 $m \leqslant$

-1,所以 $k^2 \geqslant \dfrac{1}{8}$,故 $m = -\dfrac{\sqrt{3}}{2} \cdot \dfrac{4k^2+1}{1+k^2}$.

作斜率为 k 的直线 l' 与半圆 C_2 相切,切点为 P,此时 $\triangle PAB$ 的面积最大.设直线 l' 的

方程为 $y = kx + n(n > 0)$,因为 $\dfrac{|n|}{\sqrt{k^2+1}} = 1$,所以 $n = \sqrt{k^2+1}$.又因为直线 l' 与直线 AB 的

距离为

$$d = \frac{|n-m|}{\sqrt{k^2+1}} = \frac{n-m}{\sqrt{k^2+1}} = 1 + \frac{\sqrt{3}}{2} \cdot \frac{\sqrt{4k^2+1}}{k^2+1}.$$

设 $t = \sqrt{4k^2+1} \geqslant \frac{\sqrt{6}}{2}$,则

$$d = 1 + \frac{2\sqrt{3}\,t}{t^2+3} = 1 + \frac{2\sqrt{3}}{t + \frac{3}{t}} \leqslant 1 + \frac{2\sqrt{3}}{2\sqrt{t \cdot \frac{3}{t}}} = 2.$$

所以 $\triangle PAB$ 面积的最大值为 $\frac{1}{2}|AB| \cdot d_{\max} = 2$,当且仅当 $t = \sqrt{3}$ 时等号成立. 此时直线 AB 的方程为 $y = \frac{\sqrt{2}}{2}x - \frac{\sqrt{6}}{2}$,点 P 的坐标为 $\left(-\frac{\sqrt{3}}{3}, \frac{\sqrt{6}}{3}\right)$.

综上,$\triangle PAB$ 面积的最大值为 2.

8. (1) 由题设可得 $\frac{3}{a^2} + \frac{9}{4b^2} = 1$. 设 $A(x_1, y_1)$,$B(x_2, y_2)$,则 $\begin{cases} \dfrac{x_1^2}{a^2} + \dfrac{y_1^2}{b^2} = 1 \\[2mm] \dfrac{x_2^2}{a^2} + \dfrac{y_2^2}{b^2} = 1 \end{cases}$. 两式相减,

可得 $\dfrac{y_1-y_2}{x_1-x_2} = -\dfrac{b^2}{a^2} \cdot \dfrac{x_1+x_2}{y_1+y_2}$. 因为线段 AB 的中点为 M,直线 l 与直线 OM 的斜率乘积为 $-\dfrac{1}{4}$,所以 $-\dfrac{b^2}{a^2} = -\dfrac{1}{4}$,解得 $a^2 = 12$,$b^2 = 3$. 故椭圆 C 的标准方程为 $\dfrac{x^2}{12} + \dfrac{y^2}{3} = 1$.

(2) 当 $AB \perp x$ 轴时,点 M 在 x 轴上,且 $OM \perp AB$,则由 $|OM| = \sqrt{3}$,得 $|AB| = 3$,所以

$$S_{\triangle AOB} = \frac{1}{2}|OM| \cdot |AB| = \frac{3\sqrt{3}}{2}.$$

当直线 AB 与 x 轴不垂直时,设 $A(x_1, y_1)$,$B(x_2, y_2)$,直线 AB 的方程为 $y = kx + t$. 联立 $\begin{cases} \dfrac{x^2}{12} + \dfrac{y^2}{3} = 1 \\ y = kx + t \end{cases}$,消去 y,得 $(4k^2+1)x^2 + 8ktx + 4t^2 - 12 = 0$,则由韦达定理得 $x_1 + x_2 = -\dfrac{8kt}{4k^2+1}$,$x_1 x_2 = \dfrac{4t^2-12}{4k^2+1}$,所以 $M\left(-\dfrac{4kt}{4k^2+1}, \dfrac{t}{4k^2+1}\right)$. 又由 $|OM| = \sqrt{3}$,得 $t^2 = \dfrac{3(4k^2+1)^2}{16k^2+1}$,故

$$|AB| = \sqrt{1+k^2}\sqrt{(x_1+x_2)^2 - 4x_1x_2} = \sqrt{1+k^2}\sqrt{\frac{16(12k^2-t^2+3)}{(4k^2+1)^2}}.$$

而点 O 到直线 AB 的距离为 $d = \sqrt{\dfrac{t^2}{1+k^2}}$,所以

$$S_{\triangle AOB} = \frac{1}{2} \mid AB \mid \cdot d = \sqrt{36 \times \frac{12k^2(1 + 4k^2)}{(1 + 16k^2)^2}}$$

$$\leqslant \sqrt{36 \times \frac{\left[\frac{12k^2 + (1 + 4k^2)}{2}\right]^2}{(1 + 16k^2)^2}} = 3.$$

当且仅当 $12k^2 = 1 + 4k^2$，即 $k^2 = \frac{1}{8}$ 时等号成立.

综上，$\triangle AOB$ 面积的最大值是 3.

9. (1) 由题设可得 $\frac{c}{a} = \frac{\sqrt{2}}{2}$，$2b = 2$. 又 $a^2 - b^2 = c^2$，解得 $a = \sqrt{2}$，$b = 1$，$c = 1$. 所以椭圆 C 的标准方程为 $\frac{x^2}{2} + y^2 = 1$.

(2) ① 设 $P(x_0, y_0)$，过点 P 与椭圆 C 相切的直线方程为 $y = k(x - x_0) + y_0$. 联立 $\begin{cases} y = k(x - x_0) + y_0 \\ x^2 + 2y^2 = 2 \end{cases}$，得

$$(2k^2 + 1)x^2 + 4k(y_0 - kx_0)x + 2(kx_0 - y_0)^2 - 2 = 0.$$

则由 $\Delta = 0$，得 $(x_0^2 - 2)k^2 - 2x_0y_0k + y_0^2 - 1 = 0$，所以 $k_1k_2 = -1$. 故 AB 为圆 O 的直径，即 $\mid AB \mid = 2\sqrt{3}$.

② 设 $M(x_1, y_1)$，$N(x_2, y_2)$，直线 PM 的方程为 $y = k_1(x - x_1) + y_1$，则由 $\Delta = 0$，得 $k_1 = \frac{x_1 y_1}{x_1^2 - 2} = \frac{x_1}{-2y_1}$，所以直线 PM 的方程为 $xx_1 + 2yy_1 = 2$. 同理可得直线 PN 的方程为 $xx_2 + 2yy_2 = 2$. 所以直线 MN 的方程为 $x_0 x + 2y_0 y = 2$.

联立 $\begin{cases} x_0 x + 2y_0 y = 2 \\ x^2 + 2y^2 = 2 \end{cases}$，得 $(3 + y_0^2)x^2 - 4x_0 x + 4 - 4y_0^2 = 0$. 则由 $\Delta > 0$ 和韦达定理得

$$x_1 + x_2 = \frac{4x_0}{3 + y_0^2}, \quad x_1 x_2 = \frac{4 - 4y_0^2}{3 + y_0^2}.$$

所以 $\mid MN \mid = \frac{2\sqrt{3}(y_0^2 + 1)}{y_0^2 + 3}$. 而坐标原点 O 到直线 MN 的距离 $d = \frac{2}{\sqrt{x_0^2 + 4y_0^2}} = \frac{2}{\sqrt{3y_0^2 + 3}}$，所以

$$S_{\triangle OMN} = \frac{1}{2} \mid MN \mid \cdot d = \frac{2\sqrt{1 + y_0^2}}{3 + y_0^2} \quad (y_0 \neq \pm 1).$$

令 $\sqrt{1 + y_0^2} = t$，则 $t \in [1, \sqrt{2}) \cup (\sqrt{2}, 2]$，所以 $S_{\triangle OMN} = \frac{2}{\frac{2}{t} + t} \in \left[\frac{2}{3}, \frac{\sqrt{2}}{2}\right)$.

故 $\triangle OMN$ 面积的取值范围为 $\left[\frac{2}{3}, \frac{\sqrt{2}}{2}\right)$.

10. (1) 由题意知 $A(a,0)$. 若 P 为 C 的上顶点,则 $P(0,b)$,所以直线 l 的方程为 $\dfrac{x}{a}+\dfrac{y}{b}=1$,即 $bx+ay-ab=0$. 故原点到直线 l 的距离 $d=\dfrac{ab}{\sqrt{a^2+b^2}}=\dfrac{2\sqrt{5}}{5}$. 又因为 $e=\dfrac{c}{a}=\dfrac{\sqrt{3}}{2}$,

$a^2=b^2+c^2$,所以 $a=2$,$b=1$. 故椭圆 C 的标准方程为 $\dfrac{x^2}{4}+y^2=1$.

(2) 由题意知直线 l 的斜率存在.

① 当直线 l 的斜率为 0 时,其方程为 $y=0$,$P(-2,0)$. 此时直线 MN 的方程为 $x=2$,则 $M(2,4)$,$N(2,-4)$. 所以

$$S_{\triangle PMN}=\frac{1}{2}\,|\,MN\,|\cdot|\,PA\,|=\frac{1}{2}\times 8\times 4=16.$$

② 当直线 l 的斜率存在且不为 0 时,设直线 l 的方程为 $y=k(x-2)$,则由

$$\begin{cases} y=k(x-2)\\ \dfrac{x^2}{4}+y^2=1 \end{cases},$$

得 $(4k^2+1)x^2-16k^2x+16k^2-4=0$. 又因为 $A(2,0)$,所以 $x_P=\dfrac{8k^2-2}{4k^2+1}$,

$y_P=-\dfrac{4k}{4k^2+1}$,即 $P\left(\dfrac{8k^2-2}{4k^2+1},-\dfrac{4k}{4k^2+1}\right)$.

直线 MN 的方程为 $y=-\dfrac{1}{k}(x-2)$,则由

$$\begin{cases} y=-\dfrac{1}{k}(x-2)\\ y^2=8x \end{cases},$$

得 $x^2-(8k^2+4)x+4=0$,

所以 $x_M+x_N=8k^2+4$. 而 $y^2=8x$ 的焦点坐标为 $A(2,0)$,所以 $|MN|=x_M+x_N+4=8k^2+8$. 又因为

$$|AP|=\sqrt{\left(\frac{8k^2-2}{4k^2+1}-2\right)^2+\left(-\frac{4k}{4k^2+1}\right)^2}=\frac{4\sqrt{k^2+1}}{4k^2+1},$$

所以

$$S_{\triangle PMN}=\frac{1}{2}\,|\,AP\,|\cdot|\,MN\,|=\frac{16(k^2+1)\cdot\sqrt{k^2+1}}{4k^2+1}.$$

设 $\sqrt{k^2+1}=t>1$,则 $k^2=t^2-1$,所以 $S_{\triangle PMN}=\dfrac{16t^3}{4t^2-3}(t>1)$.

令 $f(t)=\dfrac{16t^3}{4t^2-3}$,则 $f'(t)=\dfrac{16t^2(2t+3)(2t-3)}{(4t^2-3)^2}$. 易知当 $t\in\left(1,\dfrac{3}{2}\right)$时,$f'(t)<0$;当

$t\in\left(\dfrac{3}{2},+\infty\right)$时,$f'(t)>0$. 因此 $f(t)$ 在 $\left(1,\dfrac{3}{2}\right)$ 上单调递减,在 $\left(\dfrac{3}{2},+\infty\right)$ 上单调递增. 从

而可得 $f(t)_{\min}=f\left(\dfrac{3}{2}\right)=9$,即 $(S_{\triangle PMN})_{\min}=9$.

综上可得 $\triangle PMN$ 面积的最小值为 9.

11. (1) 由题设可得 $A(a,0)$,$B(0,b)$,所以 $\begin{cases} |AB|=\sqrt{a^2+b^2}=\sqrt{5}\\ k_{AB}=\dfrac{b-0}{0-a}=-\dfrac{b}{a}=-\dfrac{1}{2} \end{cases}$,解得 $a=2$,

$b=1$. 故椭圆 E 的方程为 $\dfrac{x^2}{4}+y^2=1$.

(2) ① 由题意设直线 l 的方程为 $y=-\dfrac{1}{2}x+m$，则 $M(2m,0)$，$B(0,m)$.

联立 $\begin{cases} y=-\dfrac{1}{2}x+m \\ \dfrac{x^2}{4}+y^2=1 \end{cases}$，消去 y 并整理，得 $x^2-2mx+2m^2-2=0$. 则 $\Delta=4m^2-8(m^2-4)=$

$32-4m^2>0$，解得 $m^2<8$. 另设 $C(x_1,y_1)$，$D(x_2,y_2)$，则由韦达定理得 $x_1+x_2=2m$，$x_1x_2=$

$2m^2-2$. 所以 $S_{\triangle OCM}=\dfrac{1}{2}|2m|\cdot|y_1|$，$S_{\triangle ODN}=\dfrac{1}{2}|m|\cdot|x_2|$. 故

$$\dfrac{S_{\triangle OCM}}{S_{\triangle ODN}}=\dfrac{|2y_1|}{|x_2|}=\dfrac{|2m-x_1|}{|x_2|}=\dfrac{|x_2|}{|x_2|}=1,$$

即 $\triangle OCM$ 的面积等于 $\triangle ODN$ 的面积.

② 由①知

$$|CM|^2+|MD|^2=(x_1-2m)^2+y_1^2+(x_2-2m)^2+y_2^2$$

$$=x_1^2-4mx_1+4m^2+\left(-\dfrac{1}{2}x_1+m\right)^2+x_2^2-4mx_2$$

$$+4m^2+\left(-\dfrac{1}{2}x_2+m\right)^2$$

$$=\dfrac{5}{4}(x_1+x_2)^2-\dfrac{5}{2}x_1x_2-5m(x_1+x_2)+10m^2$$

$$=5m^2-\dfrac{5}{2}(2m^2-2)-10m^2+10m^2=5.$$

所以 $|CM|^2+|MD|^2$ 为定值 5.

12. (1) 因为抛物线 $E:y^2=2px(p>0)$ 的准线方程为 $x=-\dfrac{p}{2}$，所以 $-\dfrac{p}{2}=-1$，即 $p=$

2. 故抛物线 E 的标准方程为 $y^2=4x$.

(2) 设点 $A(x_1,y_1)$，$B(x_2,y_2)$，$C(x_3,y_3)$.

① 由题意知直线 l_1 不与 y 轴垂直，故直线 l_1 的方程可设为 $x=\dfrac{1}{k}(y-1)-1$. 与抛物

线方程联立，化简得 $y^2-\dfrac{4}{k}y+\dfrac{4}{k}+4=0$. 则由韦达定理得 $y_1+y_2=\dfrac{4}{k}$，$y_1y_2=\dfrac{4}{k}+4$，即

$y_1+y_2=y_1y_2-4$. 所以 $k_{BC}=\dfrac{y_2-y_3}{x_2-x_3}=\dfrac{4}{y_2+y_3}$，从而可得直线 BC 方程为 $y-y_2=\dfrac{4}{y_2+y_3}\cdot$

$(x-x_2)$，整理得 $(y_2+y_3)y=4x+y_2y_3$. 又因为 $k_{AC}=\dfrac{y_3-y_1}{x_3-x_1}=\dfrac{4}{y_3+y_1}=2$，所以 $y_1+y_3=2$.

将 $y_1=2-y_3$ 代入 $y_1+y_2=y_1y_2-4$，化简得 $y_3+y_2=y_3y_2-6$，所以直线 BC 的方程为

$(y_2 + y_3)y = 4x + (y_3 + y_2) - 6$，即 $(y_2 + y_3)(y-1) = 4x + 6$. 故直线 BC 过定点 $H\left(\dfrac{3}{2}, 1\right)$.

② 由①知 MH 与 x 轴平行，直线 l_1 的斜率一定存在，且 $\triangle ABH$ 的面积 $S = \dfrac{1}{2}|MH| \cdot |y_1 - y_2|$，$|MH| = \dfrac{5}{2}$. 又由①知 $y_1 + y_2 = \dfrac{4}{k}$，$y_1 y_2 = \dfrac{4}{k} + 4$，所以

$$S = \dfrac{1}{2}|MH| \cdot |y_1 - y_2| = \dfrac{5}{4}\sqrt{(y_1 + y_2)^2 - 4y_1 y_2}$$

$$= 5\sqrt{\dfrac{1}{k^2} - \dfrac{1}{k} - 1}.$$

因为 $S \leqslant 5$，即 $5\sqrt{\dfrac{1}{k^2} - \dfrac{1}{k} - 1} \leqslant 5$，解得 $k \geqslant \dfrac{1}{2}$ 或 $k \leqslant -1$. 又由 $\Delta > 0$ 得 $\dfrac{-1-\sqrt{5}}{2} < k < \dfrac{\sqrt{5}-1}{2}$ 且 $k \neq 0$，即 $\dfrac{-1-\sqrt{5}}{2} < k \leqslant -1$ 或 $\dfrac{1}{2} \leqslant k < \dfrac{\sqrt{5}-1}{2}$.

综上所述，k 的取值范围为 $\left(-\dfrac{\sqrt{5}+1}{2}, -1\right] \cup \left[\dfrac{1}{2}, \dfrac{\sqrt{5}-1}{2}\right)$.

13. (1) 设 $A(x_1, y_1)$，$B(x_2, y_2)$. 由题设可得 $\begin{cases} \dfrac{x_1^2}{2} + y_1^2 = 1 \\ \dfrac{x_2^2}{2} + y_2^2 = 1 \end{cases}$，则

$$\dfrac{(x_1 + x_2)(x_1 - x_2)}{2} + (y_1 + y_2)(y_1 - y_2) = 0.$$

所以

$$k_{AB} = \dfrac{y_1 - y_2}{x_1 - x_2} = -\dfrac{x_1 + x_2}{2(y_1 + y_2)} = -\dfrac{1}{m},$$

即 $m(x_1 + x_2) = 2(y_1 + y_2)$. 而线段 AB 的中点坐标为 $\left(\dfrac{x_1 + x_2}{2}, \dfrac{y_1 + y_2}{2}\right)$，所以 $\dfrac{y_1 + y_2}{2} = m\dfrac{x_1 + x_2}{2} + \dfrac{1}{2}$. 整理得 $m(x_1 + x_2) + 1 = y_1 + y_2$，所以 $x_1 + x_2 = -\dfrac{2}{m}$，$y_1 + y_2 = -1$，即得线段 AB 的中点坐标为 $\left(-\dfrac{1}{m}, -\dfrac{1}{2}\right)$. 代入 $\dfrac{x^2}{2} + y^2 < 1$，得 $\dfrac{\left(-\dfrac{1}{m}\right)^2}{2} + \dfrac{1}{4} < 1$，整理得 $m^2 > \dfrac{2}{3}$，解得 $m > \dfrac{\sqrt{6}}{3}$ 或 $m < -\dfrac{\sqrt{6}}{3}$.

故实数 m 的取值范围为 $\left(-\infty, -\dfrac{\sqrt{6}}{3}\right) \cup \left(\dfrac{\sqrt{6}}{3}, +\infty\right)$.

(2) 设椭圆 $\dfrac{x^2}{2} + y^2 = 1$ 的参数方程为 $\begin{cases} x = \sqrt{2}\cos\theta \\ y = \sin\theta \end{cases}$（$\theta$ 为参数），$A(\sqrt{2}\cos\alpha, \sin\alpha)$，$B(\sqrt{2}\cos\beta, \sin\beta)$，则由(1)可得

$$\sqrt{2}m(\cos\alpha + \cos\beta) = 2(\sin\alpha + \sin\beta),\qquad ①$$

$$\sqrt{2}m(\cos\alpha + \cos\beta) + 1 = 2(\sin\alpha + \sin\beta).\qquad ②$$

而$\overrightarrow{OA} = (\sqrt{2}\cos\alpha, \sin\alpha)$，$\overrightarrow{OB} = (\sqrt{2}\cos\beta, \sin\beta)$，所以

$$S_{\triangle AOB} = \frac{1}{2}\left|\sqrt{2}\cos\alpha\sin\beta - \sqrt{2}\cos\beta\sin\alpha\right| = \frac{\sqrt{2}}{2}|\sin(\alpha - \beta)|.$$

当$\alpha = k\pi + \dfrac{\pi}{2}(k\in\mathbf{Z})$时，$\triangle AOB$的面积取得最大值$\dfrac{\sqrt{2}}{2}$. 下面验证：

当$\alpha = 2n\pi + \dfrac{\pi}{2}(n\in\mathbf{Z})$时，$\sin\alpha = \cos\beta$，$\cos\alpha = -\sin\beta$. 结合①②两式可得$\sin\beta =$

$\dfrac{\sqrt{2}-m}{2m}$，$\cos\beta = -\dfrac{m+\sqrt{2}}{2m}$. 所以由

$$\sin^2\beta + \cos^2\beta = \left(\frac{\sqrt{2}-m}{2m}\right)^2 + \left(-\frac{m+\sqrt{2}}{2m}\right)^2 = 1,$$

解得$m^2 = 2$.

当$\alpha = 2n\pi - \dfrac{\pi}{2}(n\in\mathbf{Z})$时，同理可得$m^2 = 2$.

又$m^2 = 2$在(1)所求的取值范围内，故$\triangle AOB$面积的最大值为$\dfrac{\sqrt{2}}{2}$.

14. (1) 由题意得$e = \dfrac{c}{a} = \dfrac{\sqrt{2}}{2}$. 由圆$F_1$: $(x+c)^2 + y^2 = 1$与圆F_2: $(x-c)^2 + y^2 = 9$相交，两圆的交点在椭圆E上，可知$2a = 1 + 3$. 又因为$a^2 = b^2 + c^2$，解得$a = 2$，$b = \sqrt{2}$，$c = \sqrt{2}$，所以椭圆E的方程为$\dfrac{x^2}{4} + \dfrac{y^2}{2} = 1$.

(2) 若选条件①：设$A(x_1, y_1)$，$B(x_2, y_2)$. 则当AB垂直于x轴时，$x_1 = x_2$. 因为O为$\triangle ABC$的重心，所以$C(2,0)$或$C(-2,0)$. 根据椭圆的对称性，不妨令$C(2,0)$，则此时$A\left(1, \dfrac{\sqrt{6}}{2}\right)$，$B\left(1, -\dfrac{\sqrt{6}}{2}\right)$，所以$S_{\triangle AOB} = \dfrac{1}{2}\times\sqrt{6}\times 1 = \dfrac{\sqrt{6}}{2}$.

当AB与x轴不垂直时，设直线AB的方程为$y = kx + m$，将其代入$\dfrac{x^2}{4} + \dfrac{y^2}{2} = 1$，可得

$$(2k^2 + 1)x^2 + 4kmx + 2(m^2 - 2) = 0.$$

则由韦达定理得$x_1 + x_2 = -\dfrac{4km}{2k^2+1}$，$x_1 x_2 = \dfrac{2(m^2-2)}{2k^2+1}$. 设$C(x_3, y_3)$，则

$$x_3 = -(x_1 + x_2) = \frac{4km}{2k^2+1}, \qquad y_3 = -(y_1 + y_2) = \frac{-2m}{2k^2+1}.$$

代入$\dfrac{x^2}{4} + \dfrac{y^2}{2} = 1$，得$1 + 2k^2 = 2m^2$. 又因为$|AB| = \sqrt{1+k^2}|x_1 - x_2|$，原点$O$到直线$AB$的

距离 $d = \dfrac{|m|}{\sqrt{1 + k^2}}$,所以

$$S_{\triangle AOB} = \frac{1}{2} \mid AB \mid \cdot d = \frac{1}{2} \mid m \mid \sqrt{\left(\frac{4km}{2k^2+1}\right)^2 - 4 \cdot \frac{2(m^2-2)}{2k^2+1}}$$

$$= \frac{\mid m \mid}{2k^2+1} \cdot \sqrt{4 + 8k^2 - 2m^2} = \frac{\mid m \mid}{2m^2} \cdot \sqrt{6m^2} = \frac{\sqrt{6}}{2}.$$

即 $\triangle AOB$ 的面积为定值 $\dfrac{\sqrt{6}}{2}$.

若选条件②:当直线 l 的斜率存在时,可设其方程为 $y = kx + m$,设 $A(x_1, y_1)$,$B(x_2, y_2)$.

联立 $\begin{cases} y = kx + m \\ \dfrac{x^2}{4} + \dfrac{y^2}{2} = 1 \end{cases}$,可得 $(2k^2+1)x^2 + 4kmx + 2m^2 - 4 = 0$,则

$$\Delta = (4km)^2 - 4 \times (2k^2+1)(2m^2-4) = -4(-8k^2 + 2m^2 - 4) > 0,$$

即得 $4k^2 - m^2 + 2 > 0$. 又由韦达定理得 $x_1 + x_2 = -\dfrac{4km}{2k^2+1}$,$x_1 x_2 = \dfrac{2m^2-4}{2k^2+1}$. 所以

$$k_{OA} \cdot k_{OB} = \frac{y_1 y_2}{x_1 x_2} = \frac{(kx_1 + m)(kx_2 + m)}{x_1 x_2} = \frac{k^2 x_1 x_2 + km(x_1 + x_2) + m^2}{x_1 x_2}$$

$$= \frac{k^2 \cdot \dfrac{2m^2-4}{2k^2+1} + km \cdot \left(-\dfrac{4km}{2k^2+1}\right) + m^2}{\dfrac{2m^2-4}{2k^2+1}} = \frac{m^2 - 4k^2}{2m^2 - 4} = -\frac{1}{2},$$

整理得 $m^2 = 2k^2 + 1$. 又因为

$$\mid AB \mid = \sqrt{(1 + k^2)[(x_1 + x_2)^2 - 4x_1 x_2]} = \sqrt{(1 + k^2)\left[\frac{16k^2 m^2}{(2k^2+1)^2} - \frac{4 \times (2m^2-4)}{2k^2+1}\right]}$$

$$= \frac{2\sqrt{2}\sqrt{1+k^2}\sqrt{4k^2 - m^2 + 2}}{2k^2+1} = \frac{2\sqrt{2}\sqrt{1+k^2}}{\sqrt{2k^2+1}},$$

而原点 O 到直线 AB 的距离 $d = \dfrac{|m|}{\sqrt{1+k^2}} = \dfrac{\sqrt{2k^2+1}}{\sqrt{1+k^2}}$,所以

$$S_{\triangle AOB} = \frac{1}{2} \mid AB \mid \cdot d = \frac{1}{2} \cdot \frac{2\sqrt{2}\sqrt{1+k^2}}{\sqrt{2k^2+1}} \cdot \frac{\sqrt{2k^2+1}}{\sqrt{1+k^2}} = \sqrt{2},$$

为定值.

当直线 l 的斜率不存在时,设 $A(x_0, y_0)$,$B(x_0, -y_0)$,则 $k_{OA} \cdot k_{OB} = -\dfrac{y_0^2}{x_0^2} = -\dfrac{1}{2}$,且

$\dfrac{x_0^2}{4} + \dfrac{y_0^2}{2} = 1$. 由 $\begin{cases} x_0^2 = 2y_0^2 \\ \dfrac{x_0^2}{4} + \dfrac{y_0^2}{2} = 1 \end{cases}$,解得 $\begin{cases} x_0^2 = 2 \\ y_0^2 = 1 \end{cases}$,此时 $S_{\triangle AOB} = 2 \times \dfrac{1}{2} \mid x_0 y_0 \mid = \sqrt{2}$,为定值.

综上可得 $S_{\triangle AOB}$ 的面积为定值 $\sqrt{2}$.

15. (1) 由题设可得 $\begin{cases} \dfrac{c}{a} = \dfrac{\sqrt{3}}{2} \\ 2a + 2c = 4 + 2\sqrt{3} \end{cases}$，解得 $\begin{cases} a = 2 \\ c = \sqrt{3} \end{cases}$，所以 $b^2 = a^2 - c^2 = 4 - 3 = 1$. 故

椭圆 C 的标准方程为 $\dfrac{x^2}{4} + y^2 = 1$.

(2) 设 $M(x_1, y_1), N(x_2, y_2), P(x_0, y_0)$，而坐标原点 O 到直线 $y = kx + t$ 的距离为

$d = \dfrac{|t|}{\sqrt{k^2 + 1}}$，则

$$S_{\text{平行四边形} OMPN} = 2S_{\triangle MON} = |MN| \cdot d.$$

联立 $\begin{cases} y = kx + t \\ \dfrac{x^2}{4} + y^2 = 1 \end{cases}$，整理得 $(4k^2 + 1)x^2 + 8ktx + 4t^2 - 4 = 0$，则

$$\Delta = 64k^2 t^2 - 4(4k^2 + 1)(4t^2 - 4) = 16(4k^2 + 1 - t^2) > 0.$$

所以由韦达定理得 $x_1 + x_2 = -\dfrac{8kt}{4k^2 + 1}, x_1 x_2 = \dfrac{4t^2 - 4}{4k^2 + 1}$. 则

$$|MN| = \sqrt{(1 + k^2)\left[(x_1 + x_2)^2 - 4x_1 x_2\right]} = \sqrt{(1 + k^2)\left[\dfrac{64k^2 t^2}{(4k^2 + 1)^2} - \dfrac{4(4t^2 - 4)}{4k^2 + 1}\right]}$$

$$= \dfrac{4\sqrt{1 + k^2}\sqrt{4k^2 - t^2 + 1}}{4k^2 + 1}.$$

故

$$S_{\text{平行四边形} OMPN} = 2S_{\triangle MON} = |MN| \cdot d = \dfrac{4\sqrt{1 + k^2}\sqrt{4k^2 - t^2 + 1}}{4k^2 + 1} \cdot \dfrac{|t|}{\sqrt{k^2 + 1}}$$

$$= \dfrac{4|t|\sqrt{4k^2 - t^2 + 1}}{4k^2 + 1}.$$

又因为四边形 $OMPN$ 是平行四边形，所以 $\overrightarrow{OP} = \overrightarrow{OM} + \overrightarrow{ON}$，故

$$\begin{cases} x_0 = x_1 + x_2 = -\dfrac{8kt}{4k^2 + 1} \\ y_0 = y_1 + y_2 = k(x_1 + x_2) + 2t = \dfrac{2t}{4k^2 + 1} \end{cases},$$

即 $P\left(-\dfrac{8kt}{4k^2 + 1}, \dfrac{2t}{4k^2 + 1}\right)$. 因为 P 是椭圆 C 上一点，所以 $\dfrac{x_0^2}{4} + y_0^2 = 1$. 即 $\dfrac{\left(-\dfrac{8kt}{4k^2 + 1}\right)^2}{4} +$

$\left(\dfrac{2t}{4k^2 + 1}\right)^2 = 1$，整理得 $4t^2 = 4k^2 + 1$. 又由 $\Delta = 16(4k^2 + 1 - t^2) > 0$，可得 $t \neq 0$，所以

$$S_{\text{平行四边形} OMPN} = \dfrac{4|t|\sqrt{3t^2}}{4t^2} = \dfrac{4\sqrt{3}t^2}{4t^2} = \sqrt{3}.$$

故四边形 $OMPN$ 的面积为 $\sqrt{3}$.

16. （1）由题设可得 $2c = 4$，$\triangle F_1 MN$ 的周长为 $|F_1 M| + |F_2 M| + |NF_1| + |NF_2| = 4a = 12$，所以 $c = 2$，$a = 3$，解得 $b^2 = a^2 - c^2 = 9 - 4 = 5$. 故椭圆 E 的标准方程为 $\dfrac{x^2}{9} + \dfrac{y^2}{5} = 1$. 所以 $A(-3, 0)$，$B(3, 0)$，$F_2(2, 0)$.

设 $M(x_1, y_1)$，$N(x_2, y_2)$，直线 l 的方程为 $x = ty + 2$. 联立 $\begin{cases} \dfrac{x^2}{9} + \dfrac{y^2}{5} = 1 \\ x = ty + 2 \end{cases}$，整理可得

$(5t^2 + 9)y^2 + 20ty - 25 = 0$，则由韦达定理得

$$y_1 + y_2 = -\frac{20t}{5t^2 + 9}, \quad y_1 y_2 = -\frac{25}{5t^2 + 9}.$$

所以 $\dfrac{y_1 + y_2}{y_1 y_2} = \dfrac{4t}{5}$，即 $ty_1 y_2 = \dfrac{5}{4}(y_1 + y_2)$. 则

$$\frac{k_1}{k_2} = \frac{\dfrac{y_1}{x_1 + 3}}{\dfrac{y_2}{x_2 - 3}} = \frac{y_1(x_2 - 3)}{y_2(x_1 + 3)} = \frac{ty_1 y_2 - y_1}{ty_1 y_2 + 5y_2} = \frac{\dfrac{5}{4}(y_1 + y_2) - y_1}{\dfrac{5}{4}(y_1 + y_2) + 5y_2}$$

$$= \frac{\dfrac{1}{4}(y_1 + 5y_2)}{\dfrac{5}{4}(y_1 + 5y_2)} = \frac{1}{5}.$$

故 $\dfrac{k_1}{k_2}$ 为定值 $\dfrac{1}{5}$.

（2）由（1）知直线 MN 的方程为 $x - ty - 2 = 0$，则点 $A(-3, 0)$ 到直线 MN 的距离为 $d_1 = \dfrac{5}{\sqrt{1 + t^2}}$，点 $B(3, 0)$ 到直线 MN 的距离为 $d_2 = \dfrac{1}{\sqrt{1 + t^2}}$. 又由（1）知

$$|MN| = \sqrt{(t^2 + 1)\left[(y_1 + y_2)^2 - 4y_1 y_2\right]} = \sqrt{(t^2 + 1)\left[\frac{400t^2}{(5t^2 + 9)^2} + \frac{100}{5t^2 + 9}\right]}$$

$$= \frac{30(t^2 + 1)}{5t^2 + 9},$$

所以

$$S_1 + S_2 = \frac{1}{2}|MN| \cdot d_1 + \frac{1}{2}|MN| \cdot d_2$$

$$= \frac{75\sqrt{t^2 + 1}}{5t^2 + 9} + \frac{15\sqrt{t^2 + 1}}{5t^2 + 9} = \frac{90\sqrt{t^2 + 1}}{5t^2 + 9}.$$

令 $m = \sqrt{t^2 + 1} \geqslant 1$，则 $S_1 + S_2 = \dfrac{90m}{5m^2 + 4} = \dfrac{90}{5m + \dfrac{4}{m}}$. 而 $y = 5m + \dfrac{4}{m}$ 在 $[1, +\infty)$ 上单调递增，所以当 $m = 1$，即 $t = 0$ 时，$S_1 + S_2$ 取得最大值，为 $\dfrac{90}{5 + 4} = 10$. 故 $S_1 + S_2$ 的最大值为 10.

3.9 非对称问题

📖 **题型展望**

直线与圆锥曲线的位置关系一直以来是高考的热点与难点,主要考查考生的直观想象、数学运算、逻辑推理等数学核心素养,以及综合分析与解决问题的能力. 我们较为熟悉的策略是:联立直线方程与圆锥曲线方程,消去 x 或 y,得到一个一元二次方程,再利用韦达定理进行"整体代换",就可以快速解决"对称式"的问题,比如 $x_1 + x_2$,$x_1 x_2$,$|x_1 - x_2|$,$x_1^2 + x_2^2$,$\frac{1}{x_1} + \frac{1}{x_2}$. 然而在圆锥曲线中,我们还会遇到一类"非对称"的结构,如 $\frac{x_1}{x_2}$,$\lambda x_1 + \mu x_2 (\lambda \neq \mu)$,$\frac{3x_1 x_2 + x_1 - x_2}{2x_1 x_2 - x_1 + x_2}$,$\frac{(y_2 - \lambda)x_1}{(y_1 + \mu)x_2}$ 等. 在这些表达式中,我们使用韦达定理后还会剩下独自存在的 x 或 y,即配对失效. 对于此类问题,该怎么处理呢? 鉴于此,本节将梳理"非对称"的类型和其求解策略.

✒️ **经典题探秘**

1. 定点模型下的非对称问题

📐 **例1** (2020 年全国 I 卷/理 20) 已知 A,B 分别为椭圆 $E: \frac{x^2}{a^2} + y^2 = 1 (a > 1)$ 的左、右顶点,G 为 E 的上顶点,$\overrightarrow{AG} \cdot \overrightarrow{GB} = 8$,$P$ 为直线 $x = 6$ 上的动点,PA 与 E 的另一交点为 C,PB 与 E 的另一交点为 D.

(1) 求 E 的方程;

(2) 证明:直线 CD 过定点.

【解析】 (1) 依据题意作出图像,如图 3.29 所示. 由椭圆方程 $\frac{x^2}{a^2} + y^2 = 1 (a > 1)$ 可得 $A(-a, 0)$,$B(a, 0)$,$G(0, 1)$,所以 $\overrightarrow{AG} = (a, 1)$,$\overrightarrow{GB} = (a, -1)$,于是 $\overrightarrow{AG} \cdot \overrightarrow{GB} = a^2 - 1 = 8$,解得 $a^2 = 9$. 故椭圆方程为 $\frac{x^2}{9} + y^2 = 1$.

(2) **思路 1** 引进参数,把直线方程用参数表示出来

① 设直线 CD 的方程

设直线 CD 的方程为 $x = my + n$,$C(x_1, y_1)$,$D(x_2, y_2)$,则由(1)得 $A(-3, 0)$,$B(3, 0)$.

联立 $\begin{cases} \dfrac{x^2}{9} + y^2 = 1 \\ x = my + n \end{cases}$,得 $(m^2 + 9)y^2 + 2mny + n^2 - 9 = 0$,则由韦达定理得

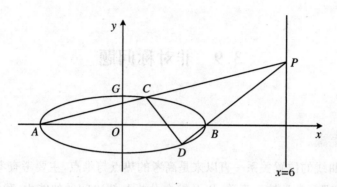

图 3.29

$$y_1 + y_2 = -\frac{2mn}{m^2+9}, \quad y_1 y_2 = \frac{n^2-9}{m^2+9}. \qquad ①$$

而直线 PA 的方程为 $y = \frac{y_1}{x_1+3}(x+3)$. 令 $x=6$，得 $y = \frac{9y_1}{x_1+3}$，即 $P\left(6, \frac{9y_1}{x_1+3}\right)$. 同理由直线

PB 的方程可得 $P\left(6, \frac{3y_2}{x_2-3}\right)$，所以 $\frac{9y_1}{x_1+3} = \frac{3y_2}{x_2-3}$. 根据题意，只需此式恒成立即可.

（证法 1：配凑半代换——对能代换的部分进行韦达代换，剩下的部分进行配凑）将 $x_1 =$

$my_1 + n$，$x_2 = my_2 + n$ 代入 $\frac{9y_1}{x_1+3} = \frac{3y_2}{x_2-3}$，化简得 $2my_1 y_2 + (3n-9)y_1 - (n+3)y_2 = 0$，

整理得

$$2my_1 y_2 + (3n-9)(y_1 + y_2) - (4n-6)y_2 = 0. \qquad ②$$

将①式代入②式，得

$$(2n-3)\left[-\frac{2m(n-3)}{m^2+9} - 2y_2\right] = 0.$$

所以 $n = \frac{3}{2}$ 时，等式恒成立. 故直线 CD 的方程为 $x = my + \frac{3}{2}$，即直线 CD 恒过定点 $\left(\frac{3}{2}, 0\right)$.

（证法 2：和积转换——找出韦达定理中的两根之和与两根之积的关系）将 $x_1 = my_1 + n$，

$x_2 = my_2 + n$ 代入 $\frac{9y_1}{x_1+3} = \frac{3y_2}{x_2-3}$，化简得

$$2my_1 y_2 + (3n-9)y_1 - (n+3)y_2 = 0. \qquad ③$$

由①式得 $y_1 y_2 = \frac{n^2-9}{-2mn}(y_1 + y_2)$，代入③式，得

$$2m \cdot \frac{n^2-9}{-2mn}(y_1 + y_2) + (3n-9)y_1 - (n+3)y_2 = 0,$$

变形得 $(2n-3)\left[(n-3)y_1 - (n+3)y_2\right] = 0$，此式恒成立. 所以当 $n = \frac{3}{2}$ 时，等式恒成立. 故

直线 CD 的方程为 $x = my + \frac{3}{2}$，即直线 CD 恒过定点 $\left(\frac{3}{2}, 0\right)$.

（证法3：点代法——化为对称式韦达定理或者曲线代换法）由 $\dfrac{9y_1}{x_1+3}=\dfrac{3y_2}{x_2-3}$，得

$\dfrac{9y_1y_2}{x_1+3}=\dfrac{3y_2^2}{x_2-3}$；由 $\dfrac{x_2^2}{9}+y_2^2=1$，得 $y_2^2=-\dfrac{(x_2+3)(x_2-3)}{9}$．所以 $27y_1y_2=-(x_1+3)(x_2+3)$．

将 $x_1=my_1+n,x_2=my_2+n$ 代入上式并变形，得

$$(m^2+27)y_1y_2+m(n+3)(y_1+y_2)+(n+3)^2=0. \qquad ④$$

将①式代入④式，得

$$(m^2+27)(n^2-9)-2m^2n(n+3)+(n+3)^2(m^2+9)=0.$$

又因为 $n\neq\pm 3$，所以上式化简得 $36n-54=0$，即 $n=\dfrac{3}{2}$．故直线 CD 的方程为 $x=my+\dfrac{3}{2}$，

即直线 CD 恒过定点 $\left(\dfrac{3}{2},0\right)$．

（证法4：点代法——化为对称式韦达定理）当直线 CD 的斜率不为 0 时，设直线 CD 的

方程为 $x=my+t$．联立 $\begin{cases} x=my+t \\ \dfrac{x^2}{9}+y^2=1 \end{cases}$，整理得

$$(m^2+9)y^2+2mty+t^2-9=0.$$

设 $C(x_1,y_1),D(x_2,y_2)$，则由韦达定理得

$$y_1+y_2=-\dfrac{2mt}{m^2+9},\quad y_1y_2=\dfrac{t^2-9}{m^2+9}.$$

而直线 AC 的方程为 $y=\dfrac{y_1}{x_1+3}(x+3)$，令 $x=6$，得 $y_P=\dfrac{9y_1}{x_1+3}$；直线 BC 的方程为 $y=$

$\dfrac{y_2}{x_2-3}(x-3)$，令 $x=6$，得 $y_P=\dfrac{3y_2}{x_2-3}$．则有 $\dfrac{9y_1}{x_1+3}=\dfrac{3y_2}{x_2-3}$，即 $\dfrac{3y_1^2}{x_1+3}=\dfrac{y_1y_2}{x_2-3}$．又因为点

$C(x_1,y_1)$ 在椭圆 E 上，所以 $\dfrac{x_1^2}{9}+y_1^2=1$．联立以上两式，消去 y_1^2，可得 $-3y_1y_2=(x_1-3)\cdot$

(x_2-3)，即 $-3y_1y_2=(my_1+t-3)(my_2+t-3)$，整理得 $(m^2+3)y_1y_2+m(t-3)(y_1+$

$y_2)+(t-3)^2=0$，即

$$(m^2+3)\cdot\dfrac{t^2-9}{m^2+9}+m(t-3)\cdot\left(-\dfrac{2mt}{m^2+9}\right)+(t-3)^2=0.$$

又因为 $t\neq 3$，化简可得 $t=\dfrac{3}{2}$，故直线 CD 的方程为 $x=my+\dfrac{3}{2}$，所以直线 CD 经过定

点 $\left(\dfrac{3}{2},0\right)$．

（证法5：垂径定理转化法）由题意可知直线 CD 的斜率不为 0，设直线 CD 的方程为 $x=$

$my+t$，并设点 $C(x_1,y_1),D(x_2,y_2)$，则 $\dfrac{x_1^2}{9}+y_1^2=1$，从而可得

$$k_{AC} \cdot k_{BC} = \frac{y_1}{x_1 + 3} \cdot \frac{y_1}{x_1 - 3} = \frac{y_1^2}{x_1^2 - 9} = -\frac{1}{9}.$$

因为 $k_{AP} = \frac{y_P}{9}$，$k_{BP} = \frac{y_P}{3}$，所以 $k_{BP} = 3k_{AP}$。又因为 $k_{AC} = k_{AP}$，$k_{BD} = k_{BP}$，联立以上两式，可

得 $k_{BC} \cdot k_{BD} = -\frac{1}{3}$，即 $\frac{y_1}{x_1 - 3} \cdot \frac{y_2}{x_2 - 3} = -\frac{1}{3}$，亦即 $-3y_1y_2 = (x_1 - 3)(x_2 - 3)$，所以

$-3y_1y_2 = (my_1 + t - 3)(my_2 + t - 3)$，整理得

$$(m^2 + 3)y_1y_2 + m(t - 3)(y_1 + y_2) + (t - 3)^2 = 0,$$

即

$$(m^2 + 3) \cdot \frac{t^2 - 9}{m^2 + 9} + m(t - 3) \cdot \left(-\frac{2mt}{m^2 + 9} \right) + (t - 3)^2 = 0.$$

又因为 $t \neq 3$，化简可得 $t = \frac{3}{2}$，故直线 CD 的方程为 $x = my + \frac{3}{2}$，所以直线 CD 经过定

点 $\left(\frac{3}{2}, 0 \right)$。

（证法 6：平方方法）设 $C(x_1, y_1)$，$D(x_2, y_2)$。则由点 C, D 在椭圆上，得

$$9y_1^2 = (3 + x_1)(3 - x_1), \quad 9y_2^2 = (3 + x_2)(3 - x_2).$$

对 $\frac{9y_1}{x_1 + 3} = \frac{3y_2}{x_2 - 3}$ 两边平方，得 $\frac{9y_1^2}{(x_1 + 3)^2} = \frac{y_2^2}{(x_2 - 3)^2}$，即

$$\frac{(3 + x_1)(3 - x_1)}{(x_1 + 3)^2} = \frac{(3 + x_2)(3 - x_2)}{9(x_2 - 3)^2},$$

亦即 $\frac{3 - x_1}{x_1 + 3} = \frac{3 + x_2}{9(3 - x_2)}$，整理得

$$4x_1x_2 - 15(x_1 + x_2) + 36 = 0.$$

设直线 CD 的方程为 $y = kx + m$，联立 $\begin{cases} \dfrac{x^2}{9} + y^2 = 1 \\ y = kx + m \end{cases}$，消去 y，得 $(9k^2 + 1)x^2 + 18mkx + $

$9m^2 - 9 = 0$，则由韦达定理得 $x_1x_2 = \frac{9m^2 - 9}{9k^2 + 1}$，$x_1 + x_2 = -\frac{18mk}{9k^2 + 1}$，所以

$$4 \cdot \frac{9m^2 - 9}{9k^2 + 1} - 15 \cdot \frac{-18mk}{9k^2 + 1} + 36 = 0.$$

化简得 $2m^2 + 15mk + 18k^2 = 0$，即 $(2m + 3k)(m + 6k) = 0$，解得 $m = -\frac{3}{2}k$ 或 $m = -6k$。

当 $m = -\frac{3}{2}k$ 时，直线 CD 的方程为 $y = k\left(x - \frac{3}{2} \right)$，过定点 $\left(\frac{3}{2}, 0 \right)$。

当 $m = -6k$ 时，直线 CD 的方程为 $y = k(x - 6)$，过定点 $(6, 0)$，不合题意，舍去。

综上，直线 CD 过定点 $\left(\frac{3}{2}, 0 \right)$。

② 设动点 P 的坐标

(证法 7: 暴力计算法) 设 $P(6,t)$, $C(x_1, y_1)$, $D(x_2, y_2)$. 由 (1) 得 $A(-3,0)$, $B(3,0)$,

则直线 PA 的方程为 $y = \dfrac{t-0}{6-(-3)}(x+3)$, 即 $y = \dfrac{t}{9}(x+3)$. 联立 $\begin{cases} \dfrac{x^2}{9} + y^2 = 1 \\ y = \dfrac{t}{9}(x+3) \end{cases}$, 整理得

$$(t^2 + 9)x^2 + 6t^2 x + 9t^2 - 81 = 0.$$

而 -3 与 x_1 是上述方程的两个根, 因此 $-3 \cdot x_1 = \dfrac{9(t^2 - 9)}{t^2 + 9}$, 从而可得

$$x_1 = \frac{-3t^2 + 27}{t^2 + 9}, \quad y_1 = \frac{t}{9}(x_1 + 3) = \frac{6t}{t^2 + 9}.$$

所以点 C 的坐标为 $\left(\dfrac{-3t^2 + 27}{t^2 + 9}, \dfrac{6t}{t^2 + 9} \right)$. 同理可得点 D 的坐标为 $\left(\dfrac{3t^2 - 3}{t^2 + 1}, \dfrac{-2t}{t^2 + 1} \right)$.

当 $t^2 = 3$ 时, 直线 CD 的方程为 $x = \dfrac{3}{2}$.

当 $t^2 \neq 3$ 时, 有

$$k_{CD} = \frac{\dfrac{6t}{t^2 + 9} - \dfrac{-2t}{t^2 + 1}}{\dfrac{-3t^2 + 27}{t^2 + 9} - \dfrac{3t^2 - 3}{t^2 + 1}} = \frac{4t}{3(3 - t^2)}.$$

所以直线 CD 的方程为 $y - \dfrac{-2t}{t^2 + 1} = \dfrac{4t}{3(3 - t^2)}\left(x - \dfrac{3t^2 - 3}{t^2 + 1} \right)$, 整理得 $y = \dfrac{4t}{3(3 - t^2)}\left(x - \dfrac{3}{2} \right)$.

则直线 CD 恒过点 $\left(\dfrac{3}{2}, 0 \right)$.

综上, 直线 CD 过定点 $\left(\dfrac{3}{2}, 0 \right)$.

点评 在一般圆锥曲线中, 直线与曲线的交点坐标是设而不求, 但交点坐标容易求; 或两交点坐标有一个已知, 则可直接求出交点坐标.

思路 2 先猜后证

① 由对称性猜定点位置

(证法 8) 设 $P(6,t)$. 由 (1) 得 $A(-3,0)$, $B(3,0)$, 由证法 7 知 $C\left(\dfrac{-3t^2 + 27}{9 + t^2}, \dfrac{6t}{9 + t^2} \right)$,

$D\left(\dfrac{3t^2 - 3}{1 + t^2}, \dfrac{-2t}{1 + t^2} \right)$. 又由椭圆的对称性可得直线 CD 过的定点在 x 轴上, 故可设定点坐标为

$T(x_0, 0)$. 则

$$\overrightarrow{TC} = \left(\frac{-3t^2 + 27}{9 + t^2} - x_0, \frac{6t}{9 + t^2} \right), \quad \overrightarrow{TD} = \left(\frac{3t^2 - 3}{1 + t^2} - x_0, \frac{-2t}{1 + t^2} \right).$$

因为 C, T, D 三点共线, 所以

$$\left(\frac{-3t^2 + 27}{9 + t^2} - x_0 \right) \cdot \frac{-2t}{1 + t^2} - \frac{6t}{9 + t^2} \cdot \left(\frac{3t^2 - 3}{1 + t^2} - x_0 \right) = 0,$$

解得 $x_0 = \dfrac{3}{2}$. 故直线 CD 过定点 $\left(\dfrac{3}{2}, 0\right)$.

② 由特殊位置猜定点

（证法9）同证法7，得 $C\left(\dfrac{-3t^2+27}{t^2+9}, \dfrac{6t}{t^2+9}\right)$，$D\left(\dfrac{3t^2-3}{t^2+1}, \dfrac{-2t}{t^2+1}\right)$. 由对称性可知直线 CD 所过的定点必在 x 轴上. 不妨取 $t=1$，则 $C\left(\dfrac{12}{5}, \dfrac{3}{5}\right)$，$D(0, -1)$. 此时直线 CD 的方程为 $y = \dfrac{2}{3}x - 1$，令 $y=0$，可得 $x = \dfrac{3}{2}$. 即定点的坐标为 $\left(\dfrac{3}{2}, 0\right)$.

下面证明直线 CD 过点 $M\left(\dfrac{3}{2}, 0\right)$ 即可：由 $\overrightarrow{MC} = \left(\dfrac{-9(t^2-3)}{2(t^2+9)}, \dfrac{6t}{t^2+9}\right)$，$\overrightarrow{MD} = \left(\dfrac{3(t^2-3)}{2(t^2+1)}, -\dfrac{2t}{t^2+1}\right)$，得

$$\dfrac{-9(t^2-3)}{2(t^2+9)} \cdot \left(-\dfrac{2t}{t^2+1}\right) = \dfrac{3(t^2-3)}{2(t^2+1)} \cdot \dfrac{6t}{t^2+9}.$$

所以 $\overrightarrow{MC}$，$\overrightarrow{MD}$ 共线，即 C，M，D 三点共线. 故直线 CD 过定点 $\left(\dfrac{3}{2}, 0\right)$.

（证法10）设点 $P(6, t)$. 由(1)得 $A(-3, 0)$，$B(3, 0)$. 当直线 $CD \perp x$ 轴时，设 CD 与 x 轴的交点为 $T(x_0, 0)$，直线 $x=6$ 与 x 轴的交点为 N，则 $\dfrac{PN}{DT} = \dfrac{BN}{BT}$，$\dfrac{PN}{CT} = \dfrac{AN}{AT}$. 因为 $CT = DT$，所以 $\dfrac{BN}{BT} = \dfrac{AN}{AT}$，即 $\dfrac{3}{3-x_0} = \dfrac{9}{3+x_0}$，解得 $x_0 = \dfrac{3}{2}$，故 $T\left(\dfrac{3}{2}, 0\right)$. 由证法8可得

$$\overrightarrow{TC} = \left(\dfrac{-3t^2+27}{9+t^2} - x_0, \dfrac{6t}{9+t^2}\right), \qquad \overrightarrow{TD} = \left(\dfrac{3t^2-3}{1+t^2} - x_0, \dfrac{-2t}{1+t^2}\right).$$

现证明 C，T，D 三点共线：因为

$$
\begin{aligned}
&\left(\dfrac{-3t^2+27}{9+t^2} - \dfrac{3}{2}\right) \cdot \dfrac{-2t}{1+t^2} - \dfrac{6t}{9+t^2} \cdot \left(\dfrac{3t^2-3}{1+t^2} - \dfrac{3}{2}\right) \\
&= \dfrac{9t^3 - 27t}{(1+t^2)(9+t^2)} - \dfrac{9t^3 - 27t}{(1+t^2)(9+t^2)} \\
&= 0,
\end{aligned}
$$

所以 C，T，D 三点共线. 故直线 CD 过定点 $\left(\dfrac{3}{2}, 0\right)$.

思路3　齐次化

（证法11）由题意可知直线 CD 的斜率不为0，所以可设直线 CD 的方程为 $x = my + t$. 另设 $C(x_1, y_1)$，$D(x_2, y_2)$，则 $\dfrac{x_1^2}{9} + y_1^2 = 1$，从而可得

$$k_{CA} \cdot k_{CB} = \dfrac{y_1}{x_1+3} \cdot \dfrac{y_1}{x_1-3} = \dfrac{y_1^2}{x_1^2 - 9} = -\dfrac{1}{9}.$$

因为 $k_{AP} = \dfrac{y_P}{9}$，$k_{BP} = \dfrac{y_P}{3}$，所以 $k_{BP} = 3k_{AP}$. 又因为 $k_{CA} = k_{AP}$，$k_{BD} = k_{BP}$，联立以上各式，可

得 $k_{BC} \cdot k_{BD} = -\dfrac{1}{3}$，即 $\dfrac{y_1}{x_1-3} \cdot \dfrac{y_2}{x_2-3} = -\dfrac{1}{3}$.

设直线 CD 的方程为 $m(x-3)+ny=1$，令 $\begin{cases} x'=x-3 \\ y'=y \end{cases}$，则 $\dfrac{y_1}{x_1-3} \cdot \dfrac{y_2}{x_2-3} = -\dfrac{1}{3}$ 可化为

$\dfrac{y_1'}{x_1'} \cdot \dfrac{y_2'}{x_2'} = -\dfrac{1}{3}$，直线 CD 的方程可化为 $mx'+ny'=1$，椭圆 E 的方程可化为 $x'^2+9y'^2+6x'$

$=0$，齐次化得 $x'^2+9y'^2+6x'(mx'+ny')=0$，即

$$9\left(\dfrac{y'}{x'}\right)^2 - 6n\dfrac{y'}{x'} + 1 + 6m = 0.$$

所以 $\dfrac{y_1'}{x_1'}$，$\dfrac{y_2'}{x_2'}$ 是上述方程的两个根. 则由韦达定理得 $\dfrac{y_1'}{x_1'} \cdot \dfrac{y_2'}{x_2'} = \dfrac{1+6m}{9} = -\dfrac{1}{3}$，解得 $m = -\dfrac{2}{3}$.

所以直线 CD 的方程为 $-\dfrac{2}{3}(x-3)+ny=1$，即 $2x-3ny-3=0$. 当 $y=0$ 时，$x=\dfrac{3}{2}$. 所以直

线 CD 过定点 $\left(\dfrac{3}{2}, 0\right)$.

点评 当 C,D 为一条直线与圆锥曲线的两个交点，B 为圆锥曲线的原点或圆锥曲线上的点时，若直线 BC,BD 的斜率和或积为定值，则直线 CD 过定点. 我们在解决此类问题时，可以构造一个关于直线 BC,BD 斜率的一元二次方程(即构造齐次式方程)，从而减少计算量.

思路 4 直线、圆锥曲线不联立

(证法12:截距式点差法)设 $P(6,t)$. 由 P,A,C 三点共线，得 $\dfrac{y_1}{x_1+3} = \dfrac{t}{9}$. 同理可得

$\dfrac{y_2}{x_2-3} = \dfrac{t}{3}$. 所以 $\dfrac{y_1(x_2-3)}{y_2(x_1+3)} = \dfrac{1}{3}$，整理得

$$3x_2y_1 - 9y_1 = x_1y_2 + 3y_2. \qquad ①$$

又由 $\dfrac{x_1^2}{9}+y_1^2=1$，得 $\dfrac{y_1}{x_1+3} = \dfrac{3-x_1}{y_1} \times \dfrac{1}{9}$. 与 $\dfrac{y_1}{x_1+3} = \dfrac{t}{9}$ 联立，得 $\dfrac{3-x_1}{y_1} = \dfrac{9y_1}{x_1+3} = t$. 同理可得

$\dfrac{3+x_2}{y_2} = \dfrac{9y_2}{3-x_2} = -\dfrac{t}{3} \times 9 = -3t$. 所以 $\dfrac{y_2(3-x_1)}{y_1(3+x_2)} = -\dfrac{1}{3}$，整理得

$$3x_1y_2 - 9y_2 = x_2y_1 + 3y_1. \qquad ②$$

①$-$②，得

$$2(x_2y_1 - x_1y_2) = 3(y_1 - y_2).$$

若 $x_1=x_2$，则 $y_1 \neq y_2$，所以 $x_1=x_2=\dfrac{3}{2}$，直线 CD 过点 $\left(\dfrac{3}{2}, 0\right)$.

若 $x_1 \neq x_2$，则 $k_{CD} = \dfrac{y_1-y_2}{x_1-x_2}$，直线 CD 的方程为 $y-y_1 = \dfrac{y_1-y_2}{x_1-x_2}(x-x_1)$. 令 $y=0$，得

$x = \dfrac{x_2 y_1 - x_1 y_2}{y_1 - y_2} = \dfrac{3}{2}$. 即直线 CD 过点 $\left(\dfrac{3}{2}, 0\right)$.

综上, 直线 CD 过定点 $\left(\dfrac{3}{2}, 0\right)$.

(证法 13) 设 $C(x_1, y_1)$, $D(x_2, y_2)$, $P(6, t)$, 则由两点式可得直线 CD 的方程为 $(y_2 - y_1)x - (x_2 - x_1)y = x_1 y_2 - x_2 y_1$. 又由 A, C, P 三点共线, 可得 $\dfrac{y_1}{x_1 + 3} = \dfrac{t}{9}$; 由 B, D, P 三点共线, 可得 $\dfrac{y_2}{x_2 - 3} = \dfrac{t}{3}$. 两式联立, 可得

$$\dfrac{y_2(x_1 + 3)}{y_1(x_2 - 3)} = 3 \Rightarrow 3x_2 y_1 - x_1 y_2 = 9y_1 + 3y_2. \qquad ①$$

又由点 C, D 在椭圆上, 可得 $x_1^2 - 9 = -9y_1^2$, $x_2^2 - 9 = -9y_2^2$, 化简得 $\dfrac{x_1 + 3}{y_1} = -\dfrac{9y_1}{x_1 - 3}$, $\dfrac{x_2 + 3}{y_2}$

$= -\dfrac{9y_2}{x_2 - 3}$, 即

$$\dfrac{y_1(x_2 + 3)}{y_2(x_1 - 3)} = \dfrac{y_2(x_1 + 3)}{y_1(x_2 - 3)} = 3 \Rightarrow 3x_1 y_2 - x_2 y_1 = 3y_1 + 9y_2. \qquad ②$$

① $-$ ②, 得 $4(x_2 y_1 - x_1 y_2) = 6(y_1 - y_2)$, 代入直线 CD 的方程, 可得 $(y_2 - y_1)x - (x_2 - x_1)y = \dfrac{3}{2}(y_1 - y_2)$, 即

$$(y_2 - y_1)\left(x - \dfrac{3}{2}\right) - (x_2 - x_1)y = 0.$$

故直线 CD 过定点 $\left(\dfrac{3}{2}, 0\right)$.

(证法 14: 定比点差法) 设 $\overrightarrow{AC} = \lambda \overrightarrow{AP}$, $C(x_1, y_1)$, $D(x_2, y_2)$, $P(6, y_0)$, 则 $x_1 = 9\lambda - 3$, $y_1 = \lambda y_0$. 设 $\overrightarrow{BC} = \mu \overrightarrow{BP}$, 得 $x_2 = 3\mu + 3$, $y_2 = \mu y_0$, 代入椭圆方程, 可得

$$\begin{cases} (9\lambda - 3)^2 + 9\lambda^2 y_0^2 = 9 \\ (3\mu + 3)^2 + 9\mu^2 y_0^2 = 9 \end{cases} \Rightarrow y_0^2 = \dfrac{6}{\lambda} - 9, \ y_0^2 = -\dfrac{2}{\mu} - 1 \Rightarrow \dfrac{3}{\lambda} + \dfrac{1}{\mu} = 4.$$

又由题意可知直线 CD 具有对称性, 故直线 CD 的定点在 x 轴上. 所以直线 CD 的方程为

$$(y_2 - y_1)x - (x_2 - x_1)y = x_1 y_2 - x_2 y_1.$$

令 $y = 0$, 得 $x = \dfrac{x_1 y_2 - x_2 y_1}{y_2 - y_1}$, 则

$$x = \dfrac{(9\lambda - 3)\mu y_0 - (3\mu + 3)\lambda y_0}{\mu y_0 - \lambda y_0} = \dfrac{6\lambda\mu - 3\mu - 3\lambda}{\mu - \lambda} = \dfrac{3}{2}.$$

故直线 CD 过定点 $\left(\dfrac{3}{2}, 0\right)$.

点评　定比点差法实际上是直线参数方程的变异形式, 只是将其中的 t 变为 λ. 也就是

说,只要是共线点列的问题,都可以在运用直线参数方程的同时考虑定比点差法.定比点差法在处理圆锥曲线上过定点的直线的证明题时,往往可以起到简化运算的作用.但定比点差法无法应用于抛物线,并且它采用的参数 λ 在解析几何问题中并不通用,在求解具体的斜率、弦长与面积时,往往会引起运算上的麻烦(当然,求坐标还是很简便的),所以并不是所有的共线问题都适用定比点差法.

综上所述,在研究点差法和定比点差法时,主要的核心思想统一体现为减元、消元和联立方程.

思路 5   曲线系求解

(证法 15)设 $P(6,t)$,以及直线 CD 的方程为 $x = my + n$.由(1)知 $A(-3,0)$,$B(3,0)$,所以直线 PA 的方程为 $y = \dfrac{t}{9}(x+3)$,即 $tx - 9y + 3t = 0$;直线 PB 的方程为 $y = \dfrac{t}{3}(x-3)$,即 $tx - 3y - 3t = 0$.因此过 A,B,C,D 四点的曲线系方程可设为

$$\lambda(tx - 9y + 3t)(tx - 3y - 3t) + \mu\left(\frac{x^2}{9} + y^2 - 1\right) = 0.$$

又因为曲线 $y(x - my - n) = 0$ 也过 A,B,C,D 四点,所以

$$\lambda(tx - 9y + 3t)(tx - 3y - 3t) + \mu\left(\frac{x^2}{9} + y^2 - 1\right) = y(x - my - n).$$

展开后,由等式两边对应项系数相等,可得 $n = \dfrac{3}{2}$.故直线 CD 过定点 $\left(\dfrac{3}{2}, 0\right)$.

思路 6   作伸缩变换

(证法 16)将题中所有点的横坐标缩短为原来的 $\dfrac{1}{3}$,纵坐标不变,则得到 $E: x^2 + y^2 = 1$,点 P 在直线 $x = 2$ 上,$A(-1,0)$,$B(1,0)$.如图 3.30 所示,设直线 CD 交 x 轴于点 T,$Q(2,0)$.则由梅涅劳斯定理得 $\dfrac{AT}{TB} \cdot \dfrac{BD}{DP} \cdot \dfrac{PC}{CA} = 1$,即 $\dfrac{AT}{TB} = \dfrac{DP \cdot CA}{BD \cdot PC}$;由圆幂定理得 $PA \cdot PC = PB \cdot PD$,即 $\dfrac{PD}{PC} = \dfrac{PA}{PB}$.所以

$$\begin{aligned}
\frac{AT}{TB} &= \frac{PA \cdot CA}{BD \cdot PB} = \frac{CA}{BD} \cdot \frac{PA}{PB} \\
&= \frac{AB\cos\angle PAQ}{AB\cos\angle ABD} \cdot \frac{\dfrac{PQ}{\sin\angle PAQ}}{\dfrac{PQ}{\sin\angle PBQ}} \\
&= \frac{\tan\angle PBQ}{\tan\angle PAQ} = \frac{AQ}{BQ} = 3.
\end{aligned}$$

又因为 $AT + TB = AB = 2$,所以 $T\left(\dfrac{1}{2}, 0\right)$.回到伸缩变换前,可知对应直线 CD 过定点 $\left(\dfrac{3}{2}, 0\right)$.

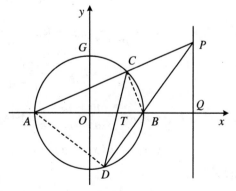

图 3.30

思路 7　极点、极线

(证法 17)根据圆锥曲线的极点、极线知识,可得:若极点共线,则极线共点;反之亦然.设点 $P(6,t)$,则点 P 对应的极线方程为 $\dfrac{6}{9}x+ty=1$.因为点 P 对应的极线必过直线 AB 与直线 CD 的交点,故直线 CD 必过极线与直线 AB 的交点 $\left(\dfrac{3}{2},0\right)$,所以直线 CD 过定点 $\left(\dfrac{3}{2},0\right)$.

点评　对于圆锥曲线中的直线过定点问题,一般的求解方法是引进参数,把直线方程用参数表示出来.若方程中含有两个参数,则要根据已知条件求出其中一个参数,或把其中一个参数用另一个参数表示出来,再根据直线方程中参数取值失效求出相应 x,y 的值,从而求出定点.对于复杂问题,可以先猜定点,再证明直线过定点.

【题根探秘】　通过对例 1 的探究,可以得到以下几个结论(命题 1~命题 2):

命题 1　已知 A,B 分别为椭圆 $E:\dfrac{x^2}{a^2}+\dfrac{y^2}{b^2}=1(a>b>0)$ 的左、右顶点,P 为直线 $x=m$ ($|m|>a$)上的动点,PA 与 E 的另一交点为 C,PB 与 E 的另一交点为 D(C,D 不重合).则直线 CD 过定点 $\left(\dfrac{a^2}{m},0\right)$.

证明:当直线 CD 的斜率为 0 时,结论显然成立.

当直线 CD 的斜率不为 0 时,设直线 CD 的方程为 $x=ny+t$,$C(x_1,y_1)$,$D(x_2,y_2)$,则 $\dfrac{x_1^2}{a^2}+\dfrac{y_1^2}{b^2}=1$.联立 $\begin{cases}\dfrac{x^2}{a^2}+\dfrac{y^2}{b^2}=1\\ x=ny+t\end{cases}$,得

$$(a^2+b^2n^2)y^2+2ntb^2y+b^2(t^2-a^2)=0.$$

则由韦达定理得

$$y_1+y_2=-\frac{2ntb^2}{a^2+b^2n^2},\qquad y_1y_2=\frac{b^2(t^2-a^2)}{a^2+b^2n^2}.$$

又因为 $k_{CA}=k_{AP}=\dfrac{y_P}{m+a}$,$k_{BD}=k_{BP}=\dfrac{y_P}{m-a}$,所以 $k_{CA}=\dfrac{m-a}{m+a}k_{BD}$.而

$$k_{CA}\cdot k_{CB}=\frac{y_1}{x_1+a}\cdot\frac{y_1}{x_1-a}=\frac{y_1^2}{x_1^2-a^2}=-\frac{b^2}{a^2},$$

于是可得 $k_{BC}\cdot k_{BD}=-\dfrac{b^2}{a^2}\cdot\dfrac{m+a}{m-a}$.不妨记 $-\dfrac{b^2}{a^2}\cdot\dfrac{m+a}{m-a}=p$,则 $\dfrac{y_1}{x_1-a}\cdot\dfrac{y_2}{x_2-a}=p$,所以

$$y_1y_2=p(x_1-a)(x_2-a)=p(ny_1+t-a)(ny_2+t-a),$$

整理得

$$(pn^2-1)y_1y_2+np(t-a)(y_1+y_2)+p(t-a)^2=0,$$

即

$$(pn^2 - 1) \cdot \frac{b^2(t^2 - a^2)}{a^2 + b^2 n^2} - np(t - a) \cdot \frac{2ntb^2}{a^2 + b^2 n^2} + p(t - a)^2 = 0,$$

化简得

$$t = \frac{ab^2 + a^3 p}{a^2 p - b^2} = \frac{ab^2 + a^3\left(-\dfrac{b^2}{a^2} \cdot \dfrac{m + a}{m - a}\right)}{a^2\left(-\dfrac{b^2}{a^2} \cdot \dfrac{m + a}{m - a}\right) - b^2} = \frac{a^2}{m}.$$

故直线 CD 的方程为 $x = ny + \dfrac{a^2}{m}$，即直线 CD 过定点 $\left(\dfrac{a^2}{m}, 0\right)$。

命题 1 的变式 1 已知 A,B 分别为椭圆 $E: \dfrac{x^2}{a^2} + \dfrac{y^2}{b^2} = 1(a > b > 0)$ 的左、右顶点。若 P 为直线 $x = \dfrac{a^2}{m}$ 上的动点，PA 与 E 的另一交点为 C，PB 与 E 的另一交点为 D，则直线 CD 过定点 $T(m, 0)$。

特别地，当 $m = c$ 时，直线 CD 恒过椭圆的焦点。

已知椭圆 $\dfrac{x^2}{a^2} + \dfrac{y^2}{b^2} = 1(a > b > 0)$，过直线 $x = \dfrac{a^2}{m}(0 < |m| < 1)$ 上的点 T 的两条直线分别与椭圆交于 A,B 和 C,D，则弦 AC,BD 都过定点 $M(m, 0)$。

命题 1 的变式 2 设 M 是椭圆 $\dfrac{x^2}{a^2} + \dfrac{y^2}{b^2} = 1(a > b > 0)$ 长轴上的一点，过点 M 作椭圆的两条弦 AC,BD，分别与椭圆相交于四点 A,C,B,D，连接 AB,DC 相交于点 T，则 $x_T x_M = a^2$。

命题 2 已知 A,B 分别为双曲线 $E: \dfrac{x^2}{a^2} - \dfrac{y^2}{b^2} = 1(a > 0, b > 0)$ 的左、右顶点，P 为直线 $x = m$ 上的动点，PA 与 E 的另一交点为 C，PB 与 E 的另一交点为 $D(C,D$ 不重合)。则直线 CD 过定点 $\left(\dfrac{a^2}{m}, 0\right)$。

【背景揭秘】 追踪试题的命题轨迹，探寻试题的命题背景，不仅有助于提升思维高度，开阔学习思考视野，而且能揭开题目的神秘面纱，把握命题规律。上面的结论"直线 CD 过定点 $\left(\dfrac{a^2}{m}, 0\right)$"是如此的简捷，但直觉告诉我们这绝不是偶然，肯定有其必然性。研究后发现本题有丰富的背景，它与极点、极线的知识有关。实际上，关于极点、极线有如下两个常用结论：

定义 如图 3.31 所示，设点 P 是不在二次曲线上的点，过点 P 引两条割线依次交二次曲线于点 E,F,G,H。连接 EG,FH 交于点 M，连接 EH,FG 交于点 N，则 MN 为点 P 对应的极线。同理，直线 PN 为点 M 对应的极线，直线 MP 为点 N 对应的极线。

定理 (1) 当点 P 为二次曲线上的点时，点 P 的极线即为二次曲线在点 P 处的切线。

(2) 当点 P 为二次曲线外的点时，过点 P 作二次曲线的切线，切点分别为 A,B，则点 P 的极线为直线 AB。

（3）当点 P 为二次曲线内的点时,过点 P 任作一条割线交二次曲线于 A,B,过 A,B 分别作曲线的切线,则两切线的交点的轨迹即为点 P 的极线.

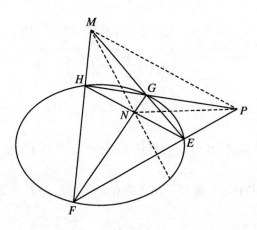

图 3.31

（4）对于椭圆 $\dfrac{x^2}{a^2}+\dfrac{y^2}{b^2}=1(a>b>0)$,点 $Q(x_0,y_0)$ 对应的极线为 $\dfrac{x_0 x}{a^2}+\dfrac{y_0 y}{b^2}=1$. 特别地,点 $Q(m,0)$ 对应的极线就是 $x=\dfrac{a^2}{m}$.

现在我们用极点、极线知识来解释例 1 这道高考题,过程如下:根据极点、极线知识,设 $Q(m,0)$,则点 Q 关于椭圆 $\dfrac{x^2}{9}+y^2=1$ 的极线为直线 $x=\dfrac{9}{m}$.因为 $\dfrac{9}{m}=6$,所以 $m=\dfrac{3}{2}$.故直线过定点 $Q\left(\dfrac{3}{2},0\right)$.

2. 定值模型下的非对称问题

例2 （2020 年北京卷/20）已知椭圆 C:$\dfrac{x^2}{a^2}+\dfrac{y^2}{b^2}=1$ 过点 $A(-2,-1)$,且 $a=2b$.

（1）求椭圆 C 的方程;

（2）过点 $B(-4,0)$ 的直线 l 交椭圆 C 于点 M,N,直线 MA,NA 分别交直线 $x=-4$ 于点 P,Q.求 $\left|\dfrac{PB}{BQ}\right|$ 的值.

【解析】 （1）设椭圆的方程为 $\dfrac{x^2}{a^2}+\dfrac{y^2}{b^2}=1(a>b>0)$,由题意可得 $\begin{cases}\dfrac{4}{a^2}+\dfrac{1}{b^2}=1 \\ a=2b\end{cases}$,解得 $\begin{cases}a^2=8 \\ b^2=2\end{cases}$.故椭圆的方程为 $\dfrac{x^2}{8}+\dfrac{y^2}{2}=1$.

（2）（解法 1:先猜后证——由特殊到一般）当直线 l 的斜率为 0 时,可求得 $y_P=\sqrt{2}$,

$y_Q = -\sqrt{2}$，猜测 $\dfrac{|PB|}{|BQ|} = 1$.

设 $M(x_1, y_1)$，$N(x_2, y_2)$，直线 MN 的方程为 $y = k(x + 4)$，与椭圆方程 $\dfrac{x^2}{8} + \dfrac{y^2}{2} = 1$ 联立，可得 $(4k^2 + 1)x^2 + 32k^2 x + (64k^2 - 8) = 0$，则由韦达定理得

$$x_1 + x_2 = \frac{-32k^2}{4k^2 + 1}, \quad x_1 x_2 = \frac{64k^2 - 8}{4k^2 + 1}.$$

由题意知直线 MA 的方程为 $y + 1 = \dfrac{y_1 + 1}{x_1 + 2}(x + 2)$. 令 $x = -4$，可得

$$y_P = -2 \times \frac{y_1 + 1}{x_1 + 2} - 1 = -2 \times \frac{k(x_1 + 4) + 1}{x_1 + 2} - 1 = \frac{-(2k + 1)(x_1 + 4)}{x_1 + 2}.$$

同理可得 $y_Q = \dfrac{-(2k + 1)(x_2 + 4)}{x_2 + 2}$. 很明显 $y_P y_Q < 0$，且 $\dfrac{|PB|}{|BQ|} = \left|\dfrac{y_P}{y_Q}\right|$. 又注意到

$$y_P + y_Q = -(2k + 1)\left(\frac{x_1 + 4}{x_1 + 2} + \frac{x_2 + 4}{x_2 + 2}\right)$$

$$= -(2k + 1) \times \frac{(x_1 + 4)(x_2 + 2) + (x_2 + 4)(x_1 + 2)}{(x_1 + 2)(x_2 + 2)},$$

而

$$(x_1 + 4)(x_2 + 2) + (x_2 + 4)(x_1 + 2) = 2[x_1 x_2 + 3(x_1 + x_2) + 8]$$

$$= 2\left[\frac{64k^2 - 8}{4k^2 + 1} + 3 \times \left(\frac{-32k^2}{4k^2 + 1}\right) + 8\right]$$

$$= 2 \times \frac{(64k^2 - 8) + 3 \times (-32k^2) + 8(4k^2 + 1)}{4k^2 + 1}$$

$$= 0,$$

故 $y_P + y_Q = 0$，即 $y_P = -y_Q$. 所以 $\dfrac{|PB|}{|BQ|} = \left|\dfrac{y_P}{y_Q}\right| = 1$.

　　注　实际上

$$x_1 x_2 = \frac{64k^2 - 8}{4k^2 + 1} = \frac{96k^2 - 8(4k^2 + 1)}{4k^2 + 1} = \frac{96k^2}{4k^2 + 1} - 8 = -3(x_1 + x_2) - 8.$$

则

$$y_P + y_Q = -(2k + 1)\left(\frac{x_1 + 4}{x_1 + 2} + \frac{x_2 + 4}{x_2 + 2}\right)$$

$$= \frac{-2(2k + 1)}{(x_1 + 2)(x_2 + 2)}[x_1 x_2 + 3(x_1 + x_2) + 8] = 0.$$

　　(解法 2：消一半留一半——对能代换的部分进行韦达代换，剩下的部分消一个留一个)

设 $M(x_1, y_1)$，$N(x_2, y_2)$，直线 MN 的方程为 $y = k(x + 4)$，与椭圆方程 $\dfrac{x^2}{8} + \dfrac{y^2}{2} = 1$ 联立，消去 y，得 $(4k^2 + 1)x^2 + 32k^2 x + (64k^2 - 8) = 0$. 则由韦达定理得

$$x_1 + x_2 = \frac{-32k^2}{4k^2+1}, \quad x_1 x_2 = \frac{64k^2-8}{4k^2+1}.$$

由题意知直线 MA 的方程为 $y+1 = \frac{y_1+1}{x_1+2}(x+2)$. 令 $x=-4$, 可得

$$y_P = -2 \times \frac{y_1+1}{x_1+2} - 1 = -2 \times \frac{k(x_1+4)+1}{x_1+2} - 1 = \frac{-(2k+1)(x_1+4)}{x_1+2}.$$

同理可得 $y_Q = \frac{-(2k+1)(x_2+4)}{x_2+2}$. 所以

$$\left| \frac{PB}{BQ} \right| = \left| \frac{y_P}{y_Q} \right| = \left| \frac{(x_1+4)(x_2+2)}{(x_1+2)(x_2+4)} \right| = \left| \frac{x_1 x_2 + 2x_1 + 4x_2 + 8}{x_1 x_2 + 4x_1 + 2x_2 + 8} \right|$$

$$= \left| \frac{x_1 x_2 + 2(x_1+x_2) + 2x_2 + 8}{x_1 x_2 + 2(x_1+x_2) + 2x_1 + 8} \right|.$$

其中, 分子为

$$x_1 x_2 + 2(x_1+x_2) + 2x_2 + 8 = \frac{64k^2-8}{4k^2+1} - \frac{64k^2}{4k^2+1} + 2x_2 + 8 = \frac{32k^2}{4k^2+1} + 2x_2$$

$$= -(x_1+x_2) + 2x_2 = x_2 - x_1.$$

同理可得 $x_1 x_2 + 2(x_1+x_2) + 2x_1 + 8 = x_1 - x_2$. 所以 $\left| \frac{PB}{BQ} \right| = \left| \frac{y_P}{y_Q} \right| = \left| \frac{x_2-x_1}{x_1-x_2} \right| = 1$.

(解法 3: 化和为积——找出韦达定理中的两根之和与两根之积的关系) 当直线 MN 的斜率为 0 时, 易得 $\left| \frac{PB}{BQ} \right| = 1$.

当直线 MN 的斜率不为 0 时, 设直线 MN 的方程为 $x = ty-4$. 联立 $\begin{cases} x = ty-4 \\ \dfrac{x^2}{8} + \dfrac{y^2}{2} = 1 \end{cases}$, 消去

x, 得 $(t^2+4)y^2 - 8ty + 8 = 0$. 设 $M(x_1, y_1), N(x_2, y_2)$, 则由韦达定理得

$$y_1 + y_2 = \frac{8t}{t^2+4}, \quad y_1 y_2 = \frac{8}{t^2+4}.$$

所以 $y_1 + y_2 = ty_1 y_2$.

由题意知直线 MA 的方程为 $y+1 = \frac{y_1+1}{x_1+2}(x+2)$. 令 $x=-4$, 可得

$$y_P = -2 \times \frac{y_1+1}{x_1+2} - 1 = -2 \times \frac{y_1+1}{ty_1-2} - 1 = \frac{-(t+2)y_1}{ty_1-2}.$$

同理可得 $y_Q = \frac{-(t+2)y_2}{ty_2-2}$. 所以

$$\left| \frac{PB}{BQ} \right| = \left| \frac{y_1(ty_2-2)}{y_2(ty_1-2)} \right| = \left| \frac{ty_1 y_2 - 2y_1}{ty_1 y_2 - 2y_2} \right| = \left| \frac{y_1+y_2-2y_1}{y_1+y_2-2y_2} \right| = 1.$$

(解法 4: 消一半留一半) 同解法 3, 得 $y_1+y_2 = \frac{8t}{t^2+4}$, $y_1 y_2 = \frac{8}{t^2+4}$; $y_P = \frac{-(t+2)y_1}{ty_1-2}$,

$y_Q = \dfrac{-(t+2)y_2}{ty_2-2}$. 所以

$$\left|\dfrac{PB}{BQ}\right| = \left|\dfrac{y_1(ty_2-2)}{y_2(ty_1-2)}\right| = \left|\dfrac{ty_1y_2-2y_1}{ty_1y_2-2y_2}\right| = \dfrac{\left|\dfrac{8t}{t^2+4}-2y_1\right|}{\left|\dfrac{8t}{t^2+4}-2\left(\dfrac{8t}{t^2+4}-y_1\right)\right|}$$

$$= \dfrac{\left|\dfrac{8t}{t^2+4}-2y_1\right|}{\left|2y_1-\dfrac{8t}{t^2+4}\right|} = 1.$$

（解法 5：参数方程法）如图 3.32 所示，过点 $A(-2,-1)$ 作直线 $x=-4$ 的平行线交直线 l 于点 H. 则 $\triangle AMH \backsim \triangle PMB$，$\triangle NHA \backsim \triangle NBQ$，可得 $\dfrac{AH}{PB}=\dfrac{MH}{MB}$，$\dfrac{AH}{QB}=\dfrac{NH}{NB}$. 所以

$$\dfrac{PB}{QB} = \dfrac{NH}{NB} \cdot \dfrac{MB}{MH}.$$

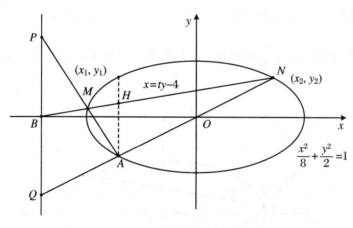

图 3.32

设直线 l 的参数方程为 $\begin{cases} x=-4+t\cos\alpha \\ y=t\sin\alpha \end{cases}$（$t$ 为参数，α 为直线 l 的倾斜角），代入椭圆方程 $\dfrac{x^2}{8}+\dfrac{y^2}{2}=1$，得

$$(\cos^2\alpha+4\sin^2\alpha)t^2-8\cos\alpha \cdot t+8=0.$$

则由 $\Delta=(-8\cos\alpha)^2-4(\cos^2\alpha+4\sin^2\alpha)\times 8>0$，得 $|\tan\alpha|<\dfrac{1}{2}$.

设直线 l 与椭圆 C 的交点 M，N 对应的参数分别为 t_1，t_2，则由韦达定理得

$$t_1+t_2 = \dfrac{8\cos\alpha}{\cos^2\alpha+4\sin^2\alpha}, \quad t_1t_2 = \dfrac{8}{\cos^2\alpha+4\sin^2\alpha}>0,$$

所以 $t_1+t_2=t_1t_2\cos\alpha$. 而点 H 对应的参数为 $t_0=\dfrac{2}{\cos\alpha}$，则 t_1，t_2，t_0 同号，且 $|t_2|>$

$|t_0| > |t_1|$. 故

$$\frac{PB}{QB} = \frac{NH}{NB} \cdot \frac{MB}{MH} = \left| \frac{t_1}{t_0 - t_1} \right| \cdot \left| \frac{t_2 - t_0}{t_2} \right| = \frac{t_1}{t_0 - t_1} \cdot \frac{t_2 - t_0}{t_2} = \frac{t_1 t_2 - t_0 t_1}{t_0 t_2 - t_1 t_2}$$

$$= \frac{\dfrac{1}{\cos\alpha}(t_1 + t_2) - \dfrac{2}{\cos\alpha} t_1}{\dfrac{2}{\cos\alpha} t_2 - \dfrac{1}{\cos\alpha}(t_1 + t_2)} = \frac{(t_1 + t_2) - 2t_1}{2t_2 - (t_1 + t_2)} = 1.$$

点评 对于此类求值问题,可以先从特殊到一般,得出结论,明确方向.但很多考生受思维定式的影响,往往会直接求解 $\left| \dfrac{PB}{BQ} \right|$ 的值,得出一种非对称结构,这样就需要一定的计算能力,如果能够掌握一定的计算方法,那么可以事半功倍.若知道 $\left| \dfrac{PB}{BQ} \right| = 1$,就可以转换为 $y_P + y_Q = 0$,其是一种对称性结构,那么直接代入韦达公式计算即可,计算量较小.

【题根探秘】 通过对例 2 的研究,可以得到以下结论(命题 3～命题 5):

命题 3 如图 3.33 所示,过点 $B(m, 0)(0 < |m| \neq a)$ 作直线,交椭圆 $C: \dfrac{x^2}{a^2} + \dfrac{y^2}{b^2} = 1(a > 0,$ $b > 0)$ 于 M, N 点,在直线 $x = \dfrac{a^2}{m}$ 上任取一点 P,设直线 PM, PN 分别交直线 $x = m$ 于 A, C,则 $AB = BC$.

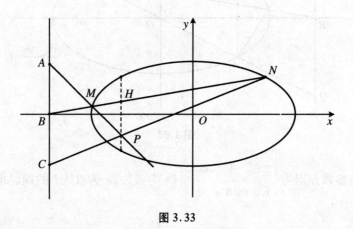

图 3.33

证明:当直线 MN 与 x 轴重合时,容易验证结论成立.

当直线 MN 与 x 轴不重合时,设 $M(x_1, y_1), N(x_2, y_2)$,直线 MN 的方程为 $x = ty + m$,代入椭圆方程 $\dfrac{x^2}{a^2} + \dfrac{y^2}{b^2} = 1$,得

$$(a^2 + t^2 b^2) y^2 + 2mtb^2 y + (m^2 - a^2) b^2 = 0.$$

则 $\dfrac{1}{y_1} + \dfrac{1}{y_2} = \dfrac{y_1 + y_2}{y_1 y_2} = \dfrac{2mt}{a^2 - m^2}$.

设 $P\left(\dfrac{a^2}{m}, n\right)$，则直线 PM 的方程为 $y - n = \dfrac{y_1 - n}{x_1 - \dfrac{a^2}{m}}\left(x - \dfrac{a^2}{m}\right)$. 令 $x = m$，得点 A 的纵坐

标为

$$
y_A = \frac{y_1 - n}{x_1 - \dfrac{a^2}{m}}\left(x - \frac{a^2}{m}\right) + n = \frac{y_1 - n}{ty_1 + m - \dfrac{a^2}{m}}\left(x - \frac{a^2}{m}\right) + n = \frac{\left(tn + m - \dfrac{a^2}{m}\right)y_1}{ty_1 + m - \dfrac{a^2}{m}}.
$$

同理得点 C 的纵坐标为 $y_C = \dfrac{\left(tn + m - \dfrac{a^2}{m}\right)y_2}{ty_2 + m - \dfrac{a^2}{m}}$. 所以要证 $AB = BC$，只要证 $y_A + y_C = 0$，

即证

$$
\frac{\left(tn + m - \dfrac{a^2}{m}\right)y_1}{ty_1 + m - \dfrac{a^2}{m}} + \frac{\left(tn + m - \dfrac{a^2}{m}\right)y_2}{ty_2 + m - \dfrac{a^2}{m}} = 0,
$$

亦证 $\dfrac{y_1}{ty_1 + m - \dfrac{a^2}{m}} + \dfrac{y_2}{ty_2 + m - \dfrac{a^2}{m}} = 0$. 整理得 $2mt + (m^2 - a^2)\left(\dfrac{1}{y_1} + \dfrac{1}{y_2}\right) = 0$，而由韦达定理

知上式恒成立，故 $AB = BC$.

注　$AB = BC \Leftrightarrow k_{PM} + k_{PN} = 2k_{PB}$.

命题 4　过点 $B(m, 0)(0 < |m| \neq a)$ 作直线，交双曲线 $C: \dfrac{x^2}{a^2} - \dfrac{y^2}{b^2} = 1 (a > 0, b > 0)$ 于 M，

N 点. 在直线 $x = \dfrac{a^2}{m}$ 上任取一点 P，设直线 PM，PN 分别交直线 $x = m$ 于 A，C 两点，则 AB

$= BC$.

命题 5　过点 $B(m, 0)(0 < |m| \neq a)$ 作直线，交抛物线 $C: y^2 = 2px(p > 0)$ 于 M，N 点.

在直线 $x = -m$ 上任取一点 P，设直线 PM，PN 分别交直线 $x = m$ 于 A，C，则 $AB = BC$.

（命题 4 和命题 5 的证明类似于命题 3 的证明.）

【背景揭秘】　例 2 是以极点、极线、调和点列、调和线束为背景的问题. 题中点 B 对应的

极线为 $x = -2$. 下面给出相关的概念：

(1) 极点、极线的几何定义：如图 3.34 所示，设 P 是不在圆锥曲线上的一点，过点 P 引

两条割线，依次交圆锥曲线于四点 E，F，G，H，连接 EH，FG 交于点 N，连接 EG，FH 交于

点 M，则直线 MN 为点 P 对应的极线. 若点 P 为圆锥曲线上的点，则过点 P 的切线即为

极线.

(2) 调和点列：如图 3.35(a) 所示，若 A，B，C，D 为直线上的四点，且满足 $\dfrac{CA}{CB} = \dfrac{DA}{DB} = $

λ，则称 C，D 调和分割 AB，点列 A，B，C，D 为调和点列.

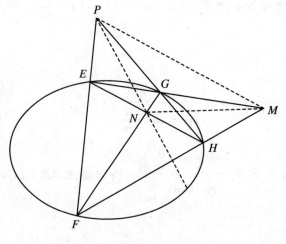

图 3.34

（3）调和线束：如图 3.35（b）所示，从调和点列 A，B，C，D 所在直线外一点 P，引射线 PA，PB，PC，PD，则称线束 PA，PB，PC，PD 为调和线束.

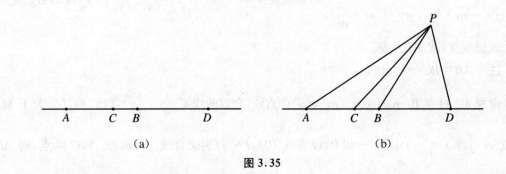

（a）   （b）

图 3.35

（4）调和线束的性质：如图 3.36 所示，已知 PA，PB，PC，PD 为调和线束.若有一条直

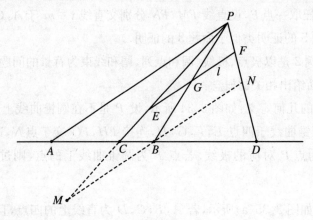

图 3.36

线 l 平行于其中一条,且与剩余三条交于三点,那么这三点中的内点平分该线段.

证明:以图 3.36 的情形为例,设直线 l 平行于 PA,且与 PC,PB,PD 分别交于点 E,G,

F,过点 B 作 l 的平行线,分别交 PC,PD 于点 M,N.则 $\dfrac{|CA|}{|CB|} = \dfrac{|PA|}{|BM|}$,$\dfrac{|DA|}{|DB|} = \dfrac{|PA|}{|BN|}$.又由

A,B,C,D 为调和点列,可得 $\dfrac{|CA|}{|CB|} = \dfrac{|DA|}{|DB|}$,所以 $\dfrac{|PA|}{|BM|} = \dfrac{|PA|}{|BN|}$,因此 $|BM| = |BN|$,故

$|GE| = |GF|$.其他情形类似证明.

如图 3.37 所示,点 B 对应的极线即 $x = -2$,设其与 BN 交于点 H,可知 B,H,M,N 四点

构成调和点列,因此 AB,AH,AM,AN 为调和线束.又因为 $PQ /\!/ AH$,所以 $|BP| = |BQ|$.

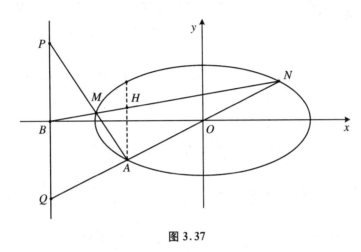

图 3.37

3. 定直线模型下的非对称问题

例 3 (2023 年新课标全国Ⅱ卷)　已知双曲线 C 的中心为坐标原点,左焦点为

$(-2\sqrt{5}, 0)$,离心率为 $\sqrt{5}$.

(1) 求双曲线 C 的方程;

(2) 记 C 的左、右顶点分别为 A_1,A_2,过点 $(-4, 0)$ 的直线与 C 的左支交于 M,N 两点,

M 在第二象限,直线 MA_1 与 NA_2 交于点 P,证明:点 P 在定直线上.

【解析】 (1) 由题意知 $c = 2\sqrt{5}$.又因为 $e = \dfrac{c}{a} = \sqrt{5}$,所以 $a = 2$,$b^2 = 16$.故双曲线 C 的

方程为 $\dfrac{x^2}{4} - \dfrac{y^2}{16} = 1$.

(2) (证法 1:关注特殊情形,先猜后证)特殊到一般是高中数学中的重要思想,对于圆锥

曲线中的定点、定线和定值等问题,首先考虑直线的特殊位置,如直线斜率不存在或斜率为 0

的情况,可以启发我们找到正确的结果,然后证明该结果对一般情形成立即可.这样可以明

确解题方向,降低题目难度.具体求解过程如下:

由题意作出图形,如图 3.38 所示.设直线 MN 的方程为 $x = my - 4$.取 $m = 0$,得

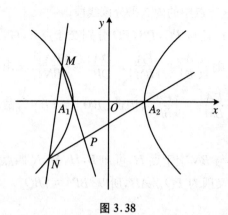

图 3.38

$M(-4,4\sqrt{3})$，$N(-4,-4\sqrt{3})$，直线 MA_1 的方程是 $y=-2\sqrt{3}x-4\sqrt{3}$，直线 NA_2 的方程是 $y=\dfrac{2\sqrt{3}}{3}x-\dfrac{4\sqrt{3}}{3}$，交点为 $P_1(-1,-2\sqrt{3})$．若 $M(-4,-4\sqrt{3})$，$N(-4,4\sqrt{3})$，则由对称性可知交点为 $P_2(-1,2\sqrt{3})$．若点 P 在同一条直线上，则直线 l 只能为 $x=-1$．

以下证明对于任意的 m，直线 MA_1 与直线 NA_2 的交点 P 均在直线 $l:x=-1$ 上．

联立 $\begin{cases}x=my-4\\\dfrac{x^2}{4}-\dfrac{y^2}{16}=1\end{cases}$，得 $(4m^2-1)y^2-32my+48=0$．记 $M(x_1,y_1)$，$N(x_2,y_2)$，则由韦达定理得

$$y_1+y_2=\frac{32m}{4m^2-1},\quad y_1y_2=\frac{48}{4m^2-1}.$$

设直线 MA_1 与 l 交于点 $P_0(-1,y_0)$，则由 $\dfrac{y_0}{-1+2}=\dfrac{y_1}{x_1+2}$，得 $y_0=\dfrac{y_1}{x_1+2}$．设直线 NA_2 与 l 交于点 $P_0'(-1,y_0')$，则由 $\dfrac{y_0'}{-1-2}=\dfrac{y_2}{x_2-2}$，得 $y_0'=-\dfrac{3y_2}{x_2-2}$．所以

$$y_0-y_0'=\frac{y_1}{x_1+2}+\frac{3y_2}{x_2-2}=\frac{y_1(my_2-6)+3y_2(my_1-2)}{(x_1+2)(x_2-2)}=\frac{4my_1y_2-6(y_1+y_2)}{(x_1+2)(x_2-2)}$$

$$=\frac{\frac{192m}{4m^2-1}-\frac{192m}{4m^2-1}}{(x_1+2)(x_2-2)}=0.$$

即 $y_0=y_0'$，故点 P_0 与点 P_0' 重合．这说明，当 m 变化时，点 P 恒在定直线 $l:x=-1$ 上．

点评 也可以使用分析法证明 $\dfrac{y_1}{x_1+2}=-\dfrac{3y_2}{x_2-2}$，即证 $y_1(my_2-6)=-3y_2(my_1-2)$，亦即证 $2my_1y_2=3(y_1+y_2)$．因为 $2my_1y_2-3(y_1+y_2)=\dfrac{96m}{4m^2-1}-\dfrac{96m}{4m^2-1}=0$，这说明当 m 变化时，点 P 恒在定直线 $l:x=-1$ 上．

（证法 2：和积转换）设直线 MN 的方程为 $x=my-4$，$M(x_1,y_1)$，$N(x_2,y_2)$．联立 $\begin{cases}x=my-4\\\dfrac{x^2}{4}-\dfrac{y^2}{16}=1\end{cases}$，得 $(4m^2-1)y^2-32my+48=0$，则由韦达定理得

$$y_1+y_2=\frac{32m}{4m^2-1},\quad y_1y_2=\frac{48}{4m^2-1},$$

所以 $2my_1y_2 = 3(y_1+y_2)$. 又因为直线 MA_1 的方程为 $y = \dfrac{y_1}{x_1+2}(x+2)$, 直线 NA_2 的方程

为 $y = \dfrac{y_2}{x_2-2}(x-2)$, 两式联立, 消去 y, 得

$$x = \frac{2my_1y_2 - 6y_1 - 2y_2}{3y_1 - y_2} = \frac{3(y_1+y_2) - 6y_1 - 2y_2}{3y_1 - y_2} = -1.$$

所以点 P 在直线 $x = -1$ 上.

（证法3）同证法2, 有 $y_1+y_2 = \dfrac{32m}{4m^2-1}$, $y_1y_2 = \dfrac{48}{4m^2-1}$, $2my_1y_2 = 3(y_1+y_2)$. 联立直

线 MA_1, NA_2 的方程, 得

$$\frac{x-2}{x+2} = \frac{y_1(x_2-2)}{y_2(x_1+2)} = \frac{y_1(my_2-6)}{y_2(my_1-2)} = \frac{my_1y_2 - 6y_1}{my_1y_2 - 2y_2}.$$

到了这一步, 有以下三个常用方向:

（方向1: 凑韦达定理）可得

$$\frac{x-2}{x+2} = \frac{my_1y_2 - 6y_1}{my_1y_2 - 2y_2} = \frac{my_1y_2 - 6(y_1+y_2) + 6y_2}{my_1y_2 - 2y_2}$$

$$= \frac{\dfrac{48m}{4m^2-1} - \dfrac{192m}{4m^2-1} + 6y_2}{\dfrac{48m}{4m^2-1} - 2y_2} = -3,$$

解得 $x = -1$. 即点在直线 $x = -1$ 上.

（方向2: 和积转换）由 $2my_1y_2 = 3(y_1+y_2)$, 得

$$\frac{x-2}{x+2} = \frac{my_1y_2 - 6y_1}{my_1y_2 - 2y_2} = \frac{3(y_1+y_2) - 12y_1}{3(y_1+y_2) - 4y_2} = -3,$$

解得 $x = -1$. 即点在直线 $x = -1$ 上.

（方向3: 代点转化）注意到点 $M(x_1, y_1)$, $N(x_2, y_2)$ 都在曲线上, 所以 $\dfrac{x_1^2}{4} - \dfrac{y_1^2}{16} = 1$, 即

$y_1^2 = 4x_1^2 - 16 = 4(x_1-2)(x_1+2)$, 亦即 $\dfrac{y_1}{x_1+2} = \dfrac{4(x_1-2)}{y_1}$. 则

$$\frac{x-2}{x+2} = \frac{y_1(x_2-2)}{y_2(x_1+2)} = \frac{4(x_1-2)(x_2-2)}{y_1y_2} = \frac{4(my_1-6)(my_2-6)}{y_1y_2}$$

$$= \frac{4[m^2y_1y_2 - 6m(y_1+y_2) + 36]}{y_1y_2} = \frac{4\left(\dfrac{48m^2}{4m^2-1} - \dfrac{192m^2}{4m^2-1} + 36\right)}{\dfrac{48}{4m^2-1}} = -3,$$

解得 $x = -1$. 即 MA_1 与 NA_2 的交点 P 在一条定直线 $x = -1$ 上.

点评　证法2是利用韦达定理找到分子与分母之间的关系, 直接求解; 证法3则运用设
而不求的思想, 即交点 P 的坐标应该同时满足两条直线的方程, 求出比值再利用韦达定理代

换,曲径通幽.考生更容易想到常规解法,而考试题目也应提倡使用通法,少用特殊技巧.

(证法5:截距点差法)设 $M(x_1,y_1)$,$N(x_2,y_2)$,记 $T(-4,0)$,则由 M,T,N 三点共线,得 $\frac{y_1}{x_1+4}=\frac{y_2}{x_2+4}$,即 $x_1y_2-x_2y_1=-4y_2+4y_1$.因为

$$x_1^2y_2^2-x_2^2y_1^2=\left(4+\frac{1}{4}y_1^2\right)y_2^2-\left(4+\frac{1}{4}y_2^2\right)y_1^2=4(y_2^2-y_1^2),$$

所以

$$x_1y_2+x_2y_1=\frac{x_1^2y_2^2-x_2^2y_1^2}{x_1y_2-x_2y_1}=-y_2-y_1.$$

又因为直线 MA_1 的方程为 $y=\frac{y_1}{x_1+2}(x+2)$,直线 NA_2 的方程为 $y=\frac{y_2}{x_2-2}(x-2)$.到这一步,可以有以下两个常用方向:

(方向1)联立两个方程,解得

$$x=\frac{2(x_1y_2+x_2y_1+2y_2-2y_1)}{x_1y_2-x_2y_1+2(y_2+y_1)}=\frac{2(-y_2-y_1+2y_2-2y_1)}{-4y_2+4y_1+2(y_2+y_1)}=-1.$$

(方向2)$\frac{x-2}{x+2}=\frac{y_1(x_2-2)}{y_2(x_1+2)}=\frac{x_2y_1-2y_1}{x_1y_2+2y_2}$.又由 $x_1y_2-x_2y_1=-4y_2+4y_1$,$x_1y_2+x_2y_1=-y_2-y_1$,可得 $\begin{cases}2x_1y_2=3y_1-5y_2\\2x_2y_1=3y_2-5y_1\end{cases}$,所以

$$\frac{x-2}{x+2}=\frac{2x_2y_1-4y_1}{2x_1y_2+4y_2}=\frac{3y_2-5y_1-4y_1}{3y_1-5y_2+4y_2}=-3,$$

解得 $x=-1$.

点评 轴点弦的三点共线可以借助截距点差法快速进行坐标的整体代换.

(证法6)设 $M(x_1,y_1)$,$N(x_2,y_2)$,则直线 MA_1 的方程为 $y=\frac{y_1}{x_1+2}(x+2)$,直线 NA_2 的方程为 $y=\frac{y_2}{x_2-2}(x-2)$,直线 MN 的方程为 $(y_2-y_1)x-(x_2-x_1)y=x_1y_2-x_2y_1$.代入$(-4,0)$,得

$$x_1y_2-x_2y_1=-4(y_2-y_1),$$

$$x_1y_2+x_2y_1=\frac{x_1^2y_2^2-x_2^2y_1^2}{x_1y_2-x_2y_1}=\frac{4\left(1+\frac{y_1^2}{16}\right)y_2^2-4\left(1+\frac{y_2^2}{16}\right)y_1^2}{-4(y_2-y_1)}=-y_1-y_2.$$

则由以上两式得 $\begin{cases}x_1y_2=\frac{1}{2}(3y_1-5y_2)\\x_2y_1=\frac{1}{2}(3y_2-5y_1)\end{cases}$.又由 $\begin{cases}y=\frac{y_1}{x_1-2}(x+2)\\y=\frac{y_2}{x_2-2}(x-2)\end{cases}$,得 $\frac{y_1}{x_1+2}(x+2)=$

$\dfrac{y_2}{x_2-2}(x-2)$. 所以

$$\frac{x-2}{x+2} = \frac{y_1(x_2-2)}{y_2(x_1+2)} = \frac{x_2 y_1 - 2y_1}{x_1 y_2 + 2y_2} = \frac{\frac{1}{2}(3y_2 - 5y_1) - 2y_1}{\frac{1}{2}(3y_1 - 5y_2) + 2y_2} = \frac{-9y_1 + 3y_2}{3y_1 - y_2} = -3,$$

解得 $x = -1$. 故点 P 在定直线 $x = -1$ 上.

（证法 7：定比点差法）设 $\overrightarrow{TN} = \lambda \overrightarrow{TM}(\lambda < 0), M(x_1, y_1), N(x_2, y_2)$, 则可得 $(x_2 + 4, y_2) = \lambda(x_1 + 4, y_1)$, 即 $\begin{cases} x_2 - \lambda x_1 = 4\lambda - 4 \\ y_2 = \lambda y_1 \end{cases}$. 又因为点 M, N 在曲线 C 上, 所以

$$4x_1^2 - y_1^2 = 16, \qquad\qquad ①$$
$$4x_2^2 - y_2^2 = 16. \qquad\qquad ②$$

则 ②$-$①$\times \lambda^2$, 得

$$4(x_2^2 - \lambda^2 x_1^2) = y_2^2 - \lambda^2 y_1^2 + 16(1 - \lambda^2) = 16(1 - \lambda^2).$$

整理得 $(x_2 + \lambda x_1)(x_2 - \lambda x_1) = 4(1 - \lambda^2)$, 即 $4(\lambda - 1)(x_2 + \lambda x_1) = 4(1 - \lambda^2)(\lambda < 0)$, 可得 $x_2 + \lambda x_1 = -\lambda - 1$. 与 $x_2 - \lambda x_1 = 4\lambda - 4$ 联立, 解得 $x_1 = \dfrac{3}{2\lambda} - \dfrac{5}{2}, x_2 = \dfrac{3\lambda}{2} - \dfrac{5}{2}$, 所以

$$k_{MA_1} = \frac{y_1}{\frac{3}{2\lambda} - \frac{1}{2}} = \frac{2\lambda y_1}{3 - \lambda}, \quad k_{NA_2} = \frac{y_2}{x_2 - 2} = \frac{\lambda y_1}{\frac{3}{2}\lambda - \frac{9}{2}} = \frac{2\lambda y_1}{3\lambda - 9}.$$

设 $k_{NA_2} = k$, 则 $k_{MA_1} = -3k$, 所以直线 NA_2 的方程为 $y = k(x - 2)$, 直线 MA_1 的方程为 $y = -3k(x + 2)$. 联立 $\begin{cases} y = k(x - 2) \\ y = -3k(x + 2) \end{cases}$, 解得 $x = -1$.

点评　亦可由 $y_2 = \lambda y_1, x_1 = \dfrac{3}{2\lambda} - \dfrac{5}{2}, x_2 = \dfrac{3\lambda}{2} - \dfrac{5}{2}$, 得

$$\frac{x-2}{x+2} = \frac{y_1(x_2 - 2)}{y_2(x_1 + 2)} = \frac{y_1\left(\frac{3\lambda}{2} - \frac{5}{2} - 2\right)}{\lambda y_1\left(\frac{3}{2\lambda} - \frac{5}{2} + 2\right)} = -3,$$

解得 $x = -1$.

（证法 8：不联立, 三点共线）记 $T(-4, 0), A_1(-2, 0), A_2(2, 0)$. 设 $M(x_1, y_1), N(x_2, y_2), P(x_0, y_0)$, 则由 M, A_1, P 三点共线, 得 $k_{MA_1} = k_{PA_1}$, 即

$$\frac{y_1}{x_1 + 2} = \frac{y_0}{x_0 + 2} \Rightarrow y_0 = \frac{(x_0 + 2)y_1}{x_1 + 2}.$$

由 N, A_2, P 三点共线, 得 $k_{NA_2} = k_{PA_2}$, 即

$$\frac{y_2}{x_2 - 2} = \frac{y_0}{x_0 - 2} \Rightarrow y_0 = \frac{(x_0 - 2)y_2}{x_2 - 2}.$$

所以 $\dfrac{(x_0+2)y_1}{x_1+2} = \dfrac{(x_0-2)y_2}{x_2-2}$，整理得 $\dfrac{x_0+2}{x_0-2} = \dfrac{x_1y_2+2y_2}{x_2y_1-2y_1}$. 又由 M, N, T 三点共线，得 $k_{MT} = k_{NT}$，所以

$$\frac{y_1}{x_1+4} = \frac{y_2}{x_2+4} \Rightarrow x_2y_1 - x_1y_2 = 4(y_2-y_1), \quad x_2y_1 + x_1y_2 = -y_2 - y_1.$$

则

$$x_2y_1 = \frac{3}{2}y_2 - \frac{5}{2}y_1, \quad x_1y_2 = \frac{3}{2}y_1 - \frac{5}{2}y_2.$$

故

$$\frac{x_0+2}{x_0-2} = \frac{\dfrac{3}{2}y_1 - \dfrac{1}{2}y_2}{-\dfrac{9}{2}y_1 + \dfrac{3}{2}y_2} = -\frac{1}{3},$$

解得 $x_0 = -1$.

（证法 9：直接求解）设直线 MN 的方程为 $x = my - 4$，$M(x_1,y_1)$，$N(x_2,y_2)$，联立 $\begin{cases} x = my - 4 \\ \dfrac{x^2}{4} - \dfrac{y^2}{16} = 1 \end{cases}$，消去 x，得 $(4m^2-1)y^2 - 32my + 48 = 0$，则由韦达定理得

$$y_1 + y_2 = \frac{32m}{4m^2-1}, \quad y_1y_2 = \frac{48}{4m^2-1}.$$

又易得直线 MA_1 的方程为

$$x = \frac{x_1+2}{y_1}y - 2 = \frac{my_1-2}{y_1}y - 2 = \left(m - \frac{2}{y_1}\right)y - 2,$$

直线 NA_2 的方程为

$$x = \frac{x_2-2}{y_2}y + 2 = \frac{my_2-6}{y_2}y + 2 = \left(m - \frac{6}{y_2}\right)y + 2.$$

联立两个方程，得 $y_P = \dfrac{2y_1y_2}{3y_1-y_2}$，则

$$x_P = \frac{my_1-2}{y_1} \cdot \frac{2y_1y_2}{3y_1-y_2} - 2 = \frac{2my_1y_2 - 6y_1 - 2y_2}{3y_1-y_2}.$$

又由韦达定理得 $2my_1y_2 = 3(y_1+y_2)$，所以

$$x_P = \frac{3(y_1+y_2) - 6y_1 - 2y_2}{3y_1-y_2} = -1.$$

（证法 10：交轨法）由题意知 $A_1(-2,0)$，$A_2(2,0)$. 设 $M(x_1,y_1)$，$N(x_2,y_2)$，直线 MA_1 的方程为 $x = my - 2$，直线 NA_2 的方程为 $x = ny + 2$.

联立 $\begin{cases} x = my - 2 \\ 4x^2 - y^2 = 16 \end{cases}$，得 $(4m^2-1)y^2 - 16my = 0$. 显然 $4m^2 - 1 \neq 0$，解得 $y = 0$ 或 $y =$

$\dfrac{16m}{4m^2-1}$. 所以 $y_1 = \dfrac{16m}{4m^2-1}$，$x_1 = \dfrac{2(4m^2+1)}{4m^2-1}$.

联立 $\begin{cases} x = ny + 2 \\ 4x^2 - y^2 = 16 \end{cases}$，得 $(4n^2-1)y^2 + 16ny = 0$，解得 $y = 0$ 或 $y = -\dfrac{16n}{4n^2-1}$. 所以 $y_2 = -\dfrac{16n}{4n^2-1}$，$x_2 = -\dfrac{2(4n^2+1)}{4n^2-1}$.

由题意，B,M,N 三点共线. 当 $MN \perp x$ 时，$|A_2A_1| = 2|A_1B|$，所以 A_1 是 $\triangle A_2MN$ 的重心，从而 P 是 A_2N 的中点. 故点 P 的横坐标为 -1.

当 MN 不垂直于 x 轴时，$k_{MN} = k_{MB}$，即

$$\frac{\dfrac{16m}{4m^2-1} + \dfrac{16n}{4n^2-1}}{\dfrac{2(4m^2+1)}{4m^2-1} + \dfrac{2(4n^2+1)}{4n^2-1}} = \frac{\dfrac{16m}{4m^2-1} - 0}{\dfrac{2(4m^2+1)}{4m^2-1} + 4}.$$

整理得 $\dfrac{m+n}{4mn+1} = \dfrac{2m}{12m^2-1}$，可得 $(4m^2-1)(3m+n) = 0$，即 $3m + n = 0$. 又由 $x = my - 2$，$x = ny + 2$，得 $3x + x = (3m+n)y - 4$，解得 $x = -1$.

（证法 11：斜率双用）设 $\dfrac{y_1}{x_1+2} \cdot \dfrac{y_2}{x_2+2} = t$，则 $\begin{cases} \dfrac{y_1}{x_1+2} \cdot \dfrac{x_2-2}{y_2} = \dfrac{t}{4} \\ \dfrac{y_2}{x_2+2} \cdot \dfrac{x_1-2}{y_1} = \dfrac{t}{4} \end{cases}$，整理得

$\begin{cases} 4x_2y_1 - 8y_1 = tx_1y_2 + 2ty_2 \\ 4x_1y_2 - 8y_2 = tx_2y_1 + 2ty_1 \end{cases}$，两式作差，可得 $(4+t)(x_2y_1 - x_1y_2) = (8-2t)(y_1 - y_2)$. 因为 $M,N,(-4,0)$ 三点共线，所以 $\dfrac{8-2t}{4+t} = -4$，解得 $t = -12$，即 $k_{A_1M} \cdot k_{A_1N} = -12$. 又因为

$k_{A_1M} \cdot k_{A_2N} = 4$，所以 $k_{A_1M} = -3k_{A_2N}$，可得 $k_{A_1P} = -3k_{A_2P}$. 即 $\dfrac{y_P}{x_P+2} = \dfrac{-3y_P}{x_P-2}$，解得 $x_P = -1$.

（证法 12：齐次化）令直线 MN 的方程为 $m(x+2) + ny = 1$，因为直线 MN 过点 $(-4,0)$，所以 $m = -\dfrac{1}{2}$. 则

$$4x^2 - y^2 = 16 \Rightarrow 4(x+2-2)^2 - y^2 = 16 \Rightarrow 4(x+2)^2 - y^2 - 16(x+2) = 0$$

$$\Rightarrow 4(x+2)^2 - y^2 - 16(x+2)[m(x+2) + ny] = 0$$

$$\Rightarrow \left(\frac{y}{x+2}\right)^2 + 16n \cdot \frac{y}{x+2} - 4 + 16m = 0.$$

由韦达定理得 $k_{MA_1} \cdot k_{NA_1} = 16m - 4 = -12$，即 $k_{PA_1} \cdot k_{NA_1} = -12$. 又因为 A_1, A_2, N 在双曲线上，且 A_1, A_2 关于原点对称，所以 $k_{NA_1} \cdot k_{NA_2} = 4$. 即 $k_{NA_1} \cdot k_{PA_2} = 4$，所以 $k_{PA_1} = -3k_{PA_2}$. 令 $P(x,y)$，则 $\dfrac{y}{x+2} = -3 \times \dfrac{y}{x-2}$，解得 $x = -1$.

（证法 13：整体构造 $\dfrac{x_1}{y_1}$，$\dfrac{x_2}{y_2}$）由 M，N，$(-4,0)$ 三点共线，得 $\dfrac{y_1}{x_1+4}=\dfrac{y_2}{x_2+4}$，整理得

$\dfrac{x_1}{y_1}-\dfrac{x_2}{y_2}=\dfrac{4}{y_2}-\dfrac{4}{y_1}$. 因为 $\begin{cases}\dfrac{x_1^2}{4}-\dfrac{y_1^2}{16}=1\\[2mm]\dfrac{x_2^2}{4}-\dfrac{y_2^2}{16}=1\end{cases}$，所以 $\begin{cases}\left(\dfrac{x_1}{y_1}\right)^2=\dfrac{4}{y_1^2}+\dfrac{1}{4}\\[2mm]\left(\dfrac{x_2}{y_2}\right)^2=\dfrac{4}{y_2^2}+\dfrac{1}{4}\end{cases}$. 两式作差，可得

$$\begin{cases}\dfrac{x_1}{y_1}-\dfrac{x_2}{y_2}=\dfrac{4}{y_2}-\dfrac{4}{y_1}\\[2mm]\dfrac{x_1}{y_1}+\dfrac{x_2}{y_2}=-\dfrac{1}{y_1}-\dfrac{1}{y_2}\end{cases},\qquad 即\qquad \begin{cases}\dfrac{x_1}{y_1}=\dfrac{1}{2}\left(\dfrac{3}{y_2}-\dfrac{5}{y_1}\right)\\[2mm]\dfrac{x_2}{y_2}=\dfrac{1}{2}\left(\dfrac{3}{y_1}-\dfrac{5}{y_2}\right)\end{cases}.$$

又因为直线 MA_1 的方程为 $y=\dfrac{y_1}{x_1+2}(x+2)$，直线 NA_2 的方程为 $y=\dfrac{y_2}{x_2-2}(x-2)$，所以

$$\dfrac{y_1(x_2-2)}{y_2(x_1+2)}=\dfrac{\dfrac{x_2-2}{y_2}}{\dfrac{x_1+2}{y_1}}=\dfrac{x-2}{x+2}=-3,$$

解得 $x=-1$.

（证法 14：极点、极线）记 $MA_1\bigcap NA_2=P_1$，结合对称性，令 $M=N'$，$N=M'$. 设 $M'A_1\bigcap N'A_2=P_2$，则由极点、极线的定义，知点 B 关于双曲线 C 的极线为直线 P_1P_2. 故直线 P_1P_2 的方程为 $\dfrac{-4x}{4}-\dfrac{0\cdot y}{16}=1$，解得 $x=-1$. 故点 P 在定直线 $x=-1$ 上.

点评 此模型与定点模型基本一致，相当于它的逆命题，所以处理方法具有相似性. 定直线问题是证明动点在定直线上，其实质是求动点的轨迹方程，所以所用的方法即为求轨迹方程的方法，如定义法、消参法等. 设参、消参、设而不求依然是常见思路.

【题根探秘】 通过对例 3 的研究，可以得到以下结论（命题 6 和命题 7）：

命题 6 已知 A，B 分别为双曲线 $E：\dfrac{x^2}{a^2}-\dfrac{y^2}{b^2}=1(a>0,b>0)$ 的左、右顶点，过点 $T(m,0)$ 的任意直线 l 与 E 相交于两点 C，D，则直线 AC 与 BD 的交点 P 必在直线 $x=\dfrac{a^2}{m}$ 上.

证明：设 $C(x_1,y_1)$，$D(x_2,y_2)$，联立 $\begin{cases}\dfrac{x^2}{a^2}-\dfrac{y^2}{b^2}=1\\ x=ty+m\end{cases}$，消去 x 并整理，得

$$(b^2t^2-a^2)y^2+2tmb^2y+b^2m^2-b^2a^2=0.$$

则由韦达定理知 $y_1+y_2=\dfrac{-2tmb^2}{b^2t^2-a^2}$，$y_1y_2=\dfrac{b^2m^2-a^2b^2}{b^2t^2-a^2}$. 因为 $2ty_1y_2=\dfrac{2tb^2(m^2-a^2)}{b^2t^2-a^2}=\dfrac{a^2-m^2}{m}(y_1+y_2)$，所以

$$2ty_1y_2 + (m+a)y_2 + (m-a)y_1 = \frac{a}{m}[(a-m)y_1 + (a+m)y_2].$$

又因为直线 AC 的方程为 $y = \frac{y_1}{x_1+a}(x+a)$,直线 BD 的方程为 $y = \frac{y_2}{x_2-a}(x-a)$,联立并消去 y,得

$$\begin{aligned}
x_P &= \frac{ax_1y_2 + ax_2y_1 + a^2y_2 - a^2y_1}{x_1y_2 - x_2y_1 + ay_1 + ay_2} = \frac{a(ty_1+m)y_2 + a(ty_2+m)y_1 + a^2y_2 - a^2y_1}{(ty_1+m)y_2 - (ty_2+m)y_1 + ay_1 + ay_2} \\
&= \frac{a[2ty_1y_2 + (a+m)y_2 + (m-a)y_1]}{(a+m)y_2 + (a-m)y_1} = \frac{a^2}{m}.
\end{aligned}$$

即 AC 与 BD 的交点 P 在一条定直线 $x = \frac{a^2}{m}$ 上.

命题 7 已知 A,B 分别为椭圆 $E: \frac{x^2}{a^2} + \frac{y^2}{b^2} = 1(a>b>0)$ 的左、右顶点,过点 $T(m,0)$ 的任意直线 l 与 E 相交于 C,D 两点,则直线 AC 与 BD 的交点 P 必在直线 $x = \frac{a^2}{m}$ 上.

证明:(证法 1)设直线 l 的方程为 $x = ty+m$,代入椭圆方程 $\frac{x^2}{a^2} + \frac{y^2}{b^2} = 1$,得

$$(a^2 + t^2b^2)y^2 + 2tmb^2y + (m^2 - a^2)b^2 = 0.$$

设 $C(x_1, y_1), D(x_2, y_2)$,则由韦达定理得 $y_1 + y_2 = -\frac{2tmb^2}{a^2 + t^2b^2}$,$y_1y_2 = \frac{(m^2-a^2)b^2}{a^2 + t^2b^2}$.所以 $2mty_1y_2 = (a^2 - m^2)(y_1 + y_2)$.故

$$2ty_1y_2 + (m+a)y_2 + (m-a)y_1 = \frac{a}{m}[(a-m)y_1 + (a+m)y_2].$$

又因为直线 AC 的方程为 $y = \frac{y_1}{x_1+a}(x+a)$,直线 BD 的方程为 $y = \frac{y_2}{x_2-a}(x-a)$,联立并消去 y,得

$$\begin{aligned}
x_P &= \frac{ax_1y_2 + ax_2y_1 + a^2y_2 - a^2y_1}{x_1y_2 - x_2y_1 + ay_1 + ay_2} = \frac{a(ty_1+m)y_2 + a(ty_2+m)y_1 + a^2y_2 - a^2y_1}{(ty_1+m)y_2 - (ty_2+m)y_1 + ay_1 + ay_2} \\
&= \frac{a[2ty_1y_2 + (a+m)y_2 + (m-a)y_1]}{(a+m)y_2 + (a-m)y_1} = \frac{a^2}{m}.
\end{aligned}$$

即 AC 与 BD 的交点 P 在一条定直线 $x = \frac{a^2}{m}$ 上.

(证法 2)设直线 l 的方程为 $x = ty+m$,代入椭圆方程 $\frac{x^2}{a^2} + \frac{y^2}{b^2} = 1$,得

$$(a^2 + t^2b^2)y^2 + 2tmb^2y + (m^2 - a^2)b^2 = 0.$$

设 $C(x_1, y_1), D(x_2, y_2)$,则由韦达定理得 $y_1 + y_2 = -\frac{2tmb^2}{a^2 + t^2b^2}$,$y_1y_2 = \frac{(m^2-a^2)b^2}{a^2 + t^2b^2}$.所以 $2mty_1y_2 = (a^2 - m^2)(y_1 + y_2)$.

又因为直线 AC 的方程为 $y = \dfrac{y_1}{x_1 + a}(x + a)$,直线 BD 的方程为 $y = \dfrac{y_2}{x_2 - a}(x - a)$,联立并消去 y,得

$$\frac{x + a}{x - a} = \frac{y_2(x_1 + a)}{y_1(x_2 - a)} = \frac{y_2(ty_1 + m + a)}{y_1(ty_2 + m - a)} = \frac{2mty_1y_2 + 2m(m + a)y_2}{2mty_1y_2 + 2m(m - a)y_1}$$

$$= \frac{(a^2 - m^2)(y_1 + y_2) + 2m(m + a)y_2}{(a^2 - m^2)(y_1 + y_2) + 2m(m - a)y_1} = \frac{(a + m)\big[(a - m)(y_1 + y_2) + 2my_2\big]}{(a - m)\big[(a + m)(y_1 + y_2) - 2my_1\big]}$$

$$= \frac{(a + m)\big[(a - m)y_1 + (a + m)y_2\big]}{(a - m)\big[(a + m)y_2 + (a - m)y_1\big]} = \frac{a + m}{a - m}.$$

解得 $x = \dfrac{a^2}{m}$. 故直线 AC 与 BD 的交点 P 必在直线 $x = \dfrac{a^2}{m}$ 上.

有心圆锥曲线的一个统一优美性质:设 $A(-a, 0)$, $B(a, 0)(a > 0)$ 分别是横向型有心圆锥曲线 E 的左、右顶点,过点 $T(m, 0)$ 的任意直线 l 与 E 相交于 C, D 两点,则直线 AC 与 BD 的交点 P 必在直线 $x = \dfrac{a^2}{m}$ 上.

4. "蝴蝶型"斜率比背景下的非对称问题

例 4 (2021 年全国高中数学联赛福建省预赛) 已知椭圆 $C: \dfrac{x^2}{a^2} + \dfrac{y^2}{b^2} = 1 (a > b > 0)$ 的离心率为 $\dfrac{2}{3}$, A_1, A_2 分别是椭圆 C 的左、右顶点,B 为椭圆 C 的上顶点,F_1 为椭圆 C 的左焦点,且 $\triangle A_1 F_1 B$ 的面积为 $\dfrac{\sqrt{5}}{2}$.

(1) 求椭圆 C 的方程;

(2) 设过点 $D(1, 0)$ 的动直线 l 交椭圆 C 于 E, F 两点(点 E 在 x 轴上方),M, N 分别为直线 $A_1 E$, $A_2 F$ 与 y 轴的交点,求 $\dfrac{|OM|}{|ON|}$ 的值.

【解析】 (1) $\dfrac{x^2}{9} + \dfrac{y^2}{5} = 1$(求解过程略).

(2) 思路 1 直线、曲线方程联立,求坐标

(解法 1)设 $M(0, m)$, $N(0, n)$,其中 $mn < 0$,则直线 $A_1 E$ 与 $A_2 F$ 的方程分别为 $\dfrac{x}{-3} + \dfrac{y}{m} = 1$,

$\dfrac{x}{3} + \dfrac{y}{n} = 1$. 联立 $\dfrac{x}{-3} + \dfrac{y}{m} = 1$ 与 $\dfrac{x^2}{9} + \dfrac{y^2}{5} = 1$,消去 y,得 $(5 + m^2)x^2 + 6m^2 x + 9m^2 - 45 = 0$,故

$x_{A_1} x_E = \dfrac{9m^2 - 45}{5 + m^2}$. 所以 $x_E = \dfrac{-3(m^2 - 5)}{5 + m^2}$, $y_E = \dfrac{10m}{5 + m^2}$,则 $\overrightarrow{DE} = \left(\dfrac{-4m^2 + 10}{5 + m^2}, \dfrac{10m}{5 + m^2} \right)$.

由直线 $A_1 E$ 与 $A_2 F$ 方程的同构性,同理可得 $x_F = \dfrac{3(n^2 - 5)}{n^2 + 5}$, $y_F = \dfrac{10n}{n^2 + 5}$. 故 $\overrightarrow{DF} =$

$\left(\dfrac{2n^2-20}{n^2+5},\dfrac{10n}{n^2+5}\right)$. 因为 E,D,F 三点共线,所以 $\overrightarrow{DE}\ /\!/\ \overrightarrow{DF}$,则

$$\dfrac{-4m^2+10}{5+m^2}\cdot\dfrac{10n}{n^2+5}=\dfrac{10m}{5+m^2}\cdot\dfrac{2n^2-20}{n^2+5},$$

整理并化简得 $(mn-5)(n+2m)=0$. 又因为 $mn<0$,所以 $n+2m=0$. 故 $\dfrac{|OM|}{|ON|}=\dfrac{|m|}{|n|}=\dfrac{1}{2}$.

点评　解法 1 从直线 A_1E 与 A_2F 入手构图,通过设立参数联立方程求得点 E 和点 F 的坐标表示,再利用 E,D,F 三点共线消参求解,解答过程展示了求解解析几何问题的一般思维程序. 本解法的亮点是设参,通过设点 M,N 在 y 轴上的截距,将问题转化为截距的相关比值,同时该解法为继续探究试题内部结构提供了运算途径,设直线 $x=1$ 与直线 A_1E, A_2F 分别交于 P,Q 两点,此时 $y_P=\dfrac{4m}{3}$,$y_Q=-\dfrac{4m}{3}$,我们发现 $|DP|=|DQ|$,即著名的圆锥曲线的蝴蝶定理.

思路 2　设而不求,整体运算

(解法 2)设 $E(x_1,y_1)$,$F(x_2,y_2)$,直线 EF 的方程为 $x=my+1$,分别记直线 A_1E,A_2F 的倾斜角为 α,β,斜率为 k_1,k_2,则 $\dfrac{|OM|}{|OA_1|}=\tan\alpha=k_1$,$\dfrac{|ON|}{|OA_2|}=\tan\beta=k_2$. 所以

$$\dfrac{|OM|}{|ON|}=\dfrac{k_1}{k_2}=\dfrac{y_1}{x_1+3}\cdot\dfrac{x_2}{y_2}=\dfrac{y_1(my_2-2)}{(my_1+4)y_2}=\dfrac{my_1y_2-2y_1}{my_1y_2+4y_2}.$$

联立 $x=my+1$ 与 $\dfrac{x^2}{9}+\dfrac{y^2}{5}=1$,消去 x,得 $(5m^2+9)y^2+10my-40=0$. 则由韦达定理得 $y_1+y_2=-\dfrac{10m}{5m^2+9}$,$y_1y_2=-\dfrac{40}{5m^2+9}$. 所以 $my_1y_2=4(y_1+y_2)$,故

$$\dfrac{|OM|}{|ON|}=\dfrac{my_1y_2-2y_1}{my_1y_2+4y_2}=\dfrac{4(y_1+y_2)-2y_1}{4(y_1+y_2)+4y_2}=\dfrac{2y_1+4y_2}{4y_1+8y_2}=\dfrac{1}{2}.$$

点评　解法 2 通过挖掘图形内部联系,将问题转化为直线 A_1E 与 A_2F 的斜率之比,并进一步转化为直线 EF 的坐标运算,消参过程是典型的设而不求.该解法的亮点在于消参过程,即利用韦达定理通过降次处理两根的非对称结构,不仅大大优化了运算,还体现了数与形的和谐统一.

思路 3　设一求一,坐标运算

(解法 3)由解法 2,知 $\dfrac{|OM|}{|ON|}=\dfrac{k_1}{k_2}$. 设 $E(x_0,y_0)$,则直线 EF 的方程为 $x=\dfrac{x_0-1}{y_0}y+1$. 与椭圆方程 $\dfrac{x^2}{9}+\dfrac{y^2}{5}=1$ 联立,得 $(5-x_0)y^2+y_0(x_0-1)y-4y_0^2=0$. 从而 $y_0y_F=\dfrac{-4y_0^2}{5-x_0}$,得 $y_F=\dfrac{-4y_0}{5-x_0}$,所以 $x_F=\dfrac{9-5x_0}{5-x_0}$,$x_F-3=\dfrac{-6-2x_0}{5-x_0}$,则 $k_2=\dfrac{y_F}{x_F-3}=\dfrac{2y_0}{3+x_0}$. 又 $k_1=\dfrac{y_0}{x_0+3}$,故

$$\dfrac{|OM|}{|ON|}=\dfrac{k_1}{k_2}=\dfrac{y_0}{x_0+3}\cdot\dfrac{3+x_0}{2y_0}=\dfrac{1}{2}.$$

点评 解法3源于解法2的分析,与解法2的区别是对点E,F坐标的处理,解法3通过"设一求一"直接用斜率坐标公式求解,从另一视角展示了利用坐标法解决解析几何问题的独特魅力.

(解法4:另类双联立,运用曲线系)设直线A_1E,A_2F的方程分别为$y-k_1(x+3)=0$,$y-k_2(x-3)=0$,则$y_M=3k_1,y_N=-3k_2$.设点$E(x_1,y_1)(y_1>0)$,则$[y_1-k_1(x_1+3)]\cdot[y_1-k_2(x_1-3)]=0$,展开得

$$y_1^2-k_1(x_1+3)y_1-k_2(x_1-3)y_1+k_1k_2(x_1^2-9)=0.$$

又由点E在椭圆上,知$x_1^2-9=-\dfrac{9}{5}y_1^2$,代入上式,可得

$$y_1^2-k_1(x_1+3)y_1-k_2(x_1-3)y_1+k_1k_2\left(-\dfrac{9}{5}y_1^2\right)=0.$$

则

$$(k_1+k_2)x_1+\left(\dfrac{9}{5}k_1k_2-1\right)y_1+3(k_1-k_2)=0.$$

设点$F(x_2,y_2)(y_2<0)$,同理可得

$$(k_1+k_2)x_2+\left(\dfrac{9}{5}k_1k_2-1\right)y_2+3(k_1-k_2)=0.$$

所以直线EF的方程为

$$(k_1+k_2)x+\left(\dfrac{9}{5}k_1k_2-1\right)y+3(k_1-k_2)=0.$$

又由直线EF过点$(1,0)$,得$(k_1+k_2)+3(k_1-k_2)=0$,所以

$$\left|\dfrac{OM}{ON}\right|=\left|\dfrac{y_M}{y_N}\right|=\dfrac{3-1}{3+1}=\dfrac{k_1}{k_2}=\dfrac{1}{2}.$$

(解法5:椭圆第三定义)设直线A_1E,A_1F的斜率分别为k_1,k_2,将两条直线和椭圆方程联立,可得$\begin{cases}\dfrac{x^2}{9}+\dfrac{y^2}{5}=1\\[2mm][k_1(x+3)-y][k_2(x+3)-y]=0\end{cases}$,化简整理得

$$k_1k_2(x+3)^2-(k_1+k_2)(x+3)y-\dfrac{5}{9}(x+3)(x-3)=0.$$

该方程表示A_1,E,F三点.若$x\neq-3$,则得到直线EF的方程为$k_1k_2(x+3)-(k_1+k_2)y$$-\dfrac{5}{9}(x-3)=0$.又因为直线经过点$D(1,0)$,所以$4k_1k_2+\dfrac{10}{9}=0$,即

$$k_1k_2=-\dfrac{5}{18}. \qquad\qquad ①$$

设直线A_2F的斜率为k,则由椭圆第三定义得$k_2k=e^2-1=-\dfrac{5}{9}$.下面补充证明其准确性并叙述如下:

设 $A_1(-3,0)$, $A_2(3,0)$, 点 $F(x_0,y_0)$ 是椭圆 C 上的任意一点, 则

$$k_2 k = \frac{y_0}{x_0+3} \cdot \frac{y_0}{x_0-3} = \frac{y_0^2}{x_0^2-9} = \frac{5\left(1-\dfrac{x_0^2}{9}\right)}{x_0^2-9} = -\frac{5}{9}. \qquad ②$$

故而由①②两式相除, 得 $\dfrac{k_1 k_2}{k_2 k} = \dfrac{k_1}{k} = \dfrac{1}{2}$.

假设直线 A_1E, A_2F 的倾斜角分别为 α, β, 如图 3.39 所示, 由平面几何知识, 在 $\mathrm{Rt}\triangle A_1OM$ 中, $|OM| = |OA_1| \tan\alpha = 3k_1$; 在 $\mathrm{Rt}\triangle A_2ON$ 中, $|ON| = |OA_2| \tan\beta = 3k$. 因此 $\dfrac{|OM|}{|ON|} = \dfrac{3k_1}{3k} = \dfrac{1}{2}$.

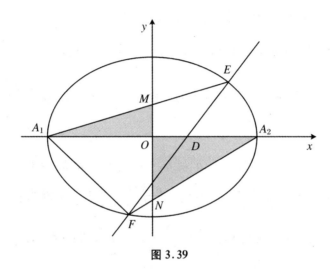

图 3.39

(解法 6: 齐次化) 先对椭圆作如下变形:

$$\frac{[(x-3)+3]^2}{9} + \frac{y^2}{5} = 1, \quad 即 \quad \frac{(x-3)^2}{9} + \frac{2}{3}(x-3) + \frac{y^2}{5} = 0.$$

设直线 EF 的方程为 $s(x-3)+ty=1$, 则由直线 EF 过点 D, 知 $s = \dfrac{1}{1-3} = -\dfrac{1}{2}$. 代入上式, 得

$$\frac{(x-3)^2}{9} + \frac{2}{3}(x-3)[s(x-3)+ty] + \frac{y^2}{5} = 0,$$

展开得

$$\frac{6s+1}{9}(x-3)^2 + \frac{2t}{3}(x-3)y + \frac{y^2}{5} = 0.$$

将 $s = -\dfrac{1}{2}$ 代入, 可得 $\dfrac{1}{5}\left(\dfrac{y}{x-3}\right)^2 + \dfrac{2t}{3} \cdot \dfrac{y}{x-3} - \dfrac{2}{9} = 0$. 即直线 A_2E, A_2F 的斜率 k_{A_2E}, k_{A_2F} 是上述方程的两个根, 所以 $k_{A_2E} \cdot k_{A_2F} = -\dfrac{10}{9}$. 又因为 $k_{A_2E} \cdot k_{A_2F} = -\dfrac{5}{9}$, 所以 $k_{A_2F} =$

$2k_{A_1E}$,故

$$\frac{|OM|}{|ON|} = \frac{|y_M|}{|y_N|} = \left|\frac{3k_1}{-3k_2}\right| = \left|\frac{k_{A_1E}}{k_{A_2F}}\right| = \frac{1}{2}.$$

点评 此类题型属于"蝴蝶型"斜率比问题,可以拓展到定点问题、线段比值问题和面积比值问题.总体来说,都与斜率相关.解决方法大同小异,上述方法较全面地体现了解决途径.

【题根探秘】 通过对例4的研究,可以得到以下结论(命题8～命题14):

命题8 对于椭圆$\frac{x^2}{a^2} + \frac{y^2}{b^2} = 1$,左、右顶点分别为$A_1$,$A_2$,过定点$D(t,0)$的直线和椭圆交于$E$,$F$,则直线$A_1E$和$A_2F$的交点在定直线$x = \frac{a^2}{t}$上.

证明:由题设知$A_1(-a,0)$,$A_2(a,0)$.设$E(x_1,y_1)$,$F(x_2,y_2)$.

当直线EF的斜率存在时,设直线EF的方程为$y = k(x-t)$.联立$\begin{cases} \frac{x^2}{a^2} + \frac{y^2}{b^2} = 1 \\ y = k(x-t) \end{cases}$,消去$y$,得

$$(b^2 + a^2k^2)x^2 - 2a^2k^2tx + a^2k^2t^2 - a^2b^2 = 0.$$

则由韦达定理得$x_1 + x_2 = \frac{2a^2k^2t}{b^2 + a^2k^2}$,$x_1x_2 = \frac{a^2k^2t^2 - a^2b^2}{b^2 + a^2k^2}$.又因为直线$A_1E$的方程为$y = \frac{y_1}{x_1 + a}(x + a)$,直线$A_2F$的方程为$y = \frac{y_2}{x_2 - a}(x - a)$,两式联立,求得交点的横坐标为$\frac{x-a}{x+a} = \frac{y_1(x_2 - a)}{y_2(x_1 + a)}$(此处直接消元后为非对称形式,平方处理),即

$$\left(\frac{x-a}{x+a}\right)^2 = \frac{y_1^2(x_2 - a)^2}{y_2^2(x_1 + a)^2} = \frac{(x_1 - a)(x_2 - a)}{(x_1 + a)(x_2 + a)} \quad \text{(此处用椭圆方程消}\ y_1^2, y_2^2\text{)}$$

$$= \left(\frac{a-t}{a+t}\right)^2 \quad \text{(韦达定理消元易得)}.$$

可得$x = \frac{a^2}{t}$或$x = t$(舍去).

当直线EF的斜率不存在时,$y_1^2 = y_2^2$,$x_1 = x_2 = t$,结论同上.

由此可知直线A_1E和A_2F的交点M在定直线$x = 9$上.设$M(9,s)$,则直线A_1E的方程为$y = \frac{s}{12}(x + 3)$,直线A_2F的方程为$y = \frac{s}{6}(x - 3)$,$|OM| = \frac{1}{4}|s|$,$|ON| = \frac{1}{2}|s|$.所以$\frac{|OM|}{|ON|} = \frac{1}{2}$,并且$\frac{k_{A_1E}}{k_{A_2F}} = \frac{1}{2}$.

命题9 已知A,B分别为椭圆$E: \frac{x^2}{a^2} + \frac{y^2}{b^2} = 1(a > b > 0)$的左、右顶点,过定点$T(m,0)$

的任一直线 l 与 E 交于不同于 A,B 的两点 C,D.设 AC,BD 相交于点 P,记直线 AC,BD 的斜率分别为 k_1,k_2,则 $\dfrac{k_1}{k_2}=\dfrac{a-m}{a+m}$.

证明:(证法 1)设直线 l 的方程为 $x=ty+m$,代入椭圆方程 $\dfrac{x^2}{a^2}+\dfrac{y^2}{b^2}=1$,得

$$(b^2t^2+a^2)y^2+2tmb^2y+(m^2-a^2)b^2=0.$$

设 $C(x_1,y_1),D(x_2,y_2)$,则由韦达定理得 $y_1+y_2=-\dfrac{2tmb^2}{b^2t^2+a^2}$,$y_1y_2=\dfrac{(m^2-a^2)b^2}{b^2t^2+a^2}$,所以 $2mty_1y_2=(a^2-m^2)(y_1+y_2)$.故

$$\frac{k_1}{k_2}=\frac{\dfrac{y_1}{x_1+a}}{\dfrac{y_2}{x_2-a}}=\frac{y_1(x_2-a)}{y_2(x_1+a)}=\frac{y_1(ty_2+m-a)}{y_2(ty_1+m+a)}=\frac{2mty_1y_2+2m(m-a)y_1}{2mty_1y_2+2m(m+a)y_2}$$

$$=\frac{(a^2-m^2)(y_1+y_2)+2m(m-a)y_1}{(a^2-m^2)(y_1+y_2)+2m(m+a)y_2}=\frac{(a-m)\big[(a+m)(y_1+y_2)-2my_1\big]}{(a+m)\big[(a-m)(y_1+y_2)+2my_2\big]}$$

$$=\frac{(a-m)\big[(a+m)y_2+(a-m)y_1\big]}{(a+m)\big[(a-m)y_1+(a+m)y_2\big]}=\frac{a-m}{a+m}.$$

(证法 2)如图 3.40 所示,过点 M 作 AB 的垂线,分别交直线 AC,BD 于点 P,Q.根据蝴蝶定理,有 $MP=MQ$.根据斜率的定义,有 $k_1=\dfrac{|MP|}{|MA|}=\dfrac{|MP|}{a+m}$,$k_2=\dfrac{|MQ|}{|MB|}=\dfrac{|MQ|}{a-m}$.因此 $\dfrac{k_1}{k_2}=\dfrac{|MP|}{a+m}\cdot\dfrac{a-m}{|MQ|}=\dfrac{a-m}{a+m}$,是个定值.

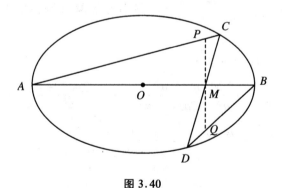

图 3.40

命题 10　已知 A,B 分别为双曲线 $E:\dfrac{x^2}{a^2}-\dfrac{y^2}{b^2}=1(a>0,b>0)$ 的左、右顶点,过定点 $T(m,0)$ 的任一直线 l,与 E 交于不同于 A,B 的两点 C,D.设 AC,BD 相交于点 P,记直线 AC,BD 的斜率分别为 k_1,k_2,则 $\dfrac{k_1}{k_2}=\dfrac{a-m}{a+m}$.

命题 11　过抛物线 $E:y^2=2px(p>0)$ 对称轴上一定点 $T(m,0)(m\neq0)$ 的任一直线 l

与 E 交于不同于 A,B 的两点 C,D. 记直线 AC,BD 的斜率分别为 k_1,k_2，则 $\dfrac{k_1}{k_2}=-1$.

命题 12 已知椭圆 $C:\dfrac{x^2}{a^2}+\dfrac{y^2}{b^2}=1(a>b>0)$ 和定点 $T(m,0),D(n,0)(m<n$ 且 $n\neq a)$，过点 T 作斜率不为 0 的直线 l 与椭圆 C 交于 M,N 两点，直线 MD,ND 分别与椭圆 C 交于 P,Q 两点.

(1) 记直线 MN,PQ 的斜率分别为 k_1,k_2，则 $\dfrac{k_1}{k_2}=\dfrac{a^2-n^2}{a^2-2mn+n^2}$；

(2) 直线 PQ 过定点 $\left(\dfrac{(2n-m)a^2-mn^2}{a^2-2mn+n^2},0\right)$；

(3) 记 E,F 分别为直线 MN,PQ 与 y 轴的交点，则 $\left|\dfrac{OE}{OF}\right|=\left|\dfrac{m(a^2-n^2)}{(2n-m)a^2-mn^2}\right|$.

证明：设 $M(x_1,y_1),N(x_2,y_2)$，则直线 MD 的方程为 $x=\dfrac{x_1-n}{y_1}y+n$，直线 ND 的方程为 $x=\dfrac{x_2-n}{y_2}y+n$.

联立 $\begin{cases} x=\dfrac{x_1-n}{y_1}y+n \\[2mm] \dfrac{x^2}{a^2}+\dfrac{y^2}{b^2}=1 \end{cases}$，消去 x，得

$$[b^2(x_1-n)^2+a^2y_1^2]y^2+2ny_1(x_1-n)b^2y+b^2y_1^2(n^2-a^2)=0.$$

则由韦达定理得 $y_1y_P=\dfrac{b^2y_1^2(n^2-a^2)}{b^2(x_1-n)^2+a^2y_1^2}$. 又因为点 M 在椭圆 C 上，所以 $b^2x_1^2+a^2y_1^2=a^2b^2$，代入得 $y_P=\dfrac{y_1(n^2-a^2)}{a^2-2nx_1+n^2}$，则

$$x_P=\dfrac{x_1-n}{y_1}\cdot\dfrac{y_1(n^2-a^2)}{a^2-2nx_1+n^2}+n=\dfrac{2na^2-n^2x_1-a^2x_1}{a^2-2nx_1+n^2}.$$

同理可得 $x_Q=\dfrac{2na^2-n^2x_2-a^2x_2}{a^2-2nx_2+n^2}$，$y_Q=\dfrac{y_2(n^2-a^2)}{a^2-2nx_2+n^2}$.

(1) 因为

$$k_2=\dfrac{y_Q-y_P}{x_Q-x_P}=\dfrac{\dfrac{y_2(n^2-a^2)}{a^2-2nx_2+n^2}-\dfrac{y_1(n^2-a^2)}{a^2-2nx_1+n^2}}{\dfrac{2na^2-n^2x_2-a^2x_2}{a^2-2nx_2+n^2}-\dfrac{2na^2-n^2x_1-a^2x_1}{a^2-2nx_1+n^2}}$$

$$=\dfrac{(a^2+n^2)(y_2-y_1)+2n(x_2y_1-x_1y_2)}{(a^2-n^2)(x_2-x_1)},$$

又 M,T,N 三点共线，故 $\dfrac{y_1}{x_1-m}=\dfrac{y_2}{x_2-m}$，即 $x_2y_1-x_1y_2=-m(y_2-y_1)$，所以

$$k_2 = \frac{(a^2 - 2mn + n^2)(y_2 - y_1)}{(a^2 - n^2)(x_2 - x_1)} = \frac{a^2 - 2mn + n^2}{a^2 - n^2} k_1.$$

即 $\dfrac{k_1}{k_2} = \dfrac{a^2 - n^2}{a^2 - 2mn + n^2}$.

(2) 设直线 PQ 与 x 轴的交点为 $S(s, 0)$,由于 P, S, Q 三点共线,则 $\dfrac{y_Q}{x_Q - s} = \dfrac{y_P}{x_P - s}$,即

$$\frac{\dfrac{y_2(n^2 - a^2)}{a^2 - 2nx_2 + n^2}}{\dfrac{2na^2 - n^2 x_2 - a^2 x_2}{a^2 - 2nx_2 + n^2} - s} = \frac{\dfrac{y_1(n^2 - a^2)}{a^2 - 2nx_1 + n^2}}{\dfrac{2na^2 - n^2 x_1 - a^2 x_1}{a^2 - 2nx_1 + n^2} - s},$$

化简并整理得

$$2na^2(y_2 - y_1) + (n^2 + a^2)(x_2 y_1 - x_1 y_2) = s[(n^2 + a^2)(y_2 - y_1) + 2n(x_2 y_1 - x_1 y_2)].$$

又由(1)可知 $x_2 y_1 - x_1 y_2 = -m(y_2 - y_1)$,故

$$2na^2(y_2 - y_1) - m(n^2 + a^2)(y_2 - y_1) = s[(n^2 + a^2)(y_2 - y_1) - 2mn(y_2 - y_1)].$$

所以

$$2na^2 - m(n^2 + a^2) = s[(n^2 + a^2) - 2mn],$$

即 $s = \dfrac{(2n - m)a^2 - mn^2}{a^2 - 2mn + n^2}$.故直线 PQ 过定点 $\left(\dfrac{(2n - m)a^2 - mn^2}{a^2 - 2mn + n^2}, 0\right)$.

(3) 易知直线 MN 的方程为 $y = k_1(x - m)$,直线 PQ 的方程为 $y = k_2(x - s)$,则直线 MN 与 y 轴的交点 E 为 $(0, -k_1 m)$,直线 PQ 与 y 轴的交点 F 为 $(0, -k_2 s)$.所以由(1)、(2)可得

$$\frac{k_1 m}{k_2 s} = \frac{a^2 - n^2}{a^2 - 2mn + n^2} \cdot \frac{m}{\dfrac{(2n - m)a^2 - mn^2}{a^2 - 2mn + n^2}} = \frac{m(a^2 - n^2)}{(2n - m)a^2 - mn^2}.$$

故

$$\left|\frac{OE}{OF}\right| = \left|\frac{-k_1 m}{-k_2 s}\right| = \left|\frac{m(a^2 - n^2)}{(2n - m)a^2 - mn^2}\right|.$$

命题 13 已知双曲线 $C: \dfrac{x^2}{a^2} - \dfrac{y^2}{b^2} = 1 (a > 0, b > 0)$ 和定点 $T(m, 0), D(n, 0) (m < n$ 且 $n \neq a)$,过点 T 作斜率不为 0 的直线 l 与双曲线 C 交于 M, N 两点,直线 MD, ND 分别与双曲线 C 交于 P, Q 两点.

(1) 记直线 MN, PQ 的斜率分别为 k_1, k_2,则 $\dfrac{k_1}{k_2} = \dfrac{a^2 - n^2}{a^2 - 2mn + n^2}$;

(2) 直线 PQ 过定点 $\left(\dfrac{(2n - m)a^2 - mn^2}{a^2 - 2mn + n^2}, 0\right)$;

(3) 记 E, F 分别为直线 MN, PQ 与 y 轴的交点,则 $\left|\dfrac{OE}{OF}\right| = \left|\dfrac{m(a^2 - n^2)}{(2n - m)a^2 - mn^2}\right|$.

命题 14 已知抛物线 $C: y^2 = 2px (p > 0)$ 和定点 $T(m, 0), D(n, 0) (m < n$ 且 $mn \neq 0)$,过

点 T 作斜率不为 0 的直线 l 与抛物线 C 交于 M, N 两点, 直线 MD, ND 分别与抛物线 C 交于 P, Q 两点.

(1) 记直线 MN, PQ 的斜率分别为 k_1, k_2, 则 $\dfrac{k_1}{k_2} = \dfrac{n}{m}$;

(2) 直线 PQ 过定点 $\left(\dfrac{n^2}{m}, 0\right)$;

(3) 记 E, F 分别为直线 MN, PQ 与 y 轴的交点, 则 $\left|\dfrac{OE}{OF}\right| = \left|\dfrac{m}{n}\right|$.

5. 结构不良题下的非对称问题

例5 (2022 年深圳二模) 已知椭圆 $E: \dfrac{x^2}{a^2} + \dfrac{y^2}{b^2} = 1 (a > b > 0)$ 经过点 $M\left(1, \dfrac{\sqrt{3}}{2}\right)$, 且焦距 $|F_1 F_2| = 2\sqrt{3}$, 线段 AB, CD 分别是它的长轴和短轴.

(1) 求椭圆 E 的方程.

(2) 若 $N(s, t)$ 是平面上的动点, 从下面两个条件中选一个, 证明: 直线 PQ 经过定点.

① $s = 1$, $t \neq \pm\dfrac{\sqrt{3}}{2}$, 直线 NA, NB 与椭圆 E 的另一交点分别为 P, Q;

② $t = 2$, $s \in \mathbf{R}$, 直线 NC, ND 与椭圆 E 的另一交点分别为 P, Q.

【解析】 (1) 由已知可得 $\begin{cases} \dfrac{1}{a^2} + \dfrac{3}{4b^2} = 1 \\ a^2 - b^2 = 3 \end{cases}$, 解得 $a^2 = 4$, $b^2 = 1$. 所以椭圆 E 的方程为 $\dfrac{x^2}{4} + y^2 = 1$.

(2) 若选条件①: 首先进行内显的对称性分析, 如图 3.41 所示, 在直线 $x = 1$ 上取点 N, 连接 NA, NB, 与椭圆的另一个交点分别为 P, Q, 设 PQ 与 x 轴交于点 G. 现将点 N 沿着 x 轴对称, 得到点 N', 连接 $N'A$, $N'B$, 与椭圆的另一个交点分别为 P', Q', 即点 P, P' 与点 Q,

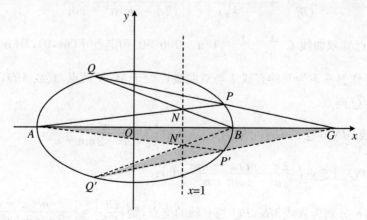

图 3.41

Q' 也关于 x 轴对称.则 $P'Q'$ 一定经过点 G,故 PQ 必过定点 G.

（证法 1:基本运算,求坐标,求直线方程）由题意 $N(1,t)$,$A(-2,0)$,$B(2,0)$.设 $P(x_P,y_P)$,$Q(x_Q,y_Q)$,则 $k_{NA}=\dfrac{t}{1+2}=\dfrac{t}{3}$,$k_{NB}=\dfrac{t}{1-2}=-t$,所以直线 NA 的方程为 $y=\dfrac{t}{3}(x+2)$,直线 NB 的方程为 $y=-t(x-2)$.

联立 $\begin{cases} y=\dfrac{t}{3}(x+2) \\ \dfrac{x^2}{4}+y^2=1 \end{cases}$,消去 y,得 $(9+4t^2)x^2+16t^2x+16t^2-36=0$,则

$$\Delta=256t^4-4(9+4t^2)(16t^2-36)=36^2>0.$$

所以 $-2x_P=\dfrac{16t^2-36}{9+4t^2}$,即 $x_P=\dfrac{-8t^2+18}{9+4t^2}$,$y_P=\dfrac{12t}{9+4t^2}$.故点 P 的坐标为 $\left(\dfrac{-8t^2+18}{9+4t^2},\dfrac{12t}{9+4t^2}\right)$.

联立 $\begin{cases} y=-t(x-2) \\ \dfrac{x^2}{4}+y^2=1 \end{cases}$,消去 y,得 $(1+4t^2)x^2-16t^2x+16t^2-4=0$,则

$$\Delta=256t^4-4(1+4t^2)(16t^2-4)=16>0.$$

所以 $2x_Q=\dfrac{16t^2-4}{1+4t^2}$,即 $x_Q=\dfrac{8t^2-2}{1+4t^2}$,$y_Q=\dfrac{4t}{1+4t^2}$.故点 Q 的坐标为 $\left(\dfrac{8t^2-2}{1+4t^2},\dfrac{4t}{1+4t^2}\right)$.所以

$$k_{PQ}=\dfrac{\dfrac{12t}{9+4t^2}-\dfrac{4t}{1+4t^2}}{\dfrac{-8t^2+18}{9+4t^2}-\dfrac{8t^2-2}{1+4t^2}}=\dfrac{32t^3-24t}{36-64t^4}=\dfrac{-2t}{3+4t^2}.$$

故直线 PQ 的方程为 $y-\dfrac{4t}{1+4t^2}=\dfrac{-2t}{3+4t^2}\left(x-\dfrac{8t^2-2}{1+4t^2}\right)$,整理得 $y=\dfrac{-2t}{3+4t^2}(x-4)$.所以 $y=0$ 时,$x=4$.故直线 PQ 恒过定点 $(4,0)$.

（证法 2:先猜后证）设 $N(1,t)$,其中 t 为变量且 $t\neq\pm\dfrac{\sqrt{3}}{2}$.当 $t=0$ 时,$P(2,0)$,$Q(-2,0)$,直线 PQ 为 x 轴,所以直线 PQ 经过的定点应在 x 轴上.当 $t\to\dfrac{\sqrt{3}}{2}$ 时,直线 PQ 为椭圆 $E:\dfrac{x^2}{4}+y^2=1$ 在点 $M\left(1,\dfrac{\sqrt{3}}{2}\right)$ 处的切线 $l:x+2\sqrt{3}y-4=0$,所以直线 PQ 经过的定点应是切线 l 与 x 轴的交点 $(4,0)$.

证明如下:不妨记 $A(-2,0)$,$B(2,0)$.设 $P(x_1,y_1)$,$Q(x_2,y_2)$,直线 PQ 的方程为 $x=my+4$,则由 $\begin{cases} x=my+4 \\ x^2+4y^2=4 \end{cases}$,消去 x,得 $(m^2+4)y^2+8my+12=0$.所以由韦达定理得

$$y_1+y_2=-\dfrac{8m}{m^2+4},\quad y_1y_2=\dfrac{12}{m^2+4}.$$

又因为直线 AP 的方程为 $y=\dfrac{y_1}{x_1+2}(x+2)$,直线 BQ 的方程为 $y=\dfrac{y_2}{x_2-2}(x-2)$,故直线

AP 与 BQ 的交点是 $\dfrac{y_1}{x_1+2}(x+2)=\dfrac{y_2}{x_2-2}(x-2)$ 的根,点 N 的横坐标为 $x=1$,所以只需证明 $x=1$ 是上述方程的根.即证 $\dfrac{3y_1}{x_1+2}+\dfrac{y_2}{x_2-2}=0$,亦证 $3y_1(x_2-2)+y_2(x_1+2)=0$.

将 $x_1=my_1+4,x_2=my_2+4$ 代入上式,则只需 $3y_1(my_2+2)+y_2(my_1+6)=0$,即证 $2my_1y_2+3(y_1+y_2)=0$.这显然成立.所以直线 AP 与直线 BQ 的交点的横坐标为1,故直线 PQ 经过定点 $(4,0)$.

(证法3:设点法,不联立)设 $P(x_1,y_1)$,$Q(x_2,y_2)$,$G(m,0)$,则由 P,Q,G 三点共线,可得 $m=\dfrac{x_1y_2-x_2y_1}{y_2-y_1}$;由 A,N,P 三点共线,得 $\dfrac{y_1}{x_1+2}=\dfrac{t}{3}$;由 B,N,Q 三点共线,得 $\dfrac{y_2}{x_2-2}=-t$.所以 $-3\cdot\dfrac{y_1}{x_1+2}=\dfrac{y_2}{x_2-2}$,即

$$-3x_2y_1+6y_1=x_1y_2+2y_2. \qquad\qquad ①$$

又因为

$$k_{PA}\cdot k_{PB}=\dfrac{y_1^2}{(x_1-2)(x_1+2)}=\dfrac{1-\dfrac{x_1^2}{4}}{x_1^2-4}=-\dfrac{1}{4},$$

同理 $k_{QA}\cdot k_{QB}=-\dfrac{1}{4}$,所以由 $k_{PA}\cdot k_{PB}=k_{QA}\cdot k_{QB}$,可得 $\dfrac{k_{PA}}{k_{QB}}=\dfrac{k_{QA}}{k_{PB}}=-\dfrac{1}{3}$.则由 $\dfrac{k_{QA}}{k_{PB}}=-\dfrac{1}{3}$,代入坐标有

$$-3x_1y_2+6y_2=x_2y_1+2y_1. \qquad\qquad ②$$

①－②,得 $2(x_1y_2-x_2y_1)=8(y_1-y_2)$,即 $m=\dfrac{x_1y_2-x_2y_1}{y_2-y_1}=4$.故直线 PQ 过定点 $(4,0)$.

(证法4:轴点弦相关方法)作 P,Q,N 关于 x 轴的对称点,分别为 P',Q',N',直线 PQ 与 $P'Q'$ 都相交 x 轴于一点 $M(m,0)$.则由 P',Q',M 三点共线,得 $x_2y_1+x_1y_2=m(y_1+y_2)$;由对称性,得 $Q(x_1,y_1),N'(1,0),P'(x_2,y_2)$ 三点也共线,且有 $x_1y_2-x_2y_1=y_2-y_1$.又因为 $Q(x_1,y_1),P'(x_2,y_2)$ 都在椭圆上,所以

$$\begin{cases} x_1^2+4y_1^2=4 \\ x_2^2+4y_2^2=4 \end{cases}, \quad 即 \quad \begin{cases} x_1^2y_2^2+4y_1^2y_2^2=4y_2^2 \\ x_2^2y_1^2+4y_1^2y_2^2=4y_1^2 \end{cases}.$$

两式作差,可得

$$(x_1y_2+x_2y_1)(x_1y_2-x_2y_1)=-4(y_1-y_2)(y_1+y_2),$$

则 $x_1y_2+x_2y_1=4(y_1+y_2)$.设点 $G(m,0)$,则由 Q',P',G 三点共线,得 $x_1y_2+x_2y_1=m(y_1+y_2)$,所以 $m=4$.故直线 PQ 经过定点 $(4,0)$.

(证法5:截距点差法)设 $P(x_1,y_1)$,$Q(x_2,y_2)$,$N(1,t)$,则由 A,N,P 三点共线,知 $\dfrac{y_1}{x_1+2}=\dfrac{t}{3}$;由垂径定理,知 $\dfrac{y_1}{x_1-2}\cdot\dfrac{t}{3}=-\dfrac{1}{4}$.同样的,由 B,N,Q 三点共线,得 $\dfrac{y_2}{x_2-2}=$

$-t$;由垂径定理,得 $\dfrac{y_2}{x_2+2} \cdot (-t) = -\dfrac{1}{4}$. 所以由 $\dfrac{y_1}{x_1+2} = \dfrac{t}{3}$ 除以 $\dfrac{y_2}{x_2-2} = -t$,得

$$x_1 y_2 + 3x_2 y_1 = 6y_1 - 2y_2.$$

由 $\dfrac{y_1}{x_1-2} \cdot \dfrac{t}{3} = -\dfrac{1}{4}$ 除以 $\dfrac{y_2}{x_2+2}(-t) = -\dfrac{1}{4}$,得

$$3x_1 y_2 + x_2 y_1 = -2y_1 + 6y_2.$$

两式相加,得 $x_1 y_2 + x_2 y_1 = y_1 + y_2$,所以

$$x_1 y_2 - x_2 y_1 = \dfrac{x_1^2 y_2^2 - x_2^2 y_1^2}{x_1 y_2 + x_2 y_1} = \dfrac{4(1-y_1^2)y_2^2 - 4(1-y_2^2)y_1^2}{x_1 y_2 + x_2 y_1} = 4(y_2 - y_1).$$

故直线 PQ 过定点 $(4,0)$.

(证法 6:斜率双用) 设 $P(x_1, y_1)$, $Q(x_2, y_2)$, $N(1, t)$,则 $k_{PA} = \dfrac{t}{3}$, $k_{BQ} = -t$,即 $3k_{PA} = -k_{BQ}$. 又由点 $P(x_1, y_1)$, $Q(x_2, y_2)$ 在椭圆上,得

$$\dfrac{y_1}{x_1-2} \cdot \dfrac{y_1}{x_1+2} = \dfrac{y_2}{x_2-2} \cdot \dfrac{y_2}{x_2+2} = -\dfrac{1}{4}.$$

所以 $\begin{cases} \dfrac{3y_1}{x_1+2} = -\dfrac{y_2}{x_2-2} \\ \dfrac{3(x_1-2)}{y_1} = -\dfrac{x_2+2}{y_2} \end{cases}$,变形,得 $\begin{cases} 3x_2 y_1 + x_1 y_2 = 6y_1 - 2y_2 \\ 3x_1 y_2 + x_2 y_1 = 6y_2 - 2y_1 \end{cases}$. 两式作差,得 $x_2 y_1 - x_1 y_2 =$

$4(y_1 - y_2)$. 设直线 PQ 与 x 轴交于点 $(m, 0)$,则 $m = \dfrac{x_1 y_2 - x_2 y_1}{y_2 - y_1} = 4$. 故直线 PQ 过定点 $(4,0)$.

点评 点在椭圆上,则由 $\dfrac{3y_1}{x_1+2} = -\dfrac{y_2}{x_2-2}$,可得 $\dfrac{3y_2}{x_2+2} = -\dfrac{y_1}{x_1-2}$. 联立

$\begin{cases} \dfrac{3y_1}{x_1+2} = -\dfrac{y_2}{x_2-2} \\ \dfrac{3y_2}{x_2+2} = -\dfrac{y_1}{x_1-2} \end{cases}$,也可以得到 $\begin{cases} 3x_2 y_1 + x_1 y_2 = 6y_1 - 2y_2 \\ 3x_1 y_2 + x_2 y_1 = 6y_2 - 2y_1 \end{cases}$.

(证法 7:齐次化同构) 同前面的方法,得到 $\begin{cases} k_{PA} \cdot k_{PB} = -\dfrac{1}{4} \\ \dfrac{k_{PA}}{k_{QB}} = -\dfrac{1}{3} \end{cases}$,所以 $k_{PB} \cdot k_{QB} = \dfrac{3}{4}$. 设直

线 PQ 的方程为 $y = k(x-2) + m (m \neq 0)$. 同时,将椭圆方程变形为 $\dfrac{[(x-2)+2]^2}{4} + y^2 = 1$,

即 $\dfrac{(x-2)^2}{4} + (x-2) + y^2 = 0$;将直线 PQ 的方程 $y = k(x-2) + m$ 变形为 $\dfrac{y - k(x-2)}{m} = 1$,

代入椭圆方程,得

$$\frac{(x-2)^2}{4} + (x-2) \cdot \frac{y-k(x-2)}{m} + y^2 = 0.$$

则当 $x=2$ 时,直线 PQ 为 x 轴;当 $x \neq 2$ 时,上述方程变形为

$$\left(\frac{y}{x-2}\right)^2 + \frac{1}{m} \cdot \frac{y}{x-2} + \frac{1}{4} - \frac{k}{m} = 0.$$

令 $t = \dfrac{y}{x-2}$,则 $t^2 + \dfrac{1}{m} \cdot t + \dfrac{1}{4} - \dfrac{k}{m} = 0$,且 $k_{PB} = \dfrac{y_1}{x_1-2}$,$k_{QB} = \dfrac{y_2}{x_2-2}$. 即 k_{PB},k_{QB} 是方程 $t^2 + \dfrac{1}{m} \cdot t + \dfrac{1}{4} - \dfrac{k}{m} = 0$ 的两根,则

$$k_{PB} \cdot k_{QB} = \frac{3}{4} = \frac{1}{4} - \frac{k}{m} \Rightarrow k = -\frac{1}{2}m.$$

所以直线 PQ 的方程为 $y = -\dfrac{1}{2}m(x-2) + m = -\dfrac{1}{2}m(x-4)$. 故直线 PQ 经过定点 $(4,0)$.

(证法 8:曲线系法)设直线 AP 的方程为 $y = \dfrac{t}{3}(x+2)$,直线 BQ 的方程为 $y = -t(x-2)$,则过 A,B,P,Q 四点的二次曲线方程为

$$\left(y - \frac{t}{3}x - \frac{2t}{3}\right)(y + tx - 2t) + \lambda(y - kx - m)y = \mu\left(\frac{x^2}{4} + y^2 - 1\right).$$

比较 xy 的系数,得 $t - \dfrac{t}{3} - \lambda k = 0$,即得 $\lambda k = \dfrac{2t}{3}$;比较 y 的系数,得 $-2t - \dfrac{2t}{3} - \lambda m = 0$,即得 $\lambda m = -\dfrac{8}{3}t$. 两式联立,可得 $m = -4k$,所以直线 PQ 的方程为 $y = k(x-4)$. 故直线 PQ 过定点 $(4,0)$.

(证法 9:极点极线)直线 PQ 交 x 轴于点 $(m,0)$,其极线方程为 $\dfrac{mx}{4} + 0 \cdot y = 1$,即 $\dfrac{mx}{4} = 1$. 点 $M(m,0)$ 与直线 $x=1$ 是关于椭圆的一对极点、极线,则 $x = \dfrac{4}{m} = 1$,解得 $m = 4$. 故直线 PQ 经过定点 $(4,0)$.

(证法 10:帕斯卡定理)如图 3.42 所示,椭圆内接四边形 $APQB$ 可以看成椭圆内接六边形 $AP_1P_2BQ_1Q_2$ 的退化形式(其中 P_1,P_2 不断接近重合于点 P;Q_1,Q_2 不断接近重合于点 Q). 则由帕斯卡定理,可知直线 AQ,BP 的交点 N',点 P,Q 处的切线交点 N'',直线 AP,BQ 的交点 N 均在直线 $x=1$ 上,即 PQ 为点 N'' 所对的切点弦方程. 所以直线 PQ 的方程为 $\dfrac{1 \cdot x}{4} + y_N'' \cdot y = 1$,故直线 PQ 过定点 $(4,0)$.

(证法 11:射影几何)由极点、极线的性质,可知直线 PQ,AB 交于点 $G(m,0)$,如图 3.43 所示,且交比 $N_0(AB, N_2G) = -1$. 在中心射影下交比不变,故 $N_0(QP, N_3B) = -1$,即

$$N_0(AB, N_2G) = \frac{\overrightarrow{AN_2} \cdot \overrightarrow{BG}}{\overrightarrow{N_2B} \cdot \overrightarrow{AG}} = \frac{3(m-2)}{-(m+2)} = -1 \Rightarrow m = 4.$$

故直线 PQ 过定点$(4,0)$.

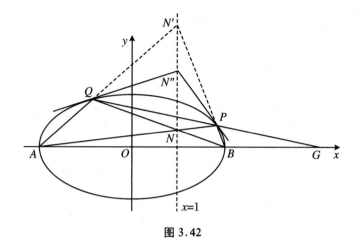

图 3.42

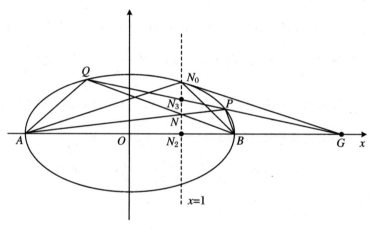

图 3.43

若选条件②:(证法 1)由题设知 $N(s,2)$,$C(0,1)$,$D(0,-1)$.设 $P(x_P,y_P)$,$Q(x_Q,y_Q)$,则

$k_{NC}=\dfrac{2-1}{s}=\dfrac{1}{s}$,$k_{ND}=\dfrac{2+1}{s}=\dfrac{3}{s}$.所以直线 NC 的方程为 $y=\dfrac{1}{s}x+1$,直线 ND 的方程为 $y=$

$\dfrac{3}{s}x-1$.联立直线方程和椭圆方程,求出 P,Q 的坐标,进一步得到直线 PQ 的方程.令 $x=0$,得

$y=\dfrac{1}{2}$,故直线 PQ 恒过定点$\left(0,\dfrac{1}{2}\right)$.

(证法 2)由题设知 $N(s,2)$,$C(0,1)$,$D(0,-1)$.设 $P(x_P,y_P)$,$Q(x_Q,y_Q)$,则 $k_{NC}=$

$\dfrac{2-1}{s}=\dfrac{1}{s}$,$k_{ND}=\dfrac{2+1}{s}=\dfrac{3}{s}$.所以直线 NC 的方程为 $y=\dfrac{1}{s}x+1$,直线 ND 的方程为 $y=\dfrac{3}{s}x-1$.

联立 $\begin{cases} y=\dfrac{1}{s}x+1 \\ \dfrac{x^2}{4}+y^2=1 \end{cases}$,消去 y,得 $(4+s^2)y^2+2s^2y+s^2-4=0$,则

$$\Delta = 4s^4 - 4(4 + s^2)(s^2 - 4) = 64 > 0.$$

所以 $y_P = \dfrac{s^2 - 4}{s^2 + 4}$，$x_P = \dfrac{-8s}{s^2 + 4}$，即点 P 的坐标为 $\left(\dfrac{-8s}{s^2 + 4}, \dfrac{s^2 - 4}{s^2 + 4}\right)$. 同理可得 $y_Q = \dfrac{36 - s^2}{s^2 + 36}$，$x_Q = \dfrac{24s}{s^2 + 36}$，即点 Q 的坐标为 $\left(\dfrac{24s}{s^2 + 36}, \dfrac{36 - s^2}{s^2 + 36}\right)$. 所以

$$k_{PQ} = \dfrac{\dfrac{36 - s^2}{s^2 + 36} - \dfrac{s^2 - 4}{s^2 + 4}}{\dfrac{24s}{s^2 + 36} - \dfrac{-8s}{s^2 + 4}} = \dfrac{(s^2 + 12)(12 - s^2)}{16s(s^2 + 12)} = \dfrac{12 - s^2}{16s},$$

可得直线 PQ 的方程为 $y - \dfrac{s^2 - 4}{s^2 + 4} = \dfrac{12 - s^2}{16s}\left(x + \dfrac{8s}{s^2 + 4}\right)$. 令 $x = 0$，则

$$y = \dfrac{12 - s^2 + 2s^2 - 8}{2(s^2 + 4)} = \dfrac{s^2 + 4}{2(s^2 + 4)} = \dfrac{1}{2}.$$

故直线 PQ 恒过定点 $\left(0, \dfrac{1}{2}\right)$.

（证法 3）设 $P(x_1, y_1)$，$Q(x_2, y_2)$，$N(s, 2)$，则由 P, C, N 三点共线，得 $k_{PC} = k_{NC}$，即 $\dfrac{y_1 - 1}{x_1} = \dfrac{1}{s}$；由 Q, D, N 三点共线，得 $k_{QD} = k_{ND}$，即 $\dfrac{y_2 + 1}{x_2} = \dfrac{3}{s}$. 又 $\dfrac{y_1 + 1}{x_1} \cdot \dfrac{1}{s} = -\dfrac{1}{4}$，$\dfrac{y_2 - 1}{x_2} \cdot \dfrac{3}{s} = -\dfrac{1}{4}$，故前两式相除，得 $-x_1y_2 + 3x_2y_1 = x_1 + 3x_2$；后两式相除，得 $3x_1y_2 - x_2y_1 = 3x_1 + x_2$. 所得的两式相加，可得 $x_1y_2 + x_2y_1 = 2(x_1 + x_2)$，则

$$x_1y_2 - x_2y_1 = \dfrac{x_1^2y_2^2 - x_2^2y_1^2}{x_1y_2 + x_2y_1} = \dfrac{1}{2}(x_1 - x_2).$$

故直线 PQ 过定点 $\left(0, \dfrac{1}{2}\right)$.

（证法 4）设直线 CP 的方程为 $y = \dfrac{3}{s}x - 1$，直线 DQ 的方程为 $y = \dfrac{1}{s}x + 1$，则 A, B, P, Q 四点共二次曲线的方程为

$$\left(y - \dfrac{3}{s}x + 1\right)\left(y - \dfrac{1}{s}x - 1\right) + \lambda(y - kx - m)x = \mu\left(\dfrac{x^2}{4} + y^2 - 1\right).$$

比较 xy 的系数，得

$$-\dfrac{3}{s} - \dfrac{1}{s} + \lambda = 0 \Rightarrow \lambda = \dfrac{4}{s}.$$

比较 x 的系数，得

$$\dfrac{3}{s} - \dfrac{1}{s} - \lambda m = 0 \Rightarrow \lambda m = \dfrac{2}{s}.$$

于是 $m = \dfrac{1}{2}$，即直线 PQ 的方程为 $y = kx + \dfrac{1}{2}$. 故直线 PQ 过定点 $\left(0, \dfrac{1}{2}\right)$.

（证法 5）设 $P(x_1, y_1)$，$Q(x_2, y_2)$，则当 $s \neq 0$ 时，$3k_{CP} = k_{DQ}$.

联立 $\begin{cases} \dfrac{3(y_1-1)}{x_1}=\dfrac{y_2+1}{x_2} \\ \dfrac{3x_1}{y_1+1}=\dfrac{x_2}{y_2-1} \end{cases}$，变形得 $\begin{cases} 3x_2y_1-x_1y_2=3x_2+x_1 \\ 3x_1y_2-x_2y_1=3x_1+x_2 \end{cases}$，两式作差，得 $2(x_2y_1-$

$x_1y_2)=x_2-x_1$. 设直线 PQ 与 y 轴交于点 $(0,n)$，则 $n=\dfrac{x_1y_2-x_2y_1}{x_1-x_2}=\dfrac{1}{2}$，即直线 PQ 过定

点 $\left(0,\dfrac{1}{2}\right)$.

显然当 $s=0$ 时，直线 PQ 也过点 $\left(0,\dfrac{1}{2}\right)$.

综上，直线 PQ 过定点 $\left(0,\dfrac{1}{2}\right)$.

点评 与定点模型下的非对称问题的方法一致.

【题根探秘】 与定点模型下的非对称问题的题根一致.

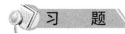

单选题

1. 已知椭圆 $C:\dfrac{x^2}{4}+\dfrac{y^2}{2}=1$ 的左、右顶点分别为 A,B，过 x 轴上一点 $M(-4,0)$ 作一直

线 PQ 与椭圆交于 P,Q 两点（异于 A,B）. 若直线 AP 和 BQ 的交点为 N，记直线 MN 和 AP

的斜率分别为 k_1,k_2，则 $k_1:k_2=($).

A. $\dfrac{1}{3}$　　　　　B. 3　　　　　C. $\dfrac{1}{2}$　　　　　D. 2

填空题

2. 设直线 l 过点 $P(0,3)$，和椭圆 $\dfrac{x^2}{9}+\dfrac{y^2}{4}=1$ 顺次交于 A,B 两点（点 A 在 P,B 之间），

则 $\left|\dfrac{AP}{PB}\right|$ 的取值范围是_____.

3. 设双曲线 $C:\dfrac{x^2}{3}-y^2=1$ 的右焦点为 F，过 F 的直线 l 与双曲线 C 的右支交于 A,B

两点. 则直线 l 的倾斜角 θ 的取值范围是_____；直线 l 交直线 $x=\dfrac{3}{2}$ 于点 P，且点 A 在

点 P,F 之间，则 $\dfrac{|\overrightarrow{FB}|}{|\overrightarrow{FA}|}-\dfrac{|\overrightarrow{AB}|}{|\overrightarrow{PA}|}=$_____.

解答题

4. （2004 年全国Ⅱ卷/理 21）设双曲线 $C:\dfrac{x^2}{a^2}-y^2=1(a>0)$ 与直线 $l:x+y=1$ 交于两

个不同的点 A,B.设直线 l 与 y 轴交于 P 点,且 $\overrightarrow{PA} = \dfrac{5}{12}\overrightarrow{PB}$,求 a 的值.

5. (2012 年四川卷/理 21)如图 3.44 所示,动点 M 与两定点 $A(-1,0)$,$B(2,0)$ 构成 $\triangle MAB$,且 $\angle MBA = 2\angle MAB$,设动点 M 的轨迹为 C.

（1）求轨迹 C 的方程;

（2）设直线 $y = -2x + m$ 与 y 轴相交于点 P,与轨迹 C 相交于点 Q,R,且 $|PQ| < |PR|$,求 $\dfrac{|PR|}{|PQ|}$ 的取值范围.

6. (2012 年四川卷/文 21)如图 3.45 所示,动点 M 与两定点 $A(-1,0)$,$B(1,0)$ 构成 $\triangle MAB$,且直线 MA,MB 的斜率之积为 4,设动点 M 的轨迹为 C.

（1）求轨迹 C 的方程;

（2）设直线 $y = x + m$ $(m > 0)$ 与 y 轴交于点 P,与轨迹 C 相交于点 Q,R,且 $|PQ| < |PR|$,求 $\dfrac{|PR|}{|PQ|}$ 的取值范围.

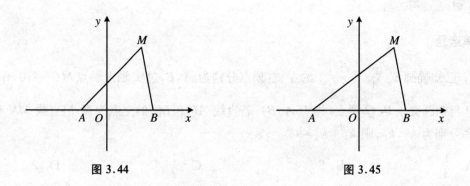

图 3.44　　　　　　　　　　图 3.45

7. (惠州市 2023 届高三第二次调研考试试题)已知椭圆 $E: \dfrac{x^2}{a^2} + \dfrac{y^2}{b^2} = 1$ $(a > b > 0)$ 的右焦点为 F_2,上顶点为 H,坐标原点为 O,$\angle OHF_2 = 30°$,点 $\left(1, \dfrac{3}{2}\right)$ 在椭圆 E 上.

（1）求椭圆 E 的方程.

（2）设经过点 F_2 且斜率不为 0 的直线 l 与椭圆 E 相交于 A,B 两点,又点 $P(-2,0)$,$Q(2,0)$.若直线 AP,BQ 与 y 轴的交点分别为 M,N,记 $\triangle MPQ$,$\triangle NPQ$ 的面积分别为 $S_{\triangle MPQ}$,$S_{\triangle NPQ}$,求 $\dfrac{S_{\triangle MPQ}}{S_{\triangle NPQ}}$ 的值.

8. (2023 届鄂东南省级示范高中教育教学改革联盟学校期中联考/21)设点 P 为圆 C：$x^2 + y^2 = 4$ 上的动点,过点 P 作 x 轴的垂线,垂足为点 Q,动点 M 满足 $2\overrightarrow{MQ} = \sqrt{3}\overrightarrow{PQ}$（点 P,Q 不重合）.

（1）求动点 M 的轨迹方程 E.

(2) 若过点 $T(4,0)$ 的动直线与轨迹 E 交于 A，B 两点，定点 N 为 $\left(1,\dfrac{3}{2}\right)$，直线 NA 的斜率为 k_1，直线 NB 的斜率为 k_2，试判断 k_1+k_2 是否为定值．若是，求出该定值；若不是，请说明理由．

9. （2022 年广东二模）已知椭圆 $C:\dfrac{x^2}{a^2}+\dfrac{y^2}{b^2}=1(a>b>0)$，点 $F(1,0)$ 为椭圆的右焦点，过点 F 且斜率不为 0 的直线 l_1 交椭圆于 M，N 两点，当 l_1 与 x 轴垂直时，$|MN|=3$．

（1）求椭圆 C 的标准方程．

（2）A_1，A_2 分别为椭圆的左、右顶点，直线 A_1M，A_2N 分别与直线 $l_2:x=1$ 交于 P，Q 两点，证明：四边形 OPA_2Q 为菱形．

10. （2022 年山东聊城·三模）已知椭圆 $C:\dfrac{x^2}{a^2}+\dfrac{y^2}{b^2}=1(a>b>0)$ 的离心率为 $\dfrac{\sqrt{2}}{2}$，左顶点为 A_1，左焦点为 F_1，上顶点为 B_1，下顶点为 B_2，M 为 C 上一动点，$\triangle MA_1F_1$ 面积的最大值为 $\sqrt{2}-1$．

（1）求椭圆 C 的方程．

（2）过点 $P(0,2)$ 的直线 l 交椭圆 C 于 D，E 两点（异于点 B_1，B_2），直线 B_1E，B_2D 相交于点 Q，证明：点 Q 在一条平行于 x 轴的直线上．

11. （2021 年北京丰台区模拟）已知椭圆 $\dfrac{x^2}{a^2}+\dfrac{y^2}{b^2}=1(a>b>0)$ 经过 $A(0,2)$，$B(-3,-1)$ 两点．

（1）求直线 AB 和椭圆的方程．

（2）直线 AB 与 x 轴交于点 $M(m,0)$，过点 M 作不垂直于坐标轴且与 AB 不重合的直线 l，与椭圆交于 C，D 两点，直线 AC，BD 分别交直线 $x=m$ 于 P，Q 两点，求证：$\dfrac{|MP|}{|MQ|}$ 为定值．

12. （炎德·英才·名校联考联合体 2022 年秋季 11 月联考/22）设椭圆 $C:\dfrac{x^2}{a^2}+\dfrac{y^2}{b^2}=1$ $(a>b>0)$ 的左、右焦点分别为 F_1，F_2．A，B 是椭圆的下顶点和右顶点，且 $|AB|=\sqrt{5}$，若该椭圆的离心率为 $\dfrac{\sqrt{3}}{2}$．

（1）求椭圆 C 的标准方程．

（2）经过点 $(2,-1)$ 的直线 $l:y=kx+m$ 交椭圆 C 于 P，Q 两点（点 P 在点 Q 下方），过点 P 作 x 轴的垂线交直线 AB 于点 D，交直线 BQ 于点 E，求证：$\dfrac{|DE|}{|PD|}$ 为定值．

13. （福建省 2023 届高中毕业班适应性练习卷（4 月））已知圆 $A_1:(x+1)^2+y^2=16$，直线 l_1 过点 $A_2(1,0)$ 且与圆 A_1 交于点 B，C，BC 的中点为 D，过 A_2C 的中点 E 且平行于

A_1D 的直线交 A_1C 于点 P,记 P 的轨迹为 Γ.

(1) 求 Γ 的方程.

(2) 坐标原点 O 关于 A_1,A_2 的对称点分别为 B_1,B_2,点 A_1,A_2 关于直线 $y=x$ 的对称点分别为 C_1,C_2,过 A_1 的直线 l_2 与 Γ 交于点 M,N,直线 B_1M,B_2N 相交于点 Q.请从下列结论中,选择一个正确的结论并给予证明:

① $\triangle QB_1C_1$ 的面积是定值;② $\triangle QB_1B_2$ 的面积是定值;③ $\triangle QC_1C_2$ 的面积是定值.

14. (2018 年全国高中数学联赛重庆赛区预赛/9)设椭圆 C 的左、右顶点分别为 $A,B(a,0)$,过右焦点 $F(1,0)$ 作非水平直线 l 与椭圆 C 交于 P,Q 两点,记直线 AP,BQ 的斜率分别为 k_1,k_2,试证 $\dfrac{k_1}{k_2}$ 为定值,并求此定值(用 a 的函数表示).

15. 设 A,B 分别为椭圆 $C:\dfrac{x^2}{a^2}+\dfrac{y^2}{b^2}=1(a>b>0)$ 的左、右顶点,过右焦点 $F(c,0)$ 任作一条非水平直线 l 与椭圆 C 交于 P,Q 两点,记直线 AP,BQ 的斜率分别为 k_1,k_2,证明 $\dfrac{k_1}{k_2}$ 为定值,并求此定值.

16. (2021 年全国高中数学联赛重庆赛区预赛/17)如图 3.46 所示,在平面直角坐标系中,已知 F_1,F_2 分别为椭圆 $C:\dfrac{x^2}{a^2}+\dfrac{y^2}{b^2}=1(a>b>0)$ 的左、右焦点.设点 $D(1,0)$ 为线段 OF_2 的中点,直线 MN(不与 x 轴重合)过点 F_1 且与椭圆 C 交于 M,N 两点,延长 MD,ND 分别与椭圆 C 交于 P,Q 两点,设直线 MN,PQ 的斜率存在且分别为 k_1,k_2,请将 $\dfrac{k_2}{k_1}$ 表示成关于 a 的函数,记 $f(a)=\dfrac{k_2}{k_1}$,求 $f(a)$ 的值域.

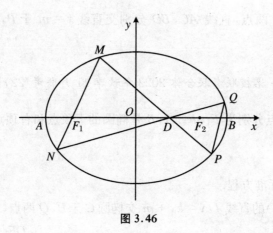

图 3.46

17. (2018 年武汉大学自主招生试题)如图 3.47 所示,在平面直角坐标系 xOy 中,已知 F_1,F_2 分别是椭圆 $C:\dfrac{x^2}{a^2}+\dfrac{y^2}{b^2}=1(a>b>0)$ 的左、右焦点,A,B 分别是椭圆 E 的左、右顶

点, $D(1,0)$ 为线段 OF_2 的中点, 且 $\overrightarrow{AF_2} + 5\overrightarrow{BF_2} = \mathbf{0}$.

(1) 求椭圆 E 的方程.

(2) 若 M 为椭圆 E 上的动点(异于点 A, B), 连接 MF_1 并延长交椭圆 E 于点 N, 连接 MD, ND 并分别延长交椭圆 E 于点 P, Q, 连接 PQ. 设直线 MN, PQ 的斜率存在且分别为 k_1, k_2, 试问是否存在常数 λ, 使得 $k_1 + \lambda k_2 = 0$ 恒成立? 若存在, 求出 λ 的值; 若不存在, 请说明理由.

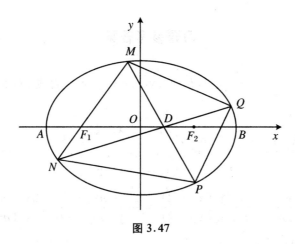

图 3.47

18. 如图 3.48 所示, 设 F 为椭圆 $C: \dfrac{x^2}{2} + y^2 = 1$ 的右焦点, 过点 $(2,0)$ 的直线与椭圆 C 交于 A, B 两点.

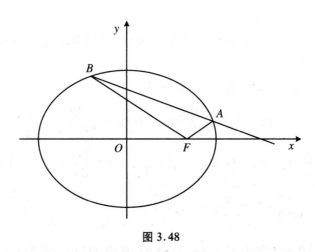

图 3.48

(1) 若点 B 为椭圆 C 的上顶点, 求直线 AF 的方程;

(2) 设直线 AF, BF 的斜率分别为 k_1, k_2 ($k_2 \neq 0$), 求证: $\dfrac{k_1}{k_2}$ 为定值.

19. 已知椭圆 $E: \dfrac{x^2}{a^2} + \dfrac{y^2}{b^2} = 1$ ($a > b > 0$) 的左、右顶点分别为 A, B, 长轴长为 4, 离心率

为 $\frac{1}{2}$. 过右焦点 F 的直线 l 交椭圆 E 于 C,D 两点(均不与 A,B 重合),记直线 AC,BD 的斜率分别为 k_1,k_2.

(1) 求椭圆 E 的方程.

(2) 是否存在 λ,当直线 l 变动时,总有 $k_1=\lambda k_2$ 成立?若存在,求出 λ 的值;若不存在,请说明理由.

习题参考答案

1. A. 解析:(解法 1)设 $N(x,y)$,$P(x_1,y_1)$,$Q(x_2,y_2)$,直线 PQ 的方程为 $x=my-4$,

则由 P,N,A 和 Q,N,B 三点共线,可知 $\begin{cases} \dfrac{y_1}{x_1+2}=\dfrac{y}{x+2} \\ \dfrac{y_2}{x_2-2}=\dfrac{y}{x-2} \end{cases}$,解得

$$x=\frac{2y_1(x_2-2)+2y_2(x_1+2)}{-y_1(x_2-2)+y_2(x_1+2)}=\frac{2y_1(my_2-6)+2y_2(my_1-2)}{-y_1(my_2-6)+y_2(my_1-2)}.$$

所以 $x=\dfrac{2my_1y_2-6y_1-2y_2}{3y_1-y_2}$,故

$$x+4=\frac{2my_1y_2+6y_1-6y_2}{3y_1-y_2}. \qquad (*)$$

联立 $\begin{cases} x=my-4 \\ \dfrac{x^2}{4}+\dfrac{y^2}{2}=1 \end{cases}$,消去 x,得 $(m^2+2)y^2-8my+12=0$,则 $\Delta=64m^2-48(m^2+2)=$

$16(m^2-6)>0$,解得 $m^2>6$. 所以由韦达定理得

$$y_1+y_2=\frac{8m}{m^2+2}, \quad y_1y_2=\frac{12}{m^2+2},$$

从而可得 $my_1y_2=\dfrac{3}{2}(y_1+y_2)$. 代入 $(*)$ 式,得 $x+4=\dfrac{9y_1-3y_2}{3y_1-y_2}=3$. 又因为 $k_1=\dfrac{y}{x+4}$,

$k_2=\dfrac{y}{x+2}$,所以 $\dfrac{k_1}{k_2}=\dfrac{x+2}{x+4}=1-\dfrac{2}{x+4}=\dfrac{1}{3}$. 故选 A.

(解法 2)直线 AP 的方程为 $y=\dfrac{y_1}{x_1+2}(x+2)$,直线 BQ 的方程为 $y=\dfrac{y_2}{x_2-2}(x-2)$.

联立 $\begin{cases} y=\dfrac{y_1}{x_1+2}(x+2) \\ y=\dfrac{y_2}{x_2-2}(x-2) \end{cases}$,得 $\dfrac{x-2}{x+2}=\dfrac{y_1}{x_1+2}\cdot\dfrac{x_2-2}{y_2}=\dfrac{(my_2-6)y_1}{(my_1-2)y_2}$,则

$$\frac{x-2}{x+2} = \frac{my_1y_2 - 6y_1}{my_1y_2 - 2y_2} = \frac{\frac{3}{2}(y_1+y_2) - 6y_1}{\frac{3}{2}(y_1+y_2) - 2y_2} = -3.$$

解得 $x = -1$, 所以 $\frac{k_1}{k_2} = \frac{x+2}{x+4} = \frac{1}{3}$. 故选 A.

2. $\left[\frac{1}{5}, 1\right)$. 解析:当直线 l 的斜率不存在时,易得 $\frac{|AP|}{|PB|} = \frac{1}{5}$.

(解法1)当直线 l 的斜率存在时,可设直线 l 的方程为 $y = kx + 3$, 另设 $A(x_1, y_1)$,

$B(x_2, y_2)$, 又由题意知 x_1, x_2 同号,所以不妨设 $x_1 > 0, x_2 > 0$. 联立 $\begin{cases} y = kx + 3 \\ \dfrac{x^2}{9} + \dfrac{y^2}{4} = 1 \end{cases}$, 消去 y, 得

$(9k^2 + 4)x^2 + 54kx + 45 = 0$, 则由判别式 $\Delta > 0$, 可得 $k^2 > \dfrac{5}{9}$, 从而由韦达定理得

$$x_1 + x_2 = -\frac{54k}{9k^2 + 4}, \quad x_1 x_2 = \frac{45}{9k^2 + 4}.$$

又 $\dfrac{|AP|}{|PB|} = \left|\dfrac{x_1}{x_2}\right| = \dfrac{x_1}{x_2}$, 令 $\dfrac{x_1}{x_2} = \lambda (0 < \lambda < 1)$, 则

$$\lambda + \frac{1}{\lambda} = \frac{x_1}{x_2} + \frac{x_2}{x_1} = \frac{(x_1+x_2)^2}{x_1 x_2} - 2 = \frac{324k^2}{45k^2 + 20} - 2 = \frac{324}{45 + \frac{20}{k^2}} - 2.$$

因为 $k^2 > \dfrac{5}{9}$, 所以 $2 < \lambda + \dfrac{1}{\lambda} < \dfrac{26}{5}$, 解得 $\dfrac{1}{5} < \lambda < 5$.

综上可知, $\dfrac{|AP|}{|PB|}$ 的取值范围是 $\left[\dfrac{1}{5}, 1\right)$.

(解法2)设直线 l 的方程为 $y = kx + 3$, 代入椭圆方程,消去 y, 得
$$(9k^2 + 4)x^2 + 54kx + 45 = 0. \tag{$*$}$$
则由韦达定理得 $x_1 + x_2 = \dfrac{-54k}{9k^2 + 4}$, $x_1 x_2 = \dfrac{45}{9k^2 + 4}$. 又 $\dfrac{|AP|}{|PB|} = \left|\dfrac{x_1}{x_2}\right| = \dfrac{x_1}{x_2}$, 令 $\dfrac{x_1}{x_2} = \lambda$, 则 $x_1 =$

λx_2. 所以 $x_1 + x_2 = (\lambda + 1)x_2$, $x_1 x_2 = \lambda x_2^2$, 因此 $\dfrac{(x_1+x_2)^2}{x_1 x_2} = \dfrac{(\lambda+1)^2}{\lambda}$. 代入 $x_1 + x_2, x_1 x_2$ 的

表达式,解得 $\lambda + \dfrac{1}{\lambda} + 2 = \dfrac{324k^2}{45k^2 + 20}$. 而在 $(*)$ 式中,由判别式 $\Delta > 0$, 可得 $k^2 > \dfrac{5}{9}$, 从而有

$4 < \dfrac{324k^2}{45k^2 + 20} < \dfrac{36}{5}$, 所以 $4 < \lambda + \dfrac{1}{\lambda} + 2 < \dfrac{36}{5}$, 解得 $\dfrac{1}{5} < \lambda < 5$. 又结合 $0 < \lambda < 1$, 得 $\dfrac{1}{5} < \lambda < 1$.

综上可知 $\dfrac{1}{5} \leqslant \dfrac{|AP|}{|PB|} < 1$. 故 $\dfrac{|AP|}{|PB|}$ 的取值范围为 $\left[\dfrac{1}{5}, 1\right)$.

(解法3)设 $A(x_1, y_1), B(x_2, y_2), \overrightarrow{AP} = \lambda \overrightarrow{PB}$, 则 $P\left(\dfrac{x_1 + \lambda x_2}{1 + \lambda}, \dfrac{y_1 + \lambda y_2}{1 + \lambda}\right) = (0, 3)$, 所以

$x_1 + \lambda x_2 = 0, y_1 + \lambda y_2 = 3(1 + \lambda)$.

联立 $\begin{cases} \dfrac{x_1^2}{9} + \dfrac{y_1^2}{4} = 1 \\ \dfrac{\lambda^2 x_2^2}{9} + \dfrac{\lambda^2 y_2^2}{4} = \lambda^2 \end{cases}$,两式相减,得

$$\frac{(x_1 + \lambda x_2)(x_1 - \lambda x_2)}{9} + \frac{(y_1 + \lambda y_2)(y_1 - \lambda y_2)}{4} = 1 - \lambda^2,$$

即 $y_1 - \lambda y_2 = \dfrac{4}{3}(1 - \lambda)$. 所以

$$y_1 = \frac{3}{2}(1 + \lambda) + \frac{2}{3}(1 - \lambda) = \frac{13}{6} + \frac{5}{6}\lambda \in [-2, 2],$$

解得 $\lambda \in \left[-5, -\dfrac{1}{5}\right]$. 又结合 $0 < \lambda < 1$,得 $\dfrac{1}{5} < \lambda < 1$.

综上可知 $\dfrac{1}{5} \leqslant \dfrac{|AP|}{|PB|} < 1$. 故 $\dfrac{|AP|}{|PB|}$ 的取值范围为 $\left[\dfrac{1}{5}, 1\right)$.

评注:若已知 $x_1 = \lambda x_2$ 或 $y_1 = \lambda y_2$,则可以使用恒等式 $\dfrac{x_1}{x_2} + \dfrac{x_2}{x_1} = \dfrac{(x_1 + x_2)^2}{x_1 x_2} - 2$ 或 $\dfrac{y_1}{y_2} + \dfrac{y_2}{y_1} = \dfrac{(y_1 + y_2)^2}{y_1 y_2} - 2$ 来处理,这样既可以避开"暴力"计算,又可以事半功倍.

3. $\left(\dfrac{\pi}{6}, \dfrac{5\pi}{6}\right)$,1.解析:对于第一个空,有以下 2 种解释:

(解法 1)$y = \pm\dfrac{\sqrt{3}}{3}x$ 为双曲线的两条渐近线,显然要与直线 l 右支有两个交点,只需直线 l 夹在两支渐近线之间即可,即 $\theta \in \left(\dfrac{\pi}{6}, \dfrac{5\pi}{6}\right)$.

(解法 2)由双曲线 $C: \dfrac{x^2}{3} - y^2 = 1$,得 $c^2 = 3 + 1 = 4$,则右焦点 $F(2, 0)$. 显然直线 l 的斜率不为 0,设直线 l 的方程为 $x = my + 2$. 则由 $\begin{cases} \dfrac{x^2}{3} - y^2 = 1 \\ x = my + 2 \end{cases}$,消去 x,得 $(m^2 - 3)y^2 + 4my + 1 = 0$.

又因为直线 l 与双曲线 C 的右支交于 A,B 两点,设 $A(x_1, y_1)$,$B(x_2, y_2)$,则 $\Delta = 16m^2 - 4(m^2 - 3) > 0$,且 $y_1 + y_2 = \dfrac{-4m}{m^2 - 3}$,$y_1 y_2 = \dfrac{1}{m^2 - 3}$,所以

$$\begin{cases} \Delta = 16m^2 - 4(m^2 - 3) > 0 \\ x_1 + x_2 = m(y_1 + y_2) + 4 > 0 \\ x_1 x_2 = (my_1 + 2)(my_2 + 2) > 0 \end{cases},$$

解得 $-\sqrt{3} < m < \sqrt{3}$. 当 $m = 0$ 时,直线 l 的倾斜角 $\theta = \dfrac{\pi}{2}$;当 $m \neq 0$ 时,直线 l 的斜率 $k > \dfrac{\sqrt{3}}{3}$ 或 $k < -\dfrac{\sqrt{3}}{3}$. 所以直线 l 的倾斜角 θ 的取值范围是 $\left(\dfrac{\pi}{6}, \dfrac{5\pi}{6}\right)$.

对于第二空,有以下 2 种解法:

(解法 1:定比点差法)题中的比例式不免让人想到定比点差法,这里可以一试.尝试证明 $\dfrac{|BF|}{|FA|} = \dfrac{|BP|}{|PA|}$:

设 $A(x_1,y_1)$,$B(x_2,y_2)$,$\overrightarrow{BF} = \lambda\overrightarrow{FA}$,$\overrightarrow{BP} = \mu\overrightarrow{PA}$,显然 $\lambda \neq 1$,$\mu \neq 1$,则由定比分点公式可知 $F\left(\dfrac{x_2 + \lambda x_1}{1 + \lambda}, \dfrac{y_2 + \lambda y_1}{1 + \lambda}\right)$(直接由向量相等亦可轻松得到).而易知 $F(2,0)$,所以

$$\begin{cases} \dfrac{x_2 + \lambda x_1}{1 + \lambda} = 2 \\ \dfrac{y_2 + \lambda y_1}{1 + \lambda} = 0 \end{cases}$$.接下来就是使用标准的定比点差法,即将点 A,B 的坐标分别代入椭圆方程,

得 $\begin{cases} \dfrac{\lambda^2 x_1^2}{3} - \lambda^2 y_1^2 = \lambda^2 \\ \dfrac{x_2^2}{3} - y_2^2 = 1 \end{cases}$,两式相减,得

$$\frac{(x_2 - \lambda x_1)(x_2 + \lambda x_1)}{3} - (y_2 - \lambda y_1)(y_2 + \lambda y_1) = 1 - \lambda^2,$$

整理得

$$\frac{1}{3} \cdot \frac{x_2 - \lambda x_1}{1 - \lambda} \cdot \frac{x_2 + \lambda x_1}{1 + \lambda} - \frac{y_2 - \lambda y_1}{1 - \lambda} \cdot \frac{y_2 + \lambda y_1}{1 + \lambda} = 1.$$

代入点 F 的坐标,得 $\dfrac{x_2 - \lambda x_1}{1 - \lambda} = \dfrac{3}{2}$.同理可得点 P 的坐标为 $\left(\dfrac{x_2 + \mu x_1}{1 + \mu}, \dfrac{y_2 + \mu y_1}{1 + \mu}\right)$,则

$$\frac{y_2 + \mu y_1}{1 + \mu} = \frac{3}{2} = \frac{x_2 - \lambda x_1}{1 - \lambda}.$$又由 x_1,x_2 的任意性,上式 $\mu = -\lambda$(若是觉得不够严谨,上式用任意性说明也可),此时便证明了 $\dfrac{BF}{FA} = \dfrac{BP}{PA}$.

则 $\dfrac{|\overrightarrow{FB}|}{|\overrightarrow{FA}|} - \dfrac{|\overrightarrow{AB}|}{|\overrightarrow{PA}|} = \dfrac{|BP|}{|PA|} - \dfrac{|AB|}{|PA|} = 1$,为定值.

(解法 2:设点法)因为我们知道直线 l 过定点 F,所以可以考虑用设点法.对于设点的常用结论(常用构型 $x_1 y_2$,$x_2 y_1$)要有所熟悉:

$$\frac{|\overrightarrow{FB}|}{|\overrightarrow{FA}|} - \frac{|\overrightarrow{AB}|}{|\overrightarrow{PA}|} = \frac{y_2}{-y_1} - \frac{x_2 - x_1}{x_1 - \dfrac{3}{2}} = \frac{x_1 y_2 - \dfrac{3}{2}y_2 + x_2 y_1 - x_1 y_1}{-x_1 y_1 + \dfrac{3}{2}y_1} \qquad ①$$

(这样构造是为了出现 $x_1 y_2$,$x_2 y_1$).

由 A,F,B 三点共线,得

$$\frac{y_1}{x_1 - 2} = \frac{y_2}{x_2 - 2} \Rightarrow \frac{x_1 y_2 - x_2 y_1}{y_2 - y_1} = 2 \quad (设点常用结论).$$

则

$$\frac{x_1 y_2 - x_2 y_1}{y_2 - y_1} \cdot \frac{x_1 y_2 + x_2 y_1}{y_2 + y_1} = \frac{x_1^2 y_2^2 - x_2^2 y_1^2}{y_2^2 - y_1^2} = \frac{\left(a^2 + \dfrac{a^2}{b^2} y_1^2\right) y_2^2 - \left(a^2 + \dfrac{a^2}{b^2} y_2^2\right) y_1^2}{y_2^2 - y_1^2}$$

$$= a^2 = 3.$$

所以

$$\frac{x_1 y_2 + x_2 y_1}{y_2 + y_1} = \frac{3}{2} \Rightarrow x_1 y_2 + x_2 y_1 = \frac{3}{2} y_2 + \frac{3}{2} y_1. \qquad ②$$

将②式代入①式,得

$$\frac{|\overrightarrow{FB}|}{|\overrightarrow{FA}|} - \frac{|\overrightarrow{AB}|}{|\overrightarrow{PA}|} = \frac{\dfrac{3}{2} y_2 + \dfrac{3}{2} y_1 - \dfrac{3}{2} y_2 - x_1 y_1}{- x_1 y_1 + \dfrac{3}{2} y_1} = 1.$$

证毕.

(解法3)由 $\begin{cases} x = my + 2 \\ x = \dfrac{3}{2} \end{cases}$,得 $P\left(\dfrac{3}{2}, -\dfrac{1}{2m}\right)(m \neq 0)$. 不妨设 $y_1 < 0 < y_2$,则

$$\frac{|\overrightarrow{FB}|}{|\overrightarrow{FA}|} - \frac{|\overrightarrow{AB}|}{|\overrightarrow{PA}|} = -\frac{y_2}{y_1} - \frac{y_2 - y_1}{\dfrac{1}{2m} + y_1} = \frac{-2y_1 y_2 - \dfrac{1}{2m} y_2 + y_1^2}{y_1\left(\dfrac{1}{2m} + y_1\right)} = \frac{y_1^2 - 2y_1 y_2 - \dfrac{1}{2m} y_2}{y_1^2 + \dfrac{1}{2m} y_1}.$$

又因为 $y_1 y_2 = -\dfrac{1}{4m}(y_1 + y_2)$,代入上式,得

$$\frac{|\overrightarrow{FB}|}{|\overrightarrow{FA}|} - \frac{|\overrightarrow{AB}|}{|\overrightarrow{PA}|} = \frac{y_1^2 + \dfrac{1}{2m}(y_1 + y_2) - \dfrac{1}{2m} y_2}{y_1^2 + \dfrac{1}{2m} y_1} = \frac{y_1^2 + \dfrac{1}{2m} y_1}{y_1^2 + \dfrac{1}{2m} y_1} = 1,$$

所以 $\dfrac{|\overrightarrow{FB}|}{|\overrightarrow{FA}|} - \dfrac{|\overrightarrow{AB}|}{|\overrightarrow{PA}|}$ 为定值1.

评注:有心人看到 $x = \dfrac{3}{2}$,应该可以想到所给的不是随便一条直线. 事实上,$x = \dfrac{3}{2}$ 是双曲线右准线,而根据准线的性质,我们可以知道出题背景:P, A, F, B 四点成调和点列(正常顺序应该是 P, F, A, B 四点调和),则有 $\dfrac{|BF|}{|FA|} = \dfrac{|BP|}{|PA|}$. 所以题中 $\dfrac{|\overrightarrow{BF}|}{|\overrightarrow{FA}|} - \dfrac{|\overrightarrow{AB}|}{|\overrightarrow{PA}|} = \dfrac{|BP|}{|PA|} - \dfrac{|AB|}{|PA|} = 1$(若是不知道上述知识,也不影响做题).

4. 设 $A(x_1, y_1)$,$B(x_2, y_2)$,且 $P(0,1)$. 联立 $\begin{cases} \dfrac{x^2}{a^2} - y^2 = 1 \\ x + y = 1 \end{cases}$,消去 y,得 $(1 - a^2)x^2 + 2a^2 x$

$- 2a^2 = 0$,则由韦达定理得

$$x_1 + x_2 = -\frac{2a^2}{1-a^2}, \quad x_1 x_2 = -\frac{2a^2}{1-a^2}.$$

又因为 $\overrightarrow{PA} = \frac{5}{12}\overrightarrow{PB}$，即 $\begin{cases} x_1 = \frac{5}{12}x_2 \\ y_1 - 1 = \frac{5}{12}(y_2 - 1) \end{cases}$，所以 $\begin{cases} x_1 + x_2 = \frac{17}{12}x_2 \\ x_1 x_2 = \frac{5}{12}x_2^2 \end{cases}$．两式联立，可得 $\frac{(x_1 + x_2)^2}{x_1 x_2} =$

$-\frac{2a^2}{1-a^2} = \frac{289}{60}$，解得 $a = \frac{17}{13}$．故 a 的值为 $\frac{17}{13}$．

评注：若能得到 $x_1 = \lambda x_2$，则构造出两根之和与两根之积后，可得 $\begin{cases} x_1 + x_2 = (1+\lambda)x_2 \\ x_1 x_2 = \lambda x_2^2 \end{cases}$，

消去 x_2，得 $\frac{(x_1 + x_2)^2}{x_1 x_2} = \frac{(1+\lambda)^2}{\lambda}$，再利用韦达定理得 $\frac{\left(-\frac{b}{a}\right)^2}{\frac{c}{a}} = \frac{(1+\lambda)^2}{\lambda}$，于是得到

$\frac{b^2}{ac} = \frac{(1+\lambda)^2}{\lambda}$．也可以这样处理：因为 $\frac{x_1}{x_2} + \frac{x_2}{x_1} = \frac{x_1^2 + x_2^2}{x_1 x_2} = \frac{(x_1 + x_2)^2 - 2x_1 x_2}{x_1 x_2}$，将 $\lambda = \frac{x_1}{x_2}$ 代入

条件，得 $\lambda + \frac{1}{\lambda} = \frac{x_1}{x_2} + \frac{x_2}{x_1} = \frac{b^2}{ac} - 2$．

5. (1) 设点 M 的坐标为 (x, y)，显然有 $x > 0$ 且 $y \neq 0$．当 $\angle MBA = 90°$ 时，点 M 的坐标为 $(2, \pm 3)$；当 $\angle MBA \neq 90°$ 时，$x \neq 2$．则由 $\angle MBA = 2\angle MAB$，得 $\tan \angle MBA =$

$\frac{2\tan \angle MAB}{1 - \tan^2 \angle MAB}$，即得 $-\frac{|y|}{x-2} = \frac{2\frac{|y|}{x+1}}{1 - \left(\frac{|y|}{x+1}\right)^2}$，化简可得 $3x^2 - y^2 - 3 = 0$．而点 $(2, \pm 3)$ 在曲线

$3x^2 - y^2 - 3 = 0$ 上．综上可知，轨迹 C 的方程为 $3x^2 - y^2 - 3 = 0 (x > 1)$．

(2) (解法1) 联立 $\begin{cases} 3x^2 - y^2 - 3 = 0 \\ y = -2x + m \end{cases}$，消去 y，得 $x^2 - 4mx + m^2 + 3 = 0$．由题意，上述方程

有两根且均在 $(1, +\infty)$ 内．设 $f(x) = x^2 - 4mx + m^2 + 3$，则

$$\begin{cases} -\frac{4m}{2} > 1 \\ f(1) = m^2 - 4m + 4 > 0 \\ \Delta = (-4m)^2 - 4(m^2 + 3) > 0 \end{cases},$$

解得 $m > 1$ 且 $m \neq 2$．设点 Q, R 的坐标分别为 (x_1, y_1)，(x_2, y_2)，则由 $|PQ| < |PR|$，可得 $x_1 = 2m - \sqrt{3(m^2 - 1)}$，$x_2 = 2m + \sqrt{3(m^2 - 1)}$，所以

$$\frac{|PR|}{|PQ|} = \frac{x_2}{x_1} = \frac{2m + \sqrt{3(m^2 - 1)}}{2m - \sqrt{3(m^2 - 1)}} = \frac{2 + \sqrt{3\left(1 - \frac{1}{m^2}\right)}}{2 - \sqrt{3\left(1 - \frac{1}{m^2}\right)}} = -1 + \frac{4}{2 - \sqrt{3\left(1 - \frac{1}{m^2}\right)}}.$$

又由 $m>1$ 且 $m \neq 2$,得 $1 < -1 + \dfrac{4}{2 - \sqrt{3\left(1 - \frac{1}{m^2}\right)}} < 7 + 4\sqrt{3}$,且 $-1 + \dfrac{4}{2 - \sqrt{3\left(1 - \frac{1}{m^2}\right)}} \neq 7$.故

$\dfrac{|PR|}{|PQ|}$ 的取值范围是 $(1,7) \bigcup (7, 7 + 4\sqrt{3})$.

（解法 2）同解法 1,可得 $x_1 + x_2 = 4m$,$x_1 x_2 = m^2 + 3$.设 $\lambda = \dfrac{|PR|}{|PQ|} = \dfrac{x_2}{x_1}$,则

$$\lambda + \frac{1}{\lambda} + 2 = \frac{(x_1 + x_2)^2}{x_1 x_2} = \frac{16m^2}{m^2 + 3} = 16 - \frac{48}{m^2 + 3}.$$

因为 $m>1$ 且 $m \neq 2$,所以 $\lambda + \dfrac{1}{\lambda} + 2 \in \left(4, \dfrac{64}{7}\right) \bigcup \left(\dfrac{64}{7}, 16\right)$.又因为 $x_1 < x_2$,所以 $\lambda > 1$,解得 $\lambda \in (1,7) \bigcup (7, 7+4\sqrt{3})$.故 $\dfrac{|PR|}{|PQ|}$ 的取值范围是 $(1,7) \bigcup (7, 7 + 4\sqrt{3})$.

6. (1) 设点 M 的坐标为 (x,y),显然有 $x \neq -1$ 且 $x \neq 1$,此时 $k_{MA} = \dfrac{y}{x+1}$,$k_{MB} = \dfrac{y}{x-1}$.

又由题意有 $\dfrac{y}{x+1} \cdot \dfrac{y}{x-1} = 4$,化简可得 $4x^2 - y^2 - 4 = 0$.故动点 M 的轨迹方程 C

为 $4x^2 - y^2 - 4 = 0$ $(x \neq 1$ 且 $x \neq -1)$.

(2) 联立 $\begin{cases} 4x^2 - y^2 - 4 = 0 \\ y = x + m \end{cases}$,消去 y,得 $3x^2 - 2mx - m^2 - 4 = 0$.对于上述方程,其判别式

$$\Delta = (-2m)^2 - 4 \times 3(-m^2 - 4) = 16m^2 + 48 > 0.$$

而当 1 或 -1 为上述方程的根时,m 的值为 -1 或 1.结合题设($m>0$)可知 $m>0$ 且 $m \neq 1$.

设点 Q,R 的坐标分别为 (x_1, y_1),(x_2, y_2),则由 $|PQ| < |PR|$,可得

$x_1 = \dfrac{m - 2\sqrt{m^2+3}}{3}$,$x_2 = \dfrac{m + 2\sqrt{m^2+3}}{3}$.所以

$$\frac{|PR|}{|PQ|} = \left|\frac{x_2}{x_1}\right| = \frac{2\sqrt{m^2+3} + m}{2\sqrt{m^2+3} - m} = \frac{2\sqrt{1 + \frac{3}{m^2}} + 1}{2\sqrt{1 + \frac{3}{m^2}} - 1} = 1 + \frac{2}{2\sqrt{1 + \frac{3}{m^2}} - 1}.$$

此时 $\sqrt{1 + \dfrac{3}{m^2}} > 1$ 且 $\sqrt{1 + \dfrac{3}{m^2}} \neq 2$,所以 $1 < 1 + \dfrac{2}{2\sqrt{1 + \frac{3}{m^2}} - 1} < 3$,且 $1 + \dfrac{2}{2\sqrt{1 + \frac{3}{m^2}} - 1} \neq$

$\dfrac{5}{3}$.故 $\dfrac{|PR|}{|PQ|}$ 的取值范围是 $\left(1, \dfrac{5}{3}\right) \bigcup \left(\dfrac{5}{3}, 3\right)$.

7. (1) 由 $\angle OHF_2 = 30°$,得 $b = \sqrt{3}c$(c 为半焦距).因为点 $\left(1, \dfrac{3}{2}\right)$ 在椭圆 E 上,所以

$\dfrac{1}{a^2} + \dfrac{9}{4b^2} = 1$.又 $a^2 = b^2 + c^2$,解得 $a = 2$,$b = \sqrt{3}$,$c = 1$.故椭圆 E 的方程为 $\dfrac{x^2}{4} + \dfrac{y^2}{3} = 1$.

(2) 由(1)知 $F_2(1,0)$.设直线 l 的方程为 $x = my + 1$,$A(x_1, y_1)$,$B(x_2, y_2)$.

联立 $\begin{cases} x = my + 1 \\ \dfrac{x^2}{4} + \dfrac{y^2}{3} = 1 \end{cases}$,消去 x,得 $(3m^2 + 4)y^2 + 6my - 9 = 0$. 显然 $\Delta = 144(m^2 + 1) > 0$,则

由韦达定理得

$$y_1 + y_2 = \frac{-6m}{3m^2 + 4}, \quad y_1 y_2 = \frac{-9}{3m^2 + 4}.$$

所以 $my_1 y_2 = \dfrac{3}{2}(y_1 + y_2)$. 又由 $P(-2, 0), Q(2, 0)$,得直线 AP 的斜率 $k_1 = \dfrac{y_1}{x_1 + 2}$,直线

BQ 的斜率 $k_2 = \dfrac{y_2}{x_2 - 2}$,且 $|k_1| = \dfrac{|OM|}{|OP|}$,$|k_2| = \dfrac{|ON|}{|OQ|}$,$|OP| = |OQ| = 2$,所以 $\dfrac{|OM|}{|ON|} = $

$\dfrac{|k_1|}{|k_2|}$. 故

$$\frac{S_{\triangle MPQ}}{S_{\triangle NPQ}} = \frac{\dfrac{1}{2}\,|PQ| \cdot |OM|}{\dfrac{1}{2}\,|PQ| \cdot |ON|} = \frac{|OM|}{|ON|} = \frac{|k_1|}{|k_2|}.$$

又因为

$$\frac{k_1}{k_2} = \frac{y_1(x_2 - 2)}{y_2(x_1 + 2)} = \frac{y_1(my_2 - 1)}{y_2(my_1 + 3)} = \frac{my_1 y_2 - y_1}{my_1 y_2 + 3y_2} = \frac{\dfrac{3}{2}(y_1 + y_2) - y_1}{\dfrac{3}{2}(y_1 + y_2) + 3y_2}$$

$$= \frac{\dfrac{1}{2}y_1 + \dfrac{3}{2}y_2}{\dfrac{3}{2}y_1 + \dfrac{9}{2}y_2} = \frac{1}{3},$$

所以 $\dfrac{S_{\triangle MPQ}}{S_{\triangle NPQ}} = \dfrac{1}{3}$.

8. (1) 设 $P(x_0, y_0)$,动点 M 的坐标为 (x, y),则 $Q(x_0, 0)$,$\overrightarrow{MQ} = (x_0 - x, -y)$,$\overrightarrow{PQ} = (0, -y_0)$. 因为 $2\overrightarrow{MQ} = \sqrt{3}\,\overrightarrow{PQ}$,所以 $2(x_0 - x, -y) = \sqrt{3}(0, -y_0)$,求得 $\begin{cases} x_0 = x \\ -2y = -\sqrt{3}\,y_0 \end{cases}$. 又

因为 $x_0^2 + y_0^2 = 4$,所以 $x^2 + \dfrac{4}{3}y^2 = 4$. 故点 M 的轨迹方程为 $\dfrac{x^2}{4} + \dfrac{y^2}{3} = 1 (y \neq 0)$.

(2) (解法 1) 设直线 AB 的方程为 $x = my + 4$,联立 $\begin{cases} x = my + 4 \\ \dfrac{x^2}{4} + \dfrac{y^2}{3} = 1 \end{cases}$,消去 x,得 $(3m^2 + 4)y^2 + $

$24my + 36 = 0$. 因为 $\Delta = (24m)^2 - 4 \times 36(3m^2 + 4) > 0$,所以 $m > 2$ 或 $m < -2$. 设 $A(x_1, y_1)$,

$B(x_2, y_2)$,则由韦达定理得

$$y_1 + y_2 = -\frac{24m}{3m^2 + 4}, \quad y_1 y_2 = -\frac{36}{3m^2 + 4},$$

求得 $my_1y_2 = -\dfrac{3}{2}(y_1 + y_2)$. 所以

$$k_1 + k_2 = \frac{y_1 - \dfrac{3}{2}}{my_1 + 3} + \frac{y_2 - \dfrac{3}{2}}{my_2 + 3} = \frac{2my_1y_2 + \left(3 - \dfrac{3}{2}m\right)(y_1 + y_2) - 9}{m^2y_1y_2 + 3m(y_1 + y_2) + 9}$$

$$= \frac{-\dfrac{3}{2}m(y_1 + y_2) - 9}{-\dfrac{3}{2}m(y_1 + y_2) + 3m(y_1 + y_2) + 9} = \frac{-\dfrac{3}{2}m(y_1 + y_2) - 9}{\dfrac{3}{2}m(y_1 + y_2) + 9} = -1.$$

故 $k_1 + k_2$ 的值为定值 -1.

(解法 2:齐次化)设直线 AB 的方程为 $m(x - 1) + n\left(y - \dfrac{3}{2}\right) = 1$,代入 $(4,0)$ 可得

$2m - n = \dfrac{2}{3}$.将椭圆方程变形为

$$\frac{[(x - 1) + 1]^2}{4} + \frac{\left[\left(y - \dfrac{3}{2}\right) + \dfrac{3}{2}\right]^2}{3} = 1,$$

展开得

$$\frac{1}{4}(x - 1)^2 + \frac{1}{3}\left(y - \frac{3}{2}\right)^2 + \frac{1}{2}(x - 1) + \left(y - \frac{3}{2}\right) = 0,$$

齐次化得

$$\left(\frac{1}{4} + \frac{m}{2}\right)(x - 1)^2 + \left(\frac{1}{3} + n\right)\left(y - \frac{3}{2}\right)^2 + \left(m + \frac{1}{2}n\right)(x - 1)\left(y - \frac{3}{2}\right) = 0.$$

两边同时除以 $(x - 1)^2 (x \neq 1)$,得

$$\left(\frac{1}{3} + n\right)\left[\frac{y - \dfrac{3}{2}}{x - 1}\right]^2 + \left(m + \frac{1}{2}n\right) \cdot \frac{y - \dfrac{3}{2}}{x - 1} + \frac{1}{4} + \frac{m}{2} = 0.$$

则由韦达定理得 $k_1 + k_2 = -\dfrac{m + \dfrac{1}{2}n}{\dfrac{1}{3} + n} = -1$.

(解法 3:斜率同构)设直线 AB 的方程为 $x = ty + 4$,直线 NA 的方程为 $y - \dfrac{3}{2} = k_1(x - 1)$.

联立 $\begin{cases} x = ty + 4 \\ y - \dfrac{3}{2} = k_1(x - 1) \end{cases}$,可得 $A\left(\dfrac{\dfrac{3}{2}t + 3}{1 - k_1 t} + 1, \dfrac{\dfrac{3}{2} + 3k_1}{1 - k_1 t}\right)$,代入椭圆方程,可得

$$\frac{\left[\dfrac{\dfrac{3}{2}t + 3}{1 - k_1 t} + 1\right]^2}{4} + \frac{\left[\dfrac{\dfrac{3}{2} + 3k_1}{1 - k_1 t}\right]^2}{3} = 1,$$

化简得

$$\left(3 - \frac{3}{4}t^2\right)k_1^2 + \left(3 - \frac{3}{4}t^2\right)k_1 + \frac{9}{16}t^2 + 3t + \frac{15}{4} = 0.$$

同理可得

$$\left(3 - \frac{3}{4}t^2\right)k_2^2 + \left(3 - \frac{3}{4}t^2\right)k_2 + \frac{9}{16}t^2 + 3t + \frac{15}{4} = 0.$$

所以 $k_1 + k_2 = -1$.

评注:易知点 N 在 T 对应的极线上,于是 NA,NB,NM,NT 为调和线束,所以可得 $TG = TH$,因此 $k_1 + k_2 = 2k_{NT}$.

9. (1) 由题可知 $c = 1$. 当直线 l_1 与 x 轴垂直时,不妨设点 M 的坐标为 $\left(1, \frac{2}{3}\right)$,则

$$\begin{cases} a^2 = b^2 + 1 \\ \dfrac{1}{a^2} + \dfrac{\frac{9}{4}}{b^2} = 1 \end{cases},$$ 解得 $a = 2, b = \sqrt{3}$. 故椭圆 C 的标准方程为 $\dfrac{x^2}{4} + \dfrac{y^2}{3} = 1$.

(2) (证法 1) 设直线 l_1 的方程为 $x = my + 1$, $M(x_1, y_1)$, $N(x_2, y_2)$.

联立 $\begin{cases} x = my + 1 \\ \dfrac{x^2}{4} + \dfrac{y^2}{3} = 1 \end{cases}$,消去 x,得 $(3m^2 + 4)y^2 + 6my - 9 = 0$,易知 $\Delta > 0$ 恒成立,则由韦达定理得

$$y_1 + y_2 = \frac{-6m}{3m^2 + 4}, \quad y_1 y_2 = \frac{-9}{3m^2 + 4}.$$

又由直线 $A_1 M$ 的斜率为 $k_{A_1 M} = \dfrac{y_1}{x_1 + 2}$,得直线 $A_1 M$ 的方程为 $y = \dfrac{y_1}{x_1 + 2}(x + 2)$. 当 $x = 1$ 时,$y_P = \dfrac{3y_1}{x_1 + 2}$;由直线 $A_2 N$ 的斜率为 $k_{A_2 N} = \dfrac{y_2}{x_2 - 2}$,得直线 $A_2 N$ 的方程为 $y = \dfrac{y_2}{x_2 - 2}(x - 2)$,当 $x = 1$ 时,$y_Q = \dfrac{-y_2}{x_2 - 2}$.

若四边形 $OPA_2 Q$ 为菱形,则对角线相互垂直且平分. 下面证 $y_Q + y_P = 0$:因为

$$y_P + y_Q = \frac{3y_1}{x_1 + 2} + \frac{-y_2}{x_2 - 2} = \frac{3y_1(x_2 - 2) - y_2(x_1 + 2)}{(x_1 + 2)(x_2 - 2)} = \frac{2my_1 y_2 - 3(y_1 + y_2)}{(my_1 + 3)(my_2 - 1)},$$

代入韦达公式,得

$$2my_1 y_2 - 3(y_1 + y_2) = 2m \cdot \frac{-9}{3m^2 + 4} - 3\left(\frac{-6m}{3m^2 + 4}\right) = \frac{-18m + 18m}{3m^2 + 4} = 0,$$

所以 $PF = QF$,即 PQ 与 OA_2 相互垂直平分. 故四边形 $OPA_2 Q$ 为菱形.

(证法 2) 同证法 1,得 $y_P = \dfrac{3y_1}{x_1 + 2}$, $y_Q = \dfrac{-y_2}{x_2 - 2}$. 则

$$y_P + y_Q = \frac{3y_1}{x_1 + 2} + \frac{-y_2}{x_2 - 2} = \frac{x_1 y_2 - 3x_2 y_1 + 6y_1 + 2y_2}{(x_1 + 2)(x_2 - 2)}.$$

由 M, F, N 三点共线, 得 $\dfrac{y_1}{x_1-1} = \dfrac{y_2}{x_2-1}$, 整理得 $x_1 y_2 - x_2 y_1 = y_2 - y_1$. 而 $x_1 y_2 + x_2 y_1 =$

$\dfrac{x_1^2 y_2^2 - x_2^2 y_1^2}{x_1 y_2 - x_2 y_1} = 4(y_2 + y_1)$, 于是两式联立, 可得 $\begin{cases} x_1 y_2 = \dfrac{3}{2} y_1 + \dfrac{5}{2} y_2 \\ x_2 y_1 = \dfrac{5}{2} y_1 + \dfrac{3}{2} y_2 \end{cases}$. 所以

$$x_1 y_2 - 3x_2 y_1 + 6y_1 + 2y_2 = \frac{3}{2} y_1 + \frac{5}{2} y_2 - 3\left(\frac{5}{2} y_1 + \frac{3}{2} y_2\right) + 6y_1 + 2y_2 = 0,$$

即 $y_P + y_Q = 0$. 所以 $PF = QF$, 即 PQ 与 OA_2 相互垂直平分. 故四边形 OPA_2Q 为菱形.

10. (1) 由椭圆 C 的离心率为 $\dfrac{\sqrt{2}}{2}$, 得 $a = \sqrt{2}c$; 由椭圆的几何性质, 当 M 为椭圆上(或下)顶点时, $\triangle MA_1F_1$ 的面积最大, 即 $S_{\triangle MA_1F_1} \leqslant \dfrac{1}{2}(a-c)b = \sqrt{2} - 1$. 又因为 $a^2 = b^2 + c^2$, 并结合以上两式, 解得 $a^2 = 4$, $b^2 = 2$, 所以椭圆 C 的方程为 $\dfrac{x^2}{4} + \dfrac{y^2}{2} = 1$.

(2) 由过点 $P(0,2)$ 的直线 l 不过点 $B_1(0,\sqrt{2})$, $B_2(0,-\sqrt{2})$, 可设其直线方程为 $y = kx + 2$. 把 $y = kx + 2$ 代入 $\dfrac{x^2}{4} + \dfrac{y^2}{2} = 1$, 得 $(2k^2+1)x^2 + 8kx + 4 = 0$, 则由 $\Delta > 0$, 得 $k^2 > \dfrac{1}{2}$. 设 $E(x_1, y_1)$, $D(x_2, y_2)$, 则由韦达定理得

$$x_1 + x_2 = \frac{-8k}{2k^2+1}, \quad x_1 x_2 = \frac{4}{2k^2+1}.$$

又直线 B_1E 的方程为 $y = \dfrac{y_1 - \sqrt{2}}{x_1} x + \sqrt{2}$, 直线 B_2D 的方程为 $y = \dfrac{y_2 + \sqrt{2}}{x_2} x - \sqrt{2}$, 设直线 B_1E 和 B_2D 的交点为 $Q(x, y)$, 则

$$\frac{y + \sqrt{2}}{y - \sqrt{2}} = \frac{x_1(y_2 + \sqrt{2})}{x_2(y_1 - \sqrt{2})} = \frac{kx_1 x_2 + (2 + \sqrt{2})x_1}{kx_1 x_2 + (2 - \sqrt{2})x_2}.$$

把 $x_1 = \dfrac{-8k}{2k^2+1} - x_2$ 及 $x_1 x_2 = \dfrac{4}{2k^2+1}$ 代入上式, 得

$$\frac{y + \sqrt{2}}{y - \sqrt{2}} = \frac{-4k(3 + 2\sqrt{2}) - (2 + \sqrt{2})(2k^2+1)x_2}{4k + (2 - \sqrt{2})(2k^2+1)x_2} = -(3 + 2\sqrt{2}),$$

整理得 $y = 1$. 故点 Q 在一条平行于 x 轴的直线 $y = 1$ 上, 得证.

评注: 证明两条直线的交点在平行于 x 轴的直线上时, 可先写出对应的两条相交直线方程, 联立消去 x 后, 转为证明关于 y 的表达式为常数.

11. (1) 把 $A(0,2)$, $B(-3,-1)$ 代入 $\dfrac{x^2}{a^2} + \dfrac{y^2}{b^2} = 1$, 得 $\begin{cases} \dfrac{0}{a^2} + \dfrac{4}{b^2} = 1 \\ \dfrac{9}{a^2} + \dfrac{1}{b^2} = 1 \end{cases}$, 解得 $a = 2\sqrt{3}$, $b = 2$.

故椭圆方程为 $\dfrac{x^2}{12} + \dfrac{y^2}{4} = 1$.

又因为 $k_{AB} = \dfrac{2+1}{0+3} = 1$,所以直线 AB 的方程为 $x - y + 2 = 0$.

(2)(证法 1)如图 3.49 所示.直线 AB 的方程 $x - y + 2 = 0$,取 $y = 0$,得 $m = -2$,则 $M(-2,0)$.设直线 l 的方程为 $y = k(x+2)(k \neq 1$ 且 $k \neq 0)$,$C(x_1, y_1)$,$D(x_2, y_2)$.

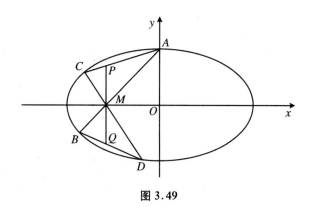

图 3.49

联立 $\begin{cases} y = k(x+2) \\ \dfrac{x^2}{12} + \dfrac{y^2}{4} = 1 \end{cases}$,消去 y,得 $(1 + 3k^2)x^2 + 12k^2 x + 12k^2 - 12 = 0$,则由韦达定理得

$$x_1 + x_2 = \dfrac{-12k^2}{1 + 3k^2}, \quad x_1 x_2 = \dfrac{12k^2 - 12}{1 + 3k^2}.$$

记直线 AC 的方程为 $y - 2 = \dfrac{y_1 - 2}{x_1} x$,令 $x = -2$,得 $P\left(-2, \dfrac{(2 - 2k)(x_1 + 2)}{x_1}\right)$;记直线 BD

的方程为 $y + 1 = \dfrac{y_2 + 1}{x_2 + 3} x$,令 $x = -2$,得 $Q\left(-2, \dfrac{(k-1)(x_2 + 2)}{x_2 + 3}\right)$.所以

$$\dfrac{|PM|}{|QM|} = \dfrac{|y_P|}{|y_Q|} = \left| \dfrac{\dfrac{(2 - 2k)(x_1 + 2)}{x_1}}{\dfrac{(k-1)(x_2 + 2)}{x_2 + 3}} \right| = \left| \dfrac{2(x_1 + 2)(x_2 + 3)}{x_1(x_2 + 2)} \right|$$

$$= \left| \dfrac{2x_1 x_2 + 4(x_1 + x_2) + 12 + 2x_1}{x_1 x_2 + 2x_1} \right| = \left| \dfrac{2 \times \dfrac{12k^2 - 12}{1 + 3k^2} + 4 \times \dfrac{-12k^2}{1 + 3k^2} + 12 + 2x_1}{\dfrac{12k^2 - 12}{1 + 3k^2} + 2x_1} \right|$$

$$= \left| \dfrac{12k^2 - 12 + 2(1 + 3k^2)x_1}{12k^2 - 12 + 2(1 + 3k^2)x_1} \right| = 1.$$

故 $\dfrac{|PM|}{|QM|}$ 为定值 1.

(证法 2)同证法 1,可得

$$y_P + y_Q = \frac{(2-2k)(x_1+2)}{x_1} + \frac{(k-1)(x_2+2)}{x_2+3} = (k-1)\left[\frac{x_2+2}{x_2+3} - \frac{2(x_1+2)}{x_1}\right]$$

$$= (k-1)\frac{x_1(x_2+2) - 2(x_1+2)(x_2+3)}{x_1(x_2+3)}$$

$$= (k-1)\frac{-x_1x_2 - 4(x_1+x_2) - 12}{x_1(x_2+3)} = 0.$$

故 $\dfrac{|PM|}{|QM|} = \dfrac{|y_P|}{|y_Q|}$ 为定值 1.

12. (1) 由题意可得 $|AB| = \sqrt{a^2 + b^2} = \sqrt{5}$,即 $a^2 + b^2 = 5$. 又因为椭圆的离心率为 $\dfrac{\sqrt{3}}{2}$,

所以 $e = \dfrac{c}{a} = \dfrac{\sqrt{3}}{2}$. 再结合椭圆中 $b^2 = a^2 - c^2$,可知 $a = 2, b = 1$. 故椭圆 C 的标准方程

为 $\dfrac{x^2}{4} + y^2 = 1$.

(2) (证法 1)依题意作出示意图,如图 3.50 所示.设 $P(x_1, y_1), Q(x_2, y_2)$,直线 l 的方

程为 $y = kx + m$. 将点 $(2, -1)$ 代入,得 $m = -2k - 1$.所以直线 l 的方程为 $y = kx - (2k+1)$.

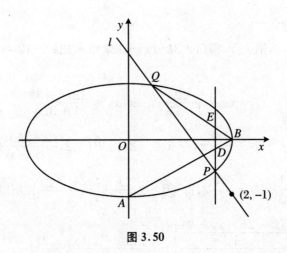

图 3.50

又因为椭圆 C 的方程为 $\dfrac{x^2}{4} + y^2 = 1$,所以 $A(0, -1), B(2, 0)$.联立 $\begin{cases} y = kx - 2k - 1 \\ x^2 + 4y^2 = 4 \end{cases}$,消

去 y,得

$$(1 + 4k^2)x^2 - 8k(2k+1)x + 16k^2 + 16k = 0.$$

则由 $\Delta = -64k > 0$,得 $k < 0$,所以由韦达定理得

$$x_1 + x_2 = \frac{8k(2k+1)}{1+4k^2}, \quad x_1x_2 = \frac{16k^2 + 16k}{1+4k^2}.$$

又直线 AB 的方程为 $y = \dfrac{1}{2}x - 1$,直线 BQ 的方程 $y = \dfrac{y_2}{x_2 - 2}(x - 2)$,故 $D\left(x_1, \dfrac{x_1 - 2}{2}\right)$,

$E\left(x_1, \dfrac{y_2}{x_2 - 2}(x_1 - 2)\right)$. 运用 $y_1 = kx_1 - 2k - 1$，$y_2 = kx_2 - 2k - 1$，以及 $x_1 + x_2$ 和 $x_1 x_2$ 的表

达式，易证得 $\dfrac{y_2}{x_2 - 2} + \dfrac{y_1}{x_1 - 2} = 1$. 所以

$$(x_1 - 2)y_2 + (x_2 - 2)y_1 - (x_1 - 2)(x_2 - 2)$$

$$= (x_1 - 2)(kx_2 - 2k - 1) + (x_2 - 2)(kx_1 - 2k - 1) - (x_1 - 2)(x_2 - 2)$$

$$= (2k - 1)x_1 x_2 - (4k - 1)(x_1 + x_2) + 8k$$

$$= \frac{(2k - 1)(16k^2 + 16k)}{1 + 4k^2} - \frac{(4k - 1)8k(2k + 1)}{1 + 4k^2} + 8k$$

$$= \frac{32k^3 + 32k^2 - 16k^2 - 16k - 64k^3 - 32k^2 + 16k^2 + 8k + 32k^3 + 8k}{4k^2 + 1} = 0.$$

则 $y_1 + \dfrac{y_2}{x_2 - 2}(x_1 - 2) = 2 \times \dfrac{x_1 - 2}{2}$，即点 E 和点 P 的纵坐标之和等于点 D 的纵坐标的 2 倍.

所以点 D 是线段 EP 的中点，即 $\dfrac{|DE|}{|PD|} = 1$.

综上可知，$\dfrac{|DE|}{|PD|}$ 为定值 1.

（证法 2）设直线 l 的方程为 $y = k(x - 2) - 1 = kx - 2k - 1$，$P(x_1, y_1)$，$Q(x_2, y_2)$.

联立 $\begin{cases} y = kx - 2k - 1 \\ x^2 + 4y^2 = 4 \end{cases}$，消去 y，得

$$(1 + 4k^2)x^2 - 8k(2k + 1)x + 16k^2 + 16k = 0.$$

则由韦达定理得

$$x_1 + x_2 = \frac{8k(2k + 1)}{1 + 4k^2}, \quad x_1 x_2 = \frac{16k^2 + 16k}{1 + 4k^2}.$$

解得 $x_1 = \dfrac{8k(2k + 1)}{1 + 4k^2} - x_2$. 由直线 AB 的方程为 $y = \dfrac{1}{2}x - 1$，得 $y_D = \dfrac{1}{2}x_1 - 1$，$|PD| =$

$\dfrac{1}{2}x_1 - 1 - y_1$. 由直线 BQ 的方程 $y = \dfrac{y_2}{x_2 - 2}(x - 2)$，得 $y_E = \dfrac{y_2}{x_2 - 2}(x_1 - 2)$，$|DE| =$

$\dfrac{y_2(x_1 - 2)}{x_2 - 2} - \left(\dfrac{1}{2}x_1 - 1\right)$. 所以

$$\frac{|DE|}{|PD|} = \frac{\dfrac{y_2(x_1 - 2)}{x_2 - 2} - \left(\dfrac{1}{2}x_1 - 1\right)}{\dfrac{1}{2}x_1 - 1 - y_1} = \frac{y_2(x_1 - 2) - \left(\dfrac{1}{2}x_1 - 1\right)(x_2 - 2)}{\left(\dfrac{1}{2}x_1 - 1\right)(x_2 - 2) - y_1(x_2 - 2)}.$$

又因为 $y_1 = kx_1 - 2k - 1$，$y_2 = kx_2 - 2k - 1$，所以

$$\frac{|DE|}{|PD|} = \frac{\left(k - \dfrac{1}{2}\right)x_1 x_2 - 2k(x_1 + x_2) + x_2 + 4k}{\left(\dfrac{1}{2} - k\right)x_1 x_2 + 2k(x_1 + x_2) - x_1 - 4k}$$

$$= \frac{\left(k - \frac{1}{2}\right)(16k^2 + 16k) - 16k^2(2k + 1) + 4k(4k^2 + 1) + 8k(2k + 1) - (1 + 4k^2)x_1}{\left(\frac{1}{2} - k\right)(16k^2 + 16k) + 16k^2(2k + 1) - 4k(4k^2 + 1) - (1 + 4k^2)x_1}$$

$$= \frac{8k^2 + 4k - (1 + 4k^2)x_1}{8k^2 + 4k - (1 + 4k^2)x_1} = 1.$$

故 $\dfrac{|DE|}{|PD|}$ 为定值 1.

（证法 3）同证法 2，可得

$$y_P + y_E - 2y_D = y_1 + \frac{y_2}{x_2 - 2}(x_1 - 2) - 2\left(\frac{1}{2}x_1 - 1\right)$$

$$= \frac{(x_2 - 2)y_1 + y_2(x_1 - 2)}{x_2 - 2} - (x_1 - 2)$$

$$= \frac{x_1 y_2 + x_2 y_1 - 2(y_1 + y_2) - (x_1 - 2)(x_2 - 2)}{(x_1 - 2)(x_2 - 2)}.$$

又因为 $y_1 = kx_1 - 2k - 1$，$y_2 = kx_2 - 2k - 1$，所以

$x_1 y_2 + x_2 y_1 - 2(y_1 + y_2) - (x_1 - 2)(x_2 - 2)$

$= x_1(kx_2 - 2k - 1) + x_2(kx_1 - 2k - 1) - 2(kx_1 - 2k - 1 + kx_2 - 2k - 1)$

$\quad - (x_1 - 2)(x_2 - 2)$

$= 2kx_1 x_2 - (2k + 1)(x_1 + x_2) - 2[k(x_1 + x_2) - 4k - 2] - [x_1 x_2 - 2(x_1 + x_2) + 4]$

$= (2k - 1)x_1 x_2 - (4k - 1)(x_1 + x_2) + 8k = 0.$

故点 D 是线段 EP 的中点，即 $\dfrac{|DE|}{|PD|} = 1$.

综上可知，$\dfrac{|DE|}{|PD|}$ 为定值 1.

13. （1）由题意得 $A_1(-1, 0)$，$A_2(1, 0)$. 因为 D 为 BC 的中点，所以 $A_1 D \perp BC$，即 $A_1 D \perp A_2 C$. 因为 $PE // A_1 D$，所以 $PE \perp A_2 C$. 又因为 E 为 $A_2 C$ 的中点，故 $|PA_2| = |PC|$，所以

$$|PA_1| + |PA_2| = |PA_1| + |PC| = |A_1 C|$$
$$= 4 > |A_1 A_2|.$$

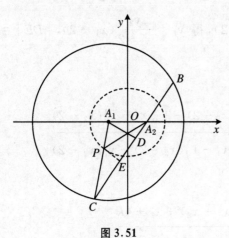

图 3.51

因此，点 P 的轨迹 Γ 是以 A_1，A_2 为焦点的椭圆（左、右顶点除外），如图 3.51 所示.

设 $\Gamma : \dfrac{x^2}{a^2} + \dfrac{y^2}{b^2} = 1(a > b > 0, x \neq \pm a)$，其中 $a^2 - b^2 = c^2$，则 $2a = 4$，即 $a = 2$. 所以 $c = 1$，$b = \sqrt{a^2 - c^2} = \sqrt{3}$. 故 Γ 的方程为 $\dfrac{x^2}{4} + \dfrac{y^2}{3} = 1(x \neq \pm 2)$.

(2)(解法1)结论③正确.下证:$\triangle QC_1C_2$ 的面积是定值.

如图 3.52 所示,由题意得 $B_1(-2,0)$,
$B_2(2,0)$,$C_1(0,-1)$,$C_2(0,1)$,且直线 l_2 的
斜率不为 0,所以可设直线 l_2 的方程为 $x = my-1$.设 $M(x_1,y_1)$,$N(x_2,y_2)$,且 $x_1 \neq \pm 2$,
$x_2 \neq \pm 2$.则由 $\begin{cases} \dfrac{x^2}{4} + \dfrac{y^2}{3} = 1 \\ x = my-1 \end{cases}$,消去 x,得 $(3m^2 +$

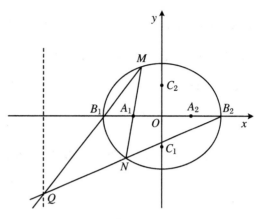

图 3.52

$4)y^2 - 6my - 9 = 0$.则由韦达定理得

$$y_1 + y_2 = \frac{6m}{3m^2+4}, \quad y_1y_2 = \frac{-9}{3m^2+4}.$$

从而可得 $2my_1y_2 = -3(y_1+y_2)$.又直线 B_1M 的方程为 $y = \dfrac{y_1}{x_1+2}(x+2)$,直线 B_2N

的方程为 $y = \dfrac{y_2}{x_2-2}(x-2)$,两方程联立,得

$$\frac{x+2}{x-2} = \frac{y_2(x_1+2)}{y_1(x_2-2)} = \frac{y_2(my_1+1)}{y_1(my_2-3)} = \frac{my_1y_2 + y_2}{my_1y_2 - 3y_1} = \frac{-\dfrac{3}{2}(y_1+y_2) + y_2}{-\dfrac{3}{2}(y_1+y_2) - 3y_1} = \frac{1}{3},$$

解得 $x = -4$.故点 Q 在直线 $x = -4$ 上,所以点 Q 到 C_1C_2 的距离 $d = 4$.因此 $\triangle QC_1C_2$ 的

面积为 $\dfrac{1}{2}|C_1C_2| \cdot d = \dfrac{1}{2} \times 2 \times 4 = 4$,是定值.

(解法2)结论③正确.下证:$\triangle QC_1C_2$ 的面积是定值.

由题意得 $B_1(-2,0)$,$B_2(2,0)$,$C_1(0,-1)$,$C_2(0,1)$,且直线 l_2 的斜率不为 0,所以可
设直线 l_2 的方程为 $x = my-1$.设 $M(x_1,y_1)$,$N(x_2,y_2)$,且 $x_1 \neq \pm 2$,$x_2 \neq \pm 2$,则由

$\begin{cases} \dfrac{x^2}{4} + \dfrac{y^2}{3} = 1 \\ x = my-1 \end{cases}$,消去 x,得 $(3m^2+4)y^2 - 6my - 9 = 0$.所以由韦达定理得

$$y_1 + y_2 = \frac{6m}{3m^2+4}, \quad y_1y_2 = \frac{-9}{3m^2+4},$$

从而可得 $2my_1y_2 = -3(y_1+y_2)$.又直线 B_1M 的方程为 $y = \dfrac{y_1}{x_1+2}(x+2)$,直线 B_2N 的方

程为 $y = \dfrac{y_2}{x_2-2}(x-2)$,两方程联立,得

$$x = \frac{2[y_2(x_1+2) + y_1(x_2-2)]}{y_2(x_1+2) - y_1(x_2-2)} = \frac{2[y_2(my_1+1) + y_1(my_2-3)]}{y_2(my_1+1) - y_1(my_2-3)}$$

$$= \frac{2(2my_1y_2 + y_2 - 3y_1)}{y_2 + 3y_1} = 2\frac{2my_1y_2 + 3(y_1 + y_2) - 2(y_2 + 3y_1)}{2 + 3y_1} = -4.$$

故点 Q 在直线 $x = -4$ 上,所以点 Q 到 C_1C_2 的距离 $d = 4$,因此 $\triangle QC_1C_2$ 的面积为 $\frac{1}{2}|C_1C_2| \cdot d = \frac{1}{2} \times 2 \times 4 = 4$,是定值.

(解法 3)结论③正确.下证:$\triangle QC_1C_2$ 的面积是定值.

由题意得 $B_1(-2,0)$,$B_2(2,0)$,$C_1(0,-1)$,$C_2(0,1)$,且直线 l_2 的斜率不为 0.

当直线 l_2 垂直于 x 轴时,直线 l_2 的方程为 $x = -1$,则由 $\begin{cases} \dfrac{x^2}{4} + \dfrac{y^2}{3} = 1 \\ x = -1 \end{cases}$,得 $\begin{cases} x = -1 \\ y = -\dfrac{3}{2} \end{cases}$ 或

$\begin{cases} x = -1 \\ y = \dfrac{3}{2} \end{cases}$.不妨设 $M\left(-1, \dfrac{3}{2}\right)$,$N\left(-1, -\dfrac{3}{2}\right)$,则直线 B_1M 的方程为 $y = \dfrac{3}{2}(x+2)$,直线

B_2N 的方程为 $y = \dfrac{1}{2}(x-2)$.联立 $\begin{cases} y = \dfrac{3}{2}(x+2) \\ y = \dfrac{1}{2}(x-2) \end{cases}$,得 $\begin{cases} x = -4 \\ y = -3 \end{cases}$,所以 $Q(-4,-3)$.故点 Q 到

C_1C_2 的距离 $d = 4$,此时 $\triangle QC_1C_2$ 的面积是 $\dfrac{1}{2}|C_1C_2| \cdot d = \dfrac{1}{2} \times 2 \times 4 = 4$,是定值.

当直线 l_2 不垂直于 x 轴时,设直线 l_2 的方程为 $y = k(x+1)$,$M(x_1, y_1)$,$N(x_2, y_2)$,

且 $x_1 \neq \pm 2$,$x_2 \neq \pm 2$.则由 $\begin{cases} \dfrac{x^2}{4} + \dfrac{y^2}{3} = 1 \\ y = k(x+1) \end{cases}$,消去 y,得 $(4k^2+3)x^2 + 8k^2x + 4k^2 - 12 = 0$,所以

由韦达定理得

$$x_1 + x_2 = \frac{-8k^2}{4k^2+3}, \quad x_1x_2 = \frac{4k^2-12}{4k^2+3}.$$

又直线 B_1M 的方程为 $y = \dfrac{y_1}{x_1+2}(x+2)$,直线 B_2N 的方程为 $y = \dfrac{y_2}{x_2-2}(x-2)$,两方程联

立,得

$$x = \frac{2[y_2(x_1+2) + y_1(x_2-2)]}{y_2(x_1+2) - y_1(x_2-2)} = 2\frac{k(x_2+1)(x_1+2) + k(x_1+1)(x_2-2)}{k(x_2+1)(x_1+2) - k(x_1+1)(x_2-2)}$$

$$= \frac{4x_1x_2 - 2x_1 + 6x_2}{3x_1 + x_2 + 4}.$$

下证 $\dfrac{4x_1x_2 - 2x_1 + 6x_2}{3x_1 + x_2 + 4} = -4$,即证 $4x_1x_2 - 2x_1 + 6x_2 = -4(3x_1 + x_2 + 4)$,亦即证 $4x_1x_2$

$= -10(x_1 + x_2) - 16$.所以只要证 $4 \times \dfrac{4k^2-12}{4k^2+3} = -10\left(\dfrac{-8k^2}{4k^2+3}\right) - 16$,即证 $4(4k^2-12) =$

$-10(-8k^2) - 16(4k^2+3)$.而上式显然成立.故点 Q 在直线 $x = -4$ 上,所以点 Q 到 C_1C_2

的距离 $d=4$. 因此 $\triangle QC_1C_2$ 的面积为 $\frac{1}{2}|C_1C_2|\cdot d=\frac{1}{2}\times2\times4=4$,是定值.

综上可知,$\triangle QC_1C_2$ 的面积为定值.

(解法 4)结论③正确.下证:$\triangle QC_1C_2$ 的面积是定值.

由题意得 $B_1(-2,0)$,$B_2(2,0)$,$C_1(0,-1)$,$C_2(0,1)$,且直线 l_2 的斜率不为 0,所以可设直线 l_2 的方程为 $x=my-1$,$M(x_1,y_1)$,$N(x_2,y_2)$,且 $x_1\neq\pm2$,$x\neq\pm2$.则由

$$\begin{cases}\dfrac{x^2}{4}+\dfrac{y^2}{3}=1\\ x=my-1\end{cases},消去\,x,得(3m^2+4)y^2-6my-9=0,所以由韦达定理得$$

$$y_1+y_2=\frac{6m}{3m^2+4},\quad y_1y_2=\frac{-9}{3m^2+4}.$$

又因为直线 B_1M 的方程为 $y=\dfrac{y_1}{x_1+2}(x+2)$,直线 B_2N 的方程为 $y=\dfrac{y_2}{x_2-2}(x-2)$,且 $\dfrac{x_2^2}{4}+\dfrac{y_2^2}{3}=1$,所以 $\dfrac{y_2}{x_2-2}=-\dfrac{3}{4}\left(\dfrac{x_2+2}{y_2}\right)$,故直线 B_2N 的方程为 $y=-\dfrac{3}{4}\left(\dfrac{x_2+2}{y_2}\right)(x-2)$.所以由

$$\begin{cases}y=\dfrac{y_1}{x_1+2}(x+2)\\ y=-\dfrac{3}{4}\left(\dfrac{x_2+2}{y_2}\right)(x-2)\end{cases},得$$

$$\frac{x-2}{x+2}=-\frac{4y_1y_2}{3(x_1+2)(x_2+2)}=-\frac{4y_1y_2}{3(my_1+1)(my_2+1)}$$

$$=-\frac{4}{3}\cdot\frac{4y_1y_2}{m^2y_1y_2+m(y_1+y_2)+1}=-\frac{4}{3}\cdot\frac{-9}{-9m^2+6m^2+(3m^2+4)}=3,$$

解得 $x=-4$,故点 Q 在直线 $x=-4$ 上.所以点 Q 到 C_1C_2 的距离 $d=4$,因此 $\triangle QC_1C_2$ 的面积为 $\frac{1}{2}|C_1C_2|\cdot d=\frac{1}{2}\times2\times4=4$,是定值.

14. 设直线 l 的方程为 $x=ty+1$,代入椭圆方程 $\dfrac{x^2}{a^2}+\dfrac{y^2}{a^2-1}=1$,消去 x,得

$$[(a^2-1)t^2+a^2]y^2+2(a^2-1)ty-(a^2-1)^2=0.$$

设 $P(x_1,y_1)$,$Q(x_2,y_2)$,则由韦达定理得

$$y_1+y_2=-\frac{2(a^2-1)t}{(a^2-1)t^2+a^2},\quad y_1y_2=-\frac{(a^2-1)^2}{(a^2-1)t^2+a^2}.$$

两式相除,得 $\dfrac{y_1+y_2}{y_1y_2}=\dfrac{2}{a^2-1}t$,即 $ty_1y_2=\dfrac{a^2-1}{2}(y_1+y_2)$.由题意知 $k_1=\dfrac{y_1}{x_1+a}=\dfrac{y_1}{ty_1+a+1}$,$k_2=\dfrac{y_2}{x_2-a}=\dfrac{y_2}{ty_2-a+1}$,则

$$\frac{k_1}{k_2}=\frac{y_1(ty_2-a+1)}{y_2(ty_1+a+1)}=\frac{(a^2-1)(y_1+y_2)/2-ay_1+y_1}{(a^2-1)(y_1+y_2)/2+ay_2+y_2}$$

$$= \frac{(a^2 - 2a + 1) y_1 + (a^2 - 1) y_2}{(a^2 - 1) y_1 + (a^2 + 2a + 1) y_2}.$$

又因为 $\frac{a^2 - 2a + 1}{a^2 - 1} = \frac{a-1}{a+1} = \frac{a^2 - 1}{a^2 + 2a + 1}$，所以 $\frac{k_1}{k_2} = \frac{a-1}{a+1}$，为定值.

15. 设直线 l 的方程为 $x = ty + c$，代入椭圆方程 $\frac{x^2}{a^2} + \frac{y^2}{b^2} = 1$，消去 x，得 $(b^2 t^2 + a^2) y^2$ $+ 2b^2 cty - b^4 = 0$. 设 $P(x_1, y_1), Q(x_2, y_2)$，则由韦达定理得

$$y_1 + y_2 = -\frac{2b^2 ct}{b^2 t^2 + a^2}, \quad y_1 y_2 = -\frac{b^4}{b^2 t^2 + a^2}.$$

两式相除，得 $ty_1 y_2 = \frac{b^2}{2c}(y_1 + y_2)$. 所以

$$\frac{k_1}{k_2} = \frac{\frac{y_1}{x_1 + a}}{\frac{y_2}{x_2 - a}} = \frac{\frac{y_1}{ty_1 + c + a}}{\frac{y_2}{ty_2 + c - a}} = \frac{ty_1 y_2 + (c - a) y_1}{ty_1 y_2 + (c + a) y_2} = \frac{b^2(y_1 + y_2) + (2c^2 - 2ac) y_1}{b^2(y_1 + y_2) + (2c^2 + 2ac) y_2}$$

$$= \frac{(a - c)[(a - c) y_1 + (a + c) y_2]}{(a + c)[(a - c) y_1 + (a + c) y_2]} = \frac{a - c}{a + c} = \frac{1 - e}{1 + e}.$$

故 $\frac{k_1}{k_2}$ 为定值 $\frac{1 - e}{1 + e}$.

16. 设 $M(x_1, y_1), N(x_2, y_2), P(x_P, y_P), Q(x_Q, y_Q)$，且 $F_1(-2, 0), F_2(2, 0)$，则 $\frac{x_1^2}{a^2} +$ $\frac{y_1^2}{b^2} = 1, \frac{x_2^2}{a^2} + \frac{y_2^2}{b^2} = 1$. 又由 M, N, F_1 三点共线，得 $\frac{y_1}{x_1 + 2} = \frac{y_2}{x_2 + 2}$，即得 $x_1 y_2 - x_2 y_1 = 2(y_1 - y_2)$.

而直线 MD 的方程为 $y = \frac{y_1}{x_1 - 1}(x - 1)$，与椭圆 C 的方程 $\frac{x^2}{a^2} + \frac{y^2}{b^2} = 1$ 联立，可得 $\frac{x^2}{a^2} +$ $\frac{y_1^2 (x-1)^2}{b^2 (x_1 - 1)^2} = 1$，化简得

$$(a^2 + 1 - 2x_1) x^2 - 2(a^2 - x_1^2) x + 2a^2 x_1 - (a^2 + 1) x_1^2 = 0.$$

则由韦达定理知 $x_1 x_P = \frac{2a^2 x_1 - (a^2 + 1) x_1^2}{a^2 + 1 - 2x_1}$，所以 $x_P = \frac{2a^2 - (a^2 + 1) x_1}{a^2 + 1 - 2x_1}$. 代入直线 MD 的方程，可得

$$y_P = \frac{y_1}{x_1 - 1}\left[\frac{2a^2 - (a^2 + 1) x_1}{a^2 + 1 - 2x_1} - 1\right] = \frac{(1 - a^2) y_1}{a^2 + 1 - 2x_1}.$$

同理可得 $x_Q = \frac{2a^2 - (a^2 + 1) x_2}{a^2 + 1 - 2x_2}, y_Q = \frac{(1 - a^2) y_2}{a^2 + 1 - 2x_2}$. 所以

$$k_2 = \frac{y_P - y_Q}{x_P - x_Q} = \frac{y_1(1 - a^2)(a^2 + 1 - 2x_2) - y_2(1 - a^2)(a^2 + 1 - 2x_1)}{(a^2 + 1 - 2x_2)[2a^2 - (a^2 + 1) x_1] - (a^2 + 1 - 2x_1)[2a^2 - (a^2 + 1) x_2]}$$

$$= \frac{(a^4 - 1)(y_2 - y_1) - 2(a^2 - 1)(x_1 y_2 - x_2 y_1)}{(a^2 - 1)^2 (x_2 - x_1)} = \frac{a^2 + 5}{a^2 - 1} \cdot \frac{y_2 - y_1}{x_2 - x_1} = \frac{a^2 + 5}{a^2 - 1} k_1.$$

则 $f(a) = \frac{k_2}{k_1} = \frac{a^2 + 5}{a^2 - 1}$. 又 $a^2 \in (4, +\infty)$, 故 $f(a) = \frac{a^2 + 5}{a^2 - 1} = 1 + \frac{6}{a^2 - 1} \in (1, 3)$.

综上可知 $f(a) = \frac{a^2 + 5}{a^2 - 1}$, 其值域为 $(1, 3)$.

17. (1) 由题易知 $c = 2$. 又因为 $\overrightarrow{AF_2} + 5\overrightarrow{BF_2} = \mathbf{0}$, 即 $a + c = 5(a - c)$, 解得 $a = 3$, 所以 $b^2 = a^2 - c^2 = 5$. 故椭圆 E 的方程为 $\frac{x^2}{9} + \frac{y^2}{5} = 1$.

(2) (解法 1: 联立方程, 求点的坐标) 设直线 MN 的方程为 $x = ty - 2$, $M(x_1, y_1)$, $N(x_2, y_2)$, 则直线 MP 的方程为 $y = \frac{y_1}{x_1 - 1}(x - 1)$. 联立椭圆方程和直线方程, 可得

$$\begin{cases} \dfrac{x^2}{9} + \dfrac{y^2}{5} = 1 \\ y_1 x - (x_1 - 1)y - y_1 = 0 \end{cases}, 消去 y, 得$$

$$(5 - x_1)x^2 - (9 - x_1^2)x + 9x_1 - 5x_1^2 = 0.$$

则由韦达定理得 $x_P = \frac{5x_1 - 9}{x_1 - 5}$, 所以 $P\left(\frac{5x_1 - 9}{x_1 - 5}, \frac{4y_1}{x_1 - 5}\right)$.

同理可得 $Q\left(\frac{5x_2 - 9}{x_2 - 5}, \frac{4y_2}{x_2 - 5}\right)$, 所以 $k_2 = \frac{7}{4t} = \frac{7}{4}k_1$, 即 $k_1 - \frac{4}{7}k_2 = 0$.

故存在 $\lambda = -\frac{4}{7}$ 满足题意.

(解法 2) 设 $M(x_1, y_1)$, $N(x_2, y_2)$, $P(x_3, y_3)$, $Q(x_4, y_4)$, 则直线 MD 的方程为 $x = \frac{x_1 - 1}{y_1}y + 1$. 与椭圆方程联立, 可得 $\frac{5 - x_1}{y_1^2}y^2 + \frac{x_1 - 1}{y_1}y - 4 = 0$. 则由韦达定理得 $y_1 y_3 = \frac{-4y_1^2}{5 - x_1}$, 即 $y_3 = \frac{4y_1}{x_1 - 5}$, 从而 $x_3 = \frac{x_1 - 1}{y_1}y_3 + 1 = \frac{5x_1 - 9}{x_1 - 5}$, 故 $P\left(\frac{5x_1 - 9}{x_1 - 5}, \frac{4y_1}{x_1 - 5}\right)$. 同理 $Q\left(\frac{5x_2 - 9}{x_2 - 5}, \frac{4y_2}{x_2 - 5}\right)$.

又由 M, F_1, N 三点共线, 得 $\frac{y_1}{x_1 + 2} = \frac{y_2}{x_2 + 2}$, 即 $x_1 y_2 - x_2 y_1 = -2(y_2 - y_1)$. 所以

$$k_2 = \frac{y_4 - y_3}{x_4 - x_3} = \frac{\dfrac{4y_2}{x_2 - 5} - \dfrac{4y_1}{x_1 - 5}}{\dfrac{5x_2 - 9}{x_2 - 5} - \dfrac{5x_1 - 9}{x_1 - 5}} = \frac{x_1 y_2 - x_2 y_1 + 5(y_1 - y_2)}{4(x_1 - x_2)} = \frac{7(y_1 - y_2)}{4(x_1 - x_2)} = \frac{7}{4}k_1.$$

故存在 $\lambda = -\frac{4}{7}$ 满足题意.

(解法 3: 截距点差法) 设 $M(x_1, y_1)$, $N(x_2, y_2)$, $P(x_3, y_3)$, $Q(x_4, y_4)$, 则由 M, D, P

三点共线,得 $\dfrac{y_1}{x_1-1}=\dfrac{y_3}{x_3-1}$. 所以 $x_1y_3-x_3y_1=y_3-y_1$,故

$$x_1^2y_3^2-x_3^2y_1^2=9\left(1-\frac{1}{5}y_1^2\right)y_3^2-9\left(1-\frac{1}{5}y_3^2\right)y_1^2=9(y_3^2-y_1^2).$$

所以

$$x_1y_3+x_3y_1=\frac{x_1^2y_3^2-x_3^2y_1^2}{x_1y_3-x_3y_1}=\frac{9(y_3^2-y_1^2)}{y_3-y_1}=9(y_3+y_1).$$

所以联立 $\begin{cases}x_1y_3-x_3y_1=y_3-y_1\\x_1y_3+x_3y_1=9(y_3+y_1)\end{cases}$,解得 $P\left(\dfrac{5x_1-9}{x_1-5},\dfrac{4y_1}{x_1-5}\right)$.

对 N,D,Q 三点,同理可得 $Q\left(\dfrac{5x_2-9}{x_2-5},\dfrac{4y_1}{x_2-5}\right)$. 又由 M,F_1,N 三点共线,得 $\dfrac{y_1}{x_1+2}=$

$\dfrac{y_2}{x_2+2}$,即 $x_1y_2-x_2y_1=-2(y_2-y_1)$,所以

$$k_2=\frac{y_4-y_3}{x_4-x_3}=\frac{\dfrac{4y_2}{x_2-5}-\dfrac{4y_1}{x_1-5}}{\dfrac{5x_2-9}{x_2-5}-\dfrac{5x_1-9}{x_1-5}}=\frac{x_1y_2-x_2y_1+5(y_1-y_2)}{4(x_1-x_2)}=\frac{7(y_1-y_2)}{4(x_1-x_2)}=\frac{7}{4}k_1.$$

故存在 $\lambda=-\dfrac{4}{7}$ 满足题意.

(解法 4:定比点差法——双定比)设 $M(x_1,y_1),N(x_2,y_2),P(x_3,y_3),Q(x_4,y_4),\overrightarrow{MD}=\lambda\overrightarrow{DP},\overrightarrow{ND}=\mu\overrightarrow{DQ}$,其中 $D(1,0)$. 则由 $\overrightarrow{MD}=\lambda\overrightarrow{DP}$,得

$$\begin{cases}1=\dfrac{x_1+\lambda x_3}{1+\lambda}\\[2mm]0=\dfrac{y_1+\lambda y_3}{1+\lambda}\end{cases}\Rightarrow\begin{cases}x_1+\lambda x_3=1+\lambda\\y_1+\lambda y_3=0\end{cases}.$$

由点 M,P 在椭圆上,得 $\begin{cases}\dfrac{x_1^2}{9}+\dfrac{y_1^2}{5}=1\\[2mm]\dfrac{x_3^2}{9}+\dfrac{y_3^2}{5}=1\end{cases}$,即 $\begin{cases}\dfrac{x_1^2}{9}+\dfrac{y_1^2}{5}=1\\[2mm]\dfrac{\lambda^2x_3^2}{9}+\dfrac{\lambda^2y_3^2}{5}=\lambda^2\end{cases}$. 两式作差,得 $\dfrac{x_1^2-\lambda^2x_3^2}{9}+$

$\dfrac{y_1^2-\lambda^2y_3^2}{5}=1-\lambda^2$,则

$$\frac{1}{9}\cdot\frac{x_1-\lambda x_3}{1-\lambda}\cdot\frac{x_1+\lambda x_3}{1+\lambda}+\frac{1}{5}\cdot\frac{y_1-\lambda y_3}{1-\lambda}\cdot\frac{y_1+\lambda y_3}{1+\lambda}=1,$$

解得 $x_1-\lambda x_3=9(1-\lambda)$.

联立 $\begin{cases}x_1+\lambda x_3=1+\lambda\\x_1-\lambda x_3=9(1-\lambda)\end{cases}$,解得 $\begin{cases}x_1=5-4\lambda\\x_3=5-\dfrac{4}{\lambda}\\y_1=-\lambda y_3\end{cases}$. 同理可得 $\begin{cases}x_2=5-4\mu\\x_4=5-\dfrac{4}{\mu}\\y_2=-\mu y_1\end{cases}$,则

$$k_1 = \frac{y_2 - y_1}{x_2 - x_1} = \frac{y_2 - y_1}{4(\lambda - \mu)},$$

$$k_2 = \frac{y_4 - y_3}{x_4 - x_3} = \frac{\dfrac{y_1}{\lambda} - \dfrac{y_2}{\mu}}{4\left(\dfrac{1}{\lambda} - \dfrac{1}{\mu}\right)} = \frac{\mu y_1 - \lambda y_2}{4(\mu - \lambda)},$$

故 $\dfrac{k_1}{k_2} = \dfrac{y_1 - y_2}{\mu y_1 - \lambda y_2}$. 又由 M, F_1, N 三点共线,得 $\dfrac{y_1}{x_1 + 2} = \dfrac{y_2}{x_2 + 2}$, 即 $\dfrac{y_1}{7 - 4\lambda} = \dfrac{y_2}{7 - 4\mu}$,整理得

$7(y_2 - y_1) = 4(\lambda y_2 - \mu y_1)$,所以 $k_1 = \dfrac{4}{7} k_2$. 故存在 $\lambda = -\dfrac{4}{7}$ 满足题意.

18. (1) 若 B 为椭圆的上顶点,则 $B(0,1)$. 又因为直线 AB 过点 $(2,0)$,所以直线 AB 的

方程为 $x + 2y - 2 = 0$. 代入椭圆 $C: \dfrac{x^2}{2} + y^2 = 1$,可得 $3y^2 - 4y + 1 = 0$,解得 $y_1 = 1, y_2 = \dfrac{1}{3}$,

即点 $A\left(\dfrac{4}{3}, \dfrac{1}{3}\right)$,所以直线 AF 的方程为 $y = x - 1$.

(2) 设 $A(x_1, y_1), B(x_2, y_2)$.

(证法 1)设直线 AB 的方程为 $x = ty + 2$,代入椭圆方程,可得 $(2 + t^2)y^2 + 4ty + 2 = 0$. 则

由韦达定理得 $y_1 + y_2 = \dfrac{-4t}{2 + t^2}$, $y_1 y_2 = \dfrac{2}{2 + t^2}$. 两式相除,可得 $2t y_1 y_2 = -(y_1 + y_2)$. 所以

$$k_1 + k_2 = \frac{y_1}{x_1 - 1} + \frac{y_2}{x_2 - 1} = \frac{y_1}{ty_1 + 1} + \frac{y_2}{ty_2 + 1} = \frac{2ty_1 y_2 + y_1 + y_2}{(ty_1 + 1)(ty_2 + 1)} = 0.$$

又 k_1, k_2 均不为 0,故 $\dfrac{k_1}{k_2} = -1$,即 $\dfrac{k_1}{k_2}$ 为定值 -1.

(证法 2)设 $A(x_1, y_1), B(x_2, y_2)$,直线 AB 的方程为 $x = ty + 2$.

联立 $\begin{cases} x = ty + 2 \\ x^2 + 2y^2 = 2 \end{cases}$,消去 x,得 $(2 + t^2)y^2 + 4ty + 2 = 0$. 则由韦达定理得 $y_1 + y_2 = $

$\dfrac{-4t}{2 + t^2}$, $y_1 y_2 = \dfrac{2}{2 + t^2}$. 两式相除,可得 $2t y_1 y_2 = -(y_1 + y_2)$. 所以

$$\frac{1}{k_1} + \frac{1}{k_2} = \frac{x_1 - 1}{y_1} + \frac{x_2 - 1}{y_2} = \frac{ty_1 + 1}{y_1} + \frac{ty_2 + 1}{y_2} = 2t + \frac{y_1 + y_2}{y_1 y_2} = 2t - 2t = 0.$$

故 $k_1 + k_2 = 0$,即 $\dfrac{k_1}{k_2} = -1$ 为定值.

(证法 3)设直线 AB 的方程为 $x = ty + 2$,代入椭圆方程,可得 $(2 + t^2)y^2 + 4ty + 2 = 0$. 则

由韦达定理得 $y_1 + y_2 = \dfrac{-4t}{2 + t^2}$, $y_1 y_2 = \dfrac{2}{2 + t^2}$. 两式两除,可得 $\dfrac{y_1 y_2}{y_1 + y_2} = -\dfrac{1}{2t}$,即 $ty_1 y_2 = $

$-\dfrac{1}{2}(y_1 + y_2)$. 所以

$$\frac{k_1}{k_2} = \frac{\dfrac{y_1}{x_1 - 1}}{\dfrac{y_2}{x_2 - 1}} = \frac{y_1(x_2 - 1)}{y_2(x_1 - 1)} = \frac{y_1(ty_2 + 1)}{y_2(ty_1 + 1)} = \frac{ty_1y_2 + y_1}{ty_1y_2 + y_2} = \frac{\dfrac{-(y_1 + y_2)}{2} + y_1}{\dfrac{-(y_1 + y_2)}{2} + y_2} = -1.$$

故 $\dfrac{k_1}{k_2}$ 为定值 -1.

（证法 4）设 $A(x_1, y_1)$，$B(x_2, y_2)$，直线 AB 的方程为 $x = ty + 2$.

联立 $\begin{cases} x = ty + 2 \\ x^2 + 2y^2 = 2 \end{cases}$，消去 x，得 $(2 + t^2)y^2 + 4ty + 2 = 0$. 则由韦达定理得 $y_1 + y_2 = \dfrac{-4t}{2 + t^2}$，$y_1 y_2 = \dfrac{2}{2 + t^2}$. 两式相除，可得 $\dfrac{y_1 + y_2}{y_1 y_2} = \dfrac{1}{y_1} + \dfrac{1}{y_2} = -2t$. 所以

$$\frac{k_1}{k_2} = \frac{\dfrac{y_1}{x_1 - 1}}{\dfrac{y_2}{x_2 - 1}} = \frac{y_1(x_2 - 1)}{y_2(x_1 - 1)} = \frac{y_1(ty_2 + 1)}{y_2(ty_1 + 1)} = \frac{ty_1y_2 + y_1}{ty_1y_2 + y_2} = \frac{t + \dfrac{1}{y_2}}{t + \dfrac{1}{y_1}},$$

把 $\dfrac{1}{y_2} = -2t - \dfrac{1}{y_1}$ 代入上式，得 $\dfrac{k_1}{k_2} = -1$. 故 $\dfrac{k_1}{k_2}$ 为定值 -1.

（证法 5）设直线 AB 的方程为 $y = k(x - 2)$，代入椭圆的方程，可得 $(1 + 2k^2)x^2 - 8k^2 x + 8k^2 - 2 = 0$，则由韦达定理得 $x_1 + x_2 = \dfrac{8k^2}{1 + 2k^2}$，$x_1 x_2 = \dfrac{8k^2 - 2}{1 + 2k^2}$. 所以

$$\frac{k_1}{k_2} = \frac{\dfrac{y_1}{x_1 - 1}}{\dfrac{y_2}{x_2 - 1}} = \frac{y_1(x_2 - 1)}{y_2(x_1 - 1)} = \frac{(x_1 - 2)(x_2 - 1)}{(x_2 - 2)(x_1 - 1)} = \frac{x_1 x_2 - 2x_2 - x_1 + 2}{x_1 x_2 - x_2 - 2x_1 + 2}.$$

又因为 $x_1 x_2 - x_1 - x_2 + 2 = \dfrac{-2}{1 + 2k^2} + 2 = \dfrac{4k^2}{1 + 2k^2}$，$x_2 = \dfrac{8k^2}{1 + 2k^2} - x_1$，代入上式，得

$$\frac{k_1}{k_2} = \frac{\dfrac{4k^2}{1 + 2k^2} - x_2}{\dfrac{4k^2}{1 + 2k^2} - x_1} = \frac{\dfrac{4k^2}{1 + 2k^2} - \left(\dfrac{8k^2}{1 + 2k^2} - x_1\right)}{\dfrac{4k^2}{1 + 2k^2} - x_1} = -1.$$

故 $\dfrac{k_1}{k_2}$ 为定值 -1.

（证法 6：设点解点，统一变量）设 $A(x_0, y_0)$，则直线 AB 的方程为 $y = \dfrac{y_0}{x_0 - 2}(x - 2)$. 与椭圆方程联立，得

$$(x_0^2 + 2y_0^2 - 4x_0 + 4)x^2 - 8y_0^2 x + 8y_0^2 - 2x_0^2 + 8x_0 - 8 = 0.$$

将 $2y_0^2 = 2 - x_0^2$ 代入并整理，得

$$(3 - 2x_0)x^2 - (4 - 2x_0^2)x + 4x_0 - 3x_0^2 = 0.$$

所以 $x_A x_B = \dfrac{4x_0 - 3x_0^2}{3 - 2x_0}$，从而可得 $x_B = \dfrac{4 - 3x_0}{3 - 2x_0}$，$y_B = \dfrac{y_0}{x_0 - 2}(x_B - 2) = \dfrac{y_0}{3 - 2x_0}$．则

$$k_2 = \dfrac{\dfrac{y_0}{3 - 2x_0}}{\dfrac{4 - 3x_0}{3 - 2x_0} - 1} = \dfrac{y_0}{1 - x_0} = -k_1.$$

故 $\dfrac{k_1}{k_2} = -1$ 为定值．

（证法 7：和积关系代换）设直线 AB 的方程为 $x = my + 2$，代入椭圆方程，可得 $(2 + m^2)y^2 + 4my + 2 = 0$．则由韦达定理得 $y_1 + y_2 = \dfrac{-4m}{2 + m^2}$，$y_1 y_2 = \dfrac{2}{2 + m^2}$．所以

$$\frac{k_1}{k_2} = \frac{y_1(x_2 - 1)}{y_2(x_1 - 1)} = \frac{y_1(my_2 + 1)}{y_2(my_1 + 1)} = \frac{my_1 y_2 + (y_1 + y_2) - y_2}{my_1 y_2 + y_2}$$

$$= \frac{\dfrac{2m}{2 + m^2} + \dfrac{-4m}{2 + m^2} - y_2}{\dfrac{2m}{2 + m^2} + y_2} = -1.$$

故 $\dfrac{k_1}{k_2}$ 为定值 -1．

也可以得到 $my_1 y_2 = -\dfrac{1}{2}(y_1 + y_2)$，所以

$$\frac{k_1}{k_2} = \frac{y_1(my_2 + 1)}{y_2(my_1 + 1)} = \frac{my_1 y_2 + y_1}{my_1 y_2 + y_2} = \frac{-\dfrac{1}{2}(y_1 + y_2) + y_1}{-\dfrac{1}{2}(y_1 + y_2) + y_2} = -1.$$

故 $\dfrac{k_1}{k_2}$ 为定值 -1．

（证法 8：和积关系代换）设 $A(x_1, y_1)$，$B(x_2, y_2)$，则由 A, B, M 三点共线，得 $\dfrac{y_1}{x_1 - 2} = \dfrac{y_2}{x_2 - 2}$．两边平方，得 $\dfrac{2y_1^2}{(x_1 - 2)^2} = \dfrac{2y_2^2}{(x_2 - 2)^2}$，即得 $\dfrac{2 - x_1^2}{(x_1 - 2)^2} = \dfrac{2 - x_2^2}{(x_2 - 2)^2}$，整理得 $2x_1 x_2 = 3(x_1 + x_2) - 4$．所以

$$\frac{k_1}{k_2} = \frac{\dfrac{y_1}{x_1 - 1}}{\dfrac{y_2}{x_2 - 1}} = \frac{y_1(x_2 - 1)}{y_2(x_1 - 1)} = \frac{(x_1 - 2)(x_2 - 1)}{(x_2 - 2)(x_1 - 1)} = \frac{x_1 x_2 - 2x_2 - x_1 + 2}{x_1 x_2 - x_2 - 2x_1 + 2}$$

$$= \frac{\dfrac{3}{2}(x_1 + x_2) - 2 - 2x_2 - x_1 + 2}{\dfrac{3}{2}(x_1 + x_2) - 2 - x_2 - 2x_1 + 2} = \frac{\dfrac{x_1}{2} - \dfrac{x_2}{2}}{-\dfrac{x_1}{2} + \dfrac{x_2}{2}} = -1.$$

故 $\dfrac{k_1}{k_2}$ 为定值 -1.

（证法 9：定比点差，统一变量）记 $M(2,0)$，设 $\overrightarrow{AM} = \lambda \overrightarrow{MB}$，$A(x_1,y_1)$，$B(x_2,y_2)$，

则 $\begin{cases} x_1 + \lambda x_2 = 2(1+\lambda) \\ y_1 + \lambda y_2 = 0 \end{cases}$.

联立 $\begin{cases} x_1^2 + 2y_1^2 = 2 \\ x_2^2 + 2y_2^2 = 2 \end{cases}$，即 $\begin{cases} x_1^2 + 2y_1^2 = 2 \\ \lambda^2 x_2^2 + 2\lambda^2 y_2^2 = 2\lambda^2 \end{cases}$，两式相减，得 $(x_1 - \lambda x_2)(x_1 + \lambda x_2) =$

$2(1-\lambda^2)$，所以 $x_1 - \lambda x_2 = 1 - \lambda$.

联立 $\begin{cases} x_1 - \lambda x_2 = 1 - \lambda \\ x_1 + \lambda x_2 = 2(1+\lambda) \end{cases}$，解得 $\begin{cases} x_1 = \dfrac{3+\lambda}{2} \\ \lambda x_2 = \dfrac{3\lambda+1}{2} \end{cases}$，所以

$$\frac{k_1}{k_2} = \frac{y_1(x_2-1)}{y_2(x_1-1)} = \frac{-\lambda(x_2-1)}{x_1-1} = \frac{\lambda - \lambda x_2}{x_1 - 1} = \frac{\lambda - \dfrac{3\lambda+1}{2}}{\dfrac{3+\lambda}{2} - 1} = -1.$$

故 $\dfrac{k_1}{k_2}$ 为定值 -1.

（证法 10：设点整体代换）设 $A(x_1,y_1)$，$B(x_2,y_2)$，则由 A，B，M 三点共线，得 $\dfrac{y_1}{x_1-2} =$

$\dfrac{y_2}{x_2-2}$，即得 $\dfrac{x_1 y_2 - x_2 y_1}{y_2 - y_1} = 2$. 而

$$\frac{x_1 y_2 + x_2 y_1}{y_2 + y_1} \cdot \frac{x_1 y_2 - x_2 y_1}{y_2 - y_1} = \frac{x_1^2 y_2^2 - x_2^2 y_1^2}{y_2^2 - y_1^2} = \frac{2(1-y_1^2)y_2^2 - 2(1-y_2^2)y_1^2}{y_2^2 - y_1^2} = 2,$$

所以 $\dfrac{x_1 y_2 + x_2 y_1}{y_2 + y_1} = 1$. 即 $x_1 y_2 - y_2 = y_1 - x_2 y_1$，亦即 $\dfrac{y_2}{x_2-1} = -\dfrac{y_1}{x_1-1}$. 故

$$\frac{k_1}{k_2} = \frac{\dfrac{y_1}{x_1-1}}{\dfrac{y_2}{x_2-1}} = -1,$$

为定值.

（证法 11：和积关系）设 $A(x_1,y_1)$，$B(x_2,y_2)$，则

$$\frac{y_1}{x_1-m} = \pm \frac{y_2}{x_2-m} \Leftrightarrow 2x_1 x_2 = \left(m + \frac{a^2}{m}\right)(x_1+x_2) - 2a^2.$$

用 $\dfrac{a^2}{m}$ 替代 m，得 $\dfrac{y_1}{x_1 - \dfrac{a^2}{m}} = \pm \dfrac{y_2}{x_2 - \dfrac{a^2}{m}}$. 又因为点 A，B 与点 $(2,0)$ 共线，所以 $\dfrac{y_1}{x_1-2} = \dfrac{y_2}{x_2-2}$，因

此 $\dfrac{y_1}{x_1-1}=\pm\dfrac{y_2}{x_2-1}$（正量显然不成立）. 所以 $\dfrac{y_1}{x_1-1}=-\dfrac{y_2}{x_2-1}$, 故 $\dfrac{k_1}{k_2}=\dfrac{\dfrac{y_1}{x_1-1}}{\dfrac{y_2}{x_2-1}}=-1$, 为定值.

19.（1）由题设知 $\begin{cases}2a=4\\ \dfrac{c}{a}=\dfrac{1}{2}\\ a^2=b^2+c^2\end{cases}$, 解得 $\begin{cases}a=2\\ b=\sqrt{3}\end{cases}$, 所以椭圆 E 的方程为 $\dfrac{x^2}{4}+\dfrac{y^2}{3}=1$.

（2）设 $C(x_1,y_1)$, $D(x_2,y_2)$. 由（1）可知 $A(-2,0)$, $B(2,0)$, 则 $k_1=\dfrac{y_1}{x_1+2}$,

$k_2=\dfrac{y_2}{x_2-2}$.

当直线 l 的斜率不存在时, 直线 l 的方程为 $x=1$. 联立直线 l 的方程与椭圆方程

$\begin{cases}\dfrac{x^2}{4}+\dfrac{y^2}{3}=1\\ x=1\end{cases}$, 解得 $\begin{cases}x=1\\ y=\dfrac{3}{2}\end{cases}$ 或 $\begin{cases}x=1\\ y=-\dfrac{3}{2}\end{cases}$. 所以当 $C\left(1,-\dfrac{3}{2}\right)$, $D\left(1,\dfrac{3}{2}\right)$ 时, $k_1=-\dfrac{1}{2}$, $k_2=$

$-\dfrac{3}{2}$. 故 $k_1=\dfrac{1}{3}k_2$.

猜测存在 $\lambda=\dfrac{1}{3}$, 下面证明一般性.

当直线 l 的斜率存在时, 设直线 l 的方程为 $x=my+1$. 联立 $\begin{cases}x=my+1\\ \dfrac{x^2}{4}+\dfrac{y^2}{3}=1\end{cases}$, 消去 x, 得

$(3m^2+4)y^2+6my-9=0$. 则由韦达定理得

$$y_1+y_2=\dfrac{-6m}{3m^2+4},\quad y_1y_2=\dfrac{-9}{3m^2+4}.\qquad(*)$$

（解法 1：先猜后证）因为

$$k_1-\dfrac{1}{3}k_2=\dfrac{y_1}{x_1+2}-\dfrac{y_2}{3(x_2-2)}=\dfrac{3(x_2-2)y_1-y_2(x_1+2)}{3(x_1+2)(x_2-2)}$$

$$=\dfrac{3(my_2-1)y_1-y_2(my_1+3)}{3(my_1+3)(my_2-1)}=\dfrac{2my_1y_2-3(y_1+y_2)}{3(my_1+3)(my_2-1)},$$

代入 $(*)$ 式, 可得

$$k_1-\dfrac{1}{3}k_2=\dfrac{2m\cdot\dfrac{-9}{3m^2+4}-3\cdot\dfrac{-6m}{3m^2+4}}{3(my_1+3)(my_2-1)}=0,$$

所以存在常数 $\lambda=\dfrac{1}{3}$, 使得 $k_1=\dfrac{1}{3}k_2$ 恒成立.

（解法 2：和积转换）由 $(*)$ 式中的两式相除, 可得 $my_1y_2=\dfrac{3}{2}(y_1+y_2)$. 所以

$$\frac{k_1}{k_2} = \frac{\dfrac{y_1}{x_1+2}}{\dfrac{y_2}{x_2-2}} = \frac{y_1(x_2-2)}{y_2(x_1+2)} = \frac{y_1(my_2-1)}{y_2(my_1+3)} = \frac{my_1y_2 - y_1}{my_1y_2 + 3y_2}$$

$$= \frac{\dfrac{3}{2}(y_1+y_2) - y_1}{\dfrac{3}{2}(y_1+y_2) + 3y_1} = \frac{\dfrac{1}{2}y_1 + \dfrac{3}{2}y_2}{\dfrac{3}{2}y_1 + \dfrac{9}{2}y_2} = \frac{1}{3}.$$

故存在常数 $\lambda = \dfrac{1}{3}$，使得 $k_1 = \dfrac{1}{3}k_2$ 成立.

（解法 3：椭圆代入消 y）因为 $x_1 + x_2 = \dfrac{-8k^2}{4k^2+3}$，$x_1x_2 = \dfrac{4k^2-12}{4k^2+3}$，$y_1 + y_2 = \dfrac{-6k}{4k^2+3}$，

$y_1y_2 = \dfrac{-9k^2}{4k^2+3}$，所以

$$\frac{k_1}{k_2} = \frac{\dfrac{y_1}{x_1+2}}{\dfrac{y_2}{x_2-2}} = \frac{y_1}{y_2} \cdot \frac{x_2-2}{x_1+2} = \sqrt{\frac{y_1^2}{y_2^2} \cdot \frac{(x_2-2)^2}{(x_2+2)^2}} = \sqrt{\frac{4-x_1^2}{4-x_2^2} \cdot \frac{(x_2-2)^2}{(x_1+2)^2}}$$

$$= \sqrt{\frac{(2-x_1)(2-x_2)}{(x_2+2)(x_1+2)}} = \sqrt{\frac{x_1x_2 - 2(x_1+x_2) + 4}{x_1x_2 + 2(x_1+x_2) + 4}}$$

$$= \sqrt{\frac{\dfrac{4k^2-12}{4k^2+3} - \dfrac{16k^2}{4k^2+3} + 4}{\dfrac{4k^2-12}{4k^2+3} + \dfrac{16k^2}{4k^2+3} + 4}} = \frac{1}{3}.$$

故存在常数 $\lambda = \dfrac{1}{3}$，使得 $k_1 = \dfrac{1}{3}k_2$ 成立.

（解法 4：椭圆第三定义转化）因为

$$k_{BD} \cdot k_{AD} = \frac{y_2}{x_2-2} \cdot \frac{y_2}{x_2+2} = \frac{3\left(1 - \dfrac{x_2^2}{4}\right)}{x_2^2 - 4} = -\frac{3}{4},$$

即 $k_2 = -\dfrac{3}{4} \cdot \dfrac{1}{k_{AD}}$，所以

$$\frac{k_1}{k_2} = \frac{k_1}{-\dfrac{3}{4} \cdot \dfrac{1}{k_{AD}}} = -\frac{4}{3} \cdot \frac{y_1}{x_1+2} \cdot \frac{y_2}{x_2+2} = -\frac{4}{3} \cdot \frac{y_1y_2}{x_1x_2 + 2(x_1+x_2) + 4}$$

$$= -\frac{4}{3} \cdot \frac{\dfrac{-9k^2}{4k^2+3}}{\dfrac{4k^2-12}{4k^2+3} + \dfrac{16k^2}{4k^2+3} + 4} = \frac{1}{3}.$$

故存在常数 $\lambda = \dfrac{1}{3}$，使得 $k_1 = \dfrac{1}{3}k_2$ 成立.

（解法 5：点代法）设 $C(x_1,y_1),D(x_2,y_2)$，由（1）知 $F(1,0)$. 则由 C,D,F 三点共线，得
$\dfrac{y_2}{x_2-1}=\dfrac{y_1}{x_1-1}$，即 $x_1y_2-x_2y_1=y_2-y_1$.

联立 $\begin{cases} \dfrac{x_1^2}{4}+\dfrac{y_1^2}{3}=1 \\ \dfrac{x_2^2}{4}+\dfrac{y_2^2}{3}=1 \end{cases}$，即 $\begin{cases} x_1^2=4\left(1-\dfrac{y_1^2}{3}\right) \\ y_2^2=3\left(1-\dfrac{x_2^2}{4}\right) \end{cases}$. 两式相乘，得 $x_1^2y_2^2=12-4y_1^2-3x_2^2+x_2^2y_1^2$. 所以

$$x_1^2y_2^2-x_2^2y_1^2=(x_1y_2+x_2y_1)(x_1y_2-x_2y_1)=12-3x_2^2-4y_1^2$$
$$=4(y_2^2-y_1^2)=4(y_2+y_1)(y_2-y_1).$$

整理得 $x_1y_2+x_2y_1=4(y_2+y_1)$，且 $x_1y_2-x_2y_1=y_2-y_1$，则 $\begin{cases} x_1y_2=\dfrac{5y_2+3y_1}{2} \\ x_2y_1=\dfrac{3y_2+5y_1}{2} \end{cases}$. 所以

$$\frac{k_1}{k_2}=\frac{\dfrac{y_1}{x_1+2}}{\dfrac{y_2}{x_2-2}}=\frac{x_2y_1-2y_1}{x_1y_2+2y_2}=\frac{\dfrac{3y_2+5y_1}{2}-2y_1}{\dfrac{5y_2+3y_1}{2}+2y_2}=\frac{3y_2+y_1}{9y_2+3y_1}=\frac{1}{3}.$$

故存在常数 $\lambda=\dfrac{1}{3}$，使得 $k_1=\dfrac{1}{3}k_2$ 成立.

3.10　定比点差法

题型展望

定比点差法主要用于选择题和填空题中一些压轴题的处理，比如焦点弦公式等可以根据定比点差法求得；大题中极点、极线相关的点也可以根据定比点差法进行求解，其计算量相对非对称韦达定理少一些. 定比点差法的具体求解过程类似于点差法.

经典题探秘

1. 椭圆中的定比点差法问题

例 1　（2018 年浙江卷/17）　如图 3.53 所示，已知点 $P(0,1)$，椭圆 $\dfrac{x^2}{4}+y^2=m(m>1)$ 上两点 A,B 满足 $\overrightarrow{AP}=2\overrightarrow{PB}$，则当 $m=$ _____ 时，点 B 的横坐标的绝对值最大.

【解析】（解法 1：定比点差法）设 $A(x_1, y_1)$，$B(x_2, y_2)$，则由 $\overrightarrow{AP} = 2\overrightarrow{PB}$，根据定比分

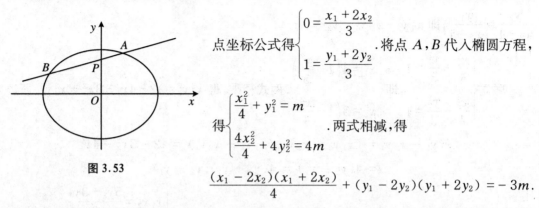

图 3.53

点坐标公式得 $\begin{cases} 0 = \dfrac{x_1 + 2x_2}{3} \\ 1 = \dfrac{y_1 + 2y_2}{3} \end{cases}$．将点 A，B 代入椭圆方程，

得 $\begin{cases} \dfrac{x_1^2}{4} + y_1^2 = m \\ \dfrac{4x_2^2}{4} + 4y_2^2 = 4m \end{cases}$．两式相减，得

$$\frac{(x_1 - 2x_2)(x_1 + 2x_2)}{4} + (y_1 - 2y_2)(y_1 + 2y_2) = -3m.$$

代入并化简得 $y_1 - 2y_2 = -m$，易得 $y_2 = \dfrac{3+m}{4}$．又由于点 B 在椭圆上，代入可得

$$x_2^2 = 4m - 4y_2^2 = 4m - \frac{(3+m)^2}{4} = \frac{-(m-5)^2 + 16}{4}.$$

故当 $m = 5$ 时，点 B 的横坐标的绝对值最大，最大值为 2．

（解法 2：设线法）当 AB 所在直线的斜率不存在时，点 B 的横坐标为 0，显然此时点 B 的横坐标的绝对值不是最大值．当 AB 所在直线的斜率存在时，设斜率为 $k(k \neq 0)$，则直线 AB

的方程为 $y = kx + 1$，设 $A(x_1, y_1)$，$B(x_2, y_2)$．联立 $\begin{cases} \dfrac{x^2}{4} + y^2 = m \\ y = kx + 1 \end{cases}$，消去 y，得 $(1 + 4k^2)x^2$

$+ 8kx + 4 - 4m = 0$，则

$$\Delta = (8k)^2 - 4(1 + 4k^2)(4 - 4m) = 64mk^2 + 16(m - 1) > 0.$$

由韦达定理得 $x_1 + x_2 = -\dfrac{8k}{1 + 4k^2}$，$x_1 x_2 = \dfrac{4 - 4m}{1 + 4k^2}$．又 $\overrightarrow{AP} = 2\overrightarrow{PB}$，故 $x_1 = -2x_2$，化简得

$x_2 = \dfrac{8k}{1 + 4k^2}$，$x_2^2 = \dfrac{2m - 2}{1 + 4k^2}$，整理得 $kx_2 = \dfrac{m-1}{4}$．由 $x_2^2 = \dfrac{2m-2}{1 + 4k^2}$，得 $2m - 2 = x_2^2 + 4(kx_2)^2 =$

$x_2^2 + \dfrac{(m-1)^2}{4}$，所以

$$x_2^2 = 2m - 2 - \frac{(m-1)^2}{4} = -\frac{1}{4}(m^2 - 10m + 9) = -\frac{1}{4}(m - 5)^2 + 4.$$

故当 $m = 5$ 时，x_2^2 有最大值 4，此时点 B 的横坐标的绝对值最大．

点评 对于椭圆的定比分点问题，通常的处理方法有定比点差法、设点或设线法．定比分点的坐标公式并不难推导，若点 P 分有向线段 AB（A 为始点，B 为终点）的比为 λ，即 $\overrightarrow{AP} = \lambda \overrightarrow{PB}$，则称点 P 为点 A，B 的定比分点．设 $A(x_1, y_1)$，$B(x_2, y_2)$，$P(x_0, y_0)$，则利用向量的线性关系不难求出 $x_0 = \dfrac{x_1 + \lambda x_2}{1 + \lambda}$，$y_0 = \dfrac{y_1 + \lambda y_2}{1 + \lambda}$，即点 P 的坐标为 $\left(\dfrac{x_1 + \lambda x_2}{1 + \lambda}, \dfrac{y_1 + \lambda y_2}{1 + \lambda}\right)$．显然当 $\lambda = 1$ 时，定比分点公式就变成了中点坐标公式，中点坐标公式

是定比分点的一种特殊情况.

2. 定比点差法求椭圆的焦点长问题

例2 (2019 新课标全国 I 卷/理 10)　已知椭圆 C 的焦点为 $F_1(-1,0)$，$F_2(1,0)$，过点 F_2 的直线与椭圆 C 交于 A，B 两点. 若 $|AF_2|=2|F_2B|$，$|AB|=|BF_1|$，则 C 的方程为（　　）.

A. $\dfrac{x^2}{2}+y^2=1$ 　　　　 B. $\dfrac{x^2}{3}+\dfrac{y^2}{2}=1$ 　　　　 C. $\dfrac{x^2}{4}+\dfrac{y^2}{3}=1$ 　　　　 D. $\dfrac{x^2}{5}+\dfrac{y^2}{4}=1$

【解析】（解法 1：定比点差法）设点 $A(x_1,y_1)$，$B(x_2,y_2)$，易得 $\overrightarrow{AF_2}=2\ \overrightarrow{F_2B}$，点 F_2 的坐标为 $\left(\dfrac{x_1+2x_2}{3},\dfrac{y_1+2y_2}{3}\right)$，则 $x_1+2x_2=3$，$y_1+2y_2=0$. 又由 A，B 两点均在椭圆上，可得

$\dfrac{x_1^2}{a^2}+\dfrac{y_1^2}{b^2}=1$，$\dfrac{4x_2^2}{a^2}+\dfrac{4y_2^2}{b^2}=4$. 两式作差，可得

$$\dfrac{(x_1+2x_2)(x_1-2x_2)}{a^2}+\dfrac{(y_1+2y_2)(y_1-2y_2)}{b^2}=-3.$$

所以 $x_1-2x_2=-a^2$. 而 $x_1+2x_2=3$，进一步可得 $a^2=3$，$b^2=a^2-c^2=3-1=2$. 所以椭圆 C 的方程为 $\dfrac{x^2}{3}+\dfrac{y^2}{2}=1$. 故选 B.

（解法 2）因为 $|AF_2|=2|BF_2|$，所以 $|AB|=3|BF_2|$. 又因为 $|AB|=|BF_1|$，所以 $|BF_1|=3|BF_2|$. 又 $|BF_1|+|BF_2|=2a$，故 $|BF_2|=\dfrac{a}{2}$，所以 $|AF_2|=a$，$|BF_1|=\dfrac{3}{2}a$. 因为 $|AF_1|+|AF_2|=2a$，所以 $|AF_1|=a$，即 $|AF_1|=|AF_2|$. 故点 A 在 y 轴上，如图 3.54 所示. 所以在 $\mathrm{Rt}\triangle AF_2O$ 中，$\cos\angle AF_2O=\dfrac{1}{a}$；在 $\triangle BF_1F_2$ 中，由余弦定理可得 $\cos\angle BF_2F_1=$

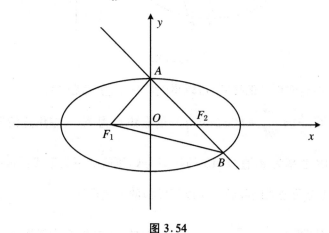

图 3.54

$$\frac{4+\left(\frac{a}{2}\right)^2-\left(\frac{3}{2}a\right)^2}{2\times2\times\frac{a}{2}}.$$ 根据 $\cos\angle AF_2O+\cos\angle BF_2F_1=0$，可得 $\frac{1}{a}+\frac{4-2a^2}{2a}=0$，解得 $a^2=3$，

$b^2=a^2-c^2=3-1=2$. 所以椭圆 C 的方程为 $\frac{x^2}{3}+\frac{y^2}{2}=1$. 故选 B.

（解法 3：椭圆的第二定义）根据椭圆的第二定义或圆锥曲线的统一极坐标方程求解，本质上是一样的. 如图 3.55 所示，考虑一般情况，设 P 为椭圆上一点，x 轴与 PF_2 的正向夹角为 θ. 设其右准线 l 的方程为 $x=\frac{a^2}{c}$（注意，左焦点对应的左准线为 $x=-\frac{a^2}{c}$），其中 PE 垂直于 l，E 为垂足. 设 $PE=d$，则根据椭圆的第二定义有 $\frac{|PF_2|}{|PE|}=\frac{|PF_2|}{d}=e=\frac{c}{a}$. 过点 P 作 x 轴的垂线，垂足为 G. 则根据几何关系可知四边形 $PGHE$ 为矩形. 又 $|F_2H|=d+|F_2G|$，其中 $|F_2G|=|PF_2|\cos\theta$，可得 $|PF_2|\cos\theta+d=\frac{a^2}{c}-c$，即 $|PF_2|=\frac{b^2}{a+c\cos\theta}$，易得 $|QF_2|=\frac{b^2}{a-c\cos\theta}$. 即椭圆的焦点弦公式为 $|PF_2|+|QF_2|=\frac{2ab^2}{a^2-c^2\cos^2\theta}$. 左焦点的情形类似. 所以可知椭圆 C 的方程为 $\frac{x^2}{3}+\frac{y^2}{2}=1$. 故选 B.

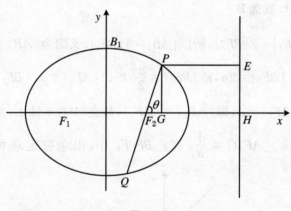

图 3.55

【题根探秘】 通过对例 2 的探究，可以得到以下结论（命题 1）：

命题 1　椭圆 $C:\frac{x^2}{a^2}+\frac{y^2}{b^2}=1(a>b>0)$ 的右焦点为 F_2，（左焦点情况类似）$|AF_2|=\lambda|F_2B|$，设椭圆的离心率为 e，直线 AB 的斜率为 k，则有如下关系式：$|e\cos\theta|=\left|\frac{1-\lambda}{1+\lambda}\right|$.

一般地，对于焦点弦公式的问题都可以用类似的方法求解.

例3　已知椭圆 $C:\frac{x^2}{a^2}+\frac{y^2}{b^2}=1(a>b>0)$ 的左、右焦点分别为 F_1，F_2，焦距为 2，过

点 F_2 作直线与椭圆 C 相交于 A,B 两点,且 $\triangle ABF_1$ 的周长为 $4\sqrt{2}$.

(1) 求椭圆 C 的方程;

(2) 若 $|AB| = 4|F_2A|$,求直线 AB 的方程.

【解析】 (1) $\dfrac{x^2}{2} + y^2 = 1$(过程略).

(2) 由 $|AB| = 4|F_2A|$,得 $\overrightarrow{AF_2} = \dfrac{1}{3}\overrightarrow{F_2B}$. 设 $A(x_1,y_1)$,$B(x_2,y_2)$,得

$F_2\left(\dfrac{x_2+3x_1}{4}, \dfrac{y_2+3y_1}{4}\right)$. 又因为 $F_2(1,0)$,所以 $\begin{cases} 3x_1+x_2=4 \\ 3y_1+y_2=0 \end{cases}$. 由点 A,B 在椭圆上,得

$\begin{cases} 9x_1^2+18y_1^2=18 \\ x_2^2+2y_2^2=2 \end{cases}$,于是有

$$(3x_1+x_2)(3x_1-x_2)+2(3y_1+y_2)(3y_1-y_2)=16,$$

即 $4(3x_1-x_2)=16$,亦即 $3x_1-x_2=4$.联立 $3x_1+x_2=4$,得 $x_1=\dfrac{4}{3}$.又 $9x_1^2+18y_1^2=18$,故

$y_1=\pm\dfrac{1}{3}$,所以 $A\left(\dfrac{4}{3},\pm\dfrac{1}{3}\right)$,则 $k_{AF_2}=\pm 1$.故直线 AB 的方程为 $y=x-1$ 或 $y=-x+1$.

3. 定比点差法求抛物线问题

例4 已知斜率为 $\dfrac{3}{2}$ 的直线 l 与抛物线 $y^2=3x$ 交于 A,B 两点,与 x 轴交于点 P.若 $\overrightarrow{AP}=3\overrightarrow{PB}$,求 $|AB|$.

【解析】 (解法1:定比点差法)设 $A(x_1,y_1)$,$B(x_2,y_2)$,$P(x_0,0)$$(x_0>0)$,则由 $\overrightarrow{AP}=3\overrightarrow{PB}$,得 $P\left(\dfrac{x_1+3x_2}{4},\dfrac{y_1+3y_2}{4}\right)$,则 $\begin{cases} x_1+3x_2=4x_0 \\ y_1+3y_2=0 \end{cases}$.又由点 A,B 在抛物线上,代入得

$\begin{cases} y_1^2=3x_1 \\ 9y_2^2=27x_2 \end{cases}$,于是有 $(y_1+3y_2)(y_1-3y_2)=3(x_1-9x_2)$,得 $x_1-9x_2=0$.联立 $x_1+3x_2=$

$4x_0$,得 $x_1=3x_0$.又因为 $\dfrac{y_1}{x_1-x_0}=\dfrac{3}{2}$,所以 $y_1=3x_0$.则由 $y_1^2=3x_1$,得 $9x_0^2=9x_0$,即 $x_0=1$,

所以 $|AP|=\sqrt{1+\dfrac{9}{4}}|x_1-x_0|=\sqrt{13}$.故 $|AB|=\dfrac{4}{3}|AP|=\dfrac{4}{3}\sqrt{13}$.

(解法2)由 $\overrightarrow{AP}=3\overrightarrow{PB}$,可得 $y_1=-3y_2$.所以 $y_1+y_2=2$,从而 $-3y_2+y_2=2$,故 $y_2=-1$,

$y_1=3$.代入抛物线 C 的方程,得 $x_1=3$,$x_2=\dfrac{1}{3}$.故 $|AB|=\dfrac{4\sqrt{13}}{3}$.

点评 由 $\overrightarrow{AP}=3\overrightarrow{PB}$,该题可先使用定比点差法,得到点 A 的横坐标 $x_1=3x_0$,然后利用

$k_{AP}=\dfrac{3}{2}$,得到 $y_1=3x_0$,再利用抛物线的方程得到 $x_0=1$,求出 $|AP|$,最后由 $|AB|=\dfrac{4}{3}|AP|$

得出答案.也可以直接设直线方程,并与抛物线方程联立,这类题属于基础题.

【题根探秘】 通过对例4的探究,可以得到以下结论(命题2):

命题2 若点 $A(x_1,y_1)$,$B(x_2,y_2)$ 在抛物线 $y^2=2px(p>0)$ 上,且点 $P(x_0,y_0)$ 满足 $\overrightarrow{AP}=\lambda\overrightarrow{PB}$,则 $\begin{cases} y_1^2=2px_1 \\ y_2^2=2px_2 \end{cases}$.于是有 $y_1^2-\lambda^2 y_2^2=2p(x_1-\lambda^2 x_2)$,整理得 $(y_1-\lambda y_2)\dfrac{y_1+\lambda y_2}{1+\lambda}=$

$2p\dfrac{x_1-\lambda^2 x_2}{1+\lambda}$,即 $(1+\lambda)(y_1-\lambda y_2)y_0=2p(x_1-\lambda^2 x_2)$.

4. 双曲线中的定比点差法

例5 已知过点 $Q(0,1)$ 的直线与双曲线 $\dfrac{x^2}{3}-y^2=1$ 交于 A,B 两点,与 x 轴交于点 P.若 $\overrightarrow{PA}=\lambda\overrightarrow{AQ}$,$\overrightarrow{PB}=\mu\overrightarrow{BQ}$,求证:$\lambda+\mu$ 为定值.

【解析】 设 $P(x_0,0)$,则由 $\overrightarrow{PA}=\lambda\overrightarrow{AQ}$,$\overrightarrow{PB}=\mu\overrightarrow{BQ}$,得 $A\left(\dfrac{x_0}{1+\lambda},\dfrac{\lambda}{1+\lambda}\right)$,$B\left(\dfrac{x_0}{1+\mu},\dfrac{\mu}{1+\mu}\right)$.

又由点 A,B 在双曲线上,得

$$\begin{cases} \dfrac{x_0^2}{3(1+\lambda)^2}-\left(\dfrac{\lambda}{1+\lambda}\right)^2=1 \\ \dfrac{x_0^2}{3(1+\mu)^2}-\left(\dfrac{\mu}{1+\mu}\right)^2=1 \end{cases},$$

即 $\begin{cases} x_0^2-3\lambda^2=3(1+\lambda)^2 \\ x_0^2-3\mu^2=3(1+\mu)^2 \end{cases}$.两式相减,可得 $\lambda+\mu=-1$.

点评 利用 $\overrightarrow{PA}=\lambda\overrightarrow{AQ}$,$\overrightarrow{PB}=\mu\overrightarrow{BQ}$,得到 A,B 两点的坐标,代入双曲线方程,变形作差得到 $\lambda+\mu=-1$,是定比点差法的变形应用.一般情况:若点 $A(x_1,y_1)$,$B(x_2,y_2)$ 在双曲线 $\dfrac{x^2}{a^2}-\dfrac{y^2}{b^2}=1(a,b>0)$ 上,且点 $P(x_0,y_0)$ 满足 $\overrightarrow{AP}=\lambda\overrightarrow{PB}$,则 $\begin{cases} b^2x_1^2-a^2y_1^2=a^2b^2 \\ b^2x_2^2-a^2y_2^2=a^2b^2 \end{cases}$.于是有

$$(b^2x_1^2-a^2y_1^2)-\lambda^2(b^2x_2^2-a^2y_2^2)=(1-\lambda^2)a^2b^2,$$

整理得

$$b^2(x_1-\lambda x_2)\dfrac{x_1+\lambda x_2}{1+\lambda}-a^2(y_1-\lambda y_2)\dfrac{y_1+\lambda y_2}{1+\lambda}=(1-\lambda)a^2b^2.$$

即 $x_0\dfrac{x_1-\lambda x_2}{a^2}-y_0\dfrac{y_1-\lambda y_2}{b^2}=1-\lambda$.

【题根探秘】 通过对例5的探究,可以得到以下结论(命题3):

命题3 已知过点 $Q(0,m)$ 的直线与双曲线 $\dfrac{x^2}{a^2}-\dfrac{y^2}{b^2}=1(a,b>0)$ 交于 A,B 两点,与 x 轴交于点 P.若 $\overrightarrow{PA}=\lambda\overrightarrow{AQ}$,$\overrightarrow{PB}=\mu\overrightarrow{BQ}$,则 $\lambda+\mu=-\dfrac{2b^2}{m^2+b^2}$.

由于圆、椭圆、双曲线、抛物线都是二次曲线,很多时候它们之间存在类似的性质,所以可以得到以下结论(命题4和命题5):

命题 4　已知过点 $Q(0, m)$ 的直线与椭圆 $\dfrac{x^2}{a^2} + \dfrac{y^2}{b^2} = 1 (a > b > 0)$ 交于 A, B 两点,与 x 轴交于点 P.若 $\overrightarrow{PA} = \lambda \overrightarrow{AQ}$,$\overrightarrow{PB} = \mu \overrightarrow{BQ}$,则 $\lambda + \mu = \dfrac{2b^2}{m^2 - b^2}$.

命题 5　已知抛物线 $x^2 = 2py$ 上 A, B 两点.若直线 AB 分别与 x, y 轴交于点 P, Q,且 $\overrightarrow{PA} = \lambda \overrightarrow{AQ}$,$\overrightarrow{PB} = \mu \overrightarrow{BQ}$,则 $\lambda + \mu = -1$.

证明:设 $P(x_0, 0)$,$Q(0, y_0)$,则由 $\overrightarrow{PA} = \lambda \overrightarrow{AQ}$,$\overrightarrow{PB} = \mu \overrightarrow{BQ}$,得 $A\left(\dfrac{x_0}{1+\lambda}, \dfrac{\lambda y_0}{1+\lambda}\right)$,$B\left(\dfrac{x_0}{1+\mu}, \dfrac{\mu y_0}{1+\mu}\right)$.又由点 A, B 在抛物线上,得

$$\begin{cases} \left(\dfrac{x_0}{1+\lambda}\right)^2 = \dfrac{2p\lambda y_0}{1+\lambda}, \\ \left(\dfrac{x_0}{1+\mu}\right)^2 = \dfrac{2p\mu y_0}{1+\mu}, \end{cases}$$

即 $\begin{cases} x_0^2 = 2p\lambda(1+\lambda)y_0 \\ x_0^2 = 2p\mu(1+\mu)y_0 \end{cases}$.两式相减,可得 $\lambda + \mu = -1$.

5. 定比点差法求极点、极线问题

例 6　已知过点 $P(4, 1)$ 的动直线与椭圆 $\dfrac{x^2}{4} + \dfrac{y^2}{2} = 1$ 交于 A, B 两点.若线段 AB 上一点 Q 满足 $\dfrac{|AP|}{|PB|} = \dfrac{|AQ|}{|QB|}$,求证:点 Q 总在某条定直线上.

【解析】　设 $A(x_1, y_1)$,$B(x_2, y_2)$,$Q(x_0, y_0)$,$\dfrac{|AP|}{|PB|} = \dfrac{|AQ|}{|QB|} = \lambda (\lambda \neq 1)$,则 $\overrightarrow{AP} = -\lambda \overrightarrow{PB}$,$\overrightarrow{AQ} = \lambda \overrightarrow{QB}$,所以 $P\left(\dfrac{x_1 - \lambda x_2}{1 - \lambda}, \dfrac{y_1 - \lambda y_2}{1 - \lambda}\right)$,$Q\left(\dfrac{x_1 + \lambda x_2}{1 + \lambda}, \dfrac{y_1 + \lambda y_2}{1 + \lambda}\right)$.于是有

$$\begin{cases} \dfrac{x_1 - \lambda x_2}{1 - \lambda} = 4 \\ \dfrac{y_1 - \lambda y_2}{1 - \lambda} = 1 \end{cases} \text{和} \begin{cases} \dfrac{x_1 + \lambda x_2}{1 + \lambda} = x_0 \\ \dfrac{y_1 + \lambda y_2}{1 + \lambda} = y_0 \end{cases}.$$

又由点 A, B 在椭圆上,得 $\begin{cases} x_1^2 + 2y_1^2 = 4 \\ \lambda^2 x_1^2 + 2\lambda^2 y_1^2 = 4\lambda^2 \end{cases}$,所以

$$\dfrac{x_1 + \lambda x_2}{1 + \lambda} \cdot \dfrac{x_1 - \lambda x_2}{1 - \lambda} + 2 \cdot \dfrac{y_1 + \lambda y_2}{1 + \lambda} \cdot \dfrac{y_1 - \lambda y_2}{1 - \lambda} = 4,$$

即 $4x_0 + 2y_0 = 4$.故点 Q 在直线 $2x + y - 2 = 0$ 上.

例 7　如图 3.56 所示,已知椭圆 $C: \dfrac{x^2}{9} + \dfrac{y^2}{5} = 1$,经过椭圆的左焦点 F,斜率为 k_1($k_1 \neq 0$)的直线与椭圆交于 A, B 两点,O 为坐标原点.设 $R(1, 0)$,延长 AR, BR,分别与椭

圆交于 C,D 两点,直线 CD 的斜率为 k_2,求证:$\dfrac{k_1}{k_2}$ 为定值.

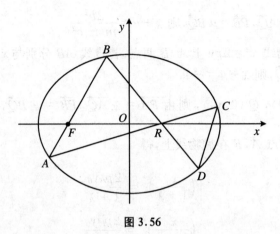

图 3.56

【解析】 设 $\overrightarrow{AR} = \lambda \overrightarrow{RC}, \overrightarrow{BR} = \mu \overrightarrow{RD}, A(x_1, y_1), B(x_2, y_2), C(x_3, y_3), D(x_4, y_4)$,则

由 $\overrightarrow{AR} = \lambda \overrightarrow{RC}$,得 $\begin{cases} x_1 + \lambda x_3 = 1 + \lambda \\ y_1 + \lambda y_3 = 0 \end{cases}$. 又 $\dfrac{x_1^2}{9} + \dfrac{y_1^2}{5} = 1, \dfrac{\lambda^2 x_3^2}{9} + \dfrac{\lambda^2 y_3^2}{5} = \lambda^2$,两式相减,可得

$$\frac{(x_1 + \lambda x_3)(x_1 - \lambda x_3)}{9} + \frac{(y_1 + \lambda y_3)(y_1 - \lambda y_3)}{5} = 1 - \lambda^2,$$

化简并整理得 $x_1 - \lambda x_3 = 9 - 9\lambda$. 又由 $\begin{cases} x_1 + \lambda x_3 = 1 + \lambda \\ x_1 - \lambda x_3 = 9 - 9\lambda \end{cases}$,解得 $x_1 = 5 - 4\lambda$,则

$$x_3 = \frac{1 + \lambda - x_1}{\lambda} = 5 - \frac{4}{\lambda}, \quad y_1 = -\lambda y_3.$$

同理可得 $x_2 = 5 - 4\mu, x_4 = 5 - \dfrac{4}{\mu}, y_2 = -\mu y_4$. 又由于 A, F, B 三点共线,故 $\dfrac{y_1}{x_1 + 2} = \dfrac{y_2}{x_2 + 2}$,

即 $\dfrac{\lambda y_3}{7 - 4\lambda} = \dfrac{\mu y_4}{7 - 4\mu}$,整理得 $\dfrac{\lambda y_3 - \mu y_4}{\lambda \mu (y_3 - y_4)} = \dfrac{4}{7}$,则

$$\frac{k_1}{k_2} = \frac{y_1 - y_2}{x_1 - x_2} \cdot \frac{x_3 - x_4}{y_3 - y_4} = \frac{\mu y_4 - \lambda y_3}{(5 - 4\lambda) - (5 - 4\mu)}.$$

所以

$$\frac{\left(5 - \dfrac{4}{\lambda}\right) - \left(5 - \dfrac{4}{\mu}\right)}{y_3 - y_4} = \frac{\lambda y_3 - \mu y_4}{\lambda \mu (y_3 - y_4)} = \frac{4}{7}.$$

例8 (2020 年全国 I 卷/理 20 节选) 已知 A, B 分别为椭圆 $E: \dfrac{x^2}{9} + y^2 = 1$ 的左、右

顶点,P 为直线 $x = 6$ 上的动点,PA 与 E 的另一交点为 C,PB 与 E 的另一交点为 D. 证明:直线 CD 过定点.

【解析】 根据题意作出图形,如图 3.57 所示.设 $P(6,t)$, $A(-3,0)$, $B(3,0)$,则 $k_{PA} = \dfrac{t}{9}$, $k_{PB} = \dfrac{t}{3}$,故 $3k_{PA} = k_{PB}$. 由椭圆对称性可知:若 CD 过定点,则定点坐标必在 x 轴上.设定点为 $T(m,0)$,另设 $C(x_1,y_1)$, $D(x_2,y_2)$,以及 $\overrightarrow{CT} = \lambda \overrightarrow{TD}$,则由定比分点公式得

$$\begin{cases} m = \dfrac{x_1 + \lambda x_2}{1+\lambda} \\ 0 = \dfrac{y_1 + \lambda y_2}{1+\lambda} \end{cases}$$

.将 C, D 两点坐标代入椭圆方程,可得

$$\begin{cases} \dfrac{x_1^2}{9} + y_1^2 = 1 \\ \dfrac{\lambda^2 x_2^2}{9} + \lambda^2 y_2^2 = \lambda^2 \end{cases}$$

.两式作差并整理,可得

$$\frac{(x_1 + \lambda x_2)(x_1 - \lambda x_2)}{9(1-\lambda)(1+\lambda)} + \frac{(y_1 + \lambda y_2)(y_1 - \lambda y_2)}{(1-\lambda)(1+\lambda)} = 1.$$

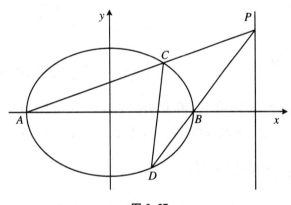

图 3.57

进一步化简可得 $mx_1 - m\lambda x_2 = 9 - 9\lambda$,结合韦达定理得

$$x_1 = \frac{9 + m^2 + (m^2 - 9)\lambda}{2m}, \quad x_2 = \frac{m^2 - 9 + (m^2 + 9)\lambda}{2m\lambda}.$$

将 $y_1 = -\lambda y_2$ 代入斜率表达式,则 $\dfrac{k_{AC}}{k_{BD}} = \dfrac{1}{3} = \dfrac{y_1}{x_1 + 3} \cdot \dfrac{x_2 - 3}{y_2}$,整理得

$$2m^2 + 3m - 9 + (2m^2 - 9m + 9)\lambda = 0.$$

令 $\begin{cases} 2m^2 + 3m - 9 = 0 \\ 2m^2 - 9m + 9 = 0 \end{cases}$,取公共解,得 $m = \dfrac{3}{2}$. 故直线 CD 恒过定点 $T\left(\dfrac{3}{2}, 0\right)$.

例9 (2021 年浙江模拟) 如图 3.58 所示,已知抛物线 $y^2 = 2x$,过点 $P(1,0)$ 作两条直线分别交抛物线于点 A, B 和点 C, D,直线 AC, BD 交于点 Q,求证: Q 在定直线上.

【解析】 (证法 1) 设 $A(x_1,y_1)$, $B(x_2,y_2)$, $C(x_3,y_3)$, $D(x_4,y_4)$, $\overrightarrow{AP} = \lambda \overrightarrow{PB}$, $\overrightarrow{CP} = \mu \overrightarrow{PD}$,则由定比分点的坐标公式可得

$$\begin{cases} 1 = \dfrac{x_1 + \lambda x_2}{1 + \lambda} \\ 0 = \dfrac{y_1 + \lambda y_2}{1 + \lambda} \end{cases} \quad \text{和} \quad \begin{cases} 1 = \dfrac{x_3 + \mu x_4}{1 + \mu} \\ 0 = \dfrac{y_3 + \mu y_4}{1 + \mu}. \end{cases}$$

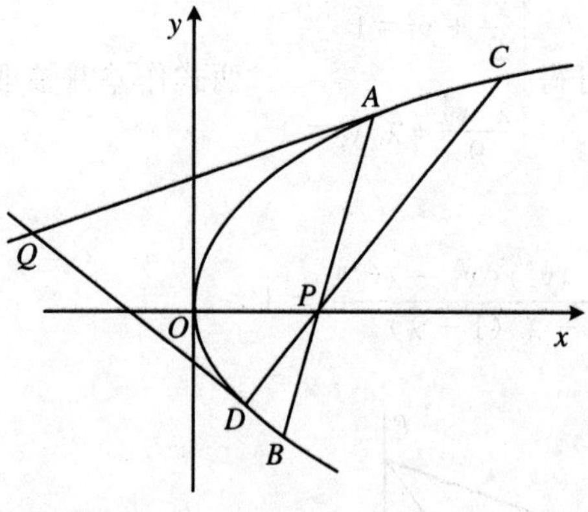

图 3.58

由 $\begin{cases} y_1^2 = 2x_1, \\ \lambda^2 y_2^2 = \lambda^2 \cdot 2x_2, \end{cases}$ 两式作差并整理,可得

$$\frac{y_1 - \lambda y_2}{1 - \lambda} \cdot \frac{y_1 + \lambda y_1}{1 + \lambda} = \frac{x_1 + \lambda x_2}{1 + \lambda} + \frac{x_1 - \lambda x_2}{1 - \lambda}.$$

将定比分点的坐标代入,可得 $\dfrac{x_1 - \lambda x_2}{1 - \lambda} = -1$. 结合

$$\begin{cases} \dfrac{x_1 + \lambda x_2}{1 + \lambda} = 1 \\ \dfrac{x_1 - \lambda x_2}{1 - \lambda} = -1 \end{cases}$$

,解得 $x_1 = \lambda$, $x_2 = \dfrac{1}{\lambda}$. 故 $y_1 =$

$\sqrt{2\lambda}$, $y_2 = -\dfrac{\sqrt{2}}{\sqrt{\lambda}}$. 同理可得 $y_3 = \sqrt{2\mu}$, $y_4 = -\dfrac{\sqrt{2}}{\sqrt{\mu}}$.

由抛物线两点式方程可得:直线 AC 的方程为 $2x = (y_1 + y_3)y - y_1 y_3$,化简为 $2x = (\sqrt{2\lambda} + \sqrt{2\mu})y - 2\sqrt{\lambda\mu}$;直线 BD 的方程为 $2x = (y_2 + y_4)y - y_2 y_4$,化简为 $2x = \left(-\dfrac{\sqrt{2}}{\sqrt{\lambda}} - \dfrac{\sqrt{2}}{\sqrt{\mu}}\right)y - \dfrac{2}{\sqrt{\lambda\mu}}$.两式联立,可得

$$\begin{cases} 2x = (\sqrt{2\lambda} + \sqrt{2\mu})y - 2\sqrt{\lambda\mu} \\ 2x = \left(-\dfrac{\sqrt{2}}{\sqrt{\lambda}} - \dfrac{\sqrt{2}}{\sqrt{\mu}}\right)y - \dfrac{2}{\sqrt{\lambda\mu}} \end{cases}.$$

化简得

$$\frac{x + \sqrt{\lambda\mu}}{x + \dfrac{1}{\sqrt{\lambda\mu}}} = -\frac{\sqrt{\lambda} + \sqrt{\mu}}{\dfrac{1}{\sqrt{\lambda}} + \dfrac{1}{\sqrt{\mu}}},$$

解得 $x = -1$. 即点 Q 在直线 $x = -1$ 上.

(证法 2:极点、极线法)根据调和性质,该直线在抛物线的极线上,过点 $P(1,0)$ 的极线即为所求直线,即点 Q 在直线 $x = -1$ 上.

点评 例 6 改编自 2008 年安徽高考理科卷,共线的四点构成两组等比例线段,于是设 $\overrightarrow{AP} = -\lambda\overrightarrow{PB}$, $\overrightarrow{AQ} = \lambda\overrightarrow{QB}$,自然想到定比点差法,从而非常巧妙地得到结论,体现出定比点差法的优越性,其他解法参见极点、极线内容.例 7 和例 8 都是极点、极线中的典型问题,其中,例 7 可参见自极三角形内容,该问题为自极三角形的特殊情况.例 9 的定直线为抛物线的极线,具体内容可参见极点、极线内容.

 习 题

单选题

1. 已知斜率为 k 的直线 l 与椭圆 $C:\dfrac{x^2}{4}+\dfrac{y^2}{3}=1$ 交于 A，B 两点，线段 AB 的中点为 $M(1,m)(m>0)$. 那么 k 的取值范围是( ).

A. $k<-\dfrac{1}{2}$ B. $-\dfrac{1}{2}<k<\dfrac{1}{2}$

C. $k>\dfrac{1}{2}$ D. $k<-\dfrac{1}{2}$ 或 $k>\dfrac{1}{2}$

多选题

2. (2021年广东中山模拟预测)双曲线 $C:\dfrac{x^2}{a^2}-\dfrac{y^2}{b^2}=1$ 的左、右焦点分别为 F_1，F_2，倾斜角为 $60°$ 的直线 l 过双曲线 C 的右焦点 F_2，与双曲线 C 的右支交于 A，B 两点，且 $\overrightarrow{AF_2}=5\overrightarrow{F_2B}$，则( ).

A. 双曲线 C 的离心率为2

B. $\triangle AF_1F_2$ 与 $\triangle BF_1F_2$ 的内切圆半径比为 $3:1$

C. $\triangle AF_1F_2$ 与 $\triangle BF_1F_2$ 的周长之比为 $4:1$

D. $\triangle AF_1F_2$ 与 $\triangle BF_1F_2$ 的面积之比为 $5:1$

填空题

3. (2021年春·郫都区校级期中)过点 $P(1,1)$ 的直线 l 与椭圆 $\dfrac{x^2}{4}+\dfrac{y^2}{3}=1$ 交于 A 和 B 两点，且 $\overrightarrow{AP}=\lambda\overrightarrow{PB}$. 点 Q 满足 $\overrightarrow{AQ}=-\lambda\overrightarrow{QB}$. 若 O 为坐标原点，则 $|OQ|$ 的最小值为_____.

4. (2022年新高考全国卷)已知椭圆 $C:\dfrac{x^2}{a^2}+\dfrac{y^2}{b^2}=1(a>b>0)$，$C$ 的上顶点为 A，两个焦点为 F_1，F_2，离心率为 $\dfrac{1}{2}$，过 F_1 且垂直于 AF_2 的直线与 C 交于 D，E 两点，$|DE|=6$，则 $\triangle ADE$ 的周长是_____.

5. 已知 F_1，F_2 分别是椭圆 $\dfrac{x^2}{3}+y^2=1$ 的左、右焦点，点 A，B 在椭圆上，且 $\overrightarrow{F_1A}=5\overrightarrow{F_2B}$，则点 A 的坐标是_____.

解答题

6. 已知椭圆 $C:\dfrac{x^2}{4}+y^2=1$，设直线 l 不经过点 $P_2(0,1)$ 且与 C 相交于 A，B 两点. 若直

线 P_2A 与直线 P_2B 的斜率之和为 -1,证明:直线 l 过定点.

7. 如图 3.59 所示,设 E,F 是抛物线 $\Gamma:y^2=2px$ 上两点,过点 E,F 作 Γ 的切线交于点 C,点 A,B 分别在线段 EC,CF 的延长线上,且满足 $\dfrac{|EC|}{|CA|}=\dfrac{|CF|}{|FB|}$.

(1) 证明:直线 AB 与抛物线 Γ 相切;

(2) 设直线 AB 与抛物线 Γ 相切于点 G,求 $\dfrac{S_{\triangle EFG}}{S_{\triangle ABC}}$.

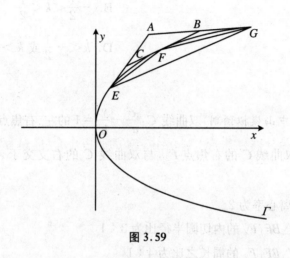

图 3.59

习题参考答案

1. A.解析:设 $A(x_1,y_1)$,$B(x_2,y_2)$,因为线段 AB 的中点为 $M(1,m)$,所以 $x_1+x_2=2$,$y_1+y_2=2m$.将 A,B 两点的坐标分别代入椭圆 $C:3x^2+4y^2=12$ 中,可得 $3x_1^2+4y_1^2=12$,$3x_2^2+4y_2^2=12$.两式相减,可得

$$3(x_1+x_2)(x_1-x_2)+4(y_1+y_2)(y_1-y_2)=0,$$

即 $6(x_1-x_2)+8m(y_1-y_2)=0$,所以 $k=\dfrac{y_1-y_2}{x_1-x_2}=-\dfrac{6}{8m}=-\dfrac{3}{4m}$.又因为点 $M(1,m)$ 在椭圆内,即 $3+4m^2<12$,解得 $0<m<\dfrac{3}{2}$,所以 $k=-\dfrac{3}{4m}<-\dfrac{1}{2}$.故选 A.

2. BD.解析:设 $|\overrightarrow{F_2B}|=x$,则 $|\overrightarrow{AF_2}|=5x$.由双曲线的定义可得

$$|\overrightarrow{AF_1}|=|\overrightarrow{AF_2}|+2a=5x+2a,\qquad |\overrightarrow{F_1B}|=|\overrightarrow{F_2B}|+2a=x+2a.$$

在 $\triangle AF_1F_2$ 中,由余弦定理可得 $(5x+2a)^2=(5x)^2+(2c)^2-2\cdot 5x\cdot 2c\cdot\cos 120°$,即 $2a^2+10ax-2c^2-5cx=0$,所以 $2a^2-2c^2=5cx-10ax$;在 $\triangle BF_1F_2$ 中,由余弦定理可得 $(x+2a)^2=(x)^2+(2c)^2-2\cdot x\cdot 2c\cdot\cos 60°$,即 $2a^2+2ax-2c^2+cx=0$,所以 $2a^2-2c^2=-cx-2ax$.所以可得 $5cx-10ax=-cx-2ax$,整理得 $6c=8a$,即得离心率 $e=\dfrac{c}{a}=\dfrac{8}{6}=$

$\dfrac{4}{3}$,故选项 A 不正确;设点 F_1 到直线 l 的距离为 h,则 $\dfrac{S_{\triangle AF_1F_2}}{S_{\triangle BF_1F_2}} = \dfrac{\dfrac{1}{2} \cdot |\overrightarrow{AF_2}| \cdot h}{\dfrac{1}{2} \cdot |\overrightarrow{BF_2}| \cdot h} = 5$,故选项

D 正确;将 $c = \dfrac{4}{3}a$ 代入 $2a^2 - 2c^2 = -cx - 2ax$,可得 $x = \dfrac{7}{15}a$,所以 $\triangle AF_1F_2$ 的周长为

$$C_{\triangle AF_1F_2} = 5 \times \dfrac{7}{15}a + 2a + 5 \times \dfrac{7}{15}a + 2 \times \dfrac{4}{3}a = \dfrac{28}{3}a,$$

$\triangle BF_1F_2$ 的周长为

$$C_{\triangle BF_1F_2} = \dfrac{7}{15}a + 2a + \dfrac{7}{15}a + 2 \times \dfrac{4}{3}a = \dfrac{84}{15}a,$$

因此 $\triangle AF_1F_2$ 与 $\triangle BF_1F_2$ 的周长之比为 $\dfrac{\dfrac{28}{3}a}{\dfrac{84}{15}a} = \dfrac{5}{3}$,故选项 C 不正确;设 $\triangle AF_1F_2$ 与

$\triangle BF_1F_2$ 的内切圆半径分别为 r_1, r_2,则 $\triangle AF_1F_2$ 的面积与 $\triangle BF_1F_2$ 的面积之比为

$$\dfrac{\dfrac{1}{2} \cdot C_{\triangle AF_1F_2} \cdot r_1}{\dfrac{1}{2} \cdot C_{\triangle BF_1F_2} \cdot r_2} = \dfrac{\dfrac{1}{2} \cdot \dfrac{28}{3}a \cdot r_1}{\dfrac{1}{2} \cdot \dfrac{84}{15}a \cdot r_2} = \dfrac{5}{1},$$

所以 $r_1 : r_2 = 3 : 1$,故选项 B 正确.故选 BD.

3. $\dfrac{12}{5}$.解析:设 $A(x_1, y_1), B(x_2, y_2), Q(m, n)$,则由 $P(1,1), \overrightarrow{AP} = \lambda\overrightarrow{PB}, \overrightarrow{AQ} = -\lambda\overrightarrow{QB}$,得 $1 - x_1 = \lambda(x_2 - 1), m - x_1 = -\lambda(x_2 - m)$,即 $x_1 + \lambda x_2 = 1 + \lambda, x_1 - \lambda x_2 = m(1 - \lambda)$.两式相乘,可得

$$x_1^2 - (\lambda x_2)^2 = m(1 - \lambda^2). \qquad\qquad ①$$

同理可得

$$y_1^2 - (\lambda y_2)^2 = n(1 - \lambda^2). \qquad\qquad ②$$

$\dfrac{①}{4} + \dfrac{②}{3}$,可得

$$\left(\dfrac{x_1^2}{4} + \dfrac{y_1^2}{3}\right) - \lambda^2\left(\dfrac{x_2^2}{4} + \dfrac{y_2^2}{3}\right) = (1 - \lambda^2)\left(\dfrac{m}{4} + \dfrac{n}{3}\right).$$

即 $1 - \lambda^2 = (1 - \lambda^2)\left(\dfrac{m}{4} + \dfrac{n}{3}\right)$,化简得 $\dfrac{m}{4} + \dfrac{n}{3} = 1$,即 $3m + 4n = 12$,亦是 Q 的轨迹方程.故 $|OQ|$ 的最小值为 $\dfrac{12}{\sqrt{3^2 + 4^2}} = \dfrac{12}{5}$.

4. 13.解析:(解法 1)由题意知椭圆的离心率为 $\dfrac{1}{2}$,不妨设椭圆 C 的方程为 $\dfrac{x^2}{4c^2} + \dfrac{y^2}{3c^2} = 1$.

$\triangle AF_1F_2$ 为正三角形,易得 $k_{DE} = \tan 30° = \dfrac{\sqrt{3}}{3}$.由等腰三角形的性质可得 $|AE| = |EF_2|$,

$|AD|=|DF_2|$,则由椭圆的性质得$\triangle ADE$的周长等于$|DE|+|DF_2|+|EF_2|=4a$.另设

直线DE的方程为$y=\dfrac{\sqrt{3}}{3}(x+c)$,与椭圆方程联立,得$13x^2+8cx-32c^2=0$.则由弦长公式

得$|DE|=\sqrt{k^2+1}\cdot|x_1-x_2|=\sqrt{k^2+1}\dfrac{|\Delta|}{13}$,即

$$|DE|=\sqrt{\dfrac{1}{3}+1}\cdot\sqrt{\left(-\dfrac{8c}{13}\right)^2+\dfrac{128c^2}{13}}=\dfrac{48}{13}c=6,$$

解得$c=\dfrac{13}{8}$,所以$4a=8c=13$.故$\triangle APE$的周长为13.

(解法2)因为椭圆的离心率为$e=\dfrac{c}{a}=\dfrac{1}{2}$,所以$a=2c$,$b^2=a^2-c^2=3c^2$,故椭圆的方

程为$\dfrac{x^2}{4c^2}+\dfrac{y^2}{3c^2}=1$,即$3x^2+4y^2-12c^2=0$.不妨设左焦点为$F_1$,右焦点为$F_2$,如图3.60所示.

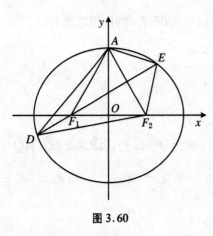

图3.60

因为$|AF_2|=a$,$|OF_2|=c$,$a=2c$,所以$\angle AF_2O=\dfrac{\pi}{3}$,故$\triangle AF_1F_2$为正三角形.又因为过$F_1$且垂直于$AF_2$的直线与$C$交于$D$,$E$两点,$DE$为线段$AF_2$的垂直平分线,所以直线$DE$的斜率为$\dfrac{\sqrt{3}}{3}$,斜率的倒数为$\sqrt{3}$,则直线$DE$的方程为$x=\sqrt{3}y-c$.代入椭圆方程$3x^2+4y^2-12c^2=0$,整理并化简得$13y^2-6\sqrt{3}cy-9c^2=0$.其判别式$\Delta=(6\sqrt{3}c)^2+4\times13\times9c^2=6^2\times16\times c^2$,所以

$$|CD|=\sqrt{1+(\sqrt{3})^2}|y_1-y_2|=2\times6\times4\times\dfrac{c}{13}=6,$$

解得$c=\dfrac{13}{8}$,$a=2c=\dfrac{13}{4}$.又因为DE为线段AF_2的垂直平分线,根据对称性可知$|AD|=|DF_2|$,$|AE|=|EF_2|$,所以$\triangle ADE$的周长等于$\triangle F_2DE$的周长.则利用椭圆的定义得到$\triangle F_2DE$的周长为

$$|DF_2|+|EF_2|+|DE|=|DF_2|+|EF_2|+|DF_1|+|EF_1|$$
$$=|DF_1|+|DF_2|+|EF_1|+|EF_2|$$
$$=2a+2a=4a=13.$$

故$\triangle ADE$的周长为13.

5. $(0,\pm1)$.解析:延长AF_1交椭圆于点C,由对称性得$\overrightarrow{CF_1}=\overrightarrow{F_2B}$,则$\overrightarrow{AF_1}=5\overrightarrow{F_1C}$.设$A(x_1,y_1)$,$C(x_2,y_2)$,则$F_1\left(\dfrac{x_1+5x_2}{6},\dfrac{y_1+5y_2}{6}\right)$.又因为$F_1(-\sqrt{2},0)$,所以

$$\begin{cases} x_1 + 5x_2 = -6\sqrt{2} \\ y_1 + 5y_2 = 0 \end{cases}.\ 由点\ A, C\ 在椭圆上,得\begin{cases} x_1^2 + 3y_1^2 = 3 \\ 25x_2^2 + 75y_2^2 = 75 \end{cases},所以$$

$$(x_1 + 5x_2)(x_1 - 5x_2) + 3(y_1 + 5y_2)(y_1 - 5y_2) = -72.$$

即 $-6\sqrt{2}(x_1 - 5x_2) = -72$,解得 $x_1 - 5x_2 = 6\sqrt{2}$.联立 $x_1 + 5x_2 = -6\sqrt{2}$,得 $x_1 = 0$.故 $A(0, \pm 1)$.

6. 设直线 l 的方程为 $mx + n(y-1) = 1$,则由椭圆 C 的方程 $\dfrac{x^2}{4} + y^2 = 1$,得

$\dfrac{x^2}{4} + [(y-1) + 1]^2 = 1$,即 $\dfrac{x^2}{4} + (y-1)^2 + 2(y-1) = 0$,可得

$$\frac{x^2}{4} + (y-1)^2 + 2(y-1)[mx + n(y-1)] = 0,$$

整理得

$$(1 + 2n)\left(\frac{y-1}{x}\right)^2 + 2m \cdot \frac{y-1}{x} + \frac{1}{4} = 0.$$

则

$$k_{P_2A} + k_{P_2B} = \frac{y_1 - 1}{x_1} + \frac{y_2 - 1}{x_2} = -\frac{2m}{1 + 2n} = -1,$$

即得 $2m = 2n + 1$.代入直线 l 的方程 $mx + n(y-1) = 1$,得 $(2n+1)x + 2n(y-1) = 2$.显然直线 l 过定点 $(2, -1)$.

7. (1) 设点 E 的坐标为 (x_1, y_1),点 F 的坐标为 (x_2, y_2),则切线 EC, CF 的方程分别为 $y_1y = p(x + x_1), y_2y = p(x + x_2)$.将以上两个方程联立,解方程组可得点 C 的坐标为 $\left(\dfrac{y_1y_2}{2p}, \dfrac{y_1 + y_2}{2}\right)$.

由 $\dfrac{\overrightarrow{EC}}{\overrightarrow{CA}} = \dfrac{\overrightarrow{CF}}{\overrightarrow{FB}} = \lambda$,得 $\dfrac{\overrightarrow{EA}}{\overrightarrow{AC}} = \dfrac{\overrightarrow{CB}}{\overrightarrow{BF}} = -(1 + \lambda)$.设点 A 的坐标为 (m_1, n_1),点 B 的坐标为 (m_2, n_2),则

$$\begin{cases} m_1 = \dfrac{x_1 - (1+\lambda)\dfrac{y_1y_2}{2p}}{1 - (1+\lambda)} = \dfrac{(1+\lambda)y_1y_2 - y_1^2}{2p\lambda} \\[4mm] n_1 = \dfrac{y_1 - (1+\lambda)\dfrac{y_1 + y_2}{2}}{1 - (1+\lambda)} = \dfrac{(1+\lambda)y_2 - (1-\lambda)y_1}{2\lambda} \end{cases}$$

代入点 C 的坐标,可得

$$\begin{cases} m_2 = \dfrac{\dfrac{y_1y_2}{2p} - (1+\lambda)x_2}{1 - (1+\lambda)} = \dfrac{(1+\lambda)y_2^2 - y_1y_2}{2p\lambda} \\[4mm] n_2 = \dfrac{\dfrac{y_1 + y_2}{2} - (1+\lambda)y_2}{1 - (1+\lambda)} = \dfrac{(1+2\lambda)y_2 - y_1}{2\lambda} \end{cases}$$

所以

$$n_1 - n_2 = \frac{y_1 - y_2}{2}, \quad m_1 - m_2 = \frac{(y_1 - y_2)\left[(1 + \lambda)y_2 - y_1\right]}{2p\lambda}.$$

故 $\dfrac{n_1 - n_2}{m_1 - m_2} = \dfrac{p\lambda}{(1 + \lambda)y_2 - y_1}$, 即

$$n_1 - \frac{n_1 - n_2}{m_1 - m_2} \cdot m_1 = \frac{(1 + \lambda)y_2 - (1 - \lambda)y_1}{2\lambda} - \frac{p\lambda}{(1 + \lambda)y_2 - y_1} \cdot \frac{(1 + \lambda)y_1 y_2 - y_1^2}{2p\lambda}$$

$$= \frac{(1 + \lambda)y_2 - y_1}{2\lambda}.$$

因此,直线 AB 的方程为 $y = \dfrac{n_1 - n_2}{m_1 - m_2}x + n_1 - \dfrac{n_1 - n_2}{m_1 - m_2} \cdot m_1$, 可写成 $y = \dfrac{p\lambda}{(1 + \lambda)y_2 - y_1}x + $

$\dfrac{(1 + \lambda)y_2 - y_1}{2\lambda}$. 将其与方程 $y^2 = 2px$ 联立,消去 x,得

$$y^2 - \frac{2\left[(1 + \lambda)y_2 - y_1\right]}{\lambda}y + \frac{\left[(1 + \lambda)y_2 - y_1\right]^2}{\lambda^2} = 0.$$

其判别式

$$\Delta = 4\left[\frac{(1 + \lambda)y_2 - y_1}{\lambda}\right]^2 - 4 \cdot \frac{\left[(1 + \lambda)y_2 - y_1\right]^2}{\lambda^2} = 0.$$

故直线 AB 与抛物线 Γ 相切.

(2) 设切点 G 的纵坐标为 n,则由(1)得 $n = \dfrac{(1 + \lambda)y_2 - y_1}{\lambda}$. 所以

$$\left|\frac{AB}{BG}\right| = \frac{n_2 - n_1}{n - n_2} = \frac{\dfrac{y_2 - y_1}{2}}{\dfrac{(1 + \lambda)y_2 - y_1}{\lambda} - \dfrac{(1 + 2\lambda)y_2 - y_1}{2\lambda}} = \frac{\dfrac{y_2 - y_1}{2}}{\dfrac{y_2 - y_1}{2\lambda}} = \lambda.$$

则

$$\frac{S_{\triangle AEG}}{S_{\triangle ABC}} = \frac{|AE| \cdot |AG|}{|AC| \cdot |AB|} = (1 + \lambda) \cdot \frac{1 + \lambda}{\lambda} = \frac{(1 + \lambda)^2}{\lambda}.$$

所以

$$\frac{S_{\square ECBG}}{S_{\triangle ABC}} = \frac{S_{\triangle AEG} - S_{\triangle ABC}}{S_{\triangle ABC}} = \frac{(1 + \lambda)^2 - \lambda}{\lambda} = \frac{\lambda^2 + \lambda + 1}{\lambda}.$$

又

$$S_{\triangle CEF} = \frac{|EC| \cdot |CF|}{|CA| \cdot |CB|}S_{\triangle ABC} = \lambda \cdot \frac{\lambda}{1 + \lambda}S_{\triangle ABC} = \frac{\lambda^2}{1 + \lambda}S_{\triangle ABC},$$

$$S_{\triangle BGF} = \frac{|FB| \cdot |BG|}{|CB| \cdot |AB|}S_{\triangle ABC} = \frac{1}{1 + \lambda} \cdot \frac{1}{\lambda}S_{\triangle ABC} = \frac{1}{\lambda(1 + \lambda)}S_{\triangle ABC},$$

故 $S_{\triangle EFG} = S_{\square ECBG} - S_{\triangle CEF} - S_{\triangle BGF} = 2S_{\triangle ABC}$,则 $\dfrac{S_{\triangle EFG}}{S_{\triangle ABC}} = 2$.

3.11 圆锥曲线上四点共圆问题

知识梳理

四点共圆问题是指在现有的圆锥曲线上存在四个点在同一个圆上的问题.关于四点共圆可以从以下视角进行思考:① 易知任意不在同一条直线上的三点确定一个圆,接下来仅需证明第四个点也在该圆上;② 由四点可构造一个四边形,借助四边形存在外接圆的条件进行判断,如利用对角互补等条件进行验证.这两种视角对应的运算量都较大,在具体的解题中都不实用,较为实用的方法是构建曲线系进行证明.

现将曲线系的相关知识简述如下:设 $f(x,y)=0$ 和 $g(x,y)=0$ 分别表示平面上的两条曲线,则 $\lambda f(x,y)+g(x,y)=0$ 表示经过两曲线交点的曲线系.

注:该曲线系的方法在解题中较为实用,但该曲线系遗漏了曲线 $f(x,y)=0$,可通过 $\lambda f(x,y)+\mu g(x,y)=0$ 来扩大曲线系的范围,但在解题过程中涉及的运算量太大.

利用曲线系判断四点是否共圆的步骤如下:

(1) 设经过圆锥曲线和两条直线交点的曲线系方程为 $\lambda f(x,y)+g(x,y)=0$,其中 $f(x,y)=0$ 表示圆锥曲线,$g(x,y)=0$ 表示两条直线构成的曲线方程;

(2) 将 $\lambda f(x,y)+g(x,y)=0$ 展开,合并同类项,与圆的一般方程 $x^2+y^2+Dx+Ey+F=0$ 进行比较,求出 λ 的值;

(3) 将 λ 反代入方程 $\lambda f(x,y)+g(x,y)=0$ 的展开式中,化为圆的标准方程,从而得出四点共圆,且获得圆的方程.

经典题探秘

1. 椭圆中的四点共圆

例 1 设椭圆 $E:\dfrac{x^2}{2}+y^2=1$ 的右焦点为 F,经过点 F 且斜率为 k 的直线 l 与椭圆交于 A,B 两点,直线 $y=2x$ 与椭圆 E 交于 C,D 两点.若 A,B,C,D 四点共圆,求 k 的值,以及该圆的方程.

【解析】 由题意知右焦点 F 的坐标为 $(1,0)$,设过该点的直线 l 的方程为 $y=k(x-1)$.则由直线 l 及直线 $y=2x$ 构成的曲线的方程为 $f(x,y)=(y-kx+k)(y-2x)$.椭圆 $E:\dfrac{x^2}{2}+y^2=1$ 所对应的二次曲线为 $g(x,y)=x^2+2y^2-2$.则经过 A,B,C,D 四点的所有二次曲线为 $g(x,y)+\lambda f(x,y)=0$.整理上式可得"xy"的系数为 $-\lambda(2+k)$,为使得上述方程

为圆的方程,令 $-\lambda(2+k)=0$,从而可得 $k=-2$.此时

$$g(x,y)+\lambda f(x,y)=(1-4\lambda)x^2+(2+\lambda)y^2+4\lambda x-2\lambda y-2=0.$$

为使得该方程为圆的方程,需令 $1-4\lambda=2+\lambda$,即 $\lambda=-\dfrac{1}{5}$.此时对应的圆的方程为

$$\left(x-\frac{2}{9}\right)^2+\left(y+\frac{4}{9}\right)^2=\frac{110}{81}.$$

点评 关于两条直线构成二次曲线的方法:已知直线 l_1 的方程为 $A_1x+B_1y+C_1=0$,直线 l_2 的方程为 $A_2x+B_2y+C_2=0$,则 $(A_1x+B_1y+C_1)(A_2x+B_2y+C_2)=0$ 为包含直线 l_1 与 l_2 的二次曲线,该表达式可简记为 $l_1\cdot l_2=0$.联立该表达式与现有的圆锥曲线方程,即可获得经过两条直线与圆锥曲线交点的二次曲线.在分析所得的二次曲线时,可关注部分项进行求解.例如为了保证所得的曲线为圆,仅需考虑 x^2,y^2 以及 xy 三项的系数特征.

【题根探秘】 根据上面的分析,发现所求直线的斜率与给定的直线的斜率互为相反数.笔者猜想如下命题1成立:

命题1 设两条直线 l_1,l_2 与椭圆 $E:\dfrac{x^2}{a^2}+\dfrac{y^2}{b^2}=1(a>b>0)$ 交于 A,B,C,D 四点,则 A,B,C,D 四个交点在同一个圆上的充要条件是直线 l_1,l_2 的倾斜角互补.

证明(构造曲线系):当直线 l_1,l_2 的倾斜角均为90°时,根据椭圆 E 的对称性,即可知对应的四点共圆.

接下来,主要讨论倾斜角为非90°时的情况,此时两条直线的斜率存在.原问题转化为直线 l_1,l_2 的斜率满足 $k_1+k_2=0$.设直线 l_1,l_2 的方程分别为 $y-k_1x-b_1=0,y-k_2x-b_2=0$.结合上文中的方法梳理,可知经过点 A,B,C,D 的所有二次曲线为 $E+\lambda l_1\cdot l_2=0$.上式中 xy 的系数为 $-\lambda(k_1+k_2)$.若 A,B,C,D 四点共圆,则可得 $k_1+k_2=0$;反之,当 $k_1+k_2=0$ 时,再令 x^2,y^2 的系数相等,即可求得对应的 λ 值,从而求得对应的圆的方程,即可得四点共圆.

注意:将 A,B,C,D 任意两点相连可得6条直线,本文将其分成3对,直线 l_1,l_2 即为其中的一对.根据上面的命题1可知,任意一对直线的倾斜角均为互补(斜率互为相反数)的关系.基于以上分析,我们可以得到以下结论(命题2和命题3):

命题2 如图3.61所示,四边形 $ABCD$ 为椭圆 $E:\dfrac{x^2}{a^2}+\dfrac{y^2}{b^2}=1(a>b>0)$ 的内接四边形.若 $k_{AB}+k_{CD}=0$,则 $k_{AD}+k_{BC}=0,k_{AC}+k_{BD}=0$.

证明:由 $k_{AB}+k_{CD}=0$,并根据命题1可得点 A,B,C,D 在同一个圆上,继续应用命题1即可得 $k_{AD}+k_{BC}=0,k_{AC}+k_{BD}=0$.

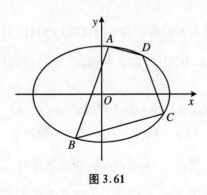

图3.61

命题 3　如图 3.62 所示,$\triangle ABC$ 为椭圆 $E:\dfrac{x^2}{a^2}+\dfrac{y^2}{b^2}=1(a>b>0)$ 的内接三角形. 若 $k_{AB}+k_{AC}=0$,则直线 BC 的斜率与椭圆 E 在点 A 处的切线的斜率互为相反数.

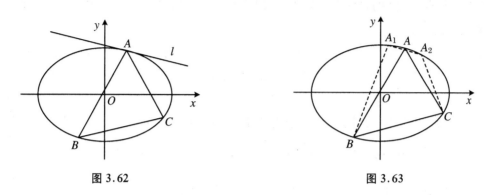

图 3.62　　　　　　　　　　　　　图 3.63

证明:如图 3.63 所示,设 A_1,A_2 是椭圆 E 上异于点 A 的两点,且令 $k_{A_1B}+k_{A_2C}=0$,根据命题 2 可知 $k_{A_1A_2}+k_{BC}=0$.令 A_1,A_2 向点 A 无限靠近,则直线 A_1A_2 退化为点 A 在椭圆 E 处的切线,由此即可得结论成立.

【小题妙解】　**练习 1**　椭圆 $E:\dfrac{x^2}{4}+\dfrac{y^2}{3}=1$,点 A,B,C 为椭圆 E 上的三点,且 $k_{AB}+k_{AC}=0$.若点 A 的坐标为 $\left(1,\dfrac{3}{2}\right)$,则直线 BC 的斜率为_____.

【解析】　点 A 在椭圆 E 处的切线的斜率 $k=-\dfrac{1}{2}$.根据上文中的命题 3,即可得直线 BC 的斜率为 $\dfrac{1}{2}$.

2. 双曲线中的四点共圆

例 2　(2021 年新课标全国 I 卷/理 21)　在平面直角坐标系 xOy 中,已知点 $F_1(-\sqrt{17},0)$,$F_2(\sqrt{17},0)$,点 M 满足 $|MF_1|-|MF_2|=2$.记点 M 的轨迹为 C.

(1) 求 C 的方程;

(2) 设点 T 在直线 $x=\dfrac{1}{2}$ 上,过 T 的两条直线分别交 C 于 A,B 两点和 P,Q 两点,且 $|TA|\cdot|TB|=|TP|\cdot|TQ|$,求直线 AB 的斜率与直线 PQ 的斜率之和.

【解析】　本题第(1)问考查双曲线的定义,不作详细探究,曲线 C 的方程为 $x^2-\dfrac{y^2}{16}=1$ ($x>0$),即双曲线的一支.这里仅考虑第(2)问,其关键在于对条件 $|TA|\cdot|TB|=|TP|\cdot|TQ|$ 的理解,根据切割线定理的逆定理可知,点 A,B,P,Q 四点共圆.所以该问题的本质是证明四点共圆.

(2)(解法1:特殊值法)选择点 T 的坐标为 $\left(\dfrac{1}{2},0\right)$,易知双曲线关于 x 轴对称,当直线 AB 与直线 PQ 也关于 x 轴对称时,对应的 $|TA|\cdot|TB|=|TP|\cdot|TQ|$ 成立. 此时直线 AB 的斜率与直线 PQ 的斜率之和为0. 据此猜想,在一般情况下,直线 AB 的斜率与直线 PQ 的斜率之和也为0.

点评 首先,解法1只能作为一种猜想,为后续的求解提供方向,不能作为严密的证明过程. 其次,该解法可作为否定某些命题的利器. 当点 T 取不同的值,即对应的两个斜率之和是不同的值时,可得结论:两个斜率之和不是定值.

(解法2:基本量法)直接选择两条直线的斜率为基本量进行运算. 设点 T 的坐标为 $\left(\dfrac{1}{2},n\right)$,则直线 AB 的方程为 $y=k_1\left(x-\dfrac{1}{2}\right)+n$. 联立 C 的方程,可得

$$(16-k_1^2)x^2+(k_1^2-2k_1 n)x-\dfrac{1}{4}k_1^2-n^2+k_1 n-16=0.$$

则由韦达定理得

$$x_1+x_2=\dfrac{k_1^2-2k_1 n}{16-k_1^2},\quad x_1 x_2=\dfrac{\dfrac{1}{4}k_1^2+n^2-k_1 n+16}{k_1^2-16}.$$

其中 $|TA|=\sqrt{1+k_1^2}\left(x_1-\dfrac{1}{2}\right)$,$|TB|=\sqrt{1+k_1^2}\left(x_2-\dfrac{1}{2}\right)$,所以

$$|TA|\cdot|TB|=(1+k_1^2)\left(x_1-\dfrac{1}{2}\right)\left(x_2-\dfrac{1}{2}\right)=\dfrac{(n^2+12)(1+k_1^2)}{k_1^2-16}. \qquad ①$$

设直线 PQ 的方程为 $y=k_2\left(x-\dfrac{1}{2}\right)+n$,同理可得

$$|TP|\cdot|TQ|=\dfrac{(n^2+12)(1+k_2^2)}{k_2^2-16}. \qquad ②$$

根据①②两式相等,化简即可得 $k_1^2=k_2^2$. 又因为 $k_1\neq k_2$,所以 $k_1=-k_2$,故 $k_1+k_2=0$.

点评 解法2是此类问题的一般解法,选择恰当的基本量,将所求式转化为基本量,再通过代数运算获得结论,最终对结论进行几何解释. 在上述求解过程中,还可考虑当点 T 不在定直线 $x=\dfrac{1}{2}$ 上时的情况,当点 T 为一般点时,对应的斜率之和仍为定值0.

(解法3:基本量法2——选择线段长为基本量,既然题目的落脚点在线段的乘积,那么可直接选择线段长为基本量,在直线参数方程中,线段长即为对应的参数.)设点 T 的坐标为 $\left(\dfrac{1}{2},n\right)$,直线 AB 的参数方程为 $\begin{cases}x=\dfrac{1}{2}+t\cos\alpha\\y=n+t\sin\alpha\end{cases}$($t$ 为参数,α 为直线 AB 的倾斜角).

联立直线 AB 的参数方程与 C 的方程,可得

$$(16\cos^2\alpha-\sin^2\alpha)t^2+(16\cos\alpha-2n\sin\alpha)t-(n^2+12)=0.$$

该方程的两个实数根 t_1,t_2 的几何意义即为 $|TA|$,$|TB|$ 的值(或其相反数的值). 根据韦达

定理可得 $t_1t_2 = \dfrac{-(n^2+12)}{16\cos^2\alpha - \sin^2\alpha}$,从而可得

$$|TA| \cdot |TB| = \dfrac{n^2+12}{|16\cos^2\alpha - \sin^2\alpha|}. \qquad ①$$

若直线 PQ 的倾斜角为 β,同理可得

$$|TP| \cdot |TQ| = \dfrac{n^2+12}{|16\cos^2\beta - \sin^2\beta|}. \qquad ②$$

根据①②两式相等,即可得 $\alpha + \beta = \pi$,从而可得直线 AB 与直线 PQ 的斜率之和为 0.

点评 解法 3 直接以线段长为基本量,减少了运算量,且利用该结论推广至一般情况时运算量也较少.

(解法 4:曲线系)设点 T 的坐标为 $\left(\dfrac{1}{2}, n\right)$,直线 l_1 的方程为 $y - k_1 x + \dfrac{1}{2}k_1 - n = 0$;直线 l_2 的方程为 $y - k_2 x + \dfrac{1}{2}k_2 - n = 0$.构造曲线系 $l_1 \cdot l_2 - \lambda C = 0$,该四点共圆等价于该曲线系可为圆.据此特考察曲线系中 x^2 的系数、y^2 的系数以及 xy 的系数.这三项的系数分别为 $k_1k_2 + \lambda$,$1 - \dfrac{\lambda}{16}$,$-(k_1+k_2)$.上述三式需满足 $k_1k_2 + \lambda = 1 - \dfrac{\lambda}{16}$,$k_1 + k_2 = 0$.即当 $k_1 + k_2 = 0$,且令 $\lambda = \dfrac{16(1-k_1k_2)}{17}$ 时,对应的曲线即为一个圆.

点评 本题的前三种解法是直接对表达式 $|TA| \cdot |TB| = |TP| \cdot |TQ|$ 进行“翻译与转化”,对应的运算量较大,且不具有一般性.在解法 4 中,构造曲线系的方式与上一部分(椭圆)略有不同,但本质一样.

【题根探秘】 根据上面的分析,可以得到以下结论(命题 4):

命题 4 过点 $T(m, n)$($T \notin$ 双曲线 E)作两条直线 l_1, l_2,与双曲线 $E: \dfrac{x^2}{a^2} - \dfrac{y^2}{b^2} = 1$($a > 0, b > 0$)的一支(不妨设为右支)共交于 A, B, C, D 四点.若这四点共圆,则两条直线的倾斜角互补(斜率之和为 0,即 $k_1 + k_2 = 0$).

证明:设直线 l_1 的方程为 $y - k_1 x + k_1 m - n = 0$,直线 l_2 的方程为 $y - k_2 x + k_2 m - n = 0$.构造曲线系 $l_1 \cdot l_2 - \lambda C = 0$,显然可得点 A, B, C, D 属于该曲线系,该四点共圆等价于该曲线系可为圆.据此特考察曲线系中 x^2 的系数、y^2 的系数以及 xy 的系数.这三项的系数分别为 $k_1k_2 + \dfrac{\lambda}{a^2}$,$1 - \dfrac{\lambda}{b^2}$,$-(k_1+k_2)$.上述三式需满足 $k_1k_2 + \dfrac{\lambda}{a^2} = 1 - \dfrac{\lambda}{b^2}$,$k_1 + k_2 = 0$.即当 $k_1 + k_2 = 0$,且令 $\lambda = \dfrac{a^2 b^2(1 - k_1 k_2)}{a^2 + b^2}$ 时,对应的曲线即为一个圆.

根据最后的结论可知,点 T 的坐标对结论没有任何影响.该命题与本节命题 1 的本质相同,现改写如下:设两条直线 l_1, l_2 与双曲线 $E: \dfrac{x^2}{a^2} - \dfrac{y^2}{b^2} = 1$($a > 0, b > 0$)交于 A, B, C, D 四

点,则 A,B,C,D 四个交点在同一个圆上的充要条件是直线 l_1,l_2 的倾斜角互补.

证明过程与上文相同,过程略.注意:将 A,B,C,D 任意两点相连可得 6 条直线,本文将其分成 3 对,直线 l_1,l_2 即为其中的一对.根据上面的命题 1,可知任意一对直线的倾斜角均为互补(斜率互为相反数)的关系.类比上文中的命题 2 和命题 3,我们可以得到以下结论(命题 5 和命题 6):

命题 5 四边形 $ABCD$ 为双曲线 $E: \dfrac{x^2}{a^2} - \dfrac{y^2}{b^2} = 1 (a > 0, b > 0)$ 的内接四边形.若 $k_{AB} + k_{CD} = 0$,则 $k_{AD} + k_{BC} = 0$,$k_{AC} + k_{BD} = 0$.

命题 6 $\triangle ABC$ 为双曲线 $E: \dfrac{x^2}{a^2} - \dfrac{y^2}{b^2} = 1 (a > 0, b > 0)$ 的内接三角形.若 $k_{AB} + k_{AC} = 0$,则直线 BC 的斜率与双曲线 E 在点 A 处的切线的斜率互为相反数.

【小题妙解】 **练习 2** 已知双曲线 $E: \dfrac{x^2}{4} - y^2 = 1$,点 A,B,C 为双曲线 E 上的三点.若点 A 的坐标为 $(4, \sqrt{3})$,且直线 BC 的斜率为 $-\dfrac{\sqrt{3}}{3}$,则直线 AB 与 AC 的斜率之和为 _____.

【解析】 双曲线 E 在点 A 处的切线的斜率 $k = \dfrac{\sqrt{3}}{3}$.该斜率与直线 BC 的斜率互为相反数,根据上文中的命题 6,即可得直线 AB 与 AC 的斜率之和为 0.

3. 抛物线中的四点共圆

例3 已知直线 $y = 3x - 2$ 与抛物线 $y^2 = 4x$ 交于 A,B 两点.过 A,B 两点的圆与抛物线交于另外两点 C,D,求直线 CD 的斜率.

【解析】 这里继续使用曲线系的思路求解:设直线 CD 的方程为 $y - kx - b = 0$,所以 A,B,C,D 四点一定落在直线系 $(y - 3x - 2)(y - kx - b) = 0$ 上.而这四点又落在抛物线 $y^2 = 4x$ 上,所以经过 A,B,C,D 四点的所有二次曲线可表示为

$$\lambda(y^2 - 4x) + \mu(y - 3x - 2)(y - kx - b) = 0.$$

根据题意,A,B,C,D 四点共圆,所以上式可以表示一个圆.即等价于 x^2 与 y^2 的系数一样且 xy 的系数为 0,化简可得 xy 的系数为 $-(k + 3)$,所以 $k = -3$ 是一个定值.

点评 上述解法最大的特点在于曲线系中设计了两个参数 λ 和 μ,该方式增加了化简的运算量,但更具有一般性.并且在后续的求解过程中,仅需关注 xy 的系数,极大地提升了运算效率.

【题根探秘】 类比上文中出现的命题 1~命题 6,我们可将该结论类比迁移至抛物线的情况.具体如下(命题 7~命题 9):

命题 7 设两条直线 l_1,l_2 与抛物线 $E: y^2 = 2px (p > 0)$ 交于 A,B,C,D 四点,则 A,B,C,D 四个交点在同一个圆上的充要条件是直线 l_1,l_2 的倾斜角互补.

命题 8 四边形 $ABCD$ 为抛物线 $E:y^2=2px(p>0)$ 的内接四边形. 若 $k_{AB}+k_{CD}=0$, 则 $k_{AD}+k_{BC}=0$, $k_{AC}+k_{BD}=0$.

命题 9 $\triangle ABC$ 为抛物线 $E:y^2=2px(p>0)$ 的内接三角形. 若 $k_{AB}+k_{AC}=0$, 则直线 BC 的斜率与抛物线 E 在点 A 处的切线的斜率互为相反数.

证明过程与上文类似, 这里不再赘述. 根据命题 1~命题 9, 可知该结论对椭圆、双曲线和抛物线这三类圆锥曲线均成立.

【小题妙解】 练习 3 已知抛物线 $E:y^2=2px(p>0)$, 点 A, B, C 为抛物线 E 上的三点, 点 A 的坐标为 $(m,2)$. 若直线 BC 的斜率为 -1, 且直线 AB 与 AC 的斜率之和为 0, 则抛物线 E 的方程为 _____.

【解析】 直线 AB 与 AC 的斜率之和为 0, 根据上文中的命题 9, 可知抛物线 E 在点 A 处的切线 l 的斜率与直线 BC 的斜率互为相反数. 因为直线 BC 的斜率为 -1, 所以 $k_l=1$. 点 A 在抛物线 E 处的切线 l 方程为 $2y=2p\dfrac{x+m}{2}$, 从而可得 $\dfrac{p}{2}=1$, 即得抛物线 E 的方程为 $y^2=4x$.

 习　题

填空题

1. 已知椭圆 $E:\dfrac{x^2}{a^2}+\dfrac{y^2}{b^2}=1(a>b>0)$, 点 A, B, C 为椭圆 E 上的三点, 且 $k_{AB}+k_{AC}=0$. 若点 A 的坐标为 $\left(1,\dfrac{3}{2}\right)$, 且直线 BC 的斜率为 $\dfrac{1}{2}$, 则椭圆 E 的方程为 _____.

2. 已知双曲线 $E:\dfrac{x^2}{a^2}-\dfrac{y^2}{b^2}=1(a>0,b>0)$, 点 A, B, C 为双曲线 E 上的三点, 且 $k_{AB}+k_{AC}=0$. 若点 A 的坐标为 $(4,\sqrt{3})$, 且直线 BC 的斜率为 $-\dfrac{\sqrt{3}}{3}$, 则双曲线 E 的方程为 _____.

3. 已知抛物线 $E:y^2=4x$, 点 A, B, C 为抛物线 E 上的三点, 点 A 的坐标为 $(1,2)$, 且直线 AB 与 AC 的斜率之和为 0, 则直线 BC 的斜率为 _____.

解答题

4. 已知 $T(\sqrt{3},0)$, Q 是圆 $P:(x+\sqrt{3})^2+y^2=16$ 上一动点, 线段 QT 上的中垂线与直线 PQ 交于点 S.

(1) 求动点 S 的轨迹 E 的方程;

(2) 过点 $(1,0)$ 且斜率为 2 的直线 l_1 与轨迹 E 交于 A, B 两点, 过原点且斜率为 -2 的直线 l_2 与轨迹 E 交于 M, N 两点, 判断 A, B, M, N 四点是否在同一个圆上, 若是, 求出圆的方程.

5. 已知双曲线 $C:\dfrac{x^2}{a^2}-\dfrac{y^2}{b^2}=1(a>0,b>0)$ 的一条渐近线方程为 $\sqrt{3}x-2y=0$, 且过点

$(4,3)$.

(1) 求双曲线的方程.

(2) 斜率为 $-\dfrac{1}{2}$ 的直线 l_1 过左焦点且与双曲线 C 交于 A, B 两点, 斜率为 k 的直线 l_2 过原点且与双曲线 C 交于 M, N 两点. 若 A, B, M, N 四点在同一个圆上, 求 k 的值及该圆的方程.

6. 已知抛物线 $C: y^2 = 4x$ 的焦点为 F, 经过点 F 且斜率为 1 的直线 l 与抛物线 C 交于 A, B 两点, 线段 AB 的中垂线和抛物线 C 交于 M, N 两点, 证明 A, B, M, N 四点共圆, 并求出该圆的方程.

7. (结构不良题) 已知抛物线 $C: y^2 = 2px(p > 0)$ 的焦点为 F, 直线 $y = 4$ 与 y 轴的交点为 P, 与 C 的交点为 Q, 且 $|QF| = \dfrac{5}{4}|PQ|$. 过 F 的直线 l 与抛物线 C 相交于 A, B 两点. 若 AB 的垂直平分线与 C 交于 M, N 两点.

(1) 求 C 的方程.

(2) 请在下面两个条件中选择一个条件推出另一个条件.

① A, B, M, N 四点在同一个圆上;

② 直线 l 的方程为 $x - y - 1 = 0$.

习题参考答案

1. $\dfrac{x^2}{4} + \dfrac{y^2}{3} = 1$. 解析: 因为直线 BC 的斜率为 $\dfrac{1}{2}$, 根据上文中的命题 3, 即可得椭圆 E 在点 A 处的切线的斜率 $k = -\dfrac{1}{2}$. 根据极点、极线的知识, 可知椭圆 E 在点 A 处的切线方程为 $\dfrac{x}{a^2} + \dfrac{3y}{2b^2} = 1$, 其斜率 $k = -\dfrac{2b^2}{3a^2} = -\dfrac{1}{2}$. 又因为点 A 在椭圆 E 上, 所以 $\dfrac{1}{a^2} + \dfrac{9}{4b^2} = 1$. 联立两式, 即可得椭圆 E 的方程为 $\dfrac{x^2}{4} + \dfrac{y^2}{3} = 1$.

2. $\dfrac{x^2}{4} - y^2 = 1$. 解析: 因为直线 BC 的斜率为 $-\dfrac{\sqrt{3}}{3}$, 根据上文中的命题 6, 即可得双曲线 E 在点 A 处的切线的斜率 $k = \dfrac{\sqrt{3}}{3}$. 根据极点、极线的知识, 可知双曲线 E 在点 A 处的切线方程为 $\dfrac{4x}{a^2} - \dfrac{\sqrt{3}y}{b^2} = 1$, 其斜率 $k = \dfrac{4b^2}{a^2} = 1$. 又因为点 A 在双曲线 E 上, 所以 $\dfrac{16}{a^2} - \dfrac{3}{b^2} = 1$. 联立两式, 即可得双曲线 E 的方程为 $\dfrac{x^2}{4} - y^2 = 1$.

3. -1. 解析: 直线 AB 与 AC 的斜率之和为 0, 根据上文中的命题 9, 可知抛物线 E 在点

A 处的切线 l 的斜率与直线 BC 的斜率互为相反数. 利用极点、极线的知识, 可知抛物线 E 在点 A 处的切线 l 方程为 $y = x + 1$, 即可得切线的斜率 $k = 1$, 所以直线 BC 的斜率为 -1.

4. (1) 动点 S 的轨迹 E 的方程为 $\dfrac{x^2}{4} + y^2 = 1$ (过程略).

(2) 由题意可得直线 l_1 的方程为 $2x - y - 2 = 0$, 直线 l_2 的方程为 $2x + y = 0$. 则经过 A, B, M, N 四点的曲线方程为 $\lambda E + l_1 \cdot l_2 = 0$, 整理得

$$\left(\frac{\lambda}{4} + 4 \right) x^2 + (\lambda - 1) y^2 - 4x - 2y - \lambda = 0.$$

为使得该方程为圆, 需令 $\dfrac{\lambda}{4} + 4 = \lambda - 1$, 即得 $\lambda = \dfrac{20}{3}$. 从而可得 A, B, M, N 四点在同一个圆上, 且对应的圆的方程为 $x^2 + y^2 - \dfrac{12}{17} x - \dfrac{6}{17} y - \dfrac{20}{17} = 0$.

5. (1) 双曲线 C 的方程为 $\dfrac{x^2}{4} - \dfrac{y^2}{3} = 1$ (过程略).

(2) 由题意可得直线 l_1 的方程为 $x + 2y + 1 = 0$, 直线 l_2 的方程为 $kx - y = 0$. 则经过 A, B, M, N 四点的曲线方程为 $\lambda E + l_1 \cdot l_2 = 0$, 整理得

$$\left(\frac{\lambda}{4} - k \right) x^2 - \left(\frac{\lambda}{3} + 2 \right) y^2 + (2k - 1) xy + kx - y - \lambda = 0.$$

为使得该方程为圆, 需令 $2k - 1 = 0$ 及 $\dfrac{\lambda}{4} - k = -\left(\dfrac{\lambda}{3} + 2 \right)$, 即可得 $k = \dfrac{1}{2}$, $\lambda = -\dfrac{18}{7}$. 所以 A, B, M, N 四点在同一个圆上, 且对应的圆的方程为 $x^2 + y^2 - \dfrac{7}{16} x + \dfrac{7}{8} y - \dfrac{9}{4} = 0$.

6. 直线 l 的方程为 $x - y - 1 = 0$, 与抛物线的方程联立, 可得 $y^2 - 4y - 4 = 0$. 设点 A, B 的坐标分别为 $(x_1, y_1), (x_2, y_2)$. 根据韦达定理可得 $y_1 + y_2 = 4$, $y_1 y_2 = -4$. 则线段 AB 的中点为 $D(3, 2)$, 从而可得线段 AB 的中垂线的方程为 $l' : x + y - 5 = 0$. 所以经过 A, B, M, N 四点的曲线方程为 $\lambda E + l \cdot l' = 0$, 整理得

$$x^2 + (\lambda - 1) y^2 + 4y - (4\lambda + 6) x + 5 = 0.$$

为使得该方程为圆, 需令 $1 = \lambda - 1$, 即可得 $\lambda = 2$. 所以 A, B, M, N 四点在同一个圆上, 且对应的圆的方程为 $x^2 + y^2 - 14x + 4y + 5 = 0$.

7. (1) 抛物线 C 的方程为 $y^2 = 4x$ (过程略).

(2) 在上述练习中均采用曲线系的方法求解, 读者也可模仿上述方法求解. 下面介绍一种常规的求解策略:

若选择条件①, 可设直线 l 的方程为 $x = my + 1$ $(m \neq 0)$, 与抛物线的方程联立, 可得 $y^2 - 4my - 4 = 0$. 设点 A, B 的坐标分别为 $(x_1, y_1), (x_2, y_2)$, 则根据韦达定理, 可得 $y_1 + y_2 = 4m$, $y_1 y_2 = -4$. 故 AB 的中点为 $D(2m^2 + 1, 2m)$, 且

$$|AB| = \sqrt{1 + m^2} |y_1 - y_2| = 4(m^2 + 1).$$

而直线 AB 的垂直平分线的方程为 $x = -\dfrac{1}{m}y + 2m^2 + 3$,与抛物线的方程联立,可得 $y^2 + \dfrac{4}{m}y - 4(2m^2 + 3) = 0$.设点 M,N 的坐标分别为 (x_3, y_3),(x_4, y_4),则根据韦达定理,可得 $y_3 + y_4 = -\dfrac{4}{m}$,$y_3 y_4 = -4(2m^2 + 3)$.故 MN 的中点为 $E\left(\dfrac{2}{m^2} + 2m^2 + 3, -\dfrac{2}{m}\right)$,且

$$|MN| = \sqrt{1 + \dfrac{1}{m^2}} |y_3 - y_4| = \dfrac{4(m^2 + 1)\sqrt{2m^2 + 1}}{m^2}.$$

又 MN 垂直平分 AB,故 A,B,M,N 四点在同一个圆上等价于 $|AE| = |BE| = \dfrac{1}{2}|MN|$.

所以 $\dfrac{1}{4}|AB|^2 + |DE|^2 = \dfrac{1}{4}|MN|^2$,即

$$4(m^2 + 1)^2 + \left(2m + \dfrac{2}{m}\right)^2 + \left(\dfrac{2}{m^2} + 2\right)^2 = \dfrac{4(m^2 + 1)^2 (2m^2 + 1)}{m^4}.$$

化简得 $m^2 - 1 = 0$,解得 $m = 1$ 或 $m = -1$.故所求的直线方程为 $x - y - 1 = 0$ 或 $x + y - 1 = 0$.

将上述过程逆向思考即可通过条件②获得条件①,过程略,请读者自行思考.

3.12 圆锥曲线与圆的综合问题

题型展望

从历年高考试题来看,圆锥曲线与圆的综合性试题有选择题、填空题和解答题,小题分值为 5 分,大题分值为 12 分.小题以中难度题为主,大题以难题为主.主要考查直线与圆的位置关系、直线与椭圆的位置关系和椭圆的几何性质,考查函数与方程思想、化归与转化思想,考查综合思维能力、逻辑思维能力和运算求解能力,以及数学运算和直观想象素养.

经典题探秘

例 1 (2021 年新高考全国 Ⅱ卷/20) 已知椭圆 $C: \dfrac{x^2}{a^2} + \dfrac{y^2}{b^2} = 1 (a > b > 0)$,右焦点为 $F(\sqrt{2}, 0)$,且离心率为 $\dfrac{\sqrt{6}}{3}$.

(1) 求椭圆 C 的方程.

(2) 设点 M,N 是椭圆 C 上的两点,直线 MN 与曲线 $x^2 + y^2 = b^2 (x > 0)$ 相切.证明:M,N,F 三点共线的充要条件是 $|MN| = \sqrt{3}$.

【解析】 （1）由题意知 $\begin{cases} c = \sqrt{2} \\ \dfrac{c}{a} = \dfrac{\sqrt{6}}{3} \\ a^2 = b^2 + c^2 \end{cases}$，所以 $\begin{cases} a = \sqrt{3} \\ b = 1 \end{cases}$．故椭圆 C 的方程为 $\dfrac{x^2}{3} + y^2 = 1$．

（2）（证法1）由(1)知 $x^2 + y^2 = b^2(x > 0)$，即 $x^2 + y^2 = 1(x > 0)$．先证必要性．若 M, N, F 三点共线，设直线 MN 的方程为 $x = my + \sqrt{2}$，则圆心 $O(0,0)$ 到 MN 的距离 $d = \dfrac{\sqrt{2}}{\sqrt{m^2 + 1}} = 1$，所以 $m^2 = 1$．联立 $\begin{cases} x = my + \sqrt{2} \\ x^2 + 3y^2 = 3 \end{cases}$，消去 x，得 $(m^2 + 3)y^2 + 2\sqrt{2}my - 1 = 0$，所以 $4y^2 + 2\sqrt{2}my - 1 = 0$，故

$$|MN| = \sqrt{1 + m^2} \cdot \dfrac{\sqrt{8m^2 + 16}}{4} = \sqrt{2} \times \dfrac{\sqrt{24}}{4} = \sqrt{3}.$$

必要性成立．

再证充分性．当 $|MN| = \sqrt{3}$ 时，设直线 MN 的方程为 $x = ty + m$，此时圆心 $O(0,0)$ 到直线 MN 的距离 $d = \dfrac{|m|}{\sqrt{t^2 + 1}} = 1$，所以 $m^2 - t^2 = 1$．联立 $\begin{cases} x = ty + m \\ x^2 + 3y^2 = 3 \end{cases}$，消去 x，得 $(t^2 + 3)y^2 + 2tmy + m^2 - 3 = 0$，则

$$\Delta = 4t^2m^2 - 4(t^2 + 3)(m^2 - 3) = 12(t^2 - m^2 + 3) = 24,$$

且 $|MN| = \sqrt{1 + t^2}\,\dfrac{\sqrt{24}}{t^2 + 3} = \sqrt{3}$．所以 $t^2 = 1$，故 $m^2 = 2$．因为直线 MN 与曲线 $x^2 + y^2 = b^2(x > 0)$ 相切，所以 $m > 0$，即 $m = \sqrt{2}$，$t = \pm 1$．因此，直线 MN 的方程为 $x - y - \sqrt{2} = 0$ 或 $x + y - \sqrt{2} = 0$，所以直线 MN 的方程 $x = ty + \sqrt{2}$ 恒过点 $F(\sqrt{2}, 0)$．故 M, N, F 三点共线．

（证法2）由(1)知 $x^2 + y^2 = b^2(x > 0)$，即 $x^2 + y^2 = 1(x > 0)$．先证必要性．若 M, N, F 三点共线，设直线 MN 的参数方程为 $\begin{cases} x = \sqrt{2} + t\cos\alpha \\ y = t\sin\alpha \end{cases}$（$t$ 为参数），代入 $x^2 + 3y^2 = 3$，整理得

$$(3\sin^2\alpha + \cos^2\alpha)t^2 + 2\sqrt{2}\cos\alpha \cdot t - 1 = 0.$$

设点 M, N 对应的参数分别为 t_1, t_2，则由韦达定理得 $t_1 + t_2 = -\dfrac{2\sqrt{2}\cos\alpha}{3\sin^2\alpha + \cos^2\alpha}$，$t_1 t_2 = -\dfrac{1}{3\sin^2\alpha + \cos^2\alpha}$．所以

$$|MN| = \sqrt{(t_1 + t_2)^2 - 4t_1 t_2} = \sqrt{\dfrac{8\cos^2\alpha}{(3\sin^2\alpha + \cos^2\alpha)^2} + \dfrac{4}{3\sin^2\alpha + \cos^2\alpha}}. \qquad ①$$

故圆心 $O(0,0)$ 到直线 MN 的距离为

$$d = \dfrac{|-\sqrt{2}\sin\alpha|}{\sqrt{\sin^2\alpha + \cos^2\alpha}} = |-\sqrt{2}\sin\alpha| = 1,$$

所以 $\sin^2\alpha = \dfrac{1}{2}$，$\cos^2\alpha = \dfrac{1}{2}$，代入①式，可得 $|MN| = \sqrt{3}$．必要性成立．

再证充分性．若 $|MN| = \sqrt{3}$，设直线 MN 的方程为 $\begin{cases} x = x_0 + t\cos\alpha \\ y = t\sin\alpha \end{cases}$（$\alpha$ 为参数），代入 $x^2 + 3y^2 = 3$，整理可得

$$(3\sin^2\alpha + \cos^2\alpha)t^2 + 2x_0\cos\alpha \cdot t + x_0^2 - 3 = 0.$$

设点 M，N 对应的参数分别为 t_1，t_2，则由韦达定理得 $t_1 + t_2 = -\dfrac{2x_0\cos\alpha}{3\sin^2\alpha + \cos^2\alpha}$，$t_1 t_2 = \dfrac{x_0^2 - 3}{3\sin^2\alpha + \cos^2\alpha}$．所以

$$|MN| = \sqrt{(t_1 + t_2)^2 - 4t_1 t_2} = \sqrt{\dfrac{4x_0^2\cos^2\alpha}{(3\sin^2\alpha + \cos^2\alpha)} - \dfrac{4(x_0^2 - 3)}{3\sin^2\alpha + \cos^2\alpha}} = \sqrt{3},$$

整理得

$$-4(3\sin^2\alpha \cdot x_0^2 - 3\cos^2\alpha - 9\sin^2\alpha) = 3(3\sin^2\alpha + \cos^2\alpha)^2,$$

即

$$-4(3\sin^2\alpha \cdot x_0^2 - 6\sin^2\alpha - 3) = 3(2\sin^2\alpha + 1)^2. \qquad ②$$

故圆心 $O(0,0)$ 到直线 MN 的距离为

$$d = \dfrac{|-\sin\alpha \cdot x_0|}{\sqrt{\sin^2\alpha + \cos^2\alpha}} = |-\sin\alpha \cdot x_0| = 1,$$

所以 $\sin^2\alpha \cdot x_0^2 = 1$．代入②式，整理可得 $(2\sin^2\alpha - 1)^2 = 0$，解得 $\sin^2\alpha = \dfrac{1}{2}$，所以 $x_0^2 = 2$．又因为 $x_0 > 0$，所以 $x_0 = \sqrt{2}$．故直线 MN 经过点 F，即 M，N，F 三点共线．

（证法3）由(1)知 $x^2 + y^2 = b^2 (x > 0)$，即 $x^2 + y^2 = 1 (x > 0)$．先证必要性．若 M，N，F 三点共线，设 $M(x_1, y_1)$，$N(x_2, y_2)$，则由题设可知直线 MN 的斜率存在．设直线 MN 的方程为 $y = kx + m$，则圆心 $O(0,0)$ 到直线 MN 的距离 $d = \dfrac{|m|}{\sqrt{k^2 + 1}} = 1$．所以 $m^2 = k^2 + 1$．又由 $\begin{cases} y = kx + m \\ x^2 + 3y^2 = 3 \end{cases}$，消去 y，整理得

$$(3k^2 + 1)x^2 + 6kmx + 3m^2 - 3 = 0.$$

则由韦达定理得 $x_1 + x_2 = -\dfrac{6km}{3k^2 + 1}$，$x_1 x_2 = \dfrac{3m^2 - 3}{3k^2 + 1}$．所以由弦长公式可得

$$|MN| = \sqrt{(1 + k^2)[(x_1 + x_2)^2 - 4x_1 x_2]} = \sqrt{(1 + k^2)\left[\dfrac{36k^2 m^2}{(3k^2 + 1)^2} - \dfrac{12(m^2 - 1)}{3k^2 + 1}\right]}.$$

因为点 $F(\sqrt{2}, 0)$ 在直线 MN 上，所以 $\sqrt{2}k + m = 0$．与 $m^2 = k^2 + 1$ 联立，可得 $k^2 = 1$，$m^2 = 2$，故 $|MN| = \sqrt{3}$．必要性成立．

再证充分性．若 $|MN| = \sqrt{3}$，则由弦长公式可得

$$|MN| = \sqrt{(1 + k^2)[(x_1 + x_2)^2 - 4x_1 x_2]}$$

$$= \sqrt{(1 + k^2)\left[\frac{36k^2 m^2}{(3k^2 + 1)^2} - \frac{12(m^2 - 1)}{3k^2 + 1}\right]} = \sqrt{3}.$$

将 $k^2 = m^2 - 1$ 代入，整理可得 $(m^2 - 2)^2 = 0$，所以 $m^2 = 2$，$k^2 = 1$. 又因为直线 MN 与曲线

$x^2 + y^2 = 1(x > 0)$ 相切，所以 $\begin{cases} k = 1 \\ m = -\sqrt{2} \end{cases}$ 或 $\begin{cases} k = -1 \\ m = \sqrt{2} \end{cases}$. 因此，直线 MN 的方程为 $y = x - \sqrt{2}$ 或

$y = -x + \sqrt{2}$，故直线 MN 经过点 $F(\sqrt{2}, 0)$，即点 M, N, F 三点共线.

（证法 4）设 $M(x_1, y_1)$，$N(x_2, y_2)$，其中 $x_1 > 0$，$x_2 > 0$，因为点 M, N 在椭圆 C 上，所以

$y_1^2 = 1 - \dfrac{x_1^2}{3}$，$y_2^2 = 1 - \dfrac{x_2^2}{3}$. 设直线 MN 与半圆 $x^2 + y^2 = 1(x > 0)$ 相切于点 P，则

$$|MP| = \sqrt{|OM|^2 - 1} = \sqrt{x_1^2 + y_1^2 - 1} = \sqrt{x_1^2 + \frac{x_1^2}{3}} = \frac{\sqrt{6}}{3} x_1.$$

同理 $|NP| = \dfrac{\sqrt{6}}{3} x_2$，所以

$$|MN| = |MP| + |NP| = \frac{\sqrt{6}}{3}(x_1 + x_2).$$

又由焦半径公式可得 $|MF| = a - e x_1 = \sqrt{3} - \dfrac{\sqrt{6}}{3} x_1$，$|NF| = a - e x_2 = \sqrt{3} - \dfrac{\sqrt{6}}{3} x_2$. 所以

$$M, F, N \text{ 三点共线} \Leftrightarrow |MN| = |MF| + |NF| \Leftrightarrow x_1 + x_2 = \frac{3\sqrt{2}}{2} \Leftrightarrow |MN| = \sqrt{3}.$$

点评 对于本题的第(2)问，证法 1 在证必要性时，把点 M, N, F 三点共线转化为直线 MN 经过点 F，设出直线 MN 的点横式方程，根据直线与半圆相切时圆心到直线的距离等于圆的半径，解出 m^2 的值，再运用弦长公式，整体代换后得出弦长 $|MN| = \sqrt{3}$；在证充分性时，根据直线与半圆相切和弦长公式解出 m 的值，得出直线 MN 经过点 F. 证法 2 运用了参数方程法，在证必要性时，设出直线 MN 的参数方程，代入椭圆方程后，运用参数方程意义下的弦长公式和直线与圆相切，求出弦 $|MN| = \sqrt{3}$；在证充分性时，根据弦长公式和直线与圆相切，解出 x_0 的值，得出直线 MN 经过点 F. 证法 3 先设出直线 MN 的斜截式方程，根据直线 MN 与半圆 $x^2 + y^2 = 1(x > 0)$ 相切，得出 m 和 k 的关系式，在证必要性时，根据直线 MN 经过 F，解出 k^2 和 m^2 的值，从而得出 $|MN| = 3$；在证明充分性时，求出直线 MN 的斜截式方程，证明直线 MN 与 x 轴的交点为 F，即 M, N, F 三点共线. 证法 4 设出直线 MN 与半圆 $x^2 + y^2 = 1(x > 0)$ 的切点为 P，运用椭圆的右焦半径公式表示出 $|MF|$ 和 $|NF|$，再根据 $|MN| = |MP| + |NP| = |MF| + |NF|$ 可以证明.

以上证法中，证法 1 和证法 3 比较基础，证法 2 运用了参数方程法，证法 4 运用了焦半径法，证法 2 和证法 4 具有一定的创新性，适合学有余力的考生.

【题根探秘】 在例1中,曲线 $x^2 + y^2 = b^2 (x > 0)$ 是以椭圆 $\dfrac{x^2}{a^2} + \dfrac{y^2}{b^2} = 1 (a > b > 0)$ 的中心坐标原点为圆心,椭圆的短轴长 $2b$ 为直径的圆的右半圆. 通常把圆 $x^2 + y^2 = b^2$ 叫作椭圆 $\dfrac{x^2}{a^2} + \dfrac{y^2}{b^2} = 1 (a > b > 0)$ 的短轴圆. 通过类比、联想和探究,可以得出下面一般性的结论(命题1):

命题 1 已知椭圆 C 的方程为 $\dfrac{x^2}{a^2} + \dfrac{y^2}{b^2} = 1 (a > b > 0$, 且 $a \neq \sqrt{2}b)$,其焦点 $F(\pm c, 0)$ (其中 $c = \sqrt{a^2 - b^2}$). 设点 M, N 是椭圆 C 上的两点,直线 MN 与椭圆 C 的短轴圆 $x^2 + y^2 = b^2$ 相切,则 M, N, F 三点共线的充要条件是 $|MN| = a$.

证明:先证必要性. 当 M, N, F 三点共线时,设直线 MN 的方程为 $x = my \pm c$,则圆心 $O(0, 0)$ 到直线 MN 的距离 $d = \dfrac{|\pm c|}{\sqrt{m^2 + 1}} = b$,所以 $b^2 m^2 = c^2 - b^2$. 联立 $\begin{cases} x = my \pm c \\ b^2 x^2 + a^2 y^2 = a^2 b^2 \end{cases}$,消去 x,整理得

$$(a^2 + b^2 m^2) y^2 \pm 2mcb^2 y - b^4 = 0.$$

则由韦达定理得 $y_1 + y_2 = \mp \dfrac{2mcb^2}{a^2 + b^2 m^2}$, $y_1 y_2 = -\dfrac{b^4}{a^2 + b^2 m^2}$. 所以由弦长公式可得

$$|MN| = \sqrt{1 + m^2} \sqrt{\dfrac{4b^4(m^2 c^2 + a^2 + b^2 m^2)}{(a^2 + b^2 m^2)^2}}.$$

将 $m^2 = \dfrac{c^2}{b^2} - 1$ 代入上式,可得

$$|MN| = \sqrt{\dfrac{c^2}{b^2}} \cdot \dfrac{2b^2 c \sqrt{\dfrac{c^2}{b^2} + 1}}{2c^2} = a.$$

再证充分性. 当 $|MN| = a$ 时,设直线 MN 的方程为 $x = ty + m$,则圆心 O 到直线 MN 的距离为 $d = \dfrac{|m|}{\sqrt{t^2 + 1}} = b$,所以 $m^2 - b^2 t^2 = b^2$. 联立 $\begin{cases} x = ty + m \\ b^2 x^2 + a^2 y^2 = a^2 b^2 \end{cases}$,消去 x,整理可得

$$(a^2 + b^2 t^2) y^2 + 2b^2 tmy + b^2(m^2 - a^2) = 0.$$

则

$$\Delta = 4b^4 t^2 m^2 + 4b^2(a^2 + b^2 t^2)(a^2 - m^2) = 4a^2 b^2(a^2 - m^2 + b^2 t^2).$$

将 $m^2 - b^2 t^2 = b^2$ 代入上式,整理可得 $\Delta = 4a^2 b^2(a^2 - b^2) = 4a^2 b^2 c^2$,且 $|MN| = \sqrt{1 + t^2} \cdot \dfrac{2abc}{a^2 + b^2 t^2} = a$,所以 $2bc\sqrt{1 + t^2} = a^2 + b^2 t^2$. 将 $t^2 = \dfrac{m^2}{b^2} - 1$ 代入上式,整理可得

$2bc\sqrt{\dfrac{m^2}{b^2}} = c^2 + m^2$,所以 $c^2 - 2c|m| + m^2 = 0$. 当 $m > 0$ 时,$(c - m)^2 = 0$,即 $m = c$,所以

直线 MN 的方程为 $x=ty+c$,故直线 MN 经过点 $F(c,0)$;当 $m<0$ 时,$(c+m)^2=0$,即 $m=-c$,所以直线 MN 的方程为 $x=ty-c$,故直线 MN 经过点 $F(-c,0)$.综上可知,直线 M,N,F 三点共线.

例2 (2019 年浙江卷/15) 已知椭圆 $\dfrac{x^2}{9}+\dfrac{y^2}{5}=1$ 的左焦点为 F,点 P 在椭圆上且在 x 轴的上方.若线段 PF 的中点在以原点 O 为圆心,$|OF|$ 为半径的圆上,则直线 PF 的斜率是_____.

【解析】 (解法1)由题设可得 $a^2=9,b^2=5$,所以 $a=3,b=\sqrt{5}$,从而可得 $c=\sqrt{a^2-b^2}=\sqrt{9-5}=2,e=\dfrac{c}{a}=\dfrac{2}{3},F(-2,0)$.设该椭圆的右焦点为 F_1,连接 PF_1,记线段 PF 的中点为 M,则线段 OM 为 $\triangle PFF_1$ 的中位线,所以 $|PF_1|=2|OM|=2|OF|=4$.设 $P(x_0,y_0)$,其中 $y_0>0$,则由焦半径公式可得 $|PF_1|=a-ex_0=3-\dfrac{2}{3}x_0=4$,解得 $x_0=-\dfrac{3}{2}$,代入 $\dfrac{x^2}{9}+\dfrac{y^2}{5}=1$,可得 $y_0=\dfrac{\sqrt{15}}{2}$,所以 $P\left(-\dfrac{3}{2},\dfrac{\sqrt{15}}{2}\right)$.故 $k_{PF}=\dfrac{\dfrac{\sqrt{15}}{2}}{-\dfrac{3}{2}+2}=\sqrt{15}$.

(解法2)同解法1,可得 $a=3,b=\sqrt{5},c=2,F(-2,0)$.则由题设可得以原点 O 为圆心、$|OF|$ 为半径的圆的方程为 $x^2+y^2=4$.设 $P(x_0,y_0)$,其中 $-3<x_0<3,y_0>0$,则由题设可得 $\begin{cases}\dfrac{x_0^2}{9}+\dfrac{y_0^2}{5}=1\\ x_0^2+y_0^2=4\end{cases}$,消去 y,可得 $(2x_0+3)(2x_0-21)=0$,解得 $x_0=-\dfrac{3}{2},y_0=\dfrac{\sqrt{15}}{2}$,所以 $P\left(-\dfrac{3}{2},\dfrac{\sqrt{15}}{2}\right)$.故 $k_{PF}=\dfrac{\dfrac{\sqrt{15}}{2}}{-\dfrac{3}{2}+2}=\sqrt{15}$.

点评 本题的解法1运用了三角形的中位线定理和椭圆的焦半径公式,解法2运用了椭圆的几何性质和方程思想.本题中涉及的以椭圆 $C:\dfrac{x^2}{a^2}+\dfrac{y^2}{b^2}=1(a>b>0)$ 的中心 O 为圆心、$|OF|$(F 为椭圆 C 的焦点)为半径的圆 $x^2+y^2=c^2$ 叫作椭圆 C 的焦点圆.

例3 (2017 年新课标全国Ⅲ卷/文 11·理 10) 已知椭圆 $C:\dfrac{x^2}{a^2}+\dfrac{y^2}{b^2}=1(a>b>0)$ 的左、右顶点分别为 A_1,A_2,且以线段 A_1A_2 为直径的圆与直线 $bx-ay+2ab=0$ 相切,则 C 的离心率为( ).

A. $\dfrac{\sqrt{6}}{3}$ B. $\dfrac{\sqrt{3}}{3}$ C. $\dfrac{\sqrt{2}}{3}$ D. $\dfrac{1}{3}$

【解析】 由题设可得以 A_1A_2 为直径的圆的方程为 $x^2+y^2=a^2$,且 $\dfrac{2ab}{\sqrt{b^2+(-a)^2}}=$

a,解得 $a^2=3b^2$,所以 $\dfrac{b^2}{a^2}=\dfrac{1}{3}$. 则 $e=\dfrac{c}{a}=\sqrt{1-\dfrac{b^2}{a^2}}=\sqrt{1-\dfrac{1}{3}}=\dfrac{\sqrt{6}}{3}$. 故选 A.

点评 本题运用直线与圆相切的知识和椭圆的几何性质进行解答. 其中,涉及的以 A_1A_2 为直径的圆 $x^2+y^2=a^2$ 叫作椭圆 $C:\dfrac{x^2}{a^2}+\dfrac{y^2}{b^2}=1(a>b>0)$ 的长轴圆.

例4 若椭圆 $\dfrac{x^2}{a^2}+\dfrac{y^2}{b^2}=1$ 的焦点在 x 轴上,过点 $\left(1,\dfrac{1}{2}\right)$ 作圆 $x^2+y^2=1$ 的切线,切点分别为 A,B,直线 AB 恰好经过椭圆的右焦点和上顶点,则椭圆方程是_____.

【解析】 因为一条切线为 $x=1$,且直线 AB 恰好经过椭圆的右焦点和上顶点,所以椭圆的右焦点为 $(1,0)$,即 $c=1$. 设点 $M\left(1,\dfrac{1}{2}\right)$,连接 OM,则 $OM\perp AB$. 因为 $k_{OM}=\dfrac{1}{2}$,所以 $k_{AB}=-2$. 又因为直线 AB 过点 $(1,0)$,所以直线 AB 的方程为 $2x+y-2=0$. 因为点 $(0,b)$ 在直线 AB 上,所以 $b=2,c=1,a=\sqrt{5}$. 故椭圆方程为 $\dfrac{x^2}{5}+\dfrac{y^2}{4}=1$.

点评 本题根据圆的切线知识和椭圆的几何性质进行解答,计算后发现圆 $x^2+y^2=1$ 的圆心为椭圆 $\dfrac{x^2}{5}+\dfrac{y^2}{4}=1$ 的中心,且半径等于椭圆的半焦距,所以圆为椭圆的焦点圆.

例5 已知椭圆 $E:\dfrac{x^2}{a^2}+\dfrac{y^2}{b^2}=1(a>b>0)$ 过点 $(0,\sqrt{2})$,且离心率为 $\dfrac{\sqrt{2}}{2}$.

(1) 求椭圆 E 的方程;

(2) 设直线 $l:x=my-1(m\in\mathbf{R})$ 交椭圆 E 于 A,B 两点,判断点 $G\left(-\dfrac{9}{4},0\right)$ 与以线段 AB 为直径的圆的位置关系,并说明理由.

【解析】 (1) 由题设可得 $\begin{cases}b=\sqrt{2}\\\dfrac{c}{a}=\dfrac{\sqrt{2}}{2}\\a^2-b^2=c^2\end{cases}$,解得 $\begin{cases}a=2\\b=\sqrt{2}\\c=\sqrt{2}\end{cases}$. 所以椭圆 E 的方程为 $\dfrac{x^2}{4}+\dfrac{y^2}{2}=1$.

(2) 设 $A(x_1,y_1),B(x_2,y_2)$,则以线段 AB 为直径的圆的方程为 $(x-x_1)(x-x_2)+(y-y_1)(y-y_2)=0$,即

$$x^2-(x_1+x_2)x+x_1x_2+y^2-(y_1+y_2)y+y_1y_2=0. \qquad ①$$

联立 $\begin{cases}\dfrac{x^2}{4}+\dfrac{y^2}{2}=1\\x=my-1\end{cases}$,可得 $(m^2+2)y^2-2my-3=0$. 所以由韦达定理得 $y_1+y_2=\dfrac{2m}{m^2+2}$,

$y_1 y_2 = \dfrac{-3}{m^2 + 2}$. 则

$$x_1 + x_2 = (my_1 - 1) + (my_2 - 1) = m(y_1 + y_2) - 2 = \dfrac{2m^2}{m^2 + 2} - 2, \qquad ②$$

$$x_1 x_2 = (my_1 - 1)(my_2 - 1) = m^2 y_1 y_2 - m(y_1 + y_2) + 1 = \dfrac{-5m^2}{m^2 + 2} + 1. \qquad ③$$

把②③两式及 $G\left(-\dfrac{9}{4}, 0\right)$ 代入①式左边,可得

$$\left(-\dfrac{9}{4}\right)^2 - (x_1 + x_2)\left(-\dfrac{9}{4}\right) + x_1 x_2 + y_1 y_2 = \dfrac{81}{16} + \dfrac{9}{4}\left(\dfrac{2m^2}{m^2 + 2} - 2\right) + \dfrac{-5m^2}{m^2 + 2} + 1 + \dfrac{-3}{m^2 + 2}$$

$$= \dfrac{-m^2 - 6}{2(m^2 + 2)} + \dfrac{25}{16} = \dfrac{17m^2 + 2}{16(m^2 + 2)} > 0.$$

所以点 $G\left(-\dfrac{9}{4}, 0\right)$ 在以线段 AB 为直径的圆外.

点评 本题第(2)问涉及判断给定一点是否在以已知线段为直径的圆上的知识:已知点 $G(x_0, y_0)$ 和线段 AB,其中 $A(x_1, y_1)$ 和 $B(x_2, y_2)$,则:

当 $(x_0 - x_1)(x_0 - x_2) + (y_0 - y_1)(y_0 - y_2) > 0$ 时,点 G 在以线段 AB 为直径的圆外;

当 $(x_0 - x_1)(x_0 - x_2) + (y_0 - y_1)(y_0 - y_2) = 0$ 时,点 G 在以线段 AB 为直径的圆上;

当 $(x_0 - x_1)(x_0 - x_2) + (y_0 - y_1)(y_0 - y_2) < 0$ 时,点 G 在以线段 AB 为直径的圆内.

例6 已知椭圆 $E: \dfrac{x^2}{a^2} + \dfrac{y^2}{b^2} = 1 \, (a > b > 0)$ 的半焦距为 c,原点 O 到经过两点 $(c, 0)$,$(0, b)$ 的直线的距离为 $\dfrac{1}{2}c$.

(1) 求椭圆 E 的离心率.

(2) 如图3.64所示,线段 AB 是圆 $M: (x + 2)^2 + (y - 1)^2 = \dfrac{5}{2}$ 的一条直径. 若椭圆 E 经过 A, B 两点,求椭圆 E 的方程.

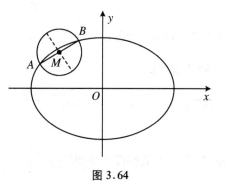

图3.64

【解析】 (1) 由题设可得经过两点 $(c, 0)$,$(0, b)$ 的直线方程为 $\dfrac{x}{c} + \dfrac{y}{b} = 1$,即 $bx + cy - bc = 0$. 所以原点 O 到直线的距离 $d = \dfrac{bc}{\sqrt{b^2 + c^2}} = \dfrac{1}{2}c$,解得 $\dfrac{b}{a} = \dfrac{1}{2}$,故

$$e = \dfrac{c}{a} = \sqrt{1 - \left(\dfrac{b}{a}\right)^2} = \sqrt{1 - \dfrac{1}{4}} = \dfrac{\sqrt{3}}{2}.$$

(2) (解法1) 由(1)可设椭圆 E 的方程为 $\dfrac{x^2}{4b^2} + \dfrac{y^2}{b^2} = 1$. 依题意,点 A, B 关于圆心 $M(-2, 1)$

对称,且 $|AB| = \sqrt{10}$.设 $A(x_1, y_1), B(x_2, y_2)$,则 $\dfrac{x_1^2}{4b^2} + \dfrac{y_1^2}{b^2} = 1, \dfrac{x_2^2}{4b^2} + \dfrac{y_2^2}{b^2} = 1$.两式相减并

结合 $x_1 + x_2 = -4, y_1 + y_2 = 2$,可得 $-4(x_1 - x_2) + 8(y_1 - y_2) = 0$.又由题知直线 AB 与 x

轴不垂直,则 $x_1 \neq x_2$.所以直线 AB 的斜率 $k_{AB} = \dfrac{y_1 - y_2}{x_1 - x_2} = \dfrac{1}{2}$,因此直线 AB 的方程为

$y = \dfrac{1}{2}(x + 2) + 1$.代入椭圆方程 $\dfrac{x^2}{4b^2} + \dfrac{y^2}{b^2} = 1$,可得 $x^2 + 4x + 8 - 2b^2 = 0$,则由韦达定理得

$x_1 + x_2 = -4, x_1 x_2 = 8 - 2b^2$.所以由弦长公式可得

$$|AB| = \sqrt{(1 + k^2)\left[(x_1 + x_2)^2 - 4x_1 x_2\right]} = \sqrt{\left(1 + \dfrac{1}{4}\right)\left[16 - 4 \times (8 - 2b^2)\right]} = \sqrt{10},$$

解得 $b^2 = 3$.故椭圆 E 的方程为 $\dfrac{x^2}{12} + \dfrac{y^2}{3} = 1$.

(解法 2)设直线 AB 的参数方程为 $\begin{cases} x = -2 + t\cos\alpha \\ y = 1 + t\sin\alpha \end{cases}$($t$ 为参数),代入 $\dfrac{x^2}{4b^2} + \dfrac{y^2}{b^2} = 1$,整理

得

$$(\cos^2\alpha + 4\sin^2\alpha)t^2 + (8\sin\alpha - 4\cos\alpha)t + 8 - 4b^2 = 0.$$

则由韦达定理得 $t_1 + t_2 = \dfrac{4\cos\alpha - 8\sin\alpha}{\cos^2\alpha + 4\sin^2\alpha}, t_1 t_2 = \dfrac{8 - 4b^2}{\cos^2\alpha + 4\sin^2\alpha}$.因为点 $M(-2, 1)$ 为线段

AB 的中点,所以由参数方程的几何意义可得

$$\dfrac{t_1 + t_2}{2} = \dfrac{2\cos\alpha - 4\sin\alpha}{\cos^2\alpha + 4\sin^2\alpha} = 0,$$

整理得 $\cos\alpha = 2\sin\alpha$.又因为 $\cos^2\alpha + \sin^2\alpha = 1$,所以 $\sin^2\alpha = \dfrac{1}{5}, \cos^2\alpha = \dfrac{4}{5}$.故由参数方程的

几何意义可得

$$|AB| = |t_1 - t_2| = \sqrt{(t_1 + t_2)^2 - 4t_1 t_2} = \sqrt{-4 \times \dfrac{8 - 4b^2}{\dfrac{4}{5} + \dfrac{4}{5}}} = \sqrt{10(b^2 - 2)} = \sqrt{10},$$

解得 $b^2 = 3$.故椭圆 E 的方程为 $\dfrac{x^2}{12} + \dfrac{y^2}{3} = 1$.

点评 本题第(2)问是椭圆与圆的综合问题,其中,解法 1 是直角坐标法,运用了圆的知识、点差法,以及椭圆的中点弦公式和弦长公式;解法 2 是参数方程法,运用了参数方程几何意义下的弦长公式.

例7 设 P, Q 分别为圆 $x^2 + (y - 6)^2 = 2$ 和椭圆 $\dfrac{x^2}{10} + y^2 = 1$ 上的点,则 P, Q 两点

间的最大距离是( ).

A. $5\sqrt{2}$ B. $\sqrt{46} + \sqrt{2}$ C. $7 + \sqrt{2}$ D. $6\sqrt{2}$

【解析】 设 $Q(\sqrt{10}\cos\alpha, \sin\alpha)$,则由题意知

$$|PQ| = \sqrt{10\cos^2\alpha + (\sin\alpha - 6)^2} + \sqrt{2} = \sqrt{10\cos^2\alpha + \sin^2\alpha - 12\sin\alpha + 36} + \sqrt{2}$$

$$= \sqrt{-9\sin^2\alpha - 12\sin\alpha + 46} + \sqrt{2} = \sqrt{-9\left(\sin\alpha + \frac{2}{3}\right)^2 + 50} + \sqrt{2}.$$

又因为 $\sin\alpha \in [-1, 1]$,所以当 $\sin\alpha = -\dfrac{2}{3}$ 时,P, Q 两点间距离的最大,为 $\sqrt{50} + \sqrt{2} = 5\sqrt{2} + \sqrt{2} = 6\sqrt{2}$.故选 D.

点评 本题为圆上的一点到椭圆上一点的距离最大值问题.上述解法运用了椭圆参数方程法和圆的相关知识,也运用了二次函数和三角函数的知识.

例8 (2017年山东卷/理21) 在平面直角坐标系 xOy 中,椭圆 $E: \dfrac{x^2}{a^2} + \dfrac{y^2}{b^2} = 1(a > b > 0)$ 的离心率为 $\dfrac{\sqrt{2}}{2}$,焦距为 2.

(1) 求椭圆 E 的方程;

(2) 如图 3.65 所示,动直线 $l: y = k_1 x - \dfrac{\sqrt{3}}{2}$ 交椭圆 E 于 A, B 两点,C 是椭圆 E 上一点,直线 OC 的斜率为 k_2,且 $k_1 k_2 = \dfrac{\sqrt{2}}{4}$,$M$ 是线段 OC 延长线上的一点,且 $|MC| : |AB| = 2 : 3$,圆 M 的半径为 $|MC|$,OS, OT 是圆 M 的两条切线,切点分别为 S, T.求 $\angle SOT$ 的最大值,并求取得最大值时直线 l 的斜率.

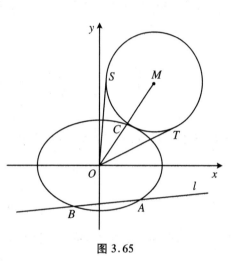

图 3.65

【解析】 (1) 由题设可得 $\begin{cases} e = \dfrac{c}{a} = \dfrac{\sqrt{2}}{2} \\ 2c = 2 \\ a^2 - b^2 = c^2 \end{cases}$,解得 $a = \sqrt{2}, b = 1$.所以椭圆 E 的方程为 $\dfrac{x^2}{2} + y^2 = 1$.

(2) 设 $A(x_1, y_1), B(x_2, y_2)$,联立 $\begin{cases} \dfrac{x^2}{2} + y^2 = 1 \\ y = k_1 x - \dfrac{\sqrt{3}}{2} \end{cases}$.消去 y,得 $(4k_1^2 + 2)x^2 - 4\sqrt{3}k_1 x - 1 = 0$.

则由题意知 $\Delta > 0$,且由韦达定理得

$$x_1 + x_2 = \frac{2\sqrt{3}k_1}{2k_1^2 + 1}, \quad x_1 x_2 = -\frac{1}{2(2k_1^2 + 1)}.$$

故

$$|AB| = \sqrt{1+k_1^2} |x_1 - x_2| = \frac{\sqrt{2}\sqrt{1+k_1^2}\sqrt{1+8k_1^2}}{1+2k_1^2}.$$

由题意可知圆 M 的半径 r 为

$$r = \frac{2}{3}|AB| = \frac{2\sqrt{2}}{3}\frac{\sqrt{1+k_1^2}\sqrt{1+8k_1^2}}{2k_1^2+1},$$

且 $k_1 k_2 = \frac{\sqrt{2}}{4}$，所以 $k_2 = \frac{\sqrt{2}}{4k_1}$。因此直线 OC 的方程为 $y = \frac{\sqrt{2}}{4k_1}x$。

联立方程 $\begin{cases} \dfrac{x^2}{2} + y^2 = 1 \\ y = \dfrac{\sqrt{2}}{4k_1}x \end{cases}$，可得 $x^2 = \dfrac{8k_1^2}{1+4k_1^2}$，$y^2 = \dfrac{1}{1+4k_1^2}$。则 $|OC| = \sqrt{x^2+y^2} = $

$\sqrt{\dfrac{1+8k_1^2}{1+4k_1^2}}$。又由题意可知 $\sin\dfrac{\angle SOT}{2} = \dfrac{r}{r+|OC|} = \dfrac{1}{1+\dfrac{|OC|}{r}}$。而

$$\frac{|OC|}{r} = \frac{\sqrt{\dfrac{1+8k_1^2}{1+4k_1^2}}}{\dfrac{2\sqrt{2}}{3}\dfrac{\sqrt{1+k_1^2}\sqrt{1+8k_1^2}}{2k_1^2+1}} = \frac{3\sqrt{2}}{4}\frac{1+2k_1^2}{\sqrt{1+4k_1^2}\sqrt{1+k_1^2}}.$$

令 $m = 1 + 2k_1^2$，则 $k_1^2 = \dfrac{m-1}{2}$，可得 $m > 1$，即 $\dfrac{1}{m} \in (0,1)$。所以

$$\frac{|OC|}{r} = \frac{3}{2\sqrt{-\left(\dfrac{1}{m}-\dfrac{1}{2}\right)^2 + \dfrac{9}{4}}} \geqslant 1,$$

当 $\dfrac{1}{m} = \dfrac{1}{2}$，即 $m = 2$ 时等号成立。此时 $k_1 = \pm\dfrac{\sqrt{2}}{2}$，所以 $\sin\dfrac{\angle SOT}{2} \leqslant \dfrac{1}{2}$，则 $\angle SOT \leqslant \dfrac{\pi}{3}$。

故 $\angle SOT$ 的最大值为 $\dfrac{\pi}{3}$，且取得最大值时直线 l 的斜率 $k_1 = \pm\dfrac{\sqrt{2}}{2}$。

点评 本题第(2)问是圆与椭圆的综合问题，首先运用弦长公式、圆的几何性质和解三角形的知识，得出相关表达式；然后运用二次函数和三角函数知识，得出 $\angle SOT$ 的最大值，以及取最大值时直线 l 的斜率。

例9 (2016年浙江卷/理19) 如图3.66所示，设椭圆 $\dfrac{x^2}{a^2} + y^2 = 1$ $(a>1)$。

(1) 求直线 $y = kx + 1$ 被椭圆截得的线段长(用 a，k 表示)；

(2) 若任意以点 $A(0,1)$ 为圆心的圆与椭圆至多有3个公共点，求椭圆离心率的取值范围。

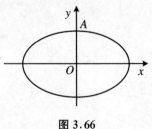

图 3.66

【解析】 (1) 设直线 $y = kx + 1$ 被椭圆截得的线段为

AB,则由 $\begin{cases} y = kx + 1 \\ \dfrac{x^2}{a^2} + y^2 = 1 \end{cases}$,消去 y,得 $(a^2 k^2 + 1)x^2 + 2a^2 kx = 0$,从而可得 $x_1 = 0, x_2 = -\dfrac{2a^2 k}{a^2 k^2 + 1}$,

所以

$$|AB| = \sqrt{1 + k^2}\, |x_1 - x_2| = \frac{2a^2\,|k|}{a^2 k^2 + 1} \cdot \sqrt{1 + k^2}.$$

(2) 假设圆与椭圆的公共点有 4 个,则由对称性可知 y 轴左侧的椭圆上有两个不同的点 B, M,满足 $|AB| = |AM|$. 记直线 AB, AM 的斜率分别为 k_1, k_2,且 $k_1, k_2 > 0, k_1 \neq k_2$,则由(1)知

$$|AB| = \frac{2a^2\,|k_1|}{a^2 k_1^2 + 1} \cdot \sqrt{1 + k_1^2}, \qquad |AM| = \frac{2a^2\,|k_2|}{a^2 k_2^2 + 1} \cdot \sqrt{1 + k_2^2}.$$

即

$$\frac{2a^2\,|k_1|}{a^2 k_1^2 + 1} \cdot \sqrt{1 + k_1^2} = \frac{2a^2\,|k_2|}{a^2 k_2^2 + 1} \cdot \sqrt{1 + k_2^2},$$

整理得

$$(k_1^2 - k_2^2)\big[1 + k_1^2 + k_2^2 + a^2(2 - a^2)k_1^2 k_2^2\big] = 0.$$

又由 $k_1, k_2 > 0, k_1 \neq k_2$,得 $1 + k_1^2 + k_2^2 + a^2(2 - a^2)k_1^2 k_2^2 = 0$,所以

$$\left(\frac{1}{k_1^2} + 1\right)\left(\frac{1}{k_2^2} + 1\right) = 1 + a^2(a^2 - 2).$$

因为上式关于 k_1, k_2 的方程有解的充要条件是 $1 + a^2(a^2 - 2) > 1$,所以 $a > \sqrt{2}$. 因此,任意以点 $A(0,1)$ 为圆心的圆与椭圆至多有 3 个公共点的充要条件为 $1 < a \leqslant \sqrt{2}$. 所以由 $e = \dfrac{c}{a} = \dfrac{\sqrt{a^2 - 1}}{a}$,得 $e \in \left(0, \dfrac{\sqrt{2}}{2}\right]$. 故离心率的取值范围为 $\left(0, \dfrac{\sqrt{2}}{2}\right]$.

点评　本题第(2)问是圆与椭圆的公共点个数问题,运用了"正难则反"的思想,先求出圆与椭圆的公共点有 4 个时参数 a 的范围,再得出任意以点 $A(0,1)$ 为圆心的圆与椭圆至多有 3 个公共点的充要条件.

例 10（2019 届湘赣十四校高三联考第一次考试）　椭圆 $E: \dfrac{x^2}{a^2} + \dfrac{y^2}{b^2} = 1\ (a > b > 0)$ 的

左焦点为 F_1,且离心率为 $\dfrac{\sqrt{3}}{2}$,P 为椭圆 E 上任意一点,$|PF_1|$ 的取值范围为 $[m, n]$,且 $n - m = 2\sqrt{3}$.

(1) 求椭圆 E 的方程.

(2) 如图 3.67 所示,设圆 C 是圆心在椭圆 E 上且半径为 r 的动圆,过原点 O 作圆 C 的两条切线,分别交椭圆于 A, B 两点,是否存在 r,使得直线 OA 与直线 OB 的斜率之

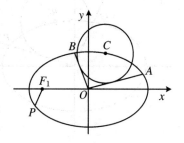

图 3.67

积为定值? 若存在,求出 r 的值;若不存在,请说明理由.

【解析】 (1) 因为椭圆的离心率为 $e = \dfrac{c}{a} = \dfrac{\sqrt{3}}{2}$,所以 $c = \dfrac{\sqrt{3}}{2}a$,$b = \dfrac{a}{2}$. 因此,椭圆的方程

可写为 $\dfrac{x^2}{a^2} + \dfrac{4y^2}{a^2} = 1$. 设椭圆 E 上任意一点 P 的坐标为 (x,y),则

$$|PF_1| = \sqrt{(x+c)^2 + y^2} = \sqrt{\left(x + \dfrac{\sqrt{3}}{2}a\right)^2 + \dfrac{a^2 - x^2}{4}} = \left| a + \dfrac{\sqrt{3}}{2}x \right|.$$

因为 $-a \leqslant x \leqslant a$,所以 $m = a - \dfrac{\sqrt{3}}{2}a$,$n = a + \dfrac{\sqrt{3}}{2}a$,可得 $n - m = \sqrt{3}a = 2\sqrt{3}$,即得 $a = 2$. 所以

$c = \sqrt{3}$,$b = 1$. 故椭圆 E 的方程为 $\dfrac{x^2}{4} + y^2 = 1$.

(2) 设圆 C 的圆心为 (x_0, y_0),则圆 C 的方程为 $(x - x_0)^2 + (y - y_0)^2 = r^2$. 设过原点的

圆的切线方程为 $y = kx$,则有 $\dfrac{|kx_0 - y_0|}{\sqrt{1 + k^2}} = r$,整理得

$$(x_0^2 - r^2)k^2 - 2kx_0 y_0 + y_0^2 - r^2 = 0.$$

由题意知该方程有两个不等实根,设为 k_1, k_2,则由韦达定理得

$$k_1 k_2 = \dfrac{y_0^2 - r^2}{x_0^2 - r^2} = \dfrac{1 - \dfrac{x_0^2}{4} - r^2}{x_0^2 - r^2} = -\dfrac{1}{4} + \dfrac{1 - \dfrac{5}{4}r^2}{x_0^2 - r^2}.$$

当 $r^2 = \dfrac{4}{5}$ 时,$k_1 k_2 = -\dfrac{1}{4}$. 所以当圆 C 的半径 $r = \dfrac{2\sqrt{5}}{5}$ 时,直线 OA 与直线 OB 的斜率之积

为定值 $-\dfrac{1}{4}$.

点评 本题第(2)问是椭圆与圆的综合问题,运用了同构法的思想,先将过圆外一定点

的两切线的斜率同构,再运用根与系数的关系化简,最后通过观察式子结构特征,可得出直

线 OA 与直线 OB 的斜率之积为定值.

变式 1(2018 年沈阳质检) 已知椭圆 $C: \dfrac{x^2}{a^2} + \dfrac{y^2}{b^2} = 1 \, (a > b > 0)$ 的左焦点为 $F_1(-\sqrt{6}, 0)$,

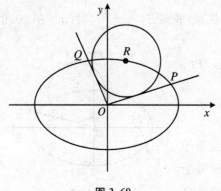

$$e = \dfrac{\sqrt{2}}{2}.$$

(1) 求椭圆 C 的方程.

(2) 如图 3.68 所示,设 $R(x_0, y_0)$ 是椭圆 C 上

一动点,由原点 O 向圆 $(x - x_0)^2 + (y - y_0)^2 = 4$ 引

两条切线,分别交椭圆于点 P, Q. 若直线 OP, OQ

的斜率存在,并分别记为 k_1, k_2,求证:$k_1 k_2$ 为

定值.

(3) 在(2)的条件下,试问 $|OP|^2 + |OQ|^2$ 是

图 3.68

否为定值? 若是,求出该值;若不是,请说明理由.

【解析】 (1) 由题意得 $c = \sqrt{6}$,$e = \dfrac{\sqrt{2}}{2}$,解得 $a = 2\sqrt{3}$,$b = \sqrt{6}$. 所以椭圆 C 的方程为 $\dfrac{x^2}{12} + \dfrac{y^2}{6} = 1$.

(2) 由题意知,直线 OP 的方程为 $y = k_1 x$,直线 OQ 的方程为 $y = k_2 x$,且与圆 R 相切,所以 $\dfrac{|k_1 x_0 - y_0|}{\sqrt{1 + k_1^2}} = 2$,化简得

$$(x_0^2 - 4)k_1^2 - 2x_0 y_0 k_1 + y_0^2 - 4 = 0.$$

同理可得

$$(x_0^2 - 4)k_2^2 - 2x_0 y_0 k_2 + y_0^2 - 4 = 0.$$

则 k_1, k_2 是方程 $(x_0^2 - 4)k^2 - 2x_0 y_0 k + y_0^2 - 4 = 0$ 的两个不相等的实数根,所以 $x_0^2 - 4 \neq 0$,$\Delta > 0$,且 $k_1 k_2 = \dfrac{y_0^2 - 4}{x_0^2 - 4}$. 又因为点 $R(x_0, y_0)$ 在椭圆 C 上,所以 $\dfrac{x_0^2}{12} + \dfrac{y_0^2}{6} = 1$,即 $y_0^2 = 6 - \dfrac{1}{2} x_0^2$.

故 $k_1 k_2 = \dfrac{2 - \dfrac{1}{2} x_0^2}{x_0^2 - 4} = -\dfrac{1}{2}$,即 $k_1 k_2$ 为定值.

(3) $|OP|^2 + |OQ|^2$ 为定值 18. 理由如下:设 $P(x_1, y_1)$,$Q(x_2, y_2)$,直线 OP 的方程为 $y = k_1 x$,直线 OQ 的方程为 $y = k_2 x$. 联立 $\begin{cases} y = k_1 x \\ \dfrac{x^2}{12} + \dfrac{y^2}{6} = 1 \end{cases}$,解得 $\begin{cases} x_1^2 = \dfrac{12}{1 + 2k_1^2} \\ y_1^2 = \dfrac{12 k_1^2}{1 + 2k_1^2} \end{cases}$,所以 $x_1^2 + y_1^2 = \dfrac{12(1 + k_1^2)}{1 + 2k_1^2}$. 同理可得 $x_2^2 + y_2^2 = \dfrac{12(1 + k_2^2)}{1 + 2k_2^2}$. 故由 $k_1 k_2 = -\dfrac{1}{2}$,得

$$
\begin{aligned}
|OP|^2 + |OQ|^2 &= x_1^2 + y_1^2 + x_2^2 + y_2^2 \\
&= \dfrac{12(1 + k_1^2)}{1 + 2k_1^2} + \dfrac{12(1 + k_2^2)}{1 + 2k_2^2} = \dfrac{12(1 + k_1^2)}{1 + 2k_1^2} + \dfrac{12\left[1 + \left(-\dfrac{1}{2k_1}\right)^2\right]}{1 + 2\left(-\dfrac{1}{2k_1}\right)^2} \\
&= \dfrac{18 + 36 k_1^2}{1 + 2k_1^2} = 18.
\end{aligned}
$$

即 $|OP|^2 + |OQ|^2 = 18$.

【题根探秘】 通过对上述例题的研究,可以得到以下结论(命题2):

命题2 已知椭圆 $E: \dfrac{x^2}{a^2} + \dfrac{y^2}{b^2} = 1 (a > b > 0)$,设圆 C 是圆心在椭圆 E 上且半径为 r 的动圆,过原点 O 作圆 C 的两条切线,分别交椭圆于 A, B 两点,则存在 $r = \dfrac{ab}{\sqrt{a^2 + b^2}}$ 使得直

线 OA 与直线 OB 的斜率之积为定值 $-\dfrac{b^2}{a^2}$,且 $|OA|^2 + |OB|^2$ 为定值 $a^2 + b^2$.

证明:设圆 C 的圆心为 (x_0, y_0),则圆 C 的方程为 $(x - x_0)^2 + (y - y_0)^2 = r^2$ $(r>0)$,且 $\dfrac{x_0^2}{a^2} + \dfrac{y_0^2}{b^2} = 1$ $(a>b>0)$.设过原点的圆的切线方程为 $y = kx$,则 $\dfrac{|kx_0 - y_0|}{\sqrt{1 + k^2}} = r$,整理得

$$(x_0^2 - r^2)k^2 - 2kx_0y_0 + y_0^2 - r^2 = 0.$$

由题意知该方程有两个不等实根,设为 k_1, k_2,则由韦达定理得

$$k_1 k_2 = \frac{y_0^2 - r^2}{x_0^2 - r^2} = \frac{b^2\left(1 - \dfrac{x_0^2}{a^2}\right) - r^2}{x_0^2 - r^2} = -\frac{b^2}{a^2} + \frac{b^2 - \left(\dfrac{a^2 + b^2}{a^2}\right)r^2}{x_0^2 - r^2}.$$

当 $r^2 = \dfrac{a^2 b^2}{a^2 + b^2}$ 时,$k_1 k_2 = -\dfrac{b^2}{a^2}$.所以当圆 C 的半径 $r = \dfrac{ab}{\sqrt{a^2 + b^2}}$ 时,直线 OA 与直线 OB 的斜率之积为定值 $-\dfrac{b^2}{a^2}$.

设 $A(x_1, y_1)$,$B(x_2, y_2)$,直线 OP 的方程为 $y = k_1 x$,直线 OQ 的方程为 $y = k_2 x$.联立

$$\begin{cases} y = k_1 x \\ \dfrac{x^2}{a^2} + \dfrac{y^2}{b^2} = 1 \end{cases},解得 \begin{cases} x_1^2 = \dfrac{a^2 b^2}{b^2 + a^2 k_1^2} \\ y_1^2 = \dfrac{a^2 b^2 k_1^2}{b^2 + a^2 k_1^2} \end{cases},所以 x_1^2 + y_1^2 = \frac{a^2 b^2 (1 + k_1^2)}{b^2 + a^2 k_1^2}.同理可得 x_2^2 + y_2^2 =$$

$\dfrac{a^2 b^2 (1 + k_2^2)}{b^2 + a^2 k_2^2}$.故由 $k_1 k_2 = -\dfrac{b^2}{a^2}$,得

$$|OA|^2 + |OB|^2 = x_1^2 + y_1^2 + x_2^2 + y_2^2 = \frac{a^2 b^2 (1 + k_1^2)}{b^2 + a^2 k_1^2} + \frac{a^2 b^2 (1 + k_2^2)}{b^2 + a^2 k_2^2}$$

$$= \frac{a^2 b^2 (1 + k_1^2)}{b^2 + a^2 k_1^2} + \frac{a^2 b^2 \left[1 + \left(\dfrac{-\dfrac{b^2}{a^2}}{k_1}\right)^2\right]}{b^2 + a^2 \left(\dfrac{-\dfrac{b^2}{a^2}}{k_1}\right)^2}$$

$$= \frac{a^2 b^2 + a^2 b^2 k_1^2 + a^4 k_1^2 + b^4}{b^2 + a^2 k_1^2} = \frac{(b^2 + a^2 k_1^2)(a^2 + b^2)}{b^2 + a^2 k_1^2}$$

$$= a^2 + b^2,$$

即 $|OA|^2 + |OB|^2 = a^2 + b^2$.

椭圆和双曲线都是有心圆锥曲线,有很多类似的性质,通过类比探究,可以得到下面的结论(命题 3):

命题 3 已知双曲线 $E:\dfrac{x^2}{a^2} - \dfrac{y^2}{b^2} = 1$ $(b>a>0)$,设圆 C 是圆心在双曲线 E 上且半径为 r 的动圆,过原点 O 作圆 C 的两条切线,分别交双曲线于 A,B 两点,则存在 $r = \dfrac{ab}{\sqrt{b^2 - a^2}}$ 使

得直线 OA 与直线 OB 的斜率之积为定值 $\dfrac{b^2}{a^2}$.

证明：设圆 C 的圆心为 (x_0, y_0)，则圆 C 的方程为 $(x - x_0)^2 + (y - y_0)^2 = r^2$，且 $\dfrac{x_0^2}{a^2} - \dfrac{y_0^2}{b^2}$

$= 1 (b > a > 0)$. 设过原点的圆的切线方程为 $y = kx$，则 $\dfrac{|kx_0 - y_0|}{\sqrt{1 + k^2}} = r$，整理得

$$(x_0^2 - r^2)k^2 - 2kx_0 y_0 + y_0^2 - r^2 = 0.$$

由题意知该方程有两个不等实根，设为 k_1, k_2，则由韦达定理得

$$k_1 k_2 = \frac{y_0^2 - r^2}{x_0^2 - r^2} = \frac{b^2\left(\dfrac{x_0^2}{a^2} - 1\right) - r^2}{x_0^2 - r^2} = \frac{b^2}{a^2} + \frac{\left(\dfrac{b^2 - a^2}{a^2}\right)r^2 - b^2}{x_0^2 - r^2}.$$

当 $r^2 = \dfrac{a^2 b^2}{b^2 - a^2}$ 时，$k_1 k_2 = \dfrac{b^2}{a^2}$. 所以当圆 C 的半径 $r = \dfrac{ab}{\sqrt{b^2 - a^2}}$ 时，直线 OA 与直线 OB 的斜

率之积为定值 $\dfrac{b^2}{a^2}$.

点评 命题 2 中的圆 $x^2 + y^2 = \dfrac{a^2 b^2}{a^2 + b^2}$ 叫作椭圆 $\dfrac{x^2}{a^2} + \dfrac{y^2}{b^2} = 1 (a > b > 0)$ 的内准圆，命题

3 中的圆 $x^2 + y^2 = \dfrac{a^2 b^2}{b^2 - a^2}$ 叫作双曲线 $\dfrac{x^2}{a^2} - \dfrac{y^2}{b^2} = 1 (b > a > 0)$ 的内准圆.

【方法点睛】 在 $ax_1^2 + bx_1 + c = 0$ 和 $ax_2^2 + bx_2 + c = 0$ 两式中，除变量 x_1 和 x_2 不同外，结构完全相同，则可知 x_1, x_2 为方程 $ax^2 + bx + c = 0$ 的两根. 我们把方程 $ax^2 + bx + c = 0$ 叫作 $ax_1^2 + bx_1 + c = 0$ 和 $ax_2^2 + bx_2 + c = 0$ 的同构方程，在有些解析几何问题中，如果所研究的两个变量（如斜率、坐标、参数）满足相同的一元二次方程，那么这两个变量为该一元二次方程的两根，所以可运用同构方程解题，这种方法叫作同构法.

上述例 10、变式 1、命题 2 和命题 3 涉及的同构知识为：过圆 C 外一定点 $P(x_0, y_0)$ 作圆 C 的切线 PA, PB，切点分别为 A, B，设直线 PA, PB 的方程分别为 $y - y_0 = k_1(x - x_0)$ 和 $y - y_0 = k_2(x - x_0)$，联立 $y - y_0 = k_1(x - x_0)$ 与圆 C 的方程，根据 $d = r$ 得到关于 k_1 的一元二次方程 $ak_1^2 + bk_1 + c = 0$，同理可知 k_2 也满足该方程，即 k_1, k_2 是方程 $ak^2 + bk + c = 0$ 的两根.

例 11 已知椭圆 $C: \dfrac{x^2}{a^2} + \dfrac{y^2}{b^2} = 1 (a > b > 0)$ 的左顶点是 A，右焦点是 $F(1, 0)$，过点 F 且斜率不为 0 的直线与 C 交于 M, N 两点，B 为线段 AM 的中点，O 为坐标原点，直线 AM 与 BO 的斜率之积为 $-\dfrac{3}{4}$.

(1) 求椭圆 C 的方程；

(2) 若直线 AM 和 AN 分别与直线 $x = 4$ 交于 P, Q 两点，证明：以线段 PQ 为直径的圆

恒过两个定点,并求出定点坐标.

【解析】 (1) 设椭圆 C 的右顶点是 A',连接 MA'. 因为 B,O 分别是 AM,AA' 的中点,所以 $BO /\!/ MA'$. 又因为直线 AM 与 BO 的斜率之积为 $-\dfrac{3}{4}$,所以 $k_{AM} \cdot k_{MA'} = -\dfrac{3}{4}$. 设 $M(x_1, y_1)$,则 $\dfrac{x_1^2}{a^2} + \dfrac{y_1^2}{b^2} = 1$. 因为 $A(-a, 0)$,$A'(a, 0)$,所以

$$k_{AM} \cdot k_{MA'} = \frac{y_1}{x_1 + a} \cdot \frac{y_1}{x_1 - a} = \frac{y_1^2}{x_1^2 - a^2} = \frac{b^2\left(1 - \dfrac{x_1^2}{a^2}\right)}{x_1^2 - a^2} = -\frac{b^2}{a^2} = -\frac{3}{4},$$

可得 $\dfrac{b^2}{a^2} = \dfrac{3}{4}$. 又 $c = 1$,$a^2 = b^2 + c^2$,解得 $a = 2$,$b = \sqrt{3}$. 故椭圆 C 的方程为 $\dfrac{x^2}{4} + \dfrac{y^2}{3} = 1$.

(2) 设直线 MN 的方程为 $x = ty + 1$ $(t \neq 0)$,联立 $\begin{cases} x = ty + 1 \\ \dfrac{x^2}{4} + \dfrac{y^2}{3} = 1 \end{cases}$,消去 x,整理得 $(3t^2 + 4)y^2 + 6ty - 9 = 0$,可得 $\triangle > 0$. 设 $N(x_2, y_2)$,则由韦达定理得

$$y_1 + y_2 = -\frac{6t}{3t^2 + 4}, \quad y_1 y_2 = -\frac{9}{3t^2 + 4}.$$

由 $A(-2, 0)$,知直线 AM 的方程为 $y = \dfrac{y_1}{x_1 + 2}(x + 2)$,则点 P 的坐标为 $\left(4, \dfrac{6y_1}{x_1 + 2}\right)$,同理可得点 Q 的坐标为 $\left(4, \dfrac{6y_2}{x_2 + 2}\right)$.

令 $y_P = \dfrac{6y_1}{x_1 + 2}$,$y_Q = \dfrac{6y_2}{x_2 + 2}$,则 PQ 中点的坐标为 $\left(4, \dfrac{y_P + y_Q}{2}\right)$,$|PQ| = |y_P - y_Q|$. 所以以 PQ 为直径的圆的方程为

$$(x - 4)^2 + \left(y - \frac{y_P + y_Q}{2}\right)^2 = \left(\frac{y_P - y_Q}{2}\right)^2,$$

整理得 $(x - 4)^2 + y^2 - (y_P + y_Q)y + y_P y_Q = 0$. 又因为

$$y_P + y_Q = \frac{6y_1}{x_1 + 2} + \frac{6y_2}{x_2 + 2} = \frac{6y_1(ty_2 + 3) + 6y_2(ty_1 + 3)}{(ty_1 + 3)(ty_2 + 3)}$$

$$= \frac{12ty_1 y_2 + 18(y_1 + y_2)}{t^2 y_1 y_2 + 3t(y_1 + y_2) + 9} = \frac{12t\left(-\dfrac{9}{3t^2 + 4}\right) + 18\left(-\dfrac{6t}{3t^2 + 4}\right)}{t^2\left(-\dfrac{9}{3t^2 + 4}\right) + 3t\left(-\dfrac{6t}{3t^2 + 4}\right) + 9}$$

$$= \frac{12t \cdot (-9) + 18 \cdot (-6t)}{t^2 \cdot (-9) + 3t \cdot (-6t) + 9(4 + 3t^2)} = -6t,$$

$$y_P \cdot y_Q = \frac{6y_1}{x_1 + 2} \cdot \frac{6y_2}{x_2 + 2} = \frac{6y_1}{ty_1 + 3} \cdot \frac{6y_2}{ty_2 + 3} = \frac{36 \times (-9)}{t^2 \times (-9) + 3t \times (-6t) + 9(4 + 3t^2)}$$

$$= -9,$$

所以以线段 PQ 为直径的圆的方程为 $(x-4)^2+y^2+6ty-9=0$. 令 $y=0$, 得 $x=1$ 或 $x=7$. 故以线段 PQ 为直径的圆恒过 x 轴上的两定点, 定点坐标分别为 $(1,0)$ 和 $(7,0)$.

点评 本题第(2)问为椭圆与圆的综合问题, 先结合已知条件表示出点 P 和点 Q 的坐标, 以及以线段 PQ 为直径的圆的方程, 再计算圆与 x 轴的交点坐标.

【题根探秘】 通过对以上例题的研究, 得出下面的结论(命题4):

命题4 已知椭圆 $C:\dfrac{x^2}{a^2}+\dfrac{y^2}{b^2}=1(a>b>0)$ 的左顶点是 A, 右焦点是 $F(c,0)$ (其中 $c=\sqrt{a^2-b^2}$), 过 F 且斜率不为 0 的直线与 C 交于 M,N 两点. 若直线 AM 和 AN 分别与直线 $x=\dfrac{a^2}{c}$ 交于 P,Q 两点, 则以线段 PQ 为直径的圆恒过两个定点 $(c,0)$ 和 $\left(\dfrac{a^2+b^2}{c},0\right)$.

证明: 设直线 MN 的方程为 $x=ty+c\,(t\neq 0)$. 联立 $\begin{cases} x=ty+c \\ \dfrac{x^2}{a^2}+\dfrac{y^2}{b^2}=1 \end{cases}$, 消去 x, 整理得 $(b^2t^2+a^2)y^2+2b^2cty-b^4=0$, 可得 $\Delta>0$. 设 $M(x_1,y_1),N(x_2,y_2)$, 则由韦达定理得

$$y_1+y_2=-\frac{2b^2ct}{b^2t^2+a^2},\qquad y_1y_2=-\frac{b^4}{b^2t^2+a^2}.$$

由 $A(-a,0)$, 知直线 AM 的方程为 $y=\dfrac{y_1}{x_1+a}(x+a)$, 则点 P 的坐标为 $\left(\dfrac{a^2}{c},\dfrac{y_1}{x_1+a}\cdot\dfrac{a^2+ac}{c}\right)$. 同理可得点 Q 的坐标为 $\left(\dfrac{a^2}{c},\dfrac{y_2}{x_2+a}\cdot\dfrac{a^2+ac}{c}\right)$.

令 $y_P=\dfrac{y_1}{x_1+a}\cdot\dfrac{a^2+ac}{c}$, $y_Q=\dfrac{y_2}{x_2+a}\cdot\dfrac{a^2+ac}{c}$, 则 PQ 中点的坐标为 $\left(\dfrac{a^2}{c},\dfrac{y_P+y_Q}{2}\right)$, $|PQ|=|y_P-y_Q|$. 所以以 PQ 为直径的圆的方程为

$$\left(x-\frac{a^2}{c}\right)^2+\left(y-\frac{y_P+y_Q}{2}\right)^2=\left(\frac{y_P-y_Q}{2}\right)^2,$$

整理得 $\left(x-\dfrac{a^2}{c}\right)^2+y^2-(y_P+y_Q)y+y_Py_Q=0$. 又因为

$$\begin{aligned}
y_P+y_Q &= \frac{a^2+ac}{c}\cdot\left(\frac{y_1}{x_1+a}+\frac{y_2}{x_2+a}\right)\\
&= \frac{a^2+ac}{c}\cdot\frac{y_1(ty_2+c+a)+y_2(ty_1+c+a)}{(ty_1+c+a)(ty_2+c+a)}\\
&= \frac{a^2+ac}{c}\cdot\frac{2ty_1y_2+(c+a)(y_1+y_2)}{t^2y_1y_2+(c+a)t(y_1+y_2)+(c+a)^2}\\
&= \frac{a^2+ac}{c}\cdot\frac{-\dfrac{2b^4t}{b^2t^2+a^2}+(c+a)\cdot\left(-\dfrac{2b^2ct}{b^2t^2+a^2}\right)}{-\dfrac{b^4t^2}{b^2t^2+a^2}+(c+a)t\cdot\left(-\dfrac{2b^2ct}{b^2t^2+a^2}\right)+(c+a)^2}
\end{aligned}$$

$$= \frac{a(a+c)}{c} \cdot \frac{-2ab^2 t(a+c)}{a^2(a+c)^2} = -\frac{2b^2 t}{c},$$

$$y_P \cdot y_Q = \left(\frac{a^2 + ac}{c}\right)^2 \cdot \frac{y_1 y_2}{(x_1 + a)(x_2 + a)}$$

$$= \left(\frac{a^2 + ac}{c}\right)^2 \cdot \frac{y_1 y_2}{t^2 y_1 y_2 + (a+c)t(y_1 + y_2) + (a+c)^2}$$

$$= \left(\frac{a^2 + ac}{c}\right)^2 \cdot \frac{-\dfrac{b^4}{b^2 t^2 + a^2}}{-\dfrac{b^4 t^2}{b^2 t^2 + a^2} + (a+c)t \dfrac{-2b^2 ct}{b^2 t^2 + a^2} + (a+c)^2}$$

$$= \frac{a^2(a+c)^2}{c^2} \cdot \frac{-b^4}{a^2(a+c)^2} = -\frac{b^4}{c^2},$$

所以以线段 PQ 为直径的圆的方程为

$$\left(x - \frac{a^2}{c}\right)^2 + y^2 + \frac{2b^2 t}{c}y - \frac{b^4}{c^2} = 0.$$

令 $y=0$，得 $\left(x - \dfrac{a^2}{c}\right)^2 = \dfrac{b^4}{c^2}$，则 $x - \dfrac{a^2}{c} = \dfrac{b^2}{c}$ 或 $x - \dfrac{a^2}{c} = -\dfrac{b^2}{c}$，解得 $x = \dfrac{a^2 + b^2}{c}$ 或 $x = c$. 故以

线段 PQ 为直径的圆恒过 x 轴上的两定点，定点坐标分别为 $\left(\dfrac{a^2 + b^2}{c}, 0\right)$ 和 $(c, 0)$.

例 12 已知椭圆 $C: \dfrac{x^2}{a^2} + \dfrac{y^2}{b^2} = 1 (a > b > 0)$ 的左、右顶点分别为 A_1, A_2，上、下顶点

分别为 B_1, B_2，四边形 $A_1 B_1 A_2 B_2$ 的面积为 4，且该四边形内切圆的方程为 $x^2 + y^2 = \dfrac{4}{5}$.

(1) 求椭圆 C 的方程.

(2) 直线 $l: y = kx + m (k, m$ 均为常数) 与椭圆 C 相交于两个不同的点 $M, N (M, N$ 异

于 A_1, A_2). 若以 MN 为直径的圆过椭圆 C 的右顶点 A_2，试判断直线 l 能否过定点. 若能，

求出该定点坐标；若不能，请说明理由.

【解析】 (1) 因为四边形 $A_1 B_1 A_2 B_2$ 的面积为 4，且可知四边形 $A_1 B_1 A_2 B_2$ 为菱形，所

以 $\dfrac{1}{2} \times 2a \times 2b = 4$，即 $ab = 2$. 又由题意可得直线 $A_1 B_1$ 的方程为 $\dfrac{x}{a} + \dfrac{y}{b} = 1$，整理得

$bx + ay - ab = 0$. 由于四边形 $A_1 B_1 A_2 B_2$ 内切圆的方程为 $x^2 + y^2 = \dfrac{4}{5}$，从而可得圆心 $(0, 0)$

到直线 $A_2 B_1$ 的距离为 $\dfrac{2}{\sqrt{5}}$，即 $\dfrac{ab}{\sqrt{a^2 + b^2}} = \dfrac{2}{\sqrt{5}}$. 与 $ab = 2$ 联立，可得 $a = 2, b = 1$. 所以椭圆 C

的方程为 $\dfrac{x^2}{4} + y^2 = 1$.

(2) 设 $M(x_1, y_1), N(x_2, y_2)$，则由 $\begin{cases} y = kx + m \\ \dfrac{x^2}{4} + y^2 = 1 \end{cases}$，消去 y，得 $(4k^2 + 1)x^2 + 8kmx + 4m^2$

$-4=0$. 因为直线 l 与椭圆 C 相交于 M,N 两个不同的点,所以

$$\begin{cases} \Delta > 0 \\ x_1 + x_2 = -\dfrac{8km}{4k^2 + 1}. \\ x_1 x_2 = \dfrac{4m^2 - 4}{4k^2 + 1} \end{cases}$$

因为以 MN 为直径的圆过椭圆 C 的右顶点 A_2,且 $A_2M \perp A_2N$,所以 $\overrightarrow{A_2M} \cdot \overrightarrow{A_2N} = 0$. 又因为 $A_2(2,0)$,所以 $(x_1 - 2)(x_2 - 2) + y_1 y_2 = 0$,即 $(x_1 - 2)(x_2 - 2) + (kx_1 + m)(kx_2 + m) = 0$,整理得

$$(k^2 + 1)x_1 x_2 + (mk - 2)(x_1 + x_2) + m^2 + 4 = 0.$$

从而可得

$$(k^2 + 1)\frac{4m^2 - 4}{4k^2 + 1} + (mk - 2)\left(-\frac{8km}{4k^2 + 1}\right) + m^2 + 4 = 0,$$

整理得 $5m^2 + 16km + 12k^2 = 0$,解得 $m = -2k$ 或 $m = -\dfrac{6}{5}k$. 而当 $m = -\dfrac{6}{5}k$ 时,直线 l 的

方程为 $y = kx - \dfrac{6}{5}k = k\left(x - \dfrac{6}{5}\right)$,恒过定点 $\left(\dfrac{6}{5}, 0\right)$;当 $m = -2k$ 时,直线 l 的方程为

$y = kx - 2k$,恒过定点 $(2,0)$,舍去.

综上可知,直线 l 过定点,且该定点为 $\left(\dfrac{6}{5}, 0\right)$.

点评　本题的第(2)问把以 MN 为直径的圆过椭圆 C 的右顶点 A_2 化归为 $\overrightarrow{A_2M} \cdot \overrightarrow{A_2N}$ $= 0$,通过运算,实现把 m 用 k 表示,从而得出直线 l 所过定点的坐标.

【题根探秘】　通过对例 12 的研究,可以得到以下结论(命题 5):

命题 5　已知椭圆 $C: \dfrac{x^2}{a^2} + \dfrac{y^2}{b^2} = 1 (a > b > 0)$ 的左、右顶点分别为 A_1, A_2,已知直线 l:

$y = kx + m(k, m$ 均为常数) 与椭圆 C 相交于两个不同的点 $M, N(M, N$ 异于 $A_1, A_2)$. 若以

MN 为直径的圆过椭圆 C 的右顶点 A_2,则直线 l 过定点 $\left(\dfrac{a(a^2 - b^2)}{a^2 + b^2}, 0\right)$.

证明:设 $M(x_1, y_1), N(x_2, y_2)$,则由 $\begin{cases} y = kx + m \\ \dfrac{x^2}{a^2} + \dfrac{y^2}{b^2} = 1 \end{cases}$,消去 y,得

$$(a^2 k^2 + b^2)x^2 + 2a^2 kmx + a^2(m^2 - b^2) = 0.$$

因为直线 l 与椭圆 C 相交于 M, N 两个不同的点,所以

$$\begin{cases} \Delta > 0 \\ x_1 + x_2 = -\dfrac{2a^2 km}{a^2 k^2 + b^2}. \\ x_1 x_2 = \dfrac{a^2(m^2 - b^2)}{a^2 k^2 + b^2} \end{cases}$$

因为以 MN 为直径的圆过椭圆 C 的右顶点 A_2，且 $A_2M \perp A_2N$，所以 $\overrightarrow{A_2M} \cdot \overrightarrow{A_2N} = 0$. 又因为 $A_2(a,0)$，所以 $(x_1-a)(x_2-a)+y_1y_2=0$，即 $(x_1-a)(x_2-a)+(kx_1+m)(kx_2+m)=0$，整理得

$$(k^2+1)x_1x_2+(km-a)(x_1+x_2)+m^2+a^2=0.$$

从而可得

$$(k^2+1)\frac{a^2(m^2-b^2)}{a^2k^2+b^2}+(km-a)\left(-\frac{2a^2km}{a^2k^2+b^2}\right)+m^2+a^2=0,$$

整理得 $(a^2+b^2)m^2+2a^3km+a^2(a^2-b^2)k^2=0$，即得

$$[(a^2+b^2)m+a(a^2-b^2)k](m+ak)=0,$$

解得 $m=-ak$ 或 $m=-\dfrac{a(a^2-b^2)}{a^2+b^2}k$.

当 $m=-\dfrac{a(a^2-b^2)}{a^2+b^2}k$ 时，直线 l 的方程为

$$y=kx+m=kx-\frac{a(a^2-b^2)}{a^2+b^2}k=k\left[x-\frac{a(a^2-b^2)}{a^2+b^2}\right].$$

所以直线 l 恒过定点 $\left(\dfrac{a(a^2-b^2)}{a^2+b^2},0\right)$.

当 $m=-ak$ 时，直线 l 的方程为 $y=kx+m=kx-ak=k(x-a)$，恒过定点 $(a,0)$，舍去.

综上可知，直线 l 过定点，该定点的坐标为 $\left(\dfrac{a(a^2-b^2)}{a^2+b^2},0\right)$.

例 13 （江苏省南京市金陵中学 2022 届高三检测）　如图 3.69 所示，已知椭圆 $E:\dfrac{x^2}{a^2}+\dfrac{y^2}{b^2}=1(a>b>0)$ 的离心率为 $\dfrac{\sqrt{3}}{2}$，P 为 E 上一点，Q 为圆 $x^2+y^2=b^2$ 上一点，$|PQ|$ 的最大值为 $3(P,Q$ 异于椭圆 E 的上、下顶点).

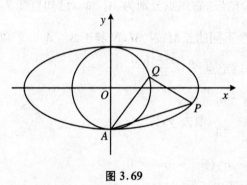

（1）求椭圆 E 的方程；

（2）A 为椭圆 E 的下顶点，直线 AP,AQ 的斜率分别记为 k_1,k_2，且 $k_2=4k_1$，求证：$\triangle APQ$ 为直角三角形.

图 3.69

【解析】（1）因为 $e=\dfrac{c}{a}=\dfrac{\sqrt{3}}{2}$，所以 $c=\dfrac{\sqrt{3}}{2}a$. 又因为 $|PQ|\leqslant|PO|+|OQ|=|PO|+b\leqslant a+b$，所以 $|PQ|$ 的最大值为 $a+b$，即 $a+b=3$. 又 $c^2=a^2-b^2$，即 $\left(\dfrac{\sqrt{3}}{2}a\right)^2=a^2-(3-a)^2$，解得 $a=2,b=1$. 故椭圆 E 的方程为 $\dfrac{x^2}{4}+y^2=1$.

(2) 由(1)可得 $A(0,-1)$. 由题设知直线 AP 的方程为 $y=k_1x-1(k_1\neq0)$. 联立方程组 $\begin{cases}\dfrac{x^2}{4}+y^2=1\\y=k_1x-1\end{cases}$，消去 y，得 $(4k_1^2+1)x^2-8k_1x=0$. 则 $x_P=\dfrac{8k_1}{4k_1^2+1}$，$y_P=\dfrac{4k_1^2-1}{4k_1^2+1}$，即 $P\left(\dfrac{8k_1}{4k_1^2+1},\dfrac{4k_1^2-1}{4k_1^2+1}\right)$.

直线 AQ 的方程为 $y=4k_1x-1$，联立方程组 $\begin{cases}x^2+y^2=1\\y=4k_1x-1\end{cases}$，消去 y，得 $(16k_1^2+1)x^2-8k_1x=0$. 则 $x_Q=\dfrac{8k_1}{16k_1^2+1}$，$y_Q=\dfrac{16k_1^2-1}{16k_1^2+1}$，即 $Q\left(\dfrac{8k_1}{16k_1^2+1},\dfrac{16k_1^2-1}{16k_1^2+1}\right)$. 所以

$$k_{PQ}=\dfrac{\dfrac{16k_1^2-1}{16k_1^2+1}-\dfrac{4k_1^2-1}{4k_1^2+1}}{\dfrac{8k_1}{16k_1^2+1}-\dfrac{8k_1}{4k_1^2+1}}=-\dfrac{1}{4k_1}=-\dfrac{1}{k_2}.$$

即 $k_{PQ}\cdot k_2=-1$，故 $AQ\perp PQ$. 所以 $\triangle APQ$ 为直角三角形.

点评　本题的第(2)问把证明 $\triangle APQ$ 中 $\angle AQP=90°$ 化归为证明直线 PQ 和直线 AQ 的斜率互为负倒数；其中以椭圆 $E:\dfrac{x^2}{a^2}+\dfrac{y^2}{b^2}=1(a>b>0)$ 的中心为原点、短半轴长为半径的圆 $x^2+y^2=b^2$ 叫作椭圆 E 的短轴圆.

变式 2（九江市 2022 年高考二模理科）　已知椭圆 $E:\dfrac{x^2}{a^2}+\dfrac{y^2}{b^2}=1(a>b>0)$ 的离心率为 $\dfrac{\sqrt{3}}{2}$，P 为椭圆 E 上一点，Q 为圆 $x^2+y^2=b^2$ 上一点，$|PQ|$ 的最大值为 3（P,Q 异于椭圆 E 的上、下顶点）.

(1) 求椭圆 E 的方程；

(2) A 为椭圆 E 的下顶点，直线 AP,AQ 的斜率分别记为 k_1,k_2，且 $k_2=4k_1$，证明直线 PQ 过定点，并求出此定点的坐标.

【解析】　(1) 同例 13 的第(1)问.

(2) 同例 13，可得 $k_{PQ}=-\dfrac{1}{4k_1}$，则直线 PQ 的方程为

$$y-\dfrac{4k_1^2-1}{4k_1^2+1}=-\dfrac{1}{4k_1}\left(x-\dfrac{8k_1}{4k_1^2+1}\right).$$

即 $y=-\dfrac{1}{4k_1}x+1$. 所以当 $x=0$ 时，$y=1$. 故直线 PQ 经过定点 $(0,1)$.

【题根探秘】　在例 13 和变式 2 中，涉及圆 $x^2+y^2=b^2$，其圆心为椭圆 $E:\dfrac{x^2}{a^2}+\dfrac{y^2}{b^2}=1(a>b>0)$ 的中心坐标原点，一条直径为椭圆 E 的短轴，圆 $x^2+y^2=b^2$ 是椭圆 E 的一个"姊

妹圆". 圆 $x^2 + y^2 = a^2$ 的圆心为椭圆 $E: \dfrac{x^2}{a^2} + \dfrac{y^2}{b^2} = 1(a > b > 0)$ 的中心坐标原点,一条直径

为椭圆 E 的长轴,圆 $x^2 + y^2 = a^2$ 也是椭圆 E 的一个"姊妹圆". 在例13和变式2的第(1)问

中求出椭圆 $E: \dfrac{x^2}{4} + y^2 = 1$,在第(2)问中 $k_2 = 4k_1$,发现恰好有 $\dfrac{a^2}{b^2} = 4$. 通过对例13和变式2

进行探究,可得到下面四个椭圆及其"姊妹圆"相关性质的结论(命题6~命题9):

命题6 如图3.70所示,已知 P 为椭圆 $E: \dfrac{x^2}{a^2} + \dfrac{y^2}{b^2} = 1(a > b > 0)$ 上的一点,Q 为圆

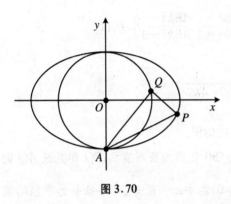

$x^2 + y^2 = b^2$ 上的一点,A 为椭圆 E 的下顶点,直线

AP, AQ 的斜率分别记为 k_1, k_2,且 $k_2 = \dfrac{a^2}{b^2} k_1$,则:

(1) $\angle AQP = 90°$;(2) 直线 PQ 过定点 $(0, b)$.

证明:(1) 由题设知直线 AP 的方程为 $y = k_1 x$

$- b(k_1 \neq 0)$. 联立方程组 $\begin{cases} \dfrac{x^2}{a^2} + \dfrac{y^2}{b^2} = 1 \\ y = k_1 x - b \end{cases}$,消去 y,得

图 3.70

$(a^2 k_1^2 + b^2) x^2 - 2a^2 b k_1 x = 0$. 则 $x_P = \dfrac{2a^2 b k_1}{a^2 k_1^2 + b^2}$,

$y_P = \dfrac{a^2 b k_1^2 - b^3}{a^2 k_1^2 + b^2}$,即 $P\left(\dfrac{2a^2 b k_1}{a^2 k_1^2 + b^2}, \dfrac{a^2 b k_1^2 - b^3}{a^2 k_1^2 + b^2} \right)$.

直线 AQ 的方程为 $y = \dfrac{a^2}{b^2} k_1 x - b$,联立方程组 $\begin{cases} x^2 + y^2 = b^2 \\ y = \dfrac{a^2}{b^2} k_1 x - b \end{cases}$,消去 y,得 $(a^4 k_1^2 + b^4) x^2 -$

$2a^2 b^3 k_1 x = 0$. 则 $x_Q = \dfrac{2a^2 b^3 k_1}{a^4 k_1^2 + b^4}$,$y_Q = \dfrac{a^4 b k_1^2 - b^5}{a^4 k_1^2 + b^4}$,即 $Q\left(\dfrac{2a^2 b^3 k_1}{a^4 k_1^2 + b^4}, \dfrac{a^4 b k_1^2 - b^5}{a^4 k_1^2 + b^4} \right)$. 所以

$k_{PQ} = \dfrac{\dfrac{a^4 b k_1^2 - b^5}{a^4 k_1^2 + b^4} - \dfrac{a^2 b k_1^2 - b^3}{a^2 k_1^2 + b^2}}{\dfrac{2a^2 b^3 k_1}{a^4 k_1^2 + b^4} - \dfrac{2a^2 b k_1}{a^2 k_1^2 + b^2}} = \dfrac{2a^2 b^3 (a^2 - b^2) k_1^2}{2a^4 b (b^2 - a^2) k_1^3} = -\dfrac{b^2}{a^2 k_1} = -\dfrac{1}{\dfrac{a^2}{b^2} k_1} = -\dfrac{1}{k_2}$.

即 $k_{PQ} \cdot k_2 = -1$,故 $PQ \perp AQ$. 所以 $\angle AQP = 90°$.

(2) 由(1)知直线 PQ 的方程为

$$y - \dfrac{a^2 b k_1^2 - b^3}{a^2 k_1^2 + b^2} = -\dfrac{1}{\dfrac{a^2}{b^2} k_1} \left(x - \dfrac{2a^2 b k_1}{a^2 k_1^2 + b^2} \right).$$

令 $x = 0$,可得

$$y - \dfrac{a^2 b k_1^2 - b^3}{a^2 k_1^2 + b^2} = -\dfrac{b^2}{a^2 k_1} \left(-\dfrac{2a^2 b k_1}{a^2 k_1^2 + b^2} \right).$$

整理得 $y - \dfrac{a^2 b k_1^2 - b^3}{a^2 k_1^2 + b^2} = \dfrac{2b^3}{a^2 k_1^2 + b^2}$,即 $y = \dfrac{a^2 b k_1^2 + b^3}{a^2 k_1^2 + b^2} = \dfrac{b(a^2 k_1^2 + b^2)}{a^2 k_1^2 + b^2} = b$. 故直线 PQ 过

定点 $(0,b)$.

命题 7　已知 P 为椭圆 $E:\dfrac{x^2}{a^2}+\dfrac{y^2}{b^2}=1(a>b>0)$ 上的一点, Q 为圆 $x^2+y^2=b^2$ 上的一点, A 为椭圆 E 的上顶点, 直线 AP,AQ 的斜率分别记为 k_1,k_2, 且 $k_2=\dfrac{a^2}{b^2}k_1$, 则:

(1) $\angle AQP=90°$; (2) 直线 PQ 过定点 $(0,-b)$.

命题 8　已知 Q 为椭圆 $E:\dfrac{y^2}{a^2}+\dfrac{x^2}{b^2}=1(a>b>0)$ 上的一点, P 为圆 $x^2+y^2=a^2$ 上的一点, A 为椭圆 E 的上顶点, 直线 AQ,AP 的斜率分别记为 k_1,k_2, 且 $k_2=\dfrac{b^2}{a^2}k_1$, 则:

(1) $\angle APQ=90°$; (2) 直线 PQ 过定点 $(0,-a)$.

证明: (1) 设直线 AQ 的方程为 $y=k_1x+a(k_1\neq0)$. 联立方程组 $\begin{cases}\dfrac{y^2}{a^2}+\dfrac{x^2}{b^2}=1\\ y=k_1x+a\end{cases}$, 消去 y,

得 $(b^2k_1^2+a^2)x^2+2ab^2k_1x=0$. 则 $x_Q=\dfrac{-2ab^2k_1}{b^2k_1^2+a^2}$, $y_Q=\dfrac{-ab^2k_1^2+a^3}{b^2k_1^2+a^2}$, 即

$Q\left(\dfrac{-2ab^2k_1}{b^2k_1^2+a^2},\dfrac{-ab^2k_1^2+a^3}{b^2k_1^2+a^2}\right)$.

设直线 AP 的方程为 $y=\dfrac{b^2}{a^2}k_1x+a$, 联立方程组 $\begin{cases}x^2+y^2=a^2\\ y=\dfrac{b^2}{a^2}k_1x+a\end{cases}$, 消去 y, 得

$(b^4k_1^2+a^4)x^2+2a^3b^2k_1x=0$. 则 $x_P=\dfrac{-2a^3b^2k_1}{b^4k_1^2+a^4}$, $y_P=\dfrac{-ab^4k_1^2+a^5}{b^4k_1^2+a^4}$, 即 $P\left(\dfrac{-2a^3b^2k_1}{b^4k_1^2+a^4},\right.$

$\left.\dfrac{-ab^4k_1^2+a^5}{b^4k_1^2+a^4}\right)$. 所以

$$k_{PQ}=\dfrac{\dfrac{-ab^4k_1^2+a^5}{b^4k_1^2+a^4}-\dfrac{-ab^2k_1^2+a^3}{b^2k_1^2+a^2}}{\dfrac{-2a^3b^2k_1}{b^4k_1^2+a^4}+\dfrac{2ab^2k_1}{b^2k_1^2+a^2}}=\dfrac{2a^2b^2(a^2-b^2)k_1^2}{-2b^4(a^2-b^2)k_1^3}=-\dfrac{a^2}{b^2k_1}=-\dfrac{1}{\dfrac{b^2}{a^2}k_1}=-\dfrac{1}{k_2}.$$

即 $k_{PQ}\cdot k_2=-1$, 故 $PQ\perp AP$. 所以 $\angle APQ=90°$.

(2) 由 (1) 知直线 PQ 的方程为

$$y-\dfrac{-ab^2k_1^2+a^3}{b^2k_1^2+a^2}=-\dfrac{1}{\dfrac{b^2}{a^2}k_1}\left(x+\dfrac{2ab^2k_1}{b^2k_1^2+a^2}\right).$$

令 $x=0$, 可得

$$y-\dfrac{-ab^2k_1^2+a^3}{b^2k_1^2+a^2}=-\dfrac{a^2}{b^2k_1}\left(\dfrac{2ab^2k_1}{b^2k_1^2+a^2}\right).$$

整理得 $y-\dfrac{-ab^2k_1^2+a^3}{b^2k_1^2+a^2}=-\dfrac{2a^3}{b^2k_1^2+a^2}$, 即 $y=\dfrac{-a(b^2k_1^2+a^2)}{b^2k_1^2+a^2}=-a$. 故直线 PQ 过定点

$(0,-a)$.

命题 9 已知 Q 为椭圆 $E:\dfrac{y^2}{a^2}+\dfrac{x^2}{b^2}=1(a>b>0)$ 上的一点，P 为圆 $x^2+y^2=a^2$ 上一

点，A 为椭圆 E 的下顶点，直线 AQ,AP 的斜率分别记为 k_1,k_2，且 $k_2=\dfrac{b^2}{a^2}k_1$，则：

(1) $\angle APQ=90^\circ$；(2) 直线 PQ 过定点 $(0,a)$.

例14 (2022 年广东佛山高考模拟题) 已知椭圆 $C:\dfrac{x^2}{a^2}+\dfrac{y^2}{b^2}=1(a>b>0)$，其右焦

点为 $F(\sqrt 3,0)$，点 M 在圆 $x^2+y^2=b^2$ 上但不在 y 轴上，过点 M 作圆的切线交椭圆于 P,Q

两点. 当点 M 在 x 轴上时，$|PQ|=\sqrt 3$.

(1) 求椭圆 C 的标准方程；

(2) 当点 M 在圆上运动时，试探究 $\triangle FPQ$ 周长的取值范围.

【解析】 (1) 由题可知 $c=\sqrt 3$，当点 M 在 x 轴上时，$|PQ|=\sqrt 3$，设 $P\left(b,\dfrac{\sqrt 3}{2}\right)$，得

$$\begin{cases}a^2-b^2=3\\ \dfrac{b^2}{a^2}+\dfrac{\frac{3}{4}}{b^2}=1\end{cases}，解得\begin{cases}a=2\\ b=1\end{cases}.$$ 所以椭圆 C 的标准方程为 $\dfrac{x^2}{4}+y^2=1$.

(2) 设 $P(x_1,y_1),Q(x_2,y_2)$，则

$$|PF|=\sqrt{(x_1-\sqrt 3)^2+(y_1-0)^2}=\sqrt{(x_1-\sqrt 3)^2+1-\dfrac{x_1^2}{4}}$$

$$=\sqrt{\left(\dfrac{\sqrt 3}{2}x_1-2\right)^2}=2-\dfrac{\sqrt 3}{2}x_1.$$

同理 $|QF|=2-\dfrac{\sqrt 3}{2}x_2$. 而

$$|PM|=\sqrt{|OP|^2-b^2}=\sqrt{x_1^2+y_1^2-1}=\sqrt{x_1^2-\dfrac{x_1^2}{4}}=\dfrac{\sqrt 3}{2}|x_1|,$$

同理 $|QM|=\dfrac{\sqrt 3}{2}|x_2|$. 所以 $\triangle FPQ$ 的周长为

$$C_{\triangle FPQ}=2-\dfrac{\sqrt 3}{2}x_1+2-\dfrac{\sqrt 3}{2}x_2+\dfrac{\sqrt 3}{2}|x_1|+\dfrac{\sqrt 3}{2}|x_2|$$

$$=4+\sqrt 3\,\dfrac{|x_1|+|x_2|-x_1-x_2}{2}.$$

① 当直线 PQ 的斜率不存在时，直线 PQ 的方程为 $x=1$ 或 $x=-1$. 则：

若直线 PQ 的方程为 $x=1$，不妨设 P,Q 的坐标分别为 $\left(1,\dfrac{\sqrt 3}{2}\right),\left(1,-\dfrac{\sqrt 3}{2}\right)$，此时 $\triangle FPQ$

的周长为 4.

若直线 PQ 的方程为 $x=-1$，不妨设 P，Q 的坐标分别为 $\left(-1,\dfrac{\sqrt{3}}{2}\right)$，$\left(-1,-\dfrac{\sqrt{3}}{2}\right)$，此时 $\triangle FPQ$ 的周长为 $4+2\sqrt{3}$.

② 当直线 PQ 的斜率存在时，设 PQ 的方程为 $y=kx+m$，则由直线 PQ 与圆 $x^2+y^2=1$ 相切，得 $d=\dfrac{|m|}{\sqrt{1+k^2}}=1$，即 $m^2=1+k^2$. 联立 $\begin{cases} y=kx+m \\ \dfrac{x^2}{4}+y^2=1 \end{cases}$，消去 y，得

$$(4k^2+1)x^2+8kmx+4m^2-4=0.$$

则由韦达定理得 $x_1+x_2=-\dfrac{8km}{4k^2+1}$，$x_1x_2=\dfrac{4m^2-4}{4k^2+1}$，且易知 $\Delta>0$ 恒成立，可得

$$x_1x_2=\dfrac{4m^2-4}{4k^2+1}=\dfrac{4(1+k^2)-4}{4k^2+1}=\dfrac{4k^2}{4k^2+1}>0.$$

所以 x_1，x_2 同号.

当 $x_1+x_2=-\dfrac{8km}{4k^2+1}>0$，即 $km<0$ 时，点 M 在 y 轴右侧，所以 $x_1>0$，$x_2>0$. 此时 $\triangle FPQ$ 的周长为

$$C_{\triangle FPQ}=4+\sqrt{3}\,\dfrac{|x_1|+|x_2|-x_1-x_2}{2}=4,$$

为定值.

当 $x_1+x_2=-\dfrac{8km}{4k^2+1}<0$，即 $km>0$ 时，点 M 在 y 轴左侧，所以 $x_1<0$，$x_2<0$. 此时 $\triangle FPQ$ 的周长为

$$C_{\triangle FPQ}=4+\sqrt{3}\,\dfrac{|x_1|+|x_2|-x_1-x_2}{2}=4-\sqrt{3}\,(x_1+x_2)=4+\dfrac{8\sqrt{3}\,km}{4k^2+1}$$

$$=4+\dfrac{8\sqrt{3}\,km}{3k^2+m^2}=4+\dfrac{8\sqrt{3}}{\dfrac{m}{k}+3\dfrac{k}{m}}.$$

又因为 $km>0$，所以 $\dfrac{m}{k}+3\dfrac{k}{m}\geqslant 2\sqrt{3}$，当且仅当 $\dfrac{m}{k}=3\dfrac{k}{m}$，即 $\begin{cases} m=\dfrac{\sqrt{6}}{2} \\ k=\dfrac{\sqrt{2}}{2} \end{cases}$ 或 $\begin{cases} m=-\dfrac{\sqrt{6}}{2} \\ k=-\dfrac{\sqrt{2}}{2} \end{cases}$ 时取等号.

则 $4<4+\dfrac{8\sqrt{3}}{\dfrac{m}{k}+3\dfrac{k}{m}}\leqslant 8$. 所以 $\triangle FPQ$ 周长的取值范围为 $(4,8]$.

综上所述，$\triangle FPQ$ 周长的取值范围是 $[4,8]$.

点评　对于本题的第(2)问，在表示出 $\triangle FPQ$ 的周长后，运用分类讨论的思想和基本不等式，以及不等式性质可得出 $\triangle FPQ$ 周长的取值范围.

【**题根探秘**】 通过对例 14 进行探究,可以得到下面一个椭圆及其"姊妹圆"相关性质的结论(命题 10):

命题 10 如图 3.71 所示,已知椭圆 $C: \dfrac{x^2}{a^2} + \dfrac{y^2}{b^2} = 1(a > b > 0)$,其右焦点为 F,点 M 在圆 $x^2 + y^2 = b^2$ 上但不在 y 轴上,过点 M 作圆的切线交椭圆于 P,Q 两点,当点 M 在圆上运动时,$\triangle FPQ$ 周长的取值范围为 $[2a, 4a]$.

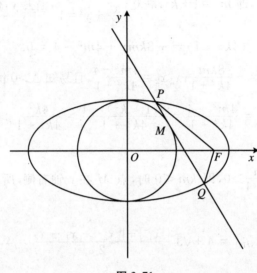

图 3.71

证明:设 $F(c,0)$,$P(x_1, y_1)$,$Q(x_2, y_2)$,记 e 为椭圆 C 的离心率,则由椭圆焦半径公式可得 $|PF| = a - ex_1 = a - \dfrac{c}{a}x_1$,同理可得 $|QF| = a - ex_2 = a - \dfrac{c}{a}x_2$. 而

$$|PM| = \sqrt{|OP|^2 - b^2} = \sqrt{x_1^2 + y_1^2 - b^2} = \sqrt{x_1^2 - \frac{b^2}{a^2}x_1^2} = \frac{c}{a}|x_1|,$$

同理可得 $|QM| = \dfrac{c}{a}|x_2|$. 所以 $\triangle FPQ$ 的周长为

$$C_{\triangle FPQ} = a - \frac{c}{a}x_1 + a - \frac{c}{a}x_2 + \frac{c}{a}|x_1| + \frac{c}{a}|x_2|$$

$$= 2a + \frac{c(|x_1| + |x_2| - x_1 - x_2)}{a}.$$

① 当直线 PQ 的斜率不存在时,PQ 的方程为 $x = b$ 或 $x = -b$,则:

若 PQ 的方程为 $x = b$,不妨设 P,Q 的坐标分别为 $\left(b, \dfrac{bc}{a}\right)$,$\left(b, -\dfrac{bc}{a}\right)$,此时 $\triangle FPQ$ 的周长为 $2a$;

若 PQ 的方程为 $x = -b$,不妨设 P,Q 的坐标分别为 $\left(-b, \dfrac{bc}{a}\right)$,$\left(-b, -\dfrac{bc}{a}\right)$,此时

$\triangle FPQ$ 的周长为 $2a + \dfrac{4bc}{a}$.

② 当直线 PQ 的斜率存在时,设 PQ 的方程为 $y = kx + m$,则由直线 PQ 与圆 $x^2 + y^2 = b^2$

相切,得 $d = \dfrac{|m|}{\sqrt{1 + k^2}} = b$,即 $m^2 = (1 + k^2) b^2$. 联立 $\begin{cases} y = kx + m \\ \dfrac{x^2}{a^2} + \dfrac{y^2}{b^2} = 1 \end{cases}$,消去 y,得

$$(a^2 k^2 + b^2) x^2 + 2a^2 kmx + a^2(m^2 - b^2) = 0.$$

则由韦达定理得 $x_1 + x_2 = -\dfrac{2a^2 km}{a^2 k^2 + b^2}$,$x_1 x_2 = \dfrac{a^2(m^2 - b^2)}{a^2 k^2 + b^2}$,且易知 $\Delta > 0$ 恒成立,可得

$$x_1 x_2 = \dfrac{a^2 \left[(1 + k^2) b^2 - b^2 \right]}{a^2 k^2 + b^2} = \dfrac{a^2 b^2 k^2}{a^2 k^2 + b^2} > 0.$$

所以 x_1, x_2 同号.

当 $x_1 + x_2 = -\dfrac{2a^2 km}{a^2 k^2 + b^2} > 0$,即 $km < 0$ 时,点 M 在 y 轴右侧,所以 $x_1 > 0, x_2 > 0$. 此时

$\triangle FPQ$ 的周长为

$$C_{\triangle FPQ} = 2a + \dfrac{c(|x_1| + |x_2| - x_1 - x_2)}{a} = 2a,$$

为定值.

当 $x_1 + x_2 = -\dfrac{2a^2 km}{a^2 k^2 + b^2} < 0$,即 $km > 0$ 时,点 M 在 y 轴左侧,所以 $x_1 < 0, x_2 < 0$. 此时

$\triangle FPQ$ 的周长为

$$C_{\triangle FPQ} = 2a + \dfrac{c(|x_1| + |x_2| - x_1 - x_2)}{a} = 2a - \dfrac{2c(x_1 + x_2)}{a}$$

$$= 2a + \dfrac{4a^2 ckm}{a(a^2 k^2 + b^2)} = 2a + \dfrac{4ackm}{a^2 k^2 + b^2} = 2a + \dfrac{4ackm}{m^2 - b^2 k^2 + a^2 k^2}$$

$$= 2a + \dfrac{4ackm}{m^2 + c^2 k^2} = 2a + \dfrac{4ac}{\dfrac{m}{k} + \dfrac{c^2 k}{m}} \leqslant 2a + \dfrac{4ac}{2c} = 4a,$$

当且仅当 $\dfrac{m}{k} = \dfrac{c^2 k}{m}$,即 $\begin{cases} m = \dfrac{bc}{\sqrt{c^2 - b^2}} \\ k = \dfrac{b}{\sqrt{c^2 - b^2}} \end{cases}$ 或 $\begin{cases} m = -\dfrac{bc}{\sqrt{c^2 - b^2}} \\ k = -\dfrac{b}{\sqrt{c^2 - b^2}} \end{cases}$ 时取等号. 则可得 $2a < 2a +$

$\dfrac{4ac}{\dfrac{m}{k} + \dfrac{c^2 k}{m}} \leqslant 4a$. 所以 $\triangle FPQ$ 周长的取值范围为 $(2a, 4a]$.

综上所述,$\triangle FPQ$ 周长的取值范围为 $[2a, 4a]$.

例 15 已知双曲线 $\dfrac{x^2}{4} - \dfrac{y^2}{b^2} = 1 (b > 0)$,以原点为圆心、双曲线的实半轴长为半径长

的圆与双曲线的两条渐近线相交于 A，B，C，D 四点，四边形 $ABCD$ 的面积为 $2b$，则双曲线的方程为（　　）．

A. $\dfrac{x^2}{4} - \dfrac{3y^2}{4} = 1$　　B. $\dfrac{x^2}{4} - \dfrac{4y^2}{3} = 1$　　C. $\dfrac{x^2}{4} - \dfrac{y^2}{4} = 1$　　D. $\dfrac{x^2}{4} - \dfrac{y^2}{12} = 1$

【解析】 根据双曲线的对称性，不妨设 $A(x_1, y_1)$ 在第一象限，则由题设知，以原点为圆心、双曲线的实半轴长为半径的圆的方程为 $x^2 + y^2 = 4$．联立 $\begin{cases} x^2 + y^2 = 4 \\ y = \dfrac{b}{2}x \end{cases}$，解得

$\begin{cases} x_1 = \dfrac{4}{\sqrt{b^2 + 4}} \\ y_1 = \dfrac{2b}{b^2 + 4} \end{cases}$，因此

$$S_{\text{四边形}ABCD} = |BC| \cdot |AB| = 4x_1 y_1 = \frac{32b}{b^2 + 4} = 2b,$$

解得 $b^2 = 12$．所以双曲线的方程为 $\dfrac{x^2}{4} - \dfrac{y^2}{12} = 1$．故选 D．

点评 本题中涉及的以原点为圆心、双曲线的实半轴长为半径的圆叫作该双曲线的实轴圆．

变式 3 已知双曲线 $\dfrac{x^2}{a^2} - \dfrac{y^2}{b^2} = 1\,(a>0, b>0)$ 的一个焦点为 $F(2,0)$，且双曲线的渐近线与圆 $(x-2)^2 + y^2 = 3$ 相切，则双曲线的方程为（　　）．

A. $\dfrac{x^2}{9} - \dfrac{y^2}{13} = 1$　　B. $\dfrac{x^2}{13} - \dfrac{y^2}{9} = 1$　　C. $\dfrac{x^2}{3} - y^2 = 1$　　D. $x^2 - \dfrac{y^2}{3} = 1$

【解析】 设双曲线 $\dfrac{x^2}{a^2} - \dfrac{y^2}{b^2} = 1\,(a>0, b>0)$ 的斜率大于 0 的一条渐近线方程为 $bx - ay = 0$．则由题设可得 $\begin{cases} a^2 + b^2 = 4 \\ \dfrac{2b}{\sqrt{b^2 + (-a)^2}} = \sqrt{3} \end{cases}$，解得 $a = 1$，$b = \sqrt{3}$．所以双曲线的方程为 $x^2 - \dfrac{y^2}{3} = 1$．故选 D．

例 16 设抛物线 $C: x^2 = 2py\,(p>0)$ 的焦点为 F，准线为 l，A 为 C 上一点，已知以 F 为圆心、FA 为半径的圆 F 交 l 于 B，D 两点．

（1）若 $\angle BFD = 90°$，$\triangle ABD$ 的面积为 $4\sqrt{2}$，求 p 的值及圆 F 的方程；

（2）若 A，B，F 三点在同一条直线 m 上，直线 n 与 m 平行，且 n 与 C 只有一个公共点，求坐标原点到 m，n 的距离之比．

【解析】 （1）由对称性知，$\triangle BFD$ 是等腰直角三角形，斜边 $|BD| = 2p$，点 A 到准线 l 的距离 $d = |FA| = |FB| = \sqrt{2}p$．所以由题设知

$$S_{\triangle ABD} = \frac{1}{2} \mid BD \mid \cdot d = \frac{1}{2} \cdot 2p \cdot \sqrt{2}p = 4\sqrt{2},$$

解得 $p = 2$. 故圆 F 的方程为 $x^2 + (y-1)^2 = 8$.

(2) 由对称性设 $A\left(x_0, \dfrac{x_0^2}{2p}\right)(x_0 > 0)$, 由题设知 $F\left(0, \dfrac{p}{2}\right)$. 则由点 A, B 关于点 F 对称,

得 $B\left(-x_0, p - \dfrac{x_0^2}{2p}\right)$, 所以 $p - \dfrac{x_0^2}{2p} = -\dfrac{p}{2}$, 即 $x_0^2 = 3p^2$, 故 $A(\sqrt{3}p, \dfrac{3}{2}p)$. 所以直线 m 的方程

为 $y = \dfrac{\frac{3}{2}p - \frac{p}{2}}{\sqrt{3}p}x + \dfrac{p}{2}$, 整理得 $x - \sqrt{3}y + \dfrac{\sqrt{3}}{2}p = 0$.

又因为 $x^2 = 2py$, 即 $y = \dfrac{x^2}{2p}$, 则 $y' = \dfrac{x}{p} = \dfrac{\sqrt{3}}{3}$, 所以 $x = \dfrac{\sqrt{3}}{3}p$. 因此切点 P 的坐标为

$\left(\dfrac{\sqrt{3}}{3}p, \dfrac{p}{6}\right)$, 则直线 n 的方程为 $y - \dfrac{p}{6} = \dfrac{\sqrt{3}}{3}\left(x - \dfrac{\sqrt{3}}{3}p\right)$, 即 $x - \sqrt{3}y - \dfrac{\sqrt{3}}{6}p = 0$. 故坐标原点到

直线 m, n 的距离之比为 $\dfrac{\sqrt{3}}{2}p : \dfrac{\sqrt{3}}{6}p = 3$.

点评 本题为抛物线与圆的交汇问题,第(1)问结合题设建立关于 p 的方程,解出 p 的值,从而得出圆的方程;第(2)问结合直线方程的知识和导数的几何意义可得出相关的直线方程.

【题根探秘】 通过对例16的探究,可以得出以下结论(命题11):

命题 11 设圆锥曲线 C 的一个焦点为 F,与其相对应的准线为 l,点 A 在 C 上,已知以 F 为圆心、FA 为半径的圆交 l 于 B, D 两点. 若 A, F, B 三点在同一条直线 m 上,则 $\mid AF \mid$ 等于通径长.

证明:不妨设 C 为椭圆,e 为椭圆 C 的离心率. 如图 3.72 所示,连接 AD,AB 为圆 F 的直径,则 $AD \perp BD$. 因为 $\mid AF \mid = \mid AD \mid$,所以 $\cos \angle DAB = $ $\dfrac{\mid AD \mid}{\mid AB \mid} = \dfrac{\mid AD \mid}{2 \mid AF \mid} = \dfrac{1}{2e}$. 设 θ 为直线 m 的倾斜角,则 $\cos \theta = -\cos \angle DAB = -\dfrac{1}{2e}$,所以 $\mid AF \mid = $

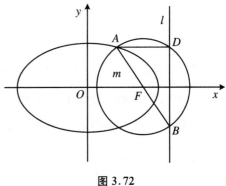

图 3.72

$\dfrac{ep}{1 + e\cos\theta} = 2ep$,即 $\mid AF \mid$ 等于通径长.

例 17 设抛物线 $C: y^2 = 2px(p > 0)$ 的焦点为 F,准线为 l,过焦点 F 且斜率为 1 的直线与抛物线 C 交于 A, B 两点,AB 的中点到准线 l 的距离为 4.

(1) 求抛物线 C 的方程;

(2) 设 P 为 l 上任意一点, 过点 P 作 C 的切线, 切点为 Q, 试判断 F 是否在以 PQ 为直径的圆上.

【解析】 (解法1)(1) 设 $A(x_1, y_1), B(x_2, y_2)$, 则 $\begin{cases} y_1^2 = 2px_1 \\ y_2^2 = 2px_2 \end{cases}$. 两式相减, 可得 $y_1^2 - y_2^2 =$

$2p(x_1 - x_2)$, 整理得 $\dfrac{y_1 - y_2}{x_1 - x_2} = \dfrac{2p}{y_1 + y_2} = 1$, 即 $y_1 + y_2 = 2p$. 因为直线 AB 的方程为

$y = x - \dfrac{p}{2}$, 所以 $x_1 + x_2 = y_1 + y_2 + p = 3p$. 又因为 AB 的中点到准线 l 的距离为 4, 所以

$\dfrac{x_1 + x_2}{2} + \dfrac{p}{2} = 2p = 4$, 解得 $p = 2$. 故抛物线 C 的方程为 $y^2 = 4x$.

(2) 设 $P(-1, t)$, 由题设可知切线 PQ 的斜率存在且不为 0, 不妨设切线 PQ 的方程为

$x = m(y - t) - 1$. 联立 $\begin{cases} x = m(y-t) - 1 \\ y^2 = 4x \end{cases}$, 消去 x, 得 $y^2 - 4my + 4mt + 4 = 0$. 则由 $\Delta =$

$16m^2 - 16(mt + 1) = 0$, 得 $t = m - \dfrac{1}{m}$, 即 $P\left(-1, m - \dfrac{1}{m}\right)$. 所以方程 $y^2 - 4my + 4mt + 4 =$

$y^2 - 4my + 4m^2 = 0$ 的根为 $y = 2m$, 故 $x = m^2$, 即 $Q(m^2, 2m)$. 又因为 $\overrightarrow{FP} =$

$\left(-2, m - \dfrac{1}{m}\right), \overrightarrow{FQ} = (m^2 - 1, 2m)$, 所以

$$\overrightarrow{FP} \cdot \overrightarrow{FQ} = -2(m^2 - 1) + 2m\left(m - \dfrac{1}{m}\right) = 0.$$

故 $FP \perp FQ$, 即 F 在以 PQ 为直径的圆上.

(解法2)(1) 联立 $\begin{cases} y = x - \dfrac{p}{2} \\ y^2 = 2px \end{cases}$, 消去 y, 得 $x^2 - 3px + \dfrac{p^2}{4} = 0$. 设 $A(x_1, y_1), B(x_2, y_2)$,

则由韦达定理得 $x_1 + x_2 = 3p$. 因为 AB 的中点到准线 l 的距离为 4, 所以 $\dfrac{x_1 + x_2}{2} + \dfrac{p}{2} =$

$2p = 4$, 解得 $p = 2$. 故抛物线 C 的方程为 $y^2 = 4x$.

(2) 设 $P(-1, t)$, 由题设可知切线 PQ 的斜率存在且不为 0, 不妨设切线 PQ 的方程为

$y - t = k(x + 1)$. 联立 $\begin{cases} y - t = k(x+1) \\ y^2 = 4x \end{cases}$, 消去 x, 得 $ky^2 - 4y + 4t + 4k = 0$. 则由 $\Delta = 16 -$

$4k(4t + 4k) = 0$, 得 $t = \dfrac{1}{k} - k$, 即 $P\left(-1, \dfrac{1}{k} - k\right)$. 所以方程 $ky^2 - 4y + 4t + 4k = ky^2 - 4y$

$+ \dfrac{4}{k} = 0$ 的根为 $y = \dfrac{2}{k}$, 故 $x = \dfrac{1}{k^2}$, 即 $Q\left(\dfrac{1}{k^2}, \dfrac{2}{k}\right)$. 又因为 $\overrightarrow{FP} = \left(-2, \dfrac{1}{k} - k\right), \overrightarrow{FQ} =$

$\left(\dfrac{1}{k^2} - 1, \dfrac{2}{k}\right)$, 所以

$$\overrightarrow{FP} \cdot \overrightarrow{FQ} = -2\left(\dfrac{1}{k^2} - 1\right) + \left(\dfrac{1}{k} - k\right)\dfrac{2}{k} = 0.$$

故 $FP \perp FQ$,即 F 在以 PQ 为直径的圆上.

点评 本题的第(2)问把判断点 F 是否在以 PQ 为直径的圆上化归为计算 $\overrightarrow{FP} \cdot \overrightarrow{FQ}$ 是否为 0.

【题根探秘】 通过对例 17 的探究,可以得到以下结论(命题 12 和命题 13):

命题 12 设抛物线 $C: y^2 = 2px (p > 0)$ 的焦点为 F,准线为 l,P 为 l 上任意一点,过点 P 作 C 的切线,切点为 Q,则 F 在以 PQ 为直径的圆上.

证明:设 $P\left(-\dfrac{p}{2}, t\right)$,由题设可知切线 PQ 的斜率存在且不为 0,不妨设切线 PQ 的方程

为 $y - t = k\left(x + \dfrac{p}{2}\right)$. 联立 $\begin{cases} y - t = k\left(x + \dfrac{p}{2}\right) \\ y^2 = 2px \end{cases}$,消去 x,得 $ky^2 - 2py + 2pt + kp^2 = 0$. 则由

$\Delta = (-2p)^2 - 4k(2pt + kp^2) = 0$,得 $t = \dfrac{p}{2k} - \dfrac{kp}{2}$,即 $P\left(-\dfrac{p}{2}, \dfrac{p}{2k} - \dfrac{kp}{2}\right)$. 所以方程

$ky^2 - 2py + 2pt + kp^2 = ky^2 - 2py + \dfrac{p^2}{k} = 0$ 的根为 $y = \dfrac{p}{k}$,故 $x = \dfrac{p}{2k^2}$,即 $Q\left(\dfrac{p}{2k^2}, \dfrac{p}{k}\right)$. 又因

为 $\overrightarrow{FP} = \left(-p, \dfrac{p}{2k} - \dfrac{kp}{2}\right)$,$\overrightarrow{FQ} = \left(\dfrac{p}{2k^2} - \dfrac{p}{2}, \dfrac{p}{k}\right)$,所以

$$\overrightarrow{FP} \cdot \overrightarrow{FQ} = -p\left(\dfrac{p}{2k^2} - \dfrac{p}{2}\right) + \left(\dfrac{p}{2k} - \dfrac{kp}{2}\right)\dfrac{p}{k} = 0.$$

故 $FP \perp FQ$,即 F 在以 PQ 为直径的圆上.

命题 13 已知椭圆 $C: \dfrac{x^2}{a^2} + \dfrac{y^2}{b^2} = 1 (a > b > 0)$,动直线 $l: y = kx + m$ 与椭圆 C 有且只有

一个交点 P,且与椭圆 C 的右准线 $x = \dfrac{a^2}{c}$(或左准线 $x = -\dfrac{a^2}{c}$)交于点 Q,则以线段 PQ 为直

径的圆经过椭圆 C 的右焦点 $F_2(c, 0)$(或左焦点 $F_1(-c, 0)$).

证明:联立 $\begin{cases} y = kx + m \\ \dfrac{x^2}{a^2} + \dfrac{y^2}{b^2} = 1 \end{cases}$,消去 y 并整理,得

$$(a^2 k^2 + b^2)x^2 + 2kma^2 x + a^2(m^2 - b^2) = 0.$$

则由题设可得 $\Delta = (2kma^2)^2 - 4(a^2 k^2 + b^2)a^2(m^2 - b^2) = 0$,即 $m^2 = a^2 k^2 + b^2$,所以

$$x_P = -\dfrac{kma^2}{a^2 k^2 + b^2} = -\dfrac{kma^2}{m^2} = -\dfrac{ka^2}{m},$$

$$y_P = kx_P + m = -\dfrac{k^2 a^2}{m} + m = \dfrac{m^2 - k^2 a^2}{m} = \dfrac{b^2}{m}.$$

故 $P\left(-\dfrac{ka^2}{m}, \dfrac{b^2}{m}\right)$. 又因为 $Q\left(\dfrac{a^2}{c}, \dfrac{ka^2}{c} + m\right)$,$F_2(c, 0)$,所以 $\overrightarrow{F_2 P} = \left(-\dfrac{ka^2}{m} - c, \dfrac{b^2}{m}\right)$,$\overrightarrow{F_2 Q} = $

$$\left(\frac{a^2}{c} - c, \frac{ka^2}{c} + m \right). 则$$

$$\overrightarrow{F_2P} \cdot \overrightarrow{F_2Q} = \left(-\frac{ka^2}{m} - c \right) \left(\frac{a^2}{c} - c \right) + \frac{b^2}{m} \cdot \left(\frac{ka^2}{c} + m \right)$$

$$= -\frac{ka^2b^2}{mc} - b^2 + \frac{ka^2b^2}{mc} + b^2 = 0,$$

即 $\overrightarrow{F_2P} \perp \overrightarrow{F_2Q}$. 所以以线段 PQ 为直径的圆经过椭圆 C 的右焦点 $F_2(c, 0)$.

 **习 题**

单选题

1. 已知椭圆 $C: \frac{x^2}{a^2} + \frac{y^2}{b^2} = 1 (a > b > 0)$,圆 $M: x^2 + y^2 - 2bx - ay = 0$. 若圆 M 的圆心在椭圆 C 上,则椭圆 C 的离心率为(   ).

A. $\frac{1}{2}$ B. $\frac{\sqrt{3}}{2}$ C. $\frac{1}{2}$ 或 $\frac{\sqrt{3}}{2}$ D. $\frac{\sqrt{2}}{2}$

2. 已知双曲线 $C: \frac{x^2}{a^2} - \frac{y^2}{b^2} = 1 (a > 0, b > 0)$ 的右焦点 $F(2\sqrt{6}, 0)$,点 Q 是双曲线 C 的左支上一动点,圆 $E: x^2 + y^2 = 1$ 与 y 轴的一个交点为 P. 若 $|PQ| + |QF| + |PF| \geqslant 13$,则双曲线 C 的离心率的最大值为(   ).

A. $\frac{4\sqrt{6}}{3}$ B. $\frac{2\sqrt{6}}{3}$ C. $\frac{4\sqrt{6}}{5}$ D. $2\sqrt{6}$

3. 已知双曲线 $C: \frac{x^2}{a^2} - \frac{y^2}{b^2} = 1 (a > 0, b > 0)$ 的右焦点为 F,以 F 为圆心和双曲线的渐近线相切的圆与双曲线的一个交点为 M,且 MF 与双曲线的实轴垂直,则双曲线 C 的离心率为(   ).

A. $\frac{\sqrt{5}}{2}$ B. $\sqrt{5}$ C. $\sqrt{2}$ D. 2

多选题

4. (2022 年全国乙卷/理 11)双曲线 C 的两个焦点为 F_1, F_2,以 C 的实轴为直径的圆记为 D,过 F_1 作 D 的切线与 C 交于 M, N 两点,且 $\cos \angle F_1NF_2 = \frac{3}{5}$,则 C 的离心率为(   ).

A. $\frac{\sqrt{5}}{2}$ B. $\frac{3}{2}$ C. $\frac{\sqrt{13}}{2}$ D. $\frac{\sqrt{17}}{2}$

填空题

5. 若双曲线 $C: \frac{x^2}{a^2} - y^2 = 1 (a > 0)$ 的一条渐近线与圆 $x^2 + (y-2)^2 = 1$ 至多有一个公

共点,则双曲线 C 的离心率的取值范围是_____.

6. 已知椭圆 $E:\dfrac{x^2}{a^2}+\dfrac{y^2}{b^2}=1(a>b>0)$ 和圆 $O:x^2+y^2=b^2$. 若在椭圆 E 上存在点 P,使得由点 P 所作的圆 O 的两条切线互相垂直,则椭圆 E 的离心率的取值范围是_____(用区间表示).

解答题

7. 已知椭圆 $C:\dfrac{x^2}{a^2}+\dfrac{y^2}{b^2}=1(a>b>0)$ 的左、右焦点分别为 F_1,F_2,左顶点为 A,上顶点为 B,O 为坐标原点,$\angle BF_1O=\dfrac{\pi}{3}$,$\overrightarrow{BA}\cdot\overrightarrow{BF_1}=5$.

(1) 求 C 的方程.

(2) 过 F_1 且斜率为 k 的直线 l 交 C 于 M,N 两点. 若点 F_2 在以 MN 为直径的圆内,求 k 的取值范围.

8. 如图 3.73 所示,已知抛物线 $C:y^2=2px(p>0)$ 与圆 $M:(x-4)^2+y^2=12$ 相交于 A,B,C,D 四点.

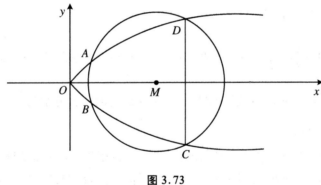

图 3.73

(1) 若 $\overrightarrow{OA}\cdot\overrightarrow{OD}=8$,求抛物线 C 的方程.

(2) 试探究直线 AC 是否经过定点. 若是,求出定点坐标;若不是,请说明理由.

9. 如图 3.74 所示,设椭圆 $\dfrac{x^2}{a^2}+\dfrac{y^2}{b^2}=1(a>b>0)$ 的左、右焦点分别为 F_1,F_2,点 D 在椭圆上,$DF_1\perp F_1F_2$,$\dfrac{|F_1F_2|}{|DF_1|}=2\sqrt{2}$,$\triangle DF_1F_2$ 的面积为 $\dfrac{\sqrt{2}}{2}$.

(1) 求椭圆的标准方程.

(2) 设圆心在 y 轴上的圆与椭圆在 x 轴的上方有两个交点,且圆在这两个交点处的两条切线相互垂直并分别过不同的焦点,求圆的半径.

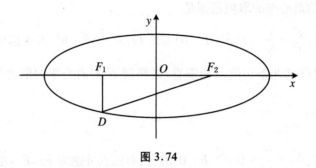

图 3.74

10. 已知椭圆 $C: \dfrac{x^2}{a^2} + \dfrac{y^2}{b^2} = 1 (a > b > 0)$ 的右焦点为 $F(1, 0)$,且点 $P\left(1, \dfrac{3}{2}\right)$ 在椭圆 C 上.

(1) 求椭圆 C 的标准方程.

(2) 过椭圆 $C_1: \dfrac{x^2}{a^2} + \dfrac{y^2}{b^2 - \dfrac{5}{3}} = 1$ 上异于其顶点的任意一点 Q 作圆 $O: x^2 + y^2 = \dfrac{4}{3}$ 的两条切线,切点分别为 $M, N (M, N$ 不在坐标轴上). 若直线 MN 在 x 轴和 y 轴上的截距分别为 m, n,证明: $\dfrac{1}{3m^2} + \dfrac{1}{n^2}$ 为定值.

11. 已知椭圆 $C: \dfrac{x^2}{a^2} + \dfrac{y^2}{b^2} = 1 (a > b > 0)$ 的左、右焦点分别为 F_1, F_2,圆 $O: x^2 + y^2 = a^2$

$(a > 0)$,过 F_2 且垂直 x 轴的直线被椭圆 C 和圆 O 截得的弦长分别为 $\dfrac{4\sqrt{3}}{3}$ 和 2.

(1) 求椭圆 C 的标准方程.

(2) 过已知圆 O 上且不在坐标轴上的任一点 P 作椭圆 C 的两条切线 l_1, l_2. 记 l_1, l_2 的斜率分别为 k_1, k_2,直线 OP 的斜率为 $k_3 (O$ 为坐标原点),证明: $(k_1 + k_2)k_3$ 为定值.

12. (结构不良题)已知椭圆 $C: \dfrac{x^2}{a^2} + \dfrac{y^2}{b^2} = 1 (a > b > 0)$,给出两个条件:① 椭圆 C 和圆

$x^2 + y^2 = b^2$ 被直线 $x = 1$ 截得的弦长分别为 $\dfrac{16}{3}$ 和 $2\sqrt{7}$;② 椭圆 C 和圆 $x^2 + y^2 = a^2$ 被直线

$x = 1$ 截得的弦长分别为 $\dfrac{16}{3}$ 和 $4\sqrt{2}$.

(1) 求椭圆 C 满足条件_____时的标准方程.

(2) 若椭圆 C 与 x 轴交于 A, B 两点,M 是椭圆 C 上异于 A, B 的任意一点,直线 MA 交直线 $l: x = 9$ 于 G 点,直线 MB 交直线 l 于 H 点. 试探求以 GH 为直径的圆是否恒经过 x 轴上的定点. 若经过,求出定点的坐标;若不经过,请说明理由.

习题参考答案

1. D.解析:由题设,圆 M 的圆心坐标为 $\left(b,\dfrac{a}{2}\right)$,由题设可得 $\dfrac{b^2}{a^2}+\dfrac{\left(\dfrac{a}{2}\right)^2}{b^2}=1$,解得 $\dfrac{b^2}{a^2}=\dfrac{1}{2}$,所以 $e=\dfrac{c}{a}=\sqrt{1-\left(\dfrac{b}{a}\right)^2}=\sqrt{1-\dfrac{1}{2}}=\dfrac{\sqrt{2}}{2}$.故选 D.

2. A.解析:设双曲线 C 的左焦点为 F',则 $|QF|-|QF'|=2a$,即 $|QF|=|QF'|+2a$,故

$$|QF|+|PQ|=|QF'|+|PQ|+2a\geqslant|PF'|+2a.$$

由题意可得 $|PF|=|PF'|=\sqrt{24+1}=5$,又因为 $|PQ|+|QF|+|PF|\geqslant13$,所以 $a\geqslant\dfrac{3}{2}$.则双曲线 C 的离心率 $e=\dfrac{c}{a}=\dfrac{2\sqrt{6}}{a}\leqslant\dfrac{4\sqrt{6}}{3}$.故选 A.

3. C.解析:由题设可知双曲线的渐近线方程为 $y=\pm\dfrac{b}{a}x$,则点 $F(c,0)$ 到渐近线的距离为 $\dfrac{|bc|}{\sqrt{a^2+b^2}}=\dfrac{bc}{c}=b$,即圆 F 的半径为 b.令 $x=c$,则 $y=\pm b\sqrt{\dfrac{c^2}{a^2}-1}=\pm\dfrac{b^2}{a}$.又由题意得 $b=\dfrac{b^2}{a}$,即 $a=b$,所以双曲线的离心率 $e=\sqrt{1+\dfrac{b^2}{a^2}}=\sqrt{2}$.故选 C.

4. AC.解析:不妨设双曲线的标准方程为 $\dfrac{x^2}{a^2}-\dfrac{y^2}{b^2}=1(a>0,b>0)$,$F_1(-c,0)$,$F_2(c,0)$.

当两个交点 M,N 在双曲线两支上时,如图 3.75 所示.设 A 为切点,过点 F_2 作 $BF_2\perp MN$,垂足为 B.在 $\triangle AOF_1$ 中,$|OA|=a$,$|AF_1|=b$,$|OF_1|=c$,则由坐标原点 O 为线段 F_1F_2 的中点,可得 $|AB|=b$,$|BF_2|=2a$.设 $\cos\angle F_1NF_2=\dfrac{3}{5}$,则 $|NB|=\dfrac{3}{2}a$,$|NF_2|=\dfrac{5}{2}a$,可得 $|NF_1|=2b+\dfrac{3}{2}a$.又由双曲线定义可知 $|NF_1|-|NF_2|=$

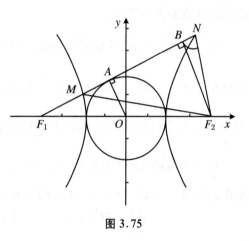

图 3.75

$2a$,即 $2b+\dfrac{3}{2}a-\dfrac{5}{2}a=2a$,解得 $\dfrac{b}{a}=\dfrac{3}{2}$,所以 $e=\sqrt{1+\left(\dfrac{b}{a}\right)^2}=\sqrt{1+\dfrac{9}{4}}=\dfrac{\sqrt{13}}{2}$.故 C 正确.

当两个交点 M,N 都在双曲线的左支上时,如图 3.76 所示.设 A 为切点,过点 F_2 作

$BF_2 \perp MN$,垂足为 B.同理可得 $|BF_1| = 2b$,$|BF_2| = 2a$,则 $|NB| = \dfrac{3}{2}a$,$|NF_2| = \dfrac{5}{2}a$.所以

$|NF_1| = |NB| - |BF_1| = \dfrac{3a}{2} - 2b$,即 $|NF_2| - |NF_1| = \dfrac{5a}{2} - \left(\dfrac{3a}{2} - 2b\right) = 2a$,解得 $\dfrac{b}{a} = \dfrac{1}{2}$,

所以 $e = \sqrt{1 + \left(\dfrac{b}{a}\right)^2} = \sqrt{1 + \dfrac{1}{4}} = \dfrac{\sqrt{5}}{2}$.故 A 正确.综上选 AC.

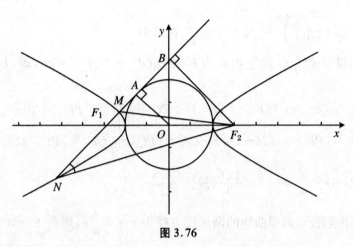

图 3.76

5. $(1,2]$.解析:因为双曲线 $C: \dfrac{x^2}{a^2} - y^2 = 1(a > 0)$ 的渐近线方程为 $y = \pm \dfrac{1}{a}x$,由题设可

得 $d = \dfrac{|-2a|}{\sqrt{a^2+1}} \geqslant 1$,解得 $a^2 \geqslant \dfrac{1}{3}$,所以 $0 < \dfrac{1}{a^2} \leqslant 3$.又因为 $e = \sqrt{1 + \dfrac{1}{a^2}}$,所以双曲线 C 的离

心率的取值范围是 $(1,2]$.

6. $\left[\dfrac{\sqrt{2}}{2}, 1\right)$.解析:从椭圆长轴端点向圆引切线,则两条切线所成的角即 $\angle APB$ 最小.由

题设知 $\angle APB \leqslant 90°$,$\angle APO \leqslant 45°$,所以 $\sin \angle APO = \dfrac{b}{a} \leqslant \dfrac{\sqrt{2}}{2}$,故 $e = \sqrt{1 - \left(\dfrac{b}{a}\right)^2} \geqslant \dfrac{\sqrt{2}}{2}$.又因

为 $0 < e < 1$,所以椭圆 E 的离心率的取值范围是 $\left[\dfrac{\sqrt{2}}{2}, 1\right)$.

7. (1) 设椭圆的半焦距为 $c(c > 0)$,因为 $\angle BF_1O = \dfrac{\pi}{3}$,所以 $b = \sqrt{3}c$,从而可得 $a = 2c$.

根据题意 $A(-a, 0)$,$F_1(-c, 0)$,$B(0, b)$,则

$$\overrightarrow{BA} \cdot \overrightarrow{BF_1} = (-a, -b) \cdot (-c, -b) = ac + b^2 = 5.$$

即 $2c^2 + 3c^2 = 5$,解得 $c = 1$,所以 $a = 2$,$b = \sqrt{3}$.故椭圆 C 的方程为 $\dfrac{x^2}{4} + \dfrac{y^2}{3} = 1$.

(2) 设直线 l 的方程为 $y = k(x+1)$,$M(x_1, y_1)$,$N(x_2, y_2)$.联立方程组

$\begin{cases} y = k(x+1) \\ \dfrac{x^2}{4} + \dfrac{y^2}{3} = 1 \end{cases}$,消去 y,可得 $(4k^2+3)x^2 + 8k^2x + 4k^2 - 12 = 0$,即得 $\Delta = 64k^4 - 4(4k^2+3) \cdot$

$(4k^2-12)>0$,则由韦达定理得

$$x_1+x_2=-\frac{8k^2}{4k^2+3}, \quad x_1x_2=\frac{4k^2-12}{4k^2+3}. \qquad ①$$

又因为点 F_2 在以 MN 为直径的圆内,所以 $\overrightarrow{F_2M}\cdot\overrightarrow{F_2N}<0$,即

$$(x_1-1)(x_2-1)+y_1y_2=(k^2+1)x_1x_2+(k^2-1)(x_1+x_2)+1+k^2<0. \qquad ②$$

把①式代入②式,可得

$$(k^2+1)\frac{4k^2-12}{4k^2+3}+(k^2-1)\left(-\frac{8k^2}{4k^2+3}\right)+1+k^2<0.$$

整理得 $k^2<\frac{9}{7}$,解得 $-\frac{3\sqrt{7}}{7}<k<\frac{3\sqrt{7}}{7}$.故斜率 k 的取值范围为 $\left(-\frac{3\sqrt{7}}{7},\frac{3\sqrt{7}}{7}\right)$.

8. (1) 根据圆和抛物线的对称性,可设 $A(x_1,y_1)$,$D(x_2,y_2)$,$B(x_1,-y_1)$,$C(x_2,$ $-y_2)$.由 $\begin{cases}y^2=2px \\ (x-4)^2+y^2=12\end{cases}$,消去 y,得 $x^2+(2p-8)x+4=0$,则 $\Delta=(2p-8)^2-16>0$,

解得 $0<p<2$ 或 $p>6$.所以由韦达定理得 $x_1+x_2=8-2p$,$x_1x_2=4$,则 $y_1^2y_2^2=4p^2x_1x_2=$ $16p^2$.显然 $y_1>0,y_2>0$,故 $y_1y_2=4p$.又由 $\overrightarrow{OA}\cdot\overrightarrow{OD}=8$,知 $x_1x_2+y_1y_2=8$,即 $4+4p=8$,

解得 $p=1$.故抛物线 C 的方程为 $y^2=2x$.

(2) 直线 AC 经过定点 $(2,0)$.理由如下:

由题意,直线 AC 的斜率存在,且为

$$k_{AC}=\frac{-y_2-y_1}{x_2-x_1}=\frac{-y_2-y_1}{\dfrac{y_2^2}{2p}-\dfrac{y_1^2}{2p}}=\frac{2p}{y_1-y_2},$$

所以直线 AC 的方程可以表示为 $y-y_1=\dfrac{2p}{y_1-y_2}(x-x_1)$,即

$$y=\frac{2p}{y_1-y_2}x+y_1-\frac{2p}{y_1-y_2}x_1=\frac{2p}{y_1-y_2}x+y_1-\frac{2p}{y_1-y_2}\cdot\frac{y_1^2}{2p}$$

$$=\frac{2p}{y_1-y_2}x+\frac{y_1^2-y_1y_2-y_1^2}{y_1-y_2}.$$

所以 $y=\dfrac{2p}{y_1-y_2}x-\dfrac{4p}{y_1-y_2}$,即 $y=\dfrac{2p}{y_1-y_2}(x-2)$.故直线 AC 恒过点 $(2,0)$.

9. (1) 设 $F_1(-c,0)$,$F_2(c,0)$,则由 $\dfrac{|F_1F_2|}{|DF_1|}=2\sqrt{2}$,可得 $|DF_1|=\dfrac{|F_1F_2|}{2\sqrt{2}}=\dfrac{\sqrt{2}}{2}c$.所以

$$S_{\triangle DF_1F_2}=\frac{1}{2}|F_1F_2|\cdot|DF_1|=\frac{1}{2}\cdot2c\cdot\frac{\sqrt{2}}{2}c=\frac{\sqrt{2}}{2}.$$

解得 $c^2=1$,则 $c=1$.所以 $|F_1F_2|=2c=2$,$|DF_1|=\dfrac{\sqrt{2}}{2}$.而在 $\triangle DF_1F_2$ 中,$|DF_2|^2=|DF_1|^2+$ $|F_1F_2|^2=\dfrac{9}{2}$,即 $|DF_2|=\dfrac{3\sqrt{2}}{2}$,所以 $2a=|DF_1|+|DF_2|=2\sqrt{2}$,解得 $a=\sqrt{2}$,$b=1$.故椭圆

的标准方程为 $\dfrac{x^2}{2} + y^2 = 1$.

(2) 设圆与椭圆 $\dfrac{x^2}{2} + y^2 = 1$ 相交，$P_1(x_1, y_2)$，$P_2(x_2, y_2)$（$y_1 > 0$，$y_2 > 0$）是两个交点，$F_1 P_1$，$F_2 P_2$ 是圆的切线，且 $F_1 P_1 \perp F_2 P_2$，则由对称性可得 $x_2 = -x_1$，$y_1 = y_2$，所以 $|P_1 P_2| = 2|x_1|$. 又由(1)可得 $F_1(-1, 0)$，$F_2(1, 0)$，所以 $\overrightarrow{F_1 P_1} = (x_1 + 1, y_1)$，$\overrightarrow{F_2 P_2} = (x_2 - 1, y_2) = (-x_1 - 1, y_1)$. 则 $\overrightarrow{F_1 P_1} \cdot \overrightarrow{F_2 P_2} = 0$，故 $F_1 P_1 \perp F_2 P_2$.

联立 $\begin{cases} -(x_1 + 1)^2 + y_1^2 = 0 \\ \dfrac{x_1^2}{2} + y_1^2 = 1 \end{cases}$，可得 $3x_1^2 + 4x_1 = 0$，解得 $x_1 = 0$（舍）或 $x_1 = -\dfrac{4}{3}$. 所以过 P_1，P_2 且分别与 $F_1 P_1$，$F_2 P_2$ 垂直的直线的交点即为圆心 C. 则由 $F_1 P_1$，$F_2 P_2$ 是圆的切线，且 $F_1 P_1 \perp F_2 P_2$，可得 $CP_1 \perp CP_2$. 又因为 $|CP_1| = |CP_2| = r$，所以 $\triangle CP_1 P_2$ 为等腰直角三角形. 故圆的半径为

$$r = |CP_1| = \dfrac{\sqrt{2}}{2}|P_1 P_2| = \sqrt{2}|x_1| = \dfrac{4\sqrt{2}}{3}.$$

10. (1) 由题意得 $c = 1$，所以 $a^2 = b^2 + 1$. 又因为点 $P\left(1, \dfrac{3}{2}\right)$ 在椭圆 C 上，所以 $\dfrac{1}{a^2} + \dfrac{9}{4b^2} = 1$，解得 $a^2 = 4$，$b^2 = 3$. 故椭圆 C 的标准方程为 $\dfrac{x^2}{4} + \dfrac{y^2}{3} = 1$.

(2) 由(1)知椭圆 C_1：$\dfrac{x^2}{4} + \dfrac{3y^2}{4} = 1$. 设点 $Q(x_1, y_1)$，$M(x_2, y_2)$，$N(x_3, y_3)$，则直线 QM 的方程为 $x_2 x + y_2 y = \dfrac{4}{3}$，直线 QN 的方程为 $x_3 x + y_3 y = \dfrac{4}{3}$. 把点 Q 的坐标代入以上两个方程，可得 $\begin{cases} x_2 x_1 + y_2 y_1 = \dfrac{4}{3} \\ x_3 x_1 + y_3 y_1 = \dfrac{4}{3} \end{cases}$，所以直线 MN 的方程为 $x_1 x + y_1 y = \dfrac{4}{3}$. 令 $y = 0$，得 $m = \dfrac{4}{3x_1}$；令 $x = 0$，得 $n = \dfrac{4}{3y_1}$. 所以 $x_1 = \dfrac{4}{3m}$，$y_1 = \dfrac{4}{3n}$. 又因为点 Q 在椭圆 C_1 上，所以 $\left(\dfrac{4}{3m}\right)^2 + 3\left(\dfrac{4}{3n}\right)^2 = 4$. 故 $\dfrac{1}{3m^2} + \dfrac{1}{n^2} = \dfrac{3}{4}$，为定值.

11. (1) 由题设可得 $\begin{cases} \dfrac{2b^2}{a} = \dfrac{4\sqrt{3}}{3} \\ 2\sqrt{a^2 - c^2} = 2\sqrt{2} \\ a^2 - b^2 = c^2 \end{cases}$，解得 $\begin{cases} a = \sqrt{3} \\ b = \sqrt{2} \end{cases}$. 所以椭圆 C 的标准方程为 $\dfrac{x^2}{3} + \dfrac{y^2}{2} = 1$.

(2) 设 $P(x_0, y_0)$（$x_0 \neq 0$，$y_0 \neq 0$，$x_0 \neq \pm\sqrt{3}$，$y_0 \neq \pm\sqrt{3}$），则 $x_0^2 + y_0^2 = 3$. 设过点 P 与椭圆

C 相切的直线 l 的方程为 $y - y_0 = k(x - x_0)$，联立 $\begin{cases} 2x^2 + 3y^2 = 6 \\ y - y_0 = k(x - x_0) \end{cases}$，消去 y 并整理，得

$$(3k^2 + 2)x^2 + 6k(y_0 - kx_0)x + 3[(y_0 - kx_0)^2 - 2] = 0.$$

则

$$\Delta = [6k(y_0 - kx_0)]^2 - 4 \times (3k^2 + 2) \times 3[(y_0 - kx_0)^2 - 2] = 0,$$

即得

$$(x_0^2 - 3)k^2 - 2x_0 y_0 k + y_0^2 - 2 = 0.$$

又因为过点 P 作椭圆 C 的两条切线 l_1, l_2 的斜率分别为 k_1, k_2，所以 k_1, k_2 为上述方程的两根．故由韦达定理及 $x_0^2 + y_0^2 = 3$ 得

$$k_1 + k_2 = \frac{2x_0 y_0}{x_0^2 - 3} = \frac{2x_0 y_0}{-y_0^2} = -\frac{2x_0}{y_0}.$$

又因为 $k_3 = k_{OP} = \dfrac{y_0}{x_0}$，所以 $(k_1 + k_2)k_3 = -\dfrac{2x_0}{y_0} \cdot \dfrac{y_0}{x_0} = -2$．故 $(k_1 + k_2)k_3$ 为定值 -2．

12. （1）若选条件①：由题设可得 $\begin{cases} 2b\sqrt{1 - \dfrac{1}{a^2}} = \dfrac{16}{3} \\ 2\sqrt{b^2 - 1} = 2\sqrt{7} \end{cases}$，解得 $\begin{cases} a = 3 \\ b = 2\sqrt{2} \end{cases}$．所以椭圆 C 的方程

为 $\dfrac{x^2}{9} + \dfrac{y^2}{8} = 1$．

若选条件②：由题设可得 $\begin{cases} 2b\sqrt{1 - \dfrac{1}{a^2}} = \dfrac{16}{3} \\ 2\sqrt{a^2 - 1} = 4\sqrt{2} \end{cases}$，解得 $\begin{cases} a = 3 \\ b = 2\sqrt{2} \end{cases}$．所以椭圆 C 的方程为

$\dfrac{x^2}{9} + \dfrac{y^2}{8} = 1$．

（2）记直线 MA, MB 的斜率分别为 k_1, k_2，设点 M 的坐标为 (x_0, y_0)，由（1）知 $A(-3, 0)$，

$B(3, 0)$，则 $k_1 = \dfrac{y_0}{x_0 + 3}$，$k_2 = \dfrac{y_0}{x_0 - 3}$，所以 $k_1 k_2 = \dfrac{y_0^2}{x_0^2 - 9}$．又因为点 P 在椭圆上，所以 $\dfrac{x_0^2}{9} + \dfrac{y_0^2}{8}$

$= 1$，即 $y_0^2 = 8\left(1 - \dfrac{x_0^2}{9}\right)$．故 $k_1 k_2 = -\dfrac{8}{9}$．

设 $G(9, y_1), H(9, y_2)$，则 $k_1 = k_{AM} = \dfrac{y_1}{12}$，$k_2 = k_{MB} = \dfrac{y_2}{6}$，所以 $k_1 k_2 = \dfrac{y_1 y_2}{72}$．因为

$k_1 k_2 = -\dfrac{8}{9}$，所以 $\dfrac{y_1 y_2}{72} = -\dfrac{8}{9}$，即 $y_1 y_2 = -64$．又因为 GH 的中点为 $Q\left(9, \dfrac{y_1 + y_2}{2}\right)$，

$|GH| = |y_1 - y_2|$，所以以 GH 为直径的圆的方程为

$$(x - 9)^2 + \left(y - \frac{y_1 + y_2}{2}\right)^2 = \frac{(y_1 - y_2)^2}{4}.$$

令 $y=0$，得 $(x-9)^2 = -y_1 y_2 = 64$，解得 $x=1$ 或 $x=17$．将两点 $(17,0),(1,0)$ 代入上式，检验恒成立．故以 GH 为直径的圆恒经过 x 轴上的定点 $(17,0),(1,0)$．

3.13　平移法和齐次化法解圆锥曲线问题

知识梳理

圆锥曲线的方程均为二次方程，当其与其他几何量建立关联时（特别是与直线联立时），常常出现一次项与常数项．齐次化的主要步骤在于将表达式中的一次项和常数项转变为二次项，使表达式实现齐次化．为了实现齐次化，往往需要将曲线的方程进行平移，故该方法被称为平移齐次化法．当表达式进行齐次化后，可快速地解决"斜率"相关的问题．接下来，本节将在三类曲线中探究齐次化的过程．

经典题探秘

1. 椭圆中的平移齐次化

例1 （2017 年全国 I 卷/20）　已知椭圆 $C: \dfrac{x^2}{a^2} + \dfrac{y^2}{b^2} = 1(a > b > 0)$，四点 $P_1(1,1)$，$P_2(0,1)$，$P_3\left(-1, \dfrac{\sqrt{3}}{2}\right)$，$P_4\left(1, \dfrac{\sqrt{3}}{2}\right)$ 中恰有三点在椭圆 C 上．

(1) 求 C 的方程．

(2) 设直线 l 不经过 P_2 点且与 C 相交于 A,B 两点，直线 $P_2 A$ 与直线 $P_2 B$ 的斜率的和为 -1．证明：l 过定点．

【解析】　(1) 椭圆 C 的方程为 $\dfrac{x^2}{4} + y^2 = 1$（过程略）．

(2) 本问题的核心条件为两条直线的斜率之和为定值，证明对应的直线过定点．证明策略较多，这里仅介绍利用平移齐次化的技巧进行的证明．

在原坐标系下，将所有图形向下平移一个单位长度（平移的意义在于将点移至坐标系的原点，简化齐次化的过程）．此时椭圆 C 转化为椭圆 $C': \dfrac{x^2}{4} + (y+1)^2 = 1$（注意：通过该平移变换，变换后的几何对象均通过添加上标进行对应，例如 C 与 C' 等）．设直线 $l': y = kx + m$ 与椭圆 C' 相交于 A', B' 两点．

联立直线 l' 与椭圆 C' 的方程，可得

$$(4k^2 + 1)x^2 + 8(m+1)kx + 4(m^2 + 2m) = 0. \tag{$*$}$$

现对（＊）式进行齐次化处理,其关键在于将一次项"$8(m+1)kx$"和常数项"$4(m^2+2m)$"升级为二次项.升级的主要方法是将直线 l' 的方程变形,即 $\dfrac{y-kx}{m}=1$.可得如下变换:

$$8(m+1)kx = \frac{8(m+1)}{m}kx(y-kx) = \frac{8(m+1)}{m}kxy - \frac{8(m+1)}{m}k^2x^2,$$

$$4(m^2+2m) = 4(m^2+2m)\cdot\frac{(y-kx)^2}{m^2}$$

$$= 4\left(1+\frac{2}{m}\right)y^2 - 8\left(1+\frac{2}{m}\right)kxy + 4\left(1+\frac{2}{m}\right)k^2x^2.$$

代入（＊）式并整理得齐次式方程 $x^2 - \dfrac{8}{m}kxy + 4\left(1+\dfrac{2}{m}\right)y^2 = 0$.将方程两边同时除以 x^2,可得

$$4\left(1+\frac{2}{m}\right)\left(\frac{y}{x}\right)^2 - \frac{8}{m}k\cdot\frac{y}{x} + 1 = 0.$$

该表达式为关于变量 $\dfrac{y}{x}$ 的一元二次方程.而 $\dfrac{y}{x}$ 的几何意义为直线 $P_2'A'$ 与直线 $P_2'B'$ 的斜率.设两条直线的斜率分别为 k_1' 与 k_2',则根据韦达定理可得 $k_1'+k_2'=\dfrac{2k}{m+2}$.在平移变换过程中,对应直线的斜率保持不变,结合题意可得 $k_1'+k_2'=\dfrac{2k}{m+2}=-1$,即有 $m=-2k-2$.代入直线 l' 的方程,可得 $l':y=kx-2k-2$,从而可得直线 l' 经过定点 $(2,-2)$.所以根据平移变换的关系,可知直线 l 恒过定点 $(2,-1)$.

点评 上述解法可分解为如下几个步骤:① 联立直线方程与椭圆方程;② 对直线方程进行变形,获得常数与两个变量间的关系,为齐次化做准备;③ 代入直线方程,完成齐次化;④ 建立齐次化方程与直线斜率之间的关系,利用韦达定理实现简化运算的目的;⑤ 根据参数间的关系对原问题进行解释.

该解法的核心在于齐次化和对齐次化后的方程中变量的解释,上述解法是为了体现一般性,故利用等式 $\dfrac{y-kx}{m}=1$ 进行齐次化,读者可尝试利用 $m=y-kx$ 来实现齐次化.另外,为了便于解释齐次化方程中变量的几何意义,在解题之前进行了一次平移变换.若不平移,进行齐次化处理获得的变量 $\dfrac{y}{x}$ 并不是所求的斜率,还需要对该表达式进行变形,所以平移变换是必要的步骤.要特别注意平移变换前、后图形对应的几何信息的变化规律.

在上述解法中,先将直线方程与椭圆方程进行联立,再进行齐次化.除此之外,也可以直接利用直线方程对椭圆方程进行齐次化处理.我们将在接下来的命题中进行这方面的展示.

【题根探秘】 通过对上述问题的分析,我们可以得到以下结论(命题1和命题2):

命题1 已知椭圆 $C: \dfrac{x^2}{a^2} + \dfrac{y^2}{b^2} = 1 (a > b > 0)$ 的上端点为 P,直线 l 不经过点 P 且与 C 相交于 A, B 两点.若直线 PA 与直线 PB 的斜率之和为 -1,则直线 l 经过定点 $(2b, -b)$.

证明:(本证法中的符号意义与例1证法中的符号意义相同)将整个图形向下平移 b 个单位,可得 $C': \dfrac{x^2}{a^2} + \dfrac{(y+b)^2}{b^2} = 1$.设直线 $l': y = kx + m$ 与椭圆 C' 相交与 A', B' 两点,则椭圆 C' 的方程等价于 $b^2x^2 + a^2y^2 + 2a^2by = 0$.利用直线 l' 的方程对上述方程进行齐次化处理,可得

$$b^2x^2 + \left(a^2 + \frac{2a^2b}{m}\right)y^2 - \frac{2ka^2b}{m}xy = 0.$$

将方程两边同时除以 x^2,可得

$$\left(a^2 + \frac{2a^2b}{m}\right)\left(\frac{y}{x}\right)^2 - \frac{2ka^2b}{m} \cdot \frac{y}{x} + b^2 = 0.$$

该表达式为关于变量 $\dfrac{y}{x}$ 的一元二次方程.设直线 $P'A'$ 与直线 $P'B'$ 的斜率分别为 k_1' 与 k_2',则由韦达定理可得 $k_1' + k_2' = \dfrac{2kb}{m+2b} = -1$,从而可得 $m = -2kb - 2b$.代入直线 l' 的方程,可得 $l': y = kx - 2kb - 2b$,所以直线 l' 经过定点 $(2b, -2b)$.则根据平移变换的关系,可知直线 l 恒过定点 $(2b, -b)$.

命题2 已知椭圆 $C: \dfrac{x^2}{a^2} + \dfrac{y^2}{b^2} = 1 (a > b > 0)$ 的上端点为 P,直线 l 不经过点 P 且与 C 相交于 A, B 两点.若直线 PA 与直线 PB 的斜率之和为 t,则直线 l 经过定点 $\left(-\dfrac{2b}{t}, -b\right)$.

证明方法与上文类似,这里仅给出差异部分:由 $k_1' + k_2' = \dfrac{2kb}{m+2b} = t$,可得 $m = \dfrac{2b}{t}k - 2b$.代入直线 l' 的方程,可得 $l': y = kx + \dfrac{2b}{t}k - 2b$,所以直线 l' 经过定点 $\left(-\dfrac{2b}{t}, -2b\right)$.则根据平移变换的关系,可知直线 l 恒过定点 $\left(-\dfrac{2b}{t}, -b\right)$.

点评 利用平移齐次化直奔斜率的线性关系,能极大地提升运算效率.与上文相比,这里所展示的齐次化方法更加简捷,效率更高.

【小题妙解】 练习1 已知椭圆 $C: \dfrac{x^2}{a^2} + \dfrac{y^2}{b^2} = 1 (a > b > 0)$ 的上端点为 P,经过点 $Q(4, -1)$ 的直线 l 不经过点 P 且与 C 相交于 A, B 两点,则直线 PA 与直线 PB 的斜率之和为 _____.

【解析】 根据上文中的命题2,可得点 Q 的坐标为 $\left(-\dfrac{2b}{t}, -b\right)$,即有 $b = 1, -\dfrac{2b}{t} = 4$,

解得 $t=-\dfrac{1}{2}$. 故可得直线 PA 与直线 PB 的斜率之和为 $-\dfrac{1}{2}$.

2. 双曲线中的平移齐次化

例2 (全国 100 所名校新高考冲刺卷/22) 已知双曲线 $C:\dfrac{x^2}{a^2}-\dfrac{y^2}{b^2}=1(a>0,b>0)$

的离心率为 $\dfrac{\sqrt{6}}{2}$, 且过点 $A(2,1)$.

(1) 求 C 的方程;

(2) 点 M,N 在 C 上, 且 $k_{AM}\cdot k_{AN}=-1$, 证明: 直线 MN 上存在定点 P, 使得 $|AP|$ 为定值.

【解析】 (1) $\dfrac{x^2}{2}-y^2=1$ (过程略).

(2) 现将所有图像向左平移 2 个单位, 向下平移 1 个单位, 此时双曲线的方程为 $\dfrac{(x+2)^2}{2}-(y+1)^2=1$, 该方程等价于 $x^2-2y^2+4x-4y=0$. 设直线 $M'N'$ 的方程为 $y=kx+m$, 利用该方程对上式进行齐次化处理, 可得

$$(m-4k)x^2+(4+4k)xy-(2m+4)y^2=0.$$

将方程两边同时除以 x^2, 可得

$$(2m+4)\left(\dfrac{y}{x}\right)^2-(4+4k)\dfrac{y}{x}-(m-4k)=0.$$

该表达式为关于变量 $\dfrac{y}{x}$ 的一元二次方程. 则根据韦达定理, 可得 $k_1'\cdot k_2'=-\dfrac{m-4k}{2m+4}=-1$, 从而可得 $m=-4k-4$. 代入直线 $M'N'$ 的方程, 可得 $y=kx-4k-4$, 所以直线 $M'N'$ 经过定点 $(4,-4)$. 则根据平移变换的关系, 可得直线 MN 必经过定点 $P(6,-3)$, 且 $|AP|$ 的值为 $4\sqrt{2}$.

点评 与上文相比, 本题平移的方式更加一般化, 且对应的斜率关系为斜率之积. 但运算的主体思路与上文相同: ① 进行平移变换; ② 利用直线方程对平移后的方程进行齐次化处理; ③ 对齐次化的方程进行变形, 得到关于 $\dfrac{y}{x}$ 的一元二次方程; ④ 在上述方程中, 利用韦达定理建立关系式求得结论; ⑤ 根据平移变换的性质对原问题进行解答. 本题还有一个运算技巧是直接设平移后的直线方程, 可以有效地提高运算效率.

【题根探秘】 通过对上述例题的分析, 我们可以得到以下结论 (命题 3 和命题 4):

命题 3 已知点 $A(s,t)$ 是双曲线 $C:\dfrac{x^2}{a^2}-\dfrac{y^2}{b^2}=1(a>0,b>0,a\neq b)$ 上一点, 直线 l 不经过点 A 且与 C 相交于 M,N 两点. 若直线 AM 与直线 AN 的斜率之积为 -1, 则直线 l 经

过定点 $\left(\dfrac{c^2 s}{a^2 - b^2}, \dfrac{c^2 t}{b^2 - a^2}\right)$.

证明:所有图像向左平移 s 个单位,向下平移 t 个单位,此时双曲线的方程为 $\dfrac{(x+s)^2}{a^2} - \dfrac{(y+t)^2}{b^2} = 1$,该方程等价于 $b^2 x^2 - a^2 y^2 + 2b^2 sx - 2a^2 ty = 0$. 设直线 l' 的方程为 $y = kx + m$,利用该方程对上式进行齐次化处理,可得

$$(b^2 m - 2b^2 ks)x^2 + (2b^2 s + 2a^2 kt)xy - (a^2 m + 2a^2 t)y^2 = 0.$$

将方程两边同时除以 x^2,可得

$$(a^2 m + 2a^2 t)\left(\dfrac{y}{x}\right)^2 - (2b^2 s + 2a^2 kt)\dfrac{y}{x} - (b^2 m - 2b^2 ks) = 0.$$

该表达式为关于变量 $\dfrac{y}{x}$ 的一元二次方程. 则根据韦达定理,可得 $k'_1 \cdot k'_2 = -\dfrac{b^2 m - 2b^2 sk}{a^2 m + 2a^2 t} = -1$,

从而可得 $m = \dfrac{2b^2 s}{b^2 - a^2}k + \dfrac{2a^2 t}{b^2 - a^2}$. 代入直线 $M'N'$ 的方程,可得 $y = kx + \dfrac{2b^2 s}{b^2 - a^2}k + \dfrac{2a^2 t}{b^2 - a^2}$,

所以直线 $M'N'$ 经过定点 $\left(\dfrac{2b^2 s}{a^2 - b^2}, \dfrac{2a^2 t}{b^2 - a^2}\right)$. 则根据平移变换的关系,可得直线 l 必经过定点 $\left(\dfrac{c^2 s}{a^2 - b^2}, \dfrac{c^2 t}{b^2 - a^2}\right)$.

命题 4 已知点 $A(s, t)$ 是双曲线 $C: \dfrac{x^2}{a^2} - \dfrac{y^2}{b^2} = 1 (a > 0, b > 0, a \neq b)$ 上一点,直线 l 不经过点 A 且与 C 相交于 M, N 两点. 若直线 AM 与直线 AN 的斜率之积为 n,则直线 l 经过定点 $\left(s - \dfrac{2b^2 s}{a^2 n + b^2}, t - \dfrac{2a^2 tn}{a^2 n + b^2}\right)$.

证明方法与上文类似,这里仅给出差异部分:由 $k'_1 \cdot k'_2 = -\dfrac{b^2 m - 2b^2 sk}{a^2 m + 2a^2 t} = n$,可得 $m = \dfrac{2b^2 s}{a^2 n + b^2}k - \dfrac{2a^2 tn}{a^2 n + b^2}$. 代入直线 l' 的方程,可得 $y = kx + \dfrac{2b^2 s}{a^2 n + b^2}k - \dfrac{2a^2 tn}{a^2 n + b^2}$,所以直线 l' 经过定点 $\left(-\dfrac{2b^2 s}{a^2 n + b^2}, -\dfrac{2a^2 tn}{a^2 n + b^2}\right)$. 则根据平移变换的关系,可知直线 l 恒过定点 $\left(s - \dfrac{2b^2 s}{a^2 n + b^2}, t - \dfrac{2a^2 tn}{a^2 n + b^2}\right)$.

【小题妙解】 练习 2 已知点 $A(2, 1)$ 是双曲线 $C: \dfrac{x^2}{a^2} - \dfrac{y^2}{b^2} = 1 (a > 0, b > 0, a \neq b)$ 上一点,过点 $P(6, -3)$ 的直线 l 与 C 相交于 M, N 两点. 若以 MN 为直径的圆恒过点 A,则双曲线 C 的离心率为_____.

【解析】 由以 MN 为直径的圆恒过点 A,可得直线 AM 与直线 AN 的斜率之积为 -1. 则根据命题 3 的结论,可得点 P 的坐标为 $\left(\dfrac{2c^2}{a^2 - b^2}, \dfrac{c^2}{b^2 - a^2}\right) = (6, -3)$,从而可得 $a^2 = 2b^2$,

即可得双曲线 C 的离心率为 $\frac{\sqrt{6}}{2}$.

3. 抛物线中的平移齐次化

例3 （2015年新课标Ⅰ卷/20） 在直角坐标系 xOy 中,曲线 $C:y=\frac{x^2}{4}$ 与直线 $l:y=kx+a(a>0)$ 交于 M,N 两点.

(1) 略;

(2) y 轴上是否存在点 P,使得 k 变动时,总有 $\angle OPM=\angle OPN$? 说明理由.

【解析】 本题属于探究性问题.在求解的过程中,我们需克服两个难点:一是计算方面的;二是条件 $\angle OPM=\angle OPN$ 的转化. $\angle OPM=\angle OPN$ 等价于直线 PM 与直线 PN 的斜率之和为0,这里将利用平移齐次化的技巧进行求解,读者也可利用常规的方法进行求解,并与下面的解法对比运算量的大小.

假设点 P 的坐标为 $(0,t)$,将所有图形向下平移 t 个单位,可得 $C':y=\frac{x^2}{4}-t$,直线 $l':$ $y=kx+a-t$.由直线 l' 可得 $1=\frac{y-kx}{a-t}$,利用该方程对抛物线 C' 进行"齐次化",可得

$$(a-t)^2x^2+4k(a+t)xy-4ay^2=0.$$

将方程两边同时除以 x^2,可得

$$4a\left(\frac{y}{x}\right)^2-4k(a+t)\frac{y}{x}-(a-t)^2=0.$$

该表达式为关于变量 $\frac{y}{x}$ 的一元二次方程.而 $\frac{y}{x}$ 的几何意义为直线 $P'M'$ 与直线 $P'N'$ 的斜率,设两个斜率分别为 k_1' 与 k_2',则根据韦达定理可得 $k_1'+k_2'=\frac{4k(a+t)}{4a}$.令 $k_1'+k_2'=0$,可得 $t=-a$,从而可得在 y 轴上存在点 $P(0,-a)$,使得 k 变动时,总有 $\angle OPM=\angle OPN$ 成立.

点评 上述解法可分解为如下几个步骤:① 平移图像(特别是抛物线和直线),使得点 P 成为坐标系的原点;② 利用直线方程对抛物线方程进行齐次化处理;③ 利用韦达定理探究参数间的关系;④ 对计算的结果进行几何方面的解释.

【题根探秘】 通过对上述例题的分析,我们可以得到以下结论(命题5和命题6):

命题5 已知抛物线 $C:y^2=2px(p>0)$,直线 $l:x=my+a(a>0)$ 与 C 相交于 A,B 两点.若在 x 轴上存在点 T,使得直线 TA 与直线 TB 的斜率之和为0,则点 T 的坐标为 $(-a,0)$.

证明:设点 T 的坐标为 $(t,0)$,将整个图形向左平移 t 个单位,可得 $C':y^2=2px+2pt$.设直线 $l':x=my+a-t$ 与抛物线 C' 相交于 A',B' 两点,则利用直线 l' 的方程对上述方程进行齐次化处理,可得

$$[(a-t)^2 - 2ptm^2]y^2 + (2pam + 2pmt)xy - 2pax^2 = 0.$$

将方程两边同时除以 x^2,可得

$$[(a-t)^2 - 2ptm^2]\left(\frac{y}{x}\right)^2 + (2pam + 2pmt)\frac{y}{x} - 2pa = 0.$$

该表达式为关于变量 $\frac{y}{x}$ 的一元二次方程.设直线 TA 与直线 TB 的斜率分别为 k_1' 与 k_2',则根据韦达定理,可得

$$k_1' + k_2' = -\frac{2pam + 2pmt}{(a-t)^2 - 2ptm^2} = 0,$$

从而可得 $t = -a$.即可知点 T 的坐标为 $(-a, 0)$.

命题 6 已知抛物线 $C: y^2 = 2px(p>0)$,直线 $l: x = my + a(a>0)$ 与 C 相交于 A, B 两点,设点 T 的坐标为 $(t, 0)(t \neq a)$,以及直线 TA 与直线 TB 的斜率分别为 k_1, k_2,则有 $k\left(\frac{1}{k_1} + \frac{1}{k_2}\right) = 1 + \frac{t}{a}$($k$ 为直线 l 的斜率,即 $k = \frac{1}{m}$).

证明:在上文所得的齐次化方程中,有

$$[(a-t)^2 - 2ptm^2]y^2 + (2pam + 2pmt)xy - 2pax^2 = 0.$$

将方程两边同时除以 y^2,可得

$$2pa\left(\frac{x}{y}\right)^2 - (2pam + 2pmt)\frac{x}{y} - [(a-t)^2 - 2ptm^2] = 0.$$

该表达式为关于变量 $\frac{x}{y}$ 的一元二次方程.而变量 $\frac{x}{y}$ 的几何意义便是直线 TA 与直线 TB 的斜率的倒数,所以根据韦达定理,可得

$$\frac{1}{k_1'} + \frac{1}{k_2'} = \frac{2pam + 2pmt}{2pa} = m\left(1 + \frac{t}{a}\right),$$

其中 $m = \frac{1}{k}$,从而可得 $k\left(\frac{1}{k_1} + \frac{1}{k_2}\right) = 1 + \frac{t}{a}$.

点评 在命题 6 中,通过对齐次方程的不同变化获得了不同的几何意义.考生需结合题干的条件选择恰当的变形技巧.

【小题妙解】 练习 3 已知抛物线 $C: y^2 = 2px(p>0)$,直线 $l: x = y + a(a>0)$ 与 C 相交于 A, B 两点,设点 T 的坐标为 $(2a, 0)$,直线 TA 与直线 TB 的斜率分别为 k_1, k_2,则 $\frac{1}{k_1} + \frac{1}{k_2}$ 的值为_____.

【解析】 根据上文中的命题 6,可得 $k\left(\frac{1}{k_1} + \frac{1}{k_2}\right) = 1 + \frac{t}{a}$,其中 k 为直线 l 的斜率,且由题设知 $k = 1, t = 2a$,从而可得 $\frac{1}{k_1} + \frac{1}{k_2} = 3$.

习题

填空题

1. 已知椭圆 $C:\dfrac{x^2}{a^2}+\dfrac{y^2}{b^2}=1(a>b>0)$ 的离心率 $e=\dfrac{\sqrt{3}}{2}$，直线 $l:2x-y+2=0$ 交椭圆 C 于 P,Q 两点．若 $OP\perp OQ$，则椭圆 C 的方程为_____．

2. 已知抛物线 $C:y^2=16x$，点 O 是坐标原点，P,Q 是抛物线 C 上的两个动点，且满足 $OP\perp OQ$，则直线 PQ 恒过点_____．

3. 已知抛物线 $C:y^2=4x$，过点 $T\left(-\dfrac{1}{2},0\right)$ 作直线 l，与抛物线 C 交于 A,B 两点．若在 x 轴上存在一点 $E(t,0)$，使得 $\triangle AEB$ 是以点 E 为直角顶点的直角三角形，则直线 l 的斜率 k 的取值范围是_____．

4. 如图 3.77 所示，已知椭圆 $C:\dfrac{x^2}{2}+y^2=1$ 的左焦点为 F．若过点 $B(-2,0)$ 的直线与椭圆交于 M,N 两点，则 $\angle MFB+\angle NFB=$_____．

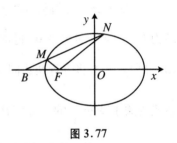

图 3.77

5. （2022 年新课标 Ⅰ 卷 21 题改编）已知点 $A(2,1)$ 在双曲线 $C:\dfrac{x^2}{a^2}-\dfrac{y^2}{a^2-1}=1(a>1)$ 上，直线 l 交 C 于 P,Q 两点，直线 AP,AQ 的斜率之和为 0，则直线 l 的斜率为_____．

解答题

6. （2019 年甘肃省高中数学联赛初赛）已知椭圆 $E:\dfrac{x^2}{a^2}+\dfrac{y^2}{b^2}=1(a>b>0)$，其短轴长为 4，离心率为 e_1，双曲线 $E:\dfrac{x^2}{m}-\dfrac{y^2}{n}=1(m>0,n>0)$ 的渐近线为 $y=\pm x$，离心率为 e_2，且 $e_1\cdot e_2=1$．

（1）求椭圆 E 的方程．

（2）设椭圆 E 的右焦点为 F，过点 $G(4,0)$ 作斜率不为 0 的直线交椭圆 E 于 M,N 两点．设直线 FM,FN 的斜率分别为 k_1,k_2，试判断 k_1+k_2 是否为定值．若是定值，求出该定值；若不是定值，请说明理由．

7. 已知点 $M(-3,0)$，点 P 在 y 轴上，点 Q 在 x 轴的正半轴上，点 N 在直线 PQ 上，且满足 $\overrightarrow{MP}\cdot\overrightarrow{PN}=0$，$\overrightarrow{PN}=\dfrac{1}{2}\overrightarrow{NQ}$．

（1）当点 P 在 y 轴上移动时，求点 N 的轨迹 C 的方程．

(2) 过点 $T\left(-\dfrac{1}{2},0\right)$ 作直线 l 与轨迹 C 交于 A,B 两点. 若在 x 轴上存在一点 $E(x_0,0)$, 使得 $\triangle AEB$ 是以点 E 为直角顶点的直角三角形, 求直线 l 的斜率 k 的取值范围.

8. (结构不良题) 已知椭圆 $C: \dfrac{x^2}{a^2}+\dfrac{y^2}{b^2}=1\,(a>b>0)$ 经过点 $\left(\sqrt{3},\dfrac{1}{2}\right)$, 其右顶点为 $A(2,0)$. 若点 P,Q 在椭圆 C 上, 设直线 AP 与直线 AQ 的斜率分别为 k_1,k_2.

(1) 求椭圆 C 的方程.

(2) 在下列两个条件中选择一个求 $\triangle APQ$ 面积的最大值.

条件 1: $k_1 k_2 = \dfrac{1}{20}$. 条件 2: $k_1+k_2=-1$.

习题参考答案

1. $\dfrac{x^2}{4}+y^2=1$. 解析: 因为椭圆的离心率 $e=\dfrac{\sqrt{3}}{2}$, 可得 $\dfrac{b^2}{a^2}=\dfrac{1}{4}$, 所以椭圆 C 的方程可化简为 $x^2+4y^2-4b^2=0$. 利用直线 l 的方程将其齐次化, 可得 $(1-4b^2)x^2+4b^2xy+(4-b^2)y^2=0$. 将方程两边同时除以 x^2, 可得 $(4-b^2)\left(\dfrac{y}{x}\right)^2+4b^2\dfrac{y}{x}+(1-4b^2)=0$. 该表达式为关于变量 $\dfrac{y}{x}$ 的一元二次方程. 则根据韦达定理, 可得 $k_1 k_2 = \dfrac{1-4b^2}{4-b^2}=-1$, 即可得 $b^2=1, a^2=4$, 从而可得椭圆 C 的方程为 $\dfrac{x^2}{4}+y^2=1$.

2. $(16,0)$. 解析: 设直线 PQ 的方程为 $x=my+n$, 利用直线方程将抛物线 C 的方程齐次化处理, 可得 $ny^2+16mxy-16x^2=0$. 将方程两边同时除以 x^2, 可得 $n\left(\dfrac{y}{x}\right)^2+16m\dfrac{y}{x}-16=0$, 该表达式为关于变量 $\dfrac{y}{x}$ 的一元二次方程. 则根据韦达定理, 可得 $k_1 \cdot k_2 = \dfrac{-16}{n}=-1$, 所以 $n=16$. 即直线 PQ 恒过点 $(16,0)$.

3. $[-1,0)\cup(0,1]$. 解析: 将整个图像向左平移 t 个单位, 则可得抛物线 $C': y^2=4x+4t$, $T'\left(-\dfrac{1}{2}-t,0\right)$, 从而可得过点 T' 的直线 l' 的方程为 $x=my-\dfrac{1}{2}-t$. 利用该方程对上述方程进行齐次化处理, 可得 $\left[\left(\dfrac{1}{2}+t\right)^2-4tm^2\right]y^2+(4mt-2m)xy+2x^2=0$. 将方程两边同时除以 x^2, 可得 $\left[\left(\dfrac{1}{2}+t\right)^2-4tm^2\right]\left(\dfrac{y}{x}\right)^2+(4mt-2m)\dfrac{y}{x}+2=0$, 该表达式为关于变量 $\dfrac{y}{x}$ 的一元二次方程. 则根据韦达定理, 可得 $k_1 \cdot k_2 = \dfrac{2}{\left(\dfrac{1}{2}+t\right)^2-4tm^2}=-1$, 即可得 $m^2=\dfrac{9}{16t}+\dfrac{t}{4}+\dfrac{1}{4}$, 显然可得 $m^2 \geqslant 1$. 所以直线 l 的斜率 $k=\dfrac{1}{m}\in[-1,0)\cup(0,1]$.

4. π.解析:结合图形,猜想$\angle MFB + \angle NFB = \pi$,即证明$k_{MF} + k_{NF} = 0$成立.由题设可知点$F$的坐标为$(-1,0)$.现将整个图像向右平移1个单位,则可得椭圆$C'$:$\dfrac{(x-1)^2}{2} + y^2 = 1$,该方程等价于$x^2 + 2y^2 - 2x - 1 = 0$.过点$B'(-1,0)$的直线$l'$的方程为$x = my - 1$,利用该直线方程对椭圆方程进行齐次化处理,可得$(2-m^2)y^2 - 2x^2 = 0$,两边同时除以$x^2$,可得$(2-m^2)\left(\dfrac{y}{x}\right)^2 - 2 = 0$,该表达式为关于变量$\dfrac{y}{x}$的一元二次方程.所以根据韦达定理,可得$k_1' + k_2' = \dfrac{0}{2-m^2} = 0$,从而可得猜想成立.

5. -1.解析:将整个图像向左平移2个单位,再向下平移1个单位,此时双曲线的方程为$\dfrac{(x+2)^2}{a^2} - \dfrac{(y+1)^2}{a^2-1} = 1$,该方程等价于
$$(a^2-1)x^2 - a^2 y^2 + 4(a^2-1)x - 2a^2 y - (a^2-2)^2 = 0.$$
设直线l'的方程为$y = kx + m$,利用该方程对上式进行齐次化处理,可得
$$(a^2-1)(m-4k)x^2 + [4(a^2-1)+2a^2 k]xy - (a^2 m + 2a^2)y^2 = 0.$$
将方程两边同时除以x^2,可得
$$(a^2 m + 2a^2)\left(\dfrac{y}{x}\right)^2 - [4(a^2-1)+2a^2 k]\dfrac{y}{x} - (a^2-1)(m-4k) = 0.$$
该表达式为关于变量$\dfrac{y}{x}$的一元二次方程.则根据韦达定理,可得$k_1' + k_2' = \dfrac{4(a^2-1)+2a^2 k}{a^2 m + 2a^2}$
$= 0$,从而可得$k = \dfrac{2(1-a^2)}{a^2}$.又因为点$A(2,1)$在双曲线$C$上,所以$\dfrac{4}{a^2} - \dfrac{1}{a^2-1} = 1$,解得$a^2 = 2$,所以$k = -1$.

评注:本题也可先计算出$a^2 = 2$,再进行齐次化处理(可极大地提升运算效率).本文先进行齐次化是为了体现一般性.

6. (1) $\dfrac{x^2}{8} + \dfrac{y^2}{4} = 1$(过程略).

(2) 将原坐标系的原点平移至点$(2,0)$处.经过平移后,椭圆E的方程转换为$\dfrac{(x+2)^2}{8} + \dfrac{y^2}{4} = 1$,即$2y^2 + x^2 + 4x - 4 = 0$,对应的点$F$为$(0,0)$,点$G$为$(2,0)$.设过点$G$的直线为$x = my + 2$,利用该方程对椭圆方程进行齐次化处理,可得$(2-m^2)y^2 + 2x^2 = 0$,转化为斜率$\dfrac{y}{x}$的方程为$(2-m^2)\left(\dfrac{y}{x}\right)^2 + 2 = 0$,即可知$k_1 + k_2 = 0$.

7. (1) $y^2 = 4x(x > 0)$(过程略).

(2) 将整个图像向左平移x_0个单位,则对应的抛物线C的方程变为$y^2 = 4(x + x_0)$,点

$T\left(-\dfrac{1}{2},0\right)$ 平移至 $T'\left(-\dfrac{1}{2}-x_0,0\right)$，直线 l 平移至直线 $l':x=ty-\dfrac{1}{2}-x_0$．利用直线方程对抛物线方程进行齐次化处理，可得

$$\left[\left(\dfrac{1}{2}+x_0\right)^2-4t^2x_0\right]y^2-(2t-4tx_0)xy+2x^2=0.$$

转化为斜率方程，可得

$$\left[\left(\dfrac{1}{2}+x_0\right)^2-4t^2x_0\right]\left(\dfrac{y}{x}\right)^2-(2t-4tx_0)\dfrac{y}{x}+2=0.$$

则利用韦达定理可得 $k_1\cdot k_2=\dfrac{2}{\left(\dfrac{1}{2}+x_0\right)^2-4t^2x_0}$．又结合题意可知 $\triangle AEB$ 是以点 E 为直角

顶点的直角三角形，即可得 $k_1\cdot k_2=-1$，从而可得 $t^2=\dfrac{x_0}{4}+\dfrac{9}{16x_0}+\dfrac{1}{4}$，所以 $t^2\in[1,+\infty)$．故直线 l 的斜率 k 的取值范围是 $[-1,0)\cup(0,1]$．

8.（1）椭圆的方程为 $\dfrac{x^2}{4}+y^2=1$（过程略）.

（2）两条直线的斜率之积为定值，其本质在于发现直线 PQ 过定点.当 PQ 过定点时，可利用直线 PQ 的斜率来表示 $\triangle APQ$ 的面积，从而求得最大值.利用平移齐次化的技巧证明并计算直线 PQ 所过的定点.下面是具体的求解过程：

将所有图像向左平移 2 个单位，则对应的椭圆方程 $\dfrac{(x+2)^2}{4}+y^2=1$ 等价于 $x^2+4y^2+4x=0$．设平移后的直线 $P'Q'$ 为 $y=kx+b$，则利用直线方程将椭圆方程齐次化，可得

$$(b-4k)x^2+4by^2+4xy=0.$$

两边同时除以 x^2，可得 $4b\left(\dfrac{y}{x}\right)^2+4\dfrac{y}{x}+b-4k=0$，从而可得直线 AP 与直线 AQ 的斜率 k_1,k_2 满足方程

$$4bK^2+4K+b-4k=0.$$

若选择条件 1，根据韦达定理可得 $k_1\cdot k_2=\dfrac{b-4k}{4b}=\dfrac{1}{20}$，化简可得 $b=5k$．所以直线 $P'Q'$ 的方程为 $y=kx+5k$，即直线 $P'Q'$ 经过定点 $(-5,0)$，则可知直线 PQ 经过定点 $T(-3,0)$．此时设直线 PQ 的方程为 $x=my-3$，联立直线 PQ 与椭圆 C 的方程，可得 $(m^2+4)y^2-6my+5=0$．则根据韦达定理可得 $|y_1-y_2|=\dfrac{4\sqrt{m^2-5}}{m^2+4}$．所以 $\triangle APQ$ 的面积为

$$S=\dfrac{1}{2}\cdot|AT|\cdot|y_1-y_2|=\dfrac{10\sqrt{m^2-5}}{m^2+4}.$$

令 $\sqrt{m^2-5}=t$，则

$$S=\dfrac{10t}{t^2+9}=\dfrac{10}{t+\dfrac{9}{t}}\leqslant\dfrac{5}{3}.$$

所以当 $m = \pm\sqrt{14}$ 时，$\triangle APQ$ 的面积取到最大值 $\dfrac{5}{3}$.

若选择条件 2，根据韦达定理可得 $k_1 + k_2 = -\dfrac{4}{4b} = -1$，化简可得 $b = 1$. 所以直线 $P'Q'$ 的方程为 $y = kx + 1$，即直线 $P'Q'$ 经过定点 $(0,1)$，则可知直线 PQ 经过定点 $T(2,1)$. 此时设直线 PQ 的方程为 $y = k(x-2)+1$，联立直线 PQ 与椭圆 C 的方程，可得 $(4k^2+1)x^2 - 8(2k^2 - k)y + 16k^2 - 16k = 0$. 则根据韦达定理可得 $|x_1 - x_2| = \dfrac{8\sqrt{k}}{4k^2+1}$. 所以 $\triangle APQ$ 的面积为

$$S = \frac{1}{2}\cdot|AT|\cdot|x_1 - x_2| = \frac{4\sqrt{k}}{4k^2+1}.$$

令 $\sqrt{k} = t$，则

$$S = \frac{4t}{4t^4+1} = \frac{4}{4t^3 + \dfrac{1}{t}} \leqslant \frac{2^{\frac{5}{2}}}{3^{\frac{4}{3}}}.$$

所以当 $k = \dfrac{\sqrt{3}}{6}$ 时，$\triangle APQ$ 的面积取到最大值 $\dfrac{2^{\frac{5}{2}}}{3^{\frac{4}{3}}}$.

3.14 双根法解圆锥曲线问题

知识梳理

若一元二次方程 $ax^2 + bx + c = 0(a\neq 0)$ 的两个根分别为 x_1, x_2，则 $ax^2 + bx + c = a(x - x_1)(x - x_2)$，该表达式的右侧即为二次方程的双根式. 利用双根式求解 $(x_1 + t)(x_2 + t)$，$(y_1 + t)(y_2 + t)$ 等表达式时，能有效地提升运算效率.

利用双根法求解的一般步骤：联立直线方程与圆锥曲线方程获得二次方程→转化为双根式→赋值→变形代入→对结论进行解释.

注意：当我们联立直线方程与圆锥曲线方程时，常常会消掉一个变量，获得一个关于 x 或 y 的一元二次方程. 我们可以通过韦达定理获得两个根之间的关系. 如果在求解的过程中涉及另一个变量的表达式，利用双根法可以极大地降低运算量.

例如：设直线方程 $y = kx + t$ 与某圆锥曲线方程联立所得的一元二次方程为 $ax^2 + bx + c = 0(a\neq 0)$，先将该表达式写成双根式，可得 $ax^2 + bx + c = a(x - x_1)(x - x_2)$.

当计算 $y_1\cdot y_2$ 等表达式时，$y_1\cdot y_2 = k^2\left(x_1 + \dfrac{t}{k}\right)\left(x_2 + \dfrac{t}{k}\right)$. 令 $x = -\dfrac{t}{k}$，即可得 $y_1 y_2 = \dfrac{c}{a}k^2 - \dfrac{b}{a}kt + t^2$. 接下来，我们将展示双根法的多种用法.

经典题探秘

1. 椭圆中的双根法

例 1 (2020 年新课标Ⅰ卷) 已知椭圆 $C:\frac{x^2}{a^2}+\frac{y^2}{b^2}=1(a>b>0)$的离心率为$\frac{\sqrt{2}}{2}$,且过点 $A(2,1)$.

(1) 求 C 的方程;

(2) 点 M,N 在 C 上,且 $AM\perp AN$,$AD\perp MN$,D 为垂足.证明:存在定点 Q,使得$|DQ|$为定值.

【解析】 第(1)问考查椭圆的基本定义和三个参数间的关系.本书主要研究第(2)问,其解答思路分为两个部分:一是研究直线 MN 的斜率存在时的情况,设其方程为 $y=kx+m$,联立直线方程与椭圆方程,根据已知条件得到关于 m,k 的关系,进而得到直线 MN 恒过定点,然后再结合直角三角形的性质即可确定满足题意的点 Q 的位置;二是验证直线 MN 的斜率不存在时的情况.具体求解过程如下:

(1) 椭圆 C 的方程为$\frac{x^2}{6}+\frac{y^2}{3}=1$(过程略).

(2) 设点 M,N 的坐标分别为(x_1,y_1),(x_2,y_2),因为 $AM\perp AN$ 等价于$\overrightarrow{AM}\cdot\overrightarrow{AN}=0$,所以

$$(x_1-2)(x_2-2)+(y_1-1)(y_2-1)=0. \quad ①$$

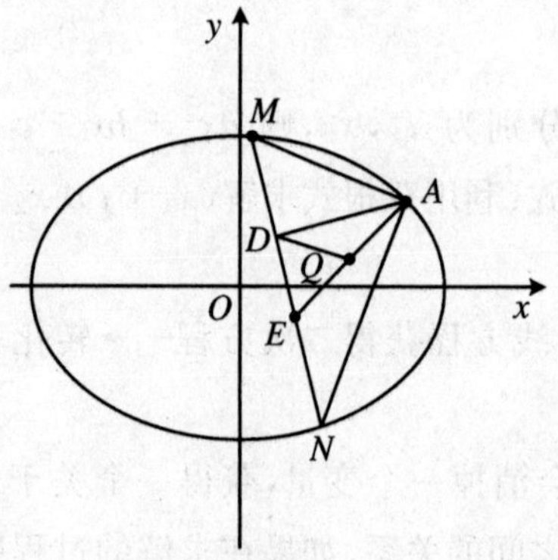

图 3.78

当直线 MN 的斜率存在时,设其方程为 $y=kx+m$,如图 3.78 所示.联立椭圆方程,可得$(1+2k^2)x^2+4kmx+2m^2-6=0$,利用双根法的思想,可得

$$\begin{aligned}&(1+2k^2)x^2+4kmx+2m^2-6\\&=(1+2k^2)(x-x_1)(x-x_2).\end{aligned} \quad ②$$

在②式中令 $x=2$,可得

$$(x_1-2)(x_2-2)=\frac{8k^2+8km+2m^2-2}{1+2k^2}.$$

又由于

$$(y_1-1)(y_2-1)=k^2\left(x_1+\frac{m-1}{k}\right)\left(x_2+\frac{m-1}{k}\right),$$

令 $x=-\frac{m-1}{k}$,则

$$(y_1-1)(y_2-1)=\frac{m^2-2m+1-4k^2}{1+2k^2},$$

代入①式,整理得 $4k^2+8km+3m^2-2m-1=0$,通过因式分解,可得$(2k+3m+1)(2k+$

$m-1)=0$,从而可得 $2k+3m+1=0$ 或 $2k+m-1=0$.

当 $2k+m-1=0$ 时,直线 MN 的方程为 $y=kx-2k+1$,恒过点 $A(2,1)$,不符合题意.

所以 $2k+3m+1=0$ 成立,此时直线 MN 的方程为 $y=kx-\dfrac{2}{3}k-\dfrac{2}{3}$,恒过定点 $E\left(\dfrac{2}{3},-\dfrac{1}{3}\right)$.

特别地,如图 3.79 所示,当直线 MN 的斜率不存在时,可得点 N 的坐标为 $(x_1,-y_1)$,代入①式,可得 $(x_1-2)^2+1-y_1^2=0$. 因为点 M 在椭圆 C 上,所以 $\dfrac{x_1^2}{6}+\dfrac{y_1^2}{3}=1$. 联立以上两式,解得 $x_1=2$(舍去)或 $x_1=\dfrac{2}{3}$,此时直线 MN 也过定点 $E\left(\dfrac{2}{3},-\dfrac{1}{3}\right)$.

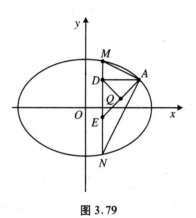

图 3.79

因为 AE 为定值,且 $\triangle ADE$ 为直角三角形,AE 为斜边,所以 AE 的中点 Q 满足 $|DQ|$ 为定值$\left(\text{且该值为 }AE\right.$ 长度的一半,即为 $\dfrac{1}{2}\sqrt{\left(2-\dfrac{2}{3}\right)^2+\left(1+\dfrac{1}{3}\right)^2}=\left.\dfrac{4\sqrt{2}}{3}\right)$. 因为 $A(2,1)$,$E\left(\dfrac{2}{3},-\dfrac{1}{3}\right)$,所以由中点坐标公式可得 $Q\left(\dfrac{4}{3},\dfrac{1}{3}\right)$.

综上,存在点 $Q\left(\dfrac{4}{3},\dfrac{1}{3}\right)$,使得 $|DQ|$ 为定值.

点评 本题的核心在于发现直线 MN 恒过定点 $E\left(\dfrac{2}{3},-\dfrac{1}{3}\right)$,而解题的关键在于对条件 $\overrightarrow{AM}\cdot\overrightarrow{AN}=0$ 的处理. 首先将该表达式转化为关于 x_1,x_2 的表达式 $(x_1-2)(x_2-2)+(y_1-1)(y_2-1)=0$,常规解法是将上述表达式进行简化与合并,再结合韦达定理计算直线 MN 中两个参数间的关系,从而获得结论. 双根法的优势在于回避了韦达定理的应用,简化了运算步骤,提升了运算效率.

【题根探秘】 在上述求解过程中,我们发现了一组定点与定值问题. 基于此,本书提出了如下结论(命题1):

命题1 已知椭圆 $C:\dfrac{x^2}{a^2}+\dfrac{y^2}{b^2}=1(a>b>0)$,$A(x_0,y_0)$ 为椭圆上一点. 若点 M,N 在 C 上,当 $AM\perp AN$ 时,直线 MN 恒过定点 $E\left(\dfrac{c^2x_0}{a^2+b^2},-\dfrac{c^2y_0}{a^2+b^2}\right)$.

【解析】 设点 M,N 的坐标分别为 (x_1,y_1),(x_2,y_2),因为 $AM\perp AN$ 等价于 $\overrightarrow{AM}\cdot\overrightarrow{AN}=0$,所以

$$(x_1-x_0)(x_2-x_0)+(y_1-y_0)(y_2-y_0)=0. \qquad ①$$

设直线 MN 的方程为 $y = kx + m$，联立椭圆方程，可得

$$(a^2k^2 + b^2)x^2 + 2kma^2x + a^2m^2 - a^2b^2 = 0,$$

利用双根法的思想，可得

$$(a^2k^2 + b^2)x^2 + 2kma^2x + a^2m^2 - a^2b^2 = (a^2k^2 + b^2)(x - x_1)(x - x_2).$$

在上式中令 $x = x_0$，可得

$$(x_1 - x_0)(x_2 - x_0) = \frac{(a^2k^2 + b^2)x_0^2 + 2kma^2x_0 + a^2m^2 - a^2b^2}{a^2k^2 + b^2}. \qquad ②$$

又由于

$$(y_1 - y_0)(y_2 - y_0) = k^2\left(x_1 + \frac{m - y_0}{k}\right)\left(x_2 + \frac{m - y_0}{k}\right),$$

令 $x = -\dfrac{m - y_0}{k}$，则

$$(y_1 - y_0)(y_2 - y_0) = \frac{(a^2k^2 + b^2)y_0^2 - 2b^2my_0 + b^2m^2 - a^2b^2k^2}{a^2k^2 + b^2}. \qquad ③$$

将②③两式代入①式，整理得

$$(a^2k^2 + b^2)(x_0^2 + y_0^2) + 2kma^2x_0 - 2b^2my_0 + (a^2 + b^2)m^2 - a^2b^2(k^2 + 1) = 0.$$

又因为点 A 在椭圆上，即可得 $\dfrac{x_0^2}{a^2} + \dfrac{y_0^2}{b^2} = 1$ 成立，代入上式，化简得

$$(a^2 - b^2)(k^2x_0^2 - y_0^2) + 2kma^2x_0 - 2b^2my_0 + (a^2 + b^2)m^2 = 0.$$

因式分解可得

$$\left(x_0k + \frac{a^2 + b^2}{c^2}m + y_0\right)(x_0k + m - y_0) = 0,$$

从而可得 $x_0k + \dfrac{a^2 + b^2}{c^2}m + y_0 = 0$ 或 $x_0k + m - y_0 = 0$.

当 $x_0k + m - y_0 = 0$ 时，直线 MN 的方程为 $y = kx - x_0k + y_0$，恒过点 A，不符合题意.

所以 $x_0k + \dfrac{a^2 + b^2}{c^2}m + y_0 = 0$ 成立，此时直线 MN 的方程为 $y = kx - \dfrac{c^2x_0}{a^2 + b^2}k - \dfrac{c^2y_0}{a^2 + b^2}$，恒过定点 $E\left(\dfrac{c^2x_0}{a^2 + b^2}, -\dfrac{c^2y_0}{a^2 + b^2}\right)$.

上述解题过程均可逆，由此即可得出以下结论（命题2）：

命题2 已知椭圆 $C: \dfrac{x^2}{a^2} + \dfrac{y^2}{b^2} = 1(a > b > 0)$，$A(x_0, y_0)$ 为椭圆上一点. 若点 M，N（异于点 A）在 C 上，则当直线 MN 恒过定点 $E\left(\dfrac{c^2x_0}{a^2 + b^2}, -\dfrac{c^2y_0}{a^2 + b^2}\right)$ 时，有 $AM \perp AN$.

【小题妙解】 **练习1** 已知椭圆 $C: \dfrac{x^2}{2} + y^2 = 1$，点 $A\left(1, \dfrac{\sqrt{2}}{2}\right)$，不经过点 A 的直线 l 与椭圆 C 交于点 M，N. 当 l 经过点 $E\left(\dfrac{1}{3}, -\dfrac{\sqrt{2}}{6}\right)$ 时，$\angle MAN = \underline{\hspace{2cm}}$.

【解析】 应用上述命题 2 即可得 $\angle MAN = \dfrac{\pi}{2}$.

2. 双曲线中的双根法

例2 已知双曲线 $C:2x^2 - y^2 = 1$,设斜率为 $k(|k| < \sqrt{2})$ 的直线 l 交 C 于 P,Q 两点. 若 l 与圆 $x^2 + y^2 = 1$ 相切,求证:$OP \perp OQ$.

【解析】 设直线 PQ 的方程是 $y = kx + b$,因为直线与已知圆相切,所以 $\dfrac{|b|}{\sqrt{k^2 + 1}} = 1$,即

$$b^2 = k^2 + 1. \qquad\qquad ①$$

联立直线方程与双曲线方程,得 $(2 - k^2)x^2 - 2kbx - b^2 - 1 = 0$. 设 $P(x_1, y_1)$,$Q(x_2, y_2)$,则利用双根法的思想,可得

$$(2 - k^2)x^2 - 2kbx - b^2 - 1 = (2 - k^2)(x - x_1)(x - x_2), \qquad ②$$

令 $x = 0$,则可得 $x_1 x_2 = -\dfrac{b^2 + 1}{2 - k^2}$,从而可得 $y_1 y_2 = k^2\left(x_1 + \dfrac{b}{k}\right)\left(x_2 + \dfrac{b}{k}\right)$;令 $x = -\dfrac{b}{k}$,则可得 $y_1 y_2 = \dfrac{2b^2 - k^2}{2 - k^2}$. 所以

$$\overrightarrow{OP} \cdot \overrightarrow{OQ} = x_1 x_2 + y_1 y_2 = \dfrac{b^2 - k^2 - 1}{2 - k^2}.$$

则由①式知 $\overrightarrow{OP} \cdot \overrightarrow{OQ} = 0$. 故 $OP \perp OQ$ 成立.

点评 本题的核心在于计算 $x_1 x_2$ 和 $y_1 y_2$. 其中,$x_1 x_2$ 可直接选择韦达定理进行求解;对于 $y_1 y_2$,若选择韦达定理进行求解,首先要将其转化为关于 $x_1 + x_2$ 与 $x_1 x_2$ 的关系式,再通过化简运算进行求解. 化简步骤烦琐,运算难度较大. 而这里使用了双根法,其优势在于减少化简的步骤,降低运算的难度.

【题根探秘】 通过上述分析,我们可以得到以下结论(命题3):

命题3 已知双曲线 $C:\dfrac{x^2}{a^2} - \dfrac{y^2}{b^2} = 1(a > 0, b > 0)$ 经过点 $A(1,1)$,设斜率为 k 的直线 l 与双曲线 C 交于点 P,Q,当 l 与圆 $x^2 + y^2 = 1$ 相切时,有 $OP \perp OQ$.

证明:设直线 PQ 的方程是 $y = kx + m$,因为直线与已知圆相切,所以 $\dfrac{|m|}{\sqrt{k^2 + 1}} = 1$,即

$$m^2 = k^2 + 1. \qquad\qquad ①$$

联立直线方程与双曲线方程,得 $(b^2 - a^2 k^2)x^2 - 2kma^2 x - a^2 m^2 - a^2 b^2 = 0$. 设 $P(x_1, y_1)$,$Q(x_2, y_2)$,则利用双根法的思想,可得

$$(b^2 - a^2 k^2)x^2 - 2kma^2 x - a^2 m^2 - a^2 b^2 = (b^2 - a^2 k^2)(x - x_1)(x - x_2). \qquad ②$$

令 $x = 0$,则可得 $x_1 x_2 = -\dfrac{a^2 m^2 + a^2 b^2}{b^2 - a^2 k^2}$,从而可得 $y_1 y_2 = k^2\left(x_1 + \dfrac{m}{k}\right)\left(x_2 + \dfrac{m}{k}\right)$;令 $x = -\dfrac{m}{k}$,则可得 $y_1 y_2 = \dfrac{b^2 m^2 - a^2 b^2 k^2}{b^2 - a^2 k^2}$. 所以

$$\overrightarrow{OP} \cdot \overrightarrow{OQ} = x_1 x_2 + y_1 y_2 = \frac{(b^2 - a^2)m^2 - a^2 b^2(k^2 + 1)}{b^2 - a^2 k^2}.$$

则由①式知

$$\overrightarrow{OP} \cdot \overrightarrow{OQ} = x_1 x_2 + y_1 y_2 = \frac{(b^2 - a^2 - a^2 b^2)m^2}{b^2 - a^2 k^2}.$$

又因为双曲线 C 经过点 $A(1,1)$,所以 $\frac{1}{a^2} - \frac{1}{b^2} = 1$,即有 $b^2 - a^2 - a^2 b^2 = 0$,从而可得 $OP \perp OQ$ 成立.

根据上述证明过程,我们还可以获得以下结论(命题 4 和命题 5):

命题 4 已知双曲线 $C: \frac{x^2}{a^2} - \frac{y^2}{b^2} = 1 (a>0, b>0)$ 经过点 $A(1,1)$,设斜率为 k 的直线 l 与双曲线 C 交于点 P,Q,且 $OP \perp OQ$,则直线 l 与圆 $x^2 + y^2 = 1$ 相切.

命题 5 已知双曲线 $C: \frac{x^2}{a^2} - \frac{y^2}{b^2} = 1 (a>0, b>0)$,设斜率为 k 的直线 l 与双曲线 C 交于点 P,Q,且 $OP \perp OQ$.则当直线 l 与圆 $x^2 + y^2 = 1$ 相切时,双曲线 C 恒过定点 $A(1,1)$.

证明过程与命题 3 相似,请读者自行研究.

【小题妙解】 **练习 2** 已知双曲线 $C: 3x^2 - 2y^2 = 1$,设斜率为 k 的直线 l 与双曲线 C 交于点 P,Q.当点 O 到 l 的距离为 1 时,$\angle POQ =$ _____.

【解析】 验证可知双曲线 C 经过点 $A(1,1)$,当点 O 到直线 l 的距离为 1 时,可得直线 l 与圆 $x^2 + y^2 = 1$ 相切.根据命题 3,可得 $OP \perp OQ$,从而可得 $\angle POQ = \frac{\pi}{2}$.

3. 抛物线中的双根法

例3 过抛物线 $C: y^2 = 4x$ 的焦点 F 的直线交该抛物线 C 于 A,B 两点,与抛物线 C 的准线 l 交于点 P,求 $\overrightarrow{PA} \cdot \overrightarrow{PB}$ 的最小值.

【解析】 (解法 1)由题意知抛物线 C 的焦点为 $F(1,0)$.设直线 AB 的方程为 $y = k(x-1)$,点 A,B 的坐标分别为 $(x_1, y_1), (x_2, y_2)$.联立直线 AB 与抛物线 C 的方程,可得 $k^2 x^2 - (2k^2 + 4)x + k^2 = 0$,则利用双根法的思路,可得

$$k^2 x^2 - (2k^2 + 4)x + k^2 = k^2(x - x_1)(x - x_2). \qquad ①$$

而 $\overrightarrow{PA} = (x_1 + 1, y_1 + 2k), \overrightarrow{PB} = (x_2 + 1, y_2 + 2k)$,则根据向量乘积的定义,可得

$$\overrightarrow{PA} \cdot \overrightarrow{PB} = (x_1 + 1)(x_2 + 1) + (y_1 + 2k)(y_2 + 2k), \qquad ②$$

其中 $(y_1 + 2k)(y_2 + 2k) = k^2(x_1 + 1)(x_2 + 1)$.所以 $\overrightarrow{PA} \cdot \overrightarrow{PB} = (k^2 + 1)(x_1 + 1)(x_2 + 1)$.

在①式中,令 $x = -1$,可得 $(x_1 + 1)(x_2 + 1) = 4 + \frac{4}{k^2}$,则

$$\overrightarrow{PA} \cdot \overrightarrow{PB} = 4\left(k^2 + \frac{1}{k^2} + 2\right) \geqslant 16,$$

当且仅当 $k^2=1$,即 $k=\pm 1$ 时等号成立.故 $\overrightarrow{PA}\cdot\overrightarrow{PB}$ 的最小值为 16.

点评 在上述解法中构造的还是关于 x 的二次方程.结合抛物线的结构特征,我们还可以构造关于 y 的二次方程,具体求解过程如下:

(解法 2)设直线 AB 的方程为 $x=my+1$,点 A,B 的坐标分别为 $(x_1,y_1),(x_2,y_2)$.联立直线 AB 与抛物线 C 的方程,可得 $y^2-4my-4=0$,则利用双根法的思路,可得

$$y^2-4my-4=(y-y_1)(y-y_2). \tag{①}$$

而 $\overrightarrow{PA}=\left(x_1+1,y_1+\dfrac{2}{m}\right),\overrightarrow{PB}=\left(x_2+1,y_2+\dfrac{2}{m}\right)$,则根据向量乘积的定义,可得

$$\overrightarrow{PA}\cdot\overrightarrow{PB}=(x_1+1)(x_2+1)+\left(y_1+\dfrac{2}{m}\right)\left(y_2+\dfrac{2}{m}\right), \tag{②}$$

其中 $(x_1+1)(x_2+1)=m^2\left(y_1+\dfrac{2}{m}\right)\left(y_2+\dfrac{2}{m}\right)$.所以

$$\overrightarrow{PA}\cdot\overrightarrow{PB}=(m^2+1)\left(y_1+\dfrac{2}{m}\right)\left(y_2+\dfrac{2}{m}\right).$$

在①式中,令 $y=-\dfrac{2}{m}$,可得 $\left(y_1+\dfrac{2}{m}\right)\left(y_2+\dfrac{2}{m}\right)=4+\dfrac{4}{m^2}$,则

$$\overrightarrow{PA}\cdot\overrightarrow{PB}=4\left(m^2+\dfrac{1}{m^2}+2\right)\geqslant 16,$$

当且仅当 $m^2=1$,即 $m=\pm 1$ 时等号成立.故 $\overrightarrow{PA}\cdot\overrightarrow{PB}$ 的最小值为 16.

点评 上述两种解法都利用了双根法的思想,区别在于选择了不同的参数进行消元.因为抛物线具有一次的表达式,当选择消去一次的参数时,对应的运算量较小.

【题根探秘】 根据上面的分析,我们可以总结出如下结论(命题 6 和命题 7):

命题 6 过抛物线 $C:y^2=2px(p>0)$ 的焦点 F 的直线交该抛物线 C 于 A,B 两点,与抛物线 C 的准线 l 交于点 P,则 $\overrightarrow{PA}\cdot\overrightarrow{PB}$ 的最小值为 $4p^2$.

证明:现采用上述解法 2 进行证明.设直线 AB 的方程为 $x=my+\dfrac{p}{2}$,点 A,B 的坐标分别为 $(x_1,y_1),(x_2,y_2)$.联立直线 AB 与抛物线 C 的方程,可得 $y^2-2pmy-p^2=0$,则利用双根法的思路,可得

$$y^2-2pmy-p^2=(y-y_1)(y-y_2). \tag{①}$$

而 $\overrightarrow{PA}=\left(x_1+\dfrac{p}{2},y_1+\dfrac{p}{m}\right),\overrightarrow{PB}=\left(x_2+\dfrac{p}{2},y_2+\dfrac{p}{m}\right)$,则根据向量乘积的定义,可得

$$\overrightarrow{PA}\cdot\overrightarrow{PB}=\left(x_1+\dfrac{p}{2}\right)\left(x_2+\dfrac{p}{2}\right)+\left(y_1+\dfrac{p}{m}\right)\left(y_2+\dfrac{p}{m}\right), \tag{②}$$

其中 $\left(x_1+\dfrac{p}{2}\right)\left(x_2+\dfrac{p}{2}\right)=m^2\left(y_1+\dfrac{p}{m}\right)\left(y_2+\dfrac{p}{m}\right)$.所以

$$\overrightarrow{PA}\cdot\overrightarrow{PB}=(m^2+1)\left(y_1+\dfrac{p}{m}\right)\left(y_2+\dfrac{p}{m}\right).$$

在①式中,令 $y = -\dfrac{p}{m}$,可得 $\left(y_1 + \dfrac{p}{m}\right)\left(y_2 + \dfrac{p}{m}\right) = p^2 + \dfrac{p^2}{m^2}$,则

$$\overrightarrow{PA} \cdot \overrightarrow{PB} = p^2\left(m^2 + \dfrac{1}{m^2} + 2\right) \geqslant 4p^2,$$

当且仅当 $m^2 = 1$,即 $m = \pm 1$ 时等号成立.故 $\overrightarrow{PA} \cdot \overrightarrow{PB}$ 的最小值为 $4p^2$.

命题 7 过点 $Q(t,0)(t > 0)$ 的直线交抛物线 $C: y^2 = 2px(p > 0)$ 于 A,B 两点,与抛物线 C 的准线 l 交于点 P,则 $\overrightarrow{PA} \cdot \overrightarrow{PB}$ 的最小值为 $\left(t + \dfrac{3}{2}p\right)^2$.

证明:继续利用解法 2 进行证明.设直线 AB 的方程为 $x = my + t$,点 A,B 的坐标分别为 $(x_1,y_1),(x_2,y_2)$.联立直线 AB 与抛物线 C 的方程,可得 $y^2 - 2pmy - 2pt = 0$,则利用双根法的思路,可得

$$y^2 - 2pmy - 2pt = (y - y_1)(y - y_2). \qquad ①$$

而 $\overrightarrow{PA} = \left(x_1 + \dfrac{p}{2}, y_1 + \dfrac{p+2t}{2m}\right)$,$\overrightarrow{PB} = \left(x_2 + \dfrac{p}{2}, y_2 + \dfrac{p+2t}{2m}\right)$,则根据向量乘积的定义,可得

$$\overrightarrow{PA} \cdot \overrightarrow{PB} = \left(x_1 + \dfrac{p}{2}\right)\left(x_2 + \dfrac{p}{2}\right) + \left(y_1 + \dfrac{p+2t}{2m}\right)\left(y_2 + \dfrac{p+2t}{2m}\right),$$

其中 $\left(x_1 + \dfrac{p}{2}\right)\left(x_2 + \dfrac{p}{2}\right) = m^2\left(y_1 + \dfrac{p+2t}{2m}\right)\left(y_2 + \dfrac{p+2t}{2m}\right)$.所以

$$\overrightarrow{PA} \cdot \overrightarrow{PB} = (m^2 + 1)\left(y_1 + \dfrac{p+2t}{2m}\right)\left(y_2 + \dfrac{p+2t}{2m}\right).$$

在①式中,令 $y = -\dfrac{p+2t}{2m}$,可得 $\left(y_1 + \dfrac{p+2t}{2m}\right)\left(y_2 + \dfrac{p+2t}{2m}\right) = p^2 + \dfrac{(p+2t)^2}{4m^2}$.则

$$\overrightarrow{PA} \cdot \overrightarrow{PB} = m^2 p^2 + \dfrac{(p+2t)^2}{4m^2} + p^2 + \dfrac{(p+2t)^2}{4} \geqslant \left(t + \dfrac{3}{2}p\right)^2,$$

当且仅当 $m^2 = \dfrac{p+2t}{p}$,即 $m = \pm\dfrac{\sqrt{p^2+2pt}}{p}$ 时等号成立.故 $\overrightarrow{PA} \cdot \overrightarrow{PB}$ 的最小值为 $\left(t + \dfrac{3}{2}p\right)^2$.

【小题妙解】 练习 3 过点 $Q(2,0)$ 的直线交抛物线 $C: y^2 = 4x$ 于 A,B 两点,与抛物线 C 的准线 l 交于点 P,则 $\overrightarrow{PA} \cdot \overrightarrow{PB}$ 的最小值为（　　）.

A. 25　　　　B. 16　　　　C. 9　　　　D. 不存在最小值

【解析】 应用上述命题 7,即可得 $(\overrightarrow{PA} \cdot \overrightarrow{PB})_{\min} = \left(2 + \dfrac{3}{2}\times 2\right)^2 = 25$.故选 A.

习 题

单选题

1. 已知双曲线 $C: 2x^2 - y^2 = 1$,设斜率为 k 的直线 l 与双曲线 C 交于点 P,Q,且 $OP \perp OQ$（O 为坐标原点）,则点 O 到直线 PQ 的距离为（　　）.

A. 1   B. $\sqrt{2}$ C. $\sqrt{3}$ D. 受斜率 k 的影响

填空题

2. 已知椭圆 $C: \dfrac{x^2}{8} + \dfrac{y^2}{6} = 1, A(2, \sqrt{3})$. 设点 M, N 在椭圆 C 上,则当 $AM \perp AN$ 时,点 A 到直线 MN 的距离的最大值为_____.

解答题

3. 已知 x_1 和 x_2 是方程 $x^2 - 3x - 1 = 0$ 的两个根,试计算下列表达式的值:

(1) $(1 - x_1)(1 - x_2)$;

(2) $(kx_1 + b)(kx_2 + b)(kb \neq 0)$.

4. (2023 届高三第一次学业质量评价(T8 联考))已知抛物线 $C: y^2 = 2px (p > 0)$ 的准线与 x 轴的交点为 H,直线过抛物线 C 的焦点且与 C 交于 A, B 两点,$\triangle HAB$ 面积的最小值为 4.

(1) 求抛物线 C 的方程.

(2) 若过点 $Q\left(\dfrac{17}{4}, 1\right)$ 的动直线 l 交 C 于 M, N 两点,试问抛物线 C 上是否存在定点 E,使得对任意直线 l 都有 $EM \perp EN$? 若存在,求出点 E 的坐标;若不存在,请说明理由.

5. (2023 届广州市高三调研测试)已知抛物线 $C: y^2 = 2px (p > 0)$ 的焦点到准线的距离为 2,圆 M 与 y 轴相切,且圆心 M 与抛物线 C 的焦点重合.

(1) 求抛物线 C 和圆 M 的方程.

(2) 设 $P(x_0, y_0)(x_0 \neq 2)$ 为圆 M 外一点,过点 P 作圆 M 的两条切线,分别交抛物线 C 于两个不同的交点 $A(x_1, y_1), B(x_2, y_2)$ 和 $Q(x_3, y_3), R(x_4, y_4)$,且 $y_1 y_2 y_3 y_4 = 16$. 求证:点 P 在一条定曲线上.

6. (结构不良题)已知抛物线 $C: x^2 = 2py (p > 0)$ 的焦点为 F,直线 $2x - y + 2 = 0$ 交抛物线 C 于 A, B 两点,P 是线段 AB 的中点,过 P 作 x 轴的垂线,交抛物线 C 于点 Q. 请在下列两个条件中任选其一,判断是否存在实数 p 使得条件成立. 若存在,求出 p 的值;若不存在,请说明理由.

条件 1:$|2\overrightarrow{QA} + \overrightarrow{QB}| = |2\overrightarrow{QA} - \overrightarrow{QB}|$.

条件 2:以 AB 为直径的圆经过点 Q.

习题参考答案

1. A. 解析:易知双曲线 C 经过定点 $(1, 1)$. 根据上面的命题 4,可知直线 l 与圆 $x^2 + y^2 = 1$ 相切,从而可得点 O 到直线 PQ 的距离为 1.

2. $\dfrac{\sqrt{217}}{7}$. 解析：根据上面的命题 1，可知直线 MN 恒过定点 $E\left(\dfrac{2}{7},-\dfrac{\sqrt{3}}{7}\right)$. 问题转化为计算点 A 到过定点 $E\left(\dfrac{2}{7},-\dfrac{\sqrt{3}}{7}\right)$ 的直线的距离的最大值问题. 显然当 $AE\perp MN$ 时，该距离取到最大值，此时的最大值为 $\dfrac{\sqrt{217}}{7}$.

3. 根据双根法的思想，可得 $x^2-3x-1=(x-x_1)(x-x_2)$.

(1) 令 $x=1$，即可得 $(1-x_1)(1-x_2)=1-3-1=-3$.

(2) $(kx_1+b)(kx_2+b)=k^2\left(\dfrac{b}{k}+x_1\right)\left(\dfrac{b}{k}+x_2\right)$. 令 $x=-\dfrac{b}{k}$，则可得 $\left(\dfrac{b}{k}+x_1\right)\left(\dfrac{b}{k}+x_2\right)=\left(\dfrac{b}{k}\right)^2-3\cdot\dfrac{b}{k}-1$，从而可得 $(kx_1+b)(kx_2+b)=b^2-3kb-k^2$.

4. (1) 抛物线 C 的方程为 $y^2=4x$（过程略）.

(2) 假设存在 $E(x_0,y_0)$. 设直线 l 的方程为 $x=t(y-1)+\dfrac{17}{4}$，与抛物线的方程联立，可得 $y^2-4ty+4t-17=0$. 设点 M,N 的坐标分别为 $(x_1,y_1),(x_2,y_2)$，则由 $EM\perp EN$，即 $\overrightarrow{EM}\perp\overrightarrow{EN}$，得

$$(y_1-y_0)(y_2-y_0)+(x_1-x_0)(x_2-x_0)=0,$$

又因为点 E,M,N 都属于抛物线，所以

$$(x_1-x_0)(x_2-x_0)=\dfrac{(y_1^2-y_0^2)(y_2^2-y_0^2)}{16}.$$

代入上式，化简得 $(y_1+y_0)(y_2+y_0)+16=0$.

令 $y^2-4ty+4t-17=(y-y_1)(y-y_2)$，则当 $y=-y_0$ 时，可得

$$(y_1+y_0)(y_2+y_0)=y_0^2+4ty_0+4t-17.$$

结合上式，可得 $y_0^2+4ty_0+4t-1=0$，等价于 $4t(y_0+1)+y_0^2-1=0$. 为此令 $y_0+1=0,y_0^2-1=0$，计算可得 $y_0=-1$. 所以存在定点 $E\left(\dfrac{1}{4},-1\right)$ 符合题意.

5. (1) 抛物线的方程为 $y^2=4x$（过程略）.

(2) 设直线 AB,QR 的斜率分别为 k_1,k_2，直线 AB 的方程为 $y=k_1(x-x_0)+y_0$. 因为直线 AB 与圆 M 相切，所以 $\dfrac{|k_1+y_0-k_1x_0|}{\sqrt{k_1^2+1}}=1$，化简可得

$$(x_0^2-2x_0)k_1^2-2(x_0-1)y_0k_1+y_0^2-1=0.$$

同理可得 k_2 也满足上述方程，即

$$(x_0^2-2x_0)k_2^2-2(x_0-1)y_0k_2+y_0^2-1=0.$$

所以 k_1,k_2 是关于 k 的方程 $(x_0^2-2x_0)k^2-2(x_0-1)y_0k+y_0^2-1=0$ 的两个根，写成两根式即

$$(x_0^2 - 2x_0)k^2 - 2(x_0 - 1)y_0 k + y_0^2 - 1 = (x_0^2 - 2x_0)(k - k_1)(k - k_2). \quad ①$$

联立直线 AB 与抛物线 C 的方程,可得 $k_1 y^2 - 4y + 4(y_0 - k_1 x_0) = 0$,显然 $k_1 \neq 0$,则利用韦达定理可得 $y_1 y_2 = \dfrac{4(y_0 - k_1 x_0)}{k_1}$,同理可得 $y_3 y_4 = \dfrac{4(y_0 - k_2 x_0)}{k_1}$.所以

$$y_1 y_2 y_3 y_4 = \frac{16(y_0 - k_1 x_0)(y_0 - k_2 x_0)}{k_1 k_2} = 16. \quad ②$$

②式等价于 $(y_0 - k_1 x_0)(y_0 - k_2 x_0) = k_1 k_2$.

现化简条件 $(y_0 - k_1 x_0)(y_0 - k_2 x_0)$,即可用"双根法"实现,具体如下:

$$(y_0 - k_1 x_0)(y_0 - k_2 x_0) = x_0^2 \left(\frac{y_0}{x_0} - k_1 \right) \left(\frac{y_0}{x_0} - k_2 \right).$$

在①式中,令 $k = \dfrac{y_0}{x_0}$,可得 $\left(\dfrac{y_0}{x_0} - k_1 \right) \left(\dfrac{y_0}{x_0} - k_2 \right) = \dfrac{-1}{x_0^2 - 2x_0}$,再结合关于 k 的韦达定理,可得

$\dfrac{-x_0^2}{x_0^2 - 2x_0} = \dfrac{y_0^2 - 1}{x_0^2 - 2x_0}$,化简并整理即得 $x_0^2 + y_0^2 = 1$.

综上可知,点 P 在定曲线 $x^2 + y^2 = 1$ 上运动.

6. 假设存在.抛物线方程 $x^2 = 2py$ 与直线方程 $y = 2x + 2$ 联立,得 $x^2 - 4px - 4p = 0$.设 $A(x_1, y_1)$,$B(x_2, y_2)$,$Q(2p, 2p)$.

若选择条件 1:因为 $|2\overrightarrow{QA} + \overrightarrow{QB}| = |2\overrightarrow{QA} - \overrightarrow{QB}|$,所以 $QA \perp QB$.

若选择条件 2:以 AB 为直径的圆经过点 Q,也可得 $QA \perp QB$.

由 $\overrightarrow{QA} \cdot \overrightarrow{QB} = 0$,即得 $(x_1 - 2p)(x_2 - 2p) + (y_1 - 2p)(y_2 - 2p) = 0$,整理得

$$(x_1 - 2p)(x_2 - 2p) + (2x_1 + 2 - 2p)(2x_2 + 2 - 2p) = 0. \quad ①$$

利用双根法的思想,可得 $x^2 - 4px - 4p = (x - x_1)(x - x_2)$.令 $x = 2p$,可得

$$(x_1 - 2p)(x_2 - 2p) = -4p^2 - 4p. \quad ②$$

令 $x = p - 1$,可得

$$4(x_1 - p + 1)(x_2 - p + 1) = -12p^2 - 8p + 4. \quad ③$$

由①式知,②+③=0,即 $-16p^2 - 12p + 4 = 0$,亦即 $4p^2 + 3p - 1 = 0$,解得 $p = \dfrac{1}{4}$ 或 $p = -1$(舍去).

所以两个条件下均存在实数 p 使得条件成立,且 $p = \dfrac{1}{4}$.

3.15 极点和极线问题

极点和极线的问题在高考中主要以压轴的选择题、填空题和大题为主,全国卷和江苏卷都曾以定值或定点问题出现.小题以圆与直线为背景,大题主要以定点和定值为背景,主要考查考生求解方程的能力、思维运算能力和数学的核心素养等.中学阶段接触到的二次曲线(圆、椭圆、双曲线、抛物线)都会经常出现在模拟题和高考题中,并以压轴题的形式呈现.

抛物线中的极点和极线问题主要以大题为主,常以切线问题结合面积进行考查.近几年,全国卷经常有相关的问题.结合定点、定值问题是热门考点,考生需要熟练掌握.抛物线中涉及的切线问题常用到隐函数求导法则,在竞赛题中也很常见.抛物线的参数方程可作为拓展了解内容.

知识梳理

圆锥曲线 Γ: $Ax^2 + Cy^2 + 2Dx + 2Ey + F = 0$,则对称点 $P(x_0, y_0)$ 和直线 l: $Ax_0 x + Cy_0 y + D(x_0 + x) + E(y_0 + y) + F = 0$ 是圆锥曲线 Γ 的一对极点和极线.(以上定义表明,在圆锥曲线方程中,以 $x_0 x$ 替换 x^2,以 $\dfrac{x_0 + x}{2}$ 替换 x,以 $y_0 y$ 替换 y^2,以 $\dfrac{y_0 + y}{2}$ 替换 y,即可得到点 $P(x_0, y_0)$ 对应的极线方程.)

1. 圆的切线与极线

(1) 圆上一点作圆的极线:如图3.80所示,设 P 为圆上一点.设圆的方程为 $x^2 + y^2 = r^2$,且设 $P(x_0, y_0)$,则 $k_{OP} = \dfrac{y_0}{x_0}$.由切线 l 与 OP 垂直,可得 $k_l = -\dfrac{x_0}{y_0}$,进一步可得切线 l 的方程为

$$y - y_0 = -\frac{x_0}{y_0}(x - x_0).$$

又由 P 为圆上一点,可得 $x_0^2 + y_0^2 = r^2$,代入上式,可得其切线方程为

$$xx_0 + yy_0 = r^2.$$

所以切线即为点 P 对圆 O 的极线.

当 P 为坐标轴上的一点时,也有同样的结果.

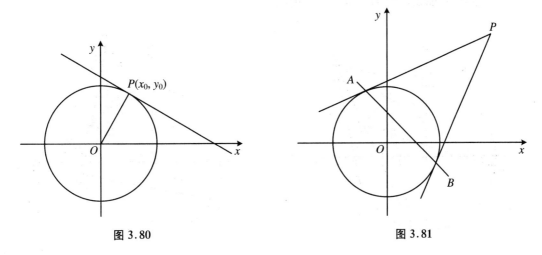

图 3.80　　　　　　　　　　图 3.81

(2) 在圆外作圆的极线：如图 3.81 所示，当 P 为圆外一点时，设 $P(x_0,y_0)$，$A(x_1,y_1)$，$B(x_2,y_2)$，则根据前面的推导，可知直线 PA 的方程为 $xx_1 + yy_1 = r^2$，直线 PB 的方程为 $xx_2 + yy_2 = r^2$. 点 P 既在直线 PA 上也在直线 PB 上，易得方程组

$$\begin{cases} x_0 x_1 + y_0 y_1 = r^2 \\ x_0 x_2 + y_0 y_2 = r^2 \end{cases}.$$

结合 $A(x_1,y_1)$，$B(x_2,y_2)$ 的坐标都能够满足上式，对比系数，可得直线 AB 的方程为

$$xx_0 + yy_0 = r^2.$$

故直线 AB 的方程即为点 P 对圆 O 的极线，P 为极点.

(3) 圆内一点作圆的极线与配极原则：如果点 P 的极线通过点 G，则点 G 的极线也通过点 P. 当 P 为圆外一点时，如图 3.82 所示，在 P 处引两条射线 PCD 和 PEF，直线 CF 与 ED 交于一点 G，我们称 P 为点 G 的共轭点，G 在点 P 关于圆 O 的极线上.

对于圆内的一点 $G(x_0,y_0)$，作圆的极线，且设 $P(a,b)$，则根据前面的推导，可知直线 PA 的方程为 $xx_1 + yy_1 = r^2$，直线 PB 的方程为 $xx_2 + yy_2 = r^2$. 点 P 既在直线 PA 上也在直线 PB 上，易得方程组

$$\begin{cases} ax_1 + by_1 = r^2 \\ ax_2 + by_2 = r^2 \end{cases}.$$

对比系数，可得直线 AB 的方程为

$$ax + by = r^2,$$

将 $G(x_0,y_0)$ 代入上式，可得 $ax_0 + by_0 = r^2$. 当 a,b 变化时，可知点 G 的极线方程即为点 P 的轨迹方程. 该极线方程为

$$xx_0 + yy_0 = r^2.$$

这样我们就证明了圆中的配极原则，以及三种情况的极线方程.

当 P 在圆内时，如图 3.83 所示. 点 P 所对应的极线即为 EF，且 $\triangle PEF$ 称为自极三角形.

对于椭圆、双曲线和抛物线也有类似的结论.

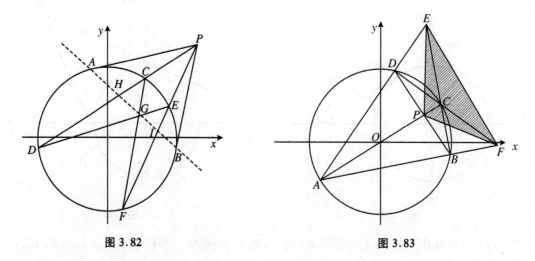

图 3.82   图 3.83

2. 椭圆的极点、极线与面积

椭圆的极点、极线可以根据圆的极点、极线进行仿射变换求解,按照坐标变换可以很快得到结果.

设点 $P(x_0, y_0)$ 的极线 $l: \dfrac{x_0 x}{a^2} + \dfrac{y_0 y}{b^2} = 1$,椭圆方程为 $\dfrac{x^2}{a^2} + \dfrac{y^2}{b^2} = 1 (a > 0, b > 0)$. 则:

(1) 如图 3.84 所示,当点 $P(x_0, y_0)$ 在椭圆上时,极线 l 是以点 P 为切点的切线. 考虑

第一象限的情况,$y^2 = b^2 \left(1 - \dfrac{x^2}{a^2}\right)$,对于正半轴的情况,可知 $y = b\sqrt{1 - \dfrac{x^2}{a^2}} = \dfrac{b}{a}\sqrt{a^2 - x^2}$,

求导可得 $y' = \dfrac{b^2}{a^2} \dfrac{-2x}{2\sqrt{a^2 - x^2}}$,所以以 $P(x_0, y_0)$ 为切点的切线方程为

$$y = -\frac{b^2}{a^2} \frac{x_0}{y_0} (x - x_0) + y_0,$$

整理得 $\dfrac{x_0 x}{a^2} + \dfrac{y_0 y}{b^2} = 1$. 即此时极线 l 为过点 $P(x_0, y_0)$ 的切线.

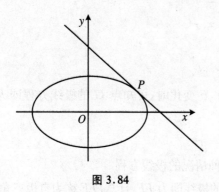

图 3.84

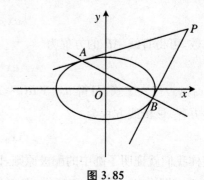

图 3.85

(2) 如图 3.85 所示,当点 P 在椭圆外时,极线 l 与椭圆相交,且由点 P 向椭圆所引切线的切点弦所在的直线分别为 $l_{PA}:\dfrac{x_1 x}{a^2}+\dfrac{y_1 y}{b^2}=1$;$l_{PB}:\dfrac{x_2 x}{a^2}+\dfrac{y_2 y}{b^2}=1$.将点 P 的坐标代入,可得

$$\begin{cases}\dfrac{x_1 x_0}{a^2}+\dfrac{y_1 y_0}{b^2}=1 \\[2mm] \dfrac{x_2 x_0}{a^2}+\dfrac{y_2 y_0}{b^2}=1\end{cases}.$$

即点 $A(x_1,y_1)$,$B(x_2,y_2)$ 均满足 $\dfrac{x_0 x}{a^2}+\dfrac{y_0 y}{b^2}=1$.所以极线 l 的方程 $\dfrac{x_0 x}{a^2}+\dfrac{y_0 y}{b^2}=1$ 即为切点弦 AB 所在的直线方程.

(3) 如图 3.86 所示,当点 $P(x_0,y_0)$ 在椭圆内时,极线 l 与椭圆相离,极线 l 为经过点 P 的弦在两端点处切线交点的轨迹,且极线 l 与以点 P 为中点的弦所在的直线平行.

设 $A(x_1,y_1)$,$B(x_2,y_2)$,以 A,B 为切点的切线交于点 $M(m,n)$,则直线 AB 的方程为 $\dfrac{mx}{a^2}+\dfrac{ny}{b^2}=1$,

所以 $\dfrac{mx_0}{a^2}+\dfrac{ny_0}{b^2}=1$,即点 $M(m,n)$ 在定直线上.

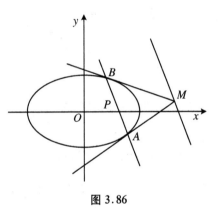

图 3.86

椭圆中的自极三角形与圆的自极三角形类似,这里不再赘述.

经典题探秘

1. 圆的切线与极线问题

例 1 (2013 山东卷/9) 过点 $(3,1)$ 作圆 $(x-1)^2+y^2=1$ 的两条切线,切点分别为 A,B,则直线 AB 的方程为( ).

A. $2x+y-3=0$ B. $2x-y-3=0$

C. $4x-y-3=0$ D. $4x+y-3=0$

【解析】 (解法1:极点、极线法)切点弦 AB 所在的直线就是点 $(3,1)$ 的对应极线,其方程为 $(3-1)(x-1)+1\times y=1$,化简得 $2x+y-3=0$.故选项 A 正确.

(解法2)依题意作出图形,如图 3.87 所示,设过点 $P(3,1)$ 的圆 $(x-1)^2+y^2=1$ 的切线的斜率存在,切线方程可设为 $y-1=k(x-3)$,即 $y=kx+1-3k$.令 $b=1-3k$,则切线方程为 $y=kx+b$.联立 $\begin{cases}y=kx+b \\ (x-1)^2+y^2=1\end{cases}$,得

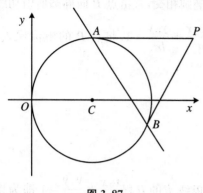

图 3.87

$$(k^2+1)x^2+2(bk-1)x+b^2=0.$$

所以 $\Delta=[2(bk-1)]^2-4b^2(k^2+1)=0$,化简得 $b^2+2bk-1=0$.则 $(1-3k)^2+2k(1-3k)-1=0$,整理得 $3k^2-4k=0$,解得 $k=0$ 或 $k=\dfrac{4}{3}$.

所以不妨设切线 PA,PB 的斜率分别为 $0,\dfrac{4}{3}$,则切线 PA,PB 的方程分别为 $y=1,y=\dfrac{4}{3}x-3$.

联立 $\begin{cases}y=1\\(x-1)^2+y^2=1\end{cases}$,解得 $\begin{cases}x=1\\y=1\end{cases}$,即点 $A(1,1)$.

联立 $\begin{cases}y=\dfrac{4}{3}x-3\\(x-1)^2+y^2=1\end{cases}$,解得 $\begin{cases}x=\dfrac{9}{5}\\y=-\dfrac{3}{5}\end{cases}$,即点 $B\left(\dfrac{9}{5},-\dfrac{3}{5}\right)$.

所以直线 AB 的方程为 $\dfrac{y-\left(-\dfrac{3}{5}\right)}{1-\left(-\dfrac{3}{5}\right)}=\dfrac{x-\dfrac{9}{5}}{1-\dfrac{9}{5}}$,即 $2x+y-3=0$.故选 A.

(解法 3)如图 3.88 所示,圆 $(x-1)^2+y^2=1$ 的圆心为 $C(1,0)$,半径为 $r=1$.连接 AC,BC,PC,则 $\angle PAC=\angle PBC=\dfrac{\pi}{2}$,所以四边形 $PACB$ 的对角互补.故四边形 $PACB$ 有外接圆,且 PC 为其直径,PC 的中点 M 为其圆心,则由中点公式可得其圆心坐标为 $M\left(2,\dfrac{1}{2}\right)$,半径 $r'=\dfrac{1}{2}|PC|=\dfrac{1}{2}\sqrt{(3-1)^2+(1-0)^2}=\dfrac{\sqrt{5}}{2}$.所以圆 M 的方程为 $(x-2)^2+\left(y-\dfrac{1}{2}\right)^2=$

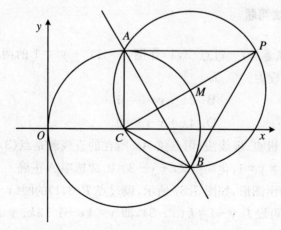

图 3.88

第3章 圆锥曲线

$\dfrac{5}{4}$,即 $x^2+y^2-4x-y+3=0$.又因为圆 C 的方程为 $(x-1)^2+y^2=1$,即 $x^2+y^2-2x=0$.
两式相减,可得 $2x+y-3=0$,所以直线 AB 的方程为 $2x+y-3=0$.故选 A.

(解法4)如图3.89所示,连接 AC,PC.圆 $(x-1)^2+y^2=1$ 的圆心为 $C(1,0)$,半径为 $r=1$.因为 $AC\perp PA$,所以 $|PC|=\sqrt{(3-1)^2+(1-0)^2}=\sqrt{5}$.因为 PA,PB 为圆 $(x-1)^2+y^2=1$ 的切线,切点分别为 A,B,所以 $|PA|=|PB|=\sqrt{|PC|^2-r^2}=\sqrt{5-1}=2$.因此,以 P 为圆心、$|PA|$ 为半径的圆 P 经过点 B,其方程为 $(x-3)^2+(y-1)^2=4$,即 $x^2+y^2-6x-2y+6=0$.又因为圆 C 的方程为 $(x-1)^2+y^2=1$,即 $x^2+y^2-2x=0$.两式相减,可得 $4x+2y-6=0$,即 $2x+y-3=0$,所以直线 AB 的方程为 $2x+y-3=0$.故选 A.

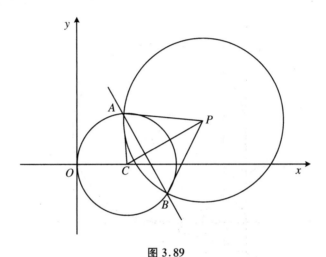

图 3.89

点评 直线与圆的综合考题在历年高考试题中常考常新,常规求解方法需要读者掌握.本题的解法 1 使用极点与极线的方法,极大地提高了解题的效率;解法 2 与解法 3 是较为直接的方法,考生较容易想到,但是运算量较大;解法 4 利用两圆公共弦所在直线的方法进行求解,两圆的根轴由圆的方程直接相减得到.

【题根探秘】 通过对例 1 的探究,可以得出以下结论(命题 1):

命题 1 两圆的方程分别为 $(x-x_1)^2+(y-y_1)^2=r_1^2$,$(x-x_2)^2+(y-y_2)^2=r_2^2$.若两圆相内切,则外公切线方程为两圆方程相减所得到的方程;若两圆外切,则内公切线方程为两圆方程相减所得到的方程;若两圆相交,则两圆方程相减得到其交线方程.

【小题妙解】 练习1(2022年新高考I卷) 与圆 $x^2+y^2=1$ 和 $(x-3)^2+(y-4)^2=16$ 都相切的一条直线的方程是_____.

【解析】 (解法1)由题意知,圆 $x^2+y^2=1$ 的圆心为 $O(0,0)$,半径为 1;圆 $(x-3)^2+(y-4)^2=16$ 的圆心 O_1 为 $(3,4)$,半径为 4.两圆的圆心距为 $\sqrt{3^2+4^2}=5$,等于两个圆的半径之和,故两个圆外切.如图3.90所示,当切线为 l 时,因为 $k_{OO_1}=\dfrac{4}{3}$,所以 $k_l=-\dfrac{3}{4}$.设切

线 l 的方程为 $y = -\frac{3}{4}x + t(t > 0)$，则圆心 O 到切线 l 的距离 $d = \frac{|t|}{\sqrt{1 + \frac{9}{16}}} = 1$，解得 $t = \frac{5}{4}$，

所以切线 l 的方程为 $y = -\frac{3}{4}x + \frac{5}{4}$；当切线为 m 时，设切线 m 的方程为 $kx + y + p = 0$，其

中 $p > 0, k < 0$，由题意 $\begin{cases} \dfrac{|p|}{\sqrt{1+k^2}} = 1 \\ \dfrac{|3k+4+p|}{\sqrt{1+k^2}} = 4 \end{cases}$，解得 $\begin{cases} k = -\dfrac{7}{24} \\ p = \dfrac{25}{24} \end{cases}$，即 $y = \dfrac{7}{24}x - \dfrac{25}{24}$；当切线为 n 时，

易知切线 n 的方程为 $x = -1$. 故答案为 $y = -\frac{3}{4}x + \frac{5}{4}$ 或 $y = \frac{7}{24}x - \frac{25}{24}$ 或 $x = -1$.

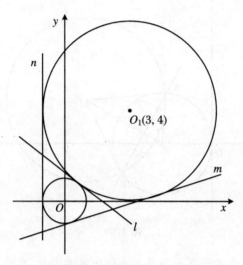

图 3.90

（解法 2）两圆的内公切线方程即为两圆的根轴方程，两圆方程 $x^2 + y^2 = 1$ 和 $(x-3)^2 + (y-4)^2 = 16$ 相减，可得直线 l 的方程为 $y = -\frac{3}{4}x + \frac{5}{4}$；直线 OO_1 的方程 $y = \frac{4}{3}x$，与 $x = -1$ 的交点为 $P\left(-1, -\frac{4}{3}\right)$. 如图 3.91 所示，直线 m 的方程过点 P，则根据几何关系可知

$\beta + 2\alpha = 90°$，且根据斜率关系，可得 $\tan(\beta + \alpha) = \frac{4}{3}$，所以直线 m 的斜率即为 $\tan\beta$，则进一

步化简可得 $\tan\left(45° + \frac{\beta}{2}\right) = \frac{4}{3}$，求得 $\tan\frac{\beta}{2} = \frac{1}{7}$，可得 $k_m = \tan\beta = \frac{2\tan\frac{\beta}{2}}{1 - \tan^2\frac{\beta}{2}} = \frac{7}{24}$. 则根据

点斜式可求出直线 m 的解析式为 $y + \frac{4}{3} = \frac{7}{24}[x - (-1)]$，即 $y = \frac{7}{24}x - \frac{25}{24}$. 故答案为 $y =$

$-\frac{3}{4}x + \frac{5}{4}$ 或 $y = \frac{7}{24}x - \frac{25}{24}$ 或 $x = -1$.

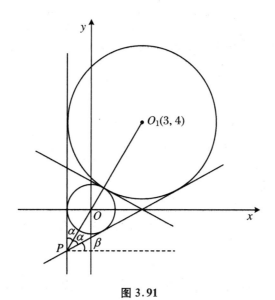

图 3.91

2. 圆的极线与调和点列问题

例2 已知圆 $C:(x-2)^2+(y-2)^2=2$，过原点 O 作圆 C 的两条切线 OA，OB，切点依次为 A，B，过原点 O 引直线 l，交圆 C 于 D，E 两点，交直线 AB 于点 F.

（1）求直线 AB 的方程；

（2）求证：$\dfrac{1}{|OD|}+\dfrac{1}{|OE|}=\dfrac{2}{|OF|}$.

【解析】（1）根据题设作出图形，如图 3.92 所示．因为 OA，OB 是圆 C 的两条切线，且 A，B 为切点，所以 A，B 在以 OC 为直径的圆上，即 A，B 在圆 $(x-1)^2+(y-1)^2=2$ 上．又因为 A，B 在圆 $(x-2)^2+(y-2)^2=2$ 上，所以将上面两式相减，可得直线 AB 的方程为 $x+y-3=0$.

（2）（解法 1：解析法）设直线 l 的方程为

$y=kx(k>0)$. 则由 $\begin{cases} x+y-3=0 \\ y=kx \end{cases}$，得 $x_F=$

$\dfrac{3}{1+k}$，故

$$|OF|=\sqrt{1+k^2}\,|x_F-0|=\dfrac{3\sqrt{1+k^2}}{1+k}.$$

所以 $\dfrac{2}{|OF|}=\dfrac{2(1+k)}{3\sqrt{1+k^2}}.$

又由 $\begin{cases} (x-2)^2+(y-2)^2=2 \\ y=kx \end{cases}$，得

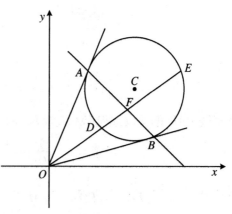

图 3.92

$$(1 + k^2)x^2 - 4(1 + k)x + 6 = 0.$$

设 $D(x_1, y_1), E(x_2, y_2)$，则由韦达定理得 $x_1 + x_2 = \dfrac{4(1 + k)}{1 + k^2}$，$x_1 x_2 = \dfrac{6}{1 + k^2}$，从而可得

$$|OD| = \sqrt{1 + k^2}\,|x_1 - 0|, \qquad |OE| = \sqrt{1 + k^2}\,|x_2 - 0|.$$

显然 $x_1 > 0, x_2 > 0$，所以

$$\frac{1}{|OD|} + \frac{1}{|OE|} = \frac{1}{\sqrt{1 + k^2}\,x_1} + \frac{1}{\sqrt{1 + k^2}\,x_2} = \frac{1}{\sqrt{1 + k^2}} \cdot \frac{x_1 + x_2}{x_1 x_2} = \frac{2(1 + k)}{3\sqrt{1 + k^2}}.$$

于是 $\dfrac{1}{|OD|} + \dfrac{1}{|OE|} = \dfrac{2}{|OF|}$.

（解法 2：坐标变换法）令 $\begin{cases} x = 2 + \sqrt{2}\,x' \\ y = 2 + \sqrt{2}\,y' \end{cases}$，因而该问题转化为坐标原点为圆心的单位圆问题．即转化为如下问题：

已知 PB, PC 为单位圆 O 的两条切线，B, C 分别为切点，圆 O 的割线 PAD 交圆 O 于点 A, D，交 BC 于点 M，求证：$\dfrac{1}{|PA|} + \dfrac{1}{|PD|} = \dfrac{2}{|PM|}$.

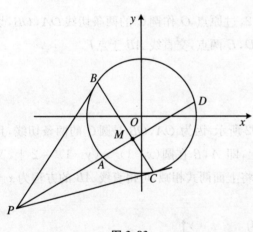

图 3.93

运用直线参数方程中参数的几何意义，建立如图 3.93 所示的平面直角坐标系．设圆 O 的方程为 $x^2 + y^2 = 1$，对于圆外一点 $P(x_0, y_0)$，切点弦 BC 的直线方程为 $xx_0 + yy_0 = 1$. 设直线 PAD 的参数方程为

$$\begin{cases} x = x_0 + t\cos \alpha \\ y = y_0 + t\sin \alpha \end{cases} \quad (t \text{ 为参数})，则易得$$

$$t^2 + 2t(x_0\cos \alpha + y_0\sin \alpha) + x_0^2 + y_0^2 - 1 = 0.$$

所以由韦达定理得

$$t_A t_B = x_0^2 + y_0^2 - 1,$$
$$t_A + t_B = -2(x_0\cos \alpha + y_0\sin \alpha),$$

故

$$\frac{1}{t_A} + \frac{1}{t_B} = \frac{2(x_0\cos \alpha + y_0\sin \alpha)}{1 - x_0^2 - y_0^2}.$$

将直线 PAD 的参数方程代入直线 BC 的方程，得 $x_0(x_0 + t\cos \alpha) + y_0(y_0 + t\sin \alpha) = 1$，则

$$\frac{1}{t_M} = \frac{x_0\cos \alpha + y_0\sin \alpha}{1 - x_0^2 - y_0^2}.$$

对比系数，可得 $\dfrac{1}{|PA|} + \dfrac{1}{|PD|} = \dfrac{2}{|PM|}$.

（解法 3：几何法结合相似共圆）同解法 2，先用坐标变换转化为单位圆问题．如图 3.94 所示，作 $ON \perp PAD$ 于点 N，连接 PO, OB, OC，则 $PO \perp BC, OC \perp PC$. 所以 $|PC|^2 = |PA| \cdot |PD|$.

又因为 M,E,O,N 四点共圆,所以 $|PM|\cdot|PN|=|PE|\cdot|PO|$,而在 $\triangle PCO$ 中, $|PC|^2=|PO|\cdot|PE|$,进一步可得 $|PM|\cdot|PN|=|PA|\cdot|PD|$,所以结论等价于

$$\frac{2}{|PM|}=\frac{|PA|+|PD|}{|PA|\cdot|PD|}=\frac{2\cdot|PN|}{|PA|\cdot|PD|}.$$

结论得证.

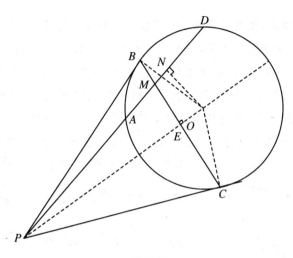

图 3.94

(解法 4:平面几何方法 1)运用斯特瓦尔特定理,由条件知 $|PB|=|PC|$,在 $\triangle PBC$ 中,关于 PM 运用斯特瓦尔特定理,得

$$|MB|\cdot|PC|^2+|MC|\cdot|PB|^2=|MB|(|MP|^2+|MC|^2)+$$
$$|MC|(|MP|^2+|MB|^2),$$

即

$$|PC|^2(|MB|+|MC|)=|MC|\cdot|MB|(|MC|+|MB|)+$$
$$|MP|^2(|MC|+|MB|),$$

亦即

$$|PA|\cdot|PD|=|PC|^2=|MC|\cdot|MB|+|MP|^2=|MA|\cdot|MD|+|MP|^2$$
$$=|MP|^2+(|PM|-|PA|)(|PD|-|PM|)$$
$$=|PM|\cdot|PD|-|PA|\cdot|PD|+|PA|\cdot|PM|.$$

整理即得结论.

(解法 5:平面几何方法 2)结合切割线定理与相交弦定理.根据切割线定理,有 $\triangle PAB\backsim$ $\triangle PBD$,从而可得 $\dfrac{|PA|}{|PB|}=\dfrac{|PB|}{|PD|}=\dfrac{|AB|}{|BD|}$,进一步可得 $\dfrac{|PA|}{|PD|}=\left|\dfrac{AB}{BD}\right|^2$.同理 $\triangle PAC\backsim$ $\triangle PCD$,可知 $\dfrac{|PA|}{|PD|}=\left|\dfrac{AC}{CD}\right|^2$,易得 $\dfrac{|AB|}{|BD|}=\dfrac{|AC|}{|CD|}$,进一步可以得到 $\dfrac{|PA|}{|PD|}=\dfrac{|AC|}{|CD|}\cdot\dfrac{|AB|}{|BD|}$.

根据 $\triangle ABM \backsim \triangle CDM$，可得 $\dfrac{|AB|}{|CD|} = \dfrac{|MB|}{|MD|}$；类似地可以得到 $\dfrac{|AC|}{|BD|} = \dfrac{|AM|}{|MB|}$．上述两式相乘，可得

$$\frac{|PA|}{|PD|} = \frac{|AC|}{|BD|} \cdot \frac{|AB|}{|CD|} = \frac{|AM|}{|MB|} \cdot \frac{|MB|}{|MD|} = \frac{|MA|}{|MD|}.$$

结论得证.

点评 处理这种极点、极线的方法主要有坐标法和相似共圆法，而几何法主要涉及相交弦定理和切割线定理、圆周角定理等．调和四边形有诸多的性质，考试中出现的大多数都是求角度相等、证明边的关系等．高考涉及极点、极线时，一般会结合定点与定值问题．

【题根探秘】 通过对上面的分析并结合坐标变换，可知该结论在圆锥曲线（圆、抛物线、椭圆、双曲线）中都是成立的．我们可以得到类似的其他三个结论（命题 2～命题 4）：

命题 2（圆中的调和点列问题） 如图 3.95 所示，在圆外一点 P 作圆 O 的切线，切点为 M,N，过点 P 作圆 O 的割线交圆于 A,B 两点，交 MN 于点 C．则有 $\dfrac{|PA|}{|PB|} = \dfrac{|CA|}{|CB|}$，$\dfrac{2}{|PC|} = \dfrac{1}{|PA|} + \dfrac{1}{|PB|}$ 与 $\dfrac{|AM|}{|BM|} = \dfrac{|AN|}{|BN|}$ 是等价的.

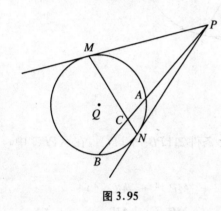

图 3.95

证明：如图 3.95 所示，设点 P 关于圆 O 的调和共轭点为点 C，则 $\dfrac{2}{|PC|} = \dfrac{1}{|PA|} + \dfrac{1}{|PB|}$；反之，若 $\dfrac{2}{|PC|} = \dfrac{1}{|PA|} + \dfrac{1}{|PB|}$，则点 P 与点 C 关于圆 O 调和共轭．可以证明 $\dfrac{|PA|}{|PB|} = \dfrac{|CA|}{|CB|}$ 与 $\dfrac{2}{|PC|} = \dfrac{1}{|PA|} +$

$\dfrac{1}{|PB|}$ 是等价的.事实上，有

$$\frac{|PA|}{|PB|} = \frac{|CA|}{|CB|} \Rightarrow \frac{|AC|}{|PA|} = \frac{|CB|}{|PB|} \Rightarrow \frac{|PC| - |PA|}{|PA|} = \frac{|PB| - |PC|}{|PB|}$$

$$\Rightarrow \frac{|PC|}{|PA|} - 1 = 1 - \frac{|PC|}{|PB|} \Rightarrow |PC| \cdot \left(\frac{1}{|PA|} + \frac{1}{|PB|}\right) = 2$$

$$\Rightarrow \frac{2}{|PC|} = \frac{1}{|PA|} + \frac{1}{|PB|}.$$

根据切割线定理，有 $\triangle PAM \backsim \triangle PMB$，所以 $\dfrac{|PA|}{|PM|} = \dfrac{|PM|}{|PB|} = \dfrac{|AM|}{|BM|}$，进一步可得 $\dfrac{|PA|}{|PB|}$

$= \left|\dfrac{AM}{BM}\right|^2$．同理 $\triangle PAN \backsim \triangle PNB$，可知 $\dfrac{|PA|}{|PB|} = \left|\dfrac{AN}{BN}\right|^2$，易得命题成立.

命题 3 如图 3.96 所示，由椭圆 $\dfrac{x^2}{a^2} + \dfrac{y^2}{b^2} = 1(a > b > 0)$ 外的点 $P(x_0, y_0)$ 引椭圆的两条

切线 PM，PN，以及割线 PAB，与 MN 交于点 C，则

有 $\dfrac{2}{|PC|} = \dfrac{1}{|PA|} + \dfrac{1}{|PB|}$.

证明：（证法 1：用直线的参数方程）设过

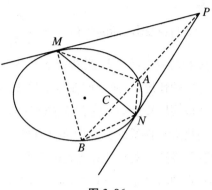

图 3.96

$P(x_0, y_0)$ 的直线的参数方程为 $\begin{cases} x = x_0 + t\cos\alpha \\ y = y_0 + t\sin\alpha \end{cases}$

（t 为参数），代入椭圆方程，整理得

$$\left(b^2\cos^2\alpha + a^2\sin^2\alpha\right)t^2 + 2t\left(b^2 x_0\cos\alpha + a^2 y_0\sin\alpha\right)$$
$$+ b^2 x_0^2 + a^2 y_0^2 - a^2 b^2 = 0.$$

记点 A，B 所对应的参数分别为 t_1，t_2，则由韦达定

理得

$$t_1 + t_2 = -\frac{2\left(b^2 x_0\cos\alpha + a^2 y_0\sin\alpha\right)}{b^2\cos^2\alpha + a^2\sin^2\alpha},$$

$$t_1 t_2 = \frac{b^2 x_0^2 + a^2 y_0^2 - a^2 b^2}{b^2\cos^2\alpha + a^2\sin^2\alpha},$$

即

$$\frac{1}{t_1} + \frac{1}{t_2} = \frac{t_1 + t_2}{t_1 t_2} = -\frac{2\left(b^2 x_0\cos\alpha + a^2 y_0\sin\alpha\right)}{b^2 x_0^2 + a^2 y_0^2 - a^2 b^2}.$$

过点 $P(x_0, y_0)$ 引椭圆的两条切线的切点弦方程为 $b^2 xx_0 + a^2 yy_0 = a^2 b^2$，与直线参数

方程联立，得

$$b^2 x_0(x_0 + t\cos\alpha) + a^2 y_0(y_0 + t\sin\alpha) = a^2 b^2$$

$$\Rightarrow t_C = -\frac{b^2 x_0^2 + a^2 y_0^2 - a^2 b^2}{b^2 x_0\cos\alpha + a^2 y_0\sin\alpha}$$

$$\Rightarrow \frac{1}{t_C} = -\frac{b^2 x_0\cos\alpha + a^2 y_0\sin\alpha}{b^2 x_0^2 + a^2 y_0^2 - a^2 b^2},$$

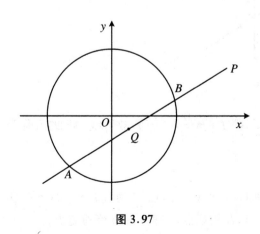

图 3.97

进一步可知 $\dfrac{1}{t_1} + \dfrac{1}{t_2} = \dfrac{2}{t_C}$. 则由参数方程中参数

t 的几何意义，知 $\dfrac{2}{|PC|} = \dfrac{1}{|PA|} + \dfrac{1}{|PB|}$ 成立.

（证法 2：仿射变换）作变换 $\begin{cases} x = ax' \\ y = by' \end{cases}$，则椭

圆问题变成了圆的问题. 以下证法等同例 2.

命题 4 如图 3.97 所示，当过点 $P(x_0, y_0)$

的动直线 l 与圆 $C: x^2 + y^2 = r^2$ 相交于两不同

点 A，B 时，在线段 AB 上取点 Q，满足 $|\overrightarrow{AP}| \cdot$

$|\overrightarrow{QB}| = |\overrightarrow{AQ}| \cdot |\overrightarrow{PB}|$，则点 Q 总在某定直

线上.

证明：根据前面的分析可知 $\dfrac{|\overrightarrow{PB}|}{|\overrightarrow{PA}|} = \dfrac{|\overrightarrow{QB}|}{|\overrightarrow{QA}|}$，这说明点 P，Q 关于圆调和共轭，所以点 Q 在点 P 对应的极线上,此极线方程为 $xx_0 + yy_0 = r^2$,故点 Q 总在直线 $xx_0 + yy_0 = r^2$ 上.对于椭圆的情况,后面会详细给出类似的解答.

以线段长度关系为背景的问题是极点与极线的第三种常考方式,对调和分割的相关概念与极点和极线的关系的准确理解是解决此类问题的关键.通过对命题 $2{\sim}4$ 的探究,可以得到下面这个关于调和点列的命题:点 P 关于圆锥曲线 Γ（圆、椭圆、双曲线、抛物线）的调和共轭点的轨迹是一条直线,这条直线就是点 P 的极线.

【小题妙解】 练习 2 已知圆 O：$x^2 + y^2 = 4$，P 为直线 l：$x + 2y + 6 = 0$ 上一点,过点 P 作圆 C 的两条切线,切点分别为 A 和 B.则当四边形 $PAOB$ 的面积最小时,直线 AB 的方程为 _____.

【解析】 根据题意作出图形,如图 3.98 所示,则 $|AP| = \sqrt{|PO|^2 - |AO|^2} = \sqrt{|PO|^2 - 4}$,所以四边形 $PAOB$ 的面积 $S = 2 \times \dfrac{1}{2}|AP| \cdot |AO| = 2\sqrt{|PO|^2 - 4}$.故当 $|PO|$ 最小时,S 也最小.此时 $PO \perp l$,易求得 PO 的方程为 $2x - y = 0$.

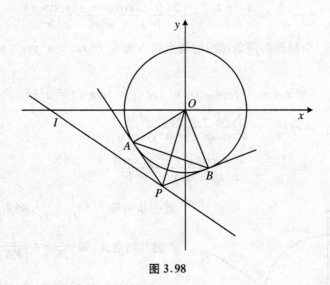

图 3.98

联立 $\begin{cases} 2x - y = 0 \\ x + 2y + 6 = 0 \end{cases}$,解得 $x = -\dfrac{6}{5}$，$y = -\dfrac{12}{5}$,则 $P\left(-\dfrac{6}{5}, -\dfrac{12}{5}\right)$.故直线 AB 的方程为 $-\dfrac{6}{5}x - \dfrac{12}{5}y = 4$,化简得 $3x + 6y + 10 = 0$.

练习 3（2020 年九江一中高一期末） 已知圆 C：$x^2 + y^2 = 9$,点 P 为直线 $x + 2y - 9 = 0$ 上一动点,过点 P 向圆 C 引两条切线 PA，PB,且 A，B 为切点,则直线 AB 经过定点（ ）.

　　A.（4,8）　　　　B.（2,4）　　　　C.（1,2）　　　　D.（9,0）

【解析】 设 $P(9-2b,b)$，则由圆的切线公式，知直线 AB 的方程为 $(9-2b)x+by=9$，

即 $b(y-2x)+9x=9$。所以定点满足 $\begin{cases} y-2x=0 \\ 9x=9 \end{cases}$，解得 $\begin{cases} x=1 \\ y=2 \end{cases}$。故选 C．

3．椭圆中的极点、极线与面积问题

例3 （2011年陕西数学竞赛） 已知椭圆 $C:\dfrac{x^2}{2}+y^2=1$ 及点 $P\left(1,\dfrac{1}{2}\right)$，过点 P 作直线 l 与椭圆 C 交于 A,B 两点，过 A,B 两点分别作 C 的切线交于点 Q．

（1）求点 Q 的轨迹方程；

（2）求 $\triangle ABQ$ 的面积的最小值．

【解析】 （1）设 $A(x_1,y_1),B(x_2,y_2),Q(x_0,y_0)$，则直线 QA 的方程为 $\dfrac{x_1 x}{2}+y_1 y=1$．

因为直线 QA 过点 Q，所以 $\dfrac{x_1 x_0}{2}+y_1 y_0=1$．同理，直线 QB 的方程为 $\dfrac{x_2 x}{2}+y_2 y=1$，因为直

线 QB 也过 Q 点，所以 $\dfrac{x_2 x_0}{2}+y_2 y_0=1$．

对比上面两个式子，可知直线 AB 的方程为 $\dfrac{x_0 x}{2}+y_0 y=1$，所以直线 AB 即为过 P 点的

极线．又因为直线 AB 过点 $P\left(1,\dfrac{1}{2}\right)$，所以 $\dfrac{x_0}{2}+\dfrac{y_0}{2}=1$，即 $x_0+y_0=2$．故 Q 点的轨迹方程

为 $x+y=2$．

（2）（解法1：换元法）当直线 AB 的斜率不存在，即直线 AB 的方程为 $x=1$ 时，有

$A\left(1,\dfrac{\sqrt{2}}{2}\right),B\left(1,-\dfrac{\sqrt{2}}{2}\right),C(2,0)$．所以 $S_{\triangle ABQ}=\dfrac{1}{2}\times\sqrt{2}\times 1=\dfrac{\sqrt{2}}{2}$．

当直线 AB 的斜率存在时，设直线 AB 的方程为 $y-\dfrac{1}{2}=k(x-1)$，即 $y=kx+\dfrac{1}{2}-k$．

联立 $\begin{cases} x^2+2y^2=2 \\ y=kx+\dfrac{1}{2}-k \end{cases}$，消去 y，得

$$(2k^2+1)x^2+2k(1-2k)x+\left(2k^2-2k-\dfrac{3}{2}\right)=0.$$

则由韦达定理得 $x_1+x_2=\dfrac{2k(2k-1)}{2k^2+1},x_1 x_2=\dfrac{2k^2-2k-\dfrac{3}{2}}{2k^2+1}$．

由（1）中 $\dfrac{x_1 x_0}{2}+y_1 y_0=1,\dfrac{x_2 x_0}{2}+y_2 y_0=1$，两式相减，易得 $\dfrac{x_0}{2}+ky_0=0$，与 $x_0+y_0=2$ 联

立求解，可解得 $Q\left(\dfrac{4k}{2k-1},\dfrac{2}{1-2k}\right)$．则

$$S_{\triangle AQB} = \frac{1}{2} \mid AB \mid \cdot d = \frac{1}{2} \sqrt{1+k^2} |x_1 - x_2| \cdot \frac{\left| \dfrac{4k^2+2}{2k-1} + \dfrac{1}{2} - k \right|}{\sqrt{1+k^2}}$$

$$= \frac{\sqrt{2}}{4} \cdot \frac{(4k^2+4k+3)^{\frac{3}{2}}}{(2k^2+1)\mid 2k-1 \mid},$$

可得

$$S_{\triangle AQB}^2 = \frac{1}{8} \cdot \frac{(4k^2+4k+3)^3}{(2k^2+1)^2 (2k-1)^2}.$$

令 $f(k) = \dfrac{(4k^2+4k+3)^3}{(2k^2+1)^2 (2k-1)^2}$，$t = 2k-1$，则 $k = \dfrac{1+t}{2}$，$t \neq 0$. 将 $f(k)$ 换成 $f(t)$，则

$f(t) = \dfrac{4(t^2+4t+6)^3}{(t^2+2t+3)^2 t^2}$，分子、分母同时除以 t^6，可得

$$f(t) = \frac{4(t^2+4t+6)^3}{(t^2+2t+3)^2 t^2} = 4 \frac{\left(1 + \dfrac{4}{t} + \dfrac{6}{t^2}\right)^3}{\left(1 + \dfrac{2}{t} + \dfrac{3}{t^2}\right)^2}.$$

再令 $u = 1 + \dfrac{2}{t} + \dfrac{3}{t^2}(t \neq 0)$. 所以 $u \in \left[\dfrac{2}{3}, +\infty\right)$，且 $f(u) = 4\dfrac{(2u-1)^3}{u^2}$，求导可得 $f'(u) = \dfrac{8u(u+1)(2u-1)^2}{u^4}$. 所以 $f'(u) \geq 0$，$f(u)$ 在 $u = \dfrac{2}{3}$ 时取到最小值，此时 $\dfrac{1}{t} = -\dfrac{1}{3}$. 即 $k = -1$ 时取到最小值，此时 $f(u)_{\min} = \dfrac{1}{3}$. 或者

$$f(u) = 4\frac{(2u-1)^3}{u^2} = 4\frac{(2u-1)^3}{(u^{\frac{2}{3}})^3} = 4(u^{\frac{1}{3}} - u^{-\frac{2}{3}})^3,$$

根据 $u^{\frac{1}{3}} - u^{-\frac{2}{3}}$ 单调递增，易知 $f(u)$ 为单调递增函数. 所以当 $k = -1$ 时，$\triangle AQB$ 面积的最小值为 $\dfrac{\sqrt{6}}{12}$.

（解法 2）上同解法 1，也可以直接求导得 $f(k)$ 的最小值. $f(k) = \dfrac{(4k^2+4k+3)^3}{(2k^2+1)^2 (2k-1)^2}$，则

$$f'(k) = \frac{-8(4k^2+4k+3)^2(k+1)(8k^2-4k+3)}{(2k^2+1)^3 (2k-1)^3}.$$

故 $f(k)$ 在区间 $(-\infty, -1)$ 上单调递减，在 $\left(-1, \dfrac{1}{2}\right)$ 上单调递增，在 $\left(\dfrac{1}{2}, +\infty\right)$ 上单调递减. 又因为 $\lim\limits_{k \to +\infty} f(k) = 4$，所以 $f(k)_{\min} = f(-1) = \dfrac{1}{3}$. 则当 $k = -1$ 时，$\triangle AQB$ 面积的最小值为 $\dfrac{\sqrt{6}}{12}$.

（解法 3：仿射变化）如图 3.99 所示，作变换 $x = \sqrt{2}a$，$y = b$. 则根据变换，椭圆 $C: \dfrac{x^2}{2} + y^2 = 1$ 变换为 $a^2 + b^2 = 1$，点 $P\left(1, \dfrac{1}{2}\right)$ 变换为 $P'\left(\dfrac{\sqrt{2}}{2}, \dfrac{1}{2}\right)$. 故 Q 的轨迹方程 $x + y = 2$ 在该变换下

转化为 $\frac{\sqrt{2}}{2}a + \frac{1}{2}b = 1$.

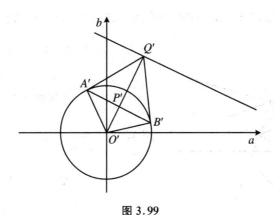

图 3.99

现在将原问题转化为 $S_{\triangle Q'A'B'}$ 的最小值问题. 在圆中取最小值时,显然有 $A'B' \perp O'Q'$,

$A'Q' \perp A'O'$. 则圆心 O' 到直线 $\frac{\sqrt{2}}{2}a + \frac{1}{2}b = 1$ 的距离为

$$d = \frac{\left| \frac{\sqrt{2}}{2} \times 0 + \frac{1}{2} \times 0 - 1 \right|}{\sqrt{\left(\frac{\sqrt{2}}{2} \right)^2 + \left(\frac{1}{2} \right)^2}} = \frac{2\sqrt{3}}{3}.$$

根据勾股定理,可得 $|A'Q'| = \sqrt{\left(\frac{2\sqrt{3}}{3} \right)^2 - 1^2} = \frac{\sqrt{3}}{3}$,进一步可得 $|A'P'| = \frac{1}{2}$,$|P'Q'| = \frac{\sqrt{3}}{6}$,所

以 $S_{\triangle Q'A'B'} = \frac{\sqrt{3}}{12}$. 故根据变换关系,可知变换前的最小面积为 $S_{\triangle AQB} = \frac{\sqrt{6}}{12}$.

点评 椭圆中的极点、极线问题往往结合切线背景,而切线问题可以直接根据极点、极线进行求解;面积问题一般结合换元法、求导方法和均值不等式等进行求解.

【题根探秘】 通过对例 3 的探究,可以得到以下结论(命题 5～命题 7):

命题 5 对于一般情况,如图 3.100 所示,

椭圆 $\frac{x^2}{a^2} + \frac{y^2}{b^2} = 1$,其中 $Q(x_0, y_0)$ 为椭圆内一

点,过点 Q 作直线 AB,过点 A 作椭圆的切线,

过点 B 作椭圆的切线,两条切线的交点为 p,则

$S_{\triangle PAB}$ 的取值范围为 $\left[\dfrac{ab\left(1 - \dfrac{x_0^2}{a^2} - \dfrac{y_0^2}{b^2}\right)^{\frac{3}{2}}}{\sqrt{\dfrac{x_0^2}{a^2} + \dfrac{y_0^2}{b^2}}}, +\infty \right)$.

证明:作变换 $x = au$,$y = bv$,则椭圆在该变

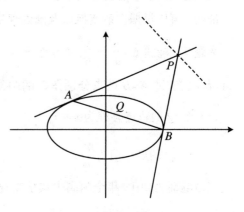

图 3.100

换下变为 $u^2 + v^2 = 1$,点 $Q(x_0, y_0)$ 变为点 $Q'\left(\dfrac{x_0}{a}, \dfrac{y_0}{b}\right)$,极线方程变为 $uu_0 + vv_0 = 1$,如图 3.101 所示. 当 $S_{\triangle A'B'P'}$ 取最小值时,$O'P'$ 与直线 $A'B'$ 垂直,圆心 O' 到直线 $A'B'$ 的距离为 $d =$

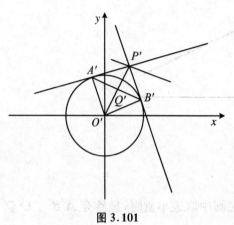

图 3.101

$\dfrac{1}{\sqrt{u_0^2 + v_0^2}}$,而 $|O'A'| = 1$,$|A'P'| = \sqrt{u^2 - 1} =$

$\dfrac{\sqrt{1 - u_0^2 - v_0^2}}{\sqrt{u_0^2 + v_0^2}}$,且根据几何关系有 $\sin\angle AO'Q' =$

$\dfrac{|A'Q'|}{|A'O'|} = \dfrac{|A'P'|}{|O'P'|}$,所以

$$|A'Q'| = \sqrt{1 - u_0^2 - v_0^2},$$

$$|P'Q'| = \dfrac{1 - u_0^2 - v_0^2}{\sqrt{u_0^2 + v_0^2}}.$$

可得在变换后三角形面积的最小值为

$$S_{\triangle P'A'B'} = \dfrac{1}{2}|A'B'| \cdot |PQ'| = \dfrac{(1 - u_0^2 - v_0^2)^{\frac{3}{2}}}{\sqrt{u_0^2 + v_0^2}}.$$

根据变换前、后的面积比例关系,可得 $S_{\triangle PAB} = ab S_{\triangle P'A'B'}$,故 $S_{\triangle PAB}$ 的最小值

为 $\dfrac{ab\left(1 - \dfrac{x_0^2}{a^2} - \dfrac{y_0^2}{b^2}\right)^{\frac{3}{2}}}{\sqrt{\dfrac{x_0^2}{a^2} + \dfrac{y_0^2}{b^2}}}$.

命题 6 椭圆 $C: \dfrac{x^2}{a^2} + \dfrac{y^2}{b^2} = 1$,点 $P(x_0, y_0)$ 为椭圆内一点,过点 P 作直线 l 与椭圆 C 交于 A,B 两点,过 A,B 两点分别作 C 的两条切线交于点 Q. 则:

(1) 点 Q 的轨迹方程为 $\dfrac{xx_0}{a^2} + \dfrac{yy_0}{b^2} = 1$;

(2) 设 AB 的中点为 M,则 O,M,P 三点共线.

证明:可以根据仿射变换以及圆的性质得到,具体的证明过程留给读者自行完成.

命题 7 椭圆 $C: \dfrac{x^2}{a^2} + \dfrac{y^2}{b^2} = 1$,点 $F(c, 0)$ 为椭圆的右焦点,过点 F 作直线 l 与椭圆 C 交于 A,B 两点,过 A,B 两点分别作 C 的两条切线交于点 Q. 则:

(1) 点 Q 的轨迹方程为 $x = \dfrac{a^2}{c}$;

(2) $S_{\triangle ABQ}$ 的最小值为 $\dfrac{b^4}{ac}$.

该命题即为 2019 年全国高中数学联赛福建预赛解析几何题的一般情况.

4．椭圆中的极点、极线与定点问题

例 4 （2020 年全国Ⅰ卷/理 20）　已知 A，B 分别为椭圆 $E：\dfrac{x^2}{a^2}+y^2=1(a>1)$ 的左、右顶点，G 为 E 的上顶点，$\overrightarrow{AG}\cdot\overrightarrow{GB}=8$，$P$ 为直线 $x=6$ 上的动点，PA 与 E 的另一交点为 C，PB 与 E 的另一交点为 D．

（1）求 E 的方程；

（2）证明：直线 CD 过定点．

【解析】（1）由题意作出如图 3.102 所示的图像，则 $A(-a,0)$，$B(a,0)$，$G(0,1)$．所以 $\overrightarrow{AG}=(a,1)$，$\overrightarrow{GB}=(a,-1)$，则 $\overrightarrow{AG}\cdot\overrightarrow{GB}=a^2-1=8$，解得 $a=3$．故椭圆 E 的方程是 $\dfrac{x^2}{9}+y^2=1$．

（2）（证法 1：极点、极线法）如图 3.103 所示，设 AB 与 CD 交于点 M，连接并延长 CB，AD 交于点 Q，则由极点与极线的几何定义，可知点 M 对椭圆的极线为 PQ．设 $M(x_M,0)$，则直线 PQ 的方程为 $x=\dfrac{9}{x_M}$．又因为点 P 在直线 $x=6$ 上，所以 $\dfrac{9}{x_M}=6$，即 $x_M=\dfrac{3}{2}$．因此，直线 CD 恒过定点 $\left(\dfrac{3}{2},0\right)$．

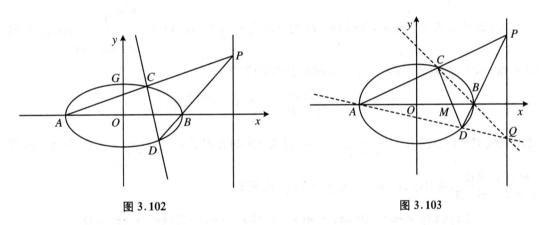

图 3.102　　　　　　　　图 3.103

（证法 2：设点法）由（1）知 $A(-3,0)$，$B(3,0)$，设 $P(6,m)$，则直线 PA 的方程是 $y=\dfrac{m}{9}(x+3)$．联立 $\begin{cases}\dfrac{x^2}{9}+y^2=1\\ y=\dfrac{m}{9}(x+3)\end{cases}$，消去 y，得

$$(9+m^2)x^2+6m^2x+9m^2-81=0.$$

则由韦达定理得 $-3x_C=\dfrac{9m^2-81}{9+m^2}$，即 $x_C=\dfrac{-3m^2+27}{9+m^2}$．代入直线 PA 的方程，得 $y_C=\dfrac{6m}{9+m^2}$，即 $C\left(\dfrac{-3m^2+27}{9+m^2},\dfrac{6m}{9+m^2}\right)$．

直线 PB 的方程是 $y = \dfrac{m}{3}(x-3)$，联立 $\begin{cases} \dfrac{x^2}{9} + y^2 = 1 \\ y = \dfrac{m}{3}(x-3) \end{cases}$，消去 y，得

$$(1+m^2)x^2 - 6m^2x + 9m^2 - 9 = 0.$$

则由韦达定理得 $3x_D = \dfrac{9m^2-9}{1+m^2}$，即 $x_D = \dfrac{3m^2-3}{1+m^2}$. 代入直线 PB 的方程，得 $y_D = \dfrac{-2m}{1+m^2}$，即

$D\left(\dfrac{3m^2-3}{1+m^2}, \dfrac{-2m}{1+m^2}\right)$. 所以直线 CD 的斜率 $k_{CD} = \dfrac{y_C - y_D}{x_C - x_D} = \dfrac{4m}{3(3-m^2)}$，则其方程是

$$y - \dfrac{-2m}{1+m^2} = \dfrac{4m}{3(3-m^2)}\left(x - \dfrac{3m^2-3}{1+m^2}\right),$$

整理得 $y = \dfrac{4m}{3(3-m^2)}\left(x - \dfrac{3}{2}\right)$. 故直线 CD 过定点 $\left(\dfrac{3}{2}, 0\right)$.

（证法 3）由 (1) 知 $A(-3,0)$，$B(3,0)$. 当 $CD \perp x$ 轴时，设 $C(x_1, y_1)$，$D(x_1, -y_1)$，则
直线 PA 的方程为 $y = \dfrac{y_1}{x_1+3}(x+3)$，直线 PB 的方程为 $y = \dfrac{-y_1}{x_1-3}(x-3)$. 令 $x = 6$，得

$\dfrac{9y_1}{x_1+3} = \dfrac{-3y_1}{x_1-3}$，解得 $x_1 = \dfrac{3}{2}$.

当 CD 不垂直于 x 轴时，设直线 CD 的方程为 $y = kx + m$. 联立 $\begin{cases} \dfrac{x^2}{9} + y^2 = 1 \\ y = kx + m \end{cases}$，消去 y，得

$(1+9k^2)x^2 + 18kmx + 9m^2 - 9 = 0$，则由韦达定理得

$$x_1 + x_2 = -\dfrac{18km}{1+9k^2}, \quad x_1 x_2 = \dfrac{9m^2-9}{1+9k^2}.$$

又由直线 PA 的方程为 $y = \dfrac{y_1}{x_1+3}(x+3)$，直线 PB 的方程为 $y = \dfrac{y_2}{x_2-3}(x-3)$. 令 $x = 6$，得

$\dfrac{9y_1}{x_1+3} = \dfrac{3y_2}{x_2-3}$，故 $3x_2 y_1 - 9y_1 - x_1 y_2 - 3y_2 = 0$. 所以

$$3x_2(kx_1 + m) - 9(kx_1 + m) - x_1(kx_2 + m) - 3(kx_2 + m) = 0,$$

整理得 $2kx_1 x_2 - 9kx_1 - 3kx_2 + 3mx_2 - mx_1 - 12m = 0$，即

$$2kx_1 x_2 - 3k(x_1 + x_2) + 3m(x_1 + x_2) - (6k + 4m)x_1 - 12m = 0.$$

代入 $x_1 x_2$ 和 $x_1 + x_2$，得

$$2k\dfrac{9m^2-9}{1+9k^2} + (3m - 3k)\dfrac{-18km}{1+9k^2} - (6k + 4m)x_1 - 12m = 0,$$

整理得

$$9km^2 - 9k - 27km^2 + 27k^2m - 6m - 54k^2m - (3k + 2m)(1 + 9k^2)x_1 = 0.$$

所以 $3k + 2m = 0$，即 $m = -\dfrac{3}{2}k$. 故直线 CD 过定点 $\left(\dfrac{3}{2}, 0\right)$.

综上可知,直线 CD 过定点 $\left(\dfrac{3}{2},0\right)$.

(证法 4)设 $C(x_1,y_1)$,$D(x_2,y_2)$,$P(6,t)$,另设直线 CD 的方程为 $x=ky+m$.联立

$\begin{cases}\dfrac{x^2}{9}+y^2=1\\ x=ky+m\end{cases}$,消去 x,得 $(9+k^2)y^2+2kmy+m^2-9=0$,则由韦达定理得

$$y_1+y_2=-\frac{2km}{9+k^2},\quad y_1y_2=\frac{m^2-9}{9+k^2}.$$

又由直线 PA 的方程 $y=\dfrac{y_1}{x_1+3}(x+3)$,直线 PB 的方程 $y=\dfrac{y_2}{x_2-3}(x-3)$.令 $x=6$,得

$\dfrac{9y_1}{x_1+3}=\dfrac{3y_2}{x_2-3}$,故 $\dfrac{y_1}{x_1+3}\cdot\dfrac{x_2-3}{y_2}=\dfrac{1}{3}$.根据椭圆的二级结论,有 $k_{AC}\cdot k_{BC}=-\dfrac{b^2}{a^2}$,$k_{AD}\cdot$

$k_{BD}=-\dfrac{b^2}{a^2}$,所以 $\dfrac{y_2}{x_2+3}\cdot\dfrac{y_2}{x_2-3}=-\dfrac{1}{9}$,即 $\dfrac{x_2-3}{y_2}=-\dfrac{9y_2}{x_2+3}$,整理得

$$\frac{9y_1y_2}{x_1x_2+3(x_1+x_2)+9}=-\frac{1}{3}.$$

又因为

$$x_1x_2=(ky_1+m)(ky_2+m)=\frac{9(m^2-k^2)}{9+k^2},$$
$$x_1+x_2=(ky_1+m)+(ky_2+m)=\frac{18m}{9+k^2},$$

所以

$$\frac{\dfrac{m^2-9}{9+k^2}}{\dfrac{m^2-k^2}{9+k^2}+\dfrac{6m}{9+k^2}+1}=-\frac{1}{3},$$

即 $\dfrac{(m-3)(m+3)}{(m+3)^2}=-\dfrac{1}{3}(m\neq\pm3)$,解得 $m=\dfrac{3}{2}$.故直线 CD 过定点 $\left(\dfrac{3}{2},0\right)$.

点评　求极点、极线的常用方法有设点、设线法,直接计算一般采用非对称韦达定理、定比点差法等.这类问题一般以大题为主,在高考中大多数以压轴题的形式出现.相关的计算需要熟练掌握,极点、极线的配极原则属于一个难点.

【题根探秘】　通过对例 4 的探究,可以得到以下结论(命题 8 和命题 9):

命题 8　椭圆 $\dfrac{x^2}{a^2}+\dfrac{y^2}{b^2}=1$,$A$ 为左顶点,B 为右顶点,过直线 $x=t(t>a)$ 上一点 P 作直线 PA 与椭圆交于点 C,作直线 PB 与椭圆交于点 D.设直线 AC 与 BD 交于点 Q,则点 Q 为定点,其坐标为 $\left(\dfrac{a^2}{t},0\right)$.

命题 9　椭圆 $\dfrac{x^2}{a^2}+\dfrac{y^2}{b^2}=1$,$A$ 为左顶点,B 为右顶点,P 为椭圆上一点.设直线 PA 的斜

率为 k_{PA}, 直线 PB 的斜率为 k_{PB}, 则 $k_{PA} \cdot k_{PB} = -\dfrac{b^2}{a^2}$.

【小题妙解】 练习4(2021年南通模拟) 椭圆 $\dfrac{x^2}{a^2} + \dfrac{y^2}{b^2} = 1$ 的焦点在 x 轴上, 过点 $\left(1, \dfrac{1}{2}\right)$ 作圆 $x^2 + y^2 = 1$ 的切线, 切点分别为 A, B. 若直线 AB 恰好经过椭圆的右焦点和上顶点, 则椭圆方程是_____.

【解析】 设过点 $\left(1, \dfrac{1}{2}\right)$ 的圆 $x^2 + y^2 = 1$ 的切线为 $l: y - \dfrac{1}{2} = k(x-1)$, 即 $kx - y - k + \dfrac{1}{2} = 0$.

当直线 l 与 x 轴垂直时, k 不存在, 直线 l 的方程为 $x = 1$, 恰好与圆 $x^2 + y^2 = 1$ 相切于点 $A(1, 0)$.

当直线 l 与 x 轴不垂直时, 原点到直线 l 的距离为 $d = \dfrac{\left| -k + \dfrac{1}{2} \right|}{\sqrt{k^2 + 1}} = 1$, 解得 $k = -\dfrac{3}{4}$, 此时直线 l 的方程为 $y = -\dfrac{3}{4}x + \dfrac{5}{4}$, 直线 l 与圆 $x^2 + y^2 = 1$ 相切于点 $B\left(\dfrac{3}{5}, \dfrac{4}{5}\right)$. 因此, 直线 AB 的斜率为 $k_1 = \dfrac{0 - \dfrac{4}{5}}{1 - \dfrac{3}{5}} = -2$, 所以直线 AB 的方程为 $y = -2(x-1)$, 故直线 AB 交 x 轴于点 $A(1, 0)$, 交 y 轴于点 $C(0, 2)$. 所以椭圆 $\dfrac{x^2}{a^2} + \dfrac{y^2}{b^2} = 1$ 的右焦点为 $(1, 0)$, 上顶点为 $(0, 2)$, 即 $c = 1, b = 2$, 可得 $a^2 = b^2 + c^2 = 5$. 故椭圆方程为 $\dfrac{x^2}{5} + \dfrac{y^2}{4} = 1$.

综上可知, 椭圆方程为 $\dfrac{x^2}{5} + \dfrac{y^2}{4} = 1$.

练习5 已知椭圆 $C: \dfrac{x^2}{a^2} + \dfrac{y^2}{b^2} = 1\ (a > b > 0)$ 的左焦点为 $F_1(-\sqrt{3}, 0)$, 且过点 $P\left(\dfrac{\sqrt{3}}{2}, \dfrac{\sqrt{13}}{4}\right)$.

(1) 求椭圆 C 的标准方程;

(2) 如图 3.104 所示, 已知 A_1, A_2 分别为椭圆 C 的左、右顶点, Q 为直线 $x = 1$ 上任意一点, 直线 A_1Q, A_2Q 分别交椭圆 C 于不同的两点 M, N. 求证: 直线 MN 恒过定点. 并求出定点坐标.

【解析】 (1) 由题意知椭圆的左焦点为 $F_1(-\sqrt{3}, 0)$, 则右焦点为 $F_2(\sqrt{3}, 0)$. 又

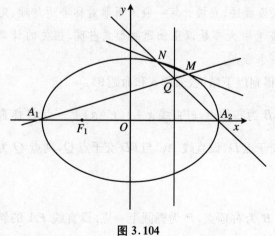

图 3.104

由椭圆的定义知 $|PF_1| + |PF_2| = 2a$,代入计算得 $a = 2$,$b^2 = a^2 - c^2 = 1$.所以椭圆 C 的标准方程为 $\dfrac{x^2}{4} + y^2 = 1$.

(2)(解法1:极点、极线法)由题设知点 Q 所在的直线即是该定点对应的极线.设该定点的坐标为 (x_0, y_0),则其对应的极线方程为 $\dfrac{xx_0}{4} + yy_0 = 1$.点 $Q(1, t)$ 恒在极线上,因此该极线方程为 $x = 1$,可得 $x_0 = 4$,$y_0 = 0$.所以直线 MN 恒过定点,且定点坐标为 $(4, 0)$.

(解法2)设 $Q(1, t)$,$M(x_1, y_1)$,$N(x_2, y_2)$,则直线 A_1Q 的方程为 $y = \dfrac{t}{3}(x + 2)$.与 $\dfrac{x^2}{4} + y^2 = 1$ 联立,解得 $M\left(\dfrac{-8t^2 + 18}{4t^2 + 9}, \dfrac{12t}{4t^2 + 9}\right)$;同理可得 $N\left(\dfrac{8t^2 - 2}{4t^2 + 1}, \dfrac{4t}{4t^2 + 1}\right)$.所以直线 MN 的斜率为

$$\dfrac{\dfrac{12t}{4t^2 + 9} - \dfrac{4t}{4t^2 + 1}}{\dfrac{-8t^2 + 18}{4t^2 + 9} - \dfrac{8t^2 - 2}{4t^2 + 1}} = -\dfrac{2t}{4t^2 + 3}.$$

则直线 MN 的方程为

$$y - \dfrac{12t}{4t^2 + 9} = -\dfrac{2t}{4t^2 + 3}\left(x - \dfrac{-8t^2 + 18}{4t^2 + 9}\right) \Rightarrow y = -\dfrac{2t}{4t^2 + 3}(x - 4).$$

故直线 MN 恒过定点,且定点坐标为 $(4, 0)$.

5. 椭圆中的极点、极线与定直线问题

例5(2020年全国高中数学联赛福建省赛区预赛/12) 已知椭圆 $C: \dfrac{x^2}{a^2} + \dfrac{y^2}{b^2} = 1$ $(a > b > 0)$ 的离心率为 $\dfrac{1}{2}$,右焦点 F 到直线 $x - y + 2 = 0$ 的距离为 $2\sqrt{2}$,A_1,A_2 分别为椭圆 C 的左、右顶点.

(1)求椭圆 C 的方程;

(2)过点 F 的直线 l 交椭圆 C 于 A,B 两点(点 A 在 x 轴上方),T 为直线 A_1A,A_2B 的交点.当点 T 的纵坐标为 $6\sqrt{3}$ 时,求直线 l 的方程.

【解析】 (1)由右焦点 $F(c, 0)$ 到直线 $x - y + 2 = 0$ 的距离为 $2\sqrt{2}$,知 $\dfrac{|c - 0 + 2|}{\sqrt{2}} = 2\sqrt{2}$.结合 $c > 0$,解得 $c = 2$.又因为椭圆的离心率为 $\dfrac{1}{2}$,所以 $a = 2c = 4$,$b = 2\sqrt{3}$.故椭圆 C 的方程为 $\dfrac{x^2}{16} + \dfrac{y^2}{12} = 1$.

(2)(解法1)根据题意作出图形,如图3.105所示,则易知直线 l 的斜率不为0.设直线

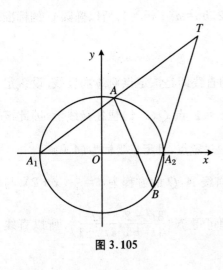

图 3.105

l 的方程为 $x = my + 2$,则由 $\begin{cases} x = my + 2 \\ \dfrac{x^2}{16} + \dfrac{y^2}{12} = 1 \end{cases}$,消去 x,得

$(3m^2 + 4)y^2 + 12my - 36 = 0$. 因为该方程的判别式 $\Delta > 0$,所以有两个不相等的实根. 设 $A(x_1, y_1)$,$B(x_2, y_2)$,则由韦达定理得

$$y_1 + y_2 = \frac{-12m}{3m^2 + 4}, \quad y_1 y_2 = \frac{-36}{3m^2 + 4}.$$

设 $T(t, 6\sqrt{3})$,则由 A_1, A, T 三点共线,得

$$\frac{6\sqrt{3} - 0}{t + 4} = \frac{y_1 - 0}{x_1 + 4},\text{即}$$

$$t + 4 = \frac{6\sqrt{3}(x_1 + 4)}{y_1} = 6\sqrt{3}\left(m + \frac{6}{y_1}\right).$$

同理由 A_2, B, T 三点共线,得 $\dfrac{6\sqrt{3} - 0}{t - 4} = \dfrac{y_2 - 0}{x_2 - 4}$,即

$$t - 4 = \frac{6\sqrt{3}(x_2 - 4)}{y_2} = 6\sqrt{3}\left(m - \frac{2}{y_2}\right).$$

所以

$$(t + 4) - 3(t - 4) = 6\sqrt{3}\left(m + \frac{6}{y_1} - 3m + \frac{6}{y_2}\right) = 6\sqrt{3}\left(-2m + 6 \cdot \frac{y_1 + y_2}{y_1 y_2}\right)$$

$$= 6\sqrt{3}\left(-2m + 6 \cdot \frac{-12m}{-36}\right) = 0.$$

由此可得 $t = 8$,所以 $T(8, 6\sqrt{3})$. 于是,直线 $A_1 T$ 的方程为 $y = \dfrac{\sqrt{3}}{2}(x + 4)$,与椭圆 C 的方程

$\dfrac{x^2}{16} + \dfrac{y^2}{12} = 1$ 联立,得 $A(0, 2\sqrt{3})$. 故直线 AF 的方程即直线 l 的方程为 $y = -\sqrt{3}x + 2\sqrt{3}$,

即 $\sqrt{3}x + y - 2\sqrt{3} = 0$.

(解法 2)如图 3.105 所示,易知直线 l 的斜率不为 0. 设直线 l 的方程为 $x = my + 2$,则

由 $\begin{cases} x = my + 2 \\ \dfrac{x^2}{16} + \dfrac{y^2}{12} = 1 \end{cases}$,消去 x,得 $(3m^2 + 4)y^2 + 12my - 36 = 0$. 因为该方程的判别式 $\Delta > 0$,所以

有两个不相等的实根. 设 $A(x_1, y_1)$,$B(x_2, y_2)$,则由韦达定理得

$$y_1 + y_2 = \frac{-12m}{3m^2 + 4}, \quad y_1 y_2 = \frac{-36}{3m^2 + 4}.$$

设 $T(t, 6\sqrt{3})$. 则由 A_1, A, T 三点共线,得 $\dfrac{6\sqrt{3} - 0}{t + 4} = \dfrac{y_1 - 0}{x_1 + 4}$,即

$$t + 4 = \frac{6\sqrt{3}(x_1 + 4)}{y_1} = 6\sqrt{3}\left(m + \frac{6}{y_1}\right).$$

同理由 A_2, B, T 三点共线,得 $\frac{6\sqrt{3} - 0}{t - 4} = \frac{y_2 - 0}{x_2 - 4}$,即

$$t - 4 = \frac{6\sqrt{3}(x_2 - 4)}{y_2} = 6\sqrt{3}\left(m - \frac{2}{y_2}\right).$$

以上两式联立并消去 t,得 $8 = 6\sqrt{3}\left(\frac{6}{y_1} + \frac{2}{y_2}\right)$,即 $\frac{3}{y_1} + \frac{1}{y_2} = \frac{2}{3\sqrt{3}}$.所以

$$\frac{3}{y_1} + \frac{1}{y_2} = \frac{(y_1 + y_2) + 2y_2}{y_1 y_2} = \frac{2}{3\sqrt{3}}.$$

代入 $y_1 + y_2$ 和 $y_1 y_2$,可得 $\frac{-12m}{3m^2 + 4} + 2y_2 = \frac{2}{3\sqrt{3}} \times \frac{-36}{3m^2 + 4}$,解得 $y_2 = \frac{6m - 4\sqrt{3}}{3m^2 + 4}$,于是 $y_1 = $

$\frac{-18m + 4\sqrt{3}}{3m^2 + 4}$.代入 $y_1 y_2 = \frac{-36}{3m^2 + 4}$,得

$$\frac{-4(3m - 2\sqrt{3})(9m - 2\sqrt{3})}{(3m^2 + 4)^2} = \frac{-36}{3m^2 + 4},$$

解得 $m = -\frac{\sqrt{3}}{3}$.所以直线 l 的方程为 $x = -\frac{\sqrt{3}}{3}y + 2$,即 $\sqrt{3}x + y - 2\sqrt{3} = 0$.

(解法 3)若 $l \perp x$ 轴,则 $A(2, 3), B(2, -3)$,易得点 T 的纵坐标为 6,不符合题意.

若直线 l 的斜率存在,设直线 l 的方程为 $y = k(x - 2)(k \neq 0)$.则由 $\begin{cases} y = k(x - 2) \\ \frac{x^2}{16} + \frac{y^2}{12} = 1 \end{cases}$,消去

y,得 $(3 + 4k^2)x^2 - 16k^2 x + 16k^2 - 48 = 0$.因为上述方程的判别式 $\Delta = 576(k^2 + 1) > 0$,所以有两个不相等的实根.设 $A(x_1, y_1), B(x_2, y_2)$,则由韦达定理得

$$x_1 + x_2 = \frac{16k^2}{3 + 4k^2}, \quad x_1 x_2 = \frac{16k^2 - 48}{3 + 4k^2}.$$

设 $T(t, 6\sqrt{3})$,则由 A_1, A, T 三点共线,得 $\frac{6\sqrt{3} - 0}{t + 4} = \frac{y_1 - 0}{x_1 + 4}$,即 $t + 4 = \frac{6\sqrt{3}(x_1 + 4)}{k(x_1 - 2)}$;由 A_2,

B, T 共线,得 $\frac{6\sqrt{3} - 0}{t - 4} = \frac{y_2 - 0}{x_2 - 4}$,即 $t - 4 = \frac{6\sqrt{3}(x_2 - 4)}{k(x_2 - 2)}$.于是

$$(t + 4) - 3(t - 4) = \frac{6\sqrt{3}}{k}\left(\frac{x_1 + 4}{x_1 - 2} - 3 \cdot \frac{x_2 - 4}{x_2 - 2}\right) = \frac{6\sqrt{3}}{k} \cdot \frac{-2x_1 x_2 + 10(x_1 + x_2) - 32}{(x_1 - 2)(x_2 - 2)}.$$

又因为

$$-2x_1 x_2 + 10(x_1 + x_2) - 32 = -2 \times \frac{16k^2 - 48}{3 + 4k^2} + 10 \times \frac{16k^2}{3 + 4k^2} - 32 = 0,$$

所以 $(t + 4) - 3(t - 4) = 0$,解得 $t = 8$,则 $T(8, 6\sqrt{3})$.于是,直线 $A_1 T$ 的方程为 $y = \frac{\sqrt{3}}{2}(x + 4)$,

与椭圆 C 的方程 $\dfrac{x^2}{16} + \dfrac{y^2}{12} = 1$ 联立，得 $A(0, 2\sqrt{3})$. 故直线 AF 的方程即直线 l 的方程为

$y = -\sqrt{3}x + 2\sqrt{3}$，即 $\sqrt{3}x + y - 2\sqrt{3} = 0$.

（解法 4）根据极点、极线的方法，点 F 对应的极线即为点 T 所在的直线，即 $\dfrac{xx_0}{16} + \dfrac{yy_0}{12} = 1$.

把焦点 $(c, 0)$ 代入，可知其极线方程即为右准线方程，从而可得 $T(8, 6\sqrt{3})$. 后同解法 3.

点评 显然，用极点、极线很快可以得到结果，如果按照正常的计算方法避开极点、极线，那么解法 2 更加简单一些，其与定比点差法的实质是一样的，因此可以优先使用. 对于极点、极线的一般情况，比较难证明，高考通常是不会考的，但是顶点和轴上点组合的情形却很常见. 对于此类情形，如果利用常规的非对称韦达定理证明，那么是有一定难度的，但如果熟练地掌握了定比点差法，就会简单很多.

【题根探秘】 通过对例 5 的探究，可以得到以下结论(命题 10)：

命题 10 根据极点、极线方程，易得焦点所对应的极线方程即为椭圆的准线方程. 即：椭圆 $\dfrac{x^2}{a^2} + \dfrac{y^2}{b^2} = 1$，$A$ 为左顶点，B 为右顶点，点 $F(c, 0)$ 为椭圆的右焦点，过点 F 作直线 l 与椭圆 C 交于 C, D 两点，设直线 AC 与 BD 交于点 Q，则点 Q 的轨迹方程为 $x = \dfrac{a^2}{c}$.

6. 椭圆中的自极三角形与斜率定值问题

例 6 （2020 年江苏盐城模拟） 如图 3.106 所示，在平面直角坐标系 xOy 中，椭圆

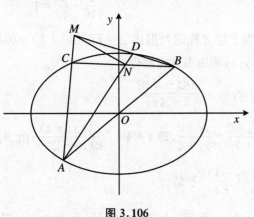

图 3.106

$E: \dfrac{x^2}{a^2} + \dfrac{y^2}{b^2} = 1 (a > b > 0)$ 的离心率为 $\dfrac{\sqrt{2}}{2}$，直线 $l: y = \dfrac{1}{2}x$ 与椭圆 E 相交于 A, B 两点，$AB = 2\sqrt{5}$，C, D 是椭圆 E 上异于 A, B 的两点，且直线 AC, BD 相交于点 M，直线 AD，BC 相交于点 N.

（1）求 a, b 的值；

（2）求证：直线 MN 的斜率为定值.

【解析】 （1）由 $e = \dfrac{\sqrt{2}}{2}$，知 $a^2 = 2b^2$，则

椭圆方程为 $\dfrac{x^2}{2b^2} + \dfrac{y^2}{b^2} = 1$. 设 $A(x_0, y_0)$，则由 $y = \dfrac{1}{2}x$，可得 $x_0 = 2y_0$. 又 $|AB| = 2\sqrt{5}$，故 $|OA| = \sqrt{x_0^2 + y_0^2} = \sqrt{5}$，解得 $x_0^2 = 4, y_0^2 = 1$. 而点 $A(x_0, y_0)$ 在椭圆上，所以 $\dfrac{4}{2b^2} + \dfrac{1}{b^2} = 1$，解得

$b^2 = 3$. 故椭圆方程 E 为 $\dfrac{x^2}{6} + \dfrac{y^2}{3} = 1$.

(2)（解法 1）由(1)知，椭圆 E 的方程为 $\dfrac{x^2}{6} + \dfrac{y^2}{3} = 1$，从而有 $A(2,1)$，$B(-2,-1)$.

① 当 CA，CB，DA，DB 的斜率都存在时，设直线 CA，DA 的斜率分别为 k_1，k_2，显然 $k_1 \neq k_2$，直线 AC 的方程为 $y - 1 = k_1(x - 2)$. 则由 $\begin{cases} y = k_1 x + 1 - 2k_1 \\ x^2 + 2y^2 = 6 \end{cases}$，得

$$(2k_1^2 + 1)x^2 + 4k_1(1 - 2k_1)x + 4(2k_1^2 - 2k_1 - 1) = 0.$$

设点 C 的坐标为 (x_1, y_1)，则由韦达定理知 $2x_1 = \dfrac{4(2k_1^2 - 2k_1 - 1)}{2k_1^2 + 1}$. 从而可得 $x_1 = \dfrac{4k_1^2 - 4k_1 - 2}{2k_1^2 + 1}$，所以 $C\left(\dfrac{4k_1^2 - 4k_1 - 2}{2k_1^2 + 1}, \dfrac{-2k_1^2 - 4k_1 + 1}{2k_1^2 + 1} \right)$. 又因为 $B(-2, -1)$，所以

$$k_{BC} = \dfrac{\dfrac{-2k_1^2 - 4k_1 + 1}{2k_1^2 + 1} + 1}{\dfrac{4k_1^2 - 4k_1 - 2}{2k_1^2 + 1} + 2} = \dfrac{-4k_1 + 2}{8k_1^2 - 4k_1} = -\dfrac{1}{2k_1}.$$

故直线 BC 的方程为 $y + 1 = -\dfrac{1}{2k_1}(x + 2)$.

因为直线 AD 的方程为 $y - 1 = k_2(x - 2)$，与直线 BC 的方程联立，解得点 N 的坐标为 $\left(\dfrac{4k_1k_2 - 4k_1 - 2}{2k_1k_2 + 1}, \dfrac{-2k_1k_2 - 4k_2 + 1}{2k_1k_2 + 1} \right)$. 用 k_2 代替 k_1，k_1 代替 k_2，得点 M 的坐标为 $\left(\dfrac{4k_1k_2 - 4k_2 - 2}{2k_1k_2 + 1}, \dfrac{-2k_1k_2 - 4k_1 + 1}{2k_1k_2 + 1} \right)$. 所以

$$k_{MN} = \dfrac{\dfrac{-2k_1k_2 - 4k_1 + 1}{2k_1k_2 + 1} - \dfrac{-2k_1k_2 - 4k_2 + 1}{2k_1k_2 + 1}}{\dfrac{4k_1k_2 - 4k_2 - 2}{2k_1k_2 + 1} - \dfrac{4k_1k_2 - 4k_1 - 2}{2k_1k_2 + 1}} = \dfrac{4(k_2 - k_1)}{4(k_1 - k_2)} = -1,$$

为定值.

② 根据题设要求，CA，CB，DA，DB 中至多有一条直线的斜率不存在，故不妨设直线 CA 的斜率不存在，从而 $C(2, -1)$. 仍然设直线 DA 的斜率为 k_2，则由(1)知 $k_{DB} = -\dfrac{1}{2k_2}$. 此时直线 CA 的方程为 $x = 2$，直线 DB 的方程为 $y + 1 = -\dfrac{1}{2k_2}(x + 2)$，它们的交点为 $M\left(2, -1 - \dfrac{2}{k_2} \right)$；而直线 BC 的方程为 $y = -1$，直线 AD 的方程为 $y - 1 = k_2(x - 2)$，它们的交点为 $N\left(2 - \dfrac{2}{k_2}, -1 \right)$. 所以 $k_{MN} = -1$，也成立.

综合①②可知，直线 MN 的斜率为定值 -1.

（解法 2）设 $M(x_1, y_1)$，$N(x_2, y_2)$，$A(x_0, y_0)$，$B(-x_0, -y_0)$.

① 当直线 CA, CB, DA, DB 的斜率均存在时, 先证明以下结论: 因为 $P(m, n)$ 为椭圆 $\dfrac{x^2}{6} + \dfrac{y^2}{3} = 1$ 上一点, $A(x_0, y_0)$, $B(-x_0 - y_0)$ 为关于椭圆中心对称的两点, 所以当直线 PA, PB 的斜率均存在且不为 0 时, 有

$$k_{AP} \cdot k_{BP} = \frac{n - y_0}{m - x_0} \cdot \frac{n + y_0}{m + x_0} = \frac{n^2 - y_0^2}{m^2 - x_0^2} = \frac{3\left(1 - \dfrac{m^2}{6}\right) - 3\left(1 - \dfrac{x_0^2}{6}\right)}{m^2 - x_0^2}$$

$$= -\frac{1}{2} \cdot \frac{m^2 - x_0^2}{m^2 - x_0^2} = -\frac{1}{2}.$$

即对椭圆 E 上任意一点 P, 都有 $k_{AP} \cdot k_{BP} = -\dfrac{1}{2}$. 利用此性质, 我们可以得到 $k_{DA} \cdot k_{DB} = k_{CA} \cdot k_{CB} = -\dfrac{1}{2}$, 即

$$k_{AN} \cdot k_{BM} = k_{AM} \cdot k_{BN} = \frac{y_2 - y_0}{x_2 - x_0} \cdot \frac{y_1 + y_0}{x_1 + x_0} = \frac{y_1 - y_0}{x_1 - x_0} \cdot \frac{y_2 + y_0}{x_2 + x_0} = -\frac{1}{2},$$

亦即

$$\frac{y_2 y_1 + y_0(y_2 - y_1) - y_0^2}{x_2 x_1 + x_0(x_2 - x_1) - x_0^2} = \frac{y_1 y_2 + y_0(y_1 - y_2) - y_0^2}{x_1 x_2 + x_0(x_1 - x_2) - x_0^2} = -\frac{1}{2}.$$

再由比例式的合比定理, 可得 $\dfrac{2 y_0(y_2 - y_1)}{2 x_0(x_2 - x_1)} = -\dfrac{1}{2}$, 即得 $\dfrac{y_0}{x_0} \cdot \dfrac{y_2 - y_1}{x_2 - x_1} = -\dfrac{1}{2}$. 所以 $k_{AB} \cdot k_{MN} = -\dfrac{1}{2}$.

② 当直线 CA, CB, DA, DB 中有的斜率不存在时, 不妨设直线 AC 的斜率不存在, 则 $C(x_0, -y_0)$, $M(x_0, y_M)$, $N(x_N, -y_0)$. 所以由 B, D, M 三点共线, 得得 $\dfrac{y_M - (-y_0)}{x_0 - (-x_0)} = \dfrac{y_D - (-y_0)}{x_D - (-x_0)}$. 同理, 由 A, N, D 三点共线, 可得 $\dfrac{-y_0 - y_0}{x_N - x_0} = \dfrac{y_D - y_0}{x_D - x_0}$. 则由以上两式可得

$$k_{MN} = \frac{y_M - (-y_0)}{x_0 - x_N} = \frac{y_D - (-y_0)}{x_D - (-x_0)} \cdot \frac{y_D - y_0}{x_D - x_0} \cdot \frac{2x_0}{2y_0} = \frac{y_D^2 - y_0^2}{x_D^2 - x_0^2} \cdot \frac{x_0}{y_0},$$

整理得

$$k_{MN} = \frac{3\left(1 - \dfrac{x_D^2}{6}\right) - 3\left(1 - \dfrac{x_0^2}{6}\right)}{x_D^2 - x_0^2} \cdot \frac{x_0}{y_0} = -\frac{1}{2} \cdot \frac{x_0}{y_0}.$$

而 $k_{AB} = \dfrac{y_0}{x_0} = \dfrac{1}{2}$, 故 $k_{MN} = -\dfrac{1}{2} \cdot \dfrac{x_0}{y_0} = -\dfrac{1}{2} \times 2 = -1$, 为定值.

点评 对于自极三角形, 要考虑斜率相关的定值, 不然直接设点或设线求解的难度都非常大.

【题根探秘】 通过对例 6 的探究, 可以得到以下结论 (命题 11 和命题 12):

命题 11 如图 3.107 所示, 椭圆 $\dfrac{x^2}{a^2}+\dfrac{y^2}{b^2}=1$, AB 为过原点的直线, 点 Q 为椭圆上一点, 设直线 QA 的斜率为 k_{QA}, 直线 QB 的斜率为 k_{QB}, 则 $k_{QA}\cdot k_{QB}$ 为定值, 且其值为 $k_{QA}\cdot k_{QB}=-\dfrac{b^2}{a^2}$.

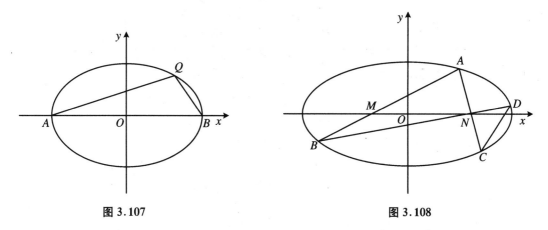

图 3.107 图 3.108

命题 12 如图 3.108 所示, 已知点 $M(m,0)$, $N(n,0)$, 过点 M 且斜率为 $k_1(k_1\neq 0)$ 的动直线交椭圆 $\dfrac{x^2}{a^2}+\dfrac{y^2}{b^2}=1(a>b>0)$ 于 A, B 两点, 延长 AN, BN 分别交椭圆于 C, D 两点, 直线 CD 的斜率为 k_2. 则:

(1) $k_1+k_2=2k_{PN}$;

(2) 直线 CD 恒过 x 轴上的定点 $R\left(\dfrac{m(a^2+n^2)-2na^2}{2mn-(a^2+n^2)},0\right)$;

(3) $\dfrac{k_1}{k_2}=\dfrac{a^2-n^2}{a^2+n^2-2mn}=\dfrac{|NR|}{|MN|}$.

证明: 如图 3.109 所示, 补全自极三角形即 $\triangle PNQ$, 则极点 $N(n,0)$ 对应的极线是 PQ, 故极线 PQ 的方程为 $x=\dfrac{a^2}{n}$.

不妨设点 $P\left(\dfrac{a^2}{n},y_0\right)$, 则 $k_1=k_{PM}=\dfrac{y_0}{\dfrac{a^2}{n}-m}$, $k_{PN}=\dfrac{y_0}{\dfrac{a^2}{n}-n}$. 又由斜率等差模型可得 $k_1+k_2=2k_{PN}$. 所以

$$\frac{k_2}{k_1}=\frac{2k_{PN}}{k_1}-1=\frac{2y_0}{\dfrac{a^2}{n}-n}\cdot\frac{\dfrac{a^2}{n}-m}{y_0}-1=\frac{2a^2-2mn}{a^2-n^2}-1=\frac{a^2+n^2-2mn}{a^2-n^2}.$$

设 $R(x,0)$, 则

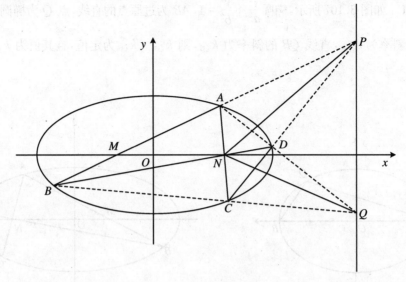

图 3.109

$$\frac{k_2}{k_1} = \frac{y_0}{\dfrac{a^2}{n} - x} \cdot \frac{\dfrac{a^2}{n} - m}{y_0} = \frac{a^2 - mn}{a^2 - xn} = \frac{a^2 + n^2 - 2mn}{a^2 - n^2} = \frac{n^2 - mn}{-n^2 + xn}$$

$$= \frac{n - m}{x - n} = \frac{|MN|}{|NR|}.$$

联立以上两式,可得 $\dfrac{n-m}{x-n} = \dfrac{a^2 + n^2 - 2mn}{a^2 - n^2}$,即 $x = \dfrac{m(a^2 + n^2) - 2na^2}{2mn - (a^2 + n^2)}$. 所以直线 CD

恒过 x 轴上的定点 $R\left(\dfrac{m(a^2 + n^2) - 2na^2}{2mn - (a^2 + n^2)}, 0\right)$.

7. 椭圆中的极点、极线与定值

例 7 (2011 年四川卷/文 21)　过点 $C(0,1)$ 的椭圆 $\dfrac{x^2}{a^2} + \dfrac{y^2}{b^2} = 1 (a > b > 0)$ 的离心率

为 $\dfrac{\sqrt{3}}{2}$,椭圆与 x 轴交于两点 $A(a,0)$,$B(-a,0)$,过点 C 的直线 l 与椭圆交于另一点 D,并与

x 轴交于点 P,直线 AC 与直线 BD 交于点 Q.

(1) 当直线 l 过椭圆的右焦点时,求线段 CD 的长;

(2) 当点 P 异于点 B 时,求证:$\overrightarrow{OP} \cdot \overrightarrow{OQ}$ 为定值.

【解析】 (1) 由题设得 $b = 1$,$\dfrac{c}{a} = \dfrac{\sqrt{3}}{2}$,解得 $a = 2$. 所以椭圆方程为 $\dfrac{x^2}{4} + y^2 = 1$. 因此,椭圆

的右焦点为 $(\sqrt{3}, 0)$,此时直线 l 的方程为 $y = -\dfrac{\sqrt{3}}{3}x + 1$,代入椭圆方程,得 $7x^2 - 8\sqrt{3}x = 0$,解

得 $x_1 = 0$, $x_2 = \dfrac{8\sqrt{3}}{7}$. 代入直线 l 的方程,进一步得到 $y_1 = 1$, $y_2 = -\dfrac{1}{7}$,所以 $D\left(\dfrac{8\sqrt{3}}{7}, -\dfrac{1}{7}\right)$. 故

$$|CD| = \sqrt{\left(\dfrac{8\sqrt{3}}{7} - 0\right)^2 + \left(-\dfrac{1}{7} - 1\right)^2} = \dfrac{16}{7}.$$

(2) (证法 1)当直线 l 与 x 轴垂直时,与题意不符,故直线 l 的斜率存在. 设直线 l 的方程为 $y = kx + 1$ $\left(k \neq 0 且 k \neq \dfrac{1}{2}\right)$,代入椭圆方程,得 $(4k^2 + 1)x^2 + 8kx = 0$,解得 $x_1 = 0$, $x_2 = \dfrac{-8k}{4k^2+1}$,代入直线 l 的方程,得 $y_1 = 1$, $y_2 = \dfrac{1 - 4k^2}{4k^2+1}$. 所以点 D 的坐标为 $\left(\dfrac{-8k}{4k^2+1}, \dfrac{1-4k^2}{4k^2+1}\right)$. 因此,直线 AC 的方程为 $\dfrac{x}{2} + y = 1$,直线 BD 的方程为 $y = \dfrac{1+2k}{2-4k}(x+2)$. 两个方程联立,解得 $\begin{cases} x = -4k \\ y = 2k + 1 \end{cases}$,因此 $Q(-4k, 2k+1)$. 又因为 $P\left(-\dfrac{1}{k}, 0\right)$,所以

$$\overrightarrow{OP} \cdot \overrightarrow{OQ} = \left(-\dfrac{1}{k}, 0\right) \cdot (-4k, 2k+1) = 4.$$

故 $\overrightarrow{OP} \cdot \overrightarrow{OQ}$ 为定值 4.

(证法 2)记直线 BC 与 AD 相交于点 R,则由极点与极线的定义知,$\triangle PQR$ 构成自极三角形,点 Q 在点 P 对应的极线上. 设 $P(x_P, 0)$,则点 P 的极线方程为 $\dfrac{x_P x}{4} + 0 \times y = 1$,即 $x = \dfrac{4}{x_P}$,故点 Q 在直线 $x = \dfrac{4}{x_P}$ 上. 设点 Q 的坐标为 $\left(\dfrac{4}{x_P}, y_Q\right)$,则 $\overrightarrow{OP} \cdot \overrightarrow{OQ} = (x_P, 0) \cdot \left(\dfrac{4}{x_P}, y_Q\right) = 4$. 故 $\overrightarrow{OP} \cdot \overrightarrow{OQ}$ 为定值 4.

8. 椭圆中的极点、极线与斜率定值问题

例 8 已知椭圆 $C: \dfrac{x^2}{a^2} + \dfrac{y^2}{b^2} = 1$ $(a > b > 0)$ 的左、右顶点分别为 A, B,O 为原点. 以 OB 为对角线的正方形 $OPBQ$ 的顶点 P, Q 在 C 上.

(1) 求 C 的离心率.

(2) 当 $a = 2$ 时,过 $(1, 0)$ 作与 x 轴不重合的直线 l,与 C 交于 M, N 两点,直线 AM, BN 的斜率分别为 k_1, k_2,试判断 $\dfrac{k_1}{k_2}$ 是否为定值. 若是,求出定值,并加以证明;若不是,请说明理由.

【解析】 (1) 由题意作出图形,如图 3.110 所示. 则以 OB 为对角线的正方形 $OPBQ$ 的顶点坐标分别为 $B(a, 0)$, $P\left(\dfrac{a}{2}, \dfrac{a}{2}\right)$, $Q\left(\dfrac{a}{2}, -\dfrac{a}{2}\right)$. 因为 P, Q 在椭圆上,所以 $\dfrac{\frac{a^2}{4}}{a^2} + \dfrac{\frac{a^2}{4}}{b^2} = 1$,

解得 $\dfrac{a^2}{b^2} = 3$，则 $c^2 = a^2 - b^2 = 2b^2$. 故椭圆的离心率 $e = \dfrac{c}{a} = \dfrac{\sqrt{6}}{3}$.

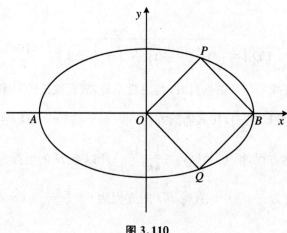

图 3.110

(2)（解法 1）当 $a = 2$ 时，$b = \dfrac{2\sqrt{3}}{3}$，所以椭圆的方程为 $x^2 + 3y^2 = 4$，此时可得 $\dfrac{k_1}{k_2}$ 为定值 $\dfrac{1}{3}$，理由如下：

① 当直线 l 的斜率不存在时，直线 l 的方程为 $x = 1$，则 $M(1,1)$，$N(1,-1)$，所以

$$k_1 = \dfrac{y_1}{x_1 + 2} = \dfrac{1}{1 - (-2)} = \dfrac{1}{3}, \quad k_2 = \dfrac{y_2}{x_2 - 2} = \dfrac{-1}{1 - 2} = 1,$$

故 $\dfrac{k_1}{k_2} = \dfrac{1}{3}$.

② 当直线 l 的斜率存在时，设直线 l 的方程为 $x = my + 1 (m \neq 0)$，$M(x_1, y_1)$，$N(x_2, y_2)$，不妨设 $y_2 < 0 < y_1$，且 $y_1 + y_2 \neq 0$. 作出图形，如图 3.111 所示. 则由

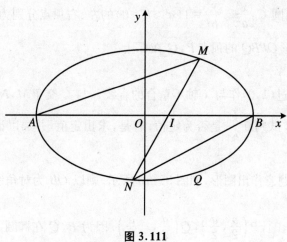

图 3.111

$\begin{cases} x = my + 1 \\ x^2 + 3y^2 = 4 \end{cases}$，可得 $(m^2 + 3)y^2 + 2my - 3 = 0$，其中 $\Delta = 16m^2 + 36 > 0$，所以由韦达定理得

$$y_1 + y_2 = -\frac{2m}{m^2 + 3}, \quad y_1 y_2 = -\frac{3}{m^2 + 3}.$$

要证 $\dfrac{k_1}{k_2} = \dfrac{1}{3}$，只要证 $\dfrac{\dfrac{y_1}{x_1 + 2}}{\dfrac{y_2}{x_2 - 2}} = \dfrac{1}{3}$，即证 $3y_1(x_2 - 2) = y_2(x_1 + 2)$，亦证 $3y_1(my_2 - 1) = y_2(my_1 + 3)$，所以只要证 $2my_1 y_2 = 3(y_1 + y_2)$．又因为 $y_1 + y_2 \neq 0$，$m \neq 0$，即证 $\dfrac{y_1 y_2}{y_1 + y_2} = \dfrac{3}{2m}$．代入 $y_1 + y_2$ 和 $y_1 y_2$ 的表达式，可得 $\dfrac{y_1 y_2}{y_1 + y_2} = \dfrac{3}{2m}$，显然成立．所以 $\dfrac{k_1}{k_2} = \dfrac{1}{3}$ 成立．

综上所述，可知 $\dfrac{k_1}{k_2} = \dfrac{1}{3}$．

（解法 2）当 $a = 2$ 时，$b = \dfrac{2\sqrt{3}}{3}$，所以椭圆的方程为 $x^2 + 3y^2 = 4$.

设直线 l 的方程为 $x = my + 1(m \neq 0)$，$M(x_1, y_1)$，$N(x_2, y_2)$．不妨设 $y_2 < 0 < y_1$，则由

$\begin{cases} x = my + 1 \\ x^2 + 3y^2 = 4 \end{cases}$，可得 $(m^2 + 3)y^2 + 2my - 3 = 0$，其中 $\Delta = 16m^2 + 36 > 0$．所以由韦达定理得

$$y_1 + y_2 = -\frac{2m}{m^2 + 3}, \quad y_1 y_2 = -\frac{3}{m^2 + 3}.$$

两式相除，可得 $\dfrac{y_1 + y_2}{y_1 y_2} = \dfrac{2m}{3}$，即 $2my_1 y_2 = 3(y_1 + y_2)$．故

$$\frac{k_1}{k_2} = \frac{\dfrac{y_1}{x_1 + 2}}{\dfrac{y_2}{x_2 - 2}} = \frac{y_1}{x_1 + 2} \cdot \frac{x_2 - 2}{y_2} = \frac{y_1(my_2 - 1)}{(my_1 + 3)y_2} = \frac{my_1 y_2 - y_1}{my_1 y_2 + 3y_2}$$

$$= \frac{\dfrac{3}{2}(y_1 + y_2) - y_1}{\dfrac{3}{2}(y_1 + y_2) + 3y_2} = \frac{\dfrac{1}{2}y_1 + \dfrac{3}{2}y_2}{\dfrac{3}{2}y_1 + \dfrac{9}{2}y_2} = \frac{1}{3}.$$

所以 $\dfrac{k_1}{k_2} = \dfrac{1}{3}$．

（解法 3）当 $a = 2$ 时，$b = \dfrac{2\sqrt{3}}{3}$，所以椭圆的方程为 $x^2 + 3y^2 = 4$.

设直线 l 的方程为 $x = my + 1(m \neq 0)$，$M(x_1, y_1)$，$N(x_2, y_2)$．不妨设 $y_2 < 0 < y_1$，则由

$\begin{cases} x = my + 1 \\ x^2 + 3y^2 = 4 \end{cases}$，可得 $(m^2 + 3)y^2 + 2my - 3 = 0$，其中 $\Delta = 16m^2 + 36 > 0$．所以由韦达定理得

$$y_1 + y_2 = -\frac{2m}{m^2 + 3}, \quad y_1 y_2 = -\frac{3}{m^2 + 3}.$$

又因为点 N 在椭圆上,所以 $x_2^2 + 3y_2^2 = 4$,即 $x_2^2 - 4 + 3y_2^2 = 0$,因此 $\dfrac{y_2}{x_2 - 2} \cdot \dfrac{y_2}{x_2 + 2} = -\dfrac{1}{3}$. 故

$$\frac{k_1}{k_2} = \frac{\dfrac{y_1}{x_1 + 2}}{\dfrac{y_2}{x_2 - 2}} = \frac{y_1}{x_1 + 2} \cdot \frac{x_2 - 2}{y_2} = \frac{y_1}{x_1 + 2} \cdot \frac{-3y_2}{x_2 + 2}$$

$$= \frac{-3y_1 y_2}{(my_1 + 3)(my_2 + 3)} = \frac{-3y_1 y_2}{m^2 y_1 y_2 + 3m(y_1 + y_2) + 9}$$

$$= \frac{-3\left(-\dfrac{3}{m^2 + 3}\right)}{m^2\left(-\dfrac{3}{m^2 + 3}\right) + 3m\left(-\dfrac{2m}{m^2 + 3}\right) + 9} = \frac{\dfrac{9}{m^2 + 3}}{\dfrac{27}{m^2 + 3}} = \frac{1}{3}.$$

所以 $\dfrac{k_1}{k_2} = \dfrac{1}{3}$.

(解法 4)当 $a = 2$ 时,$b = \dfrac{2\sqrt{3}}{3}$,所以椭圆的方程为 $x^2 + 3y^2 = 4$.

设 $M(x_1, y_1)$,$N(x_2, y_2)$,因为点 M 在椭圆上,所以 $x_1^2 + 3y_1^2 = 4$,化简得 $\dfrac{y_1}{x_1 + 2} \cdot$

$\dfrac{y_1}{x_1 - 2} = -\dfrac{1}{3}$. 故 $k_1 = \dfrac{y_1}{x_1 + 2} = -\dfrac{1}{3} \cdot \dfrac{x_1 - 2}{y_1}$. 同理可得 $k_2 = \dfrac{y_2}{x_2 - 2} = -\dfrac{1}{3} \cdot \dfrac{x_2 + 2}{y_2}$. 设 $t =$

$\dfrac{k_1}{k_2}$,则 $t = \dfrac{(x_2 - 2)y_1}{(x_1 + 2)y_2} = \dfrac{(x_1 - 2)y_2}{(x_2 + 2)y_1}$,所以

$$tx_1 y_2 + 2ty_2 = x_2 y_1 - 2y_1, \quad x_1 y_2 - 2y_2 = tx_2 y_1 + 2ty_1.$$

两式相加,可得

$$(t + 1)x_1 y_2 + 2(t - 1)y_2 = (t + 1)x_2 y_1 + 2(t - 1)y_1.$$

当 $t = -1$ 时,$y_2 = y_1$,不合题意,舍去.

当 $t \neq -1$ 时,有

$$\left[x_1 - \frac{2(1 - t)}{t + 1}\right]y_2 = \left[x_2 - \frac{2(1 - t)}{t + 1}\right]y_1,$$

所以直线 MN 经过点 $\left(\dfrac{2(1 - t)}{t + 1}, 0\right)$. 又直线 MN 过定点 $(1, 0)$,故 $\dfrac{2(1 - t)}{t + 1} = 1$,解得 $t = \dfrac{1}{3}$.

所以 $\dfrac{k_1}{k_2} = \dfrac{1}{3}$.

点评 此类问题求解的关键是:当直线 l 的斜率存在时,设直线 l 的方程为 $x = my + 1$ $(m \neq 0)$,$M(x_1, y_1)$,$N(x_2, y_2)$,首先将直线方程与椭圆方程联立,消去 x,利用韦达定理

得 $y_1 + y_2 = -\dfrac{2m}{m^2 + 3}$，$y_1 y_2 = -\dfrac{3}{m^2 + 3}$；然后，求 $\dfrac{k_1}{k_2} = \dfrac{\dfrac{y_1}{x_1 + 2}}{\dfrac{y_2}{x_2 - 2}}$；最后，通过化简即可得到答案.

当直线 l 的斜率不存在时，先求出 M，N 两点的坐标，然后求出 k_1，k_2，进而得出 $\dfrac{k_1}{k_2}$ 的值. 本题考查考生的计算能力，属于中档题.

9. 椭圆中的极点、极线与线段定值问题

例9 (2020 年北京卷/20) 已知椭圆 $C : \dfrac{x^2}{a^2} + \dfrac{y^2}{b^2} = 1$ 过点 $A(-2, -1)$，且 $a = 2b$.

(1) 求椭圆 C 的方程；

(2) 如图 3.112 所示，过点 $B(-4, 0)$ 的直线 l 交椭圆 C 于点 M，N，直线 MA，NA 分别交直线 $x = -4$ 于点 P，Q，求 $\dfrac{|PB|}{|BQ|}$ 的值.

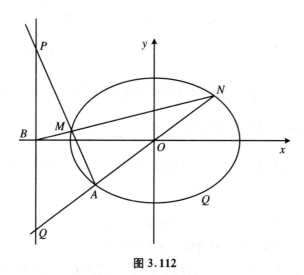

图 3.112

【解析】 (1) $\dfrac{x^2}{8} + \dfrac{y^2}{2} = 1$ (过程略).

(2) 设直线 MN 的方程为 $y = k(x + 4)$，直线 AM 的方程为 $y + 1 = k_1(x + 2)$，直线 AN 的方程为 $y + 1 = k_2(x + 2)$，另设 $P(-4, y_P)$，$Q(-4, y_Q)$. 联立 $y = k(x + 4)$ 和 $y + 1 = k_1(x + 2)$，解得 $M\left(\dfrac{4k + 1 - 2k_1}{k_1 - k}, \dfrac{2kk_1 + k}{k_1 - k}\right)$. 因为点 M 在椭圆 C 上，所以

$$\frac{1}{8}\left(\frac{4k + 1 - 2k_1}{k_1 - k}\right)^2 + \frac{1}{2}\left(\frac{2kk_1 + k}{k_1 - k}\right)^2 = 1.$$

关于 k_1，上式整理得

$$(16k^2 - 4)k_1^2 + (16k^2 - 4)k_1 + 12k^2 + 8k + 1 = 0.$$

同理可得

$$(16k^2 - 4)k_2^2 + (16k^2 - 4)k_2 + 12k^2 + 8k + 1 = 0.$$

所以 k_1, k_2 是方程

$$(16k^2 - 4)x^2 + (16k^2 - 4)x + 12k^2 + 8k + 1 = 0$$

的两个根,因此 $k_1 + k_2 = -1$. 又因为 $y_P = -2k_1 - 1$, $y_Q = -2k_2 - 1$,所以 $y_P + y_Q = -2(k_1 + k_2) - 2 = 0$. 故 $\left| \dfrac{PB}{BQ} \right| = \left| \dfrac{y_P}{y_Q} \right| = 1$.

点评 对于常规设线法,首先,联立直线 MN 与椭圆 C 的方程,得到点 M, N 的纵坐标 y_M, y_N 的关系;然后,将点 P, Q 的纵坐标 y_P, y_Q 用 y_M, y_N 表示;最后,消去参数 y_M, y_N 即可得出答案.但是在直线 MN 与椭圆 C 的相交关系中,点 M, N 的地位相同,这是容易计算出对称式 $y_M + y_N$, $y_M y_N$ 的原因;图中点 P 和点 Q 是直线 $x = -4$ 与两条不同直线 MA, NA 相交而成的,地位并不相同,这是在计算 y_P, y_Q 的比值时得到 y_M, y_N 的非对称式的原因.处理非对称式需要一定的运算技巧,计算量大,是常规设线法的难点所在.

【题根探秘】 通过对例 9 的探究,可以得到以下结论(命题 13):

命题 13 已知椭圆 $\dfrac{x^2}{a^2} + \dfrac{y^2}{b^2} = 1$ 的左、右顶点分别为 A, B,M 为 x 轴上一点,过 M 的直线与椭圆交于 C, D 两点,则 $\dfrac{k_{AC}}{k_{BD}} = \left| \dfrac{MB}{MA} \right|$(在抛物线和双曲线上也有类似的结论).

10. 椭圆中的极点、极线与角度问题

例 10 (2018 年全国卷/理 19) 设椭圆 C: $\dfrac{x^2}{2} + y^2 = 1$ 的右焦点为 F,过 F 的直线 l 与 C 交于 A, B 两点,点 M 的坐标为 $(2, 0)$.

(1) 当直线 l 与 x 轴垂直时,求直线 AM 的方程;

(2) 设 O 为坐标原点,证明:$\angle OMA = \angle OMB$.

【解析】 (1) 由已知得 $F(1, 0)$,所以直线 l 的方程为 $x = 1$. 又由已知点 A 的坐标为 $\left(1, \dfrac{\sqrt{2}}{2}\right)$ 或 $\left(1, -\dfrac{\sqrt{2}}{2}\right)$,所以直线 AM 的方程为 $y = -\dfrac{\sqrt{2}}{2}x + \sqrt{2}$ 或 $y = \dfrac{\sqrt{2}}{2}x - \sqrt{2}$.

(2) (证法 1)当直线 l 与 x 轴重合时,$\angle OMA = \angle OMB = 0°$.

当直线 l 与 x 轴垂直时,OM 为 AB 的垂直平分线,所以 $\angle OMA = \angle OMB$.

当直线 l 与 x 轴不重合也不垂直时,设直线 l 的方程为 $y = k(x - 1)(k \neq 0)$,$A(x_1, y_1)$,$B(x_2, y_2)$,则 $x_1 < \sqrt{2}$,$x_2 < \sqrt{2}$,直线 MA, MB 的斜率之和为 $k_{AM} + k_{BM} = \dfrac{y_1}{x_1 - 2} + \dfrac{y_2}{x_2 - 2}$. 又由 $y_1 = kx_1 - k$,$y_2 = kx_2 - k$,得

$$k_{AM} + k_{BM} = \dfrac{2kx_1x_2 - 3k(x_1 + x_2) + 4k}{(x_1 - 2)(x_2 - 2)}.$$

将 $y = k(x - 1)$ 代入 $\dfrac{x^2}{2} + y^2 = 1$,得

$$(2k^2 + 1)x^2 - 4k^2 x + 2k^2 - 2 = 0,$$

所以由韦达定理得 $x_1 + x_2 = \dfrac{4k^2}{2k^2 + 1}$, $x_1 x_2 = \dfrac{2k^2 - 2}{2k^2 + 1}$. 则

$$2kx_1 x_2 - 3k(x_1 + x_2) + 4k = \dfrac{4k^3 - 4k - 12k^3 + 8k^3 + 4k}{2k^2 + 1} = 0,$$

从而可得 $k_{MA} + k_{MB} = 0$. 故 MA, MB 的倾斜角互补,即 $\angle OMA = \angle OMB$.

综上,$\angle OMA = \angle OMB$.

(证法 2:极点、极线法)由题意可知,点 M 为点 F 的极线与 x 轴的交点,在图中将极线画出,如图 3.113 所示,若 AB 与极线平行,显然 $\angle OMA = \angle OMB$;若 AB 与极线不平行,延长 AB 与极线交于点 D.则过极点 F 的直线与椭圆和点 F 的极线分别交于点 A, B, D,所以 A, B, F, D 是调和点列,因此 $\dfrac{|AF|}{|FB|} = \dfrac{|AD|}{|DB|}$,即 $\dfrac{S_{\triangle MAF}}{S_{\triangle MBF}} = \dfrac{S_{\triangle MAD}}{S_{\triangle MBD}}$,故

$$\dfrac{\frac{1}{2}\,|AM| \cdot |FM|\,\sin\angle AMF}{\frac{1}{2}\,|BM| \cdot |FM|\,\sin\angle BMF} = \dfrac{\frac{1}{2}\,|AM| \cdot |MD|\,\sin\left(\angle AMF + \frac{\pi}{2}\right)}{\frac{1}{2}\,|BM| \cdot |MD|\,\sin\left(\frac{\pi}{2} - \angle BMF\right)},$$

整理得 $\tan\angle AMF = \tan\angle BMF$,所以 $\angle AMF = \angle BMF$,即 $\angle OMA = \angle OMB$.

综上,$\angle OMA = \angle OMB$.

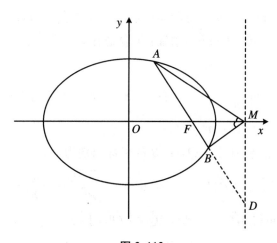

图 3.113

点评　角度问题一般结合斜率进行求解,常用的方法就是设点或设线,然后联立方程进行求解.双曲线和抛物线也有类似的结论.

【题根探秘】　通过对例 10 的探究,可以得到以下结论(命题 14):

命题 14　如图 3.114 所示,A, B 是圆锥曲线 Γ(圆、椭圆、抛物线、双曲线)的一条对称轴 l 上的两点(不在 Γ 上).若点 A, B 关于 Γ 调和共轭,过点 B 任作 Γ 的一条割线,交 Γ 于

P,Q 两点,则 $\angle PAB = \angle QAB$.

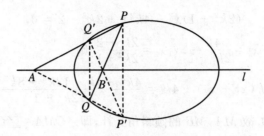

图 3.114

证明:因 Γ 关于直线 l 对称,故在 Γ 上存在 P,Q 的对称点 P',Q'. 若点 P 与点 Q 重合,则点 Q' 与点 P 重合,此时点 P,Q 关于 l 对称.故 $\angle PAB = \angle QAB$. 若点 P' 与点 Q 不重合,则点 Q' 与点 P 不重合.因为点 A,B 关于 Γ 调和共轭,所以点 A,B 为 Γ 上完全点形的对边交点,即点 Q' 在 PA 上.于是 AP,AQ 关于直线 l 对称,故 $\angle PAB = \angle QAB$.

11. 椭圆中的极点、极线与调和点列问题

例 11 (2020 年上海市高三专题练习) 设椭圆 $C: \dfrac{x^2}{a^2} + \dfrac{y^2}{b^2} = 1 (a > b > 0)$ 过点 $M(\sqrt{2}, 1)$,且左焦点为 $F_1(-\sqrt{2}, 0)$.

(1) 求椭圆 C 的方程;

(2) 当过点 $P(4,1)$ 的动直线 l 与椭圆 C 相交于两不同点 A,B 时,在线段 AB 上取点 Q,满足 $|\overrightarrow{AP}| \cdot |\overrightarrow{QB}| = |\overrightarrow{AQ}| \cdot |\overrightarrow{PB}|$,求证:点 Q 总在某定直线上.

【解析】 (1) 由题意知 $\begin{cases} c^2 = 2, \\ \dfrac{2}{a^2} + \dfrac{1}{b^2} = 1, \\ c^2 = a^2 - b^2, \end{cases}$ 解得 $a^2 = 4, b^2 = 2$. 故椭圆 C 的方程为 $\dfrac{x^2}{4} + \dfrac{y^2}{2} = 1$.

(2) (证法 1:定比点差法)设点 Q,A,B 的坐标分别为 $(x,y),(x_1,y_1),(x_2,y_2)$,则由题设知 $|\overrightarrow{AP}|,|\overrightarrow{PB}|,|\overrightarrow{AQ}|,|\overrightarrow{QB}|$ 均不为零.记 $\lambda = \dfrac{|\overrightarrow{AP}|}{|\overrightarrow{PB}|} = \dfrac{|\overrightarrow{AQ}|}{|\overrightarrow{QB}|}$,则 $\lambda > 0$ 且 $\lambda \neq 1$. 又由 A,P,B,Q 四点共线,可得 $\overrightarrow{AP} = -\lambda \overrightarrow{PB}, \overrightarrow{AQ} = \lambda \overrightarrow{QB}$,于是

$$4 = \frac{x_1 - \lambda x_2}{1 - \lambda}, \quad 1 = \frac{y_1 - \lambda y_2}{1 - \lambda};$$

$$x = \frac{x_1 + \lambda x_2}{1 + \lambda}, \quad y = \frac{y_1 + \lambda y_2}{1 + \lambda},$$

从而可得

$$\frac{x_1^2 - \lambda^2 x_2^2}{1 - \lambda^2} = 4x, \quad \frac{y_1^2 - \lambda^2 y_2^2}{1 - \lambda^2} = y.$$

又因为点 A, B 在椭圆 C 上,所以 $x_1^2 + 2y_1^2 = 4$, $x_2^2 + 2y_2^2 = 4$, 代入化简可得 $4x + 2y = 4$. 故点 $Q(x, y)$ 总在定直线 $2x + y - 2 = 0$ 上.

(证法 2)设 $Q(x, y)$, $A(x_1, y_1)$, $B(x_2, y_2)$, 则由题设知 $|\overrightarrow{PA}|$, $|\overrightarrow{PB}|$, $|\overrightarrow{AQ}|$, $|\overrightarrow{QB}|$ 均不为零,且 $\dfrac{|\overrightarrow{PA}|}{|\overrightarrow{AQ}|} = \dfrac{|\overrightarrow{PB}|}{|\overrightarrow{QB}|}$. 又因为 P, A, Q, B 四点共线,可设 $\overrightarrow{PA} = -\lambda \overrightarrow{AQ}$, $\overrightarrow{PB} = \lambda \overrightarrow{BQ}$ ($\lambda \neq 0, \pm 1$),所以

$$x_1 = \frac{4 - \lambda x}{1 - \lambda}, \quad y_1 = \frac{1 - \lambda y}{1 - \lambda};$$

$$x_2 = \frac{4 + \lambda x}{1 + \lambda}, \quad y_2 = \frac{1 + \lambda y}{1 + \lambda}.$$

由于点 $A(x_1, y_1)$, $B(x_2, y_2)$ 在椭圆 C 上,分别代入椭圆 C 的方程 $x^2 + 2y^2 = 4$, 整理得

$$(x^2 + 2y^2 - 4)\lambda^2 - 4(2x + y - 2)\lambda + 14 = 0,$$

且

$$(x^2 + 2y^2 - 4)\lambda^2 + 4(2x + y - 2)\lambda + 14 = 0.$$

两式相减,得 $8(2x + y - 2)\lambda = 0$. 又因为 $\lambda \neq 0$, 所以 $2x + y - 2 = 0$. 故点 $Q(x, y)$ 总在定直线 $2x + y - 2 = 0$ 上.

(证法 3:参数方程法)设直线 AB 的参数方程是 $\begin{cases} x = 4 + t\cos\alpha \\ y = 1 + t\sin\alpha \end{cases}$ (t 为参数),代入椭圆方程 $\dfrac{x^2}{4} + \dfrac{y^2}{2} = 1$, 得

$$(\cos^2\alpha + 2\sin^2\alpha)t^2 + (8\cos\alpha + 4\sin\alpha)t + 14 = 0.$$

由 $|\overrightarrow{AP}| \cdot |\overrightarrow{QB}| = |\overrightarrow{AQ}| \cdot |\overrightarrow{PB}|$, 得

$$|\overrightarrow{AP}| (|\overrightarrow{QP}| - |\overrightarrow{PB}|) = (|\overrightarrow{AP}| - |\overrightarrow{QP}|)|\overrightarrow{PB}|,$$

即 $|\overrightarrow{QP}|(|\overrightarrow{AP}| + |\overrightarrow{PB}|) = 2|\overrightarrow{AP}| \cdot |\overrightarrow{PB}|$, 则

$$t_Q = \frac{2t_A t_B}{t_A + t_B} = -\frac{28}{8\cos\alpha + 4\sin\alpha}.$$

即点 Q 轨迹的参数方程是

$$\begin{cases} x = 4 - \dfrac{28\cos\alpha}{8\cos\alpha + 4\sin\alpha} \\ y = 1 - \dfrac{28\sin\alpha}{8\cos\alpha + 4\sin\alpha} \end{cases}$$

所以 $8(x - 4) + 4(y - 1) = -28$, 化简得 $2x + y - 2 = 0$. 故点 Q 在定直线 $2x + y - 2 = 0$ 上.

(证法 4)由极点、极线的调和点列的比例性质,可知点 Q 在极线上,即点 Q 在定直线 $2x + y - 2 = 0$ 上.

点评　设点 P 关于圆锥曲线 Γ 的极线为 l, 过点 P 任作一割线,交 Γ 于 A, B, 交 l 于 Q, 则 $\dfrac{|PA|}{|PB|} = \dfrac{|QA|}{|QB|}$; 反之,若 $\dfrac{|PA|}{|PB|} = \dfrac{|QA|}{|QB|}$, 则称点 P, Q 调和分割线段 AB, 或称点 P 与 Q 关

于 Γ 调和共轭. 对于调和点列问题, 常见求解方法有曲线系法、极点、极线法以及定比差法等.

【题根探秘】 通过对例 11 的探究, 可以得出以下结论 (命题 15 和命题 16):

命题 15 设椭圆 $C: \dfrac{x^2}{a^2} + \dfrac{y^2}{b^2} = 1 (a > b > 0)$, 当过点 $P(x_0, y_0)$ 的动直线 l 与椭圆 C 相交于两个不同点 A, B 时, 在线段 AB 上取点 Q, 且满足 $|\overrightarrow{AP}| \cdot |\overrightarrow{QB}| = |\overrightarrow{AQ}| \cdot |\overrightarrow{PB}|$, 则点 Q 总在某定直线上.

证明: 可以根据坐标变换将该问题转化为圆的问题考虑. 即与前文中圆的证明过程一致. 该直线即为点 Q 的极线, 其方程为 $\dfrac{xx_0}{a^2} + \dfrac{yy_0}{b^2} = 1$.

命题 16 点 $A(x_1, y_1)$, $B(x_2, y_2)$ 在二次曲线 $\dfrac{x^2}{a^2} \pm \dfrac{y^2}{b^2} = 1$ (椭圆或双曲线) 上. 若 $\overrightarrow{AM} = \lambda \overrightarrow{MB} (\lambda \neq \pm 1)$ 且 $\overrightarrow{AN} = -\lambda \overrightarrow{NB}$ (也叫作 M, N 调和分割 A, B), 则 $\dfrac{x_M x_N}{a^2} \pm \dfrac{y_M y_N}{b^2} = 1$.

证明: (定比点差法) 设 $\overrightarrow{AM} = \lambda \overrightarrow{MB} (\lambda \neq \pm 1)$, 则由定比分点坐标公式可得

$$\begin{cases} x_M = \dfrac{x_1 + \lambda x_2}{1 + \lambda} \\ y_M = \dfrac{y_1 + \lambda y_2}{1 + \lambda} \end{cases}.$$ 设 $\overrightarrow{AN} = -\lambda \overrightarrow{NB}$, 则由定比分点坐标公式可得 $$\begin{cases} x_N = \dfrac{x_1 - \lambda x_2}{1 - \lambda} \\ y_N = \dfrac{y_1 - \lambda y_2}{1 - \lambda} \end{cases}.$$ 当 $\lambda \neq 1$ 时,

将 $A(x_1, y_1)$, $B(x_2, y_2)$ 代入二次曲线方程, 有 $\begin{cases} \dfrac{x_1^2}{a^2} \pm \dfrac{y_1^2}{b^2} = 1 \\ \dfrac{x_2^2}{a^2} \pm \dfrac{y_2^2}{b^2} = 1 \end{cases}$, 化简得 $\dfrac{\lambda^2 x_2^2}{a^2} \pm \dfrac{\lambda^2 y_2^2}{b^2} = \lambda^2$, 作差

并整理, 可得

$$\dfrac{(x_1 + \lambda x_2)(x_1 - \lambda x_2)}{a^2(1 + \lambda)(1 - \lambda)} \pm \dfrac{(y_1 + \lambda y_2)(y_1 - \lambda y_2)}{b^2(1 + \lambda)(1 - \lambda)} = 1,$$

即 $\dfrac{x_M x_N}{a^2} \pm \dfrac{y_M y_N}{b^2} = 1$.

12. 极点、极线与蒙日圆

例 12 求证: 曲线 $\Gamma: \dfrac{x^2}{a^2} + \dfrac{y^2}{b^2} = 1$ 的两条互相垂直的切线的交点 P 的轨迹是圆 $x^2 + y^2 = a^2 + b^2$.

【解析】 (证法 1) 当题设中的两条互相垂直的切线中有斜率不存在或斜率为 0 时, 可得点 P 的坐标是 $(\pm a, b)$ 或 $(\pm a, -b)$.

当题设中的两条互相垂直的切线的斜率均存在且均不为 0 时, 可设点 P 的坐标是 $(x_0, y_0) (x_0 \neq \pm a$ 且 $y_0 \neq \pm b)$, 所以可设曲线 Γ 过点 P 的切线方程是 $y - y_0 = k(x - x_0)$

$(k \neq 0)$. 联立 $\begin{cases} \dfrac{x^2}{a^2} + \dfrac{y^2}{b^2} = 1 \\ y - y_0 = k(x - x_0) \end{cases}$，消去 y，得

$$(a^2 k^2 + b^2)x^2 - 2ka^2(kx_0 - y_0)x + a^2(kx_0 - y_0)^2 - a^2 b^2 = 0.$$

则由其判别式的值为 0，得

$$(x_0^2 - a^2)k^2 - 2x_0 y_0 k + y_0^2 - b^2 = 0 \quad (x_0^2 - a^2 \neq 0).$$

因为 k_{PA}, k_{PB} 是上面关于 k 的一元二次方程的两个根，所以 $k_{PA} \cdot k_{PB} = \dfrac{y_0^2 - b^2}{x_0^2 - a^2}$，由此可得

$$k_{PA} \cdot k_{PB} = -1 \Leftrightarrow x_0^2 + y_0^2 = a^2 + b^2.$$

（证法 2：参数方程法）设从点 P 所引的一条切线 PA 的参数方程为 $\begin{cases} x = x_0 + t\cos\alpha \\ y = y_0 + t\sin\alpha \end{cases}$ （t 为参数），另一条切线 PB 的参数方程为 $\begin{cases} x = x_0 - t\sin\alpha \\ y = y_0 + t\cos\alpha \end{cases}$ （t 为参数）. 将 PA 的参数方程代入椭圆的方程并整理，得

$$(b^2\cos^2\alpha + a^2\sin^2\alpha)t^2 + (2bx_0\cos\alpha + 2ay_0\sin\alpha)t + b^2 x_0^2 + a^2 y_0^2 - a^2 b^2 = 0.$$

则由判别式 $\Delta = 0$，得

$$y_0^2\cos^2\alpha + x_0^2\sin^2\alpha = b^2\cos^2\alpha + a^2\sin^2\alpha + abxy\cos\alpha\sin\alpha.$$

同理可得

$$x_0^2\cos^2\alpha + y_0^2\sin^2\alpha = a^2\cos^2\alpha + b^2\sin^2\alpha - abxy\cos\alpha\sin\alpha.$$

相加并整理得 $x_0^2 + y_0^2 = a^2 + b^2$. 所以点 P 的轨迹方程为 $x^2 + y^2 = a^2 + b^2$.

（证法 3：极点、极线法）设 $P(x_0, y_0)$，则切点弦的方程为 $\dfrac{x_0 x}{a^2} + \dfrac{y_0 y}{b^2} = 1$. 将上式代入椭圆 C 的方程并消去 y，得 $\left(1 - \dfrac{x_0 x}{a^2}\right)^2 = \dfrac{y_0^2}{b^2}\left(1 - \dfrac{x^2}{a^2}\right)$，即

$$\left(\dfrac{x_0^2}{a^2} + \dfrac{y_0^2}{b^2}\right)x^2 - 2x_0 x + a^2\left(1 - \dfrac{y_0^2}{b^2}\right) = 0.$$

设 $A(x_1, y_1), B(x_2, y_2)$，则 $k_{MA} = -\dfrac{b^2 x_1}{a^2 y_1}, k_{MB} = -\dfrac{b^2 x_2}{a^2 y_2}$，且 $k_{MA} \cdot k_{MB} = \dfrac{b^4 x_1 x_2}{a^4 y_1 y_2} = -1$，

化简得 $\dfrac{x_1 x_2}{a^4} + \dfrac{y_1 y_2}{b^4} = 0$. 又因为 $\dfrac{x_0 x_1}{a^2} + \dfrac{y_0 y_1}{b^2} = 1, \dfrac{x_0 x_2}{a^2} + \dfrac{y_0 y_2}{b^2} = 1$，代入上式，得

$$\dfrac{x_1 x_2}{a^4} + \dfrac{y_1 y_2}{b^4} = \dfrac{x_1 x_2}{a^4} + \dfrac{1}{y_0^2}\left(1 - \dfrac{x_0 x_1}{a^2}\right)\left(1 - \dfrac{x_0 x_2}{a^2}\right) = 0.$$

即 $\dfrac{x_0^2 + y_0^2}{a^4}x_1 x_2 - \dfrac{x_0}{a^2}(x_1 + x_2) + 1 = 0$，所以由韦达定理得

$$\dfrac{x_0^2 + y_0^2}{a^2}\left(1 - \dfrac{y_0^2}{b^2}\right) - \dfrac{2x_0^2}{a^2} + \left(\dfrac{x_0^2}{a^2} + \dfrac{y_0^2}{b^2}\right) = 0,$$

化简并整理得 $x_0^2 + y_0^2 = a^2 + b^2$. 故两条切线交点 M 的轨迹方程是 $x^2 + y^2 = a^2 + b^2$.

点评 详细内容参见"蒙日圆"的相关内容,在双曲线和抛物线之中也有类似的结论.

【题根探秘】 通过对例12的探究,可以得出以下结论(命题17和命题18):

命题17 双曲线 $\Gamma: \dfrac{x^2}{a^2} - \dfrac{y^2}{b^2} = 1 (a > b > 0)$ 的两条互相垂直的切线的交点轨迹是圆 $x^2 + y^2 = a^2 - b^2$.

命题18 抛物线 $y^2 = 2px$ 的两条互相垂直的切线的交点轨迹为抛物线的准线 $x = -\dfrac{p}{2}$.

13. 双曲线中的极点、极线问题

例13 (2007年湖北省数学竞赛试题) 过点 $Q(-1, -1)$ 作已知直线 $l: y = \dfrac{1}{4}x + 1$ 的平行线,交双曲线 $\dfrac{x^2}{4} - y^2 = 1$ 于点 M, N.

(1) 求证:点 Q 是线段 MN 的中点.

(2) 分别过点 M, N 作双曲线的切线 l_1, l_2,求证:三条直线 l, l_1, l_2 相交于同一点.

(3) 设 P 为直线 l 上一动点,过点 P 作双曲线的切线 PA, PB,切点分别为 A, B. 求证:点 Q 在直线 AB 上.

【解析】 (1) 由题设知,直线 MN 的方程为 $y - (-1) = \dfrac{1}{4}[x - (-1)]$,即 $y = \dfrac{1}{4}(x - 3)$.

代入双曲线方程 $\dfrac{x^2}{4} - y^2 = 1$,得 $3x^2 + 6x - 25 = 0$. 设 $M(x_1, y_1)$,$N(x_2, y_2)$,则 x_1, x_2 是上述方程的两根. 所以 $x_1 + x_2 = -2$,于是 $y_1 + y_2 = \dfrac{1}{4}(x_1 + x_2 - 6) = -2$. 故点 $Q(-1, -1)$ 是线段 MN 的中点.

(2) 由题设知,双曲线 $\dfrac{x^2}{4} - y^2 = 1$ 过点 $M(x_1, y_1)$,$N(x_2, y_2)$ 的切线方程分别为 l_1:

$\dfrac{x_1 x}{4} - y_1 y = 1$,$l_2: \dfrac{x_2 x}{4} - y_2 y = 1$. 联立 $\begin{cases} \dfrac{x_1 x}{4} - y_1 y = 1 \\ \dfrac{x_2 x}{4} - y_2 y = 1 \end{cases}$,两式相加并结合韦达定理,得 $x_1 + x_2$

$= -2$,$y_1 + y_2 = -2$,从而可得 $y = \dfrac{1}{4}x + 1$. 这说明直线 l_1, l_2 的交点在直线 $l: y = \dfrac{1}{4}x + 1$ 上,即三条直线 l, l_1, l_2 相交于同一点.

(3) 设 $P(x_0, y_0)$,$A(x_3, y_3)$,$B(x_4, y_4)$,则直线 PA, PB 的方程分别为 $\dfrac{x_3 x}{4} - y_3 y = 1$,

$\dfrac{x_4 x}{4} - y_4 y = 1$. 因为点 P 在两条直线上,所以 $\dfrac{x_3 x_0}{4} - y_3 y_0 = 1$,$\dfrac{x_4 x_0}{4} - y_4 y_0 = 1$. 这表明点 A

和点 B 都在直线 $\dfrac{x_0 x}{4} - y_0 y = 1$ 上,即直线 AB 的方程为 $\dfrac{x_0 x}{4} - y_0 y = 1$. 又因为 $y_0 = \dfrac{x_0}{4} + 1$,代

入上式并整理,得 $\dfrac{x_0}{4}(x - y) - (y + 1) = 0$,所以无论 x_0 取什么值(即无论 P 为直线 l 上的哪

一点),点 $Q(-1, -1)$ 都在直线 AB 上.

例 14 (2008 江西卷/理 21)　如图
3.115 所示,设点 $P(x_0, y_0)$ 在直线 $x = m(y \neq \pm m, 0 < m < 1)$ 上,过点 P 作双曲线 $x^2 - y^2 = 1$ 的两条切线 PA, PB,切点分别为 A, B,定点 $M\left(\dfrac{1}{m}, 0\right)$.

(1) 过点 A 作直线 $x - y = 0$ 的垂线,垂足为 N,试求 $\triangle AMN$ 的重心 G 所在的曲线方程;

(2) 求证:A, M, B 三点共线.

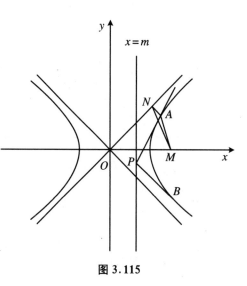

图 3.115

【解析】(1) 设 $A(x_A, y_A)$,则 $x_A^2 - y_A^2 = 1$,直线 AN 的方程为 $y - y_A = -(x - x_A)$.

由 $\begin{cases} y - y_A = -(x - x_A) \\ y = x \end{cases}$,得 $x_N = \dfrac{x_A + y_A}{2}$,所以 $N\left(\dfrac{x_A + y_A}{2}, \dfrac{x_A + y_A}{2}\right)$. 设 $G(x, y)$,则

$$\begin{cases} 3x = x_A + \dfrac{1}{m} + \dfrac{x_A + y_A}{2} \\ 3y = y_A + 0 + \dfrac{x_A + y_A}{2} \end{cases} \Rightarrow \begin{cases} x_A + y_A = \dfrac{1}{2}\left(3x + 3y - \dfrac{1}{m}\right) \\ x_A - y_A = 3x - 3y - \dfrac{1}{m} \end{cases}.$$

又因为 $x_A^2 - y_A^2 = 1$,所以 $\dfrac{1}{2}\left(3x + 3y - \dfrac{1}{m}\right)\left(3x - 3y - \dfrac{1}{m}\right) = 1$,即 $\left(3x - \dfrac{1}{m}\right)^2 - (3y)^2 = 2$.

故点 G 所在的曲线方程为 $\left(3x - \dfrac{1}{m}\right)^2 - (3y)^2 = 2$.

(2) 由题设得切点弦 AB 的方程为 $mx - y_0 y = 1$,当 $x = \dfrac{1}{m}$ 时,$y = 0$. 故 A, M, B 三点共线.

点评　本题第(1)问求曲线方程时使用了消参法,这是一种极为重要的求解轨迹方程的方法,读者应熟练掌握其中所蕴含的思想.第(2)问证明 A, M, B 三点共线,即证直线 AB 经过点 M,而直线 AB 是点 P 所对应的极线,可轻而易举求得.

例 15 (2014 年江西卷/理 20)　如图 3.116 所示,已知双曲线 $C: \dfrac{x^2}{a^2} - y^2 = 1 (a > 0)$ 的右焦点为 F,点 A, B 分别在 C 的两条渐近线上,$AF \perp x$ 轴,$AB \perp OB, BF \parallel OA(O$ 为坐

标原点).

(1) 求双曲线 C 的方程;

(2) 过 C 上一点 $P(x_0, y_0)$ $(y_0 \neq 0)$ 的直线 $l: \dfrac{x_0 x}{a^2} - y_0 y = 1$ 与直线 AF 相交于点 M, 与直线 $x = \dfrac{3}{2}$ 相交于点 N. 证明: 当点 P 在 C 上移动时, $\dfrac{|MF|}{|NF|}$ 恒为定值, 并求此定值.

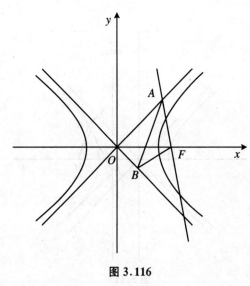

图 3.116

【解析】 (1) 依题意知 $A\left(c, \dfrac{c}{a}\right)$, 设 $B\left(t, -\dfrac{t}{a}\right)$. 因为 $AB \perp OB$, $BF \parallel OA$, 所以

$$\dfrac{\frac{c+t}{a}}{c-t} \cdot \dfrac{-1}{a} = -1, \quad \dfrac{1}{a} = \dfrac{t}{a(c-t)},$$

得 $t = \dfrac{c}{2}$, $a = \sqrt{3}$. 故双曲线 C 的方程为 $\dfrac{x^2}{3} - y^2 = 1$.

(2) 由(1)知 $A\left(2, \dfrac{2\sqrt{3}}{3}\right)$, 直线 l 的方程为 $\dfrac{x_0 x}{3} - y_0 y = 1$. 因为 $F(2,0)$, 直线 $l: \dfrac{x_0 x}{3} - y_0 y = 1$ 与直线 AF 相交于点 M, 与直线 $x = \dfrac{3}{2}$ 相交于点 N, 所以可得 $M\left(2, \dfrac{2x_0 - 3}{3y_0}\right)$, $N\left(\dfrac{3}{2}, \dfrac{x_0 - 2}{2y_0}\right)$. 又因为点 $P(x_0, y_0)$ 在 C 上, 所以 $\dfrac{x_0^2}{3} - y_0^2 = 1$, 故

$$\dfrac{|MF|}{|NF|} = \dfrac{\left|\dfrac{2x_0 - 3}{3y_0}\right|}{\sqrt{\dfrac{1}{4} + \left(\dfrac{x_0 - 2}{2y_0}\right)^2}} = \dfrac{2|2x_0 - 3|}{3\sqrt{y_0^2 + (x_0 - 2)^2}}$$

$$= \dfrac{2|2x_0 - 3|}{3\sqrt{\dfrac{x_0^2}{3} - 1 + (x_0 - 2)^2}} = \dfrac{2|2x_0 - 3|}{3 \times \dfrac{|2x_0 - 3|}{\sqrt{3}}} = \dfrac{2\sqrt{3}}{3}.$$

【小题妙解】 **练习 6**(2021 年武汉模拟) 已知 A, B 分别为双曲线 $\Gamma: x^2 - \dfrac{y^2}{3} = 1$ 实轴的左、右两个端点, 过双曲线 Γ 的左焦点 F 作直线 PQ, 交双曲线于 P, Q 两点(点 P, Q 异于 A, B), 则直线 AP, BQ 的斜率之比 $k_{AP} : k_{BQ} = ($).

A. $-\dfrac{1}{3}$ B. -3 C. $-\dfrac{2}{3}$ D. $-\dfrac{3}{2}$

【解析】 由已知得双曲线 Γ 的 $a = 1$, $b = \sqrt{3}$, $c = 2$, 故 $F(-2, 0)$, $A(-1, 0)$, $B(1, 0)$.

设直线 PQ 的方程为 $x = my - 2$,且设 $P(x_1, y_1), Q(x_2, y_2)$,则由 $\begin{cases} x = my - 2 \\ x^2 - \dfrac{y^2}{3} = 1 \end{cases}$,消去 x 并整

理,得 $(3m^2 - 1)y^2 - 12my + 9 = 0$,所以由韦达定理得 $y_1 + y_2 = \dfrac{12m}{3m^2 - 1}$,$y_1 y_2 = \dfrac{9}{3m^2 - 1}$.两

式相比,可得 $m = \dfrac{3}{4} \times \dfrac{y_1 + y_2}{y_1 y_2}$,故

$$k_{AP} : k_{BQ} = \frac{y_1}{x_1 + 1} \times \frac{x_2 - 1}{y_2} = \frac{y_1(my_2 - 3)}{y_2(my_1 - 1)} = \frac{my_1 y_2 - 3y_1}{my_1 y_2 - y_2}.$$

将 $m = \dfrac{3}{4} \times \dfrac{y_1 + y_2}{y_1 y_2}$ 代入上式,得

$$k_{AP} : k_{BQ} = \frac{\dfrac{3}{4}(y_1 + y_2) - 3y_1}{\dfrac{3}{4}(y_1 + y_2) - y_2} = \frac{3(y_2 - 3y_1)}{3y_1 - y_2} = -3.$$

即 $k_{AP} : k_{BQ} = -3$.故选 B.

14. 抛物线中的切线与极线问题

例 16 (2022 年全国高中数学联赛 A1) 在平面直角坐标系 xOy 中,设一条动直线 l 与抛物线 $\Gamma: y^2 = 4x$ 相切,且与双曲线 $\Omega: x^2 - y^2 = 1$ 左、右两支各交于一点 A, B.求 $\triangle AOB$ 面积的最小值.

【解析】 设直线 l 与抛物线 Γ 相切于点 P(显然 P 不为原点 O,否则直线 l 为 y 轴,与双曲线 Ω 无交点).由对称性,不妨设 P 为第一象限内 Γ 上一点,坐标为 $(t, 2\sqrt{t})$,其中 $t > 0$,则切线 l 的方程为 $2\sqrt{t} \cdot y = 2(x + t)$,即 $y = \dfrac{x}{\sqrt{t}} + \sqrt{t}$.代入 Ω 的方程,整理得关于 x 的方程 $(t - 1)x^2 - 2tx - t(t + 1) = 0$.因为点 A, B 的横坐标为该方程的两解,记为 x_1, x_2,则 $t \neq 1$,由韦达定理得

$$x_1 + x_2 = \frac{2t}{t - 1}, \quad x_1 x_2 = -\frac{t(t + 1)}{t - 1}.$$

根据题意 $x_1 x_2 < 0$,而 $t > 0$,故 $t > 1$.又注意到直线 l 的截距为 $\sqrt{t}$,故

$$S_{\triangle AOB} = \frac{1}{2} \cdot \sqrt{t} \cdot |x_1 - x_2| = \frac{\sqrt{t}}{2}\sqrt{(x_1 + x_2)^2 - 4x_1 x_2}$$

$$= \frac{\sqrt{t}}{2}\sqrt{\frac{4t^2}{(t - 1)^2} + 4\frac{t(t + 1)}{t - 1}} = \frac{t\sqrt{t^2 + t - 1}}{t - 1}.$$

令 $u = t - 1$,则 $u > 0$.所以

$$S_{\triangle AOB} = \frac{(u + 1)\sqrt{(u + 1)^2 + u}}{u} = \sqrt{\frac{(u + 1)^2[(u + 1)^2 + u]}{u^2}}$$

$$= \sqrt{\frac{(u^2 + 2u + 1)(u^2 + 3u + 1)}{u^2}} = \sqrt{\left(u + \frac{1}{u} + 2\right)\left(u + \frac{1}{u} + 3\right)}.$$

再令 $r = u + \dfrac{1}{u}$，则 $r \geqslant 2\sqrt{u \cdot \dfrac{1}{u}} = 2$，故 $S_{\triangle AOB} = \sqrt{(r+2)(r+3)}$，该函数为单调递增函数. 所以当 $u = 1$(即 $r = 2$，$t = 2$)时，$S_{\triangle AOB}$ 取到最小值 $2\sqrt{5}$.

(解法 2：参数方程法)抛物线 $\Gamma: y^2 = 4x$ 的参数方程为 $\begin{cases} x = 4t^2 \\ y = 4t \end{cases}$ (t 为参数)，显然切点 P 不为坐标原点. 不妨设 $P(4t^2, 4t)$ 在第一象限，对 $y^2 = 4x$ 两边求导(隐函数求导)，得 $2yy' = 4$，故 $y' = \dfrac{2}{y} = \dfrac{1}{2t}$. 所以切线 l 的方程为 $y - 4t = \dfrac{1}{2t}(x - 4t^2)$，即 $y = \dfrac{1}{2t}x + 2t$. 代入双曲线 $\Omega: x^2 - y^2 = 1$，得 $x^2 - \left(\dfrac{1}{2t}x + 2t\right)^2 - 1 = 0$，整理得

$$(4t^2 - 1)x^2 - 8t^2 x - 4t^2(4t^2 + 1) = 0.$$

设 $A(x_1, y_1)$，$B(x_2, y_2)$，显然 $4t^2 - 1 \neq 0$，则由题设 A，B 两点在双曲线的两支上和韦达定理，得 $x_1 + x_2 = \dfrac{8t^2}{4t^2 - 1}$，$x_1 x_2 = -\dfrac{4t^2(4t^2 + 1)}{4t^2 - 1} < 0$，所以 $4t^2 - 1 > 0$. 于是可得

$$|AB| = \sqrt{(x_1 - x_2)^2 + (y_1 - y_2)^2} = \sqrt{\left[1 + \left(\frac{1}{2t}\right)^2\right]\left[(x_1 + x_2)^2 - 4x_1 x_2\right]}$$

$$= \sqrt{\left[1 + \left(\frac{1}{2t}\right)^2\right]\left\{\left(\frac{8t^2}{4t^2 - 1}\right)^2 + 4\left[\frac{4t^2(4t^2 + 1)}{4t^2 - 1}\right]\right\}}$$

$$= \frac{\sqrt{4t^2 + 1}}{2t} \cdot \frac{4t\sqrt{16t^4 + 4t^2 - 1}}{4t^2 - 1} = \frac{2\sqrt{4t^2 + 1}\sqrt{16t^4 + 4t^2 - 1}}{4t^2 - 1}.$$

又因为切线 l 可化为 $x - 2ty + 4t^2 = 0$，由点到直线的距离公式得坐标原点 O 到直线 AB 的距离为 $d = \dfrac{4t^2}{\sqrt{4t^2 + 1}}$，所以

$$S_{\triangle AOB} = \frac{1}{2}|AB| \cdot d = \frac{1}{2} \cdot \frac{2\sqrt{4t^2 + 1}\sqrt{16t^4 + 4t^2 - 1}}{4t^2 - 1} \cdot \frac{4t^2}{\sqrt{4t^2 + 1}}$$

$$= \frac{4t^2\sqrt{16t^4 + 4t^2 - 1}}{4t^2 - 1}.$$

令 $u = 4t^2 - 1$，则

$$S = \frac{(u + 1)\sqrt{(u+1)^2 + u}}{u} = \frac{\sqrt{[(u+1)^2 + u](u+1)^2}}{u}$$

$$= \sqrt{\frac{(u^2 + 3u + 1)(u^2 + 2u + 1)}{u^2}}.$$

以下同解法 1，当且仅当 $u = 1$ 时等号成立. 此时 $4t^2 = 2$，即点 P 取 $(2, 2\sqrt{2})$ 时，$S_{\triangle AOB}$ 取最小值 $2\sqrt{5}$.

点评 设抛物线 $y^2 = 2px(p>0)$ 的两个端点分别为 $A(x_1, y_1)$, $B(x_2, y_2)$ ($y_1 \neq y_2$, 且 $y_1 \neq 0, y_2 \neq 0$), 则点 A, B 处的切线方程分别为 $y_1 y = p(x+x_1)$ 和 $y_2 y = p(x+x_2)$. 因为 $y_1 \neq y_2$, 所以两条切线的斜率不相等, 故它们必相交于一点. 设它们的交点在 $y_0 y = p(x+x_0)$ 上, 则直线 AB 的方程为 $y_0 y = p(x+x_0)$, 该方程即为极线方程. 特别地, 若直线 AB 经过焦点 $F\left(\dfrac{p}{2}, 0\right)$, 得 $x_0 = -\dfrac{p}{2}$, 即两条切线的交点 $M(x_0, y_0)$ 在准线 $l: x = -\dfrac{p}{2}$ 上. 其中, $\triangle MAB$ 即为阿基米德三角形.

15. 抛物线中的调和点列问题

例17 抛物线 $y = x^2$ 与过点 $P(-1, -1)$ 的直线 l 交于 P_1, P_2 两点.

(1) 求直线 l 的斜率 k 的取值范围;

(2) 求在满足 $\dfrac{1}{|PP_1|} + \dfrac{1}{|PP_2|} = \dfrac{2}{|PQ|}$ 的情况下, 点 Q 的轨迹方程.

【解析】 (1) 设过点 $P(-1,-1)$ 的直线 l 的参数方程为 $\begin{cases} x = -1 + t\cos\alpha \\ y = -1 + t\sin\alpha \end{cases}$ (t 为参数),

代入抛物线方程 $y = x^2$, 整理得

$$t^2\cos^2\alpha - (2\cos\alpha + \sin\alpha)t + 2 = 0.$$

则由 $\Delta = (2\cos\alpha + \sin\alpha)^2 - 8\cos^2\alpha > 0$, 得 $\tan^2\alpha + 4\tan\alpha - 4 > 0$, 解得 $\tan\alpha > -2 + 2\sqrt{2}$ 或 $\tan\alpha < -2 - 2\sqrt{2}$, 即 $k > -2 + 2\sqrt{2}$ 或 $k < -2 - 2\sqrt{2}$.

故直线 l 的斜率 k 的取值范围为 $(-2 + 2\sqrt{2}, +\infty) \cup (-\infty, -2 - 2\sqrt{2})$.

(2) (解法1:参数法) 设 P_1, P_2, Q 所对应的参数分别为 t_1, t_2, t_0, 则由(1)和韦达定理得

$$t_1 + t_2 = \frac{2\cos\alpha + \sin\alpha}{\cos^2\alpha}, \quad t_1 t_2 = \frac{2}{\cos^2\alpha}.$$

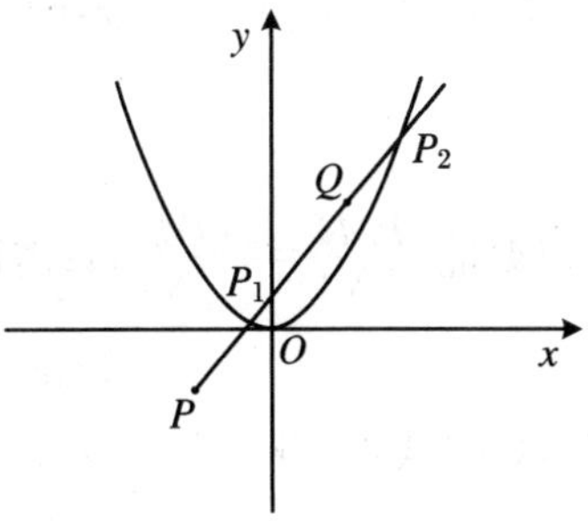

如图3.117所示, 由 t 的几何意义知 $|PP_1| = t_1$, $|PP_2| = t_2$, $|PQ| = t_0$. 又由已知得 $\dfrac{1}{t_1} + \dfrac{1}{t_2} = \dfrac{2}{t_0}$, 则 $t_0 = \dfrac{2t_1 t_2}{t_1 + t_2} = \dfrac{4}{2\cos\alpha + \sin\alpha}$. 把 t_0 代入直线 l 的参数方程, 得

图 3.117

$$\begin{cases} x = -1 + \dfrac{4}{2\cos\alpha + \sin\alpha}\cos\alpha \\ y = -1 + \dfrac{4}{2\cos\alpha + \sin\alpha}\sin\alpha \end{cases},$$

易得 $2x + y = 1$. 所以点 Q 的轨迹方程为 $2x + y - 1 = 0$ ($-\sqrt{2} - 1 < x < \sqrt{2} - 1$ 且 $x \neq -1$), 即为线段 $P_1 P_2$ 上满足条件 $\dfrac{1}{|PP_1|} + \dfrac{1}{|PP_2|} = \dfrac{2}{|PQ|}$ 的点 Q 的轨迹方程.

（解法 2：极点、极线法）设抛物线的极线为 $xx_0 = p(y + y_0)$，将点 P 的坐标代入，可得 $2x + y = 1$. 结合第(1)问斜率的取值范围，可得点 Q 的轨迹方程为 $2x + y - 1 = 0 (-\sqrt{2} - 1 < x < \sqrt{2} - 1$ 且 $x \neq -1)$.

16. 抛物线中的极点、极线与定点问题

例 18 （2009 年湖北省数学竞赛试题） 已知抛物线 $C: y = \dfrac{1}{2} x^2$ 与直线 $l: y = kx - 1$ 没有公共点，设点 P 为直线 l 上的动点，过点 P 作抛物线 C 的两条切线，A, B 为切点.

(1) 求证：直线 AB 恒过定点 Q.

(2) 若点 P 与(1)中的定点 Q 的连线交抛物线 C 于 M, N 两点，求证：$\dfrac{|PM|}{|PN|} = \dfrac{|QM|}{|QN|}$.

【解析】 (1) 设 $A(x_1, y_1)$，则 $y_1 = \dfrac{1}{2} x_1^2$. 由 $y = \dfrac{1}{2} x^2$，得 $y' = x$，所以 $y'|_{x=x_1} = x_1$. 于是，抛物线 C 在 A 点处的切线方程为 $y - y_1 = x_1(x - x_1)$，即 $y = x_1 x - y_1$.

设 $P(x_0, kx_0 - 1)$，则 $kx_0 - 1 = x_0 x_1 - y_1$. 设 $B(x_2, y_2)$，同理有 $kx_0 - 1 = x_0 x_2 - y_2$. 所以直线 AB 的方程为 $kx_0 - 1 = x_0 x - y$，即 $x_0(x - k) - (y - 1) = 0$. 故直线 AB 恒过定点 $Q(k, 1)$.

(2) （证法 1）由(1)知直线 PQ 的方程为 $y = \dfrac{kx_0 - 2}{x_0 - k}(x - k) + 1$，与抛物线方程 $y = \dfrac{1}{2} x^2$ 联立，消去 y 并整理，得

$$x^2 - \frac{2kx_0 - 4}{x_0 - k} x + \frac{(2k^2 - 2)x_0 - 2k}{x_0 - k} = 0.$$

设 $M(x_3, y_3), N(x_4, y_4)$，则由韦达定理得

$$x_3 + x_4 = \frac{2kx_0 - 4}{x_0 - k}, \quad x_3 x_4 = \frac{(2k^2 - 2)x_0 - 2k}{x_0 - k}. \tag{*}$$

所以要证 $\dfrac{|PM|}{|PN|} = \dfrac{|QM|}{|QN|}$，只需证 $\dfrac{x_3 - x_0}{x_4 - x_0} = \dfrac{k - x_3}{x_4 - k}$，即证

$$2x_3 x_4 - (k + x_0)(x_3 + x_4) + 2kx_0 = 0.$$

代入(*)式，可得

$$\frac{2(2k^2 - 2)x_0 - 4k}{x_0 - k} - (k + x_0) \cdot \frac{2kx_0 - 4}{x_0 - k} + 2kx_0$$

$$= \frac{2(2k^2 - 2)x_0 - 4k - (k + x_0)(2kx_0 - 4) + 2kx_0(x_0 - k)}{x_0 - k} = 0.$$

结论成立.

（证法 2）该情况为抛物线的调和点列问题，即为抛物线的极线问题. 点 Q 关于抛物线的极线具有调和性，从而可得结论成立.（具体求证过程留给读者自行完成）

例 19 （2014 年全国高中数学联赛试题） 如图 3.118 所示，在平面直角坐标系 xOy

中,P 是不在 x 轴上的一个动点,满足条件:过点 P 可作抛物线 $y^2 = 4x$ 的两条切线,两切点连线 l_P 与 PO 垂直.设直线 l_P 与 PO,x 轴的交点分别为 Q,R.

(1) 证明:R 是一个定点;

(2) 求 $\left| \dfrac{PQ}{QR} \right|$ 的最小值.

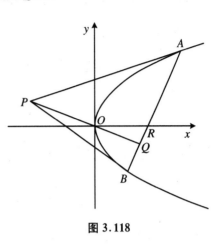

图 3.118

【解析】 (1) 设点 P 的坐标为 $(a,b)(b \neq 0)$,易知 $a \neq 0$.设两切点 A,B 的坐标分别为 (x_1,y_1),(x_2,y_2),则切线 PA,PB 的方程分别为 $y_1 y = 2(x + x_1)$,$y_2 y = 2(x + x_2)$.而点 A,B 同时满足上两式,故点 A,B 的坐标同时满足方程 $by = 2(x + a)$,所以上式就是直线 AB 的方程.而直线 PQ 与 AB 的斜率分别为 $\dfrac{b}{a}$ 与 $\dfrac{2}{b}$,又 $PO \perp AB$,所以 $\dfrac{b}{a} \cdot \dfrac{2}{b} = -1$,故 $a = -2$,则直线 AB 的方程为 $y = \dfrac{2}{b}(x - 2)$.所以直线 AB 与 x 轴的交点 R 是定点 $(2,0)$.

(2) (解法 1)因为 $a = -2$,所以直线 PO 的斜率 $k_1 = -\dfrac{b}{2}$,直线 PR 的斜率 $k_2 = -\dfrac{b}{4}$.设 $\angle OPR = \alpha$,则 α 为锐角,且

$$\left| \frac{PQ}{QR} \right| = \frac{1}{\tan \alpha} = \left| \frac{1 + k_1 k_2}{k_1 - k_2} \right| = \left| \frac{1 + \left(-\dfrac{b}{2}\right)\left(-\dfrac{b}{4}\right)}{-\dfrac{b}{2} + \dfrac{b}{4}} \right| = \frac{8 + b^2}{2|b|} \geq \frac{2\sqrt{8b^2}}{2|b|} = 2\sqrt{2},$$

当 $b = \pm 2\sqrt{2}$时,$\left| \dfrac{PQ}{QR} \right|$ 取得最小值 $2\sqrt{2}$.

(解法 2)因为 $a = -2$,所以直线 AB 的方程是 $2x - by - 4 = 0$,点 R 的坐标是 $(2,0)$.则由点到直线的距离公式得

$$|PQ| = \frac{|b^2 + 8|}{\sqrt{b^2 + 4}}.$$

由两点间的距离公式得 $|PR| = \sqrt{b^2 + 16}$.所以

$$|QR| = \sqrt{|PR|^2 - |PQ|^2} = \frac{2|b|}{\sqrt{b^2 + 4}}.$$

则

$$\left| \frac{PQ}{QR} \right| = \frac{|b^2 + 8|}{2|b|} \geq \frac{2\sqrt{8b^2}}{2|b|} = 2\sqrt{2},$$

当 $b = \pm 2\sqrt{2}$时,$\left| \dfrac{PQ}{QR} \right|$ 取得最小值 $2\sqrt{2}$.

（解法 3）因为 $a = -2, P(-2, b)$，所以直线 AB 的方程是 $2x - by - 4 = 0$. 因为点 R 的坐标是 $(2, 0)$，所以直线 PQ 的方程是 $bx + 2y = 0$. 两式联立，求得 $Q\left(\dfrac{8}{b^2+4}, -\dfrac{4b}{b^2+4}\right)$. 则由两点间的距离公式得

$$|PQ|^2 = \left(\frac{2b^2+16}{b^2+4}\right)^2 + \left(\frac{8b+b^3}{b^2+4}\right)^2 = \frac{(b^2+8)^2}{b^2+4},$$

$$|QR|^2 = \left(\frac{2b^2}{b^2+4}\right)^2 + \left(-\frac{4b}{b^2+4}\right)^2 = \frac{4b^2}{b^2+4}.$$

即 $|PQ| = \dfrac{|b^2+8|}{\sqrt{b^2+4}}$，$|QR| = \dfrac{2|b|}{\sqrt{b^2+4}}$. 所以

$$\frac{|PQ|}{|QR|} = \frac{|b^2+8|}{2|b|} \geqslant \frac{2\sqrt{8b^2}}{2|b|} = 2\sqrt{2},$$

当 $b = \pm 2\sqrt{2}$ 时，$\dfrac{|PQ|}{|QR|}$ 取得最小值 $2\sqrt{2}$.

点评 将抛物线改为一般形式 $y^2 = 2px$，同样可以得到 R 是定点 $(p, 0)$，$\dfrac{|PQ|}{|QR|}$ 的最小值是 $2\sqrt{2}$.

例20 设 P 为直线 $y = x - 2$ 上的动点，过点 P 作抛物线 $y = \dfrac{1}{2}x^2$ 的切线，切点分别为 A, B.

(1) 求证：直线 AB 过定点 $(1, 2)$；

(2) 求 $\triangle PAB$ 面积 S 的最小值，以及取得最小值时点 P 的坐标.

【解析】 (1) 设 $P(x_0, x_0 - 2)$，$A\left(x_1, \dfrac{x_1^2}{2p}\right)$，$B\left(x_2, \dfrac{x_2^2}{2p}\right)$，则由切点弦方程得直线 AB 的方程是 $\dfrac{(x_0-2)+y}{2} = \dfrac{1}{2}x_0 x$，即 $y = x_0(x-1) + 2$. 所以直线 AB 恒过定点 $(1, 2)$.

(2) 由 (1) 知点 P 到直线 AB 的距离为

$$d = \frac{|x_0^2 - 2x_0 + 4|}{\sqrt{x_0^2 + 1}} = \frac{x_0^2 - 2x_0 + 4}{\sqrt{x_0^2 + 1}}.$$

又因为

$$|AB| = \sqrt{x_0^2 + 1}\,|x_1 - x_2| = \sqrt{x_0^2 + 1} \cdot \sqrt{(x_1 + x_2)^2 - 4x_1 x_2}$$
$$= 2\sqrt{x_0^2 + 1} \cdot \sqrt{x_0^2 - 2x_0 + 4},$$

所以

$$S = \frac{1}{2}|AB| \cdot d = \sqrt{(x_0^2 - 2x_0 + 4)^3},$$

其中 $x_0^2 - 2x_0 + 4 = (x_0 - 1)^2 + 3 \geqslant 3$，当且仅当 $x_0 = 1$ 时等号成立. 所以 $\triangle PAB$ 面积 S 的最

小值 $S_{\min} = 3\sqrt{3}$,此时点 P 的坐标为 $(1, -1)$.

点评 对于抛物线中的极点、极线问题,常用的求解方法是设点法、设线法、参数方程法和定比点差法等.常常会结合面积的最大值、最小值等进行考查,需要考生具有较强的运算能力和逻辑思维能力.

【小题妙解】 **练习 7**(2016 年全国高中数学联赛湖北省预赛) 过抛物线 $y^2 = 2px(p > 0)$ 外一点 P 向抛物线作两条切线,切点为 M, N. F 为抛物线的焦点.证明:

(1) $|PF|^2 = |MF| \cdot |NF|$;

(2) $\angle PMF = \angle FPN$.

【解析】 (证法 1)(1) 设 $P(x_0, y_0), M(x_1, y_1), N(x_2, y_2)$,易求得切线 PM 的方程为 $y_1 y = p(x + x_1)$,切线 PN 的方程为 $y_2 y = p(x + x_2)$.因为点 P 在两条切线上,所以 $y_1 y_0 = p(x_0 + x_1), y_2 y_0 = p(x_0 + x_2)$,故点 M, N 均在直线 $y_0 y = p(x + x_0)$ 上.因此,直线 MN 的方程为 $y_0 y = p(x + x_0)$.与抛物线方程 $y^2 = 2px$ 联立,消去 y,则由韦达定理可知 $x_1 + x_2 = 2\left(\dfrac{y_0^2}{p} - x_0\right), x_1 x_2 = x_0^2$.又因为 $F\left(\dfrac{p}{2}, 0\right)$,由抛物线的定义可得 $|MF| = x_1 + \dfrac{p}{2}$,$|NF| = x_2 + \dfrac{p}{2}$,所以

$$|MF| \cdot |NF| = \left(x_1 + \frac{p}{2}\right)\left(x_2 + \frac{p}{2}\right) = x_1 x_2 + \frac{p}{2}(x_1 + x_2) + \frac{p^2}{4}$$

$$= x_0^2 + \frac{p}{2} \cdot \left[2\left(\frac{y_0^2}{p} - x_0\right)\right] + \frac{p^2}{4} = x_0^2 + y_0^2 - px_0 + \frac{p^2}{4}$$

$$= \left(x_0 - \frac{p}{2}\right)^2 + y_0^2 = |PF|^2,$$

即 $|PF|^2 = |MF| \cdot |NF|$.

(2) 由(1)知 $\overrightarrow{FP} = \left(x_0 - \dfrac{p}{2}, y_0\right), \overrightarrow{FM} = \left(x_1 - \dfrac{p}{2}, y_1\right), \overrightarrow{FN} = \left(x_2 - \dfrac{p}{2}, y_2\right)$,所以

$$\overrightarrow{FP} \cdot \overrightarrow{FM} = \left(x_0 - \frac{p}{2}, y_0\right) \cdot \left(x_1 - \frac{p}{2}, y_1\right) = x_0 x_1 - \frac{p}{2}(x_0 + x_1) + \frac{p^2}{4} + y_0 y_1$$

$$= x_0 x_1 - \frac{p}{2}(x_0 + x_1) + \frac{p^2}{4} + p(x_0 + x_1) = x_0 x_1 + \frac{p}{2}(x_0 + x_1) + \frac{p^2}{4}$$

$$= \left(x_0 + \frac{p}{2}\right)\left(x_1 + \frac{p}{2}\right).$$

又因为 $|MF| = x_1 + \dfrac{p}{2}, \overrightarrow{FP} \cdot \overrightarrow{FM} = |FP| \cdot |MF| \cdot \cos\angle PFM$,所以

$$\cos\angle PFM = \frac{\overrightarrow{FP} \cdot \overrightarrow{FM}}{|FP| \cdot |MF|} = \frac{\left(x_0 + \frac{p}{2}\right)\left(x_1 + \frac{p}{2}\right)}{|FP| \cdot \left(x_1 + \frac{p}{2}\right)} = \frac{x_0 + \frac{p}{2}}{|FP|}.$$

同理可得 $\cos\angle PFN = \dfrac{x_0 + \dfrac{p}{2}}{|FP|}$. 所以 $\cos\angle PFM = \cos\angle PFN$, 即 $\angle PFM = \angle PFN$. 再结合 $|PF|^2 = |MF|\cdot|NF|$, 可得 $\triangle MFP \backsim \triangle PFN$, 所以 $\angle PMF = \angle FPN$.

(证法 2:参数方程法)(1) 设抛物线的焦点为 $F\left(\dfrac{p}{2}, 0\right)$, 在抛物线外一点 P 所引的两条切线的切点分别为 $M(2pt_1^2, 2pt_1)$ 和 $N(2pt_2^2, 2pt_2)$, 则点 M 处的切线方程为 $2t_1 y = x + 2pt_1^2$, 点 N 处的切线方程为 $2t_2 y = x + 2pt_2^2$. 由此解得两条切线的交点为 $P(2pt_1t_2, p(t_1 + t_2))$, 所以

$$|FP|^2 = \left(2pt_1t_2 - \dfrac{p}{2}\right)^2 + p^2(t_1 + t_1)^2 = 4p^2t_1^2t_2^2 + p^2(t_1^2 + t_2^2) + \dfrac{p^2}{4}$$

$$= \left(2pt_1^2 + \dfrac{p}{2}\right)\left(2pt_2^2 + \dfrac{p}{2}\right).$$

又因为 $|FM| = 2pt_1^2 + \dfrac{p}{2}$, $|FN| = 2pt_2^2 + \dfrac{p}{2}$, 所以 $|FP|^2 = |FM|\cdot|FN|$.

(2) 由(1)知直线 MF 的斜率 $k_{MF} = \dfrac{4t_1}{4t_1^2 - 1}$, 直线 NF 的斜率为 $k_{NF} = \dfrac{4t_2}{4t_2^2 - 1}$, 直线 PF 的斜率为 $k_{PF} = \dfrac{2(t_1 + t_2)}{4t_1t_2 - 1}$. 则根据直线交角公式, 可得 $\tan\angle PFM = \dfrac{2(t_1 - t_2)}{4t_1t_2 + 1}$, $\tan\angle PFN = \dfrac{2(t_1 - t_2)}{4t_1t_2 + 1}$, 所以 $\tan\angle PFM = \tan\angle PFN$, 即 $\angle PMF = \angle FPN$.

练习 8 如图 3.119 所示, 设圆锥曲线(椭圆、双曲线、抛物线)的一个焦点为 F, 过此圆锥曲线上任意两点 A, B(对双曲线要求 A, B 在同一支上)作该圆锥曲线的切线 PA, PB, 此两条切线的交点为 P, 证明: $\angle PFA = \angle PFB$.

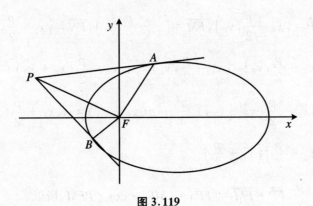

图 3.119

证明:设圆锥曲线的焦点为原点, 焦准距为 p, 相应的准线方程为 $x = -p$, 则圆锥曲线的方程为 $\dfrac{\sqrt{x^2 + y^2}}{|x + p|} = e$, 整理得 $\sqrt{x^2 + y^2} = e|x + p|$. 设 $A(x_1, y_1)$, $B(x_2, y_2)$, $P(x, y)$, 则

切线 PA , PB 的方程分别是

$$(1-e^2)x_1x - e^2p(x+x_1) + y_1y - e^2p^2 = 0,$$

$$(1-e^2)x_2x - e^2p(x+x_2) + y_2y - e^2p^2 = 0,$$

整理得

$$x_1x + y_1y = e^2[x_1x + p(x+x_1) + p^2] = e^2(x_1+p)(x+p).$$

则由圆锥曲线的定义得

$$\cos\angle PFA = \frac{\overrightarrow{FA}\cdot\overrightarrow{FP}}{|\overrightarrow{FA}|\cdot|\overrightarrow{FP}|} = \frac{x_1x + y_1y}{|\overrightarrow{FP}|\cdot\sqrt{x_1^2+y_1^2}} = \frac{e^2(x_1+p)(x+p)}{|\overrightarrow{FP}|\cdot e|x_1+p|}.$$

同理可得

$$\cos\angle PFB = \frac{e^2(x_2+p)(x+p)}{|\overrightarrow{FP}|\cdot e|x_2+p|}.$$

对于抛物线和椭圆,有 $|x_1+p| = x_1+p$, $|x_2+p| = x_2+p$.

对于双曲线,因为点 A , B 在同一支上,所以 $(x_1+p)(x_2+p) > 0$. 于是 $\cos\angle PFA = \cos\angle PFB$,而 $\angle PFA$ 和 $\angle PFB$ 都属于 $(0,\pi)$,所以 $\angle PFA = \angle PFB$.

练习 9 已知抛物线 $y^2 = 2px(p>0)$ 上两个动点 $A(x_1,y_1)(y_1>0)$, $B(x_2,y_2)(y_2<0)$.

(1) 设 AB 的连线与 x 轴交于点 C ,抛物线在 A , B 两点的切线的交点坐标为 $D(x_3,y_3)$,证明: $|OC|+x_3 = 0$,其中 O 为坐标原点.

(2) 若 $OA \perp OB$,求线段 AB 的中点的轨迹方程.

【解析】 (1) 因为 $y_1^2 = 2px_1$, $y_2^2 = 2px_2$,所以 $y_2^2 - y_1^2 = 2p(x_2-x_1)$,则直线 AB 的方程是 $y - y_1 = \dfrac{y_2-y_1}{x_2-x_1}(x-x_1)$. 当 $y=0$ 时,有

$$x = -\frac{x_2-x_1}{y_2-y_1}y_1 + x_1 = -\frac{y_2^2-y_1^2}{2p(y_2-y_1)}y_1 + \frac{y_1^2}{2p} = -\frac{y_1y_2}{2p}.$$

所以 $|OC| = -\dfrac{y_1y_2}{2p}$.

另一方面,抛物线在 A , B 两点处的切线方程分别为 $yy_1 = p(x+x_1)$, $yy_2 = p(x+x_2)$,求得其交点的横坐标为 $x_3 = \dfrac{y_1y_2}{2p}$.

所以 $|OC| + x_3 = 0$.

(2) 由(1)知 $x_1x_2 = \dfrac{(y_1y_2)^2}{4p^2}$. 因为 $OA \perp OB$,所以 $x_1x_2 + y_1y_2 = 0$,进而可得 $y_1y_2 + \dfrac{(y_1y_2)^2}{4p^2} = 0$,即 $y_1y_2 = -4p^2$. 设线段 AB 的中点的坐标为 (x,y) ,则 $x = \dfrac{x_1+x_2}{2}$, $y = \dfrac{y_1+y_2}{2}$. 于是

$$x = \frac{x_1 + x_2}{2} = \frac{y_1^2 + y_2^2}{4p} = \frac{1}{4p}\left[(y_1 + y_2)^2 - 2y_1 y_2\right] = \frac{1}{4p}(4y^2 + 8p^2),$$

整理得 $y^2 = px - 2p^2$，即为所求的轨迹方程.

习 题

1. 已知椭圆 $E: \frac{x^2}{a^2} + \frac{y^2}{b^2} = 1(a > b > 0)$ 的左、右焦点分别为 F_1, F_2，焦距与短轴长均为 4.

(1) 求 E 的方程；

(2) 设任意过 F_2 的直线 l 交 E 于 M, N 两点，分别作 E 在点 M, N 处的两条切线，并记它们的交点为 P，过 F_1 作平行于 l 的直线，分别交 PM, PN 于点 A, B，求 $\frac{|\overrightarrow{OA} + \overrightarrow{OB}|}{|\overrightarrow{OP}|}$ 的取值范围.

2. (2012 年河南省数学竞赛试题) 已知椭圆 $\frac{x^2}{4} + y^2 = 1$，P 是圆 $x^2 + y^2 = 16$ 上任意一点，过点 P 作椭圆的切线 PA, PB，切点分别为 A, B，求 $\overrightarrow{PA} \cdot \overrightarrow{PB}$ 的最大值和最小值.

3. (2009 年新疆维吾尔自治区数学竞赛试题) 如图 3.120 所示，从直线 $l: \frac{x}{12} + \frac{y}{8} = 1$ 上任意一点 P 向椭圆 $C: \frac{x^2}{24} + \frac{y^2}{16} = 1$ 引切线 PA, PB，切点分别为 A, B，试求线段 AB 的中点 M 的轨迹方程.

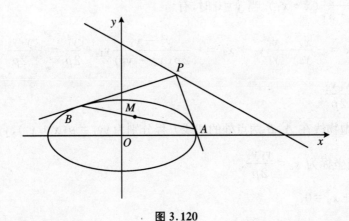

图 3.120

4. 椭圆 $C: \frac{x^2}{a^2} + \frac{y^2}{b^2} = 1(a > b > 0)$ 的离心率 $e = \frac{1}{2}$，$P\left(\frac{1}{2}, \frac{3\sqrt{5}}{4}\right)$ 在 C 上.

(1) 求椭圆 C 的标准方程.

(2) 如图 3.121 所示，E, F 设为短轴端点，过 $M(0,1)$ 作直线 l 交椭圆 C 于 A, B 两点

（异于 E，F），直线 AE，BF 交于点 T．求证：点 T 恒在一条定直线上．

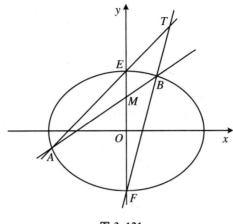

图 3.121

5. 已知椭圆 $C：\dfrac{x^2}{a^2}+\dfrac{y^2}{b^2}=1(a>b>0)$ 过点 $P\left(-1,\dfrac{3}{2}\right)$，且椭圆 C 的一个顶点 D 的坐标为 $(-2,0)$．过椭圆 C 的右焦点 F 的直线 l 与椭圆 C 交于不同的两点 A，B（A，B 不同于点 D），直线 DA 与直线 $m：x=4$ 交于点 M．连接 MF，过点 F 作 MF 的垂线与直线 m 交于点 N．

（1）求椭圆 C 的方程，并求点 F 的坐标；

（2）求证：D，B，N 三点共线．

6. 如图 3.122 所示，已知椭圆 $C：\dfrac{x^2}{a^2}+\dfrac{y^2}{b^2}=1(a>b>0)$ 的左、右焦点分别为 F'，F，A，B 分别是椭圆 C 的左、右顶点，短轴长为 $2\sqrt{3}$，长轴长是焦距的 2 倍，过右焦点 F 且斜率为 $k(k>0)$ 的直线 l 与椭圆 C 相交于 M，N 两点．

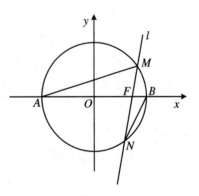

图 3.122

（1）当 $k=1$ 时，记 $\triangle AFM$、$\triangle BFN$ 的面积分别为 S_1，S_2，求 $\dfrac{S_1^2+9S_2^2}{S_1S_2}$ 的值．

（2）记直线 AM，BN 的斜率分别为 k_1，k_2，是否存在常数 l，使得 $k_2=\lambda k_1$ 成立？若存在，求出 λ 的值；若不存在，请说明理由．

7. （2019 年全国高中数学联赛福建省赛区预赛）如图 3.123 所示，已知 F 为椭圆 $C：\dfrac{x^2}{4}+\dfrac{y^2}{3}=1$ 的右焦点，点 P 为直线 $x=4$ 上的动点，过 P 作椭圆 C 的切线 PA，PB，A，B 为切点．

（1）求证：A，F，B 三点共线；

(2) 求 $\triangle PAB$ 面积的最小值.

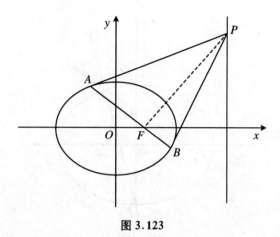

图 3.123

8. 已知椭圆 C 的离心率 $e = \dfrac{\sqrt{3}}{2}$, 长轴的左、右端点分别为 $A_1(-2,0)$, $A_2(2,0)$.

(1) 求椭圆 C 的方程.

(2) 直线 $x = my + 1$ 与椭圆 C 交于 P, Q 两点, 直线 A_1P 与 A_2Q 交于点 S. 试问: 当 m 变化时, 点 S 是否恒在一条定直线上? 若是, 写出这条直线方程, 并证明你的结论; 若不是, 请说明理由.

9. 已知椭圆 M: $\dfrac{x^2}{4} + \dfrac{y^2}{b^2} = 1(a > b > 0)$ 过 $A(-2,0)$, $B(0,1)$ 两点.

(1) 求椭圆 M 的离心率.

(2) 设椭圆 M 的右顶点为 C, 点 P 在椭圆 M 上 (P 不与椭圆 M 的顶点重合), 直线 AB 与直线 CP 交于点 Q, 直线 BP 交 x 轴于点 S, 求证: 直线 SQ 过定点.

10. (2021 年全国乙卷/文 20) 已知抛物线 C: $y^2 = 2px(p > 0)$ 的焦点 F 到准线的距离为 2.

(1) 求 C 的方程.

(2) 已知 O 为坐标原点, 点 P 在 C 上, 点 Q 满足 $\overrightarrow{PQ} = 9\overrightarrow{QF}$, 求直线 OQ 斜率的最大值.

11. 已知 F 为抛物线 C: $x^2 = 2py(p > 0)$ 的焦点, 直线 l: $y = 2x + 1$ 与 C 交于 A, B 两点, 且 $|AF| + |BF| = 20$.

(1) 求 C 的方程.

(2) 若直线 m: $y = 2x + t(t \neq 1)$ 与 C 交于 M, N 两点, 且 AM 与 BN 相交于点 T, 证明: 点 T 在定直线上.

12. (2021 年南昌一模) 已知抛物线 E: $x^2 = 2py(p > 0)$ 的焦点为 F, 过点 F 且斜率为 $k(k \neq 0)$ 的动直线 l 与抛物线交于 A, B 两点, 直线 l' 过点 $A(x_1, y_1)$, 且点 F 关于直线 l' 的

对称点为 $R(x_1, -1)$.

(1) 求抛物线 E 的方程,并证明直线 l' 是抛物线 E 的切线.

(2) 如图 3.124 所示,过点 A 且垂直于 l' 的直线交 y 轴于点 G, AG, BG 与抛物线 E 的另一个交点分别为 C, D.记 $\triangle AGB$ 的面积为 S_1, $\triangle CGD$ 的面积为 S_2,求 $\dfrac{S_2}{S_1}$ 的取值范围.

13. (2021 年金华模拟)如图 3.125 所示,已知抛物线 $y^2 = 4x$,过点 $P(-1, 1)$ 的直线 l 的斜率为 k,与抛物线交于 A, B 两点.

(1) 求斜率 k 的取值范围.

(2) 直线 l 与 x 轴交于点 M,过点 M 且斜率为 $-2k$ 的直线与抛物线交于 C, D 两点.设直线 AC 与直线 BD 的交点 N 的横坐标为 x_0,是否存在这样的 k,使得 $x_0 = -5$? 若存在,求出 k 的值;若不存在,请说明理由.

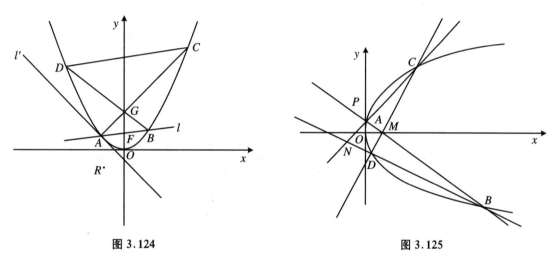

图 3.124　　　　　　　　　　　　　　图 3.125

14. 已知抛物线 C 的顶点为原点,其焦点 $F(0, c)(c > 0)$ 到直线 $l: x - y - 2 = 0$ 的距离为 $\dfrac{3\sqrt{2}}{2}$.

(1) 求抛物线 C 的方程;

(2) 设点 $P(x_0, y_0)$ 为直线 l 上一动点,过点 P 作抛物线 C 的两条切线 PA, PB,其中 A, B 为切点,求直线 AB 的方程,并证明直线 AB 过定点 Q;

(3) 过(2)中的点 Q 的直线 m 交抛物线 C 于 A, B 两点,过点 A, B 分别作抛物线 C 的切线 l_1, l_2,求 l_1, l_2 的交点 M 满足的轨迹方程.

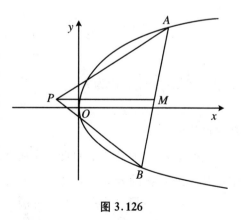

图 3.126

15. (2018 年浙江)如图 3.126 所示,已知点

P 是 y 轴左侧(不含 y 轴)一点,抛物线 $C:y^2=4x$ 上存在不同的两点 A,B 满足 PA,PB 的中点均在 C 上.

(1) 设 AB 的中点为 M,证明:PM 垂直于 y 轴;

(2) 若 P 是半椭圆 $x^2+\dfrac{y^2}{4}=1(x<0)$ 上的动点,求 $\triangle PAB$ 面积的取值范围.

习题参考答案

1. (1) $\dfrac{x^2}{8}+\dfrac{y^2}{4}=1$(过程略).

(2) 由(1)知 $F_2(2,0)$,设直线 l 的方程为 $x=ty+2$,$M(x_1,y_1)$,$N(x_2,y_2)$.

联立 $\begin{cases}\dfrac{x^2}{8}+\dfrac{y^2}{4}=1\\x=ty+2\end{cases}$,消去 x,得 $(t^2+2)y^2+4ty-4=0$,则由韦达定理得

$$y_1+y_2=-\frac{4t}{t^2+2},\quad y_1y_2=-\frac{4}{t^2+2}.\qquad (*)$$

联立 M,N 处的切线方程 $\begin{cases}\dfrac{x_1x}{8}+\dfrac{y_1y}{4}=1\\\dfrac{x_2x}{8}+\dfrac{y_2y}{4}=1\end{cases}$,即 $\begin{cases}x_1y_2x+2y_1y_2y=8y_2\\x_2y_1x+2y_1y_2y=8y_1\end{cases}$.两式相减,可得

$(x_1y_2-x_2y_1)x=8(y_2-y_1)$,即

$$[(ty_1+2)y_2-(ty_2+2)y_1]x=8(y_2-y_1).$$

代入 $(*)$ 式,化简可得 $x=4$,代入 $\dfrac{x_1x}{8}+\dfrac{y_1y}{4}=1$,可得 $y=\dfrac{4-2x_1}{y_1}=\dfrac{4-2(ty_1+2)}{y_1}=-2t$.

故 $P(4,-2t)$.设 MN 的中点为 $Q(x_Q,y_Q)$,则

$$y_Q=\frac{y_1+y_2}{2}=-\frac{2t}{t^2+2},\quad x_Q=-\frac{2t^2}{t^2+2}+2=\frac{4}{t^2+2},$$

故 $Q\left(\dfrac{4}{t^2+2},\dfrac{-2t}{t^2+2}\right)$.因为 $k_{OQ}=\dfrac{\dfrac{-2t}{t^2+2}}{\dfrac{4}{t^2+2}}=-\dfrac{t}{2}$,$k_{OP}=\dfrac{-2t}{4}=-\dfrac{t}{2}$,故 $k_{OQ}=k_{OP}$.所以 O,Q,

P 三点共线.

又过点 F_1 作平行于 l 的直线分别交 PM,PN 于 A,B,易得 $\triangle PMN\backsim\triangle PAB$.取 AB 的中点 R,根据前面的分析知 R,O,Q,P 四点共线,所以结合椭圆的对称性,有

$$\frac{|\overrightarrow{OA}+\overrightarrow{OB}|}{|\overrightarrow{OP}|}=\frac{2|\overrightarrow{OR}|}{|\overrightarrow{OP}|}=\frac{2|\overrightarrow{OQ}|}{|\overrightarrow{OP}|}=\frac{2x_Q}{x_P}=\frac{2}{t^2+2}\leqslant 1,$$

当且仅当 $t=0$ 时取等号. 故 $\dfrac{|\overrightarrow{OA}+\overrightarrow{OB}|}{|\overrightarrow{OP}|}\in(0,1]$.

2. 设点 $P(m,n)$,$A(x_1,y_1)$,$B(x_2,y_2)$,则切线 PA,PB 的方程分别为 $\dfrac{x_1 x}{4}+y_1 y=1$,

$\dfrac{x_2 x}{4}+y_2 y=1$.因为切线 PA,PB 都过点 P,所以 $\dfrac{x_1 m}{4}+y_1 n=1$,$\dfrac{x_2 m}{4}+y_2 n=1$ 同时成立,

故直线 AB 的方程为 $\dfrac{mx}{4}+ny=1$.

联立直线 AB 的方程和椭圆方程 $\begin{cases}\dfrac{x^2}{4}+y^2=1\\[2mm]\dfrac{mx}{4}+ny=1\end{cases}$,消去 y,得

$$(4n^2+m^2)x^2-8mx+16(1-n^2)=0.$$

则由韦达定理得 $x_1+x_2=\dfrac{8m}{4n^2+m^2}$,$x_1 x_2=\dfrac{16(1-n^2)}{4n^2+m^2}$,即得

$$y_1 y_2=\dfrac{4-mx_1}{4n}\cdot\dfrac{4-mx_2}{4n}=\dfrac{16-4m(x_1+x_2)+m^2 x_1 x_2}{16n^2}$$

$$=\dfrac{16-4m\cdot\dfrac{8m}{4n^2+m^2}+m^2\cdot\dfrac{16(1-n^2)}{4n^2+m^2}}{16n^2}$$

$$=\dfrac{4-m^2}{4n^2+m^2},$$

$$(y_1+y_2)n=2-\dfrac{m(x_1+x_2)}{4}=\dfrac{8n^2}{4n^2+m^2}.$$

故

$$\overrightarrow{PA}\cdot\overrightarrow{PB}=(x_1-m,y_1-n)\cdot(x_2-m,y_2-n)$$

$$=(x_1-m)(x_2-m)+(y_1-n)(y_2-n)$$

$$=x_1 x_2-m(x_1+x_2)+m^2+y_1 y_2-n(y_1+y_2)+n^2$$

$$=\dfrac{16(1-n^2)}{4n^2+m^2}-\dfrac{8m^2}{4n^2+m^2}+\dfrac{4-m^2}{4n^2+m^2}-\dfrac{8n^2}{4n^2+m^2}+m^2+n^2$$

$$=\dfrac{20-3m^2}{4n^2+m^2}+m^2+n^2-6.$$

将 $m^2=16-n^2$ 代入上式,得 $\overrightarrow{PA}\cdot\overrightarrow{PB}=11-\dfrac{44}{3n^2+16}$.又 $0\leqslant n^2\leqslant 16$,易得 $\overrightarrow{PA}\cdot\overrightarrow{PB}$ 的取值

范围是 $\left[\dfrac{33}{4},\dfrac{165}{16}\right]$.

3. 取直线 l 上的一点 $P(x_0,y_0)$,过点 P 的切线的切点坐标分别为 $A(x_1,y_1)$,$B(x_2,y_2)$,

线段 AB 的中点为 $M(x,y)$,则 $x=\dfrac{x_1+x_2}{2}$,$y=\dfrac{y_1+y_2}{2}$.所以切线 PA 的方程为 $\dfrac{x_1 x}{24}+\dfrac{y_1 y}{16}=$

1，切线 PB 的方程为 $\dfrac{x_2 x}{24} + \dfrac{y_2 y}{16} = 1$. 将 $P(x_0, y_0)$ 代入椭圆方程，得 $\dfrac{x_0 x_1}{24} + \dfrac{y_0 y_1}{16} = 1$，$\dfrac{x_0 x_2}{24} +$

$\dfrac{y_0 y_2}{16} = 1$，所以切点弦的方程为 $\dfrac{x_0 x}{24} + \dfrac{y_0 y}{16} = 1$.

当 $x_0 \neq 0$，$y_0 \neq 0$ 时，$k_{AB} = -\dfrac{2x_0}{3y_0}$，所以 $\dfrac{y_2 - y_1}{x_2 - x_1} = -\dfrac{2x_0}{3y_0}$. 又因为点 A，B 在椭圆 $\dfrac{x^2}{24} + \dfrac{y^2}{16} = 1$

上，所以 $\dfrac{x_1^2}{24} + \dfrac{y_1^2}{16} = 1$，$\dfrac{x_2^2}{24} + \dfrac{y_2^2}{16} = 1$. 两式相减，可得

$$\frac{y_2 - y_1}{x_2 - x_1} \cdot \frac{y_2 + y_1}{x_2 + x_1} = -\frac{2}{3},$$

整理得 $-\dfrac{2x_0}{3y_0} \cdot \dfrac{y_2 + y_1}{x_2 + x_1} = -\dfrac{2}{3}$，即得 $\dfrac{\frac{y_2 + y_1}{2}}{\frac{x_2 + x_1}{2}} = \dfrac{y_0}{x_0}$，亦即 $k_{OM} = k_{OP}$. 故直线 OP 与切点弦 AB

的交点为线段 AB 的中点 $M(x, y)$.

当 $x_0 = 0$，$y_0 = 0$ 时，上述结论也成立.

联立方程组

$$\begin{cases} \dfrac{x_0 x}{24} + \dfrac{y_0 y}{16} = 1 \\[2mm] y = \dfrac{y_0 x}{x_0} \\[2mm] \dfrac{x_0}{12} + \dfrac{y_0}{8} = 1 \end{cases} \Rightarrow \dfrac{x^2}{24} + \dfrac{y^2}{16} = \dfrac{x}{12} + \dfrac{y}{8}.$$

化简得点 M 的轨迹方程为 $\dfrac{(x-1)^2}{\frac{5}{2}} + \dfrac{(y-1)^2}{\frac{5}{3}} = 1$. 所以点 M 的轨迹是以 $(1,1)$ 为中心，半

长、短轴分别为 $\dfrac{\sqrt{10}}{2}$，$\dfrac{\sqrt{15}}{3}$，且长轴与 x 轴平行的椭圆（不包括原点）.

4. （1）因为点 $P\left(\dfrac{1}{2}, \dfrac{3\sqrt{5}}{4}\right)$ 在椭圆 C 上，所以 $\dfrac{\frac{1}{4}}{a^2} + \dfrac{\left(\frac{3\sqrt{5}}{4}\right)^2}{b^2} = 1$. 又因为 $e = \dfrac{c}{a} = \dfrac{1}{2}$，

$a^2 = b^2 + c^2$，所以 $a^2 = 4$，$b^2 = 3$. 故椭圆 C 的方程为 $\dfrac{x^2}{4} + \dfrac{y^2}{3} = 1$.

（2）由题意知直线 l 的斜率存在，设其方程为 $y = kx + 1$. 设 $A(x_1, y_1)$，$B(x_2, y_2)$

$(x_1 \neq 0, x_2 \neq 0)$. 联立直线 l 的方程与椭圆方程，得

$$\begin{cases} y = kx + 1 \\ 3x^2 + 4y^2 - 12 = 0 \end{cases} \Rightarrow (4k^2 + 3)x^2 + 8kx - 8 = 0.$$

则由韦达定理得 $x_1 + x_2 = \dfrac{-8k}{4k^2+3}$，$x_1 x_2 = \dfrac{-8}{4k^2+3}$，另得 $x_1 + x_2 = kx_1 x_2$. 又因为

$$
\begin{cases}
l_{AE} : y - \sqrt{3} = \dfrac{y_1 - \sqrt{3}}{x_1} x \\[3mm]
l_{BF} : y + \sqrt{3} = \dfrac{y_2 + \sqrt{3}}{x_2} x
\end{cases}
\quad (x_1 \neq 0, x_2 \neq 0),
$$

所以

$$
\frac{y - \sqrt{3}}{y + \sqrt{3}} = \frac{y_1 - \sqrt{3}}{x_1} \times \frac{x_2}{y_2 + \sqrt{3}} = \frac{kx_1 + 1 - \sqrt{3}}{x_1} \times \frac{x_2}{kx_2 + 1 + \sqrt{3}} = \frac{kx_1 x_2 + (1 - \sqrt{3}) x_2}{kx_1 x_2 + (1 + \sqrt{3}) x_1},
$$

整理得 $\dfrac{y - \sqrt{3}}{2\sqrt{3}} = \dfrac{kx_1 x_2 + (1 - \sqrt{3}) x_2}{(1 + \sqrt{3}) x_1 - (1 - \sqrt{3}) x_2}$，从而可得

$$
\begin{aligned}
y &= \sqrt{3} \times \left[\frac{2kx_1 x_2 + 2(1 - \sqrt{3}) x_2}{(1 + \sqrt{3}) x_1 - (1 - \sqrt{3}) x_2} + 1 \right] \\[3mm]
&= \sqrt{3} \times \frac{2kx_1 x_2 + (x_1 + x_2) + \sqrt{3}(x_1 - x_2)}{(1 + \sqrt{3}) x_1 - (1 - \sqrt{3}) x_2} \\[3mm]
&= \sqrt{3} \times \frac{3(x_1 + x_2) + \sqrt{3}(x_1 - x_2)}{\sqrt{3}(x_1 + x_2) + (x_1 - x_2)} = 3.
\end{aligned}
$$

故点 T 恒在定直线 $y = 3$ 上.

5. (1) 因为点 $P\left(-1, \dfrac{3}{2}\right)$ 在椭圆 C 上，且椭圆 C 的一个顶点 D 的坐标为 $(-2, 0)$，所

以 $\begin{cases} a = 2 \\ \dfrac{1}{a^2} + \dfrac{9}{4b^2} = 1 \end{cases}$，解得 $a = 2$，$b = \sqrt{3}$，则 $c = \sqrt{a^2 - b^2} = 1$. 故椭圆 C 的方程为 $\dfrac{x^2}{4} + \dfrac{y^2}{3} = 1$，椭

圆 C 的右焦点 F 的坐标为 $(1, 0)$.

(2) ① 当直线 l 的斜率不存在时，直线 AB 的方程为 $x = 1$. 显然易知 $A\left(1, \dfrac{3}{2}\right)$，

$B\left(1, -\dfrac{3}{2}\right)$ 或 $A\left(1, -\dfrac{3}{2}\right)$，$B\left(1, \dfrac{3}{2}\right)$.

当 $A\left(1, \dfrac{3}{2}\right)$，$B\left(1, -\dfrac{3}{2}\right)$ 时，直线 DA 的方程为 $y = \dfrac{1}{2}(x + 2)$，点 M 的坐标为 $(4, 3)$. 所

以 $k_{MF} = 1$，直线 FN 的方程为 $y = -(x - 1)$，点 N 的坐标为 $(4, -3)$. 则 $\overrightarrow{DB} = \left(3, -\dfrac{3}{2}\right)$，

$\overrightarrow{DN} = (6, -3)$，即 $\overrightarrow{DN} = 2\overrightarrow{DB}$，故 D, B, N 三点共线.

同理，当 $A\left(1, -\dfrac{3}{2}\right)$，$B\left(1, \dfrac{3}{2}\right)$ 时，D, B, N 三点也共线.

② 当直线 l 的斜率存在时，设直线 l 的方程为 $y = k(x - 1)$. 则由 $\begin{cases} y = k(x - 1) \\ 3x^2 + 4y^2 = 12 \end{cases}$，消去

y,得

$$(3+4k^2)x^2 - 8k^2x + (4k^2-12) = 0.$$

则 $\Delta = (-8k^2)^2 - 4(3+4k^2)(4k^2-12) > 0$. 设 $A(x_1,y_1)$, $B(x_2,y_2)$, 则由韦达定理得

$$x_1+x_2 = \frac{8k^2}{3+4k^2}, \quad x_1x_2 = \frac{4k^2-12}{3+4k^2}.$$

又因为直线 DA 的方程为 $y = \frac{y_1}{x_1+2}(x+2)$, 点 M 的坐标为 $\left(4, \frac{6y_1}{x_1+2}\right)$, 所以 $k_{MF} =$

$\frac{\frac{6y_1}{x_1+2}-0}{4-1} = \frac{2y_1}{x_1+2}$. 则直线 NF 的方程为 $y = -\frac{x_1+2}{2y_1}(x-1)$, 可得点 N 的坐标为

$\left(4, -\frac{3(x_1+2)}{2y_1}\right)$. 所以 $\overrightarrow{DB} = (x_2+2, y_2)$, $\overrightarrow{DN} = \left(6, -\frac{3(x_1+2)}{2y_1}\right)$. 则

$$(x_2+2) \cdot \frac{-3(x_1+2)}{2y_1} - 6y_2$$

$$= -\frac{3}{2y_1}\left[(x_1+2)(x_2+2) + 4y_1y_2\right]$$

$$= -\frac{3}{2y_1}\left[(x_1+2)(x_2+2) + 4k^2(x_1-1)(x_2-1)\right]$$

$$= -\frac{3}{2y_1}\left[(1+4k^2)x_1x_2 + (2-4k^2)(x_1+x_2) + 4k^2+4\right]$$

$$= -\frac{3}{2y_1}\left[(1+4k^2)\frac{4k^2-12}{3+4k^2} + (2-4k^2)\frac{8k^2}{3+4k^2} + 4k^2+4\right]$$

$$= -\frac{3}{2y_1} \cdot \frac{(1+4k^2)(4k^2-12) + (2-4k^2)8k^2 + (4k^2+4)(3+4k^2)}{3+4k^2}$$

$$= -\frac{3}{2y_1} \cdot \frac{4k^2-12+16k^4-48k^2+16k^2-32k^4+12k^2+12+16k^4+16k^2}{3+4k^2}$$

$$= 0.$$

即 $\overrightarrow{DB} /\!/ \overrightarrow{DN}$, 故 D, B, N 三点共线.

综上①②, 可知 D, B, N 三点共线.

6. (1) 因为 $2b = 2\sqrt{3}$, 所以 $b = \sqrt{3}$; 又因为 $a = 2c$, 所以 $a = 2$, $c = 1$. 故椭圆 C 的标准方程为 $\frac{x^2}{4} + \frac{y^2}{3} = 1$.

设 $M(x_1,y_1)$, $N(x_2,y_2)$, 由题设知 $A(-2,0)$, $B(2,0)$. 因为 $k=1$, 所以直线 MN 的方程为 $y = x-1$. 联立 $\begin{cases} y = x-1 \\ \frac{x^2}{4} + \frac{y^2}{3} = 1 \end{cases}$, 消去 x, 得 $7y^2 + 6y - 9 = 0$, 则由韦达定理得 $y_1+y_2 = -\frac{6}{7}$, $y_1y_2 = -\frac{9}{7}$. 又因为

$$\frac{S_1^2 + 9S_2^2}{S_1 S_2} = \frac{S_1}{S_2} + \frac{9S_2}{S_1} = \frac{\frac{1}{2} \cdot 3 \cdot |y_1|}{\frac{1}{2} \cdot 1 \cdot |y_2|} + \frac{9 \cdot \frac{1}{2} \cdot 1 \cdot |y_2|}{\frac{1}{2} \cdot 3 \cdot |y_1|} = (-3)\left(\frac{y_1}{y_2} + \frac{y_2}{y_1}\right),$$

其中

$$\frac{y_1}{y_2} + \frac{y_2}{y_1} = \frac{y_1^2 + y_2^2}{y_1 y_2} = \frac{(y_1 + y_2)^2 - 2y_1 y_2}{y_1 y_2} = -\frac{18}{7},$$

所以 $\dfrac{S_1^2 + 9S_2^2}{S_1 S_2} = \dfrac{54}{7}$.

(2) 假设存在常数 λ，使得 $k_2 = \lambda k_1$ 成立. 设直线 l 的方程为 $y = k(x-1)$，则由

$$\begin{cases} y = k(x-1) \\ \dfrac{x^2}{4} + \dfrac{y^2}{3} = 1 \end{cases},$$ 消去 y，得 $(3+4k^2)x^2 - 8k^2 x + 4k^2 - 12 = 0$. 则由韦达定理得

$$x_1 + x_2 = \frac{8k^2}{4k^2 + 3}, \quad x_1 x_2 = \frac{4k^2 - 12}{4k^2 + 3}.$$

又因为

$$\frac{k_2}{k_1} = \frac{\dfrac{y_2}{x_2 - 2}}{\dfrac{y_1}{x_1 + 2}} = \frac{y_2(x_1 + 2)}{y_1(x_2 - 2)} = \frac{k(x_2 - 1)(x_1 + 2)}{k(x_1 - 1)(x_2 - 2)} = \frac{x_1 x_2 + 2x_2 - x_1 - 2}{x_1 x_2 - 2x_1 - x_2 + 2}$$

$$= \frac{\dfrac{4k^2 - 12}{4k^2 + 3} + 2x_2 - \left(\dfrac{8k^2}{4k^2 + 3} - x_2\right) - 2}{\dfrac{4k^2 - 12}{4k^2 + 3} - 2\left(\dfrac{8k^2}{4k^2 + 3} - x_2\right) - x_2 + 2} = \frac{\dfrac{-12k^2 - 18}{4k^2 + 3} + 3x_2}{\dfrac{-4k^2 - 6}{4k^2 + 3} + x_2}$$

$$= \frac{3\left(\dfrac{-4k^2 - 6}{4k^2 + 3} + x_2\right)}{\dfrac{-4k^2 - 6}{4k^2 + 3} + x_2} = 3,$$

所以 $k_2 = 3k_1$，即 $\lambda = 3$. 故假设成立.

7. (1) 由题意知 $F(1, 0)$. 设 $P(4, t)$，$A(x_1, y_1)$，$B(x_2, y_2)$，则由切线 PA，PB 过点 $P(4, t)$，得 $x_1 + \dfrac{y_1 t}{3} = 1$，$x_2 + \dfrac{y_2 t}{3} = 1$，即 $x_1 + \dfrac{t}{3}y_1 = 1$，$x_2 + \dfrac{t}{3}y_2 = 1$. 由此可得直线 AB 的

方程为 $x + \dfrac{t}{3}y = 1$，易知直线 AB 过点 $F(1, 0)$，所以 A，F，B 三点共线.

(2) 由 $\begin{cases} x + \dfrac{t}{3}y = 1 \\ \dfrac{x^2}{4} + \dfrac{y^2}{3} = 1 \end{cases}$，消去 x，得 $(t^2 + 12)y^2 - 6ty - 27 = 0$，而 $\Delta = 36t^2 + 4 \times 27 \times (t^2 +$

$12) > 0$，所以由韦达定理得

$$y_1 + y_2 = \frac{6t}{t^2 + 12}, \quad y_1 y_2 = \frac{-27}{t^2 + 12}.$$

则

$$|AB| = \sqrt{1 + \left(-\frac{t}{3}\right)^2} \cdot |y_1 - y_2| = \sqrt{1 + \left(-\frac{t}{3}\right)^2} \cdot \sqrt{\left(\frac{6t}{t^2 + 12}\right)^2 - 4 \times \frac{-27}{t^2 + 12}}$$

$$= \frac{4(t^2 + 9)}{t^2 + 12}.$$

又因为点 $P(4, t)$ 到直线 AB 的距离 $d = \sqrt{9 + t^2}$，所以

$$S_{\triangle PAB} = \frac{1}{2}|AB| \cdot d = \frac{1}{2} \times \frac{4(t^2 + 9)}{t^2 + 12} \times \sqrt{9 + t^2} = \frac{2(t^2 + 9)\sqrt{9 + t^2}}{t^2 + 12}.$$

设 $\sqrt{t^2 + 9} = \lambda$，由 $t \in \mathbf{R}$ 知 $\lambda \geqslant 3$，则 $S_{\triangle PAB} = f(\lambda) = \frac{2\lambda^3}{\lambda^2 + 3}$. 又因为

$$f'(\lambda) = \frac{6\lambda^2(\lambda^2 + 3) - 2\lambda^3(2\lambda)}{(\lambda^2 + 3)^2} = \frac{2\lambda^4 + 18\lambda^2}{(\lambda^2 + 3)^2} > 0,$$

所以 $f(\lambda)$ 在区间 $[3, +\infty)$ 上为增函数，即 $f(\lambda)$ 的最小值为 $f(3) = \frac{9}{2}$，此时 $t = 0$.

故 $\triangle PAB$ 面积的最小值为 $\frac{9}{2}$.

8. (1) $\frac{x^2}{4} + y^2 = 1$（过程略）.

(2)（解法 1：用韦达定理，这是一个典型的非对称问题）设 $P(x_1, y_1)$，$Q(x_2, y_2)$. 联立
$\begin{cases} x = my + 1 \\ \frac{x^2}{4} + y^2 = 1 \end{cases}$，消去 x，得 $(m^2 + 4)y^2 + 2my - 3 = 0$. 则由韦达定理得

$$y_1 + y_2 = \frac{-2m}{m^2 + 4}, \quad y_1 y_2 = \frac{-3}{m^2 + 4}.$$

所以直线 $A_1 P$ 的方程为 $y = \frac{y_1}{x_1 + 2}(x + 2)$. 同理可得直线 $A_2 Q$ 的方程为 $y = \frac{y_2}{x_2 - 2}(x - 2)$.

联立以上两式并消去 y，得

$$\frac{x + 2}{x - 2} = \frac{y_2(x_1 + 2)}{y_1(x_2 - 2)} = \frac{y_2(my_1 + 3)}{y_1(my_2 - 1)} = \frac{my_1 y_2 + 3y_2}{my_1 y_2 - y_1}.$$

到这一步，有两个常用方向：

（方向 1：非对称的韦达定理）可得

$$\frac{x + 2}{x - 2} = \frac{my_1 y_2 + 3y_2}{my_1 y_2 - y_1} = \frac{my_1 y_2 + 3(y_1 + y_2 - y_1)}{my_1 y_2 - y_1} = \frac{3[(m^2 + 4)y_1 + 3m]}{(m^2 + 4)y_1 + 3m} = 3,$$

解得 $x = 4$. 故点 S 恒在定直线 $x = 4$ 上.

（方向 2：和积转化）

由 $\begin{cases} y_1 + y_2 = \dfrac{-2m}{m^2+4} \\ y_1 y_2 = \dfrac{-3}{m^2+4} \end{cases}$,得 $my_1 y_2 = \dfrac{3}{2}(y_1 + y_2)$,故

$$\frac{x+2}{x-2} = \frac{my_1 y_2 + 3y_2}{my_1 y_2 - y_1} = \frac{\frac{3}{2}(y_1+y_2)+3y_2}{\frac{3}{2}(y_1+y_2)-y_1} = \frac{3y_1+9y_2}{y_1+3y_2} = 3,$$

解得 $x = 4$.故点 S 恒在定直线 $x = 4$ 上.

(解法 2:定比点差法)易知直线 $x = my + 1$ 过定点 $M(1,0)$.设 $\overrightarrow{PM} = \lambda \overrightarrow{MQ}$,$P(x_1,y_1)$,$Q(x_2,y_2)$,则 $2x_1 = 5 - 3\lambda$,$2x_2 = 5 - \dfrac{3}{\lambda}$,$y_1 = -\lambda y_2$.所以直线 $A_1 P$ 的方程为 $y = \dfrac{y_1}{x_1+2} \cdot$ $(x+2)$,直线 $A_2 Q$ 的方程为 $y = \dfrac{y_2}{x_2-2}(x-2)$.联立以上两个方程,消去 y,得

$$\frac{x+2}{x-2} = \frac{y_2(x_1+2)}{y_1(x_2-2)} = \frac{y_2}{-\lambda y_2} \cdot \frac{2x_1+4}{2x_2-4} = \frac{1}{-\lambda} \cdot \frac{9-3\lambda}{1-\frac{3}{\lambda}} = \frac{9-3\lambda}{3-\lambda} = 3,$$

解得 $x = 4$.故点 S 恒在定直线 $x = 4$ 上.

(解法 3)设 $P(x_1,y_1)$,$Q(x_2,y_2)$,易知直线 $x = my + 1$ 过定点 $M(1,0)$.由 P,M,Q 三点共线,得 $\dfrac{y_1}{x_1-1} = \dfrac{y_2}{x_2-1}$,即 $x_1 y_2 - x_2 y_1 = y_2 - y_1$.又由

$$\begin{cases} \dfrac{x_1^2 y_2^2}{4} + y_1^2 y_2^2 = y_2^2 \\ \dfrac{x_2^2 y_1^2}{4} + y_1^2 y_2^2 = y_1^2 \end{cases} \Rightarrow \frac{(x_1 y_2 + x_2 y_1)(x_1 y_2 - x_2 y_1)}{4} = (y_2+y_1)(y_2-y_1),$$

即得 $x_1 y_2 + x_2 y_1 = 4(y_2 + y_1)$.而直线 $A_1 P$ 的方程为 $y = \dfrac{y_1}{x_1+2}(x+2)$,直线 $A_2 Q$ 的方程为 $y = \dfrac{y_2}{x_2-2}(x-2)$.到这一步,有两个常用方向可走:

(方向 1)联立以上两个方程,直接解出 x,可得

$$x = \frac{2[x_1 y_2 + x_2 y_1 + 2(y_2-y_1)]}{x_1 y_2 - x_2 y_1 + 2(y_2+y_1)} = \frac{2[4(y_2+y_1)+2(y_2-y_1)]}{(y_2-y_1)+2(y_2+y_1)} = 4.$$

故点 S 恒在定直线 $x = 4$ 上.

(方向 2)联立以上两个方程,消去 y,得

$$\frac{x+2}{x-2} = \frac{y_2(x_1+2)}{y_1(x_2-2)} = \frac{x_1 y_2 + 2y_2}{x_2 y_1 - 2y_1}.$$

由 $y = \dfrac{y_1}{x_1+2}(x+2)$,$y = \dfrac{y_2}{x_2-2}(x-2)$,可得 $2x_1 y_2 = 5y_2 + 3y_1$,$2x_2 y_1 = 5y_1 + 3y_2$,因此

$$\frac{x+2}{x-2} = \frac{2x_1y_2 + 4y_2}{2x_2y_1 - 4y_1} = \frac{(5y_2 + 3y_1) + 4y_2}{(5y_1 + 3y_2) - 4y_1} = 3,$$

解得 $x = 4$. 故点 S 恒在定直线 $x = 4$ 上.

（解法 4：用极点、极线方法求解）此题的背景是极点、极线,所求直线是极点 $M(1,0)$ 所对应的极线 $x = 4$. 点 M 对应的极线方程为 $\frac{xx_0}{4} + yy_0 = 1$,令 $x_0 = 1, y_0 = 0$,得 $x = 4$. 故点 S 恒在定直线 $x = 4$ 上.

9.（1）因为点 $A(-2,0)$, $B(0,1)$ 都在椭圆 M 上,所以 $a = 2, b = 1, c = \sqrt{a^2 - b^2} = \sqrt{3}$. 故椭圆 M 的离心率 $e = \frac{c}{a} = \frac{\sqrt{3}}{2}$.

（2）由（1）知椭圆 M 的方程为 $\frac{x^2}{4} + y^2 = 1$,且 $C(2,0)$. 由题意知,直线 AB 的方程为 $x = 2y - 2$. 设 $P(x_0, y_0)$（$y_0 \neq 0, y_0 \neq \pm 1$）, $Q(2y_Q - 2, y_Q)$, $S(x_S, 0)$. 因为 C, P, Q 三点共线,所以 $\overrightarrow{CP} \parallel \overrightarrow{CQ}$. 又因为 $\overrightarrow{CP} = (x_0 - 2, y_0)$, $\overrightarrow{CQ} = (2y_Q - 2 - 2, y_Q)$,所以 $(x_0 - 2)y_Q = y_0(2y_Q - 4)$,即 $y_Q = \frac{4y_0}{2y_0 - x_0 + 2}$,故 $Q\left(\frac{4y_0 + 2x_0 - 4}{2y_0 - x_0 + 2}, \frac{4y_0}{2y_0 - x_0 + 2}\right)$. 因为 B, S, P 三点共线,所以 $\frac{1}{-x_S} = \frac{y_0 - 1}{x_0}$,即 $x_S = \frac{x_0}{1 - y_0}$,故 $S\left(\frac{x_0}{1 - y_0}, 0\right)$. 所以直线 QS 的方程为

$$x = \frac{\dfrac{4y_0 + 2x_0 - 4}{2y_0 - x_0 + 2} - \dfrac{x_0}{1 - y_0}}{\dfrac{4y_0}{2y_0 - x_0 + 2}} y + \frac{x_0}{1 - y_0},$$

即

$$x = \frac{x_0^2 - 4y_0^2 - 4x_0y_0 + 8y_0 - 4}{4y_0(1 - y_0)} y + \frac{x_0}{1 - y_0}.$$

又因为点 P 在椭圆 M 上,所以 $x_0^2 = 4 - 4y_0^2$,因此直线 QS 的方程为 $x = \frac{2 - 2y_0 - x_0}{1 - y_0}(y - 1) + 2$. 故直线 QS 过定点 $(2,1)$.

10.（1）抛物线 $C: y^2 = 2px$（$p > 0$）的焦点为 $F\left(\frac{p}{2}, 0\right)$,准线方程为 $x = -\frac{p}{2}$. 又由题意知,该抛物线的焦点到准线的距离为 $\frac{p}{2} - \left(-\frac{p}{2}\right) = p = 2$,所以该抛物线 C 的方程为 $y^2 = 4x$.

（2）设 $Q(x_0, y_0)$,则 $\overrightarrow{PQ} = 9\overrightarrow{QF} = (9 - 9x_0, -9y_0)$,所以 $P(10x_0 - 9, 10y_0)$. 又由点 P 在抛物线上,可得 $(10y_0)^2 = 4(10x_0 - 9)$,即 $x_0 = \frac{25y_0^2 + 9}{10}$,所以直线 OQ 的斜率为

$$k_{OQ} = \frac{y_0}{x_0} = \frac{y_0}{\dfrac{25y_0^2 + 9}{10}} = \frac{10y_0}{25y_0^2 + 9}.$$

当 $y_0 = 0$ 时，$k_{OQ} = 0$.

当 $y_0 \neq 0$ 时，$k_{OQ} = \dfrac{10}{25y_0 + \dfrac{9}{y_0}}$.

则当 $y_0 > 0$ 时，因为

$$25y_0 + \frac{9}{y_0} \geqslant 2\sqrt{25y_0 \cdot \frac{9}{y_0}} = 30,$$

所以此时 $0 < k_{OQ} \leqslant \dfrac{1}{3}$，当且仅当 $25y_0 = \dfrac{9}{y_0}$，即 $y_0 = \dfrac{3}{5}$ 时等号成立.

当 $y_0 < 0$ 时，$k_{OQ} < 0$.

综上可知，直线 OQ 斜率的最大值为 $\dfrac{1}{3}$.

11. (1) 设 $A(x_1, y_1)$，$B(x_2, y_2)$，则由 $\begin{cases} y = 2x + 1 \\ x^2 = 2py \end{cases}$，消去 x，得 $y^2 - (8p+2)y + 1 = 0$.

所以由韦达定理得 $y_1 + y_2 = 8p + 2$，从而可得

$$|AF| + |BF| = y_1 + \frac{p}{2} + y_2 + \frac{p}{2} = 9p + 2 = 20,$$

解得 $p = 2$. 故抛物线 C 的方程为 $x^2 = 4y$.

(2) 设 $M(x_3, y_3)$，$N(x_4, y_4)$，$T(x_0, y_0)$，$\overrightarrow{TM} = \lambda \overrightarrow{TA}(\lambda \neq 1)$.

因为 $AB \parallel MN$，所以 $\overrightarrow{TN} = \lambda \overrightarrow{TB}$. 根据 $\begin{cases} x_1^2 = 4y_1 \\ x_2^2 = 4y_2 \end{cases}$，得 $(x_1 + x_2)(x_1 - x_2) = 4(y_1 - y_2)$，即

得 $x_1 + x_2 = \dfrac{4(y_1 - y_2)}{x_1 - x_2} = 8$. 同理可得 $x_3 + x_4 = 8$.

又因为 $\begin{cases} x_3 - x_0 = \lambda(x_1 - x_0) \\ x_4 - x_0 = \lambda(x_2 - x_0) \end{cases}$，两式相加，可得 $x_3 + x_4 - 2x_0 = \lambda(x_1 + x_2 - 2x_0)$，即

$(4 - x_0)(1 - \lambda) = 0$，而 $\lambda \neq 1$，所以 $x_0 = 4$. 故点 T 在定直线 $x = 4$ 上.

12. (1) 由题设知 $R(x_1, -1)$ 在定直线 $m: y = -1$ 上，$|AR|$ 表示点 A 到直线 m 的距离. 因为 F 关于直线 l' 的对称点为 R，所以 $|AF| = |AR|$，即抛物线上的点 A 到焦点 F 的距离等于点 A 到直线 m 的距离，直线 m 即为准线，所以 $-\dfrac{p}{2} = -1$，即 $p = 1$. 故抛物线的方程为 $x^2 = 4y$.

证明：因为 $k_{FR} = -\dfrac{2}{x_1}$ 且 $FR \perp l'$，所以直线 l' 的斜率为 $\dfrac{x_1}{2}$. 又由 $y = \dfrac{x^2}{4}$，可得 $y' = \dfrac{1}{2}x$，即点 A 处的切线的斜率为 $\dfrac{1}{2}x_1$，故直线 l' 是抛物线 E 的切线.

(2) 设 $A(x_1, y_1)$，$B(x_2, y_2)$，$C(x_3, y_3)$，$D(x_4, y_4)$，则

$$\frac{S_2}{S_1} = \frac{\frac{1}{2}\mid CG\mid\cdot\mid DG\mid\cdot\sin\angle CGD}{\frac{1}{2}\mid AG\mid\cdot\mid BG\mid\cdot\sin\angle AGB} = \frac{\mid CG\mid\cdot\mid DG\mid}{\mid AG\mid\cdot\mid BG\mid} = \frac{x_3 x_4}{x_1 x_2},$$

$$k_{AC} = \frac{y_3 - y_1}{x_3 - x_1} = \frac{\frac{x_3^2}{4} - \frac{x_1^2}{4}}{x_3 - x_1} = \frac{x_1 + x_3}{4} = -\frac{2}{x_1},$$

所以 $x_3 = -\dfrac{8}{x_1} - x_1.$（或设直线 l 的方程为 $y = kx + 1$，与 $x^2 = 4y$ 联立，可得 $x^2 - 4kx - 4 = 0$，

则由韦达定理得 $x_1 + x_2 = 4k$，$x_1 x_2 = -4$，从而可得 $x_2 = -\dfrac{4}{x_1}$. 因此，直线 AC 的方程为

$y - \dfrac{x_1^2}{4} = -\dfrac{2}{x_1}(x - x_1)$，令 $x = 0$，可得 $y = 2 + \dfrac{x_1^2}{4}$，即 $G\left(0, 2 + \dfrac{x_1^2}{4}\right)$. 又因为 A，G，C 三点共

线，所以 $x_3 = -\dfrac{8}{x_1} - x_1.$）

又因为 B，G，D 三点共线，且 $B\left(x_2, \dfrac{x_2^2}{4}\right)$，$D\left(x_4, \dfrac{x_4^2}{4}\right)$，$G\left(0, 2 + \dfrac{4}{x_2^2}\right)$，所以

$$k_{BD} = \frac{x_2 + x_4}{4} = k_{DG} = \frac{2 + \dfrac{4}{x_2^2} - \dfrac{x_4^2}{4}}{-x_4},$$

可得 $x_4 = -\dfrac{8}{x_2} - \dfrac{16}{x_2^3}.$ 故

$$\frac{S_2}{S_1} = \frac{x_3 x_4}{x_1 x_2} = \frac{\left(-x_1 - \dfrac{8}{x_1}\right)\left(-\dfrac{8}{x_2} - \dfrac{16}{x_2^3}\right)}{x_1 x_2}.$$

将 $x_1 x_2 = -4$，$x_1 = -\dfrac{4}{x_2}$ 代入上式，化简可得

$$\frac{S_2}{S_1} = 4 + 16\left(\frac{1}{x_2^2} + \frac{1}{x_2^4}\right) > 4.$$

即 $\dfrac{S_2}{S_1}$ 的取值范围是 $(4, +\infty)$.

13. (1) 根据题意，设直线 l 的方程为 $y - 1 = k(x + 1)(k \neq 0)$，即 $y = kx + k + 1(k \neq 0)$.

联立 $\begin{cases} y^2 = 4x \\ y = kx + k + 1 \end{cases}$，消去 y，得 $k^2 x^2 + 2(k^2 + k - 2)x + (k + 1)^2 = 0$，则由韦达定理得

$$x_1 + x_2 = -\frac{2(k^2 + k - 2)}{k^2}, \quad x_1 x_2 = \frac{(k + 1)^2}{k^2}.$$

因为直线 l 与抛物线交于 A，B 两点，所以 $x_1 + x_2 > 0$，$x_1 x_2 > 0$，且 $\Delta = 4(k^2 + k - 2)^2 -$

$4k^2(k + 1)^2 > 0$，解得 $-\dfrac{1 + \sqrt{5}}{2} < k < \dfrac{-1 + \sqrt{5}}{2}$. 又因为 $k \neq 0$，所以 k 的取值范围为

$\left(-\dfrac{1 + \sqrt{5}}{2}, 0\right) \cup \left(0, \dfrac{-1 + \sqrt{5}}{2}\right)$.

(2) 由题意知 $M\left(-\dfrac{k+1}{k},0\right)$. 设 $C(x_3,y_3)$，$D(x_4,y_4)$，则由 (1) 知 $\dfrac{k}{4}y^2-y+k+1=0$，

所以由韦达定理得 $y_1+y_2=\dfrac{4}{k}$，$y_1y_2=\dfrac{4}{k}+4$. 又因为直线 l 与 x 轴交于点 M，直线 CD 过点

M 且斜率为 $-2k$，所以直线 CD 的方程为 $y=-2k\left(x+\dfrac{1}{k}+1\right)$.

联立 $\begin{cases} y=-2k\left(x+\dfrac{1}{k}+1\right) \\ y^2=4x \end{cases}$，消去 x，得 $y^2+\dfrac{2}{k}y+\dfrac{4}{k}+4=0$. 则由韦达定理得 $y_3+y_4=$

$-\dfrac{2}{k}$，$y_3y_4=\dfrac{4}{k}+4$，且 $\Delta=\dfrac{4}{k^2}-4\left(\dfrac{4}{k}+4\right)>0$，解得 $-\dfrac{1+\sqrt{2}}{2}<k<\dfrac{-1+\sqrt{2}}{2}$ 且 $k\ne0$，所以

$$k_{AC}=\frac{y_1-y_3}{x_1-x_3}=\frac{y_1-y_3}{\dfrac{y_1^2}{4}-\dfrac{y_3^2}{4}}=\frac{4}{y_1+y_3}.$$

因此，直线 AC 的方程为 $y-y_1=\dfrac{4}{y_1+y_3}(x-x_1)$，整理得

$$y=\frac{4}{y_1+y_3}x-\frac{4x_1}{y_1+y_3}+y_1=\frac{4}{y_1+y_3}x-\frac{y_1^2}{y_1+y_3}+y_1=\frac{4}{y_1+y_3}x+\frac{y_1y_3}{y_1+y_3}.$$

同理可得直线 BD 的方程为 $y=\dfrac{4}{y_2+y_4}x+\dfrac{y_2y_4}{y_2+y_4}$. 联立以上两式，得

$$\frac{4}{y_1+y_3}x+\frac{y_1y_3}{y_1+y_3}=\frac{4}{y_2+y_4}x+\frac{y_2y_4}{y_2+y_4},$$

即 $4x\left(\dfrac{1}{y_1+y_3}-\dfrac{1}{y_2+y_4}\right)=\dfrac{y_2y_4}{y_2+y_4}-\dfrac{y_1y_3}{y_1+y_3}$，整理得

$$4x(y_2+y_4-y_1-y_3)=y_2y_4(y_1+y_3)-y_1y_3(y_2+y_4).$$

又因为 $y_1y_2=y_3y_4$，所以上式化简可得 $4x=y_1y_2$. 又点 N 的横坐标为 $x_0=\dfrac{y_1y_2}{4}=\dfrac{1}{k}+1=-5$，

解得 $k=-\dfrac{1}{6}$. 故存在 $k=-\dfrac{1}{6}$，使 $x_0=-5$.

14. (1) 因为抛物线 C 的焦点 $F(0,c)(c>0)$ 到直线 $l:x-y-2=0$ 的距离为 $\dfrac{3\sqrt{2}}{2}$，所

以 $\dfrac{|0-c-2|}{\sqrt{2}}=\dfrac{3\sqrt{2}}{2}$，解得 $c=1$ 或 $c=-5$(舍去). 故抛物线 C 的方程为 $x^2=4y$.

(2) 设 $P(x_0,x_0-2)$，切点为 $\left(x,\dfrac{x^2}{4}\right)$. 由 (1) 知抛物线 C 的方程为 $y=\dfrac{x^2}{4}$，求导得 $y'=\dfrac{x}{2}$，

则切线的斜率为 $\dfrac{\dfrac{x^2}{4}-(x_0-2)}{x-x_0}=y'=\dfrac{x}{2}$，化简得 $x^2-2x_0x+4x_0-8=0$. 设 $A\left(x_1,\dfrac{x_1^2}{4}\right)$，

$B\left(x_2, \dfrac{x_2^2}{4}\right)$，则 x_1, x_2 是以上方程的两根，所以由韦达定理得 $x_1 + x_2 = 2x_0, x_1 x_2 = 4x_0 - 8$。则

$$k_{AB} = \frac{\dfrac{x_1^2}{4} - \dfrac{x_2^2}{4}}{x_1 - x_2} = \frac{x_1 + x_2}{4} = \frac{x_0}{2},$$

故直线 AB 的方程为 $y - \dfrac{x_1^2}{4} = \dfrac{x_1 + x_2}{4}(x - x_1)$，化简得 $x_0 x - 2y - 2y_0 = 0$。即直线 AB 过定点 $Q(2, 2)$。

(3) 设 $A\left(x_1, \dfrac{x_1^2}{4}\right)$，$B\left(x_2, \dfrac{x_2^2}{4}\right)$，则过点 A 的切线方程为 $y = \dfrac{x_1}{2}(x - x_1) + \dfrac{x_1^2}{4}$，过点 B 的切线方程为 $y = \dfrac{x_2}{2}(x - x_2) + \dfrac{x_2^2}{4}$，所以两条切线的交点 $M\left(\dfrac{x_1 + x_2}{2}, \dfrac{x_1 x_2}{4}\right)$。

设过点 Q 的直线为 $y = k(x - 2) + 2$，联立 $\begin{cases} y = k(x-2) + 2 \\ x^2 = 4y \end{cases}$，消去 y，得 $x^2 - 4kx + 8k - 8 = 0$，则由韦达定理得 $x_1 + x_2 = 4k, x_1 x_2 = 8k - 2$，从而可得 $M(2k, 2k - 2)$，因此 $y = x - 2$。故点 M 满足的轨迹方程为 $x - y - 2 = 0$。

15. (1)（证法 1）设 $P(m, n)$，$A\left(\dfrac{y_1^2}{4}, y_1\right)$，$B\left(\dfrac{y_2^2}{4}, y_2\right)$，则 AB 中点 M 的坐标为 $\left(\dfrac{y_1^2 + y_2^2}{8}, \dfrac{y_1 + y_2}{2}\right)$。由抛物线 $C: y^2 = 4x$ 上存在不同的两点 A, B 满足 PA, PB 的中点均在 C 上，可得

$$\left(\frac{n + y_1}{2}\right)^2 = 4 \cdot \frac{m + \dfrac{y_1^2}{4}}{2},$$

$$\left(\frac{n + y_2}{2}\right)^2 = 4 \cdot \frac{m + \dfrac{1}{4} y_2^2}{2}.$$

化简可得 y_1, y_2 为关于 y 的方程 $y^2 - 2ny + 8m - n^2 = 0$ 的两根，所以由韦达定理得 $y_1 + y_2 = 2n, y_1 y_2 = 8m - n^2$，即得 $n = \dfrac{y_1 + y_2}{2}$。故 PM 垂直于 y 轴。

（证法 2）设 PA, PB 的中点分别为 E, F，连接 EF 交 PM 于点 G，EF 为 $\triangle PAB$ 的中位线，则 $EF \parallel AB$。又因为 M 为 AB 的中点，所以 G 为 EF 的中点。设直线 AB 的方程为 $y = kx + b_1$，直线 EF 的方程为 $y = kx + b_2$，则由 $y^2 = 4x, y = kx + b_1, y = kx + b_2$，解得 $y_M = y_P = \dfrac{4}{k}$。所以 PM 垂直于 y 轴。

(2) 若 P 是半椭圆 $x^2 + \dfrac{y^2}{4} = 1(x < 0)$ 上的动点，可得 $m^2 + \dfrac{n^2}{4} = 1$，且 $-1 \leqslant m < 0, -2 <$

$n < 2$. 又由 (1) 可得 $y_1 + y_2 = 2n$, $y_1 y_2 = 8m - n^2$, 所以由 PM 垂直于 y 轴, 可得 $\triangle PAB$ 的面积为

$$S_{\triangle PAB} = \frac{1}{2} \mid PM \mid \cdot \mid y_1 - y_2 \mid = \frac{1}{2} \left(\frac{y_1^2 + y_2^2}{8} - m \right) \cdot \sqrt{(y_1 + y_2)^2 - 4 y_1 y_2}$$

$$= \left[\frac{1}{16} \cdot (4n^2 - 16m + 2n^2) - \frac{1}{2} m \right] \cdot \sqrt{4n^2 - 32m + 4n^2}$$

$$= \frac{3\sqrt{2}}{4} (n^2 - 4m) \sqrt{n^2 - 4m}.$$

令 $t = \sqrt{n^2 - 4m} = \sqrt{4 - 4m^2 - 4m} = \sqrt{-4\left(m + \frac{1}{2}\right)^2 + 5}$, 则当 $m = -\frac{1}{2}$ 时, t 取得最大值 $\sqrt{5}$;

当 $m = -1$ 时, t 取得最小值 2. 又因为 $S = \frac{3\sqrt{2}}{4} t^3$ 在 $2 \leqslant t \leqslant \sqrt{5}$ 内单调递增, 所以

$S \in \left[6\sqrt{2}, \frac{15}{4}\sqrt{10} \right]$.

故 $\triangle PAB$ 面积的取值范围为 $\left[6\sqrt{2}, \frac{15}{4}\sqrt{10} \right]$.

3.16　蒙日圆问题

题型展望

　　蒙日圆问题曾经出现在 2014 年高考广东卷文科、理科第 20 题, 题型为解答题, 分值为 12 分, 考查了直线与椭圆相切的位置关系, 以及曲线的轨迹方程. "蒙日圆" 问题可以很好地考查考生的逻辑思维能力和运算求解能力, 也可以很好地考查数学运算、逻辑推理和直观想象素养.

经典题探秘

例 1 (2014 年广东卷/文理 20)　已知椭圆 $C : \dfrac{x^2}{a^2} + \dfrac{y^2}{b^2} = 1 (a > b > 0)$ 的一个焦点为 $(\sqrt{5}, 0)$, 离心率为 $\dfrac{\sqrt{5}}{3}$.

　　(1) 求椭圆 C 的标准方程;

　　(2) 若动点 $P(x_0, y_0)$ 为椭圆 C 外一点, 且点 P 到椭圆 C 的两条切线相互垂直, 求点 P 的轨迹方程.

　　【解析】　(1) 由题设可得 $c = \sqrt{5}$, $e = \dfrac{c}{a} = \dfrac{\sqrt{5}}{3}$, 所以 $a = 3$, $b^2 = a^2 - c^2 = 9 - 5 = 4$. 故椭

圆 C 的标准方程为 $\dfrac{x^2}{9} + \dfrac{y^2}{4} = 1$.

(2) 设两个切点分别为 A, B. 当两条切线中有一条斜率不存在, 即 A, B 两点分别为椭圆长轴与短轴的端点时, 点 P 的坐标为 $(\pm 3, \pm 2)$.

当两条切线的斜率均存在时, 设椭圆的切线斜率为 k, 过点 P 的椭圆切线方程为 $y - y_0 = k(x - x_0)$. 联立方程组 $\begin{cases} y - y_0 = k(x - x_0) \\ \dfrac{x^2}{9} + \dfrac{y^2}{4} = 1 \end{cases}$, 得

$$(9k^2 + 4)x^2 + (18ky_0 - 18k^2x_0)x + 9k^2x_0^2 - 18kx_0y_0 + 9y_0^2 - 36 = 0,$$

又因为

$$\Delta = (18ky_0 - 18k^2x_0)^2 - 4(9k^2 + 4)(9k^2x_0^2 - 18kx_0y_0 + 9y_0^2 - 36) = 0,$$

所以 $9k^2 + 4 = (kx_0 - y_0)^2$, 整理得

$$(x_0^2 - 9)k^2 - 2x_0y_0k + y_0^2 - 4 = 0 \quad (x_0 \neq \pm 3).$$

设直线 PA, PB 的斜率分别为 k_1, k_2, 则 $k_1 \cdot k_2 = \dfrac{y_0^2 - 4}{x_0^2 - 9}$. 因为 PA, PB 互相垂直, 所以

$k_1 \cdot k_2 = \dfrac{y_0^2 - 4}{x_0^2 - 9} = -1$, 化简得 $x_0^2 + y_0^2 = 13 (x_0 \neq \pm 3)$, 又因为 $P(\pm 3, \pm 2)$ 满足 $x_0^2 + y_0^2 = 13$, 所以点 P 在圆 $x^2 + y^2 = 13$ 上.

综上可知, 点 P 的轨迹方程为 $x^2 + y^2 = 13$.

点评 本题第(1)问利用椭圆的离心率公式, 通过待定系数法解二元方程得出结果; 第(2)问运用直线与椭圆相切的知识和整体代换的思想, 通过运算推理求得点 P 的轨迹方程. 本题涉及过曲线外一定点的两条切线的斜率的同构: 过圆锥曲线 C 外一定点 $P(x_0, y_0)$ 作圆锥曲线 C 的切线 PA, PB, 切点分别为 A, B, 设直线 PA, PB 的方程分别为 $y - y_0 = k_1(x - x_0)$ 和 $y - y_0 = k_2(x - x_0)$, 联立 $y - y_0 = k_1(x - x_0)$ 与圆锥曲线 C 的方程, 根据相切得 $\Delta = 0$, 从而得到关于 k_1 的一元二次方程 $ak_1^2 + bk_1 + c = 0$, 同理可知 k_2 也满足这样的方程, 即 k_1, k_2 是方程 $ak^2 + bk + c = 0$ 的两根.

【题根探秘】 通过对例1的探究, 可以得到以下更一般的结论(命题1):

命题1 椭圆 $C: \dfrac{x^2}{a^2} + \dfrac{y^2}{b^2} = 1 (a > b > 0)$ 的两条互相垂直的切线的交点轨迹是圆 $x^2 + y^2 = a^2 + b^2$.

证明: 设两个切点分别为 A, B. 当两条切线中有一条斜率不存在, 即 A, B 两点分别为椭圆长轴与短轴的端点时, 点 P 的坐标为 $(\pm a, \pm b)$.

当两条切线的斜率均存在时, 设椭圆的切线斜率为 k, 过点 P 的椭圆切线方程为 $y - y_0 = k(x - x_0)$. 联立方程组 $\begin{cases} y - y_0 = k(x - x_0) \\ \dfrac{x^2}{a^2} + \dfrac{y^2}{b^2} = 1 \end{cases}$, 得

$$(a^2 k^2 + b^2)x^2 - 2ka^2(kx_0 - y_0)x + a^2(kx_0 - y_0)^2 - a^2 b^2 = 0,$$

因为

$$\Delta = 4k^2 a^4(kx_0 - y_0)^2 - 4(a^2 k^2 + b^2)\left[a^2(kx_0 - y_0)^2 - a^2 b^2\right] = 0,$$

整理得

$$(x_0^2 - a^2)k^2 - 2x_0 y_0 k + y_0^2 - b^2 = 0 \quad (x_0^2 - a^2 \neq 0).$$

设直线 PA, PB 的斜率分别为 k_1, k_2, 则 $k_1 \cdot k_2 = \dfrac{y_0^2 - b^2}{x_0^2 - a^2}$, 所以 $k_1 \cdot k_2 = -1$, 即 $x_0^2 + y_0^2 = a^2 + b^2$.

综上可知, 上述命题成立.

【背景探秘】 法国数学家蒙日在其《画法几何学》一书中给出的蒙日圆的定义为: 在椭圆(双曲线)中, 任意两条互相垂直的切线的交点都在同一个圆上, 它的圆心是椭圆(双曲线)的中心, 半径等于长半轴(实半轴)与短半轴(虚半轴)平方和(差)的算术平方根, 这个圆叫作蒙日圆. 椭圆 $\Gamma: \dfrac{x^2}{a^2} + \dfrac{y^2}{b^2} = 1 (a > 0, b > 0, a \neq b)$ 的蒙日圆方程为 $x^2 + y^2 = a^2 + b^2$, 双曲线 $\Gamma: \dfrac{x^2}{a^2} - \dfrac{y^2}{b^2} = 1 (a > 0, b > 0, a \neq b)$ 的蒙日圆方程为 $x^2 + y^2 = |a^2 - b^2|$. 蒙日圆可以很好地展现数学图形之美(图 3.127).

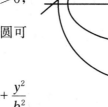

图 3.127

例 2 已知圆 $O: x^2 + y^2 = 5$, 椭圆 $\Gamma: \dfrac{x^2}{a^2} + \dfrac{y^2}{b^2} = 1 (a > b > 0)$ 的左、右焦点分别为 F_1, F_2, 过点 F_1 且垂直于 x 轴的直线被椭圆和圆截得的弦长分别为 1 和 $2\sqrt{2}$.

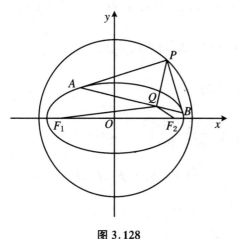

图 3.128

(1) 求椭圆的标准方程.

(2) 如图 3.128 所示, P 为圆上任意一点, 过点 P 作椭圆的两条切线, 分别切椭圆于 A, B 两点.

① 若直线 PA 的斜率为 2, 求直线 PB 的斜率;

② 作 $PQ \perp AB$ 于点 Q, 求证: $|QF_1| + |QF_2|$ 是定值.

【解析】 (1) 由题意得 $\begin{cases} a^2 = b^2 + c^2 \\ 2\sqrt{5 - c^2} = 2\sqrt{2}, \\ \dfrac{2b^2}{a} = 1 \end{cases}$ 解

得 $a=2,b=1,c=\sqrt{3}$. 所以椭圆的标准方程为 $\dfrac{x^2}{4}+y^2=1$.

(2) ① 设 $P(x_0,y_0)$,则切线方程为 $y-y_0=k(x-x_0)$. 由题设 $x_0^2+y_0^2=5$,联立

$$\begin{cases} \dfrac{x^2}{4}+y^2=1 \\ y-y_0=k(x-x_0) \end{cases},化简得$$

$$(1+4k^2)x^2+8k(y_0-kx_0)x+4(y_0-kx_0)^2-4=0.$$

则由 $\Delta=0$ 得

$$(4-x_0^2)k^2+2x_0y_0k+1-y_0^2=0 \quad (4-x_0^2\neq 0).$$

设切线 PA,PB 的斜率分别为 k_1,k_2,则

$$k_1\cdot k_2=\frac{1-y_0^2}{4-x_0^2}=\frac{1-y_0^2}{4-(5-y_0^2)}=-1.$$

又直线 PA 的斜率为 2,故直线 PB 的斜率为 $-\dfrac{1}{2}$.

② 当切线 PA,PB 的斜率都存在时,设 $A(x_1,y_1),B(x_2,y_2)$,则切线 PA,PB 的方程为 $y-y_i=k_i(x-x_i)(i=1,2)$,并由①得

$$(4-x_i^2)k_i^2+2x_iy_ik_i+1-y_i^2=0 \quad (4-x_i^2\neq 0 \text{ 且 } i=1,2).$$

又由点 A,B 在椭圆上,得 $\dfrac{x_i^2}{4}+y_i^2=1(i=1,2)$. 代入上式,得 $4k_i^2-x_i^2k_i^2+2x_iy_ik_i+\dfrac{x_i^2}{4}=0$,所以

$$\left(2y_ik_i+\frac{x_i}{2}\right)^2-4y_i^2k_i^2+4k_i^2-k_i^2x_i^2=0,$$

整理得 $\left(2y_ik_i+\dfrac{x_i}{2}\right)^2-k_i^2(x_i^2+4y_i^2-4)=0$,即得 $\left(2y_ik_i+\dfrac{x_i}{2}\right)^2=0$,解得 $k_i=-\dfrac{x_i}{4y_i}$

$(i=1,2)$. 所以切线 PA,PB 的方程为 $\dfrac{x_ix}{4}+y_iy=1(i=1,2)$. 又过 P 点,则 $\dfrac{x_ix_0}{4}+y_iy_0=1$

$(i=1,2)$,所以直线 AB 的方程为 $\dfrac{x_0x}{4}+y_0y=1$. 由 $PQ\perp AB$,得直线 PQ 的方程为 $y-y_0=$

$\dfrac{4y_0}{x_0}(x-x_0)$. 与直线 AB 的方程 $\dfrac{x_0x}{4}+y_0y=1$ 联立,解得

$$x_Q=\frac{4x_0(1+3y_0^2)}{x_0^2+16y_0^2}=\frac{4}{5}x_0, \quad y_Q=\frac{y_0(1+3y_0^2)}{x_0^2+16y_0^2}=\frac{1}{5}y_0.$$

所以由 $x_0^2+y_0^2=5$,得点 Q 的轨迹方程为 $\dfrac{5}{16}x^2+5y^2=1$,且焦点恰为 F_1,F_2,故

$$|QF_1|+|QF_2|=2\times\frac{4}{\sqrt{5}}=\frac{8}{\sqrt{5}}.$$

当切线 PA,PB 的斜率有一个不存在时,如切线 PB 的斜率不存在,则 $B(2,0),P(2,1)$,

$A(0,1)$.所以直线 AB 的方程为 $y = -\dfrac{1}{2}x + 1$,直线 PQ 的方程为 $y - 1 = 2(x - 2)$.两方程联立,解得 $Q\left(\dfrac{8}{5}, \dfrac{1}{5}\right)$,点 Q 也在椭圆 $\dfrac{5}{16}x^2 + 5y^2 = 1$ 上.若 $B(-2,0)$,同理可得.

综上可得 $|QF_1| + |QF_2| = \dfrac{8\sqrt{5}}{5}$.

点评 本题第(1)问考查了椭圆的定义和通径公式、圆的弦长,以及利用待定系数法求椭圆的标准方程;第(2)问考查了直线与椭圆的位置关系,以及相关点法求曲线的轨迹方程.由第(1)问得出 $a^2 = 4, b^2 = 1$,圆 O 的方程为 $x^2 + y^2 = 5$,恰好满足 $x^2 + y^2 = a^2 + b^2$,所以圆 O 恰好为椭圆 Γ 的蒙日圆.本题可以看成一道未给出背景的隐形数学文化试题,考查了考生的逻辑思维能力和运算求解能力.

【题根探秘】 通过对例2的类比和联想,可以得到以下结论(命题2和命题3):

命题2 已知椭圆 $\Gamma: \dfrac{x^2}{a^2} + \dfrac{y^2}{b^2} = 1(a > b > 0)$ 的左、右焦点分别为 F_1, F_2,P 为其蒙日圆 $x^2 + y^2 = a^2 + b^2$ 上任意一点,过点 P 作椭圆 Γ 的两条切线,分别切椭圆 Γ 于 A, B 两点.

(1) 若直线 PA 的斜率为 k,则直线 PB 的斜率为 $-\dfrac{1}{k}$;

(2) 作 $PQ \perp AB$ 于点 Q,则 $|QF_1| + |QF_2|$ 为定值 $\dfrac{2a^2}{\sqrt{a^2 + b^2}}$.

证明:设 $P(x_0, y_0)$,椭圆 Γ 的过点 P 的切线方程为 $y - y_0 = k(x - x_0)$,且由题设知 $x_0^2 + y_0^2 = a^2 + b^2$.联立 $\begin{cases} \dfrac{x^2}{a^2} + \dfrac{y^2}{b^2} = 1 \\ y - y_0 = k(x - x_0) \end{cases}$,得

$$(a^2 k^2 + b^2)x^2 - 2ka^2(kx_0 - y_0)x + a^2(kx_0 - y_0)^2 - a^2 b^2 = 0.$$
则由其判别式的值为0,得
$$(x_0^2 - a^2)k^2 - 2x_0 y_0 k + y_0^2 - b^2 = 0 \quad (x_0^2 - a^2 \neq 0).$$
因为 k_{PA}, k_{PB} 是上面关于 k 的一元二次方程的两个根,所以
$$k_{PA} \cdot k_{PB} = \dfrac{y_0^2 - b^2}{x_0^2 - a^2} = \dfrac{y_0^2 - b^2}{(a^2 + b^2 - y_0^2) - a^2} - 1.$$

(1) 若直线 PA 的斜率为 k,则直线 PB 的斜率为 $-\dfrac{1}{k}$.

(2) 当切线 PA, PB 的斜率都存在时,设 $A(x_1, y_1), B(x_2, y_2)$,则切线 PA 的方程为 $\dfrac{x_1 x}{a^2} + \dfrac{y_1 y}{b^2} = 1$,切线 PB 的方程为 $\dfrac{x_2 x}{a^2} + \dfrac{y_2 y}{b^2} = 1$.因为切线 PA 和切线 PB 都过点 P,所以 $\begin{cases} \dfrac{x_1 x_0}{a^2} + \dfrac{y_1 y_0}{b^2} = 1 \\ \dfrac{x_2 x_0}{a^2} + \dfrac{y_2 y_0}{b^2} = 1 \end{cases}$,因此直线 AB 的方程为 $\dfrac{x_0 x}{a^2} + \dfrac{y_0 y}{b^2} = 1$.又由 $PQ \perp AB$,得直线 PQ 的方程

为 $y - y_0 = \dfrac{a^2 y_0}{b^2 x_0}(x - x_0)$. 所以联立直线 AB 的方程和直线 PQ 的方程,可得

$$x_Q = \frac{a^2 x_0(c^2 y_0^2 + b^4)}{a^4 y_0^2 + b^4 x_0^2} = \frac{a^2 x_0(c^2 y_0^2 + b^4)}{a^4 y_0^2 + b^4(a^2 + b^2 - y_0^2)} = \frac{a^2 x_0(c^2 y_0^2 + b^4)}{(a^4 - b^4)y_0^2 + b^4(a^2 + b^2)}$$

$$= \frac{a^2}{a^2 + b^2} x_0,$$

$$y_Q = \frac{b^2}{a^2 + b^2} y_0.$$

则由 $x_0^2 + y_0^2 = a^2 + b^2$,可得点 Q 的轨迹方程为椭圆 M:$\dfrac{a^2 + b^2}{a^4}x^2 + \dfrac{a^2 + b^2}{b^4}y^2 = 1$. 又因为

$\dfrac{a^4}{a^2 + b^2} - \dfrac{b^4}{a^2 + b^2} = a^2 - b^2 = c^2$,所以椭圆 M 的焦点恰好为 F_1, F_2. 与椭圆 Γ 的焦点相同,故

$$|QF_1| + |QF_2| = 2\sqrt{\frac{a^4}{a^2 + b^2}} = \frac{2a^2}{\sqrt{a^2 + b^2}}.$$

当切线 PA, PB 的斜率有一个不存在时,如切线 PB 的斜率不存在,则 $B(a, 0), P(a, b)$,$A(0, b)$,所以直线 AB 的方程为 $\dfrac{x}{a} + \dfrac{y}{b} = 1$,直线 PQ 的方程为 $y - b = \dfrac{a}{b}(x - a)$. 两方程联立,解得 $Q\left(\dfrac{a^3}{a^2 + b^2}, \dfrac{b^3}{a^2 + b^2}\right)$,所以点 Q 也在椭圆 M $\dfrac{a^2 + b^2}{a^4}x^2 + \dfrac{a^2 + b^2}{b^4}y^2 = 1$ 上. 若 $B(-a, 0)$,同理可得.

综上可得 $|QF_1| + |QF_2| = \dfrac{2a^2}{\sqrt{a^2 + b^2}}$.

命题 3 已知双曲线 Γ:$\dfrac{x^2}{a^2} - \dfrac{y^2}{b^2} = 1(a > b > 0)$ 的左、右焦点分别为 F_1, F_2,P 为其蒙日圆 $x^2 + y^2 = a^2 - b^2$ 上任意一点,过点 P 作双曲线 Γ 的两条切线,分别切双曲线 Γ 于 A, B 两点.

(1) 若直线 PA 的斜率为 k,则直线 PB 的斜率为 $-\dfrac{1}{k}$;

(2) 作 $PQ \perp AB$ 于点 Q,则 $|QF_1| + |QF_2|$ 为定值 $\dfrac{2a^2}{\sqrt{a^2 - b^2}}$.

证明:设 $P(x_0, y_0)$,双曲线 Γ 的过点 P 的切线方程为 $y - y_0 = k(x - x_0)$,且由题设知 $x_0^2 + y_0^2 = a^2 - b^2$. 联立 $\begin{cases} \dfrac{x^2}{a^2} - \dfrac{y^2}{b^2} = 1 \\ y - y_0 = k(x - x_0) \end{cases}$,得

$(b^2 - a^2k^2)x^2 - 2ka^2(y_0 - kx_0)x - a^2(kx_0 - y_0)^2 - a^2b^2 = 0$ $(b^2 - a^2k^2 \neq 0)$.

则由其判别式的值为 0,得

$$(x_0^2 - a^2)k^2 - 2x_0 y_0 k + y_0^2 + b^2 = 0 \quad (x_0^2 - a^2 \neq 0).$$

因为 k_{PA}, k_{PB} 是这个关于 k 的一元二次方程的两个根,所以

$$k_{PA} \cdot k_{PB} = \frac{y_0^2 + b^2}{x_0^2 - a^2} = \frac{a^2 - x_0^2}{x_0^2 - a^2} = -1.$$

(1) 若直线 PA 的斜率为 k,则直线 PB 的斜率为 $-\dfrac{1}{k}$.

(2) 当切线 PA, PB 的斜率都存在时,设 $A(x_1, y_1)$, $B(x_2, y_2)$,则切线 PA 的方程为 $\dfrac{x_1 x}{a^2} - \dfrac{y_1 y}{b^2} = 1$,切线 PB 的方程为 $\dfrac{x_2 x}{a^2} - \dfrac{y_2 y}{b^2} = 1$. 因为切线 PA 和切线 PB 都过点 P,所以

$$\begin{cases} \dfrac{x_1 x_0}{a^2} - \dfrac{y_1 y_0}{b^2} = 1 \\ \dfrac{x_2 x_0}{a^2} - \dfrac{y_2 y_0}{b^2} = 1 \end{cases}$$
,因此直线 AB 的方程为 $\dfrac{x_0 x}{a^2} - \dfrac{y_0 y}{b^2} = 1$. 又由 $PQ \perp AB$,得直线 PQ 的方程

为 $y - y_0 = -\dfrac{a^2 y_0}{b^2 x_0}(x - x_0)$. 所以联立直线 AB 的方程和直线 PQ 的方程,可得

$$x_Q = \frac{a^2 x_0 (c^2 y_0^2 + b^4)}{a^4 y_0^2 + b^4 x_0^2} = \frac{a^2 x_0 (c^2 y_0^2 + b^4)}{a^4 y_0^2 + b^4 (a^2 - b^2 - y_0^2)} = \frac{a^2}{a^2 - b^2} x_0,$$

$$y_Q = \frac{b^2}{a^2 - b^2} y_0.$$

则由 $x_0^2 + y_0^2 = a^2 - b^2$,可得点 Q 的轨迹为椭圆 M:$\dfrac{a^2 - b^2}{a^4} x^2 + \dfrac{a^2 - b^2}{b^4} y^2 = 1$. 又因为

$\dfrac{a^4}{a^2 - b^2} - \dfrac{b^4}{a^2 - b^2} = a^2 + b^2 = c^2$,所以椭圆 M 的焦点恰好为 F_1, F_2,与双曲线 Γ 的焦点相同. 故

$$|QF_1| + |QF_2| = 2\sqrt{\frac{a^4}{a^2 - b^2}} = \frac{2a^2}{\sqrt{a^2 - b^2}}.$$

当切线 PA, PB 的斜率有一个不存在时,如切线 PB 的斜率不存在,则 $B(a, 0)$, $P(a, b)$, $A(0, b)$,所以直线 AB 的方程为 $\dfrac{x}{a} + \dfrac{y}{b} = 1$,直线 PQ 的方程为 $y - b = \dfrac{a}{b}(x - a)$. 两方程联立,解得 $Q\left(\dfrac{a^3}{a^2 - b^2}, \dfrac{b^3}{a^2 - b^2}\right)$,所以点 Q 也在椭圆 M:$\dfrac{a^2 - b^2}{a^4} x^2 + \dfrac{a^2 - b^2}{b^4} y^2 = 1$ 上. 若 $B(-a, 0)$,同理可得.

综上可得 $|QF_1| + |QF_2| = \dfrac{2a^2}{\sqrt{a^2 - b^2}}$.

例3 画法几何的创始人法国数学家加斯帕尔·蒙日发现:与椭圆 C:$\dfrac{x^2}{a^2} + \dfrac{y^2}{b^2} = 1$ $(a > b > 0)$相切的两条垂直的切线的交点轨迹为 E:$x^2 + y^2 = a^2 + b^2$,这个轨迹是以椭圆中

心为圆心的圆,我们通常把这个圆称为该椭圆的蒙日圆.则下列结论不正确的是(　　).

A. 已知椭圆 C 的长轴长为 4,离心率为 $e=\dfrac{1}{2}$,则椭圆 C 的"蒙日圆" E 的方程为 $x^2+y^2=7$

B. 已知椭圆 $C:\dfrac{x^2}{a^2}+\dfrac{y^2}{b^2}=1(a>b>0)$ 的离心率为 $\dfrac{\sqrt{2}}{2}$, A, B 为椭圆 C 上的两个动点,对于直线 $l:bx+ay-a^2-b^2=0$ 上任一点 P,有 $\overrightarrow{PA}\cdot\overrightarrow{PB}>0$

C. 已知椭圆 $C:\dfrac{x^2}{2}+y^2=1$,现将质点 P 随机投入椭圆 C 所对应的蒙日圆内,则质点落在椭圆外部的概率为 $1-\dfrac{\sqrt{2}}{3}$（椭圆 $\dfrac{x^2}{a^2}+\dfrac{y^2}{b^2}=1$ 的面积公式为 $S=\pi ab$）

D. 已知椭圆 $C:\dfrac{x^2}{a^2}+\dfrac{y^2}{b^2}=1(a>b>0)$ 的离心率为 $\dfrac{\sqrt{2}}{2}$, F 为椭圆的右焦点, A 为椭圆上的一个动点,直线 $l:bx+ay-a^2-b^2=0$,记点 A 到直线 l 的距离为 d,则 $d-|AF|$ 的最小值为 $\dfrac{4\sqrt{3}}{3}b-2a$

【解析】 对于选项 A,由 $2a=4$,得 $a=2$,而 $e=\dfrac{c}{a}=\dfrac{c}{2}=\dfrac{1}{2}$,所以 $c=1$, $b^2=a^2-c^2=4-1=3$,即得 $a^2+b^2=7$,故正确.对于选项 B,取点 $P(b,a)$,则点 P 在椭圆 $C:\dfrac{x^2}{a^2}+\dfrac{y^2}{b^2}=1$ $(a>b>0)$ 的蒙日圆 $E:x^2+y^2=a^2+b^2$ 上,若取点 $A(-a,0)$, $B(a,0)$,则线段 AB 为蒙日圆 E 的直径,即 $\overrightarrow{PA}\cdot\overrightarrow{PB}=0$,故错误.对于选项 C,因为 $a=\sqrt{2}$, $b=1$,所以椭圆 C 的面积为 $S=\pi ab=\sqrt{2}\pi$,又因为 $\sqrt{a^2+b^2}=\sqrt{2+1}=\sqrt{3}$,所以蒙日圆 E 的面积为 $\pi(\sqrt{a^2+b^2})^2=3\pi$,由几何概型的概率公式,可知质点落在椭圆外部的概率为 $p=\dfrac{3\pi-\sqrt{2}\pi}{3\pi}=1-\dfrac{\sqrt{2}}{3}$,故 C 正确.对于选项 D,因为 $e=\dfrac{c}{a}=\dfrac{\sqrt{2}}{2}$,所以 $c=b$, $a=\sqrt{2}b$.设椭圆 C 的左焦点为 F_1,则由椭圆的定义可知 $|AF|=2a-|AF_1|$,故 $d-|AF|=d+|AF_1|-2a$.过点 A 作 $AQ\perp l$ 于点 Q,当 F_1, A, Q 三点共线,点 A 在线段 F_1Q 上且 $F_1Q\perp l$ 时, $d+|AF_1|$ 最小, $d+|AF_1|$ 的最小值为点 $F_1(-c,0)$ 到直线 l 的距离,即

$$d_1=\dfrac{|-bc-a^2-b^2|}{\sqrt{b^2+a^2}}=\dfrac{|-b^2-2b^2-b^2|}{\sqrt{b^2+2b^2}}=\dfrac{4\sqrt{3}}{3}b.$$

所以 $d-|AF|$ 的最小值为 $\dfrac{4\sqrt{3}}{3}b-2a$,故正确.本题要选不正确的,故选 B.

点评 本题取材于数学名题,以蒙日圆问题为背景,是一道显性数学文化试题,考查了椭圆的定义和几何性质、圆的几何性质,以及几何概型的概率公式,既考查了考生的阅读理

解能力和分析问题与解决问题的能力,以及探究意识与创新能力,也考查了考生的方程思想和化归与转化思想,同时也考查了考生的逻辑推理、数学运算和直观想象素养.本题体现了试题命制的基础性、综合性和应用性.

例4 定义椭圆 $C: \dfrac{x^2}{a^2} + \dfrac{y^2}{b^2} = 1 (a > b > 0)$ 的"蒙日圆"方程为 $x^2 + y^2 = a^2 + b^2$.已知抛物线 $x^2 = 4y$ 的焦点是椭圆 C 的一个短轴端点,且椭圆 C 的离心率为 $\dfrac{\sqrt{6}}{3}$.

(1) 求椭圆 C 的标准方程和它的"蒙日圆"E 的方程;

(2) 若斜率为 1 的直线 l 与"蒙日圆"E 相交于 A,B 两点,且与椭圆 C 相切.O 为坐标原点,求 $\triangle OAB$ 的面积.

【解析】 (1) 由题设知抛物线 $x^2 = 4y$ 的焦点为 $(0, 1)$,即 $b = 1$.又因为 $e = \dfrac{c}{a} = \dfrac{\sqrt{6}}{3}$,且 $a^2 = b^2 + c^2$,所以 $a = \sqrt{3}$,$c = \sqrt{2}$.故椭圆的标准方程 $\dfrac{x^2}{3} + y^2 = 1$,"蒙日圆"E 的方程为 $x^2 + y^2 = 4$.

(2) 设直线 l 的方程为 $y = x + m$,$A(x_1, y_1)$,$B(x_2, y_2)$,则由 $\begin{cases} y = x + m \\ x^2 + 3y^2 = 3 \end{cases}$,消去 y,得 $4x^2 + 6mx + 3m^2 - 3 = 0$.由直线 l 与椭圆相切,可知 $\Delta = 0$,即 $m^2 = 4$,解得 $m = \pm 2$.

由(1)知"蒙日圆"E 的方程为 $x^2 + y^2 = 4$,圆心为 $(0, 0)$,半径 $r = 2$,则圆心到直线 l 的距离为 $d = \dfrac{|m|}{\sqrt{1+1}} = \sqrt{2}$.而

$$|AB| = 2\sqrt{r^2 - d^2} = 2\sqrt{4 - 2} = 2\sqrt{2},$$

所以

$$S_{\triangle ABC} = \frac{1}{2}|AB| \cdot d = \frac{1}{2} \times 2\sqrt{2} \times \sqrt{2} = 2.$$

点评 本题第(1)问先利用抛物线的几何性质、椭圆的定义和几何性质得出椭圆的方程,再结合已知条件得出该椭圆的"蒙日圆"方程;第(2)问先由直线与椭圆的位置关系可得出 m 的值,再根据圆的弦长公式得出圆的方程,最后计算出 $\triangle ABC$ 的面积.本题可以看成一道取材于数学名人和数学名题的文化试题,与数学家蒙日相关联,能凸显数学文化的内涵,发挥数学的育人功能.

例5 已知椭圆 $C: \dfrac{x^2}{a^2} + \dfrac{y^2}{b^2} = 1 (a > b > 0)$ 的离心率为 $\dfrac{\sqrt{2}}{2}$,点 $A\left(1, \dfrac{\sqrt{2}}{2}\right)$ 在椭圆上,O 为坐标原点.

(1) 求椭圆 C 的方程;

(2) 设动直线 l 与椭圆 C 有且仅有一个公共点,且 l 与圆 $x^2 + y^2 = 3$ 相交于不在坐标轴

上的两点 P_1，P_2，求证：$k_{OP_1} \cdot k_{OP_2}$ 为定值.

【解析】 (1) 由题设可得 $\dfrac{c}{a} = \dfrac{\sqrt{2}}{2}, \dfrac{1}{a^2} + \dfrac{1}{2b^2} = 1, a^2 - b^2 = c^2$，解得 $a = \sqrt{2}, b = 1$. 所以椭

圆 C 的方程为 $\dfrac{x^2}{2} + y^2 = 1$.

(2) 设直线 l 的方程为 $y = kx + m, P_1(x_1, y_1), P_2(x_2, y_2)$，其中 $x_1 y_1 \neq 0, x_2 y_2 \neq 0$.

联立 $\begin{cases} y = kx + m \\ \dfrac{x^2}{2} + y^2 = 1 \end{cases}$，消去 y，得

$$(2k^2 + 1)x^2 + 4kmx + 2m^2 - 2 = 0.$$

由题设知 $\Delta = (4km)^2 - 4 \times (2k^2 + 1)(2m^2 - 2) = 0$，整理得 $m^2 = 2k^2 + 1$.

联立 $\begin{cases} y = kx + m \\ x^2 + y^2 = 3 \end{cases}$，消去 y，得

$$(k^2 + 1)x^2 + 2kmx + m^2 - 3 = 0.$$

则由韦达定理可得 $x_1 + x_2 = -\dfrac{2km}{k^2 + 1}, x_1 x_2 = \dfrac{m^2 - 3}{k^2 + 1}$. 所以

$$k_{OP_1} \cdot k_{OP_2} = \frac{y_1}{x_1} \cdot \frac{y_2}{x_2} = \frac{(kx_1 + m)(kx_2 + m)}{x_1 x_2} = \frac{k^2 x_1 x_2 + km(x_1 + x_2) + m^2}{x_1 x_2}$$

$$= \frac{k^2 \cdot \dfrac{m^2 - 3}{k^2 + 1} + km \cdot \left(-\dfrac{2km}{k^2 + 1}\right) + m^2}{\dfrac{m^2 - 3}{k^2 + 1}} = \frac{m^2 - 3k^2}{m^2 - 3} = \frac{1 - k^2}{2k^2 - 2} = -\frac{1}{2}.$$

故 $k_{OP_1} \cdot k_{OP_2}$ 为定值 $-\dfrac{1}{2}$.

点评 本题第(1)问考查了利用待定系数法求椭圆的标准方程，第(2)问是隐性数学文化试题，考查了以蒙日圆为背景的椭圆定值问题. 对于第(2)问，先利用直线与椭圆的相切关系，联立椭圆方程和直线方程，根据判别式等于零，得到一个关于 m 和 k 的等式，再联立圆的方程和直线方程，由韦达定理表示出两根之和与两根之积，最后由直线斜率公式表示出两斜率之积，并运用整体代换的思想，化简得出 $k_{OP_1} \cdot k_{OP_2}$ 为定值 $-\dfrac{1}{2}$.

【题根探秘】 通过对例5的探究，可以得到以下结论(命题4)：

命题 4 已知椭圆 $C: \dfrac{x^2}{a^2} + \dfrac{y^2}{b^2} = 1(a > b > 0)$，动直线 l 与椭圆 C 有且仅有一个公共点，且 l 与椭圆 C 的蒙日圆 $x^2 + y^2 = a^2 + b^2$ 相交于不在坐标轴上的两点 P_1，P_2，则 $k_{OP_1} \cdot k_{OP_2}$ 为定值 $-\dfrac{b^2}{a^2}$.

证明：设直线 l 的方程为 $y = kx + m, P_1(x_1, y_1), P_2(x_2, y_2)$，其中 $x_1 y_1 \neq 0, x_2 y_2 \neq 0$.

联立 $\begin{cases} y = kx + m \\ \dfrac{x^2}{a^2} + \dfrac{y^2}{b^2} = 1 \end{cases}$,消去 y,得

$$(a^2 k^2 + b^2) x^2 + 2a^2 kmx + a^2 m^2 - a^2 b^2 = 0.$$

由题设知 $\Delta = (2a^2 km)^2 - 4 \times (a^2 k^2 + b^2)(a^2 m^2 - a^2 b^2) = 0$,整理得 $m^2 = a^2 k^2 + b^2$.

联立 $\begin{cases} y = kx + m \\ x^2 + y^2 = a^2 + b^2 \end{cases}$,消去 y,得

$$(k^2 + 1) x^2 + 2kmx + m^2 - a^2 - b^2 = 0.$$

则由韦达定理可得 $x_1 + x_2 = -\dfrac{2km}{k^2 + 1}$,$x_1 x_2 = \dfrac{m^2 - a^2 - b^2}{k^2 + 1}$.所以

$$
\begin{aligned}
k_{OP_1} \cdot k_{OP_2} &= \frac{y_1}{x_1} \cdot \frac{y_2}{x_2} = \frac{(kx_1 + m)(kx_2 + m)}{x_1 x_2} = \frac{k^2 x_1 x_2 + km(x_1 + x_2) + m^2}{x_1 x_2} \\
&= \frac{k^2 \cdot \dfrac{m^2 - a^2 - b^2}{k^2 + 1} + km \cdot \left(-\dfrac{2km}{k^2 + 1} \right) + m^2}{\dfrac{m^2 - a^2 - b^2}{k^2 + 1}} = \frac{k^2(-a^2 - b^2) + m^2}{m^2 - a^2 - b^2} \\
&= \frac{\dfrac{m^2 - b^2}{a^2}(-a^2 - b^2) + m^2}{m^2 - a^2 - b^2} = \frac{b^2(a^2 + b^2 - m^2)}{a^2(m^2 - a^2 - b^2)} = -\frac{b^2}{a^2}.
\end{aligned}
$$

故 $k_{OP_1} \cdot k_{OP_2}$ 为定值 $-\dfrac{b^2}{a^2}$.

点评　这类以蒙日圆问题为背景的模考试题创新了试题命制形式,只要考生能够认真阅读,理解题意,再结合学过的解析几何中关于椭圆和圆的基础知识,就可以顺利地解答这类题目.

单选题

1. 在平面直角坐标系 xOy 中,若直线 $x + ay + 3 = 0$ 上存在动点 P,使得过点 P 的椭圆 $C: \dfrac{x^2}{3} + y^2 = 1$ 的两条切线互相垂直,则实数 a 的取值范围是(　　).

A. $\left(-\infty, -\dfrac{\sqrt{2}}{2} \right] \cup \left[\dfrac{\sqrt{2}}{2}, +\infty \right)$ 　　　　B. $\left(-\infty, -\dfrac{\sqrt{5}}{2} \right] \cup \left[\dfrac{\sqrt{5}}{2}, +\infty \right)$

C. $\left[-\dfrac{\sqrt{2}}{2}, \dfrac{\sqrt{2}}{2} \right]$ 　　　　D. $\left[-\dfrac{\sqrt{5}}{2}, \dfrac{\sqrt{5}}{2} \right]$

2. 已知点 P 是椭圆 $M_1: \dfrac{x^2}{5} + \dfrac{y^2}{4} = 1$ 的两条互相垂直的切线的交点,点 Q 是圆 M_2:$x^2 + y^2 = 9$ 外一定点,点 O 为坐标原点,以 OP 和 OQ 为两邻边作平行四边形 $OPMQ$,则点

M 的轨迹是( ).

  A. 圆   B. 椭圆

  C. 圆的一部分   D. 椭圆的一部分

  3. 蒙日圆涉及几何学中的一个著名定理,该定理的内容为:椭圆上两条互相垂直的切线的交点必在一个与椭圆同心的圆上,该圆称为原椭圆的蒙日圆.若椭圆 $C: \dfrac{x^2}{a+1} + \dfrac{y^2}{a} = 1$ $(a>0)$ 的离心率为 $\dfrac{1}{2}$,则椭圆 C 的蒙日圆方程为( ).

  A. $x^2 + y^2 = 9$ B. $x^2 + y^2 = 7$ C. $x^2 + y^2 = 5$ D. $x^2 + y^2 = 4$

多选题

  4. 画法几何的创始人法国数学家加斯帕尔·蒙日发现:与椭圆相切的两条垂直切线的交点轨迹是以椭圆中心为圆心的圆,我们通常把这个圆称为该椭圆的蒙日圆.已知椭圆 $C: \dfrac{x^2}{a^2} + \dfrac{y^2}{b^2} = 1(a>b>0)$ 的离心率为 $\dfrac{\sqrt{2}}{2}$,F_1,F_2 分别为 C 的左、右焦点,A,B 为 C 上两个动点,直线 l 的方程为 $bx + ay - a^2 - b^2 = 0$,则下列说法正确的是( ).

  A. C 的蒙日圆方程为 $x^2 + y^2 = 3b^2$

  B. 对 l 上任意点 P,都有 $\overrightarrow{PA} \cdot \overrightarrow{PB} > 0$

  C. 记点 A 到直线 l 的距离为 d,则 $d - |AF_2|$ 的最小值为 $\dfrac{4\sqrt{3}}{3}b$

  D. 若矩形 $MNGH$ 的四条边均与 C 相切,则矩形 $MNGH$ 面积的最大值为 $6b^2$

填空题

  5. 已知矩形 $ABCD$ 的内切椭圆为 $M: \dfrac{x^2}{6} + \dfrac{y^2}{2} = 1$,则矩形 $ABCD$ 面积的最大值为_____.

  6. 已知双曲线 $C: \dfrac{x^2}{a^2} - \dfrac{y^2}{b^2} = 1(a>0, b>0)$ 的离心率为 $\dfrac{4}{3}$,过点 $P(-\sqrt{2}, 0)$ 的双曲线的两条切线相互垂直,则双曲线 C 的标准方程为_____.

  7. 已知两动点 M,N 在椭圆 $C: \dfrac{x^2}{a^2} + \dfrac{y^2}{9} = 1(a>3)$ 上,动点 P 在直线 $3x + 4y - 30 = 0$ 上.若 $\angle MPN$ 恒为锐角,则椭圆 C 的离心率的取值范围为_____.

  8. 过双曲线 $C: \dfrac{x^2}{a^2} - \dfrac{y^2}{b^2} = 1(a>b>0)$ 上任意不同的两点 A,B 作双曲线 C 的切线.若切线垂直且相交于点 P,则动点 P 的轨迹为圆,该圆称作双曲线 C 的蒙日圆.若双曲线 C 的蒙日圆方程为 $x^2 + y^2 = 3$,则该双曲线 C 的标准方程可以是_____(答案不唯一).

解答题

9. 已知椭圆 $C:\dfrac{x^2}{a^2}+\dfrac{y^2}{b^2}=1(a>b>0)$ 的上顶点为 A，左、右焦点分别为 F_1，F_2，线段 OF_1，OF_2 的中点分别为 B_1，B_2，且 $\triangle AB_1B_2$ 是面积为 $\sqrt{3}$ 的正三角形.

(1) 求椭圆 C 的方程.

(2) 设圆心为原点，半径为 $\sqrt{a^2+b^2}$ 的圆是椭圆 C 的"基圆"，点 P 是椭圆 C 的"基圆"上的一个动点，过点 P 作直线 l_1，l_2 与椭圆 C 都只有一个交点，试判断 l_1，l_2 是否垂直，并说明理由.

10. 已知椭圆 $C:\dfrac{x^2}{a^2}+\dfrac{y^2}{b^2}=1(a>b>0)$ 的离心率为 $\dfrac{\sqrt{3}}{2}$，F_1，F_2 分别为椭圆 C 的左、右焦点，M 为椭圆 C 上一点，$\triangle MF_1F_2$ 的周长为 $4+2\sqrt{3}$.

(1) 求椭圆 C 的方程.

(2) P 为圆 $x^2+y^2=5$ 上任意一点，过点 P 作椭圆 C 的两条切线，切点分别为 A，B，判断 $\overrightarrow{PA}\cdot\overrightarrow{PB}$ 是否为定值.若是，求出定值；若不是，请说明理由.

11. 已知椭圆 $C:\dfrac{x^2}{a^2}+\dfrac{y^2}{b^2}=1(a>b>0)$ 的左焦点为 $F_1(-\sqrt{3},0)$，点 $Q\left(1,\dfrac{\sqrt{3}}{2}\right)$ 在椭圆 C 上.

(1) 求椭圆 C 的标准方程.

(2) 经过圆 $O:x^2+y^2=5$ 上一动点 P 作椭圆 C 的两条切线，切点分别记为 A，B，直线 PA，PB 分别与圆 O 相交于异于点 P 的 M，N 两点.

① 求证：$\overrightarrow{OM}+\overrightarrow{ON}=\mathbf{0}$；

② 求 $\triangle AOB$ 面积的取值范围.

12. 已知椭圆 $C:\dfrac{x^2}{a^2}+\dfrac{y^2}{b^2}=1(a>b>0)$ 的四个顶点构成的四边形面积为 $4\sqrt{3}$，点 $\left(1,\dfrac{3}{2}\right)$ 在椭圆 C 上.

(1) 求椭圆 C 的方程；

(2) 若矩形 $MNPQ$ 满足各边均与椭圆 C 相切，求证：矩形 $MNPQ$ 对角线的长度为定值.

13. (结构不良题) 给定椭圆 $C:\dfrac{x^2}{a^2}+\dfrac{y^2}{b^2}=1$ $(a>b>0)$，称圆心在原点 O、半径为 $\sqrt{a^2+b^2}$ 的圆为椭圆 C 的"准圆".已知椭圆 C 的左、右焦点分别为 F_1，F_2，给出两个条件：

① $|F_1F_2|=2\sqrt{2}$，直线 $x=1$ 截椭圆 C 的"准圆"所得弦长为 $2\sqrt{3}$；

② 点 Q 在椭圆 C 上，满足 $|QF_1|+|QF_2|=2\sqrt{3}$，直线 $y=x$ 截椭圆 C 的"准圆"所得弦

长为 4.

从条件①和条件②中任选其一,求下列问题:

(1) 求椭圆 C 的方程和其"准圆"方程;

(2) 若点 P 是椭圆 C 的"准圆"上的动点,过点 P 作椭圆的切线 l_1,l_2,分别交"准圆"于点 M,N.证明:$l_1 \perp l_2$,且线段 MN 的长为定值.

习题参考答案

1. B.解析:椭圆 $C:\dfrac{x^2}{3} + y^2 = 1$ 的蒙日圆方程为 $x^2 + y^2 = 4$,由题设可得直线 $x + ay + 3 = 0$ 与椭圆 C 的蒙日圆有公共点,所以 $\dfrac{3}{\sqrt{1+a^2}} \leqslant 2$,解得 $a^2 \geqslant \dfrac{5}{4}$,即 $a \leqslant -\dfrac{\sqrt{5}}{2}$ 或 $a \geqslant \dfrac{\sqrt{5}}{2}$.故选 B.

2. C.解析:由蒙日圆的知识可知,点 P 的轨迹就是蒙日圆 $M_2:x^2 + y^2 = 9$.因为四边形 $OPMQ$ 为平行四边形,所以 $|\overrightarrow{OP}| = |\overrightarrow{QM}| = 3$,故点 M 的轨迹是以 Q 为圆心、半径为 3 的圆.又因为当 O,P,Q 三点共线时,四点 O,P,M,Q 不能构成平行四边形,因此点 M 的轨迹是圆的一部分.故选 C.

3. B.解析:由题设可得,椭圆 C 的离心率 $e = \dfrac{1}{\sqrt{a+1}} = \dfrac{1}{2}$,解得 $a = 3$,所以椭圆 C 的方程为 $\dfrac{x^2}{4} + \dfrac{y^2}{3} = 1$.因此由椭圆的蒙日圆的结论可得,椭圆 C 的蒙日圆方程为 $x^2 + y^2 = 7$.故选 B.

4. AD.解析:对于选项 A,因为 $e^2 = \dfrac{c^2}{a^2} = \dfrac{a^2 - b^2}{a^2} = \dfrac{1}{2}$,所以 $a^2 = 2b^2$,即 $a^2 + b^2 = 3b^2$,可得椭圆 C 的蒙日圆方程为 $x^2 + y^2 = 3b^2$,故正确.对于选项 B,取点 $P(b,a)$,则点 P 在椭圆 $C:\dfrac{x^2}{a^2} + \dfrac{y^2}{b^2} = 1(a > b > 0)$ 的蒙日圆 $E:x^2 + y^2 = a^2 + b^2$ 上.若取点 $A(-a,0)$,$B(a,0)$,则线段 AB 为蒙日圆 E 的直径,即 $\overrightarrow{PA} \cdot \overrightarrow{PB} = 0$,故错误.对于选项 C,设椭圆 C 的左焦点为 F_1,则由椭圆的定义可知 $|AF| = 2a - |AF_1|$,即 $d - |AF| = d + |AF_1| - 2a$.过点 A 作 $AQ \perp l$ 于点 Q,当点 F_1,A,Q 三点共线,点 A 在线段 F_1Q 上且 $F_1Q \perp l$ 时,$d + |AF_1|$ 最小.所以 $d + |AF_1|$ 的最小值为点 $F_1(-c,0)$ 到直线 l 的距离,即

$$d_1 = \dfrac{|-bc - a^2 - b^2|}{\sqrt{b^2 + a^2}} = \dfrac{|-b^2 - 2b^2 - b^2|}{\sqrt{b^2 + 2b^2}} = \dfrac{4\sqrt{3}}{3}b.$$

此时 $d - |AF|$ 的最小值为 $\dfrac{4\sqrt{3}}{3}b - 2a$,故错误.对于选项 D,矩形 $MNGH$ 为椭圆 C 的蒙日圆的内接矩形,设 $|MN| = m$,$|MH| = n$,则由题设可得 $m^2 + n^2 = 12b^2$,又由重要不等式,

可得矩形的面积 $S = mn \leqslant \dfrac{m^2 + n^2}{2} = 6b^2$,当且仅当 $m = n = \sqrt{6}b$ 时等号成立,故 D 正确.故选 AD.

5. 16.解析:由于椭圆 M 的切线 AB 与 AD 互相垂直,由蒙日圆的定义,可知点 A 在椭圆 M 的蒙日圆 $x^2 + y^2 = 8$ 上.同理,矩形 $ABCD$ 的顶点 B, C, D 也在椭圆 M 的蒙日圆 $x^2 + y^2 = 8$ 上.所以本题化归为求圆 $x^2 + y^2 = 8$ 的内接矩形的最大面积.设 $|AB| = m$,$|AD| = n$,则由题设可得 $m^2 + n^2 = 32$,又由重要不等式,可得矩形的面积 $S = mn \leqslant \dfrac{m^2 + n^2}{2} = 16$,当且仅当 $m = n = 4$ 时等号成立,故矩形 $ABCD$ 面积的最大值为 16.

6. $\dfrac{x^2}{9} - \dfrac{y^2}{7} = 1$.解析:由题设,可得点 $P(-\sqrt{2}, 0)$ 在双曲线 C 的蒙日圆上,其轨迹方程为 $x^2 + y^2 = |a^2 - b^2|$,所以 $|a^2 - b^2| = 2$,又 $e = \dfrac{c}{a} = \dfrac{4}{3}$,$a^2 + b^2 = c^2$,解得 $a = 3$,$b = \sqrt{7}$.故双曲线 C 的标准方程为 $\dfrac{x^2}{9} - \dfrac{y^2}{7} = 1$.

7. $\left(0, \dfrac{4}{5}\right)$.解析:过点 M, N 作椭圆 C 的两条互相垂直的切线,设切线的交点为 T,则点 T 的轨迹为椭圆 C 的蒙日圆 $x^2 + y^2 = a^2 + 9$.因为 $\angle MPN$ 恒为锐角,所以点 P 在蒙日圆 $x^2 + y^2 = a^2 + 9$ 外,即直线 $3x + 4y - 30 = 0$ 与蒙日圆 $x^2 + y^2 = a^2 + 9$ 相离,故 $d = \dfrac{|-30|}{\sqrt{3^2 + 4^2}} > \sqrt{a^2 + 9}$,解得 $3 < a < 5$.又因为 $e = \dfrac{c}{a} = \sqrt{1 - \dfrac{b^2}{a^2}} = \sqrt{1 - \dfrac{9}{a^2}}$,解得 $0 < e < \dfrac{4}{5}$,所以椭圆 C 的离心率的取值范围为 $\left(0, \dfrac{4}{5}\right)$.

8. $\dfrac{x^2}{6} - \dfrac{y^2}{3} = 1$.解析:由蒙日圆的结论,可得双曲线 $C: \dfrac{x^2}{a^2} - \dfrac{y^2}{b^2} = 1 (a > b > 0)$ 的蒙日圆方程 $x^2 + y^2 = a^2 - b^2$.又由题设可得 $a^2 - b^2 = 3$,取 $a^2 = 6$,则 $b^2 = 3$.其他满足 $a^2 - b^2 = 3$ 的答案也对.

9. (1) 由题设可得 $S_{\triangle AB_1B_2} = \dfrac{\sqrt{3}}{4}c^2 = \sqrt{3}$,$b = c\sin 60°$,$a^2 = b^2 + c^2$,解得 $a = \sqrt{7}$,$b = \sqrt{3}$,$c = 2$.所以椭圆 C 的方程为 $\dfrac{x^2}{7} + \dfrac{y^2}{3} = 1$.

(2) 设 $P(x_0, y_0)$ 是"基圆"上的任意一点,则 $x_0^2 + y_0^2 = a^2 + b^2 = 10$.

① 当经过点 P 与椭圆 C 相切的直线的斜率存在时,设经过点 P 与椭圆 C 相切的直线方程为 $y = kx + m$,其中 $m = y_0 - kx_0$.联立 $\begin{cases} y = kx + m \\ \dfrac{x^2}{7} + \dfrac{y^2}{3} = 1 \end{cases}$,消去 y,得

$$(7k^2 + 3)x^2 + 14kmx + 7m^2 - 21 = 0 \quad (7 - x_0^2 \neq 0).$$

则由 $\Delta = 0$, 得 $7k^2 - m^2 + 3 = 0$. 将 $m = y_0 - kx_0$ 代入上式, 可得

$$(7 - x_0^2)k^2 + 2x_0y_0k + (3 - y_0^2) = 0 \quad (7 - x_0^2 \neq 0).$$

所以 $k_1 \cdot k_2 = \dfrac{3 - y_0^2}{7 - x_0^2} = \dfrac{x_0^2 - 7}{7 - x_0^2} = -1$. 故 $l_1 \perp l_2$.

② 当经过点 P 与椭圆 C 相切的直线的斜率不存在时, 点 P 的坐标为 $(\pm\sqrt{7}, \pm\sqrt{3})$, 显然 $l_1 \perp l_2$.

综上, "基圆" 上的任意动点 P 都可使 $l_1 \perp l_2$.

10. (1) 由题设可得 $\dfrac{c}{a} = \dfrac{\sqrt{3}}{2}$, $2(a + c) = 4 + 2\sqrt{3}$, 又 $a^2 = b^2 + c^2$, 解得 $a = 2, b = 1$. 所以椭圆 C 的方程为 $\dfrac{x^2}{4} + y^2 = 1$.

(2) $\overrightarrow{PA} \cdot \overrightarrow{PB}$ 为定值 0. 理由如下: 设 $P(x_0, y_0)$, 则 $x_0^2 + y_0^2 = 5$.

当 $x_0 = \pm 2$ 时, $y_0 = \pm 1$, 显然有 $PA \perp PB$, 所以 $\overrightarrow{PA} \cdot \overrightarrow{PB} = 0$.

当 $x_0 \neq \pm 2$ 时, 过点 P 的切线可设为 $y = k(x - x_0) + y_0$, 则由 $\begin{cases} y = k(x - x_0) + y_0 \\ x^2 + 4y^2 = 4 \end{cases}$, 得

$$(4k^2 + 1)x^2 + 8k(y_0 - kx_0)x + 4[(y_0 - kx_0)^2 - 1] = 0.$$

所以

$$\Delta = [8k(y_0 - kx_0)]^2 - 4(4k^2 + 1) \cdot 4[(y_0 - kx_0)^2 - 1] = 0.$$

整理成关于 k 的方程, 即为 $(4 - x_0^2)k^2 + 2x_0y_0k + (1 - y_0^2) = 0$, 此关于 k 的方程的两个根 k_1, k_2 就是切线 PA, PB 的斜率, 所以

$$k_1 \cdot k_2 = \dfrac{1 - y_0^2}{4 - x_0^2} = \dfrac{1 - (5 - x_0^2)}{4 - x_0^2} = -1.$$

即 $PA \perp PB$.

综上, $\overrightarrow{PA} \cdot \overrightarrow{PB}$ 为定值 0.

11. (1) 由题设可得 $a^2 - b^2 = 3$, $\dfrac{1}{a^2} + \dfrac{\frac{3}{4}}{b^2} = 1$, 解得 $a = 2, b = 1$. 所以椭圆 C 的方程为 $\dfrac{x^2}{4} + y^2 = 1$.

(2) 设 $P(x_0, y_0)$.

① 当直线 PA, PB 的斜率都存在时, 设过点 P 与椭圆 C 相切的直线方程为 $y = k(x - x_0) + y_0$, 则由 $\begin{cases} y = k(x - x_0) + y_0 \\ \dfrac{x^2}{4} + y^2 = 1 \end{cases}$, 得

$$(4k^2 + 1)x^2 + 8k(y_0 - kx_0)x + 4[(y_0 - kx_0)^2 - 1] = 0.$$

所以

$$\Delta = \left[8k(y_0 - kx_0)\right]^2 - 4(4k^2 + 1) \cdot 4\left[(y_0 - kx_0)^2 - 1\right] = 0.$$

整理成关于 k 的方程,即为 $(4 - x_0^2)k^2 + 2x_0 y_0 k + (1 - y_0^2) = 0(4 - x_0^2 \neq 0)$. 此关于 k 的方程的两个根 k_1, k_2 就是切线 PA, PB 的斜率,所以

$$k_1 \cdot k_2 = \frac{1 - y_0^2}{4 - x_0^2} = \frac{1 - (5 - x_0^2)}{4 - x_0^2} = -1.$$

因此 $PM \perp PN$,即 MN 为圆 O 的直径,故 $\overrightarrow{OM} + \overrightarrow{ON} = \mathbf{0}$.

② 当直线 PA 或 PB 的斜率不存在时,不妨设 $P(2,1)$,则直线 PA 的方程为 $x = 2$. 所以 $M(2, -1)$,$N(-2, 1)$,也满足 $\overrightarrow{OM} + \overrightarrow{ON} = \mathbf{0}$.

综上可知 $\overrightarrow{OM} + \overrightarrow{ON} = \mathbf{0}$.

(2) 设 $A(x_1, y_1)$,$B(x_2, y_2)$,则切线 PA 的方程为 $\dfrac{x_1 x}{4} + y_1 y = 1$,切线 PB 的方程为 $\dfrac{x_2 x}{4} + y_2 y = 1$. 又因为点 P 在切线 PA 和切线 PB 上,所以 $\dfrac{x_1 x_0}{4} + y_1 y_0 = 1$,$\dfrac{x_2 x_0}{4} + y_2 y_0 = 1$,因此直线 AB 的方程为 $\dfrac{x x_0}{4} + y y_0 = 1$.

联立 $\begin{cases} \dfrac{x x_0}{4} + y y_0 = 1 \\ \dfrac{x^2}{4} + y^2 = 1 \end{cases}$,得

$$(3y_0^2 + 5)x^2 - 8x_0 x + 16 - 16 y_0^2 = 0.$$

则由韦达定理可得 $x_1 + x_2 = \dfrac{8x_0}{3y_0^2 + 5}$,$x_1 x_2 = \dfrac{16 - 16 y_0^2}{3y_0^2 + 5}$. 所以由弦长公式可得

$$|AB| = \sqrt{\left(1 + \frac{x_0^2}{16 y_0^2}\right)\left[(x_1 + x_2)^2 - 4x_1 x_2\right]}$$

$$= \sqrt{\left(1 + \frac{x_0^2}{16 y_0^2}\right)\left[\left(\frac{8x_0}{3y_0^2 + 5}\right)^2 - 4 \times \frac{16(1 - y_0^2)}{3y_0^2 + 5}\right]}$$

$$= \frac{2\sqrt{5}}{3y_0^2 + 5}\sqrt{\frac{3y_0^2 + 1}{y_0^2}(3y_0^4 + y_0^2)} = \frac{2\sqrt{5}(3y_0^2 + 1)}{3y_0^2 + 5}.$$

又坐标原点 O 到直线 AB 的距离 $d = \dfrac{4}{\sqrt{x_0^2 + 16 y_0^2}} = \dfrac{4}{\sqrt{5}\sqrt{3y_0^2 + 1}}$,所以

$$S_{\triangle AOB} = \frac{1}{2} \cdot \frac{2\sqrt{5}(3y_0^2 + 1)}{3y_0^2 + 5} \cdot \frac{4}{\sqrt{5}\sqrt{3y_0^2 + 1}} = \frac{4\sqrt{3y_0^2 + 1}}{3y_0^2 + 5}.$$

令 $\sqrt{3y_0^2 + 1} = t \ (t \in [1, 4])$,则

$$S_{\triangle AOB} = \frac{4t}{t^2 + 4} = \frac{4}{t + \dfrac{4}{t}} \in \left[\frac{4}{5}, 1\right].$$

故 $\triangle AOB$ 面积的取值范围是 $\left[\dfrac{4}{5},1\right]$.

12. (1) 由题设知 $\dfrac{1}{2}\cdot 2a\cdot 2b=4\sqrt{3},\dfrac{1}{a^2}+\dfrac{9}{4b^2}=1$,解得 $a=2,b=\sqrt{3}$.所以椭圆 C 的

方程为 $\dfrac{x^2}{4}+\dfrac{y^2}{3}=1$.

(2) ① 当直线 MN 的斜率为 0 或不存在时,对角线 $|MP|=|NQ|=2\sqrt{7}$,为定值.

② 当直线 MN 的斜率存在且不为 0 时,设 $M(x_0,y_0)$,则 $x_0\neq\pm2$.设过点 M 且与椭圆

C 相切的直线的方程为 $y=k(x-x_0)+y_0$,则由 $\begin{cases} y=k(x-x_0)+y_0 \\ \dfrac{x^2}{4}+\dfrac{y^2}{3}=1 \end{cases}$,得

$$(4k^2+3)x^2+8k(y_0-kx_0)x+4(y_0-kx_0)^2-12=0.$$

所以

$$\Delta=64k^2(y_0-kx_0)^2-16[(y_0-kx_0)^2-3](4k^2+3)=0.$$

整理得 $(4-x_0^2)k^2+2x_0y_0k+3-y_0^2=0$.又因为 $x_0\neq\pm2$,所以 $4-x_0^2\neq0$,即 k_{MN},k_{MQ} 是该

方程的两个根,故

$$k_{MN}\cdot k_{MQ}=\dfrac{3-y_0^2}{4-x_0^2}=-1,$$

即 $x_0^2+y_0^2=7$.所以点 M 在定圆 $x^2+y^2=7$ 上,即 M,N,P,Q 四点均在该圆上,其对角线

MP,NQ 为直径,所以 $|MP|=|NQ|=2\sqrt{7}$.

综上可知,矩形 $MNPQ$ 对角线的长度为定值 $2\sqrt{7}$.

13. (1) 选条件①:由题设可得 $2c=2\sqrt{2}$,又 $a^2-b^2=c^2,2\sqrt{a^2+b^2-1}=2\sqrt{3}$,解得

$a^2=3,b^2=1,c=\sqrt{2}$.所以椭圆方程为 $\dfrac{x^2}{3}+y^2=1$,"准圆"方程为 $x^2+y^2=4$.

若选条件②:由题设可得 $2a=2\sqrt{3},2\sqrt{a^2+b^2}=4$,解得 $a^2=3,b^2=1$.所以椭圆方程

为 $\dfrac{x^2}{3}+y^2=1$,"准圆"方程为 $x^2+y^2=4$.

(2) ① 当直线 l_1,l_2 中有一条斜率不存在时,不妨设直线 l_1 的斜率不存在,则直线 l_1 的

方程为 $x=\pm\sqrt{3}$.

当 $x=\sqrt{3}$ 时,直线 l_1 与"准圆"交于点 $(\sqrt{3},1),(\sqrt{3},-1)$,此时直线 l_2 为 $y=1$(或 $y=-1$),

显然直线 l_1,l_2 垂直;同理可证当 $x=-\sqrt{3}$ 时,直线 l_1,l_2 也垂直.

② 当直线 l_1,l_2 的斜率都存在时,设 $P(x_0,y_0)$,其中 $x_0^2+y_0^2=4$.设经过点 $P(x_0,y_0)$

与椭圆相切的直线为 $y=t(x-x_0)+y_0$,则由 $\begin{cases} y=t(x-x_0)+y_0 \\ \dfrac{x^2}{3}+y^2=1 \end{cases}$,得

$$(1 + 3t^2)x^2 + 6t(y_0 - tx_0)x + 3(y_0 - tx_0)^2 - 3 = 0.$$

由 $\Delta = 0$ 化简并整理得

$$(3 - x_0^2)t^2 + 2x_0 y_0 t + 1 - y_0^2 = 0 \quad (3 - x_0^2 \neq 0).$$

因为 $x_0^2 + y_0^2 = 4$，所以

$$(3 - x_0^2)t^2 + 2x_0 y_0 t + (x_0^2 - 3) = 0 \quad (3 - x_0^2 \neq 0).$$

设直线 l_1, l_2 的斜率分别为 t_1, t_2. 因为直线 l_1, l_2 与椭圆相切，所以 t_1, t_2 满足上述方程，因此 $t_1 \cdot t_2 = -1$，即 l_1, l_2 垂直.

综合①②知 $l_1 \perp l_2$.

又因为直线 l_1, l_2 经过点 $P(x_0, y_0)$，分别交其"准圆"于点 M, N，且 l_1, l_2 垂直，所以线段 MN 为"准圆" $x^2 + y^2 = 4$ 的直径，即 $|MN| = 4$. 故线段 MN 的长为定值.

3.17 黄金椭圆和黄金双曲线

题型展望

$\dfrac{\sqrt{5}-1}{2} \approx 0.618$ 叫作黄金分割比，最早起源于几何学范畴，是古希腊数学家毕达哥拉斯最早发现的. 黄金分割的定义：把任一线段分割成两端，使 $\dfrac{\text{大段}}{\text{全段}} = \dfrac{\text{小段}}{\text{大段}}$，如图 3.129 所示，这样的分割叫作黄金分割，这样的比值叫作黄金比.

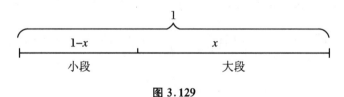

图 3.129

以黄金分割比为背景的圆锥曲线问题曾经出现在高考真题中，从命制形式来看，有选择题、填空题和解答题，小题分值为 5 分，大题分值为 12 分，考查了椭圆和双曲线的几何性质，以及利用齐次化法求椭圆或双曲线的离心率，考查了考生的运算求解能力和逻辑思维能力，以及数学运算、逻辑推理和直观想象素养.

经典题探秘

例 1 我们把离心率等于黄金比 $\dfrac{\sqrt{5}-1}{2}$ 的椭圆称为"黄金椭圆". 设 $\dfrac{x^2}{a^2} + \dfrac{y^2}{b^2} = 1 (a > b > 0)$

是"黄金椭圆",F,A 分别是它的左焦点和右顶点,B 是它的短轴的一个端点,则 $\angle ABF=$（　　）.

    A. $60°$ B. $75°$ C. $90°$ D. $120°$

【解析】 由题设得 $F(-c,0)$,$A(a,0)$.设 B 为短轴的上端点,则 $B(0,b)$.所以 $|AB|^2=a^2+b^2$,$|BF|^2=b^2+c^2$,$|AF|^2=(a+c)^2$.又因为该椭圆的离心率 $e=\dfrac{c}{a}=\dfrac{\sqrt{5}-1}{2}$,所以 $\dfrac{a^2-b^2}{a^2}=\dfrac{3-\sqrt{5}}{2}$,即 $\dfrac{b^2}{a^2}=\dfrac{\sqrt{5}-1}{2}$,亦即 $\dfrac{b^2}{a^2}=\dfrac{c}{a}$,解得 $b^2=ac$.则

$$|AB|^2+|BF|^2=a^2+2b^2+c^2=a^2+2ac+c^2=(a+c)^2=|AF|^2,$$

即 $\angle ABF=90°$.故选 C.

点评 由本题,我们可知黄金椭圆的定义:离心率等于黄金分割比 $\dfrac{\sqrt{5}-1}{2}$ 的椭圆称为"黄金椭圆".

【题根探秘】 对例 1 进行拓展与探究,我们得到黄金椭圆的一个性质(命题 1):

命题 1 已知椭圆 $C:\dfrac{x^2}{a^2}+\dfrac{y^2}{b^2}=1(a>b>0)$,$F$,$A$ 分别是椭圆 C 的左焦点和右顶点,B 是椭圆 C 的短轴的一个端点,则椭圆 C 为黄金椭圆的充要条件是 $\angle ABF=90°$.

例 2 已知双曲线 $C:\dfrac{x^2}{a^2}-\dfrac{y^2}{b^2}=1$,$A$,$F$ 分别是 C 的左顶点和右焦点,点 B 的坐标为 $(0,b)$,且 $\angle ABF=90°$,则双曲线 C 的离心率为 _____.

【解析】 由已知得 $A(-a,0)$,$F(c,0)$,所以 $|AB|^2=a^2+b^2$,$|BF|^2=b^2+c^2$,$|AF|^2=(a+c)^2$.因为 $\angle ABF=90°$,所以 $|AB|^2+|BF|^2=|AF|^2$,即 $a^2+b^2+b^2+c^2=(a+c)^2$.整理得 $b^2=ac$,即 $c^2-a^2=ac$.所以 $\left(\dfrac{c}{a}\right)^2-\dfrac{c}{a}-1=0$,即 $e^2-e-1=0$.又因为 $e>1$,所以

$$e=\dfrac{\sqrt{5}+1}{2}.$$

点评 通过计算,得出例 2 中双曲线的离心率 $e=\dfrac{\sqrt{5}+1}{2}=\dfrac{1}{\dfrac{\sqrt{5}-1}{2}}$.我们把离心率为黄金分割比 $\dfrac{\sqrt{5}-1}{2}$ 的倒数 $\dfrac{\sqrt{5}+1}{2}$ 的双曲线叫作黄金双曲线.

【题根探秘】 通过对例 2 进行拓展与探究,我们得到黄金双曲线的一个性质(命题 2):

命题 2 已知双曲线 $C:\dfrac{x^2}{a^2}-\dfrac{y^2}{b^2}=1$,$A$,$F$ 分别是双曲线 C 的左顶点和右焦点,点 B 为双曲线 C 的虚轴端点,则双曲线 C 是黄金双曲线的充要条件是 $\angle ABF=90°$.

例3 设 F_1，F_2 是双曲线 $\dfrac{x^2}{a^2} - \dfrac{y^2}{b^2} = 1 (a > 0, b > 0)$ 的两个焦点，点 P 在双曲线上．若 $\overrightarrow{PF_1} \cdot \overrightarrow{PF_2} = 0$，且 $|\overrightarrow{PF_1}| \cdot |\overrightarrow{PF_2}| = 2ac$，其中 $c = \sqrt{a^2 + b^2}$，则双曲线的离心率为_____．

【解析】 因为 $\overrightarrow{PF_1} \cdot \overrightarrow{PF_2} = 0$，所以 $|PF_1|^2 + |PF_2|^2 = |F_1F_2|^2 = 4c^2$．又由双曲线的定义得 $||PF_1| - |PF_2|| = 2a$，且由已知 $|PF_1| \cdot |PF_2| = 2ac$，则把 $||PF_1| - |PF_2|| = 2a$ 两边平方，得

$$|PF_1|^2 - 2|PF_1| \cdot |PF_2| + |PF_2|^2 = 4a^2,$$

整理得 $4c^2 - 4ac = 4a^2$，即 $c^2 - ac - a^2 = 0$．所以 $\left(\dfrac{c}{a}\right)^2 - \dfrac{c}{a} - 1 = 0$，即 $e^2 - e - 1 = 0$．又因为 $e > 1$，所以 $e = \dfrac{\sqrt{5} + 1}{2}$．

点评 本题利用向量数量积的运算和双曲线的定义，得到一个关于 a，c 的二次齐次式，然后同除以 a^2，将二元齐次式化为单变量问题，解一元二次方程即可得结果．本题是以黄金双曲线为背景的隐性数学文化题．

例4 （2010 年辽宁卷/理 9）　设双曲线的一个焦点为 F，虚轴的一个端点为 B．如果直线 FB 与该双曲线的一条渐近线垂直，那么此双曲线的离心率为（　　）．

A. $\sqrt{2}$ 　　　　　B. $\sqrt{3}$ 　　　　　C. $\dfrac{\sqrt{3} + 1}{2}$ 　　　　　D. $\dfrac{\sqrt{5} + 1}{2}$

【解析】 设双曲线的方程为 $\dfrac{x^2}{a^2} - \dfrac{y^2}{b^2} = 1 (a > 0, b > 0)$，设 $F(c, 0)$，$B(0, b)$．因为直线 $FB: bx + cy - bc = 0$ 与渐近线 $y = \dfrac{b}{a}x$ 垂直，所以 $\left(-\dfrac{b}{c}\right) \cdot \dfrac{b}{a} = -1$，整理得 $b^2 = ac$，即 $c^2 - a^2 = ac$．两边同除以 a^2，得 $e^2 - e - 1 = 0$，解得 $e = \dfrac{1 + \sqrt{5}}{2}$ 或 $e = \dfrac{1 - \sqrt{5}}{2}$（舍去）．故选 D．

点评 本题运用双曲线的几何性质，以及直线垂直与斜率的关系，先消去 b，得到一个关于 a，c 的二次齐次式，再化为单变量问题，解方程即可得结果．本题是以黄金双曲线为背景的隐性数学文化题．

【题根探秘】 通过对例 4 进行拓展与探究，可以得到以下结论（命题 3）：

命题3 过黄金双曲线 $C: \dfrac{x^2}{a^2} - \dfrac{y^2}{b^2} = 1 (a > 0, b > 0)$ 的左（右）焦点与虚轴上（下）端点的直线垂直于它的斜率小于 0 的一条渐近线；过黄金双曲线 $C: \dfrac{x^2}{a^2} - \dfrac{y^2}{b^2} = 1 (a > 0, b > 0)$ 的左（右）焦点与虚轴下（上）端点的直线垂直于它的斜率大于 0 的一条渐近线．

证明：黄金双曲线 C 的左、右焦点分别为 $F_1(-c, 0)$，$F_2(c, 0)$，虚轴上、下端点分别为

$B_1(0, b)$, $B_2(0, -b)$, 渐近线分别为 $l_1 : y = -\dfrac{b}{a}x$, $l_2 : y = \dfrac{b}{a}x$. 则直线 F_1B_1 的方程为 $y = \dfrac{b}{c}x + b$, 所以 $k_{F_1B_1} \cdot k_{l_1} = \dfrac{b}{c} \cdot \left(-\dfrac{b}{a}\right) = -\dfrac{b^2}{ac}$. 又因为由黄金双曲线的性质得 $b^2 = ac$, 所以 $k_{F_1B_1} \cdot k_{l_1} = -1$, 即 $F_1B_1 \perp l_1$. 因为 $k_{F_2B_2} = k_{F_1B_1} = \dfrac{b}{c}$, 所以 $F_1B_1 /\!/ F_2B_2$, 故 $F_2B_2 \perp l_1$. 同理可证 $F_2B_1 \perp l_2$, $F_1B_2 \perp l_2$.

例 5 (2012 年湖北卷/理 14) 如图 3.130 所示, 双曲线 $\dfrac{x^2}{a^2} - \dfrac{y^2}{b^2} = 1 (a > 0, b > 0)$ 的

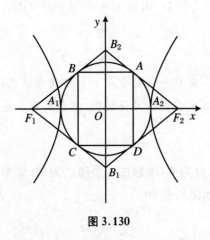

图 3.130

两顶点为 A_1, A_2, 虚轴两端点为 B_1, B_2, 两焦点为 F_1, F_2. 若以 A_1A_2 为直径的圆内切于菱形 $F_1B_1F_2B_2$, 切点分别为 A, B, C, D, 则:

(1) 双曲线的离心率 $e =$ _____;

(2) 菱形 $F_1B_1F_2B_2$ 的面积 S_1 与矩形 $ABCD$ 的面积 S_2 的比值 $\dfrac{S_1}{S_2} =$ _____.

【解析】 (1) 由题意知 $|OA| = |OA_2|$, 则 $\dfrac{bc}{\sqrt{b^2 + c^2}} = a$, 化简得 $\left(\dfrac{c}{a}\right)^4 - 3\left(\dfrac{c}{a}\right)^2 + 1 = 0$, 即 $e^4 - 3e^2 + 1 = 0$, 解得 $e^2 = \dfrac{3 + \sqrt{5}}{2}$. 又因为 $e > 1$, 所以 $e = \dfrac{1 + \sqrt{5}}{2}$.

(2) 由题意知菱形 $F_1B_1F_2B_2$ 的面积 $S_1 = 2 \cdot \dfrac{1}{2} \cdot |OB_2| \cdot |F_1F_2| = 2bc$. 记 $\angle B_2F_2O = \theta$, 则 $\sin\theta = \dfrac{b}{\sqrt{b^2 + c^2}}$, $\cos\theta = \dfrac{c}{\sqrt{b^2 + c^2}}$. 所以矩形 $ABCD$ 的面积 S_2 为

$$S_2 = |AD| \cdot |AB| = 4a^2 \sin\theta\cos\theta = \dfrac{4a^2 bc}{b^2 + c^2}.$$

故

$$\dfrac{S_1}{S_2} = \dfrac{2bc}{\dfrac{4a^2 bc}{b^2 + c^2}} = \left(\dfrac{c}{a}\right)^2 - \dfrac{1}{2} = \dfrac{2 + \sqrt{5}}{2}.$$

点评 本题第(1)问根据题设列出方程后, 消元, 构造齐次式求出离心率; 第(2)问利用菱形、矩形和圆的几何性质, 通过列式化简得出结果. 本题是以黄金双曲线为背景的隐性数学文化题.

【题根探秘】 通过对例 5 的拓展与探究, 我们可以得到以下结论(命题 4):

命题 4 已知黄金双曲线 $\dfrac{x^2}{a^2} - \dfrac{y^2}{b^2} = 1 (a > 0, b > 0)$ 的两顶点为 A_1, A_2, 虚轴两端点为

B_1,B_2,两焦点为 F_1,F_2. 则:① 实端点圆(以原点为圆心,实半轴长为半径的圆)内切于菱形 $F_1 B_1 F_2 B_2$,记切点为 A,B,C,D;② 菱形 $F_1 B_1 F_2 B_2$ 的面积 S_1 与矩形 $ABCD$ 的面积 S_2 的比值 $\dfrac{S_1}{S_2} = \dfrac{2+\sqrt{5}}{2}$.

类比命题 4,可以得到以下有关黄金椭圆的结论(命题 5):

命题 5 已知"黄金椭圆" $\dfrac{x^2}{a^2} + \dfrac{y^2}{b^2} = 1(a>b>0)$ 的四个顶点为 A_1,A_2,B_1,B_2,两个焦点为 F_1,F_2. 则:① 焦点圆(以原点为圆心,半焦距为半径的圆)内切于菱形 $A_1 B_1 A_2 B_2$,记切点为 A,B,C,D;② 菱形 $A_1 B_1 A_2 B_2$ 的面积 S_1 与矩形 $ABCD$ 的面积 S_2 的比值 $\dfrac{S_1}{S_2} = \dfrac{2+\sqrt{5}}{2}$.

证明:① 设直线 $B_1 A_2$ 的方程为 $\dfrac{x}{a} + \dfrac{y}{b} = 1$,焦点圆的方程为 $x^2 + y^2 = c^2$,则点 O 到直线 $B_1 A_2$ 的距离为 $d = \dfrac{1}{\sqrt{\left(\dfrac{1}{a}\right)^2 + \left(\dfrac{1}{b}\right)^2}} = \dfrac{1}{\sqrt{\dfrac{1}{a^2} + \dfrac{1}{b^2}}}$. 根据黄金椭圆的性质,可知 $\dfrac{1}{a^2} + \dfrac{1}{b^2} = \dfrac{1}{c^2}$,所以 $d = c$,即直线 $B_1 A_2$ 与焦点圆相切. 同理可证 $A_1 B_1$,$A_1 B_2$,$A_2 B_2$ 与焦点圆相切,故焦点圆内切于菱形 $A_1 B_1 A_2 B_2$.

② 记 $\angle B_2 A_2 O = \theta$,则 $\sin\theta = \dfrac{b}{\sqrt{a^2 + b^2}}$,$\cos\theta = \dfrac{a}{\sqrt{a^2 + b^2}}$,易知 $\angle CAD = \theta$. 所以

$$S_2 = |AB| \cdot |AD| = 4c^2 \sin\theta\cos\theta, \quad S_1 = 2ab.$$

故

$$\frac{S_1}{S_2} = \frac{2ab}{4c^2 \sin\theta\cos\theta} = \frac{2ab}{\dfrac{4c^2 ab}{a^2 + b^2}} = \frac{a^2 + b^2}{2c^2}$$

$$= \frac{a^2}{c^2} - \frac{1}{2} = \frac{2+\sqrt{5}}{2}.$$

例6 (2006 年天津卷/理 22) 如图 3.131 所示,以椭圆 $\dfrac{x^2}{a^2} + \dfrac{y^2}{b^2} = 1(a>b>0)$ 的中心 O 为圆心,分别以 a 和 b 为半径作大圆和小圆,过椭圆右焦点 $F(c,0)$ $(c>b)$ 作垂直于 x 轴的直线,交大圆于第一象限内的点 A,连接 OA 交小圆于点 B,设直线 BF 是小圆的切线.

(1) 证明 $c^2 = ab$,并求直线 BF 与 y 轴的交点 M 的坐标;

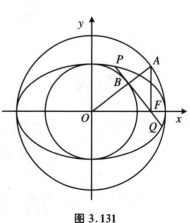

图 3.131

(2) 设直线 BF 交椭圆于 P,Q 两点，证明 $\overrightarrow{OP} \cdot \overrightarrow{OQ} = \dfrac{1}{2}b^2$.

【解析】 (1) 由题设条件可知 $\text{Rt}\triangle OFA \backsim \text{Rt}\triangle OBF$，所以 $\dfrac{|OF|}{|OA|} = \dfrac{|OB|}{|OF|}$，即 $\dfrac{c}{a} = \dfrac{b}{c}$，亦即 $c^2 = ab$. 因为 $F(c,0)$，把 $x = c$ 代入 $x^2 + y^2 = a^2$，可得 $y^2 = b^2$，又结合图可得 $A(c,b)$，所以直线 OA 的斜率 $k_{OA} = \dfrac{b}{c}$. 故直线 BF 的斜率 $k_{BF} = -\dfrac{1}{k_{OA}} = -\dfrac{c}{b}$，从而可得直线 BF 的方程为 $y = -\dfrac{c}{b}(x - c)$. 令 $x = 0$，可得 $y = \dfrac{c^2}{b} = \dfrac{ab}{b} = a$. 所以直线 BF 与 y 轴的交点 M 的坐标为 $M(0,a)$.

(2) 由(1)可知直线 BF 的方程为 $y = -\dfrac{c}{b}x + a$，记 $k = -\dfrac{c}{b}$，则 $k^2 = \dfrac{c^2}{b^2} = \dfrac{ab}{b^2} = \dfrac{a}{b}$. 设 $P(x_1, y_1), Q(x_2, y_2)$，联立方程组 $\begin{cases} \dfrac{x^2}{a^2} + \dfrac{y^2}{b^2} = 1 \\ y = kx + a \end{cases}$，消去 y 并整理，可得

$$(a^2 k^2 + b^2)x^2 + 2a^3 kx + a^4 - a^2 b^2 = 0.$$

则由韦达定理可得

$$x_1 x_2 = \frac{a^4 - a^2 b^2}{a^2 k^2 + b^2} = \frac{a^2(a^2 - b^2)}{a^2 \cdot \dfrac{a}{b} + b^2} = \frac{a^3 b^2}{a^3 + b^3}.$$

联立方程组 $\begin{cases} \dfrac{x^2}{a^2} + \dfrac{y^2}{b^2} = 1 \\ y = kx + a \end{cases}$，消去 x 并整理，可得

$$(a^2 k^2 + b^2)y^2 - 2ab^2 y + a^2 b^2 - a^2 b^2 k^2 = 0.$$

则由韦达定理可得

$$y_1 y_2 = \frac{a^2 b^2(1 - k^2)}{a^2 k^2 + b^2} = \frac{a^2 b^2 \left(1 - \dfrac{a}{b}\right)}{a^2 \cdot \dfrac{a}{b} + b^2} = \frac{a^2 b^2(b - a)}{a^3 + b^3}.$$

综上得到

$$\overrightarrow{OP} \cdot \overrightarrow{OQ} = x_1 x_2 + y_1 y_2 = \frac{a^3 b^2}{a^3 + b^3} + \frac{a^2 b^2(b - a)}{a^3 + b^3} = \frac{a^2 b^3}{a^3 + b^3}$$

$$= \frac{a^2 b^3}{(a + b)(a^2 - ab + b^2)} = \frac{a^2 b^3}{(a + b)(a^2 - c^2 + b^2)}$$

$$= \frac{a^2 b^3}{(a + b) \cdot 2b^2} = \frac{a^2 b}{2(a + b)} = \frac{ac^2}{2(a + b)}$$

$$= \frac{a(a^2 - b^2)}{2(a + b)} = \frac{1}{2}(a^2 - ab) = \frac{1}{2}(a^2 - c^2) = \frac{1}{2}b^2.$$

点评 本题第(1)问结合题设条件，运用相似三角形知识、圆的几何性质、两条直线垂直

与斜率的关系,以及直线的点斜式方程等知识,求出点 M 的坐标;第(2)问先将直线 BF 的方程和椭圆方程联立,分别消去 x 和消去 y 后表示出两根之积,再运用向量数量积的坐标表示,通过化简可证明结论.由第(1)问 $c^2 = ab$,可得 $c^4 = a^2 b^2$,即 $c^4 = a^2(a^2 - c^2)$,化简得 $c^4 + a^2 c^2 - a^4 = 0$,所以 $\left(\dfrac{c}{a}\right)^4 + \left(\dfrac{c}{a}\right)^2 - 1 = 0$,即 $e^4 + e^2 - 1 = 0$. 又因为 $0 < e < 1$,所以 $e^2 = \dfrac{-1 + \sqrt{1^2 - 4 \times (-1)}}{2} = \dfrac{\sqrt{5} - 1}{2}$. 类比黄金椭圆的定义,我们把离心率的平方等于黄金分割比 $\dfrac{\sqrt{5}-1}{2}$ 的椭圆称为"亚黄金椭圆".

单选题

1. 我们将 $\dfrac{\sqrt{5}-1}{2}$ 称为黄金分割数,亦可简称为黄金数.将离心率等于黄金数的倒数的双曲线叫作黄金双曲线,则(　　).

    A. 黄金双曲线的虚轴长是实轴长与焦距的等比中项

    B. 黄金双曲线的虚轴长是实轴长与焦距的等差中项

    C. 黄金双曲线的焦距是实轴长与虚轴长的等比中项

    D. 黄金双曲线的焦距是实轴长与虚轴长的等差中项

2. 我们把离心率为 $e = \dfrac{\sqrt{5}+1}{2}$ 的双曲线 $C : \dfrac{x^2}{a^2} - \dfrac{y^2}{b^2} = 1 (a > 0, b > 0)$ 称为黄金双曲线.A_1, A_2 分别是双曲线 C 的左、右顶点,B_1, B_2 分别是虚轴的上、下端点,F_1, F_2 分别是左、右焦点,经过双曲线 C 的右焦点 F_2 且垂直于 x 轴的直线与 C 交于 M, N 两点.给出以下几个说法:

    ① 双曲线 $x^2 - \dfrac{2y^2}{\sqrt{5}+1} = 1$ 是黄金双曲线;

    ② 若 $b^2 = ac$,则该双曲线是黄金双曲线;

    ③ 若 $\angle F_1 B_1 A_2 = 90°$,则该双曲线是黄金双曲线;

    ④ 若 $\angle MON = 90°$,则该双曲线是黄金双曲线.

    其中正确的是(　　).

    A. ①②   B. ①③   C. ①③④   D. ①②③④

3. 定义离心率为 $\dfrac{\sqrt{5}+1}{2}$ 的双曲线为"黄金双曲线",离心率的平方为 $\dfrac{\sqrt{5}+1}{2}$ 的双曲线为"亚黄金双曲线".若双曲线 $C : \dfrac{x^2}{a^2} - \dfrac{y^2}{b^2} = 1 (a > 0, b > 0)$ 为"亚黄金双曲线",则 $\dfrac{b^2}{a^2} = ($　　$)$.

A. $\sqrt{5}+1$ B. $\dfrac{\sqrt{5}+1}{2}$ C. $\sqrt{5}-1$ D. $\dfrac{\sqrt{5}-1}{2}$

多选题

4. 数学家称 $\dfrac{\sqrt{5}-1}{2}$ 为黄金比,记为 ω. 定义:若椭圆的短轴与长轴之比为黄金比 ω,则称该椭圆为"亚黄金椭圆",以椭圆中心为圆心、半焦距长为半径的圆称为焦点圆. 若"亚黄金椭圆" $\dfrac{x^2}{a^2}+\dfrac{y^2}{b^2}=1(a>b>0)$ 与它的焦点圆在第一象限的交点为 Q,则下列结论正确的是（   ）.

A. $\omega^2+\omega=1$ B. 亚黄金椭圆离心率 $e=\omega$

C. 设直线 OQ 的倾斜角为 θ,则 $\sin\theta=\omega$ D. 交点 Q 的坐标为 $(b,\omega b)$

5. 我们通常称离心率为 $\dfrac{\sqrt{5}-1}{2}$ 的椭圆为"黄金椭圆". 已知椭圆 $C:\dfrac{x^2}{a^2}+\dfrac{y^2}{b^2}=1(a>b>0)$,$A_1$,$A_2$ 分别为 C 的左、右顶点,B_1,B_2 分别为 C 的上、下顶点,F_1,F_2 分别为 C 的左、右焦点,P 为椭圆 C 上一点. 则下列条件能使椭圆 C 为"黄金椭圆"的是（   ）.

A. $|A_2F_1|$,$|F_1F_2|$,$|F_2A_2|$ 为等比数列

B. $\angle F_1B_1A_2=90°$

C. $PF_1\perp x$ 轴,且 PO∥A_2B_1

D. 四边形 $A_1B_2A_2B_1$ 的内切圆过焦点 F_1,F_2

6. 黄金分割是一种数学上的比例,是自然的数美. 黄金分割具有严格的比例性、艺术性和和谐性,蕴藏着丰富的美学价值,应用时一般取 0.618. 将离心率为黄金比 $\dfrac{\sqrt{5}-1}{2}$ 的倒数,即 $e_0=\dfrac{\sqrt{5}+1}{2}$ 的双曲线称为黄金双曲线. 若 a,b,c 分别是实半轴、虚半轴、半焦距的长,则对于黄金双曲线,下列说法正确的是（   ）.

A. 当焦点在 x 轴时,其标准方程为 $\dfrac{x^2}{a^2}-\dfrac{y^2}{\dfrac{\sqrt{5}+1}{2}a^2}=1$

B. 若双曲线的弦 EF 的中点为 M,则 $k_{EF}\cdot k_{OM}=-e_0$

C. a,b,c 成等比数列

D. 双曲线的右顶点 $A(a,0)$,虚轴上端点 $B(0,b)$ 和左焦点 $F(-c,0)$ 构成的 $\triangle ABF$ 是直角三角形

填空题

7. 椭圆 $C:\dfrac{x^2}{a^2}+\dfrac{y^2}{b^2}=1(a>b>0)$ 的左焦点为 F,右顶点为 A,以 FA 为直径的圆经过

椭圆的上顶点 B,则椭圆的离心率为_____.

8. 若双曲线的离心率 e 满足 $e^2 = \dfrac{\sqrt{5}+1}{2}$,则称这个双曲线为"亚黄金双曲线".已知双曲线 $C: \dfrac{x^2}{a^2} - \dfrac{y^2}{b^2} = 1(a>0,b>0)$ 为亚黄金双曲线,则 C 的虚轴长、实轴长、焦距成_____数列,C 的实轴长与虚轴长之比为_____.

9. 我们把离心率等于黄金比 $\dfrac{\sqrt{5}-1}{2}$ 的椭圆称为"黄金椭圆".设 $C: \dfrac{x^2}{a^2} + \dfrac{y^2}{b^2} = 1(a>b>0)$ 是"黄金椭圆",黄金椭圆 C 的一个标准方程为_____.(答案不唯一)

解答题

10. 已知椭圆 $C: \dfrac{x^2}{a^2} + \dfrac{y^2}{b^2} = 1(a>b>0)$,其焦距为 $2c$.若 $\dfrac{c}{a} = \dfrac{\sqrt{5}-1}{2}(\approx 0.618)$,则称椭圆 C 为"黄金椭圆".

(1) 求证:在黄金椭圆 $C: \dfrac{x^2}{a^2} + \dfrac{y^2}{b^2} = 1(a>b>0)$ 中,a,b,c 成等比数列.

(2) 黄金椭圆 $C: \dfrac{x^2}{a^2} + \dfrac{y^2}{b^2} = 1(a>b>0)$ 的右焦点为 $F_2(c,0)$,P 为椭圆 C 上的任意一点.是否存在过点 F_2、P 的直线 l,使 l 与 y 轴的交点 R 满足 $\overrightarrow{RP} = -3\overrightarrow{PF_2}$?若存在,求直线 l 的斜率 k;若不存在,请说明理由.

11. 已知椭圆 $C: \dfrac{x^2}{a^2} + \dfrac{y^2}{b^2} = 1(a>b>0)$ 的左、右顶点分别为 A_1,A_2,上、下顶点分别为 B_1,B_2,左、右焦点分别为 F_1,F_2,$|A_1A_2|,|B_1B_2|,|F_1F_2|$ 成等比数列.

(1) 求椭圆 C 的离心率 e.

(2) 从椭圆 C 上一点 P,引以线段 B_1B_2 为直径的圆 O 的两条切线,切点为 R,T,直线 RT 与 x 轴、y 轴分别相交于点 M,N,求证:$\dfrac{a^2}{|ON|^2} + \dfrac{b^2}{|OM|^2}$ 为定值.

12. 已知双曲线 $C: \dfrac{x^2}{a^2} - \dfrac{y^2}{b^2} = 1(a>0,b>0)$ 的左、右焦点分别为 F_1,F_2,左、右顶点分别为 A_1,A_2,虚轴的上、下顶点分别为 B_1,B_2,过点 F_2 且垂直于 x 轴的直线与双曲线 C 相交于 M,N 两点.从下面两个条件中任选一个,求双曲线 C 的离心率 e:① $\angle A_1B_1F_2 = 90°$;② $|MN| = |F_1F_2|$.

13. 若椭圆的离心率 e 满足 $e^2 = \dfrac{\sqrt{5}-1}{2}$,则称这个椭圆为"亚黄金椭圆".已知椭圆 $C: \dfrac{x^2}{a^2} + \dfrac{y^2}{b^2} = 1(a>b>0)$ 为"亚黄金椭圆",直线 l 与椭圆 C 交于 G,H 两点,且直线 l 不平行于 C 的对称轴也不经过坐标原点,线段 GH 的中点为 R,O 为坐标原点.证明:直线 GH 和

直线 OR 的斜率之积为 $-\left(\dfrac{\sqrt{5}-1}{2}\right)^2$.

14. 已知椭圆 $M:\dfrac{x^2}{a^2}+\dfrac{y^2}{b^2}=1\,(a>b>0)$ 和椭圆 $N:\dfrac{y^2}{a^2}+\dfrac{x^2}{b^2}=1\,(a>b>0)$ 的交点 P 在 x 轴上的射影恰好是椭圆 M 的焦点, 椭圆 M 的准线方程为 $x=\sqrt{5}+1$, 求椭圆 M 和椭圆 N 的方程.

习题参考答案

1. A. 解析: 由双曲线 $\dfrac{x^2}{a^2}-\dfrac{y^2}{b^2}=1\,(a>0,b>0)$ 为黄金双曲线, 得 $e=\dfrac{c}{a}=\dfrac{\sqrt{5}+1}{2}$, 即得 $c^2-ac-a^2=0$, 则 $b^2=ac$, 所以 $(2b)^2=2a\cdot 2c$. 故选 A.

2. D. 解析: 对于①, $a^2=1$, $b^2=\dfrac{\sqrt{5}+1}{2}$, $c^2=a^2+b^2=\dfrac{3+\sqrt{5}}{2}$, 所以 $e^2=\dfrac{c^2}{a^2}=\dfrac{3+\sqrt{5}}{2}$. 又因为 $e>1$, 所以 $e=\dfrac{c}{a}=\dfrac{\sqrt{5}+1}{2}$, 故正确. 对于②, $b^2=ac$, 所以 $c^2-a^2=ac$, 即 $c^2-ac-a^2=0$, 化简得 $\left(\dfrac{c}{a}\right)^2-\dfrac{c}{a}-1=0$, 即 $e^2-e-1=0$. 又因为 $e>1$, 所以 $e=\dfrac{\sqrt{5}+1}{2}$, 故正确. 对于③, $\angle F_1B_1A_2=90°$, 所以 $k_{B_1F_1}\cdot k_{B_1A_2}=-1$, 即 $\dfrac{b}{c}\cdot\dfrac{b}{-a}=-1$, 解得 $b^2=ac$. 同②可得 $e=\dfrac{\sqrt{5}+1}{2}$, 故正确. 对于④, 把 $x=c$ 代入 $\dfrac{x^2}{a^2}-\dfrac{y^2}{b^2}=1\,(a>0,b>0)$, 解得 $y=\pm\dfrac{b^2}{a}$. 不妨设 $M\left(c,\dfrac{b^2}{a}\right)$, $N\left(c,-\dfrac{b^2}{a}\right)$, 因为 $\angle MON=90°$, 所以 $c^2-\dfrac{b^4}{a^2}=0$, 可得 $b^2=ac$. 同②可得 $e=\dfrac{\sqrt{5}+1}{2}$, 故正确. 故选 D.

3. D. 解析: $\dfrac{b^2}{a^2}=\dfrac{c^2-a^2}{a^2}=\left(\dfrac{c}{a}\right)^2-1=\dfrac{\sqrt{5}+1}{2}-1=\dfrac{\sqrt{5}-1}{2}$. 故选 D.

4. AC. 解析: 对于选项 A, $\omega^2+\omega=\left(\dfrac{\sqrt{5}-1}{2}\right)^2+\dfrac{\sqrt{5}-1}{2}=\dfrac{6-2\sqrt{5}}{4}+\dfrac{2\sqrt{5}-2}{4}=1$, 故正确. 对于选项 B, 因为 $\dfrac{2b}{2a}=\dfrac{b}{a}=\omega$, 所以 $b=a\omega$, 从而可得 $c=\sqrt{a^2-b^2}=a\sqrt{1-\omega^2}=a\sqrt{\omega}$, 即 $e=\dfrac{c}{a}=\sqrt{\omega}$, 故错误. 对于选项 C, 由题设可知 $QF_1\perp QF_2$, 且 $\angle QF_1F_2=\dfrac{\theta}{2}$, 则 $|QF_2|=2c\sin\dfrac{\theta}{2}$, $|QF_1|=2c\cos\dfrac{\theta}{2}$, 所以 $|QF_1|+|QF_2|=2c\left(\sin\dfrac{\theta}{2}+\cos\dfrac{\theta}{2}\right)=2a$, 即 $\sin\dfrac{\theta}{2}+\cos\dfrac{\theta}{2}=\dfrac{a}{c}=\dfrac{1}{\sqrt{\omega}}$. 两边平方, 可得 $\sin\theta+1=\dfrac{1}{\omega}=\dfrac{2}{\sqrt{5}-1}=\dfrac{\sqrt{5}+1}{2}$, 则 $\sin\theta=\dfrac{\sqrt{5}+1}{2}-1=$

$\dfrac{\sqrt{5}-1}{2}=\omega$,故正确.因为 $\sin\theta=\omega$,所以 $\tan\theta\neq\omega$,故选项 D 错误.故选 AC.

5. BD.解析:对于选项 A,因为 $|F_1F_2|^2=|A_2F_1|\cdot|F_2A_2|$,所以 $4c^2=(a+c)\cdot(a-c)$,

解得 $\left(\dfrac{c}{a}\right)^2=\dfrac{1}{5}$.又因为 $0<e<1$,所以 $e=\dfrac{\sqrt{5}}{5}$,故错误.对于选项 B,因为 $\angle F_1B_1A_2=90°$,所以

$k_{F_1B_1}\cdot k_{A_2B_1}=-1$,即 $\dfrac{b}{c}\cdot\dfrac{b}{-a}=-1$,亦即 $b^2=ac$,则 $a^2-c^2=ac$,化简得 $\left(\dfrac{c}{a}\right)^2+\dfrac{c}{a}-1$

$=0$,即 $e^2+e-1=0$.又因为 $0<e<1$,所以 $e=\dfrac{\sqrt{5}-1}{2}$,故正确.对于选项 C,因为 $PF_1\perp x$

轴,且 $PO\parallel A_2B_1$,所以 $P\left(-c,\dfrac{b^2}{a}\right)$,$k_{PO}=k_{A_2B_1}$,即 $-\dfrac{b}{a}=\dfrac{\dfrac{b^2}{a}}{-c}$,解得 $b=c$,从而可得 $e=$

$\dfrac{c}{a}=\dfrac{c}{\sqrt{b^2+c^2}}=\dfrac{c}{\sqrt{2}c}=\dfrac{\sqrt{2}}{2}$,故错误.对于选项 D,直线 A_2B_1 的方程为 $\dfrac{x}{a}+\dfrac{y}{b}=1$,即 $bx+ay$

$-ab=0$.因为四边形 $A_1B_2A_2B_1$ 的内切圆过焦点 F_1,F_2,所以圆心 O 到直线 A_2B_1 的距离

为 $\dfrac{ab}{\sqrt{a^2+b^2}}=c$,即 $a^2b^2=c^2a^2+c^2b^2$.化简得 $a^2c^2=(a^2-c^2)b^2=(a^2-c^2)^2$,所以 a^4+

$c^4-3a^2c^2=0$,即 $e^4-3e^2+1=0$,解得 $e^2=\dfrac{3\pm\sqrt{5}}{2}$.又因为 $0<e<1$,所以 $e^2=\dfrac{3-\sqrt{5}}{2}$,从而

可得 $e=\dfrac{\sqrt{5}-1}{2}$,故正确.故选 BD.

6. ACD.解析:对于选项 A,$c^2=a^2+\dfrac{\sqrt{5}+1}{2}a^2=\dfrac{3+\sqrt{5}}{2}a^2$,所以 $\dfrac{c^2}{a^2}=\dfrac{3+\sqrt{5}}{2}$.又因为 $e>$

1,所以 $e=\dfrac{c}{a}=\sqrt{\dfrac{3+\sqrt{5}}{2}}=\dfrac{\sqrt{5}+1}{2}$,故正确.对于选项 B,设 $E(x_1,y_1)$,$F(x_2,y_2)$,则

$M\left(\dfrac{x_1+x_2}{2},\dfrac{y_1+y_2}{2}\right)$.由题意有 $k_{EF}=\dfrac{y_1-y_2}{x_1-x_2}$,$k_{OM}=\dfrac{y_1+y_2}{x_1+x_2}$,故 $k_{EF}\cdot k_{OM}=\dfrac{y_1^2-y_2^2}{x_1^2-x_2^2}$.又因

为 G,H 是黄金双曲线 $\dfrac{x^2}{a^2}-\dfrac{y^2}{b^2}=1(a>0,b>0)$ 上的点,所以 $y_1^2=b^2\left(\dfrac{x_1^2}{a^2}-1\right)$,$y_2^2=$

$b^2\left(\dfrac{x_2^2}{a^2}-1\right)$.将它们代入上式,得

$$k_{EF}\cdot k_{OM}=\dfrac{b^2\left[\left(\dfrac{x_1^2}{a^2}-1\right)-\left(\dfrac{x_2^2}{a^2}-1\right)\right]}{x_1^2-x_2^2}=\dfrac{b^2}{a^2}=e_0.$$

故错误.对于选项 C,因为 $b^2=\dfrac{\sqrt{5}+1}{2}a^2$,$ac=a\cdot ae_0=a^2e_0=\dfrac{\sqrt{5}+1}{2}a^2$,所以 $b^2=ac$,因此

a,b,c 成等比数列,故正确.对于选项 D,在 $\triangle ABF$ 中,

$$|AB|^2+|BF|^2=(\sqrt{a^2+b^2})^2+(\sqrt{b^2+c^2})^2=a^2+2b^2+c^2,$$

$$|AF|^2 = (a+c)^2 = a^2 + 2ac + c^2.$$

根据选项 C, $b^2 = ac$, 所以 $|AB|^2 + |BF|^2 = |AF|^2$, 故 D 正确. 故选 ACD.

7. $\dfrac{\sqrt{5}-1}{2}$. 解析:因为以 FA 为直径的圆经过椭圆的上顶点 B, 故 $\overrightarrow{FB} \perp \overrightarrow{AB}$, 所以 $\overrightarrow{FB} \cdot \overrightarrow{AB} = 0$. 又因为 $\overrightarrow{FB} = (c, b)$, $\overrightarrow{AB} = (-a, b)$, 所以 $\overrightarrow{FB} \cdot \overrightarrow{AB} = b^2 - ac = 0$, 即 $a^2 - c^2 - ac = 0$. 两边同除以 a^2, 得 $e^2 + e - 1 = 0$, 而 $0 < e < 1$, 所以 $e = \dfrac{\sqrt{5}-1}{2}$. 故椭圆的离心率为 $\dfrac{\sqrt{5}-1}{2}$.

8. 等比, $\dfrac{\sqrt{5}-1}{2}$. 解析:在"亚黄金双曲线"$\dfrac{x^2}{a^2} - \dfrac{y^2}{b^2} = 1 (a > 0, b > 0)$ 中, $e^2 = \dfrac{\sqrt{5}+1}{2}$, 得 $\left(\dfrac{c}{a}\right)^2 = \dfrac{\sqrt{5}+1}{2}$, 即 $2c^2 = (\sqrt{5}+1)a^2$. 则 $(2c^2 - a^2)^2 = 5a^4$, 整理得 $a^4 + a^2 c^2 - c^4 = 0$, 即 $a^4 - c^2(c^2 - a^2) = 0$, 亦即 $a^4 - b^2 c^2 = 0$. 所以 $a^4 = b^2 c^2$, 即 $a^2 = bc$. 故"亚黄金双曲线"$\dfrac{x^2}{a^2} - \dfrac{y^2}{b^2} = 1 (a > 0, b > 0)$ 的虚轴长、实轴长、焦距成等比数列. 又因为 $a^2 = bc$, 等式两端同时除以 ab, 得 $\dfrac{c}{a} = \dfrac{a}{b} = e$, 故实轴长与虚轴长之比为离心率, 所以 C 的实轴长与虚轴长之比为 $\sqrt{\dfrac{\sqrt{5}+1}{2}}$.

9. $\dfrac{x^2}{4} + \dfrac{y^2}{2\sqrt{5}-2} = 1$(其他符合题意的也对). 解析:因为 $e = \dfrac{c}{a} = \dfrac{\sqrt{5}-1}{2}$, 取 $a = 2$, 则 $c = \sqrt{5} - 1$, 所以 $b^2 = a^2 - c^2 = 4 - (\sqrt{5}-1)^2 = 2\sqrt{5} - 2$. 故"黄金椭圆"$C$ 的一个标准方程为 $\dfrac{x^2}{4} + \dfrac{y^2}{2\sqrt{5}-2} = 1$.

10. (1) 因为 $e = \dfrac{c}{a} = \dfrac{\sqrt{5}-1}{2}$, $c = \dfrac{\sqrt{5}-1}{2}a$, 所以

$$b^2 = a^2 - c^2 = a^2 - \left(\dfrac{\sqrt{5}-1}{2}\right)^2 a^2 = \left(1 - \dfrac{3-\sqrt{5}}{2}\right)a^2 = \dfrac{\sqrt{5}-1}{2}a^2.$$

又因为 $ac = \dfrac{\sqrt{5}-1}{2}a^2$, 所以 $b^2 = ac$. 故 a, b, c 成等比数列.

(2) 当直线 l 垂直于 x 轴时,结合题设可得不合题意. 所以设直线 l 的方程为 $y = k(x - c)$, 得 $R(0, -kc)$. 因为 $F_2(c, 0)$, $\overrightarrow{RP} = -3\overrightarrow{PF_2}$, 所以点 P 的坐标为 $\left(\dfrac{3c}{2}, \dfrac{kc}{2}\right)$. 又因为点 P 在椭圆 C 上,所以 $\dfrac{\left(\dfrac{3c}{2}\right)^2}{a^2} + \dfrac{\left(\dfrac{kc}{2}\right)^2}{b^2} = 1$. 又由(1)知 $b^2 = ac$, 所以 $\dfrac{9}{4}\left(\dfrac{c}{a}\right)^2 + \dfrac{k^2}{4} \cdot \dfrac{c}{a} = 1$,

解得 $k^2 = \dfrac{13-5\sqrt{5}}{2} > 0$. 故存在满足题意的直线 l，其斜率 $k = \pm\sqrt{\dfrac{13-5\sqrt{5}}{2}}$.

11. (1) 由题设可得 $|B_1B_2|^2 = |A_1A_2| \cdot |F_1F_2|$，所以 $4b^2 = 2a \cdot 2c$，化简得 $b^2 = ac$，

即得 $c^2 + ac - a^2 = 0$，所以 $\left(\dfrac{c}{a}\right)^2 + \dfrac{c}{a} - 1 = 0$，即 $e^2 + e - 1 = 0$. 又因为 $0 < e < 1$，所以 e

$= \dfrac{\sqrt{5}-1}{2}$.

(2) 设 $P(x_0, y_0)$，由题设可知 $x_0y_0 \neq 0$，设圆 O 的方程为 $x^2 + y^2 = b^2$，则弦 RT 的方程

为 $x_0 x + y_0 y = b^2$. 令 $x = 0$，得 $|ON| = |y| = \dfrac{b^2}{y_0}$；令 $y = 0$，得 $|OM| = |x| = \dfrac{b^2}{x_0}$. 所以

$$\dfrac{a^2}{|ON|^2} + \dfrac{b^2}{|OM|^2} = \dfrac{a^2}{\dfrac{b^4}{y_0^2}} + \dfrac{b^2}{\dfrac{b^4}{x_0^2}} = \dfrac{a^2 y_0^2 + b^2 x_0^2}{b^4}.$$

又因为点 $P(x_0, y_0)$ 在椭圆 C 上，所以 $b^2 x_0^2 + a^2 y_0^2 = a^2 b^2$. 则

$$\dfrac{a^2}{|ON|^2} + \dfrac{b^2}{|OM|^2} = \dfrac{a^2 y_0^2 + b^2 x_0^2}{b^4} = \dfrac{a^2 b^2}{b^4} = \dfrac{a^2}{b^2} = \dfrac{1}{\dfrac{b^2}{a^2}} = \dfrac{1}{\left(\dfrac{\sqrt{5}-1}{2}\right)^2},$$

即 $\dfrac{a^2}{|ON|^2} + \dfrac{b^2}{|OM|^2}$ 为定值.

12. 若选条件①：由题设 $A_1(-a, 0)$，$B_1(0, b)$，$F_2(c, 0)$. 因为 $\angle A_1 B_1 F_2 = 90°$，所以

$k_{A_1B_1} \cdot k_{B_1F_2} = -1$，即 $\dfrac{b}{a} \cdot \left(-\dfrac{b}{c}\right) = -1$. 整理得 $b^2 = ac$，可得 $c^2 - ac - a^2 = 0$，即得

$\left(\dfrac{c}{a}\right)^2 - \dfrac{c}{a} - 1 = 0$，即 $e^2 - e - 1 = 0$. 又因为 $e > 1$，所以 $e = \dfrac{\sqrt{5}+1}{2}$.

若选条件②：因为 $F_2(c, 0)$，把 $x = c$ 代入 $\dfrac{x^2}{a^2} - \dfrac{y^2}{b^2} = 1$ $(a > 0, b > 0)$，可得 $\dfrac{c^2}{a^2} - \dfrac{y^2}{b^2} = 1$

$(a > 0, b > 0)$，解得 $y = \pm\dfrac{b^2}{a}$. 不妨设 $M\left(c, \dfrac{b^2}{a}\right)$，$N\left(c, -\dfrac{b^2}{a}\right)$，则 $|MN| = \dfrac{2b^2}{a}$. 又因为

$|F_1F_2| = 2c$，$|MN| = |F_1F_2|$，所以 $\dfrac{2b^2}{a} = 2c$，即 $b^2 = ac$. 整理得 $c^2 - ac - a^2 = 0$，可得

$\left(\dfrac{c}{a}\right)^2 - \dfrac{c}{a} - 1 = 0$，即 $e^2 - e - 1 = 0$. 又因为 $e > 1$，所以 $e = \dfrac{\sqrt{5}+1}{2}$.

13. 设 $G(x_1, y_1)$，$H(x_2, y_2)$，则 $R\left(\dfrac{x_1+x_2}{2}, \dfrac{y_1+y_2}{2}\right)$. 由题意，有 $k_{GH} = \dfrac{y_1-y_2}{x_1-x_2}$，

$k_{RO} = \dfrac{y_1+y_2}{x_1+x_2}$. 故

$$k_{GH} \cdot k_{RO} = \dfrac{y_1^2 - y_2^2}{x_1^2 - x_2^2}. \qquad ①$$

又因为 G, H 是"亚黄金椭圆" $\dfrac{x^2}{a^2} + \dfrac{y^2}{b^2} = 1$ 上的点,所以

$$y_1^2 = b^2\left(1 - \dfrac{x_1^2}{a^2}\right), \quad y_2^2 = b^2\left(1 - \dfrac{x_2^2}{a^2}\right). \qquad \text{②}$$

将②中的两式代入①式,得

$$k_{GH} \cdot k_{RO} = \dfrac{b^2\left[\left(1 - \dfrac{x_1^2}{a^2}\right) - \left(1 - \dfrac{x_2^2}{a^2}\right)\right]}{x_1^2 - x_2^2} = -\dfrac{b^2}{a^2} = -\dfrac{\dfrac{c^4}{a^2}}{a^2} = -\dfrac{c^4}{a^4}$$

$$= -\left(\dfrac{c}{a}\right)^4 = -e^4 = -\left(\dfrac{\sqrt{5}-1}{2}\right)^2.$$

故直线 GH 和直线 OR 的斜率之积为 $-\left(\dfrac{\sqrt{5}-1}{2}\right)^2$.

14. 联立两个椭圆方程,解得 $x_P^2 = \dfrac{a^2 b^2}{b^2 + a^2}$,$y_P^2 = \dfrac{a^2 b^2}{b^2 + a^2}$. 因为交点 P 在 x 轴上的射影恰好是椭圆 M 的右焦点 $F(c, 0)$,所以 $x_P^2 = \dfrac{a^2 b^2}{b^2 + a^2} = c^2$,整理得 $a^2 b^2 = c^2(a^2 + b^2)$,即得 $a^2(a^2 - c^2) = c^2(a^2 + b^2)$,亦即 $a^4 - a^2 c^2 = c^2(2a^2 - c^2)$,所以 $c^4 - 3a^2 c^2 + a^4 = 0$. 两边同时除以 a^4,可得 $e^4 - 3e^2 + 1 = 0$,解得 $e^2 = \dfrac{3 \pm \sqrt{5}}{2}$. 又因为 $0 < e < 1$,所以 $e^2 = \dfrac{3 - \sqrt{5}}{2}$,而 $\dfrac{6 - 2\sqrt{5}}{4} = \left(\dfrac{\sqrt{5}-1}{2}\right)^2$,所以 $e = \dfrac{c}{a} = \dfrac{\sqrt{5}-1}{2}$. 又因为准线为 $x = \dfrac{a^2}{c} = \sqrt{5} + 1$,两式相乘,可得 $a = 2$,从而可得 $c = \sqrt{5} - 1$,$b^2 = 2\sqrt{5} - 2$,所以椭圆 M 和椭圆 N 的方程分别为 $\dfrac{x^2}{4} + \dfrac{y^2}{2\sqrt{5}-1} = 1$ 和 $\dfrac{y^2}{4} + \dfrac{x^2}{2\sqrt{5}-1} = 1$.

3.18　圆锥曲线的切线和阿基米德三角形

题型展望

　　历年高考真题中,以阿基米德三角形为背景的试题的主要呈现形式为解答题,分值为 12 分,主要考查直线与圆锥曲线相切的位置关系、阿基米德三角形的性质,以及利用函数性质求阿基米德三角形的面积最值等,考查数形结合思想、分类讨论思想、函数与方程思想,考查考生的运算求解能力和逻辑思维能力,同时也考查考生的直观想象、数学运算和逻辑推理素养,很好地体现了数学的图形之美. 本问题的难点在于利用同构法求圆锥曲线切点弦所在的

直线方程.

经典题探秘

例1 求椭圆 $C: \dfrac{x^2}{10} + \dfrac{y^2}{6} = 1$ 在点 $P\left(\dfrac{5}{2}, -\dfrac{3}{2}\right)$ 处的切线方程.

【解析】 在伸缩变换 $\varphi: \begin{cases} X = \dfrac{\sqrt{10}}{10}x \\ Y = \dfrac{\sqrt{6}}{6}y \end{cases}$ 下,椭圆 $C: \dfrac{x^2}{10} + \dfrac{y^2}{6} = 1$ 变为圆 $O: X^2 + Y^2 = 1$,椭

圆 C 上的点 $P\left(\dfrac{5}{2}, -\dfrac{3}{2}\right)$ 对应变为圆 O 上的点 $P'\left(\dfrac{\sqrt{10}}{4}, -\dfrac{\sqrt{6}}{4}\right)$,椭圆 C 在点 P 处的切线 l

对应圆 O 在点 P' 处的切线 l'.则由圆的几何性质可得 $k_{l'} = -\dfrac{1}{k_{OP'}} = \dfrac{\sqrt{15}}{3}$,由伸缩变换的性

质可得 $k_l = \dfrac{b}{a}k_{l'} = \dfrac{\sqrt{6}}{\sqrt{10}} \times \dfrac{\sqrt{15}}{3} = 1$,所以切线 l 的方程为 $y + \dfrac{3}{2} = 1 \times \left(x - \dfrac{5}{2}\right)$.故椭圆 C:

$\dfrac{x^2}{10} + \dfrac{y^2}{6} = 1$ 在点 $P\left(\dfrac{5}{2}, -\dfrac{3}{2}\right)$ 处的切线方程为 $x - y - 4 = 0$.

点评 本题运用常规法运算量比较大,而运用伸缩变换法把求椭圆在某点处的切线方程化归为求圆在某点处的切线方程,降低了运算量.

【题根探秘】 通过对例1进行类比和推广探究,可以得到以下四个关于圆锥曲线上某点处切线方程的结论(命题1~命题4).

命题1 已知椭圆 $C: \dfrac{x^2}{a^2} + \dfrac{y^2}{b^2} = 1(a > b > 0)$ 上一点 $P(x_0, y_0)$,则椭圆 C 在点 $P(x_0, y_0)$

处的切线方程为 $\dfrac{x_0 x}{a^2} + \dfrac{y_0 y}{b^2} = 1$.

证明:(证法1)① 当椭圆在点 $P(x_0, y_0)$ 处的切线斜率存在时,设切线斜率为 k,则切线

方程为 $y - y_0 = k(x - x_0)$.因为点 $P(x_0, y_0)$ 在椭圆 $C: \dfrac{x^2}{a^2} + \dfrac{y^2}{b^2} = 1(a > b > 0)$ 上,所以

$\dfrac{x_0^2}{a^2} + \dfrac{y_0^2}{b^2} = 1$,整理得 $b^2 x_0^2 + a^2 y_0^2 - a^2 b^2 = 0$,即得 $b^2 x_0^2 - a^2 b^2 = -a^2 y_0^2$.

联立 $\begin{cases} y - y_0 = k(x - x_0) \\ \dfrac{x^2}{a^2} + \dfrac{y^2}{b^2} = 1 \end{cases}$,可得

$$(a^2 k^2 + b^2)x^2 + 2ka^2(y_0 - kx_0)x + a^2[(kx_0 - y_0)^2 - b^2] = 0.$$

则

$$\Delta_1 = 4k^2 a^4 (y_0 - kx_0)^2 - 4a^2(a^2 k^2 + b^2)[(kx_0 - y_0)^2 - b^2] = 0.$$

整理得 $(y_0 - kx_0)^2 - a^2k^2 - b^2 = 0$，即 $(x_0^2 - a^2)k^2 - 2x_0y_0k + y_0^2 - b^2 = 0$. 又因为

$$\Delta_2 = (-2x_0y_0)^2 - 4(x_0^2 - a^2)(y_0^2 - b^2) = 4(b^2x_0^2 + a^2y_0^2 - a^2b^2) = 0,$$

所以

$$k = -\frac{-2x_0y_0}{2(x_0^2 - a^2)} = \frac{x_0y_0}{x_0^2 - a^2} = \frac{b^2x_0y_0}{b^2x_0^2 - a^2b^2} = \frac{b^2x_0y_0}{-a^2y_0^2} = -\frac{b^2x_0}{a^2y_0}.$$

因此，切线方程为 $y - y_0 = -\dfrac{b^2x_0}{a^2y_0}(x - x_0)$，即 $b^2x_0x + a^2y_0y = a^2b^2$. 故切线方程

为 $\dfrac{x_0x}{a^2} + \dfrac{y_0y}{b^2} = 1$.

②当椭圆在点 $P(x_0, y_0)$ 处的切线斜率不存在时，点 $P(x_0, y_0)$ 的坐标为 $P(-a, 0)$ 或 $P(a, 0)$，切线方程为 $x = -a$ 或 $x = a$，符合上述方程.

综上可知，椭圆 C 在点 $P(x_0, y_0)$ 处的切线方程为 $\dfrac{x_0x}{a^2} + \dfrac{y_0y}{b^2} = 1$.

（证法2）因为椭圆 $C: \dfrac{x^2}{a^2} + \dfrac{y^2}{b^2} = 1(a > b > 0)$，所以 $y^2 = b^2\left(1 - \dfrac{x^2}{a^2}\right)$，当 $x > 0, y > 0$ 时，

$y = b\sqrt{1 - \dfrac{x^2}{a^2}}$，求导得 $y' = \dfrac{b}{2}\left(1 - \dfrac{x^2}{a^2}\right)^{-\frac{1}{2}} \cdot \left(-\dfrac{2x}{a^2}\right)$，化简得 $y' = -\dfrac{bx}{a\sqrt{a^2 - x^2}}$. 设 $P(x_0, y_0)$

在第一象限，则由题设可得 $\dfrac{x_0^2}{a^2} + \dfrac{y_0^2}{b^2} = 1$，所以 $x_0^2 = a^2\left(1 - \dfrac{y_0^2}{b^2}\right)$. 故切线的斜率为

$$k = y'\mid_{x=x_0} = -\frac{bx_0}{a\sqrt{a^2 - x_0^2}} = -\frac{bx_0}{a\sqrt{a^2 - a^2 + \dfrac{a^2}{b^2}y_0^2}} = -\frac{b^2x_0}{a^2y_0}.$$

因此，切线方程为 $y - y_0 = -\dfrac{b^2x_0}{a^2y_0}(x - x_0)$，即 $\dfrac{x_0x}{a^2} + \dfrac{y_0y}{b^2} = 1$. 同理可得 $P(x_0, y_0)$ 在其他象限时结论不变.

所以椭圆 C 在点 $P(x_0, y_0)$ 处的切线方程为 $\dfrac{x_0x}{a^2} + \dfrac{y_0y}{b^2} = 1$.

（证法3）设椭圆 C 在点 $P(x_0, y_0)$ 处的切线为 l. 在伸缩变换 $\varphi: \begin{cases} X = \dfrac{x}{a} \\ Y = \dfrac{y}{b} \end{cases}$ 下，椭圆 C：

$\dfrac{x^2}{a^2} + \dfrac{y^2}{b^2} = 1(a > b > 0)$ 变换为圆 $O: X^2 + Y^2 = 1$，椭圆 $C: \dfrac{x^2}{a^2} + \dfrac{y^2}{b^2} = 1(a > b > 0)$ 上的点

$P(x_0, y_0)$ 变换后对应圆 $O: X^2 + Y^2 = 1$ 上的点 $P'\left(\dfrac{x_0}{a}, \dfrac{y_0}{b}\right)$，椭圆 C 在点 $P(x_0, y_0)$ 处的切

线 l 对应圆 $O: X^2 + Y^2 = 1$ 在点 $P'\left(\dfrac{x_0}{a}, \dfrac{y_0}{b}\right)$ 处的切线 l'. 由圆的切线知识，可知圆 $O: X^2 +$

$Y^2 = 1$ 在点 $P'\left(\dfrac{x_0}{a}, \dfrac{y_0}{b}\right)$ 处的切线 l' 的方程为 $\dfrac{x_0}{a}X + \dfrac{y_0}{b}Y = 1$，所以椭圆 C 在点 $P(x_0, y_0)$ 处的切线方程为 $\dfrac{x_0 x}{a^2} + \dfrac{y_0 y}{b^2} = 1$.

同理可得下面的命题 2～命题 4.

命题 2 已知双曲线 $C: \dfrac{x^2}{a^2} - \dfrac{y^2}{b^2} = 1 (a > 0, b > 0)$ 上一点 $P(x_0, y_0)$，则双曲线 C 在点 $P(x_0, y_0)$ 处的切线方程为 $\dfrac{x_0 x}{a^2} - \dfrac{y_0 y}{b^2} = 1$.

命题 3 已知抛物线 $y^2 = 2px(p > 0)$ 上一点 $M(x_0, y_0)$，则抛物线 C 在点 $M(x_0, y_0)$ 处的切线方程为 $y_0 y = p(x + x_0)$.

命题 4 已知抛物线 $x^2 = 2py(p > 0)$ 上一点 $M(x_0, y_0)$，则抛物线 C 在点 $M(x_0, y_0)$ 处的切线方程为 $x_0 x = p(y + y_0)$.

例2 过点 $M(-2, 1)$ 作抛物线 $C: y^2 = 2x$ 的两条切线，切点分别为 A, B，求弦 AB 的方程.

【解析】 设 $A(x_1, y_1), B(x_2, y_2)$，则抛物线 $C: y^2 = 2x$ 在点 $A(x_1, y_1)$ 处的切线方程为 $y_1 y = x + x_1$，在点 $B(x_2, y_2)$ 处的切线方程为 $y_2 y = x + x_2$. 又因为点 $M(-2, 1)$ 在切线 MA 和切线 MB 上，所以 $y_1 = -2 + x_1, y_2 = -2 + x_2$，即点 $A(x_1, y_1), B(x_2, y_2)$ 均在直线 $y = -2 + x$ 上，故弦 AB 的方程为 $x - y - 2 = 0$.

【题根探秘】 通过对例 2 进行类比和推广探究，可以得到以下关于圆锥曲线切点弦的结论(命题 5～命题 8)：

命题 5 设 $P(x_0, y_0)$ 是椭圆 $C: \dfrac{x^2}{a^2} + \dfrac{y^2}{b^2} = 1 (a > b > 0)$ 外一点，过点 $P(x_0, y_0)$ 引椭圆 C 的两条切线 PA, PB，其中 A, B 是切点，则切点弦 AB 所在的直线方程为 $\dfrac{x_0 x}{a^2} + \dfrac{y_0 y}{b^2} = 1$.

证明：设 $A(x_1, y_1), B(x_2, y_2)$，则由本节命题 1，可得椭圆 C 在点 A 和点 B 处的切线方程分别为 $\dfrac{x_1 x}{a^2} + \dfrac{y_1 y}{b^2} = 1, \dfrac{x_2 x}{a^2} + \dfrac{y_2 y}{b^2} = 1$. 又因为点 $P(x_0, y_0)$ 在切线 PA, PB 上，所以 $\dfrac{x_1 x_0}{a^2} + \dfrac{y_1 y_0}{b^2} = 1, \dfrac{x_2 x_0}{a^2} + \dfrac{y_2 y_0}{b^2} = 1$，即点 $A(x_1, y_1), B(x_2, y_2)$ 均在直线 $\dfrac{x_0 x}{a^2} + \dfrac{y_0 y}{b^2} = 1$ 上. 故切点弦 AB 所在的直线方程为 $\dfrac{x_0 x}{a^2} + \dfrac{y_0 y}{b^2} = 1$.

点评 数学中的同构式是指变量不同而结构相同的两个表达式. 同构法为：满足方程 $F(x_1, y_1) = 0$ 与方程 $F(x_2, y_2) = 0$，可构造同构方程 $F(x, y) = 0$，从而得出 $A(x_1, y_1)$ 和 $B(x_2, y_2)$ 都在曲线 $\Gamma: F(x, y) = 0$ 上，当方程 $F(x, y) = 0$ 是关于 x, y 的二元一次方程时，

曲线 Γ 就是直线 AB. 上述命题 5 的证明运用了同构法的思想.

同理可得下面的命题 6 和命题 7.

命题 6 设 $P(x_0,y_0)$ 是双曲线 $C:\dfrac{x^2}{a^2}-\dfrac{y^2}{b^2}=1(a>0,b>0)$ 外一点,过点 $P(x_0,y_0)$ 引双曲线 C 的两条切线 PA,PB,其中 A,B 是切点,则切点弦 AB(如果存在)所在的直线方程为 $\dfrac{x_0x}{a^2}-\dfrac{y_0y}{b^2}=1$.

命题 7 设 $M(x_0,y_0)$ 是抛物线 $C:y^2=2px(p>0)$ 外一点,过点 $M(x_0,y_0)$ 引抛物线 C 的两条切线 MA,MB,其中 A,B 是切点,则切点弦 AB 所在的直线方程为 $y_0y=p(x+x_0)$.

命题 8 设 $M(x_0,y_0)$ 是抛物线 $C:x^2=2py(p>0)$ 外一点,过点 $M(x_0,y_0)$ 引抛物线 C 的两条切线 MA,MB,其中 A,B 是切点,则切点弦 AB 所在的直线方程为 $x_0x=p(y+y_0)$.

例3 (2021 年全国 II 卷/理 21) 已知抛物线 $C:x^2=2py(p>0)$ 的焦点为 F,且 F 与圆 $M:x^2+(y+4)^2=1$ 上点的距离的最小值为 4.

(1) 求 p;

(2) 若点 P 在 M 上,PA,PB 是 C 的两条切线,A,B 是切点,求 $\triangle PAB$ 面积的最大值.

【解析】 (1) 由已知,可得焦点 $F\left(0,\dfrac{p}{2}\right)$ 到 $x^2+(y+4)^2=1$ 的最短距离为 $\dfrac{p}{2}+3=4$,解得 $p=2$.

(2) (解法 1) 由(1)知抛物线 C 的方程为 $x^2=4y$,所以 $y=\dfrac{1}{4}x^2$. 设 $A(x_1,y_1),B(x_2,y_2)$,$P(x_0,y_0)$. 因为点 P 在圆 M 上,所以 $x_0^2=-y_0^2-8y_0-15$. 又因为 $y'=\dfrac{1}{2}x$,所以切线 PA 的方程 $y-y_1=\dfrac{1}{2}x_1(x-x_1)$,即 $y=\dfrac{1}{2}x_1x-\dfrac{1}{4}x_1^2=\dfrac{1}{2}x_1x-y_1$. 同理可得切线 PB 的方程为

$y=\dfrac{1}{2}x_2x-y_2$. 又因为直线 PA,PB 都过点 $P(x_0,y_0)$,所以 $\begin{cases}y_0=\dfrac{1}{2}x_1x_0-y_1\\[2mm]y_0=\dfrac{1}{2}x_2x_0-y_2\end{cases}$. 因此,直线

AB 的方程为 $y_0=\dfrac{1}{2}x_0x-y$,即 $y=\dfrac{1}{2}x_0x-y_0$.

联立 $\begin{cases}y=\dfrac{1}{2}x_0x-y_0\\x^2=4y\end{cases}$,得 $x^2-2x_0x+4y_0=0$,其中判别式 $\Delta=4x_0^2-16y_0>0$,则由弦长

公式得

$$|AB| = \sqrt{1 + \frac{x_0^2}{4}} \cdot \sqrt{4x_0^2 - 16y_0} = \sqrt{4 + x_0^2} \cdot \sqrt{x_0^2 - 4y_0}.$$

又因为点 P 到直线 AB 的距离 $d = \dfrac{|x_0^2 - 4y_0|}{\sqrt{x_0^2 + 4}}$，所以

$$S_{\triangle PAB} = \frac{1}{2}|AB| \cdot d = \frac{1}{2}|x_0^2 - 4y_0|\sqrt{x_0^2 - 4y_0} = \frac{1}{2}(x_0^2 - 4y_0)^{\frac{3}{2}}$$

$$= \frac{1}{2}(-y_0^2 - 12y_0 - 15)^{\frac{3}{2}}.$$

而 $y_0 \in [-5, -3]$，故当 $y_0 = -5$ 时，$S_{\triangle PAB}$ 达到最大值 $20\sqrt{5}$.

（解法 2）同解法 1，可得

$$S_{\triangle PAB} = \frac{1}{2}|AB| \cdot d = \frac{1}{2}|x_0^2 - 4y_0|\sqrt{x_0^2 - 4y_0} = \frac{1}{2}(x_0^2 - 4y_0)^{\frac{3}{2}}.$$

因为圆 $x^2 + (y + 4)^2 = 1$ 的参数方程为 $\begin{cases} x = \cos \alpha \\ y = -4 + \sin \alpha \end{cases}$（$\alpha$ 为参数），设 $P(\cos \theta, -4 + \sin \theta)$，所以

$$S_{\triangle PAB} = \frac{1}{2}(\cos^2\theta - 4\sin\theta + 16)^{\frac{3}{2}} = \frac{1}{2}(-\sin^2\theta - 4\sin\theta + 17)^{\frac{3}{2}}$$

$$= \frac{1}{2}[-(\sin\theta + 2)^2 + 21]^{\frac{3}{2}}.$$

又 $\sin\theta \in [-1, 1]$，故当 $\sin\theta = -1$ 时，$S_{\triangle PAB}$ 达到最大值 $20\sqrt{5}$.

点评 本题的第（1）问根据圆的几何性质得出关于 p 的等式，即可解出 p 的值；第（2）问首先设 $A(x_1, y_1)$，$B(x_2, y_2)$，$P(x_0, y_0)$，利用导数求出直线 PA，PB 的方程，再运用同构法求得直线 AB 的方程，然后将直线 AB 的方程与抛物线的方程联立，求出 $|AB|$ 和点 P 到直线 AB 的距离，最后利用三角形的面积公式，并结合二次函数的基本性质可求得 $\triangle PAB$ 面积的最大值.

阿基米德是伟大的古希腊数学家、物理学家和哲学家，被后人誉为"数学之神"，他的著作有《论球与圆柱》《圆的度量》《论劈锥曲面体与椭圆体》《论螺线》《抛物弓形求积》等 10 部. 阿基米德在其专著《抛物弓形求积》一书中给出了阿基米德三角形的定义：抛物线的弦与过弦的端点的两条切线所围成的三角形称为阿基米德三角形. 本题中的 $\triangle PAB$ 就是阿基米德三角形. 第（2）问以抛物线的阿基米德三角形的性质"已知抛物线 C：$x^2 = 2py(p > 0)$，P 为抛物线 C 上一点，过点 P 作 C 的两条切线，切点分别为 $A(x_1, y_1)$，$B(x_2, y_2)$，则 $\triangle PAB$ 的面积为 $S = \dfrac{[(x_1 + x_2)^2 - 4x_1x_2]^{\frac{3}{2}}}{8p}$"为素材，形式优美，结构简单. 本题把数学史中的著名定理和数学知识（抛物线的简单几何性质、直线与抛物线的位置和圆等内容）巧妙结合，重视数学美的理解和应用，旨在考查考生数学运算、直观想象和逻辑推理素养. 本题重基础、重能力、重应用、重创新，对引领中学教学改革能起到积极的导向作用.

【题根探秘】 通过对例3的类比和推广探究,可以得到以下结论(命题9和命题10):

命题9 已知抛物线 $C:x^2=2py(p>0)$,点 $P(x_0,y_0)$ 为抛物线 C 外一点,PA,PB 是 C 的两条切线,A,B 是切点,则 $\triangle PAB$ 的面积 $S=\dfrac{(x_0^2-2py_0)^{\frac{3}{2}}}{p}$.

证明:设 $A(x_1,y_1),B(x_2,y_2)$. 因为 $y=\dfrac{x^2}{2p}$,所以 $y'=\dfrac{x}{p}$,因此切线 PA 的斜率为 $k_1=\dfrac{x_1}{p}$,切线 PB 的斜率为 $k_2=\dfrac{x_2}{p}$. 所以切线 PA 的方程为 $y-y_1=\dfrac{x_1}{p}(x-x_1)$,即 $x_1x-py-py_1=0$. 同理可得切线 PB 的方程为 $x_2x-py-py_2=0$. 又因为点 P 为直线 PA 和直线 PB 的公共点,所以 $\begin{cases} x_1x_0-py_0-py_1=0 \\ x_2x_0-py_0-py_2=0 \end{cases}$,因此直线 AB 的方程为 $x_0x-py-py_0=0$. 联立 $\begin{cases} x^2=2py \\ x_0x-py-py_0=0 \end{cases}$,消去 y,整理可得 $x^2-2x_0x+2py_0=0$. 则由韦达定理可得 $x_1+x_2=2x_0,x_1x_2=2py_0$,所以由弦长公式得 $|AB|=\sqrt{\left[1+\left(\dfrac{x_0}{p}\right)^2\right](4x_0^2-8py_0)}$. 又因为点 P 到直线 AB 的距离 $d=\dfrac{|x_0^2-2py_0|}{\sqrt{x_0^2+p^2}}$,所以 $\triangle PAB$ 的面积为

$$S=\frac{1}{2}|AB|\cdot d=\frac{1}{2}\cdot\frac{2}{p}\sqrt{(x_0^2+p^2)(x_0^2-2py_0)}\cdot\frac{|x_0^2-2py_0|}{\sqrt{x_0^2+p^2}}$$

$$=\frac{(x_0^2-2py_0)^{\frac{3}{2}}}{p}.$$

命题10 已知抛物线 $C:y^2=2px(p>0)$,点 $P(x_0,y_0)$ 为抛物线 C 外一点,PA,PB 是 C 的两条切线,A,B 是切点,则 $\triangle PAB$ 的面积 $S=\dfrac{(y_0^2-2px_0)^{\frac{3}{2}}}{p}$.

证明:设 $A(x_1,y_1),B(x_2,y_2)$,则切线 PA 的方程为 $y_1y=p(x+x_1)$,切线 PB 的方程为 $y_2y=p(x+x_2)$. 因为点 P 为直线 PA 和直线 PB 的公共点,所以 $\begin{cases} y_1y_0=p(x_0+x_1) \\ y_2y_0=p(x_0+x_2) \end{cases}$,因此直线 AB 的方程为 $y_0y=p(x+x_0)$,即 $px-y_0y+px_0=0$. 联立 $\begin{cases} y^2=2px \\ px-y_0y+px_0=0 \end{cases}$,消去 x,可得 $y^2-2y_0y+2px_0=0$. 则由韦达定理可得 $y_1+y_2=2y_0,y_1y_2=2px_0$,所以由弦长公式得

$$|AB|=\sqrt{\left(1+\frac{1}{k^2}\right)[(y_1+y_2)^2-4y_1y_2]}=\sqrt{\left(1+\frac{y_0^2}{p^2}\right)(4y_0^2-8px_0)}.$$

又因为点 $P(x_0,y_0)$ 到直线 $AB:px-y_0y+px_0=0$ 的距离 $d=\dfrac{|y_0^2-2px_0|}{\sqrt{p^2+y_0^2}}$,所以 $\triangle PAB$ 的

面积为

$$S = \frac{1}{2} \mid AB \mid \cdot d = \frac{1}{2} \cdot \frac{2}{p} \sqrt{(p^2 + y_0^2)(y_0^2 - 2px_0)} \cdot \frac{\mid y_0^2 - 2px_0 \mid}{\sqrt{p^2 + y_0^2}}$$

$$= \frac{(y_0^2 - 2px_0)^{\frac{3}{2}}}{p}.$$

例 4 (2019 年全国Ⅲ卷/理 21) 已知曲线 $C: y = \dfrac{x^2}{2}$，D 为直线 $y = -\dfrac{1}{2}$ 上的动点，过点 D 作 C 的两条切线，切点分别为 A,B.

(1) 证明：直线 AB 过定点；

(2) 若以 $E\left(0, \dfrac{5}{2}\right)$ 为圆心的圆与直线 AB 相切，且切点为线段 AB 的中点，求四边形 $ADBE$ 的面积.

【解析】 (1)（证法 1）设 $D\left(t, -\dfrac{1}{2}\right)$，$A(x_1, y_1)$，$B(x_2, y_2)$. 对 y 求导，得 $y' = x$，所以 $k_{AD} = x_1$. 又因为 $k_{AD} = \dfrac{y_1 + \dfrac{1}{2}}{x_1 - t}$，所以 $\dfrac{y_1 + \dfrac{1}{2}}{x_1 - t} = x_1$，整理得 $2tx_1 - 2y_1 + 1 = 0$. 同理可得 $2tx_2 - 2y_2 + 1 = 0$，所以直线 AB 的方程为 $2tx - 2y + 1 = 0$. 令 $x = 0$，得 $y = \dfrac{1}{2}$，故直线 AB 过定点 $\left(0, \dfrac{1}{2}\right)$.

（证法 2）设 $D\left(t, -\dfrac{1}{2}\right)$，$A(x_1, y_1)$，$B(x_2, y_2)$. 对 y 求导，得 $y' = x$，所以 $k_{AD} = x_1$，$k_{BD} = x_2$. 因此，直线 AD 的方程为 $y - y_1 = x_1(x - x_1)$，即 $y + y_1 = xx_1$；直线 BD 的方程为 $y + y_2 = xx_2$. 又由题设可得 $-\dfrac{1}{2} + y_1 = tx_1$，$-\dfrac{1}{2} + y_2 = tx_2$，所以直线 AB 的方程为 $-\dfrac{1}{2} + y = tx$. 令 $x = 0$，得 $y = \dfrac{1}{2}$，故直线 AB 过定点 $\left(0, \dfrac{1}{2}\right)$.

(2) 由(1)可得直线 AB 的方程为 $y = tx + \dfrac{1}{2}$. 由 $\begin{cases} y = tx + \dfrac{1}{2} \\ y = \dfrac{x^2}{2} \end{cases}$，消去 y，得 $x^2 - 2tx - 1 = 0$，则由韦达定理得 $x_1 + x_2 = 2t$，$x_1 x_2 = -1$，从而可得 $y_1 + y_2 = t(x_1 + x_2) + 1 = 2t^2 + 1$. 所以

$$\mid AB \mid = \sqrt{1 + t^2} \mid x_1 - x_2 \mid = \sqrt{1 + t^2} \times \sqrt{(x_1 + x_2)^2 - 4x_1 x_2} = 2(t^2 + 1).$$

设 d_1, d_2 分别为点 D, E 到直线 AB 的距离，则 $d_1 = \sqrt{t^2 + 1}$，$d_2 = \dfrac{2}{\sqrt{t^2 + 1}}$. 所以四边形 $ADBE$ 的面积为

$$S = \frac{1}{2} \mid AB \mid \cdot (d_1 + d_2) = (t^2 + 3)\sqrt{t^2 + 1}.$$

设 M 为线段 AB 的中点,则 $M\left(t, t^2 + \frac{1}{2}\right)$. 又因为 $\overrightarrow{EM} \perp \overrightarrow{AB}$,且 $\overrightarrow{EM} = (t, t^2 - 2)$,$\overrightarrow{AB}$ 与向量 $(1, t)$ 平行,所以 $t + (t^2 - 2)t = 0$,解得 $t = 0$ 或 $t = \pm 1$. 当 $t = 0$ 时,$S = 3$;当 $t = \pm 1$ 时,$S = 4\sqrt{2}$. 因此,四边形 $ADBE$ 的面积为 3 或 $4\sqrt{2}$.

点评 本题第(1)问的证法 1 先利用导数的几何意义和斜率公式表示出切线 AD 的斜率,再运用同构法得出直线 AB 的方程,最后再计算直线 AB 与 y 轴的交点,即为定点;证法 2 先利用导数的几何意义表示出切线斜率,再用直线的点斜式方程分别表示出切线 AD 和 BD 的方程,最后计算出定点坐标. 而第(2)问首先把四边形 $ADBE$ 的面积问题化归为 $\triangle DAB$ 和 $\triangle EAB$ 的面积之和,再结合圆的几何性质和运用向量知识求出参数 t 的值,最后可得出四边形 $ADBE$ 的面积.

【题根探秘】 通过对例 4 的类比和推广探究,可以得到以下结论(命题 11 和命题 12):

命题 11 设 D 是抛物线 $C: x^2 = 2py(p > 0)$ 准线上的一点,过点 D 作抛物线 C 的两条切线,切点分别为 A, B,则弦 AB 恒过抛物线 C 的焦点 $F\left(0, \frac{p}{2}\right)$.

证明:抛物线 $C: x^2 = 2py(p > 0)$ 的准线方程为 $y = -\frac{p}{2}$,设 $D\left(t, -\frac{p}{2}\right)$,$A\left(x_1, \frac{x_1^2}{2p}\right)$,$B\left(x_2, \frac{x_2^2}{2p}\right)$,因为 $y = \frac{x^2}{2p}$,所以 $y' = \frac{x}{p}$,则 $k_{AD} = \frac{x_1}{p}$. 又因为 $k_{AD} = \frac{-\frac{p}{2} - y_1}{t - x_1}$,所以 $\frac{-\frac{p}{2} - y_1}{t - x_1} = \frac{x_1}{p}$,整理得 $tx_1 - py_1 + \frac{p^2}{2} = 0$. 同理可得 $tx_2 - py_2 + \frac{p^2}{2} = 0$,所以直线 AB 的方程为 $tx - py + \frac{p^2}{2} = 0$,令 $x = 0$,得 $y = \frac{p}{2}$. 故弦 AB 恒过抛物线 C 的焦点 $F\left(0, \frac{p}{2}\right)$.

命题 12 设 D 是抛物线 $C: y^2 = 2px(p > 0)$ 准线上的一点,过点 D 作抛物线 C 的两条切线,切点分别为 A, B,则弦 AB 恒过抛物线 C 的焦点 $F\left(\frac{p}{2}, 0\right)$.

证明:设 $A(x_1, y_1)$,$B(x_2, y_2)$,$D\left(-\frac{p}{2}, t\right)$,直线 AD 的方程为 $y - y_1 = k(x - x_1)$.

联立 $\begin{cases} y^2 = 2px \\ y - y_1 = k(x - x_1) \end{cases}$,再结合 $y_1^2 = 2px_1$,整理可得 $ky^2 - 2py + (2py_1 - ky_1^2) = 0$. 因为 AD 为抛物线 $C: y^2 = 2px(p > 0)$ 的切线,所以 $y_1 = \frac{2p}{2k} = \frac{p}{k}$,即 $k = \frac{p}{y_1}$,因此切线 AD 的方程为 $y_1 y = p(x + x_1)$. 同理可得切线 BD 的方程为 $y_2 y = p(x + x_2)$. 又由题设可得 $ty_1 = p\left(-\frac{p}{2} + x_1\right)$,$ty_2 = p\left(-\frac{p}{2} + x_2\right)$,所以弦 AB 的方程为 $ty = p\left(-\frac{p}{2} + x\right)$. 令 $y = 0$,得 $x =$

$\dfrac{p}{2}$,故弦 AB 恒过抛物线 C 的焦点 $F\left(\dfrac{p}{2},0\right)$.

例5 已知 A,B 为抛物线 $C:y^2=4x$ 上的两个动点,点 A 在第一象限,点 B 在第四象限,l_1,l_2 分别过点 A,B 且与抛物线 C 相切,P 为 l_1 与 l_2 的交点.

(1) 若直线 AB 过抛物线 C 的焦点 F,求证:动点 P 在一条定直线上,并求此直线方程.

(2) 设 C,D 分别为直线 l_1,l_2 与直线 $x=4$ 的交点,求 $\triangle PCD$ 面积的最小值.

【解析】 (1) 设 $A\left(\dfrac{y_1^2}{4},y_1\right),B\left(\dfrac{y_2^2}{4},y_2\right)(y_1>0>y_2)$,由题设可知直线 l_1 的斜率存在,

设直线 l_1 的斜率为 k_1,则直线 l_1 的方程为 $y-y_1=k_1\left(x-\dfrac{y_1^2}{4}\right)$.

联立 $\begin{cases} y-y_1=k_1\left(x-\dfrac{y_1^2}{4}\right) \\ y^2=4x \end{cases}$,可得

$$k_1y^2-4y+4y_1-k_1y_1^2=0. \qquad\qquad ①$$

由直线 l_1 与抛物线 C 相切,知 $\Delta=16-4k_1(4y_1-k_1y_1^2)=0$.于是 $k_1=\dfrac{2}{y_1}$,故直线 l_1 的方

程为 $y=\dfrac{2}{y_1}x+\dfrac{1}{2}y_1$.同理可得直线 l_2 的方程为 $y=\dfrac{2}{y_2}x+\dfrac{1}{2}y_2$.

联立直线 l_1,l_2 的方程,可得点 P 的坐标为 $\left(\dfrac{y_1y_2}{4},\dfrac{y_1+y_2}{2}\right)$.因为 $k_{AB}=\dfrac{y_1-y_2}{\dfrac{y_1^2}{4}-\dfrac{y_2^2}{4}}=$

$\dfrac{4}{y_1+y_2}$,所以直线 AB 的方程为

$$y-y_1=\dfrac{4}{y_1+y_2}\left(x-\dfrac{y_1^2}{4}\right). \qquad\qquad ②$$

又因为直线 AB 过抛物线 C 的焦点 $F(1,0)$,所以 $-y_1=\dfrac{4}{y_1+y_2}\left(1-\dfrac{y_1^2}{4}\right)$,整理得 $y_1y_2=-4$,

即得 $x_P=\dfrac{y_1y_2}{4}=-1$.故点 P 在定直线 $x=-1$ 上.

(2) 由(1)可得点 C,D 的坐标分别为 $\left(4,\dfrac{8}{y_1}+\dfrac{1}{2}y_1\right),\left(4,\dfrac{8}{y_2}+\dfrac{1}{2}y_2\right)$.所以

$$|CD|=\left|\left(\dfrac{8}{y_1}+\dfrac{1}{2}y_1\right)-\left(\dfrac{8}{y_2}+\dfrac{1}{2}y_2\right)\right|=\left|\dfrac{(y_1y_2-16)(y_1-y_2)}{2y_1y_2}\right|,$$

故

$$S_{\triangle PCD}=\dfrac{1}{2}\left|4-\dfrac{y_1y_2}{4}\right|\cdot\left|\dfrac{(y_1y_2-16)(y_1-y_2)}{2y_1y_2}\right|.$$

设 $y_1 y_2 = -t^2 (t > 0)$，$|y_1 - y_2| = m$，则由 $(y_1 + y_2)^2 = (y_1 - y_2)^2 + 4y_1 y_2 = m^2 - 4t^2 \geqslant 0$，知 $m \geqslant 2t$，当且仅当 $y_1 + y_2 = 0$ 时等号成立. 所以

$$S_{\triangle PCD} = \frac{1}{2} \left| 4 + \frac{t^2}{4} \right| \cdot \left| \frac{(-t^2 - 16)m}{-2t^2} \right| = \frac{m \cdot (t^2 + 16)^2}{16 t^2}$$

$$\geqslant \frac{2t \cdot (t^2 + 16)^2}{16 t^2} = \frac{(t^2 + 16)^2}{8t}.$$

设 $f(t) = \frac{(t^2 + 16)^2}{8t}$，则

$$f'(t) = \frac{2(t^2 + 16) \cdot 2t \cdot t - (t^2 + 16)^2}{8t^2} = \frac{(3t^2 - 16)(t^2 + 16)}{8t^2}.$$

当 $0 < t < \frac{4\sqrt{3}}{3}$ 时，$f'(t) < 0$；当 $t > \frac{4\sqrt{3}}{3}$ 时，$f'(t) > 0$. 所以 $f(t)$ 在区间 $\left(0, \frac{4\sqrt{3}}{3}\right)$ 上为减函数，在区间 $\left(\frac{4\sqrt{3}}{3}, +\infty\right)$ 上为增函数. 因此当 $t = \frac{4\sqrt{3}}{3}$ 时，$f(t)$ 取最小值 $\frac{128\sqrt{3}}{9}$. 故当 $y_1 + y_2 = 0$，$y_1 y_2 = -\frac{16}{3}$，即 $y_1 = \frac{4}{\sqrt{3}}$，$y_2 = -\frac{4}{\sqrt{3}}$ 时，$\triangle PCD$ 的面积取得最小值 $\frac{128\sqrt{3}}{9}$.

点评 本题的第(1)问和第(2)问分别是以阿基米德三角形为背景的定直线和最值问题. 其中，第(1)问考查了动点在定直线上的问题，实际上就是证明动点 P 的横坐标为定值；第(2)问是关于面积的最值问题，表示出 $\triangle PCD$ 的面积后，整体换元并利用导函数，研究其最值即可.

【题根探秘】 通过对例5的拓展探究，可以得出以下结论(命题13和命题14)：

命题13 已知 A，B 为抛物线 $C: y^2 = 2px (p > 0)$ 上的两个动点，直线 l_1，l_2 分别过点 A，B 且与抛物线 C 相切，P 为直线 l_1 与 l_2 的交点，且弦 AB 过抛物线 C 的焦点 F，则动点 P 在定直线 $x = -\frac{p}{2}$ 上.

证明：由题设知抛物线 $C: y^2 = 2px (p > 0)$ 的焦点为 $F\left(\frac{p}{2}, 0\right)$. 设 $A(x_1, y_1)$，$B(x_2, y_2)$，则直线 l_1 的方程为 $yy_1 = p(x + x_1)$，直线 l_2 的方程为 $yy_2 = p(x + x_2)$. 设点 P 的坐标为 $P(x_0, y_0)$，则 $y_0 y_1 = p(x_0 + x_1)$，$y_0 y_2 = p(x_0 + x_2)$. 所以点 $A(x_1, y_1)$，$B(x_2, y_2)$ 的坐标满足方程 $yy_0 = p(x + x_0)$，因此直线 AB 的方程为 $yy_0 = p(x + x_0)$. 又由直线 AB 过点 $F\left(\frac{p}{2}, 0\right)$，知 $0 = p\left(x_0 + \frac{p}{2}\right)$，所以 $x_0 = -\frac{p}{2}$. 故点 P 在定直线 $x = -\frac{p}{2}$ 上.

命题14 在平面直角坐标系 xOy 中，点 $R(t, 0) (t > 0)$ 和直线 $x = -t$ 分别为抛物线 $y^2 = 2px (p > 0)$ 的极点和极线，点 $P(-t, n)$ 是极线上的一个动点，且点 P 不在 x 轴上，过点 $P(-t, n)$ 作抛物线 $y^2 = 2px (p > 0)$ 的两条切线，两切点为 A，B，则直线 AB 过点 R.

证明:记两切点 A,B 的坐标分别为 (x_1,y_1),(x_2,y_2),则切线 PA,PB 的方程分别为 $yy_1=p(x+x_1)$,$yy_2=p(x+x_2)$,而点 P 的坐标同时满足以上两个方程,故点 A,B 的坐标均满足 $ny=p(x-t)$,此式即为直线 AB 的方程.当 $x=t$ 时,$y=0$,所以直线 AB 过点 $R(t,0)$.

例6 (2014年全国高中数学联赛试题) 如图 3.132 所示,在平面直角坐标系 xOy 中,P 是不在 x 轴上的一个动点,满足条件:过点 P 可作抛物线 $y^2=4x$ 的两条切线,两切点连线 l_P 与 PO 垂直.设直线 l_P 与直线 PO,x 轴的交点分别为 Q,R.

(1) 证明:R 是一个定点;

(2) 求 $\dfrac{|PQ|}{|QR|}$ 的最小值.

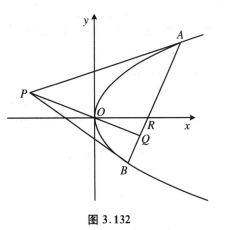

图 3.132

【解析】 解答详见 3.15 节的例 19.

点评 本题的第(1)问以阿基米德三角形为背景,考查了定点问题,第(2)问考查了最值问题.其中,第(1)问运用同构法表示出切点弦 AB 所在直线的方程,求出 AB 与 x 轴的交点 R 的坐标后,发现其是定点 $(2,0)$,从而得证;第(2)问表示出 $\dfrac{|PQ|}{|QR|}$ 后,运用重要不等式和不等式性质,便可求出其最小值.

【题根探秘】 在例 6 中,记过点 P 作的抛物线 $y^2=4x$ 的两条切线的切点分别为 A,B,则 $\triangle PAB$ 是阿基米德三角形.笔者通过对例 6 的探究,得出了以下结论(命题 15):

命题 15 在平面直角坐标系 xOy 中,P 是不在 x 轴上的一个动点,满足条件:过点 P 可作抛物线 $y^2=2px(p>0)$ 的两条切线,两切点连线 l_P 与 PO 垂直.设直线 l_P 与直线 PO,x 轴的交点分别为 Q,R,则 R 是一个定点.

证明:设点 P 的坐标为 (a,b) $(b\neq0)$,易知 $a\neq0$.记两切点 A,B 的坐标分别为 (x_1,y_1),(x_2,y_2),则切线 PA,PB 的方程分别为 $yy_1=p(x+x_1)$,$yy_2=p(x+x_2)$,而点 P 的坐标同时满足这两个方程,故点 A,B 的坐标均满足 $by=p(x+a)$,此式就是直线 AB 的方程.又因为直线 PO 与直线 l_P 的斜率分别为 $\dfrac{b}{a}$ 和 $\dfrac{p}{b}$,所以 $\dfrac{b}{a}\cdot\dfrac{p}{b}=-1$,解得 $a=-p$,从而直线 AB 的方程为 $y=\dfrac{p}{b}(x-p)$.故 AB 与 x 轴的交点为定点 $R(p,0)$.

例7 过抛物线 $y^2=2x$ 的焦点 F 的直线 l 交抛物线于 A,B 两点,抛物线在 A,B 两点处的切线交于点 E.

(1) 求证:$EF\perp AB$;

(2) 设 $\overrightarrow{AF}=\lambda\overrightarrow{FB}$,当 $\lambda\in\left[\dfrac{1}{3},\dfrac{1}{2}\right]$ 时,求 $\triangle ABE$ 的面积 S 的最小值.

【解析】 (1) 由题可知 $F\left(\dfrac{1}{2},0\right)$. 设直线 l 的方程为 $x=my+\dfrac{1}{2}$, 代入 $y^2=2x$, 得 $y^2-2my-1=0$. 设 $A\left(\dfrac{y_1^2}{2},y_1\right)$, $B\left(\dfrac{y_2^2}{2},y_2\right)$, 则由韦达定理得 $y_1+y_2=2m$, $y_1y_2=-1$. 设切线 AE 的方程为 $y_1y=x+\dfrac{y_1^2}{2}$, 切线 BE 的方程为 $y_2y=x+\dfrac{y_2^2}{2}$. 则由以上两式, 得 $y_2\left(x+\dfrac{y_1^2}{2}\right)=y_1\left(x+\dfrac{y_2^2}{2}\right)$, 所以

$$x=\frac{y_1^2y_2-y_2^2y_1}{2(y_1-y_2)}=\frac{y_1y_2}{2}=-\frac{1}{2}.$$

切线 AE 与 BE 的方程相减, 得 $(y_1-y_2)y=\dfrac{1}{2}(y_1^2-y_2^2)$, 即 $y=\dfrac{y_1+y_2}{2}=m$. 所以点 E 的坐标为 $\left(-\dfrac{1}{2},m\right)$.

当 $m=0$ 时, 显然有 $EF\perp AB$.

当 $m\neq 0$ 时, $k_{EF}\cdot k_{AB}=\dfrac{m-0}{-\dfrac{1}{2}-\dfrac{1}{2}}\cdot\dfrac{1}{m}=-1$, 所以 $EF\perp AB$.

综上可知 $EF\perp AB$.

(2) 由 $\overrightarrow{AF}=\lambda\overrightarrow{FB}$, 得 $y_1=-\lambda y_2$. 结合(1)中 y_1+y_2 和 y_1y_2 的表达式, 得 $y_2=\dfrac{2m}{1-\lambda}$, 即得 $-\lambda\left(\dfrac{2m}{1-\lambda}\right)^2=-1$, 从而可得 $m^2=\dfrac{(1-\lambda)^2}{4\lambda}$. 因为

$$|AB|=\sqrt{1+m^2}\,|y_1-y_2|=\sqrt{1+m^2}\cdot\sqrt{4m^2+4}=2(1+m^2),$$

$|EF|=\sqrt{1+m^2}$, 所以

$$S_{\triangle ABE}=\frac{1}{2}|AB|\cdot|EF|=\sqrt{(1+m^2)^3}.$$

又因为 $\lambda\in\left[\dfrac{1}{3},\dfrac{1}{2}\right]$, 所以 $m^2=\dfrac{1}{4}\left(\lambda+\dfrac{1}{\lambda}-2\right)$ 在区间 $\left[\dfrac{1}{3},\dfrac{1}{2}\right]$ 上为减函数. 故当 $\lambda=\dfrac{1}{2}$ 时, m^2 取得最小值 $\dfrac{1}{8}$, 从而可得 $S_{\min}=\dfrac{27\sqrt{2}}{32}$.

点评 本题以阿基米德三角形为背景, 第(1)问考查了直线与直线的垂直证明, 先求出抛物线在 A,B 两点处的切线交点 E 的坐标, 再运用分类讨论思想, 当斜率存在时, 通过证明两条直线的斜率互为负导数, 达到证明直线与直线垂直的目的; 第(2)问把 $\triangle ABE$ 的面积用参数 m 表示后, 运用对勾函数的性质便可得出其面积的最小值.

例 8 已知点 F 为抛物线 $E:x^2=2py(p>0)$ 的焦点, 点 $M(m,2)$ 在抛物线 E 上, 且到原点的距离为 $2\sqrt{5}$. 过抛物线焦点 F 的直线 l 交抛物线于 A,B 两点, 分别在点 A,B 处作

抛物线的切线, 两条切线交于 P 点.

(1) 证明: 点 P 在一条直线上;

(2) 求 $\triangle PAB$ 面积的最小值.

【解析】 (1) 由题设可得 $\begin{cases} m^2 = 4p \\ \sqrt{4 + m^2} = 2\sqrt{5} \end{cases}$, 解得 $p = 4$. 所以抛物线 E 的方程为 $x^2 = 8y$.

则由题设知抛物线 E 的焦点坐标为 $F(0, 2)$, 且易知直线 l 的斜率存在, 所以设直线 l 的方

程为 $y = kx + 2$. 则由 $\begin{cases} y = kx + 2 \\ x^2 = 8y \end{cases}$, 消去 y 并整理, 可得 $x^2 - 8kx - 16 = 0$, 其中

$$\Delta = (-8k)^2 - 4 \times (-16) = 64k^2 + 64 > 0.$$

设 $A(x_1, y_1)$, $B(x_2, y_2)$, 则 $x_1 + x_2 = 8k$, $x_1 x_2 = -16$. 对 $y = \dfrac{x^2}{8}$ 求导, 得 $y' = \dfrac{x}{4}$. 所以直线

AP 的斜率 $k_{AP} = \dfrac{x_1}{4}$, 故直线 AP 的方程为 $y - y_1 = \dfrac{x_1}{4}(x - x_1)$, 即 $y = \dfrac{x_1}{4}x - \dfrac{x_1^2}{8}$. 同理得直

线 BP 的方程为 $y = \dfrac{x_2}{4}x - \dfrac{x_2^2}{8}$.

设 $P(x_0, y_0)$, 联立直线 AP 与直线 BP 的方程, 得 $\begin{cases} x_0 = \dfrac{1}{2}(x_1 + x_2) = 4k \\ y_0 = \dfrac{x_1 x_2}{8} = -2 \end{cases}$, 即 $P(4k, -2)$,

所以点 P 在直线 $y = -2$ 上.

(2) 由

$$|AB| = \sqrt{1 + k^2} \, |x_1 - x_2| = \sqrt{1 + k^2} \cdot \sqrt{(x_1 + x_2)^2 - 4x_1 x_2}$$
$$= \sqrt{1 + k^2} \cdot \sqrt{(8k)^2 + 64} = 8(1 + k^2),$$

以及点 P 到直线 AB 的距离 $d = \dfrac{|4k^2 + 4|}{\sqrt{1 + k^2}} = 4\sqrt{1 + k^2}$, 得 $\triangle PAB$ 的面积为

$$S = \frac{1}{2} |AB| \cdot d = \frac{1}{2} \times 8(1 + k^2) \times 4\sqrt{1 + k^2} = 16(1 + k^2)^{\frac{3}{2}} \geqslant 16,$$

当且仅当 $k = 0$ 时等号成立. 所以 $\triangle PAB$ 面积的最小值为 16, 此时直线 l 的方程为 $y = 2$.

点评 本题以阿基米德三角形为背景. 其中, 第(1)问考查定直线问题, 证明点 P 的纵坐标为定值即可; 第(2)问考查面积的最值问题, 运用二次函数和幂函数的性质即可求出面积的最小值.

例9 设直线 $l: y = x + m$ 与椭圆 $C: \dfrac{x^2}{25} + \dfrac{y^2}{9} = 1$ 不相交, 过直线 l 上的点 P 作椭圆

C 的切线 PM, PN, 切点分别为点 M, N, 连接 MN.

(1) 当点 P 在直线 l 上运动时, 证明: 直线 MN 恒过定点 Q.

(2) 当 $MN \parallel l$ 时, 定点 Q 平分线段 MN.

【解析】 (1) 设 $P(x_0, y_0)$, $M(x_1, y_1)$, $N(x_2, y_2)$, 则椭圆 C 在点 M, N 处的切线方程分别为 $\dfrac{x_1 x}{25} + \dfrac{y_1 y}{9} = 1$, $\dfrac{x_2 x}{25} + \dfrac{y_2 y}{9} = 1$. 因为过点 P 作的椭圆 C 的切线为 PM, PN, 所以

$\dfrac{x_1 x_0}{25} + \dfrac{y_1 y_0}{9} = 1$, $\dfrac{x_2 x_0}{25} + \dfrac{y_2 y_0}{9} = 1$. 因此直线 MN 的方程为

$$\frac{x_0 x}{25} + \frac{y_0 y}{9} = 1. \tag{①}$$

又因为点 P 在直线 l 上, 所以 $y_0 = x_0 + m$. 代入①式, 可得 $\dfrac{x_0 x}{25} + \dfrac{(x_0 + m)y}{9} - 1 = 0$, 整理可得

$$x_0\left(\frac{x}{25} + \frac{y}{9}\right) + \left(\frac{m}{9}y - 1\right) = 0. \tag{②}$$

由题设②式对一切 $x_0 \in \mathbf{R}$ 恒成立, 所以 $\begin{cases} \dfrac{x}{25} + \dfrac{y}{9} = 0 \\ \dfrac{m}{9}y - 1 = 0 \end{cases}$, 解得直线 MN 恒过定点 $Q\left(-\dfrac{25}{m}, \dfrac{9}{m}\right)$.

(2) 当 $MN /\!/ l$ 时, 由②式知 $-\dfrac{x_0}{25} = \dfrac{x_0 + m}{9} \neq m$, 解得 $x_0 = -\dfrac{25}{34}m$. 代入②式, 得直线

MN 的方程为 $y = x + \dfrac{34}{m}$. 联立 $\begin{cases} \dfrac{x^2}{25} + \dfrac{y^2}{9} = 1 \\ y = x + \dfrac{34}{m} \end{cases}$, 消去 y, 得 $\dfrac{34}{25}x^2 + \dfrac{68}{m}x + \dfrac{34^2}{m^2} - 1 = 0$, 则直线 MN

截椭圆 C 所得弦的中点的横坐标恰好为点 $Q\left(-\dfrac{25}{m}, \dfrac{9}{m}\right)$ 的横坐标, 即

$$x = \frac{1}{2}(x_1 + x_2) = -\frac{1}{2} \cdot \frac{\dfrac{68}{m}}{\dfrac{34}{25}} = -\frac{25}{m}.$$

代入 $y = x + \dfrac{34}{m}$, 可得弦 MN 中点的纵坐标恰好为点 $Q\left(-\dfrac{25}{m}, \dfrac{9}{m}\right)$ 的纵坐标, 即 $y = -\dfrac{25}{m} +$

$\dfrac{34}{m} = \dfrac{9}{m}$. 所以定点 Q 平分线段 MN.

点评 本题以椭圆的阿基米德三角形为背景. 其中, 第(1)问首先用同构法探究椭圆的切点弦 MN 所在的直线方程, 然后把定点 Q 的坐标用参数 m 表示, 即可证明直线 MN 恒过定点 Q; 第(2)问通过联立椭圆方程和直线 MN 方程, 并运用韦达定理和中点坐标公式, 即可证明线段 MN 的中点为定点 Q.

【方法梳理】 圆锥曲线 C 的切点弦所在直线 MN 方程的同构: 首先, 过圆锥曲线 C 外一定点 $P(x_0, y_0)$ 作圆锥曲线 C 的切线 PM, PN, 切点分别为 M, N. 设 $M(x_1, y_1)$, $N(x_2, y_2)$,

则直线 PM 的方程为 $y-y_1=k(x-x_1)$，其中 $k_1=\dfrac{y_1-y_0}{x_1-x_0}$ 或求导（圆锥曲线 C 为抛物线时）．然后，利用点 $M(x_1,y_1)$ 满足圆锥曲线 C 的方程，消去其中的 x_1^2 和 y_1^2 项，得到关于 x_1 和 y_1 的二元一次方程 $Ax_1+By_1+D=0$，同理可知 x_2 和 y_2 满足 $Ax_2+By_2+D=0$，即点 $M(x_1,y_1)$，$N(x_2,y_2)$ 均满足方程 $Ax+By+D=0$，即可得切点弦所在直线 MN 的方程为 $Ax+By+D=0$．

习 题

单选题

1. 经过抛物线 $C:x^2=4y$ 的焦点 F 且斜率为 $\dfrac{1}{2}$ 的直线 l 与抛物线 C 交于不同的两点 A，B，抛物线 C 在点 A，B 处的切线分别为 l_1，l_2．若 l_1 和 l_2 相交于点 P，则 $|PF|=(\quad)$．

A. $\sqrt{5}$ B. $2\sqrt{2}$ C. $2\sqrt{3}$ D. 4

2. 已知抛物线 $C:x^2=8y$，过点 $N(2,-2)$ 作抛物线 C 的两条切线 NA，NB，切点分别为点 A，B．以 AB 为直径的圆交 x 轴于 P，Q 两点，则 $|PQ|=(\quad)$．

A. $2\sqrt{3}$ B. $2\sqrt{7}$ C. $2\sqrt{21}$ D. 8

多选题

3. 阿基米德（公元前 287 年—公元前 212 年）是古希腊伟大的物理学家、数学家和天文学家，不仅在物理学方面贡献巨大，还享有"数学之神"的称号．抛物线上任意两点 A，B 处的切线交于点 P，称 $\triangle PAB$ 为阿基米德三角形．已知抛物线 $C:x^2=8y$ 的焦点为 F，过 A，B 两点的直线方程为 $\sqrt{3}x-3y+6=0$．则关于阿基米德三角形 $\triangle PAB$，下列结论正确的是（   ）．

A. $|AB|=\dfrac{32}{3}$ B. $PA\perp PB$

C. 点 P 的坐标为 $(\sqrt{3},-2)$ D. $PF\perp AB$

4. 在直角坐标系 xOy 中，抛物线 $C:y^2=2px(p>0)$ 与直线 $l:x=4$ 交于 P，Q 两点，且 $OP\perp OQ$．抛物线 C 的准线与 x 轴交于点 M，$G(x_0,y_0)$ 是以 M 为圆心、$|OM|$ 为半径的圆上的一点（非原点），过点 G 作抛物线 C 的两条切线，切点分别为 A，B．则（   ）．

A. $p=4$ B. 直线 AB 的方程为 $2x-y_0y+2x_0=0$

C. $-2\leqslant x_0<0$ D. $\triangle ABG$ 面积的最大值是 $8\sqrt{2}$

5. 阿基米德是伟大的物理学家，更是伟大的数学家，他曾经对高中教材中的抛物线作过系统而深入的研究，定义了抛物线阿基米德三角形：抛物线的弦与弦的端点处的两条切线围成的三角形称为抛物线"阿基米德三角形"．设抛物线 $C:y=x^2$ 上两个不同点 A，B 的横坐标分别为 x_1，x_2，以 A，B 为切点的切线交于点 P．则关于"阿基米德三角形"（$\triangle PAB$）的说法正确的有（   ）．

A. 若 AB 过抛物线的焦点，则点 P 一定在抛物线的准线上

B. 若阿基米德三角形（$\triangle PAB$）为正三角形，则其面积为 $\dfrac{3\sqrt{3}}{4}$

C. 若阿基米德三角形（$\triangle PAB$）为直角三角形，则其面积有最小值 $\dfrac{1}{4}$

D. 一般情况下，阿基米德三角形（$\triangle PAB$）的面积 $S = \dfrac{|x_1 - x_2|^2}{4}$

填空题

6. 已知 A，B 是抛物线 $x^2 = y$ 上的两个动点，过 A，B 两点分别作抛物线的切线，两切线交于点 P. 当 $\angle APB = 90°$ 时，点 P 的纵坐标为 _____，$\triangle APB$ 面积的最小值为 _____.

解答题

7. 已知点 F 是抛物线 $C：x^2 = 4y$ 与椭圆 $\dfrac{y^2}{a^2} + \dfrac{x^2}{b^2} = 1(a>b>0)$ 的公共焦点，椭圆上的点 M 到点 F 的最大距离为 3.

（1）求椭圆的方程；

（2）过点 M 作 C 的两条切线，记切点分别为 A，B，求 $\triangle MAB$ 面积的最大值.

8. 已知抛物线 $\Gamma：x^2 = 2py(p>0)$，直线 $y = kx + 1$ 交 Γ 于 A，B 两点，且当 $k = 1$ 时，$|AB| = 8$.

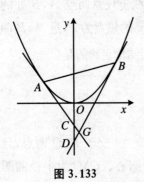

图 3.133

（1）求 p 的值.

（2）如图 3.133 所示，抛物线 Γ 在 A，B 两点处的切线分别与 y 轴交于点 C，D，AC 和 BD 交于点 G，$\overrightarrow{GC} + \overrightarrow{GD} + \overrightarrow{GE} = \mathbf{0}$. 证明：存在实数 λ，使得 $\overrightarrow{GE} = \lambda \overrightarrow{AB}$.

9. 设椭圆 $E：\dfrac{x^2}{a^2} + \dfrac{y^2}{b^2} = 1(a>b>0)$，点 F_1，F_2 分别为 E 的左、右焦点，椭圆的离心率 $e = \dfrac{1}{2}$，点 $P\left(1, \dfrac{3}{2}\right)$ 在椭圆 E 上.

（1）求椭圆 E 的方程.

（2）M 是直线 $x = 4$ 上任意一点，过点 M 作椭圆 E 的两条切线 MA，MB（A，B 为切点）. ① 求证：$MF_2 \perp AB$；② 求 $\triangle MAB$ 面积的最小值.

10. 已知直线 $y = 3$ 与曲线 $C：x^2 + 2py = 0$ 的两个公共点之间的距离为 $4\sqrt{6}$.

（1）求 C 的方程.

（2）设 P 为 C 的准线上一点，过点 P 作 C 的两条切线，切点为 A，B，直线 PA，PB 的斜率分别为 k_1，k_2，直线 AB 的斜率为 k_0. 证明：$k_1 \cdot k_2$ 为定值，且 k_1，k_0，k_2 成等差数列.

11. 已知抛物线 $M：y^2 = 2px(p>0)$ 的焦点为 F，且 F 与圆 $C：(x + 4)^2 + y^2 = 4$ 上点的

距离的最大值为 8.

(1) 求抛物线 M 的方程;

(2) 若点 Q 在 C 上, QA, QB 为 M 的两条切线, A, B 是切点(A 在 B 的上方),求 $\triangle QAB$ 面积的最小值.

12. 直线 $l: y = kx + t$ 交抛物线 $x^2 = 4y$ 于 A, B 两点,过 A, B 两点作抛物线的两条切线,相交于点 C,点 C 在直线 $y = -3$ 上.

(1) 求证:直线 l 恒过定点 T,并求出点 T 的坐标;

(2) 以 T 为圆心的圆交抛物线于 P, Q, M, N 四点,求四边形 $PQMN$ 面积的取值范围.

13. 已知双曲线 $C: \dfrac{x^2}{a^2} - \dfrac{y^2}{b^2} = 1\,(a > 0, b > 0)$ 的离心率为 2, F_1, F_2 为双曲线 C 的左、右焦点, $A(2, 3)$ 是双曲线 C 上的一个点.

(1) 求双曲线 C 的方程;

(2) 若过点 $B(4, 0)$ 且不与渐近线平行的直线 l(斜率不为 0)与双曲线 C 的两个交点分别为 M, N,记双曲线 C 在点 M, N 处的切线分别为 l_1, l_2,点 P 为直线 l_1 与直线 l_2 的交点,试求点 P 的轨迹方程. $\left(\text{注:若双曲线方程为 } \dfrac{x^2}{a^2} - \dfrac{y^2}{b^2} = 1,\text{则该双曲线在点 }(x_0, y_0)\text{ 处的切线}\right.$
$\left.\text{方程为 } \dfrac{x_0 x}{a^2} - \dfrac{y_0 y}{b^2} = 1.\right)$

14. (结构不良题)已知抛物线 C 的顶点在坐标原点,给出两个条件:① 抛物线 $C: x^2 = -8y$ 的焦点为 F,过 F 的直线 l 与抛物线 C 相交于 A, B 两点;② 抛物线 C 的焦点在 y 轴的正半轴上,直线 $l: mx + y - 1 = 0$ 经过抛物线 C 的焦点,直线 l 与抛物线 C 相交于 A, B 两点.从条件①和条件②中任选其一填在下面横线上,并解答问题.

满足条件_____时,分别过 A, B 两点作 C 的切线 l_1, l_2,且 l_1, l_2 相交于点 P,求 $\triangle PAB$ 面积的最小值.

习题参考答案

1. A. 解析:设切点 $A\left(x_1, \dfrac{x_1^2}{4}\right)$, $B\left(x_2, \dfrac{x_2^2}{4}\right)$,则切线 l_1 的方程为 $y - \dfrac{x_1^2}{4} = \dfrac{x_1}{2}(x - x_1)$. 同理可得切线 l_2 的方程为 $y - \dfrac{x_2^2}{4} = \dfrac{x_2}{2}(x - x_2)$. 联立 l_1 和 l_2 的方程,解得交点 P 的坐标为 $\left(\dfrac{x_1 + x_2}{2}, \dfrac{x_1 x_2}{4}\right)$. 又因为焦点 $F(0, 1)$,故直线 l 的方程为 $y = \dfrac{1}{2}x + 1$,代入 $x^2 = 4y$,化简得 $x^2 - 2x - 4 = 0$,由此可得 $x_1 + x_2 = 2$, $x_1 x_2 = -4$,所以 $P(1, -1)$. 则由两点间距离公式可得 $|PF| = \sqrt{5}$. 故选 A.

2. D. 解析:设切点 $A\left(x_1,\dfrac{x_1^2}{8}\right),B\left(x_2,\dfrac{x_2^2}{8}\right)$. 因为 $y=\dfrac{x^2}{8}$,所以 $y'=\dfrac{x}{4}$,切线 NA 的方程

为 $y-\dfrac{x_1^2}{8}=\dfrac{x_1}{4}(x-x_1)$,化简得 $x_1x=4y+\dfrac{x_1^2}{2}$. 代入 $N(2,-2)$,得 $x_1^2-4x_1-16=0$. 同理可

得 $x_2^2-4x_2-16=0$,故 x_1,x_2 是方程 $x^2-4x-16=0$ 的两根. 所以 $x_1+x_2=4,x_1x_2=$

-16. 而以 AB 为直径的圆的方程可写为 $(x-x_1)(x-x_2)+\left(y-\dfrac{x_1^2}{8}\right)\left(y-\dfrac{x_2^2}{8}\right)=0$. 令 $y=$

0,并将 $x_1+x_2=4,x_1x_2=-16$ 代入,可得 $x^2-4x-12=0$. 所以此圆与 x 轴的两个交点 P,

Q 的横坐标分别为 -2 和 6,所以 $|PQ|=8$. 故选 D.

3. ABD. 解析:设 $A(x_1,y_1),B(x_2,y_2)$. 联立 $\begin{cases} x^2=8y \\ \sqrt{3}x-3y+6=0 \end{cases}$,可得 $3x^2-8\sqrt{3}x-48=0$,

解得 $x=4\sqrt{3}$ 或 $x=-\dfrac{4\sqrt{3}}{3}$. 不妨设 $x_1=4\sqrt{3},x_2=-\dfrac{4\sqrt{3}}{3}$,则 $y_1=6,y_2=\dfrac{2}{3}$. 故 $A(4\sqrt{3},6)$,

$B\left(-\dfrac{4\sqrt{3}}{3},\dfrac{2}{3}\right)$,所以 $|AB|=\sqrt{\left(4\sqrt{3}+\dfrac{4\sqrt{3}}{3}\right)^2+\left(6-\dfrac{2}{3}\right)^2}=\dfrac{32}{3}$,故 A 正确.

又因为 $y=\dfrac{x^2}{8}$,所以 $y'=\dfrac{x}{4}$,故直线 PA 的斜率 $k_{PA}=\dfrac{4\sqrt{3}}{4}=\sqrt{3}$. 所以直线 PA 的方程为

$y-6=\sqrt{3}(x-4\sqrt{3})$,即 $y=\sqrt{3}x-6$. 同理可得直线 PB 的方程为 $y=-\dfrac{\sqrt{3}}{3}x-\dfrac{2}{3}$,所以 $k_{PA}\cdot$

$k_{PB}=-\dfrac{\sqrt{3}}{3}\times\sqrt{3}=-1$,即 $PA\perp PB$,故 B 正确.

联立 $\begin{cases} y=\sqrt{3}x-6 \\ y=-\dfrac{\sqrt{3}}{3}x-\dfrac{2}{3} \end{cases}$,可得 $x=\dfrac{4\sqrt{3}}{3},y=-2$,所以点 P 的坐标为 $\left(\dfrac{4\sqrt{3}}{3},-2\right)$,故 C 错误.

易知点 $F(0,2),k_{PF}=\dfrac{2+2}{0-\dfrac{4\sqrt{3}}{3}}=-\sqrt{3},k_{PF}\cdot k_{AB}=-\sqrt{3}\times\dfrac{\sqrt{3}}{3}=-1$,所以 $PF\perp AB$,故 D 正确.

综上可知 ABD 正确.

4. BCD. 解析:由题意可设 $P(4,y_0),Q(4,-y_0)$,则 $\overrightarrow{OP}=(4,y_0),\overrightarrow{OQ}=(4,-y_0)$. 因

为 $OP\perp OQ$,所以 $\overrightarrow{OP}\cdot\overrightarrow{OQ}=16-y_0^2=0$,故 $y_0^2=16$. 又因为 $y_0^2=8p$,所以 $p=2$,即 A 不正

确,故抛物线 C 的方程为 $y^2=4x$.

设 $A(x_1,y_1),B(x_2,y_2),G(x_0,y_0)$,则直线 GA,GB 的方程分别为 $2x-y_1y+2x_1=0$

和 $2x-y_2y+2x_2=0$. 因为点 G 在直线 GA,GB 上,所以 $\begin{cases} 2x_0-y_1y_0+2x_1=0 \\ 2x_0-y_2y_0+2x_2=0 \end{cases}$. 两式相减,

可得 $\dfrac{y_2-y_1}{x_2-x_1}=\dfrac{2}{y_0}$. 因此,直线 AB 的方程为 $y-y_1=\dfrac{y_2-y_1}{x_2-x_1}(x-x_1)$. 又因为 $y_1y_0-2x_1=$

$2x_0$,整理得直线 AB 的方程为 $2x-y_0y+2x_0=0$,所以 B 正确.

联立 $\begin{cases} y^2=4x \\ 2x-y_0y+2x_0=0 \end{cases}$,整理可得 $y^2-2y_0y+4x_0=0$,则由韦达定理得 $y_1+y_2=2y_0$,

$y_1y_2=4x_0$.故

$$|AB|=\sqrt{1+\left(\frac{y_0}{2}\right)^2}\cdot\sqrt{(y_1+y_2)^2-4y_1y_2}=\sqrt{(y_0^2+4)(y_0^2-4x_0)}.$$

又因为点 $G(x_0,y_0)$ 到直线 AB 的距离为 $d=\dfrac{|4x_0-y_0^2|}{\sqrt{4+y_0^2}}$,所以 $\triangle ABG$ 的面积为

$$S=\frac{1}{2}|AB|\cdot d=\frac{1}{2}\sqrt{(y_0^2+4)(y_0^2-4x_0)}\cdot\frac{|4x_0-y_0^2|}{\sqrt{4+y_0^2}}=\frac{1}{2}(y_0^2-4x_0)^{\frac{3}{2}}.$$

由题可知 $M(-1,0)$,即 $|OM|=1$,故圆 M 的方程为 $(x+1)^2+y^2=1$,即 $(x_0+1)^2+y_0^2=1$.

则 $-2\leqslant x_0<0$,所以 $y_0^2-4x_0=-x_0^2-6x_0=-(x_0+3)^2+9\in(0,8]$,即 $\frac{1}{2}(y_0^2-4x_0)^{\frac{3}{2}}\in$

$(0,8\sqrt{2}]$,故 $\triangle ABG$ 面积的取值范围为 $(0,8\sqrt{2}]$.所以 $\triangle ABG$ 面积的最大值为 $8\sqrt{2}$.故 CD

正确.故选 BCD.

5. ABC.解析:由题设知直线 AB 的斜率存在.设直线 AB 的方程为 $y=kx+m$,

$A(x_1,x_1^2),B(x_2,x_2^2)$,不妨设 $x_1<0<x_2$.因为 $y=x^2$,所以 $y'=2x$,故切线 PA,PB 的方程

分别为 $y-x_1^2=2x_1(x-x_1)$,$y-x_2^2=2x_2(x-x_2)$.联立 $\begin{cases} y-x_1^2=2x_1(x-x_1) \\ y-x_2^2=2x_2(x-x_2) \end{cases}$,解得点 P

的坐标为 $\left(\dfrac{x_1+x_2}{2},x_1x_2\right)$.由 $\begin{cases} y=kx+m \\ y=x^2 \end{cases}$,可得 $x^2-kx-m=0$,则由韦达定理得 $x_1+x_2=k$,

$x_1x_2=-m$.又因为抛物线 $C:y=x^2$ 的焦点坐标为 $\left(0,\dfrac{1}{4}\right)$,准线方程为 $y=-\dfrac{1}{4}$,且 AB 过

抛物线的焦点,所以 $m=\dfrac{1}{4}$.而 $x_1x_2=-m=-\dfrac{1}{4}$,因此点 P 一定在抛物线的准线上.故 A

正确.

因为直线 AB 的斜率 $k_{AB}=\dfrac{y_1-y_2}{x_1-x_2}=\dfrac{x_1^2-x_2^2}{x_1-x_2}=x_1+x_2$,所以直线 AB 的方程为

$(x_1+x_2)x-y-x_1x_2=0$.而点 P 到直线 AB 的距离为

$$d=\frac{\left|(x_1+x_2)\dfrac{x_1+x_2}{2}-x_1x_2-x_1x_2\right|}{\sqrt{(x_1+x_2)^2+1}}=\frac{|(x_1-x_2)^2|}{2\sqrt{(x_1+x_2)^2+1}}.$$

又因为

$$|AB|=\sqrt{(x_1-x_2)^2+(x_1^2-x_2^2)^2}=|x_1-x_2|\sqrt{(x_1+x_2)^2+1},$$

所以 $\triangle PAB$ 的面积为

$$S = \frac{1}{2} \mid AB \mid \cdot d = \frac{1}{2} \cdot \mid x_1 - x_2 \mid \cdot \sqrt{(x_1 + x_2)^2 + 1} \cdot \frac{\mid (x_1 - x_2)^2 \mid}{2\sqrt{(x_1 + x_2)^2 + 1}}$$

$$= \frac{\mid x_1 - x_2 \mid^3}{4}.$$

故 D 错误.

因为阿基米德三角形($\triangle PAB$)为正三角形,所以 $\mid PA \mid = \mid PB \mid = \mid AB \mid$,即

$$\sqrt{\left(\frac{x_1 + x_2}{2} - x_1\right)^2 + (x_1 x_2 - x_1^2)^2} = \sqrt{\left(\frac{x_1 + x_2}{2} - x_2\right)^2 + (x_1 x_2 - x_2^2)^2}$$

$$= \sqrt{(x_2 - x_1)^2 + (x_2^2 - x_1^2)^2},$$

解得 $x_1 = -x_2$,$x_1 x_2 = -\frac{3}{4}$,所以 $\mid x_1 - x_2 \mid = \sqrt{(x_1 + x_2)^2 - 4x_1 x_2} = \sqrt{3}$.因此$\triangle PAB$ 的面积为

$$S = \frac{\mid x_1 - x_2 \mid^3}{4} = \frac{3\sqrt{3}}{4}.$$

故 B 正确.

当$\angle APB = \frac{\pi}{2}$时,有

$$\overrightarrow{AP} \cdot \overrightarrow{BP} = \left(\frac{x_2 - x_1}{2}, x_1(x_2 - x_1)\right) \cdot \left(\frac{x_2 - x_1}{2}, x_2(x_2 - x_1)\right) = 0,$$

所以 $4x_1 x_2 = -1$,即 $x_2 = -\frac{1}{4x_1}$.故$\triangle PAB$ 的面积为

$$S = \frac{\mid x_1 - x_2 \mid^3}{4} = \frac{\left| x_1 + \frac{1}{4x_1} \right|^3}{4} \geqslant \frac{1}{4},$$

当且仅当$\mid x_1 \mid = \frac{1}{2}$时,$\triangle PAB$ 的面积S 取得最小值$\frac{1}{4}$.当$\angle ABP = \frac{\pi}{2}$或$\angle BAP = \frac{\pi}{2}$时,同理

可得$\triangle PAB$ 的面积S 取得最小值$\frac{1}{4}$.故 C 正确.

综上可知 ABC 正确.

6. $-\frac{1}{4}$,$\frac{1}{4}$.解析:设 $A(x_1, x_1^2)$,$B(x_2, x_2^2)$,不妨设点 A 在第一象限,则直线 AP 的方

程为$y = 2x_1 x - x_1^2$,直线 BP 的方程为$y = 2x_2 x - x_2^2$.两方程联立,解得 $P\left(\frac{x_1 + x_2}{2}, x_1 x_2\right)$.

因为$\angle APB = 90°$,所以 $k_{AP} \cdot k_{BP} = 4x_1 x_2 = -1$,即 $x_1 x_2 = -\frac{1}{4}$,可得 $k_{AB} = \frac{x_1^2 - x_2^2}{x_1 - x_2} = x_1 + x_2$.

则直线 AB 的方程为$y - x_1^2 = (x_1 + x_2)(x - x_1)$,即$(x_1 + x_2)x - y - x_1 x_2 = 0$,故点 P 到直

线 AB 的距离为$d = \frac{(x_1 - x_2)^2}{2\sqrt{1 + (x_1 + x_2)^2}}$.又因为$\mid AB \mid = \sqrt{1 + (x_1 + x_2)^2} \mid x_1 - x_2 \mid$,所以

$$S_{\triangle APB} = \frac{1}{2} \mid AB \mid \cdot d = \frac{\mid x_1 - x_2 \mid^3}{4} = \frac{\left| x_1 + \frac{1}{4x_1} \right|^3}{4} \geqslant \frac{1}{4},$$

当且仅当 $x_1 = \frac{1}{2}$ 时,等号成立.故 $\triangle APB$ 面积的最小值为 $\frac{1}{4}$,点 P 的纵坐标为 $-\frac{1}{4}$.

7. (1) 由题设知抛物线 C: $x^2 = 4y$ 的焦点为 $F(0,1)$,即 $\frac{p}{2} = 1$,亦即 $c = 1$.由题设 $\mid MF \mid_{\max} = a + c = 3$,所以 $a = 2, b = \sqrt{a^2 - c^2} = \sqrt{4-1} = \sqrt{3}$.故椭圆方程为 $\frac{y^2}{4} + \frac{x^2}{3} = 1$.

(2) 由(1)知抛物线 C 的方程可化为 $y = \frac{x^2}{4}$,所以 $y' = \frac{x}{2}$.设 $A(x_1, y_1), B(x_2, y_2)$,$M(x_0, y_0)$,则直线 MA 的方程为 $y - y_1 = \frac{x_1}{2}(x - x_1)$,即 $y = \frac{x_1 x}{2} - y_1$,亦即 $x_1 x - 2y_1 - 2y = 0$.同理可知直线 MB 的方程为 $x_2 x - 2y_2 - 2y = 0$,且点 M 为这两条直线的公共点,则 $\begin{cases} x_1 x_0 - 2y_1 - 2y_0 = 0 \\ x_2 x_0 - 2y_2 - 2y_0 = 0 \end{cases}$.所以点 A, B 的坐标满足方程 $x_0 x - 2y - 2y_0 = 0$,即直线 AB 的方程为 $x_0 x - 2y - 2y_0 = 0$.

联立 $\begin{cases} x_0 x - 2y - 2y_0 = 0 \\ y = \dfrac{x^2}{4} \end{cases}$,可得 $x^2 - 2x_0 x + 4y_0 = 0$,则由韦达定理可得 $x_1 + x_2 = 2x_0$,$x_1 x_2 = 4y_0$.所以

$$\mid AB \mid = \sqrt{1 + \left(\frac{x_0}{2}\right)^2} \cdot \sqrt{(x_1 + x_2)^2 - 4x_1 x_2} = \sqrt{1 + \left(\frac{x_0}{2}\right)^2} \cdot \sqrt{4x_0^2 - 16y_0}$$
$$= \sqrt{(x_0^2 + 4)(x_0^2 - 4y_0)}.$$

又因为点 M 到直线 AB 的距离为 $d = \frac{\mid x_0^2 - 4y_0 \mid}{\sqrt{x_0^2 + 4}}$,所以

$$S_{\triangle MAB} = \frac{1}{2} \mid AB \mid \cdot d = \frac{1}{2} \sqrt{(x_0^2 + 4)(x_0^2 - 4y_0)} \cdot \frac{\mid x_0^2 - 4y_0 \mid}{\sqrt{x_0^2 + 4}} = \frac{1}{2}(x_0^2 - 4y_0)^{\frac{3}{2}}.$$

其中

$$x_0^2 - 4y_0 = 3 - \frac{3y_0^2}{4} - 4y_0 = -\frac{3}{4}\left(y_0 + \frac{8}{3}\right)^2 + \frac{25}{3}.$$

由已知可得 $-2 \leqslant y_0 \leqslant 2$,所以当 $y_0 = -2$ 时,$\triangle MAB$ 面积的最大值为 $8\sqrt{2}$.

8. (1) 将 $y = x + 1$ 代入 $x^2 = 2py$,得 $x^2 - 2px - 2p = 0$.设 $A(x_1, y_1), B(x_2, y_2)$,则 x_1, x_2 为上述方程的两根,所以 $\Delta = 4p^2 + 8p > 0$,且 $x_1 + x_2 = 2p, x_1 x_2 = -2p$.则

$$\mid AB \mid = \sqrt{2} \cdot \sqrt{(x_1 + x_2)^2 - 4x_1 x_2} = \sqrt{2} \sqrt{4p^2 + 8p} = 8,$$

解得 $p = 2$ 或 $p = -4$(舍去).所以 $p = 2$.

(2) 将 $y = kx + 1$ 代入 $x^2 = 4y$, 得 $x^2 - 4kx - 4 = 0$. 设 $A\left(a, \dfrac{a^2}{4}\right)$, $B\left(b, \dfrac{b^2}{4}\right)$, 则 $\Delta = 16k^2 + 16 > 0$, 所以由韦达定理得

$$a + b = 4k, \quad ab = -4. \tag{①}$$

又因为 $y = \dfrac{1}{4}x^2$, 所以 $y' = \dfrac{1}{2}x$, 故 Γ 在 A 点处的切线方程为 $y - \dfrac{a^2}{4} = \dfrac{a}{2}(x - a)$, 即

$$y = \dfrac{a}{2}x - \dfrac{a^2}{4}. \tag{②}$$

同理可得 Γ 在 B 点处的切线方程为

$$y = \dfrac{b}{2}x - \dfrac{b^2}{4}. \tag{③}$$

联立②③两式, 可得 $x = \dfrac{a+b}{2}$, $y = \dfrac{ab}{4}$. 又由①式可得 $x = 2k$, $y = -1$, 所以点 G 的坐标为 $(2k, -1)$.

当 $k = 0$, 即切线 AC 和 BD 交于 y 轴上一点 $(0, -1)$ 时, C, D, G 三点重合. 则由 $\overrightarrow{GC} + \overrightarrow{GD} + \overrightarrow{GE} = \mathbf{0}$, 得 $\overrightarrow{GE} = \mathbf{0}$. 又因为 $\overrightarrow{AB} \neq \mathbf{0}$, 所以存在 $\lambda = 0$, 使得 $\overrightarrow{GE} = \lambda \overrightarrow{AB}$ 成立. 当 $k \neq 0$ 时, 切线 AC 与 y 轴交于点 $C\left(0, -\dfrac{a^2}{4}\right)$, 切线 BD 与 y 轴交于点 $D\left(0, -\dfrac{b^2}{4}\right)$. 则由

$$\dfrac{\left(-\dfrac{a}{4}\right)^2 + \left(-\dfrac{b}{4}\right)^2}{2} = \dfrac{2ab - (a+b)^2}{8} = -2k^2 - 1,$$

得 C, D 的中点 $M(0, -2k^2 - 1)$. 又由 $\overrightarrow{GC} + \overrightarrow{GD} + \overrightarrow{GE} = \mathbf{0}$, 得 $\overrightarrow{GE} = -(\overrightarrow{GC} + \overrightarrow{GD}) = -2\overrightarrow{GM}$, 即 $\overrightarrow{GE} /\!/ \overrightarrow{GM}$. 因为 $k_{OM} = \dfrac{-1 - (-2k^2 - 1)}{2k - 0} = k$, 所以 $GM /\!/ AB$, 即 $\overrightarrow{GM} /\!/ \overrightarrow{AB}$. 又因为 $\overrightarrow{AB} \neq \mathbf{0}$, 所以存在实数 λ, 使得 $\overrightarrow{GE} = \lambda \overrightarrow{AB}$.

综上可知, 存在实数 λ, 使得 $\overrightarrow{GE} = \lambda \overrightarrow{AB}$.

9. (1) 由题设可得 $\begin{cases} \dfrac{c}{a} = \dfrac{1}{2} \\ \dfrac{1}{a^2} + \dfrac{\left(\dfrac{3}{2}\right)^2}{b^2} = 1 \\ a^2 = b^2 + c^2 \end{cases}$, 解得 $\begin{cases} a^2 = 4 \\ b^2 = 3 \end{cases}$. 所以椭圆 E 的方程为 $\dfrac{x^2}{4} + \dfrac{y^2}{3} = 1$.

(2) ① 设 $A(x_1, y_1)$, $B(x_2, y_2)$, $M(4, t)$, 则由椭圆切线的结论, 可知椭圆 E 在点 $A(x_1, y_1)$ 处的切线方程为 $\dfrac{x_1 x}{4} + \dfrac{y_1 y}{3} = 1$, 椭圆 E 在点 $B(x_2, y_2)$ 处的切线方程为 $\dfrac{x_2 x}{4} + \dfrac{y_2 y}{3} =$

1. 又因为直线 MA, MB 过点 $M(4, t)$, 即 $\begin{cases} \dfrac{4x_1}{4} + \dfrac{t y_1}{3} = 1 \\ \dfrac{4x_2}{4} + \dfrac{t y_2}{3} = 1 \end{cases}$, 化简得 $\begin{cases} 3x_1 + t y_1 = 3 \\ 3x_2 + t y_2 = 3 \end{cases}$, 故点

$A(x_1,y_1),B(x_2,y_2)$ 在直线 $3x+ty=3$ 上,所以直线 AB 的方程为 $3x+ty=3$.

当 $t=0$,即 $M(4,t)$ 时,直线 AB 的方程为 $x=1$,则 $MF_2\perp AB$.

当 $t\neq0$ 时,直线 AB 的方程为 $y=-\dfrac{3}{t}x+\dfrac{3}{t}$,右焦点 $F_2(1,0)$,则 $k_{MF_2}=\dfrac{t}{3}$. 所以

$k_{MF_2}\cdot k_{AB}=\dfrac{t}{3}\cdot\left(-\dfrac{3}{t}\right)=-1$,即 $MF_2\perp AB$.

② 联立直线 AB 的方程和椭圆方程 $\begin{cases}\dfrac{x^2}{4}+\dfrac{y^2}{3}=1\\[2mm]3x+ty=3\end{cases}$,可得 $(t^2+12)y^2-6ty-27=0$,则由

韦达定理得 $y_1+y_2=\dfrac{6t}{t^2+12}$,$y_1y_2=\dfrac{-27}{t^2+12}$. 所以

$$S_{\triangle MAB}=\dfrac{1}{2}\mid AB\mid\cdot\mid MF_2\mid$$

$$=\dfrac{1}{2}\sqrt{1+\left(-\dfrac{t}{3}\right)^2}\sqrt{\left(\dfrac{6t}{t^2+12}\right)^2-4\cdot\dfrac{-27}{t^2+12}}\cdot\sqrt{(4-1)^2+t^2}$$

$$=\dfrac{2(t^2+9)\sqrt{t^2+9}}{t^2+12}.$$

令 $m=\sqrt{t^2+9}\,(m\geqslant3)$,则

$$S_{\triangle MAB}=\dfrac{2(t^2+9)\sqrt{t^2+9}}{t^2+12}=\dfrac{2m^3}{m^2+3}=\dfrac{2}{\dfrac{1}{m}+\dfrac{3}{m^3}}.$$

易知 $S_{\triangle MAB}$ 在 $[3,+\infty)$ 上单调递增,所以当 $m=3$ 时,$S_{\triangle MAB}$ 取得最小值 $\dfrac{9}{2}$.

10. (1) 将 $y=3$ 代入 $x^2+2py=0$,得 $x^2=-6p$. 当 $p\geqslant0$ 时,不合题意;当 $p<0$ 时,$x=\pm\sqrt{-6p}$,即 $2\sqrt{-6p}=4\sqrt{6}$,解得 $p=-4$. 故 C 的方程为 $x^2=8y$.

(2) 由(1)可知 C 的准线方程为 $y=-2$. 设 $P(m,-2)$,$A(x_1,y_1)$,$B(x_2,y_2)$,另设过点 P 且与 C 相切的直线 l 的斜率为 k,则直线 l 的方程为 $y=k(x-m)-2$,且 $k\neq0$.联立 $\begin{cases}y=k(x-m)-2\\x^2=8y\end{cases}$,消去 y,得 $x^2-8kx+8(km+2)=0$,则 $\Delta=64k^2-32(km+2)=0$,即 $k^2-\dfrac{1}{2}mk-1=0$.又由题意知,直线 PA,PB 的斜率 k_1,k_2 为上述方程的两根,所以由韦达定理得 $k_1+k_2=\dfrac{m}{2}$,$k_1k_2=-1$.故 k_1k_2 为定值.

又因为 $x^2-8kx+8(km+2)=(x-4k)^2=0$,故 $x_1=4k_1$,同理可得 $x_2=4k_2$,所以

$$k_0=\dfrac{y_1-y_2}{x_1-x_2}=\dfrac{\dfrac{1}{8}x_1^2-\dfrac{1}{8}x_2^2}{x_1-x_2}=\dfrac{x_1+x_2}{8},$$

因此 $k_0 = \frac{4(k_1 + k_2)}{8} = \frac{k_1 + k_2}{2}$. 故 k_1, k_0, k_2 成等差数列.

11. (1) 由题意知 $C(-4, 0)$, $F\left(\frac{p}{2}, 0\right)$, 圆 C 的半径为 $r = 2$. 所以 $|FC| + r = 8$, 即

$\frac{p}{2} + 4 + 2 = 8$, 解得 $p = 4$. 故抛物线 M 的方程为 $y^2 = 8x$.

(2) 设 $A\left(\frac{y_1^2}{8}, y_1\right)$, $B\left(\frac{y_2^2}{8}, y_2\right)$, 直线 AB 的方程为 $x = my + b$.

联立 $\begin{cases} x = my + b \\ y^2 = 8x \end{cases}$, 消去 x, 得 $y^2 - 8my - 8b = 0$, 则 $\Delta = 64m^2 + 32b > 0$, 且由韦达定理

得 $y_1 + y_2 = 8m$, $y_1 y_2 = -8b$. 所以

$$|AB| = \sqrt{1 + m^2}\, |y_1 - y_2| = 4\sqrt{1 + m^2} \cdot \sqrt{4m^2 + 2b}.$$

又因为 $y^2 = 8x$, 所以 $y = \sqrt{8x}$ 或 $y = -\sqrt{8x}$, 故 $y' = \sqrt{\frac{2}{x}}$ 或 $y' = -\sqrt{\frac{2}{x}}$. 因此, 切线 QA 的斜

率为 $\sqrt{\frac{2}{x_1}} = \frac{4}{y_1}$, 其方程为 $y - y_1 = \frac{4}{y_1}\left(x - \frac{y_1^2}{8}\right)$, 即 $y = \frac{4}{y_1}x + \frac{y_1}{2}$. 同理可得切线 QB 的斜率为

$-\sqrt{\frac{2}{x_2}} = \frac{4}{y_2}$, 其方程为 $y = \frac{4}{y_2}x + \frac{y_2}{2}$.

联立 $\begin{cases} y = \frac{4}{y_1}x + \frac{y_1}{2} \\ y = \frac{4}{y_2}x + \frac{y_2}{2} \end{cases}$, 解得 $\begin{cases} x = \frac{y_1 y_2}{8} = -b \\ y = \frac{y_1 + y_2}{2} = 4m \end{cases}$, 即点 Q 的坐标为 $(-b, 4m)$. 因为点 Q 在

圆 C 上, 所以 $(4 - b)^2 + 16m^2 = 4$, 且 $-6 \leqslant -b \leqslant -2$, $-2 \leqslant 4m \leqslant 2$. 即 $2 \leqslant b \leqslant 6$, $-\frac{1}{2} \leqslant$

$m \leqslant \frac{1}{2}$, 满足判别式条件. 又因为点 Q 到直线 AB 的距离为 $d = \frac{|4m^2 + 2b|}{\sqrt{1 + m^2}}$, 所以

$$S_{\triangle QAB} = \frac{1}{2}|AB| \cdot d = 2\sqrt{(4m^2 + 2b)^3}.$$

由 $(4 - b)^2 + 16m^2 = 4$, 得 $m^2 = \frac{-b^2 + 8b - 12}{16}$. 令 $t = 4m^2 + 2b$, 则 $t = \frac{-b^2 + 16b - 12}{4}$, 且

$2 \leqslant b \leqslant 6$. 又因为 $t = \frac{-b^2 + 16b - 12}{4}$ 在区间 $[2, 6]$ 上单调递增, 所以当 $b = 2$ 时, t 取得最小

值 4, 此时 $m = 0$. 所以 $\triangle QAB$ 面积的最小值为 16.

12. (1) 设 $A(x_1, y_1)$, $B(x_2, y_2)$, $C(m, -3)$, 则 $k_{AC} = \frac{x_1}{2}$, $k_{BC} = \frac{x_2}{2}$. 所以直线 AC 的

方程为 $y - y_1 = \frac{x_1}{2}(x - x_1)$, 即 $y = \frac{x_1 x}{2} - y_1$. 同理可得直线 BC 的方程为 $y = \frac{x_2 x}{2} - y_2$.

把 $C(m,-3)$ 代入直线 AC, BC 的方程,得 $\begin{cases} -3 = \dfrac{x_1 m}{2} - y_1 \\ -3 = \dfrac{x_2 m}{2} - y_2 \end{cases}$,所以点 $A(x_1,y_1)$,

$B(x_2,y_2)$ 都满足直线方程 $-3 = \dfrac{xm}{2} - y$,即 $y = \dfrac{xm}{2} + 3$,这就是直线 l 的方程.故直线 l 恒

过定点 $T(0,3)$.

(2) 设圆 T 的半径为 r,$M(x_1,y_1)$,$N(x_2,y_2)$,$Q(-x_1,y_1)$,$P(-x_2,y_2)$.把 $x^2 = 4y$ 代

入圆 T 的方程 $x^2 + (y-3)^2 = r^2$,整理可得 $y^2 - 2y + 9 - r^2 = 0$.又由题意知,此关于 y 的一

元二次方程有两个不等实根,所以 $\begin{cases} \Delta = 4 - 4(9-r^2) > 0 \\ y_1 + y_2 = 2 > 0 \\ y_1 y_2 = 9 - r^2 > 0 \end{cases}$,解得 $2\sqrt{2} < r < 3$.而四边形 $PQMN$

的面积为

$$S_{\text{四边形}PQMN} = \frac{|QM| + |PN|}{2} \cdot |y_1 - y_2| = 2(\sqrt{y_1} + \sqrt{y_2}) \cdot |y_1 - y_2|$$

$$= 2\sqrt{y_1 + y_2 + 2\sqrt{y_1}\sqrt{y_2}} \cdot |y_1 - y_2| = 2\sqrt{2 + 2\sqrt{9-r^2}} \cdot \sqrt{4 - 4(9-r^2)}$$

$$= 4\sqrt{2}\sqrt{(1 + \sqrt{9-r^2})(r^2 - 8)}.$$

令 $\sqrt{9-r^2} = t$,则由 $2\sqrt{2} < r < 3$,得 $0 < t < 1$.所以 $S_{\text{四边形}PQMN} = 4\sqrt{2}\sqrt{(1+t)(1-t^2)}$.令

$f(t) = (1+t)(1-t^2)\,(0 < t < 1)$,则 $f'(t) = -(3t-1)(t+1)$.又因为 $0 < t < 1$,所以

$f(t)$ 的取值范围是 $\left(0, \dfrac{32}{27}\right]$.故 $S_{\text{四边形}PQMN}$ 的取值范围是 $\left(0, \dfrac{32\sqrt{3}}{9}\right]$.

13.　(1) 根据题意知 $e = \dfrac{c}{a} = 2$,即 $c = 2a$.因为点 $A(2,3)$ 在双曲线 C 上,所以

$\dfrac{4}{a^2} - \dfrac{9}{b^2} = 1$.又因为 $b^2 = c^2 - a^2 = 3a^2$,$\dfrac{4}{a^2} - \dfrac{3}{a^2} = 1$,所以 $a^2 = 1$,$b^2 = 3$,$c^2 = 4$.故双曲线 C

的方程为 $x^2 - \dfrac{y^2}{3} = 1$.

(2) 设 $M(x_1,y_1)$,$N(x_2,y_2)$,直线 l 的方程为 $x = ty + 4\left(t \neq \pm\dfrac{\sqrt{3}}{3}\right)$.

联立 $\begin{cases} x = ty + 4 \\ x^2 - \dfrac{y^2}{3} = 1 \end{cases}$,消去 x,得 $(3t^2 - 1)y^2 + 24ty + 45 = 0$,则

$$\Delta = (24t)^2 - 4 \times 45 \times 3t^2 + 180 = 36t^2 + 180 > 0,$$

且 $y_1 + y_2 = -\dfrac{24t}{3t^2 - 1}$.由题意知切线 l_1 的方程为 $xx_1 - \dfrac{yy_1}{3} = 1$,切线 l_2 的方程为 $xx_2 - \dfrac{yy_2}{3} = 1$.

记 $P(m,n)$,则 $\begin{cases} mx_1 - \dfrac{ny_1}{3} = 1 \\ mx_2 - \dfrac{ny_2}{3} = 1 \end{cases}$.

两式相加,可得 $m(x_1 + x_2) - \dfrac{n(y_1 + y_2)}{3} = 2$.所以

$$m[t(y_1 + y_2) + 8] - \dfrac{n(y_1 + y_2)}{3} = 2.$$

将 $y_1 + y_2 = -\dfrac{24t}{3t^2 - 1}$ 代入,得 $1 - 4m = 3t^2 - 4tn$.

两式相减,可得 $m(x_1 - x_2) - \dfrac{n(y_1 - y_2)}{3} = 0$.所以

$$mt(y_1 - y_2) - \dfrac{n(y_1 - y_2)}{3} = 0.$$

由 $y_1 \neq y_2$,得 $t = \dfrac{n}{3m}$.与 $1 - 4m = 3t^2 - 4tn$ 联立,可得

$$1 - 4m = \dfrac{n^2}{3m^2} - \dfrac{4n^2}{3m} = \dfrac{n^2}{3m^2}(1 - 4m),$$

整理得 $\left(\dfrac{n^2}{3m^2} - 1\right)(1 - 4m) = 0$.又因为 $t \neq \pm\dfrac{\sqrt{3}}{3}$,所以 $\dfrac{n^2}{3m^2} \neq 1$,即 $m = \dfrac{1}{4}$.故点 P 的轨迹方程为 $m = \dfrac{1}{4}$.

14. 若选条件①:由题设知,直线 l 的斜率存在且与抛物线 C 有两个交点,设其方程为 $y = kx - 2$.设 $A(x_1, y_1)$,$B(x_2, y_2)(x_1 \neq x_2)$,则由 $\begin{cases} x^2 = -8y \\ y = kx - 2 \end{cases}$,得 $x^2 + 8kx - 16 = 0$,所以由韦达定理得 $x_1 + x_2 = -8k$,$x_1 x_2 = -16$.而抛物线 C 的方程可化为 $y = -\dfrac{x^2}{8}$,求导得 $y' = -\dfrac{x}{4}$,所以直线 l_1 的方程为 $y = -\dfrac{x_1}{4}(x - x_1) - \dfrac{x_1^2}{8}$,即 $y = -\dfrac{x_1}{4}x + \dfrac{x_1^2}{8}$.同理可得直线 l_2 的方程为 $y = -\dfrac{x_2}{4}x + \dfrac{x_2^2}{8}$.

联立 $\begin{cases} y = -\dfrac{x_1}{4}x + \dfrac{x_1^2}{8} \\ y = -\dfrac{x_2}{4}x + \dfrac{x_2^2}{8} \end{cases}$,解得 $\begin{cases} x = \dfrac{x_1 + x_2}{2} \\ y = -\dfrac{x_1 x_2}{8} \end{cases}$,所以点 $P(-4k, 2)$.又因为 $k_{PF} \cdot k_l = \dfrac{2 - (-2)}{-4k - 0} \cdot k = -1$,所以 $PF \perp AB$,故

$$S_{\triangle PAB} = \dfrac{1}{2}|AB| \cdot |PF|$$

$$= \frac{1}{2} \sqrt{(1 + k^2)\left[(-8k)^2 - 4 \times (-16)\right]} \cdot \sqrt{(-4k)^2 + (2 + 2)^2}$$

$$= 16(k^2 + 1)^{\frac{3}{2}} \geqslant 16,$$

当仅当 $k = 0$ 时取等号成立. 所以 $\triangle PAB$ 面积的最小值为 16.

若选条件②:由题意,设抛物线 C 的方程为 $x^2 = 2py(p > 0)$. 因为直线 $l: mx + y - 1 = 0$ 经过抛物线 C 的焦点 $F\left(0, \frac{p}{2}\right)$,所以 $m \times 0 + \frac{p}{2} - 1 = 0$,解得 $p = 2$. 故抛物线 C 的方程为 $x^2 = 4y$.

设 $A(x_1, y_1), B(x_2, y_2)$,联立 $\begin{cases} x^2 = 4y \\ mx + y - 1 = 0 \end{cases}$,消去 y 并整理,得 $x^2 + 4mx - 4 = 0$. 因为 $\Delta = 16m^2 + 16 > 0$,且 $x_1 + x_2 = -4m$,$x_1 x_2 = -4$,所以

$$|AB| = \sqrt{1 + m^2} \cdot \sqrt{(x_1 + x_2)^2 - 4x_1 x_2}$$

$$= \sqrt{1 + m^2} \cdot \sqrt{(-4m)^2 + 16} = 4(1 + m^2).$$

又因为由 $x^2 = 4y$,可得 $y = \frac{x^2}{4}$,求导得 $y' = \frac{x}{2}$,所以抛物线 C 经过点 A 的切线方程为 $y - y_1 = \frac{x_1}{2}(x - x_1)$. 将 $y_1 = \frac{x_1^2}{4}$ 代入上式,整理可得 $y = \frac{x_1}{2}x - \frac{x_1^2}{4}$. 同理可得抛物线 C 经过点 B 的切线方程为 $y = \frac{x_2}{2}x - \frac{x_2^2}{4}$.

联立 $\begin{cases} y = \frac{x_1}{2}x - \frac{x_1^2}{4} \\ y = \frac{x_2}{2}x - \frac{x_2^2}{4} \end{cases}$,解得 $x = \frac{x_1 + x_2}{2}$,$y = \frac{x_1 x_2}{4}$,所以 $P(-2m, -1)$. 从而可得点 $P(-2m, -1)$ 到直线 $mx + y - 1 = 0$ 的距离为

$$d = \frac{|m \times (-2m) - 1 - 1|}{\sqrt{m^2 + 1}} = 2\sqrt{m^2 + 1}.$$

所以 $\triangle PAB$ 的面积为

$$S_{\triangle PAB} = \frac{1}{2}|AB| \cdot d = \frac{1}{2} \times 4 \times (1 + m^2) \times 2\sqrt{m^2 + 1} = 4(m^2 + 1)^{\frac{3}{2}}.$$

又因为 $m^2 + 1 \geqslant 1$,所以 $S \geqslant 4$. 故 $\triangle PAB$ 面积的最小值为 4.

3.19 相似椭圆问题

相似椭圆曾经以解答题的形式出现在高考中,分值为 12 分.结合模拟考题中的问题,发现相似椭圆问题主要考查的是椭圆的几何性质、与椭圆有关的斜率定值问题和面积最值问题,考查方程思想和化归与转化思想,考查运算求解能力和逻辑思维能力,以及数学运算和逻辑推理素养.以相似椭圆为载体的定值和定点问题,直线参数方程法和伸缩变换法的运用是难点.

知识梳理

相似椭圆的定义:我们把椭圆 $E_1: \dfrac{x^2}{a^2} + \dfrac{y^2}{b^2} = 1 (a>b>0)$ 和椭圆 $E_2: \dfrac{x^2}{a^2} + \dfrac{y^2}{b^2} = \lambda$ $(a>b>0, \lambda>0$ 且 $\lambda \neq 1)$ 称为相似椭圆.

经典题探秘

例1 (2015 年山东卷/理 20) 在平面直角坐标系 xOy 中,已知椭圆 $C: \dfrac{x^2}{a^2} + \dfrac{y^2}{b^2} = 1$ $(a>b>0)$ 的离心率为 $\dfrac{\sqrt{3}}{2}$,左、右焦点分别是 F_1, F_2,以 F_1 为圆心、3 为半径的圆与以 F_2 为圆心、1 为半径的圆相交,且交点在椭圆 C 上.

(1) 求椭圆 C 的方程.

(2) 设椭圆 $E: \dfrac{x^2}{4a^2} + \dfrac{y^2}{4b^2} = 1$,$P$ 为椭圆 C 上任意一点,过点 P 的直线 $y = kx + m$ 交椭圆 E 于 A, B 两点,射线 PO 交椭圆 E 于点 Q.

① 求 $\left| \dfrac{OQ}{OP} \right|$ 的值;

② 求 $\triangle ABQ$ 面积的最大值.

【解析】 (1) 由题意知 $2a = 4$,即 $a = 2$.又由 $\dfrac{c}{a} = \dfrac{\sqrt{3}}{2}$,$a^2 - c^2 = b^2$,可得 $b = 1$.所以椭圆 C 的方程为 $\dfrac{x^2}{4} + y^2 = 1$.

(2) 由(1)知椭圆 E 的方程为 $\dfrac{x^2}{16}+\dfrac{y^2}{4}=1$.

① 设 $P(x_0,y_0)$，$\left|\dfrac{OQ}{OP}\right|=\lambda$，则由题意知 $Q(-\lambda x_0,-\lambda y_0)$. 因为 $\dfrac{x_0^2}{4}+y_0^2=1$，$\dfrac{(-\lambda x_0)^2}{16}+$

$\dfrac{(-\lambda y_0)^2}{4}=1$，即 $\dfrac{\lambda^2}{4}\left(\dfrac{x_0^2}{4}+y_0^2\right)=1$，所以 $\lambda=2$，故 $\left|\dfrac{OQ}{OP}\right|=2$.

② 设 $A(x_1,y_1)$，$B(x_2,y_2)$，将 $y=kx+m$ 代入椭圆 E 的方程，可得 $(1+4k^2)x^2+$

$8kmx+4m^2-16=0$. 则由 $\Delta>0$，可得

$$m^2<4+16k^2. \hspace{3cm} ①$$

由韦达定理得 $x_1+x_2=-\dfrac{8km}{1+4k^2}$，$x_1x_2=\dfrac{4m^2-16}{1+4k^2}$. 所以 $|x_1-x_2|=\dfrac{4\sqrt{16k^2+4-m^2}}{1+4k^2}$. 又

因为直线 $y=kx+m$ 与 y 轴交点的坐标为 $(0,m)$，所以 $\triangle OAB$ 的面积为

$$S=\dfrac{1}{2}|m|\cdot|x_2-x_2|=\dfrac{2\sqrt{16k^2+4-m^2}\,|m|}{1+4k^2}$$

$$=\dfrac{2\sqrt{(16k^2+4-m^2)\cdot m^2}}{1+4k^2}=2\sqrt{\left(4-\dfrac{m^2}{1+4k^2}\right)\cdot\dfrac{m^2}{1+4k^2}}.$$

令 $\dfrac{m^2}{1+4k^2}=t$，则 $S=2\sqrt{(4-t)t}=2\sqrt{-t^2+4t}$.

将 $y=kx+m$ 代入椭圆 C 的方程，可得 $(1+4k^2)x^2+8kmx+4m^2-4=0$，则由 $\Delta\geqslant0$

可得

$$m^2\leqslant1+4k^2. \hspace{3cm} ②$$

所以由①②可知 $0<t\leqslant1$，因此 $S=2\sqrt{(4-t)t}=2\sqrt{-t^2+4t}\leqslant2\sqrt{3}$，当且仅当 $t=1$，即

$m^2=1+4k^2$ 时取得最大值 $2\sqrt{3}$. 又由①知 $\triangle ABQ$ 的面积为 $3S$，所以 $\triangle ABQ$ 面积的最大值

为 $6\sqrt{3}$.

点评　本题以相似椭圆为背景，其中椭圆 $C:\dfrac{x^2}{a^2}+\dfrac{y^2}{b^2}=1(a>b>0)$ 和椭圆 $E:$

$\dfrac{x^2}{4a^2}+\dfrac{y^2}{4b^2}=1$ 是相似椭圆. 第(2)问中通过设点和设出线段长之比以及整体代换可以求出

$\left|\dfrac{OQ}{OP}\right|$ 的值，利用三角形的面积公式表示出面积并换元后，运用二次函数的性质可求得

$\triangle OAB$ 面积的最大值，从而求出 $\triangle ABQ$ 面积的最大值.

【题根探秘】　通过对例1第(2)问进行拓展探究，可以得到以下结论(命题1)：

命题1　已知椭圆 $C:\dfrac{x^2}{a^2}+\dfrac{y^2}{b^2}=1(a>b>0)$. 设椭圆 $E:\dfrac{x^2}{a^2}+\dfrac{y^2}{b^2}=\lambda(\lambda>1)$，$P$ 为椭圆

C 上任意一点，过点 P 的直线 $y=kx+m$ 交椭圆 E 于 A，B 两点，射线 PO 交椭圆 E 于点 Q.

则 $\left|\dfrac{OQ}{OP}\right|=\sqrt{\lambda}$.

证明：设 $P(x_0, y_0)$，$\left|\dfrac{OQ}{OP}\right| = t$，则由题意知 $Q(-tx_0, -ty_0)$. 因为 $\dfrac{x_0^2}{a^2} + \dfrac{y_0^2}{b^2} = 1$，

$\dfrac{(-tx_0)^2}{a^2} + \dfrac{(-ty_0)^2}{b^2} = \lambda$，即 $\dfrac{t^2}{\lambda}\left(\dfrac{x_0^2}{a^2} + \dfrac{y_0^2}{b^2}\right) = 1$，所以 $t^2 = \lambda$，故 $\left|\dfrac{OQ}{OP}\right| = \sqrt{\lambda}$.

变式 1 已知椭圆 $E: \dfrac{x^2}{2} + y^2 = 1$ 的右焦点为 F，椭圆 $\Gamma: \dfrac{x^2}{2} + y^2 = \lambda\ (\lambda > 1)$.

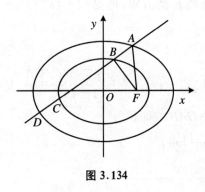

图 3.134

(1) 求 Γ 的离心率.

(2) 如图 3.134 所示，直线 $l: x = my - 1$ 交椭圆 Γ 于 A, D 两点，交椭圆 E 于 B, C 两点.

① 求证：$|AB| = |CD|$；

② 若 $\lambda = 5$，求 $\triangle ABF$ 面积的最大值.

【解析】 (1) 因为椭圆 Γ 的标准方程为 $\dfrac{x^2}{2\lambda} + \dfrac{y^2}{\lambda} = 1$，

所以椭圆 Γ 的离心率为 $\sqrt{\dfrac{2\lambda - \lambda}{2\lambda}} = \dfrac{\sqrt{2}}{2}$.

(2) ① 设 $A(x_1, y_1), D(x_2, y_2), B(x_3, y_3), C(x_4, y_4)$. 联立 $\begin{cases} x = my - 1 \\ \dfrac{x^2}{2} + y^2 = \lambda \end{cases}$，消去 x 并整

理，可得 $(m^2 + 2)y^2 - 2my + 1 - 2\lambda = 0$，则由韦达定理可得 $y_1 + y_2 = \dfrac{2m}{m^2 + 2}$，$y_1 y_2 = \dfrac{1 - 2\lambda}{m^2 + 2}$.

所以线段 AD 的中点坐标为 $\left(\dfrac{-2}{m^2 + 2}, \dfrac{m}{m^2 + 2}\right)$. 同理可知线段 BC 的中点坐标为

$\left(\dfrac{-2}{m^2 + 2}, \dfrac{m}{m^2 + 2}\right)$. 所以线段 AD 的中点与线段 BC 的中点重合，故 $|AB| = |CD|$.

② 由①可知，直线 l 被椭圆截得的弦长为

$$\sqrt{1 + m^2}\,|y_2 - y_1| = \dfrac{2\sqrt{1 + m^2}\sqrt{2\lambda m^2 + 4\lambda - 2}}{m^2 + 2}.$$

把 $\lambda = 5$ 代入，得 $|AD| = \dfrac{2\sqrt{1 + m^2}\sqrt{10m^2 + 18}}{m^2 + 2}$；把 $\lambda = 1$ 代入，得 $|BC| = $

$\dfrac{2\sqrt{1 + m^2}\sqrt{2m^2 + 2}}{m^2 + 2}$. 而点 $F(1, 0)$ 到 l 的距离为 $d = \dfrac{2}{\sqrt{m^2 + 1}}$，所以 $\triangle ABF$ 的面积为

$$S_{\triangle ABF} = \dfrac{1}{2} \times \left[\dfrac{1}{2} \times (|AD| - |BC|)\right] \times d = \dfrac{\sqrt{10m^2 + 18} - \sqrt{2m^2 + 2}}{m^2 + 2}$$

$$= \dfrac{8}{\sqrt{10m^2 + 18} + \sqrt{2m^2 + 2}},$$

当 $m = 0$ 时，$\triangle ABF$ 的面积取得最大值 $\sqrt{2}$.

点评 在本题第(2)问中，第①小问把证明 $|AB| = |CD|$ 化归为证明线段 AD 的中点与

线段 BC 的中点重合,第②小问先运用弦长公式分别表示出弦长 $|AD|$ 和 $|BC|$,再表示出线段 $|AB|$ 的长,然后运用三角形的面积公式表示出 $\triangle ABF$ 的面积,并运用分母有理化和二次函数的性质得到 $\triangle ABF$ 面积的最大值.

【题根探秘】 对本题第(2)问的第①小问进行拓展探究,可以得到以下结论(命题 2):

命题 2 如图 3.135 所示,直线 l 与椭圆 E_1:

$\dfrac{x^2}{a^2} + \dfrac{y^2}{b^2} = 1 (a > b > 0)$ 和椭圆 E_2: $\dfrac{x^2}{a^2} + \dfrac{y^2}{b^2} = \lambda$

$(a > b > 0, \lambda > 0$ 且 $\lambda \neq 1)$ 分别交于点 A, B 和 C, D,

则 $|AC| = |BD|$.

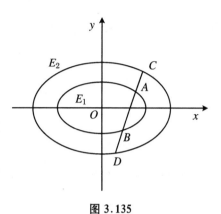

图 3.135

证明:(1) 当直线 $l \perp x$ 轴时,线段 AB 与线段 CD 的中点重合,所以 $|AC| = |BD|$.

(2) 当直线 l 的斜率存在时,设直线 l 的方程为 $y = kx + m$,$A(x_1, y_1), B(x_2, y_2)$,线段 AB 的中点 $M(x_0, y_0)$,则由 $\begin{cases} y = kx + m \\ \dfrac{x^2}{a^2} + \dfrac{y^2}{b^2} = 1 \end{cases}$,消去 y,得

$$(a^2 k^2 + b^2) x^2 + 2a^2 kmx + a^2 (m^2 - b^2) = 0.$$

所以由韦达定理可得 $x_1 + x_2 = -\dfrac{2a^2 km}{a^2 k^2 + b^2}$,即得

$$x_0 = \frac{x_1 + x_2}{2} = -\frac{a^2 km}{a^2 k^2 + b^2}, \quad y_0 = kx_0 + m = \frac{mb^2}{a^2 k^2 + b^2}.$$

所以线段 AB 的中点坐标为 $\left(-\dfrac{a^2 km}{a^2 k^2 + b^2}, \dfrac{mb^2}{a^2 k^2 + b^2} \right)$. 同理可得线段 CD 的中点坐标 $\left(-\dfrac{a^2 km}{a^2 k^2 + b^2}, \dfrac{mb^2}{a^2 k^2 + b^2} \right)$. 因此线段 AB 和线段 CD 的中点重合,故 $|AC| = |BD|$.

(证法 2)设线段 AB 的中点 $M(x_0, y_0)$,直线 l 的参数方程为 $\begin{cases} x = x_0 + t\cos\alpha \\ y = y_0 + t\sin\alpha \end{cases}$($\alpha$ 为参数).代入 $\dfrac{x^2}{a^2} + \dfrac{y^2}{b^2} = 1 (a > b > 0)$,整理可得

$$(a^2 \sin^2\alpha + b^2 \cos^2\alpha) t^2 + 2(b^2 x_0 \cos\alpha + a^2 y_0 \sin\alpha) t = 0.$$

设点 A, B 对应的参数分别为 t_1, t_2,则由参数方程的几何意义可得

$$\frac{t_1 + t_2}{2} = -\frac{b^2 x_0 \cos\alpha + a^2 y_0 \sin\alpha}{a^2 \sin^2\alpha + b^2 \cos^2\alpha} = 0.$$

所以 $b^2 x_0 \cos\alpha + a^2 y_0 \sin\alpha = 0$.

把直线 l 的参数方程 $\begin{cases} x = x_0 + t\cos\alpha \\ y = y_0 + t\sin\alpha \end{cases}$($t$ 为参数)代入 $\dfrac{x^2}{a^2} + \dfrac{y^2}{b^2} = \lambda (a > b > 0, \lambda > 0$ 且 λ

≠1),整理可得

$$(a^2\sin^2\alpha + b^2\cos^2\alpha)t^2 + 2(b^2 x_0\cos\alpha + a^2 y_0\sin\alpha)t + a^2 b^2(1-\lambda) = 0.$$

设点 C,D 对应的参数分别为 t_3, t_4，则由参数方程的几何意义可得

$$\frac{t_3 + t_4}{2} = -\frac{b^2 x_0\cos\alpha + a^2 y_0\sin\alpha}{a^2\sin^2\alpha + b^2\cos^2\alpha} = \frac{t_1 + t_2}{2} = 0.$$

所以线段 AB 和线段 CD 的中点重合，故 $|AC| = |BD|$.

（证法3）在伸缩变换 $\begin{cases} X = \dfrac{x}{a} \\ Y = \dfrac{y}{b} \end{cases}$ 下，椭圆 $E_1: \dfrac{x^2}{a^2} + \dfrac{y^2}{b^2} = 1(a > b > 0)$ 对应变换为圆 O_1：

$X^2 + Y^2 = 1$，椭圆 $E_2: \dfrac{x^2}{a^2} + \dfrac{y^2}{b^2} = \lambda(a > b > 0, \lambda > 0$ 且 $\lambda \neq 1)$ 对应变换为圆 $O_2: X^2 + Y^2 = \lambda$，
点 A,B 和 C,D 变换后对应点 A',B' 和 C',D'. 设线段 $A'B'$ 的中点为 M'，则 $OM' \perp A'B'$，
即 $OM' \perp C'D'$. 又因为 $|OC'| = |OD'|$，所以线段 $C'D'$ 的中点为 M'，因此线段 $A'B'$ 和线段
$C'D'$ 的中点重合. 即线段 AB 和线段 CD 的中点重合，故 $|AC| = |BD|$.

例2（2022 年高考模拟题）　第 24 届冬季奥林匹克运动会将在 2022 年 2 月 4 日在
中华人民共和国北京市和张家口市联合举行.这是中国历史上第一次举办冬季奥运会,北京
成为奥运史上第一个举办夏季奥林匹克运动会和冬季奥林匹克运动会的城市,同时中国也
成为第一个实现奥运"全满贯"(先后举办奥运会、残奥会、青奥会、冬奥会、冬残奥会)的国
家.根据规划,国家体育场(鸟巢)成为北京冬奥会开、闭幕式的场馆.国家体育场"鸟巢"的钢
结构鸟瞰图如图 3.136(a)所示,内、外两圈的钢骨架是离心率相同的椭圆.若由外层椭圆长
轴一端点 A 和短轴一端点 B 分别向内层椭圆引切线 AC,BD(图 3.136(b)),且两切线斜率
之积等于 $-\dfrac{9}{16}$,则椭圆的离心率为(　　　　).

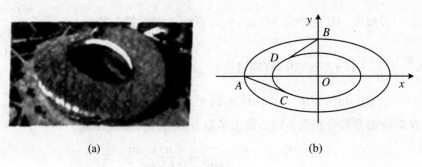

(a)　　　　　　　　　　　　　　　　(b)

图 3.136

A. $\dfrac{3}{4}$ 　　　　　　B. $\dfrac{\sqrt{7}}{4}$ 　　　　　　C. $\dfrac{9}{16}$ 　　　　　　D. $\dfrac{\sqrt{3}}{2}$

【解析探秘】（解法1）设内层椭圆的方程为 $\dfrac{x^2}{a^2} + \dfrac{y^2}{b^2} = 1(a > b > 0)$，由离心率相同，可

设外层椭圆方程为 $\dfrac{x^2}{(\lambda a)^2} + \dfrac{y^2}{(\lambda b)^2} = 1(a > b > 0, \lambda > 1)$，则 $A(-\lambda a, 0)$，$B(0, \lambda b)$. 设切线

AC 的方程为 $y_1 = k_1(x + \lambda a)$，切线 BD 的方程为 $y = k_2 x + \lambda b$. 联立 $\begin{cases} y = k_1(x + \lambda a) \\ b^2 x^2 + a^2 y^2 = a^2 b^2 \end{cases}$，

消去 y 并整理，可得

$$(a^2 k_1^2 + b^2) x^2 + 2\lambda a^3 k_1^2 x + a^4 \lambda^2 k_1^2 - a^2 b^2 = 0.$$

由题设可得

$$\Delta = (2\lambda a^3 k_1^2)^2 - 4(a^2 k_1^2 + b^2)(a^4 \lambda^2 k_1^2 - a^2 b^2) = 0,$$

整理可得 $a^2 k_1^2 - \lambda^2 a^2 k_1^2 + b^2 = 0$，所以 $k_1^2 = \dfrac{b^2}{a^2(\lambda^2 - 1)}$.

同理，联立 $\begin{cases} y = k_2 x + \lambda b \\ b^2 x^2 + a^2 y^2 = a^2 b^2 \end{cases}$，则由 $\Delta = 0$，整理可得 $k_2^2 = \dfrac{b^2(\lambda^2 - 1)}{a^2}$，所以 $k_1^2 k_2^2 = $

$\left(\dfrac{b^2}{a^2}\right)^2$. 又由题设知 $k_1 k_2 = -\dfrac{9}{16}$，即 $\left(\dfrac{b^2}{a^2}\right)^2 = \left(-\dfrac{9}{16}\right)^2$，所以 $\dfrac{b^2}{a^2} = \dfrac{9}{16}$，因此 $e = \dfrac{c}{a} = \sqrt{1 - \dfrac{b^2}{a^2}}$

$= \sqrt{1 - \dfrac{9}{16}} = \dfrac{\sqrt{7}}{4}$. 故选 B.

（解法2）同解法1，设出内层椭圆和外层椭圆的标准方程，表示出点 A 和点 B 的坐标.

设切线 AC 的参数方程为 $\begin{cases} x = -\lambda a + t\cos\alpha \\ y = t\sin\alpha \end{cases}$（$t$ 为参数），代入 $b^2 x^2 + a^2 y^2 = a^2 b^2$，整

理可得

$$(b^2\cos^2\alpha + a^2\sin^2\alpha) t^2 - 2\lambda a b^2 t\cos\alpha + a^2 b^2(\lambda^2 - 1) = 0.$$

由题设可得

$$\Delta = (-2\lambda a b^2\cos\alpha)^2 - 4a^2 b^2(b^2\cos^2\alpha + a^2\sin^2\alpha)(\lambda^2 - 1) = 0,$$

整理可得 $a^2(\lambda^2 - 1)\sin^2\alpha - b^2\cos^2\alpha = 0$，所以 $\dfrac{\sin^2\alpha}{\cos^2\alpha} = \dfrac{b^2}{a^2(\lambda^2 - 1)}$，解得 $\tan^2\alpha = \dfrac{b^2}{a^2(\lambda^2 - 1)}$.

记切线 AC 的斜率为 k_1，则 $k_1^2 = \dfrac{b^2}{a^2(\lambda^2 - 1)}$.

同理，设切线 BD 的参数方程为 $\begin{cases} x = t\cos\theta \\ y = \lambda b + t\sin\theta \end{cases}$（$t$ 为参数），代入 $b^2 x^2 + a^2 y^2 = a^2 b^2$，

并结合 $\Delta = 0$，整理可得 $\dfrac{\sin^2\theta}{\cos^2\theta} = \dfrac{b^2(\lambda^2 - 1)}{a^2}$，所以 $\tan^2\theta = \dfrac{b^2(\lambda^2 - 1)}{a^2}$. 记切线 BD 的斜率为

k_2，则 $k_2^2 = \dfrac{b^2(\lambda^2 - 1)}{a^2}$. 下同解法1.

（解法3）同解法1，设出内层椭圆和外层椭圆的标准方程，表示出点 A 和点 B 的坐标.

在伸缩变换 $\begin{cases} x' = \dfrac{x}{a} \\ y' = \dfrac{y}{b} \end{cases}$ 下，内层椭圆 $M_1: \dfrac{x^2}{a^2} + \dfrac{y^2}{b^2} = 1 (a > b > 0)$ 对应圆 $O_1: x'^2 + y'^2 = 1$，

外层椭圆 $M_2: \dfrac{x^2}{(\lambda a)^2} + \dfrac{y^2}{(\lambda b)^2} = 1$ 对应圆 $O_2: x'^2 + y'^2 = \lambda^2$，外层椭圆 M_2 上的点 $A(-\lambda a, 0)$，$B(0, \lambda b)$ 分别对应圆 O_2 上的点 $A'(-\lambda, 0)$，$B'(0, \lambda)$，内层椭圆 M_1 的切线 AC，BD 分别对应圆 O_1 的切线 $A'C'$，$B'D'$.

设切线 $A'C'$ 的方程为 $y' = k_1'(x' + \lambda)$，即 $k_1'x' - y' + k_1'\lambda = 0$，则 $d_1 = \dfrac{|k_1'\lambda|}{\sqrt{k_1'^2 + 1}} = 1$，整

理得 $k_1'^2 = \dfrac{1}{\lambda^2 - 1}$. 设切线 $B'D'$ 的方程为 $y' = k_2'x' + \lambda$，即 $k_2'x' - y' + \lambda = 0$，则 $d_2 =$

$\dfrac{|\lambda|}{\sqrt{k_2'^2 + 1}} = 1$，整理得 $k_2'^2 = \lambda^2 - 1$. 所以 $k_1'^2 k_2'^2 = 1$. 又由椭圆伸缩变换的性质，可得 $k_1' =$

$\dfrac{a}{b} k_1$，$k_2' = \dfrac{a}{b} k_2$，所以 $\dfrac{a^2}{b^2} k_1^2 \cdot \dfrac{a^2}{b^2} k_2^2 = 1$，故 $k_1^2 k_2^2 = \left(\dfrac{b^2}{a^2}\right)^2$. 下同解法 1.

点评 本题的解法 1 是常规方法，首先根据题设建立离心率相同的椭圆方程模型，设出两条切线方程，然后联立椭圆方程和切线方程，消元后根据判别式等于 0 化简，最后代入已知条件中的数据得出结果，体现了方程思想；解法 2 是直线参数方程法，也体现了方程思想；解法 3 是伸缩变换法，首先把椭圆化为圆，椭圆的切线化归为圆的切线，再根据圆的几何性质"直线与圆相切 $\Leftrightarrow$ 圆心到直线的距离等于圆的半径"建立方程，最后运用伸缩变换的性质得出结果，体现了化归与转化思想.

变式 2（江西省上饶市六校 2022 届高三联考题） 第 24 届冬季奥林匹克运动会闭幕式于 2022 年 2 月 20 日在国家体育场（鸟巢）的场馆举行. 国家体育场"鸟巢"的钢结构鸟瞰图如图 3.137 所示，内、外两层的钢骨架是离心率相同的椭圆. 假设内层椭圆的标准方程为 $\dfrac{x^2}{4} + \dfrac{y^2}{3} = 1$，外层椭圆的标准方程为 $\dfrac{x^2}{8} + \dfrac{y^2}{6} = 1$.

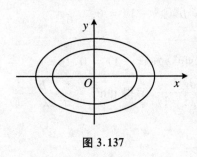

图 3.137

若由外层椭圆上的一点 A 向内层椭圆引切线 AC，AB，且两切线斜率都存在，则两切线斜率的积等于（　　）.

A. $-\dfrac{3}{4}$ 　　　　B. $-\dfrac{4}{3}$ 　　　　C. $-\dfrac{\sqrt{3}}{2}$ 　　　　D. 不确定

【解析】（解法 1）设 $A(x_0, y_0)$，过点 A 的内层椭圆的切线方程为 $y - y_0 = k(x - x_0)$. 联

立 $\begin{cases} y - y_0 = k(x - x_0) \\ \dfrac{x^2}{4} + \dfrac{y^2}{3} = 1 \end{cases}$，整理可得

$$(4k^2 + 3)x^2 + 8k(y_0 - kx_0)x + 4\left[(kx_0 - y_0)^2 - 3\right] = 0.$$

由题设可得

$$\Delta = 64k^2(y_0 - kx_0)^2 - 16(4k^2 + 3)\left[(kx_0 - y_0)^2 - 3\right] = 0,$$

整理可得 $(x_0^2 - 4)k^2 - 2x_0 y_0 k + y_0^2 - 3 = 0$. 分别记切线 AC, AB 的斜率为 k_1, k_2, 则 $k_1 k_2 = \dfrac{y_0^2 - 3}{x_0^2 - 4}$. 又因为 $\dfrac{x_0^2}{8} + \dfrac{y_0^2}{6} = 1$, 所以

$$k_1 \cdot k_2 = \frac{6\left(1 - \dfrac{x_0^2}{8}\right) - 3}{x_0^2 - 4} = \frac{3 - \dfrac{3}{4}x_0^2}{x_0^2 - 4} = \frac{3(4 - x_0^2)}{4(x_0^2 - 4)} = -\frac{3}{4}.$$

（解法 2）在伸缩变换 $\Gamma : \begin{cases} x' = \dfrac{x}{2} \\ y' = \dfrac{y}{\sqrt{3}} \end{cases}$ 下, 内层椭圆 $M_1 : \dfrac{x^2}{4} + \dfrac{y^2}{3} = 1$ 对应圆 $O_1 : x'^2 + y'^2 = 1$,

外层椭圆 $M_2 : \dfrac{x^2}{8} + \dfrac{y^2}{6} = 1$ 对应圆 $O_2 : x'^2 + y'^2 = 2$, 外层椭圆上的一点 A 对应圆 $O_2 : x'^2 + y'^2 = 2$ 上的一点 A', 内层椭圆的切线 AC, AB 对应圆 $O_1 : x'^2 + y'^2 = 1$ 的切线 $A'C', A'B'$. 则由圆的切线的性质可得 $A'C' \perp OC', A'B' \perp OB'$. 又因为 $|OC'| = |OB'| = 1$, $|OA'| = \sqrt{2}$, 所以 $|A'C'| = |A'B'| = 1$. 因此 $\triangle A'C'O$ 和 $\triangle A'B'O$ 是全等的等腰直角三角形. 所以 $\angle C'A'O = \angle B'A'O = 45°$, $A'C' \perp A'B'$, 即 $k_{A'C'} \cdot k_{A'B'} = -1$. 又由伸缩变换的性质可得 $k_{A'C'} = \dfrac{a}{b} k_{AC} = \dfrac{2}{\sqrt{3}} k_{AC}$, 故 $k_{A'B'} = \dfrac{a}{b} k_{AB} = \dfrac{2}{\sqrt{3}} k_{AB}$. 则 $k_{A'C'} \cdot k_{A'B'} = \dfrac{4}{3} k_{AC} \cdot k_{AB} = -1$, 即

$$k_{AC} \cdot k_{AB} = -\frac{3}{4}.$$ 故选 A.

　　点评　本题的解法 1 是常规直角坐标法, 体现了方程思想; 解法 2 是伸缩变换法, 用到了圆的几何性质和三角形全等的知识, 体现了化归与转化思想.

　　【方法梳理】　例 2 和变式 2 都是数学文化题, 都以考生熟悉的国家体育场"鸟巢"的钢结构鸟瞰图为素材设计试题, 两题都涉及椭圆的切线, 考查了直线与椭圆的位置关系和离心率相同的椭圆的几何性质、方程思想和化归与转化思想, 考查了考生借助解析几何图形进行代数运算的能力; 题干都比较长, 考查了考生的阅读理解能力、运算求解能力、数学建模能力、逻辑思维能力和创新能力等关键能力, 以及考生的数学运算、逻辑推理和直观想象素养. 通读题目, 考生可以很好地了解我国举办奥运会的情况, 无形中将体育教育渗透进了试题; "鸟巢"是我国劳动人民智慧的结晶, 将劳育教育渗透进了试题; "鸟巢"的钢结构鸟瞰图展现了建筑之美、图形之美, 在试题中渗透了美育教育. 同时本题能使考生热爱并关注中国美丽的建筑, 提升考生的爱国热情.

　　【题根探秘】　对例 2 和变式 2 运用特殊到一般的研究方法, 可以得到以下结论 (命题 3~

命题 6):

结合例 2 的证明过程并对例 2 进行拓展探究,可以得到命题 3 和命题 4:

命题 3 已知内层椭圆 $M_1:\dfrac{x^2}{a^2}+\dfrac{y^2}{b^2}=1(a>b>0)$ 和外层椭圆 $M_2:\dfrac{x^2}{a^2}+\dfrac{y^2}{b^2}=\lambda^2(a>b>0,\lambda>1)$,由外层椭圆 M_2 的长轴一端点 A 和短轴一端点 B 向内层椭圆 M_1 分别引切线 AC,BD,且两条切线的斜率都存在. 记切线 AC,BD 的斜率分别为 k_1,k_2,则 $k_1^2 k_2^2=\left(\dfrac{b}{a}\right)^4$.

命题 4 已知内层椭圆 $M_1:\dfrac{y^2}{a^2}+\dfrac{x^2}{b^2}=1(a>b>0)$ 和外层椭圆 $M_2:\dfrac{y^2}{a^2}+\dfrac{x^2}{b^2}=\lambda^2(a>b>0,\lambda>1)$,由外层椭圆 M_2 的长轴一端点 A 和短轴一端点 B 向内层椭圆 M_1 分别引切线 AC,BD,且两条切线的斜率都存在. 记切线 AC,BD 的斜率分别为 k_1,k_2,则 $k_1^2 k_2^2=\left(\dfrac{a}{b}\right)^4$.

通过对变式 2 进行类比探究,可以得到命题 5 和命题 6:

命题 5 已知内层椭圆 $E_1:\dfrac{x^2}{a^2}+\dfrac{y^2}{b^2}=1(a>b>0)$ 和外层椭圆 $E_2:\dfrac{x^2}{2a^2}+\dfrac{y^2}{2b^2}=1(a>b>0)$,由外层椭圆 E_2 上的一点 A 向内层椭圆 E_1 引切线 AC,AB,且两条切线的斜率都存在. 记切线 AC,AB 的斜率分别为 k_1,k_2,则 $k_1 k_2=-\dfrac{b^2}{a^2}$.

证明:在伸缩变换 $\Gamma:\begin{cases} x'=\dfrac{x}{a} \\ y'=\dfrac{y}{b} \end{cases}$ 下,内层椭圆 $E_1:\dfrac{x^2}{a^2}+\dfrac{y^2}{b^2}=1(a>b>0)$ 对应圆 $O_1:x'^2+y'^2=1$,外层椭圆 $E_2:\dfrac{x^2}{2a^2}+\dfrac{y^2}{2b^2}=1$ 对应圆 $O_2:x'^2+y'^2=2$,外层椭圆上的一点 A 对应圆 $O_2:x'^2+y'^2=2$ 上的一点 A',内层椭圆的切线 AC,AB 对应圆 $O_1:x'^2+y'^2=1$ 的切线 $A'C',A'B'$. 则由圆的切线的性质,可得 $A'C'\perp OC',A'B'\perp OB'$. 又因为 $|OC'|=|OB'|=1$,$|OA'|=\sqrt{2}$,所以 $|A'C'|=|A'B'|=1$,因此 $\triangle A'C'O$ 和 $\triangle A'B'O$ 是全等的等腰直角三角形. 于是可得 $\angle C'A'O=\angle B'A'O=45°$,即 $A'C'\perp A'B'$,故 $k_{A'C'}\cdot k_{A'B'}=-1$. 又由伸缩变换的性质可得 $k_{A'C'}=\dfrac{a}{b}k_{AC}$,$k_{A'B'}=\dfrac{a}{b}k_{AB}$,故 $k_{A'C'}\cdot k_{A'B'}=\dfrac{a^2}{b^2}k_{AC}\cdot k_{AB}=-1$,所以 $k_{AC}\cdot k_{AB}=-\dfrac{b^2}{a^2}$.

命题 6 已知内层椭圆 $E_1:\dfrac{y^2}{a^2}+\dfrac{x^2}{b^2}=1(a>b>0)$ 和外层椭圆 $E_2:\dfrac{y^2}{2a^2}+\dfrac{x^2}{2b^2}=1(a>b>0)$,由外层椭圆 E_2 上的一点 A 向内层椭圆 E_1 引切线 AC,AB,且两条切线的斜率都存在. 记切线 AC,AB 的斜率分别为 k_1,k_2,则 $k_1 k_2=-\dfrac{a^2}{b^2}$.

习题

单选题

1. 如图 3.138 所示,内、外两个椭圆的离心率相同,从外层椭圆顶点向内层椭圆引切线 AC,BD. 设内层椭圆方程为 $\dfrac{x^2}{a^2}+\dfrac{y^2}{b^2}=1(a>b>0)$. 若直线 AC 与 BD 的斜率之积为 $-\dfrac{1}{4}$,则椭圆的离心率为(   ).

A. $\dfrac{1}{2}$ B. $\dfrac{\sqrt{2}}{2}$ C. $\dfrac{\sqrt{3}}{2}$ D. $\dfrac{3}{4}$

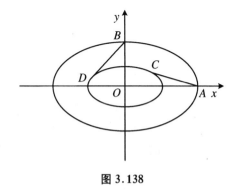

图 3.138

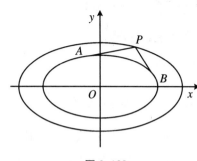

图 3.139

2. 如图 3.139 所示,P 为椭圆 $E_1:\dfrac{x^2}{a^2}+\dfrac{y^2}{b^2}=1(a>b>0)$ 上的一动点,过点 P 作椭圆 $E_2:\dfrac{x^2}{a^2}+\dfrac{y^2}{b^2}=\lambda(0<\lambda<1)$ 的两条切线 PA,PB,斜率分别为 k_1,k_2. 若 k_1k_2 为定值,则 $\lambda=$(   ).

A. $\dfrac{1}{4}$ B. $\dfrac{\sqrt{2}}{4}$ C. $\dfrac{1}{2}$ D. $\dfrac{\sqrt{2}}{2}$

多选题

3. 第 24 届冬季奥林匹克运动会圆满结束,根据规划,国家体育场(鸟巢)成为北京冬奥会开、闭幕式的场馆,国家体育场"鸟巢"的钢结构鸟瞰图如图 3.140 所示,内、外两圈的钢骨架是离心率相同的椭圆. 若椭圆 $C_1:\dfrac{x^2}{a_1^2}+\dfrac{y^2}{b_1^2}=1(a_1>b_1>0)$ 和椭圆 $C_2:\dfrac{x^2}{a_2^2}+\dfrac{y^2}{b_2^2}=1$ $(a_2>b_2>0)$ 的离心率相同,且 $a_1>a_2$,则下列说法正确的是(   ).

A. $a_1^2-a_2^2<b_1^2-b_2^2$

B. $a_1-a_2>b_1-b_2$

C. 如图 3.141(a)所示,如果两个椭圆 C_2,C_1 分别是同一个矩形(此矩形的两组对边分别与坐标轴平行)的内切椭圆(即矩形的四条边与椭圆 C_2 均有且仅有一个交点)和

外接椭圆,则 $\dfrac{a_1}{a_2} = \sqrt{2}$

D. 如图 3.141(b)所示,由外层椭圆 C_1 的左顶点 A 向内层椭圆 C_2 分别作两条切线 (与椭圆有且仅有一个交点的直线叫椭圆的切线)与 C_1 交于 M,N 两点,C_1 的右顶 点为 B.若直线 AM 与 BN 的斜率之积为 $\dfrac{8}{9}$,则椭圆 C_1 的离心率为 $\dfrac{1}{3}$

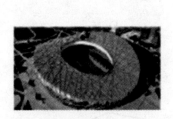

图 3.140

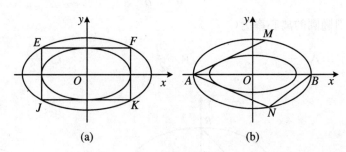

(a)   (b)

图 3.141

4. 我们约定双曲线 $E_1: \dfrac{x^2}{a^2} - \dfrac{y^2}{b^2} = 1$ ($a>0,b>0$) 与双曲线 $E_2: \dfrac{x^2}{a^2} - \dfrac{y^2}{b^2} = \lambda$ ($0<\lambda<1$)为相似双曲线,其中相似比为 λ.则下列说法正确的是(   ).

A. E_1,E_2 的离心率相同,渐近线也相同

B. 以 E_1,E_2 的实轴为直径的圆的面积分别记为 S_1,S_2,则 $\dfrac{S_1}{S_2} = \lambda$

C. 过 E_1 上的任一点 P 引 E_1 的切线交 E_2 于点 A,B,则点 P 为线段 AB 的中点

D. 斜率为 k($k>0$)的直线与 E_1,E_2 的右支由上到下依次交于点 A,B,C,D, 则 $|AC|>|BD|$

填空题

5. 如图 3.142 所示,椭圆 $C_1: \dfrac{x^2}{4} + y^2 = 1$,椭圆 $C_2: \dfrac{x^2}{8} + \dfrac{y^2}{2} = 1$,点 P 为椭圆 C_2 上一点, 直线 PO 与椭圆 C_1 依次交于点 A,B. 则 $\dfrac{|PA|}{|PB|} =$ _____.

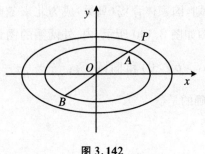

图 3.142

6. 记焦点在同一条轴上且离心率相同的椭圆为 相似椭圆. 已知椭圆 $E_1: \dfrac{x^2}{3} + y^2 = 1$ 和椭圆 $E_2:$ $\dfrac{x^2}{3} + y^2 = \lambda$($\lambda>1$)是相似椭圆,且椭圆 E_2 的长轴长为 $2\sqrt{6}$,则椭圆 E_2 的标准方程为_____;过 E_1 上不 在坐标轴上的任一点 P 引椭圆 E_1 的切线 l,l 与椭圆 E_2 相交于 A,B 两点,其中 O 为坐标

原点,则 $k_{AB} \cdot k_{OP} =$ _____.

7. (开放题)记焦点在同一条轴上且离心率相同的椭圆为"相似椭圆".已知椭圆 C:
$\dfrac{x^2}{9} + \dfrac{y^2}{4} = 1$,一个与已知椭圆 C 相似的椭圆的方程为_____.(答案不唯一)

解答题

8. 已知椭圆 $C_1: \dfrac{x^2}{4} + \dfrac{y^2}{2} = 1$,椭圆 $C_2: \dfrac{x^2}{a^2} + \dfrac{y^2}{b^2} = 1 (a > b > 0)$ 与 C_1 有相同的离心率,且短轴的一个端点坐标为 $(0, 1)$,O 是坐标原点.

(1) 求椭圆 C_2 的方程.

(2) 若直线 l 与 C_2 有且仅有一个公共点,与 C_1 交于 A, B 两点,试问 $\triangle OAB$ 的面积是否为定值? 若是,求 $\triangle OAB$ 的面积;若不是,请说明理由.

9. 已知椭圆 $C: \dfrac{x^2}{a^2} + \dfrac{y^2}{b^2} = 1 (a > b > 0)$ 的离心率为 $\dfrac{\sqrt{3}}{3}$,且椭圆 C 上的点到焦点的距离最大值为 $\sqrt{3} + 1$.

(1) 求椭圆 C 的方程.

(2) 如图 3.143 所示,设椭圆 $E: \dfrac{x^2}{a^2} + \dfrac{y^2}{b^2} = 9$,$P$ 为椭圆 C 上任意一点,过点 P 的直线 l 交椭圆 E 于 A, B 两点,射线 OP 交椭圆 E 于点 Q.

① 证明 $\dfrac{S_{\triangle AQP}}{S_{\triangle AOP}}$ 为定值;

② 求 $\triangle ABQ$ 面积的最大值.

10. 若椭圆 $C_1: \dfrac{x^2}{a_1^2} + \dfrac{y^2}{b_1^2} = 1$ 与椭圆 $C_2: \dfrac{x^2}{a_2^2} + \dfrac{y^2}{b_2^2} = 1$ 满足 $\dfrac{a_1}{a_2} = \dfrac{b_1}{b_2} = m (m > 0)$,则称这两个椭圆为相似椭圆,相似比为 m.如图 3.144 所示,已知椭圆 C_1 的长轴长是 4,椭圆 C_2 的离心率为 $\dfrac{\sqrt{2}}{2}$,椭圆 C_1 与椭圆 C_2 的相似比为 $\sqrt{2}$.

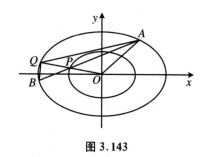

图 3.143

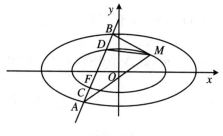

图 3.144

(1) 求椭圆 C_1 与椭圆 C_2 的方程.

(2) 过椭圆 C_2 左焦点 F 的直线 l 与 C_1，C_2 依次交于 A，C，D，B 四点.

① 求证：无论直线 l 的倾斜角如何变化，恒有 $|AC| = |DB|$.

② 点 M 是椭圆 C_2 上异于 C，D 的任意一点，记 $\triangle MBD$ 的面积为 S_1，$\triangle MAD$ 的面积为 S_2. 当 $S_1 = \dfrac{1}{5} S_2$ 时，求直线 l 的方程.

习题参考答案

1. C.解析：设外层椭圆方程为 $\dfrac{x^2}{a^2} + \dfrac{y^2}{b^2} = \lambda^2 (a > b > 0, \lambda > 1)$，由相似椭圆性质的命题 1，可得 $k_{AC} \cdot k_{BD} = -\dfrac{b^2}{a^2} = -\dfrac{1}{4}$，即 $\dfrac{b^2}{a^2} = \dfrac{1}{4}$，所以椭圆的离心率 $e = \dfrac{c}{a} = \sqrt{1 - \dfrac{b^2}{a^2}} = \dfrac{\sqrt{3}}{2}$. 故选 C.

2. C.解析：设过点 P 的椭圆 E_2 的切线方程为 $y = kx + m$. 设 $P(x_0, y_0)$，则 $m = y_0 - kx_0$. 联立 $\begin{cases} y = kx + m \\ \dfrac{x^2}{a^2} + \dfrac{y^2}{b^2} = \lambda \end{cases}$，消去 y 并整理，可得

$$(a^2 k^2 + b^2) x^2 + 2kma^2 x + a^2 (m^2 - \lambda b^2) = 0.$$

所以 $\Delta = 4k^2 m^2 a^4 - 4(a^2 k^2 + b^2) \cdot a^2 (m^2 - \lambda b^2) = 0$，化简可得 $(a^2 k^2 + b^2)\lambda = m^2$. 将 $m = y_0 - kx_0$ 代入，可得 $(a^2 k^2 + b^2)\lambda = (y_0 - kx_0)^2$，整理可得 $(\lambda a^2 - x_0^2) k^2 + 2x_0 y_0 k + \lambda b^2 - y_0^2 = 0$. 则由韦达定理可得

$$k_1 \cdot k_2 = \dfrac{\lambda b^2 - y_0^2}{\lambda a^2 - x_0^2} = \dfrac{\lambda b^2 - b^2\left(1 - \dfrac{x_0^2}{a^2}\right)}{\lambda a^2 - x_0^2} = \dfrac{(\lambda - 1) b^2 + \dfrac{b^2}{a^2} x_0^2}{\lambda a^2 - x_0^2},$$

为定值. 整理得 $\dfrac{\lambda - 1}{\lambda} \cdot \dfrac{b^2}{a^2} = -\dfrac{b^2}{a^2}$，即 $\dfrac{\lambda - 1}{\lambda} = -1$，解得 $\lambda = \dfrac{1}{2}$. 故选 C.

（小题妙解：由本节的命题 3 可得椭圆 E_2：$\dfrac{2x^2}{a^2} + \dfrac{2y^2}{b^2} = 1$，所以 $\lambda = \dfrac{1}{2}$. 故选 C.）

3. BCD.解析：对于选项 A，因为 $\dfrac{a_1^2 - b_1^2}{a_1^2} = \dfrac{a_2^2 - b_2^2}{a_2^2}$，且 $a_1 > a_2$，所以 $a_1^2 - b_1^2 > a_2^2 - b_2^2$，$a_1^2 - a_2^2 > b_1^2 - b_2^2$，故 A 不正确；对于选项 B，由 $\dfrac{a_1^2 - b_1^2}{a_1^2} = \dfrac{a_2^2 - b_2^2}{a_2^2}$，得 $1 - \dfrac{b_1^2}{a_1^2} = 1 - \dfrac{b_2^2}{a_2^2}$，则 $a_2 = \dfrac{a_1 b_2}{b_1}$，所以 $a_1 - a_2 = a_1 - \dfrac{a_1 b_2}{b_1} = \dfrac{a_1}{b_1}(b_1 - b_2) > b_1 - b_2$，故 B 正确；对于选项 C，点 $F(a_2, b_2)$ 满足椭圆 C_1 的方程 $\dfrac{a_2^2}{a_1^2} + \dfrac{b_2^2}{b_1^2} = 1$，又因为 $\dfrac{a_1}{b_1} = \dfrac{a_2}{b_2}$，则 $\dfrac{a_2}{a_1} = \dfrac{b_2}{b_1}$，所以 $2\left(\dfrac{a_2}{a_1}\right)^2 = 1$，即 $\dfrac{a_1}{a_2} = \sqrt{2}$，故 C 正确；对于选项 D，由对称性知，点 M，N 关于 x 轴对称，而 $A(-a_1, 0)$，$M(x_0, y_0)$，

$N(x_0, -y_0)$, $B(a_1, 0)$, 所以 $k_{AM} = \dfrac{y_0}{x_0 + a_1}$, $k_{BN} = \dfrac{-y_0}{x_0 - a_1}$, 可得

$$k_{AM} \cdot k_{BN} = \frac{-y_0^2}{x_0^2 - a_1^2} = \frac{-b_1^2 + \dfrac{b_1^2 x_0^2}{a_1^2}}{x_0^2 - a_1^2} = \frac{b_1^2}{a_1^2} = \frac{8}{9},$$

则 $e = \sqrt{1 - \left(\dfrac{b_1}{a_1}\right)^2} = \dfrac{1}{3}$, 故 D 正确. 故选 BCD.

4. AC. 解析:对于选项 A, 因为双曲线 $E_1: \dfrac{x^2}{a^2} - \dfrac{y^2}{b^2} = 1$ ($a>0$, $b>0$) 的渐近线为

$y = \pm \dfrac{b}{a} x$, 离心率为 $\dfrac{c}{a}$. 由双曲线 $E_2: \dfrac{x^2}{a^2} - \dfrac{y^2}{b^2} = \lambda$ ($0<\lambda<1$), 可得 $\dfrac{x^2}{a^2 \lambda} - \dfrac{y^2}{b^2 \lambda} = 1$ ($0<\lambda<1$), 则

双曲线 E_2 的实轴长为 $2\sqrt{\lambda}a$, 虚轴长为 $2\sqrt{\lambda}b$, 所以渐近线方程为 $y = \pm \dfrac{2\sqrt{\lambda}b}{2\sqrt{\lambda}a} x = \pm \dfrac{b}{a} x$. 故

两个双曲线的渐近线方程相同. 又因为对于双曲线,离心率 $e = \dfrac{c}{a} = \sqrt{1 + \dfrac{b^2}{a^2}}$, 所以两个双曲

线的离心率也相同. 故 A 正确.

对于选项 B, $S_1 = \pi a^2$, $S_2 = \pi \times (\sqrt{\lambda}a)^2 = \pi \lambda a^2$, 所以 $\dfrac{S_1}{S_2} = \dfrac{\pi a^2}{\pi \lambda a^2} = \dfrac{1}{\lambda}$. 故 B 错误.

对于选项 C,若 P 为双曲线 E_1 的顶点,当切线与 x 轴垂直时,根据双曲线的对称性可

知,此时切线与双曲线 E_2 的交点 A, B 关于 x 轴对称,即线段 AB 的中点为 P. 当该切线与 x

轴不垂直时,设切线方程为 $y = kx + t$, 联立 $\begin{cases} y = kx + t \\ b^2 x^2 - a^2 y^2 = a^2 b^2 \end{cases}$, 消去 y, 得

$$(b^2 - a^2 k^2) x^2 - 2a^2 ktx - a^2 t^2 - a^2 b^2 = 0. \qquad \text{①}$$

因为直线与 E_1 相切,所以方程①为二次方程. 故 $b^2 - a^2 k^2 \neq 0$, 且 $\Delta = 0$, 方程有两个相同的

实数根,它们的中点即为点 P 的横坐标,则根据韦达定理可知 $x_P = \dfrac{a^2 kt}{b^2 - a^2 k^2}$.

联立 $\begin{cases} y = kx + t \\ b^2 x^2 - a^2 y^2 = \lambda a^2 b^2 \end{cases}$, 消去 y, 得

$$(b^2 - a^2 k^2) x^2 - 2a^2 ktx - a^2 t^2 - \lambda a^2 b^2 = 0. \qquad \text{②}$$

设 $A(x_1, y_1)$, $B(x_2, y_2)$, 则 $x_1 + x_2 = \dfrac{2a^2 kt}{b^2 - a^2 k^2}$, 所以 $x_1 + x_2 = 2x_P$. 又因为点 P 在切线

$y = kx + t$ 上,所以 P 为 AB 的中点. 综上可知, P 为线段 AB 的中点. 故 C 正确.

对于选项 D, 由①②两式可知 $x_B + x_C = \dfrac{2a^2 kt}{b^2 - a^2 k^2}$, $x_A + x_D = \dfrac{2a^2 kt}{b^2 - a^2 k^2}$, 所以 $x_A + x_D$

$= x_B + x_C$, 即 $x_A - x_C = x_B - x_D$, 因此

$$|AC| = \sqrt{1 + k^2}\, |x_A - x_C| = |BD| = \sqrt{1 + k^2}\, |x_B - x_D|.$$

故 D 错误.

综上可知 AC 正确.

5. $3-2\sqrt{2}$. 解析:(特殊值法)取 P 为椭圆 C_2 的右顶点,则点 B,A 分别为椭圆 C_1 的左、右顶点,所以 $P(2\sqrt{2},0)$,$B(-2,0)$,$A(2,0)$,故

$$\frac{|PA|}{|PB|} = \frac{2\sqrt{2}-2}{2\sqrt{2}+2} = \frac{\sqrt{2}-1}{\sqrt{2}+1} = (\sqrt{2}-1)^2 = 3-2\sqrt{2}.$$

6. $\dfrac{x^2}{6}+\dfrac{y^2}{2}=1$,$-\dfrac{1}{3}$. 解析:由题设可得 $2\sqrt{3\lambda}=2\sqrt{6}$,解得 $\lambda=2$,所以椭圆 E_2 的标准方程为 $\dfrac{x^2}{6}+\dfrac{y^2}{2}=1$.

设 $P(x_0,y_0)$,$A(x_1,y_1)$,$B(x_2,y_2)$.由题设直线 l 的斜率存在,设直线 l 的方程为 $y=kx+m$.则由 $\begin{cases} \dfrac{x^2}{3}+y^2=1 \\ y=kx+m \end{cases}$,消去 y,得 $(3k^2+1)x^2+6kmx+3m^2-3=0$,所以由题设和韦达定理可得 $x_0=-\dfrac{6km}{2(3k^2+1)}$.由 $\begin{cases} \dfrac{x^2}{6}+\dfrac{y^2}{2}=1 \\ y=kx+m \end{cases}$,消去 y,得 $(3k^2+1)x^2+6kmx+3m^2-6=0$,所以由题设和韦达定理可得 $x_1+x_2=-\dfrac{6km}{3k^2+1}$.所以 $x_1+x_2=2x_0$,即点 P 为线段 AB 的中点,故 $\begin{cases} \dfrac{x_1+x_2}{2}=x_0 \\ \dfrac{y_1+y_2}{2}=y_0 \end{cases}$.又因为 $\begin{cases} x_1^2+3y_1^2=6 \\ x_2^2+3y_2^2=6 \end{cases}$,所以

$$k_{OP} \cdot k_{AB} = \frac{y_1+y_2}{x_1+x_2} \cdot \frac{y_1-y_2}{x_1-x_2} = \frac{y_1^2-y_2^2}{x_1^2-x_2^2} = \frac{y_1^2-y_2^2}{6-3y_1^2-(6-3y_2^2)} = -\frac{1}{3}.$$

7. $\dfrac{x^2}{36}+\dfrac{y^2}{16}=1$(其他符合题意的答案也对).

8. (1) 由题意得椭圆 C_2 的方程为 $\dfrac{x^2}{a^2}+y^2=1(a>1)$.因为椭圆 $C_1:\dfrac{x^2}{4}+\dfrac{y^2}{2}=1$ 的离心率为 $\dfrac{\sqrt{2}}{2}$,所以 $\dfrac{\sqrt{a^2-1}}{a}=\dfrac{\sqrt{2}}{2}$,解得 $a^2=2$.故椭圆 C_2 的方程为 $\dfrac{x^2}{2}+y^2=1$.

(2) 当直线 l 的斜率不存在时,直线 l 的方程为 $x=\pm\sqrt{2}$,此时 $|AB|=2$.所以 $\triangle OAB$ 的面积为 $S=\dfrac{1}{2}|AB| \cdot d=\dfrac{1}{2}\times 2\times \sqrt{2}=\sqrt{2}$,为定值.

当直线 l 的斜率存在时,设直线 l 的方程为 $y=kx+m$.联立 $\begin{cases} \dfrac{x^2}{2}+y^2=1 \\ y=kx+m \end{cases}$,消去 y,得

$$(2k^2+1)x^2+4kmx+2m^2-2=0.$$

则由 $\Delta = 8(2k^2-m^2+1)=0$, 得 $m^2=2k^2+1$.

设 $A(x_1,y_1),B(x_2,y_2).$ 联立 $\begin{cases} \dfrac{x^2}{4}+\dfrac{y^2}{2}=1 \\ y=kx+m \end{cases}$, 消去 y, 得

$$(2k^2+1)x^2+4kmx+2m^2-4=0.$$

因为 $\Delta = 8(1+2k^2)>0$, 所以由韦达定理得 $x_1+x_2=-\dfrac{4km}{2k^2+1}$, $x_1x_2=\dfrac{2m^2-4}{2k^2+1}$. 故

$$|AB| = \sqrt{1+k^2}\sqrt{(x_1+x_2)^2-4x_1x_2} = \sqrt{1+k^2} \times \frac{\sqrt{16-8m^2+32k^2}}{2k^2+1}$$

$$= \sqrt{1+k^2} \times \frac{\sqrt{16k^2+8}}{2k^2+1}.$$

又因为原点 O 到直线 l 的距离为 $d=\dfrac{|m|}{\sqrt{k^2+1}}$, 所以 $\triangle OAB$ 的面积为

$$S = \frac{1}{2}|AB|\cdot d = \frac{\sqrt{2}|m|}{\sqrt{2k^2+1}} = \frac{\sqrt{2}|m|}{|m|} = \sqrt{2}.$$

综上可知, $\triangle OAB$ 的面积为定值 $\sqrt{2}$.

9. (1) 由 $\dfrac{c}{a}=\dfrac{\sqrt{3}}{3}$ 及 $a+c=\sqrt{3}+1$, 得 $a=\sqrt{3}$, $c=1$, $b=\sqrt{2}$. 所以椭圆 C 的方程为 $\dfrac{x^2}{3}+\dfrac{y^2}{2}=1$.

(2) ① 设 $P(x_0,y_0)$, 令 $\overrightarrow{OQ}=\lambda\overrightarrow{OP}(\lambda>0)$, 则 $Q(\lambda x_0,\lambda y_0)$. 又由 $\begin{cases} \dfrac{x_0^2}{3}+\dfrac{y_0^2}{2}=1 \\ \dfrac{\lambda^2 x_0^2}{3}+\dfrac{\lambda^2 y_0^2}{2}=9 \end{cases}$, 得

$\lambda=3$, 所以

$$\frac{S_{\triangle AQP}}{S_{\triangle AOP}} = \frac{|QP|}{|OP|} = \frac{3x_0-x_0}{x_0} = 2,$$

为定值.

② 连接 OB. 由①知 $S_{\triangle AQP}=2S_{\triangle AOP}$, 同理可知 $S_{\triangle BQP}=2S_{\triangle BOP}$, 所以 $S_{\triangle AQB}=2S_{\triangle AOB}$. 设 $A(x_1,y_1),B(x_2,y_2)$. 则当直线 l 的斜率存在时, 设直线 l 的方程为 $y=kx+m$. 联立 $\begin{cases} y=kx+m \\ \dfrac{x^2}{3}+\dfrac{y^2}{2}=9 \end{cases}$, 消去 y,

$$(3k^2+2)x^2+6mkx+3m^2-54=0.$$

所以 $\Delta_1>0$, 则由韦达定理可知 $x_1+x_2=-\dfrac{6mk}{3k^2+2}$, $x_1x_2=\dfrac{3m^2-54}{3k^2+2}$. 所以

$$S_{\triangle AOB} = \frac{1}{2} \mid m \mid \cdot \mid x_1 - x_2 \mid = \frac{1}{2} \mid m \mid \sqrt{\left(-\frac{6mk}{3k^2+2}\right)^2 - 4 \cdot \frac{3m^2-54}{3k^2+2}}$$

$$= \mid m \mid \sqrt{\frac{-6m^2+108+162k^2}{(3k^2+2)^2}} = \sqrt{6} \sqrt{\frac{(-m^2+18+27k^2)m^2}{(3k^2+2)^2}}.$$

联立 $\begin{cases} y = kx+m \\ \dfrac{x^2}{3} + \dfrac{y^2}{2} = 1 \end{cases}$,消去 y,得

$$(3k^2+2)x^2 + 6mkx + 3m^2 - 6 = 0.$$

因为直线 l 与椭圆 C 有公共点 P,所以由 $\Delta^2 = 36m^2k^2 - 4(3k^2+2)(3m^2-6) \geqslant 0$,可得 $3k^2 + 2 \geqslant m^2$.令 $\dfrac{m^2}{3k^2+2} = t$,则 $t \in (0,1]$,所以

$$S_{\triangle AOB} = \sqrt{6} \cdot \sqrt{9t - t^2} \leqslant 4\sqrt{3}.$$

当直线 l 的斜率不存在时,设直线 l 的方程为 $x = n$,其中 $n \in [-\sqrt{3}, \sqrt{3}]$,代入椭圆 E 的方程,得 $y^2 = 18 - \dfrac{2}{3}n^2$,所以

$$S_{\triangle AOB} = \frac{1}{2} \mid n \mid \cdot \mid y_1 - y_2 \mid = \sqrt{18n^2 - \frac{2}{3}n^4} \leqslant 4\sqrt{3}.$$

综合可得,$\triangle AOB$ 面积的最大值为 $4\sqrt{3}$,所以 $\triangle AQB$ 面积的最大值为 $8\sqrt{3}$.

10. (1) 由已知 $2a_1 = 4$,即 $a_1 = 2$.因为 $\dfrac{a_1}{a_2} = \dfrac{b_1}{b_2} = \sqrt{2}$,所以 $a_2 = \sqrt{2}$.又因为椭圆 C_2 的离心率 $e = \dfrac{c_2}{a_2} = \dfrac{\sqrt{2}}{2}$,所以 $c_2 = 1$,$b_2^2 = a_2^2 - c_2^2 = 1$,$b_2 = 1$,从而 $b_1 = \sqrt{2}$.故椭圆 C_1 的方程为 $\dfrac{x^2}{4} + \dfrac{y^2}{2} = 1$,椭圆 C_2 的方程为 $\dfrac{x^2}{2} + y^2 = 1$.

(2) ① 要证 $\mid AC \mid = \mid DB \mid$,即证线段 AB 和 CD 的中点重合.

当直线 l 与坐标轴重合时,由对称性可知结论成立.

当直线 l 与坐标轴不重合时,不妨设直线 l 的方程为 $x = ty - 1$ $(t \neq 0)$.设 $A(x_1, y_1)$,$B(x_2, y_2)$,$C(x_3, y_3)$,$D(x_4, y_4)$.将直线 l 的方程 $x = ty - 1$ 代入椭圆 C_1 的方程,得 $(ty-1)^2 + 2y^2 = 4$,即 $(t^2+2)y^2 - 2ty - 3 = 0$,故由韦达定理得

$$y_1 + y_2 = \frac{2t}{t^2+2}, \quad y_1 y_2 = \frac{-3}{t^2+2}.$$

将直线 l 的方程 $x = ty - 1$ 代入椭圆 C_2 的方程,得 $(ty-1)^2 + 2y^2 = 2$,即 $(t^2+2)y^2 - 2ty - 1 = 0$.故由韦达定理得

$$y_3 + y_4 = \frac{2t}{t^2+2}, \quad y_3 y_4 = \frac{-1}{t^2+2}.$$

则由 $y_1 + y_2 = y_3 + y_4$,可得线段 AB 和 CD 的中点重合.故 $\mid AC \mid = \mid DB \mid$.

② 由①可得

$$|CD| = \sqrt{t^2+1}\,|y_3 - y_4| = \sqrt{t^2+1} \cdot \frac{2\sqrt{2}\,\sqrt{t^2+1}}{t^2+2},$$

$$|AB| = \sqrt{t^2+1}\,|y_1 - y_2| = \sqrt{t^2+1} \cdot \frac{2\sqrt{2}\,\sqrt{2t^2+3}}{t^2+2}.$$

易知当 $S_1 = \dfrac{1}{5} S_2$ 时，$|BD| = \dfrac{1}{5}|AD|$. 又由①知 $|AC| = |DB|$，可得 $|CD| = \dfrac{2}{3}|AB|$，即

$\sqrt{t^2+1} = \dfrac{2}{3}\sqrt{2t^2+3}$，解得 $t^2 = 3$，所以 $t = \pm\sqrt{3}$. 故直线 l 的方程为 $x \pm \sqrt{3}y + 1 = 0$.

3.20　卡西尼卵形线问题

题型展望

纵观历年高考真题，以卡西尼卵形线为背景的数学文化试题只出现过一次，即 2011 年北京卷理科第 14 题，题型为填空题，分值为 5 分. 该题是以卡西尼卵形线为背景的隐性数学文化题，主要考查曲线的轨迹方程，考查考生对课本中圆锥曲线的几何性质的迁移能力，以及创新意识.

知识梳理

1. 卡西尼卵形线及其性质的探究

下面从卡西尼卵形线和伯努利双纽线的定义出发，类比椭圆和双曲线的知识，对卡西尼卵形线和伯努利双纽线进行探究.

（1）卡西尼卵形线的定义

平面内到两定点距离之积为常数的点的轨迹称为卡西尼卵形线. 现在我们记两定点距离即线段 F_1F_2 的长度为 $2c(c>0)$，常数记为 $a^2(a>0)$，动点 P 满足 $|PF_1| \cdot |PF_2| = a^2$，那么点 P 的轨迹称为卡西尼卵形线. 其中，定点 F_1，F_2 叫作卡西尼卵形线的焦点，线段 F_1F_2 的长叫作卡西尼卵形线的焦距.

（2）焦点在 x 轴上的卡西尼卵形线标准方程的推导

下面类比椭圆标准方程的建立过程，推导卡西尼卵形线的标准方程.

以线段 F_1F_2 所在直线为 x 轴，线段 F_1F_2 的垂直平分线为 y 轴建立平面直角坐标系. 设 $P(x,y)$ 为卡西尼卵形线上任意一点，焦点 F_1，F_2 的坐标分别为 $F_1(-c,0)$，$F_2(c,0)$. 由卡西尼卵形线的定义，可知卡西尼卵形线就是集合 $M = \{P \mid |PF_1| \cdot |PF_2| = a^2\}$. 因为

$|PF_1| = \sqrt{(x+c)^2 + y^2}$，$|PF_2| = \sqrt{(x-c)^2 + y^2}$，即 $\sqrt{(x+c)^2 + y^2} \cdot \sqrt{(x-c)^2 + y^2} = a^2$，亦即 $[(x+c)^2 + y^2] \cdot [(x-c)^2 + y^2] = a^4$，所以

$$x^4 + y^4 + 2x^2y^2 - 2c^2x^2 + 2c^2y^2 + c^4 - a^4 = 0,$$

整理得 $(x^2 + y^2)^2 - 2c^2(x^2 - y^2) = a^4 - c^4$. 因此，焦点在 x 轴上的卡西尼卵形线的标准方程为 $(x^2 + y^2)^2 - 2c^2(x^2 - y^2) = a^4 - c^4$，其中 $a > 0, c > 0$.

（3）卡西尼卵形线的性质

① 对称性：在 $(x^2 + y^2)^2 - 2c^2(x^2 - y^2) = a^4 - c^4$ 中，以 $-y$ 代 y，方程不变，所以卡西尼卵形线关于 x 轴对称；以 $-x$ 代 x，方程不变，所以卡西尼卵形线关于 y 轴对称；同时以 $-x$ 代 x 和以 $-y$ 代 y，方程不变，所以卡西尼卵形线关于坐标原点对称.

所以卡西尼卵形线 $(x^2 + y^2)^2 - 2c^2(x^2 - y^2) = a^4 - c^4 \, (a > 0, c > 0)$ 的对称轴为坐标轴，对称中心为坐标原点. 图 3.145 是用作图软件 GeoGebra 画出的卡西尼卵形线的图形，其中两定点分别为 $(-1, 0)$ 和 $(1, 0)$，常数为 $a^2 (a > 1)$.

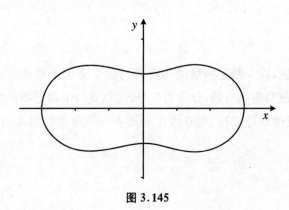

图 3.145

② 焦点三角形：卡西尼卵形线上的点与其两焦点组成的三角形叫作卡西尼卵形线的焦点三角形.

设 $P(x_0, y_0)$ 为卡西尼卵形线 $(x^2 + y^2)^2 - 2c^2(x^2 - y^2) = a^4 - c^4 \left(a > 0, c > 0, \dfrac{c}{a} > \dfrac{\sqrt{2}}{2} \right)$ 上一点，则 $\triangle PF_1F_2$ 的面积为

$$S_{\triangle PF_1F_2} = \frac{1}{2} |PF_1| \cdot |PF_2| \sin\angle F_1PF_2.$$

当 $\angle F_1PF_2 = 90°$ 时，$(S_{\triangle PF_1F_2})_{\max} = \dfrac{1}{2} |PF_1| \cdot |PF_2| = \dfrac{1}{2} a^2$.

联立 $\begin{cases} x^2 + y^2 = c^2 \\ (x^2 + y^2)^2 - 2c^2(x^2 - y^2) = a^4 - c^4 \, (a > 0, c > 0) \end{cases}$，解得 $\begin{cases} |x| = \dfrac{\sqrt{4c^4 - a^4}}{2c} \\ |y| = \dfrac{a^2}{2c} \end{cases}$. 此时

卡西尼卵形线的焦点三角形（$\triangle PF_1F_2$）的面积取得最大值 $\dfrac{1}{2} a^2$.

③ 卡西尼卵形线上的点到其对称中心的距离：设 P 为卡西尼卵形线 $(x^2+y^2)^2-2c^2(x^2-y^2)=a^4-c^4(a\geqslant c>0)$ 上一点，O 为坐标原点，则 $|OP|=\sqrt{x^2+y^2}$. 由定义知 $\sqrt{(x+c)^2+y^2}\cdot\sqrt{(x-c)^2+y^2}=a^2$，所以 $|x+c|\cdot|x-c|\leqslant a^2$，即 $|x^2-c^2|\leqslant a^2$，解得 $0\leqslant x^2\leqslant a^2+c^2$. 又由 $\sqrt{(x+c)^2+y^2}\cdot\sqrt{(x-c)^2+y^2}=a^2$，整理可得 $(x^2+y^2+c^2)^2-4c^2x^2=a^4$，即 $x^2+y^2=\sqrt{a^4+4c^2x^2}-c^2$，所以 $x^2+y^2\in[a^2-c^2,a^2+c^2]$. 因此 $\sqrt{a^2-c^2}\leqslant|OP|\leqslant\sqrt{a^2+c^2}$，故 $|OP|$ 的取值范围为 $[\sqrt{a^2-c^2},\sqrt{a^2+c^2}]$.

④ 离心率：对于卡西尼卵形线的标准方程 $(x^2+y^2)^2-2c^2(x^2-y^2)=a^4-c^4(a>0,c>0)$，记 $e=\dfrac{c}{a}$，我们把 e 叫作卡西尼卵形线的离心率，则 e 的取值范围为 $(0,+\infty)$.

2. 伯努利双纽线及其性质的探究

当 $a=c$ 时，方程 $(x^2+y^2)^2-2c^2(x^2-y^2)=a^4-c^4(a>0,c>0)$ 变为 $(x^2+y^2)^2=2a^2(x^2-y^2)(a>0)$，此方程为中心在坐标原点、焦点在 x 轴上的伯努利双纽线的标准方程. 伯努利双纽线是特殊的卡西尼卵形线，经过两定点的中点. 图 3.146 是利用作图软件 GeoGebra 画出的伯努利双纽线的图形.

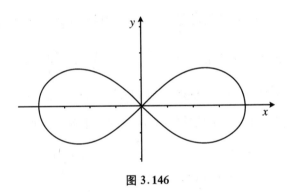

图 3.146

根据前面对卡西尼卵形线性质的讨论，我们可知伯努利双纽线的焦点坐标为 $F_1(-a,0)$，$F_2(a,0)$，焦点三角形面积的最大值为 $\dfrac{1}{2}a^2$，$|OP|$ 的取值范围为 $[0,\sqrt{2}a]$，离心率 $e=1$.

在方程 $(x^2+y^2)^2=2a^2(x^2-y^2)(a>0)$ 中，令 $y=0$，可得 $x^4=2a^2x^2$，解得 $x=0$ 或 $x=\pm\sqrt{2}a$. 类比双曲线的几何性质，伯努利双纽线的顶点坐标为 $A_1(-\sqrt{2}a,0)$，$A_2(\sqrt{2}a,0)$，线段 A_1A_2 可以叫作伯努利双纽线的实轴，实轴长为 $2\sqrt{2}a$，实半轴长为 $\sqrt{2}a$. 所以伯努利双纽线上点的横坐标的范围是 $[-\sqrt{2}a,\sqrt{2}a]$.

将伯努利双纽线的标准方程 $(x^2+y^2)^2=2a^2(x^2-y^2)(a>0)$ 整理为方程 $x^4+2(y^2-a^2)x^2+y^4+2a^2y^2=0$. 将 x 看成主元，y 看成参数，令 $\Delta\geqslant0$，整理得不等式 $(y^2-a^2)^2-(y^4+2a^2y^2)\geqslant0$，解得 $-\dfrac{a}{2}\leqslant y\leqslant\dfrac{a}{2}$，所以伯努利双纽线上点的纵坐标的范围是 $\left[-\dfrac{a}{2},\dfrac{a}{2}\right]$.

类比双曲线的几何性质,我们把点 $B_1\left(0,-\dfrac{a}{2}\right)$,$B_2\left(0,\dfrac{a}{2}\right)$ 画在 y 轴上,则线段 B_1B_2 可以叫作伯努利双纽线的虚轴,虚轴长为 a,虚半轴长为 $\dfrac{a}{2}$.

焦点在 y 轴上的伯努利双纽线的标准方程为 $(x^2+y^2)^2=2a^2(y^2-x^2)(a>0)$,其焦点坐标为 $F_1(0,-a)$,$F_2(0,a)$,顶点坐标为 $A_1(0,-\sqrt{2}a)$,$A_2(0,\sqrt{2}a)$,其图形上点的横坐标的范围是 $\left[-\dfrac{a}{2},\dfrac{a}{2}\right]$,纵坐标的取值范围是 $[-\sqrt{2}a,\sqrt{2}a]$.后面习题第 3 题中涉及的就是焦点在 y 轴上的伯努利双纽线.图 3.147 是利用作图软件 GeoGebra 画出的习题第 3 题的伯努利双纽线的图形.

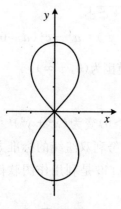

图 3.147

3. 伯努利双纽线的极坐标方程和参数方程

以坐标原点为极点、x 轴正半轴为极轴建立极坐标系.将 $x=\rho\cos\theta$,$y=\rho\sin\theta$ 代入 $(x^2+y^2)^2=2a^2(x^2-y^2)(a>0)$,得 $\rho^4=2a^2(\rho^2\cos^2\theta-\rho^2\sin^2\theta)$,整理可得 $\rho^2=2a^2\cos2\theta$.再由 $\cos2\theta\geqslant0$,可得 $0\leqslant2\theta\leqslant\dfrac{\pi}{2}$,或 $\dfrac{3\pi}{2}\leqslant2\theta\leqslant\dfrac{5\pi}{2}$,或 $\dfrac{7\pi}{2}\leqslant2\theta\leqslant4\pi$.所以 $0\leqslant\theta\leqslant\dfrac{\pi}{4}$,或 $\dfrac{3\pi}{4}\leqslant\theta\leqslant\dfrac{5\pi}{4}$,或 $\dfrac{7\pi}{4}\leqslant\theta\leqslant2\pi$.因此,焦点在 x 轴上的伯努利双纽线的极坐标方程为 $\rho^2=2a^2\cos2\theta$,其中 $\theta\in\left[0,\dfrac{\pi}{4}\right]\cup\left[\dfrac{3\pi}{4},\dfrac{5\pi}{4}\right]\cup\left[\dfrac{7\pi}{4},2\pi\right]$.

由 $\rho^2=2a^2\cos2\theta$,可得 $\rho=a\sqrt{2\cos2\theta}$,所以 $x=\rho\cos\theta=a\cos\theta\sqrt{2\cos2\theta}$,$y=\rho\sin\theta=a\sin\theta\sqrt{2\cos2\theta}$.故焦点在 x 轴上的伯努利双纽线的一个参数方程为

$$\begin{cases} x=a\cos\theta\sqrt{2\cos2\theta} \\ y=a\sin\theta\sqrt{2\cos2\theta} \end{cases}(\theta\text{ 为参数}).$$

经典题探秘

例 1 (2011 年北京卷/理 14)　曲线 C 是平面内与两个定点 $F_1(-1,0)$ 和 $F_2(1,0)$ 的距离之积等于常数 $a^2(a>1)$ 的点的轨迹.给出下面三个结论:

① 曲线 C 过坐标原点;

② 曲线 C 关于坐标原点对称;

③ 若点 P 在曲线 C 上,则 $\triangle F_1PF_2$ 的面积不大于 $\dfrac{1}{2}a^2$.

其中,所有正确结论的序号是_____.

【解析】　设 $P(x,y)$ 为曲线 C 上任意一点,则由题设知 $\{P(x,y)||PF_1|\cdot|PF_2|=a^2$ $(a>1)\}$.所以 $\sqrt{(x+1)^2+y^2}\cdot\sqrt{(x-1)^2+y^2}=a^2$,整理可得

$$(x^2 + y^2)^2 - 2(x^2 - y^2) = a^4 - 1 \quad (a > 1). \tag{*}$$

把 $x = 0$，$y = 0$ 代入 $(x^2 + y^2)^2 - 2(x^2 - y^2)$，结果为 0，但 $a^4 - 1 > 0$，即曲线 C 不过坐标原点. 故①错误.

在 (*) 式中，以 $-x$ 代 x，以 $-y$ 代 y，方程不改变，所以曲线 C 关于坐标原点对称. 故②正确.

又因为

$$S_{\triangle F_1 P F_2} = \frac{1}{2} \mid PF_1 \mid \cdot \mid PF_2 \mid \cdot \sin\angle F_1 P F_2 = \frac{1}{2} a^2 \sin\angle F_1 P F_2,$$

当 $\angle F_1 P F_2 = 90°$ 时，$\triangle F_1 P F_2$ 的面积取最大值 $\frac{1}{2} a^2$. 故③正确.

故正确的序号是②③.

点评 本题考查了曲线轨迹方程的求解，以及利用解析法研究曲线的几何性质，是一道关于卡西尼卵线的隐性数学文化题.

例2 （山东省济南市 2022 届高三第一次模考） 平面内到两定点距离之积为常数的点的轨迹称为卡西尼卵形线，它是 1675 年卡西尼在研究土星及其卫星的运行规律时发现的. 已知在平面直角坐标系 xOy 中，$M(-2, 0)$，$N(2, 0)$，动点 P 满足 $\mid PM \mid \cdot \mid PN \mid = 5$，其轨迹为一条连续的封闭曲线 C. 则下列结论正确的是（　　）.

A. 曲线 C 与 y 轴的交点为 $(0, -1)$，$(0, 1)$　　　　B. 曲线 C 关于 x 轴对称

C. $\triangle PMN$ 面积的最大值为 2　　　　D. $\mid OP \mid$ 的取值范围是 $[1, 3]$

【解析】 设 $P(x, y)$，则由题设可得 $\sqrt{(x+2)^2 + y^2} \cdot \sqrt{(x-2)^2 + y^2} = 5$，两边平方，可得 $[(x+2)^2 + y^2] \cdot [(x-2)^2 + y^2] = 25$，整理可得 $(x^2 + y^2)^2 - 8(x^2 - y^2) = 9$. 令 $x = 0$，可得 $y^4 + 8y^2 - 9 = 0$，所以 $y^2 = 1$，即 $y = \pm 1$. 故 A 正确.

在方程 $(x^2 + y^2)^2 - 8(x^2 - y^2) = 9$ 中，用 $-y$ 替换 y，整理后方程不变. 故 B 正确.

因为

$$S_{\triangle PMN} = \frac{1}{2} \mid PM \mid \cdot \mid PN \mid \cdot \sin\angle MPN = \frac{5}{2} \sin\angle MPN,$$

当 $\angle MPN = 90°$，即 $PM \perp PN$ 时，联立 $\begin{cases} x^2 + y^2 = 4 \\ (x^2 + y^2)^2 - 8(x^2 - y^2) = 9 \end{cases}$，解得 $\mid x \mid = \frac{\sqrt{39}}{4}$，$\mid y \mid = \frac{5}{4}$，所以此时 $\triangle PMN$ 面积的最大值为 $\frac{5}{2}$. 故 C 错误.

因为 $[(x+2)^2 + y^2] \cdot [(x-2)^2 + y^2] = 25$，所以

$$[(x^2 + y^2 + 4) + 4x] \cdot [(x^2 + y^2 + 4) - 4x] = 25,$$

因此 $x^2 + y^2 = \sqrt{16x^2 + 25} - 4$. 又由题设可得 $\mid x + 2 \mid \cdot \mid x - 2 \mid \leqslant 5$，即 $\mid x^2 - 4 \mid \leqslant 5$，解得 $0 \leqslant x^2 \leqslant 9$，所以 $\mid OP \mid^2 = x^2 + y^2 = \sqrt{16x^2 + 25} - 4 \in [1, 9]$，即 $1 \leqslant \mid OP \mid \leqslant 3$. 故 D 正确.

故选 ABD.

点评 本题首先由曲线与方程的知识,列出等式,两边平方后,化简得到曲线 C 的方程,再令 $x=0$,计算与 y 轴交点的坐标,即可知 A 正确;类比椭圆对称轴的判断,容易得到 B 正确;运用三角形的面积公式表示出 $\triangle PMN$ 的面积,当 $\triangle PMN$ 面积最大时,解得点 P 的坐标,即可知 C 错误;由题设入手,通过变形把 $|OP|^2$ 表示成关于 x 的函数,并结合已知条件通过放缩得到 x^2 的范围,从而得到 $|OP|$ 的取值范围,即可知 D 正确.

例3 (2021 年全国模考题) 双纽线也称伯努利双纽线,首见于 1694 年,雅各布·伯努利将其作为椭圆的一种类比来处理.椭圆是到两个定点距离之和为定值的点的轨迹,而卡西尼卵形线则是到两个定点距离之积为定值的点的轨迹,当此定值使得轨迹经过两定点的中点时,轨迹便为伯努利双纽线.伯努利将这种曲线称为 lemniscate,为拉丁文中"悬挂的丝带"之意.双纽线在数学曲线领域占有至关重要的地位.双纽线像数字"8"(图 3.148),不仅体现了数学的对称、和谐、简捷、统一之美,同时也具有特殊的有价值的艺术美,既是形成其他一些常见漂亮图案的基石,也是许多设计者设计作品的主要几何元素.曲线 $C:(x^2+y^2)^2=4(x^2-y^2)$ 是双纽线,则下列结论正确的是( ).

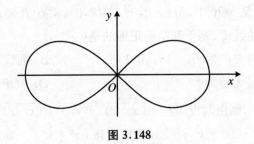

图 3.148

A. 曲线 C 经过 5 个整点(横、纵坐标均为整数的点)

B. 曲线 C 上任意一点到坐标原点 O 的距离都不超过 2

C. 曲线 C 关于直线 $y=x$ 对称的曲线方程为 $(x^2+y^2)^2=4(y^2-x^2)$

D. 若直线 $y=kx$ 与曲线 C 只有一个交点,则实数 k 的取值范围为 $(-\infty,-1]\cup[1,+\infty)$

【解析】 对于选项 A,令 $y=0$,解得 $x=0$ 或 $x=2$ 或 $x=-2$;当 $y\neq0$ 时,x 无解.所以曲线 C 经过整点 $(2,0)$、$(-2,0)$ 和 $(0,0)$,故 A 错误.对于选项 B,设 $P(x,y)$ 为曲线 $C:$ $(x^2+y^2)^2=4(x^2-y^2)$ 上任意一点,可知 $2^2\geqslant x^2+y^2$,即 $|OP|=\sqrt{x^2+y^2}\leqslant2$,所以曲线 C 上任意一点到坐标原点 O 的距离都不超过 2,故 B 正确;对于选项 C,曲线方程中 x,y 互换,可得曲线 C 关于直线 $y=x$ 对称的曲线方程为 $(x^2+y^2)^2=4(y^2-x^2)$,故 C 正确;对于选项 D,根据曲线 $C:(x^2+y^2)^2=4(x^2-y^2)$,可知 $x^2\geqslant y^2$,从而可得若直线 $y=kx$ 与曲线 C 只有一个交点,则实数 k 的取值范围为 $(-\infty,-1]\cup[1,+\infty)$,故 D 正确.故选 BCD.

点评 对于 A,在已知曲线 C 的方程中,令 $y=0$,容易得出曲线 C 经过的整点的纵坐标,从而判断出 A 错误;结合曲线 C 的方程可判断出 B 正确;在已知曲线方程 $C:(x^2+y^2)^2=4(x^2-y^2)$ 中,将 x 和 y 交换,发现 C 正确;对于 D,由题设条件可得到不等式 $x^2 \geqslant y^2$,再解不等式可得到 k 的取值范围.

【方法梳理】 例 1 和例 2 以卡西尼卵形线为背景,例 3 以特殊的卡西尼卵形线——伯努利双纽线为背景.其中,例 1 是没有给出背景的隐性数学文化试题,例 2 和例 3 是显性数学文化试题,题设中涉及卡西尼卵形线和伯努利双纽线的定义,背景公平,创设了一个新颖的情境,但实际上是以课程学习情境为载体.圆锥曲线为高中数学的重要知识之一,考生在高中阶段学习过椭圆和双曲线的知识,经历过椭圆和双曲线概念的建构、方程和几何性质的推导,所以可以尝试将椭圆和双曲线的研究方法迁移过来,问题将迎刃而解.

上述试题考查了曲线与方程知识、函数与方程思想、化归与转化思想和类比思想,试题中对卡西尼卵形线和伯努利双纽线知识的介绍,将数学知识的发生和发展过程展现出来.其中,例 2 体现了卡西尼卵形线产生的背景,以及数学发展与天文学发展的相互关联.特别地,例 3 中给出了伯努利双纽线的图形,将数学图形的对称、和谐、简捷、统一之美体现得淋漓尽致,无形中将美育教育渗透进了数学试题,体现了数学家卡西尼和伯努利的聪明才智,以及勇攀科学高峰的理性精神,也将德育教育渗透进了数学试题.上述例题在弘扬数学文化知识的同时,着力考查了考生的运算求解能力、逻辑思维能力、创新能力和阅读理解能力,以及考生的数学运算、逻辑推理和直观想象素养.

 习 题

单选题

1. 双纽线最早于 1694 年被瑞士数学家雅各布·伯努利用来描述他发现的曲线.在平面直角坐标系 xOy 中,把到定点 $F_1(-a,0)$,$F_2(a,0)$ 的距离之积等于 $a^2(a>0)$ 的点的轨迹称为双纽线.已知点 $P(x_0,y_0)$ 是双纽线上一点,下列说法中正确的有(   ).

① 双纽线 C 关于原点对称;

② $-\dfrac{a}{2} \leqslant y_0 \leqslant \dfrac{a}{2}$;

③ 双纽线 C 上满足 $|PF_1|=|PF_2|$ 的点 P 有两个;

④ $|PO|$ 的最大值为 $\sqrt{2}a$.

A. ①②　　　　　B. ①②④　　　　　C. ②③④　　　　　D. ①②

多选题

2. (多选)天文学家卡西尼在研究土星及其卫星的运行规律时,发现平面内到两个定点的距离之积为常数的点的轨迹是卡西尼卵形线.在平面直角坐标系中,设定点 $F_1(-c,0)$,$F_2(c,0)$,点 O 为坐标原点.动点 $P(x,y)$ 满足 $|PF_1| \cdot |PF_2|=a^2$($a \geqslant 0$ 且为常数),化简得曲线 $E:x^2+y^2+c^2=\sqrt{4x^2c^2+a^4}$.则下面四个命题中正确的命题有(   ).

A. 曲线 E 既是中心对称图形又是轴对称图形

B. 当 $a=c$ 时，$|PO|$ 的最大值为 $\sqrt{2}a$

C. $|PF_1|+|PF_2|$ 的最小值为 $2a$

D. $\triangle F_1PF_2$ 面积的最大值为 $\dfrac{1}{2}a^2$

填空题

3. 双纽线也称伯努利双纽线，它是指定线段 AB 的长度为 $2a$，动点 M 满足 $|MA| \cdot |MB| = a^2$ 的轨迹．已知曲线 $C:\sqrt{x^2+(y-2)^2} \cdot \sqrt{x^2+(y+2)^2}=4$ 为双纽线．若 P 为曲线 C 上的动点，点 A，B 的坐标分别为 $(0,2)$ 和 $(0,-2)$，则 $\triangle PAB$ 面积的最大值为_____．

解答题

4. 在平面直角坐标系中，设定点为 $F_1(-1,0)$，$F_2(1,0)$，点 O 为坐标原点，动点 $P(x,y)$ 满足 $|PF_1| \cdot |PF_2|=4$，求 $|OP|$ 的取值范围．

习题参考答案

1. B. 解析：设 $M(x,y)$ 为双纽线上任意一点，由题设可得 $|MF_1| \cdot |MF_2|=a^2$，即 $\sqrt{(x+a)^2+y^2} \cdot \sqrt{(x-a)^2+y^2}=a^2$，整理可得 $(x^2+y^2)^2=2a^2(x^2-y^2)$．以 $-x$ 代 x，以 $-y$ 代 y，方程不改变，所以双纽线 C 关于原点中心对称，故①正确．由双纽线的性质，可得双纽线上点的纵坐标范围是 $\left[-\dfrac{a}{2}, \dfrac{a}{2}\right]$，故②正确．若双纽线 C 上点 P 满足 $|PF_1|=|PF_2|$，则点 P 在线段 F_1F_2 的垂直平分线上，即点 P 在 y 轴上，此时点 P 的横坐标为 0．在 $(x^2+y^2)^2=2a^2(x^2-y^2)$ 中，令 $x=0$，可得 $y^4=-2a^2y^2$，解得 $y=0$，即满足 $|PF_1|=|PF_2|$ 的点 P 只有坐标原点，故③错误．由双纽线的性质，可知 $|PO|$ 的范围为 $[0, \sqrt{2}a]$，故④正确．所以正确的有①②④，故选 B．

2. AB. 解析：在曲线 E 的方程 $x^2+y^2+c^2=\sqrt{4x^2c^2+a^4}$ 中，以 $-y$ 代 y，方程不变，这说明当点 $P(x,y)$ 在卡西尼卵形线 E 上时，它关于 x 轴的对称点 $P_1(x,-y)$ 也在曲线 E 上，所以曲线 E 关于 x 轴对称．同理，以 $-x$ 代 x，方程也不改变，所以曲线 E 关于 y 轴对称，即曲线 E 是轴对称图形．以 $-x$ 代 x，以 $-y$ 代 y，方程也不改变，所以曲线 E 关于原点中心对称，故 A 正确．因为 $|PO|=\sqrt{x^2+y^2}$，由卡西尼卵形线的性质，可得 $|PO| \in [\sqrt{a^2-c^2}, \sqrt{a^2+c^2}]$，当 $a=c$ 时，$|PO| \in [0, \sqrt{2}a]$，故 B 正确．由基本不等式，可得 $|PF_1|+|PF_2| \geqslant 2\sqrt{|PF_1| \cdot |PF_2|}$，要使等号成立，则 $|PF_1|=|PF_2|$，即点 $P(x,y)$ 在 y 轴上．而在方程 $x^2+y^2+c^2=\sqrt{4x^2c^2+a^4}$ 中，令 $x=0$，得 $y^2=a^2-c^2$，即当 $0 \leqslant a<c$ 时，等

号取不到,此时$|PF_1|+|PF_2|$无最小值,故 C 错误. 又因为

$$S_{\triangle F_1PF_2}=\frac{1}{2}|PF_1|\cdot|PF_2|\cdot\sin\angle F_1PF_2\leqslant\frac{1}{2}|PF_1|\cdot|PF_2|=\frac{1}{2}a^2,$$

联立$\begin{cases}x^2+y^2=c^2\\x^2+y^2+c^2=\sqrt{4x^2c^2+a^2}\end{cases}$,得上式取等号的条件为 $x^2=\dfrac{(2c^2-a^2)(2c^2+a^2)}{4c^2}$,即

$a>\sqrt{2}c$ 时等号取不到,故 D 错误. 故选 AB.

3. 2. 解析:设$\angle APB=\theta$,则 $S_{\triangle PAB}=\dfrac{1}{2}|PA|\cdot|PB|\sin\theta$. 因为 P 为曲线 C 上的点,所以 $|PA|\cdot|PB|=4$,因此 $S_{\triangle PAB}=2\sin\theta$. 则当 $\sin\theta=1$,即 $PA\perp PB$ 时,$(S_{\triangle PAB})_{\max}=2$. 当 $PA\perp PB$ 时,设 $P(x_0,y_0)$,则$\begin{cases}x_0^2+y_0^2=4\\\sqrt{x_0^2+(y_0-2)^2}\cdot\sqrt{x_0^2+(y_0+2)^2}=4\end{cases}$,解得 $|x_0|=1$,$|y_0|=\sqrt{3}$. 即曲线 C 上存在点 P,使得 $PA\perp PB$,所以$(S_{\triangle PAB})_{\max}=2$. 综上可知$\triangle PAB$ 面积的最大值为 2.

4. 由题设可得 $\sqrt{(x+1)^2+y^2}\cdot\sqrt{(x-1)^2+y^2}=4$,且 $|OP|=\sqrt{x^2+y^2}$. 则由定义 $\sqrt{(x+1)^2+y^2}\cdot\sqrt{(x-1)^2+y^2}=4$,得 $|x+1|\cdot|x-1|\leqslant 4$,即 $|x^2-1|\leqslant 4$,解得 $0\leqslant x^2\leqslant 5$. 又由 $\sqrt{(x+1)^2+y^2}\cdot\sqrt{(x-1)^2+y^2}=4$,整理可得 $(x^2+y^2+1)^2-4x^2=16$,即 $x^2+y^2=\sqrt{16+4x^2}-1$,所以 $x^2+y^2\in[3,5]$,则$\sqrt{3}\leqslant|OP|\leqslant\sqrt{5}$. 故 $|OP|$ 的取值范围为$[\sqrt{3},\sqrt{5}]$.

中国科学技术大学出版社中小学数学用书

原来数学这么好玩(3册)/田峰
小学数学进阶.四年级上、下册/方龙
小学数学进阶.五年级上、下册/饶家伟
小学数学进阶.六年级上、下册/张善计 莫留红
小学数学思维92讲(小高版)/田峰
小升初数学题典(第2版)/姚景峰
初中数学千题解(6册)/思美
初中数学竞赛中的思维方法(第2版)/周春荔
初中数学竞赛中的数论初步(第2版)/周春荔
初中数学竞赛中的代数问题(第2版)/周春荔
初中数学竞赛中的平面几何(第2版)/周春荔
初中数学进阶.七年级上、下册/陈荣华
初中数学进阶.八年级上、下册/徐胜林
初中数学进阶.九年级上、下册/陈荣华
新编中考几何:模型·方法·应用/刘海生
全国中考数学压轴题分类释义/马传渔 陈荣华
初升高数学衔接/甘大旺 甘正乾
平面几何的知识与问题/单墫
代数的魅力与技巧/单墫
数论入门:从故事到理论/单墫
平面几何强化训练题集(初中分册)/万喜人 等
平面几何证题手册/鲁有专

中学生数学思维方法丛书(12册)/冯跃峰
学数学(第1—6卷)/李潜
高中数学奥林匹克竞赛标准教材(上册、中册、下册)/周沛耕
平面几何强化训练题集(高中分册)/万喜人 等
平面几何测试题集/万喜人
新编平面几何300题/万喜人
代数不等式:证明方法/韩京俊
解析几何竞赛读本(第2版)/蔡玉书
全国高中数学联赛平面几何基础教程/张玮 等
全国高中数学联赛一试强化训练题集/王国军 奚新定
全国高中数学联赛一试强化训练题集(第二辑)/雷勇 王国军
全国高中数学联赛一试模拟试题精选/曾文军
全国高中数学联赛模拟试题精选/本书编委会
全国高中数学联赛模拟试题精选(第二辑)/本书编委会
全国高中数学联赛预赛试题分类精编/王文涛 等

高中数学竞赛教程(第2版)/严镇军　单墫　苏淳　等

第51—76届莫斯科数学奥林匹克/苏淳　申强

全俄中学生数学奥林匹克(2007—2019)/苏淳

圣彼得堡数学奥林匹克(2000—2009)/苏淳

平面几何题的解题规律/周沛耕　刘建业

高中数学进阶与数学奥林匹克.上册/马传渔　张志朝　陈荣华

高中数学进阶与数学奥林匹克.下册/马传渔　杨运新

强基计划校考数学模拟试题精选/方景贤　杨虎

数学思维培训基础教程/俞海东

从初等数学到高等数学(第1卷、第2卷)/彭翕成

高考题的高数探源与初等解法/李鸿昌

轻松突破高考数学基础知识/邓军民　尹阳鹏　伍艳芳

轻松突破高考数学重难点/邓军民　胡守标

高三数学总复习核心72讲/李想

高中数学母题与衍生.函数/彭林　孙芳慧　邹嘉莹

高中数学母题与衍生.概率与统计/彭林　庞硕　李扬眉　刘莎丽

高中数学母题与衍生.导数/彭林　郝进宏　柏任俊

高中数学母题与衍生.解析几何/彭林　石拥军　张敏

高中数学一题多解.导数/彭林　孙芳慧

高中数学一题多解.解析几何/彭林　尹嵘　孙世林

高中数学一点一题型(新高考版)/李鸿昌　杨春波　程汉波

高中数学一点一题型/李鸿昌　杨春波　程汉波

高中数学一点一题型.一轮强化训练/李鸿昌

数学高考经典(6册)/张荣华　蓝云波

函数777题问答/马传渔　陈荣华

怎样学好高中数学/周沛耕

初等数学解题技巧拾零/朱尧辰

怎样用复数法解中学数学题/高仕安

直线形/毛鸿翔　等

圆/鲁有专

几何极值问题/朱尧辰

有趣的差分方程(第2版)/李克正　李克大

面积关系帮你解题(第3版)/张景中　彭翕成

根与系数的关系及其应用(第2版)/毛鸿翔

怎样证明三角恒等式(第2版)/朱尧辰

向量、复数与质点/彭翕成

极值问题的初等解法/朱尧辰

巧用抽屉原理/冯跃峰

函数与函数思想/朱华伟　程汉波

统计学漫话(第2版)/陈希孺　苏淳